HSK 5급 고득점을 위한 나의 다짐

HSK 5급 목표 점수 ＿＿＿＿＿ **점 /** 300점

HSK 5급 학습 기간 ＿ **월** ＿ **일**까지

📝 **교재 p.22~23**에 있는 **학습플랜을 활용하여**
매일매일 정해진 분량의 학습량으로 **HSK 5급을 준비**해보세요.

30일 학습플랜

HSK 5급 시험을 본 적이 있거나, HSK 4급 합격 후 1개월 이내 5급 공부를 시작한 학습자

1주	2주	3주	4주	5주	6주

쓰기는 매일, 듣기/독해는 격일 학습 ▶ 실전모의고사 마무리

40일 학습플랜

HSK 5급 학습을 처음 시작하거나, HSK 4급 합격 이후 3개월 이상 지난 학습자

1주	2주	3주	4주	5주	6주	7주	8주

필수 어법 학습 ▶ 듣기 → 쓰기 → 독해 순서로 학습하되, 독해 학습 시 듣기를 복습
▶ 실전모의고사 마무리

HSK 5급 200% 활용법 확인하기 ➤

해커스 중국어 HSK 5급 한 권으로 정복 200% 활용법!

교재 무료 MP3 [학습용 / 문제별 분할(듣기·독해·쓰기) / 고사장 소음 버전 / 핵심어휘집]

방법 1 해커스중국어(china.Hackers.com) 접속 후 로그인 ▶
페이지 상단 [교재/MP3 → 교재 MP3/자료] 클릭 ▶ 본 교재 선택 후 이용하기

방법 2 [해커스 ONE] 앱 다운로드 후 로그인 ▶ 좌측 상단에서 [중국어] 선택 ▶
페이지 상단 [교재·MP3] 클릭 ▶ 본 교재 선택 후 이용하기

▲ [해커스 ONE]
앱 다운받기

HSK 5급 필수어휘 2500 & 듣기 예제 병음북 [PDF+MP3]
쓰기 2부분 원고지 & 나만의 단어 암기 노트 [PDF]

이용방법 해커스중국어(china.Hackers.com) 접속 후 로그인 ▶
페이지 상단 [교재/MP3 → 교재 MP3/자료] 클릭 ▶ 본 교재 선택 후 이용하기

무료 HSK 5급 받아쓰기 & 쉐도잉 프로그램

이용방법 해커스중국어(china.Hackers.com) 접속 후 로그인 ▶
페이지 상단 [iBT 학습하기 → HSK 받아쓰기&쉐도잉] 클릭 ▶ 본 교재 선택 후 이용하기

해커스 HSK 5급 IBT 쓰기 트레이너

이용방법 해커스중국어(china.Hackers.com) 접속 후 로그인 ▶
페이지 상단 [iBT 학습하기 → HSK iBT 쓰기 트레이너] 클릭 ▶ 교재 구매 인증 코드 입력 후 이용하기

해커스 HSK 5급 IBT 모의고사 [교재 수록 1~3회]

이용방법 해커스중국어(china.Hackers.com) 접속 후 로그인 ▶ 페이지 상단 [교재/MP3 → 교재 MP3/자료]
클릭 ▶ 본 교재 내 [실전모의고사 IBT 버전] 클릭 ▶ 교재 구매 인증 코드 입력 후 이용하기

본 교재 인강 30% 할인쿠폰

2E67D4CA4588CC2L · 쿠폰 유효기간: 쿠폰 등록 후 30일

▲ 쿠폰 등록하기

이용방법 해커스중국어(china.Hackers.com) 접속 후 로그인 ▶ 나의강의실 ▶ 내 쿠폰 확인하기 ▶ 쿠폰번호 등록

* 해당 쿠폰은 HSK 5급 단과 강의 구매 시 사용 가능합니다.
* 본 쿠폰은 1회에 한해 등록 가능합니다.
* 이외 쿠폰 관련 문의는 해커스중국어 고객센터(02-537-5000)으로 연락 바랍니다.

해커스 중국어

HSK5급

한 권으로 정복

기본서+실전모의고사

해커스

HSK 최신 출제 경향을 완벽 반영한
해커스 HSK 5급 한 권으로 정복
전면개정 신간을 내면서

그동안 <해커스 HSK 5급 한 권으로 정복> 교재가 베스트셀러 자리를 지킬 수 있었던 것은, 수험생 여러분의 어려움을 해결할 수 있는 방법을 교재에 담아냈고, 그러한 노력이 수험생 여러분께 닿을 수 있었기 때문이었습니다.

이제 해커스 HSK 연구소는, 최근 지속적으로 변화하고 있는 HSK 5급을 학습자들이 충분히 대비하고 단기간에 고득점을 획득하는데 도움을 드리고자, HSK 5급의 최신 출제 경향을 철저히 분석하여 완벽하게 반영한 <해커스 HSK 5급 한 권으로 정복> 전면개정 신간을 출간하게 되었습니다.

최신 출제 경향과 난이도를 완벽 반영한 문제 제공!

HSK 5급의 단기 고득점을 위해서는 최신 출제 경향을 확실하게 파악하고 철저히 대비하는 것이 매우 중요합니다. 이를 위해, 해커스 HSK 연구소는 최신 출제 경향과 난이도를 심도 있게 분석하여 교재 전반에 철저하게 반영했습니다.

실제 시험장에서 그대로 적용 가능한 풀이 전략과
읽기만 해도 정답이 한 눈에 보이는 상세한 해설 제공!

학습할 때 가장 중요한 것은 해설입니다. 정답이 왜 정답인지, 오답은 왜 오답인지 정확히 이해하면서 공부를 해야 실력이 차곡차곡 쌓입니다. <해커스 HSK 5급 한 권으로 정복>은 학습자가 혼자서도 충분히 학습할 수 있도록, 논리적으로 이해할 수 있는 해설을 수록하였습니다.

기본에서 실전까지 한 달 완성!

HSK 5급 듣기, 독해, 쓰기 영역의 핵심 내용을 <핵심전략>으로 학습하고, 부분별 실전테스트&실전모의고사 3회분으로 실전 감각까지 익힐 수 있게 하였습니다. 영역별로 시험에 나올 핵심만 모아 학습함으로써, 한 달이면 개념 이해부터 실전 문제 풀이까지 충분히 가능합니다.

HSK IBT 시험까지 완벽 대비 가능!

최근 많은 수험생들이 HSK IBT 방식으로 시험을 봅니다. 그래서 <해커스 HSK 5급 한 권으로 정복>은 교재에 수록된 실전모의고사 3회분을 실제 시험과 동일한 IBT 방식으로도 풀어볼 수 있게 했습니다. 또한 실제 시험에서 활용할 수 있는 쓰기 2부분 작문 모범 답안을 HSK IBT 쓰기와 동일한 방식으로 컴퓨터에 입력해 보면서, 쓰기 영역과 IBT 시험을 동시에 대비할 수 있게 하였습니다.

<해커스 HSK 5급 한 권으로 정복> 전면개정 신간이 여러분의 단기 고득점 획득에 튼튼한 발판이 되고 중국어 실력 향상은 물론, 여러분의 꿈을 향한 길에 믿음직한 동반자가 되기를 바랍니다.

🐼 CONTENTS

해설집 [별책]

 HSK 5급 핵심어휘집 [별책]

 학습용 / 문제별 분할 / 고사장 소음 버전 MP3
독해 MP3 / 쓰기 MP3 / 핵심어휘집 MP3

 HSK 5급 필수어휘 2500 PDF&MP3
쓰기 2부분 원고지 PDF / 듣기 예제 병음북 PDF
나만의 단어 암기 노트 PDF

 HSK 5급 받아쓰기&쉐도잉 프로그램
해커스 HSK IBT 쓰기 트레이너

*IBT 실전모의고사 3회분 및 모든 MP3/PDF 파일과 학습용 프로그램은
해커스중국어 사이트(china.Hackers.com)에서 무료로 이용 가능합니다.

<해커스 HSK 5급 한 권으로 정복>이 제시하는

단기 고득점 비법!

❋ 하나, 최신 출제 경향을 정확하게 파악하고, 문제풀이 전략을 확실하게 익힌다!

🔍 영역·부분별 최신 출제 경향 파악하기!

최근 HSK 5급에서 자주 출제되는 문제 유형, 출제 비율, 빈출 주제 등을 철저하게 분석하여 알기 쉽도록 정리하였습니다.

♩ 문제풀이 스텝 익히기!

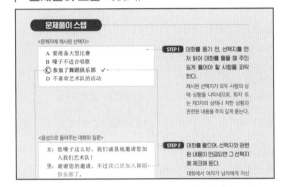

각 영역별 문제를 가장 효과적으로 풀 수 있는 문제풀이 스텝을 제시하였습니다. 실제 시험장에서 그대로 적용 가능한 문제풀이 스텝을 익힘으로써 빠르고 정확한 문제풀이가 가능합니다.

🔑 고득점비책으로 문제별 핵심전략 학습하기!

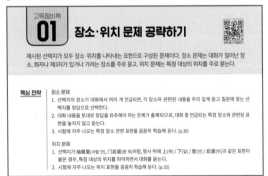

각 부분에서 출제되는 문제 유형을 체계적으로 정리하여 고득점비책으로 구성하였습니다. 각 고득점비책에서는 유형별로 최적화된 핵심 전략을 제시하는데, 이를 통해 학습자는 어려운 문제도 쉽게 해결하는 방법을 학습할 수 있습니다.

☰ 예제로 문제풀이 스텝 바로 적용하기!

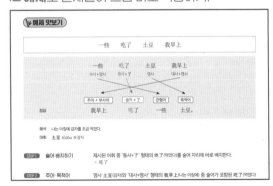

각 고득점비책에는 최신 출제 경향 및 난이도를 그대로 반영한 문제를 예제로 수록하였습니다. 이를 통해 핵심 전략을 실제 문제풀이에 적용하는 방법을 보다 빠르고 쉽게 이해하고, 실전 감각 또한 쌓을 수 있습니다.

❀ 둘, 기본기와 실전 감각을 동시에 쌓는다!

💡 핵심 표현 꼼꼼히 암기하기!

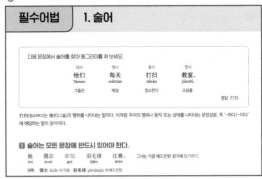

듣기·독해·쓰기 각 영역 정복을 위해 꼭 암기해야 하는 어휘 및 핵심 표현을 제공하여, 학습자가 실제 시험에 완벽히 대비할 수 있도록 하였습니다.

💡 필수어법으로 실력 다지기!

필수어법 | 1. 술어

문제풀이에 꼭 필요한 필수어법을 이해하기 쉽게 정리하여 제공하였습니다. 어법 실력이 점수를 좌우하는 쓰기 영역 뿐만 아니라, 듣기·독해 전 영역에 걸친 전반적인 중국어 실력 향상에 큰 도움이 될 것입니다.

📑 실전연습문제 & 실전테스트로 고득점 실력 굳히기!

각 고득점비책에서 학습한 내용을 실전 형태의 문제들을 통해 탄탄하게 복습할 수 있도록 실전연습문제를 구성하였습니다. 또 각 부분의 학습을 마무리한 후에는 실전테스트를 통하여 모든 유형의 실전 문제들을 풀어봄으로써, 앞서 학습한 내용을 적용하면서 실전에 대비할 수 있도록 하였습니다.

📑 실전모의고사 3회분으로 실전 감각 극대화하기!

최종적으로 실전모의고사 3회분을 풀어봄으로써 실전 감각을 키우고, 자신의 실력도 정확히 예측해 볼 수 있도록 하였습니다. 이로써 학습자들은 실제 시험에서도 당황하지 않고 마음껏 실력을 발휘할 수 있습니다.

(교재에 수록된 실전모의고사 3회분은 해커스중국어(china.Hackers. com)에서 IBT로도 풀어볼 수 있습니다.)

<해커스 HSK 5급 한 권으로 정복>이 제시하는

단기 고득점 비법!

❋ 셋, 상세한 해설을 통한 반복 학습으로 고득점에 대한 자신감을 키운다!

🖉 중국어 문장 구조의 이해를 돕는 해석!

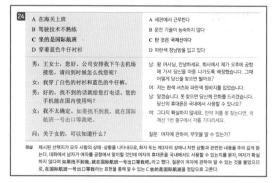

자연스럽지만 직역에 가까운 해석을 수록하여 해석을 통해서도 중국어 문장의 구조를 이해할 수 있도록 하였습니다.

🖉 실제 시험장에서 바로 적용 가능한 해설!

가장 효과적으로 문제를 풀 수 있는 문제풀이 스텝을 기반으로 하여 실제 시험장에서 그대로 적용 가능한 해설을 수록하였습니다. 따라서 어려운 문제도 쉽고 정확하게 해결할 수 있습니다.

🖉 정답과 오답이 명확하게 이해되는 해설!

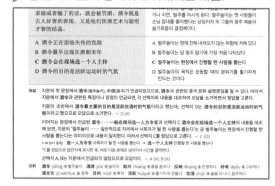

정답 뿐만 아니라 오답에 대한 설명까지 상세히 수록하였습니다. 학습자들이 정답과 오답을 논리적으로 이해할 수 있어 모든 문제를 혼자서도 꼼꼼히 학습할 수 있습니다.

🖉 사전이 필요 없는 어휘 정리!

지문, 스크립트에 사용된 거의 모든 어휘 및 표현을 상세히 정리하여 학습자들이 따로 사전을 찾을 필요 없이 바로바로 학습할 수 있게 하였습니다.

❀ 넷, 해커스만의 다양한 무료 학습 자료를 통해 시험에 보다 철저히 대비한다!

📑 HSK 5급 핵심어휘집 & MP3

각 영역별 빈출 표현 및 어휘, 그리고 쓰기 제2부분 모범 답안을 학습할 수 있도록 구성하였으며, 시험장에도 가져갈 수 있도록 제공하였습니다. 또한, 해커스중국어(china.Hackers.com)에서 무료로 제공하는 MP3와 함께 학습하면 더욱 효과적으로 어휘와 표현을 암기할 수 있습니다.

🎧 학습용 & 문제별 분할 & 고사장 소음 버전 MP3

MP3 음원이 필수인 듣기 뿐만 아니라 독해, 쓰기 영역도 MP3 음원을 제공하여 듣기 실력을 극대화할 수 있습니다. 실전모의고사는 실제 시험장의 감각을 익히도록 고사장 소음 버전 MP3까지 준비했습니다.
(모든 MP3는 '해커스 MP3 플레이어' 앱을 통해 0.5~2.0배까지 0.05배속 단위로, 원하는 배속을 선택하여 들을 수 있습니다.)

🎧 HSK 5급 필수어휘 2500 PDF & MP3

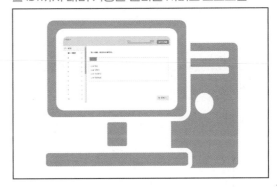

출제기관에서 공식 지정한 HSK 5급 필수어휘 2500개를 5급 추가 필수어휘 1300개와 1~4급 필수어휘 1200개로 구성하여 PDF로 제공합니다. 또한, 무료로 제공하는 필수어휘 2500 단어장 MP3를 들으면서 어휘 암기 효과를 극대화할 수 있도록 하였습니다.

🖥 IBT까지 대비 가능한 온라인 서비스 프로그램

HSK 5급 받아쓰기&쉐도잉 프로그램을 통해 직청직해 능력을 키울 수 있고, 해커스 HSK IBT 쓰기 트레이너를 통해 쓰기2부분의 모범 답안을 실제 IBT 시험처럼 입력해 보는 연습을 할 수 있습니다. 또한 교재에 수록된 실전모의고사 3회분을 IBT 형태로도 제공하여서, IBT 시험까지 완벽 대비할 수 있게 하였습니다.
(모든 온라인 서비스 프로그램은 해커스중국어(china.Hackers.com)에서 무료로 이용하실 수 있습니다.)

HSK 및 HSK 5급 소개

❀ HSK 란?

汉语水平考试(중국어 능력시험)의 한어병음인 Hànyǔ Shuǐpíng Kǎoshì의 앞 글자를 딴 것으로, 제1언어가 중국어가 아닌 사람이 실생활에서 운용하는 중국어 능력을 평가하기 위해 만들어진 중국 정부 유일의 국제 중국어 능력 표준화 고시입니다.

❀ HSK 의 용도

- 국내외 대학(원) 및 특목고 입학·졸업 시 평가 기준
- 중국 정부 장학생 선발 기준
- 각급 업체 및 기관의 채용·승진을 위한 평가 기준

❀ HSK 의 시험 방식

- HSK PBT(Paper-Based Test): 시험지와 OMR 답안지로 진행하는 지필시험
- HSK IBT(Internet-Based Test): 컴퓨터로 진행하는 시험
  * PBT와 IBT 시험 성적은 효력이 동일합니다.

❀ HSK 의 급수 구성

- HSK는 급수별로 응시할 수 있습니다.
- HSK에서 각 급수별로 요구되는 어휘량은 다음과 같습니다.

HSK 급수		어휘량
어려움	HSK 6급	5,000개 이상 (6급 2,500개, 1~5급 2,500개)
	HSK 5급	2,500개 이상 (5급 1,300개, 1~4급 1,200개)
	HSK 4급	1,200개 이상 (4급 600개, 1~3급 600개)
	HSK 3급	600개 이상 (3급 300개, 1~2급 300개)
	HSK 2급	300개 이상 (2급 150개, 1급 150개)
쉬움	HSK 1급	150개 이상

❈ 시험 대상

HSK 5급 시험 대상은 매주 2~4시간씩 2년(총 400시간) 이상 중국어를 학습하고, 2,500개의 상용 어휘와 관련 어법 지식을 마스터한 학습자입니다.

❈ 시험 구성 및 시험 시간

• HSK 5급은 듣기, 독해, 쓰기의 세 영역으로 나뉘며, 총 100문제가 출제됩니다.

• 듣기 영역의 경우, 듣기 시험 시간이 종료된 후 답안 작성 시간 5분이 별도로 주어지며, 독해·쓰기 영역은 별도의 답안 작성 시간이 없으므로 해당 영역 시험 시간에 바로 작성해야 합니다.

시험 내용		문항 수		시험 시간
듣기	제1부분	20	45	약 30분
	제2부분	25		
듣기 영역에 대한 답안 작성 시간				5분
독해	제1부분	15	45	45분
	제2부분	10		
	제3부분	20		
쓰기	제1부분	8	10	40분
	제2부분	2		
합계		100 문항		약 120분

❈ 시험 결과

• HSK 5급 성적표에는 듣기, 독해, 쓰기 세 영역별 점수와 총점이 기재됩니다. 영역별 만점은 100점이며, 따라서 총점은 300점 만점입니다.

• 또한 성적표에는 영역별 점수 및 총점을 기준으로 백분율을 제공하고 있어, 자신의 점수가 상위 몇 %에 속하는지를 확인할 수 있습니다.

HSK PBT 및 IBT 소개

❈ 접수 및 시험 일정

1 인터넷 접수

HSK 한국사무국 홈페이지(http://www.hsk.or.kr)에서 홈페이지 좌측의 [PBT] 또는 [IBT]를 클릭한 후, 홈페이지 중앙의 [인터넷 접수]를 클릭하여 접수합니다.

- 접수 과정: 인터넷 접수 바로가기 → 응시 등급 선택 → 결제 방법 선택 → 고시장 선택 → 개인 정보 입력 → 사진 등록 → 내용 확인 및 결제
- 국내 포털 사이트에서 'HSK 접수'로 검색하면 다른 시험센터에서 고시장을 선택하여 접수 가능합니다.

2 우편 접수

구비 서류를 동봉하여 등기우편으로 접수합니다.

- 구비 서류: 응시원서(사진 1장 부착), 응시 원서에 부착한 사진 외 1장, 응시비 입금 영수증
- 보낼 주소: (06336) 서울시 강남구 강남우체국 사서함 115호 <HSK 한국사무국>

3 방문 접수

준비물을 지참하여 접수처에 방문하여 접수합니다.

- 준비물: 응시원서(사진 1장 부착), 응시 원서에 부착한 사진 외 1장, 응시비
- 접수처: 서울 강남구 강남대로92길 31(역삼동 649-8) 민석빌딩 8층 HSK한국사무국
- 접수 시간: 평일 09:00-12:00, 13:00-18:00(토·일요일, 공휴일 휴무)

4 시험 일정

HSK PBT/IBT는 매달 1회 동일한 일자에 시험이 치뤄지는데, HSK IBT의 경우 1년에 5~7회 추가 시험이 있습니다.

* HSK IBT의 추가 시험 일정은 HSK 한국사무국 홈페이지(http://www.hsk.or.kr)에서 확인할 수 있습니다.

❈ 시험 당일 준비물

- PBT에 응시하는 경우

    수험표   유효한 신분증   2B 연필, 지우개

- IBT에 응시하는 경우

    수험표   유효한 신분증

※ 시험 성적 확인

1 성적 조회

PBT는 시험일로부터 1개월, IBT는 시험일로부터 2주 후부터 중국고시센터(http://www.chinesetest.cn/goquery.do)에서 조회가 가능합니다.

- 성적 조회 과정: HSK 한국사무국 홈페이지 우측의 [성적조회] 클릭 → 페이지 하단의 [성적조회 바로가기] 클릭
- 입력 정보 : 수험 번호, 성명, 인증 번호

  * 수험 번호는 [성적 조회] 페이지 하단의 [수험번호 조회]를 클릭한 후, 한글 이름, 생년월일, 휴대폰 번호, 시험 일자를 입력하면 바로 조회 가능합니다.

2 성적표 수령 방법

- 우편 수령 신청자의 경우, 성적표는 시험일로부터 45일 이후 등기우편으로 발송됩니다.
- 방문 수령 신청자의 경우, 성적표는 시험일로부터 45일 이후, 홈페이지 공지 사항에서 해당 시험일 성적표 발송 공지문을 확인한 후, 신분증을 지참하여 HSK 한국사무국으로 방문하여 수령합니다.

3 성적의 유효 기간

성적은 시험을 본 당일로부터 2년간 유효합니다.

❀ 체크 포인트!

❀ IBT 응시 화면 보기

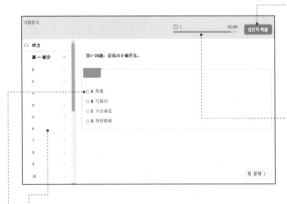

1 시험 진행 중 '답안지 제출' 버튼은 클릭하지 않습니다.

- IBT 시험은 시험 시간이 종료되면 답안지가 자동으로 제출됩니다. 따라서, 시험 종료 시간 전에 문제를 다 풀었더라도 '답안지 제출' 버튼을 미리 클릭하지 않습니다.

2 각 영역별 풀이 시간이 화면에 표시됩니다.

- 화면 우측 상단에 각 영역별로 남은 시간이 표시되기 때문에, 문제를 푸는 중간에 남은 시간을 쉽게 확인할 수 있습니다.

3 문제 번호를 클릭하면, 해당 문제를 바로 볼 수 있습니다.

4 IBT 시험은 화면이 새로고침 될 때 선택지의 순서가 바뀝니다.

- 예를 들어 15번 문제를 풀다가 다시 1번 문제를 클릭했을 때, 선택지의 순서가 바뀌어 있습니다. 하지만, 선택지의 순서가 바뀌더라도 내가 선택한 답에는 아무런 영향을 주지 않으니, 당황하지 않고 문제를 풀면 됩니다.

❀ IBT 유의사항

1 IBT 시험은 필기구와 메모지를 사용할 수 없습니다.

- 시험 중 필기구와 메모지가 소지품으로 발견될 경우, 부정행위로 처리됩니다.

2 각 영역별 풀이 시간이 종료된 후에는 이전 영역으로 돌아갈 수 없습니다.

- HSK 시험은 각 영역별로 풀이 시간이 주어지기 때문에 한 영역을 끝낸 후, 프로그램 상의 풀이 시간이 남았다고 해서 이전 영역으로 돌아가거나, 이후 영역을 미리 볼 수 없습니다.

❀ IBT 5급 FAQ

Q1. HSK 5급 IBT와 PBT, 많이 다르나요?

A . IBT와 PBT는 응시 방식만 다를 뿐, 시험 문제, 난이도, 성적표 양식 모두 동일합니다.

Q2. IBT와 PBT 응시 방식이 다르다는 것은 무슨 의미인가요?

A. IBT는 컴퓨터로 응시하는 인터넷 방식이며, PBT는 종이 시험지로 푸는 지필 방식입니다. 구체적인 응시 방식의 차이는 다음과 같습니다.

구분	IBT(Internet-Based Test)	PBT(Paper-Based Test)
듣기	개인 헤드셋 착용, 본인에게 맞는 음량 크기로 조절 가능	중앙방송을 통한 문제 듣기, 시험지에 체크 및 메모 가능
독해	모니터 화면의 지문을 눈으로만 읽고 문제 풀이	지문에 밑줄 치거나 필요한 부분을 표시하며 문제 풀이
쓰기	병음 입력기 및 필기 인식 기능 사용 가능	원고지 형식의 답안지에 한자로 직접 답안 작성
추가	1. 전 고시장 개별 칸막이 설치 2. 2주 빠른 성적발표일	1. 필기 가능한 종이 시험지와 OMR 답안지 2. IBT보다 저렴한 응시료

Q3. 쓰기 1부분 문장 끝에 마침표(。)나 물음표(?)를 입력해야 하나요?

A. 마침표(。)나 물음표(?)를 입력하지 않아도 됩니다.

• 쓰기 1부분은 제시된 어휘를 드래그하여 문장을 완성하는 형식이며, 문장 부호를 입력하지 않습니다.

Q4. 작문할 때, 앞에 두 칸 띄어써야 하나요?

A. 띄어쓰지 않아도 됩니다.

• 쓰기 2부분 작문 답안을 입력할 때, 화면에 원고지가 제시되지 않기 때문에 작문 시작에 앞서 처음 두 칸을 띄어쓰지 않아도 됩니다.

Q5. sogou 입력기 어떻게 쓰나요?

A. Alt+Shift를 동시에 누르면 sogou 입력기가 활성화되어 중국어 병음 입력이 가능합니다.

• 한국어로 다시 변환하고 싶다면 Alt+Shift를 한 번 더 누르면 되고, sogou 입력기가 활성화된 상태에서 Shift키를 누르면 영문으로 변환됩니다.

Q6. 쓰기 영역을 풀 때, 병음을 모르는 한자는 어떻게 입력해야 하나요?

A. sogou 입력기에서 필기 인식기를 활성화하면 마우스로 원하는 중국어 글자를 직접 입력할 수 있습니다.

• sogou 프로그램 다운로드 / 설치 방법: <pinyin.sogou.com> 사이트 접속 → 立即下载(즉시 다운로드) 버튼 클릭 → 다운로드 → 설치
• 중국어 필기 인식기 사용 방법: sogou 입력기 맨 우측의 사각형 모양 아이콘 클릭 → 手写输入 클릭 및 다운로드 → 연필 모양 아이콘 클릭한 후 사용

Q7. HSK IBT 5급 모의고사를 치를 수 있는 곳이 있나요?

A. 본 교재에 수록된 실전모의고사 3회분을 해커스중국어(china.Hackers.com) 사이트에서 IBT로도 풀어볼 수 있습니다. 추가로, 별도의 무료 IBT 모의고사도 아래 방법으로 이용하실 수 있습니다.

* 이용 방법 : 해커스중국어 → IBT 학습하기 클릭 → HSK IBT 모의고사 무료 클릭 → 무료로 신청하기 클릭

듣기

| **제1,2부분** 대화 | 대화 듣고 질문에 답하기 | 문제풀이 스텝 p.27 |

◎ 1개의 대화와 이와 관련된 1개의 질문을 듣고 정답을 선택하는 형태

　 제1부분은 남녀가 한 번씩 주고받는 대화 형태이며, 제2부분 대화는 남녀가 두 번 주고 받는 대화 형태임.

◎ 총 문항 수: 30문항 [제1부분: 1-20번 / 제2부분 대화: 21-30번]

■ 제1부분

문제지

---

1. A 要准备大型比赛
　 B 嗓子不适合唱歌
　 C 参加了舞蹈俱乐部
　 D 不喜欢艺术队的活动

음성

女：您嗓子这么好，我们诚恳地邀请您加入我们艺术队！
男：谢谢您的邀请，不过我已经加入舞蹈俱乐部了。
....
问：关于男的，可以知道什么？

정답 C

■ 제2부분 대화

문제지

---

21. A 北欧风格
　　 B 现代风格
　　 C 中国风格
　　 D 田园风格

음성

女：咱们家里得好好装修一下了。
男：是啊，你想要什么样的装修风格？
女：北欧风有点儿单调，我还是喜欢有中国特色的古典风。
男：真巧！我和你想到一块去了。
....
问：男的喜欢什么装修风格？

정답 C

| 제2부분 단문 | 단문 듣고 질문에 답하기 | 문제풀이 스텝 p.67 |

◎ 1개의 단문과 이와 관련된 2~3개의 질문을 듣고 정답을 고르는 형태로, 총 6개의 단문에 15개 문제가 출제됨.

◎ 총 문항 수: 15문항 (31-45번)

문제지

31. A 能够制作玫瑰油
    B 果实具有药用价值
    C 叶子适合装饰房间
    D 可以当做动物的饲料

32. A 冬天开花
    B 味道非常特别
    C 不能长时间接触太阳
    D 可以适应条件不好的土壤

음성

第31到32题是根据下面一段话:
　　白玫瑰是一种被子植物，一般在温暖的四到五月开花。它不仅美丽，而且用途广泛。比如说白玫瑰的花朵可以做成玫瑰油和调味料。清香的玫瑰油会帮助睡眠，而特殊的调味料会让食物变得更加精致。白玫瑰的果实富含维他命E，能够直接食用。此外，白玫瑰喜爱阳光，适合在十五到二十五度的地方生长。它适应性很强，在条件较差的土壤中也可以盛开。

31. 问：关于白玫瑰的用途，可以知道什么？
32. 问：白玫瑰有什么样的特点？

정답 31. A　32. D

독해

| 제1부분 | 빈칸 채우기 | 문제풀이 스텝 p.87 |

◎ 지문의 빈칸에 들어갈 적절한 어휘 또는 문장을 보기에서 선택하는 형태로, 총 4개의 지문에서 한 지문에 3~4문제씩 출제됨.

◎ 총 문항 수: 15문항 [46번-60번]

문제지

46-48.

中国戏曲是一种以唱、念、做、打的综合表演为主的戏剧形式。它把诗词、音乐、美术之美融合在一个戏里，___46___自然又统一的效果。它的表现手法丰富，能够给观众展现自身富有魅力的一面。综合性、虚拟性是中国戏曲的主要艺术特征，它们带着传统美学思想，让中国戏曲在文化的舞台上闪耀。

46. A 掌握　　　　　　B 扩大　　　　　　C 产生　　　　　　D 采取

정답 46. C

| 제2부분 | 지문의 내용과 일치하는 선택지 고르기 | 문제풀이 스텝 p.109 |

◎ 지문의 내용과 일치하는 보기를 선택하는 형태.

◎ 총 문항 수: 10문항 [61번-70번]

문제지

---

61. 猫善于爬高，所以当它从高处掉落时，不会被摔死，甚至不会受到一点伤害。那是因为猫调整身体各部位的能力很强，可以很好地控制平衡。假如猫从高处掉下来，它会在靠近地面时立即改变姿势，因此能平稳落地。此外，猫的爪子长着一层厚厚的肉，四个爪子着地时能起到缓解冲击的作用。

A 猫非常善于控制平衡
B 猫爬高是为了寻找快乐
C 猫一不小心就会掉进河里
D 起跳时猫爪子能缓解冲击

정답 61. A

제3부분   지문 읽고 질문에 알맞은 답 고르기

문제풀이 스텝 p.131

◎ 1개의 지문을 읽고 관련된 4개의 질문에 대한 정답을 보기에서 선택하는 형태로, 총 5개 지문에서 20문제 출제됨.

◎ 총 문항 수: 20문항 (71번-90번)

문제지

树叶到了秋天就会变成红色，这是为什么呢？其实答案就在叶子里含有的物质中。现代科学认为，植物中的特殊物质决定了它的颜色。不同的成熟时间和环境都会让这些物质发生变化，造成季节不同，植物色彩就不一样的现象。

花青素就是这样的特殊物质，其结构特点可以改变植物的颜色。实验证明，花青素在酸性环境中呈红色。春天和夏天日照时间长，天气十分温暖，所以树叶在这样的条件下基本不会形成花青素。因此在这个时间段，树叶一直会保持绿色的状态。可是到了秋天，由于气温迅速降低，日照量减少，树叶中的糖分就开始增加，最终促进花青素的形成。由于树叶的内部环境一般是酸性，花青素使树叶变成红色也就是"顺理成章"的事了。

*PBT 시험에서는 흑백으로 보여요!

71. 是什么决定了植物的颜色？
    A 湿度   B 叶子形状
    C 根的粗细   D 特殊物质

72. 研究证明，花青素在酸性环境中：
    A 会消失   B 呈红色
    C 保持绿色   D 不断增加

73. 下列哪项与花青素的形成无关？
    A 气温   B 糖分
    C 果实   D 日照量

74. 根据最后一段，"顺理成章"是指：
    A 顺利解决某件事情   B 自然产生某种结果
    C 能写出一篇好文章   D 想怎么做就怎么做

정답 71. D   72. B   73. C   74. B

쓰기

제1부분	제시된 어휘로 문장 완성하기	문제풀이 스텝 p.161

◎ 제시된 4~6개의 어휘를 어순에 맞게 배치하여 하나의 문장을 완성하는 형태
◎ 총 문항 수 : 8문항 (91번–98번)

문제지

> 91. 为公司　　做出了　　父亲　　贡献　　巨大

정답 父亲为公司做出了巨大贡献。

제2부분	짧은 글쓰기	문제풀이 스텝 p.237

◎ 제시된 5개의 어휘를 모두 사용하여 글을 쓰는 99번 문제와, 제시된 사진을 보고 글을 쓰는 100번 문제 출제임.
◎ 총 문항 수 : 2문항 (99번–100번)

문제지

> 99. 减肥　　合理　　散步　　傍晚　　随时

모범 답안

		我	最	近	每	天	都	会	散	步	。	这	是	为	了
达	到	减	肥	的	目	的	。	虽	然	我	不	能	随	时	出
去	运	动	，	但	傍	晚	散	步	就	已	经	很	有	效	果
了	。	于	是	我	明	白	了	散	步	是	一	种	合	理	又
健	康	的	减	肥	方	式	。	总	而	言	之	，	这	件	事
让	我	知	道	了	运	动	的	重	要	性	。				

문제지

100.

모범 답안

		我	最	近	去	看	过	在	老	家	生	活	的	爷	爷 。
这	是	为	了	和	爷	爷	一	起	度	过	开	心	的	时	间 。
首	先	爷	爷	高	兴	地	迎	接	了	我	，	然	后	又	紧
紧	地	拥	抱	了	我	。	于	是	我	感	受	到	了	爷	爷
对	我	的	爱	。	总	之	，	这	件	事	给	我	留	下	了
幸	福	的	回	忆	。										

나만의 학습 플랜

 40일 학습 플랜 HSK 5급을 처음 시작하거나, HSK 4급 합격 이후 3개월 이상 지난 학습자

• 필수어법으로 기본기를 확고히 다진 후, 듣기 → 쓰기 → 독해 순서로 학습하되, 독해 학습 시 듣기를 복습합니다.
• 30일로 구성된 <HSK 5급 핵심어휘집>으로 듣기·독해·쓰기 핵심어휘를 먼저 2회독 한 후, 쓰기 모범 답안을 암기합니다.

	1일	2일	3일	4일	5일
1주	☐ ___월___일 [쓰기] 필수어법 1-3 [핵심어휘집] 01일	☐ ___월___일 [쓰기] 필수어법 4-6 [핵심어휘집] 02일	☐ ___월___일 [쓰기] 필수어법 7-8 [핵심어휘집] 03일	☐ ___월___일 [쓰기] 필수어법 9-10 [핵심어휘집] 04일	☐ ___월___일 [듣기] 1, 2부분 대화 비책 01 [핵심어휘집] 05일
2주	☐ ___월___일 [듣기] 1, 2부분 대화 비책 02 [핵심어휘집] 06일	☐ ___월___일 [듣기] 1, 2부분 대화 비책 03 [핵심어휘집] 07일	☐ ___월___일 [듣기] 1, 2부분 대화 비책 04 [핵심어휘집] 08일	☐ ___월___일 [듣기] 1, 2부분 대화 비책 05 [핵심어휘집] 09일	☐ ___월___일 [듣기] 1, 2부분 대화 비책 06/실전테스트 [핵심어휘집] 10일
3주	☐ ___월___일 [듣기] 2부분 단문 비책 01 [핵심어휘집] 11일	☐ ___월___일 [듣기] 2부분 단문 비책 02 [핵심어휘집] 12일	☐ ___월___일 [듣기] 2부분 단문 비책 03/실전테스트 [핵심어휘집] 13일	☐ ___월___일 [쓰기] 1부분 비책 01-02 [핵심어휘집] 14일	☐ ___월___일 [쓰기] 1부분 비책 03-04 [핵심어휘집] 15일
4주	☐ ___월___일 [쓰기] 1부분 비책 05-06 [핵심어휘집] 16일	☐ ___월___일 [쓰기] 1부분 비책 07-08 [핵심어휘집] 17일	☐ ___월___일 [쓰기] 1부분 비책 09-10 [핵심어휘집] 18일	☐ ___월___일 [쓰기] 1부분 비책 11-12 [핵심어휘집] 01-03일 복습	☐ ___월___일 [쓰기] 1부분 비책 13/실전테스트 [핵심어휘집] 04-06일 복습
5주	☐ ___월___일 [쓰기] 필수표현 1-2/답안 작성법 [핵심어휘집] 07-09일 복습	☐ ___월___일 [쓰기] 2부분 비책 01 [핵심어휘집] 10-12일 복습	☐ ___월___일 [쓰기] 2부분 비책 02/실전테스트 [핵심어휘집] 13-15일 복습	☐ ___월___일 [독해] 1부분 비책 01 [핵심어휘집] 16-18일 복습 [듣기] 복습 1, 2부분 대화	☐ ___월___일 [독해] 1부분 비책 02/실전테스트 [핵심어휘집] 19일 [듣기] 복습 1, 2부분 대화
6주	☐ ___월___일 [독해] 2부분 비책 01 [핵심어휘집] 20일 [듣기] 복습 1, 2부분 대화	☐ ___월___일 [독해] 2부분 비책 02 [핵심어휘집] 21일 [듣기] 복습 1, 2부분 대화	☐ ___월___일 [독해] 2부분 비책 03 [핵심어휘집] 22일 [듣기] 복습 1, 2부분 대화	☐ ___월___일 [독해] 2부분 비책 04/실전테스트 [핵심어휘집] 23일 [듣기] 복습 1, 2부분 대화	☐ ___월___일 [독해] 3부분 비책 01 [핵심어휘집] 24일 [듣기] 복습 2부분 단문
7주	☐ ___월___일 [독해] 3부분 비책 02 [핵심어휘집] 25일 [듣기] 복습 2부분 단문	☐ ___월___일 [독해] 3부분 비책 03 [핵심어휘집] 26일 [듣기] 복습 2부분 단문	☐ ___월___일 [독해] 3부분 비책 04 [핵심어휘집] 27일 [듣기] 복습 2부분 단문	☐ ___월___일 [독해] 3부분 비책 05/실전테스트 [핵심어휘집] 28일 [듣기] 복습 2부분 단문	☐ ___월___일 실전모의고사 1 [핵심어휘집] 29일 [듣기] 복습 2부분 단문
8주	☐ ___월___일 실전모의고사 1 복습 [핵심어휘집] 30일	☐ ___월___일 실전모의고사 2 [핵심어휘집] 01-05일/19-21일 복습	☐ ___월___일 실전모의고사 2 복습 [핵심어휘집] 06-10일/22-24일 복습	☐ ___월___일 실전모의고사 3 [핵심어휘집] 11-15일/25-27일 복습	☐ ___월___일 실전모의고사 3 복습 [핵심어휘집] 16-20일/28-30일 복습

30일 학습 플랜 HSK 5급 시험을 본 적이 있거나, HSK 4급 합격 후 1개월 이내 5급 공부를 시작한 학습자

- 듣기·독해는 하루씩 번갈아 가며 학습하며, 쓰기는 매일 학습합니다.
- 30일로 구성된 <HSK 5급 핵심어휘집>을 매일 병행 학습하세요.

	1일	2일	3일	4일	5일
1주	☐ ___월___일 [듣기] 1, 2부분 대화 비책 01 [쓰기] 필수어법 1 [핵심어휘집] 01일	☐ ___월___일 [독해] 1부분 비책 01 [쓰기] 필수어법 2 [핵심어휘집] 02일	☐ ___월___일 [듣기] 1, 2부분 대화 비책 02 [쓰기] 필수어법 3 [핵심어휘집] 03일	☐ ___월___일 [독해] 1부분 비책 02 [쓰기] 필수어법 4 [핵심어휘집] 04일	☐ ___월___일 [듣기] 1, 2부분 대화 비책 03 [쓰기] 필수어법 5 [핵심어휘집] 05일
2주	☐ ___월___일 [독해] 1부분 실전테스트 [쓰기] 필수어법 6-7 [핵심어휘집] 06일	☐ ___월___일 [듣기] 1, 2부분 대화 비책 04 [쓰기] 필수어법 8-10 [핵심어휘집] 07일	☐ ___월___일 [독해] 2부분 비책 01 [쓰기] 1부분 비책 01 [핵심어휘집] 08일	☐ ___월___일 [듣기] 1, 2부분 대화 비책 05 [쓰기] 1부분 비책 02 [핵심어휘집] 09일	☐ ___월___일 [독해] 2부분 비책 02 [쓰기] 1부분 비책 03 [핵심어휘집] 10일
3주	☐ ___월___일 [듣기] 1, 2부분 대화 비책 06 [쓰기] 1부분 비책 04 [핵심어휘집] 11일	☐ ___월___일 [독해] 2부분 비책 03 [쓰기] 1부분 비책 05 [핵심어휘집] 12일	☐ ___월___일 [듣기] 1, 2부분 대화 실전테스트 [쓰기] 1부분 비책 06 [핵심어휘집] 13일	☐ ___월___일 [독해] 2부분 비책 04 [쓰기] 1부분 비책 07 [핵심어휘집] 14일	☐ ___월___일 [듣기] 2부분 단문 비책 01 [쓰기] 1부분 비책 08 [핵심어휘집] 15일
4주	☐ ___월___일 [독해] 2부분 실전테스트 [쓰기] 1부분 비책 09 [핵심어휘집] 16일	☐ ___월___일 [듣기] 2부분 단문 비책 02 [쓰기] 1부분 비책 10 [핵심어휘집] 17일	☐ ___월___일 [독해] 3부분 비책 01 [쓰기] 1부분 비책 11 [핵심어휘집] 18일	☐ ___월___일 [듣기] 2부분 단문 비책 03 [쓰기] 1부분 비책 12 [핵심어휘집] 19일	☐ ___월___일 [독해] 3부분 비책 02 [쓰기] 1부분 비책 13 [핵심어휘집] 20일
5주	☐ ___월___일 [듣기] 2부분 단문 실전테스트 [쓰기] 1부분 실전테스트 [핵심어휘집] 21일	☐ ___월___일 [독해] 3부분 비책 03 [쓰기] 필수표현 1-2/ 답안 작성법 [핵심어휘집] 22일	☐ ___월___일 [독해] 3부분 비책 04 [쓰기] 2부분 비책 01 [핵심어휘집] 23일	☐ ___월___일 [독해] 3부분 비책 05 [쓰기] 2부분 비책 02 [핵심어휘집] 24일	☐ ___월___일 [독해] 3부분 실전테스트 [쓰기] 2부분 실전테스트 [핵심어휘집] 25일
6주	☐ ___월___일 실전모의고사 1 [핵심어휘집] 26일	☐ ___월___일 실전모의고사 2 [핵심어휘집] 27일	☐ ___월___일 실전모의고사 3 [핵심어휘집] 28일	☐ ___월___일 실전모의고사 1-2 복습 [핵심어휘집] 29일	☐ ___월___일 실전모의고사 3 복습 [핵심어휘집] 30일

학습 플랜 이용 Tip

- 공부할 날짜를 쓰고, 매일 당일 학습 분량을 공부한 후 박스에 하나씩 체크해 나가며 목표를 달성해 보세요.
- 해커스중국어(china.Hackers.com)에서 무료로 제공하는 나만의 단어 암기 노트 PDF에 모르는 어휘 및 필수 표현을 정리해, 자신만의 암기 노트를 만들어 언제 어디서든 학습해 보세요.

본 교재 동영상강의·무료 학습자료 제공

china.Hackers.com

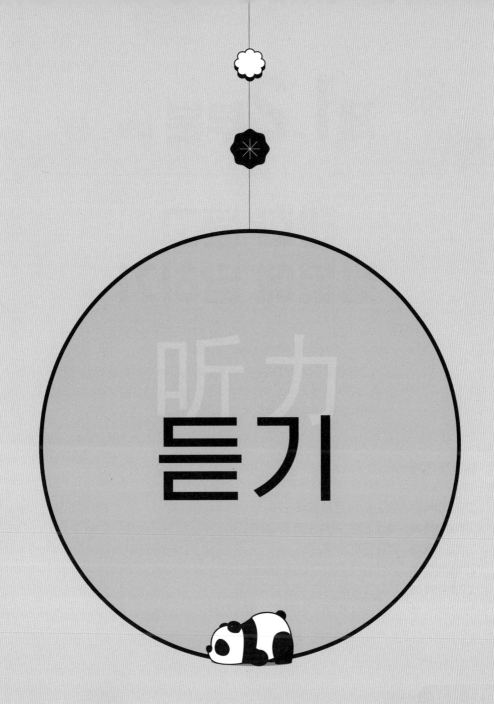

듣기

听力

제1, 2부분 대화
대화 듣고 질문에 답하기

제2부분 단문
단문 듣고 질문에 답하기

제1, 2부분 대화

대화 듣고 질문에 답하기

제1부분과 2부분 대화는, 1개의 대화와 이와 관련된 1개의 질문을 듣고 정답을 선택하는 형태이다. 문제지에는 각 문제마다 4개의 선택지가 제시되고, 대화와 질문은 음성으로만 들려준다. 제1부분은 남녀가 대화를 한 번씩 주고 받고, 1번 ~20번까지 총 20문제가 출제된다. 제2부분 대화는 남녀가 대화를 두 번씩 주고 받고, 21~30번까지 총 10문제가 출제된다.

고득점 공략법 아래와 같은 세부 유형의 문제들이 출제되므로 그 공략법을 잘 익혀 둔다.

고득점비책 01   장소·위치 문제 공략하기
고득점비책 02   직업·신분·관계 문제 공략하기
고득점비책 03   행동 문제 공략하기
고득점비책 04   특정 명사·명사구 문제 공략하기
고득점비책 05   사람의 상태·상황 문제 공략하기
고득점비책 06   특정 대상의 상태·상황 문제 공략하기

출제 경향

1. **일상생활 및 직장생활과 관련된 대화가 출제된다.**

   일상생활과 관련해서는 학업, 여가 생활, 주거, 가정과 관련된 대화가 출제되고, 직장생활과 관련해서는 업무, 회의, 취업 등과 관련된 대화가 출제된다.

2. **상태·상황을 묻는 문제의 출제 빈도가 가장 높다.**

   남녀 화자, 또는 대화에서 언급되는 특정 사람이나 특정 대상의 상태·상황을 묻는 질문이 가장 많이 출제된다. 주로 男的/女的怎么了?(남자/여자는 어떠한가?), 关于那个软件，可以知道什么?(그 소프트웨어에 관하여, 무엇을 알 수 있는가?) 등과 같은 질문이 사용된다.

문제풀이 스텝

<음성으로 들려주는 대화와 질문>

STEP 1 대화를 듣기 전, 선택지를 먼저 읽어 대화를 들을 때 주의 깊게 들어야 할 사항을 파악한다.

<문제지에 제시된 선택지>

A 要准备大型比赛
B 嗓子不适合唱歌
Ⓒ 参加了舞蹈俱乐部 ✓
D 不喜欢艺术队的活动

제시된 선택지가 모두 사람의 상태·상황을 나타내므로, 화자 또는 제3자의 상태나 처한 상황과 관련된 내용을 주의 깊게 듣는다.

<음성으로 들려주는 대화와 질문>

女: 您嗓子这么好，我们诚恳地邀请您加入我们艺术队！
男: 谢谢您的邀请，不过我已经加入舞蹈俱乐部了。

问: 关于男的，可以知道什么？

STEP 2 대화를 들으며, 선택지와 관련된 내용이 언급되면 그 선택지에 체크해 둔다.

대화에서 여자가 남자에게 자신의 예술단에 가입할 것을 요청하자, 남자가 我已经加入舞蹈俱乐部了라고 했으므로, C 参加了舞蹈俱乐部에 체크해 둔다.

STEP 3 대화가 끝난 후, 이어지는 질문을 듣고 정답을 고른다.

질문이 남자에 관하여 알 수 있는 것을 물었으므로, C 参加了舞蹈俱乐部를 정답으로 고른다.

＊바꾸어 표현
加入 가입하다 → 参加 참여하다

해석 해설집 p.2

바로 듣고 학습하기

제시된 선택지가 모두 장소·위치를 나타내는 표현으로 구성된 문제이다. 장소 문제는 대화가 일어난 장소, 화자나 제3자가 있거나 가려는 장소를 주로 묻고, 위치 문제는 특정 대상의 위치를 주로 묻는다.

핵심 전략

장소 문제
1. 선택지의 장소가 대화에서 여러 개 언급되면, 각 장소와 관련된 내용을 주의 깊게 듣고 질문에 맞는 선택지를 정답으로 선택한다.
2. 대화 내용을 토대로 정답을 유추해야 하는 문제가 출제되므로, 대화 중 언급되는 특정 장소와 관련된 표현을 놓치지 않고 듣는다.
3. 시험에 자주 나오는 특정 장소 관련 표현을 꼼꼼히 학습해 둔다. (p.30)

위치 문제
1. 선택지가 抽屉里(서랍 안), 门后面(문 뒤)처럼, 명사 뒤에 上(위) / 下(밑) / 里(안) / 后面(뒤)과 같은 표현이 붙은 경우, 특정 대상의 위치를 파악하면서 대화를 듣는다.
2. 시험에 자주 나오는 위치 표현을 꼼꼼히 학습해 둔다. (p.32)

빈출 질문

🎧 제1,2부분 대화
_1_01_빈출
질문

장소 문제

对话可能发生在哪儿? 대화는 아마도 어디에서 일어날 것인가?

他们可能在哪儿? 그들은 아마도 어디에 있을 것인가?

男的打算去哪儿? 남자는 어디로 갈 계획인가?

他们接下来可能会去什么地方? 그들은 곧이어 아마도 어디로 갈 것인가?

위치 문제

戒指现在在哪儿? 반지는 지금 어디에 있는가?

女的的家在哪里? 여자의 집은 어디에 있는가?

女的把花盆放在哪儿了? 여자는 화분을 어디에 두었는가?

예제 1 제1부분 🎧 제1,2부분 대화_1_02_예제1

A 博物馆	B 加油站	A 박물관	B 주유소
C 滑雪场	D 照相馆	C 스키장	D 사진관

女: 咱们下午的安排是什么？是去滑雪场吗？

男: 我问过导游了，他说下午先去市里最有名的博物馆，然后自由活动。

问: 他们下午打算去哪儿？

여: 우리 오후 계획이 뭐야? 스키장에 가는 건가?

남: 내가 가이드한테 물어봤는데, 그가 오후에 시내에서 가장 유명한 박물관에 먼저 갔다가, 그 다음에 자유롭게 활동한다고 말했어.

질문: 그들은 오후에 어디로 갈 계획인가?

정답 A

해설 제시된 선택지가 모두 장소를 나타내므로, 화자나 제3자가 있는 장소, 또는 가려고 하는 장소가 어디인지를 주의 깊게 듣는다. 대화에서 여자가 咱们下午的安排是什么?라고 묻자, 남자가 下午先去市里最有名的博物馆이라고 했다. 질문이 그들은 오후에 어디로 갈 계획인지를 물었으므로, A 博物馆을 정답으로 고른다. 참고로, 여자가 언급한 滑雪场을 듣고, C를 정답으로 고르지 않도록 주의한다.

어휘 博物馆 bówùguǎn 몡박물관 加油站 jiāyóuzhàn 몡주유소 滑雪场 huáxuěchǎng 몡스키장 照相馆 zhàoxiàngguǎn 몡사진관 咱们 zánmen 떼우리(들) 安排 ānpái 동계획하다, 안배하다 导游 dǎoyóu 몡가이드 自由 zìyóu 톙자유롭다 活动 huódòng 동활동하다

예제 2 제2부분 대화 🎧 제1,2부분 대화_1_03_예제2

A 桌子下	B 书架上	A 탁자 밑	B 책꽂이 위
C 沙发上	D 橱柜里	C 소파 위	D 장식장 안

男: 今天要去图书馆还书，该还的书都整理好了吗？

女: 当然，我把要还的书都提前放在书架上显眼的位置了。

男: 那么出发吧，记得把借书证也带上。

女: 好的，走吧。

问: 女的把整理好的书放在哪儿了？

남: 오늘 도서관에 가서 책을 반납해야 하는데, 반납할 책 다 정리했어?

여: 당연하지, 내가 반납해야 할 책을 미리 책꽂이 위 눈에 잘 띄는 곳에 올려뒀어.

남: 그럼 출발하자, 도서 대출증을 챙겨 가는 것도 잊지 말고.

여: 그래, 가자.

질문: 여자는 정리해 둔 책을 어디에 두었는가?

정답 B

해설 제시된 선택지에 下(밑), 上(위), 里(안)가 사용되었으므로, 특정 대상의 위치를 파악하면서 대화를 듣는다. 대화에서 남자가 반납할 책을 다 정리했는지를 묻자, 여자가 我把要还的书都提前放在书架上显眼的位置了라고 했다. 질문이 여자는 정리해 둔 책을 어디에 두었는지를 물었으므로, B 书架上을 정답으로 고른다.

어휘 书架 shūjià 몡책꽂이 沙发 shāfā 몡소파 橱柜 chúguì 몡장식장 整理 zhěnglǐ 동정리하다 提前 tíqián 동미리 ~하다 显眼 xiǎnyǎn 톙눈에 띄다 位置 wèizhi 몡위치 出发 chūfā 동출발하다 借书证 jièshūzhèng 도서 대출증

■ 시험에 자주 나오는 장소 및 관련 표현 🎧 제1,2부분 대화_1_04_비책 공략하기1

火车站 huǒchēzhàn 기차역	车厢 chēxiāng 명(열차의) 객실, 화물칸	站台 zhàntái 명플랫폼
	列车 lièchē 명열차	座位 zuòwèi 명좌석, 자리
	往返 wǎngfǎn 동왕복하다, 오가다	开往 kāiwǎng 동~를 향하여 출발하다
	返程 fǎnchéng 동되돌아가다	退票 tuìpiào 동표를 환불하다

理发店/美发店 lǐfàdiàn/měifàdiàn 이발소/미용실	发型 fàxíng 명헤어스타일	美妆 měizhuāng 명메이크업
	烫发 tàngfà 동파마하다	理发 lǐfà 동이발하다
	染发 rǎnfà 동염색하다	剪发 jiǎnfà 동머리카락을 자르다
	修整头发 xiūzhěng tóufa 머리카락을 다듬다	

宾馆 bīnguǎn 호텔	服务台 fúwùtái 명안내 데스크	钥匙 yàoshi 명열쇠
	会员卡 huìyuánkǎ 명멤버십 카드	住宿费 zhùsùfèi 명숙박비
	入住 rùzhù 동숙박하다, 체크인하다	交费 jiāofèi 동비용을 지불하다
	退房 tuìfáng 동체크아웃하다	赔偿 péicháng 동배상하다

医院 yīyuàn 병원	病房 bìngfáng 명병실	头疼 tóuténg 명두통
	救护车 jiùhùchē 명구급차	急诊室 jízhěnshì 명응급실
	看护 kānhù 동보살피다, 간호하다	挂号 guàhào 동접수하다
	着凉 zháoliáng 동감기에 걸리다, 한기가 들다	过敏 guòmǐn 동알레르기 반응을 보이다
	恢复 huīfù 동회복하다	探望 tànwàng 동살피다, 문안하다
	打针 dǎzhēn 동주사를 맞다, 주사를 놓다	治疗 zhìliáo 동치료하다
	住院 zhùyuàn 동입원하다	出院 chūyuàn 동퇴원하다
	专家号 zhuānjiāhào 전문의 진료	普通号 pǔtōnghào 일반 진료

机场 jīchǎng 공항	机票 jīpiào 명비행기표	航班 hángbān 명항공편
	海关 hǎiguān 명세관	登机口 dēngjīkǒu 명탑승구
	登机牌 dēngjīpái 명탑승권	免税店 miǎnshuìdiàn 명면세점
	纪念品 jìniànpǐn 명기념품	旅行箱 lǚxíngxiāng 명여행용 캐리어
	行李箱 xínglǐxiāng 명트렁크, 여행용 가방	托运 tuōyùn 동운송을 위탁하다
	改签 gǎiqiān 동비행기표를 변경하다	出国 chūguó 동출국하다

商店/商场 shāngdiàn/shāngchǎng 상점/백화점	□ 价格 jiàgé 몡가격	□ 产品 chǎnpǐn 몡상품
	□ 赠品 zèngpǐn 몡증정품	□ 发票 fāpiào 몡영수증
	□ 收银台 shōuyíntái 몡계산대	□ 实体店 shítǐdiàn 몡오프라인 매장
	□ 推荐 tuījiàn 동추천하다	□ 试穿 shìchuān 동입어 보다
	□ 退货 tuìhuò 동반품하다	□ 优惠活动 yōuhuì huódòng 할인 행사
银行 yínháng 은행	□ 现金 xiànjīn 몡현금	□ 利息 lìxī 몡이자
	□ 账户 zhànghù 몡계좌	□ 汇率 huìlǜ 몡환율
	□ 营业厅 yíngyètīng 몡영업점	□ 理财产品 lǐcái chǎnpǐn 몡재테크 상품
	□ 贷款 dàikuǎn 동대출하다	□ 转账 zhuǎnzhàng 동계좌 이체하다
	□ 汇款 huìkuǎn 동송금하다	□ 取款 qǔkuǎn 동인출하다
屋子 wūzi 방	□ 阳台 yángtái 몡발코니, 베란다	□ 库房 kùfáng 몡창고
	□ 书房 shūfáng 몡서재	□ 厨房 chúfáng 몡주방
	□ 卧室 wòshì 몡침실	
杂志社/报社 zázhìshè/bàoshè 잡지사/신문사	□ 杂志 zázhì 몡잡지	□ 新闻 xīnwén 몡뉴스
	□ 主编 zhǔbiān 몡편집장	□ 材料 cáiliào 몡자료
	□ 编辑 biānjí 동편집하다	□ 出版 chūbǎn 동출판하다, 발행하다
博物馆 bówùguǎn 박물관	□ 文物 wénwù 몡문물	□ 时代 shídài 몡시대
	□ 欣赏 xīnshǎng 동감상하다	□ 收藏 shōucáng 동소장하다
	□ 展览 zhǎnlǎn 동전시하다 몡전시	
邮局 yóujú 우체국	□ 快递 kuàidì 몡택배, 특급 우편	□ 包裹 bāoguǒ 몡소포
	□ 邮编 yóubiān 몡우편 번호	□ 地址 dìzhǐ 몡주소
	□ 收件人 shōujiànrén 몡수취인	□ 寄件人 jìjiànrén 몡발신인
餐厅 cāntīng 식당	□ 菜单 càidān 몡메뉴	□ 口味 kǒuwèi 몡입맛, 맛
	□ 味道 wèidao 몡맛	□ 食物 shíwù 몡음식, 음식물
	□ 油炸 yóuzhá 동기름에 튀기다	□ 结账 jiézhàng 동계산하다, 결산하다
	□ 点菜 diǎncài 동요리를 주문하다	□ 辣 là 형맵다
	□ 清淡 qīngdàn 형담백하다	

기타 장소	□ 酒吧 jiǔbā 명 술집	□ 工厂 gōngchǎng 명 공장
	□ 超市 chāoshì 명 슈퍼마켓	□ 药店 yàodiàn 명 약국
	□ 电台 diàntái 명 라디오 방송국	□ 运动场 yùndòngchǎng 명 운동장
	□ 法院 fǎyuàn 명 법원	□ 体育馆 tǐyùguǎn 명 체육관
	□ 足球场 zúqiúchǎng 명 축구장	□ 滑雪场 huáxuěchǎng 명 스키장
	□ 游乐园 yóulèyuán 명 놀이공원	□ 出版社 chūbǎnshè 명 출판사
	□ 图书馆 túshūguǎn 명 도서관	□ 自习室 zìxíshì 명 자습실
	□ 实验室 shíyànshì 명 실험실	□ 文具店 wénjùdiàn 명 문구점
	□ 家具店 jiājùdiàn 명 가구점	□ 加油站 jiāyóuzhàn 명 주유소
	□ 咖啡厅 kāfēitīng 명 카페	□ 照相馆 zhàoxiàngguǎn 명 사진관
	□ 幼儿园 yòu'éryuán 명 유치원	□ 大使馆 dàshǐguǎn 명 대사관
	□ 宴会厅 yànhuìtīng 연회장	□ 报告厅 bàogàotīng 세미나실
	□ 甜品店 tiánpǐndiàn 디저트 가게	□ 学生宿舍 xuéshēng sùshè 학생 기숙사
	□ 顶楼花园 dǐnglóu huāyuán 옥상 정원	□ 百货商店 bǎihuò shāngdiàn 백화점
	□ 商务中心 shāngwù zhōngxīn 비즈니스 센터	□ 食品专卖店 shípǐn zhuānmàidiàn 식품 전문점

■ 시험에 자주 나오는 위치 표현 🎧 제1,2부분 대화_1_05_비책 공략하기2

실내	□ 椅子上 yǐzi shang 의자 위	□ 书架上 shūjià shang 책꽂이 위
	□ 地毯上 dìtǎn shang 카펫 위	□ 鞋柜上 xiéguì shang 신발장 위
	□ 箱子下 xiāngzi xia 박스 아래	□ 沙发下 shāfā xia 소파 아래
	□ 餐桌下 cānzhuō xia 식탁 아래	□ 床底 chuáng dǐ 침대 밑
	□ 客厅里 kètīng li 거실 안	□ 抽屉里 chōuti li 서랍 안
	□ 橱柜里 chúguì li 장식장 안	□ 袋子里 dàizi li 봉지 안
	□ 枕头左边/右边 zhěntou zuǒbian/yòubian 베개 왼쪽/오른쪽	

실외	□ 院子外 yuànzi wài 정원 밖	□ 校门外 xiàomén wài 교문 밖
	□ 石头周围 shítou zhōuwéi 돌 주위	□ 大楼对面 dàlóu duìmiàn 빌딩 맞은편
	□ 医院斜对面 yīyuàn xiéduìmiàn 병원 대각선 맞은편	□ 门前面/后面 mén qiánmian/hòumian 문 앞/뒤
	□ 健身房附近 jiànshēnfáng fùjìn 헬스장 근처	□ 教学楼旁边 jiàoxuélóu pángbiān 강의실 건물 옆
	□ 操场东边/西边 cāochǎng dōngbian/xībian 운동장 동쪽/서쪽	□ 广场南边/北边 guǎngchǎng nánbian/běibian 광장 남쪽/북쪽

실전연습문제

대화를 듣고 질문에 알맞은 선택지를 고르세요. 🎧 제1,2부분 대화_1_06_실전연습문제

제1부분

1. A 卧室里
   B 阳台上
   C 书房里
   D 客厅里

2. A 医院
   B 宴会厅
   C 运动场
   D 体育馆

3. A 桥底下
   B 操场南边
   C 大楼对面
   D 广场北边

4. A 宾馆
   B 咖啡厅
   C 幼儿园
   D 自习室

5. A 药店
   B 甜品店
   C 百货商店
   D 顶楼花园

6. A 电台
   B 报告厅
   C 图书馆
   D 出版社

제2부분 대화

7. A 超市
   B 法院
   C 餐厅
   D 邮局

8. A 游乐园
   B 足球场
   C 学生宿舍
   D 化学实验室

9. A 地毯上
   B 箱子下
   C 袋子里
   D 椅子上

10. A 公司
    B 机场
    C 免税店
    D 维修店

11. A 门后面
    B 池塘里
    C 竹子旁边
    D 石头周围

12. A 加油站
    B 火车站
    C 商务中心
    D 恒隆商场

정답 해설집 p.2

02 직업·신분·관계 문제 공략하기

바로 듣고 학습하기

제시된 선택지가 모두 직업·신분 또는 인물 간의 관계를 나타내는 표현으로 구성된 문제이다. 직업·신분 문제는 화자나 제3자의 직업·신분을, 관계 문제는 두 화자나 제3자와의 관계가 어떻게 되는지를 주로 묻는다.

핵심 전략

1. 대화 내용을 토대로 화자 또는 제3자의 직업·신분, 또는 인물 간의 관계를 유추하는 문제가 자주 출제되므로, 대화 중 언급되는 직업·신분·관계 표현을 주의 깊게 듣는다.

2. 대화에서 두 개 이상의 직업·신분 표현이 언급되면, 각 표현이 누구와 관련된 내용인지 구분하여 듣고 질문에 알맞은 선택지를 정답으로 고른다.

3. 대화에서 언급되는 妈妈(엄마), 老婆(여보) 등 상대방을 부르는 호칭 표현은 관계를 파악할 수 있는 중요한 단서이므로 놓치지 않고 듣는다.

4. 시험에 자주 나오는 직업·신분·인물 관계 관련 표현을 꼼꼼히 학습해 둔다. (p.36)

빈출 질문

🎧 제1,2부분 대화
_2_01_빈출
질문

男的的职业是什么？ 남자의 직업은 무엇인가?

女的是什么人？ 여자는 어떤 사람인가?

男的从事哪个职业？ 남자는 어떤 직업에 종사하는가?

女的最可能是做什么的？ 여자는 무엇을 하는 사람일 가능성이 가장 큰가?

女的在找谁？ 여자는 누구를 찾고 있는가?

他们最可能是什么关系？ 그들은 어떤 관계일 가능성이 가장 큰가？

🖍 예제 맛보기

예제 1 제1부분 🎧 제1,2부분 대화_2_02_예제1

A 医生	B 警察	A 의사	B 경찰
C 导游	D 导演	C 가이드	D 감독

女：我刚才表现的情绪还可以吗？

男：不太合适，这个镜头可能要重新拍摄。你想，一个人遇到不公平待遇时，会出现刚才那种反应吗？

问：男的最可能是做什么的？

여: 제가 방금 표현한 감정이 괜찮은가요?

남: 그다지 적절하지 않아요, 이 장면은 아마 다시 촬영해야 할 것 같네요. 생각해 보세요, 누군가 불공평한 대우를 맞닥뜨렸을 때 방금과 같은 그런 반응이 나올 것 같나요?

질문: 남자는 무엇을 하는 사람일 가능성이 가장 큰가?

정답　D

해설　제시된 선택지가 모두 직업을 나타내므로, 대화를 들을 때 직업과 관련된 내용을 주의 깊게 듣는다. 대화에서 언급된 **我刚才表现的情绪还可以吗?**와 **不太合适, 这个镜头可能要重新拍摄.**를 토대로 여자는 연기자이고, 남자는 감독임을 유추할 수 있다. 질문이 남자는 무엇을 하는 사람일 가능성이 가장 큰지를 물었으므로, D 导演을 정답으로 고른다.

어휘　**导游** dǎoyóu 몡 가이드　**导演** dǎoyǎn 몡 감독　**表现** biǎoxiàn 통 표현하다　**情绪** qíngxù 몡 감정　**合适** héshì 혱 적절하다
　　　镜头 jìngtóu 몡 장면, (사진기·촬영기 등의) 렌즈　**重新** chóngxīn 튄 다시　**拍摄** pāishè 통 (사진이나 영상을) 촬영하다
　　　公平 gōngpíng 혱 공평하다　**待遇** dàiyù 몡 대우　**出现** chūxiàn 통 나오다　**反应** fǎnyìng 몡 반응

예제 2　제2부분 대화　🎧 제1,2부분 대화_2_03_예제2

A 同事	B 师生	A 동료	B 스승과 제자
C 父女	D 同学	C 아버지와 딸	D 동창

男: 快看看这张合影, 当时咱们一放假就去北京玩儿了。

女: 是啊, 咱们在那儿玩儿得挺开心的, 还拍了很多照片。

男: 咱们毕业已经五年了, 时间过得真快, 不知道小新和李亮现在过得怎么样。

女: 大家都忙着工作, 很难聚在一起, 真是太可惜了。

问: 他们最可能是什么关系?

남: 얼른 이 단체 사진을 좀 봐봐, 그때 우리 방학하자마자 베이징에 놀러 갔잖아.

여: 맞아, 우리 그곳에서 아주 즐겁게 놀았는데, 사진도 많이 찍었어.

남: 우리가 졸업한지 벌써 5년이나 되었네, 시간이 정말 빠르게 지나갔다. 샤오신과 리량은 요즘 어떻게 지내는지 모르겠어.

여: 모두들 일하느라 바쁘고, 함께 모이기도 어려워, 정말 아쉽네.

질문: 그들은 어떤 관계일 가능성이 가장 큰가?

정답　D

해설　제시된 선택지가 모두 인물 간의 관계를 나타내므로, 인물 관계를 파악하면서 대화를 듣는다. 대화에서 언급된 **咱们毕业已经五年了……不知道小新和李亮现在过得怎么样**을 토대로 두 화자는 동창 관계임을 유추할 수 있다. 질문이 그들은 어떤 관계일 가능성이 가장 큰지를 물었으므로, D 同学를 정답으로 고른다.

어휘　**师生** shīshēng 몡 스승과 제자　**合影** héyǐng 몡 단체 사진　**当时** dāngshí 몡 그때, 당시　**咱们** zánmen 떼 우리(들)
　　　放假 fàngjià 통 방학하다　**挺** tǐng 튄 아주　**开心** kāixīn 혱 즐겁다　**拍** pāi 통 (사진이나 영상을) 찍다　**毕业** bìyè 통 졸업하다
　　　聚 jù 통 모이다　**可惜** kěxī 혱 아쉽다

■ 시험에 자주 나오는 직업 · 신분 및 관련 표현 🎧 제1,2부분 대화_2_04_비책 공략하기1

记者 jìzhě 기자	□ 事件 shìjiàn 명사건	□ 专题报道 zhuāntí bàodào 명특집 보도
	□ 采访 cǎifǎng 동인터뷰하다, 취재하다	□ 报道 bàodào 동보도하다 명보도

作家 zuòjiā 작가	□ 作品 zuòpǐn 명작품	□ 文学 wénxué 명문학
	□ 小说 xiǎoshuō 명소설	□ 新作 xīnzuò 명신작, 새로운 작품
	□ 人物 rénwù 명인물	□ 出版社 chūbǎnshè 명출판사
	□ 出版 chūbǎn 동출판하다	□ 发表 fābiǎo 동글을 발표하다

编辑 biānjí 편집자	□ 原稿 yuángǎo 명원고	□ 交 jiāo 동넘기다
	□ 印刷厂 yìnshuāchǎng 인쇄소	□ 截稿日 jiégǎorì 원고 마감일

秘书 mìshū 비서	□ 老板 lǎobǎn 명사장	□ 总裁 zǒngcái 명총재, 대표, 회장
	□ 领导 lǐngdǎo 명대표	□ 商务 shāngwù 명비즈니스
	□ 确认日程 quèrèn rìchéng 일정을 확인하다	□ 安排会议 ānpái huìyì 회의를 준비하다

设计师 shèjìshī 디자이너	□ 服装 fúzhuāng 명의상, 복장	□ 室内 shìnèi 명실내
	□ 样式 yàngshì 명양식, 스타일	□ 产品 chǎnpǐn 명제품
	□ 装修 zhuāngxiū 동인테리어하다, 장식하다	□ 设计 shèjì 동디자인하다

演员/导演 yǎnyuán/dǎoyǎn 연기자/감독	□ 明星 míngxīng 명스타	□ 主角 zhǔjué 명주인공
	□ 角色 juésè 명배역	□ 名气 míngqi 명명성
	□ 镜头 jìngtóu 명장면, 신(scene)	□ 表现 biǎoxiàn 동표현하다 명표현
	□ 表演 biǎoyǎn 동연기하다, 공연하다	□ 拍摄 pāishè 동촬영하다

教授 jiàoshòu 교수	□ 专业 zhuānyè 명전공	□ 课程 kèchéng 명커리큘럼, 교과 과정
	□ 本科 běnkē 명본과, 학부	□ 研究生 yánjiūshēng 명대학원생
	□ 辅导 fǔdǎo 동지도하다	□ 讲课 jiǎngkè 동강의하다

导游 dǎoyóu 여행 가이드	□ 风景 fēngjǐng 명풍경, 경치	□ 景色 jǐngsè 명경치, 풍경
	□ 名胜古迹 míngshènggǔjì 명명승고적	□ 聚 jù 동모이다, 집합하다
	□ 合影 héyǐng 동단체 사진을 찍다 명단체 사진	□ 到齐 dàoqí 동모두 도착하다
	□ 移动 yídòng 동이동하다	□ 随身物品 suíshēn wùpǐn 소지품

교련/운동원 jiàoliàn/yùndòngyuán 코치/운동선수	比赛 bǐsài 몡시합 통시합하다	决赛 juésài 몡결승전
	冠军 guànjūn 몡우승자	世界杯 shìjièbēi 몡월드컵
	奥运会 àoyùnhuì 몡올림픽	赢 yíng 통이기다
	输 shū 통패하다	训练 xùnliàn 통훈련하다
	摔倒 shuāidǎo 통넘어지다	精彩 jīngcǎi 혱훌륭하다, 뛰어나다
	激烈 jīliè 혱치열하다, 격렬하다	

房屋中介 fángwū zhōngjiè 부동산 중개인	合同 hétong 몡계약	面积 miànjī 몡면적
	押金 yājīn 몡보증금	房租 fángzū 몡임대료, 집세
	签字 qiānzì 통서명하다	到期 dàoqī 통만기가 되다

维修工 wéixiūgōng 수리공	零件 língjiàn 몡부속품	工具 gōngjù 몡도구
	设备 shèbèi 몡설비, 시설	家电 jiādiàn 몡가전제품
	毛病 máobìng 몡(물건 등의) 고장, 결함	故障 gùzhàng 몡(기계 등의) 고장
	维修 wéixiū 통수리하다, 정비하다	修理 xiūlǐ 통수리하다, 고치다

기타 직업·신분	警察 jǐngchá 몡경찰	会计 kuàijì 몡회계사
	翻译 fānyì 몡번역가, 통역가	模特 mótè 몡모델
	大夫 dàifu 몡의사	厨师 chúshī 몡요리사
	歌手 gēshǒu 몡가수	律师 lǜshī 몡변호사
	主持人 zhǔchírén 몡사회자, 진행자	工程师 gōngchéngshī 몡엔지니어
	外交官 wàijiāoguān 몡외교관	咨询师 zīxúnshī 몡상담사, 컨설턴트
	学员 xuéyuán 몡수강생	清洁工 qīngjiégōng 몡환경미화원
	员工 yuángōng 몡직원, 사원	经理 jīnglǐ 몡매니저, 지배인
	厂长 chǎngzhǎng 몡공장장	专家 zhuānjiā 몡전문가
	系主任 xìzhǔrèn 몡학과장	管理者 guǎnlǐzhě 몡관리자
	企业家 qǐyèjiā 몡기업가	学校领导 xuéxiào lǐngdǎo 학교 간부
	项目主管 xiàngmù zhǔguǎn 프로젝트 팀장	政府官员 zhèngfǔ guānyuán 정부 관리
	银行职员 yínháng zhíyuán 은행원	人事科长 rénshì kēzhǎng 인사 과장
	客服人员 kèfú rényuán 고객 센터 직원	销售人员 xiāoshòu rényuán 영업 사원
	物理学家 wùlǐxuéjiā 물리학자	心理学家 xīnlǐxuéjiā 심리학자
	宠物医生 chǒngwù yīshēng 수의사	企业培训师 qǐyè péixùnshī 기업 강사

同事 tóngshì 동료	□ 单位 dānwèi 몡직장	□ 部门 bùmén 몡부서
	□ 业务 yèwù 몡업무	□ 欢送会 huānsònghuì 몡환송회
	□ 上班 shàngbān 동출근하다	□ 出差 chūchāi 동출장 가다
同学 tóngxué 동창, 학우	□ 舍友 shèyǒu 몡기숙사 룸메이트	□ 同屋 tóngwū 몡룸메이트(=室友 shìyǒu)
	□ 成绩 chéngjì 몡성적	□ 论文 lùnwén 몡논문
	□ 夏令营 xiàlìngyíng 몡여름 캠프	□ 毕业 bìyè 몡졸업 동졸업하다
	□ 考试 kǎoshì 몡시험 동시험을 보다	□ 放假 fàngjià 동방학하다
夫妻/夫妇 fūqī/fūfù 부부	□ 老公 lǎogōng 몡남편	□ 老婆 lǎopo 몡아내
	□ 宝贝 bǎobèi 몡보배, 귀염둥이	□ 玩具 wánjù 몡장난감
	□ 幼儿园 yòu'éryuán 몡유치원	□ 怀孕 huáiyùn 동임신하다
亲戚 qīnqi 친척	□ 姥姥 lǎolao 몡외할머니(=外婆 wàipó)	□ 舅舅 jiùjiu 몡외삼촌
	□ 外公 wàigōng 몡외할아버지	□ 孙子 sūnzi 몡손자
	□ 孙女 sūnnǚ 몡손녀	
父母 fùmǔ 부모	□ 父亲 fùqīn 몡부친	□ 母亲 mǔqīn 몡모친
	□ 母女 mǔnǚ 몡어머니와 딸	□ 母子 mǔzǐ 몡어머니와 아들
	□ 父女 fùnǚ 몡아버지와 딸	□ 父子 fùzǐ 몡아버지와 아들
	□ 兄妹 xiōngmèi 몡오빠와 여동생	□ 兄弟 xiōngdì 몡형제
	□ 姐妹 jiěmèi 몡자매	
기타 인물 관계	□ 朋友 péngyou 몡친구	□ 邻居 línjū 몡이웃
	□ 恋人 liànrén 몡연인	□ 师生 shīshēng 스승과 제자
	□ 教练和运动员 jiàoliàn hé yùndòngyuán 코치와 운동선수	□ 售货员和顾客 shòuhuòyuán hé gùkè 판매원과 고객
	□ 房东和租户 fángdōng hé zūhù 집주인과 세입자	□ 老板和员工 lǎobǎn hé yuángōng 사장과 직원
	□ 医生和病人 yīshēng hé bìngrén 의사와 환자	□ 老师和学生 lǎoshī hé xuésheng 선생님과 학생

실전연습문제

대화를 듣고 질문에 알맞은 선택지를 고르세요. 🎧 제1,2부분 대화_2_06_실전연습문제

제1부분

1. A 魏厂长
   B 李大夫
   C 张经理
   D 董总裁

2. A 老板
   B 秘书
   C 会计师
   D 运动员

3. A 兄妹
   B 邻居
   C 舍友
   D 师生

4. A 作家
   B 教练
   C 外交官
   D 酒店厨师

5. A 中介
   B 编辑
   C 律师
   D 歌手

6. A 系主任
   B 人事科长
   C 项目主管
   D 文学老师

제2부분 대화

7. A 翻译
   B 教授
   C 记者
   D 模特

8. A 老师和学生
   B 医生和病人
   C 老板和员工
   D 售货员和顾客

9. A 朋友
   B 夫妻
   C 父女
   D 亲戚

10. A 建筑师
    B 工程师
    C 法律专家
    D 科研人员

11. A 恋人
    B 同学
    C 同事
    D 兄弟

12. A 专业演员
    B 兼职律师
    C 室内设计师
    D 铁路工程师

정답 해설집 p.7

03 행동 문제 공략하기

바로 듣고 학습하기

제시된 선택지가 모두 행동과 관련된 동사(+목적어)로 구성된 문제이다. 화자나 제3자가 현재 하고 있는 행동, 앞으로 하려는 행동, 과거에 했던 행동을 주로 묻는다.

핵심 전략

1. 각 선택지의 동사에 표시를 해 두고, 대화를 들을 때 표시해 둔 동사와 관련된 내용을 주의 깊게 듣는다.
2. 대화에서 **想/要/打算**(~하려고 한다) 다음에 화자가 하려는 행동이 언급되므로 특히 주의 깊게 듣는다.
3. 대화에서 제안/요청의 내용이 언급되면, 그 내용이 자주 정답의 단서가 되므로 특히 주의 깊게 듣는다.
4. 대화에서 **现在**(현재)/**昨天**(어제)/**明天**(내일)/**刚才**(방금)와 같이 특정 시점 표현이 언급되면, 그때 화자가 하는 행동을 주의 깊게 듣는다.
5. 시험에 자주 나오는 상황별 행동 관련 표현을 꼼꼼히 학습해 둔다. (p.42)

빈출 질문

🎧 제1,2부분 대화
_3_01_빈출
질문

女的正在做什么？ 여자는 현재 무엇을 하고 있는가?

男的昨天做什么了？ 남자는 어제 무엇을 했는가?

女的刚才做了什么？ 여자는 방금 무엇을 했는가?

他们打算做什么？ 그들은 무엇을 할 계획인가?

男的接下来要干什么？ 남자는 이어서 무엇을 할 것인가?

女的提醒男的做什么？ 여자는 남자에게 무엇을 하라고 일깨워 주었는가?

男的建议女的做什么？ 남자는 여자에게 무엇을 하라고 제안했는가?

🎋 예제 맛보기

예제 1 제1부분 🎧 제1,2부분 대화_3_02_예제1

A 找人打扫房间	A 방을 청소할 사람을 찾는다
B 准备入住酒店	B 호텔에 숙박할 준비를 한다
C 办理退房手续	C 체크아웃 수속을 밟는다
D 登记客户信息	D 고객 정보를 등록한다

女：你好，我的房间是302，我现在要退房。
男：好的，请稍等，我们马上检查房间，如果
　　一切正常，就给您退押金。

问：女的正在做什么？

여: 안녕하세요, 제 방은 302이고, 지금 체크아웃 하겠습니다.
남: 네, 잠시만 기다려 주세요. 저희가 바로 방을 점검하고, 모든
　　것이 정상이면, 보증금을 돌려드리겠습니다.

질문: 여자는 현재 무엇을 하고 있는가?

정답 C

해설 제시된 선택지가 모두 행동과 관련된 동사로 구성된 문제이므로, 화자 또는 제3자의 행동과 관련된 내용을 주의 깊게 듣는다. 대화에서 여자가 **我的房间是302，我现在要退房**이라고 하자, 남자가 알겠다고 했다. 질문이 여자는 현재 무엇을 하고 있는지를 물었으므로, **我现在要退房**이라는 표현을 통해 알 수 있는 C **办理退房手续**를 정답으로 고른다.

어휘 **入住** rùzhù [동] 숙박하다, 체크인하다 **办理** bànlǐ [동] (수속을) 밟다 **退房手续** tuìfáng shǒuxù 체크아웃 수속 **登记** dēngjì [동] 등록하다 **客户** kèhù [명] 고객 **信息** xìnxī [명] 정보 **稍等** shāoděng [동] 잠시 기다리다 **一切** yíqiè [대] 모든 것 **正常** zhèngcháng [형] 정상이다 **退** tuì [동] 돌려주다 **押金** yājīn [명] 보증금

예제 2 제2부분 대화 🎧 제1,2부분 대화_3_03_예제2

A 做实验　　B 报名讲座 C 查询成绩　　D 申请交换生	A 실험을 한다　　B 강의를 등록한다 C 성적을 조회한다　　D 교환 학생을 신청한다
男：我想在网上申请周教授的讲座，听说很多人都想去听呢。 女：是啊，我刚才报名的时候，只剩二十个名额了。 男：哎呀，我忘记校园网的密码了，试了三次都不对。 女：那你只能到管理中心页面重新设置密码了。	남: 나는 온라인으로 저우 교수님의 강의를 신청하려고 하는데, 많은 사람이 가서 듣고 싶어 한다고 하네. 여: 맞아, 내가 방금 등록할 때, 정원이 20명밖에 안 남았더라고. 남: 아이고, 나 캠퍼스 네트워크의 비밀번호를 잊어버렸어, 세 번 시도했는데 다 틀려. 여: 그러면 관리 센터 페이지로 가서 비밀번호를 다시 설정할 수밖에 없어.
问：男的打算做什么？	질문: 남자는 무엇을 할 계획인가?

정답 B

해설 제시된 선택지가 모두 행동과 관련된 동사로 구성된 문제이므로, 화자 또는 제3자의 행동과 관련된 내용을 주의 깊게 듣는다. 대화에서 남자가 **我想在网上申请周教授的讲座**라고 하자, 여자가 자신이 방금 등록할 때 정원이 몇 명 남지 않았다고 했다. 질문이 남자는 무엇을 할 계획인지를 물었으므로, B **报名讲座**를 정답으로 고른다.

* 바꾸어 표현 **申请讲座** 강의를 신청하다 → **报名讲座** 강의를 등록하다

어휘 **实验** shíyàn [명] 실험 **报名** bàomíng [동] 등록하다 **讲座** jiǎngzuò [명] 강의 **查询** cháxún [동] 조회하다 **申请** shēnqǐng [동] 신청하다 **交换生** jiāohuànshēng 교환 학생 **教授** jiàoshòu [명] 교수 **名额** míng'é [명] 정원, 인원 수 **哎呀** āiyā [감] 아이고[놀라움을 나타냄] **校园网** xiàoyuánwǎng 캠퍼스 네트워크 **密码** mìmǎ [명] 비밀번호 **管理中心** guǎnlǐ zhōngxīn 관리 센터 **页面** yèmiàn [명] 웹 페이지 **重新** chóngxīn [부] 다시 **设置** shèzhì [동] 설정하다

🎋 비책 공략하기

■ 시험에 자주 나오는 상황별 행동 관련 표현 🎧 제1,2부분 대화_3_04_비책 공략하기

진료		
	□ 看病 kànbìng 동진료를 받다, 진찰하다	□ 看望 kànwàng 동병문안 가다
	□ 住院 zhùyuàn 동입원하다	□ 出院 chūyuàn 동퇴원하다
	□ 挂号 guàhào 동접수하다	□ 开药 kāi yào 약을 처방하다
	□ 做手术 zuò shǒushù 수술하다	□ 治病 zhìbìng 병을 치료하다

학업		
	□ 培训 péixùn 동양성하다, 육성하다	□ 参考 cānkǎo 동참고하다
	□ 请教 qǐngjiào 동가르침을 청하다	□ 积累 jīlěi 동누적하다, 축적하다
	□ 讨论 tǎolùn 동토론하다	□ 发言 fāyán 동발언하다
	□ 借书 jièshū 동책을 빌리다	□ 掌握 zhǎngwò 동파악하다, 장악하다
	□ 听讲座 tīng jiǎngzuò 강의를 듣다	□ 交论文 jiāo lùnwén 논문을 제출하다
	□ 查成绩 chá chéngjì 성적을 조회하다	□ 做实验 zuò shíyàn 실험을 하다
	□ 去夏令营 qù xiàlìngyíng 여름 캠프에 가다	□ 复印材料 fùyìn cáiliào 자료를 복사하다
	□ 考研究生 kǎo yánjiūshēng 대학원생 시험을 치르다	□ 填申请表 tián shēnqǐngbiǎo 신청서를 작성하다
	□ 参加辩论赛 cānjiā biànlùnsài 토론 대회에 참가하다	□ 当交换生 dāng jiāohuànshēng 교환 학생이 되다

구직		
	□ 应聘 yìngpìn 동지원하다	□ 求职 qiúzhí 동직업을 구하다
	□ 面试 miànshì 동면접시험을 보다 명면접시험	□ 录取 lùqǔ 동채용하다, 고용하다
	□ 写简历 xiě jiǎnlì 이력서를 쓰다	□ 找兼职 zhǎo jiānzhí 아르바이트를 찾다
	□ 换工作 huàn gōngzuò 일자리를 바꾸다, 이직하다	□ 投简历 tóu jiǎnlì 이력서를 보내다
	□ 贴照片 tiē zhàopiàn 사진을 붙이다	

컴퓨터		
	□ 换零件 huàn língjiàn 부품을 교체하다	□ 安装系统 ānzhuāng xìtǒng 시스템을 설치하다
	□ 设置密码 shèzhì mìmǎ 비밀번호를 설정하다	□ 注册账号 zhùcè zhànghào 계정을 만들다
	□ 保存文件 bǎocún wénjiàn 파일을 저장하다	□ 恢复数据 huīfù shùjù 데이터를 복구하다
	□ 登录网站 dēnglù wǎngzhàn 웹사이트에 로그인하다	□ 下载软件 xiàzài ruǎnjiàn 소프트웨어를 다운로드하다
	□ 浏览网站 liúlǎn wǎngzhàn 웹 사이트를 둘러보다	

업무			
辞职 cízhí 동 사직하다, 직장을 그만두다		出差 chūchāi 동 출장 가다	
耽误 dānwu 동 지체하다		记录 jìlù 동 기록하다, 적다	
分配 fēnpèi 동 분배하다		签合同 qiān hétong 계약하다	
查资料 chá zīliào 자료를 찾다		领工资 lǐng gōngzī 월급을 수령하다	
发传真 fā chuánzhēn 팩스를 보내다		打印材料 dǎyìn cáiliào 자료를 인쇄하다	
打印文件 dǎyìn wénjiàn 서류를 인쇄하다		处理业务 chǔlǐ yèwù 업무를 처리하다	
主持会议 zhǔchí huìyì 회의를 진행하다		招待客人 zhāodài kèrén 손님을 접대하다	
检查设备 jiǎnchá shèbèi 장비를 검사하다		通知开会 tōngzhī kāihuì 회의를 통지하다	
重视项目 zhòngshì xiàngmù 업무를 중시하다		进军海外 jìnjūn hǎiwài 해외에 진출하다	
开发新业务 kāifā xīnyèwù 신규 사업을 개발하다			

여가 활동			
钓鱼 diàoyú 동 낚시하다		爬山 páshān 동 등산하다	
下棋 xiàqí 동 장기(바둑)를 두다		拍照 pāizhào 동 사진을 찍다	
游览 yóulǎn 동 유람하다		参观 cānguān 동 참관하다, 견학하다	
弹钢琴 tán gāngqín 피아노를 치다		看戏剧 kàn xìjù 희극을 보다	
看展览 kàn zhǎnlǎn 전시회를 보다		放鞭炮 fàng biānpào 폭죽을 터뜨리다	
去海边 qù hǎibiān 바닷가에 가다		去旅行 qù lǚxíng 여행을 가다	
拍合影 pāi héyǐng 단체 사진을 찍다		组织活动 zǔzhī huódòng 행사를 조직하다	

집안일			
浇水 jiāoshuǐ 동 물을 주다		收拾 shōushi 동 정리하다, 정돈하다	
维修 wéixiū 동 수리하다		打碎 dǎsuì 동 부수다	
洗碗 xǐ wǎn 설거지하다		刷墙 shuā qiáng 벽을 칠하다	
换锁 huàn suǒ 자물쇠를 바꾸다		做家务 zuò jiāwù 집안일을 하다	
洗衣服 xǐ yīfu 옷을 빨다, 빨래하다		晒衣服 shài yīfu 빨래를 널다	
擦玻璃 cā bōli 유리를 닦다		包饺子 bāo jiǎozi 만두를 빚다	
关窗户 guān chuānghu 창문을 닫다		搬家具 bān jiājù 가구를 옮기다	
铺地毯 pū dìtǎn 카펫을 깔다		扔垃圾 rēng lājī 쓰레기를 버리다	
装饰房子 zhuāngshì fángzi 집을 장식하다		打扫房间 dǎsǎo fángjiān 방을 청소하다	
保持清洁 bǎochí qīngjié 청결을 유지하다		拉上窗帘 lāshang chuānglián 커튼을 치다	

교통			
踩油门 cǎi yóumén 액셀을 밟다		考驾照 kǎo jiàzhào 운전면허 시험을 보다	
买单程票 mǎi dānchéngpiào 편도표를 사다		骑摩托车 qí mótuōchē 오토바이를 타다	
坐长途汽车 zuò chángtúqìchē 시외버스를 타다		预订火车票 yùdìng huǒchēpiào 기차표를 예매하다	

일상생활	□ 租房 zūfáng 圖 (집을) 임대하다	□ 出租 chūzū 圖 세를 놓다, 세주다
	□ 兑换 duìhuàn 圖 환전하다, 현금으로 바꾸다	□ 咨询 zīxún 圖 자문하다, 물어보다
	□ 充电 chōngdiàn 圖 충전하다	□ 洗车 xǐchē 圖 세차하다
	□ 调低 tiáodī 圖 (조절하여) 낮추다	□ 求婚 qiúhūn 圖 청혼하다, 프러포즈하다
	□ 戴口罩 dài kǒuzhào 마스크를 쓰다	□ 爬楼梯 pá lóutī 계단을 오르다
	□ 寄包裹 jì bāoguǒ 택배를 부치다	□ 回老家 huí lǎojiā 고향으로 돌아가다
	□ 订外卖 dìng wàimài 배달 음식을 시키다	□ 买玩具 mǎi wánjù 장난감을 사다
	□ 办手续 bàn shǒuxù 수속을 하다	□ 发红包 fā hóngbāo 세뱃돈을 주다
	□ 发信息 fā xìnxī 메시지를 보내다	□ 办理护照 bànlǐ hùzhào 여권을 발급하다
	□ 取消约定 qǔxiāo yuēdìng 약속을 취소하다	□ 推迟计划 tuīchí jìhuà 계획을 뒤로 미루다
	□ 参加婚礼 cānjiā hūnlǐ 결혼식에 참석하다	□ 出席晚宴 chūxí wǎnyàn 저녁 연회에 참석하다
	□ 出席聚会 chūxí jùhuì 모임에 참석하다	□ 搬到新家 bāndào xīn jiā 새 집으로 이사하다
	□ 看望儿女 kànwàng érnǚ 자녀를 보러 가다	□ 营造气氛 yíngzào qìfēn 분위기를 조성하다
	□ 办结婚手续 bàn jiéhūn shǒuxù 결혼 절차를 밟다	
쇼핑	□ 逛街 guàngjiē 圖 쇼핑하다	□ 购买 gòumǎi 圖 구매하다, 사다
	□ 挑选 tiāoxuǎn 圖 고르다	□ 结账 jiézhàng 圖 계산하다
	□ 刷卡 shuākǎ 圖 카드로 결제하다	□ 付款 fùkuǎn 圖 돈을 지불하다
	□ 退货 tuìhuò 圖 반품하다	□ 试穿 shìchuān 圖 입어 보다
	□ 开发票 kāi fāpiào 영수증을 발행하다	
운동	□ 健身 jiànshēn 圖 몸을 건강하게 하다	□ 锻炼 duànliàn 圖 단련하다
	□ 减肥 jiǎnféi 圖 살을 빼다, 다이어트하다	□ 射击 shèjī 圖 사격하다
	□ 滑冰 huábīng 圖 스케이트를 타다	□ 滑雪 huáxuě 圖 스키를 타다
	□ 跳绳 tiàoshéng 圖 줄넘기를 하다	□ 散步 sànbù 圖 산책하다
	□ 骑马 qí mǎ 말을 타다	□ 观看马拉松 guānkàn mǎlāsōng 마라톤을 관람하다

대화를 듣고 질문에 알맞은 선택지를 고르세요. 🎧 제1,2부분 대화_3_05_실전연습문제

제1부분

1. A 打印材料
   B 投资项目
   C 待在会议室
   D 做会议记录

2. A 回老家
   B 去旅行
   C 放松心情
   D 照顾家人

3. A 明天出去晒太阳
   B 看天气预报后再洗
   C 等雨停了再洗衣服
   D 把衣服送去洗衣店

4. A 减少消费
   B 把点心扔掉
   C 不购买零食
   D 买有营养的食物

5. A 保存文件
   B 下载软件
   C 修理电脑
   D 删除信息

6. A 放鞭炮
   B 领身份证
   C 请朋友喝酒
   D 办结婚手续

제2부분 대화

7. A 退货
   B 拿衣服
   C 买围巾
   D 挑选项链

8. A 旅游
   B 治病
   C 出席宴会
   D 看望女儿

9. A 去医院看病
   B 先购买保险
   C 回家多休息几天
   D 到附近的药店拿药

10. A 在家里闲着
    B 去北京旅游
    C 学会做网站
    D 参加夏令营

11. A 采访学生
    B 复印材料
    C 处理文件
    D 进行演讲

12. A 去滑冰
    B 学习骑马
    C 一起上射击课
    D 做好玩儿的事情

정답 해설집 p.12

제시된 선택지가 모두 특정 명사 또는 명사구로 구성된 문제이다. 대화의 주제나 중심 소재 또는 대화에서 언급되는 특정 세부 사항과 관련된 것을 묻는다.

핵심 전략

1. 대화를 들을 때, 대화의 주제나 중심 소재를 파악하면서 각 선택지와 관련된 내용을 주의 깊게 듣는다.
2. 여러 개의 선택지가 대화에서 자주 그대로 언급되므로, 각 선택지와 관련된 내용을 주의 깊게 듣고 질문에 맞는 선택지를 정답으로 고른다.
3. 선택지가 특정 시점, 날짜로 구성된 경우, 정답이 자주 그대로 언급되므로 대화에서 들리는 시점, 날짜 표현을 선택지에 바로 체크해 둔다.
4. 시험에 자주 나오는 명사·명사구 표현을 꼼꼼히 학습해 둔다. (p.48)

빈출 질문

🎧 제1,2부분 대화
_4_01_빈출
질문

他们在谈什么? 그들은 무엇을 이야기하고 있는가?

男的想看什么书? 남자는 어떤 책을 읽고 싶어 하는가?

女的在哪个部门工作? 여자는 어느 부서에서 근무하는가?

男的哪儿不舒服? 남자는 어디가 불편한가?

女的什么时候去旅游? 여자는 언제 여행을 가는가?

男的接下来需要提供什么材料? 남자는 이어서 어떤 자료를 제공할 필요가 있는가?

女的接下来可能会找什么? 여자는 이어서 아마도 무엇을 찾을 것인가?

🌾 예제 맛보기

예제 1 제1부분 🎧 제1,2부분 대화_4_02_예제1

A 银行利息	B 网络贷款	A 은행 이자	B 온라인 대출
C 外汇汇率	D 转账手续费	C 외환 환율	D 이체 수수료

女: 小张, 你申请过网络贷款吗? 很多人都说利息比银行贷款低。

男: 我没申请过, 但听说所有手续都是在网上办理的, 这可靠吗?

问: 他们在谈什么?

여: 샤오장, 너는 온라인 대출을 신청해 본 적이 있니? 많은 사람들이 다 이자가 은행 대출보다 낮다고 말하더라.

남: 나는 신청해 본 적이 없어. 하지만 듣자 하니 모든 수속을 온라인에서 밟는다고 하던데, 이게 믿을 만하니?

질문: 그들은 무엇을 이야기하고 있는가?

정답　B

해설　제시된 선택지가 모두 명사구이므로, 대화의 주제나 중심 소재 및 각 선택지와 관련된 내용을 주의 깊게 듣는다. 대화에서 여자가 남자에게 **申请过网络贷款**?라고 묻자, 남자가 신청해 본 적이 없다고 답했다. 질문이 그들은 무엇을 이야기하고 있는지를 물었으므로, B 网络贷款을 정답으로 고른다.

어휘　**利息** lìxī 몡 이자　**网络** wǎngluò 몡 온라인　**贷款** dàikuǎn 몡 대출　**外汇** wàihuì 몡 외환　**汇率** huìlǜ 몡 환율
　　　　转账 zhuǎnzhàng 통 이체하다　**手续费** shǒuxùfèi 몡 수수료　**申请** shēnqǐng 통 신청하다　**低** dī 톙 (높이·등급·정도 등이) 낮다
　　　　手续 shǒuxù 몡 수속　**办理** bànlǐ 통 (수속을) 밟다　**可靠** kěkào 톙 믿을 만하다

예제 2　제2부분 대화　🎧 제1,2부분 대화_4_03_예제2

A 早晨	B 傍晚	A 아침	B 저녁 무렵
C 中午	D 深夜	C 정오	D 심야

男：高铁票终于买到了，不过我只抢到深夜的，而且是两张二等座。

女：我俩的座位是连在一起的吗？

男：不是，离得有点儿远，一个在三号车厢，一个在十号。

女：没关系，现在票这么难买，有座位就不错了，辛苦你了。

问：男的买了什么时候的票？

남: 고속 철도 표 드디어 샀어, 근데 나는 겨우 심야 것으로 구했고, 게다가 이등석 두 장이야.

여: 우리 둘의 좌석이 같이 이어진 거야?

남: 아니, 좀 멀리 떨어져 있어, 하나는 3호 객실에 있고, 하나는 10호에 있어.

여: 괜찮아, 지금 표를 이렇게 사기 어려운데, 좌석이 있는 것만으로도 좋지, 고생했어.

질문: 남자는 언제의 표를 샀는가?

정답　D

해설　제시된 선택지가 모두 특정 시점을 나타내므로, 대화를 들을 때 시점과 관련된 내용을 주의 깊게 듣는다. 대화에서 남자가 고속 철도 표를 드디어 샀는데, **不过我只抢到深夜的**라고 하자, 여자가 괜찮다고 했다. 질문이 남자는 언제의 표를 샀는지를 물었으므로, D 深夜를 정답으로 고른다.

어휘　**早晨** zǎochén 몡 아침　**傍晚** bàngwǎn 몡 저녁 무렵　**深夜** shēnyè 몡 심야　**高铁票** gāotiěpiào 고속 철도 표
　　　　抢到 qiǎngdào 구하다, 손에 넣다　**二等座** èrděngzuò 이등석　**座位** zuòwèi 몡 좌석　**连** lián 통 이어지다
　　　　车厢 chēxiāng 몡 (열차의) 객실

🎋 비책 공략하기

■ **시험에 자주 나오는 특정 명사·명사구 표현** 🎧 제1,2부분 대화_4_04_비책 공략하기

학교/학업		
	教材 jiàocái 몡교재	教育 jiàoyù 몡교육
	课程 kèchéng 몡교과 과정, 커리큘럼	准考证 zhǔnkǎozhèng 몡수험표
	学历 xuélì 몡학력	社团 shètuán 몡동아리
	奖学金 jiǎngxuéjīn 몡장학금	辅导 fǔdǎo 동(학습을) 도우며 지도하다
	毕业证明书 bìyè zhèngmíngshū 졸업 증명서	播音社 bōyīnshè 방송 동아리
	舞蹈社 wǔdǎoshè 춤 동아리	武术社 wǔshùshè 무술 동아리
	表演社 biǎoyǎnshè 연기 동아리	辩论社 biànlùnshè 토론 동아리
	文章结构 wénzhāng jiégòu 글의 구성	学校设施 xuéxiào shèshī 학교 시설
	学校网站 xuéxiào wǎngzhàn 학교 웹사이트	考试范围 kǎoshì fànwéi 시험 범위
	参考资料 cānkǎo zīliào 참고 자료	学习软件 xuéxí ruǎnjiàn 학습용 프로그램
	学习状况 xuéxí zhuàngkuàng 학습 상황	志愿者经历 zhìyuànzhě jīnglì 자원봉사자 경험

패션/미용		
	项链 xiàngliàn 몡목걸이	耳环 ěrhuán 몡귀고리
	戒指 jièzhi 몡반지	梳子 shūzi 몡빗
	围巾 wéijīn 몡목도리, 스카프	服装 fúzhuāng 몡복장
	外套 wàitào 몡외투	毛衣 máoyī 몡스웨터

여가/여행		
	爱好 àihào 몡취미	象棋 xiàngqí 몡장기
	钢琴 gāngqín 몡피아노	乐器 yuèqì 몡악기
	护照 hùzhào 몡여권	机票 jīpiào 몡비행기 표
	建筑 jiànzhù 몡건축물	高铁票 gāotiěpiào 고속 철도 표
	出国手续 chūguó shǒuxù 출국 수속	钓鱼工具 diàoyú gōngjù 낚시 도구
	志愿活动 zhìyuàn huódòng 자원봉사 활동	

금융		
	现金 xiànjīn 몡현금	股票 gǔpiào 몡주식, 증권
	利息 lìxī 몡이자	汇率 huìlǜ 몡환율
	外汇 wàihuì 몡외환	基金 jījīn 몡펀드, 기금
	企业保险 qǐyè bǎoxiǎn 기업 보험	贷款手续 dàikuǎn shǒuxù 대출 절차
	投资利润 tóuzī lìrùn 투자 이익	银行卡信息 yínhángkǎ xìnxī 은행 카드 정보
	转账手续费 zhuǎnzhàng shǒuxùfèi 이체 수수료	

컴퓨터/인터넷/휴대폰	鼠标 shǔbiāo 몡마우스	键盘 jiànpán 몡키보드
	充电器 chōngdiànqì 몡충전기	网址 wǎngzhǐ 몡웹 사이트 주소
	营业厅 yíngyètīng 몡영업점	套餐 tàocān 몡요금제
	官网 guānwǎng 몡공식 사이트	杀毒软件 shādú ruǎnjiàn 몡백신 소프트웨어
	大数据 dàshùjù 빅 데이터	网络用语 wǎngluò yòngyǔ 인터넷 용어
	网络状况 wǎngluò zhuàngkuàng 인터넷 상태	手机话费 shǒujī huàfèi 휴대폰 통화 요금
	付费方式 fùfèi fāngshì 요금을 내는 방식	手机信号 shǒujī xìnhào 휴대폰 신호

구직/회사/업무	学历 xuélì 몡학력	经历 jīnglì 몡경력, 경험
	业务 yèwù 몡업무	成就 chéngjiù 몡성과
	贸易 màoyì 몡무역	合同 hétong 몡계약
	项目 xiàngmù 몡프로젝트	文件夹 wénjiànjiā 몡서류철
	证明 zhèngmíng 몡증명서, 증서	销售部 xiāoshòubù 판매 부서
	宣传部 xuānchuánbù 홍보 부서	总务部 zǒngwùbù 총무 부서
	市场营销部 shìchǎng yíngxiāobù 마케팅 부서	实习证明 shíxí zhèngmíng 실습 증명서
	实习期间 shíxí qījiān 수습 기간	日程安排 rìchéng ānpái 스케줄
	数据统计 shùjù tǒngjì 데이터 통계	商务合作 shāngwù hézuò 비즈니스 협력
	工作经历 gōngzuò jīnglì 업무 경험, 근무 경험	客户资料 kèhù zīliào 고객 자료
	宣传方案 xuānchuán fāng'àn 홍보 방안	工作待遇 gōngzuò dàiyù 근무 대우
	合同期限 hétong qīxiàn 계약 기간	营业许可证 yíngyè xǔkězhèng 영업 허가증

공연/영화	开幕式 kāimùshì 몡개막식	宴会 yànhuì 몡연회
	色彩 sècǎi 몡색채	喜剧片 xǐjùpiàn 몡코미디
	动画片 dònghuàpiàn 몡애니메이션	纪录片 jìlùpiàn 몡다큐멘터리
	地方戏 dìfāngxì 몡지방극	戏剧表演 xìjù biǎoyǎn 희극 공연
	古代神话 gǔdài shénhuà 고대 신화	故事结局 gùshi jiéjú 이야기 결말

사람의 신체	眼睛 yǎnjing 몡눈	脖子 bózi 몡목
	眉毛 méimao 몡눈썹	嗓子 sǎngzi 몡목구멍
	胳膊 gēbo 몡팔	腰 yāo 몡허리
	心脏 xīnzàng 몡심장	胃 wèi 몡위장

자연/날씨	气温 qìwēn 몡기온	气候 qìhòu 몡기후
	温度 wēndù 몡온도	零上 língshàng 몡영상[섭씨 0℃ 이상]
	零下 língxià 몡영하[섭씨 0℃ 이하]	雷阵雨 léizhènyǔ 몡천둥과 번개를 동반한 소나기

음식	□ 点心 diǎnxin 몡 간식	□ 零食 língshí 몡 군것질거리, 주전부리
	□ 饼干 bǐnggān 몡 과자	□ 蛋糕 dàngāo 몡 케이크
	□ 冰激凌 bīngjīlíng 몡 아이스크림(=冰淇淋 bīngqílín)	□ 香肠 xiāngcháng 몡 소시지
	□ 馒头 mántou 몡 찐빵	□ 炒饭 chǎofàn 몡 볶음밥
	□ 辣椒 làjiāo 몡 고추	□ 土豆 tǔdòu 몡 감자
	□ 臭豆腐 chòudòufu 몡 취두부	□ 海鲜 hǎixiān 몡 해산물
	□ 粮食 liángshi 몡 식량, 곡물	□ 全麦面包 quánmài miànbāo 통밀빵
	□ 食物搭配 shíwù dāpèi 음식 궁합	□ 特色小吃 tèsè xiǎochī 특색 요리
날짜	□ 前天 qiántiān 몡 그저께	□ 后天 hòutiān 몡 모레
	□ 周日 zhōurì 몡 일요일(= 礼拜天 lǐbàitiān)	□ 本周 běnzhōu 몡 이번 주
	□ 上旬 shàngxún 몡 상순	□ 中旬 zhōngxún 몡 중순
	□ 下旬 xiàxún 몡 하순	□ 月底 yuèdǐ 몡 월말
	□ 提前两天 tíqián liǎng tiān 이틀 앞당기다	□ 推迟一天 tuīchí yì tiān 하루 미루다
시점/시간	□ 凌晨 língchén 몡 이른 새벽	□ 早晨 zǎochén 몡 아침
	□ 中午 zhōngwǔ 몡 정오, 점심	□ 傍晚 bàngwǎn 몡 저녁 무렵
	□ 深夜 shēnyè 몡 심야	□ 夜间 yèjiān 몡 야간
	□ 八点一刻 bā diǎn yí kè 8시 15분	□ 九点整 jiǔ diǎn zhěng 9시 정각
	□ 一个礼拜 yí ge lǐbài 일주일	
중국 명절	□ 国庆节 Guóqìngjié 고유 국경절[양력 10월 1일]	□ 中秋节 Zhōngqiūjié 고유 중추절[음력 8월 15일]
	□ 春节 Chūnjié 고유 춘절[음력 1월 1일]	□ 元旦 Yuándàn 고유 원단[양력 1월 1일]
	□ 除夕 chúxī 몡 섣달 그믐날[음력 12월의 마지막 날]	

실전연습문제

대화를 듣고 질문에 알맞은 선택지를 고르세요. 🎧 제1,2부분 대화_4_05_실전연습문제

제1부분

1. A 这个月底
   B 五月下旬
   C 本月中旬
   D 下个月上旬

2. A 婚姻证明
   B 财产证明
   C 保险证明
   D 身份证明

3. A 现金
   B 基金
   C 股票
   D 黄金

4. A 护照
   B 机票
   C 钥匙
   D 驾照

5. A 元旦
   B 春节
   C 中秋节
   D 国庆节

6. A 化学实验
   B 学校风景
   C 学校设施
   D 音乐表演

제2부분 대화

7. A 老师的态度
   B 子女的教育
   C 附近的体育馆
   D 辅导班的位置

8. A 眼睛
   B 脖子
   C 心脏
   D 嗓子

9. A 生产部
   B 宣传部
   C 人事部
   D 销售部

10. A 录音设备
    B 电脑程序
    C 网络状况
    D 手机信号

11. A 个人贷款
    B 商标使用权
    C 国家奖学金
    D 营业许可证

12. A 半年
    B 三天
    C 一个月
    D 一个礼拜

정답 해설집 p.18

05 사람의 상태·상황 문제 공략하기

바로 듣고 학습하기

제시된 선택지가 모두 사람의 상태나 상황을 나타내는 표현으로 구성된 문제이다. 화자 또는 제3자의 상태나 처한 상황이 어떤지를 주로 묻는다.

핵심 전략

1. 대화에서 화자 또는 제3자의 상태나 처한 상황과 관련된 내용이 언급되면 주의 깊게 듣는다.
2. 선택지가 사람의 태도나 감정을 나타내는 어휘일 경우, 대화 내용을 토대로 정답을 유추하는 문제가 자주 출제되므로, 대화에서 언급되는 심리 또는 상태와 관련된 내용을 주의 깊게 듣는다.
3. 대화에서 언급된 사람의 상태·상황 관련 표현이 정답에서 의미가 같은 다른 표현으로 바뀌어 제시되기로 하므로, 관련된 표현을 꼼꼼히 익혀 둔다. (p.54)
4. 시험에 자주 나오는 어투·감정·태도 표현을 꼼꼼히 학습해 둔다. (p.55)

빈출 질문

🎧 제1,2부분 대화
_5_01_빈출
질문

关于女的，可以知道什么？ 여자에 관하여, 무엇을 알 수 있는가?

关于男的，下列哪项正确？ 남자에 관하여, 다음 중 옳은 것은?

男的怎么了？ 남자는 어떠한가?

女的是什么意思？ 여자의 말은 무슨 의미인가?

女的为什么不吃海鲜？ 여자는 왜 해산물을 먹지 않는가?

男的是什么态度/语气？ 남자는 어떤 태도/어투인가?

女的现在可能是什么心情？ 여자는 지금 아마도 어떤 기분인가?

男的汉语说得怎么样？ 남자는 중국어를 말하는 것이 어떠한가?

🎋 예제 맛보기

[예제 1] 제1부분 🎧 제1,2부분 대화_5_02_예제1

A 脖子又受伤了	A 목을 또 다쳤다
B 曾经学过中医	B 이전에 중의학을 배운 적이 있다
C 教别人太极拳	C 다른 사람에게 태극권을 가르친다
D 肩膀不再疼了	D 어깨가 더는 아프지 않다

女：爷爷，您怎么不跳舞，改打太极拳了？

男：最近老毛病又犯了，肩膀疼得越来越厉害。所以我就按照医生的建议打打太极拳，现在感觉已经全好了。

问：关于爷爷，可以知道什么？

여: 할아버지, 왜 춤을 안 추시고, 태극권을 하는 것으로 바꾸셨어요?

남: 요즘 고질병이 또 재발해서, 어깨가 갈수록 더 심하게 아프더구나. 그래서 나는 의사 선생님의 제안에 따라 태극권을 했는데, 이제는 다 나은 것 같구나.

질문: 할아버지에 관하여, 무엇을 알 수 있는가?

정답   D

해설   제시된 선택지가 모두 사람의 상태·상황을 나타내므로, 화자 또는 제3자의 상태나 처한 상황과 관련된 내용을 주의 깊게 듣는다. 대화에서 여자가 남자를 할아버지라고 부르며 왜 태극권을 하는 것으로 바꾸셨냐고 묻자, 남자가 의사 선생님의 제안에 따라 태극권을 했고, 现在感觉已经全好了라고 답했다. 질문이 할아버지에 관하여 알 수 있는 것을 물었으므로, D 肩膀不再疼了를 정답으로 고른다.

   * 바꾸어 표현   全好了 다 나았다 → 不再疼了 더는 아프지 않다

어휘   脖子 bózi 몡목   受伤 shòushāng 통다치다   曾经 céngjīng 뷔이전에   中医 zhōngyī 몡중의학[중국 전통 의학]
      太极拳 tàijíquán 몡태극권   肩膀 jiānbǎng 몡어깨   老毛病 lǎomáobìng 몡고질병   犯 fàn 통재발하다   厉害 lìhai 톙심하다
      按照 ànzhào 꽤~에 따라   建议 jiànyì 몡제안   感觉 gǎnjué 통느끼다

[예제 2]   제2부분 대화   🎧 제1,2부분 대화_5_03_예제2

| A 拒绝 | B 感激 | A 거절한다 | B 감사를 느낀다 |
| C 安慰 | D 责备 | C 위로한다 | D 꾸짖는다 |

| 男：张太太，多亏您当时把我妈妈送到医院接
　　受治疗，现在她的病情开始稳定下来了。
女：别客气，困难的时候应该要互相帮助。什
　　么时候能出院？
男：医生说她还需要住院多观察几天。
女：她会慢慢儿好起来的，你也不要太担心
　　了。 | 남: 장 아주머니, 당신이 그때 제 어머니를 병원으로 보내 치료를 받게 해 주신 덕분에, 지금 그녀의 병세가 안정되기 시작했어요.
여: 별말씀요, 어려울 때 당연히 서로 도와야 하는걸요. 언제 퇴원할 수 있나요?
남: 의사 선생님이 그녀는 입원해서 며칠 더 살펴봐야 한다고 말씀하셨어요.
여: 그녀는 천천히 좋아질 거예요, 당신도 너무 걱정하지 말아요. |
| 问：男的对女的是什么态度？ | 질문: 남자는 여자에게 어떤 태도인가? |

정답   B

해설   제시된 선택지가 모두 사람의 태도를 나타내므로, 대화에서 언급되는 화자 또는 제3자의 어투·태도와 관련된 내용을 주의 깊게 듣는다. 대화에서 남자가 여자에게 多亏您当时把我妈妈送到医院接受治疗해서, 지금 그녀의 병세가 안정되기 시작했다고 말했다. 질문이 남자는 여자에 대해 어떤 태도인지를 물었으므로, 多亏您라는 표현을 통해 유추할 수 있는 B 感激를 정답으로 고른다. 참고로, 여자가 언급한 你也不要太担心了를 듣고, C 安慰를 정답으로 고르지 않도록 주의한다.

어휘   拒绝 jùjué 통거절하다   感激 gǎnjī 통감사를 느끼다, 감격하다   安慰 ānwèi 통위로하다   责备 zébèi 통꾸짖다
      太太 tàitai 몡아주머니   多亏 duōkuī 통덕분이다   接受 jiēshòu 통받다   治疗 zhìliáo 통치료하다   病情 bìngqíng 몡병세
      稳定 wěndìng 톙안정적이다   别客气 biékèqi 별말씀요   困难 kùnnan 톙어렵다   出院 chūyuàn 통퇴원하다
      住院 zhùyuàn 통입원하다   观察 guānchá 통살펴보다, 관찰하다

시험에 자주 나오는 사람의 상태·상황 관련 바꾸어 쓰이는 표현 🎧 제1,2부분 대화_5_04_비책 공략하기1

粗心 cūxīn 꼼꼼하지 못하다	→	马虎 mǎhu 부주의하다
着凉 zháoliáng 감기 걸리다, 한기가 들다	→	感冒 gǎnmào 감기에 걸리다
有本领 yǒu běnlǐng 재능이 있다	→	有能力 yǒu nénglì 능력이 있다
特别淘气 tèbié táoqì 아주 장난이 심하다	→	很调皮 hěn tiáopí 매우 장난스럽다
缺乏经验 quēfá jīngyàn 경험이 결핍되다	→	经验不足 jīngyàn bùzú 경험이 부족하다
锻炼身体 duànliàn shēntǐ 몸을 단련하다	→	健身 jiànshēn 몸을 건강하게 하다
全好了 quán hǎo le 다 나았다	→	不再疼了 bú zài téng le 더는 아프지 않다
一夜没睡 yí yè méi shuì 밤새 잠을 못 자다	→	熬夜了 áoyè le 밤을 새다
胃口不好 wèikǒu bù hǎo 입맛이 없다	→	没有食欲 méiyǒu shíyù 식욕이 없다
坚持到底 jiānchí dàodǐ 끝까지 버티다	→	坚持下去 jiānchí xiàqu 계속해서 버티다
善于沟通 shànyú gōutōng 소통을 잘하다	→	善于交流 shànyú jiāoliú 커뮤니케이션을 잘하다
立即付诸行动 lìjí fùzhū xíngdòng 즉시 행동에 옮기다	→	行动力强 xíngdònglì qiáng 행동력이 강하다
搞错时间 gǎocuò shíjiān 시간을 착각하다	→	记错时间 jìcuò shíjiān 시간을 잘못 기억하다
被大学录取了 bèi dàxué lùqǔ le 대학에 뽑히다	→	考上大学 kǎoshàng dàxué 대학에 합격하다
很有把握 hěn yǒu bǎwò 확신이 있다	→	很有自信 hěn yǒu zìxìn 자신이 있다
有了更深刻的了解 yǒule gèng shēnkè de liǎojiě 더 깊이 이해하게 되었다	→	了解加深了 liǎojiě jiāshēn le 이해가 깊어졌다
吵得根本睡不着 chǎo de gēnběn shuì bu zháo 시끄러워서 도무지 잠을 잘 수 없다	→	睡眠不足 shuìmián bùzú 수면이 부족하다
尽全力 jìn quánlì 전력을 다하다	→	尽最大的努力 jìn zuì dà de nǔlì 최선의 노력을 다하다
住在上海 zhù zài Shànghǎi 상하이에서 살다	→	在上海生活 zài Shànghǎi shēnghuó 상하이에서 생활하다
座位靠窗 zuòwèi kào chuāng 좌석이 창가 쪽이다	→	座位在窗户边上 zuòwèi zài chuānghu biān shang 좌석이 창가에 있다

☐ 没抢到火车票 méi qiǎngdào huǒchēpiào 기차표를 못 구했다	→	☐ 没买到火车票 méi mǎidào huǒchēpiào 기차표를 사지 못했다	
☐ 难免会紧张 nánmiǎn huì jǐnzhāng 긴장하기 마련이다	→	☐ 紧张是不可避免的 jǐnzhāng shì bùkě bìmiǎn de 긴장하는 것은 불가피하다	
☐ 何必这么客气呢 hébì zhème kèqi ne? 이렇게까지 예의를 차릴 필요가 있는가?	→	☐ 不必这么客气 búbì zhème kèqi 이렇게 예의를 차릴 필요는 없다	

시험에 자주 나오는 어투·감정·태도 및 관련 표현 🎧 제1,2부분 대화_5_05_비책 공략하기2

开心 kāixīn 즐겁다	☐ 兴奋 xīngfèn 휑흥분하다 ☐ 高兴 gāoxìng 휑기쁘다, 즐겁다 ☐ 好极了 hǎo jíle 정말 좋다		☐ 激动 jīdòng 휑감격하다, (감정이) 흥분되다 ☐ 愉快 yúkuài 휑유쾌하다, 기분이 좋다 ☐ 这么巧 zhème qiǎo 이런 우연이 있다니
感激 gǎnjī 감사를 느끼다	☐ 感谢 gǎnxiè 동감사하다 ☐ 多亏 duōkuī 동덕분이다		☐ 致谢 zhìxiè 동감사의 뜻을 나타내다
同意 tóngyì 동의하다	☐ 赞成 zànchéng 동찬성하다, 동의하다 ☐ 支持 zhīchí 동지지하다		☐ 答应 dāying 동동의하다, 허락하다
称赞 chēngzàn 칭찬하다	☐ 表扬 biǎoyáng 동칭찬하다 ☐ 不错啊 búcuò a 괜찮네		☐ 鼓励 gǔlì 동격려하다 ☐ 您过奖了 nín guòjiǎng le 과찬의 말씀이십니다
吃惊 chījīng 놀라다	☐ 居然 jūrán 부놀랍게도 ☐ 意外 yìwài 휑의외이다 ☐ 没想到 méi xiǎngdào 생각지도 못했어 ☐ 不会吧 búhuì ba 아니겠지, 그럴 리 없어		☐ 竟然 jìngrán 부뜻밖에도, 의외로 ☐ 出乎意料 chūhū yìliào 성뜻밖이다 ☐ 真的吗? zhēn de ma? 진짜야? ☐ 真的无法相信 zhēn de wúfǎ xiāngxìn 정말 믿을 수가 없어
担心 dānxīn 걱정하다	☐ 发愁 fāchóu 동근심하다 ☐ 放心不下 fàngxīn bú xià 마음을 놓을 수 없다 ☐ 放心吧 fàngxīn ba 걱정하지 마		☐ 别操心了 bié cāoxīn le 마음을 졸이지 말아라 ☐ 不用紧张 bú yòng jǐnzhāng 긴장할 필요 없어
生气 shēngqì 화내다	☐ 不满 bùmǎn 휑불만족하다 ☐ 发脾气 fā píqi 화내다, 성질 부리다		☐ 讨厌 tǎoyàn 동싫어하다 ☐ 不耐烦 bú nàifán 짜증나다

反对 fǎnduì 반대하다	□ 拒绝 jùjué 图 거절하다	□ 否定 fǒudìng 图 부정하다
	□ 不同意 bù tóngyì 동의하지 않는다	□ 不这么认为 bú zhème rènwéi 그렇게 생각하지 않는다
责备 zébèi 탓하다, 책망하다	□ 批评 pīpíng 图 나무라다, 비판하다	□ 抱怨 bàoyuàn 图 원망하다
	□ 犯错误 fàn cuòwù 잘못을 저지르다, 실수를 하다	
기타 감정·태도	□ 谦虚 qiānxū 圈 겸손하다	□ 惭愧 cánkuì 圈 부끄럽다, 면목이 없다
	□ 后悔 hòuhuǐ 图 후회하다	□ 羡慕 xiànmù 图 부러워하다
	□ 犹豫 yóuyù 圈 주저하다, 망설이다	□ 不安 bù'ān 圈 불안하다
	□ 冷淡 lěngdàn 圈 냉담하다, 차갑다	□ 难过 nánguò 圈 괴롭다, 슬프다
	□ 珍惜 zhēnxī 图 소중히 여기다, 아끼다	□ 不介意 bú jièyì 개의치 않는다
	□ 不在乎 bú zàihu 마음에 두지 않다	

대화를 듣고 질문에 알맞은 선택지를 고르세요. 🎧 제1,2부분 대화_5_06_실전연습문제

제1부분

1. A 脾气一直很好
   B 原来不太想结婚
   C 没有以前温柔了
   D 对太太非常体贴

2. A 支持
   B 认同
   C 不关心
   D 不同意

3. A 不必这么客气
   B 不怕自己吃亏
   C 女的不太懂礼貌
   D 自己靠种小麦养家

4. A 女的学习导演专业
   B 男的想看经典电影
   C 男的经常看纪录片
   D 女的希望成为演员

5. A 喝酒喝醉了
   B 记错时间了
   C 不想当球迷了
   D 和朋友吵架了

6. A 冷淡
   B 鼓励
   C 否定
   D 吃惊

제2부분 대화

7. A 坐错了位置
   B 座位是靠窗的
   C 喜欢一个人出门
   D 想跟男的借晕车药

8. A 睡眠不足
   B 工作太累了
   C 睡得比较早
   D 经常和邻居沟通

9. A 非常棒
   B 比较普通
   C 发音不好
   D 有一些错误

10. A 怕自行车被弄脏
    B 希望女的坐地铁
    C 对女的不太信任
    D 担心女的的安全

11. A 考上大学了
    B 作品获大奖了
    C 得到了一笔奖金
    D 想放弃自己的梦想

12. A 赞成
    B 不满
    C 感激
    D 无所谓

정답 해설집 p.23

06 특정 대상의 상태·상황 문제 공략하기

제시된 선택지가 사람이 아닌 특정 대상의 상태·상황을 나타내는 표현으로 구성된 문제이다. 특정 대상의 상태, 또는 특정 대상에 대한 화자의 견해를 주로 묻는다.

핵심 전략

1. 대화에서 화자 중 한 명이 특정 대상과 관련하여 질문을 하면, 다른 화자의 답변을 주의 깊게 듣는다.
2. 선택지가 모두 특정 대상에 대한 견해이면, 대화에서 화자가 언급하는 의견을 주의 깊게 듣는다.
3. 대화에서 언급된 특정 대상의 상태·상황 표현이 정답에서 의미가 같은 다른 표현으로 바뀌어 제시되기도 하므로, 관련된 표현을 꼼꼼히 익혀 둔다. (p.59)

빈출 질문

🎧 제1,2부분 대화
_6_01_빈출
질문

关于这家店，可以知道什么？ 이 상점에 관하여, 무엇을 알 수 있는가?

男的觉得那家餐厅怎么样？ 남자는 그 레스토랑이 어떻다고 생각하는가?

女的为什么买了这条裤子？ 여자는 왜 이 바지를 샀는가?

最近几天天气怎么样？ 최근 요 며칠 날씨는 어떠한가?

根据对话，可以知道什么？ 대화에 근거하여, 무엇을 알 수 있는가?

根据对话，下列哪项正确？ 대화에 근거하여, 다음 중 옳은 것은?

🎋 예제 맛보기

예제1 제1부분 🎧 제1,2부분 대화_6_02_예제1

| A 里面有违禁品 | B 被送错地方了 | A 안에 금지품이 들어 있다 | B 잘못된 곳으로 보내졌다 |
| C 被退给寄件人了 | D 超过规定的重量了 | C 발신인에게 반송되었다 | D 규정된 중량을 넘겼다 |

女：我前天寄出去的包裹怎么被退回来了？	여: 제가 그저께 보낸 소포가 어째서 반송되어 왔죠?
男：你写错收件地址了，也没有写电话号码，快递公司只能退给寄件人了。	남: 수령할 주소를 잘못 쓰셨고, 전화번호도 안 쓰셔서, 택배 회사가 발신인에게 반송할 수밖에 없었어요.
问：关于那个包裹，可以知道什么？	질문: 그 소포에 관하여, 무엇을 알 수 있는가?

정답 C

해설 제시된 선택지가 모두 특정 대상의 상태·상황을 나타내므로, 이와 관련된 내용을 주의 깊게 듣는다. 대화에서 여자가 我前天寄出去的包裹怎么被退回来了?라고 묻자, 남자가 수령할 주소가 잘못 써 있고, 전화번호도 안 쓰여 있어서, 快递公司只能退给寄件人了라고 답했다. 질문이 그 소포에 관하여 알 수 있는 것을 물었으므로, C 被退给寄件人了를 정답으로 고른다.

어휘 违禁品 wéijìnpǐn 몡금지품 退 tuì 툉반송하다 寄件人 jìjiànrén 몡발신인 超过 chāoguò 툉넘다, 초과하다
规定 guīdìng 툉규정하다 重量 zhòngliàng 몡중량 前天 qiántiān 몡그저께 寄 jì 툉보내다, 부치다 包裹 bāoguǒ 몡소포
收件 shōujiàn 툉수령하다 地址 dìzhǐ 몡주소 快递 kuàidì 몡택배

예제 2 제2부분 대화 🎧 제1,2부분 대화_6_03_예제2

A 更加热闹　　B 设施很全
C 景色优美　　D 娱乐项目多

A 더욱 시끌벅적하다　　B 시설이 완전하다
C 경치가 매우 아름답다　　D 오락 프로그램이 많다

男：城市里到处都是高楼大厦，有时让人觉得很单调。
女：所以我常常怀念农村的生活，那里风景很美，色彩像是画家打翻的调色盘一样丰富。
男：那我们这周末去郊区走走怎么样？
女：这个主意不错，我这就去预订高铁票。

问：女的为什么怀念农村生活？

남: 도시 곳곳은 모두 고층 빌딩이라, 때로는 단조롭게 느껴지기도 해.
여: 그래서 나는 종종 농촌 생활을 그리워해. 그곳은 풍경이 아름답고, 색채는 마치 화가가 뒤집어엎은 팔레트처럼 풍부하지.
남: 그럼 우리 이번 주말에 교외에 가서 좀 둘러보는 건 어때?
여: 이 아이디어 괜찮네, 내가 바로 가서 고속 철도 표를 예약할게.

질문: 여자는 왜 농촌 생활을 그리워하는가?

정답　C

해설　제시된 선택지가 모두 특정 대상의 상태 또는 화자의 견해를 나타내므로, 이와 관련된 내용을 주의 깊게 듣는다. 대화에서 남자가 도시 곳곳에는 고층 빌딩만 있어 때로는 단조롭게 느껴진다고 하자, 여자가 자신은 종종 농촌 생활을 그리워한다면서 **那里风景很美，色彩像是画家打翻的调色盘一样丰富**라고 했다. 질문이 여자가 농촌 생활을 그리워하는 이유를 물었으므로, C **景色优美**를 정답으로 고른다.
* 바꾸어 표현　风景很美 풍경이 아름답다 → 景色优美 경치가 매우 아름답다

어휘　**热闹** rènao [형] 시끌벅적하다　**设施** shèshī [명] 시설　**景色** jǐngsè [명] 경치　**优美** yōuměi [형] 매우 아름답다
娱乐项目 yúlè xiàngmù 오락 프로그램　**到处** dàochù [명] 곳곳　**大厦** dàshà [명] 빌딩　**单调** dāndiào [형] 단조롭다
常常 chángcháng [부] 종종　**怀念** huáiniàn [동] 그리워하다　**农村** nóngcūn [명] 농촌　**生活** shēnghuó [명] 생활　**风景** fēngjǐng [명] 풍경
色彩 sècǎi [명] 색채　**画家** huàjiā [명] 화가　**打翻** dǎfān [동] 뒤집어 엎다　**调色盘** tiáosèpán 팔레트　**丰富** fēngfù [형] 풍부하다
郊区 jiāoqū [명] 교외　**主意** zhǔyi [명] 아이디어　**预订** yùdìng [동] 예약하다　**高铁票** gāotiěpiào 고속 철도 표

비책 공략하기

시험에 자주 나오는 특정 대상의 상태·상황 관련 바꾸어 쓰이는 표현　🎧 제1,2부분 대화_6_04_비책 공략하기

□ **打折** dǎzhé 할인하다	→	□ **优惠** yōuhuì 혜택을 주다, 우대하다
□ **难得** nándé 얻기 힘들다	→	□ **不易得到** bú yì dédào 쉽게 얻을 수 없다
□ **过期** guòqī 기한이 지나다	→	□ **超过期限** chāoguò qīxiàn 기한을 넘기다
□ **升温** shēngwēn 기온이 오르다	→	□ **温度升高** wēndù shēnggāo 온도가 상승하다
□ **种类多** zhǒnglèi duō 종류가 많다	→	□ **种类丰富** zhǒnglèi fēngfù 종류가 풍부하다
□ **位置好** wèizhi hǎo 위치가 좋다	→	□ **位置佳** wèizhi jiā 위치가 훌륭하다

卖完了 màiwán le 다 팔렸다 →	没货 méi huò 물건이 없다
占空间 zhàn kōngjiān 공간을 차지하다 →	占地方 zhàn dìfang 자리를 차지하다
出故障 chū gùzhàng 고장이 생기다 →	出毛病 chū máobìng 결함이 생기다
需求较多 xūqiú jiào duō 수요가 비교적 많다 →	用的人多 yòng de rén duō 사용하는 사람이 많다
设施齐全 shèshī qíquán 시설이 완전히 갖춰지다 →	设施完备 shèshī wánbèi 시설이 완비되다
取消活动 qǔxiāo huódòng 행사를 취소하다 →	不举办活动 bù jǔbàn huódòng 행사를 열지 않는다
评分很高 píngfēn hěn gāo 평점이 높다 →	评价很好 píngjià hěn hǎo 평가가 좋다
浇太多水 jiāo tài duō shuǐ 너무 많은 물을 주다 →	浇水过多 jiāoshuǐ guò duō 물을 너무 많이 주다
风景很美 fēngjǐng hěn měi 풍경이 아름답다 →	景色优美 jǐngsè yōuměi 경치가 매우 아름답다
颜色单一 yánsè dānyī 색깔이 단일하다 →	颜色单调 yánsè dāndiào 색깔이 단조롭다
特别有用 tèbié yǒuyòng 아주 유용하다 →	非常实用 fēicháng shíyòng 매우 실용적이다
价格上涨了 jiàgé shàngzhǎng le 가격이 올랐다 →	涨价了 zhǎngjià le 가격이 인상되었다
耽误学习 dānwu xuéxí 학습에 지장을 주다 →	影响学习 yǐngxiǎng xuéxí 학습에 영향을 주다
最先进 zuì xiānjìn 가장 앞서다 →	处于领先地位 chǔyú lǐngxiān dìwèi 선두적 위치에 있다
户外中文朗读比赛 hùwài zhōngwén lǎngdú bǐsài 야외 중국어 낭독 대회	活动 huódòng 행사
受到很多关注 shòudào hěn duō guānzhù 많은 관심을 받다 →	备受关注 bèishòu guānzhù 한껏 관심을 받다
有几个错误数据 yǒu jǐ ge cuòwù shùjù 몇 개의 오류 난 데이터가 있다 →	数据出现了错误 shùjù chūxiànle cuòwù 데이터에 오류가 발생했다
提高服务质量 tígāo fúwù zhìliàng 서비스 품질을 향상시키다 →	服务做得很好 fúwù zuò de hěn hǎo 서비스를 잘 하다
跟不上时代 gēn bu shàng shídài 시대를 따라가지 못하다 →	落后于时代 luòhòu yú shídài 시대에 뒤떨어지다
保存得非常完整 bǎocún de fēicháng wánzhěng 매우 완전하게 보존되다 →	保存得非常好 bǎocún de fēicháng hǎo 매우 잘 보존되다
免费提供服务 miǎnfèi tígōng fúwù 무료로 서비스를 제공하다 →	不收服务费 bù shōu fúwùfèi 서비스 비용을 받지 않는다

대화를 듣고 질문에 알맞은 선택지를 고르세요. 🎧 제1,2부분 대화_6_05_실전연습문제

제1부분

1. A 没有意义
   B 不值得看
   C 形式新鲜
   D 很有帮助

2. A 有大雾
   B 十分寒冷
   C 温度升高
   D 湿度较大

3. A 今天不营业
   B 早就搬走了
   C 重新装修了
   D 在学校里面

4. A 没有质量问题
   B 可以直接退货
   C 让顾客很满意
   D 图片不如实物

5. A 空间狭小
   B 设计得好
   C 味道甘甜
   D 气氛神秘

6. A 周末用的人多
   B 最近活动频繁
   C 宴会厅即将装修
   D 饭店空间不够大

제2부분 대화

7. A 进行系统升级
   B 不支持查询业务
   C 需要重新注册信息
   D 代替全部柜台业务

8. A 善于培养人才
   B 不断调整业务
   C 产品种类多样
   D 服务做得很好

9. A 不可以讲价
   B 农产品种类丰富
   C 专门销售肉和海鲜
   D 价格和超市一样便宜

10. A 表面没有洞
    B 适合煮着吃
    C 做起来很难
    D 口味太清淡

11. A 缺少联系方式
    B 已通过法律审查
    C 下周一才能完成
    D 数据出现了错误

12. A 网上的评价很好
    B 字幕不是很清楚
    C 主要讲非洲文明史
    D 目前还没得过大奖

정답 해설집 p.29

바로 듣고 문제 풀기

대화를 듣고 질문에 알맞은 선택지를 고르세요. 🎧 제1,2부분 대화_실전테스트

제1부분

1. A 组织活动
   B 参加婚礼
   C 去看开幕式
   D 参观博物馆

2. A 加油站
   B 印刷厂
   C 文具店
   D 家具店

3. A 男的喜欢免费讲座
   B 男的打算去听讲座
   C 女的最近工作压力大
   D 他们需要一起写报告

4. A 一本书
   B 一部电影
   C 一场表演
   D 一项爱好

5. A 没人能理解他
   B 没有什么朋友
   C 父母没时间陪他
   D 没有其他兄弟姐妹

6. A 觉得太甜了
   B 胃口不太好
   C 喝了不舒服
   D 已经过期了

7. A 花盆小
   B 缺乏营养
   C 浇水过多
   D 气温太低

8. A 签租房合同
   B 购买一套窗帘
   C 咨询装修公司
   D 把家具搬到新家

9. A 激动
   B 平静
   C 遗憾
   D 不安

10. A 手工地毯质量不好
    B 卧室里不能铺地毯
    C 欧洲的地毯更便宜
    D 男的没必要买地毯

11. A 安慰孩子
    B 拉上窗帘
    C 关掉显示屏
    D 调低音乐声音

12. A 经理
    B 咨询师
    C 物理学家
    D 技术专家

13. A 角色的选择
    B 故事的结局
    C 色彩的运用
    D 服装的设计

14. A 工厂建成了
    B 材料写完了
    C 主持人选好了
    D 宣传单印好了

15. A 花束和蛋糕
    B 耳环和戒指
    C 衣服和鞋子
    D 蛋糕和围巾

16. A 身体容易疲劳
    B 收取的费用过高
    C 活动内容不丰富
    D 活动过多影响学习

17. A 包里
    B 抽屉里
    C 床头上
    D 窗户上

18. A 善于挑战
    B 很受欢迎
    C 对读者十分友好
    D 写作时注重细节

19. A 系领带不舒服
    B 期待和同学拍合影
    C 对黑白搭配感到满意
    D 不赞成穿统一的服装

20. A 按时吃药
    B 多喝白开水
    C 下班后买玩具
    D 出席今天的晚宴

제2부분 대화

21. A 母子
    B 邻居
    C 总裁和员工
    D 售货员和顾客

22. A 付费方式
    B 手机话费
    C 套餐的种类
    D 营业厅的位置

23. A 活动被取消了
    B 天气预报不太准
    C 夏天的温度太高了
    D 要朗读的内容太复杂

24. A 在海关上班
    B 驾驶技术不熟练
    C 坐的是国际航班
    D 穿着蓝色牛仔衬衫

25. A 收入比较高
    B 是朋友介绍的
    C 为创业者提供平台
    D 核心技术处于领先地位

26. A 价格上涨了
    B 被醋损坏了
    C 颜色变淡了
    D 更加流行了

27. A 向女朋友求婚
    B 拜访高中老师
    C 举办生日聚会
    D 浏览有趣的网站

28. A 工作不勤奋
    B 态度很谦虚
    C 想送男的回家
    D 做的菜有点儿咸

29. A 男的喜欢戴口罩
    B 女的对花粉过敏
    C 女的想去公园拍照
    D 男的以前学过摄影

30. A 交论文
    B 签合同
    C 买保险
    D 考研究生

정답 해설집 p.35

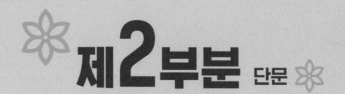

제2부분 단문

단문 듣고
질문에 답하기

제2부분 단문은, 1개의 단문과 이와 관련된 2~3개의 질문을 듣고 정답을 선택하는 형태이다. 총 6개의 단문에 15문제가 출제되는데, 각 단문에 출제되는 문제 수는 항상 2-3-3-3-2-2개의 순서로 구성된다. 문제지에는 각 문제마다 4개의 선택지가 제시되고, 단문과 질문은 음성으로만 들려준다.

고득점 공략법 아래와 같은 세부 유형의 단문이 출제되므로 그 공략법을 잘 익혀 둔다.

고득점비책 01 이야기·실용문 공략하기
고득점비책 02 설명문 공략하기
고득점비책 03 논설문 공략하기

출제 경향

1. **설명문 단문의 출제 빈도가 높다.**

   제2부분 단문에서는 설명문, 이야기, 논설문, 실용문과 같이 다양한 단문이 출제되는데, 그중에서도 설명문 단문의 출제 빈도가 가장 높다. 주로 전문 지식 또는 중국 관련 정보를 전달하는 설명문이 출제된다.

2. **세부 내용을 묻는 문제가 자주 출제된다.**

   제2부분 단문에서는 세부 내용을 묻는 문제와 중심 내용을 묻는 문제가 출제되는데, 그중 세부 내용을 묻는 문제가 주로 출제된다. 세부 내용을 묻는 문제에는 哪儿(어디), 什么(무엇), 怎么(어떻게), 为什么(왜) 등의 의문사가 자주 사용된다.

<문제지에 제시된 선택지>

1. Ⓐ 能够制作玫瑰油 ✓
   B 果实具有药用价值
   C 叶子适合装饰房间
   D 可以当做动物的饲料

2. A 冬天开花
   B 味道非常特别
   C 不能长时间接触太阳
   Ⓓ 可以适应条件不好的土壤 ✓

STEP 1 단문을 듣기 전, 선택지를 읽어 단문의 유형과 주의 깊게 들어야 할 사항을 파악한다.

1번과 2번 선택지가 모두 특정 대상에 대한 사실을 나타내고, 果实(열매), 叶子(잎), 开花(꽃이 피다)가 언급되었으므로, 특정 식물과 관련된 설명문이 나올 것임을 예상할 수 있다. 따라서 설명 대상의 세부적인 특징에 대한 내용을 주의 깊게 듣는다.

<음성으로 들려주는 단문과 질문>

第1到2题是根据下面一段话：

　　[1]白玫瑰是一种被子植物，一般在温暖的四到五月开花。它不仅美丽，而且[1]用途广泛。比如说白玫瑰的花朵可以做成玫瑰油和调味料。清香的玫瑰油会帮助睡眠，而特殊的调味料会让食物变得更加精致。白玫瑰的果实富含维他命E，能够直接食用。此外，白玫瑰喜爱阳光，适合在十五到二十五度的地方生长。[2]它适应性很强，在条件较差的土壤中也可以盛开。

1. 问：关于白玫瑰的用途，可以知道什么？
2. 问：白玫瑰有什么样的特点？

STEP 2 단문을 들으며, 선택지와 관련된 내용이 언급되면 그 선택지에 체크해 둔다.

단문 초반의 白玫瑰……用途广泛。比如说白玫瑰的花朵可以做成玫瑰油和调味料。를 듣고, 1번의 A 能够制作玫瑰油에 체크해 둔다.

단문 후반의 它适应性很强，在条件较差的土壤中也可以盛开。를 듣고, 2번의 D 可以适应条件不好的土壤에 체크해 둔다.

STEP 3 단문이 끝난 후, 이어지는 질문을 듣고 정답을 고른다.

1. 질문이 백장미의 용도에 관하여 알 수 있는 것을 물었으므로, A를 정답으로 고른다.
2. 질문이 백장미는 어떤 특징이 있는지를 물었으므로, D를 정답으로 고른다.

해석 해설집 p.49

바로 듣고 학습하기

이야기는 일상생활에서 일어나는 다양한 에피소드를 통해 교훈 또는 유머를 주는 단문이다. 실용문은 각종 안내문, 공고 등과 같이 특정 사람들을 대상으로 여러 정보를 전달하는 단문이다. 이야기와 실용문은 단문의 세부 내용을 주로 묻는다.

핵심 전략

이야기

1. 이야기는 내용이 전개되는 흐름과 문제의 순서가 대부분 일치한다는 것에 유의하면서 단문을 듣는다.
2. 선택지에 사람 명사 또는 사람의 상태나 상황을 나타내는 표현이 포함된 경우, 단문에서 언급되는 인물 및 인물과 관련된 사건의 전개나 결과를 주의 깊게 듣는다.

실용문

1. 실용문은 주로 음성의 첫 문장에서 大家好(모두들 안녕하세요)나 尊敬的住户(존경하는 입주자 여러분)와 같은 인사말이나 멘트가 언급된다.
2. 각종 안내문은 장소·날짜·주의 사항 등과 관련된 세부 내용을, 각종 공고는 주제·대상 등과 관련된 세부 내용을 주의 깊게 듣는다.

빈출 질문

🎧 제2부분 단문
_1_01_빈출
질문

세부 내용 관련 질문

老人觉得豆腐的味道怎么样？　　노인은 두부의 맛이 어떻다고 생각하는가?

周围人为什么担心那个小伙子？　　주위 사람들은 왜 그 청년을 걱정하는가?

为了得到奖赏，徒弟付出了什么样的努力？　　상을 받기 위해, 제자는 어떤 노력을 쏟았는가?

夏令营将在什么时候进行？　　여름 캠프는 언제 진행될 예정인가?

关于徐悲鸿，可以知道什么？　　쉬베이훙에 관하여, 무엇을 알 수 있는가?

根据这段话，下列哪项正确？　　이 단문에 근거하여, 다음 중 옳은 것은?

중심 내용 관련 질문

这段话主要想告诉我们什么？　　이 단문이 우리에게 주로 알려 주고자 하는 것은 무엇인가?

예제 1　🎧 제2부분 단문_1_02_예제1

1. A 墨子遇事不冷静
   B 耕柱子总让墨子失望
   C 耕柱子没得到老师信任
   D 墨子最喜欢的学生是耕柱子

2. A 是墨子的老师
   B 经常被墨子责备
   C 不在意其他人的想法
   D 一直都理解墨子的行为

3. A 想要多教导他
   B 让自己丢了面子
   C 耕柱子不愿意去太行山
   D 对他的学习态度不满意

1. A 묵자는 일에 부딪히면 침착하지 않는다
   B 경주자는 늘 묵자를 실망시킨다
   C 경주자는 선생님의 신임을 얻지 못했다
   D 묵자가 가장 좋아하는 학생은 경주자이다

2. A 묵자의 선생님이다
   B 묵자에게 자주 책망을 받는다
   C 다른 사람의 생각을 마음에 두지 않는다
   D 항상 묵자의 행동을 이해한다

3. A 그를 많이 가르치려고 한다
   B 체면을 잃게 했다
   C 경주자는 타이항산에 가고 싶어 하지 않는다
   D 그의 학습 태도에 대해 불만이다

第1到3题是根据下面一段话:

　　¹耕柱子是墨子最喜爱的学生之一，却也是受批评最多的学生。有一次，²耕柱子觉得很委屈，于是就²问墨子为何经常责备自己，让自己丢面子。对此，墨子没有直接回答，而是反问耕柱子:"假设我要上太行山，用一匹良马和一头老牛来驾车，你会鞭打哪一个?"耕柱子答道:"良马。因为经过鞭打，良马能比老牛承担更多重任。"墨子说:"你回答得没错。³我之所以时常责骂你，是因为我认为你是良马，想多教导你。这样你才能承担更多重任。"

1. 问: 根据这段话，下列哪项正确?
2. 问: 关于耕柱子，可以知道什么?
3. 问: 墨子为什么时常责骂耕柱子?

1-3번 문제는 다음 내용에 근거한다.

　　¹경주자는 묵자가 가장 좋아하는 학생 중 하나이지만, 꾸지람을 가장 많이 받은 학생이기도 하다. 한번은, ²경주자가 억울하다고 느꼈고, 그래서 ²묵자에게 왜 자주 자신을 책망하여, 체면을 잃게 하는지 물었다. 이에 대해서, 묵자는 바로 답을 하지 않고, 오히려 경주자에게 반문했다. "내가 타이항산에 올라야 해서, 좋은 말 한 마리와 늙은 소 한 마리로 수레를 끈다고 가정한다면, 자네는 어느 것에 채찍질을 하겠는가?" 경주자는 답했다. "좋은 말입니다. 채찍질을 통해, 좋은 말이 늙은 소보다 더 많은 역할을 맡을 수 있기 때문입니다." 묵자가 말했다. "자네의 대답이 맞네. ³내가 늘 자네를 호되게 꾸짖는 이유는, 나는 자네를 좋은 말이라고 생각해서, 자네를 더 많이 가르치고 싶었기 때문일세. 이렇게 해야만 자네가 더 많은 역할을 맡을 수 있네."

1. 질문: 이 단문에 근거하여, 다음 중 옳은 것은?
2. 질문: 경주자에 관하여, 무엇을 알 수 있는가?
3. 질문: 묵자는 왜 자주 경주자를 호되게 꾸짖는가?

1. D **2.** B **3.** A

해설   **선택지 읽기**

선택지가 모두 사람의 상태를 나타내고, 墨子(묵자), 耕柱子(경주자)가 언급되었으므로, 두 인물과 관련된 이야기가 나올 것임을
예상할 수 있다. 따라서 단문에 등장하는 인물과 관련된 사건의 전개나 결과를 주의 깊게 듣는다.

단문 듣기

단문 초반의 耕柱子是墨子最喜爱的学生之一를 듣고, 1번의 D 墨子最喜欢的学生是耕柱子에 체크해 둔다.

단문 초반의 耕柱子……问墨子为何经常责备自己,让自己丢面子를 듣고, 2번의 B 经常被墨子责备에 체크해 둔다.

단문 후반의 我之所以时常责骂你,是因为我认为你是良马,想多教导你,를 듣고, 3번의 A 想要多教导他에 체크해 둔다.

질문 듣고 정답 고르기

1. 질문이 단문에 근거하여 옳은 것을 물었으므로, D를 정답으로 고른다.

2. 질문이 경주자에 관하여 알 수 있는 것을 물었으므로, B를 정답으로 고른다.

3. 질문이 묵자가 자주 경주자를 호되게 꾸짖는 이유를 물었으므로, A를 정답으로 고른다.

어휘   **墨子** Mòzǐ 고유 묵자(중국의 사상가)   **遇事** yùshì 일에 부딪히다   **冷静** lěngjìng 휑 침착하다

耕柱子 Gēng Zhùzǐ 고유 경주자[묵자의 제자 중 한 명]   **失望** shīwàng 동 실망하다   **信任** xìnrèn 동 신임하다

责备 zébèi 동 책망하다   **在意** zàiyì 동 마음에 두다   **行为** xíngwéi 명 행동   **教导** jiàodǎo 동 가르치다   **丢** diū 동 잃다, 버리다

面子 miànzi 명 체면   **太行山** Tàiháng Shān 고유 타이항산[허베이성(河北省)과 산시성(山西省) 경계 지역에 위치한 산]

态度 tàidu 명 태도   **喜爱** xǐ'ài 동 좋아하다   **批评** pīpíng 동 꾸짖다   **委屈** wěiqu 동 억울하다   **为何** wèihé 부 왜, 어째서

反问 fǎnwèn 동 반문하다   **假设** jiǎshè 동 가정하다 명 가설   **匹** pǐ 양 마리[말이나 소 등을 세는 단위]   **良马** liángmǎ 좋은 말

头 tóu 양 마리[소나 돼지 등의 가축을 세는 단위]   **鞭打** biāndǎ 동 채찍질하다   **承担** chéngdān 동 맡다

重任 zhòngrèn 명 역할, 중요한 임무   **时常** shícháng 부 늘   **责骂** zémà 호되게 꾸짖다

4. A 报社

   B 健身房

   C 博物馆

   D 建筑工地

5. A 完美无缺

   B 做工精细

   C 外形不规则

   D 只有一种用途

6. A 石头属于古代钱币

   B 骨头也能用来制作工具

   C 石器象征着工业化的到来

   D 石器的发展经历了很长时间

4. A 신문사

   B 헬스장

   C 박물관

   D 건축 공사 현장

5. A 완전무결하다

   B 기술이 정교하다

   C 외형이 규칙적이지 않다

   D 한 가지 용도만 있다

6. A 돌은 고대 화폐에 속한다

   B 뼈도 도구로 제작하는데 사용할 수 있다

   C 석기는 공업화의 도래를 상징한다

   D 석기의 발전은 오랜 시간을 거쳤다

第4到6题是根据下面一段话：

大家好，⁴今天我将陪同大家一道参观，并为大家讲解这里的展览品。我们现在所在的地方是石器馆。⁶石器是指以石头为原料制作的工具。它是过去人类主要的生产工具，⁶在人类发展的初期阶段广泛流行，共经历了二三百万年的历史。这一时期可分为旧石器时代和新石器时代。⁵在旧石器时代，人们采用敲击或碰击的原始方式制作石器。⁵这样做出的石器形状不规则，用途较多。而到了新石器时代，制造技术则有了很大的进步，做工更加精细。大家请看这里，这些都是从周口店出土的石器。

4. 问：这段话有可能出现在什么地方？

5. 问：新石器时代的石器有什么特点？

6. 问：根据这段话，可以知道什么？

4-6번 문제는 다음 내용에 근거한다.

모두들 안녕하세요, ⁴오늘 제가 여러분을 모시고 함께 참관하며, 여러분을 위해 이곳의 전시품을 설명해 드리겠습니다. 저희가 현재 있는 곳은 석기관입니다. ⁶석기는 돌을 원료로 하여 제작한 도구를 가리킵니다. 그것은 과거 인류의 주요 생산 도구이며, ⁶인류 발전의 초기 단계에서 광범위하게 유행하여, 총 2~3백만 년의 역사를 거쳤습니다. 이 시기는 구석기 시대와 신석기 시대로 나눌 수 있습니다. ⁵구석기 시대에, 사람들은 두드리거나 부딪치는 원시적인 방식을 사용하여 석기를 제작하였습니다. ⁵이렇게 만들어 낸 석기는 형태가 규칙적이지 않고, 용도가 비교적 많았습니다. 신석기 시대에 이르러서는 제조 기술이 큰 발전을 이루었고, 기술은 더욱 정교해졌습니다. 여러분 이곳을 보세요, 이것들은 모두 저우커우뎬에서 출토된 석기입니다.

4. 질문: 이 단문은 아마도 어느 곳에서 일어날 가능성이 있는가?

5. 질문: 신석기 시대의 석기는 어떤 특징이 있는가?

6. 질문: 이 단문에 근거하여, 무엇을 알 수 있는가?

해설 　선택지 읽기

　　4번 선택지에서 장소와 관련된 표현이 언급되었으므로, 특정 장소에 관한 실용문이 나올 것임을 예상할 수 있다. 실용문에서는 단문의 세부 내용을 묻는 문제가 자주 출제되므로, 대상·주제 등과 관련된 세부 사항을 주의 깊게 듣는다.

　단문 듣기

　　단문 초반의 今天我将陪同大家一道参观, 并为大家讲解这里的展览品。我们现在所在的地方是石器馆。을 듣고, 4번의 C 博物馆에 체크해 둔다.

　　단문 후반의 在旧石器时代……这样做出的石器形状不规则, 用途较多。而到了新石器时代, 制造技术则有了很大的进步, 做工更加精细。를 듣고, 5번의 B 做工精细, C 外形不规则에 체크해 둔다.

　질문 듣고 정답 고르기

　　4. 질문이 이 단문은 아마도 어느 곳에서 일어날 가능성이 있는지를 물었으므로, C를 정답으로 고른다.

　　5. 질문이 신석기 시대의 석기는 어떤 특징이 있는지를 물었으므로, B를 정답으로 고른다. 참고로, C는 구석기 시대 석기의 특징에 속하므로 오답이다.

　　6. 질문이 단문에 근거하여 알 수 있는 것을 물었으므로, 단문 중반의 石器……在人类发展的初期阶段广泛流行, 共经历了二三百万年的历史을 통해 알 수 있는 D 石器的发展经历了很长时间을 정답으로 고른다.

　　* 바꾸어 표현　经历了二三百万年的历史 2~3백만 년의 역사를 거쳤다 → 经历了很长时间 오랜 시간을 거쳤다

어휘　报社 bàoshè 圆신문사　健身房 jiànshēnfáng 圆헬스장　博物馆 bówùguǎn 圆박물관　建筑 jiànzhù 圆건축
工地 gōngdì 圆공사 현장　完美无缺 wánměi wúquē 완전무결하다　做工 zuògōng 圆(제작) 기술　精细 jīngxì 圆정교하다
外形 wàixíng 圆외형　规则 guīzé 圆규칙적이다　用途 yòngtú 圆용도　石头 shítou 圆돌　属于 shǔyú 圆~에 속하다
古代 gǔdài 圆고대　钱币 qiánbì 圆화폐　骨头 gǔtou 圆뼈　制作 zhìzuò 圆제작하다　工具 gōngjù 圆도구
石器 shíqì 圆석기　象征 xiàngzhēng 圆상징하다　工业化 gōngyèhuà 圆공업화　到来 dàolái 圆도래하다
发展 fāzhǎn 圆발전하다　经历 jīnglì 圆거치다, 겪다　陪 péi 圆모시다　一道 yídào 圆함께　参观 cānguān 圆참관하다
讲解 jiǎngjiě 圆설명하다　展览品 zhǎnlǎnpǐn 圆전시품　原料 yuánliào 圆원료　人类 rénlèi 圆인류
生产 shēngchǎn 圆생산하다　阶段 jiēduàn 圆단계　广泛 guǎngfàn 圆광범위하다　流行 liúxíng 圆유행하다
时期 shíqī 圆(특정한) 시기　旧石器时代 Jiùshíqì Shídài 고유구석기 시대　新石器时代 Xīnshíqì Shídài 고유신석기 시대
采用 cǎiyòng 圆사용하다, 채택하다　敲击 qiāojī 圆두드리다　碰击 pèngjī 圆부딪치다　原始 yuánshǐ 圆원시의
方式 fāngshì 圆방식　形状 xíngzhuàng 圆형태　制造 zhìzào 圆제조하다　技术 jìshù 圆기술　进步 jìnbù 圆발전하다, 진보하다
周口店 Zhōukǒudiàn 圆저우커우뎬[베이징에 위치한 곳으로 베이징원인(北京猿人)이 최초로 발견된 곳]　出土 chūtǔ 圆출토하다
出现 chūxiàn 圆일어나다, 출현하다　特点 tèdiǎn 圆특징

단문을 듣고 질문에 알맞은 선택지를 고르세요. 🎧 제2부분 단문_1_04_실전연습문제

1. A 照片很模糊
   B 总有人闭眼
   C 常有人迟到
   D 得不到配合

2. A 要求大家笑出声
   B 观察摄影师的反应
   C 命令大家一起喊一二三
   D 不让大家在拍摄前睁眼

3. A 咨询
   B 保险
   C 建筑
   D 出版

4. A 总部设在上海
   B 有三十多万名员工
   C 是全球最大的金融公司
   D 主要为个人客户提供服务

5. A 专科及以上学历
   B 独立应对突发状况
   C 有三年以上从业经验
   D 取得相关领域资格证

6. A 是个冷静的人
   B 只顾自己的事情
   C 打碎了仅剩的碗
   D 被老和尚训了一顿

7. A 做事要小心谨慎
   B 学一门手艺很重要
   C 想象力具有强大的力量
   D 要懂得放下已失去的东西

8. A 老太太不听劝
   B 显示自己的实力
   C 觉得老太太可怜
   D 赔偿老太太的损失

9. A 很光滑
   B 不新鲜
   C 不普通
   D 有营养

10. A 遇事非常冷静沉稳
    B 对产品的定位不够准确
    C 从校园歌手得到了灵感
    D 能灵活运用市场营销知识

정답 해설집 p.49

02 설명문 공략하기

바로 듣고 학습하기

설명문은 일반 상식, 전문 지식 또는 중국과 관련된 객관적인 정보를 설명하는 단문이다. 설명하고자 하는 대상의 세부 내용을 주로 묻는다.

핵심 전략
1. 각 선택지가 특정 대상과 관련된 사실을 나타내면, 단문에서 언급되는 세부 특징을 주의 깊게 듣는다.
2. 다소 전문성 있는 어휘가 자주 사용되므로, 선택지를 읽을 때 아는 단어에 미리 표시해 두고 관련된 내용을 주의 깊게 들으며 세부 내용을 파악하는데 집중한다.

빈출 질문

🎧 제2부분 단문
_2_01_빈출
질문

人的记忆力受什么的影响？　사람의 기억력은 무엇의 영향을 받는가?

灰鹦鹉在外形上有什么特点？　회색 앵무새는 외형적으로 어떤 특징이 있는가?

最近人们为什么更喜欢个人游？　최근 사람들은 왜 개인 여행을 더 선호하는가?

网络营销的方法有哪些？　인터넷 마케팅 방법에는 어떤 것들이 있는가?

关于新年风俗，可以知道什么？　신년 풍습에 관하여, 무엇을 알 수 있는가?

🎧 제2부분 단문_2_02_예제

1. A 是树木的一种
   B 都长得很高大
   C 有500多个品种
   D 生长速度都很快

2. A 又轻又结实
   B 价格很便宜
   C 不容易起火
   D 使房子凉快

3. A 竹笋不可以随便吃
   B 竹笋是可有可无的存在
   C 竹笋成熟后才可以食用
   D 竹笋是非常重要的食材

1. A 나무의 일종이다
   B 모두 높고 크게 자란다
   C 500여 개의 품종이 있다
   D 성장하는 속도가 모두 빠르다

2. A 가벼우면서도 단단하다
   B 가격이 저렴하다
   C 불이 쉽게 나지 않는다
   D 집을 시원하게 한다

3. A 죽순은 함부로 먹으면 안 된다
   B 죽순은 있어도 되고 없어도 되는 존재이다
   C 죽순은 익은 후에야 비로소 먹을 수 있다
   D 죽순은 매우 중요한 식재료이다

第1到3题是根据下面一段话：

竹子在热带、亚热带地区非常常见。大部分竹子长得又高又直，所以很多人误以为竹子是一种树，但其实它是草本植物。

¹竹子总共有五百多种，最矮小的只有十厘米，最高的可以达到四十米以上；有的生长迅速，每天能长四十厘米，而有的生长缓慢，几年后才能完全长出来。

²竹子有很多用处。由于它又轻又结实，在气候温暖的地区，人们会用竹子盖房子，墙、屋顶、地板全部由竹子做成。竹子还可以用来制造纸、手杖、钓鱼竿等等。除此之外，竹子还可以食用，嫩嫩的竹笋味道非常鲜美。因此，³竹笋是江南美食中重要的食材之一。南方人过去常说："居不可无竹，食不可无笋。"

1. 问：关于竹子，可以知道什么？
2. 问：竹子为什么会被用来盖房子？
3. 问：这段话中"食不可无笋"说明什么？

1-3번 문제는 다음 내용에 근거한다.

대나무는 열대, 아열대 지역에서 매우 흔히 보인다. 대부분의 대나무는 높으면서도 곧게 자라서, 많은 사람들이 대나무를 나무라고 착각하지만 사실 그것은 초본 식물이다.

¹대나무는 총 500여 가지가 있는데, 가장 낮고 작은 것은 겨우 10cm이며, 가장 높은 것은 40m 이상에 이를 수 있다. 어떤 것은 성장이 빨라서 매일 40cm씩 자랄 수 있고, 어떤 것은 성장이 느려서 몇 년 후에야 완전히 자라날 수 있다.

²대나무는 많은 쓰임새가 있다. 그것은 가벼우면서도 단단하기 때문에, 기후가 따뜻한 지역에서는 사람들이 대나무를 사용하여 집을 짓는데, 벽, 지붕, 마루 모두 대나무로 만들어진다. 대나무는 또한 종이, 지팡이, 낚싯대 등을 만드는 데에도 쓸 수 있다. 이 외에 대나무는 먹을 수도 있는데, 부드러운 죽순의 맛은 매우 좋다. 이 때문에 ³죽순은 장난 미식에서 중요한 식재료 중 하나이다. 남방 사람들은 과거에 '사는데 대나무가 없어서는 안 되고, 먹는데 죽순이 없어서는 안 된다'라고 자주 말했다.

1. 질문: 대나무에 관하여, 무엇을 알 수 있는가?
2. 질문: 대나무는 왜 집을 짓는데 사용되는가?
3. 질문: 이 단문에서 '먹는데 죽순이 없어서는 안 된다'는 무엇을 설명하는가?

정답 1. C 2. A 3. D

해설 선택지 읽기

선택지가 모두 특정 대상에 대한 사실을 나타내고, 3번 선택지에서 竹笋(죽순)이 언급되었으므로, 죽순 또는 대나무와 관련된 설명문이 나올 것임을 예상할 수 있다. 따라서 설명 대상의 세부적인 특징에 대한 내용을 주의 깊게 듣는다.

단문 듣기

단문 중반의 竹子总共有五百多种을 듣고, 1번의 C 有500多个品种에 체크해 둔다.

단문 중반의 竹子有很多用处。由于它又轻又结实, 在气候温暖的地区, 人们会用竹子盖房子를 듣고, 2번의 A 又轻又结实에 체크해 둔다.

단문 후반의 竹笋是江南美食中重要的食材之一。南方人过去常说："居不可无竹, 食不可无笋。"을 듣고, 3번의 D 竹笋是非常重要的食材에 체크해 둔다.

질문 듣고 정답 고르기

1. 질문이 대나무에 관하여 알 수 있는 것을 물었으므로, C를 정답으로 고른다.

2. 질문이 대나무가 집을 짓는데 사용된 이유를 물었으므로, A를 정답으로 고른다.

3. 질문이 이 단문에서 '먹는데 죽순이 없어서는 안 된다'는 무엇을 설명하는지를 물었으므로, D를 정답으로 고른다.

어휘 树木 shùmù 圆나무 高大 gāodà 圆높고 크다 品种 pǐnzhǒng 圆품종 生长 shēngzhǎng 圆성장하다 速度 sùdù 圆속도
轻 qīng 圆가볍다 结实 jiēshi 圆단단하다 价格 jiàgé 圆가격 起火 qǐhuǒ 圆불이 나다 凉快 liángkuai 圆시원하다
竹笋 zhúsǔn 圆죽순 存在 cúnzài 圆존재 成熟 chéngshú 圆(열매 등이) 익다 食用 shíyòng 圆먹다 食材 shícái 圆식재료
竹子 zhúzi 圆대나무 热带 rèdài 圆열대 亚热带 yàrèdài 圆아열대 地区 dìqū 圆지역 常见 chángjiàn 圆흔히 보다
大部分 dàbùfen 圆대부분 直 zhí 圆곧다 误 wù 圆착각하다
草本植物 cǎoběn zhíwù 圆초본 식물[줄기가 연하고 물기가 많으며 꽃이 피고 열매를 맺은 뒤에 전체가 말라죽거나 땅위줄기만 말라죽는 식물]
总共 zǒnggòng 圆총, 합쳐서 厘米 límǐ 圆cm[센티미터] 达到 dádào 圆이르다 迅速 xùnsù 圆빠르다
缓慢 huǎnmàn 圆느리다 用处 yòngchu 圆쓰임새 由于 yóuyú 圆~때문에 气候 qìhòu 圆기후 温暖 wēnnuǎn 圆따뜻하다
盖房子 gài fángzi 집을 짓다 墙 qiáng 圆벽 屋顶 wūdǐng 圆지붕 地板 dìbǎn 圆마루 全部 quánbù 圆모두
制造 zhìzào 圆만들다, 제조하다 手杖 shǒuzhàng 圆지팡이 钓鱼竿 diàoyúgān 圆낚시대 除此之外 chú cǐ zhī wài 이 외에
嫩 nèn 圆부드럽다 味道 wèidao 圆맛 鲜美 xiānměi 圆맛이 좋다 因此 yīncǐ 圆이 때문에
江南 Jiāngnán 교유장난[양쯔강 하류 이남의 지역] 美食 měishí 圆미식, 맛있는 음식 居 jū 圆살다

단문을 듣고 질문에 알맞은 선택지를 고르세요. 🎧 제2부분 단문_2_03_실전연습문제

1. A 营养价值高
   B 里面自带发热包
   C 得先用热水泡熟
   D 随时随地都可以食用

2. A 对环境造成污染
   B 需要用明火煮熟
   C 5秒钟后可立即食用
   D 与普通米饭口感相似

3. A 蓝色
   B 绿色
   C 黄色
   D 白色

4. A 能治疗心理问题
   B 可以让人心情愉快
   C 有助于延长睡眠时间
   D 给人高贵而神秘的感觉

5. A 红色让人内心宁静
   B 紫色非常刺激视觉
   C 卧室墙壁不适合用绿色
   D 酒店的房间都是蓝色的

6. A 比赛的规则
   B 运动员的资格
   C 发动机的制造
   D 驾驶船艇的技术

7. A 开始于1990年
   B 有利于增强体质
   C 任何人都可以参加
   D 船艇主要以风能为动力

8. A 桥的中间升起
   B 中间的木船开启
   C 采用耐潮的木材
   D 两边的桥并排连接

9. A 样式各不相同
   B 每个空间大小一致
   C 桥亭里有石头桌椅
   D 屋顶像展开翅膀的大鸟

10. A 兴建于一一七一年
    B 属于中国现代建筑
    C 地理位置十分重要
    D 只有中间部分被保存

바로 듣고 학습하기

논설문은 교육, 사회적 이슈 등 특정 주제에 대한 화자의 주장이나 의견을 다루는 단문이다. 화자의 논리를 뒷받침할 만한 짧은 이야기나 예시를 포함하고 있으며, 화자의 의견과 관련된 세부 내용이나 단문의 주제를 주로 묻는다.

핵심 전략

1. 선택지에 **要/应该**(~해야 한다)가 있거나 주장 및 의견을 나타내는 내용이 있는 경우, 단문을 들을 때 어느 선택지가 화자의 의견과 관련이 있는지를 파악하며 주의 깊게 듣는다.
2. 화자의 의견이나 단문의 주제는 단문의 처음과 끝부분에서 자주 언급되므로, 이 부분을 특별히 주의 깊게 듣는다.

빈출 질문

🎧 제2부분 단문
_3_01_빈출
질문

세부 내용 관련 질문

慕课可能会带来怎样的影响？　온라인 공개 수업은 아마도 어떠한 영향을 가져다줄 것인가?

和好朋友意见不一致时，应该怎么做？

친한 친구와 의견이 같지 않을 때, 마땅히 어떻게 해야 하는가?

说话人对做错事有什么看法？　화자는 실수를 하는 것에 대해서 어떤 견해를 가지고 있는가?

根据这段话，为什么需要提高市民环保意识？

이 단문에 근거하여, 왜 시민의 환경 보호 의식을 높일 필요가 있는가?

중심 내용 관련 질문

这段话主要谈的是什么？　이 단문이 주로 말하고 있는 것은 무엇인가?

这段话主要想告诉我们什么？　이 단문이 우리에게 주로 알려 주고자 하는 것은 무엇인가?

下列哪项属于说话人的观点？　다음 중 화자의 관점에 속하는 것은?

예제 맛보기

1. A 妨碍科技的进步
   B 推动社会的发展
   C 不利于新事物的推广
   D 容易让人以自我为中心

2. A 爱表现自己
   B 做事不能坚持到底
   C 内心充满各种矛盾
   D 总是和别人发生争论

3. A 要多称赞自己的完美
   B 追求完美可以改变命运
   C 完美有助于提高做事效率
   D 不完美也能给人带来积极影响

1. A 과학 기술의 진보를 방해한다
   B 사회의 발전을 추진한다
   C 새로운 사물의 보급에 이롭지 않다
   D 자기중심적으로 되기 쉽게 한다

2. A 자신을 드러내는 것을 좋아한다
   B 일을 끝까지 꾸준하게 하지 못한다
   C 마음이 각종 모순으로 가득 차 있다
   D 늘 다른 사람과 논쟁이 생긴다

3. A 자신의 완벽을 많이 칭찬해야 한다
   B 완벽을 추구하면 운명을 바꿀 수 있다
   C 완벽은 일의 효율을 높이는 데 도움이 된다
   D 완벽하지 않아도 사람들에게 긍정적인 영향을 가져다 줄 수 있다

第1到3题是根据下面一段话:

[1]很多人都渴望完美，因此对自己要求过高。从一方面来看，[1]这可以帮助人们获得成功，同时促进社会的进步。但从另一方面来看，有些人在追求完美的过程中，由于对自己要求太高，而感到越来越累。这类人通常被称为[2]完美主义者。他们做事时要么做到最好，要么中途放弃，有时甚至干脆不做。然而人无完人，如果完美主义让人变得不快乐，那就平静地接受自己的不足，[3]因为不完美也可以使人生充满惊喜，让人们不断成长。

1. 问：渴望完美可能会对社会有什么影响？
2. 问：完美主义者通常有什么样的表现？
3. 问：这段话主要想告诉我们什么？

1-3번 문제는 다음 내용에 근거한다.

[1]많은 사람들이 완벽을 갈망하는데, 이 때문에 자신에 대한 요구가 지나치게 높다. 한쪽에서 보면, [1]이는 사람들이 성공을 얻는 데 도움을 주고, 동시에 사회의 진보를 촉진할 수 있다. 그러나 다른 쪽에서 보면, 어떤 사람들은 완벽을 추구하는 과정에서 자신에 대한 요구가 너무 높기 때문에 점점 피곤함을 느낀다. 이런 부류의 사람은 일반적으로 [2]완벽주의자라고 불린다. [2]그들은 일을 할 때 최선을 다하거나, 아니면 도중에 포기하거나, 때에 따라서는 심지어 아예 하지 않는다. 그러나 완벽한 사람은 없다. 만약 완벽주의가 사람을 즐겁지 않게 만든다면, 자신의 부족함을 차분하게 받아들여야 한다. [3]완벽하지 않아도 인생을 놀람과 기쁨으로 가득 채울 수 있고, 사람들을 계속 성장시킬 수 있기 때문이다.

1. 질문: 완벽을 갈망하는 것은 아마도 사회에 어떤 영향을 미칠 수 있는가?
2. 질문: 완벽주의자는 일반적으로 어떤 행동을 보이는가?
3. 질문: 이 단문이 우리에게 주로 알려 주고자 하는 것은 무엇인가?

정답 **1.** B **2.** B **3.** D

해설 선택지 읽기

3번 선택지가 모두 주장이나 의견을 나타내는 내용이므로, 논설문이 나올 것임을 예상할 수 있다. 따라서 단문의 처음과 끝부분을 특히 주의 깊게 듣는다.

단문 듣기

단문 초반의 很多人都渴望完美……这可以帮助人们获得成功, 同时促进社会的进步를 듣고, 1번의 B 推动社会的发展에 체크해 둔다.

단문 중반의 完美主义者。他们做事时要么做到最好, 要么中途放弃, 有时甚至干脆不做。를 듣고, 2번의 B 做事不能坚持到底에 체크해 둔다.

단문 후반의 因为不完美也可以使人生充满惊喜, 让人们不断成长을 듣고, 3번의 D 不完美也能给人带来积极影响에 체크해 둔다.

질문 듣고 정답 고르기

1. 질문이 완벽을 갈망하는 것은 아마도 사회에 어떤 영향을 미칠 수 있는지를 물었으므로, B를 정답으로 고른다.
   * 바꾸어 표현 促进社会的进步 사회의 진보를 촉진하다 → 推动社会的发展 사회의 발전을 추진하다

2. 질문이 완벽주의자는 일반적으로 어떤 행동을 보이는지를 물었으므로, B를 정답으로 고른다.

3. 질문이 이 단문이 우리에게 주로 알려 주고자 하는 것은 무엇인지를 물었으므로, D를 정답으로 고른다.

어휘 **妨碍** fáng'ài 图 방해하다 **科技** kējì 과학 기술 **进步** jìnbù 图 진보하다 **推动** tuīdòng 图 추진하다, 촉진하다 **社会** shèhuì 图 사회
发展 fāzhǎn 图 발전 **不利于** búlìyú ~에 이롭지 않다 **事物** shìwù 图 사물 **推广** tuīguǎng 图 보급하다 **中心** zhōngxīn 图 중심
表现 biǎoxiàn 图 드러내다 图 행동 **坚持** jiānchí 图 꾸준히 하다 **到底** dàodǐ 图 끝까지 하다 **内心** nèixīn 图 마음
充满 chōngmǎn 图 가득 차다 **矛盾** máodùn 图 모순 **发生** fāshēng 图 (원래 없던 현상이) 생기다 **争论** zhēnglùn 图 논쟁하다
称赞 chēngzàn 图 칭찬하다 **完美** wánměi 图 완벽하다 **追求** zhuīqiú 图 추구하다 **改变** gǎibiàn 图 바꾸다 **命运** mìngyùn 图 운명
有助于 yǒuzhùyú ~에 도움이 되다 **效率** xiàolǜ 图 효율 **积极** jījí 图 긍정적이다 **渴望** kěwàng 图 갈망하다 **获得** huòdé 图 얻다
成功 chénggōng 图 성공하다 **促进** cùjìn 图 촉진하다, 추진하다 **由于** yóuyú 웹 ~ 때문에 **通常** tōngcháng 图 일반적으로
主义 zhǔyì 图 주의 **要么** yàome 웹 ~하거나 ~하거나 **中途** zhōngtú 图 도중 **放弃** fàngqì 图 포기하다 **甚至** shènzhì 젭 심지어
干脆 gāncuì 图 아예 **然而** rán'ér 웹 그러나 **完人** wánrén 图 완벽한 사람 **接受** jiēshòu 图 받아들이다 **不足** bùzú 图 부족하다
人生 rénshēng 图 인생 **惊喜** jīngxǐ 图 놀랍고 기쁘다 **不断** búduàn 图 계속 **成长** chéngzhǎng 图 성장하다

단문을 듣고 질문에 알맞은 선택지를 고르세요. 🎧 제2부분 단문_3_03_실전연습문제

1. A 信息技术的出口
   B 经济的均衡发展
   C 工业的迅速退步
   D 新能源的开发利用

2. A 有必要制定可行性方案
   B 要积极开发物质文化产品
   C 需了解环境对科技的影响
   D 解决全球气候问题至关重要

3. A 缺乏成就感
   B 想法各不相同
   C 不愿意承受现实
   D 不放弃个人利益

4. A 让对方受委屈
   B 承受不必要的责任
   C 影响彼此之间的关系
   D 可以冷静处理突发情况

5. A 必须全面考虑
   B 要有自己的主见
   C 得接受他人的意见
   D 应当学会换位思考

6. A 可以创造价值
   B 粉丝数量众多
   C 吸引外国观众
   D 具有道德底线

7. A 网红的粉丝要热情一些
   B 网红的行为应该更加神秘
   C 网红经济的未来不可预测
   D 每个网红都可以获得利润

8. A 应自觉遵守社会规则
   B 控制儿童情绪并非易事
   C 情绪本身没有好坏之分
   D 儿童对话语中的情绪敏感

9. A 不耐烦
   B 很犹豫
   C 非常烦恼
   D 充满期待

10. A 孩子很难学好外语
    B 要跟孩子好好说话
    C 孩子应该信任大人
    D 孩子需要得到安慰

정답 해설집 p.60

바로 듣고 문제 풀기

단문을 듣고 질문에 알맞은 선택지를 고르세요. 🎧 제2부분_단문_실전테스트

1. A 没有被人们广泛接受
   B 能充分体现本质问题
   C 可以准确地评价一个人
   D 能够长久地保存在记忆中

2. A 第一印象不太客观
   B 第一印象是固定不变的
   C 第一印象与主观感受无关
   D 第一印象会让人变得理性

3. A 木头
   B 竹子
   C 纸张
   D 金属

4. A 为部队运输粮食
   B 收集邻国的资料
   C 作战时传递信息
   D 进攻敌人的阵地

5. A 纸做的风筝更加坚固耐用
   B 风筝的制作方法较为复杂
   C 被认为是粗俗的娱乐活动
   D 是文学创作的重要题材之一

6. A 立即藏进洞里
   B 马上逃到陆地上
   C 躲进壳里不出来
   D 联合伙伴进行攻击

7. A 供其他鱼类玩
   B 增加箱内的空间
   C 提高水里的含氧量
   D 让水族箱变得干净

8. A 2年
   B 5年
   C 15年
   D 30年

9. A 不熟悉路况
   B 身高不达标
   C 不适应长途旅行
   D 不能锻炼动手能力

10. A 使用率比较高
    B 儿童不喜欢久坐
    C 很多人缺乏了解
    D 用起来比较麻烦

11. A 扩大座椅的生产规模
    B 制定相应的法律法规
    C 对安全性能进行改善
    D 降低安全座椅的价格

12. A 可能短于预期时间
    B 将会延长至第二天
    C 物业公司另行通知
    D 预计只要三个小时

13. A 清洗水箱
    B 存放一些水
    C 外出前打开水龙头
    D 协助水箱检修工作

14. A 山区学校学费太贵
    B 当地没有重点高中
    C 给学生更多的学习机会
    D 国家希望她能有所作为

15. A 热爱各种挑战活动
    B 为教育事业付出了很多
    C 更关注学生的学习成绩
    D 拒绝了来自社会各界的捐款

정답 해설집 p.65

본 교재 동영상강의·무료 학습자료 제공

china.Hackers.com

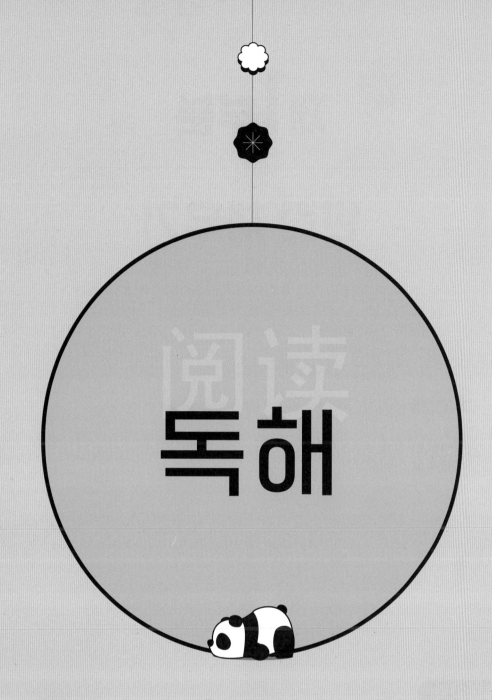

독해

제1부분
빈칸 채우기

제2부분
지문의 내용과 일치하는
선택지 고르기

제3부분
지문 읽고 질문에
알맞은 답 고르기

제부분

빈칸 채우기

제1부분은 지문의 빈칸에 들어갈 알맞은 어휘 또는 문장을 골라 빈칸을 채우는 형태로, 한 지문당 3~4문제씩 총 4개의 지문 15문제가 출제된다. 15문제 중 어휘를 채워 넣는 문제가 12문제, 문장을 채워 넣는 문제가 3문제이다. 빈칸 주변 어휘와의 호응 관계 또는 문맥을 토대로, 빈칸에 가장 알맞은 어휘 또는 문장을 선택할 수 있어야 한다.

고득점 공략법 아래와 같은 세부 유형의 문제들이 출제되므로 그 공략법을 잘 익혀 둔다.

고득점비책 01 어휘 채우기
고득점비책 02 문장 채우기

출제 경향

1. **주로 빈칸 주변의 문맥을 파악하여 푸는 문제가 자주 출제된다.**

   지문 전체 문맥보다는 빈칸 주변 문장의 문맥을 파악하여 푸는 문제가 주로 출제되므로, 빈칸 주변 문맥을 꼼꼼하게 해석하여 빠르게 문제를 풀어 나간다.

2. **설명문의 출제 빈도가 높다.**

   제1부분에서는 설명문, 논설문, 이야기 유형의 지문이 출제되는데, 그중에서도 설명문의 출제 빈도가 가장 높다. 설명문에서는 심리, 동·식물, 중국 문화와 관련된 개념이나 특징을 설명하거나, 일상 속 사물의 원리나 유래를 설명하는 내용의 지문이 자주 출제된다.

中国戏曲是一种以唱、念、做、打的综合表演为主的戏剧形式。[1]它把诗词、音乐、美术之美融合在一个戏里，＿＿1＿＿自然又统一的效果。它的表现手法丰富，能够给观众展现自身富有魅力的一面。综合性、虚拟性是中国戏曲的主要艺术特征，它们带着传统美学思想，让中国戏曲在文化的舞台上闪耀。

A 掌握　　B 扩大　　Ⓒ 产生　　D 采取

STEP 1 선택지를 먼저 읽고 의미를 파악한다.

각 선택지의 뜻을 먼저 확인한 후, 빈칸 주변을 읽는다.

STEP 2 지문의 빈칸 주변을 읽고, 문맥상 가장 적합한 어휘를 정답으로 선택한다.

빈칸 주변의 '그것(중국 희곡)은 시와 사, 음악, 미술의 아름다움을 하나의 극에 융합시켜, 자연스러우면서도 통일된 효과를 ＿＿＿＿.'라는 문맥에 가장 적합하면서 빈칸 뒤의 **效果**(효과)와 문맥적으로 호응하는 A **产生**을 정답으로 고른다. **产生效果**(효과를 만들어 내다)를 고정적인 형태로 알아 둔다.

해석 해설집 p.74

어휘 채우기

지문의 빈칸에 적절한 어휘를 선택지에서 골라 채우는 문제이다. 빈칸 주변의 문맥 및 호응 관계, 또는 유의어 구별로 푸는 문제가 출제되며, 그중 문맥을 파악하여 푸는 문제가 가장 많이 출제된다.

핵심 전략

1. 빈칸 주변의 문맥이나 호응 관계를 정확히 파악하여 빈칸에 가장 알맞은 어휘를 정답으로 고른다.
2. 선택지에 유의어가 있어 문맥만으로 풀기 어려운 경우, 어휘의 쓰임을 고려하여 정답을 고른다.
3. 선택지가 모두 연결어인 경우, 빈칸 주변에서 짝꿍으로 쓰이는 연결어를 찾거나, 빈칸 앞뒤 문장의 논리적 관계를 파악하여 알맞은 연결어를 정답으로 고른다.
4. 시험에 자주 나오는 어휘 및 호응 표현, 유의어, 연결어를 꼼꼼히 학습해 둔다. (p.91)

🦷 예제 맛보기

예제 1

蚂蚁这种生物有着很强的认路本领。它们的眼睛很灵活，能凭周围的景物判断方向。[1]有人做过一项实验，__1. C 具体__ 做法是，把蚂蚁的四周围起来，只让它们看到天空。这时，蚂蚁并不会受到影响，仍然能准确地认清前进的方向。但是把上方完全遮住之后，蚁群就会四处乱跑。除了靠景物，[2]蚂蚁还可以根据气味认路，有些蚂蚁会在爬过的地方留下一种特别的气味，回来时就根据这种气味 __2. C 确认__ 路线。所以假如用手指在蚂蚁经过的路上划一条线，或者将一些味道奇怪的东西放在蚂蚁要走的路上，蚂蚁就一定会迷路。

개미라는 이 생물은 강한 길 찾기 능력을 가지고 있다. 그들의 눈은 민첩해서, 주위의 경관에 따라 방향을 판단할 수 있다. [1]어떤 사람이 한 가지 실험을 한 적 있는데, __1. C 구체적인__ 방법은 개미의 사방을 둘러싸서, 그들이 하늘만 보게 하는 것이었다. 이때, 개미는 결코 영향을 받지 않고, 여전히 정확하게 나아갈 방향을 인식할 수 있었다. 그러나 위쪽을 완전하게 가리고 나자, 개미 떼는 사방을 마구 쏘다녔다. 경관에 의지하는 것 외에, [2]개미는 냄새에 근거하여 길을 찾을 수도 있는데, 어떤 개미는 기어간 적 있던 곳에 특별한 냄새를 남기고, 돌아올 때 이 냄새에 근거하여 경로를 __2. C 확인__한다. 그래서 만약 손가락으로 개미가 거쳐 간 길에 줄을 긋거나, 혹은 냄새가 이상한 것을 개미들이 가야 할 길 위에 둔다면, 개미는 반드시 길을 잃을 것이다.

1. A 显然   B 稳定
   C 具体   D 巨大

2. A 取得   B 避免
   C 确认   D 吸取

1. A 명백하다   B 안정적이다
   C 구체적이다   D 거대하다

2. A 취득하다   B 피하다
   C 확인하다   D 얻다

1. C **2.** C

1번 문제

각 선택지의 뜻을 먼저 확인한 후, 빈칸 주변을 읽는다. 빈칸 주변이 '어떤 사람이 한 가지 실험을 한 적이 있는데, _____ 방법은 개미의 사방을 둘러싸서, 그들이 하늘만 보게 하는 것이었다.'라는 문맥이므로, 빈칸에는 실험 방법이 구체적이라는 어휘가 들어가야 한다. 따라서 C **具体**를 정답으로 고른다. **具体做法**(구체적인 방법)를 고정적인 형태로 알아 둔다.

2번 문제

각 선택지의 뜻을 먼저 확인한 후, 빈칸 주변을 읽는다. 빈칸 주변의 '개미는 또한 냄새에 근거하여 길을 찾을 수 있는데, 어떤 개미는 기어간 적 있던 곳에 특별한 냄새를 남기고, 돌아올 때 이 냄새에 근거하여 경로를 _____'라는 문맥에 가장 적합하고, 빈칸 뒤 **路线**(경로)과 자연스럽게 이어지는 C **确认**을 정답으로 고른다.

어휘 **蚂蚁** mǎyǐ 圐 개미　**生物** shēngwù 圐 생물　**认路** rèn lù 길을 찾다　**本领** běnlǐng 圐 능력　**灵活** línghuó 圐 민첩하다
凭 píng 꿔 ~에 따라　**周围** zhōuwéi 圐 주위　**景物** jǐngwù 圐 경관　**判断** pànduàn 圐 판단하다　**实验** shíyàn 圐 실험
具体 jùtǐ 圐 구체적이다　**做法** zuòfǎ 圐 방법　**四周** sìzhōu 圐 사방　**围** wéi 圐 둘러싸다　**天空** tiānkōng 圐 하늘
仍然 réngrán 囲 여전히　**准确** zhǔnquè 圐 정확하다　**认清** rènqīng (정확히) 인식하다　**前进** qiánjìn 圐 나아가다
完全 wánquán 囲 완전하게　**遮** zhē 圐 가리다　**四处** sìchù 圐 사방　**乱跑** luàn pǎo 마구 쏘다니다　**靠** kào 圐 의지하다
气味 qìwèi 圐 냄새　**确认** quèrèn 圐 확인하다　**路线** lùxiàn 圐 경로　**假如** jiǎrú 圐 만약　**手指** shǒuzhǐ 圐 손가락
划 huà 圐 긋다　**味道** wèidao 圐 냄새　**迷路** mílù 圐 길을 잃다　**显然** xiǎnrán 圐 명백하다　**稳定** wěndìng 圐 안정적이다
巨大 jùdà 圐 거대하다　**取得** qǔdé 圐 취득하다　**避免** bìmiǎn 圐 피하다　**吸取** xīqǔ 圐 얻다

예제 2

　　应该多吃肉还是应该多吃鱼？长期以来，人们对这个问题都有着不同的看法。最近，经过充分研究后，几位营养学家发表了相关的看法。他们认为，[1]从小长期大量吃肉会使大脑逐渐 **1. D 缩小**，阻碍智力的发展。只有改变大量吃肉的习惯，才能缓解这种不良的影响。[2]而鱼、虾等水产品，以及菜油、葵花籽油等植物油对大脑的发育十分有利。**2. B 因此** 专家指出，为了给大脑提供足够的营养，人们应当尽量少吃肉，多吃鱼。

고기를 많이 먹어야 할까 아니면 생선을 많이 먹어야 할까? 긴 시간 동안 사람들은 이 문제에 대해 모두 다른 의견을 가지고 있다. 최근 충분한 연구를 거친 후, 몇몇 영양학자들은 관련된 의견을 발표했다. 그들은 [1]어릴 때부터 장기간 다량으로 고기를 먹는 것은 대뇌를 점점 **1. D 축소**시켜, 지능 발달에 지장을 줄 수 있다고 생각한다. 고기를 많이 먹는 습관을 바꾸어야만 비로소 이런 좋지 않은 영향을 완화시킬 수 있다. [2]생선, 새우 등 수산물 그리고 카놀라유, 해바라기씨유 등의 식물성 기름은 대뇌 발육에 매우 이롭다. **2. B 그래서** 전문가들은 대뇌에 충분한 영양을 공급하기 위해, 사람들은 최대한 고기를 적게 먹고, 생선을 많이 먹어야 한다고 밝혔다.

1. A 缩短　　　　　　　　B 延长
　　C 熟悉　　　　　　　　D 缩小

2. A 何况　　　　　　　　B 因此
　　C 除非　　　　　　　　D 然而

1. A 단축하다　　　　　　B 연장하다
　　C 잘 알다　　　　　　　D 축소하다

2. A 하물며　　　　　　　B 그래서
　　C 오직 ~해야만　　　　D 그러나

정답   1. D   2. B

해설   1번 문제

각 선택지의 뜻을 먼저 확인한 후, 빈칸 주변을 읽는다. 빈칸 주변의 '어릴 때부터 장기간 다량으로 고기를 먹는 것은 대뇌를 점점 _____ 시켜, 지능 발달에 지장을 줄 수 있다'라는 문맥에 가장 적합한 D 缩小를 정답으로 고른다.

A 缩短은 주로 길이·거리·시간이 줄어드는 것을 나타내므로, 문맥과 어울리지 않는다.

2번 문제

선택지를 읽고 지문의 빈칸에 문맥상 어떤 연결어가 필요할지를 파악한 후, 빈칸 주변을 읽는다. 빈칸 앞에서 수산물과 식물성 기름이 대뇌 발육에 이롭다고 했고, 빈칸 뒤에서 전문가들은 대뇌에 충분한 영양을 공급하기 위해 생선을 많이 먹어야 한다고 밝혔다고 했으므로, 빈칸에는 앞뒤 내용이 인과 관계임을 나타내는 연결어가 들어가야 한다. 따라서 B 因此를 정답으로 고른다.

어휘   长期 chángqī 圆긴 시간, 장기간   以来 yǐlái 圆동안   看法 kànfǎ 圆의견   充分 chōngfèn 圈충분하다   营养 yíngyǎng 圆영양
学家 xuéjiā 圆학자   发表 fābiǎo 圄발표하다   相关 xiāngguān 圄(서로) 관련되다   大脑 dànǎo 圆대뇌   逐渐 zhújiàn 圄점점
缩小 suōxiǎo 圄축소하다, 줄어들다   阻碍 zǔ'ài 圄지장을 주다   智力 zhìlì 圆지능   缓解 huǎnjiě 圄완화시키다
不良 bùliáng 圈좋지 않다   虾 xiā 圆새우   水产品 shuǐchǎnpǐn 수산물   以及 yǐjí 圙그리고   菜油 càiyóu 圆카놀라유
葵花籽油 kuíhuāzǐ yóu 해바라기씨유   植物油 zhíwùyóu 식물성 기름   发育 fāyù 圄발육하다   有利 yǒulì 圄이롭다
因此 yīncǐ 圙그래서   专家 zhuānjiā 圆전문가   指出 zhǐchū 圄밝히다   提供 tígōng 圄공급하다   足够 zúgòu 圄충분하다
应当 yīngdāng 圄~해야 한다   尽量 jǐnliàng 圄최대한   缩短 suōduǎn 圄단축하다, 줄이다   延长 yáncháng 圄연장하다
熟悉 shúxī 圄잘 알다   何况 hékuàng 圙하물며   除非 chúfēi 圙오직 ~해야만   然而 rán'ér 圙그러나

시험에 자주 나오는 어휘 및 호응 표현

정답을 보다 빠르고 정확하게 고를 수 있도록 시험에 자주 나오는 어휘와 그 호응 표현을 알아 두자.

빈출 동사와 호응 표현

产生 chǎnshēng 생기다, 나타나다	□ 产生**食欲** chǎnshēng shíyù 식욕이 생기다 □ 产生**效果** chǎnshēng xiàoguǒ 효과가 나타나다
调整 tiáozhěng 조정하다, 조절하다	□ 调整**时间** tiáozhěng shíjiān 시간을 조정하다 □ 调整**状态** tiáozhěng zhuàngtài 상태를 조절하다
养成 yǎngchéng 기르다, 형성하다	□ 养成**习惯** yǎngchéng xíguàn 습관을 기르다 □ 养成**性格** yǎngchéng xìnggé 성격을 형성하다
承受 chéngshòu 받다, 감당하다	□ 承受**压力** chéngshòu yālì 스트레스를 받다 □ 承受**重量** chéngshòu zhòngliàng 무게를 감당하다
具备 jùbèi 가지다, 갖추다	□ 具备**特性** jùbèi tèxìng 특성을 가지다 □ 具备**条件** jùbèi tiáojiàn 조건을 갖추다
建立 jiànlì 건립하다, 맺다	□ 建立**工厂** jiànlì gōngchǎng 공장을 건립하다 □ 建立**关系** jiànlì guānxi 관계를 맺다
保持 bǎochí 지키다, 유지하다	□ 保持**沉默** bǎochí chénmò 침묵을 지키다 □ 保持**平衡** bǎochí pínghéng 균형을 유지하다
采取 cǎiqǔ 취하다, 채택하다	□ 采取**措施** cǎiqǔ cuòshī 조치를 취하다 □ 采取**方式** cǎiqǔ fāngshì 방식을 채택하다
发挥 fāhuī 발휘하다	□ 发挥**长处** fāhuī chángchu 장점을 발휘하다 □ 发挥**水平** fāhuī shuǐpíng 실력을 발휘하다
实现 shíxiàn 실현하다, 이루다	□ 实现**梦想** shíxiàn mèngxiǎng 꿈을 실현하다 □ 实现**愿望** shíxiàn yuànwàng 소망을 이루다
威胁 wēixié 위협하다	□ 威胁**健康** wēixié jiànkāng 건강을 위협하다 □ 威胁**安全** wēixié ānquán 안전을 위협하다

分配 fēnpèi 분배하다	☐ 分配**任务** fēnpèi rènwu 업무를 분배하다 ☐ 分配**资源** fēnpèi zīyuán 자원을 분배하다
符合 fúhé 부합하다	☐ 符合**要求** fúhé yāoqiú 요구에 부합하다 ☐ 符合**标准** fúhé biāozhǔn 기준에 부합하다
踩 cǎi 밟다	☐ 踩**梯子上去** cǎi tīzi shàngqu 사다리를 밟고 올라가다 ☐ 踩**石头** cǎi shítou 돌을 밟다
吹 chuī 불다	☐ 吹**风** chuī fēng 바람이 불다 ☐ 吹**笛子** chuī dízi 피리를 불다
扩大 kuòdà 넓히다, 확대하다	☐ 扩大**范围** kuòdà fànwéi 범위를 넓히다 ☐ 扩大**领域** kuòdà lǐngyù 영역을 확대하다
取得 qǔdé 얻다, 취득하다	☐ 取得**成就** qǔdé chéngjiù 성과를 얻다 ☐ 取得**资格** qǔdé zīgé 자격을 취득하다
影响 yǐngxiǎng 영향을 주다	☐ **深刻地**影响 shēnkè de yǐngxiǎng 깊게 영향을 주다 ☐ 影响**胃口** yǐngxiǎng wèikǒu 입맛에 영향을 주다
破坏 pòhuài 파괴하다, 위반하다	☐ 破坏**环境** pòhuài huánjìng 환경을 파괴하다 ☐ 破坏**规定** pòhuài guīdìng 규정을 위반하다
避免 bìmiǎn 피하다	☐ 避免**问题** bìmiǎn wèntí 문제를 피하다 ☐ 避免**冲突** bìmiǎn chōngtū 충돌을 피하다
延长 yáncháng 연장하다	☐ 延长**寿命** yáncháng shòumìng 수명을 연장하다 ☐ 延长**路线** yáncháng lùxiàn 노선을 연장하다
降低 jiàngdī 줄이다, 낮추다	☐ 降低**风险** jiàngdī fēngxiǎn 위험을 줄이다 ☐ 降低**价格** jiàngdī jiàgé 가격을 낮추다

빈출 형용사와 호응 표현

悠久 yōujiǔ 유구하다, 오래되다	□ 悠久的历史 yōujiǔ de lìshǐ 유구한 역사 □ 悠久的传统 yōujiǔ de chuántǒng 오래된 전통
具体 jùtǐ 구체적이다	□ 具体做法 jùtǐ zuòfǎ 구체적인 방법 □ 具体细节 jùtǐ xìjié 구체적인 세부 사항
良好 liánghǎo 좋다	□ 良好的基础 liánghǎo de jīchǔ 좋은 기초 □ 良好的身材 liánghǎo de shēncái 좋은 체격
深刻 shēnkè 깊다	□ 深刻体会 shēnkè tǐhuì 깊이 체득하다 □ 深刻理解 shēnkè lǐjiě 깊이 이해하다
必要 bìyào 필요하다	□ 必要的营养 bìyào de yíngyǎng 필요한 영양 □ 必要的手续 bìyào de shǒuxù 필요한 절차
优惠 yōuhuì 할인의	□ 优惠活动 yōuhuì huódòng 할인 행사 □ 优惠商品 yōuhuì shāngpǐn 할인 상품
独特 dútè 독특하다	□ 独特的结构 dútè de jiégòu 독특한 구조 □ 独特的性格 dútè de xìnggé 독특한 성격
热烈 rèliè 뜨겁다, 열띠다	□ 热烈的掌声 rèliè de zhǎngshēng 뜨거운 박수 □ 热烈的气氛 rèliè de qìfēn 열띤 분위기
明显 míngxiǎn 뚜렷하다, 명확하다	□ 明显提高 míngxiǎn tígāo 뚜렷하게 향상되다 □ 特征明显 tèzhēng míngxiǎn 특징이 명확하다

빈출 명사와 호응 표현

价值 jiàzhí 가치	□ 艺术价值 yìshù jiàzhí 예술 가치 □ 营养价值 yíngyǎng jiàzhí 영양 가치
需求 xūqiú 수요	□ 强烈需求 qiángliè xūqiú 높은 수요 □ 满足需求 mǎnzú xūqiú 수요를 만족시키다

测验 cèyàn 테스트, 시험	☐ 智力测验 zhìlì cèyàn 지능 테스트 ☐ 专业测验 zhuānyè cèyàn 전공 시험
软件 ruǎnjiàn 애플리케이션(App), 소프트웨어	☐ 手机软件 shǒujī ruǎnjiàn 휴대폰 애플리케이션 ☐ 免费软件 miǎnfèi ruǎnjiàn 무료 소프트웨어
目前 mùqián 지금, 현재	☐ 到目前为止 dào mùqián wéizhǐ 지금까지 ☐ 目前情况 mùqián qíngkuàng 현재 상황
空间 kōngjiān 공간	☐ 占空间 zhàn kōngjiān 공간을 차지하다 ☐ 包装空间 bāozhuāng kōngjiān 포장 공간
面积 miànjī 면적	☐ 接触面积 jiēchù miànjī 접촉 면적 ☐ 土地面积 tǔdì miànjī 토지 면적
风格 fēnggé 스타일	☐ 古典风格 gǔdiǎn fēnggé 고전 스타일 ☐ 主持风格 zhǔchí fēnggé 진행 스타일
年纪 niánjì 나이	☐ 年纪小 niánjì xiǎo 나이가 어리다 ☐ 年纪多大 niánjì duō dà 나이가 얼마인가

빈출 양사와 호응 표현

项 xiàng 가지, 항목	☐ 一项实验 yí xiàng shíyàn 한 가지 실험 ☐ 一项调查 yí xiàng diàochá 조사 한 항목
幅 fú 폭	☐ 一幅画 yì fú huà 한 폭의 그림 ☐ 一幅油画 yì fú yóuhuà 한 폭의 유화
届 jiè 회, 차례	☐ 一届奥运会 yí jiè Àoyùnhuì 올림픽 한 회 ☐ 一届会议 yí jiè huìyì 회의 한 차례
堆 duī 더미, 무더기	☐ 一堆沙子 yì duī shāzi 모래 한 더미 ☐ 一堆树根 yì duī shùgēn 나무 뿌리 한 무더기

| 群
qún
무리 | □ 一群小伙伴 yì qún xiǎo huǒbàn 아이들 한 무리 |
| | □ 一群动物 yì qún dòngwù 동물 한 무리 |

| 册
cè
권 | □ 一册书 yí cè shū 책 한 권 |
| | □ 一册课本 yí cè kèběn 교과서 한 권 |

| 批
pī
무리, 무더기 | □ 一批人 yì pī rén 사람 한 무리 |
| | □ 一批图书 yì pī túshū 도서 한 무더기 |

| 颗
kē
알, 조각 | □ 一颗糖 yì kē táng 한 알의 사탕 |
| | □ 一颗心 yì kē xīn 한 조각의 마음 |

| 阵
zhèn
바탕, 차례 | □ 一阵笑声 yí zhèn xiàoshēng 한 바탕 웃음소리 |
| | □ 一阵雨 yí zhèn yǔ 한 차례의 비 |

| 片
piàn
조각, 잎 | □ 一片面包 yí piàn miànbāo 한 조각의 빵 |
| | □ 一片树叶 yí piàn shùyè 한 장의 나뭇잎 |

| 滴
dī
방울[떨어지는 액체] | □ 一滴水 yì dī shuǐ 한 방울의 물 |
| | □ 一滴眼泪 yì dī yǎnlèi 한 방울의 눈물 |

| 朵
duǒ
송이, 조각 | □ 一朵花 yì duǒ huā 한 송이의 꽃 |
| | □ 一朵云 yì duǒ yún 한 조각의 구름 |

기타 빈출 호응 및 관용 표현

□ 与A相似 yǔ A xiāngsì A와 유사하다

□ 与A不同 yǔ A bùtóng A와 다르다

□ 把A与B结合起来 bǎ A yǔ B jiéhé qǐlai A를 B와 결합시키다

□ 把A称为B bǎ A chēngwéi B A를 B라고 부르다

□ 被A称为B bèi A chēngwéi B A에 의해 B라고 불려지다

□ 从古至今 cóng gǔ zhìjīn 예로부터 지금까지

□ 在A期间 zài A qījiān A기간에, A기간 중에

□ 表面上 biǎomiàn shang 표면상

□ 实际上 shíjì shang 실제로, 사실상

□ 事实上 shìshí shang 사실상

□ 基本上 jīběn shang 주로, 거의

□ 根本上 gēnběn shang 근본적으로

□ 被评价为A bèi píngjià wéi A A라고 평가되다

시험에 자주 나오는 유의어

정답을 보다 빠르고 정확하게 고를 수 있도록 시험에 자주 나오는 유의어를 알아 두자.

改进 : 改善	**改进** gǎijìn 동 개선하다, 개량하다 ★예전의 상황을 변화시켜 전체적으로 더 나아지게 함을 나타내며, 주로 기술과 관련된 어휘와 함께 쓰인다.	改进**技术** gǎijìn jìshù 기술을 개선하다 改进**方法** gǎijìn fāngfǎ 방법을 개선하다
	改善 gǎishàn 동 개선하다 ★기존에 나쁘거나 좋지 않은 상황을 고쳐 좋게 만드는 것을 나타내며, 주로 생활과 관련된 어휘와 함께 쓰인다.	改善**生活** gǎishàn shēnghuó 생활을 개선하다 改善**环境** gǎishàn huánjìng 환경을 개선하다
合适 : 适合	**合适** héshì 형 알맞다, 적당하다 ★뒤에 목적어가 올 수 없으며, 的와 결합하여 명사를 꾸며 주는 관형어로 쓰일 수 있다.	这个地方吃零食正合适 zhè ge dìfang chī língshí zhèng héshì 이곳은 간식을 먹기에 딱 알맞다 合适**的时间** héshì de shíjiān 적당한 시간
	适合 shìhé 동 어울리다, 적합하다 ★뒤에 목적어가 올 수 있으며, 관형어로 쓰일 수 없다.	声音非常适合录音 shēngyīn fēicháng shìhé lùyīn 목소리가 녹음하는 것에 매우 어울린다 适合**缓解情绪** shìhé huǎnjiě qíngxù 기분을 완화시키는 데에 적합하다
缩短 : 缩小	**缩短** suōduǎn 동 줄이다, 단축하다 ★주로 길이·거리·시간 따위를 줄어들게 하는 것을 나타낸다.	缩短**期限** suōduǎn qīxiàn 기한을 줄이다 缩短**使用寿命** suōduǎn shǐyòng shòumìng 사용 수명이 단축되다
	缩小 suōxiǎo 동 축소하다, 작게 하다 ★주로 크기가 큰 것이 작아지는 것을 나타낸다.	缩小**规模** suōxiǎo guīmó 규모를 축소하다 **使大脑**缩小 shǐ dànǎo suōxiǎo 뇌를 축소시키다
吸收 : 吸取	**吸收** xīshōu 동 받다, 흡수하다 ★주로 구체적이거나 물질적인 것을 나타내는 목적어와 함께 쓰인다.	吸收**会员** xīshōu huìyuán 회원을 받다 吸收**水分** xīshōu shuǐfèn 수분을 흡수하다
	吸取 xīqǔ 동 얻다 ★주로 추상적이거나 정신적인 것을 나타내는 목적어와 함께 쓰인다.	吸取**经验** xīqǔ jīngyàn 경험을 얻다 吸取**教训** xīqǔ jiàoxùn 교훈을 얻다
位于 : 在于	**位于** wèiyú 동 ~에 위치하다 ★대상이 어떤 지역에 위치하는지를 나타내며, 주로 지역이나 장소를 나타내는 표현과 함께 쓰인다.	位于**海边** wèiyú hǎibiān 해변에 위치하다 位于**市中心** wèiyú shìzhōngxīn 시내에 위치하다
	在于 zàiyú 동 ~에 있다 ★주로 원인이나 핵심 요인이 무엇인지를 나타내는 표현과 함께 쓰인다.	**关键**在于**沟通** guānjiàn zàiyú gōutōng 관건은 소통하는 데에 있다 **问题**在于**缺乏资金** wèntí zàiyú quēfá zījīn 문제는 자금이 부족하다는 것에 있다

掌握 : 把握	掌握 zhǎngwò 图파악하다, 습득하다 ★어떤 사물을 충분히 이해하거나 제어할 수 있는 상태를 나타내며, 목적어로는 쓰일 수 없다.	掌握知识 zhǎngwò zhīshi 지식을 파악하다 掌握外语 zhǎngwò wàiyǔ 외국어를 습득하다
	把握 bǎwò 图(추상적인 것을) 잡다 ★주로 추상적인 것을 붙잡는다는 의미로 쓰인다.	把握机会 bǎwò jīhuì 기회를 잡다 把握命运 bǎwò mìngyùn 운명을 잡다
特长 : 优势	特长 tècháng 图특기 ★주로 특별히 뛰어난 기능이나 특별히 가진 업무 경험을 나타낸다.	利用特长 lìyòng tècháng 특기를 활용하다 发挥特长 fāhuī tècháng 특기를 발휘하다
	优势 yōushì 图장점, 우위 ★주로 다른 대상보다 뛰어나거나 유리한 점을 나타낸다.	展现优势 zhǎnxiàn yōushì 장점을 드러내다 占有优势 zhànyǒu yōushì 우위를 점하다
节省 : 节俭	节省 jiéshěng 图절약하다, 아끼다 ★될수록 적게 쓰거나 쓰지 않으며 낭비하지 않는 것을 나타낸다.	节省时间 jiéshěng shíjiān 시간을 절약하다 节省精力 jiéshěng jīnglì 힘을 아끼다
	节俭 jiéjiǎn 图검소하다 图절약하다 ★주로 돈을 쓰는 데 있어 절제하고 검소하여, 빈곤을 감수하는 것을 나타낸다.	生活节俭 shēnghuó jiéjiǎn 생활이 검소하다 节俭精神 jiéjiǎn jīngshén 절약 정신
熟练 : 熟悉	熟练 shúliàn 图숙련되다, 능숙하다 ★주로 일이나 동작을 자주 하여 경험이 쌓이고, 능숙해지는 것을 나타낸다.	技术熟练 jìshù shúliàn 기술이 숙련되다 动作熟练 dòngzuò shúliàn 동작이 능숙하다
	熟悉 shúxī 图잘 알다, 익숙하게 하다 ★주로 명확하게 상황을 잘 알거나 그 정도로 익숙한 상태를 나타낸다.	熟悉情况 shúxī qíngkuàng 상황을 잘 알다 熟悉环境 shúxī huánjìng 환경을 익숙하게 하다
设备 : 机器	设备 shèbèi 图장비, 설비 ★주로 특정 목적에 따라 갖춘 물건이나 시설 등을 나타낸다.	电子设备 diànzǐ shèbèi 전자 장비 卫生设备 wèishēng shèbèi 위생 설비
	机器 jīqì 图기계, 기기 ★주로 동력을 써서 움직이거나 일을 하는 장치를 나타낸다.	造纸机器 zàozhǐ jīqì 제지 기계 机器运转 jīqì yùnzhuǎn 기계가 작동하다

■ 시험에 자주 나오는 연결어

정답을 보다 빠르고 정확하게 고를 수 있도록 시험에 자주 나오는 연결어를 알아 두자.

가정	如果 / 要是 / 假如A, 那么 / 就B rúguǒ / yàoshi / jiǎrú A, nàme / jiù B 만약 A라면, 그렇다면 B이다	如果你想看病, 那么先在网上预约挂号吧。 Rúguǒ nǐ xiǎng kànbìng, nàme xiān zài wǎngshàng yùyuē guàhào ba. 만약 당신이 진료를 보고 싶다면, 그렇다면 먼저 인터넷에서 접수를 예약하세요.
	一旦A, 就B yídàn A, jiù B 일단 A하면, B이다	一旦确定了方向, 你就要勇敢地走下去。 Yídàn quèdìngle fāngxiàng, nǐ jiù yào yǒnggǎn de zǒu xiàqu. 일단 방향을 정했으면, 너는 용감하게 걸어 나가야 해.
	万一 wànyī 만일, 만약	万一没有及时收到包裹, 你就去找邮局问一下。 Wànyī méiyǒu jíshí shōudào bāoguǒ, nǐ jiù qù zhǎo yóujú wèn yí xià. 만일 택배를 제때에 못 받으면, 너는 우체국에 찾아가서 물어 봐.
양보	即使 / 哪怕A, 也B jíshǐ / nǎpà A, yě B 설령 A이라 해도, B하다	即使我们把情况报告给领导, 这件事也很难解决。 Jíshǐ wǒmen bǎ qíngkuàng bàogào gěi lǐngdǎo, zhè jiàn shì yě hěn nán jiějué. 설령 우리가 상황을 리더에게 보고한다고 해도, 이 일은 해결하기 어려워.
조건	除非A, 才B chúfēi A, cái B A하여야만, 비로소 B하다	除非我们共同努力, 才能克服目前的困难。 Chúfēi wǒmen gòngtóng nǔlì, cái néng kèfú mùqián de kùnnan. 우리가 함께 노력하여야만, 비로소 현재의 어려움을 극복할 수 있어.
	既然A, 那么 / 就B jìrán A, nàme / jiù B A인 이상, 그러면 B하다	既然你没有时间, 那么就不要参与这次的活动了。 Jìrán nǐ méiyǒu shíjiān, nàme jiù bú yào cānyù zhè cì de huódòng le. 네가 시간이 없는 이상, 그러면 이번 활동에는 참여하지 마.
	无论 / 不管A, 都 / 也B wúlùn / bùguǎn A, dōu / yě B A와 상관없이/A와 관계없이, B하다	无论在什么年代, 农业都受到了高度的重视。 Wúlùn zài shénme niándài, nóngyè dōu shòudàole gāodù de zhòngshì. 어떤 시대에서든 상관없이, 농업은 많은 중시를 받았다.
인과	由于A, 因而 / 因此B yóuyú A, yīn'ér / yīncǐ B A때문에, 그래서 B이다	由于他没有把自己的想法说出来, 因而引起了许多误会。 Yóuyú tā méiyǒu bǎ zìjǐ de xiǎngfǎ shuō chūlai, yīn'ér yǐnqǐle xǔduō wùhuì. 그는 자신의 생각을 말하지 못했기 때문에, 그래서 많은 오해를 불러일으켰다.
	从而 cóng'ér 그렇게 함으로써	他们进行了多次谈判, 从而平衡了双方的利益。 Tāmen jìnxíngle duō cì tánpàn, cóng'ér pínghéngle shuāngfāng de lìyì. 그들은 여러 차례 담판을 진행했고, 그렇게 함으로써 쌍방의 이익을 균형 있게 하였다.
	于是 yúshì 그래서, 그리하여	她最终想出了方法, 于是问题得到了解决。 Tā zuìzhōng xiǎngchūle fāngfǎ, yúshì wèntí dédàole jiějué. 그녀는 마침내 방법을 생각해 냈고, 그래서 문제가 해결되었다.
	之所以A, 是因为B zhīsuǒyǐ A, shì yīnwèi B A한 까닭은, B 때문이다	妈妈之所以这么烦恼, 是因为弟弟最近在学校太调皮了。 Māma zhīsuǒyǐ zhème fánnǎo, shì yīnwèi dìdi zuìjìn zài xuéxiào tài tiáopí le. 엄마가 이렇게 걱정하는 까닭은, 남동생이 최근 학교에서 너무 말을 잘 듣지 않기 때문이다.

선택	**与其A, 不如B** yǔqí A, bùrú B A하느니, B하는 것이 낫다	与其抱怨命运的不公平,不如努力奋斗改变命运。 Yǔqí bàoyuàn mìngyùn de bù gōngpíng, bùrú nǔlì fèndòu gǎibiàn mìngyùn. 운명의 불공평함을 원망하느니, 열심히 노력하여 운명을 바꾸는 것이 낫다.
	宁可A, 也不B nìngkě A, yě bù B 차라리 A할지언정, B하지 않는다	他宁可自己承担风险,也不愿意让别人有所损失。 Tā nìngkě zìjǐ chéngdān fēngxiǎn, yě bú yuànyì ràng biérén yǒusuǒ sǔnshī. 그는 차라리 자신이 위험을 감수할지언정, 다른 사람이 손해 보게 하는 것은 원하지 않는다.
점층	**何况** hékuàng 하물며, 더군다나	学好母语不容易,何况是学习外语呢! Xuéhǎo mǔyǔ bù róngyì, hékuàng shì xuéxí wàiyǔ ne! 모국어를 잘 배우는 것도 쉽지 않은데, 하물며 외국어를 배우다니!
전환	**尽管A, 还是 / 却B** jǐnguǎn A, háishi / què B 비록 A이지만, 여전히 B이다	尽管父母非常疼爱我,但是在教育方面他们还是相当严格的。 Jìnguǎn fùmǔ fēicháng téng'ài wǒ, dànshì zài jiàoyù fāngmiàn tāmen háishi xiāngdāng yángé de. 비록 부모님은 나를 끔찍이 아끼시지만, 교육 면에서는 여전히 상당히 엄격하시다.
	反正 fǎnzhèng 어차피	反正闲着也是闲着,让我去一趟吧。 Fǎnzhèng xiánzhe yěshì xiánzhe, ràng wǒ qù yí tàng ba. 어차피 놀고 있으니, 내가 한 번 가도록 해줘.
병렬	**此外** cǐwài 그 외에	我的本科专业是法律,此外我还学了会计。 Wǒ de běnkē zhuānyè shì fǎlǜ, cǐwài wǒ hái xuéle kuàijì. 나의 학부 전공은 법률이고, 그 외에 나는 회계도 배웠다.
역접	**然而** rán'ér 그러나	他们已经失败了好几次,然而并不放弃。 Tāmen yǐjīng shībàile hǎo jǐ cì, rán'ér bìng bú fàngqì. 그들은 이미 여러 차례 실패했지만, 그러나 결코 포기하지 않는다.
결론	**总之** zǒngzhī 한마디로 말하면, 어쨌든	总之,这一切措施都是为了提高工作效率。 Zǒngzhī, zhè yíqiè cuòshī dōu shì wèile tígāo gōngzuò xiàolǜ. 한마디로 말하면, 이 모든 조치들은 업무 효율을 높이기 위한 것이다.
	原来 yuánlái 알고 보니	我以为她不想和我出差,原来是家里有急事,无法出差。 Wǒ yǐwéi tā bù xiǎng hé wǒ chūchāi, yuánlái shì jiāli yǒu jíshì, wúfǎ chūchāi. 나는 그녀가 나와 출장을 가고 싶어 하지 않는 줄 알았는데, 알고 보니 집에 급한 일이 있어 출장을 갈 수 없었던 것이다.
	可见 kějiàn ~임을 알 수 있다	他连续三天都没有好好吃饭,可见他最近有了心事。 Tā liánxù sāntiān dōu méiyǒu hǎohāo chīfàn, kějiàn tā zuìjìn yǒule xīnshì. 그가 연속으로 3일이나 밥을 제대로 먹지 않은 것을 보아, 최근 걱정거리가 생겼다는 것을 알 수 있다.

빈칸에 알맞은 답을 고르세요.

1-3.

　　硬币是用金属制造的货币，已有几千年的历史。硬币之所以被＿＿1＿＿成圆的，而不是方的，是有理由的。人们需要经常使用硬币，＿＿2＿＿把它做成有棱角的方形，那么就很容易划伤衣服或者皮肤。但把硬币做成圆形的话，就可以＿＿3＿＿这样的问题。当然，这或许只是原因之一，还有就是在面积相同的情况下，相对于其他形状，圆形的周长较小，这样能节省原材料。最后，从外观上来看，圆形的硬币沿用了古代钱币的外形，在古代钱币"外圆内方"的基础上融合了现代化的设计。

1. A 设计　　　　　B 计划　　　　　C 打算　　　　　D 计算

2. A 于是　　　　　B 然而　　　　　C 既然　　　　　D 万一

3. A 强调　　　　　B 避免　　　　　C 观察　　　　　D 运用

4-7.

　　最近，中国的时尚界出现了一个独特的身影，那就是六十四岁的张双利。张双利虽然年纪较大，但却有一＿＿4＿＿年轻的心。与其他喜欢下棋或是打太极的老年人＿＿5＿＿，张双利的爱好比较独特，他喜欢健身。为了保持＿＿6＿＿的身材，穿上各种好看的衣服，三十年来他每天都坚持运动，不仅如此，退休后张双利就开始频繁走起了时装秀。在时装秀的舞台上，满头白发的他和年轻人一样有＿＿7＿＿，充满活力。张双利之所以不老，是因为他对热爱的事情保持热情，对新鲜的事物保持好奇心。

4. A 群　　　　　　B 滴　　　　　　C 颗　　　　　　D 朵

5. A 矛盾　　　　　B 不同　　　　　C 相似　　　　　D 不足

6. A 良好　　　　　B 热烈　　　　　C 优惠　　　　　D 重大

7. A 前途　　　　　B 精神　　　　　C 设备　　　　　D 青春

8-11.

　　一般而言，尾巴是脊椎动物的独有___8___。对很多动物来说，最有用的工具就是尾巴。动物的尾巴各有其用途。猴子靠尾巴倒挂在树枝上采摘水果；鳄鱼用它强有力的尾巴击退敌人；狐狸用它的尾巴保暖；松鼠用尾巴___9___平衡，使自己安全着陆；鸭嘴兽毛茸茸的尾巴里积蓄着很多脂肪，当冬季来临时，粗尾巴能帮助它御寒，并提供___10___的营养；海狸用它的尾巴发出警告，游泳时靠尾巴改变方向，在___11___断树木时还用尾巴来稳住身体。然而有些动物的尾巴其实只有一个用处，那就是用来赶走苍蝇这类让人讨厌的昆虫。

8. A 本领　　　　B 特征　　　　C 零件　　　　D 道具

9. A 体验　　　　B 讲究　　　　C 保持　　　　D 破坏

10. A 合理　　　　B 周到　　　　C 必要　　　　D 夸张

11. A 咬　　　　　B 交　　　　　C 踩　　　　　D 摸

12-15.

　　现在，人们习惯用计算器这类电子___12___计算数字，这样做既能迅速得到结果，又免去了麻烦的计算过程。但是在计算器出现之前，人们不得不进行人工计算。即便如此，在科技不如现在发达的___13___，有人想出了简单的计算方法，从而节省了很多时间。

　　手工计算时期的石头、绳子、算筹等工具都比较简易，这些工具___14___现有的物品记录计算过程，便于人们记忆数字。不过随着经济的发展，这种形式的工具难以满足日益增长的数据计算需求。___15___，就有人总结出了详细的计算原理，然后发明出了算盘、纳皮尔棒这样的辅助计算工具。

12. A 样式　　　　B 设备　　　　C 机器　　　　D 玩具

13. A 时代　　　　B 种类　　　　C 地位　　　　D 年纪

14. A 失去　　　　B 挑战　　　　C 利用　　　　D 获取

15. A 反正　　　　B 由于　　　　C 可见　　　　D 于是

02 문장 채우기

지문의 빈칸에 적절한 문장을 선택지에서 골라 채우는 문제이다. 빈칸 앞뒤 문장의 논리 관계를 파악하여 푸는 문제가 자주 출제된다.

핵심 전략

1. 빈칸 앞뒤 내용을 꼼꼼히 해석하여 문맥을 자연스럽게 이어주는 선택지를 정답으로 고른다.
2. 원인 → 결과, 조건 → 결과, 포괄적 내용 → 구체적 내용의 흐름에 유의하며 빈칸 주변의 문맥을 파악한다.
3. 선택지에 연결어가 포함되어 있으면, 빈칸 주변에서 짝으로 쓰이는 연결어를 찾거나, 빈칸 앞뒤 문장의 논리적 관계를 파악하여 가장 알맞은 선택지를 정답으로 고른다.

예제 맛보기

海洋占地球总面积的71%，海洋中的水占地球总水量的97%，但是人类能喝的水只占其中的2%。 <u>1. D 目前人类只探索了海洋的5%</u>，[1]大部分海洋对人类来说还是一个未知的世界。海水含盐量很高，过去中国的很多食用盐都来自海里。海洋里的动植物种类丰富，数量巨大，我们只认识其中一部分，还有很多生物我们从来没见过。海洋为人类提供了大量健康营养的食物，但是[2]海洋正遭受着严重的污染， <u>2. D 因此海洋也需要保护</u>，为此很多国家制定了相关规定以限制对海洋的开发。

바다는 지구 전체 면적의 71%를 차지하며, 바닷속의 물은 지구 전체 물의 양의 97%를 차지하는데, 그러나 인류가 마실 수 있는 물은 그중의 2%만 차지한다. <u>1. D 현재 인류는 바다의 5%만 탐색했고</u>, [1]대부분의 바다는 인류에게 있어 여전히 미지의 세계이다. 바닷물은 염분 함유량이 높은데, 과거 중국의 많은 식용 소금은 모두 바닷속에서 왔다. 바닷속의 동식물은 종류가 풍부하면서, 수량이 어마어마한데, 우리는 단지 그중 일부분만 알고 있으며, 우리가 여태껏 본 적이 없는 많은 생물도 있다. 바다는 인류를 위해 다량의 건강하고 영양이 있는 먹거리를 제공했지만, [2]바다는 현재 심각한 오염을 당하고 있다. <u>2. D 이 때문에 바다도 보호할 필요가 있고</u>, 이를 위해서 많은 국가들은 해양 개발을 제한하는 관련 규정을 제정했다.

1. A 远远没有带来好的影响

   B 剩下的都是被污染过的

   C 现在对人类有着重要的意义

   D 目前人类只探索了海洋的5%

2. A 等着人类继续探索

   B 而海洋仍然很危险

   C 是人类发展的新天地

   D 因此海洋也需要保护

1. A 실로 좋은 영향을 주지 못했다

   B 나머지는 모두 오염되었던 것이다

   C 지금 인류에게 중요한 의의를 가지고 있다

   D 현재 인류는 바다의 5%만 탐색했다

2. A 인류가 계속해서 탐색하기를 기다리고 있다

   B 바다는 여전히 위험하다

   C 인류 발전의 새로운 영역이다

   D 이 때문에 바다도 보호할 필요가 있다

정답 **1.** D　**2.** D

해설　1번 문제

선택지가 모두 문장 형태이므로, 빈칸 앞뒤의 내용을 꼼꼼히 해석하여 문맥을 자연스럽게 이어주는 선택지를 정답으로 고른다. 빈칸 뒤에서 대부분의 바다는 인류에게 있어 여전히 미지의 세계라고 했으므로, 바다가 인류에게 있어 미지의 세계인 이유와 관련된 내용을 담은 D 目前人类只探索了海洋的5%를 정답으로 고른다.

2번 문제

선택지가 모두 문장 형태이므로, 빈칸 앞뒤의 내용을 꼼꼼히 해석하여 문맥을 자연스럽게 이어주는 선택지를 정답으로 고른다. 빈칸 앞에서 바다는 현재 심각한 오염을 당하고 있다고 했고, 빈칸 뒤에서 많은 국가들이 해양 개발을 제한하는 관련 규정을 제정했다고 했으므로, 바다가 오염된 이후의 결과가 되고, 해양 개발 제한과 관련된 규정을 제정한 원인이 되는 내용을 담은 D 因此海洋也需要保护를 정답으로 고른다.

어휘　**海洋** hǎiyáng 몡바다　**占** zhàn 통차지하다　**地球** dìqiú 몡지구　**总** zǒng 휑전체의　**面积** miànjī 몡면적　**人类** rénlèi 몡인류
其中 qízhōng 몡그중　**目前** mùqián 몡현재　**探索** tànsuǒ 통탐색하다　**未知** wèizhī 혱미지의　**含盐量** hányánliàng 염분 함유량
食用 shíyòng 통식용하다　**盐** yán 몡소금　**来自** láizì 통~에서 오다　**动植物** dòngzhíwù 동식물　**种类** zhǒnglèi 몡종류
丰富 fēngfù 혱풍부하다　**数量** shùliàng 몡수량, 양　**巨大** jùdà 혱어마어마하다　**生物** shēngwù 몡생물　**从来** cónglái 뷔여태껏
提供 tígōng 통제공하다　**大量** dàliàng 혱다량의　**营养** yíngyǎng 몡영양　**食物** shíwù 몡먹거리
遭受 zāoshòu 통(불행 또는 손해를) 당하다　**严重** yánzhòng 혱심각하다　**污染** wūrǎn 오염되다　**因此** yīncǐ 젭이 때문에
保护 bǎohù 통보호하다　**为此** wèicǐ 이를 위해서　**制定** zhìdìng 통제정하다　**相关** xiāngguān 통관련되다　**规定** guīdìng 몡규정
限制 xiànzhì 통제한하다　**开发** kāifā 통개발하다　**远远** yuǎnyuǎn 뷔실로　**剩下** shèngxia 나머지　**意义** yìyì 몡의의
继续 jìxù 통계속하다　**新天地** xīn tiāndì 새로운 영역

빈칸에 알맞은 답을 고르세요.

1-4.

众所周知，大部分铁路是直的，＿＿1＿＿。这样设计的原因是什么呢？首先，铁路弯道越多，行驶时就越难提速。因此，在修建铁路时，人们会＿＿2＿＿采取直线，或采用大弯道，这样既能保证火车的安全，也不影响其行驶速度。但高速公路的情况则有所不同。汽车司机如果长时间在平坦笔直的路上驾驶，很容易感到＿＿3＿＿，这就会增加发生危险的可能性。所以在高速公路上特意多设几个弯道，不但能刺激司机的视觉，还能使他们的注意力变得集中，从而降低发生交通事故的＿＿4＿＿。

1. A 火车的速度相当慢　　　　　　B 但火车的形状并不直
   C 高速公路则设有一些弯道　　　D 高速公路限制汽车的速度

2. A 尽量　　　B 迟早　　　C 依然　　　D 何必

3. A 寂寞　　　B 疲劳　　　C 悲观　　　D 慌张

4. A 形式　　　B 价值　　　C 奇迹　　　D 风险

5-8.

司马光是中国北宋时期著名的政治家，也是当时了不起的史学家和文学家。司马光小时候总认为自己不够聪明，所以非常＿＿5＿＿，会利用一切空闲时间读书。他想训练自己的记忆力，＿＿6＿＿背书时比别人多花两三倍的时间。

他的家里除了书本，只有几样物品，也就是一张床、一床被子和一个圆木做的枕头。那么，为什么司马光要用圆木做枕头？因为他读书读累了就在床上睡一会儿，当他翻身时，圆木枕头就会＿＿7＿＿到地上，他自然就被那声音吵醒。每次这么被弄醒后，他马上披上衣服，点上蜡烛，继续读书。他之所以能写出《资治通鉴》等诸多著作，＿＿8＿＿。

5. A 谦虚　　　B 勤奋　　　C 神秘　　　D 可怜

6. A 何况　　　B 宁可　　　C 因而　　　D 不管

7. A 背　　　　B 催　　　　C 抄　　　　D 滚

8. A 假如他承认自己的错误　　　　B 尽管他一路上困难重重
   C 除非他不愿意和别人相处　　　D 是因为付出了如此艰苦的努力

当高产抗病的土豆刚被引进时，农民们对这个外来植物并不感兴趣。为了___9___人们种植土豆，当地政府花了很大的力气来宣传，但优良土豆仍被冷落。于是有人想出了一个办法，在试种土豆的地方安排士兵日夜看守。这使周围村民们感到十分好奇，___10___？后来他们实在忍不住，就趁士兵不注意时，___11___进去偷土豆。回到家后，他们把偷来的土豆种在自家地里，开始研究这种土豆到底有何不同。果然，一个季节下来，土豆的___12___逐渐显现了出来，然后被迅速传播开来，成为当地最受欢迎的农作物之一。

9. A 吸收　　　　　B 配合　　　　　C 提倡　　　　　D 批准

10. A 政府决定进行罚款　　　　　　B 事情变得越来越恶劣
    C 大家为什么不喜欢种土豆　　　D 这块地里种的是什么宝贝呢

11. A 纷纷　　　　　B 曾经　　　　　C 时刻　　　　　D 居然

12. A 特长　　　　　B 优势　　　　　C 状态　　　　　D 本质

很多时候，大多数人___13___喝得再多，在酒桌上也依然能够正常聊天，回家之后还能完成刷牙、洗脸等一系列动作。但是第二天醒来后，这些人完全想不起来前一晚发生了什么事情。到底是什么___14___了这样的结果？其实，这并不是失忆，而是大脑根本就没有保存过醉酒时的记忆。简单来讲，喝酒断片的人如同丢失存储卡的摄像机，拍摄时没有任何问题，但是没有留下任何记录。作为中枢神经抑制剂的一种，酒精超过一定浓度后，就会麻痹大脑负责记忆的部分，___15___神经元之间的信息传递。

长期喝酒不仅伤害大脑和记忆，还会永久性地改变大脑结构，___16___。无论喝多少酒都是对身体有害的。比起酒精对身体的危害，那一点儿"好处"根本不值一提。因此，为了减少酒精对大脑的损伤，保护大脑，还是应该减少喝醉酒的频率。

13. A 哪怕　　　　　B 与其　　　　　C 一旦　　　　　D 不然

14. A 造成　　　　　B 控制　　　　　C 否认　　　　　D 分析

15. A 建造　　　　　B 负责　　　　　C 阻止　　　　　D 挑战

16. A 促使脑细胞生长　　　　　　　B 使大脑功能衰退
    C 使人变得更加理性　　　　　　D 让脑血管不会发病

정답 해설집 p.79

빈칸에 알맞은 답을 고르세요.

1-3.

　　年画始于汉代，是一种以画的形式展示的中国装饰艺术。传统的民间年画一般用木板水印制作，颜色、大小及所用的纸张都有讲究。从古至今，每到春节的时候，人们都会在大门挂上一＿＿1＿＿颜色鲜艳的年画。这样不但可以起到装饰效果，还可以表达对新年的美好愿望。年画涉及到很多主题，总共有两千多种，如同一部民间百科全书。年画的画面线条简单，色彩鲜明，气氛热烈愉快，而其中的人物生动可爱，富有活力。年画之所以受人们喜爱，是因为它不但具有艺术＿＿2＿＿，还包含了大量的自然和人文信息。人们可以通过年画看出其背后＿＿3＿＿的文化传统。

1. A 批　　　　　B 幅　　　　　C 堆　　　　　D 届

2. A 格式　　　　B 角色　　　　C 智慧　　　　D 价值

3. A 悠久　　　　B 短缺　　　　C 良好　　　　D 灵活

4-7.

　　在现代社会，社交媒体已经大范围普及，其中，微信、微博等新媒体发展迅速，应用广泛，已在媒体领域占有一席之地。＿＿4＿＿，人们随时随地都可以在线分享自己对某件事的看法。这意味着每天都有大量的信息出现，包括个人的想法和意见，这些信息通过各种媒体渠道进行＿＿5＿＿。然而，这样的情况既带来了好处，也制造了问题。人们有了更多可以自由表达想法的机会，但表达能力却没有＿＿6＿＿提高。相反，由于习惯长期使用浅显的"轻表达"，很多人正在＿＿7＿＿失去深入思考的能力。

4. A 只要有手机和网络　　　　　　B 促使人们加强交流
　 C 每天都会提供新的报道　　　　D 传播消息的速度加快了

5. A 浏览　　　　B 传播　　　　C 处理　　　　D 体现

6. A 相对　　　　B 逐月　　　　C 明显　　　　D 特殊

7. A 根本　　　　B 过分　　　　C 照常　　　　D 逐渐

8-11.

古希腊有位著名的物理学家叫阿基米德。他有许多发明创造，因此大家都很 **8**　他。有一天，敌人从海上攻打希腊，而城里只有老人、妇女和孩子。大家都被吓坏了，跑来找阿基米德，请求他想办法把敌人击退。阿基米德抬头望了望天空，**9**　，照得眼睛都睁不开。他灵机一动，高兴地说："有办法啦！放火烧船！"于是，他 **10**　大家一起行动。他让每个人拿一面镜子对准战船，把阳光反射到船上的某一处，使船表面的温度 **11**　升高。不一会儿，船就开始燃烧了，敌人防不胜防，只好跳水逃命。

8. A 自豪　　　　　B 想念　　　　　C 尊敬　　　　　D 惊讶

9. A 天空没有一片云　　　　　　B 此时的阳光异常强烈
　　 C 觉得很难想出好办法　　　　D 认为马上就要下大雨了

10. A 指挥　　　　　B 采取　　　　　C 从事　　　　　D 劳动

11. A 一致　　　　　B 统一　　　　　C 意外　　　　　D 迅速

12-15.

据说篮球这一运动刚出现的时候，篮板上装的是篮子。每当球被投进去后，有人专门 **12**　梯子上去，把球从篮子里取出来。因此，比赛总是被叫停，少了很多激烈紧张的气氛。为了让比赛能够不被打断，人们想了很多取球的方法，但效果都不太理想。比如有个发明家制造了一种 **13**　，在下面一拉就能把球弹出来，不过这种方法仍没能让比赛紧张起来。有一天，一位父亲带着儿子来看球赛。小男孩看到大人们 **14**　从篮子里取球，不由得产生了疑惑：为什么不找一把剪刀，把篮网的底部剪掉呢？人们这才意识到，**15**　。于是便出现了现在的篮网样式。

12. A 踩　　　　　B 插　　　　　C 吹　　　　　D 装

13. A 现象　　　　　B 用品　　　　　C 机器　　　　　D 系统

14. A 何必　　　　　B 不断　　　　　C 大约　　　　　D 偶然

15. A 比赛规则这么复杂　　　　　B 孩子的办法不总是有效
　　　C 原来解决方法可以这样简单　　D 夺取冠军需要付出很多努力

정답 해설집 p.85

제2부분

지문의 내용과 일치하는 선택지 고르기

제2부분은 지문의 내용과 일치하는 선택지를 고르는 형태로, 총 10문제가 출제된다. 지문 내용과 각 선택지를 빠르게 대조하여, 내용이 일치하지 않은 선택지는 오답으로 소거하고, 내용이 일치하는 선택지는 정답으로 고를 수 있어야 한다.

고득점 공략법 아래와 같은 세부 유형의 지문이 출제되므로 그 공략법을 잘 익혀 둔다.

고득점비책 01 지식 정보 설명문 공략하기
고득점비책 02 중국 문화 설명문 공략하기
고득점비책 03 시사 이슈 논설문 공략하기
고득점비책 04 일상 경험 이야기 공략하기

출제 경향

1. **설명문의 출제 빈도가 가장 높다.**

   제2부분에서는 설명문, 논설문, 이야기 유형의 지문이 출제되는데, 그중에서도 설명문의 출제 빈도가 가장 높다. 이 중 동식물, 과학 기술, 신체 건강과 관련된 일반 상식 또는 중국 문화와 관련된 정보를 제공하는 설명문이 가장 많이 출제된다.

2. **지문의 소재나 주제의 세부적인 특징을 언급하는 선택지가 자주 출제된다.**

   설명 대상의 개념이나 세부 특징, 글쓴이의 주장, 등장인물의 상황이나 행동과 관련된 선택지가 주로 제시되는데, 그중 지문의 소재나 주제와 관련하여 세부 특징을 언급하는 선택지가 자주 출제된다.

猫善于爬高，所以当它从高处掉落时，不会被摔死，甚至不会受到一点伤害。那是因为 ^A猫调整身体各部位的能力很强，^A可以很好地控制平衡。假如猫从高处掉下来，它会在靠近地面时立即改变姿势，因此能平稳落地。此外，^D猫的爪子长着一层厚厚的肉，^D四个爪子着地时能起到缓解冲击的作用。

Ⓐ 猫非常善于控制平衡
B 猫爬高是为了寻找快乐
C 猫一不小心就会掉进河里
D 起跳时猫爪子能缓解冲击

STEP 1 지문의 첫 문장을 읽고 지문 유형을 파악한다.

지문의 첫 문장을 읽으면 猫(고양이)와 관련된 지식 정보 설명문임을 알 수 있다. 따라서 지문에서 猫와 관련된 개념이나 세부 특징이 언급되면, 각 선택지와 내용을 대조하여 오답을 소거하면서 정답을 고른다.

STEP 2 지문의 한 문장/구절을 각 선택지와 대조해가며 오답 선택지는 소거하고 정답을 고른다.

지문의 초중반에서 언급된 猫……可以很好地控制平衡과 선택지 A 猫非常善于控制平衡의 내용을 대조해 보면, 지문의 '고양이가 …… 균형을 잘 조절할 수 있다'는 곧 고양이는 균형을 조절하는 것에 아주 능숙하다는 의미이므로 내용이 일치한다. 따라서 선택지 A를 정답으로 고른다. → A (O)

* 바꾸어 표현   **可以很好地控制平衡** 균형을 잘 조절할 수 있다
　　　　　　→ **非常善于控制平衡** 균형을 조절하는 것에 아주 능숙하다

*A를 정답으로 답안지에 표시한 후, 바로 다음 문제로 넘어가서 시간을 절약한다.

지문의 후반에서 猫的……四个爪子着地时能起到缓解冲击的作用이라고 했는데, 선택지 D는 起跳时猫爪子能缓解冲击라고 했으므로, 오답으로 소거한다. → D (X)

선택지 B, C는 지문에서 언급되지 않았으므로 오답이다. → B (X), C (X)

해석 해설집 p.91

01 지식 정보 설명문 공략하기

지식 정보 설명문은 일반 상식 또는 과학 상식과 관련된 정보를 제공하는 지문이며, 주로 첫 문장에서 설명하고자 하는 대상이 언급된다. 동식물, 과학 기술, 신체 건강, 심리, 환경, 사회 이슈, 금융 등과 관련된 지문이 출제된다.

핵심 전략 | 1. 선택지가 주로 설명 대상의 개념이나 세부적인 특징에 대한 것이므로, 지문에서 이와 관련된 내용이 언급되면 특히 주의 깊게 읽고, 선택지와 꼼꼼히 대조한다.
2. 지문의 정보를 토대로 유추할 수 있는 선택지나, 지문의 특정 문장을 의미가 같은 다른 표현으로 바꾸어 서술하는 선택지가 정답이 될 가능성이 높다.

예제 맛보기

斗牛比赛中经常会出现斗牛士举着红色的布，试图激怒公牛的场面。在红布的刺激下，公牛很快就会变得疯狂，不断对斗牛士进行攻击。但事实上，^B牛对于红色、橙色、黄色和绿色等颜色的差别并不敏感。在牛的眼里，这些颜色只是深浅不同而已。所以激怒公牛的并不是布的颜色，而是布的亮度以及人们挥布的动作。

A 斗牛比赛的奖金非常高
B 牛辨别颜色的能力较差
C 公牛好斗的本性是人训练出来的
D 人们不了解斗牛这种危险的比赛

투우 경기 중에는 투우사가 붉은색 천을 든 채 황소를 격분시키려고 시도하는 장면이 자주 나온다. 붉은 천의 자극을 받은 황소는 순식간에 미쳐 날뛰게 되어 끊임없이 투우사에게 공격을 가한다. 하지만 사실 ^B소는 빨간색, 주황색, 노란색 그리고 초록색 등 색깔의 차이에 대해 결코 민감하지 않다. 소의 눈에, 이 색깔들은 그저 명암만 다를 뿐이다. 따라서 황소를 격분하게 하는 것은 천의 색깔이 아닌 천의 밝기 그리고 사람들이 천을 휘두르는 동작이다.

A 투우 경기의 상금은 매우 높다
B 소는 색깔을 분별하는 능력이 비교적 좋지 않다
C 황소의 싸우기를 좋아하는 본성은 사람이 훈련해 낸 것이다
D 사람들은 투우와 같은 이러한 위험한 경기를 잘 알지 못한다

정답　B

해설　지문의 첫 문장을 읽으면 斗牛比赛(투우 경기)와 관련된 지식 정보 설명문임을 알 수 있다. 따라서 지문에서 斗牛比赛와 관련된 개념이나 세부 특징이 언급되면, 각 선택지와 내용을 대조하여 오답을 소거하면서 정답을 고른다.

지문의 중반에서 언급된 牛对于红色、橙色、黄色和绿色等颜色的差别并不敏感과 선택지 B 牛辨别颜色的能力较差의 내용을 대조해 보면, 지문의 '소는 빨간색, 주황색, 노란색 그리고 초록색 등 색깔의 차이에 대해 결코 민감하지 않다'는 곧 소는 색깔을 분별하는 능력이 좋지 않다는 의미이므로 내용이 일치한다. 따라서 선택지 B를 정답으로 고른다. → B (O)
*B를 정답으로 답안지에 표시한 후, 바로 다음 문제로 넘어가서 시간을 절약한다.

선택지 A, C, D는 지문에서 언급되지 않았으므로 오답이다. → A (X), C (X), D (X)

어휘　**斗牛比赛** dòuniú bǐsài 투우 경기　**出现** chūxiàn 통나오다　**斗牛士** dòuniúshì 명투우사　**举** jǔ 통(위로) 들다　**布** bù 명천
试图 shìtú 통시도하다　**激怒** jīnù 통격분하다　**公牛** gōngniú 명황소　**场面** chǎngmiàn 명장면　**刺激** cìjī 통자극
疯狂 fēngkuáng 통미쳐 날뛰다　**不断** búduàn 튄끊임없이　**进行** jìnxíng 통가하다, 진행하다　**攻击** gōngjī 통공격하다
事实上 shìshí shang 사실, 사실상　**对于** duìyú 꿰~에 대해　**橙色** chéngsè 명주황색　**差别** chābié 명차이
敏感 mǐngǎn 통민감하다　**深浅** shēnqiǎn 명명암　**而已** éryǐ 图그저 ~일 뿐이다　**亮度** liàngdù 명밝기　**以及** yǐjí 접그리고, 및
挥 huī 통휘두르다　**动作** dòngzuò 명동작　**奖金** jiǎngjīn 명상금　**辨别** biànbié 통분별하다
好斗 hàodòu 싸우기를 좋아하다, 호전적이다　**本性** běnxìng 명본성　**训练** xùnliàn 통훈련하다　**危险** wēixiǎn 명위험하다

지문과 일치하는 내용의 선택지를 고르세요.

1. 香蕉树是一种生长在热带地区的植物，其果实是我们最常吃的水果——香蕉。值得注意的是，不是所有的香蕉都可以当水果吃，有些根本不甜，只能当蔬菜烧着吃。另外，运输香蕉时需要注意：如果在香蕉又软又黄的时候采摘，那么就会出现在运输途中烂掉的情况。所以为了保证质量，必须要在香蕉呈浅绿色时就将其摘下。

   A 有的香蕉味道不甘甜
   B 香蕉烧着吃更加柔软
   C 香蕉的质量与气候有关
   D 运送香蕉时要注意车速

2. 信息技术、设备、设施、生产者等的集合就是信息资源。信息资源能够重复使用，并且在这样的过程中体现自身价值。同时，人们在利用和搜索信息资源的时候，不会受到时间、空间、语言、地区和行业的限制。信息资源有着重要的意义，它是一种社会财富，属于所有人，没有人可以购买它的永久使用权。

   A 信息资源意义重大
   B 信息资源是一次性资源
   C 信息技术不属于信息资源
   D 信息资源受到多方面的限制

3. 近年来，全球气温不断升高，这对粮食生产产生了极大的影响。有关研究显示，在温度普遍升高的情况下，全球大多数地区的小麦产量都有所提升。然而在印度、非洲等温度又高，降雨又少的区域，小麦的产量却出现了显著下降的趋势。

   A 印度和非洲不生产小麦
   B 高温降雨有利于农业发展
   C 气温变化会影响小麦产量
   D 世界粮食产量正不断提高

4. 你或许对这一现象并不陌生：同一段音乐在脑海中不断重复，怎么也挥之不去。这种现象叫做"耳虫"，而科学家把耳虫引起的感觉称为认知瘙痒。耳虫现象非常普遍，但基本上对人体没有伤害，除非你真的不想再听那个音乐了。

A 科学家不建议多听音乐
B 耳虫现象属于不常见的病
C 耳虫现象一般对人体无害
D 大脑会不断重复听过的歌词

5. 无人驾驶汽车又称智能汽车，是一种通过电脑系统进行无人驾驶的汽车。在没有任何人为操作的情况下，无人驾驶汽车也可以自动安全地行驶。随着相关技术的不断发展，无人驾驶汽车有望将事故率降低90%，从根本上提高驾驶安全。无人驾驶汽车被认为是未来人类出行的最佳方式。

A 年轻人愿意购买新款汽车
B 智能汽车不存在任何风险
C 普通汽车已失去了竞争力
D 智能汽车将是最佳交通工具

6. 俗话说"字如其人"，意思是写出来的字体可以体现个人的人格特质。目前一些企业在招聘时，都会把字迹作为选拔人才的重要标准之一，通过字迹判断应聘者的性格特征，从而挑选出个性最符合职位的应聘者。在通常情况下，字迹圆润的人，被认为适应性强；字迹方正的人，则被认为原则性强；而字迹飞扬的人，被认为创造力强。

A 应聘者应该好好练字
B 字写得好看的人内心丰富
C 字体可以体现一个人的个性
D 企业不喜欢没有创造力的人

정답 해설집 p.91

02 중국 문화 설명문 공략하기

중국 문화 설명문은 중국 문화와 관련한 정보를 제공하는 지문이며, 주로 첫 문장에서 '중국(中国)'이라는 어휘가 언급된다. 중국의 특정 지역, 풍습, 전통, 예술, 음식 등과 관련된 지문이 출제된다.

핵심 전략 | 1. 지문에서 설명 대상의 특징이나 장점이 언급되면 특히 주의 깊게 읽고 각 선택지와 꼼꼼히 대조한다.
2. 지문에서 설명하는 대상의 고유한 특징이나 문화적 의미를 언급한 선택지가 정답이 될 가능성이 높다.

예제 맛보기

塔克拉玛干沙漠位于新疆，它既是中国最大的沙漠，也是世界第二大流动沙漠。整个沙漠东西长约1000公里，南北宽约400公里，面积达33万平方公里。^{B/C}塔克拉玛干沙漠^B地处欧亚大陆的中心，^C且四面被高山环绕。沙漠里动植物稀少，也没有固定的人口。

A 该沙漠不允许游客参观
B 该沙漠分布在沿海地区
C 该沙漠四周被高山围绕
D 该沙漠地下有大量煤炭

타클라마칸 사막은 신장에 위치해 있는데, 그것은 중국 최대의 사막일 뿐만 아니라, 세계에서 두 번째로 큰 유동 사막이다. 사막 전체의 동서 길이는 약 1000km, 남북의 폭은 약 400km이며, 면적은 33만 km²에 달한다. ^{B/C}타클라마칸 사막은 ^B유라시아 대륙의 중심에 있으며, ^C사방이 높은 산으로 에워싸여 있다. 사막 안에는 동식물이 드물며, 고정적인 인구도 없다.

A 이 사막은 여행객이 구경하는 것을 허락하지 않는다
B 이 사막은 연해 지역에 분포되어 있다
C 이 사막의 주변은 높은 산으로 둘러싸여 있다
D 이 사막의 땅속에는 엄청난 양의 석탄이 있다

정답   C

해설   지문의 첫 문장에서 塔克拉玛干沙漠(타클라마칸 사막), 中国(중국)가 언급되었으므로, 塔克拉玛干沙漠와 관련된 중국 문화 설명
       문임을 알 수 있다. 따라서 지문에서 塔克拉玛干沙漠와 관련된 특징이나 장점이 언급되면, 각 선택지와 내용을 대조하여 오답을
       소거하면서 정답을 고른다.

       지문의 후반에서 塔克拉玛干沙漠地处欧亚大陆的中心이라고 했는데, 선택지 B는 该沙漠分布在沿海地区라고 했으므로, 오
       답으로 소거한다. → B (X)

       같은 문장에서 언급된 塔克拉玛干沙漠……且四面被高山环绕와 선택지 C 该沙漠四周被高山围绕의 내용을 대조해 보면, 지
       문의 '타클라마칸 사막은 …… 사방이 높은 산으로 에워싸여 있다'는 곧 이 사막의 주변은 높은 산으로 둘러싸여 있다는 의미이
       므로 내용이 일치한다. 따라서 선택지 C를 정답으로 고른다. → C (O)
       * 바꾸어 표현   四面被高山环绕 사방이 높은 산으로 에워싸여 있다 → 四周被高山围绕 주변이 높은 산으로 둘러싸여 있다

       선택지 A, D는 지문에서 언급되지 않았으므로 오답이다. → A (X), D (X)

어휘   塔克拉玛干沙漠 Tǎkèlāmǎgān Shāmò 고유 타클라마칸 사막   位于 wèiyú 통 ~에 위치하다
       新疆 Xīnjiāng 고유 신장[신장 위구르 자치구]   流动沙漠 liúdòng shāmò 유동 사막[바람에 지형이 계속 변하는 사막]
       整个 zhěnggè 형 전체의   公里 gōnglǐ 양 km[킬로미터]   宽 kuān 형 폭, 너비   面积 miànjī 명 면적
       平方公里 píngfāng gōnglǐ 양 km²[제곱 킬로미터]   地处 dìchǔ 통 ~에 있다
       欧亚 Ōu Yà 고유 유라시아[유럽과 아시아를 통틀어 부르는 말]   大陆 dàlù 명 대륙   中心 zhōngxīn 명 중심   四面 sìmiàn 명 사방
       环绕 huánrào 통 에워싸다   稀少 xīshǎo 형 드물다   固定 gùdìng 형 고정적이다   人口 rénkǒu 명 인구   允许 yǔnxǔ 통 허락하다
       参观 cānguān 통 구경하다, 참관하다   分布 fēnbù 통 분포하다   沿海 yánhǎi 명 연해   地区 dìqū 명 지역   四周 sìzhōu 명 주변
       围绕 wéirào 통 둘러싸다   地下 dìxià 명 땅속   大量 dàliàng 형 엄청난 양의   煤炭 méitàn 명 석탄

지문과 일치하는 내용의 선택지를 고르세요.

1. 酒令是酒席上的一种助兴游戏，反映了中国特有的酒文化。酒令最主要的目的是活跃饮酒时的气氛，一般在席间选一人为令官，其他人按照令官的要求，轮流说诗词、联语，或进行一些简单的游戏。人们不按要求做或者输了的话，就会被罚酒。酒令既是古人好客的表现，又是他们饮酒艺术与聪明才智的结晶。

   A 酒令正在面临失传的危险
   B 酒令最早出现在唐朝末年
   C 酒令会在现场选一个人主持
   D 酒令的目的是活跃运动时的气氛

2. 与广州人坐在茶楼里，边吃早餐边聊天的慢节奏不同，武汉人通常来不及坐下来慢慢吃早餐，边走边吃是武汉早餐的一大特色。烧卖、豆皮这种干食边走边吃很正常，但热干面、牛肉粉这种有汤水的早餐，武汉人也能边走边吃，而且速度很快，一眨眼一碗面就下肚了。

   A 早餐的种类相当丰富
   B 吃早餐的速度影响健康
   C 武汉人喜欢去茶楼吃早餐
   D 武汉人习惯边走边吃早餐

3. 晋商指的是山西商人，他们是中国较早的商人群体。明清两代是晋商最繁荣的时期，那时晋商是中国十大商帮之首，"他们善于经商、善于理财"的说法流传至今。晋商成功的根本原因在于他们敬业、勤奋、谨慎、诚实、守信用、团结的"晋商精神"。在五百多年时间里，晋商创造了山西地区发达的经济，留下了灿烂的商业文化。

   A 晋商非常讲究信用
   B 晋商出现在清朝末年
   C 晋商主要从事农业生产
   D 山西人经商不考虑经济利益

4. 越剧是排在京剧之后的第二大剧种，它在国外被称为"中国歌剧"。越剧发源于浙江绍兴，它以唱为主，音色优美动听，表演真切动人，极具江南特色。因此越剧自出现以来赢得了众多观众的喜爱。越剧的舞台背景常运用民间剪纸或皮影艺术手法，具有较强的民间艺术韵味。

A 中国只有两种戏剧形式
B 越剧主要以对话形式为主
C 越剧具有浓厚的江南风格
D 越剧赢得了众多专家的喜爱

5. 邮驿是中国古代传送文书的机构。当官府需要传递紧急或重要公文时，就会让专门传递信息的官员用快马送信。在送信的大道上，每隔三十公里设有一个驿站，为送信的官员提供食宿和马匹。到驿站之后，可以换人或者换马，保证官府的公文和信件能够迅速传递到收信人手中。中国的邮驿制度经历了各个朝代的发展，一直到清朝才逐渐衰落。

A 邮驿制度在清朝最为发达
B 邮驿是古代的房屋中介机构
C 不可以中途更换送信的官员
D 驿站为送信的官员提供吃住

6. 口水鸡是四川传统名菜，它集麻辣、鲜香、爽口于一身，具有独特的味道。这道菜里有很多花椒，麻到让吃货们不由自主地流口水。它的名字和文学家郭沫若有关，郭沫若曾经在自己的作品里写道："少年时期在家乡四川吃的白砍鸡……想想就口水直流。"，所以这道菜后来被称为"口水鸡"。

A 口水鸡有着偏甜的味道
B 口水鸡具有很强的美容功效
C 当地人只在过年时吃口水鸡
D 口水鸡的名称源于文学作品

정답 해설집 p.95

03 시사 이슈 논설문 공략하기

시사 이슈 논설문은 다양한 주제의 사회적 이슈에 대한 글쓴이의 의견이나 주장을 다루는 지문이다. 주로 지문의 초반에서 사회적 이슈나 통념이 소개되고, 중후반에서 글쓴이의 주장이 드러난다. 사회 현상, 자기 개발, 성공 노하우 등과 관련된 지문이 출제된다.

핵심 전략

1. 선택지가 주로 글쓴이의 주장이나 글의 주제와 관련된 것이므로, 글의 세부 사항보다는 전체적인 맥락을 생각하며 지문을 읽고 선택지와 꼼꼼히 대조한다.
2. 要(~해야 한다), 应该(~해야 한다), 需要(~이 필요하다), 最好(~하는 것이 가장 좋다)와 같은 어휘 뒤에서 글쓴이가 강조하거나 주장하고자 하는 내용이 자주 언급되므로, 이 부분을 특히 주의 깊게 읽는다.
3. 글쓴이의 주장이나 의견을 지문의 내용을 토대로 유추하거나 의미가 같은 다른 표현으로 서술한 선택지가 정답이 될 가능성이 높다.
4. 都(모두), 只(오직), 一定(반드시), 必须(반드시) 등과 같은 단정적인 표현이 언급된 선택지는 자주 오답이 된다.

예제 맛보기

[B]随着社交媒体的流行，人们开始越来越多地使用网络热词。网络热词是指在网络上使用频率较高的新兴词汇，通常具有多种含义。它既传递了有趣的生活态度，又体现了汉语生动灵活的一面，因而其使用范围延伸到了生活的方方面面。然而，使用网络热词时需要注意环境，[D]在严肃的场合下，最好避免大量使用网络热词，多使用正规表达。

A 网络热词只影响青少年
B 网络热词的使用频率不高
C 网络热词会阻止人们的正常交流
D 网络热词不适合在严肃场合使用

[B]소셜 미디어가 유행함에 따라, 사람들은 인터넷 유행어를 점점 더 많이 사용하기 시작했다. 인터넷 유행어는 인터넷에서 사용 빈도가 비교적 높은 신조어를 가리키는데, 일반적으로 여러 가지 의미를 가진다. 그것은 재미있는 생활 태도를 전달하면서, 중국어의 생동감 넘치고 유연한 면모도 드러냈는데, 이 때문에 그 사용 범위가 생활 곳곳으로 퍼져나갔다. 그러나 인터넷 유행어를 사용할 때는 환경을 신경 써야 하는데, [D]엄숙한 자리에서 인터넷 유행어를 많이 사용하는 것을 피하고, 정식 표현을 많이 쓰는 것이 [D]가장 좋다.

A 인터넷 유행어는 오직 청소년에게만 영향을 준다
B 인터넷 유행어의 사용 빈도는 높지 않다
C 인터넷 유행어는 사람들의 정상적인 교류를 막는다
D 인터넷 유행어는 엄숙한 자리에서 사용하기에 적절하지 않다

정답   D

해설   지문의 첫 문장을 읽으면 人们使用网络热词(사람들이 인터넷 유행어를 사용하는 것)와 관련된 시사 이슈 논설문임을 알 수 있다. 따라서 지문에서 人们使用网络热词와 관련된 글쓴이의 주장이 언급되면, 각 선택지와 내용을 대조하여 오답을 소거하면서 정답을 고른다.

지문의 초반에서 随着社交媒体的流行, 人们开始越来越多地使用网络热词。라고 했는데, 선택지 B는 网络热词的使用频率不高라고 했으므로, 오답으로 소거한다. → B (X)

지문의 후반에서 언급된 在严肃的场合下, 最好避免大量使用网络热词와 선택지 D 网络热词不适合在严肃场合使用의 내용을 대조해 보면, 지문의 '엄숙한 자리에서 인터넷 유행어를 많이 사용하는 것을 피하는 것이 가장 좋다'는 곧 인터넷 유행어는 엄숙한 자리에서 사용하기에 적절하지 않다는 의미이므로 내용이 일치한다. 따라서 선택지 D를 정답으로 고른다. → D (O)

선택지 A, C는 지문에서 언급되지 않았으므로 오답이다. → A (X), C (X)

어휘   随着 suízhe 깨~함에 따라   社交媒体 shèjiāo méitǐ 몡소셜 미디어   流行 liúxíng 동유행하다   使用 shǐyòng 동사용하다
网络 wǎngluò 몡인터넷   热词 rècí 유행어   频率 pínlǜ 몡빈도   新兴词汇 xīnxīng cíhuì 몡신조어
通常 tōngcháng 뷔일반적으로   具有 jùyǒu 동가지다   含义 hányì 몡(내포된) 의미   传递 chuándì 동전달하다
有趣 yǒuqù 동재미있다   生活 shēnghuó 몡생활   态度 tàidu 몡태도   体现 tǐxiàn 동(구체적으로) 드러내다
生动 shēngdòng 동생동감 넘치다   灵活 línghuó 톙유연하다   因而 yīn'ér 젭이 때문에   范围 fànwéi 몡범위
延伸 yánshēn 동퍼지다, 뻗어 나가다   然而 rán'ér 젭그러나   严肃 yánsù 톙엄숙하다   场合 chǎnghé 몡(어떤) 자리
避免 bìmiǎn 동피하다   正规 zhèngguī 톙정식의   表达 biǎodá 동(생각·감정을) 표현하다   青少年 qīngshàonián 몡청소년
阻止 zǔzhǐ 동막다   交流 jiāoliú 동교류하다   适合 shìhé 동적절하다

지문과 일치하는 내용의 선택지를 고르세요.

1. 吃饭的时候要注意的是，尽量避免玩手机，因为吃饭时玩手机会引发很多问题。一般情况下，吃一顿饭也许只要20分钟，但是如果边玩儿手机边吃饭，可能会使吃饭时间变长，妨碍人体吸收食物中的营养成分。此外，现在很多人喜欢在吃饭的同时用手机看视频，当注意力都集中在精彩内容上时，一不小心就会吃多。时间一长，肥肉也就不知不觉地"爬"上了腰。

   A 久坐不动一定会长胖
   B 必须要缩短吃饭时间
   C 看视频可以节省时间
   D 吃饭时最好别看手机

2. 人到中年，责任和压力不断增加。很多人容易感到中年危机，从而对生活的满意度下降。其实在这个阶段产生紧张和疲劳心理很正常，关键是如何去面对。能不能避免中年危机，往往取决于我们的习惯与态度。除了不断提升自己的能力，还要学会处理情绪，这对战胜中年危机很有帮助。保持积极向上的乐观心态，多与家人沟通，争取他们的理解和支持对心理健康十分重要。

   A 不要过于在乎他人的评价
   B 多与家人交流让人更有自信
   C 调整情绪有利于克服中年危机
   D 所有中年人都会感到中年危机

3. 作为全球生态系统的重要组成部分，森林与人类的生活息息相关。如果一个地区的森林面积小于30%，就无法有效地调节气候，还会增加自然灾害的发生率。近年来，森林火灾在全球范围内频繁发生，大面积的森林遭到了破坏。科学家指出，频发森林火灾，虽然存在一些气候原因，但是人类应该承担更多的责任。只有在保护森林上多下功夫，才能停止森林被破坏，保护我们的地球。

   A 森林对人类生活意义重大
   B 森林的景色会随季节改变
   C 要控制森林中树木的数量
   D 森林火灾频发只是人类的责任

4. 剪裁衣服时，要尽量避免把衣料剪小，因为衣料小了就没办法再变回去；做菜时先要少放点盐，因为味道淡了还可以再加盐，这些都是为进一步的完善留有余地。然而在现实生活中，人们经常会把话说满，把事做绝。老话说，"人情留一线，日后好相见"，说话做事时应该要为彼此留有余地，这样才能更好地解决复杂多变的人际关系，灵活地处理事情。

A 不要信任狡猾的人
B 做人做事不能太绝对
C 人一定要敢于挑战自我
D 愿意委屈自己是一种美德

5. 最近一项调查显示，暑假期间近万名大学生成为了外卖平台的兼职骑手，其中大约50%是大二、大三的学生。"体验生活"、"赚生活费"以及"更早实现经济独立"成为他们选择做外卖骑手的主要原因。这些大学生主动到社会里求生存，用汗水辛苦挣钱，不靠父母的行为值得被称赞。

A 大学生很难控制消费行为
B 大学生做兼职值得被肯定
C 外卖平台只招大学生骑手
D 赚钱是大学生骑手的唯一目标

6. 兴趣爱好可以影响心态和性格，甚至会不经意间改变人的一生。打个比方，我从小非常胆小，还很自卑，但跳舞的时候会变得非常自信，阳光有活力，跳舞可以潜移默化地改变自我否定的不良习惯；而剑道这项运动使我深刻理解了坚持的含义，从此不再懒散。我认为兴趣爱好可以帮助人们完善性格。

A 不要急着改变性格
B 好的兴趣可遇不可求
C 性格会受兴趣爱好的影响
D 剑道会使人变得阳光自信

정답 해설집 p.100

04 일상 경험 이야기 공략하기

일상 경험 이야기는 일상생활과 관련된 다양한 일화를 통해 교훈 또는 유머를 주는 지문이다. 주로 첫 문장에서 등장인물과 이야기의 시간적, 공간적 배경이 언급된다. 중국의 역사적 인물과 관련된 일화, 특정 인물과 관련된 사건 또는 경험과 관련된 지문이 출제된다.

핵심 전략

1. 지문에서 등장인물의 상태나 상황 혹은 행동과 관련된 내용이 언급되면 특히 주의 깊게 읽고 선택지와 꼼꼼히 대조한다.
2. 지문 내용을 토대로 유추할 수 있는 사건의 결과나 교훈을 담은 선택지가 정답이 될 가능성이 높다.
3. 지문에서 언급된 등장인물의 상태 또는 행동과 상반된 내용이어서 오답이 되거나, 등장인물이 여러 명인 경우에 각 인물과 관련된 행동이 다르게 조합되어 오답이 되는 선택지에 주의한다.

✔ 예제 맛보기

曹操带兵出征时，走了几天几夜都没有找到有水的地方。士兵们感到非常口渴，这时曹操告诉大家："前面有一大片梅林，那里有很多酸酸甜甜的梅子，吃了梅子就不会渴了。"听完这话，[D]极其疲惫的士兵们重新打起了精神，努力前进。他们虽然没看到梅林，但[D]最终找到了水源。[C]曹操的才智鼓励了士兵，最后让大家都活了下来。成语"望梅止渴"正是出自这个故事，形容愿望无法实现，只好用空想来安慰自己。

조조가 군대를 인솔하여 출정할 때, 몇 날 며칠 밤을 걸었지만 물이 있는 곳을 찾지 못했다. 병사들은 매우 목이 말랐는데, 이때 조조는 모두에게 말했다. "앞쪽에 큰 매실나무 숲이 있는데, 그곳에는 새콤달콤한 매실이 많네, 매실을 먹으면 목 마르지 않을 것일세." 이 말을 듣고, [D]몹시 지쳤던 병사들은 다시 정신을 차리고, 열심히 전진했다. 그들은 비록 매실나무 숲을 보지는 못했지만, 그러나 [D]결국 수원을 찾았다. [C]조조의 재치는 병사들을 격려했고, 마지막에는 모두가 살아나게 했다. 성어 '망매지갈'은 바로 이 이야기에서 나왔는데, 소원이 이루어질 수 없어, 공상하는 것으로 스스로를 위로할 수 밖에 없다는 것을 나타낸다.

A 曹操带士兵去了梅子林
B 士兵知道哪里有梅子林
C 曹操用智慧鼓励了士兵
D 士兵最终没有找到水源

A 조조는 병사를 데리고 매실나무 숲에 갔다
B 병사는 매실나무 숲이 어디에 있는지 안다
C 조조는 지혜로 병사들을 격려했다
D 병사는 결국 수원을 찾지 못했다

정답   C

해설   지문의 첫 문장을 읽으면 **曹操**(조조)와 관련된 일상 경험 이야기임을 알 수 있다. 따라서 지문에서 **曹操**(조조)의 상태나 행동과 관련된 내용이 언급되면, 각 선택지와 내용을 대조하여 오답을 소거하면서 정답을 고른다.

지문의 중후반에서 **极其疲惫的士兵们……最终找到了水源**이라고 했는데, 선택지 D는 **士兵最终没有找到水源**이라고 했으므로, 오답으로 소거한다. → D (X)

그 다음 문장에서 언급된 **曹操的才智鼓励了士兵**과 선택지 C **曹操用智慧鼓励了士兵**의 내용을 대조해 보면, 지문의 '조조의 재치는 병사들을 격려했다'는 곧 조조는 지혜로 병사들을 격려했다는 의미이므로 내용이 일치한다. 따라서 선택지 C를 정답으로 고른다. → C (O)

*C를 정답으로 답안지에 표시한 후, 바로 다음 문제로 넘어가서 시간을 절약한다.

선택지 A, B는 지문에서 언급되지 않았으므로 오답이다. → A (X), B (X)

어휘   **曹操** Cáo Cāo [고유] 조조[중국의 유명한 정치가이자 군사 전략가]   **带兵** dàibīng [동] 군대를 인솔하다   **出征** chūzhēng [동] 출정하다
夜 yè [명] 밤   **士兵** shìbīng [명] 병사   **口渴** kǒukě [동] 목이 마르다   **梅林** méi lín 매실나무 숲   **酸** suān [형] (맛·냄새 등이) 새콤하다
梅子 méizi [명] 매실   **极其** jíqí [부] 몹시   **疲惫** píbèi [형] 지치다   **重新** chóngxīn [부] 다시   **精神** jīngshén [명] 정신
前进 qiánjìn [동] 전진하다   **最终** zuìzhōng [명] 결국   **水源** shuǐyuán [명] 수원   **才智** cáizhì [명] 재치, 재능과 지혜   **鼓励** gǔlì [동] 격려하다
成语 chéngyǔ [명] 성어   **望梅止渴** wàngméizhǐkě [명] 망매지갈[실현할 수 없는 소망을 환상에 의지하여 잠시 위로하다]
形容 xíngróng [동] 나타내다, 형용하다   **愿望** yuànwàng [명] 소원   **无法** wúfǎ [동] ~할 수 없다   **实现** shíxiàn [동] 이루다
空想 kōngxiǎng [동] 공상하다   **安慰** ānwèi [동] 위로하다   **智慧** zhìhuì [명] 지혜

지문과 일치하는 내용의 선택지를 고르세요.

1. 一只小壁虎被蛇咬住尾巴后，忍痛切断了尾巴才得以逃命。一个农夫看到这一情景，觉得小壁虎很可怜，想给它治疗伤口，可小壁虎拒绝了农夫的帮助。它说："我很感谢这疼痛，因为疼痛让我知道自己还活着。如果你包裹了我的伤口，我怎么能长出新尾巴呢？"说完，小壁虎拖着被切断的尾巴，艰难地爬走了。

   A 小壁虎定期治疗伤口
   B 小壁虎选择了承受痛苦
   C 小壁虎的尾巴不再长出来
   D 农夫切断了小壁虎的尾巴

2. 一天，有个哲学家在思考问题时，儿子一直在旁边打扰他。于是他将杂志上的地图撕成碎片，让儿子玩拼图，希望获得清净。结果不到半小时，儿子就把地图拼好了。他大吃一惊，问其原因，儿子笑嘻嘻地说："我是照地图后面的人像拼的，人像拼好了，地图也就拼完了。"哲学家顿时明白，原来人对了，世界就对了。

   A 拼图游戏有利于孩子的成长
   B 儿子从头到尾没有被拼图难倒
   C 儿子将杂志上的地图撕成碎片
   D 哲学家和儿子一起画好了人像

3. 过去，有个人善于制作草鞋，而他的妻子在织白绢一事上非常熟练。他想去另一个国家赚更多的钱，但是朋友听完他的计划后却说："你到那里去，一定会变得贫穷。"他感到不解，于是问朋友原因，朋友解释道："因为草鞋是用来穿着走路的，但是当地人习惯走路时不穿鞋。而白绢是做帽子最好的原料，但是那里的人喜欢披着头发。如果不考虑实际情况，冒然去一个根本不需要你的地方，是不会变得富有的。"

   A 那个人非常喜欢织白绢
   B 妻子很想搬到别的国家
   C 朋友不支持那个人的想法
   D 去陌生的地方可以赚到钱

4. 一天，孔子在路上碰到了三个小孩，其中两个孩子在玩，另一个孩子却安静地站在旁边。孔子觉得奇怪，就问这个孩子为什么不加入他们。小孩认真地答道："激烈的打闹会危害人的性命，拉拉扯扯的玩闹也会伤害人的身体，而且我的衣服也有可能被撕破，所以一起玩对我来说没什么好处。"孔子不由感叹道："你小小年纪就能想到这么多事情，实在是了不起啊！"

A 孔子希望孩子们勇于行动
B 孔子非常欣赏那个小孩儿
C 孔子教过许多优秀的孩子
D 孔子的思想适合所有孩子

5. 在一场激烈的战斗中，有个士兵突然发现一架敌人的飞机朝地面冲下来。照常理，发现敌机时要毫不犹豫地卧倒。可这时，他发现不远处有一个小男孩站着。士兵没多想，立即跑到小男孩那里，并把他紧紧地压在身下。此时一声巨响，泥土纷纷落在他们身上。士兵拍拍身上的尘土，回头一看，惊呆了，刚才自己站的那个位置被炸成了一个大坑。原来士兵帮助别人的同时也帮助了自己。

A 敌军的飞机被炸毁了
B 小男孩迅速躲藏了起来
C 士兵终于懂得了换位思考
D 士兵帮助别人的同时救了自己

6. 80后女孩儿侯姝媛迷上了对体力要求较高的户外骑行。有一年，她来海南环岛骑行时，发现海南没有把租车和住宿结合起来的驿站。经过半年的努力，她将自己的爱好变成了事业，开了"517驿站"，填补了市场空白，给骑友们提供一站式服务。除了驿站，她还和旅行社合作推出了骑行旅游专线。

A 骑友可以在驿站住宿
B "517驿站"亏了不少
C 骑行旅游专线尚未开发
D "517驿站"很少给骑友租车

정답 해설집 p.105

지문과 일치하는 내용의 선택지를 고르세요.

1. 天气的冷热变化较大时，汽车的挡风玻璃上容易产生雾气。这种雾气会影响司机的视线，从而威胁到交通安全。那么，怎样做才能不让挡风玻璃产生雾气呢？司机可以在开车前开热风除去雾气。这样做的话，挡风玻璃在汽车行驶期间就能始终保持清爽的状态；另外，司机在驾驶过程中打开外循环，也能在一定程度上减少雾气。

   A 有雾气就不能停车
   B 雾气会影响交通安全
   C 雾气一般在夏天出现
   D 驾驶时需要打开热风

2. 梨是一种常见的水果，它香甜可口，很多人都喜欢吃，但是在中国，梨一般不能作为礼物赠送给他人，特别是家人和朋友。这是因为"梨"和"离"同音，而"离"有分开、分离的意思，是一种不好的象征。

   A 梨有"甜蜜"的意思
   B 将梨送给朋友不合适
   C 凤梨深受消费者欢迎
   D 梨的颜色越鲜艳越好

3. 随着传染病的持续时间变长，各个地区都出现了不同程度的"疲劳"现象。很多人开始对保持社交距离感到厌烦，也不再严格遵守卫生规则。世界卫生组织表示，人们在感受痛苦的同时感到疲惫的话，社区内部就可能会出现信任危机。秋季和冬季即将到来，到时两种以上的传染病同时流行，则可能会使卫生系统承受不了沉重的压力，导致更多人失去生命。因此，努力克服流行病带来的疲劳感，做好必要的个人保护措施就显得尤为重要。

   A 有必要采取个人保护措施
   B 政府可以适当加强宣传力度
   C 卫生系统可以承担所有压力
   D "疲劳"现象不会带来严重后果

4. 亭子是常见的传统建筑形式之一，最早的亭子建在路旁，用来供行人休息、乘凉或观赏风景。亭子一般为敞开式结构，没有围墙，顶部可分为六角、八角、圆形等多种形状。亭子因为造型轻巧，布设灵活，选材不受限制，所以被广泛应用在园林建筑上。

A 很多传统建筑历史悠久
B 五角形的亭子最为常见
C 亭子在园林建筑中很普遍
D 园林里的亭子不对游客开放

5. 剪纸是用剪刀把纸剪成各种各样的图案的民间艺术。用一把剪刀，一张纸就能表达生活中的喜怒哀乐。剪纸是中国最古老的艺术形式之一。每逢节假日，很多人会将美丽的剪纸贴在窗户上、墙壁上或者门上，节日的气氛被烘托得更加热闹。

A 中国人都是剪纸高手
B 剪纸是中国的传统艺术
C 结婚时要贴白色的剪纸
D 剪纸不能贴在家里的墙上

6. 有一对模范夫妻长期和谐相处，张三十分好奇，于是找那对夫妻询问了婚姻的秘诀。丈夫说："你听过婚姻生活三部曲吗？第一年，男的在说，女的在听；第二年，女的在说，男的在听；第三年，男女一起说，邻居在听。浓情蜜意散尽，更多的是平凡的日常生活。幸福的婚姻其实就是少一点争吵，多一点理解和忍让。"

A 夫妻要懂得赞赏对方
B 婚姻的秘诀是少说话
C 结婚第三年更容易争吵
D 生活中浓情蜜意最重要

7. 数字经济是全球经济增长重要的推动力。近年来，数字人民币得到了广泛关注，它的研发和应用能满足公众对数字经济的需求，使支付行为变得更加方便、安全。不过，我们需要关注一下数字弱势群体，因为数字人民币的推广会给他们带来不便。因此，有关部门应该考虑包括农村贫困地区和老年人在内的数字弱势群体，保证所有老百姓都能享受到数字人民币带来的便利，保护他们的基本权利。

A 必须全面使用数字科技
B 数字人民币一定受市场欢迎
C 目前的数字科技已相当成熟
D 有些人不能轻松适应数字科技

8. 购物节越来越多样，但是始终无法吸引中老年人参与其中。造成这一现象的原因有两点：第一是多存款少消费的传统观念，第二是医疗费用、住房及其他方面的经济压力。如果不能吸引中老年人参与购物节，那么经济很难进一步发展。所以不管是政府还是商家，都要考虑中老年人所面临的情况，积极推出保证经济安全，刺激消费的措施。

A 年轻人都愿意存款
B 中老年人的身体普遍健康
C 政府一直阻止年轻人过度消费
D 商家需要考虑中老年人的消费情况

9. 白噪音是一种具有治疗功能的声音，它对放松身心、提高睡眠质量及集中注意力等方面有极大帮助。经常受到噪音污染的人群，可以适当利用白噪音，帮助自己提高工作效率。需要长时间集中精力的大学生或办公室工作人员，他们一般会利用白噪音来降低那些周围杂音带来的不良影响。

A 大学生的生活很有规律
B 白噪音能提高人的注意力
C 白噪音的治疗效果不明显
D 多听音乐对放松心情有益

10. 作为中国传统武术之一的太极拳，招式灵活，充满力量。太极拳主张用缓慢而稳定的动作感受自然，同时从中学习中国古代的"阴阳"哲学思想。学习太极拳不仅有利于身体健康，还能够稳定情绪，这对心理健康有莫大的好处。

A 打太极拳有利于身心健康
B 太极拳是中国传统舞蹈之一
C 老年人群更适合练习太极拳
D 中国古代哲学思想体现在各方面

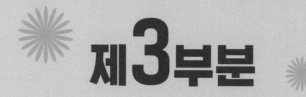

제3부분

지문 읽고 질문에 알맞은 답 고르기

제3부분은 2~5개 단락으로 구성된 하나의 긴 지문을 읽고 관련된 4개의 질문에 대한 정답을 고르는 형태로, 총 5개의 지문에서 20문제가 출제된다. 질문의 핵심을 정확하게 파악한 후 지문에서 정답의 단서를 찾아 가장 알맞은 답을 고를 수 있어야 한다.

고득점 공략법 아래와 같은 세부 유형의 문제들이 출제되므로 그 공략법을 잘 익혀 둔다.

고득점비책 01 육하원칙 문제 공략하기
고득점비책 02 특정 세부 사항 문제 공략하기
고득점비책 03 일치·불일치 문제 공략하기
고득점비책 04 중심 내용 문제 공략하기
고득점비책 05 의미 파악 문제 공략하기

출제 경향

1. **지문의 특정 세부 사항을 묻는 문제의 출제 빈도가 높다.**

   제3부분에서는 의문사를 사용하여 지문에서 언급된 정보를 묻는 육하원칙 문제, 지문의 내용을 구체적으로 묻는 특정 세부 사항 문제, 지문의 내용과 일치하거나 불일치하는 것을 묻는 문제, 지문 전체 또는 특정 단락의 중심 내용을 묻는 문제, 밑줄 친 어휘나 문장의 의미를 묻는 문제 등이 출제되는데, 그중 특정 세부 사항을 묻는 문제가 가장 많이 출제된다.

2. **설명문의 출제 빈도가 가장 높다.**

   제3부분에서는 설명문, 이야기, 논설문 유형이 출제되는데, 그중 설명문이 가장 많이 출제된다. 설명문은 과학, 기술, 환경, 동식물, 경제, 문화 예술에 관한 내용이, 이야기는 일상, 교훈, 특정 인물과 관련된 일화를 소개하는 내용이, 논설문은 성공이나 처세, 사회 현상이나 이슈와 관련된 내용이 자주 출제된다.

树叶到了秋天就会变成红色，这是为什么呢？其实答案就在叶子里含有的物质中。现代科学认为，植物中的特殊物质决定了它的颜色。不同的成熟时间和环境都会让这些物质发生变化，造成季节不同，植物色彩就不一样的现象。

花青素就是这样的特殊物质，其结构特点可以改变植物的颜色。实验证明，花青素在酸性环境中呈红色。春天和夏天日照时间长，天气十分温暖，所以树叶在这样的条件下基本不会形成花青素。因此在这个时间段，树叶一直会保持绿色的状态。可是到了秋天，由于气温迅速降低，日照量减少，树叶中的糖分就开始增加，最终促进花青素的形成。由于树叶的内部环境一般是酸性，花青素使树叶变成红色也就是顺理成章的事了。

研究证明，花青素在酸性环境中：
A 会消失
Ⓑ 呈红色
C 保持绿色
D 不断增加

STEP 2 지문에서 핵심어구를 찾아 그 주변에서 정답의 단서를 파악한다.

지문에서 질문의 핵심어구 花青素在酸性环境中(안토시안은 산성의 환경에서)을 찾으면, 두 번째 단락에서 花青素在酸性环境中呈红色(안토시안이 산성의 환경에서 붉은색을 띤다)가 정답의 단서임을 파악할 수 있다.

STEP 3 지문에서 찾은 정답의 단서와 일치하는 내용의 선택지를 정답으로 고른다.

지문에서 찾은 정답의 단서 花青素在酸性环境中呈红色(안토시안이 산성의 환경에서 붉은색을 띤다)와 내용이 일치하는 B 呈红色(붉은색을 띤다)를 정답으로 고른다.

STEP 1 질문이 무엇을 묻고 있는지 파악하고 핵심어구에 표시한다.

질문이 연구에서 증명하기를 안토시안은 산성의 환경에서 어떠한지에 대해 물었으므로, 花青素在酸性环境中(안토시안은 산성의 환경에서)을 질문의 핵심어구로 표시해 둔다.

해석 해설집 p.117

01 육하원칙 문제 공략하기

육하원칙 문제는 질문에 **什么**(무엇, 어떤), **怎么/如何**(어떻게), **为什么**(왜)와 같은 의문사를 사용하여, 질문의 핵심어구와 관련된 구체적인 정보를 묻는 문제이다. 매회 총 20문제 중 6~8문제 정도 출제된다.

핵심 전략
1. 질문의 핵심어구를 지문에서 찾아 주변의 내용을 주의 깊게 읽으며 의문사가 묻는 내용을 파악한다.
2. 지문에서 찾은 정답의 단서를 그대로 언급한 선택지가 정답이 될 가능성이 높다.
3. 지문과 무관한 내용의 오답 선택지가 자주 등장한다.

질문 형태
根据第一段，辩论的目的是**什么**? 첫 번째 단락에 근거하여, 변론의 목적은 무엇인가?
"团购"可能引发**什么**问题? '공동 구매'는 아마도 어떤 문제를 일으킬 것인가?
老板是**怎么**招待客人的? 사장은 손님을 어떻게 대접했는가?
男的**为什么**不喜欢桔子? 남자는 왜 귤을 싫어하는가?

⇙ 예제 맛보기

[1]小语种，指的是应用面比较窄，[1]使用者比较少的外语。和英语不同小语种通常只在少数国家使用。从前由于需求量小，只有几个学校会开设小语种专业，小范围培养外语人才。

这就造成了中国的英语人才多，小语种人才少的局面。近几年，随着中国经济的持续发展，越来越多的外国企业来到中国，其中很多都来自非英语国家。面对这些企业的需求，中国需要加大小语种人才的培养力度。

目前来看，俄语、德语、法语、西班牙语、意大利语的需求最大。其中，西班牙语是南美洲地区和美国加州南部的官方语言。[2]中国与西班牙及南美洲经济往来日益增长，因此今后对西班牙语人才的需求一定会不断增加。而韩语、阿拉伯语以及东南亚一些国家的小语种也很受欢迎，这些小语种专业的学生毕业后通常会得到很好的工作机会。

[1]소수 언어는, 응용 폭이 비교적 좁고, [1]사용자가 비교적 적은 외국어를 가리킨다. 영어와 달리 소수 언어는 일반적으로 소수의 국가에서만 사용한다. 이전에는 수요량이 적었기 때문에 몇 군데의 학교에서만 소수 언어 전공을 개설하여 소규모로 외국어 인재를 양성했다.

이것은 곧 중국의 영어 인재는 많은데, 소수 언어 인재는 적은 상황을 초래했다. 최근 몇 년간 중국 경제의 지속적인 발전에 따라 점점 더 많은 외국 기업이 중국에 왔는데, 그 중 많은 곳이 비영어권 국가로부터 왔다. 이 기업들의 수요에 직면하여, 중국은 소수 언어 인재의 양성 역량을 확대할 필요가 있다.

현재로서는, 러시아어, 독일어, 프랑스어, 스페인어, 이탈리아어의 수요가 가장 크다. 그중, 스페인어는 남아메리카 지역과 미국 캘리포니아 남부의 공식 언어이다. [2]중국과 스페인 및 남아메리카의 경제적 왕래는 나날이 늘어나고 있으며, 따라서 앞으로 스페인어 인재의 수요는 반드시 끊임없이 증가할 것이다. 또한 한국어, 아랍어 그리고 동남아시아 일부 국가의 소수 언어도 환영을 받는데, 이러한 소수 언어 전공의 학생들은 졸업 후 보통 좋은 일자리 기회를 얻는다.

1. 小语种是什么？

   A 小孩子使用的语言

   B 容易找工作的语言

   C 使用者较少的语言

   D 非洲人使用的语言

2. 今后中国为什么需要更多西班牙语人才？

   A 西班牙电视剧非常流行

   B 和南美洲经济交流密切

   C 很多人喜欢西班牙这个国家

   D 去西班牙留学的人越来越多

1. 소수 언어는 무엇인가?

   A 어린아이가 사용하는 언어

   B 쉽게 일자리를 찾는 언어

   C 사용자가 비교적 적은 언어

   D 아프리카인이 사용하는 언어

2. 앞으로 중국은 왜 더 많은 스페인어 인재를 필요로 하게 되는가?

   A 스페인 드라마가 매우 유행이다

   B 남아메리카와의 경제적 교류가 밀접하다

   C 많은 사람이 스페인이라는 이 나라를 좋아한다

   D 스페인으로 유학을 가는 사람이 점점 많아진다

정답 1. C 2. B

해설 1번 문제

질문이 소수 언어는 무엇인지를 물었으므로, 小语种(소수 언어)을 핵심어구로 하여 지문에서 재빨리 찾는다. 첫 번째 단락에서 小语种, 指的是……使用者比较少的外语라고 했으므로, C 使用者较少的语言을 정답으로 고른다.

2번 문제

질문이 앞으로 중국은 왜 더 많은 스페인어 인재를 필요로 하게 되는지를 물었으므로, 西班牙语人才(스페인어 인재)를 핵심어구로 하여 지문에서 재빨리 찾는다. 마지막 단락에서 中国与西班牙及南美洲经济往来日益增长, 因此今后对西班牙语人才的需求一定会不断增加。라고 했으므로, B 和南美洲经济交流密切를 정답으로 고른다.

* 바꾸어 표현 经济往来 경제적 왕래 → 经济交流 경제적 교류

어휘 小语种 xiǎoyǔzhǒng 명 소수 언어   指 zhǐ 동 가리키다   应用 yìngyòng 동 응용하다   窄 zhǎi 형 (폭이) 좁다

使用者 shǐyòngzhě 명 사용자   通常 tōngcháng 부 일반적으로   少数 shǎoshù 명 소수   从前 cóngqián 명 이전

由于 yóuyú 접 ~때문에   需求量 xūqiúliàng 명 수요량   开设 kāishè 동 개설하다   范围 fànwéi 명 규모   培养 péiyǎng 동 양성하다

人才 réncái 명 인재   造成 zàochéng 동 초래하다   局面 júmiàn 명 상황, 국면   随着 suízhe 개 ~에 따라   经济 jīngjì 명 경제

持续 chíxù 동 지속하다   发展 fāzhǎn 동 발전하다   企业 qǐyè 명 기업   其中 qízhōng 명 그중   来自 láizì 동 ~으로부터 오다

面对 miànduì 동 직면하다   需求 xūqiú 명 수요, 요구   加大 jiādà 동 확대하다   力度 lìdù 명 역량   目前 mùqián 명 현재

俄语 Éyǔ 고유 러시아어   德语 Déyǔ 고유 독일   法语 Fǎyǔ 고유 프랑스어   西班牙语 Xībānyáyǔ 고유 스페인어

意大利语 Yìdàlìyǔ 고유 이탈리아어   南美洲 Nán Měizhōu 고유 남아메리카   加州 Jiāzhōu 고유 캘리포니아   官方 guānfāng 명 공식

语言 yǔyán 명 언어   往来 wǎnglái 동 왕래하다   日益 rìyì 부 나날이   增长 zēngzhǎng 동 늘어나다   今后 jīnhòu 명 앞으로

不断 búduàn 부 끊임없이   增加 zēngjiā 동 증가하다   阿拉伯语 Ālābóyǔ 고유 아랍어   以及 yǐjí 접 그리고

东南亚 Dōngnányà 고유 동남아시아   毕业 bìyè 동 졸업하다   非洲 Fēizhōu 고유 아프리카   流行 liúxíng 동 유행하다

交流 jiāoliú 동 교류하다   密切 mìqiè 형 밀접하다

지문을 읽고 질문에 알맞은 선택지를 고르세요.

1-4.

　　陕西历史博物馆位于西安市，是中国第一座大型现代国家级博物馆。博物馆的建筑由中国设计大师张锦秋设计，突出了唐代的建筑风格。整座建筑主次清楚，结构合理，在技术上达到了国际水平，在建筑艺术上成为了悠久历史和伟大文明的象征，将传统文化和现代科技巧妙地结合起来。

　　历史上有十三个王朝在陕西建立首都，因此陕西有丰富的地上地下文物。陕西历史博物馆利用了地理上的优势，收藏了37万多件陕西出土的文物。此外，还收藏了远古人类使用的简单石器，以及1840年前社会生活中的各种文物。这里收藏的文物不仅数量多，种类全，而且价值高。博物馆按照不同历史时代来选择和安排文物进行展览，以此表现中国各个历史阶段的社会文明发展状况。

　　"一座博物馆就是一所大学"。陕西历史博物馆在这方面表现突出：不仅做好了保存、展览文物的基本工作，还把研究和传播等功能结合起来，认真讲好每一件文物背后的故事，让文物不仅反映历史，同时还为现代中国社会提供文化支持。

　　博物馆对外免费开放，每年吸引着近150万的中外游客前来参观。特别是每年的寒暑假，有大量的学生游客前来体验。博物馆计划每天接待2000名游客，但是实际接待量远远超过这个数字，所以博物馆正在考虑扩建场馆，以达到理想的参观效果。

1. 谁设计了博物馆的建筑？
   　A 设计大师　　　　　　　　　　B 学生游客
   　C 学校教授　　　　　　　　　　D 西安市长

2. 在博物馆收藏的文物有什么特点？
   　A 超过100万件　　　　　　　　B 数量和种类多
   　C 都是在陕西出土的　　　　　　D 按照价值安排展览

3. 陕西历史博物馆在哪个方面的表现突出？
   　A 参观费很便宜　　　　　　　　B 开设寒暑假课程
   　C 导游讲解文物故事　　　　　　D 做好保存和展览文物的工作

4. 博物馆为什么在考虑扩建场馆？
   　A 想增加营业收入　　　　　　　B 计划展出更多文物
   　C 政府公布了新规定　　　　　　D 实际接待的游客过多

5-8.

　　长期以来，"取药难、熬药难"是许多人去看中医时的亲身体会。尤其是在熬药方面，很多人缺乏对中药的知识，且熬药过程费时费力，因此中药质量无法得到保证，导致治疗效果不理想。人们对中药代熬以及送药上门服务的需求越来越明显了。

　　为了解决这一问题，一家公司最近推出了"智慧中药房"自动化解决方案。该方案改造传统诊疗流程，通过互联网技术，使抓药、熬药、取药、配送等全过程实现标准化和自动化，尽量减少人的参与，且主要做辅助性工作，避免人为错误。

　　据专家介绍，引进"智慧中药房"全自动解决方案后，医院只需要原先人员的1/3。"智慧中药房"设备占地面积较小，可节约40%以上空间，且无需固定在一处。这些特点都能有效降低医院的服务成本。

　　更重要的是，采用"智慧中药房"进行规模化管理，可节省患者50%的时间，大大改善取药时间过长等问题。该方案作为就医用药的新模式，实现了"互联网+医疗健康"的发展，做到了"让信息多跑路，病人不排队"，实实在在地缓解了群众看病就医难的问题。

5. 中药质量为什么无法得到保证？
　　A 没有保质期　　　　　　　　B 浓淡不均匀
　　C 治疗效果不理想　　　　　　D 人们不太了解中药

6. 根据第二段，"智慧中药房"的主要特点是什么？
　　A 个别化　　　　　　　　　　B 自动化
　　C 碎片化　　　　　　　　　　D 简单化

7. "智慧中药房"如何有效地降低医院的服务成本？
　　A 节约空间　　　　　　　　　B 减少库存
　　C 随时检查设备　　　　　　　D 处理过期药品

8. "智慧中药房"能改善什么样的问题？
　　A 不宜搬运　　　　　　　　　B 信息乱跑路
　　C 取药时间太长　　　　　　　D 患者拒绝喝中药

정답 해설집 p.117

02 특정 세부 사항 문제 공략하기

특정 세부 사항 문제는 지문에서 언급된 구체적인 정보를 묻는 문제이다. 질문이 ':'로 끝나서 정답을 선택하면 질문의 문장이 완성되는 형태로 주로 출제된다. 매회 총 20문제 중 7~10문제 정도 출제된다.

핵심 전략
1. 질문에 **那家商店:** (그 상점은:)과 같이 핵심어구가 포함되어 있는 경우, 핵심어구를 지문에서 찾아 주변의 내용을 주의 깊게 읽는다.
2. 질문이 특정 단락 또는 지문에 근거하여 알 수 있는 것을 묻는 경우, 선택지의 핵심어구를 지문에서 찾아 주변의 내용을 주의 깊게 읽는다.

질문 형태
那家商店： 그 상점은:

那位明星建议大家： 그 스타가 제안하기를 모두가:

关于阳台的设计，可以知道： 베란다의 설계에 관하여, 알 수 있는 것은:

根据第三段，可以知道： 세 번째 단락에 근거하여, 알 수 있는 것은:

根据上文，可以知道什么? 위 지문에 근거하여, 알 수 있는 것은 무엇인가?

⎰ 예제 맛보기

睡眠对每个人都很重要。但关于人每天需要多少睡眠这个问题，其实是没有标准答案的，因为每个人的体质都不相同。有些人睡得少也能精力充沛，有些人则需要较长的睡眠时间。

睡眠一般分为两类，即浅睡眠和深睡眠。[1]在浅睡眠阶段，人的意识比较清楚，[1]甚至可以记住梦的内容，并且在第二天讲给别人听。然而在深睡眠阶段，人的意识会变得模糊，然后进入熟睡状态。只要在这个阶段休息好，第二天就会充满力量；相反，如果没有睡好，那么整个人就会没有力气。

수면은 모든 사람에게 중요하다. 그러나 사람이 매일 얼마만큼의 수면을 필요로 하는지에 대한 이 문제에는, 사실 표준적인 정답이 없는데, 왜냐하면 모든 사람의 체질은 서로 다르기 때문이다. 어떤 사람은 적게 자도 에너지가 넘쳐흐를 수 있는가 하면, 어떤 사람은 비교적 긴 수면 시간이 필요하다.

수면은 일반적으로 두 가지 유형으로 나뉘는데, 바로 얕은 수면과 깊은 수면이다. [1]얕은 수면 단계에서, 사람의 의식은 비교적 뚜렷한데, [1]심지어 꿈의 내용을 기억해서, 다음 날 다른 사람에게 들려줄 수도 있다. 그러나 깊은 수면 단계에서는 사람의 의식이 모호하게 바뀐 후에 숙면하는 상태로 들어간다. 이 단계에서 잘 쉬기만 하면 다음 날 기력이 충만해진다. 반대로 만약 잘 자지 못했다면, 온몸이 힘이 없을 것이다.

睡眠在方方面面影响着人们。好的睡眠会让人产生新的想法，从而创造出新鲜有趣的事物和理论，例如发明电灯的爱迪生，以及将理论数学和应用数学联系在一起的高斯。²而不规律的睡眠则会引发很多问题，尤其是活动量较少的上班族，在心情紧张、情绪激动或承受巨大压力的时候，更容易失眠，从而²导致严重的疾病。

수면은 각 방면에서 사람들에게 영향을 미치고 있다. 좋은 수면은 사람에게 새로운 생각이 생기게 하고, 그럼으로써 새롭고 흥미로운 사물과 이론을 창조하게 하는데, 예를 들면 전등을 발명한 에디슨, 그리고 수학 이론과 응용 수학을 함께 연계시킨 가우스가 있다. ²그러나 불규칙한 수면은 많은 문제를 일으키는데, 특히 활동량이 비교적 적은 직장인들은 마음이 긴장되고 감정이 격해지거나 혹은 막대한 스트레스를 받을 때 더 쉽게 잠을 이루지 못하는데, 그리하여 ²심각한 질병을 초래한다.

1. 在浅睡眠阶段，人们：

   A 常常会做噩梦

   B 心脏跳得非常快

   C 可以记住梦的内容

   D 后悔自己犯的错误

2. 根据上文，可以知道：

   A 睡眠不规律不利于健康

   B 上班族比学生早睡早起

   C 运动量不足带来巨大压力

   D 有趣的理论对学习有帮助

1. 얕은 수면 단계에서, 사람들은:

   A 자주 악몽을 꾼다

   B 심장이 아주 빠르게 뛴다

   C 꿈의 내용을 기억할 수 있다

   D 자신이 저지른 실수를 후회한다

2. 위 지문에 근거하여, 알 수 있는 것은:

   A 수면이 불규칙한 것은 건강에 이롭지 않다

   B 직장인은 학생보다 일찍 자고 일찍 일어난다

   C 운동량이 부족한 것은 막대한 스트레스를 가져온다

   D 흥미로운 이론은 학습에 도움이 된다

정답   1. C   2. A

해설   1번 문제

질문이 얕은 수면 단계에서의 사람들에 대해 물었으므로, 浅睡眠阶段(얕은 수면 단계)을 핵심어구로 하여 지문에서 재빨리 찾아 주변 내용을 주의 깊게 읽는다. 두 번째 단락에서 在浅睡眠阶段……甚至可以记住梦的内容이라고 했으므로, C 可以记住梦的内容을 정답으로 고른다.

2번 문제

질문이 지문에 근거하여 알 수 있는 것을 물었으므로, 선택지의 핵심어구를 지문에서 찾아 주변 내용을 주의 깊게 읽는다. 선택지 A의 핵심어구 睡眠不规律(수면이 불규칙한 것)와 관련하여, 마지막 단락에서 而不规律的睡眠则会引发很多问题……导致严重的疾病이라고 했으므로, A 睡眠不规律不利于健康을 정답으로 고른다.

어휘   睡眠 shuìmián 圓 수면   标准 biāozhǔn 圓 표준적인   答案 dá'àn 圓 답   体质 tǐzhì 圓 체질   相同 xiāngtóng 圓 서로 같다

精力 jīnglì 圓 에너지   充沛 chōngpèi 圓 넘쳐흐르다   浅 qiǎn 圓 (거리나 간격이) 얕다   深 shēn 圓 깊다   阶段 jiēduàn 圓 단계

意识 yìshí 圓 의식   甚至 shènzhì 圓 심지어   梦 mèng 圓 꿈   内容 nèiróng 圓 내용   然而 rán'ér 圓 그러나   模糊 móhu 圓 모호하다

熟睡 shúshuì 圓 숙면하다   状态 zhuàngtài 圓 상태   只要 zhǐyào 圓 ~하기만 하면   充满 chōngmǎn 圓 충만하다

力量 lìliang 圓 기력   相反 xiāngfǎn 圓 반대로   力气 lìqi 圓 힘   方面 fāngmiàn 圓 방면   产生 chǎnshēng 圓 생기다

从而 cóng'ér 圓 그럼으로써   创造 chuàngzào 圓 창조하다   有趣 yǒuqù 흥미롭다   事物 shìwù 圓 사물   理论 lǐlùn 圓 이론

例如 lìrú 圓 예를 들다   发明 fāmíng 圓 발명하다   电灯 diàndēng 圓 전등   爱迪生 Àidíshēng 고유 에디슨[미국의 발명가]

以及 yǐjí 圓 그리고   应用 yìngyòng 圓 응용하다   联系 liánxì 圓 연계하다   高斯 Gāosī 고유 가우스[독일의 수학자]

规律 guīlǜ 圓 규칙   引发 yǐnfā 圓 일으키다   尤其 yóuqí 圓 특히   活动量 huódòngliàng 활동량   心情 xīnqíng 圓 마음

紧张 jǐnzhāng 圓 긴장해 있다   情绪 qíngxù 圓 감정   激动 jīdòng 圓 격해지다   承受 chéngshòu 圓 받다   巨大 jùdà 圓 막대하다

压力 yālì 圓 스트레스   失眠 shīmián 圓 잠을 이루지 못하다   导致 dǎozhì 圓 초래하다   严重 yánzhòng 圓 심각하다

疾病 jíbìng 圓 질병   噩梦 èmèng 圓 악몽   后悔 hòuhuǐ 圓 후회하다   犯 fàn 圓 저지르다   不利于 búlìyú ~에 이롭지 않다

不足 bùzú 圓 부족하다

지문을 읽고 질문에 알맞은 선택지를 고르세요.

1-4.

　　《朗读者》是由中央电视台制作的大型文化情感类节目。该节目以个人成长、情感体验、背景故事与经典作品相结合的方式，选取最优美的文字，让嘉宾以最真实的情感朗读文字背后的价值。推出该节目的目的在于，让观众更好地感受文化带来的魅力。

　　节目组邀请了各个行业和领域中具有影响力的嘉宾。由著名作家、出版人、专家和学者组成的高级文学团队给嘉宾精心挑选经典美文，嘉宾则在讲述自己的人生经历后，动情地朗读一段优美的文字。《朗读者》传播了生命之美、文学之美和情感之美，符合中国人的传统价值，能够感动不同年龄段的观众。董卿这次不仅担任节目的主持，还首次以节目制作人的身份参与了幕后工作。

　　《朗读者》中的"朗读"二字重点在文字，而"者"重点在人，节目表达了真实人物情感，让广大观众遇见了充满色彩的世界。

1. 中央电视台制作《朗读者》这个节目的目的是：
   A 了解嘉宾的背景　　　　　　　　B 挑选最优美的文字
   C 表达真实的人物情感　　　　　　D 让人感受文化的魅力

2. 《朗读者》的嘉宾是：
   A 年轻医生　　　　　　　　　　　B 新闻记者
   C 有影响力的人　　　　　　　　　D 善于记录生活的博主

3. 董卿是这个节目的：
   A 导演　　　　　　　　　　　　　B 制作人
   C 摄影师　　　　　　　　　　　　D 幕后演员

4. 《朗读者》表达了怎样的情感？
   A 真实的　　　　　　　　　　　　B 平和的
   C 浓厚的　　　　　　　　　　　　D 迫切的

5-8.

一些专家认为，在煤烟污染和光化学污染后，人们正经历着严重的室内空气污染。

人们对室内污染危害的认识开始于20世纪70年代，当时一些发达国家的人在办公室工作时，出现了头疼、呼吸困难等症状，而离开办公室之后，这些症状就会有所缓解。从那时起，人们开始认识到"不良建筑物"会造成室内污染这一事实。

现在有研究表明，室内空气中最多可包含500种以上的污染物质。室内污染程度要比室外严重2～5倍，在特殊情况下可达100倍。美国已将室内空气污染称为危害公共健康的第五大环境因素。某卫生组织的调查显示，68%的疾病都与室内空气污染有关系。

发现室内空气污染带来的危害后，人们开始减少使用含有化学污染物的建筑材料。因此在装修房间时，天然无害的环保材料越来越受欢迎了。

5. 人们什么时候开始认识到室内污染的危害？
   A 7世纪20年代　　　　　　　　　　B 17世纪20年代
   C 20世纪70年代　　　　　　　　　　D 21世纪70年代

6. 不良建筑物会引起什么样的症状？
   A 鼻塞　　　　　　　　　　　　　　B 牙疼
   C 容易犯困　　　　　　　　　　　　D 呼吸困难

7. 研究表明，室内污染：
   A 程度比较轻　　　　　　　　　　　B 对人体没有危害
   C 比室外严重得多　　　　　　　　　D 不含有任何有害物质

8. 根据第四段，可以知道：
   A 空气污染未被得到重视　　　　　　B 化学材料的销量创了新高
   C 人们喜欢朴素的装修风格　　　　　D 天然材料的使用正在增加

정답 해설집 p.122

03 일치·불일치 문제 공략하기

일치·불일치 문제는 지문 내용을 바탕으로 4개의 선택지 중 일치하거나 불일치하는 것을 고르는 문제이다.
매회 총 20문제 중 2~4문제 정도 출제된다.

핵심 전략

1. 질문이 正确/属于를 사용하여 지문과 일치하는 내용을 묻는 경우, 질문의 핵심어구와 관련된 내용을 지문에서 찾아 주변 내용과 일치하는 선택지를 정답으로 고른다.

2. 질문이 不正确/不属于/没提到를 사용하여 지문과 불일치하는 내용을 묻는 경우, 질문의 핵심어구와 관련된 내용을 지문에서 찾아 주변에서 언급된 내용의 선택지를 오답으로 소거해 가며 정답을 고른다.

3. 질문에 핵심어구가 없는 경우, 각 선택지의 핵심어구를 지문에서 찾아 주변을 읽으며 일치 또는 불일치하는 선택지를 정답으로 고른다.

질문 형태

关于改后的餐厅，正确的是： 바뀐 후의 식당에 대하여, 옳은 것은:

关于机器人丽丽，下列哪项不正确？ 로봇 리리에 대하여, 다음 중 옳지 않은 것은?

下列哪项不属于中国武术的种类？ 다음 중 중국 무술의 종류에 속하지 않는 것은?

下列哪项在文中没提到？ 다음 중 지문에서 언급되지 않은 것은?

根据上文，下列哪项属于作者的观点？ 위 지문에 근거하여, 다음 중 작가의 관점에 속하는 것은?

根据第二段，下列哪项正确？ 두 번째 단락에 근거하여, 다음 중 옳은 것은?

根据上文，下列哪项正确？ 위 지문에 근거하여, 다음 중 옳은 것은?

예제 맛보기

[2]孟子小时候很爱玩，也不用功学习。有一天，孟子又逃学了，天黑了才偷偷回到家。他到家后发现母亲正在织布。孟母见他回来就问道："学习怎么样了？"孟子不耐烦地回答说："跟以前一样。"[1]孟母见他无所谓的样子，[1]十分恼火，就当着他的面，用剪刀把织好的布剪断了。

孟子害怕极了，就问母亲为什么要发这么大的火。孟母说："做学问就像织布一样，都是需要一点一滴积累起来的。但是你现在荒废学业，就会如同我剪断的这匹布一样，变得一文不值。不好好读书，你就永远无法成为有用的人才。"

[2]맹자는 어릴 때 놀기를 좋아했고, 열심히 공부하지도 않았다. 어느 날, 맹자는 또 무단결석을 했고, 날이 어두워져서야 슬그머니 집에 들어갔다. 그는 집에 도착한 후 어머니가 마침 천을 짜고 있는 것을 발견했다. 맹모는 그가 돌아온 것을 보자마자 '공부는 어땠니?'라고 물었다. 맹자는 귀찮다는 듯이 '이전이랑 똑같아요.'라고 대답했다. [1]맹모는 그가 개의치 않아 하는 모습을 보고는 [1]크게 노하여, 그의 얼굴 앞에서, 가위로 다 짠 천을 잘랐다.

맹자는 너무 무서워서 어머니께 왜 이렇게 크게 화를 내시는지를 물었다. 맹모는 '학문을 닦는 것은 천을 짜는 것과 같아서, 모두 조금씩 조금씩 쌓아 나가야 한단다. 그런데 네가 지금 학업을 소홀히 하는 것은 내가 잘라 버린 이 천처럼 한 푼의 가치도 없게 변해 버렸구나. 열심히 공부하지 않으면 너는 영원히 유용한 인재가 될 수 없을 거란다.'라고 말했다.

²孟子听后吓了一跳，但他很快明白了其中的道理。自此以后，他不再贪玩，从早到晚勤学不止，最终成为了天下有名的大学者。

²맹자는 듣고 나서 깜짝 놀랐지만, 그는 그 속의 이치를 빠르게 깨달았다. 그때부터 그는 다시는 노는 데만 열중하지 않았으며, 아침부터 저녁까지 부지런히 배우는 것을 멈추지 않아, 마침내 천하에서 유명한 대학자가 되었다.

1. 关于孟母，下列哪项正确？

   A 认为儿子有很多优点

   B 故意弄断了已织好的布

   C 轻易满足了儿子的要求

   D 为自己过激的行为道了歉

2. 下列哪项不属于孟子的情况？

   A 成为了有名的学者

   B 小时候不太用功学习

   C 被母亲的教育改变了

   D 认为母亲的布不值钱

1. 맹모에 관하여, 다음 중 옳은 것은?

   A 아들에게 많은 장점이 있다고 생각한다

   B 이미 다 짠 천을 일부러 잘랐다

   C 아들의 요구를 쉽게 만족시켜 주었다

   D 자신의 과격한 행위를 사과했다

2. 다음 중 맹자의 상황에 **속하지 않는** 것은?

   A 유명한 학자가 되었다

   B 어릴 때 그다지 열심히 공부하지 않았다

   C 어머니의 교육으로 바뀌었다

   D 어머니의 천은 가치가 없다고 생각한다

정답 1. B 2. D

해설 1번 문제
질문이 맹모에 관해 옳은 것을 물었으므로, 孟母(맹모)를 지문에서 재빨리 찾아 주변의 내용과 일치하는 선택지를 정답으로 고른다. 첫 번째 단락에서 孟母……十分恼火，就当着他的面，用剪刀把织好的布剪断了라고 했으므로 B 故意弄断了已织好的布를 정답으로 고른다.

2번 문제
질문이 맹자의 상황에 속하지 않는 것을 물었으므로, 孟子(맹자)를 지문에서 재빨리 찾아 주변에서 언급된 것을 하나씩 소거하며 정답을 고른다. 첫 번째 단락에서 孟子小时候很爱玩，也不用功学习。라고 했고, 선택지 B가 小时候不太用工学习라고 했으므로 소거한다. 마지막 단락에서 孟子听后吓了一跳，但他很快明白了其中的道理。自此以后，他不再贪玩，从早到晚勤学不止，最终成为了天下有名的大学者。라고 했고, 선택지 A가 成为了有名的学者, 선택지 C가 被母亲的教育改变了라고 했으므로 소거한다. 따라서 지문에서 언급되지 않은 D 认为母亲的布不值钱을 정답으로 고른다.

어휘 孟子 Mèng Zǐ [고유] 맹자   爱玩 ài wán 놀기 좋아하다   用功 yònggōng [형] 열심이다   逃学 táoxué [동] (수업에) 무단결석하다
偷 tōu [동] 슬그머니   母亲 mǔqīn [명] 어머니   织布 zhī bù 천을 짜다   孟母 Mèngmǔ [고유] 맹모[맹자의 어머니]
不耐烦 bú nàifán 귀찮다   无所谓 wú suǒwèi 개의치 않다   样子 yàngzi [명] 모습   恼火 nǎohuǒ [형] 노하다   剪刀 jiǎndāo [명] 가위
剪断 jiǎnduàn [동] (가로로) 자르다   发火 fāhuǒ [동] 화를 내다   学问 xuéwen [명] 학문   滴 dī [동][둥글게 맺힌 액체 덩이를 세는 단위]
积累 jīlěi [동] 쌓이다   荒废 huāngfèi [동] 소홀히 하다   学业 xuéyè [명] 학업   如同 rútóng [동] ~와 같다   匹 pǐ [명] 필[말·비단 등을 세는 단위]
一文不值 yìwénbùzhí [형] 한 푼의 가치도 없다   永远 yǒngyuǎn [부] 영원히   无法 wúfǎ [동] ~할 수 없다   成为 chéngwéi [동] ~이 되다
人才 réncái [명] 인재   吓一跳 xià yí tiào 깜짝 놀라다   其中 qízhōng [명] 그 속   道理 dàolǐ [명] 이치   自此 zìcǐ [부] 그때부터
贪玩 tānwán [동] 노는 데만 열중하다   勤学 qínxué [동] 부지런히 배우다   不止 bùzhǐ [동] 멈추지 않다   天下 tiānxià [명] 천하
学者 xuézhě [명] 학자   优点 yōudiǎn [명] 장점   故意 gùyì [부] 일부러   轻易 qīngyì [부] 쉽게   满足 mǎnzú [동] 만족시키다
过激 guòjī [형] 과격하다   行为 xíngwéi [명] 행위   道歉 dàoqiàn [동] 사과하다   教育 jiàoyù [명] 교육   改变 gǎibiàn [동] 바뀌다

지문을 읽고 질문에 알맞은 선택지를 고르세요.

1-4.

《孩子，你会更优秀：害怕得直发抖》是一本儿童教育故事书，里面的故事不仅题材新颖，内容有趣，而且有很大的教育意义，因此深受孩子和父母的喜爱。

其中有一篇故事是这样的。从前，依兰公主一家生活在一座岛屿上。在公主很小的时候，王后就去世了，而国王每天忙着处理公务，没时间陪公主。公主只能呆在屋子里玩玩具。

有一天，公主突然开始发抖了，怎么也停不下来。国王急得到处请医生，但公主吃了很多药也不见好转。这时，来了一个叫杰可的人，他表示自己将会通过讲故事的方式给公主治病。对此，大家都将信将疑，悄悄议论起来：医生都治不好的病，靠讲故事就能治好？杰可却并不在意，给小公主讲了许多小朋友发抖的故事，其中有因为失败而变得悲观的小姑娘辛娜；害怕影子而不敢睡觉的捷特；害怕狮子而不敢出门的本尼……听完故事，小公主明白了自己老发抖是因为恐惧，缺少陪伴以及缺乏自信。当小公主知道原因后，她发抖的毛病立刻就改掉了。

这个故事告诉家长们，当孩子乱发脾气，莫名害怕，又或者不够自信、勇敢的时候，要多理解孩子的感受，心平气和地和他们沟通，缓解孩子的紧张情绪。坚持做这些，时间一长，孩子就可以更从容地面对生活了。

1. 下列哪项属于《孩子，你会更优秀：害怕得直发抖》的特点？
   A 主题单调　　　　　　　　　　　B 内容无趣
   C 新鲜且有意思　　　　　　　　　D 适合高中生阅读

2. 根据第三段，下列哪项正确？
   A 国王很同情医生　　　　　　　　B 人们不太相信杰可
   C 杰可不愿意讲故事　　　　　　　D 医生怀疑杰可是坏人

3. 公主发抖的原因是什么？
   A 吃了很多药　　　　　　　　　　B 身体受过伤
   C 不想面对失败　　　　　　　　　D 缺少足够的陪伴

4. 根据上文，下列哪项属于作者的观点？
   A 家长不必给孩子讲故事　　　　　B 家长必须让孩子自己冷静
   C 家长应该帮助孩子缓解情绪　　　D 家长最好对孩子进行批评教育

5-8.

古琴又称玉琴、七弦琴，是中国传统拨弦乐器之一，已具有三千多年的历史。在中国悠久的历史发展阶段中，"琴、棋、书、画"被视为文人雅士修身养性，丰富精神世界的主要方式，其中居于首位的古琴蕴含着深刻的文化内涵，成为中国古典音乐中不可缺少的重要组成部分。

据《史记》记载，琴的出现不晚于尧舜时期，而西周时期的钟仪是现存记载中最早的专业琴人。战国时期，随着音乐的发展，古琴也得到了发展和普及，从而涌现了大量的琴人。儒学创始人孔子非常喜欢古琴，总是把它推荐给周围的人。他能弹唱诗经三百首，成为了后世士人典范。到了明朝时期，越来越多的人投入到造琴之中，好琴之人也越来越多。

古琴造型优美，样式繁多，其外形包含了一些哲学思想：琴身一般长约三尺六寸五，象征一年365天；琴头六寸，象征六和；琴尾四寸，象征春夏秋冬四个季节；琴面圆而琴底平，象征天与地；琴的形状与人的身体相似，有头、颈、肩、腰、足。

现存的琴曲有3360多首，琴谱130多部，琴歌300首。作为中国传统乐器之精华，古琴被评为世界文化遗产，同时被列入中国非物质文化遗产名录。

5. 在中国古代，"琴、棋、书、画"：

   A 主要用于教育别人   B 可以丰富人的精神世界

   C 有助于提高人的道德水平   D 促使人养成良好的生活习惯

6. 孔子对古琴是什么态度？

   A 十分热爱   B 毫无关心

   C 相当谨慎   D 比较冷淡

7. 下列哪项不属于古琴的特点？

   A 样式众多   B 造型优美

   C 形状像人的身体   D 上面刻有人物形象

8. 根据上文，下列哪项正确？

   A 古琴出现在西周时期   B 古琴从明朝时期开始普及

   C 古代最早的专业琴人是钟仪 D 战国时期古琴的形状是圆形

정답 해설집 p.126

04 중심 내용 문제 공략하기

중심 내용 문제는 지문 전체나 특정 단락이 주로 말하는 것, 지문의 제목 또는 지문의 출처를 묻는 문제이다.
매회 총 20문제 중 3~5문제 정도 출제된다.

핵심 전략

1. 질문의 형태가 고정적이므로, 질문 형태를 익혀 두어 중심 내용을 묻는 문제임을 빠르게 파악한다.
2. 지문이 주로 말하는 내용, 제목 또는 출처를 묻는 문제는 주로 가장 마지막에 출제되므로, 앞의 문제들을 풀며 파악한 지문의 내용을 토대로 정답을 고른다.
3. 특정 단락이 주로 말하는 내용을 묻는 문제는 해당 단락의 첫 문장을 꼼꼼히 읽거나 단락 전체를 속독하여 내용을 파악한 후 정답으로 고른다.
4. 지문이 알려 주고자 하는 것이 무엇인지를 묻는 문제는 지문의 후반에서 자주 정답의 단서가 언급된다.

질문 형태

第二段主要讲的是: 두 번째 단락에서 주로 말하는 것은:

上文主要谈的是: 위 지문이 주로 말하는 것은:

最适合做上文标题的是: 위 지문의 제목으로 가장 적절한 것은:

上文主要想告诉我们: 위 지문이 주로 우리에게 알려 주고자 하는 것은:

上文最可能出自哪里? 위 지문은 어디에서 나올 가능성이 가장 큰가?

예제 맛보기

过去有两个人，一个体弱但富有，一个健康却贫穷。两个人非常羡慕对方，富人愿意花钱买健康，穷人想用健康换取财富。

有一天，[1]一位著名的外科医生表示自己发现了人脑的交换方法。听到这个消息后，富人立刻跟穷人提出要交换脑袋。手术成功的话，富人会变穷，但能有健康的身体。穷人会富有，但将会一直被病魔缠身。[1]手术成功了，两个人得到了自己想要的东西。然而他们的幸福生活并未就此开始。

成了穷人的富翁身体强壮，再加上过去的赚钱能力，他又积累了很多财富。可同时，就像以前一样，他开始担心自己的身体健康。没过多久，他的身体又回到了以前的那种状态。

과거에 두 사람이 있었는데, 한 사람은 허약하지만 부유했고, 한 사람은 건강하지만 가난했다. 두 사람은 서로를 매우 부러워했는데, 부자는 돈을 주고 건강을 사길 원했고, 가난한 사람은 건강을 재산으로 바꾸어 얻길 원했다.

어느 날, [1]유명한 외과 의사가 자신이 인간의 뇌를 맞바꾸는 방법을 발견했다고 말했다. 이 소식을 들은 후, 부자는 즉시 가난한 사람에게 뇌를 맞바꾸자고 제안했다. 수술이 성공한다면, 부자는 가난해지지만 건강한 몸을 가질 수 있다. 가난한 사람은 부유해지지만, 계속 병마에 시달리게 된다. [1]수술은 성공적이었고, 두 사람은 자신이 원하는 것을 얻었다. 그러나 그들의 행복한 생활은 결코 그렇게 시작되지 않았다.

가난한 사람이 된 부호는 신체가 건장한데, 과거의 돈 버는 능력까지 더해져서 그는 또 많은 재산을 축적했다. 그러나 동시에 전과 같이, 그는 자신의 신체 건강을 걱정하기 시작했다. 얼마 지나지 않아, 그의 신체는 이전의 그러한 상태로 다시 돌아왔다.

变成富翁的穷人虽然有了钱，但他依然没有建立起合理的赚钱意识。不久之后，他又变得和以前一样穷了。然而，对生活没有忧虑反而让他的身体变得和以前一样结实。

²最后，两个人还是回到了以前的样子。

1. 第二段主要讲的内容是：

   A 手术的成功率很高

   B 有钱的人会经常生病

   C 穷人对投资不感兴趣

   D 两个人的生活有了变化

2. 最适合做上文标题的是：

   A 难以交换的人生

   B 失败是成功之母

   C 无法实现的约定

   D 机会靠自己争取

부호가 된 가난한 사람은 비록 돈이 생겼지만, 그러나 그는 여전히 합리적으로 돈을 버는 인식을 확립하지 못했다. 머지않아, 그는 또 이전과 같이 가난해졌다. 그러나, 삶에 대한 걱정이 없자 오히려 그의 신체는 이전과 같이 튼튼해졌다.

²결국, 두 사람은 이전의 모습으로 돌아왔다.

1. 두 번째 단락에서 주로 말하는 내용은:

   A 수술의 성공 확률은 높다

   B 돈 있는 사람은 자주 병이 난다

   C 가난한 사람은 투자에 흥미가 없다

   D 두 사람의 생활에 변화가 생겼다

2. 위 지문의 제목으로 가장 적절한 것은:

   A 맞바꾸기 어려운 인생

   B 실패는 성공의 어머니

   C 실현할 수 없는 약속

   D 기회는 스스로 쟁취하는 것

정답 1. D 2. A

해설 1번 문제

질문이 두 번째 단락에서 주로 말하는 내용을 물었으므로, 두 번째 단락의 첫 문장을 꼼꼼히 읽거나 단락 전체를 속독하여 내용을 파악한다. 두 번째 단락에서 一位著名的外科医生表示自己发现了人脑的交换方法。听到这个消息后, 富人立刻跟穷人提出要交换脑袋。……手术成功了, 两个人得到了自己想要的东西。라고 했으므로, D 两个人的生活有了变化를 정답으로 고른다.

2번 문제

질문이 위 지문의 제목으로 가장 적절한 것을 물었으므로, 앞의 문제들을 풀며 파악한 지문의 내용을 토대로 정답을 선택한다. 허약하지만 부유한 사람과 건강하지만 가난한 사람에 대하여, 마지막 단락에서 最后, 两个人还是回到了以前的样子。라고 하면서 두 사람은 뇌를 바꾸는 수술을 했지만, 결국 인생은 변하지 않았다는 내용을 주로 말하고 있으므로, A 难以交换的人生을 정답으로 고른다.

어휘 体弱 tǐruò 허약하다   富有 fùyǒu 튕 부유하다   贫穷 pínqióng 튕 가난하다   羡慕 xiànmù 통 부러워하다

对方 duìfāng 몡 서로, 상대방   富人 fùrén 몡 부자   穷人 qióngrén 몡 가난한 사람   换取 huànqǔ 통 바꾸어 얻다   财富 cáifù 몡 재산

著名 zhùmíng 튕 유명하다   外科 wàikē 몡 외과   交换 jiāohuàn 통 맞바꾸다   方法 fāngfǎ 몡 방법   立刻 lìkè 튀 즉시

提出 tíchū 통 (의견을) 제안하다   脑袋 nǎodai 몡 뇌   手术 shǒushù 몡 수술   成功 chénggōng 통 성공하다

病魔缠身 bìngmó chánshēn 병마에 시달리다   然而 rán'ér 젭 그러나   幸福 xìngfú 튕 행복하다   生活 shēnghuó 몡 생활, 삶

富翁 fùwēng 몡 부호   强壮 qiángzhuàng 튕 건장하다   赚 zhuàn 통 (돈을) 벌다   能力 nénglì 몡 능력   积累 jīlěi 통 축적하다

同时 tóngshí 튀 동시에   状态 zhuàngtài 몡 상태   依然 yīrán 튀 여전히   建立 jiànlì 통 확립하다   合理 hélǐ 튕 합리적이다

意识 yìshí 몡 인식, 의식   忧虑 yōulǜ 통 걱정하다   反而 fǎn'ér 튀 오히려   结实 jiēshi 튕 튼튼하다   成功率 chénggōnglǜ 성공 확률

标题 biāotí 몡 제목   难以 nányǐ 튕 ~하기 어렵다   人生 rénshēng 몡 인생   失败 shībài 통 실패하다   实现 shíxiàn 통 실현하다

约定 yuēdìng 통 약속   靠自己 kào zìjǐ 스스로에게 기대어   争取 zhēngqǔ 통 쟁취하다

지문을 읽고 질문에 알맞은 선택지를 고르세요.

1-4.

自20世纪90年代以来，中国的老龄化进程不断加快，预计20年后，65岁及以上老年人口占总人口的比例将超过20%。更严重的是，80岁及以上的老人正以每年5%的速度增加，到2040年将增加到7400多万人。人口老龄化带来的影响不容忽视。老龄化造成了劳动力减少、劳动生产率降低、老年人看病难等社会问题。

随着老年人口的增多，老龄化问题的严重性越来越引起了人们的关注。为了解决老龄化问题，改善老年人的基本生活，政府在老年人的健康护理、日常生活照料、社会交往和社会参与等方面采取了多项措施，比如完善老年人医疗保险制度，提供老年公寓以及各种日常生活照料服务，并给老年人提供老年活动中心、老年大学、老年再就业服务中心等活动场所和必要的活动经费。

但目前老龄产业还无法满足老年人的需求。人口老龄化是经济、社会、科技发展的产物，因此在迎接人口老龄化挑战的过程中，应该在各个领域内综合而全面地考虑，推行长久而稳定的政策。

1. 第一段主要讲的是什么？
   A 中国老龄化的现况　　　　　　　　B 高龄老人遇到的困难
   C 老年人口增加的原因　　　　　　　D 中国人口的整体变化趋势

2. 第二段主要讲的是：
   A 老龄化社会的进程　　　　　　　　B 逐渐增加的老龄人口
   C 解决老龄化问题的具体措施　　　　D 人口老龄化引起的社会问题

3. 根据上文，下列哪项正确？
   A 中国老年人健康问题很严重　　　　B 中国人口老龄化问题正在减轻
   C 老年人的增加会影响医疗消费　　　D 老龄产业需要长久而稳定的政策

4. 上文最可能出自哪里？
   A 《儿童教育》　　　　　　　　　　B 《社会科学》
   C 《娱乐八卦》　　　　　　　　　　D 《体育人生》

5-8.

　　未来上海的街头，或许再也看不到环卫工人了，取而代之的将会是能够不停自动往返，且效率更高的无人驾驶清洁车。凌晨两点，无人驾驶清洁车自动开始工作。它从自动发车到自动清扫，再到自动感知前方的障碍物，自动绕行，90度直角自动拐弯等等，可以说各项功能齐全。

　　此外，在行驶时，无人驾驶清洁车可以识别红绿灯，发现前方为红灯时自动停下，在红绿灯跳转到绿灯后，重新开启自动行驶模式，然后行驶到垃圾倾倒处倾倒垃圾，最后再回到出发点，自动停回原来的车位。同样的工作量，以前需要五个环卫工人工作一天才能完成，现在无人驾驶清洁车只要工作两个小时就可以全部搞定。

　　15年前，有人说和世界各地的人用手机视频对话是做梦；5年前，有人说手机代替电脑，用手机买火车票是做梦；3年前，有人说手机代替取款机，随时随地支付费用，这肯定是做梦；但科技迅速发展的今天，这些都一一实现了。

　　未来，我们面对的会是一个什么样的世界？也许你的竞争对手不再是同事或同龄人，而是比你更快，比你更精准，还不会感到累的机器。在这个高速变化的社会里，没有创造能力，不敢冒险就是最大的风险，这样的人终将会被机器所取代。

5. 下列哪项**不**属于无人驾驶清洁车所具有的特征？
　　A 自动往返　　　　　　　　　　　B 分类垃圾
　　C 感知障碍物　　　　　　　　　　D 直角自动拐弯

6. 第三段主要谈的是：
　　A 科技的发展极为迅速　　　　　　B 竞争对手会促使你成长
　　C 15年前就可以用手机付款　　　　D 视频通话是最好的沟通方式

7. 根据第四段，可以知道什么？
　　A 学会创新很重要　　　　　　　　B 生活中充满风险
　　C 未来是能预测的　　　　　　　　D 人不如机器聪明

8. 上文主要谈的是：
　　A 竞争的重要性　　　　　　　　　B 梦想与现实的差异
　　C 面对未来应有的态度　　　　　　D 环卫工人的工作环境

정답 해설집 p.131

05 의미 파악 문제 공략하기

의미 파악 문제는 질문에서 **什么意思**(무슨 의미)나 **指的是**(가리키는 것)과 같은 표현을 사용하여, 밑줄 또는 따옴표(" ")로 표시된 어휘나 문장이 어떤 의미로 쓰였는지 혹은 어떤 것을 가리키는지를 묻는 문제이다. 매회 총 20문제 중 1~2문제 정도 출제된다.

핵심 전략

1. 질문에 밑줄 또는 따옴표(" ")로 표시된 표현이 있을 경우, 이를 지문에서 바로 찾아 주변 문맥을 꼼꼼히 파악한 후, 그 문맥과 일치하는 선택지를 정답으로 고른다.
2. 지문의 밑줄 또는 따옴표(" ")로 표시된 부분 주변에서 정답의 단서를 찾기 어려운 경우, 단락이나 지문 전체의 문맥을 통해 의미를 파악하여 정답을 고른다.

질문 형태

第二段中，"半途而废"是什么意思? 두 번째 단락에서, '중도에 그만두다'는 무슨 의미인가?

第三段中画线词语的意思是什么? 세 번째 단락에서 밑줄 친 어휘의 의미는 무엇인가?

画线词语"各种症状"指的是: 밑줄 친 어휘 '각종 증상'이 가리키는 것은:

第一段中，"这个"指的是什么? 첫 번째 단락에서, '이것'이 가리키는 것은 무엇인가?

最后一段画线的句子最可能是什么意思? 마지막 단락에서 밑줄 친 문장은 무슨 의미일 가능성이 가장 큰가?

예제 맛보기

有一对性格完全相反的双胞胎兄弟，哥哥是彻头彻尾的悲观主义者，弟弟则是天生的乐天派。在他们8岁那年的圣诞节前夕，家里人为他们准备了不同的礼物：给哥哥的礼物是一辆崭新的自行车，给弟弟的礼物则是一盒满满的马粪。

哥哥优先拆开了那个巨大的盒子，可他竟然哭了起来："你们不知道我不会骑自行车！而且外面还下着这么大的雪！"弟弟则好奇地打开了属于他的那个盒子——房间里顿时充满了一股臭臭的马粪味道。出乎意料的是，[1]弟弟欢呼了一声，然后就兴奋地东张西望起来：[1]"快告诉我，你们把马藏在哪儿了？"

성격이 완전히 반대인 한 쌍둥이 형제가 있는데, 형은 철두철미한 비관주의자이고, 동생은 타고난 낙천주의자이다. 그들이 여덟 살 되던 그해 크리스마스이브에 가족들은 그들을 위해 서로 다른 선물을 준비했다. 형에게 준 선물은 새 자전거였고, 동생에게 준 선물은 한 박스 가득한 말똥이었다.

형이 먼저 커다란 상자를 뜯었는데, 뜻밖에 울음을 터뜨리며 '모두 내가 자전거를 못 탄다는 걸 모르시네요! 게다가 밖에는 이렇게 큰 눈이 내리고 있잖아요!'라고 말했다. 동생은 호기심을 가지며 그에게 주어진 상자를 열었고, 방 안은 이내 고약한 말똥 냄새로 가득해졌다. 예상 밖이었던 것은, [1]동생은 환호성을 지르며 '빨리 저에게 알려 주세요, 말을 어디에 숨겼나요?'라며 흥분해서 두리번거리기 시작했다는 것이다.

这对兄弟的故事很好地解释了悲观主义和乐观主义的区别。对于悲观者来说，世上所有的事情都不完美，并且他们只会看到事物本身的负面影响，从而产生害怕心理，只想逃避。²对于一个快乐的人来说，即使天空下着雨，他的心情也很"阳光"。他们乐于关心事物的积极影响，而忽略负面影响，并把积极影响作为其行为的选择标准。

이 형제의 이야기는 비관주의와 낙관주의의 차이를 잘 설명해 주고 있다. 비관적인 사람에게는 세상의 모든 일이 전부 완벽하지 않은 데다 그들은 사물 자체의 부정적인 영향만 볼 뿐이어서, 이로 인해 두려운 심리가 생기고, 피하고만 싶어 한다. ²긍정적인 사람에 대해 말하자면, 설령 하늘에서 비가 내리더라도 그들의 마음은 '밝다'. 그들은 사물의 긍정적인 영향에 대해 기꺼이 관심을 가지고, 부정적인 영향은 등한시하며, 긍정적인 영향을 그 행위의 선택 기준으로 삼는다.

1. 第二段中，画线句子最可能是什么意思？
   A 弟弟忙着拆开礼物包装
   B 弟弟得到了昂贵的礼物
   C 弟弟期待还会有别的礼物
   D 弟弟从未收到过这种礼物

2. 最后一段中，"阳光"指的是：
   A 重视积极影响
   B 重视负面影响
   C 忽略乐观主义
   D 属于悲观主义

1. 두 번째 단락에서, 밑줄 친 문장은 무슨 의미일 가능성이 가장 큰가?
   A 동생은 선물 포장을 뜯느라 바쁘다
   B 동생은 비싼 선물을 받았다
   C 동생은 또 다른 선물이 있을 것이라 기대한다
   D 동생은 이런 선물을 받아 본 적이 없다

2. 마지막 단락에서, '밝다'가 가리키는 것은:
   A 긍정적인 영향을 중시한다
   B 부정적인 영향을 중시한다
   C 낙관주의를 등한시한다
   D 비관주의에 속한다

정답 1. C 2. A

해설 1번 문제
질문이 두 번째 단락의 밑줄 친 문장이 무슨 의미일 가능성이 가장 큰지를 물었으므로, 두 번째 단락에서 밑줄 친 문장이 있는 부분을 재빨리 찾아 주변의 문맥을 꼼꼼히 파악한다. 밑줄 친 문장 弟弟欢呼了一声，然后就兴奋地东奔西望起来 바로 뒤에서 "快告诉我，你们把马藏在哪儿了？"라고 했으므로, 문맥상 밑줄 친 문장은 동생은 또 다른 선물이 있을 거라 기대한다는 것을 의미함을 알 수 있다. 따라서 C 弟弟期待还会有别的礼物를 정답으로 고른다.

2번 문제
질문이 마지막 단락의 "阳光(밝다)"이 가리키는 것을 물었으므로, 마지막 단락에서 "阳光"이 언급된 부분을 재빨리 찾아 주변의 문맥을 꼼꼼히 파악한다. "阳光"이 포함된 문장에서 对于一个快乐的人来说，即使天空下着雨，他的心情也很"阳光"，他们乐于关心事物的积极影响이라고 했으므로, 문맥상 "阳光"은 비가 오는 부정적인 상황에서도 긍정적인 영향에 관심을 가지는 태도를 가리킨다는 것을 알 수 있다. 따라서 A 重视积极影响을 정답으로 고른다.

어휘 性格 xìnggé 몡 성격 完全 wánquán 믵 완전히 相反 xiāngfǎn 통 반대되다 双胞胎 shuāngbāotāi 몡 쌍둥이 兄弟 xiōngdì 몡 형제
彻头彻尾 chètóuchèwěi 쩡 철두철미하다 悲观 bēiguān 몡 비관적이다 主义 zhǔyì 몡 주의 天生 tiānshēng 몡 타고난
乐天派 lètiānpài 몡 낙천주의자 前夕 qiánxī 몡 이브, 전날 밤 崭新 zhǎnxīn 몡 새롭다 盒 hé 몡 박스 满满 mǎnmǎn 몡 가득하다
马粪 mǎfèn 몡 말똥 优先 yōuxiān 통 먼저 하다 拆 chāi 통 뜯다 巨大 jùdà 몡 크다 盒子 hézi 몡 상자 竟然 jìngrán 믵 뜻밖에도
好奇 hàoqí 몡 호기심을 갖다 顿时 dùnshí 믵 이내 充满 chōngmǎn 통 가득차다 臭 chòu 몡 (냄새가) 고약하다
味道 wèidao 몡 냄새 出乎意料 chūhū yìliào 몡 예상 밖이다 欢呼 huānhū 통 환호성을 지르다 兴奋 xīngfèn 몡 흥분하다
东张西望 dōngzhāngxīwàng 쩡 두리번거리다 藏 cáng 통 숨기다 解释 jiěshì 통 설명하다 乐观 lèguān 몡 낙관적이다
区别 qūbié 몡 차이 世上 shìshàng 몡 세상 完美 wánměi 몡 완벽하다 本身 běnshēn 몡 그 자체
负面影响 fùmiàn yǐngxiǎng 부정적인 영향 产生 chǎnshēng 통 생기다 逃避 táobì 통 피하다 天空 tiānkōng 몡 하늘
阳光 yángguāng 몡 밝다 事物 shìwù 몡 사물 积极影响 jījí yǐngxiǎng 긍정적인 영향 忽略 hūlüè 통 등한시하다
作为 zuòwéi 통 ~으로 삼다 行为 xíngwéi 몡 행위 标准 biāozhǔn 몡 기준 包装 bāozhuāng 몡 포장 昂贵 ángguì 몡 비싸다

지문을 읽고 질문에 알맞은 선택지를 고르세요.

1-4.

享受美食是一件让人感到幸福的事，所以互联网直播兴起后，吃播备受欢迎。然而有些主播为了赚取流量，经常以令人吃惊的食量吸引眼球。这些"大胃王"让吃播"变了味儿"，有关吃播的负面消息连续不断地传来，吃播被贴上了"不正常"、"浪费"等标签。

心理学家表示，观众看吃播其实是为了满足以下四种心理需求。首先，观看吃播视频，可起到替代满足的作用。所谓替代满足就是借他人行为，体验该行为带来的快感。其次，观看吃播视频，能在一定程度上缓解压力。人们能通过看娱乐节目、电视剧等内容简单的节目减轻压力，吃播也属于这类减压节目。再次，观看吃播视频，能让原本不想吃东西或胃口不好的人更愿意品尝美食。最后，观看吃播视频，能让人获得一种"陪伴感"。有些观众在一个人吃饭时，很喜欢看吃播，这样气氛就会变得热闹，就像有亲朋好友陪伴自己一样。还有人是为了消磨时间、消除寂寞才看吃播。

不过，吃播也有一定的负面影响，过度观看可能会引发健康问题，还可能使观众产生消极、逃避等负面情绪。因此观众应该要学会合理控制在吃播上投入的时间和金钱。一个人感到孤独、寂寞，甚至空虚时，要做的是重新制定自己的目标，充实自己的生活，而不是靠吃播来打发时间。

1. 第一段中，"变了味儿"是什么意思？
   A 食物的性质发生了变化
   B 汉字的拼音发生了变化
   C 食物的味道发生了变化
   D 原有的意义发生了变化

2. 下列哪项不属于观看吃播的好处？
   A 有利于减轻压力
   B 让人更愿意吃东西
   C 可以节省时间和金钱
   D 能够让人感到有人陪伴

3. 第二段中，画线词语指的是：
   A 白白地度过
   B 尽情地享受
   C 悄悄地离开
   D 快速地消失

4. 第三段主要想告诉我们：
   A 吃播好处比坏处多
   B 应该理性地对待吃播
   C 观看吃播有助于实现目标
   D 吃播是打发时间的好方法

5-8.

　　人口普查是国家对现有人口进行的普遍调查，调查的重点是了解各地的人口状况，包括人口变化情况、性别比例、出生性别比例等。世界上最早的人口普查是明朝开国皇帝朱元璋实施的。

　　明朝建立后，朱元璋采取各种措施，大力恢复生产，发展经济。随着社会经济的发展，人口也迅速增加了。为了有效地管理国家，朱元璋决定彻底调查全国人口。1370年，朱元璋派士兵对人口进行逐步查点和对比，同时编造户口册，作为收取税款的基础。

　　具体的做法是，给每户发户口册，上面首先填写户主姓名、出生地和全家人数，接着分别填写每一个成年、未成年的男子和妇女的姓名、年龄、与户主的关系，最后填写全户的<u>产业</u>，如土地、房屋、树木等。户口册填写完毕后，按照级别一一上报，最后把户口资料统一保存在政府的户部。

　　户口登记制度自先秦时期起便开始使用，经历各个朝代而不断完善，不过明朝以前的户口只登记需要交税或参加义务劳动的人口。明朝初期的户口调查则不同，它不分男女老少，要求各户将全家人口均登记在户口册之内，所以被认为是中国最早的一次人口普查。当时的人口普查制度相当<u>完备</u>，且内容详细。这种情况在世界上是独一无二的，因而被公认为是世界上最早的人口普查。

5. 根据第一段，可以知道什么？

　A 人口普查最早出现在明朝　　　　　B 性别比例和人口普查无关
　C 人口普查只能由个人进行　　　　　D 未成年男子是人口普查的重点

6. 第三段中，画线词语"产业"指的是：

　A 生产　　　　　　　　　　　　　　B 产品
　C 财产　　　　　　　　　　　　　　D 行业

7. 第四段画线部分"完备"最可能是什么意思？

　A 奴隶也在制度范围　　　　　　　　B 所包含的内容齐全
　C 户口册上还要填写家畜数量　　　　D 户口制度的实施增加了收入

8. 下列哪项最适合做上文标题？

　A 古代的人口状况　　　　　　　　　B 最初的人口普查
　C 调查人口的难点　　　　　　　　　D 人口普查的目的

정답 해설집 p.135

지문을 읽고 질문에 알맞은 선택지를 고르세요.

1-4.

　　中国近代著名的政治家，战略家曾国藩，小时候却被众人看作是不会读书的笨小孩，连潜入他家的小偷也不例外。

　　一个寒冷的夜晚，14岁的曾国藩在家里背一篇刚学过的文章。一个小偷在房梁上**伺机而动**，准备等曾国藩睡觉后捞点好处。可是过了几个小时，刻苦学习的曾国藩没有睡觉的意思，一直在磕磕巴巴地背诵着那篇不算长的文章。小偷看着曾国藩这个劲头，心中暗暗叫苦。但他不想空手而归，所以决定耐着性子再等一会儿。听到曾国藩读了几百遍也没背下来之后，小偷无法控制自己，走到了曾国藩面前。他把曾国藩手中的书摔在地上，吼道："我听了几遍就会背了，你怎么还是不会。这么笨还读什么书！"说完后，小偷就把曾国藩花了大半夜还没背下来的文章一字不差地背诵了下来，然后扬长而去。不过曾国藩并未就此气馁，反而更加努力学习，勤能补拙，最终成就了一番事业。小偷虽然聪明，但好吃懒做让他只能成为曾国藩人生故事中的点缀。

1. 关于曾国藩，可以知道：
   A 他很容易失眠　　　　　　　　　B 他对学习不感兴趣
   C 他小时候不擅长读书　　　　　　D 他是古代著名的哲学家

2. 画线词语 "伺机而动" 的意思是什么？
   A 等待机会采取行动　　　　　　　B 跟着别人一起行动
   C 制造攻击他人的机会　　　　　　D 经常强调自己的动作

3. 小偷无法控制自己的原因是：
   A 腿脚不便　　　　　　　　　　　B 没机会逃走
   C 和曾国藩关系差　　　　　　　　D 觉得曾国藩太笨了

4. 根据上文，可以知道什么？
   A 背书需要技巧　　　　　　　　　B 多读书没有好处
   C 小孩不用刻苦学习　　　　　　　D 聪明不一定造就成功

5-8.

　　疲劳驾驶是一种非常危险的行为，许多交通事故都是由司机疲劳驾驶引起的。但是，有些鸟类却能不知疲倦地连续飞行一百多天，比如军舰鸟。最近，研究人员将脑波记录器安装在了军舰鸟的头上，记录它们在飞行途中的脑波变化。结果表明，飞行时军舰鸟可以进入半脑睡眠模式，即一半大脑在休息的时候，另一半大脑仍在工作。

　　这种现象也存在于其他一些动物身上，比如海豚、鲨鱼等。不过让研究人员惊讶的是，军舰鸟有时也会进入全脑睡眠模式。这等于是一架无人驾驶的飞机在空中飞行。据统计，军舰鸟每天的平均睡眠时间大约为40分钟，而且大多在晚上。假如我们每天只睡40分钟，那用不了几天，健康状况可能就会变差。但是与人类不同，军舰鸟似乎有应对方法，那就是飞行的时候少睡，落地后再补充睡眠。研究人员发现，军舰鸟飞行时的睡眠时间比在陆地上的少。这可能意味着，为了避免过度疲劳，回到地面后，军舰鸟会及时补觉。

5. 在疲劳状态下驾驶汽车会怎么样？
   A 影响皮肤状态
   B 产生消极想法
   C 危害大脑健康
   D 引发严重的后果

6. 军舰鸟：
   A 每天只睡4小时
   B 全天用半脑睡觉
   C 能在飞行时睡觉
   D 睡眠质量不太高

7. 下列哪种动物**不能**进行半脑睡眠？
   A 狮子
   B 鲨鱼
   C 海豚
   D 军舰鸟

8. 最适合做上文的标题是：
   A 鸟类的飞行方式
   B 动物的睡眠时间
   C 军舰鸟的睡眠特点
   D 避免疲劳驾驶的方法

9-12.

标志是在生活中用来表示事物特征的记号。它通常由简单、显著、易识别的图形或文字构成，既可以表示某些事物，也能表达某种意义、情感。

企业标志体现的是企业抽象的视觉形象，它可以让消费者记住公司的主体和品牌文化，给目标消费者心中留下一个清晰的印象。公司可以通过标志建造自己的品牌影响力，然后更好地推广产品和服务。随着经济全球化不断发展，很多大型企业已经意识到，花重金去设计一个好的企业标志是相当值得的。

标志是一种精神文化的象征，它代表着企业的经营理念和文化特色，也包含着企业规模、经营内容和经营特点。可以说大众对标志的认同等于对企业的认同。只有企业的经营内容或企业的实态与企业标志相一致时，才有可能获得大众的一致认可。

9. 标志有什么特点？

    A 表现为文字或图形   B 与记号有较大区别

    C 只出现在大型企业   D 由消费者亲自设计

10. 对企业来说，标志可以：

    A 避免错误   B 推广品牌

    C 节省成本   D 制造产品

11. 下列哪项不属于标志所包含的内容？

    A 经营理念   B 经营特点

    C 经营内容   D 经营成果

12. 上文主要想告诉我们：

    A 经营理念影响产品质量   B 消费者更重视品牌形象

    C 设计一个好的标志十分重要   D 企业标志可以带来直接收益

13-16.

在某次晚会上，主持人杨澜上舞台时不小心被绊了一下，然后摔倒在地。当时所有人都惊呆了，不知道该怎么面对这个突发情况，只见杨澜面带笑容爬了起来，拍了拍礼服，开玩笑地说："这摔得实在不够专业。"众人听后笑了起来，尴尬的气氛就这样得到了缓解。

当年萧芳芳凭着在电影《女人四十》中的出色表演，拿到了金马奖影后。在上台领奖的那一刻，她没有掌握好平衡，不小心滑倒了，但她大方地站了起来，走到舞台中央说："女人四十，身体确实不如以前了。"一句智慧而幽默的话赢得了热烈的掌声。

在一次奥斯卡电影颁奖典礼上，有一个女明星准备上台领奖，也许是因为太兴奋，她踩到了自己的礼服，摔倒在舞台边上。当时全场的人都沉默了，因为从来没有人在这样盛大的典礼上摔倒过。这时她迅速起身，真诚地说："为了实现站在这个舞台的梦想，我这一路走得极为艰苦，摔倒过很多次，也付出了很多代价。"巧妙而真诚的发言使她成为了当天晚上最吸引人的明星。

在舞台上或者在生活中，每个人都有摔倒的可能。但与其摔倒后后悔、自责，不如迅速而坚强地站起来，用自己的聪明和智慧克服困难，摆脱危机。

13. 在晚会上，杨澜：

　　A 突然忘了台词　　　　　　　　B 被观众批评了

　　C 穿错了演出服装　　　　　　　D 在舞台上摔倒了

14. 根据第二段，可以知道什么？

　　A 萧芳芳很幽默　　　　　　　　B 金马奖很难拿

　　C 萧芳芳身体健康　　　　　　　D 舞台的设计有问题

15. 根据第三段，那个女明星摔倒是因为：

　　A 生病了　　　　　　　　　　　B 太激动了

　　C 鞋子坏了　　　　　　　　　　D 穿错礼服了

16. 第四段主要讲的是：

　　A 如何赢得别人的信任　　　　　B 一旦成功就会获得掌声

　　C 好的演员都善于表达情绪　　　D 摔倒时要用智慧克服困难

17-20.

　　随着智能产品的普及，家用机器人也逐渐被普通大众所接受。最近，有一家公司新推出了一款机器人，据说价格高达10万元人民币。究竟是什么让这款机器人变得如此昂贵？它又有什么特别之处呢？

　　第一，科学家使用了一种新的制造材料，使得机器人的皮肤与人类相似。它的皮肤是有温度的，摸起来感觉很好，不会觉得不舒服。其次，机器人的双眼能够随着人的动作灵活转动，这让人觉得它似乎具有思考能力，会用双眼搜索目标。除了这两点之外，它还能根据对话内容调整面部表情，而且非常生动。最让人吃惊的是，无论人类与它进行什么样的对话，它都能够迅速给出合理的回答。

　　很多网友好奇，机器人为何会有如此大的进步，科学家是怎么做到这一点的？看到机器人的内部结构后，他们就能明白了。机器人内部的构造非常精致复杂，所有的线路都连接着位于中央的压缩机，这个压缩机的作用就相当于人类的心脏，机器人所使用的能量都来源于此。而它的皮肤之所以能够保持一定的温度，是因为内部带有一个自加热系统。广告上说："只要10万元，就可以将你心目中的那个机器人带回家。"得知这个价格后，大家纷纷表示家务还是自己来做。

17. 这款机器人的制作材料有什么特别之处？
　　A 价格低廉且性能良好　　　　　　　B 触摸起来感觉很舒服
　　C 是由多种金属合成的　　　　　　　D 适合在潮湿的环境中使用

18. 这款机器人看起来生动，是因为它：
　　A 能歌善舞　　　　　　　　　　　　B 说话温柔
　　C 动作丰富　　　　　　　　　　　　D 能调整表情

19. 这款机器人最令人吃惊的地方在于：
　　A 可以自动充电　　　　　　　　　　B 眼睛可以转动
　　C 皮肤是有温度的　　　　　　　　　D 能回答任何问题

20. 上文最可能出自哪里？
　　A《今日科技》　　　　　　　　　　　B《国家地理》
　　C《天下美食》　　　　　　　　　　　D《少年文艺》

정답 해설집 p.140

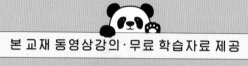

본 교재 동영상강의 · 무료 학습자료 제공

china.Hackers.com

쓰기

제1부분

제시된 어휘로 문장 완성하기

제2부분

짧은 글쓰기

제1부분

제시된 어휘로
문장 완성하기

제1부분은 제시된 어휘 4~6개를 어순에 맞게 배치하여 하나의 문장을 완성하는 형태로, 총 8문제가 출제된다. 제시된 어휘를 어법에 맞게 배열하여 문장을 완성할 수 있어야 한다.

고득점 공략법 아래와 같은 세부 유형의 문제들이 출제되므로 그 공략법을 잘 익혀 둔다.

필수어법 | 1 술어 | 2 주어 | 3 목적어 | 4 관형어 | 5 부사어 | 6 보어(1) 정도보어 | 7 보어(2) 결과보어 | 8 보어(3) 방향보어 | 9 보어(4) 가능보어 | 10 보어(5) 수량보어

고득점비책 01 술어 배치하기	**고득점비책 08** 被자문 완성하기
고득점비책 02 주어·목적어 배치하기	**고득점비책 09** 존현문 완성하기
고득점비책 03 관형어 배치하기	**고득점비책 10** 연동문 완성하기
고득점비책 04 부사어 배치하기	**고득점비책 11** 겸어문 완성하기
고득점비책 05 보어 배치하기	**고득점비책 12** 是……的 강조구문 완성하기
고득점비책 06 是자문·有자문 완성하기	**고득점비책 13** 比자문 완성하기
고득점비책 07 把자문 완성하기	

출제 경향

1. **기본 문형을 완성하는 문제가 주로 출제된다.**

   중국어의 핵심 문장성분인 주어, 술어, 목적어를 배치한 후, 이를 수식하는 관형어나 부사어 또는 보어를 배치하여 기본 문형을 완성하는 문제가 주로 출제된다.

2. **특수 문형을 완성하는 문제도 매회 1~4회 가량 출제된다.**

   把, 被, 比와 같은 특정 어휘가 있거나 두 개 이상의 술어가 쓰이는 등 기본 문형과 다른 어법적 특징을 갖는 특수 문형을 완성하는 문제도 매회 1~4문제 정도가 꾸준히 출제된다. 시험에 주로 나오는 특수 문형에는 겸어문, 把자문, 被자문, 是자문, 有자문, 연동문 등이 있다.

문제풀이 스텝

<문제지>

| 为公司 | 做了 | 父亲 | 贡献 | 巨大 |

<해설>

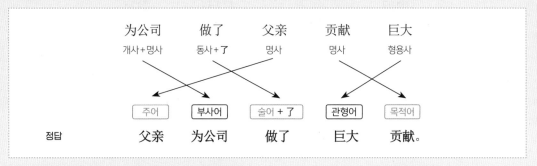

| 为公司 | 做了 | 父亲 | 贡献 | 巨大 |
| 개사+명사 | 동사+了 | 명사 | 명사 | 형용사 |

| 주어 | 부사어 | 술어 + 了 | 관형어 | 목적어 |

정답   父亲   为公司   做了   巨大   贡献。

해설   아버지는 회사를 위해 아주 큰 공헌을 하셨다.

어휘   **父亲** fùqīn 阅아버지   **贡献** gòngxiàn 阅공헌阅공헌하다   **巨大** jùdà 阅아주 크다

STEP 1   **술어 배치하기**   제시된 어휘의 의미와 품사를 확인하여 술어가 되는 어휘를 찾아 배치한다.

제시된 어휘 중 '동사+了' 형태의 **做了**(~을 했다)를 술어 자리에 바로 배치한다. → **做了**

STEP 2   **주어·목적어 배치하기**   STEP 1에서 배치한 술어의 의미를 바탕으로 주어나 목적어가 되는 어휘를 찾아 주어는 술어 앞, 목적어는 술어 뒤에 배치한다.

명사 **父亲**(아버지)과 명사 **贡献**(공헌) 중 술어 **做了**(~을 했다)와 문맥상 목적어로 어울리는 **贡献**을 목적어로 배치하고, 주어로 어울리는 **父亲**을 주어로 배치한다. → **父亲**   **做了**   **贡献**

STEP 3   **남은 어휘 배치하여 문장 완성하기**   남은 어휘들은 어법이나 의미를 고려하여 알맞은 위치에 배치한다.

남은 어휘 중 '개사+명사' 형태의 개사구 **为公司**(회사를 위해)를 술어 **做了**(~을 했다) 앞에 부사어로 배치하고, 형용사 **巨大**(아주 크다)를 목적어 **贡献**(공헌) 앞에 관형어로 배치하여 문장을 완성한다.

→ **父亲**   **为公司**   **做了**   **巨大**   **贡献**

완성된 문장   **父亲为公司做了巨大贡献。** (아버지는 회사를 위해 아주 큰 공헌을 하셨다.)

* PBT 시험의 경우, 문장 끝에는 반드시 마침표(.)나 물음표(?) 같은 문장부호를 붙여 완성된 문장으로 답안지에 옮겨 적는다.
    IBT 시험의 경우, 문장부호를 별도로 입력할 필요 없이 제시된 어휘를 순서에 맞게 마우스로 옮겨 배치하기만 하면 된다.

다음 문장에서 술어를 찾아 동그라미를 쳐 보세요.

대사	명사	동사	명사
他们	**每天**	**打扫**	**教室。**
Tāmen	měitiān	dǎsǎo	jiàoshì.
그들은	매일	청소한다	교실을

정답 打扫

打扫(청소하다)는 他们(그들)의 행위를 나타내는 말이다. 이처럼 주어의 행위나 동작 또는 상태를 나타내는 문장성분, 즉 '~하다/~이다'에 해당하는 말이 술어이다.

■ 술어는 모든 문장에 반드시 있어야 한다.

她	偶尔	参加	羽毛球	比赛。	그녀는 가끔 배드민턴 경기에 참가한다.
주어	부사어	술어	관형어	목적어	

어휘   偶尔 ǒu'ěr 图가끔   羽毛球 yǔmáoqiú 圏배드민턴

■ 술어가 되는 것

1. 동사

老师	常常	强调	教育的	重要性。	선생님은 늘 교육의 중요성을 강조하신다.
주어	부사어	술어	관형어	목적어	

어휘   强调 qiángdiào 图강조하다   教育 jiàoyù 圏교육   重要性 zhòngyàoxìng 중요성

2. 형용사

这个	问题	特别	复杂。	이 문제는 아주 복잡하다.
관형어	주어	부사어	술어	

어휘   复杂 fùzá 圈복잡하다

3. 의문대사

你对她的	印象	如何？	그녀에 대한 당신의 인상은 어떤가요?
관형어	주어	술어	

他的	性格	怎么样？	그의 성격은 어떤가요?
관형어	주어	술어	

어휘   印象 yìnxiàng 圏인상   如何 rúhé 団어떠한가   性格 xìnggé 圏성격

4. 주술구

历史(명사)+悠久(형용사)

中国　　历史悠久。　　중국은 역사가 유구하다.
주어　　술어(주어+술어)

어휘　悠久 yōujiǔ 휑유구하다

잠깐! 주술구(주어+술어)는 문장에서 주어, 술어, 목적어, 관형어 역할을 한다. 주술구가 주어로 사용되는 경우는 p.165에서, 목적어로 사용되는 경우는 p.167에서, 관형어로 사용되는 경우는 p.169에서 자세히 학습할 수 있다.

5. 명사(구)

요일, 날짜, 시간, 출생지, 나이, 가격, 날씨, 절기 등을 나타내는 명사(구)는 문장에서 술어가 될 수 있다.

明天　　星期天。　　내일은 일요일이다.
주어　　술어(명사)

他　　北京人。　　그는 베이징 사람이다.
주어　　술어(명사구)

잠깐! 명사(구)가 술어로 사용되는 문장을 부정문으로 만들 때에는 不是을 사용하는데, 이때 是이 술어가 되며, 명사(구)는 목적어가 된다.

明天　　不是　　星期天。　　내일은 일요일이 아니다.
주어　　부사어+술어　　목적어(명사)

他　　不是　　北京人。　　그는 베이징 사람이 아니다.
주어　　부사어+술어　　목적어(명사구)

확인학습

다음 중 술어를 골라보세요. (쓰기 제1부분 학습을 마친 후, 확인학습으로 문장도 완성해 보세요.)

1. 更好的　　他们得　　方法　　找
　　ⓐ　　　ⓑ　　　　ⓒ　　　ⓓ

2. 我　　肚子疼　　突然
　　ⓐ　　ⓑ　　　　ⓒ

3. 儿子今年　　十岁　　我
　　ⓐ　　　　ⓑ　　　ⓒ

정답 1. ⓓ 2. ⓑ 3. ⓑ

완성문장 해설집 p.150

다음 문장에서 주어를 찾아 동그라미를 쳐 보세요.

명사	동사+了	대사+的	동사
教授	**接受了**	**他的**	**邀请。**
Jiàoshòu	jiēshòu le	tā de	yāoqǐng.
교수님은	수락했다	그의	초청을

정답 教授

教授(교수님)는 接受(수락하다)라는 행위의 주체를 나타내는 말이다. 이처럼 술어가 나타내는 동작이나 상태의 주체가 되는 문장성분, 즉 '~은(는)/~이(가)'에 해당하는 말이 주어이다.

1 주어는 술어 앞에서 술어의 주체가 된다.

她	戴着	新买的	眼镜。
주어	술어+着	관형어	목적어

그녀는 새로 산 안경을 쓰고 있다.

어휘 **戴** dài 동 쓰다, 착용하다 **眼镜** yǎnjìng 명 안경

2 주어가 되는 것

1. 명사

这朵	花	真	漂亮。
관형어	주어	부사어	술어

이 꽃은 정말 예쁘다.

어휘 **朵** duǒ 양 송이, 조각[꽃이나 구름을 세는 단위]

2. 대사

大家	追求	同一个	目标。
주어	술어	관형어	목적어

모두들 같은 목표를 추구한다.

어휘 **追求** zhuīqiú 동 추구하다 **目标** mùbiāo 명 목표

3. 동사(구)

失败	是	成功的	必经	过程。
주어(동사)	술어	관형어		목적어

실패하는 것은 성공하는 데 있어서 꼭 거쳐야 하는 과정이다.

酒后驾驶	非常	危险。
주어(동사구)	부사어	술어

술 마신 후 운전하는 것은 매우 위험하다.

어휘 **失败** shībài 동 실패하다 **成功** chénggōng 동 성공하다 **必经** bì jīng 꼭 거쳐야 하는 **过程** guòchéng 명 과정
　　 驾驶 jiàshǐ 동 운전하다 **危险** wēixiǎn 형 위험하다

4. 형용사(구)

谦虚 是 一种 美德。 겸손함은 일종의 미덕이다.
주어(형용사) 술어 관형어 목적어

太慢了 不 好。 너무 느린 것은 좋지 않다.
주어(형용사구) 부사어 술어

어휘 谦虚 qiānxū 휑 겸손하다 美德 měidé 몡 미덕

5. 주술구

⤷ 小杨(명사) + 唱歌(동사)

小杨唱歌 很 好听。 샤오양이 노래하는 것은 듣기 좋다.
주어(주어+술어) 부사어 술어

어휘 好听 hǎotīng 휑 듣기 좋다

6. 술목구

⤷ 培养(동사) + 好习惯(형용사 + 명사)

培养好习惯 需要 不断的 努力。 좋은 습관을 기르는 것은 끊임없는 노력을 필요로 한다.
주어(술어+목적어) 술어 관형어 목적어

어휘 培养 péiyǎng 통 기르다, 배양하다 不断 búduàn 통 끊임없다 튀 끊임없이

확인학습

다음 중 주어를 골라보세요. (쓰기 제1부분 학습을 마친 후, 확인학습으로 문장도 완성해 보세요.)

1. 一直   美国   叔叔   很想去   我的
   ⓐ   ⓑ   ⓒ   ⓓ   ⓔ

2. 的关键   成功   是   勤奋
   ⓐ   ⓑ   ⓒ   ⓓ

3. 按时吃药   有帮助   很   对健康
   ⓐ   ⓑ   ⓒ   ⓓ

정답 1. ⓒ 2. ⓓ 3. ⓐ

완성문장 해설집 p.150

다음 문장에서 목적어를 찾아 동그라미를 쳐 보세요.

대사	부사	동사	명사
她	正在	找	围巾。
Tā	zhèngzài	zhǎo	wéijīn.
그녀는	지금 ~하고 있다	찾다	목도리를

정답 围巾

围巾(목도리)은 找(찾다)의 대상을 나타내는 말이다. 이처럼 술어가 나타내는 행위의 대상이 되는 문장성분, 즉 '~을(를)'에 해당하는 말이 목적어이다.

1 목적어는 술어 뒤에서 술어의 대상이 된다.

她	要	写	日记。
주어	부사어	술어	목적어

그녀는 일기를 쓰려고 한다.

어휘 **日记** rìjì 몡 일기

2 목적어가 되는 것

1. 명사

你	要	把握	这次	机会。
주어	부사어	술어	관형어	목적어

너는 이번 기회를 잡아야 한다.

어휘 **把握** bǎwò 동 잡다

2. 대사

我的	父母	十分	了解	我。
관형어	주어	부사어	술어	목적어

우리 부모님은 나를 매우 잘 아신다.

어휘 **十分** shífēn 뷔 매우

3. 동사(구)

동작이나 행위를 나타내는 동사(구)는 문장에서 목적어가 될 수 있다.

明天	我们	得	继续	讨论。
부사어	주어	부사어	술어	목적어(동사)

내일 우리는 토론을 계속해야 한다.

小张	向我	表示	不同意。
주어	부사어	술어	목적어(동사구)

샤오장은 나에게 동의하지 않음을 표했다.

어휘 **继续** jìxù 동 계속하다 **讨论** tǎolùn 동 토론하다 **表示** biǎoshì 동 표하다, 나타내다

4. 형용사(구)

塑料袋	给生活	带来了	方便。
주어	부사어	술어+了	목적어(형용사)

비닐봉지는 생활에 편리함을 가져왔다.

王先生	显得	特别高兴。
주어	술어	목적어(형용사구)

왕 선생님은 아주 기뻐 보이신다.

어휘　**塑料袋** sùliàodài 몡비닐봉지　**带来** dàilái 동가져오다　**显得** xiǎnde 동~하게 보이다

5. 주술구

心情(명사)+愉快(형용사)

我	感到	心情愉快。
주어	술어	목적어(주어+술어)

나는 기분이 즐겁다고 느낀다.

어휘　**心情** xīnqíng 몡기분　**愉快** yúkuài 혱즐겁다

6. 술목구

换(동사)+工作(명사)

他	考虑过	换工作。
주어	술어+过	목적어(술어+목적어)

그는 직업을 바꾸는 것을 고려한 적이 있다.

어휘　**考虑** kǎolǜ 동고려하다

확인학습

다음 중 목적어를 골라보세요. (쓰기 제1부분 학습을 마친 후, 확인학습으로 문장도 완성해 보세요.)

1. 是我们心中　最安全的　家　地方
   ⓐ　　　　　ⓑ　　　　ⓒ　ⓓ

2. 新的　开始了　他们　研究
   ⓐ　　ⓑ　　　ⓒ　　ⓓ

3. 都　她很聪明　大家　认为
   ⓐ　ⓑ　　　　ⓒ　　ⓓ

정답 1. ⓓ 2. ⓓ 3. ⓑ

완성문장 해설집 p.150

다음 문장에서 관형어를 찾아 동그라미를 쳐 보세요.

명사+的	명사	부사	형용사
导游的	**说明**	**很**	**详细**。
Dǎoyóu de	shuōmíng	hěn	xiángxì.
가이드의	설명은	매우	상세하다

정답 导游的

导游的(가이드의)는 说明(설명)을 수식하는 말이다. 이처럼 주어나 목적어를 수식하는 것이 관형어이다.

1 관형어는 주어 또는 목적어를 수식한다.

这份	资料	很	有用。	이 자료는 유용하다.
관형어	주어	부사어	술어	

大气污染	影响着	地球的	温度。	대기 오염은 지구의 온도에 영향을 주고 있다.
주어	술어+着	관형어	목적어	

어휘   **份** fèn 國[신문·문서 등을 세는 단위] **资料** zīliào 國자료 **有用** yǒuyòng 國유용하다 **大气污染** dàqì wūrǎn 대기 오염
地球 dìqiú 國지구 **温度** wēndù 國온도

2 관형어가 되는 것

1. 명사(+ 的)

网络	教育	已经 很	普遍了。	온라인 교육은 이미 보편적이다.
관형어(명사)	주어	부사어	술어+了	

顾客的	建议	值得	接受。	고객의 제안은 받아들일 필요가 있다.
관형어(명사+的)	주어	술어	보어	

어휘   **网络** wǎngluò 國온라인, 인터넷 **教育** jiàoyù 國교육 **普遍** pǔbiàn 國보편적이다 **顾客** gùkè 國고객
建议 jiànyì 國제안 國건의하다 **值得** zhídé 國~할 필요가 있다, ~할 가치가 있다 **接受** jiēshòu 國받아들이다

2. 대사(+ 的)

任何	部分	都很	重要。	어떤 부분이든 모두 중요하다.
관형어(대사)	주어	부사어	술어	

她的	看法	得到了	支持。	그녀의 의견은 지지를 받았다.
관형어(대사+的)	주어	술어+了	목적어	

어휘   **任何** rènhé 國어떤, 무슨 **部分** bùfen 國부분 **看法** kànfǎ 國의견, 견해 **支持** zhīchí 國지지하다

3. 대사+양사, 수사+양사

这个	方法	很	简单。	이 방법은 간단하다.
관형어(대사+양사)	주어	부사어	술어	

我们	每年	写	两篇	论文。	우리는 매년 두 편의 논문을 쓴다.
주어	부사어	술어	관형어(수사+양사)	목적어	

어휘　**方法** fāngfǎ 몡방법　**篇** piān 얭편, 장[문장·종이 등을 세는 단위]　**论文** lùnwén 몡논문

4. 형용사(+的), 형용사구+的

认真的	人	一定会	成功。	성실한 사람은 반드시 성공할 것이다.
관형어(형용사+的)	주어	부사어	술어	

这	是	一个重要的	东西。	이것은 중요한 물건이다.
주어	술어	관형어(형용사구+的)	목적어	

어휘　**成功** chénggōng 됭성공하다

5. 동사(+的), 동사구+的

我	还不	知道	录取	结果。	나는 채용 결과를 아직 모른다.
주어	부사어	술어	관형어(동사)	목적어	

昨天吃的	烤鸭	很	好吃。	어제 먹은 오리구이는 맛있었다.
관형어(동사구+的)	주어	부사어	술어	

어휘　**录取** lùqǔ 됭채용하다　**结果** jiéguǒ 몡결과　**烤鸭** kǎoyā 몡오리구이

6. 주술구/술목구/개사구+的

> 我(대사)+住(동사)+的=주술구+的

这里	是	我住的	宿舍。	이곳은 내가 사는 기숙사이다.
주어	술어	관형어(주술구+的)	목적어	

> 卖(동사)+饼干(명사)+的=술목구+的

周围	没有	卖饼干的	商店。	주변에는 과자를 파는 상점이 없다.
주어	술어	관형어(술목구+的)	목적어	

> 与(개사)+同事(명사)+的=개사구+的

我	解决了	与同事的	矛盾。	나는 동료와의 갈등을 해결했다.
주어	술어+了	관형어(개사구+的)	목적어	

어휘　**宿舍** sùshè 몡기숙사　**周围** zhōuwéi 몡주변　**饼干** bǐnggān 몡과자　**矛盾** máodùn 몡갈등

확인학습

다음 중 관형어를 골라보세요. (쓰기 제1부분 학습을 마친 후, 확인학습으로 문장도 완성해 보세요.)

1. <u>他高兴的</u>　　想看　　我　　样子
　　ⓐ　　　　ⓑ　　　ⓒ　　ⓓ

2. <u>房子好</u>　　租　　哪个　　到底　　我不知道
　　ⓐ　　　ⓑ　　ⓒ　　　ⓓ　　　ⓔ

3. 你千万　　事情　　<u>危险的</u>　　不要　　做
　　ⓐ　　　ⓑ　　　ⓒ　　　ⓓ　　ⓔ

정답 1.ⓐ 2.ⓒ 3.ⓒ

완성문장 해설집 p.150

다음 문장에서 부사어를 찾아 동그라미를 쳐 보세요.

대사+的	명사	부사	형용사
他的	**计划**	**非常**	**合理**。
Tā de	jìhuà	fēicháng	hélǐ.
그의	계획은	아주	합리적이다

정답 非常

非常(아주)은 合理(합리적이다)를 수식하는 말이다. 이처럼 술어나 문장 전체를 수식하는 것이 부사어이다.

1 부사어는 술어 또는 문장 전체를 수식한다.

女儿	给我	带来了	很多	快乐。	딸은 나에게 많은 즐거움을 가져왔다.
주어	부사어	술어+了	관형어	목적어	

原来	他	考上了	北京大学。	알고보니 그는 베이징 대학교에 합격하였다.
부사어	주어	술어+了	목적어	

어휘   **带来** dàilái 图 가져오다   **快乐** kuàilè 圈 즐겁다   **原来** yuánlái 图 알고보니, 원래   **考上** kǎoshàng 图 합격하다
      北京大学 Běijīng Dàxué 교유 베이징 대학교

2 부사어가 되는 것

1. 부사

他们的	生活	逐渐	好	起来了。	그들의 생활은 점차 좋아지기 시작했다.
관형어	주어	부사어	술어	보어+了	

어휘   **生活** shēnghuó 圆 생활 图 생활하다   **逐渐** zhújiàn 图 점차

2. 조동사

我	得	完成	这次	任务。	나는 이번 임무를 끝내야 한다.
주어	부사어	술어	관형어	목적어	

어휘   **完成** wánchéng 图 끝내다, 완성하다   **任务** rènwu 圆 임무

3. 개사구

她	向我	解释了	那里的	情况。	그녀는 나에게 그곳의 상황을 설명했다.
주어	부사어	술어+了	관형어	목적어	

어휘   **解释** jiěshì 图 설명하다   **情况** qíngkuàng 圆 상황

[잠깐] 드물지만 개사 뒤에 술목구가 나오는 경우도 부사어가 될 수 있으므로 알아 두자.

他	为保护环境	做出了	不少	努力。	그는 환경을 보호하기 위해 적지 않은 노력을 했다.
주어	부사어(개사+술목구)	술어+보어+了	관형어	목적어	

어휘 **保护** bǎohù [동] 보호하다

4. 형용사(+地), 동사(구)(+地)

这位	老板	容易	发脾气。	이 사장님은 쉽게 화를 내신다.
관형어	주어	부사어(형용사)	술어	

小李	不放心地	看着	手表。	샤오리는 마음을 놓지 못하며 시계를 보고 있다.
주어	부사어(부사+동사+地)	술어+着	목적어	

어휘 **老板** lǎobǎn [명] 사장 **发脾气** fā píqi 화를 내다

[잠깐] 구조조사 **地**는 부사어와 함께 술어를 수식하여 '~하게', '~하며'라는 의미를 갖는다. 구조조사 **的**, **地**, **得**는 각각의 용법이 다르므로 헷갈리지 않도록 주의하자.

地 de	'~하게', '~하며'라는 의미 부사어와 함께 술어를 수식함	**激烈地争论** jīliè de zhēnglùn 치열하게 논쟁하다 **羡慕地问** xiànmù de wèn 부러워하며 묻다
的 de	'~의', '~한'이라는 의미 관형어와 함께 주어나 목적어를 수식함	**年轻人的爱好** niánqīngrén de àihào 젊은 사람의 취미 **新鲜的海鲜** xīnxiān de hǎixiān 신선한 해산물
得 de	정도·가능을 나타냄 술어와 보어를 연결함	**发展得很快** fāzhǎn de hěn kuài 매우 빠르게 발전하다 **买得起** mǎi de qǐ 살 수 있다

5. 시간명사, 의문대사

明年	我	打算	结婚。	내년에 나는 결혼을 할 계획이다.
부사어(시간명사)	주어	술어	목적어	

李先生	怎么 不	承认	事实？	리 선생님은 어째서 사실을 인정하지 않으시지?
주어	부사어(의문대사+부사)	술어	목적어	

어휘 **承认** chéngrèn [동] 인정하다 **事实** shìshí [명] 사실

확인학습

다음 중 부사어를 골라보세요. (쓰기 제1부분 학습을 마친 후, 확인학습으로 문장도 완성해 보세요.)

1. 尊重ⓐ 我们ⓑ 应该ⓒ 别人ⓓ
2. 成功ⓐ 终于ⓑ 他ⓒ 获得了ⓓ
3. 看ⓐ 吃惊地ⓑ 着她ⓒ 老师ⓓ

정답 1. ⓒ 2. ⓑ 3. ⓑ

완성문장 해설집 p.150

다음 문장에서 정도보어를 찾아 동그라미를 쳐 보세요.

대사+양사	명사	동사+得	부사+형용사
这家	**餐厅**	**装修得**	**很豪华。**
Zhè jiā	cāntīng	zhuāngxiū de	hěn háohuá.
이	식당은	꾸며졌다	매우 화려하게

정답 很豪华

很豪华(매우 화려하다)는 装修(꾸미다)의 정도를 보충하는 말이다. 이처럼 술어 뒤에서 동작이나 상태의 정도가 어떠한지를 나타내는 것이 정도보어이다.

1 정도보어는 '술어+得'나 술어 바로 뒤에서 동작이나 상태의 정도를 나타낸다.

他	最近	咳嗽得	很厉害。	그는 요즘 심하게 기침을 한다.
주어	부사어	술어+得	정도보어	

这本小说的	内容	精彩	极了。	이 소설의 내용은 정말 훌륭하다.
관형어	주어	술어	정도보어	

어휘   **咳嗽** késou 图기침하다   **厉害** lìhai 图심하다   **小说** xiǎoshuō 圀소설   **内容** nèiróng 圀내용   **精彩** jīngcǎi 图훌륭하다
极了 jí le [형용사 뒤에 위치하여, 어떤 상황이나 정도가 극도로 높음을 강조할 때 쓰임]

2 '술어+得' 뒤에 오는 정도보어의 특징

1. 형용사(구), 동사, 술보구, 술목구 등이 정도보어가 된다.

她	今天	来得	很早。	그녀는 오늘 일찍 왔다.
주어	부사어	술어+得	정도보어(형용사구)	

母亲	伤心得	哭了。	어머니는 울 정도로 슬퍼하셨다. (어머니는 슬퍼서 우셨다.)
주어	술어+得	정도보어(동사)+了	

＞ 笑(술어)+了+出来(보어)

小李	开心得	笑了出来。	샤오리는 웃음이 나올 정도로 기뻤다. (샤오리는 기뻐서 웃음이 나왔다.)
주어	술어+得	정도보어(술보구)	

＞ 忘(술어)+了+吃饭(목적어)

小明	忙得	忘了吃饭。	샤오밍은 밥 먹는 것을 잊을 정도로 바빴다. (샤오밍은 바빠서 밥 먹는 것을 잊었다.)
주어	술어+得	정도보어(술목구)	

어휘   **母亲** mǔqīn 圀어머니   **伤心** shāngxīn 图슬퍼하다, 상심하다   **开心** kāixīn 图기쁘다

2. 목적어가 있으면 '주어(+술어)+목적어+술어+得+정도보어'의 어순을 가진다.

小林	(打)	乒乓球	打得	还可以。	샤오린은 탁구를 그런대로 괜찮게 친다.
주어	(술어)	목적어	술어+得	정도보어	

那位	音乐家	钢琴	弹得	很好。	그 음악가는 피아노를 잘 연주한다.
관형어	주어	목적어	술어+得	정도보어	

어휘 **乒乓球** pīngpāngqiú 명탁구 **还可以** hái kěyǐ 그런대로 괜찮다 **音乐家** yīnyuèjiā 음악가 **钢琴** gāngqín 명피아노
弹 tán 통(악기를) 연주하다

3 술어 바로 뒤에 오는 정도보어의 특징

1. 정도가 심함을 나타내는 **极了, 坏了, 透了, 死了** 등이 정도보어가 된다.

全班	同学	都	开心	极了。	반 전체 학생들은 모두 매우 기쁘다.
관형어	주어	부사어	술어	정도보어	

我们	都	吓	坏了。	우리는 모두 심히 놀랐다.
주어	부사어	술어	정도보어	

今天	真是	倒霉	透了。	오늘은 실로 몹시 운수가 좋지 않다.
주어	부사어	술어	정도보어	

我	都快	累	死了。	나는 피곤해서 곧 죽을 지경이다.
주어	부사어	술어	정도보어	

어휘 **全班** quánbān 반 전체 **开心** kāixīn 형기쁘다 **吓** xià 통놀라다 **真是** zhēnshi 형실로, 정말 **倒霉** dǎoméi 형운수가 좋지 않다

확인학습

다음 중 정도보어를 골라보세요. (쓰기 제1부분 학습을 마친 후, 확인학습으로 문장도 완성해 보세요.)

1. 文章   很不错   这篇   翻译得
   ⓐ   ⓑ   ⓒ   ⓓ

2. 得   兴奋   他   跳了起来
   ⓐ   ⓑ   ⓒ   ⓓ

3. 前我   紧张   极了   面试
   ⓐ   ⓑ   ⓒ   ⓓ

정답 1. ⓑ 2. ⓓ 3. ⓒ

완성문장 해설집 p.150

다음 문장에서 결과보어를 찾아 동그라미를 쳐 보세요.

동사	명사	부사	동사	동사+了
打折	**产品**	**已经**	**卖**	**完了。**
Dǎzhé	chǎnpǐn	yǐjing	mài	wán le.
할인하는	상품은	이미	팔렸다	다 ~하다

정답 完

完(다 ~하다)은 卖(팔다)의 결과를 보충하는 말이다. 이처럼 술어 뒤에서 동작의 결과를 나타내는 것이 결과보어이다.

① 결과보어는 술어 뒤에서 동작의 결과를 나타낸다.

我	擦	干净了	所有	餐桌。	나는 모든 식탁을 깨끗하게 닦았다.
주어	술어	결과보어+了	관형어	목적어	

어휘 擦 cā 圆닦다 所有 suǒyǒu 圆모든 餐桌 cānzhuō 圆식탁

② 동사·형용사가 결과보어로 쓰이는 경우

동사나 형용사는 술어 뒤에 붙어 동작이나 행위의 결과가 어떠한 상태인지를 구체적으로 드러낸다.

> 숙제하는 행위를 완료하다

我	能	做	完	作业。	나는 숙제를 다 할 수 있다.
주어	부사어	술어	결과보어(동사)	목적어	

> 해야 할 말을 다해 명확한 상태이다

她	已经	跟我	说	清楚了。	그녀는 이미 나에게 확실히 말했다.
주어	부사어		술어	결과보어(형용사)+了	

• 시험에 자주 나오는 동사 결과보어

完 wán	다 ~하다 (동작이 완료됨을 나타냄)	**学完** xuéwán	다 배우다
掉 diào	~해 버리다 (동작의 결과 없어지거나 떠나감)	**卖掉** màidiào	팔아 버리다
成 chéng	~이 되다 (동작의 결과 다른 것으로 변화됨)	**翻译成** fānyì chéng	~으로 번역하다
见 jiàn	(동작을 통해 느낀 감각을 나타냄)	**听见** tīngjiàn	들리다
懂 dǒng	(동작의 결과 대상을 이해함)	**看懂** kàndǒng	보고 이해하다
住 zhù	(동작의 결과 정지하거나 고정됨)	**停住** tíngzhù	멈추다
到 dào	(동작의 결과 목적을 이룸)	**找到** zhǎodào	찾아내다
着 zháo	(동작의 결과 목적을 달성함)	**睡着** shuìzháo	잠에 들다
碎 suì	(동작의 결과 깨어지거나 부서짐)	**打碎** dǎsuì	깨뜨리다

好 hǎo	다 ~하다, 잘 ~하다	准备好 zhǔnbèi hǎo 다 준비되다
错 cuò	틀리게 ~하다	答错 dácuò 틀리게 답하다
光 guāng	남김없이 다 ~하다	喝光 hēguāng 남김없이 다 마시다
清楚 qīngchu	확실히 ~하다	说清楚 shuō qīngchu 확실히 말하다
干净 gānjìng	깨끗하게 ~하다	洗干净 xǐ gānjìng 깨끗하게 씻다

③ 在/到/于/给가 결과보어로 쓰이는 경우

在/到/于/给가 결과보어로 쓰이는 경우, 뒤에 명사(구)/대사가 붙어 동작이나 행위의 결과가 미치는 장소(범위)/시간/대상이 무엇인지를 구체적으로 드러낸다.

在…… zài	~에서, ~에	呆在家里 dāizài jiālǐ 집에서 머물다
到…… dào	~까지, ~으로	持续到明天 chíxù dào míngtiān 내일까지 계속되다
于…… yú	~를, ~에서	毕业于北京大学 bìyè yú Běijīng Dàxué 베이징 대학교를 졸업하다
给…… gěi	~에게	交给他们 jiāogěi tāmen 그들에게 건네주다

这位	明星	经常	出现	在各种广告里。	이 스타는 각종 광고에 자주 나온다.
관형어	주어	부사어	술어	결과보어+목적어	

'나온다'는 행위의 결과가 미치는 범위가 광고이다

足球	比赛	推迟	到明天下午。	축구 시합은 내일 오후로 미뤄졌다.
관형어	주어	술어	결과보어+목적어	

'미룬다'는 행위의 결과가 미치는 시간이 내일 오후이다

어휘 明星 míngxīng 圀스타 出现 chūxiàn 圄나오다 广告 guǎnggào 圀광고 推迟 tuīchí 圄(뒤로) 미루다

(확인학습)

다음 중 결과보어를 골라보세요. (쓰기 제1부분 학습을 마친 후, 확인학습으로 문장도 완성해 보세요.)

1. 事 ⓐ　医院里 ⓑ　在 ⓒ　发生 ⓓ　这件 ⓔ

2. 好 ⓐ　自行车 ⓑ　修 ⓒ　了 ⓓ　他 ⓔ

3. 了 ⓐ　打 ⓑ　我 ⓒ　碎 ⓓ　盘子 ⓔ

정답 1. ⓒ 2. ⓐ 3. ⓓ

완성문장 해설집 p.150

다음 문장에서 방향보어를 찾아 동그라미를 쳐 보세요.

대사	부사	개사+명사	동사	동사+了
他	**马上**	**从公司**	**跑**	**出来了。**
Tā	mǎshàng	cóng gōngsī	pǎo	chūlai le.
그는	즉시	회사에서	뛰어	나왔다

정답 出来

出来(나오다)는 跑(뛰다)의 방향을 보충하는 말이다. 이처럼 술어 뒤에서 동작의 방향을 나타내는 것이 방향보어이다.

1 방향보어는 술어 뒤에서 동작의 방향을 나타낸다.

舅舅 **向外面** **走了** 出去。 외삼촌은 바깥을 향해 걸어 나갔다.
주어   부사어   술어+了   방향보어

어휘 **舅舅** jiùjiu 뎽 외삼촌

2 단순 방향보어

방향을 나타내는 동사 来/去/上/下/进/出/回/过/开/起는 술어 뒤에 붙어 단순 방향보어로 쓰인다. 이때, 이 동사들은 경성으로 발음된다.

来 lai	오다	**带来** dàilai 가져오다	
去 qu	가다	**带去** dàiqu 가져가다	
上 shang	오르다	**拿上** náshang 들어 올리다	
下 xia	내리다	**拿下** náxia 들어 내리다	
进 jin	들어오다	**走进** zǒujin 걸어 들어오다	
出 chu	나가다	**走出** zǒuchu 걸어 나가다	
回 hui	돌다	**寄回** jìhui 돌려 보내다	
过 guo	지나다	**路过** lùguo 지나가다	
开 kai	열리다, 분리되다	**拉开** lākai 당겨서 열다	
起 qi	서다, 들다	**升起** shēngqi 떠오르다	

3 복합 방향보어

上/下/进/出/回/过/起 등의 단순 방향보어 뒤에 来나 去가 결합되어 있는 것을 복합 방향보어라고 한다.

1. 복합 방향보어는 기본적으로 술어 뒤에서 동작의 구체적인 방향을 나타낸다.

上来 shànglai	올라오다	走上来 zǒu shànglai 걸어 올라오다	
上去 shàngqu	올라가다	走上去 zǒu shàngqu 걸어 올라가다	
下来 xiàlai	내려오다	爬下来 pá xiàlai 기어 내려오다	
下去 xiàqu	내려가다	爬下去 pá xiàqu 기어 내려가다	
进来 jìnlai	들어오다	跑进来 pǎo jìnlai 뛰어들어오다	
进去 jìnqu	들어가다	跑进去 pǎo jìnqu 뛰어들어가다	
出来 chūlai	나오다	拿出来 ná chūlai 가지고 나오다	
出去 chūqu	나가다	拿出去 ná chūqu 가지고 나가다	
回来 huílai	돌아오다	带回来 dài huílai 가지고 돌아오다	
回去 huíqu	돌아가다	带回去 dài huíqu 가지고 돌아가다	
过来 guòlai	다가오다	送过来 sòng guòlai 보내오다	
过去 guòqu	지나가다, 떠나가다	送过去 sòng guòqu 보내다	
起来 qǐlai	일어나다, 떠오르다	站起来 zhàn qǐlai 일어서다	

2. 복합 방향보어는 다른 의미로 파생되어 술어에 새로운 의미를 보충하기도 한다.

下来 xiàlai	강한 상태에서 약한 상태로 변하다	瘦下来 shòu xiàlai 야위어지다
下去 xiàqu	동작이나 상태를 지속하다	坚持下去 jiānchí xiàqu 견뎌 나가다
出来 chūlai	동작을 완성하다	想出来 xiǎng chūlai 생각해 내다
过来 guòlai	정상적인 상태로 돌아오다	改过来 gǎi guòlai 수정하다
过去 guòqu	정상적인 상태를 잃어버리다	晕过去 yūn guòqu 정신을 잃다
起来 qǐlai	동작을 시작하다	笑起来 xiào qǐlai 웃기 시작하다

확인학습

다음 중 방향보어를 골라보세요. (쓰기 제1부분 학습을 마친 후, 확인학습으로 문장도 완성해 보세요.)

1. 飞 ⓐ 　 了 ⓑ 　 飞机 ⓒ 　 过去 ⓓ 　 往西边 ⓔ

2. 下 ⓐ 　 眼泪 ⓑ 　 流 ⓒ 　 他难过地 ⓓ 　 了 ⓔ

3. 热闹 ⓐ 　 起来 ⓑ 　 教室里突然 ⓒ 　 了 ⓓ

정답 1. ⓓ 2. ⓐ 3. ⓑ

완성문장 해설집 p.150

다음 문장에서 가능보어를 찾아 동그라미를 쳐 보세요.

대사	동사	得+동사	대사+양사	명사
我	搬	得动	这张	黑板。
Wǒ	bān	de dòng	zhè zhāng	hēibǎn.
나는	옮기다	움직일 수 있다	이	칠판을

정답 得动

得动(움직일 수 있다)은 搬(옮기다)에 대한 가능 여부를 보충하는 말이다. 이처럼 술어 뒤에서 동작의 가능성을 나타내는 것이 가능보어이다.

1 가능보어는 술어 뒤에서 동작이 실현 가능한지 또는 불가능한지를 나타낸다.

我	找	不到	她给我的	钱包。	나는 그녀가 내게 준 지갑을 찾을 수 없다.
주어	술어	가능보어	관형어	목적어	

我	吃	得下	这些	菜。	나는 이 요리들을 먹을 수 있다.
주어	술어	가능보어	관형어	목적어	

어휘 钱包 qiánbāo 몡 지갑

2 가능보어의 형태 (1)

1. 술어+得+결과·방향보어 (가능보어의 긍정 형태)

得+결과보어

你	听	得懂	她说的	英语	吗?	너 그녀가 말한 영어를 알아들을 수 있니?
주어	술어	가능보어	관형어	목적어	吗	

得+방향보어

他	买	得起	两台	电脑。	그는 두 대의 컴퓨터를 살 수 있다.
주어	술어	가능보어	관형어	목적어	

• 시험에 자주 나오는 술어+가능보어 형태 (긍정형)

술어+得+결과보어 가능보어	看得懂 kàn de dǒng (보고) 이해할 수 있다 找得到 zhǎo de dào 찾아낼 수 있다	听得见 tīng de jiàn 들리다 睡得着 shuì de zháo 잠들 수 있다
술어+得+방향보어 가능보어	买得起 mǎi de qi 살 수 있다 装得下 zhuāng de xia 담을 수 있다	吃得下 chī de xia 먹을 수 있다 爬得上去 pá de shàngqu 기어 올라갈 수 있다

2. 술어+不+결과·방향보어 (가능보어의 부정 형태)

小明　　听　　<u>不见</u>　　声音。　　　샤오밍은 소리가 들리지 않는다.
주어　　술어　가능보어　목적어

不+결과보어 →

塑料袋里　　装　　<u>不下</u>　　这么多　　西红柿。　　비닐봉지 안에는 이렇게 많은 토마토를 담을 수 없다.
주어　　　　술어　가능보어　관형어　　목적어

不+방향보어 →

어휘　声音 shēngyīn 圓소리　塑料袋 sùliàodài 圓비닐봉지　装 zhuāng 圓담다　西红柿 xīhóngshì 圓토마토

• 시험에 자주 나오는 술어+가능보어 형태 (부정형)

술어+不+결과보어 (가능보어)	看不懂 kàn bu dǒng (보고) 이해할 수 없다 找不到 zhǎo bu dào 찾아낼 수 없다	听不见 tīng bu jiàn 들리지 않다 睡不着 shuì bu zháo 잠들 수 없다
술어+不+방향보어 (가능보어)	买不起 mǎi bu qi 살 수 없다 装不下 zhuāng bu xia 담을 수 없다	吃不下 chī bu xia 먹을 수 없다 爬不上去 pá bu shàngqu 기어 올라갈 수 없다

③ 가능보어의 형태 (2)

1. 술어+得了

我们　　一定　　赢　　<u>得了</u>　　他们。　　　우리는 분명히 그들을 이길 수 있다.
주어　　부사어　술어　가능보어　목적어

어휘　赢 yíng 圓이기다, 승리하다　得了 deliǎo ('~할 수 있다'는 긍정을 나타냄)

2. 술어+不了

我　　接受　　<u>不了</u>　　这种　　态度。　　　나는 이러한 태도를 받아들일 수 없다.
주어　술어　가능보어　관형어　목적어

어휘　接受 jiēshòu 圓받아들이다, 견디다　不了 buliǎo ('~할 수 없다'는 부정을 나타냄)　态度 tàidu 圓태도

확인학습

다음 중 가능보어를 골라보세요. (쓰기 제1부분 학습을 마친 후, 확인학습으로 문장도 완성해 보세요.)

1. 一个人拿　　得动　　吗　　这么多　　东西你
　　　ⓐ　　　　ⓑ　　　ⓒ　　　　ⓓ　　　　ⓔ

2. 你　　汤吗　　喝　　这碗　　得了
　　ⓐ　　ⓑ　　　ⓒ　　ⓓ　　　ⓔ

3. 觉　　头疼　　不着　　我　　睡
　　ⓐ　　ⓑ　　　ⓒ　　ⓓ　　ⓔ

정답 1. ⓑ 2. ⓔ 3. ⓒ

완성문장 해설집 p.150

다음 문장에서 수량보어를 찾아 동그라미를 쳐 보세요.

대사	개사+명사+방위사	동사+了	수사+양사+명사
我们	在网上	聊了	三个小时。
Wǒmen	zài wǎngshàng	liáo le	sān ge xiǎoshí.
우리는	인터넷에서	이야기했다	세 시간 동안

정답 三个小时

三个小时(세 시간 동안)은 聊了(이야기하다)의 수량을 보충하는 말이다. 이처럼 술어 뒤에서 동작이 발생하는 횟수나 지속 시간을 나타내는 것이 수량보어이며, 수량보어에는 동량보어와 시량보어가 있다.

❶ 수량보어(동량보어·시량보어)는 술어 뒤에서 동작이 발생한 횟수나 지속된 시간을 나타낸다.

> 동량보어

学校	举行了	一场	演讲	比赛。	학교는 말하기 대회를 한 차례 개최했다.
주어	술어+了	수량보어	관형어	목적어	

> 시량보어

我们	已经	交往	四年	了。	우리는 이미 교제한 지 4년이 되었다.
주어	부사어	술어	수량보어	了	

어휘 **举行** jǔxíng 图개최하다 **演讲比赛** yǎnjiǎng bǐsài 말하기 대회 **交往** jiāowǎng 图교제하다

❷ 동량보어의 특징

1. 동량보어는 동작이 발생한 횟수를 나타내며, '수사+동량사'가 동량보어가 된다.

李玲	重新	读了	一遍	小说。	리링은 소설을 다시 한 번 읽었다.
주어	부사어	술어+了	동량보어	목적어	

어휘 **重新** chóngxīn 图다시 **小说** xiǎoshuō 圆소설

2. 동량보어는 주로 목적어 앞에 온다.

我	吃过	三次	烤鸭。	나는 오리구이를 세 번 먹어 보았다.
주어	술어+过	동량보어	목적어	

어휘 **烤鸭** kǎoyā 圆오리구이

3. 대사가 목적어로 쓰인 경우, 동량보어는 목적어 뒤에 온다.

妈妈	已经	叫了	他	五次。	엄마는 이미 그를 다섯 번 불렀다.
주어	부사어	술어+了	목적어(대사)	동량보어	

4. 장소명사가 목적어로 쓰인 경우, 동량보어는 목적어 앞이나 뒤에 모두 올 수 있다.

他	去了	上海	一趟。	그는 상하이에 한 번 다녀왔다.
주어	술어+了	목적어(장소명사)	동량보어	

他	去了	一趟	上海。	그는 한 번 상하이에 다녀왔다.
주어	술어+了	동량보어	목적어(장소명사)	

3 시량보어의 특징

1. 시량보어는 동작이 지속된 시간을 나타내며, 주로 **小时**(시간), **天**(일), **年**(년)과 같이 시간의 길이를 나타내는 명사가 시량보어로 쓰인다.

我	在北京	住了	五年。	나는 베이징에서 5년 살았다.
주어	부사어	술어+了	시량보어	

> **깔깐!** 문장에서 '시점'은 술어 앞에, '시간의 양(시량)'은 술어 뒤에 위치하므로 주의하자.
>
> | 我们 | 五点 | 见吧。 | 우리 5시에 만나자. |
> |---|---|---|---|
> | 주어 | 부사어 | 술어+吧 | |
>
> | 我们 | 吃了 | 两个小时。 | 우리는 2시간 동안 먹었다. |
> |---|---|---|---|
> | 주어 | 술어+了 | 시량보어 | |

2. 술어 뒤에 일반명사가 목적어로 올 경우, '(술어)+목적어+술어+시량보어'의 어순을 가지며, 첫 번째 술어는 주로 생략한다.

我	(学)	汉语	学了	两年。	나는 중국어를 2년 배웠다.
주어	(술어)	목적어	술어+了	시량보어	

3. 대사나 장소명사가 목적어로 쓰인 경우, 시량보어는 목적어 뒤에 온다.

我们	等了	你	一个小时。	우리는 너를 한 시간 동안 기다렸어.
주어	술어+了	목적어(대사)	시량보어	

他们	来	韩国	半年	了。	그들은 한국에 온지 반년이 되었다.
주어	술어	목적어(장소명사)	시량보어	了	

확인학습

다음 중 수량보어를 골라보세요. (쓰기 제1부분 학습을 마친 후, 확인학습으로 문장도 완성해 보세요.)

1. | 课文 ⓐ | 复习了 ⓑ | 一遍 ⓒ | 我 ⓓ |
|---|---|---|---|

2. | 他 ⓐ | 看了 ⓑ | 书 ⓒ | 三个小时 ⓓ | 看 ⓔ |
|---|---|---|---|---|

3. | 一场 ⓐ | 下了 ⓑ | 前天 ⓒ | 大雪 ⓓ |
|---|---|---|---|

정답 1. ⓒ 2. ⓓ 3. ⓐ

완성문장 해설집 p.150

고득점비책

01 술어 배치하기

술어는 문장에서 반드시 있어야 하는 필수 성분이다. 따라서 제시된 어휘 중 술어가 되는 것을 가장 먼저 찾아 배치하면 문장을 쉽게 완성할 수 있다.

핵심 전략

1. 술어 자리에 바로 배치할 수 있는 어휘를 찾는다.
2. 술어가 되는 어휘가 2개일 경우, 그중 1개는 주어나 목적어 자리에 올 수 있음에 유의한다.
3. 주술구/술목구를 목적어로 가지는 동사와 문장 맨 앞에 오는 동사를 특히 꼼꼼히 학습해 둔다.

예제 맛보기

一些	吃了	土豆	我早上

一些 (수사+양사)　吃了 (동사+了)　土豆 (명사)　我早上 (대사+명사)

[주어 + 부사어]　[술어 + 了]　[관형어]　[목적어]

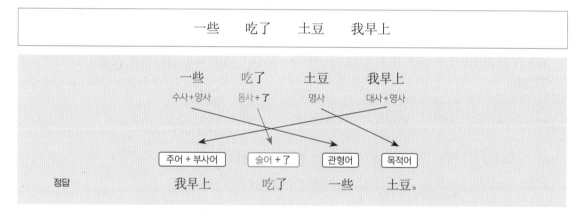

정답　我早上　吃了　一些　土豆。

해석　나는 아침에 감자를 조금 먹었다.

어휘　土豆 tǔdòu [명]감자

STEP 1 술어 배치하기

제시된 어휘 중 '동사+了' 형태의 **吃了**(먹었다)를 술어 자리에 바로 배치한다.
→ 吃了

STEP 2 주어·목적어 배치하기

명사 **土豆**(감자)와 '대사+명사' 형태의 **我早上**(나는 아침에) 중 술어가 포함된 **吃了**(먹었다)와 문맥상 목적어로 어울리는 **土豆**를 목적어로 배치하고, 주어로 어울리는 **我**(나)가 포함된 **我早上**을 주어 자리에 배치한다. → 我早上　吃了　土豆

STEP 3 남은 어휘 배치하여 문장 완성하기

남은 어휘인 '수사+양사' 형태의 **一些**(조금)를 목적어 **土豆**(감자) 앞에 관형어로 배치하여 문장을 완성한다. → 我早上　吃了　一些　土豆

완성된 문장　我早上吃了一些土豆。(나는 아침에 감자를 조금 먹었다.)

🎋 비책 공략하기

1 술어 자리에 바로 배치할 수 있는 것

1. 제시된 어휘 중 유일한 동사 또는 형용사

제시된 어휘 중 동사나 형용사가 1개 뿐이라면 술어로 바로 배치한다.

동사	弟弟	非常	喜欢	新买的	自行车。	남동생은 새로 산 자전거를 매우 좋아한다.
	주어	부사어	술어	관형어	목적어	

형용사	外公的	狗	很	乖。	외할아버지의 개는 얌전하다.
	관형어	주어	부사어	술어	

어휘 外公 wàigōng 몡외할아버지 乖 guāi 톙얌전하다

> **잠깐!** 술어 자리에 올 수 있는 어휘가 형용사 1개 뿐인데 주어가 될 수 있는 명사/대사가 2개이면 주술술어문을 고려하여 문장을 완성한다.
>
> | | 명사 | 명사 | 부사+형용사 | |
> |---|------|------|-------------|---|
> | 这个 | 地区 | 人口 | 很多。 | 이 지역은 인구가 많다. |
> | 관형어 | 주어 | | 술어(주술구) | |
>
> **어휘** 地区 dìqū 몡지역 人口 rénkǒu 몡인구

2. 동사+了/着/过

동태조사 了/着/过는 술어 뒤에서 동작의 완료, 진행, 경험을 나타내므로 동사 뒤에 了/着/过가 붙은 어휘는 술어 자리에 바로 배치한다.

동사+了	她	承受了	很大的	压力。	그녀는 매우 큰 스트레스를 감당했다.
	주어	술어+了	관형어	목적어	

동사+着	小林	穿着	白色的	毛衣。	샤오린은 하얀색 스웨터를 입고 있다.
	주어	술어+着	관형어	목적어	

동사+过	我	采访过	那位	明星。	나는 그 스타를 인터뷰한 적이 있다.
	주어	술어+过	관형어	목적어	

어휘 承受 chéngshòu 통감당하다 压力 yālì 몡스트레스 毛衣 máoyī 몡스웨터 采访 cǎifǎng 통인터뷰하다 明星 míngxīng 몡스타

3. 동사/형용사+得

구조조사 得는 술어 뒤에서 술어와 정도보어를 연결하므로 동사나 형용사 뒤에 得가 붙은 어휘는 술어 자리에 바로 배치한다.

동사+得	王教授	说得	很 快。	왕 교수는 빠르게 말한다.
	주어	술어+得	정도보어	

형용사+得	牙齿	疼得	很 厉害。	이가 심하게 아프다.
	주어	술어+得	정도보어	

어휘 教授 jiàoshòu 몡교수 牙齿 yáchǐ 몡이, 치아 厉害 lìhai 톙심하다

4. 부사+동사/형용사

부사는 술어 앞에서 부사어로 쓰이므로 부사 뒤에 붙은 동사나 형용사는 술어 자리에 바로 배치한다.

부사+동사	他	正在庆祝	太太的	生日。	그는 지금 아내의 생일을 축하하고 있다.
	주어	부사어+술어	관형어	목적어	

부사+형용사 本次 演讲会的 主题 非常有趣。 이번 강연회의 주제는 아주 흥미롭다.
관형어 주어 부사어+술어

어휘 庆祝 qìngzhù [동]축하하다 太太 tàitai [명]아내 演讲会 yǎnjiǎnghuì 강연회 主题 zhǔtí [명]주제 有趣 yǒuqù [형]흥미롭다

5. 조동사+동사

조동사는 술어 앞에서 부사어로 쓰이므로 조동사 뒤에 붙은 동사는 술어 자리에 바로 배치한다.

조동사+동사 我们 应该配合 相关部门的 工作。 우리는 관련 부서의 업무에 협조해야 한다.
주어 부사어+술어 관형어 목적어

어휘 配合 pèihé [동]협조하다 相关 xiāngguān [동]관련하다 部门 bùmén [명]부서

2 술어가 되는 어휘가 2개인 경우 술어 자리에 배치할 수 있는 것

1. 주술구나 술목구를 목적어로 가지는 동사

동사가 2개이거나, 동사와 형용사가 모두 있는데 그중 하나가 주술구나 술목구를 목적어로 가지는 동사이면, 그 동사를 술어 자리에 배치한다.

동사 형용사
我 觉得 他的 态度 很 温和。 나는 그의 태도가 온화하다고 생각한다.
주어 술어 관형어 주어 부사어 술어
목적어(주술구)

어휘 态度 tàidu [명]태도 温和 wēnhé [형](태도·기후 등이) 온화하다

• 자주 출제되는 주술구, 술목구를 목적어로 취하는 동사

需要 xūyào 필요로 하다	相信 xiāngxìn 믿다	决定 juédìng 결정하다
觉得 juéde ~라고 생각하다, ~라고 여기다	喜欢 xǐhuan 좋아하다	准备 zhǔnbèi 준비하다
希望 xīwàng 바라다	善于 shànyú 잘하다, ~에 능하다	允许 yǔnxǔ 허락하다
期待 qīdài 기대하다		

[잠깐!] 제시된 어휘에 동사와 형용사가 모두 있을 때, 형용사를 술어 자리에 배치하고 동사를 주어 자리에 배치하는 경우도 있다.

동사 형용사
面对 失败 不要 悲观。 실패에 직면할 때, 비관하지 마라.
술어 목적어 부사어 술어
주어(술목구)

어휘 面对 miànduì [동]직면하다 悲观 bēiguān [형]비관하다, 비관적이다

2. 문장의 맨 앞에 오는 동사

祝贺(축하하다), 感谢(감사하다)와 같이 축하, 감사 등을 나타내는 동사는 문장의 맨 앞 술어 자리에 배치할 수 있다.

祝贺 你 获得了 一等奖。 당신이 대상을 받은 것을 축하합니다.
술어 주어 술어+了 목적어
목적어(주술목구)

• 자주 출제되는 문장의 맨 앞에 오는 동사

祝贺 zhùhè 축하하다	感谢 gǎnxiè 감사하다	多亏 duōkuī 덕분이다
希望 xīwàng 희망하다, 바라다	谢谢 xièxie 고맙다	麻烦 máfan 번거롭게 하다, 귀찮게 하다

제시된 어휘로 어순에 맞는 문장을 완성하세요.

1. 豪华的　　陆续　　嘉宾们　　宴会厅　　进入了

   정답: _____

2. 怎样　　与人相处　　我们　　要学会

   정답: _____

3. 这家报社的　　比较　　年纪　　大　　编辑

   정답: _____

4. 公司　　安全方面的　　加大　　决定　　教育投入

   정답: _____

5. 乐观的　　你能　　态度　　希望　　保持

   정답: _____

정답 해설집 p.151

고득점비책
02 주어·목적어 배치하기

주어는 술어의 주체가 되는 성분이고, 목적어는 술어의 대상이 되는 성분이다. 따라서 주어·목적어가 되는 것을 찾아서 술어와의 의미 관계에 따라 주어와 목적어를 배치할 수 있어야 한다.

핵심 전략

1. 주어나 목적어 자리에 바로 배치할 수 있는 어휘를 찾는다.
2. 주어나 목적어 자리에 올 수 있는 어휘가 2개일 경우 술어와의 의미 관계에 따라 목적어 → 주어 순으로 배치한다.
3. 주술구, 술목구가 주어나 목적어 자리에 올 수 있는 것에 유의한다.

예제 맛보기

他一直　　读书的　　保持着　　习惯

	他一直	读书的	保持着	习惯
	대사+부사	동사+的	동사+着	명사
	주어 + 부사어	술어 + 着	관형어	목적어
정답	他一直	保持着	读书的	习惯。

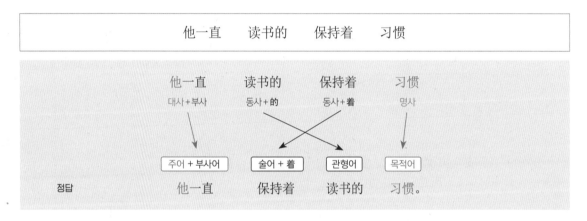

해석　그는 줄곧 책을 읽는 습관을 유지하고 있다.

어휘　**读书** dúshū [동] 책을 읽다　**保持** bǎochí [동] 유지하다

STEP 1　술어 배치하기

제시된 어휘 중 '동사+着' 형태의 **保持着**(유지하고 있다)를 술어 자리에 바로 배치한다.
→ 保持着

STEP 2　주어·목적어 배치하기

술어가 포함된 **保持着**(유지하고 있다)와 문맥상 목적어로 어울리는 명사 **习惯**(습관)을 목적어로 배치하고, '대사+부사' 형태의 **他一直**(그는 줄곧)을 주어 자리에 바로 배치한다. 참고로, '대사+부사' 형태의 어휘는 주어 자리에 바로 배치할 수 있다.
→ 他一直　**保持着**　习惯

STEP 3　남은 어휘 배치하여 문장 완성하기

남은 어휘인 '동사+的' 형태의 **读书的**(책을 읽는)를 목적어 **习惯**(습관) 앞에 관형어로 배시하여 문장을 완성한다. → **他一直**　**保持着**　读书的　**习惯**

완성된 문장　他一直保持着读书的习惯。(그는 줄곧 책을 읽는 습관을 유지하고 있다.)

1 주어 자리에 바로 배치할 수 있는 것

1. 제시된 어휘 중 유일한 명사 또는 대사

제시된 어휘 중 명사나 대사가 1개 뿐이라면 주어로 바로 배치한다.

명사	这台	机器	特别	贵。	이 기계는 유달리 비싸다.
	관형어	주어	부사어	술어	

대사	他们	都 很	善良。	그들은 모두 착하다.
	주어	부사어	술어	

어휘 机器 jīqì 몡 기계 善良 shànliáng 혱 착하다

2. 대사/명사 + 부사/조동사/개사(구)

부사/조동사/개사(구)는 주어 뒤, 술어 앞에서 부사어가 되므로 대사나 명사 뒤에 부사/조동사/개사(구)가 붙은 어휘는 주어 자리에 바로 배치한다.

대사+부사	她逐渐	恢复了	原来的	状态。	그녀는 점차 원래 상태를 회복했다.
	주어+부사어	술어+了	관형어	목적어	

명사+조동사	舅舅要	离开	他的	家乡。	외삼촌은 그의 고향을 떠나려고 한다.
	주어+부사어	술어	관형어	목적어	

대사+개사구	我对股票	没有	任何	兴趣。	나는 주식에 어떠한 관심도 없다.
	주어+부사어	술어	관형어	목적어	

어휘 逐渐 zhújiàn 튀 점차 恢复 huīfù 회복하다 状态 zhuàngtài 몡 상태 舅舅 jiùjiu 몡 외삼촌 离开 líkāi 동 떠나다
家乡 jiāxiāng 몡 고향 股票 gǔpiào 몡 주식 任何 rènhé 떼 어떠한

3. 어기부사 + 대사

难道(설마 ~인가), 也许(아마도)와 같은 어기부사는 문장 맨 앞에서 문장 전체를 수식하는 부사어가 될 수 있으므로, '어기부사+대사' 형태의 어휘는 주어 자리에 바로 배치한다.

어기부사+대사	难道他	要	改变	计划?	설마 그가 계획을 바꾸려고 하는 거야?
	부사어+주어	부사어	술어	목적어	

어휘 难道 nándào 튀 설마 ~하겠는가 改变 gǎibiàn 동 바꾸다 计划 jìhuà 몡 계획

2 목적어 자리에 바로 배치할 수 있는 것

1. 명사/대사 + 어기조사 吗/了/吧

어기조사 吗(~니?), 了(~했어), 吧(~하자/~겠지?)는 문장 맨 뒤에서 각각 의문, 변화, 권유 또는 추측의 어기를 나타내므로 吗/了/吧가 붙은 명사나 대사는 목적어 자리에 바로 배치한다.

대사+吗	你	明天	能	照顾	他吗?	너는 내일 그를 보살펴 줄 수 있니?
	주어	부사어		술어	목적어+吗	

명사+了	我	马上要	到	宿舍了。	나는 곧 기숙사에 도착할 것이다.
	주어	부사어	술어	목적어+了	

명사+吧	我们 _{주어}	一起 _{부사어}	节约 _{술어}	资源吧。 _{목적어+吧}	우리 같이 자원을 절약합시다.

어휘　**宿舍** sùshè 📖기숙사　**节约** jiéyuē 🔘절약하다　**资源** zīyuán 📖자원

❸ 주어나 목적어 자리에 주술구 또는 술목구 배치하기

1. 주어 자리에 주술구/술목구 배치하기

제시된 어휘 중 술어가 되는 동사가 2개이거나 동사와 형용사가 모두 있는 경우, 주술구 또는 술목구 주어를 고려하여 문장을 완성한다.

주술구	他这么做 _{주어}	显然 _{부사어}	很　危险。 _{술어}	그가 이렇게 하는 것은 분명 위험하다.

술목구	开发软件 _{주어}	有助于 _{술어}	企业的 _{관형어}	发展。 _{목적어}	소프트웨어를 개발하는 것은 기업의 발전에 도움이 된다.

어휘　**显然** xiǎnrán 🔘분명하다　**危险** wēixiǎn 🔘위험하다　**开发** kāifā 🔘개발하다　**软件** ruǎnjiàn 📖소프트웨어
　　有助于 yǒuzhù yú ~에 도움이 되다　**企业** qǐyè 📖기업　**发展** fāzhǎn 🔘발전하다

2. 목적어 자리에 주술구/술목구 배치하기

술어 자리에 주술구나 술목구를 목적어로 가지는 동사를 배치한 경우, 주술구 또는 술목구 목적어를 고려하여 문장을 완성한다.

주술구	我 _{주어}	觉得 _{술어}	她　很坚强。 _{목적어}	나는 그녀가 강인하다고 생각한다.

술목구	他 _{주어}	善于 _{술어}	模仿　别人。 _{목적어}	그는 다른 사람을 흉내 내는 것에 능하다.

어휘　**坚强** jiānqiáng 🔘강인하다 🔘공고히 하다　**善于** shànyú 🔘~에 능하다　**模仿** mófǎng 🔘흉내 내다, 모방하다

❹ 동일한 대상을 가리키는 두 개의 어휘 배치하기

제시된 어휘 중 대사와 俩, 또는 명사와 '대사+양사+명사' 형태의 어휘가 있을 경우, 각각 동일한 대상을 가리키는 두 개의 어휘임을 고려할 수 있다. 이럴 경우, 두 어휘를 '대사 → 俩' 혹은 '명사 → 대사+양사+명사' 형태로 연결하여 주어 혹은 목적어 자리에 배치한다. 참고로, 이러한 형태를 중첩복지라고 하며, '대사+俩' 혹은 '명사+대사+양사+명사' 형태가 가장 대표적이다.

대사+俩	他们　俩 _{주어}	非常 _{부사어}	淘气。 _{술어}	그들 두 사람은 장난이 몹시 심하다. ▷他们(그들)과 俩(두 사람)는 동일한 대상이므로 하나의 주어이다.

명사+대사+양사+명사	我 _{주어}	想 _{부사어}	吃 _{술어}	麻婆豆腐　这道菜。 _{목적어}	나는 마파두부(라는) 이 요리를 먹고 싶다. ▷麻婆豆腐(마파두부)와 这道菜(이 요리)는 동일한 대상이므로 하나의 목적어이다.

어휘　**淘气** táoqì 🔘장난이 심하다　**麻婆豆腐** mápódòufu 📖마파두부

제시된 어휘로 어순에 맞는 문장을 완성하세요.

1. 地震了　　　地区　　　发生　　　这个

   정답: _____

2. 任务　　　成为了　　　发展经济　　　我们最重要的

   정답: _____

3. 态度　　　明确地　　　表明了　　　自己的　　　总裁在发言中

   정답: _____

4. 这个　　　花生　　　食物　　　高　　　营养价值

   정답: _____

5. 这场　　　激烈　　　格外　　　比赛

   정답: _____

정답 해설집 p.152

고득점비책

03 관형어 배치하기

관형어는 주어 또는 목적어를 수식하는 성분이다. 관형어가 될 수 있는 어휘를 찾아서 주어·목적어와의 의미 관계에 따라 관형어를 배치할 수 있어야 한다.

핵심 전략

1. 관형어 자리에 오는 어휘의 형태 및 품사를 알아 둔다.
2. 관형어가 될 수 있는 어휘가 2개 이상 제시되기도 하므로, 관형어 배치 순서를 정확히 알아 둔다.
3. 일부 명사나 동사, 1음절 형용사는 的 없이 관형어가 될 수 있음에 유의한다.

예제 맛보기

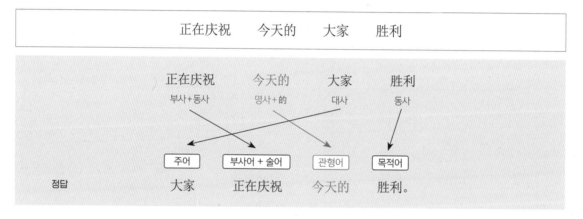

正在庆祝　今天的　大家　胜利

正在庆祝 부사+동사　今天的 명사+的　大家 대사　胜利 동사

[주어] [부사어 + 술어] [관형어] [목적어]

정답 大家　正在庆祝　今天的　胜利。

해석　모두들 오늘의 승리를 축하하고 있다.

어휘　**庆祝** qìngzhù [동] 축하하다　**胜利** shènglì [동] 승리하다

STEP 1 술어 배치하기

제시된 어휘 중 '부사+동사' 형태인 **正在庆祝**(축하하고 있다)를 술어 자리에 바로 배치한다. 참고로, '부사+동사' 형태의 어휘는 술어 자리에 바로 배치할 수 있다.
→ 正在庆祝

STEP 2 주어·목적어 배치하기

대사 **大家**(모두)와 동사 **胜利**(승리하다) 중 술어가 포함된 **正在庆祝**(축하하고 있다)와 문맥상 목적어로 어울리는 **胜利**를 목적어로 배치하고, **大家**를 주어로 배치한다.
→ 大家　**正在庆祝**　胜利

STEP 3 남은 어휘 배치하여 문장 완성하기

남은 어휘인 '명사+的' 형태의 **今天的**(오늘의)를 목적어 **胜利**(승리하다) 앞에 관형어로 배치하여 문장을 완성한다. → **大家**　**正在庆祝**　今天的　**胜利**

완성된 문장 大家正在庆祝今天的胜利。(모두들 오늘의 승리를 축하하고 있다.)

📙 비책 공략하기

1 관형어 자리에 바로 배치할 수 있는 것

1. ……+ 的

구조조사 的는 관형어 뒤에서 관형어와 주어·목적어를 연결하므로 的가 뒤에 붙은 어휘는 관형어 자리에 바로 배치한다.

명사/대사+的	政府的	措施	很	有	效果。	정부의 조치는 매우 효과가 있다.
	관형어	주어	부사어	술어	목적어	

형용사/동사+的	文学和历史	有	密切的	关系。	문학과 역사는 밀접한 관계가 있다.
	주어	술어	관형어	목적어	

주술구+的	他买的	戒指	相当	不错。	그가 산 반지는 상당히 괜찮다.
	관형어	주어	부사어	술어	

술목구+的	我们	要	确定	辅导学生的	方式。	우리는 학생들을 지도할 방식을 확정해야 한다.
	주어	부사어	술어	관형어	목적어	

어휘 　政府 zhèngfǔ 圆정부　措施 cuòshī 圆조치　效果 xiàoguǒ 圆효과　文学 wénxué 圆문학　密切 mìqiè 圆밀접하다
戒指 jièzhi 圆반지　相当 xiāngdāng 圆상당히　确定 quèdìng 圆확정하다　辅导 fǔdǎo 圆지도하다　方式 fāngshì 圆방식

2. ……+ 양사

양사는 대사나 수사와 함께 주어·목적어를 수식하므로 양사가 뒤에 붙은 어휘는 관형어 자리에 바로 배치한다.

대사+양사	那些	玩具	是	女儿的	生日礼物。	그 장난감들은 딸의 생일 선물이다.
	관형어	주어	술어	관형어	목적어	

수사+양사	她	提出了	两种	方案。	그녀는 두 종류의 방안을 내놓았다.
	주어	술어+了	관형어	목적어	

어휘 　玩具 wánjù 圆장난감　提出 tíchū 圆내놓다, 제출하다　方案 fāng'àn 圆방안

2 2개 이상의 관형어 배치 순서

1. 소유·시간·장소를 나타내는 '명사/대사+的'는 첫 번째 관형어로 배치한다.

소유	<u>赵丽的</u>	这对	耳环	很	漂亮。	자오리의 이 귀고리는 예쁘다.
	관형어		주어	부사어	술어	▷赵丽的(자오리의)는 소유 관계를 나타내므로 관형어에서 가장 앞에 위치한다.

시간	<u>下周的</u>	那场	比赛	推迟了。	다음 주의 그 경기는 연기되었다.
	관형어		주어	술어+了	▷下周的(다음 주의)는 시간을 나타내므로 관형어에서 가장 앞에 위치한다.

장소	<u>办公室的</u>	三台	打印机	都	坏了。	사무실의 세 대의 프린터가 모두 고장났다.
	관형어		주어	부사어	술어+了	▷办公室的(사무실의)는 장소를 나타내므로 관형어에서 가장 앞에 위치한다.

어휘 　耳环 ěrhuán 圆귀고리　推迟 tuīchí 圆연기하다　打印机 dǎyìnjī 圆프린터

2. 사람 또는 사물의 성질이나 특징을 나타내는 '동사(구)/형용사(구)+的'는 주로 '수사/대사+양사' 뒤에 배치한다.

我	买了	两本	新出的	小说。	나는 두 권의 새로 나온 소설을 샀다.
주어	술어+了	수사+양사	동사구+的	목적어	
		관형어			▷新出的(새로 나온)는 小说(소설)의 특징을 나타내므로 '수사+양사' 형태인 两本(두 권) 뒤에 온다.

那位	优秀的	同事	计划	移民海外。	그 우수한 동료는 해외로 이민 갈 계획이다.
대사+양사	형용사+的				
관형어		주어	술어	목적어	▷优秀的(우수한)는 同事(동료)의 특징을 나타내므로 '대사+양사' 형태인 那位(그) 뒤에 온다.

어휘 小说 xiǎoshuō 몡소설 优秀 yōuxiù 톙우수하다 计划 jìhuà 툉~할 계획이다 移民 yímín 툉이민 가다 海外 hǎiwài 몡해외

3. 일부 명사/동사나 1음절 형용사는 的 없이 관형어가 될 수 있고, 꾸미는 대상 바로 앞에 배치한다.

我	为你	准备了	一个	生日	蛋糕。	나는 너를 위해 하나의 생일 케이크를 준비했다.
주어	부사어	술어+了		명사		
			관형어		목적어	

我们班的	新	同学	来自	中国。	우리 반의 새 학우는 중국에서 왔다.
	1음절 형용사				
관형어		주어	술어	목적어	

• 꼭 알아 두어야 할 '명사(관형어)+명사', '동사(관형어)+명사' 표현

명사(관형어) +명사	交通 + 规则 jiāotōng guīzé 교통 규칙	学费 + 收据 xuéfèi shōujù 학비 영수증
	军事 + 节目 jūnshì jiémù 군사 프로그램	健康 + 问题 jiànkāng wèntí 건강 문제
	嘉宾 + 名单 jiābīn míngdān 내빈 명단	个人 + 意见 gèrén yìjiàn 개인 의견
	心理 + 测试 xīnlǐ cèshì 심리 테스트	医疗 + 方案 yīliáo fāng'àn 의료 방안
	建筑 + 风格 jiànzhù fēnggé 건축 양식	实验 + 结果 shíyàn jiéguǒ 실험 결과
	传统 + 戏剧 chuántǒng xìjù 전통 연극	生日 + 蛋糕 shēngrì dàngāo 생일 케이크
	电脑 + 病毒 diànnǎo bìngdú 컴퓨터 바이러스	空气 + 质量 kōngqì zhìliàng 공기 질
동사(관형어) +명사	录取 + 通知 lùqǔ tōngzhī 입학 통지	采访 + 提纲 cǎifǎng tígāng 인터뷰 개요
	传播 + 速度 chuánbō sùdù 전파 속도	装修 + 工作 zhuāngxiū gōngzuò 인테리어 직종
	营业 + 执照 yíngyè zhízhào 영업 허가증	调查 + 数据 diàochá shùjù 조사 데이터
	往返 + 机票 wǎngfǎn jīpiào 왕복 항공권	表演 + 专业 biǎoyǎn zhuānyè 연기 전공
	分配 + 方案 fēnpèi fāng'àn 분배 방안	培训 + 课程 péixùn kèchéng 훈련 과정
	训练 + 时间 xùnliàn shíjiān 훈련 시간	处理 + 方式 chǔlǐ fāngshì 처리 방식

제시된 어휘로 어순에 맞는 문장을 완성하세요.

1. 都   每个时期的   各不相同   建筑风格

   정답: _____

2. 实验   公布了   老师   结果

   정답: _____

3. 一幅   我   风景画   收到了   优美的

   정답: _____

4. 分配方案   这个   他们的   合理   非常

   정답: _____

5. 问题   健康   运动不足   会引起   很严重的

   정답: _____

정답 해설집 p.154

04 | 부사어 배치하기

부사어는 술어 또는 문장 전체를 수식하는 성분이다. 부사어가 될 수 있는 어휘들을 파악하여 술어 앞, 주어 뒤인 부사어 자리에 배치할 수 있어야 한다.

핵심 전략
1. 부사어 자리에 오는 어휘의 품사 및 형태를 알아 둔다.
2. 술어 앞에 2개 이상의 부사어를 배치해야 하는 경우, 기본적으로 부사 → 조동사 → 개사구 순서로 배치함을 알아 둔다.
3. 부사가 강조하는 것에 따라 부사어의 배치 순서가 예외적으로 달라질 수 있음을 유의한다.
4. 짝꿍처럼 자주 함께 쓰이는 '부사+부사' 표현을 꼼꼼히 학습해 둔다.

예제 맛보기

充分的	为展览会	做了	准备	他

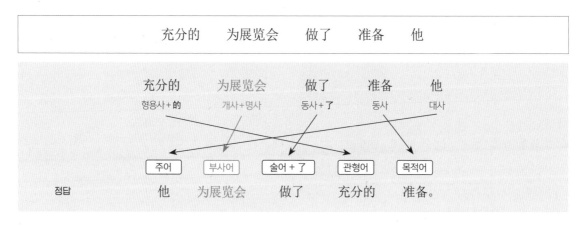

정답 他 为展览会 做了 充分的 准备。

해석 그는 전시회를 위해 충분한 준비를 했다.

어휘 充分 chōngfèn 圈충분하다 展览会 zhǎnlǎnhuì 圀전시회

STEP 1 술어 배치하기 제시된 어휘 중 '동사+了' 형태의 做了(했다)를 술어 자리에 바로 배치한다. → 做了

STEP 2 주어·목적어 배치하기 술어가 포함된 做了(했다)와 문맥상 주어로 어울리는 대사 他(그)를 주어로 배치하고, 목적어로 어울리는 동사 准备(준비하다)를 목적어로 배치한다. → 他 做了 准备

STEP 3 남은 어휘 배치하여 문장 완성하기 남은 어휘 중 '형용사+的' 형태의 充分的(충분한)를 목적어 准备(준비하다) 앞에 관형어로 배치하고, '개사+명사' 형태의 为展览会(전시회를 위해)를 술어가 포함된 做了(했다) 앞에 부사어로 배치하여 문장을 완성한다. → 他 为展览会 做了 充分的 准备

완성된 문장 他为展览会做了充分的准备。(그는 전시회를 위해 충분한 준비를 했다.)

1 부사어 자리에 바로 배치할 수 있는 것

1. 부사, 조동사, 개사구

부사, 조동사, 개사구는 술어 앞에서 술어를 수식하므로 술어 앞, 주어 뒤인 부사어 자리에 바로 배치한다.

부사	我 주어	完全 부사어	同意 술어	你的 관형어	看法。 목적어	나는 너의 의견에 완전히 동의한다.
조동사	我们 주어	可以 부사어	省略 술어	下一个 관형어	步骤。 목적어	우리는 다음 단계를 생략할 수 있다.
개사구	他的 관형어	表演 주어	给我 부사어	留下了 술어+보어+了	深刻的 관형어	印象。 목적어 · 그의 연기는 나에게 깊은 인상을 남겼다.

어휘 看法 kànfǎ 圐의견, 견해 省略 shěnglüè 圐생략하다 步骤 bùzhòu 圐단계 深刻 shēnkè 圐깊다 印象 yìnxiàng 圐인상

2. …… + 地

구조조사 地는 부사어 뒤에서 부사어와 술어를 연결하므로 地가 붙은 어휘는 부사어 자리에 바로 배치한다.

동사+地	他 주어	吃惊地 부사어	停下了 술어+보어+了	脚步。 목적어	그는 놀라며 발걸음을 멈췄다.
형용사+地	她 주어	全面地 부사어	考虑了 술어+了	大家的 관형어	情况。 목적어 · 그녀는 전반적으로 모두의 상황을 고려했다.

어휘 吃惊 chījīng 圐놀라다 停下 tíngxià 멈추다 脚步 jiǎobù 圐발걸음 全面 quánmiàn 圐전반적이다 考虑 kǎolǜ 圐고려하다
情况 qíngkuàng 圐상황

2 2개 이상의 부사어 배치 순서

1. 기본적으로 부사 → 조동사 → 개사구의 순서로 배치한다.

我们 주어	一定 〔부사〕 要 〔조동사〕 부사어	保持 술어	沉默。 목적어	우리는 반드시 침묵을 지켜야 한다.

温暖的 관형어	天气 주어	能 〔조동사〕 给我们 〔개사구〕 부사어	带来 술어	快乐。 목적어	따뜻한 날씨는 우리에게 기쁨을 가져다 줄 수 있다.

小王 주어	一直 〔부사〕 在咖啡厅 〔개사구〕 부사어	等着 술어+着	你。 목적어	샤오왕은 줄곧 카페에서 너를 기다리고 있어.

어휘 保持 bǎochí 圐지키다 沉默 chénmò 圐침묵하다 圐과묵하다 温暖 wēnnuǎn 圐따뜻하다 咖啡厅 kāfēitīng 圐카페

• 꼭 알아 두어야 할 '부사+조동사' 표현

才 + 能 cái néng 비로소 ~할 수 있다	只 + 会 zhǐ huì 단지 ~만 할 줄 안다
终于 + 能 zhōngyú néng 마침내 ~할 수 있다	也许 + 会 yěxǔ huì 어쩌면 ~일 것이다
一定 + 要 yídìng yào 반드시(꼭) ~해야 한다/~할 것이다	偶尔 + 会 ǒu'ěr huì 가끔 ~한다

잠깐! 술어와 의미적으로 밀접한 부사는 술어 바로 앞에 온다.

她	对上海的交通 개사구	十分 부사	了解。	그녀는 상하이의 교통에 대해 매우 자세하게 안다.
주어	부사어		술어	▷술어 了解(자세하게 알다)와 의미적으로 밀접한 十分(매우)은 了解 바로 앞에 온다.

어휘 交通 jiāotōng 圐교통 了解 liǎojiě 圐자세하게 알다

2. 시간을 나타내는 시간부사는 항상 다른 부사 앞에 온다.

小张	已经 시간부사	非常 정도부사	了不起了。	샤오장은 이미 매우 대단하다.
주어	부사어		술어+了	

어휘 了不起 liǎobuqǐ 圐대단하다

잠깐! 昨天(어제), 明天(내일) 등의 시간사는 주어 앞에도 올 수 있으며, 시간을 나타내는 부사어가 2개 이상일 때 시간사 → 개사구 → 부사 순으로 배치한다.

昨天 시간사	老板	已经 부사	批准了	他的	报告。	어제 사장님은 이미 그의 보고서를 승인했다.
부사어	주어	부사어	술어+了	관형어	목적어	

他	从昨天晚上 개사구	一直 부사	睡到	现在。	그는 어젯밤부터 지금까지 계속 잠을 자고 있다.
주어	부사어		술어+보어	목적어	

어휘 批准 pīzhǔn 圐승인하다 报告 bàogào 圐보고서 圐보고하다

3. 부사가 2개일 경우에는 자주 함께 쓰이는 '부사+부사'의 순서로 배치한다.

她	还 부사	没 부사	完成	自己的	任务。	그녀는 아직 자신의 임무를 끝내지 않았다.
주어	부사어		술어	관형어	목적어	

어휘 任务 rènwu 圐임무

• 꼭 알아 두어야 할 '부사+부사' 표현

至今 + 已经 zhìjīn yǐjīng 지금까지 이미	必须 + 按时 bìxū ànshí 반드시 제때에
居然 + 就 jūrán jiù 놀랍게도 바로	轻易 + 就 qīngyì jiù 쉽게(함부로) 바로
一律 + 不 yílǜ bù 예외 없이 ~하지 않다	的确 + 不 díquè bù 확실히 ~하지 않다
并 + 不 bìng bù 결코 ~하지 않다	绝 + 不 jué bù 결코(절대) ~하지 않다
千万 + 不要 qiānwàn búyào 절대로 ~하지 마라	简直 + 太 jiǎnzhí tài 정말 너무
稍微 + 有点儿 shāowēi yǒudiǎnr 약간 좀	

제시된 어휘로 어순에 맞는 문장을 완성하세요.

1. 必须　　到达　　按时　　目的地　　我们

   정답: _____

2. 明天的　　她正　　准备　　专心地　　采访

   정답: _____

3. 我　　要　　争取到　　替公司　　投资机会　　一定

   정답: _____

4. 能干了　　简直　　这位　　太　　律师

   정답: _____

5. 逐渐　　摄影风格　　改变了　　导演

   정답: _____

정답 해설집 p.156

고득점비책

05 보어 배치하기

보어는 '술어+得' 또는 술어 뒤에서 술어의 의미를 보충하는 문장성분이다. 보어가 되는 어휘는 술어가 되는 어휘와 품사 및 형태가 비슷하므로, 제시된 어휘 중 술어를 먼저 배치한 후 보어가 될 수 있는 어휘를 찾아 보어 자리에 배치할 수 있어야 한다.

핵심 전략

1. 제시된 어휘 중 '동사/형용사+得'가 있으면 술어와 정도보어를 동시에 배치한다.
2. 결과보어, 방향보어, 수량보어의 형태와 의미를 정확히 알아 둔다.
3. 자주 쓰이는 정도보어 표현과 결과/방향/수량보어 표현을 꼼꼼히 학습해 둔다.

예제 맛보기

很干脆　　他　　果然　　答应得

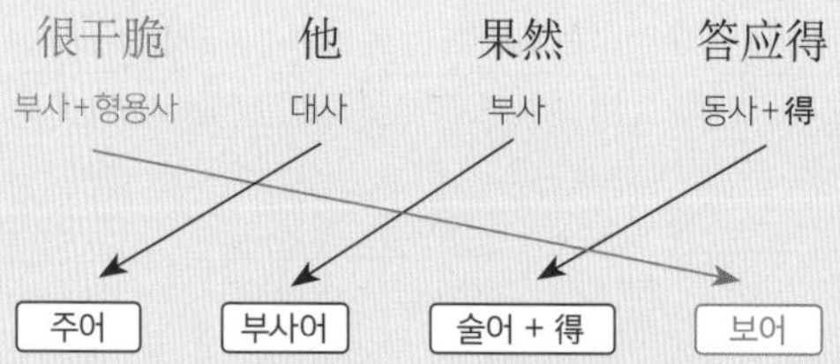

정답　他　果然　答应得　很干脆。

해석　그는 역시 시원스럽게 승낙했다.

어휘　**干脆** gāncuì [형] 시원스럽다 [부] 차라리　**果然** guǒrán [부] 역시, 과연　**答应** dāying [동] 승낙하다

STEP 1　술어와 보어 배치하기
제시된 어휘 중 答应得에 정도보어를 이끄는 구조조사 得가 있으므로 '술어+得+보어' 형태의 문장을 완성해야 한다. 따라서 '동사+得' 형태인 答应得(~하게 승낙하다)를 '술어+得' 자리에, '부사+형용사' 형태의 很干脆(시원스럽다)를 보어로 배치한다.
→ 答应得　很干脆

STEP 2　주어·목적어 배치하기
제시된 어휘 중 술어 答应得(~하게 승낙하다)와 문맥상 주어로 어울리는 대사 他(그)를 주어로 배치한다. → 他　答应得　很干脆

STEP 3　남은 어휘 배치하여 문장 완성하기
남은 어휘인 부사 果然(역시)을 술어 答应得(~하게 승낙하다) 앞에 부사어로 배치하여 문장을 완성한다. → 他　果然　答应得　很干脆

완성된 문장　他果然答应得很干脆。(그는 역시 시원스럽게 승낙했다.)

🎋비책 공략하기

■ '술어+得' 뒤에 정도보어 배치하기

'동사/형용사+得'가 있으면 술어 자리에 바로 배치한 후, 형용사(구) 또는 술보구, 술목구를 술어 뒤 정도보어로 배치한다.

| 형용사구 | 这本书的
관형어 | 说明
주어 | 写得
술어+得 | 非常详细。
정도보어 | 이 책의 설명은 아주 상세하게 쓰였다. |

| 술보구 | 她
주어 | 竟然
부사어 | 感动得
술어+得 | 哭了起来。
정도보어 | 그녀는 뜻밖에 감동해서 울었다. |

| 술목구 | 那座
관형어 | 博物馆
주어 | 建得
술어+得 | 很有特色。
정도보어 | 그 박물관은 특색 있게 지어졌다. |

어휘 **说明** shuōmíng 몡설명 동설명하다 **详细** xiángxì 휑상세하다 **竟然** jìngrán 뜻밖에 **博物馆** bówùguǎn 몡박물관
　　　建 jiàn 동(건물을) 짓다 **特色** tèsè 몡특색

• 정도보어와 함께 자주 쓰이는 '술어+得' 표현

동사+得	建 + 得······ jiàn de ~하게 짓다	写 + 得······ xiě de ~하게 쓰다, ~하게 적다
	变 + 得······ biàn de ~로 되다, ~하게 변하다	收拾 + 得······ shōushi de ~하게 치우다, ~하게 정리하다
	表现 + 得······ biǎoxiàn de ~하게 활약하다, ~하게 표현하다	考虑 + 得······ kǎolǜ de ~하게 고려하다
	摆放 + 得······ bǎifàng de ~하게 진열하다	答应 + 得······ dāying de ~하게 승낙하다
	辩论 + 得······ biànlùn de ~하게 변론하다	
형용사+得	冷 + 得······ lěng de 추워서 ~하다	吵 + 得······ chǎo de 시끄러워서 ~하다
	高兴 + 得······ gāoxìng de 기뻐서 ~하다	激动 + 得······ jīdòng de 감동해서 ~하다
	委屈 + 得······ wěiqu de 억울해서 ~하다	

• 술어와 함께 자주 쓰이는 '得+정도보어' 표현

······+得+부사+형용사	······ + 得 + 很干脆 de hěn gāncuì 시원스럽게 ~하다
	······ + 得 + 很周到 de hěn zhōudào 꼼꼼하게 ~하다
	······ + 得 + 真干净 de zhēn gānjìng 정말 깨끗하게 ~하다
	······ + 得 + 更糟糕 de gèng zāogāo 더 안 좋게(엉망으로) ~하다
	······ + 得 + 非常详细 de fēicháng xiángxì 아주 상세하게 ~하다
	······ + 得 + 十分激烈 de shífēn jīliè 몹시 치열하게(격렬하게) ~하다
······+得+형용사 중첩	······ + 得 + 整整齐齐 de zhěngzheng qíqí 가지런하게 ~하다
······+得+술보구	······ + 得 + 哭了起来 de kū le qǐlai ~해서 울다(울기 시작하다)
	······ + 得 + 活跃起来 de huóyuè qǐlai ~해서 활기를 띠다(활기를 띠기 시작하다)
	······ + 得 + 安静起来 de ānjìng qǐlai ~해서 조용해지다(조용해지기 시작하다)
	······ + 得 + 轻松起来 de qīngsōng qǐlai ~해서 가벼워지다(가벼워지기 시작하다)
······+得+술목구	······ + 得 + 忘了吃饭 de wàng le chīfàn ~해서 밥 먹는 것을 잊다
	······ + 得 + 很有特色 de hěn yǒu tèsè 특색 있게 ~하다
	······ + 得 + 说不出话来 de shuō bu chū huà lai ~해서 말이 나오지 않다

해커스 HSK 5급 한 권으로 정복

2 술어 뒤에 결과보어/방향보어/수량보어 배치하기

1. 결과보어 배치하기: 동사/형용사 결과보어

동작을 나타내는 동사를 술어 자리에 배치하고, 그 동작의 결과를 나타내는 동사/형용사(+了)를 술어 뒤 결과보어로 배치한다.

游戏	软件	已经	安装	好了。	게임 소프트웨어는 이미 다 설치되었다.
관형어	주어	부사어	술어	결과보어+了	

어휘 **软件** ruǎnjiàn 몡소프트웨어 **安装** ānzhuāng 동설치하다

• 꼭 알아 두어야 할 '술어+동사/형용사(+了)' 표현

安装 + 好(+了) ānzhuāng hǎo (le) 다 설치하다(설치했다)	握 + 住(+了) wòzhù (le) 꽉 잡다(꽉 잡았다)
吵 + 醒(+了) chǎoxǐng (le) 시끄러워 잠이 깨다(잠이 깼다)	摔 + 坏(+了) shuāihuài (le) 깨져서 박살나다(박살냈다)

2. 결과보어 배치하기: 在/到/于/给 결과보어

'동사+在/到/于/给'가 있으면, 동사를 술어로, 在/到/于/给를 결과보어로 바로 배치하고, 在/到/于 뒤에는 장소/시점/범위를 나타내는 표현을, 给 뒤에는 사람 혹은 단체를 나타내는 표현을 배치한다.

六十五岁的	张教授	依然	活跃在	讲台上。	65세의 장 교수는 여전히 강단에서 활약하고 계신다.
관형어	주어	부사어	술어+결과보어	목적어	

어휘 **教授** jiàoshòu 몡교수 **依然** yīrán 뷔여전히 **活跃** huóyuè 동활약하다 **讲台** jiǎngtái 몡강단, 교단

• 꼭 알아 두어야 할 在/到/于/给 결과보어 표현

生活 + 在…… shēnghuó zài ~에서 생활하다	应用 + 到…… yìngyòng dào ~에 응용되다
毕业 + 于…… bìyè yú ~을(를) 졸업하다	递 + 给…… dìgěi ~에게 건네주다

3. 방향보어 배치하기

동작을 나타내는 동사, 혹은 형용사를 술어 자리에 배치하고, 下来, 起来, 回来, 回去, 下去, 过去 등과 같이 방향을 나타내는 동사를 술어 뒤에 방향보어로 배치한다. 방향보어의 경우 복합 방향보어의 파생 의미를 활용한 표현이 자주 출제되므로 이를 잘 알아 둔다. (p.177 2번 내용 참고)

天	突然	暗	下来了。	하늘이 갑자기 어두워졌다.
주어	부사어	술어	방향보어+了	

어휘 **暗** àn 동어둡다

• 꼭 알아 두어야 할 '술어+방향보어' 표현

暗 + 下来 àn xiàlai 어두워지다	稳定 + 下来 wěndìng xiàlai 안정되다	激烈 + 起来 jīliè qǐlai 격렬해지다
活跃 + 起来 huóyuè qǐlai 떠들썩해지다	退 + 回来 tuì huílai 반환하여 돌아오다	搬 + 回去 bān huíqu (원래 자리로) 옮겨 놓다

4. 수량보어 배치하기

제시된 어휘 중 횟수를 나타내는 '수사+동량사' 표현 또는 一个小时, 一年과 같이 시간의 길이를 나타내는 표현이 있으면 술어 뒤 수량보어로 배치한다.

我	得	去	一趟	健身房。	나는 헬스장에 한 번 가야 한다.
주어	부사어	술어	수량보어	목적어	

어휘 **健身房** jiànshēnfáng 몡헬스장

• 꼭 알아 두어야 할 '술어+수량보어' 표현

술어+동량보어	检查 + 一遍 jiǎnchá yí biàn 한 번 검사하다	去一趟 qù yí tàng 한 번(한 차례) 가다
술어+시량보어	制作了 + 半年 zhìzuòle bànnián 반년 동안 제작했다	等了 + 一下午 děngle yí xiàwǔ 오후 내내 기다렸다

실전연습문제

제시된 어휘로 어순에 맞는 문장을 완성하세요.

1. 他　　生活在　　依然　　幻想中

   정답: _____

2. 工程师　　表现得　　前几天来的　　相当好

   정답: _____

3. 价格　　终于　　稳定　　蔬菜的　　下来了

   정답: _____

4. 紧紧　　手　　奶奶　　握住了　　我的

   정답: _____

5. 制作了　　纪录片　　那部　　半年

   정답: _____

정답 해설집 p.158

是자문·有자문 완성하기

是자문은 '(주어)는 (목적어)이다'라는 의미를, 有자문은 '(주어)에/는 (목적어)가 있다'라는 의미를 갖는다. 제시된 어휘 중 是 또는 有가 있으면, 각각 是자문과 有자문 어순에 따라 문장을 완성해야 한다.

핵심 전략 | 1. 제시된 어휘 중 是이나 有가 있으면 술어 자리에 바로 배치한다.
2. 是자문과 有자문이 '(관형어+)주어+(부사어+)술어(是/有)+(관형어+)목적어'의 어순임을 외워 둔다.
3. 是자문과 有자문에서는 관형어가 될 수 있는 어휘가 자주 2개 이상 제시되므로 관형어 배치 순서에 유의한다.

예제 맛보기

是자문

重感情的　是个　人　姐姐

重感情的	是个	人	姐姐
동사+명사+的	동사+양사	명사	명사

정답

주어	술어 + 관형어	관형어	목적어
姐姐	是个	重感情的	人。

해석　누나는 감정을 중요시하는 사람이다.

어휘　重感情 zhòng gǎnqíng 감정을 중요시하다

STEP 1　술어 배치하기　제시된 어휘 중 是이 있으므로, 是자문을 완성해야 한다. 동사 是(~이다)을 포함하고 있는 '동사+양사' 형태의 是个(~이다)를 술어 자리에 배치한다. → 是个

STEP 2　주어·목적어 배치하기　명사 人(사람)과 명사 姐姐(누나) 중 술어가 포함된 是个(~이다)와 문맥상 목적어로 어울리는 人을 목적어로 배치하고, 주어로 어울리는 姐姐를 주어로 배치한다. 참고로, 是자문에서는 의미 범주가 좁거나 구체적인 것이 주어, 의미 범주가 넓거나 추상적인 것이 목적어로 온다. → 姐姐　是个　人

STEP 3　남은 어휘 배치하여 문장 완성하기　남은 어휘인 '동사+명사+的' 형태의 重感情的(감정을 중요시하는)를 목적어 人(사람) 앞에 관형어로 배치하여 문장을 완성한다. → 姐姐　是个　重感情的　人

완성된 문장 姐姐是个重感情的人。(누나는 감정을 중요시하는 사람이다.)

有자문

要有	态度	我们	不断挑战的

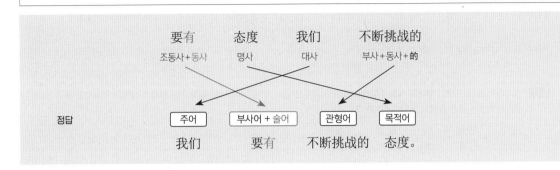

해석 우리는 끊임없이 도전하는 태도를 가져야 한다.

어휘 **态度** tàidu 闿태도 **不断** búduàn 凰끊임없이 혱끊임없다 **挑战** tiǎozhàn 图도전하다 图도전

STEP 1 술어 배치하기 제시된 어휘 중 有가 있으므로, 有자문을 완성해야 한다. 동사 有(~가 있다)를 포함하고 있는 '조동사+동사' 형태의 要有(~을 가져야 한다)를 술어 자리에 배치한다. → 要有

STEP 2 주어·목적어 배치하기 명사 态度(태도)와 대사 我们(우리) 중 술어가 포함된 要有(~을 가져야 한다)와 문맥상 목적어로 어울리는 态度를 목적어로 배치하고, 주어로 어울리는 我们을 주어로 배치한다. → 我们 要有 态度

STEP 3 남은 어휘 배치하여 문장 완성하기 남은 어휘인 '부사+동사+的' 형태의 不断挑战的(끊임없이 도전하는)를 목적어 态度(태도) 앞에 관형어로 배치하여 문장을 완성한다. → 我们 要有 不断挑战的 态度

완성된 문장 我们要有不断挑战的态度。(우리는 끊임없이 도전하는 태도를 가져야 한다.)

비책 공략하기

1 是자문의 특징

1. **주어와 목적어가 동격이거나 주어가 목적어에 소속됨을 나타낸다.**

동격 这 是 最古老的 胡同。 이것은 가장 오래된 골목이다.
　　 주어 술어 관형어 목적어

소속 四合院 是 中国的 传统 建筑。 사합원은 중국의 전통 건축물이다.
　　 주어 술어 관형어 목적어

어휘 **古老** gǔlǎo 혱오래되다 **胡同** hútòng 뎽골목 **四合院** sìhéyuàn 뎽사합원[베이징의 전통 주택 양식]
　　　 传统 chuántǒng 뎽전통 **建筑** jiànzhù 뎽건축물

잠깐! 주어가 목적어에 소속됨을 나타내는 경우 의미 범주가 좁거나 구체적인 어휘는 주어, 의미 범주가 넓거나 추상적인 어휘는 목적어로 온다. 또한 목적어에는 '명사+之一(~중 하나)' 형태의 어휘가 자주 온다.

　　 他 是 我喜欢过的 明星之一。 그는 내가 좋아했던 스타 중 한 명이다.
　　 주어 술어 관형어 목적어

어휘 **明星** míngxīng 뎽스타

2. 부사어는 주로 是 앞에 온다.

부정부사 成功 不是 人生的 全部。 성공은 인생의 전부가 아니다.
주어 부사어+술어 관형어 목적어

범위부사 李白和杜甫 都是 唐朝的 诗人。 이백과 두보는 모두 당나라 시대의 시인이다.
주어 부사어+술어 관형어 목적어

어휘 **成功** chénggōng [동] 성공하다 **人生** rénshēng [명] 인생 **全部** quánbù [명] 전부 [형] 전부의 **李白** Lǐ Bái [고유] 이백[당나라 시대의 시인] **杜甫** Dù Fǔ [고유] 두보[당나라 시대의 시인] **唐朝** Tángcháo [고유] 당나라 시대, 당 왕조 **诗人** shīrén [명] 시인

[잠깐!] 是자문에서 '……+的' 형태의 어휘가 목적어가 되는 경우도 있다. 이는 '……+的' 뒤에 있는 명사가 생략된 것이라고 볼 수 있고, 이 생략된 어휘는 주로 주어와 동일한 어휘이다.

这件 衣服 是 我的 （衣服）。 이 옷은 나의 것이다.
관형어 주어 술어 목적어

2 有자문의 특징

1. 목적어는 주어가 소유한 대상 또는 수치·수량을 나타낸다.

소유한 대상 舅舅的 同事 有 两个 孩子。 외삼촌의 동료는 두 명의 아이가 있다.
관형어 주어 술어 관형어 목적어

수치·수량 参观展览会的 人 有 多少？ 전시회를 견학한 사람은 몇 명이 있니?
관형어 주어 술어 목적어

어휘 **舅舅** jiùjiu [명] 외삼촌 **参观** cānguān [동] 견학하다 **展览会** zhǎnlǎnhuì [명] 전시회

2. 부사어는 주로 有 앞에 온다.

这个 结论 很有 说服力。 이 결론은 매우 설득력이 있다.
관형어 주어 부사어+술어 목적어

어휘 **结论** jiélùn [명] 결론 **说服力** shuōfúlì 설득력

3 2개 이상의 관형어를 가진 是자문/有자문 완성하기

2개 이상의 어휘를 주어 또는 목적어 앞 관형어 자리에 배치해야 하는 경우, 2개 이상의 관형어 배치 순서에 유의한다.
(p.191 '2개 이상의 관형어 배치 순서' 참고)

股票 是 一种 投资 方式。 주식은 일종의 투자 방식이다.
주어 술어 관형어 목적어

我 有 一双 独特的 手工 鞋子。 나는 한 켤레의 독특한 수제 신발이 있다.
주어 술어 관형어 목적어

어휘 **股票** gǔpiào [명] 주식 **投资** tóuzī [동] 투자하다 **独特** dútè [형] 독특하다 **手工** shǒugōng [명] 수제

[잠깐!] 제시된 어휘 중 동사 是/有를 포함하여 동사가 2개 이상 있다면 관형어가 '술목구+的'인 형태의 문장을 고려할 수 있다. 이럴 경우 是/有를 술어 자리에 먼저 배치한 후, 나머지 동사와 남은 어휘로 '술목구+的' 형태의 관형어를 만들어 주어 또는 목적어 앞에 배치한다.

'善于(술어)+发言(목적어)'+的='술목구'+的

李先生 是 一个 善于 发言的 人。 리 선생님은 발언하는 것에 능한 사람이다.
주어 술어 관형어 목적어

어휘 **善于** shànyú [동] ~에 능하다 **发言** fāyán [동] 발언하다

제시된 어휘로 어순에 맞는 문장을 완성하세요.

1. 农村教师的　　　这是一个　　　关于　　　感人故事

   정답: _____

2. 克服困难的　　　吗　　　有　　　你　　　好办法

   정답: _____

3. 他　　　讨价还价的　　　善于　　　人　　　是个

   정답: _____

4. 魅力　　　他欣赏的　　　很　　　那位模特　　　有

   정답: _____

5. 广州是　　　最发达的　　　之一　　　广告业　　　地区

   정답: _____

정답 해설집 p.160

07 把자문 완성하기

把자문은 '(행위의 대상)을 (술어)하다'라는 의미를 가지며, '把+행위의 대상'을 술어 앞에 배치하는 것이 특징이다. 따라서 주어진 어휘 중 把가 있으면 把자문 어순에 따라 문장을 완성해야 한다.

핵심 전략
1. 把자문이 '주어+把+행위의 대상+술어+기타성분'의 어순임을 정확히 외워 둔다.
2. 把 또는 把가 포함된 어휘를 술어 앞에 부사어로 배치한다.
3. 把자문의 특징에 유의하며 문장을 완성한다.

예제 맛보기

把   你最好   下载一下   软件   应用

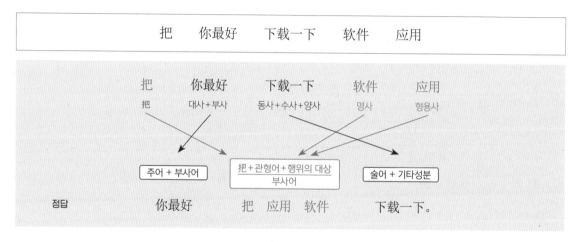

해석   너는 응용 소프트웨어를 다운로드하는 것이 가장 좋다.

어휘   **最好** zuìhǎo 囲~하는 것이 가장 좋다   **下载** xiàzài 동다운로드하다   **应用** yìngyòng 쉥응용의   **软件** ruǎnjiàn 뗑소프트웨어

STEP 1   把 ~ 술어 배치하기   제시된 어휘 중 把가 있으므로, 把자문을 완성해야 한다. 제시된 어휘 중 유일하게 동사를 포함하고 있는 '동사+수사+양사' 형태의 下载一下(다운로드하다)를 술어 자리에 배치하고, 把를 술어 앞에 배치한다. → 把   下载一下

STEP 2   주어와 행위의 대상 배치하기   문맥상 술어가 포함된 下载一下(다운로드하다)의 대상이 되는 명사 软件(소프트웨어)을 把 다음 행위의 대상으로 배치하고, 주어로 어울리는 你를 포함하고 있는 '대사+부사' 형태의 你最好(너는 ~하는 것이 가장 좋다)를 주어 자리에 배치한다.
→ 你最好   把   软件   下载一下

STEP 3   남은 어휘 배치하여 문장 완성하기   남은 어휘인 형용사 应用(응용의)을 행위의 대상 软件(소프트웨어) 앞에 관형어로 배치하여 문장을 완성한다. 참고로, 应用은 软件 앞에서 的 없이 관형어로 쓰였다.
→ 你最好   把   应用   软件   下载一下

완성된 문장 你最好把应用软件下载一下。 (너는 응용 소프트웨어를 다운로드하는 것이 가장 좋다.)

1 把자문의 특징

1. 목적어를 갖는 동사, 즉 행위의 대상을 갖는 동사가 술어로 쓰인다.

姥姥	把	旧衣服	扔	掉了。	외할머니는 낡은 옷을 내버리셨다.
주어	把	관형어+행위의 대상	술어	기타성분	

어휘   **姥姥** lǎolao 圓외할머니   **扔掉** rēngdiào 내버리다

• 把자문에 자주 쓰이는 동사(구)

退 tuì 반품하다	**读** dú 읽다	**背** bèi 외우다
放 fàng 놓다	**保存** bǎocún 보존하다	**递给** dìgěi ~에게 건네주다
洒在 sǎzài ~에 엎지르다	**告诉** gàosu 알리다	**发给/到** fāgěi/dào ~에게/로 보내다
弄丢 nòngdiū 잃어버리다	**安装** ānzhuāng 설치하다	**交给** jiāogěi ~에게 넘겨주다
整理 zhěnglǐ 정리하다	**扔掉** rēngdiào 내버리다	**安排** ānpái 배정하다, 안배하다
下载 xiàzài 다운로드하다	**删除** shānchú 삭제하다	**翻译成** fānyì chéng ~로 번역하다
搬到 bāndào ~로 옮기다	**摆放** bǎifàng 놓다, 두다	**拿出来** ná chūlai 가지고 나오다
公开 gōngkāi 공개하다	**吃光** chīguāng 다 먹다	**表达出来** biǎodá chūlai 드러내다

2. 행위의 대상에는 주로 사물명사가 온다. 이때, 사물명사 앞에는 관형어가 올 수 있다.

他	把	包裹	交	给我了。	그는 소포를 나에게 주었다.
주어	把	행위의 대상	술어	기타성분	

你	把	这些物品	整理	一下。	너는 이 물품들을 좀 정리해라.
주어	把	관형어+행위의 대상	술어	기타성분	

姐姐	把	昨天买的项链	退	了。	언니는 어제 산 목걸이를 반품했다.
주어	把	관형어+행위의 대상	술어	기타성분	

어휘   **包裹** bāoguǒ 圓소포   **交** jiāo 圓주다, 넘기다   **物品** wùpǐn 圓물품   **整理** zhěnglǐ 圓정리하다   **项链** xiàngliàn 圓목걸이
　　　 退 tuì 圓반품하다

3. 술어 뒤에는 반드시 행위의 결과를 나타내는 기타성분이 오며, 주로 了나 보어가 기타성분으로 쓰인다.

了	弟弟	把	键盘	弄丢	了。	남동생은 키보드를 잃어버렸다.
	주어	把	행위의 대상	술어	기타성분	

결과보어	我	把	那些词汇	都	背	完了。	나는 그 어휘들을 모두 다 외웠다.
	주어	把	관형어+행위의 대상	부사어	술어	기타성분	

수량보어	林教授	把	这篇论文	读	了两遍。	린 교수님은 이 논문을 두 번 읽으셨다.
	주어	把	관형어+행위의 대상	술어	기타성분	

정도보어	店员	把	产品	摆放	得整整齐齐。	점원은 상품을 가지런하게 진열했다.
	주어	把	행위의 대상	술어	기타성분	

방향보어	你	一定要	把	橡皮	放	回抽屉里。	너는 반드시 지우개를 서랍 안에 가져다 놓아야 한다.
	주어	부사어	把	행위의 대상	술어	기타성분	

어휘   **键盘** jiànpán 圓키보드   **弄丢** nòngdiū 잃어버리다   **词汇** cíhuì 圓어휘   **论文** lùnwén 圓논문   **产品** chǎnpǐn 圓상품
　　　 摆放 bǎifàng 圓진열하다   **整齐** zhěngqí 圓가지런하다   **橡皮** xiàngpí 圓지우개   **抽屉** chōuti 圓서랍

4. 부사, 조동사는 把 앞에서 부사어로 쓰인다.

'把+행위의 대상'은 개사구이므로, 부사나 조동사의 뒤에 위치한다. (p.195 '2개 이상의 부사어 배치 순서' 참고)

일반부사	你	最好	把	桌子	搬	到房间里。	너는 책상을 방 안으로 옮기는 것이 가장 좋다.
	주어	부사어	把	행위의 대상	술어	기타성분	

부정부사	他	没	把	自己的立场	表达	出来。	그는 자신의 입장을 드러내지 않았다.
	주어	부사어	把	관형어+행위의 대상	술어	기타성분	

시간부사	小孩子	已经	把	香肠	吃	光了。	아이는 이미 소시지를 다 먹었다.
	주어	부사어	把	행위의 대상	술어	기타성분	

조동사	我	要	把	文件	发	给同事。	나는 서류를 동료에게 보내려 한다.
	주어	부사어	把	행위의 대상	술어	기타성분	

어휘 **最好** zuìhǎo 凰~하는 것이 가장 좋다 **立场** lìchǎng 뎽입장 **表达** biǎodá 뎽드러내다 **香肠** xiāngcháng 뎽소시지
文件 wénjiàn 뎽서류

잠깐! 범위부사 都(모두), 全(전부)은 행위의 대상 뒤, 술어 바로 앞에 올 수도 있다.

小李	把	所有资料	都	删除	了。	샤오리는 모든 자료를 다 삭제했다.
주어	把	관형어+행위의 대상	부사어	술어	기타성분	

어휘 **所有** suǒyǒu 뎽모든 **资料** zīliào 뎽자료 **删除** shānchú 뎽삭제하다

5. 청유를 나타내는 请은 주어 앞, 명령을 나타내는 别는 주어 뒤에 오며, 이때 주어는 주로 생략된다.

请	(你)	把	这篇文章	翻译	成中文。	이 글을 중국어로 번역해 주세요.
请	주어	把	관형어+행위의 대상	술어	기타성분	

(你)	别	把	饮料	洒	在地毯上。	음료를 카펫 위에 엎지르지 마세요.
주어	부사어	把	행위의 대상	술어	기타성분	

어휘 **文章** wénzhāng 뎽글 **翻译** fānyì 뎽번역하다 **洒** sǎ 뎽엎지르다 **地毯** dìtǎn 뎽카펫

잠깐! 이 외에도, 말하는 대상이 你(너)일 경우 주어 생략이 가능하다.

(你)	把	书	放在桌子上。	(너는) 책을 책상 위에 두거라.
주어	把	행위의 대상	술어+기타성분	

6. 把 대신 将이 쓰일 수 있다.

她	将	个人简历	发	到企业邮箱里了。	그녀는 개인 이력서를 기업 메일함으로 보냈다.
주어	将	관형어+행위의 대상	술어	기타성분	

어휘 **简历** jiǎnlì 뎽이력서 **企业** qǐyè 뎽기업 **邮箱** yóuxiāng 뎽메일함, 우편함

제시된 어휘로 어순에 맞는 문장을 완성하세요.

1. 秘密　　她　　了　　告诉我　　把

   정답: _____

2. 咖啡　　不小心　　我　　键盘上　　把　　洒在了

   정답: _____

3. 把　　居然　　核心技术　　他　　公开了

   정답: _____

4. 保存好　　您的　　请将　　这些证件

   정답: _____

5. 递给我　　把　　你可以　　吗　　那个零件

   정답: _____

정답 해설집 p.161

08 被자문 완성하기

被자문은 '(행위의 주체)에 의해 (술어)되다'라는 의미를 가지며, '被+행위의 주체'를 술어 앞에 배치하는 것이 특징이다. 따라서 제시된 어휘 중 被가 있으면, 被자문 어순에 따라 문장을 완성해야 한다.

핵심 전략
1. 被자문이 '주어+(부사어+)被+행위의 주체+술어+기타성분'의 어순임을 정확히 외워 둔다.
2. 被 또는 被가 포함된 어휘를 술어 앞에 부사어로 배치한다.
3. 被자문의 특징에 유의하며 문장을 완성한다.

예제 맛보기

被　门　卧室的　撞开了　弟弟

被　门　卧室的　撞开了　弟弟
被　명사　명사+的　동사+동사+了　명사

관형어　주어　被+행위의 주체 부사어　술어 + 기타성분

정답　卧室的　门　被 弟弟　撞开了。

해석　침실의 문은 남동생에 의해 부딪쳐 열렸다.
어휘　卧室 wòshì 圆침실　撞 zhuàng 图부딪치다

STEP 1	被 ~ 술어 배치하기	제시된 어휘 중 被가 있으므로, 被자문을 완성해야 한다. 제시된 어휘 중 유일하게 동사를 포함하고 있는 '동사+동사+了' 형태의 撞开了(부딪쳐 열렸다)를 술어 자리에 배치하고, 被를 술어 앞에 배치한다. → 被　撞开了
STEP 2	주어와 행위의 주체 배치하기	명사 弟弟(남동생)와 门(문) 중 문맥상 被……撞开了(~에 의해 부딪쳐 열렸다)의 주체가 되는 弟弟를 被 다음 행위의 주체로 배치하고, 门을 주어로 배치한다. → 门　被　弟弟　撞开了
STEP 3	남은 어휘 배치하여 문장 완성하기	남은 어휘인 '명사+的' 형태의 卧室的(침실의)를 주어 门(문) 앞에 관형어로 배치하여 문장을 완성한다. → 卧室的　门　被　弟弟　撞开了

완성된 문장 卧室的门被弟弟撞开了。(침실의 문은 남동생에 의해 부딪쳐 열렸다.)

비책 공략하기

1 被자문의 특징

1. 행위를 나타내는 동사가 술어로 쓰인다.

她的要求	被	小明	拒绝	了。	그녀의 요구는 샤오밍에 의해 거절되었다.
관형어+주어	被	행위의 주체	술어	기타성분	

我的鞋子	被	水	冲	走了。	나의 신발은 물에 의해 떠내려갔다.
관형어+주어	被	행위의 주체	술어	기타성분	

어휘 **拒绝** jùjué [동]거절하다 **鞋子** xiézi [명]신발 **冲走** chōngzǒu 떠내려가다

• 被와 함께 자주 쓰이는 동사(구)

被 + …… + 骗 bèi …… piàn ~에 의해 속다	被 + …… + 动 bèi …… dòng ~에 의해 움직여지다
被 + …… + 录取 bèi …… lùqǔ ~에 의해 합격되다/채용되다	被 + …… + 选为 bèi …… xuǎnwéi ~에 의해 ~로 뽑히다
被 + …… + 应用 bèi …… yìngyòng ~에 의해 응용되다	被 + …… + 模仿 bèi …… mófǎng ~에 의해 모방되다
被 + …… + 批准 bèi …… pīzhǔn ~에 의해 허가되다	被 + …… + 批评 bèi …… pīpíng ~에 의해 비판되다
被 + …… + 吓到 bèi …… xiàdào ~에 의해 놀라다	被 + …… + 吓哭 bèi …… xiàkū ~에 의해 놀라서 울다
被 + …… + 取消 bèi …… qǔxiāo ~에 의해 취소되다	被 + …… + 拒绝 bèi …… jùjué ~에 의해 거절당하다
被 + …… + 使用 bèi …… shǐyòng ~에 의해 사용되다	被 + …… + 邀请 bèi …… yāoqǐng ~에 의해 초대되다
被 + …… + 吸引 bèi …… xīyǐn ~에 의해 유인되다	被 + …… + 污染 bèi …… wūrǎn ~에 의해 오염되다
被 + …… + 撞开 bèi …… zhuàngkāi ~에 의해 부딪쳐 열리다	被 + …… + 打碎 bèi …… dǎsuì ~에 의해 부서지다
被 + …… + 实现 bèi …… shíxiàn ~에 의해 실현되다	被 + …… + 预定 bèi …… yùdìng ~에 의해 예정되다
被 + …… + 冲走 bèi …… chōngzǒu ~에 의해 떠내려가다	被 + …… + 叫做 bèi …… jiàozuò ~에 의해 ~라고 불리다
被 + …… + 吵醒 bèi …… chǎoxǐng ~에 의해 시끄러워 잠이 깨다	被 + …… + 视为 bèi …… shìwéi ~에 의해 ~로 보여지다
被 + …… + 关掉 bèi …… guāndiào ~에 의해 꺼지다	被 + …… + 退回来 bèi …… tuì huílai ~에 의해 되돌려 보내져 오다
被 + …… + 收拾 bèi …… shōushi ~에 의해 정리되다	被 + …… + 搬出去 bèi …… bān chūqu ~에 의해 옮겨져 나가다
被 + …… + 解决 bèi …… jiějué ~에 의해 해결되다	被 + …… + 打一顿 bèi …… dǎ yí dùn ~에 의해 한바탕 얻어맞다

2. 행위의 주체에는 주로 인칭대사나 사람명사가 온다. 이때, 행위의 주체가 누구인지 전혀 알 수 없거나 언급할 필요가 없는 경우 행위의 주체는 생략할 수 있다.

我的手机	被	她	关	掉了。	나의 휴대폰은 그녀에 의해 꺼졌다.
관형어+주어	被	행위의 주체	술어	기타성분	

自然环境	被	（人）	污染	了。	자연환경은 (사람에 의해) 오염되었다.
관형어+주어	被	(행위의 주체)	술어	기타성분	

어휘 **关掉** guāndiào 꺼 버리다 **自然** zìrán [명]자연 **污染** wūrǎn [동]오염시키다

3. 술어 뒤 기타성분 자리에는 주로 了나 보어(+了)가 오며, 행위의 결과를 나타낸다.

了	小赵 주어	被 被	公司 행위의 주체	录取 술어	了。 기타성분	샤오자오는 회사에 의해 채용되었다.
결과보어	他 주어	被 被	小王 행위의 주체	吓 술어	到了。 기타성분	그는 샤오왕에 의해 놀랐다.
방향보어	我的行李 관형어+주어	被 被	小李 행위의 주체	搬 술어	出去了。 기타성분	내 짐은 샤오리에 의해 옮겨져 나갔다.
정도보어	她的房间 관형어+주어	被 被	收拾 술어		得很干净。 기타성분	그녀의 방은 깨끗하게 정리되었다.
수량보어	他 주어	被 被	邻居小孩 관형어+행위의 주체	打 술어	了一顿。 기타성분	그는 이웃집 꼬마에게 한바탕 얻어맞았다.

어휘　录取 lùqǔ 통 채용하다　吓 xià 통 놀라다　行李 xíngli 명 짐　收拾 shōushi 통 정리하다
　　　顿 dùn 양 바탕, 끼[식사·질책·권고 등을 세는 단위]

4. 부정부사, 시간부사 등의 부사는 被 앞에서 부사어로 쓰인다.

부정부사	桌子上的东西 관형어+주어	没 부사어	被 被	人 행위의 주체	动 술어	过。 기타성분	책상 위의 물건은 누군가에 의해 움직여진 적이 없다.
시간부사	我 주어	曾经 부사어	被 被	小王 행위의 주체	骗 술어	过一次。 기타성분	나는 이전에 샤오왕에게 한 번 속은 적이 있다.

어휘　曾经 céngjīng 부 이전에　骗 piàn 통 속이다

실전연습문제

제시된 어휘로 어순에 맞는 문장을 완성하세요.

1. 被   吵醒了   我   鞭炮声

   정답: _____

2. 新发型   她的   模仿   被   很多人

   정답: _____

3. 副总裁   选为   我们公司的   被   他

   정답: _____

4. 培训计划   他的   批准了   终于   被

   정답: _____

5. 信   退回来了   寄给朋友的   被

   정답: _____

정답 해설집 p.163

존현문은 '(장소/시간)에 (목적어)가 (술어)하다'라는 의미를 가지며, 주어에 장소/시간 표현이 오는 것이 특징이다. 제시된 어휘 중 장소/시간 표현과 존재함·나타남·사라짐을 의미하는 동사가 있다면 존현문 어순에 따라 문장을 완성해야 한다.

핵심 전략

1. 존현문이 '주어(장소/시간)+술어+(관형어)+목적어'의 어순임을 정확히 외워 둔다.
2. 제시된 어휘 중 장소/시간 표현과 존재함·나타남·사라짐을 의미하는 동사가 있다면 존현문 완성을 고려한다.
3. 존현문의 특징에 유의하며 문장을 완성한다.

예제 맛보기

几个	家里	来了	客人

几个	家里	来了	客人
대사+양사	명사+명사	동사+了	명사

주어	술어 + 了	관형어	목적어
家里	来了	几个	客人。

정답

해석 집 안에 몇 명의 손님이 왔다.

어휘 客人 kèrén 몡 손님

STEP 1	술어 배치하기	제시된 어휘 중 나타남을 의미하는 '동사+了' 형태의 来了(왔다)와 장소를 나타내는 '명사+명사' 형태의 家里(집 안)가 있으므로, 존현문을 완성해야 한다. 来了를 술어 자리에 바로 배치한다. → 来了
STEP 2	주어·목적어 배치하기	장소를 나타내는 '명사+명사' 형태의 家里(집 안)를 주어로 배치하고, 명사 客人(손님)을 목적어로 배치한다. → 家里　来了　客人
STEP 3	남은 어휘 배치하여 문장 완성하기	남은 어휘인 '대사+양사' 형태의 几个(몇 명)를 목적어 客人(손님) 앞에 관형어로 배치하여 문장을 완성한다. → 家里　来了　几个　客人

완성된 문장 家里来了几个客人。(집 안에 몇 명의 손님이 왔다.)

1 존현문의 특징

1. 존재함·나타남·사라짐을 의미하는 동사(구)가 술어 자리에 온다.

| 존재함 | 墙上
주어 | 挂着
술어+着 | 姥姥的
관형어 | 照片。
목적어 | 벽에는 외할머니의 사진이 걸려 있다. |

| 나타남 | 体育馆里
주어 | 来了
술어+了 | 很多
관형어 | 观众。
목적어 | 체육관에 많은 관중이 왔다. |

| 사라짐 | 抽屉里
주어 | 少了
술어+了 | 一把
관형어 | 剪刀。
목적어 | 서랍 안에 하나의 가위가 없어졌다. |

어휘　墙 qiáng 몡벽　挂 guà 통걸다　姥姥 lǎolao 몡외할머니　观众 guānzhòng 몡관중　抽屉 chōuti 몡서랍
少了 shǎo le 없어졌다, 적어졌다　把 bǎ 양[자루가 있는 기구를 세는 단위]　剪刀 jiǎndāo 몡가위

• 존현문에서 술어로 자주 쓰이는 동사(구)

존재함	有 yǒu 있다 放着 fàngzhe 놓여 있다 写着 xiězhe 쓰여 있다 堆着 duīzhe 쌓여 있다	是 shì ~이다 挂着 guàzhe 걸려 있다 停着 tíngzhe 세워져 있다 躲着 duǒzhe 숨어 있다	贴着 tiēzhe 붙여져 있다 站着 zhànzhe 서 있다 坐着 zuòzhe 앉아 있다 装满 zhuāngmǎn 가득 담겨 있다
나타남	传来 chuánlái 들려오다 跑过来 pǎo guòlai 달려오다	来了 lái le 왔다 产生了 chǎnshēng le 생겨났다	发生了 fāshēng le 발생했다 出现了 chūxiàn le 나타났다
사라짐	走了 zǒu le 갔다 跑过去 pǎo guòqu 달려가다	少了 shǎo le 없어졌다, 적어졌다 开走了 kāizǒu le (자동차가) 떠났다	搬走了 bānzǒu le 옮겨갔다 飞走了 fēizǒu le 날아갔다

잠깐! 동태조사 着는 주로 존재함을 의미하는 동사 뒤에 붙어 동작이나 상태가 지속됨을 나타내며, 동태조사 了는 주로 나타남·사라짐을 나타내는 동사 뒤에 붙어 상황이 변화하였음을 나타낸다. 또한, 동사 有가 존현문에 쓰일 경우, 반드시 주어 자리에 장소/시간 표현이 와야 하므로, 주어 자리에 주로 대사나 명사(구)가 오는 有자문과 혼동하지 않도록 주의한다.

2. 주로 장소 표현이나 시간 표현이 주어 자리에 온다.

| 장소 표현 | 高速公路上
주어 | 出现了
술어+了 | 一片
관형어 | 浓雾。
목적어 | 고속도로에 짙은 안개가 나타났다. |

| 시간 표현 | 去年
주어 | 发生了
술어+了 | 大
관형어 | 水灾。
목적어 | 작년에 큰 수해가 발생했다. |

어휘　高速公路 gāosù gōnglù 몡고속도로　浓雾 nóngwù 짙은 안개　水灾 shuǐzāi 몡수해

• 존현문에서 주어로 자주 쓰이는 장소 표현과 시간 표현

장소 표현	房间里 fángjiān li 방 안	教室里 jiàoshì li 교실 안	院子里 yuànzi li 정원 안
	书架上 shūjià shang 책꽂이 위	墙上 qiángshang 벽 위	桌子上 zhuōzi shang 책상 위
	门口 ménkǒu 입구, 현관	墙角 qiángjiǎo 담 모퉁이	远处 yuǎnchù 먼 곳
시간 표현	前天 qiántiān 그저께	昨天 zuótiān 어제	今天 jīntiān 오늘
	去年 qùnián 작년	今年 jīnnián 올해	刚才 gāngcái 방금 전
	每天 měitiān 매일	后来 hòulái 그 후, 그 뒤	两点 liǎng diǎn 두 시

알짼 제시어에 在가 포함되어 있다면, 다른 제시어들에 장소/시간 표현과 존재함·나타남·사라짐을 의미하는 표현과 동사가 있다 하더라도, 존현문이 아닌 일반 문형의 문장 완성을 고려해야 한다. 이때, 在를 결과보어로 배치할 수 있어야 하고, 이 경우 장소/시간 표현이 아닌 다른 어휘가 주어가 된다.

这件事　　　发生　　　在　　　教室里。　　　이 일은 교실에서 발생했다.
관형어+주어　　술어　　결과보어　　목적어

3. 주로 '수사 + 양사' 또는 '······ + 的' 형태의 어휘가 목적어 앞에서 관형어로 쓰인다.

수사+양사　院子里　　有　　一棵　　树。　　정원에는 한 그루의 나무가 있다.
　　　　　　　주어　　술어　관형어　목적어

형용사+的　文件上　　写着　　重要的　　信息。　　서류에는 중요한 정보가 쓰여 있다.
　　　　　　주어　　술어+着　관형어　　목적어

어휘　院子 yuànzi 圐정원　棵 kē 圐그루　文件 wénjiàn 圐서류　信息 xìnxī 圐정보

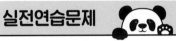
제시된 어휘로 어순에 맞는 문장을 완성하세요.

1. 堆着　　墙角　　很多　　箱子

   정답: _____

2. 传来　　一阵　　远处　　笑声

   정답: _____

3. 一座　　有　　湖中心　　小岛

   정답: _____

4. 餐厅门口　　营业　　写着　　时间

   정답: _____

5. 上　　贴着　　一幅　　窗户　　剪纸

   정답: _____

정답 해설집 p.165

고득점비책 10

연동문 완성하기

연동문은 '(주어)가 (술어1)하고 (술어2)하다'라는 의미를 가진다. 제시된 어휘 중 2개 이상의 동사가 의미상 연속 발생하거나 행위의 목적 또는 수단·방식 관계를 나타내면 연동문 어순에 따라 문장을 완성해야 한다.

핵심 전략

1. 연동문이 '주어+술어1(+목적어1)+술어2(+목적어2)'의 어순임을 정확히 외워 둔다.
2. 제시된 어휘 중 술어가 될 수 있는 동사가 2개일 경우 연동문 완성을 고려한다.
3. 동사가 3개 제시된 경우 연동문 형태를 목적어 자리에 배치하는 것을 고려한다.
4. 연동문의 특징에 유의하며 문장을 완성한다.

예제 맛보기

到　　会议　　进行　　报告厅　　我将

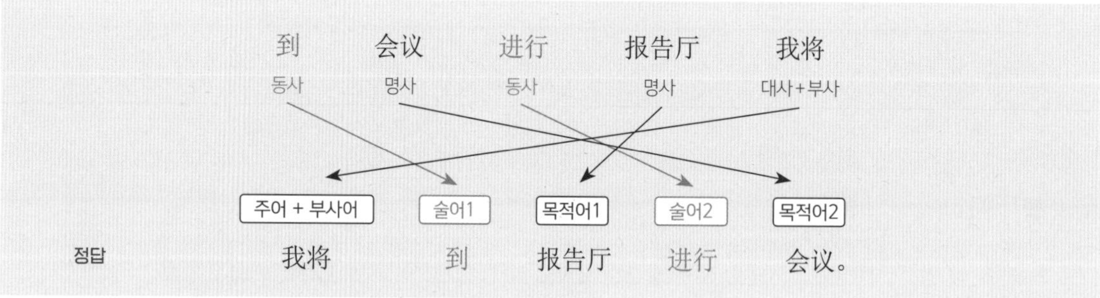

해석　나는 세미나실에 가서 회의를 진행할 것이다.

어휘　**进行** jìnxíng [동]진행하다　**报告厅** bàogàotīng [명]세미나실

STEP 1 술어1·술어2 배치하기

술어가 될 수 있는 어휘가 동사 **到**(가다)와 동사 **进行**(진행하다) 두 개이므로, 연동문을 고려하여 문장을 완성해야 한다. 연동문에서 술어1로 자주 쓰이는 동사 **到**를 술어1로 배치하고, **进行**을 술어2로 배치한다. → 到　进行

STEP 2 목적어 배치하기

명사 **会议**(회의)와 명사 **报告厅**(세미나실) 중 술어1 **到**(가다)와 문맥상 목적어로 어울리는 **报告厅**을 목적어1로 배치하고, 술어2 **进行**(진행하다)과 문맥상 목적어로 어울리는 **会议**를 목적어2로 배치한다. → **到**　报告厅　**进行**　会议

STEP 3 주어 배치하여 문장 완성하기

남은 어휘인 '대사+부사' 형태의 **我将**(나는 ~할 것이다)을 주어 자리에 배치하여 문장을 완성한다. → 我将　**到**　**报告厅**　**进行**　**会议**

완성된 문장　我将到报告厅进行会议。(나는 세미나실에 가서 회의를 진행할 것이다.)

🎋 비책 공략하기

1️⃣ 연동문의 특징

1. 술어1과 술어2는 다음과 같은 관계를 갖는다.

연속 발생 (술어1하고 술어2하다)	老师 주어	带 술어1	学生 목적어1	参观了 술어2+了	展览会。 목적어2	선생님은 학생을 데리고 전람회를 참관했다.
행위의 목적 (술어1하러 술어1하다)	姥姥 주어	去 술어1	超市 목적어1	买 술어2	蔬菜。 목적어2	외할머니는 야채를 사러 슈퍼마켓에 간다.
수단·방식 (술어1로 술어2하다)	那位嘉宾 관형어+주어	正 부사어	拿着 술어1+着	麦克风 목적어2	演讲。 술어2	그 손님은 마침 마이크를 든 채로 연설을 한다.

어휘 参观 cānguān 图참관하다 展览会 zhǎnlǎnhuì 图전람회 姥姥 lǎolao 图외할머니 嘉宾 jiābīn 图손님, 게스트
　　　 麦克风 màikèfēng 图마이크 演讲 yǎnjiǎng 图연설하다

2. 陪[데리고 ~하다], 来[오다], 用[사용하다]과 같은 1음절 동사는 주로 술어1로 쓰인다.

舅舅 주어	经常 부사어	陪 술어1	太太 목적어1	看 술어2	电影。 목적어2	외삼촌은 자주 아내를 데리고 영화를 본다.

어휘 舅舅 jiùjiu 图외삼촌 陪 péi 图(함께) 데리고 ~하다 太太 tàitai 图아내

• 연동문에서 술어1로 자주 쓰이는 동사

来 lái 오다	去 qù 가다
坐 zuò 타다	到 dào 도착하다, 가다
用 yòng 사용하다	陪 péi (함께) 데리고 ~하다, 동반하다, 모시다
拿 ná 들다, ~를 가지고 ~하다	带 dài 데리고 ~하다, 인솔하다

> **잠깐!** 술어1에 (没)有가 올 수 있으며, 이런 경우 '~할 ~이 있다(없다)'는 의미를 갖는다.
>
> | 我
주어 | 有
술어1 | 时间
목적어1 | 修改
술어2 | 论文。
목적어2 | 나는 논문을 수정할 시간이 있다. |
> |---|---|---|---|---|---|
>
> **어휘** 修改 xiūgǎi 图수정하다 论文 lùnwén 图논문

3. 부정부사, 시간부사, 조동사는 주로 술어1 앞에서 부사어로 쓰인다.

부정부사	他 주어	没 부사어	坐 술어1	卡车 목적어1	去 술어2	工地。 목적어2	그는 트럭을 타고 공사 현장에 가지 않았다.
시간부사	我 주어	常常 부사어	去 술어1	参加 술어2	环保活动。 관형어+목적어		나는 때때로 환경 보호 활동에 참가하러 간다.
조동사	我 주어	要 부사어	利用 술어1	业余时间 관형어+목적어1	散步。 술어2		나는 여가 시간을 활용해 산책하려고 한다.

어휘 卡车 kǎchē 图트럭 工地 gōngdì 图공사 현장 环保活动 huánbǎo huódòng 환경 보호 활동
　　　 利用 lìyòng 图활용하다, 이용하다 业余 yèyú 图여가의 散步 sànbù 图산책하다

4. 동작의 지속을 나타내는 동태조사 着는 술어1 뒤에, 완료와 경험을 나타내는 了와 过는 술어2 뒤에 온다.

술어1+着	他们	笑着	接待	客人。	그들은 웃으며 손님을 대접한다.
	주어	술어1+着	술어2	목적어	

술어2+了	她	到	一家商场	买了	手套。	그녀는 한 백화점에 가서 장갑을 샀다.
	주어	술어1	관형어+목적어1	술어2+了	목적어2	

술어2+过	我	去	广场	找过	他。	나는 광장에 가서 그를 찾은 적이 있다.
	주어	술어1	목적어2	술어2+过	목적어2	

어휘 **接待** jiēdài [동] 대접하다 **商场** shāngchǎng [명] 백화점 **手套** shǒutào [명] 장갑 **广场** guǎngchǎng [명] 광장

[잠깐!] 술어1이 완료되고 곧바로 술어2가 발생할 경우, 了는 술어1 뒤에 오며, 이때 술어2 앞에는 再(다시)나 就(곧)와 같은 부사가 온다.

我们	吃了	饭	再	商量吧。	우리 밥 먹고 다시 상의해 보자.
주어	술어1+了	목적어1	부사어	술어2+吧	

어휘 **商量** shāngliang [동] 상의하다

[2] 연동문 형태가 목적어로 오는 문장 완성하기

주술구, 술목구를 목적어로 가질 수 있는 동사 1개를 포함하여 동사가 3개 있다면 연동문 형태가 목적어로 쓰이는 문장을 고려할 수 있다. 이럴 경우, 주술구, 술목구를 목적어로 가질 수 있는 동사를 술어 자리에 먼저 배치한 후, 나머지 동사들을 연동 문 형태로 연결하여 술어의 목적어 자리에 배치한다.

我	希望	他	来	北京	工作。	나는 그가 베이징에 일하러 오기를 바란다.
주어	술어	주어1	술어1	목적어1	술어2	
		목적어				

제시된 어휘로 어순에 맞는 문장을 완성하세요.

1. 形容　　不能　　此刻的心情　　用言语

   정답: _____

2. 告别了　　他　　流着泪　　师傅　　自己的

   정답: _____

3. 我偶尔　　陪　　打太极拳　　儿子

   정답: _____

4. 去学校　　培训课程　　决定　　申请　　她

   정답: _____

5. 参加　　你没有　　辩论赛　　资格

   정답: _____

정답 해설집 p.167

겸어문 완성하기

겸어문은 '(주어)는 (겸어)가 (술어2)하는 것을/하도록 (술어1)하다'라는 의미로, 겸어가 술어1의 목적어이면서 술어2의 주어가 되는 문장이다. 제시된 어휘 중 사역동사나 요청동사가 있으면 겸어문의 어순에 따라 문장을 완성해야 한다.

핵심 전략 | 1. 겸어문은 '주어1+술어1+겸어(목적어1/주어2)+술어2(+목적어2)'의 어순임을 정확히 외워 둔다.
2. '겸어문+연동문'의 형태로 완성해야 하는 문제에 유의한다.
3. 겸어문의 특징에 유의하며 문장을 완성한다.

예제 맛보기

让人   感到   微笑   亲切   她的

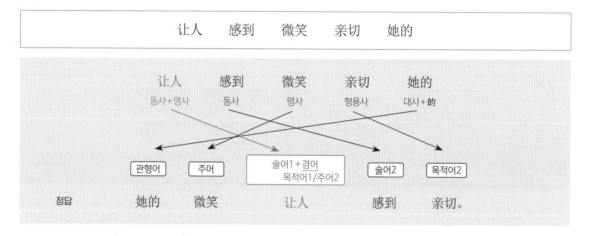

해석   그녀의 미소는 사람으로 하여금 친근감을 느끼게 한다.

어휘   微笑 wēixiào 몡 미소   亲切 qīnqiè 혱 친근하다

STEP 1 술어과 겸어 배치하기

제시된 어휘 중 '동사+명사' 형태의 让人(사람으로 하여금 ~하게 하다)에 사역동사 让이 있으므로, 겸어문을 완성해야 한다. 겸어문에서는 사역동사가 주로 술어1 자리에 위치하므로, 让을 포함하고 있는 '동사+명사' 형태의 让人을 술어1 자리에 배치한다. 참고로, 让人에서 人은 술어1 让(~로 하여금 ~하게 하다)의 대상이 되면서 술어2의 주어로 쓰이는 겸어이다. → 让人

STEP 2 술어2와 목적어2 배치하기

동사이면서 겸어 人(사람)의 행위가 될 수 있는 感到(느끼다)를 술어2로 배치하고, 명사 微笑(미소)와 형용사 亲切(친근하다) 중 술어2 感到와 문맥상 목적어로 어울리는 亲切를 목적어로 배치한다. → 让人 感到 亲切

STEP 3 남은 어휘 배치하여 문장 완성하기

남은 어휘 중 명사 微笑(미소)를 주어로 배치하고, '대사+的' 형태의 她的(그녀의)를 微笑 앞에 관형어로 배치하여 문장을 완성한다. → 她的 微笑 让人 感到 亲切

완성된 문장 她的微笑让人感到亲切. (그녀의 미소는 사람으로 하여금 친근감을 느끼게 한다.)

🎋 비책 공략하기

1 겸어문의 특징

1. 사역·요청을 나타내는 동사가 술어1로 쓰인다.

사역동사 大家的鼓励　 让　 我　 充满了　 信心。　　모두의 격려는 나로 하여금 자신감이 가득하게 했다.
　　　　　관형어+주어1　술어1　겸어　술어2+了　목적어2
　　　　　　　　　　　　　　목적어1/주어2

요청동사 老师　 建议　 我们　 把握　 机会。　선생님은 우리에게 기회를 잡으라고 제안하신다.
　　　　　주어1　술어1　겸어　술어2　목적어2
　　　　　　　　　　목적어1/주어2

어휘　鼓励 gǔlì 圖격려하다　充满 chōngmǎn 圖가득하다　信心 xìnxīn 圖자신감　建议 jiànyì 圖제안하다　把握 bǎwò 圖잡다

• 겸어문에서 술어1로 자주 쓰이는 사역·요청 동사

사역동사	让 ràng ~하게 하다	叫 jiào ~하게 하다	
	使 shǐ ~하게 시키다(~하게 하다)	令 lìng ~하게 하다	
	派 pài ~하도록 파견하다	劝 quàn 권고하다, 타이르다	
요청동사	请 qǐng ~하게 하다(~하도록 요청하다)	建议 jiànyì 제안하다	
	要求 yāoqiú 요구하다	通知 tōngzhī 통지하다, 알리다	

잠깐만! 술어1에 有가 올 수 있다.

我们班　 有　 两个学生　 获得了　 奖学金。　　우리 반에는 장학금을 받은 학생이 2명 있다.
주어1　술어1　겸어　술어2+了　목적어2
　　　　　목적어1/주어2

어휘　获得 huòdé 圖받다, 획득하다　奖学金 jiǎngxuéjīn 圖장학금

2. 겸어는 술어1의 목적어가 되는 동시에 술어2의 주어가 되는 어휘이다.

合作　 使　 工作效率　 变高。　　협력은 업무 효율이 높아지게 한다.
주어　술어1　겸어　술어2
　　　　목적어1/주어2

어휘　合作 hézuò 圖협력하다　效率 xiàolǜ 圖효율　变高 biàngāo 높아지다

3. 부정부사와 조동사는 주로 술어1 앞에서 부사어로 쓰인다.

부정부사 他们　 没要求　 我们　 关闭　 手机。　그들은 우리에게 휴대폰을 끄라고 요구하지 않았다.
　　　　　주어1　부사어+술어1　겸어　술어2　목적어2
　　　　　　　　　　　　목적어1/주어2

조동사 我　 要通知　 职员　 参加　 会议。　나는 직원들에게 회의에 참석할 것을 알리려고 한다.
　　　　주어1　부사어+술어1　겸어　술어2　목적어2
　　　　　　　　　　　목적어1/주어2

어휘　关闭 guānbì 圖(전원을) 끄다　通知 tōngzhī 圖알리다, 통지하다　职员 zhíyuán 圖직원

4. 술어의 의미를 직접 수식하는 정도부사와 '~하지 마라'를 의미하는 别, 不要는 술어2 앞에 온다.

정도부사	比赛结果	令	双方	都非常	满意。	시합 결과는 양측이 모두 매우 만족하게 했다.
	관형어+주어1	술어1	겸어 목적어1/주어2	부사어	술어2	

别	医生	劝	他	别	喝	酒。	의사는 그에게 술을 마시지 말라고 권고했다.
	주어1	술어1	겸어 목적어1/주어2	부사어	술어2	목적어2	

不要	我的太太	要求	我	不要	抽烟。	나의 아내는 내게 담배를 피우지 말라고 요구했다.
	관형어+주어1	술어1	겸어 목적어1/주어2	부사어	술어2	

어휘 **结果** jiéguǒ 몡 결과 **双方** shuāngfāng 몡 양측, 쌍방 **劝** quàn 통 권고하다, 타이르다 **太太** tàitai 몡 아내
　　抽烟 chōuyān 통 담배를 피우다

5. 동사 让, 请으로 이루어진 겸어문에서는 주어1이 생략될 수 있다.

让	他	回去吧。	그가 돌아가게 해라.
술어1	겸어 목적어1/주어2	술어2+吧	▷ 他(그)가 돌아가도록 만드는 주어1 我 (나)가 생략되었다.

请	你们	遵守	交通规则。	당신들은 교통 규칙을 준수해 주세요.
술어1	겸어 목적어1/주어2	술어2	관형어+목적어2	▷ 你们(당신들)이 교통 규칙을 준수하도록 요청하는 주어1 我 (나)가 생략되었다.

어휘 **遵守** zūnshǒu 통 준수하다, 지키다 **交通** jiāotōng 몡 교통 **规则** guīzé 몡 규칙

2 '겸어문+연동문' 형태의 문장 완성하기

겸어문에 쓰이는 동사 1개를 포함하여 동사가 3개 있다면 '겸어문+연동문' 형태의 문장을 고려해야 한다. 사역/요청동사를 술어1 자리에 먼저 배치한 후, 나머지 동사 2개를 이용해 겸어를 주어로 하는 연동문을 완성한다.

老板	让	我们	去	商场	采访顾客。	사장님은 우리에게 고객을 취재하러 백화점에 가도록 했다.
주어1	술어1	겸어 목적어1/주어2	술어2	목적어2	술어3+목적어3	
					(연동문 형태)	

어휘 **商场** shāngchǎng 몡 백화점 **采访** cǎifǎng 통 취재하다, 인터뷰하다 **顾客** gùkè 몡 고객

제시된 어휘로 어순에 맞는 문장을 완성하세요.

1. 劝我　　　做傻事　　　千万别　　　他

   정답:＿＿＿＿＿＿＿＿＿＿＿＿＿＿＿＿＿＿＿＿＿＿＿＿

2. 建议　　　马上　　　我不　　　你　　　签合同

   정답:＿＿＿＿＿＿＿＿＿＿＿＿＿＿＿＿＿＿＿＿＿＿＿＿

3. 谈判　　　李主任　　　总裁派　　　去北京

   정답:＿＿＿＿＿＿＿＿＿＿＿＿＿＿＿＿＿＿＿＿＿＿＿＿

4. 发言　　　他们　　　吧　　　继续　　　让

   정답:＿＿＿＿＿＿＿＿＿＿＿＿＿＿＿＿＿＿＿＿＿＿＿＿

5. 出示　　　驾驶证　　　交通警察　　　要求她

   정답:＿＿＿＿＿＿＿＿＿＿＿＿＿＿＿＿＿＿＿＿＿＿＿＿

정답 해설집 p.169

12 是……的 강조구문 완성하기

是……的 강조구문은 이미 발생한 행위에 대한 시간, 장소, 방식 등을 강조하는 의미를 가지며, 是과 的 사이에 강조내용과 술어를 배치하는 것이 특징이다. 제시된 어휘 중 是과 的가 있으면 是……的 강조구문 완성을 우선적으로 고려한다.

핵심 전략

1. 是……的 강조구문이 '주어+是+강조내용+술어(+목적어)+的'의 어순임을 정확히 외워 둔다.
2. 제시어에 是과 的가 포함되어 있으면 是……的 강조구문 완성을 고려한다.
3. 是……的 강조구문의 특징에 유의하며 문장을 완성한다.

예제 맛보기

未来　　的　　决定　　由自己　　是

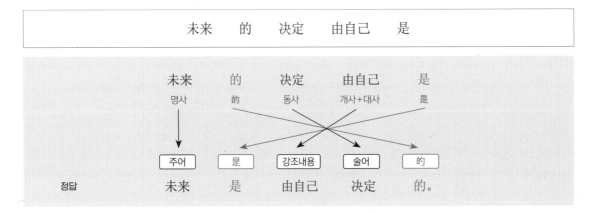

해석 미래는 자신이 결정하는 것이다.

어휘 未来 wèilái 몡 미래　决定 juédìng 통 결정하다　由 yóu 게 ~이(가)

STEP 1 是과 的 사이에 술어 배치하기

제시된 어휘 중 是과 的가 있으므로, 是……的 강조구문을 고려하여 문장을 완성해야 한다. 동사 决定(결정하다)을 是과 的 사이에 술어로 배치한다. → 是　决定　的

STEP 2 주어·목적어 배치하기

명사 未来(미래)를 是 앞에 주어로 배치한다. → 未来　是　决定　的

STEP 3 강조 내용 배치하여 문장 완성하기

남은 어휘인 '개사+대사' 형태의 由自己(자신이)를 술어 决定(결정하다) 앞에 강조내용으로 배치하여 문장을 완성한다. 참고로, 由自己는 决定(결정하다)의 행위자를 강조한다. → 未来　是　由自己　决定　的

완성된 문장 未来是由自己决定的。(미래는 자신이 결정하는 것이다.)

🎋 비책 공략하기

1 是……的 강조구문의 특징

1. 술어는 是과 的 사이, 강조내용 다음에 온다.

我们	是	在餐厅	遇到	她	的。	우리는 식당에서 그녀를 마주쳤다.
주어	是	강조내용	술어	목적어	的	

어휘 **餐厅** cāntīng 圆식당 **遇到** yùdào 圄마주치다

[잠깐!] 제시된 어휘에 是과 的가 있는데 술어가 되는 다른 어휘가 없다면 是자문을 완성하는 문제임을 알아 둔다.

这	是	我的	梳子。	이것은 나의 빗이다.
주어	술어	관형어	목적어	

어휘 **梳子** shūzi 圆빗

2. 강조내용은 是과 술어 사이에 온다.

시간	他们的婚礼	是	去年三月	举行	的。	그들의 결혼식은 작년 3월에 열렸다.
	관형어+주어	是	강조내용	술어	的	
장소	她的项链	是	在上海	买	的。	그녀의 목걸이는 상하이에서 산 것이다.
	관형어+주어	是	강조내용	술어	的	
방식	这位客人	是	坐飞机	来	的。	이 손님은 비행기를 타고 오셨다.
	관형어+주어	是	강조내용	술어	的	
목적	这双袜子	是	专门为你	准备	的。	이 양말은 특별히 너를 위해 준비한 것이다.
	관형어+주어	是	강조내용	술어	的	
행위자	这个技术	是	由老刘	开发	的。	이 기술은 라오리우가 개발한 것이다.
	관형어+주어	是	강조내용	술어	的	

어휘 **婚礼** hūnlǐ 圆결혼식 **举行** jǔxíng 圄열리다, 거행하다 **项链** xiàngliàn 圆목걸이 **袜子** wàzi 圆양말
专门 zhuānmén 圄특별히 **技术** jìshù 圆기술 **开发** kāifā 圄개발하다

[잠깐!] 강조내용이 없는 是……的 구문도 있다. 이 역시 술어가 是과 的 사이에 위치하는 것이 특징이며, 주로 화자의 판단이나 견해, 설명의 어기를 나타낸다.

这类塑料餐盒	是	可以重复	使用	的。	이러한 플라스틱 도시락은 반복해서 사용할 수 있다.
관형어+주어	是	부사어	술어	的	
这个假设	是	根本不	成立	的。	이 가설은 결코 성립되지 않는 것이다.
관형어+주어	是	부사어	술어	的	

어휘 **塑料** sùliào 圆플라스틱 **餐盒** cānhé 圆도시락 **重复** chóngfù 圄반복하다, 중복하다 **使用** shǐyòng 圄사용하다
假设 jiǎshè 圆가설 **根本** gēnběn 圄결코 **成立** chénglì 圄성립하다

3. 목적어는 일반적으로 술어 뒤, 的 앞에 온다.

他	是	在世界大赛上	获得	冠军的。	그는 세계 대회에서 우승을 획득했다.
주어	是	강조내용	술어	목적어+的	

王秘书	是	最早	发现	保安问题的。	왕 비서가 가장 먼저 보안 문제를 발견했다.
주어	是	강조내용	술어	관형어+목적어+的	

어휘 **大赛** dàsài 囲대회, 큰 경기 **获得** huòdé 園획득하다 **冠军** guànjūn 囲우승 **秘书** mìshū 囲비서
发现 fāxiàn 園발견하다 **保安** bǎo'ān 園보안하다, 치안을 유지하다

4. 부사 不와 都는 是 앞에서 부사어로 쓰인다.

我	不是	故意	省略重点内容	的。	나는 고의로 주요 내용을 생략한 것이 아니다.
주어	부사어+是	강조내용	술어+관형어+목적어	的	

我的父母	都是	去年	退休	的。	나의 부모님은 모두 작년에 퇴직하셨다.
관형어+주어	부사어+是	강조내용	술어	的	

어휘 **故意** gùyì 囝고의로 **省略** shěnglüè 園생략하다 **重点** zhòngdiǎn 囲주요, 중점 **退休** tuìxiū 園퇴직하다

제시된 어휘로 어순에 맞는 문장을 완성하세요.

1. 坐长途汽车　　姥姥　　来的　　是

   정답: _____

2. 的　　统计　　是　　昨天　　都　　这些数据

   정답: _____

3. 自然灾害　　引起的　　由气候变化　　这种　　是

   정답: _____

4. 偶然　　这类现象的　　是　　发现　　研究人员

   정답: _____

5. 绝对　　报告　　是　　不会错的　　诊断

   정답: _____

정답 해설집 p.171

比자문은 '(주어)가 (비교대상)보다 (술어)하다'라는 의미를 가지며, '比+비교대상'을 술어 앞에 배치하는 것이 특징이다. 따라서 제시된 어휘 중 比가 있으면 比자문 어순에 따라 문장을 완성해야 한다.

핵심 전략

1. 比자문이 '주어+比+비교대상+(부사어+)술어(+보어)'의 어순임을 정확히 외워 둔다.
2. 比 또는 比가 포함된 어휘를 (부사어+)술어 앞에 부사어로 배치한다.
3. 比자문의 특징에 유의하며 비교문을 완성한다.
4. 比를 사용하지 않는 비교문을 꼼꼼히 학습해 둔다.

⩗ 예제 맛보기

以前　　更　　他们俩的关系　　比　　密切了

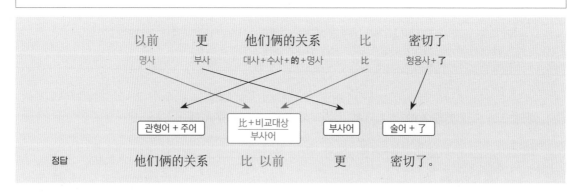

해석　그들 두 사람의 관계는 이전보다 더 가까워졌다.

어휘　**俩** liǎ ㈜ 두 사람　**关系** guānxi 圐 관계　**密切** mìqiè 薝 가깝다, 긴밀하다

STEP 1　比 ~ 술어 배치하기　제시된 어휘 중 比가 있으므로, 比자문을 완성해야 한다. 유일하게 형용사를 포함하고 있는 '형용사+了' 형태의 密切了(가까워졌다)를 술어 자리에 바로 배치하고, 比를 술어 앞에 배치한다. → 比　密切了

STEP 2　주어와 비교대상 배치하기　'대사+수사+的+명사' 형태의 他们俩的关系(그들 두 사람의 관계)와 명사 以前(이전) 중 술어가 포함된 密切了(가까워졌다)와 문맥상 주어로 어울리는 他们俩的关系를 주어 자리에 배치하고, 他们俩的关系와 비교대상으로 어울리는 以前을 比 다음 비교대상으로 배치한다. → 他们俩的关系　比　以前　密切了

STEP 3　남은 어휘 배치하여 문장 완성하기　남은 어휘 부사 更(더)을 술어 密切了(가까워졌다) 앞에 부사어로 배치하여 문장을 완성한다. → 他们俩的关系　比　以前　更　密切了

완성된 문장 他们俩的关系比以前更密切了。(그들 두 사람의 관계는 이전보다 더 가까워졌다.)

1 比자문의 특징

1. '比+비교대상'은 주어 다음, [부사어+]술어 앞에 온다.

我的	嗓子	比昨天	更	难受了。
관형어	주어	比+비교대상	부사어	술어+了

내 목은 어제보다 더 불편하다.

어휘 嗓子 sǎngzi 圓목(구멍) 难受 nánshòu 圓(몸이) 불편하다

잠깐! 비교대상에 주어와 동일한 어휘가 쓰인 경우, 비교대상에서 사용된 동일한 어휘는 생략이 가능하다.

上海的气温	比+北京(的气温)	还	高。
관형어+주어	比+비교대상	부사어	술어

상하이의 기온은 베이징(의 기온)보다 더 높다.

2. 还, 更, 更加, 稍微, 都와 같이 비교의 정도를 강조하는 어휘는 '比+비교대상' 뒤, 술어 앞에 부사어로 온다.

媒体的	种类	比以前	还	多。
관형어	주어	比+비교대상	부사어	술어

대중매체의 종류는 이전보다 더 많다.

这个	家具	比我想象中	更	结实。
관형어	주어	比+비교대상	부사어	술어

이 가구는 내가 상상한 것보다 더 튼튼하다.

她的 设计	能力	比其他学生	稍微	强一些。
관형어	주어	比+비교대상	부사어	술어+보어

그녀의 설계 능력은 다른 학생들에 비해 조금 더 좋다.

摩托车的	销量	比自行车	都	高。
관형어	주어	比+비교대상	부사어	술어

오토바이의 판매량은 자전거보다도 높다.

어휘 媒体 méitǐ 圓대중매체 种类 zhǒnglèi 圓종류 家具 jiājù 圓가구 结实 jiēshi 圓튼튼하다, 단단하다 设计 shèjì 圓설계하다 稍微 shāowēi 圓조금 强 qiáng 圓(능력이) 좋다 摩托车 mótuōchē 圓오토바이 销量 xiāoliàng 圓판매량

3. 수량·정도보어가 술어 뒤에서 보어로 쓰인다.

今天的 股票	价格	比去年	上涨了	三倍。
관형어	주어	比+비교대상	술어+了	수량보어

오늘 주식 가격은 작년보다 3배 올랐다.

老师的	说明	比上次	详细得	多。
관형어	주어	比+비교대상	술어+得	정도보어

선생님의 설명은 지난번 보다 많이 상세하다.

어휘 股票 gǔpiào 圓주식 价格 jiàgé 圓가격 上涨 shàngzhǎng 圓(수위·물가 등이) 오르다 详细 xiángxì 圓상세하다

2 比를 사용하지 않는 비교문

1. '주어+有/没有+비교대상+[这么/那么+]술어'

'주어는 비교대상만큼 (이렇게/그렇게) ~하다/하지 않다'는 의미를 갖는 비교문이다.

她的	性格	有	你	这么活泼	吗?
관형어	주어	有	비교대상	부사어+술어	吗

그녀의 성격은 당신만큼 이렇게 활발한가요?

新来的	员工	没有	以前的员工	那么熟练。
관형어	주어	没有	비교대상	부사어+술어

새로 온 직원은 이전의 직원만큼 그렇게 능숙하지 못하다.

어휘 性格 xìnggé 圓성격 活泼 huópō 圓활발하다 员工 yuángōng 圓직원 熟练 shúliàn 圓능숙하다

참깐! 没有 대신 不如를 쓸 수 있다.

老板的	经营	能力	不如	以前	好。	사장님의 운영 능력은 이전만 못하다.
관형어	주어		不如	비교대상	술어	

어휘 老板 lǎobǎn 몡사장 经营 jīngyíng 통운영하다, 경영하다 能力 nénglì 몡능력 不如 bùrú 통~만 못하다

2. '주어+和/跟+비교대상+一样+술어'

'주어는 비교대상과 같이/처럼 ~하다'는 의미를 갖는 비교문이다.

打工	经验	跟	实习经验	一样	重要。	아르바이트 경험은 실습 경험과 같이 중요하다.
관형어	주어	跟	비교대상	一样	술어	

我们的	服务	质量	和	他们	一样	好。	우리의 서비스 품질은 그들처럼 좋다.
관형어	주어	和	비교대상	一样	술어	

어휘 打工 dǎgōng 통아르바이트하다 经验 jīngyàn 몡경험 实习 shíxí 통실습하다 服务 fúwù 통서비스하다 质量 zhìliàng 몡품질

제시된 어휘로 어순에 맞는 문장을 완성하세요.

1. 她的收入　　高　　比我　　更

   정답: _____

2. 比　　他的　　任何人　　都紧张　　心情

   정답: _____

3. 得多　　那里　　干净　　比　　这里的沙滩

   정답: _____

4. 没有我　　就业形势　　那么　　想象的　　悲观

   정답: _____

5. 那么　　她不如　　勤奋　　姐姐

   정답: _____

정답 해설집 p.173

테스트1

제시된 어휘로 어순에 맞는 문장을 완성하세요.

1. 过敏　　对海鲜　　我　　非常

2. 抽屉里　　零件　　细小的　　装满了

3. 出席了　　总统　　开幕式　　亲自

4. 相信陌生人　　绝不　　他　　轻易

5. 具体的　　提供　　请　　细节　　一些

6. 了　　气氛　　活跃起来　　逐渐

7. 对　　金教练　　明天的　　很有把握　　比赛

8. 巨大挑战　　从未　　她　　面临着　　经历过的

테스트 2

제시된 어휘로 어순에 맞는 문장을 완성하세요.

1. 十分了解   爷爷   中国   传统戏剧   对

2. 这种   传播速度   病毒的   极快

3. 一定   安装好   要   把设备   你明天

4. 丰富   这么   当时的资源   不如现在

5. 孩子的   不要   想象力   限制

6. 胆小鬼   他   被视为   讨厌   自己

7. 规则   她连   最基本的   都不懂

8. 艺术家   玻璃   进行创作   用   这位

정답 해설집 p.175

제2부분

짧은 글쓰기

제2부분은 총 2문제로, 제시된 5개의 어휘를 모두 사용하여 글을 쓰는 99번 문제와,
제시된 1개의 사진을 보고 글을 쓰는 100번 문제가 출제된다. 주어진 시간 안에
80자 내외로 짧은 글 두 편을 완성할 수 있어야 한다.

고득점 공략법 글쓰기에 필요한 여러 표현과 함께, 99번과 100번 문제의 공략법을 잘 익혀 둔다.

필수표현　　1. 모범 답안 구조와 문장 템플릿　ㅣ　2. 주제별 자주 쓰이는 표현

답안 작성법　쓰기 2부분 답안 작성 가이드

고득점비책 1　99번, 제시된 어휘로 글쓰기

고득점비책 2　100번, 제시된 사진 보고 글쓰기

출제 경향

1. **99번 문제는 사회·취미 활동과 관련된 어휘가 자주 출제된다.**

   99번 문제에서는 주로 가정·일상 생활, 사회·취미 활동, 학교·직장 생활에 관한 어휘가 출제되는데, 그중
   운동/건강, 여행/사진, 시사/이슈 등의 사회·취미 활동 주제로 글을 쓸 수 있는 어휘가 자주 출제된다. 예
   를 들어 激动(감동하다), 享受(누리다), 保护(보호하다)와 같은 어휘가 출제되면, 사회·취미 활동에 관한 주
   제를 떠올려 짧은 글을 완성한다.

2. **100번 문제는 가정·일상 생활과 관련된 사진이 자주 출제된다.**

   100번 문제에서는 주로 가정·일상 생활, 사회·취미 활동, 학교·직장 생활에 관한 사진이 출제되는데, 그
   중 가족, 주거/인테리어, 생활 안전/수칙 등의 가정·일상 생활 주제로 글을 쓸 수 있는 사진이 자주 출제된
   다. 예를 들어, 가족이 함께 모여 있는 사진, 집안을 인테리어하고 있는 사진이 출제되면, 가정·일상 생활
   에 관한 주제를 떠올려 짧은 글을 완성한다.

99번, 제시된 어휘로 글쓰기

减肥　合理　散步　傍晚　随时

100번, 제시된 사진 보고 글쓰기

STEP 1 소재 정하기

산보를 하면서 운동의 중요성을 알게 된 경험

STEP 1 소재 정하고 활용 표현 떠올리기

고향에 계신 할아버지를 뵙고 행복한 추억을 남긴 경험
爷爷(할아버지), 迎接(맞이하다), 拥抱(껴안다), 感受(느끼다),
幸福(행복하다)

STEP 2 아웃라인 잡고 짧은 글쓰기

<아웃라인>

도입	나는 최근에 매일 산보(散步)를 했음
전개	이것은 다이어트(减肥)를 하기 위해서였음
	비록 수시로(随时)운동을 하지는 못하지만, 그러나 저녁 무렵(傍晚)에 하는 산보(散步)는 이미 효과가 생겼음
	그래서 나는 산보(散步)가 합리적이고(合理) 또 건강한 다이어트(减肥) 방식이라는 것을 알게 되었음
마무리	결론적으로, 이 일은 나로 하여금 운동의 중요성을 알게 했음

STEP 2 아웃라인 잡고 짧은 글쓰기

<아웃라인>

도입	나는 최근에 고향에서 생활하고 계시는 할아버지(爷爷)를 뵈러 갔음
전개	이것은 할아버지(爷爷)와 함께 즐거운 시간을 보내기 위해서였음
	먼저 할아버지(爷爷)는 기쁘게 나를 맞이하셨고(迎接), 그 다음에 또 나를 꽉 껴안으셨음(拥抱)
	그래서 나는 나에 대한 할아버지(爷爷)의 사랑을 느꼈음(感受)
마무리	한마디로 말해서, 이 일은 내게 행복한(幸福) 추억을 남겼음

* PBT는 쓰기 2부분 문제지 빈 여백에 아웃라인을 작성한다. IBT는 종이에 필기를 할 수 없으므로, 쓰기 2부분 답안 입력칸에 아웃라인을 입력해 놓은 다음, 작문이 완료되면 작성한 아웃라인을 삭제한다.

<원고지에 쓴 답안>

	我	最	近	每	天	都	会	散	步	。	这	是	为	了
达	到	减	肥	的	目	的	。	虽	然	我	不	能	随	时	出
去	运	动	,	但	傍	晚	散	步	就	已	经	很	有	效	果
了	。	于	是	我	明	白	了	散	步	是	一	种	合	理	又
健	康	的	减	肥	方	式	。	总	而	言	之	,	这	件	事
让	我	知	道	了	运	动	的	重	要	性	。				

<원고지에 쓴 답안>

	我	最	近	去	看	过	在	老	家	生	活	的	爷	爷	。
这	是	为	了	和	爷	爷	一	起	度	过	开	心	的	时	间	。
首	先	爷	爷	高	兴	地	迎	接	了	我	,	然	后	又	紧
紧	地	拥	抱	了	我	。	于	是	我	感	受	到	了	爷	爷
对	我	的	爱	。	总	之	,	这	件	事	给	我	留	下	了
幸	福	的	回	忆	。										

* 고득점을 받기 위해서는 PBT 기준 원고지 6줄 ~ 7줄, IBT 기준 85~100자 정도를 채우는 것이 좋다. 작성이 끝난 후에는 한자·어법·문장 부호 등에 오류가 없는지 검토한다.

모범 답안 및 해석 해설집 p.181

1. 모범 답안 구조와 문장 템플릿

주어진 시간 안에 짜임새 있는 글쓰기를 효율적으로 완성할 수 있도록, 모범 답안 구조 및 글쓰기에 사용하는 문장 템플릿을 알아 둔다.

1 모범 답안 구조

도입		
최근에 내가 한 경험을 소개하는 내용을 쓴다.	我最近 [나의 경험]。 나는 최근에 ~했다.	

전개	문장 ①	这是为了 [이유/목적]。
내가 한 경험과 관련된 세부 내용을 쓴다.	이 경험을 하게 된 이유나 목적을 쓴다.	이것은 ~하기 위해서였다.
	문장 ② 이 경험을 하면서 한 행동을 쓴다.	**선택 1** 首先 [행동 1], 然后 [행동 2]。 먼저 ~을/를 했고, 그 다음에 ~을/를 했다.
		선택 2 虽然 [조건], 但(是) [행동]。 비록 ~했지만, 그러나 ~했다.
		선택 3 在 [사람]的帮助下, [행동]。 ~의 도움으로, ~했다.
	문장 ③ 이 경험으로 어떤 변화나 추억이 생겼는지를 쓴다.	**선택 1** 在这个过程中, 我 [내게 발생한 변화/내게 생긴 추억]。 이 과정에서, 나는 ~했다.
		선택 2 于是我 [내게 발생한 변화/내게 생긴 추억]。 그래서 나는 ~했다.

마무리		
이 경험을 통해 내가 받은 느낌, 감정, 생각 등을 쓴다.	**선택 1** 总之, 这件事给我留下了 [내게 준 느낌]。 한마디로 말해서, 이 일은 내게 ~을/를 남겼다. **선택 2** 总而言之, 这件事让我 [내가 느낀 감정/생각]。 결론적으로, 이 일은 나로 하여금 ~하게 했다.	

2 글쓰기에 사용하는 문장 템플릿

1. 도입에 사용하는 문장 템플릿

01

我最近 [   ]。
Wǒ zuìjìn

나는 최근에 ~했다.

我最近在卧室挂了一个新的窗帘。
Wǒ zuìjìn zài wòshì guàle yí ge xīn de chuānglián.

나는 최근에 침실에 새 커튼을 하나 달았다.

我最近去过一个风景优美的地方。
Wǒ zuìjìn qùguo yí ge fēngjǐng yōuměi de dìfang.

나는 최근에 풍경이 아름다운 곳에 간 적이 있다.

2. 전개에 사용하는 문장 템플릿

01

这是为了 [   ]。
Zhè shì wèile

이것은 ~하기 위해서였다.

这是为了改变家里的装修风格。
Zhè shì wèile gǎibiàn jiāli de zhuāngxiū fēnggé.

이것은 집의 인테리어 스타일을 바꾸기 위해서였다.

这是为了在空闲时间感受大自然。
Zhè shì wèile zài kòngxián shíjiān gǎnshòu dàzìrán.

이것은 한가한 시간에 대자연을 느끼기 위해서였다.

02

首先 [   ]，然后 [   ]。
Shǒuxiān   , ránhòu

먼저 ~을/를 했고, 그 다음에 ~을/를 했다.

首先我在商店买了新的窗帘，然后把它挂在卧室的窗户上了。
Shǒuxiān wǒ zài shāngdiàn mǎile xīn de chuānglián, ránhòu bǎ tā guà zài wòshì de chuānghù shang le.

먼저 나는 상점에서 새 커튼을 구입했고, 그 다음에 그것을 침실의 창문 위에 달았다.

首先我们到达了目的地，然后按照地图寻找各种旅游景点。
Shǒuxiān wǒmen dàodále mùdìdì, ránhòu ànzhào dìtú xúnzhǎo gèzhǒng lǚyóu jǐngdiǎn.

먼저 우리는 목적지에 도착했고, 그 다음에 지도에 따라 여러 관광 명소를 찾았다.

03

虽然 [   ]，但 (是) [   ]。
Suīrán   , dàn(shì)

비록 ~했지만, 그러나 ~했다.

虽然围巾样式独特，但它很适合爸爸。
Suīrán wéijīn yàngshì dútè, dàn tā hěn shìhé bàba.

비록 스카프는 스타일이 독특했지만, 그러나 아빠에게 잘 어울렸다.

虽然那里到处都是摄影的人，但我还是享受到了大自然的美好。
Suīrán nàli dàochù dōu shì shèyǐng de rén, dàn wǒ háishi xiǎngshòu dàole dàzìrán de měihǎo.

비록 그곳에는 곳곳마다 촬영하는 사람들이 있었지만, 그러나 나는 대자연의 아름다움을 만끽했다.

04 在 [   ]的帮助下，[   ]。
Zài   de bāngzhù xià,   .

~의 도움으로, ~했다.

在老师的帮助下，我的水平有所提高。
Zài lǎoshī de bāngzhù xià, wǒ de shuǐpíng yǒusuǒ tígāo.

선생님의 도움으로, 나의 수준은 다소 향상되었다.

在同事的帮助下，我按照计划顺利地完成了
项目。
Zài tóngshì de bāngzhù xià, wǒ ànzhào jìhuà shùnlì de
wánchéngle xiàngmù.

동료들의 도움으로, 나는 계획에 따라 순조롭게 프로젝트를
완성할 수 있었다.

05 在这个过程中，我 [   ]。
Zài zhè ge guòchéng zhōng, wǒ   .

이 과정에서, 나는 ~했다.

在这个过程中，我成功地改变了家里的环境。
Zài zhè ge guòchéng zhōng, wǒ chénggōng de gǎibiànle
jiāli de huánjìng.

이 과정에서, 나는 집안 환경을 성공적으로 바꾸었다.

在这个过程中，我拍了很多值得纪念的照片。
Zài zhè ge guòchéng zhōng, wǒ pāile hěn duō zhídé
jìniàn de zhàopiàn.

이 과정에서, 나는 기념할 만한 많은 사진들을 찍었다.

06 于是我 [   ]。
Yúshì wǒ   .

그래서 나는 ~했다.

于是我开始期待接下来的生活了。
Yúshì wǒ kāishǐ qīdài jiē xiàlai de shēnghuó le.

그래서 나는 앞으로의 생활이 기대되기 시작했다.

于是我决心实行一些有价值的实践方案。
Yúshì wǒ juéxīn shíxíng yìxiē yǒu jiàzhí de shíjiàn fāng'àn.

그래서 나는 몇 가지 가치 있는 실천 방안을 실행하기로 결심했다.

3. 마무리에 사용하는 문장 템플릿

01 总之，这件事给我留下了 [   ]。
Zǒngzhī, zhè jiàn shì gěi wǒ liúxiàle   .

한마디로 말해서, 이 일은 내게 ~을/를 남겼다.

总之，这件事给我留下了深刻的印象。
Zǒngzhī, zhè jiàn shì gěi wǒ liúxiàle shēnkè de yìnxiàng.

한마디로 말해서, 이 일은 내게 깊은 인상을 남겼다.

总之，这件事给我留下了难忘的回忆。
Zǒngzhī, zhè jiàn shì gěi wǒ liúxiàle nánwàng de huíyì.

한마디로 말해서, 이 일은 내게 잊지 못할 추억을 남겼다.

02 总而言之，这件事让我 [   ]。
Zǒng'éryánzhī, zhè jiàn shì ràng wǒ   .

결론적으로, 이 일은 나로 하여금 ~하게 했다.

总而言之，这件事让我很开心。
Zǒng'éryánzhī, zhè jiàn shì ràng wǒ hěn kāixīn.

결론적으로, 이 일은 나로 하여금 기쁘게 했다.

总而言之，这件事让我感到十分满足。
Zǒng'éryánzhī, zhè jiàn shì ràng wǒ gǎndào shífēn mǎnzú.

결론적으로, 이 일은 나로 하여금 매우 만족을 느끼게 했다.

초록색으로 된 우리말을 중국어로 바꾸어 문장을 완성해 보세요.

1. **나는** 최근에 아르바이트 생활을 시작했다.

   _____ 开始了打工生活。

2. **이 과정에서, 나는** 역사가 오래된 전통문화를 잘 보존해야 한다는 것을 알게 되었다.

   _____ 认识到了要好好保存历史悠久的传统文化。

3. **한마디로 말해서, 이 일은 내게** 아름다운 추억을 남겼다.

   _____ 美好的回忆。

4. **미용사의 도움으로,** 나는 머리카락을 파마했고, 또 가장 좋아하는 색으로 염색했다.

   _____ 理发师 _____, 我烫好了头发, 还染了最喜欢的颜色。

5. **비록** 이 아파트는 구조가 비교적 단순하지만, **그러나** 인테리어가 잘되어 있다.

   _____ 这个公寓结构比较简单, _____ 它装修得很好。

6. **이것은** 즐거운 시간을 보내기 위해서였다.

   _____ 度过愉快的时间。

7. **결론적으로, 이 일은 나로 하여금** 행복을 느끼게 했다.

   _____ 感到很幸福。

8. **먼저** 나는 아름다운 풍경화를 봤고, **그 다음에** 더 많은 작품에 매료되었다.

   _____ 我看了美丽的风景画, _____ 又被更多作品吸引了。

9. **그래서 나는** 가능한 한 이전의 나쁜 버릇을 고치고 싶다.

   _____ 想尽量改掉以前的毛病。

정답 1. 我最近 2. 在这个过程中, 我 3. 总之, 这件事给我留下了 4. 在 / 的帮助下 5. 虽然 / 但是 6. 这是为了
7. 总而言之, 这件事让我 8. 首先 / 然后 9. 于是我

2. 주제별 자주 쓰이는 표현

글쓰기를 위한 아웃라인을 잡을 때 주제와 어울리는 적절한 표현이 바로 떠오를 수 있도록 주제별로 자주 쓰이는 표현을 알아 둔다.

❶ 가정·일상 생활 관련 표현

1. 가족

01

| 带……去餐厅吃饭
dài …… qù cāntīng chīfàn | ~을/를 데리고 식당에 가서 밥을 먹다 |

首先我带姥姥去餐厅吃了饭。
Shǒuxiān wǒ dài lǎolao qù cāntīng chīlefàn.

먼저 나는 외할머니를 모시고 식당에 가서 밥을 먹었다.

02

| 度过……的时间
dùguò …… de shíjiān | ~한 시간을 보내다 |

于是我想未来和小狗度过更多的时间。
Yúshì wǒ xiǎng wèilái hé xiǎogǒu dùguò gèng duō de shíjiān.

그래서 나는 앞으로 강아지와 더 많은 시간을 보내고 싶다.

2. 결혼/기념일

03

| 举行婚礼
jǔxíng hūnlǐ | 결혼식을 올리다 |

我最近举行了婚礼。
Wǒ zuìjìn jǔxíngle hūnlǐ.

나는 최근에 결혼식을 올렸다.

04

| 气氛热闹
qìfēn rènao | 분위기가 떠들썩하다 |

虽然有些亲戚没来，但婚礼的气氛还是相当热闹的。
Suīrán yǒuxiē qīnqi méi lái, dàn hūnlǐ de qìfēn háishi xiāngdāng rènào de.

비록 몇몇 친척들이 오지 않았지만, 그러나 결혼식의 분위기는 그래도 상당히 떠들썩했다.

3. 주거/인테리어

05 | 在……的环境中生活
zài …… de huánjìng zhōng shēnghuó | ~한 환경에서 생활하다

这是为了在新的环境中生活。
Zhè shì wèile zài xīn de huánjìng zhōng shēnghuó. | 이것은 새로운 환경에서 생활하기 위해서였다.

06 | 挂窗帘
guà chuānglián | 커튼을 달다

我最近在卧室挂了一个新的窗帘。
Wǒ zuìjìn zài wòshì guàle yí ge xīn de chuānglián. | 나는 최근에 침실에 새 커튼을 달았다.

4. 요리/식습관

07 | 养成习惯
yǎngchéng xíguàn | 습관을 기르다

我最近养成了良好的饮食习惯。
Wǒ zuìjìn yǎngchéngle liánghǎo de yǐnshí xíguàn. | 나는 최근에 좋은 식습관을 길렀다.

08 | 准备晚餐
zhǔnbèi wǎncān | 저녁 식사를 준비하다

这是为了亲自准备美味的晚餐。
Zhè shì wèile qīnzì zhǔnbèi měiwèi de wǎncān. | 이것은 맛있는 저녁 식사를 직접 준비하기 위해서였다.

5. 패션/뷰티

09 | 改变形象
gǎibiàn xíngxiàng | 이미지를 바꾸다

这是为了改变自己的形象，顺便换换心情。
Zhè shì wèile gǎibiàn zìjǐ de xíngxiàng, shùnbiàn huànhuan xīnqíng. | 이것은 나의 이미지를 바꾸고, 그 김에 기분을 전환하기 위해서였다.

10 | 样式独特
yàngshì dútè | 스타일이 독특하다

虽然围巾样式独特，但它很适合爸爸。
Suīrán wéijīn yàngshì dútè, dàn tā hěn shìhé bàba. | 비록 스카프는 스타일이 독특했지만, 그러나 아빠에게 잘 어울렸다.

6. 생활 안전/수칙

| 11 | **防止事故**
fángzhǐ shìgù | 사고를 방지하다 |

这是为了防止意外事故的发生。
Zhè shì wèile fángzhǐ yìwài shìgù de fāshēng.

이것은 의외의 사고가 발생하는 것을 방지하기 위해서였다.

| 12 | **标志牌**
biāozhìpái | 표지판 |

在这个过程中，我决定今后钓鱼时首先要留意
标志牌。
Zài zhè ge guòchéng zhōng, wǒ juédìng jīnhòu diàoyú
shí shǒuxiān yào liúyì biāozhìpái.

이 과정에서, 나는 앞으로 낚시를 할 때 먼저 표지판을 주의하
기로 마음먹었다.

2 사회·취미 활동 관련 표현

1. 사교/인간관계

| 01 | **参加聚会**
cānjiā jùhuì | 모임에 참석하다 |

我最近在隔壁邻居的邀请下，参加了一个聚会。
Wǒ zuìjìn zài gébì línjū de yāoqǐng xià, cānjiāle yí ge
jùhuì.

나는 최근에 이웃의 초대로 한 모임에 참석했다.

| 02 | **交朋友**
jiāo péngyou | 친구를 사귀다 |

在这个过程中，我交了很多善良的朋友。
Zài zhè ge guòchéng zhōng, wǒ jiāole hěn duō
shànliáng de péngyou.

이 과정에서, 나는 많은 선량한 친구들을 사귀었다.

2. 운동/건강

| 03 | **保持健康**
bǎochí jiànkāng | 건강을 유지하다 |

这是为了保持身体健康。
Zhè shì wèile bǎochí shēntǐ jiànkāng.

이것은 신체 건강을 유지하기 위해서였다.

04 取得……的效果
qǔdé ······ de xiàoguǒ

~한 효과를 얻다

在教练的帮助下，我取得了明显的健身效果。
Zài jiàoliàn de bāngzhù xià, wǒ qǔdéle míngxiǎn de jiànshēn xiàoguǒ.

트레이너의 도움으로, 나는 뚜렷한 헬스 효과를 얻었다.

3. 쇼핑

05 购物中心
gòuwù zhōngxīn

쇼핑센터

我最近在购物中心买了一台电脑。
Wǒ zuìjìn zài gòuwù zhōngxīn mǎile yì tái diànnǎo.

나는 최근에 쇼핑센터에서 컴퓨터 한 대를 구입했다.

06 优惠活动
yōuhuì huódòng

할인 행사

在售货员的帮助下，我知道了有个热门产品正好在搞优惠活动。
Zài shòuhuòyuán de bāngzhù xià, wǒ zhīdaole yǒu ge rèmén chǎnpǐn zhènghǎo zài gǎo yōuhuì huódòng.

판매원의 도움으로, 나는 한 인기 제품이 때마침 할인 행사를 하고 있다는 것을 알게 되었다.

4. 여행/사진

07 风景优美
fēngjǐng yōuměi

풍경이 아름답다

这是为了在风景优美的地方度假。
Zhè shì wèile zài fēngjǐng yōuměi de dìfang dùjià.

이것은 풍경이 아름다운 곳에서 휴가를 보내기 위해서였다.

08 拍照片
pāi zhàopiàn

사진을 찍다

在这个过程中，我拍了很多值得纪念的照片。
Zài zhè ge guòchéng zhōng, wǒ pāile hěn duō zhídé jìniàn de zhàopiàn.

이 과정에서, 나는 기념할 만한 많은 사진들을 찍었다.

5. 음악/미술

09	培养爱好 péiyǎng àihào	취미를 만들다

这是为了**培养**一个新的**爱好**。
Zhè shì wèile péiyǎng yí ge xīn de àihào.

이것은 새로운 취미를 하나 만들기 위해서였다.

10	艺术风格 yìshù fēnggé	예술 스타일

在这个过程中，我了解到了很多**艺术风格**。
Zài zhè ge guòchéng zhōng, wǒ liǎojiě dàole hěn duō yìshù fēnggé.

이 과정에서, 나는 많은 예술 스타일을 알게 되었다.

6. 공연/전시

11	展览会 zhǎnlǎnhuì	전시회

我最近去过美术**展览会**。
Wǒ zuìjìn qùguo měishù zhǎnlǎnhuì.

나는 최근에 미술 전시회에 간 적이 있다.

12	欣赏作品 xīnshǎng zuòpǐn	작품을 감상하다

于是我一边**欣赏**那些**作品**，一边和朋友交换意见。
Yúshì wǒ yìbiān xīnshǎng nàxiē zuòpǐn, yìbiān hé péngyou jiāohuàn yìjiàn.

그래서 나는 그 작품들을 감상하면서, 친구와 의견을 나누었다.

7. 방송/행사

13	发现魅力 fāxiàn mèilì	매력을 발견하다

在这个过程中，我**发现**那个明星有巨大的**魅力**。
Zài zhè ge guòchéng zhōng, wǒ fāxiàn nà ge míngxīng yǒu jùdà de mèilì.

이 과정에서, 나는 그 스타가 큰 매력을 가지고 있다는 것을 발견했다.

14	**得到签名** dédào qiānmíng	사인을 받다

首先我排队得到了那个明星的签名。
Shǒuxiān wǒ páiduì dédàole nà ge míngxīng de qiānmíng.

먼저 나는 줄을 서서 그 스타의 사인을 받았다.

8. 시사/이슈

15	**实践方案** shíjiàn fāng'àn	실천 방안

于是我决心实行一些有价值的实践方案。
Yúshì wǒ juéxīn shíxíng yìxiē yǒu jiàzhí de shíjiàn fāng'àn.

그래서 나는 몇 가지 가치 있는 실천 방안을 실행하기로 결심했다.

16	**带来变化** dàilai biànhuà	변화를 가져오다

在这个过程中，我觉得机器人未来会给社会带来很多变化。
Zài zhè ge guòchéng zhōng, wǒ juéde jīqìrén wèilái huì gěi shèhuì dàilai hěn duō biànhuà.

이 과정에서, 나는 로봇이 앞으로 사회에 많은 변화를 가져올 것이라고 느꼈다.

3 학교·직장 생활 관련 표현

1. 학업

01	**获得知识** huòdé zhīshi	지식을 얻다

这是为了获得新的知识。
Zhè shì wèile huòdé xīn de zhīshi.

이것은 새로운 지식을 얻기 위해서였다.

02	**集中精神** jízhōng jīngshén	정신을 집중하다

在老师的帮助下，我集中精神观察到了实验中的各种现象。
Zài lǎoshī de bāngzhù xià, wǒ jízhōng jīngshén guānchá dàole shíyàn zhōng de gèzhǒng xiànxiàng.

선생님의 도움으로, 나는 정신을 집중해서 실험 중의 다양한 현상을 관찰했다.

2. 졸업/구직

03 　**实现梦想**
shíxiàn mèngxiǎng

꿈을 이루다

这是为了**实现**我的**梦想**。
Zhè shì wèile shíxiàn wǒ de mèngxiǎng.

이것은 나의 꿈을 이루기 위해서였다.

04 　**毕业典礼**
bìyè diǎnlǐ

졸업식

我最近参加了儿子的**毕业典礼**。
Wǒ zuìjìn cānjiāle érzi de bìyè diǎnlǐ.

나는 최근에 아들의 졸업식에 참가했다.

3. 업무/성과

05 　**达到目标**
dádào mùbiāo

목표를 달성하다

于是我顺利**达到**了自己的**目标**。
Yúshì wǒ shùnlì dádàole zìjǐ de mùbiāo.

그래서 나는 순조롭게 나의 목표를 달성했다.

06 　**得到……的评价**
dédào …… de píngjià

~한 평가를 얻다

于是我在报告业务时**得到**了很好**的评价**。
Yúshì wǒ zài bàogào yèwù shí dédàole hěn hǎo de píngjià.

그래서 나는 업무를 보고할 때 좋은 평가를 얻었다.

확인학습 초록색으로 된 우리말을 중국어로 바꾸어 문장을 완성해 보세요.

1. 이 과정에서, 나는 아들과 즐거운 **시간을 보냈다.**

在这个过程中，我和儿子_____了愉快的_____。

2. 나는 최근에 미술관에 가서 명인의 미술 **작품을 감상했다.**

我最近去美术馆_____了名人的美术_____。

3. 이 과정에서, 나는 이 스타의 개성과 **매력을 발견했다.**

在这个过程中，我_____了这个明星的个性和_____。

4. 이것은 아빠의 **이미지를 바꿔서,** 아빠가 유행 트렌드를 따라잡을 수 있게 하기 위해서였다.

这是为了_____爸爸的_____，让他跟得上流行趋势。

5. 이것은 학력 취득의 **꿈을 이루기** 위해서였다.

这是为了_____取得学历的_____。

6. 이것은 더 많은 에너지를 쏟아, 끊임없이 새로운 **지식을 얻기** 위해서였다.

这是为了付出更多精力，不断_____新_____。

7. 먼저 우리는 **풍경이 아름다운** 곳으로 갔고, 그 다음에 이야기를 하면서 낚시를 시작했다.

首先我们去了_____的地方，然后开始边聊天边钓鱼。

8. 비록 **전시회** 규모는 크지 않았지만, 그러나 안에는 아주 흥미로운 작품들이 많이 있었다.

虽然_____规模不大，但里面有很多非常有趣的作品。

9. 관광 가이드의 도움으로, 나는 순조롭게 만리장성의 가장 높은 곳에 올라갔고, 또 예쁜 **사진도 많이 찍었다.**

在导游的帮助下，我顺利地爬到了长城的最高处，还_____了很多好看的_____。

정답 1. 度过 / 时间 2. 欣赏 / 作品 3. 发现 / 魅力 4. 改变 / 形象 5. 实现 / 梦想 6. 获得 / 知识 7. 风景优美 8. 展览会 9. 拍 / 照片

쓰기 제2부분인 99번, 100번 문제의 답안을 정확하게 쓸 수 있도록, 답안 작성법과 문장 부호 사용법, 답안 작성 시 주의해야 할 한자를 알아 둔다.

1 답안 작성법

1. PBT 시험을 위한 원고지 작성법

❶	**글쓰기 분량 채우기** 도입은 1~2번째 줄, 전개는 1~5번째 줄, 마무리는 6~7번째 줄에 써서 효과적으로 글쓰기 분량을 채운다.
❷	**처음 두 칸 비워 두기** 원고지 첫 줄의 처음 두 칸은 반드시 비워 두고 답안을 작성한다.
❸	**중국어는 한 칸에 한 자씩 쓰기** 중국어는 한 칸에 한 자씩 쓴다.
❹	**문장 부호는 한 칸에 한 자씩 쓰기** 일반적으로 중국어 문장 부호는 한 칸에 한 자씩 쓴다. 단, 다음과 같은 예외도 있음을 알아 둔다. ❹-1 : 원고지의 첫 번째 칸에는 문장 부호를 쓰지 않는다. 따라서, 이전 줄 마지막 칸에 중국어와 문장 부호를 함께 쓴다. ❹-2 : 문장 부호 두 개가 연달아 나오는 경우, 한 칸에 문장 부호 두 개를 함께 쓴다.
❺	**숫자는 한 칸에 두 자씩 쓰기** 숫자는 한 칸에 두 자씩 쓴다.

*참고로 알파벳을 쓰는 경우, 대문자는 한 칸에 한 자씩, 소문자는 한 칸에 두 자씩 쓴다.

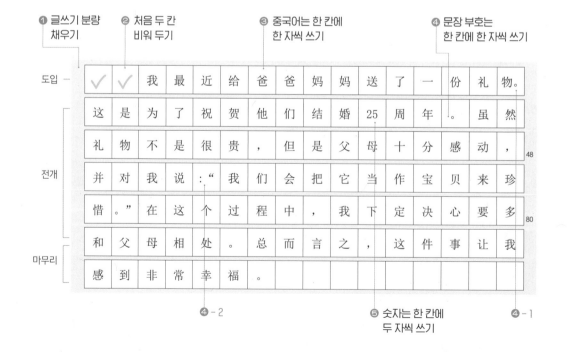

2. IBT 시험을 위한 답안 입력칸 작성법

❶	**글쓰기 분량 채우기**
	도입은 10~20글자, 전개는 30~60글자, 마무리는 10~20글자 정도로 작성해서 효과적으로 글쓰기 분량을 채운다.
	잠깐! 글자 수는 답안 입력칸 상단에 자동으로 체크된다.
❷	**처음부터 띄어쓰기 없이 답안 작성하기**
	IBT는 띄어쓰기가 글자 수에 포함되지 않는다. 따라서 띄어쓰기 없이 처음부터 바로 답안을 입력한다.
❸	**문장 부호는 띄어쓰기 없이 입력하기**
	중국어 문장 부호는 띄어쓰기 없이 입력한다. 여러 개의 문장 부호를 연이어 사용하는 경우에도 문장 부호 사이에 띄어쓰기를 하지 않는다.

*IBT 입력 시 사용하는 자판은 sougou 프로그램을 기준으로 한다.

❶ 글쓰기 분량 채우기

총 글자 수
总数字：103

我最近给爸爸妈妈送了一份礼物。这是为了祝贺他们结婚25周年。虽然礼物不是很贵，但是父母十分感动，并对我说："我们会把它当作宝贝来珍惜。"在这个过程中，我下定决心要多和父母相处。总而言之，这件事让我感到非常幸福。

❷ 처음부터
띄어쓰기 없이
답안 작성하기

❸ 문장 부호는
띄어쓰기 없이
입력하기

② 문장 부호 사용법

문장 부호	사용 방법
마침표(。)	평서문 끝에 쓴다. 我会下象棋。 나는 장기를 둘 줄 안다.
물음표(？)	의문문 끝에 쓴다. 博物馆在哪里？ 박물관은 어디에 있나요?
느낌표(！)	감탄문 끝에 쓴다. 景色美极了！ 경치가 매우 아름답네요!
쉼표(，)	한 문장을 중간에 끊을 때 쓴다. 对于这一点，我很有把握。 이 점에 대해서, 나는 자신이 있다.
모점(、)	단어들의 병렬 관계를 나타낼 때 쓴다. 她喜欢白色、蓝色、黄色和紫色。 그녀는 흰색, 파란색, 노란색과 자주색을 좋아한다.
따옴표(" ")	대화의 내용을 직접 인용할 때 쓴다. "这是我的愿望。" "이것은 나의 소원이에요."
콜론(：)	따옴표를 사용한 인용문 바로 앞에 쓴다. 他对我说："你赢了。" 그는 나에게 '네가 이겼어.'라고 말했다.

❸ 답안 작성 시 주의해야 할 한자

쓰기 2부분 답안을 작성할 때 자주 틀리게 쓰는 한자를 꼼꼼히 익혀서, 실제 시험에서 틀리게 쓰지 않도록 주의한다.

1. PBT에서 모양을 자주 틀리게 쓰는 한자

어휘	틀린 모양	어휘	틀린 모양
自己 (O) zìjǐ 떼 자신, 자기	自已 (X)	我们 (O) wǒmen 떼 우리들	我门 (X)
考试 (O) kǎoshì 동 시험을 치다	考式 (X)	收入 (O) shōurù 명 수입	收八 (X)
毛病 (O) máobìng 명 결점, 약점	手病 (X)	科学 (O) kēxué 명 과학	料学 (X)
围巾 (O) wéijīn 명 스카프	围币 (X)	垃圾 (O) lājī 명 쓰레기	拉圾 (X)
比赛 (O) bǐsài 명 경기, 시합	比寒 (X)	售货员 (O) shòuhuòyuán 명 판매원	集货员 (X)
环境 (O) huánjìng 명 환경	环竟 (X)	青春 (O) qīngchūn 명 청춘	清春 (X)
家具 (O) jiājù 명 가구	家貝 (X)	会议 (O) huìyì 명 회의	会义 (X)
汽车 (O) qìchē 명 자동차	气车 (X)	人才 (O) réncái 명 인재	人材 (X)
长城 (O) chángchéng 명 만리장성	长成 (X)	幅 (O) fú 양 폭[그림을 세는 단위]	副 (X)
间 (O) jiān 양 칸[방을 세는 단위]	问 (X)	决定 (O) juédìng 동 결정하다	诀定 (X)
浪费 (O) làngfèi 동 낭비하다	狼费 (X)	修理 (O) xiūlǐ 동 수리하다	修理 (X)
期待 (O) qīdài 동 기대하다	期侍 (X)	检查 (O) jiǎnchá 동 검사하다	险查 (X)
污染 (O) wūrǎn 동 오염시키다	亏染 (X)	纪录 (O) jìlù 동 기록하다 명 기록	纪绿 (X)

联系 (O) liánxì 통 연락하다	联糸 (X)	表扬 (O) biǎoyáng 통 칭찬하다	表场 (X)
安装 (O) ānzhuāng 통 설치하다	按装 (X)	考虑 (O) kǎolǜ 통 고려하다	考虎 (X)
描写 (O) miáoxiě 통 묘사하다	猫写 (X)	喝 (O) hē 통 마시다	曷 (X)
洒 (O) sǎ 통 쏟다, 엎지르다	酒 (X)	愉快 (O) yúkuài 형 유쾌하다, 즐겁다	偷快 (X)
激动 (O) jīdòng 통 감동하다, 감격하다	邀动 (X)	优秀 (O) yōuxiù 형 우수하다	尤秀 (X)
可惜 (O) kěxī 형 아깝다	可借 (X)	关键 (O) guānjiàn 형 가장 중요하다 명 관건	关建 (X)
好像 (O) hǎoxiàng 부 마치 ~와 같다	好象 (X)	幸亏 (O) xìngkuī 부 다행히	辛亏 (X)
根据 (O) gēnjù 개 ~에 따라	根居 (X)	于是 (O) yúshì 접 그래서	干是 (X)
即使 (O) jíshǐ 접 설령 ~이라도	既使 (X)	竟然 (O) jìngrán 부 뜻밖에도	竞然 (X)

2. IBT에서 병음이 같은 다른 한자로 자주 틀리게 입력하는 한자

입력 병음	어휘	예시
mai	买 mǎi 통 사다	给你卖的礼物 너에게 **팔아** 준 선물 (X) ➡ 给你买的礼物 너에게 **사** 준 선물 (O)
	卖 mài 통 팔다	版权买出去了 판권이 **사러** 나갔다 (X) ➡ 版权卖出去了 판권이 **팔렸다** (O)
zuo	做 zuò 통 (~을) 하다	作事情很认真 일을 **행동하는 것**이 진지하다 (X) ➡ 做事情很认真 일을 **하는 것**이 진지하다 (O)
	作 zuò 통 ~로 여기다, 행동하다	做为一名科研人员 한 명의 연구원으로 **하다** (X) ➡ 作为一名科研人员 한 명의 연구원으로 **여기다** (O)

jiao	教 jiāo 图 가르치다	交我画画儿 나에게 그림 그리는 것을 **건네주다** (X)	
		➡ 教我画画儿 나에게 그림 그리는 것을 **가르쳐 주다** (O)	
	交 jiāo 图 건네주다, 사귀다	把东西教到他手里 물건을 그의 손에 **가르쳐 주다** (X)	
		➡ 把东西交到他手里 물건을 그의 손에 **건네주다** (O)	
wan	玩 wán 图 놀다	和小朋友们完 아이들과 함께 나가서 **마친다** (X)	
		➡ 和小朋友们玩 아이들과 함께 나가서 **논다** (O)	
	完 wán 图 마치다	写玩报告就走 보고서를 쓰고 **놀고** 가다 (X)	
		➡ 写完报告就走 보고서를 쓰는 것을 **마치고** 가다 (O)	
xiang	想 xiǎng 图 ~하고 싶다, 생각하다	晚上像去公园 저녁에 공원에 가는 것**과 닮다** (X)	
		➡ 晚上想去公园 저녁에 공원에 가고 **싶다** (O)	
	像 xiàng 图 ~와 비슷하다, 닮다	长得很想 생긴 것이 **생각하다** (X)	
		➡ 长得很像 생긴 것이 **비슷하다** (O)	
zai	在 zài 개 ~에서 图 ~에 있다	再家睡觉 다시 집 잠을 잔다 (X)	
		➡ 在家睡觉 집**에서** 잠을 잔다 (O)	
	再 zài 图 다시	明天在去咖啡店 내일**에서** 커피숍에 간다 (X)	
		➡ 明天再去咖啡店 내일 **다시** 커피숍에 간다 (O)	
xinli	心里 xīnli 圀 마음속	心理很痛快 심리는 통쾌하다 (X)	
		➡ 心里很痛快 **마음속**이 통쾌하다 (O)	
	心理 xīnlǐ 圀 심리	心里方面的专家 마음속 방면의 전문가 (X)	
		➡ 心理方面的专家 심리 방면의 전문가 (O)	
nande	难的 nánde 어려운	比较难得任务 비교적 **얻기 어렵다** 임무 (X)	
		➡ 比较难的任务 비교적 **어려운** 임무 (O)	
	难得 nándé 图 얻기 어렵다	机会太难的了 기회가 매우 **어려운** (X)	
		➡ 机会太难得了 기회는 매우 **얻기 어렵다** (O)	

아래 제시된 중국어 예문을 쓰기 2부분 답안 작성 가이드에 따라 원고지에 적어 보세요.

1. 我最近正在找工作。这是为了实现我的梦想。首先我看了很多公司的招聘广告，然后向几个想去的公司递交了申请。在这个过程中，我幸运地得到了几个公司的面试机会。总而言之，这件事让我既紧张又期待。

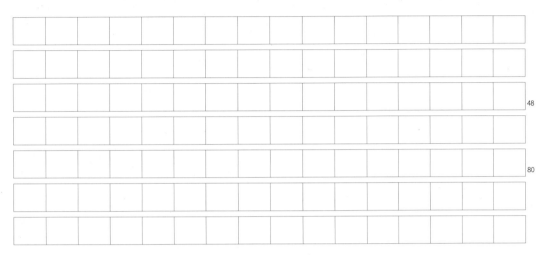

2. 我最近和家人一起度过了除夕夜。这是为了和全家人一起庆祝新年的到来。首先我们吃了父亲亲自做的美食，然后互相交换了礼物。于是我在开心的氛围中迎来了新年。总之，这件事给我留下了幸福的回忆。

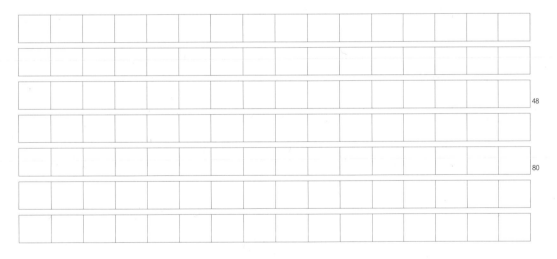

정답 및 해석 해설집 p.182

고득점비책 01

99번, 제시된 어휘로 글쓰기

제시된 5개의 어휘를 모두 사용하여 한 편의 글을 완성하는 문제가 출제되며, 이때 어휘는 제시된 순서와 관계없이 사용할 수 있다. 자신의 경험과 관련된 내용을 글쓰기 소재로 잡으면 쉽게 글을 쓸 수 있다.

핵심 전략

1. 제시된 5개 어휘의 뜻을 재빨리 파악한 후, 자신의 경험과 관련된 명사나 동사를 사용하여 소재를 정한다.
2. 제시된 5개의 어휘를, 도입에 1~2개, 전개에 3~4개 정도 배치하여 아웃라인을 잡는다.
3. 제시어에 **激动**(감동하다), **幸福**(행복하다), **满足**(만족하다)와 같이 사람의 감정을 나타내는 어휘가 있을 경우, 글의 마무리 문장에 사용한다.
4. 제시어에 모르는 어휘가 있더라도, 뜻을 아는 나머지 어휘 위주로 논리적이고 문법적인 오류가 없는 글을 완성하는 데에 집중한다.
5. 99번에서 자주 출제되는 주제별 빈출 어휘와 이를 활용한 대표 아웃라인, 모범 답안을 학습해 둔다.

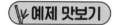

예제 맛보기

欣赏	激动	风景	游览	摄影

어휘 **欣赏** xīnshǎng [동]감상하다 **激动** jīdòng [형]감동하다 **风景** fēngjǐng [명]풍경 **游览** yóulǎn [동]유람하다 **摄影** shèyǐng [동]사진을 찍다

STEP 1 소재 정하기

제시된 어휘 중 **游览**(유람하다), **激动**(감동하다)을 사용하여 소재로 정한다.

⇨ 만리장성을 유람하며 감동했던 경험

STEP 1에서 정한 소재 및 제시어를 활용하여, 도입·전개·마무리의 세 단락으로 글의 아웃라인을 잡는다.

도입	나는 최근에 만리장성을 유람(游览)했음	我最近游览了长城。 Wǒ zuìjìn yóulǎnle chángchéng.
전개	이것은 만리장성의 아름다운 풍경(风景)을 감상(欣赏)하기 위해서였음	这是为了欣赏长城美丽的风景。 Zhè shì wèile xīnshǎng chángchéng měilì de fēngjǐng.
	관광 가이드의 도움으로, 나는 순조롭게 만리장성의 가장 높은 곳에 올라갔고, 또 예쁜 사진도 많이 찍었음	在导游的帮助下，我顺利地爬到了长城的最高处，还拍了很多好看的照片。 Zài dǎoyóu de bāngzhù xià, wǒ shùnlìde pádàole chángchéng de zuì gāochù, hái pāile hěn duō hǎokàn de zhàopiān.
	이 과정에서, 나는 눈앞의 만리장성이 사진(摄影) 작품보다 더 매력적이라고 느꼈음	在这个过程中，我觉得眼前的长城比摄影作品更有魅力。 Zài zhè ge guòchéng zhōng, wǒ juéde yǎnqián de chángchéng bǐ shèyǐng zuòpǐn gèng yǒu mèilì.
마무리	결론적으로, 이 일은 나로 하여금 감동(激动)을 느끼게 했음	总而言之，这件事让我感到很激动。 Zǒng'éryánzhī, zhè jiàn shì ràng wǒ gǎndào hěn jīdòng.

* PBT 원고지 작성 예시

도입	我	最	近	游	览	了	长	城	。	这	是	为	了	欣	
	赏	长	城	美	丽	的	风	景	。	在	导	游	的	帮	助	下，
전개	我	顺	利	地	爬	到	了	长	城	的	最	高	处	，	还	拍	48
	了	很	多	好	看	的	照	片	。	在	这	个	过	程	中	，
	我	觉	得	眼	前	的	长	城	比	摄	影	作	品	更	有	魅	80
마무리	力	。	总	而	言	之	，	这	件	事	让	我	感	到	很	激
	动	。														

도입 나는 최근에 만리장성을 유람했다.

전개 이것은 만리장성의 아름다운 풍경을 감상하기 위해서였다. 관광 가이드의 도움으로, 나는 순조롭게 만리장성의 가장 높은 곳에 올라갔고, 또 예쁜 사진도 많이 찍었다. 이 과정에서, 나는 눈앞의 만리장성이 사진 작품보다 더 매력이 있다고 느꼈다.

마무리 결론적으로, 이 일은 나로 하여금 감동을 느끼게 했다.

어휘　游览 yóulǎn 통유람하다　长城 chángchéng 고유만리장성　欣赏 xīnshǎng 통감상하다　美丽 měilì 형아름답다

风景 fēngjǐng 명풍경　导游 dǎoyóu 명관광 가이드　顺利 shùnlì 형순조롭다　高处 gāochù 높은 곳　拍 pāi 통(사진을) 찍다

过程 guòchéng 명과정　摄影 shèyǐng 통사진을 찍다, 촬영하다　作品 zuòpǐn 명작품　魅力 mèilì 명매력

总而言之 zǒng'éryánzhī 젭결론적으로　激动 jīdòng 통감동하다, 감격하다

· 欣赏风景 xīnshǎng fēngjǐng 풍경을 감상하다
· 拍照片 pāi zhàopiàn 사진을 찍다
· 摄影作品 shèyǐng zuòpǐn 사진 작품
· 感到激动 gǎndào jīdòng 감동을 느끼다

1 가정·일상 생활 관련 글쓰기

가정·일상 생활과 관련해서는 주로 가족, 결혼/기념일, 주거/인테리어, 요리/식습관, 패션/뷰티, 생활 안전/수칙과 관련된 어휘들이 출제된다. 세부 주제별 빈출 어휘와 대표 아웃라인 및 모범 답안을 외워 둔다.

1. 가족

(1) 빈출 어휘

太太 tàitai 몡아내　父亲 fùqīn 몡부친　姥姥 lǎolao 몡외할머니　家庭 jiātíng 몡가정　平时 píngshí 몡평소
餐厅 cāntīng 몡식당　退休 tuìxiū 통퇴직하다　孝顺 xiàoshùn 통효도하다　感动 gǎndòng 통감동하다
祝贺 zhùhè 통축하하다　幸福 xìngfú 통행복하다　十分 shífēn 円매우

(2) 대표 문제의 아웃라인 및 모범 답안

姥姥　　餐厅　　退休　　孝顺　　幸福

<u>소재</u>　외할머니를 찾아뵙고 행복했던 경험

아웃라인 및 모범 답안

도입	나는 최근에 고향에 가서 외할머니(姥姥)를 찾아뵈었음	我最近回家乡看望姥姥了。 Wǒ zuìjìn huí jiāxiāng kànwàng lǎolao le.
전개	이것은 외할머니(姥姥)가 퇴직하시는 것(退休)을 축하하기 위해서였음	这是为了祝贺姥姥退休。 Zhè shì wèile zhùhè lǎolao tuìxiū.
	먼저 나는 외할머니(姥姥)를 모시고 식당(餐厅)에 가서 밥을 먹었고, 그 다음에 준비한 선물을 드렸는데, 외할머니(姥姥)는 매우 감동하셨음	首先我带姥姥去餐厅吃了饭，然后把准备好的礼物送给了她，姥姥十分感动。 Shǒuxiān wǒ dài lǎolao qù cāntīng chīlefàn, ránhòu bǎ zhǔnbèi hǎo de lǐwù sòng gěile tā, lǎolao shífēn gǎndòng.
	이 과정에서, 나는 평소에도 외할머니(姥姥)께 잘 효도하기(孝顺)로 다짐했음	在这个过程中，我下决心平时也要好好孝顺姥姥。 Zài zhè ge guòchéng zhōng, wǒ xiàjuéxīn píngshí yě yào hǎohāo xiàoshùn lǎolao.
마무리	결론적으로, 이 일은 나로 하여금 행복(幸福)을 느끼게 했음	总而言之，这件事让我感到很幸福。 Zǒng'éryánzhī, zhè jiàn shì ràng wǒ gǎndào hěn xìngfú.

*쓰기 2부분 원고지 PDF 또는 '해커스 HSK IBT 쓰기 트레이너'에 자신의 답안을 직접 작성해 보세요.　　원고지에 쓴 모범 답안 및 해석 해설집 p.183

2. 결혼/기념일

(1) 빈출 어휘

婚礼 hūnlǐ [명] 결혼식, 혼례 **纪念日** jìniànrì [명] 기념일 **除夕** chúxī [명] 섣달그믐[12월 31일] **亲戚** qīnqi [명] 친척
气氛 qìfēn [명] 분위기 **嘉宾** jiābīn [명] 손님, 귀빈 **庆祝** qìngzhù [동] 축하하다 **祝福** zhùfú [동] 축복하다
回忆 huíyì [동] 추억하다 **举行** jǔxíng [동] 열다, 개최하다 **热闹** rènao [형] 떠들썩하다 **相当** xiāngdāng [부] 상당히

(2) 대표 문제의 아웃라인 및 모범 답안

婚礼　　祝福　　庆祝　　热闹　　相当

소재　여동생의 결혼식에 참석해서 아름다운 추억을 남긴 경험

아웃라인 및 모범 답안

도입	**나는 최근에** 여동생의 결혼식(婚礼)에 참석했음	**我最近参加了妹妹的**婚礼。 Wǒ zuìjìn cānjiāle mèimei de hūnlǐ.
전개	**이것은** 그녀를 축복(祝福)**하기 위해서였음**	**这是为了**给她送上祝福。 Zhè shì wèile gěi tā sòngshang zhùfú.
	비록 몇몇 친척들이 오지 않았지만, **그러나** 결혼식(婚礼) 분위기는 상당히(相当) 떠들썩했음(热闹)	**虽然**有些亲戚没来，**但**婚礼的气氛还是相当热闹**的**。 Suīrán yǒuxiē qīnqi méi lái, dàn hūnlǐ de qìfēn háishi xiāngdāng rènao de.
	이 과정에서, 나는 매년 여동생을 위해 그녀의 결혼 기념일을 축하해 주기(庆祝)로 결심했음	**在这个过程中，我**决心每年都为妹妹庆祝她的结婚纪念日。 Zài zhè ge guòchéng zhōng, wǒ juéxīn měinián dōu wèi mèimei qìngzhù tā de jiéhūn jìniànrì.
마무리	**한마디로 말해서, 이 일은 내게** 아름다운 추억을 남겼음	**总之，这件事给我**留下了美好的回忆。 Zǒngzhī, zhè jiàn shì gěi wǒ liúxiàle měihǎo de huíyì.

*쓰기 2부분 원고지 PDF 또는 '해커스 HSK IBT 쓰기 트레이너'에 자신의 답안을 직접 작성해 보세요.

원고지에 쓴 모범 답안 및 해석 해설집 p.183

3. 주거/인테리어

(1) 빈출 어휘

公寓 gōngyù 圓아파트　**押金** yājīn 圓보증금　**郊外** jiāowài 圓교외, 시외　**书架** shūjià 圓책꽂이　**结构** jiégòu 圓구조
期待 qīdài 圓기대하다　**租** zū 圓임대하다　**生活** shēnghuó 圓생활하다 圓생활　**装修** zhuāngxiū 圓인테리어하다
设计 shèjì 圓디자인하다　**日常** rìcháng 圓일상의　**舒适** shūshì 圓편안하다, 쾌적하다

(2) 대표 문제의 아웃라인 및 모범 답안

公寓　　结构　　租　　生活　　舒适

<u>소재</u>　**아파트를 임대해서 만족했던 경험**

<u>아웃라인 및 모범 답안</u>

도입	나는 **최근에** 아파트(公寓)를 한 채 임대(租)했음	**我最近租了一套公寓。** Wǒ zuìjìn zūle yí tào gōngyù.
전개	**이것은** 새로운 환경에서 생활(生活)**하기 위해서**였음	**这是为了在新的环境中生活。** Zhè shì wèile zài xīn de huánjìng zhōng shēnghuó.
	비록 이 아파트(公寓)는 구조(结构)가 비교적 단순하지만, **그러나** 인테리어가 잘되어 있어서, 나의 일상 생활(生活)을 더 편안하게(舒适) 만들 수 있음	**虽然这个公寓结构比较简单，但它装修得很好，能让我的日常生活变得更加舒适。** Suīrán zhè ge gōngyù jiégòu bǐjiào jiǎndān, dàn tā zhuāngxiū de hěn hǎo, néng ràng wǒ de rìcháng shēnghuó biàn de gèngjiā shūshì.
	그래서 나는 앞으로의 생활(生活)이 기대되기 시작했음	**于是我开始期待接下来的生活了。** Yúshì wǒ kāishǐ qīdài jiē xiàlai de shēnghuó le.
마무리	**결론적으로, 이 일은 나로 하여금** 매우 만족을 느끼게 했음	**总而言之，这件事让我感到十分满足。** Zǒng'éryánzhī, zhè jiàn shì ràng wǒ gǎndào shífēn mǎnzú.

*쓰기 2부분 원고지 PDF 또는 '해커스 HSK IBT 쓰기 트레이너'에 자신의 답안을 직접 작성해 보세요.　　원고지에 쓴 모범 답안 및 해석 해설집 p.184

4. 요리/식습관

(1) 빈출 어휘

粮食 liángshi 圆식량　**食物** shíwù 圆음식　**营养** yíngyǎng 圆영양　**态度** tàidu 圆태도

珍惜 zhēnxī 圄소중하게 여기다　**浪费** làngfèi 圄낭비하다　**养成** yǎngchéng 圄기르다, 양성하다

改善 gǎishàn 圄개선하다　**良好** liánghǎo 圓좋다, 양호하다　**规律** guīlǜ 圓규칙적이다 圆규칙　**可怕** kěpà 圓두렵다

尽量 jǐnliàng 圄가능한 한

(2) 대표 문제의 아웃라인 및 모범 답안

粮食　　养成　　珍惜　　良好　　尽量

<u>소재</u>　좋은 식습관을 기르면서 더 많이 성장하게 된 경험

<u>아웃라인 및 모범 답안</u>

도입	나는 **최근**에 좋은(良好) 식습관을 길렀음(养成)	**我最近养成了良好**的饮食习惯。 Wǒ zuìjìn yǎngchéngle liánghǎo de yǐnshí xíguàn.
전개	이것은 식량(粮食)을 낭비하지 않**기 위해서였음**	**这是为了不浪费粮食。** Zhè shì wèile bú làngfèi liángshi.
	엄마의 **도움으로**, 나는 음식을 소중하게 여겨야(珍惜) 한다는 것을 배웠음	**在妈妈的帮助下，我学会了**应该要好好珍惜食物。 Zài māma de bāngzhù xià, wǒ xuéhuìle yīnggāi yào hǎohāo zhēnxī shíwù.
	그래서 **나는** 가능한 한(尽量) 이전의 나쁜 버릇을 고치고, 식량(粮食)을 아끼는 사람이 되고 싶음	**于是我想**尽量改掉以前的毛病，成为一个爱惜粮食的人。 Yúshì wǒ xiǎng jǐnliàng gǎidiào yǐqián de máobìng, chéngwéi yí ge àixī liángshí de rén.
마무리	결론적으로, 이 일은 나를 많이 성장**하게 했음**	**总而言之，这件事让我成长**了很多。 Zǒng'éryánzhī, zhè jiàn shì ràng wǒ chéngzhǎngle hěn duō.

*쓰기 2부분 원고지 PDF 또는 '해커스 HSK IBT 쓰기 트레이너'에 자신의 답안을 직접 작성해 보세요.　원고지에 쓴 모범 답안 및 해석 해설집 p.184

5. 패션/뷰티

(1) 빈출 어휘

样式 yàngshì 몡스타일, 양식　**戒指** jièzhi 몡반지　**围巾** wéijīn 몡스카프, 목도리　**项链** xiàngliàn 몡목걸이
形象 xíngxiàng 몡이미지　**改变** gǎibiàn 통바꾸다, 변하다　**适合** shìhé 통어울리다, 맞다　**流行** liúxíng 통유행하다
追求 zhuīqiú 통추구하다　**时尚** shíshàng 혱스타일리쉬하다　**独特** dútè 혱독특하다　**格外** géwài 튀매우, 아주

(2) 대표 문제의 아웃라인 및 모범 답안

围巾　　改变　　适合　　独特　　格外

<u>소재</u>　아빠에게 스카프를 선물하고 기뻤던 경험

<u>아웃라인 및 모범 답안</u>

도입	나는 **최근**에 아빠에게 스카프(围巾)를 선물했음	我**最近**给爸爸送了一条围巾。 Wǒ zuìjìn gěi bàba sòngle yì tiáo wéijīn.
전개	**이것은** 아빠의 이미지를 바꿔서(改变), 아빠가 유행 트렌드를 따라잡을 수 있게 **하기 위해서였음**	这是为了改变爸爸的形象，让他跟得上流行趋势。 Zhè shì wèile gǎibiàn bàba de xíngxiàng, ràng tā gēn de shàng liúxíng qūshì.
	비록 스카프(围巾)는 스타일이 독특했지만(独特), **그러나** 아빠에게 잘 어울렸음(适合)	**虽然**围巾样式独特，**但**它很适合爸爸。 Suīrán wéijīn yàngshì dútè, dàn tā hěn shìhé bàba.
	그래서 나는 아빠가 이전과는 완전히 달라지셨고, 매우(格外) 스타일리쉬하게 변하셨다고 느꼈음	于是我感觉爸爸和以前完全不一样了，变得格外时尚。 Yúshì wǒ gǎnjué bàba hé yǐqián wánquán bù yíyàng le, biàn de géwài shíshàng.
마무리	**결론적으로**, 이 일은 나로 하여금 매우 기쁨을 느끼게 했다	**总而言之**，这件事让我感到十分高兴。 Zǒng'éryánzhī, zhè jiàn shì ràng wǒ gǎndào shífēn gāoxìng.

*쓰기 2부분 원고지 PDF 또는 '해커스 HSK IBT 쓰기 트레이너'에 자신의 답안을 직접 작성해 보세요.　　원고지에 쓴 모범 답안 및 해석 해설집 p.185

6. 생활 안전/수칙

(1) 빈출 어휘

火灾 huǒzāi 圆화재 **措施** cuòshī 圆조치, 대책 **意外** yìwài 圆뜻밖의 사고 圆의외이다 **预防** yùfáng 圆예방하다

管理 guǎnlǐ 圆관리하다 **保持** bǎochí 圆유지하다 **冷静** lěngjìng 圆침착하다, 냉정하다 **迅速** xùnsù 圆신속하다

安全 ānquán 圆안전하다 **尽快** jǐnkuài 圆되도록 빨리 **一旦** yídàn 圆일단 **千万** qiānwàn 圆부디, 제발

(2) 대표 문제의 아웃라인 및 모범 답안

火灾 意外 预防 冷静 尽快

<u>소재</u> 화재 안전 교육을 듣고 깊은 인상이 남았던 경험

아웃라인 및 모범 답안

도입	나는 **최근에** 화재(火灾) 안전 교육을 들은 적이 있음	**我最近**上过一次火灾安全课。 Wǒ zuìjìn shàngguo yí cì huǒzāi ānquán kè.
전개	**이것은** 뜻밖의 사고(意外)가 발생했을 때 올바르게 대처할 수 **있기 위해서였음**	**这是为了**发生意外时能够正确应对。 Zhè shì wèile fāshēng yìwài shí nénggòu zhèngquè yìngduì.
	먼저 내가 배운 것은 침착함(冷静)을 유지해야 한다는 것이었고, **그 다음에** 되도록 빨리(尽快) 효과적인 조치를 취해야 한다는 것이었음	**首先**我学到的是要保持冷静，**然后**尽快采取有效措施。 Shǒuxiān wǒ xuédào de shì yào bǎochí lěngjìng, ránhòu jǐnkuài cǎiqǔ yǒuxiào cuòshī.
	이 과정에서, 나는 화재(火灾) 예방(预防) 및 관리의 중요성을 알게 되었음	**在这个过程中，我**知道了预防火灾及管理的重要性。 Zài zhè ge guòchéng zhōng, wǒ zhīdàole yùfáng huǒzāi jí guǎnlǐ de zhòngyàoxìng.
마무리	**한마디로 말해서,** 이 일은 내게 깊은 인상을 남겼음	**总之，**这件事给我留下了深刻的印象。 Zǒngzhī, zhè jiàn shì gěi wǒ liúxiàle shēnkè de yìnxiàng.

*쓰기 2부분 원고지 PDF 또는 '해커스 HSK IBT 쓰기 트레이너'에 자신의 답안을 직접 작성해 보세요.   원고지에 쓴 모범 답안 및 해석 해설집 p.185

② 사회·취미 활동 관련 글쓰기

사회·취미 활동과 관련해서는 주로 사교/인간관계, 운동/건강, 쇼핑, 여행/사진, 음악/미술, 공연/전시, 방송/행사, 시사/이슈와 관련된 어휘들이 출제된다. 세부 주제별 빈출 어휘와 대표 아웃라인 및 모범 답안을 외워 둔다.

1. 사교/인간관계

(1) 빈출 어휘

聚会 jùhuì 몡 모임 통 모이다   **合影** héyǐng 몡 단체 사진 통 단체 사진을 찍다   **标准** biāozhǔn 몡 표준

矛盾 máodùn 몡 갈등, 모순 톙 모순적이다   **恋爱** liàn'ài 몡 연애 통 연애하다   **对待** duìdài 통 (~을) 대하다

沟通 gōutōng 통 소통하다   **碰见** pèngjiàn 통 우연히 만나다   **度过** dùguò 통 (시간을) 보내다

善良 shànliáng 톙 선량하다, 착하다   **亲切** qīnqiè 톙 친절하다, 친근하다   **根本** gēnběn 틘 전혀, 아예

(2) 대표 문제의 아웃라인 및 모범 답안

> 聚会   合影   度过   善良   根本

<u>소재</u>   이웃이 초대한 모임에 참석해서 즐거웠던 경험

<u>아웃라인 및 모범 답안</u>

도입	나는 **최근에** 이웃의 초대로, 한 모임(聚会)에 참석했음	**我最近在隔壁邻居的邀请下，参加了一个**聚会。 Wǒ zuìjìn zài gébì línjū de yāoqǐng xià, cānjiāle yí ge jùhuì.
전개	**이것은** 즐거운 시간을 보내(度过)**기 위해서였음**	**这是为了**度过**愉快的时间。** Zhè shì wèile dùguò yúkuài de shíjiān.
	비록 많은 사람들이 나를 전혀(根本) 몰랐지만, **그러나** 그들은 나에게 우호적이었고, 나와 단체 사진(合影)도 찍었음	**虽然很多人**根本**不认识我，但是他们对我很友好，还和我拍了**合影。 Suīrán hěn duō rén gēnběn bú rènshi wǒ, dànshì tāmen duì wǒ hěn yǒuhǎo, hái hé wǒ pāile héyǐng.
	이 과정에서, 나는 많은 선량한(善良) 친구들을 사귀었음	**在这个过程中，我交了很多**善良**的朋友。** Zài zhè ge guòchéng zhōng, wǒ jiāole hěn duō shànliáng de péngyou.
마무리	**결론적으로, 이 일은 나를 즐겁게 했음**	**总而言之，这件事让我很开心。** Zǒng'éryánzhī, zhè jiàn shì ràng wǒ hěn kāixīn.

*쓰기 2부분 원고지 PDF 또는 '해커스 HSK IBT 쓰기 트레이너'에 자신의 답안을 직접 작성해 보세요.   원고지에 쓴 모범 답안 및 해석 해설집 p.186

2. 운동/건강

(1) 빈출 어휘

状态 zhuàngtài 몡상태 **效果** xiàoguǒ 몡효과 **身材** shēncái 몡체격, 몸매 **优点** yōudiǎn 몡장점
教练 jiàoliàn 몡트레이너 몡훈련하다 **健身** jiànshēn 몡헬스하다 **克服** kèfú 몡극복하다 **减肥** jiǎnféi 몡다이어트하다
散步 sànbù 몡산책하다 **合理** hélǐ 몡합리적이다 **明显** míngxiǎn 몡뚜렷하다 **逐步** zhúbù 몡점차

(2) 대표 문제의 아웃라인 및 모범 답안

状态　　健身　　克服　　明显　　逐步

소재 헬스를 시작해서 성취감을 가지게 된 경험

아웃라인 및 모범 답안

도입	나는 **최근에** 헬스(健身)를 시작했음	**我最近开始健身了。** Wǒ zuìjìn kāishǐ jiànshēn le.
전개	**이것은** 신체 상태(状态)를 점검하고, 스스로를 더 건강하게 변화시키**기 위해서였음**	**这是为了检查身体**状态**，让自己变得更健康。** Zhè shì wèile jiǎnchá shēntǐ zhuàngtài, ràng zìjǐ biàn de gèng jiànkāng.
	트레이너**의 도움으로**, 나는 뚜렷한(明显) 헬스(健身) 효과를 얻었음	**在教练的帮助下，我取得了**明显**的健身效果。** Zài jiàoliàn de bāngzhù xià, wǒ qǔdéle míngxiǎn de jiànshēn xiàoguǒ.
	이 과정에서, 나는 약점을 점차(逐步) 극복하고(克服), 목표를 이루기로 결심했음	**在这个过程中，我决心要**逐步克服**缺点，实现目标。** Zài zhè ge guòchéng zhōng, wǒ juéxīn yào zhúbù kèfú quēdiǎn, shíxiàn mùbiāo.
마무리	**결론적으로**, 이 일은 나로 **하여금** 성취감을 가지게 했음	**总而言之，这件事让我很有成就感。** Zǒng'éryánzhī, zhè jiàn shì ràng wǒ hěn yǒu chéngjiùgǎn.

*쓰기 2부분 원고지 PDF 또는 '해커스 HSK IBT 쓰기 트레이너'에 자신의 답안을 직접 작성해 보세요.　　원고지에 쓴 모범 답안 및 해석 해설집 p.186

3. 쇼핑

(1) 빈출 어휘

产品 chǎnpǐn 圀 제품, 생산품　**广告** guǎnggào 圀 광고　**名牌** míngpái 圀 유명 상표　**零件** língjiàn 圀 부품
购物 gòuwù 圀 쇼핑하다　**消费** xiāofèi 圀 소비하다　**宣传** xuānchuán 圀 홍보하다　**满足** mǎnzú 圀 만족하다
优惠 yōuhuì 圀 할인의, 특혜의　**实际** shíjì 圀 실제의　**正好** zhènghǎo 圀 때마침　**随时** suíshí 圀 수시로

(2) 대표 문제의 아웃라인 및 모범 답안

产品　　购物　　满足　　优惠　　正好

<u>소재</u>　쇼핑센터에서 컴퓨터를 구입해서 만족했던 경험

<u>아웃라인 및 모범 답안</u>

도입	나는 **최근에** 쇼핑(购物)센터에서 컴퓨터 한 대를 구입했음	我**最近**在购物中心买了一台电脑。 Wǒ zuìjìn zài gòuwù zhōngxīn mǎile yì tái diànnǎo.
전개	**이것은** 부품에 문제가 생긴 컴퓨터를 바꾸**기 위해**서였음	这是为了换掉我那台零件有问题的电脑。 Zhè shì wèile huàndiào wǒ nà tái língjiàn yǒu wèntí de diànnǎo.
	판매원**의 도움으로,** 나는 한 인기 제품(产品)이 때마침(正好) 할인(优惠) 행사를 하고 있다는 것을 알게 되었음	在售货员**的帮助下**，我知道了有个热门产品正好在搞优惠活动。 Zài shòuhuòyuán de bāngzhù xià, wǒ zhīdaole yǒu ge rèmén chǎnpǐn zhènghǎo zài gǎo yōuhuì huódòng.
	그래서 나는 그 제품(产品)을 구입했음	于是我就买了那个产品。 Yúshì wǒ jiù mǎile nà ge chǎnpǐn.
마무리	**결론적으로,** 이 일은 나로 하여금 만족(满足)을 느끼게 했음	总而言之，这件事让我感到很满足。 Zǒng'éryánzhī, zhè jiàn shì ràng wǒ gǎndào hěn mǎnzú.

*쓰기 2부분 원고지 PDF 또는 '해커스 HSK IBT 쓰기 트레이너'에 자신의 답안을 직접 작성해 보세요.　　원고지에 쓴 모범 답안 및 해석 해설집 p.187

4. 여행/사진

(1) 빈출 어휘

时差 shíchā [명]시차 **风景** fēngjǐng [명]풍경, 경치 **记录** jìlù [동]기록하다 [명]기록 **摄影** shèyǐng [동]촬영하다, 사진을 찍다
享受 xiǎngshòu [동]만끽하다, 누리다 **放松** fàngsōng [동]긴장을 풀다, 느슨하게 하다 **游览** yóulǎn [동]유람하다
纪念 jìniàn [동]기념하다 [명]기념 **空闲** kòngxián [형]한가하다 [명]여가 **优美** yōuměi [형]아름답다
到处 dàochù [부]곳곳에 **曾经** céngjīng [부]일찍이

(2) 대표 문제의 아웃라인 및 모범 답안

风景　摄影　纪念　空闲　到处

소재　풍경이 아름다운 곳에 가서 잊지 못할 추억을 남긴 경험

아웃라인 및 모범 답안

도입	**나는 최근에** 풍경(风景)이 아름다운 곳에 간 적이 있음	**我最近去过一个**风景**优美的地方。** Wǒ zuìjìn qùguo yí ge fēngjǐng yōuměi de dìfang.
전개	**이것은** 한가한(空闲) 시간에 대자연을 느끼**기 위해서였음**	**这是为了在**空闲**时间感受大自然。** Zhè shì wèile zài kòngxián shíjiān gǎnshòu dàzìrán.
	비록 그곳에는 곳곳마다(到处) 촬영하는(摄影) 사람이 있었지만**, 그러나** 나는 대자연의 아름다움을 만끽했음	**虽然那里**到处**都是**摄影**的人，但我还是享受到了大自然的美好。** Suīrán nàli dàochù dōu shì shèyǐng de rén, dàn wǒ háishi xiǎngshòu dàole dàzìrán de měihǎo.
	이 과정에서, 나는 기념할(纪念) 만한 많은 사진들을 찍었음	**在这个过程中，我拍了很多值得**纪念**的照片。** Zài zhè ge guòchéng zhōng, wǒ pāile hěn duō zhídé jìniàn de zhàopiàn.
마무리	**한마디로 말해서, 이 일은 내게** 잊지 못할 추억을 **남겼음**	**总之，这件事给我留下了难忘的回忆。** Zǒngzhī, zhè jiàn shì gěi wǒ liúxiàle nánwàng de huíyì.

*쓰기 2부분 원고지 PDF 또는 '해커스 HSK IBT 쓰기 트레이너'에 자신의 답안을 직접 작성해 보세요.

원고지에 쓴 모범 답안 및 해석 해설집 p.187

5. 음악/미술

(1) 빈출 어휘

作品 zuòpǐn [명] 작품 **魅力** mèilì [명] 매력 **乐器** yuèqì [명] 악기 **美术** měishù [명] 미술 **风格** fēnggé [명] 스타일, 풍격
吸引 xīyǐn [동] 매료시키다 **欣赏** xīnshǎng [동] 감상하다, 즐기다 **体验** tǐyàn [동] 경험하다, 체험하다 **美丽** měilì [형] 아름답다
激动 jīdòng [형] 감동하다, 감격하다 **夸张** kuāzhāng [형] 과장하다 **总算** zǒngsuàn [부] 마침내

(2) 대표 문제의 아웃라인 및 모범 답안

作品　体验　吸引　激动　总算

소재　미술관에 가서 미술 **작품**을 감상하며 매우 **감동했던** 경험

아웃라인 및 모범 답안

도입	**나는 최근에** 미술관에 가서 명인의 미술 작품(作品)을 감상했음	**我最近去美术馆欣赏了名人的美术作品。** Wǒ zuìjìn qù měishùguǎn xīnshǎngle míngrén de měishù zuòpǐn.
전개	**이것은** 새로운 경험(体验)을 얻**기 위해서였음**	**这是为了获得新的体验。** Zhè shì wèile huòdé xīn de tǐyàn.
	먼저 나는 아름다운 풍경화를 봤고, **그 다음에** 더 많은 작품(作品)에 매료되었음(吸引)	**首先我看了美丽的风景画，然后又被更多作品吸引到了。** Shǒuxiān wǒ kànle měilì de fēngjǐnghuà, ránhòu yòu bèi gèng duō zuòpǐn xīyǐn dào le.
	이 과정에서, 나는 많은 예술 스타일을 알게 되었고, 마침내(总算) 미술의 매력을 이해하게 되었음	**在这个过程中，我了解到了很多艺术风格，总算是理解了美术的魅力。** Zài zhè ge guòchéng zhōng, wǒ liǎojiě dàole hěn duō yìshù fēnggé, zǒngsuàn shì lǐjiěle měishù de mèilì.
마무리	**결론적으로, 이 일은 나로 하여금** 매우 감동(激动)을 느끼**게 했음**	**总而言之，这件事让我感到十分激动。** Zǒng'éryánzhī, zhè jiàn shì ràng wǒ gǎndào shífēn jīdòng.

*쓰기 2부분 원고지 PDF 또는 '해커스 HSK IBT 쓰기 트레이너'에 자신의 답안을 직접 작성해 보세요.

원고지에 쓴 모범 답안 및 해석 해설집 p.188

6. 공연/전시

(1) 빈출 어휘

博物馆 bówùguǎn [명]박물관 **文化** wénhuà [명]문화 **风俗** fēngsú [명]풍속 **传统** chuántǒng [명]전통
意义 yìyì [명]의미, 뜻 **展览** zhǎnlǎn [동]전시하다 [명]전시 **参观** cānguān [동]견학하다 **保存** bǎocún [동]보존하다
悠久 yōujiǔ [형]오래되다 **宝贵** bǎoguì [형]귀중하다 **业余** yèyú [형]여가의 **简直** jiǎnzhí [부]그야말로

(2) 대표 문제의 아웃라인 및 모범 답안

博物馆 意义 展览 保存 宝贵

소재 **박물관**에 가서 견학 학습하며 **귀중한** 경험을 얻었던 경험

아웃라인 및 모범 답안

도입	**나는 최근에** 박물관(博物馆)에 가서 견학 학습을 한 적이 있음	**我最近去博物馆参观学习过。** Wǒ zuìjìn qù bówùguǎn cānguān xuéxí guo.
전개	**이것은** 여가 시간을 더 의미(意义) 있게 만들**기 위해서였음**	**这是为了让业余生活变得更有意义。** Zhè shì wèile ràng yèyú shēnghuó biàn de gèng yǒu yìyì.
	먼저 나는 전시(展览)관에 들어갔고, **그 다음에** 많은 전통 예술품들을 구경했음	**首先**我进入了展览馆，**然后**观看了很多传统艺术品。 Shǒuxiān wǒ jìnrùle zhǎnlǎnguǎn, ránhòu guānkànle hěn duō chuántǒng yìshùpǐn.
	이 과정에서, 나는 역사가 오래된 전통문화를 잘 보존해야(保存) 한다는 것을 알게 되었음	**在这个过程中，我认识到了**要好好保存历史悠久的传统文化。 Zài zhè ge guòchéng zhōng, wǒ rènshi dàole yào hǎohāo bǎocún lìshǐ yōujiǔ de chuántǒng wénhuà.
마무리	**결론적으로, 이 일은 나로 하여금** 귀중한(宝贵) 경험을 얻**게 했음**	**总而言之，这件事让我得到了**宝贵的经验。 Zǒng'éryánzhī, zhè jiàn shì ràng wǒ dédàole bǎoguì de jīngyàn.

*쓰기 2부분 원고지 PDF 또는 '해커스 HSK IBT 쓰기 트레이너'에 자신의 답안을 직접 작성해 보세요.

원고지에 쓴 모범 답안 및 해석 해설집 p.188

7. 방송/행사

(1) 빈출 어휘

明星 míngxīng 몡스타　**记者** jìzhě 몡기자　**作家** zuòjiā 몡작가　**媒体** méitǐ 몡미디어

报道 bàodào 동보도하다 몡보도　**鼓掌** gǔzhǎng 동박수치다　**握手** wòshǒu 동악수하다　**排队** páiduì 동줄을 서다

签名 qiānmíng 동사인하다　**幸运** xìngyùn 혱운이 좋다, 행운이다 몡행운　**兴奋** xīngfèn 혱흥분하다

巨大 jùdà 혱크다, 거대하다

(2) 대표 문제의 아웃라인 및 모범 답안

明星　　签名　　握手　　巨大　　兴奋

<u>소재</u>　영화 **스타**의 사인회에 가서 **흥분했던** 경험

아웃라인 및 모범 답안

도입	나는 **최근에** 영화 스타(明星)의 사인(签名)회에 간 적이 있음	我**最近**去过电影明星的签名会。 Wǒ zuìjìn qùguo diànyǐng míngxīng de qiānmínghuì.
전개	이것은 유명한 스타(明星)를 만나기 **위해서였음**	这是为了见到有名的明星。 Zhè shì wèile jiàndào yǒumíng de míngxīng.
	먼저 나는 줄을 서서 그 스타(明星)의 사인(签名)을 받았고, **그 다음에** 또 그와 악수했음(握手)	首先我排队得到了那个明星的签名，然后又和他握手了。 Shǒuxiān wǒ páiduì dédàole nà ge míngxīng de qiānmíng, ránhòu yòu hé tā wòshǒu le.
	이 **과정에서**, 나는 그 스타(明星)가 큰(巨大) 매력을 가지고 있다는 것을 알게 되었음	在这个过程中，我发现那个明星有巨大的魅力。 Zài zhè ge guòchéng zhōng, wǒ fāxiàn nà ge míngxīng yǒu jùdà de mèilì.
마무리	**결론적으로,** 이 일은 줄곧 나를 흥분(兴奋)시키고 있음	总而言之，这件事让我始终都很兴奋。 Zǒng'éryánzhī, zhè jiàn shì ràng wǒ shǐzhōng dōu hěn xīngfèn.

*쓰기 2부분 원고지 PDF 또는 '해커스 HSK IBT 쓰기 트레이너'에 자신의 답안을 직접 작성해 보세요.　원고지에 쓴 모범 답안 및 해석 해설집 p.189

8. 시사/이슈

(1) 빈출 어휘

能源 néngyuán 몡에너지　**价值** jiàzhí 몡가치　**心情** xīnqíng 몡마음, 기분　**爱心** àixīn 몡사랑하는 마음

挑战 tiǎozhàn 통도전하다　**保护** bǎohù 통보호하다　**捐** juān 통기부하다　**同情** tóngqíng 통동정하다

实践 shíjiàn 통실천하다　**困难** kùnnan 톙어렵다, 곤란하다　**迫切** pòqiè 톙절박하다

相反 xiāngfǎn 통상반되다 졉반대로, 도리어

(2) 대표 문제의 아웃라인 및 모범 답안

能源　价值　心情　实践　迫切

<u>소재</u>　**에너지** 절약의 중요성에 대한 토론이 깊은 인상을 남겼던 경험

<u>아웃라인 및 모범 답안</u>

도입	나는 **최근에** 친구와 에너지(能源) 절약의 중요성을 토론한 적이 있음	**我最近和**朋友讨论过节约能源的重要性。 Wǒ zuìjìn hé péngyou tǎolùnguo jiéyuē néngyuán de zhòngyàoxìng.
전개	**이것은** 어떻게 환경을 보호할 것인지를 배우**기 위해서였음**	**这是为了**学习如何保护环境。 Zhè shì wèile xuéxí rúhé bǎohù huánjìng.
	비록 마음(心情)이 조금 복잡했지만, **그러나** 나는 에너지(能源)를 절약하는 것이 절박한(迫切) 일이라는 것을 알게 되었음	**虽然**心情有些复杂，**但**我知道了节约能源是一件迫切的事情。 Suīrán xīnqíng yǒuxiē fùzá, dàn wǒ zhīdàole jiéyuē néngyuán shì yí jiàn pòqiè de shìqing.
	그래서 나는 가치(价值) 있는 실천(实践) 방안을 실행하기로 결심했음	**于是我决心**实行一些有价值的实践方案。 Yúshì wǒ juéxīn shíxíng yìxiē yǒu jiàzhí de shíjiàn fāng'àn.
마무리	**한마디로 말해서,** 이 일은 내게 깊은 인상을 남겼음	**总之，**这件事给我留下了深刻的印象。 Zǒngzhī, zhè jiàn shì gěi wǒ liúxiàle shēnkè de yìnxiàng.

*쓰기 2부분 원고지 PDF 또는 '해커스 HSK IBT 쓰기 트레이너'에 자신의 답안을 직접 작성해 보세요.　원고지에 쓴 모범 답안 및 해석 해설집 p.189

3 학교·직장 생활 관련 글쓰기

학교·직장 생활과 관련해서는 주로 학업, 졸업/구직, 업무/성과와 관련된 어휘들이 출제된다. 세부 주제별 빈출 어휘와 대표 아웃라인 및 모범 답안을 외워 둔다.

1. 학업

(1) 빈출 어휘

专业 zhuānyè 圆전공 　**计划** jìhuà 圆계획 圆계획하다 　**分析** fēnxī 圆분석하다 　**演讲** yǎnjiǎng 圆강연하다, 연설하다

获得 huòdé 圆얻다, 획득하다 　**坚持** jiānchí 圆꾸준히 하다 　**承受** chéngshòu 圆참다, 견디다

耽误 dānwu 圆(시간을) 지체하다 　**表扬** biǎoyáng 圆칭찬하다 　**精彩** jīngcǎi 圆다채롭다, 훌륭하다

主动 zhǔdòng 圆능동적이다 　**不断** búduàn 圆끊임없이

(2) 대표 문제의 아웃라인 및 모범 답안

| 专业 | 计划 | 坚持 | 精彩 | 不断 |

<u>소재</u> 　새로운 전공 수업을 듣기 시작하여 공부의 즐거움을 느낀 경험

아웃라인 및 모범 답안

도입	나는 최근에 새로운 전공(专业) 수업을 듣기 시작했음	**我最近开始听新的专业课了。** Wǒ zuìjìn kāishǐ tīng xīn de zhuānyèkè le.
전개	**이것은** 더 많은 에너지를 쏟아, 끊임없이(不断) 새로운 지식을 얻기 **위해서였음**	**这是为了付出更多精力，不断获得新知识。** Zhè shì wèile fùchū gèng duō jīnglì, búduàn huòdé xīn zhīshi.
	교수님**의 도움으로,** 나는 명확한 계획(计划)을 세웠고, 꾸준히(坚持) 매일 공부했음	**在教授的帮助下，我制定了明确的计划，坚持每天学习。** Zài jiàoshòu de bāngzhù xià, wǒ zhìdìngle míngquè de jìhuà, jiānchí měitiān xuéxí.
	이 과정에서, 나의 캠퍼스 생활은 매우 다채로워(精彩)졌음	**在这个过程中，我的校园生活变得十分精彩。** Zài zhè ge guòchéng zhōng, wǒ de xiàoyuán shēnghuó biàn de shífēn jīngcǎi.
마무리	**결론적으로,** 이 일은 나로 하여금 공부의 즐거움을 느끼게 **했음**	**总而言之，这件事让我感受到了学习的快乐。** Zǒng'éryánzhī, zhè jiàn shì ràng wǒ gǎnshòu dàole xuéxí de kuàilè.

*쓰기 2부분 원고지 PDF 또는 '해커스 HSK IBT 쓰기 트레이너'에 자신의 답안을 직접 작성해 보세요.　　원고지에 쓴 모범 답안 및 해석 해설집 p.190

2. 졸업/구직

(1) 빈출 어휘

职业 zhíyè 圆직업　**青春** qīngchūn 圆청춘　**梦想** mèngxiǎng 圆꿈 圆갈망하다　**学历** xuélì 圆학력
论文 lùnwén 圆논문　**资料** zīliào 圆자료　**感谢** gǎnxiè 圆감사하다　**招聘** zhāopìn 圆모집하다
毕业 bìyè 圆졸업하다　**出色** chūsè 圆뛰어나다　**辛苦** xīnkǔ 圆힘들다　**幸亏** xìngkuī 圆다행히

(2) 대표 문제의 아웃라인 및 모범 답안

论文　　梦想　　感谢　　出色　　幸亏

<u>소재</u>　졸업 논문을 완성하며 성취감을 가진 경험

아웃라인 및 모범 답안

도입	나는 **최근**에 졸업 논문(论文)을 완성했음	**我最近完成了**毕业论文。 Wǒ zuìjìn wánchéngle bìyè lùnwén.
전개	**이것은** 학력 취득의 꿈(梦想)을 이루기 **위해서**였음	**这是为了实现**取得学历的梦想。 Zhè shì wèile shíxiàn qǔdé xuélì de mèngxiǎng.
	비록 논문(论文)을 쓰는 건 힘들었지만, **그러나** 다행히(幸亏) 교수님의 도움으로 뛰어난(出色) 성적을 거뒀음	**虽然**写论文很辛苦，**但是**幸亏有教授的帮助，我取得了出色的成绩。 Suīrán xiě lùnwén hěn xīnkǔ, dànshì xìngkuī yǒu jiàoshòu de bāngzhù, wǒ qǔdéle chūsè de chéngjì.
	그래서 나는 내 청춘을 낭비하지 않도록 해 주신 그에게 매우 감사했음(感谢)	**于是我很**感谢他没有让我浪费青春。 Yúshì wǒ hěn gǎnxiè tā méiyǒu ràng wǒ làngfèi qīngchūn.
마무리	**결론적으로, 이 일은 나로 하여금** 성취감을 가지게 했음	**总而言之，**这件事让我很有成就感。 Zǒng'éryánzhī, zhè jiàn shì ràng wǒ hěn yǒu chéngjiùgǎn.

*쓰기 2부분 원고지 PDF 또는 '해커스 HSK IBT 쓰기 트레이너'에 자신의 답안을 직접 작성해 보세요.　원고지에 쓴 모범 답안 및 해석 해설집 p.190

3. 업무/성과

(1) 빈출 어휘

收入 shōurù [명] 수입, 소득 **收获** shōuhuò [명] 성과 **老板** lǎobǎn [명] 사장 **业务** yèwù [명] 업무
打工 dǎgōng [동] 아르바이트하다 **达到** dádào [동] 달성하다, 이르다 **成长** chéngzhǎng [동] 성장하다
赚 zhuàn [동] (돈을) 벌다 **调整** tiáozhěng [동] 조절하다, 조정하다 **掌握** zhǎngwò [동] 파악하다
熟练 shúliàn [형] 능숙하다, 숙련되다 **临时** línshí [형] 임시의 [부] 임시로

(2) 대표 문제의 아웃라인 및 모범 답안

收入　　打工　　达到　　熟练　　临时

소재 **아르바이트**를 시작하여 한 번 더 성장하게 된 경험

아웃라인 및 모범 답안

도입	**나는 최근에** 아르바이트(打工) 생활을 시작했음	**我最近开始了打工生活。** Wǒ zuìjìn kāishǐle dǎgōng shēnghuó.
전개	**이것은** 새로운 기술을 배우**기 위해서였음**	**这是为了学习新的技术。** Zhè shì wèile xuéxí xīn de jìshù.
	비록 이 일은 단지 임시(临时)적이지만, **그러나** 나는 빠르게 모든 업무를 능숙하게(熟练) 파악했음	**虽然这个工作只是临时的，但我还是很快就熟练掌握了所有业务。** Suīrán zhè ge gōngzuò zhǐshì línshí de, dàn wǒ háishi hěn kuài jiù shúliàn zhǎngwòle suǒyǒu yèwù.
	그래서 나는 순조롭게 나의 목표를 달성했고(达到), 괜찮은 수입(收入)도 얻었음	**于是我顺利达到了自己的目标，还得到了不错的收入。** Yúshì wǒ shùnlì dádàole zìjǐ de mùbiāo, hái dédàole búcuò de shōurù.
마무리	**결론적으로, 이 일은 나를** 또 한 번 성장**하게 했음**	**总而言之，这件事让我又一次成长了。** Zǒng'éryánzhī, zhè jiàn shì ràng wǒ yòu yí cì chéngzhǎng le.

*쓰기 2부분 원고지 PDF 또는 '해커스 HSK IBT 쓰기 트레이너'에 자신의 답안을 직접 작성해 보세요.

원고지에 쓴 모범 답안 및 해석 해설집 p.191

실전연습문제

제시된 어휘를 모두 사용하여 80자 내외의 짧은 글을 완성해 보세요.

(IBT 대비를 위해 해커스중국어 사이트에서 '해커스 HSK IBT 쓰기 트레이너'로 자신의 답을 직접 작성해 보세요.)

1. 委屈　鼓励　批评　方案　安慰

48

80

2. 冠军　辛苦　教练　举办　属于

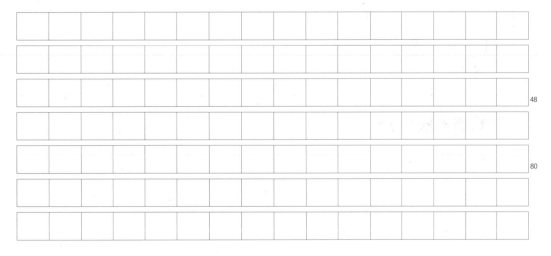

48

80

모범 답안 해설집 p.191

100번, 제시된 사진 보고 글쓰기

제시된 사진을 보고 한 편의 글을 완성하는 문제가 출제된다. 자신의 경험과 관련된 내용을 글쓰기 소재로 잡으면 쉽게 글을 쓸 수 있다.

핵심 전략

1. 사진에 나타난 인물, 행동, 감정, 상황 등을 토대로 자신의 경험과 관련된 소재를 정한다.
2. 사진에 등장 인물이 여러 명이면, 가장 눈에 띄는 인물을 '나'로 설정하여 이 인물이 처한 상황과 주변 인물과의 관계를 중심으로 소재를 정하고 글의 아웃라인을 잡는다.
3. 사진에 등장 인물이 한 명이면, 이 인물의 행동과 표정을 토대로 소재를 정하고 아웃라인을 잡는다.
4. 사진에 사람 없이 사물만 있으면, 이 사물에 대한 나의 경험을 떠올리거나 또는 있을 법한 일을 상상하여 소재를 정하고 글의 아웃라인을 잡는다.
5. 사진 및 소재와 관련된 표현을 5개 떠올린 후, 도입에 1~2개, 전개에 3~4개 정도를 배치하여 아웃라인을 잡는다.
6. 100번에서 자주 출제되는 주제별 빈출 사진의 활용 표현과 대표 아웃라인, 모범 답안을 학습해 둔다.

🎋 예제 맛보기

STEP 1 소재 정하고 활용 표현 떠올리기

제시된 사진의 아버지를 '나'로 설정한 후 '아들과 낚시를 한 경험'을 소재로 정한다. 그리고 작문에 활용할 표현을 5개 떠올린다.

⇒ 아들과 함께 낚시를 하며 잊지 못할 추억을 남긴 경험

활용 표현 钓鱼(낚시하다), 儿子(아들), 聊天(이야기하다), 度过(시간을 보내다), 回忆(추억하다)

STEP 2 아웃라인 잡고 짧은 글쓰기

STEP 1에서 정한 소재 및 떠올린 표현을 활용하여, 도입·전개·마무리의 세 단락으로 글의 아웃라인을 잡는다.

도입	**나는 최근에** 아들(儿子)과 함께 낚시하러(钓鱼) 갔음	**我最近和**儿子**一起去**钓鱼**了。** Wǒ zuìjìn hé érzi yìqǐ qù diàoyú le.
전개	**이것은** 아들(儿子)과 함께 추억(回忆)을 만들**기 위해서였음**	**这是为了和**儿子**制造幸福的**回忆**。** Zhè shì wèile hé érzi zhìzào xìngfú de huíyì.
	먼저 우리는 풍경이 아름다운 곳으로 갔고, **그 다음에** 이야기하며(聊天) 낚시(钓鱼)를 시작했음	**首先**我们去了风景优美的地方，**然后**开始边聊天边钓鱼。 Shǒuxiān wǒmen qùle fēngjǐng yōuměi de dìfang, ránhòu kāishǐ biān liáotiān biān diàoyú.
	이 과정에서, 나는 아들(儿子)과 즐거운 시간을 보냈음(度过)	**在这个过程中，我和**儿子度过**了愉快的时间。** Zài zhè ge guòchéng zhōng, wǒ hé érzi dùguòle yúkuài de shíjiān.
마무리	**한마디로 말해서, 이 일은 내게** 잊지 못할 추억(回忆)을 남겼음	**总之，这件事给我留下了**难忘的回忆。 Zǒngzhī, zhè jiàn shì gěi wǒ liúxiàle nánwàng de huíyì.

* PBT 원고지 작성 예시

도입			我	最	近	和	儿	子	一	起	去	钓	鱼	了	。	这	
	是	为	了	和	儿	子	制	造	幸	福	的	回	忆	。	首	先	
전개	我	们	去	了	风	景	优	美	的	地	方	，	然	后	开	始	48
	边	聊	天	边	钓	鱼	。	在	这	个	过	程	中	，	我	和	
	儿	子	度	过	了	愉	快	的	时	间	。	总	之	，	这	件	80
마무리	事	给	我	留	下	了	难	忘	的	回	忆	。					

도입 나는 최근에 아들과 함께 낚시하러 갔다.

전개 이것은 아들과 행복한 추억을 만들기 위해서였다. 먼저 우리는 풍경이 아름다운 곳으로 갔고, 그 다음에 이야기를 하면서 낚시를 시작했다. 이 과정에서, 나는 아들과 즐거운 시간을 보냈다.

마무리 한마디로 말해서, 이 일은 내게 잊지 못할 추억을 남겼다.

어휘 **钓鱼** diàoyú [동]낚시하다 **制造** zhìzào [동]만들다 **幸福** xìngfú [형]행복하다 [명]행복 **回忆** huíyì [동]추억하다
首先 shǒuxiān [부]먼저 **风景** fēngjǐng [명]풍경 **优美** yōuměi [형]아름답다 **过程** guòchéng [명]과정
度过 dùguò [동](시간을) 보내다 **愉快** yúkuài [형]즐겁다, 기쁘다 **总之** zǒngzhī [접]한마디로 말하면

- **去钓鱼** qù diàoyú 낚시하러 가다
- **制造回忆** zhìzào huíyì 추억을 만들다
- **风景优美** fēngjǐng yōuměi 풍경이 아름답다
- **度过……的时间** dùguò …… de shíjiān ~한 시간을 보내다

⬇비책 공략하기

1 가정·일상 생활 관련 글쓰기

가정·일상 생활과 관련해서는 주로 가족, 결혼/기념일, 주거/인테리어, 요리/식습관, 패션/뷰티, 생활 안전/수칙과 관련된 사진들이 출제된다. 세부 주제별 활용 가능한 어휘와 대표 아웃라인 및 모범 답안을 외워 둔다.

---

1. 가족

(1) 활용 표현

家人 jiārén 圀가족	**宝贝** bǎobèi 圀어린 아이, 귀염둥이	**太太** tàitai 圀아내	**丈夫** zhàngfu 圀남편
宠物 chǒngwù 圀반려동물	**家务** jiāwù 圀집안일	**玩具** wánjù 圀장난감	**自行车** zìxíngchē 圀자전거
生活 shēnghuó 圄생활하다 圀생활	**度过** dùguò 圄(시간을) 보내다, 지내다	**相处** xiāngchǔ 圄함께 살다	
怀孕 huáiyùn 圄임신하다	**孝顺** xiàoshùn 圄효도하다	**幸福** xìngfú 圄행복하다	

(2) 대표 문제의 아웃라인 및 모범 답안

여자를 '나'로 설정

<u>소재 및 활용 표현</u> 반려동물을 한 마리 키우면서 행복했던 경험

宠物(반려동물), 家人(가족), 相处(함께 살다), 度过(보내다), 幸福(행복하다)

아웃라인 및 모범 답안

도입	나는 **최근**에 반려(宠物)견 한 마리를 키우고 있음	我最近养了一只宠物狗。 Wǒ zuìjìn yǎngle yì zhī chǒngwùgǒu.
전개	**이것은** 강아지와 행복한 날을 보내(度过)기 위해서였음	这是为了和小狗度过美好的日子。 Zhè shì wèile hé xiǎogǒu dùguò měihǎo de rìzi.
	비록 나와 강아지가 함께 산(相处) 시간은 짧지만, **그러나** 강아지는 나와 우리 가족(家人)에게 많은 기쁨을 가져다주었음	虽然我和小狗相处的时间短，但它给我和家人带来了很多快乐。 Suīrán wǒ hé xiǎogǒu xiāngchǔ de shíjiān duǎn, dàn tā gěi wǒ hé jiārén dàilaile hěn duō kuàilè.
	그래서 나는 앞으로 강아지와 더 많은 시간을 보내고(度过) 싶음	于是我想未来和小狗度过更多的时间。 Yúshì wǒ xiǎng wèilái hé xiǎogǒu dùguò gèng duō de shíjiān.
마무리	**결론적으로**, 이 일은 나로 **하여금** 매우 행복(幸福)을 느끼게 했음	总而言之，这件事让我感到非常幸福。 Zǒng'éryánzhī, zhè jiàn shì ràng wǒ gǎndào fēicháng xìngfú.

*쓰기 2부분 원고지 PDF 또는 '해커스 HSK IBT 쓰기 트레이너'에 자신의 답안을 직접 작성해 보세요. 원고지에 쓴 모범 답안 및 해석 해설집 p.193

2. 결혼/기념일

(1) 활용 표현

婚礼 hūnlǐ 몡 결혼식, 혼례   **纪念** jìniàn 몡 기념 图 기념하다   **宴会** yànhuì 몡 파티   **嘉宾** jiābīn 몡 손님, 귀빈

礼物 lǐwù 몡 선물   **蛋糕** dàngāo 몡 케이크   **戒指** jièzhi 몡 반지   **气氛** qìfēn 몡 분위기   **举行** jǔxíng 图 올리다, 열다

庆祝 qìngzhù 图 축하하다   **祝福** zhùfú 图 축복하다   **充满** chōngmǎn 图 가득하다   **热闹** rènao 혱 떠들썩하다

快乐 kuàilè 혱 즐겁다

(2) 대표 문제의 아웃라인 및 모범 답안

남자를 '나'로 설정

<u>소재 및 활용 표현</u>   결혼식을 올리고 아름다운 추억을 남긴 경험

婚礼(결혼식), 举行(올리다), 嘉宾(손님), 祝福(축복하다), 快乐(즐겁다)

<u>아웃라인 및 모범 답안</u>

도입	나는 최근에 결혼식(婚礼)을 올렸음(举行)	**我最近**举行了婚礼。 Wǒ zuìjìn jǔxíngle hūnlǐ.
전개	이것은 새로운 가정을 꾸리기 위해서였음	**这是为了组建一个新的家庭。** Zhè shì wèile zǔjiàn yí ge xīn de jiātíng.
	가족과 손님(嘉宾)들의 도움으로, 나는 많은 사람의 축복(祝福) 속에서 순조롭게 결혼식(婚礼)을 진행했음	**在家人和嘉宾们的帮助下，我在众人的祝福中顺利地进行了婚礼。** Zài jiārén hé jiābīnmen de bāngzhù xià, wǒ zài zhòngrén de zhùfú zhōng shùnlì de jìnxíngle hūnlǐ.
	이 과정에서, 나는 즐거운(快乐) 가정을 만들기로 마음먹었음	**在这个过程中，我决定建立一个**快乐**的家庭。** Zài zhè ge guòchéng zhōng, wǒ juédìng jiànlì yí ge kuàilè de jiātíng.
마무리	한마디로 말해서, 이 일은 내게 아름다운 추억을 남겼음	**总之，这件事给我留下了美好的回忆。** Zǒngzhī, zhè jiàn shì gěi wǒ liúxiàle měihǎo de huíyì.

*쓰기 2부분 원고지 PDF 또는 '해커스 HSK IBT 쓰기 트레이너'에 자신의 답안을 직접 작성해 보세요.   원고지에 쓴 모범 답안 및 해석 해설집 p.193

3. 주거/인테리어

(1) 활용 표현

窗户 chuānghu 圏창문　**卧室** wòshì 圏침실　**屋子** wūzi 圏방　**墙** qiáng 圏벽　**窗帘** chuānglián 圏커튼

画 huà 圏그림 圏그리다　**梯子** tīzi 圏사다리　**电灯** diàndēng 圏전등　**水管** shuǐguǎn 圏수도관

装修 zhuāngxiū 圏인테리어 하다　**挂** guà 圏달다, 걸다　**摆** bǎi 圏배치하다　**维修** wéixiū 圏수리하다

满足 mǎnzú 圏만족하다

(2) 대표 문제의 아웃라인 및 모범 답안

<u>소재 및 활용 표현</u>　침실에 커튼을 새로 달아서 만족했던 경험

挂(달다), 窗帘(커튼), 卧室(침실), 装修(인테리어 하다), 满足(만족하다)

<u>아웃라인 및 모범 답안</u>

도입	나는 **최근에** 침실(卧室)에 새 커튼(窗帘)을 하나 달았음(挂)	我**最近**在卧室挂了一个新的窗帘。 Wǒ zuìjìn zài wòshì guàle yí ge xīn de chuānglián.
전개	이것은 집의 인테리어(装修) 스타일을 바꾸기 위해서였음	这是为了改变家里的装修风格。 Zhè shì wèile gǎibiàn jiāli de zhuāngxiū fēnggé.
	먼저 나는 상점에서 새 커튼(窗帘)을 구입했고, **그 다음에** 그것을 침실(卧室) 창문 위에 달았음(挂)	**首先**我在商店买了新的窗帘，**然后**把它挂在卧室的窗户上了。 Shǒuxiān wǒ zài shāngdiàn mǎile xīn de chuānglián, ránhòu bǎ tā guàzài wòshì de chuānghu shang le.
	이 과정에서, 나는 집안 환경을 성공적으로 바꾸었음	在这个过程中，我成功地改变了家里的环境。 Zài zhè ge guòchéng zhōng, wǒ chénggōng de gǎibiànle jiāli de huánjìng.
마무리	**결론적으로,** 이 일은 나로 하여금 매우 만족(满足)을 느끼게 했음	**总而言之，**这件事让我感到十分满足。 Zǒng'éryánzhī, zhè jiàn shì ràng wǒ gǎndào shífēn mǎnzú.

*쓰기 2부분 원고지 PDF 또는 '해커스 HSK IBT 쓰기 트레이너'에 자신의 답안을 직접 작성해 보세요.　　　원고지에 쓴 모범 답안 및 해석 해설집 p.194

4. 요리/식습관

(1) 활용 표현

早餐 zǎocān 圆아침 식사 **晚餐** wǎncān 圆저녁 식사 **食物** shíwù 圆음식 **点心** diǎnxin 圆간식

蔬菜 shūcài 圆채소 **材料** cáiliào 圆재료 **餐厅** cāntīng 圆식당 **做菜** zuòcài 圆요리를 하다

切 qiē 圆(칼로) 썰다, 자르다 **煮** zhǔ 圆삶다, 익히다 **炒** chǎo 圆볶다 **好吃** hǎochī 圆맛있다

新鲜 xīnxiān 圆신선하다 **满意** mǎnyì 圆만족스럽다

(2) 대표 문제의 아웃라인 및 모범 답안

⌐ㄴ 남자를 '나'로 설정

<u>소재 및 활용 표현</u> 아내와 함께 **요리를 해**서 행복했던 경험

做菜(요리를 하다), 蔬菜(채소), 食物(음식), 切(칼로 썰다), 满意(만족스럽다)

<u>아웃라인 및 모범 답안</u>

도입	나는 **최근에** 아내와 함께 요리를 했음(做菜)	**我最近和**太太一起做菜了。 Wǒ zuìjìn hé tàitai yìqǐ zuòcài le.
전개	이것은 맛있는 저녁 식사를 직접 준비하기 **위해서**였음	这是为了亲自准备美味的晚餐。 Zhè shì wèile qīnzì zhǔnbèi měiwèi de wǎncān.
	먼저 나는 신선한 채소(蔬菜)를 칼로 썰었고(切), **그 다음에** 다른 재료들과 함께 맛있는 음식(食物)으로 만들었음	**首先我用刀切好新鲜的蔬菜，然后将它和其他材料一起做成了好吃的食物。** Shǒuxiān wǒ yòng dāo qièhǎo xīnxiān de shūcài, ránhòu jiāng tā hé qítā cáiliào yìqǐ zuòchéngle hǎochī de shíwù.
	그래서 나는 만족스러운(满意) 저녁 식사를 했음	**于是我吃到了满意的晚餐。** Yúshì wǒ chīdàole mǎnyì de wǎncān.
마무리	**결론적으로,** 이 일은 나로 하여금 매우 행복을 느끼게 했음	**总而言之，这件事让我感到非常幸福。** Zǒng'éryánzhī, zhè jiàn shì ràng wǒ gǎndào fēicháng xìngfú.

*쓰기 2부분 원고지 PDF 또는 '해커스 HSK IBT 쓰기 트레이너'에 자신의 답안을 직접 작성해 보세요.   원고지에 쓴 모범 답안 및 해석 해설집 p.194

5. 패션/뷰티

(1) 활용 표현

理发师 lǐfàshī 圆미용사 　**发型** fàxíng 圆헤어스타일 　**服装** fúzhuāng 圆복장 　**围巾** wéijīn 圆목도리, 스카프
模特 mótè 圆모델 　**形象** xíngxiàng 圆이미지 　**样式** yàngshì 圆양식, 모양 　**系领带** jì lǐngdài 넥타이를 매다
烫 tàng 圆(머리를) 파마하다 　**剪** jiǎn 圆(머리를) 자르다 　**改变** gǎibiàn 圆바꾸다, 변하다
适合 shìhé 圆어울리다, 적합하다 　**时髦** shímáo 圆유행이다 　**独特** dútè 圆독특하다

(2) 대표 문제의 아웃라인 및 모범 답안

‑‑‑‑► 손님을 '나'로 설정

<u>소재 및 활용 표현</u>　헤어스타일을 바꿔서 만족했던 경험

发型(헤어스타일), 理发师(미용사), 烫(파마하다), 改变(바꾸다), 适合(어울리다)

<u>아웃라인 및 모범 답안</u>

도입	나는 **최근에** 새로운 헤어스타일(发型)로 바꿨음	**我最近换了新**发型。 Wǒ zuìjìn huànle xīn fàxíng.
전개	**이것은** 나의 이미지를 바꾸고(改变), 그 김에 기분을 전환하기 **위해서였음**	**这是为了**改变**自己的形象，顺便换换心情。** Zhè shì wèile gǎibiàn zìjǐ de xíngxiàng, shùnbiàn huànhuan xīnqíng.
	미용사(理发师)**의 도움으로,** 나는 머리카락을 파마했고(烫), 또 가장 좋아하는 색으로 염색했음	**在**理发师**的帮助下，我**烫**好了头发，还染了最喜欢的颜色。** Zài lǐfàshī de bāngzhù xià, wǒ tànghǎole tóufa, hái rǎnle zuì xǐhuān de yánsè.
	이 과정에서, 나는 나에게 가장 어울리는(适合) 새로운 헤어스타일(发型)을 찾았음	**在这个过程中，我找到了最**适合**自己的新**发型。 Zài zhè ge guòchéng zhōng, wǒ zhǎodàole zuì shìhé zìjǐ de xīn fàxíng.
마무리	**결론적으로, 이 일은 나로 하여금** 만족을 느끼게 **했음**	**总而言之，这件事让我感到很满足。** Zǒng'éryánzhī, zhè jiàn shì ràng wǒ gǎndào hěn mǎnzú.

*쓰기 2부분 원고지 PDF 또는 '해커스 HSK IBT 쓰기 트레이너'에 자신의 답안을 직접 작성해 보세요.　　　원고지에 쓴 모범 답안 및 해석 해설집 p.195

6. 생활 안전/수칙

(1) 활용 표현

标志牌 biāozhìpái 표지판　**交通事故** jiāotōng shìgù 교통 사고　**发生** fāshēng 통발생하다
遵守 zūnshǒu 통준수하다, 지키다　**禁止** jìnzhǐ 통금지하다　**预防** yùfáng 통예방하다　**钓鱼** diàoyú 통낚시하다
驾驶 jiàshǐ 통운전하다　**拐弯** guǎiwān 통방향을 바꾸다　**摔倒** shuāidǎo 통자빠지다　**洒** sǎ 통(물을) 엎지르다
意外 yìwài 통의외이다 형의외의 사고　**安全** ānquán 형안전하다　**危险** wēixiǎn 형위험하다 명위험

(2) 대표 문제의 아웃라인 및 모범 답안

<u>소재 및 활용 표현</u>　낚시 금지 표지판 관련 지식을 배우며 **안전의 중요성을 알게 된 경험**

标志牌(표지판), 禁止(금지하다), 钓鱼(낚시하다), 安全(안전하다), 危险(위험하다)

<u>아웃라인 및 모범 답안</u>

도입	나는 **최근에** 낚시(钓鱼) 금지(禁止) 표지판(标志牌)과 관련된 지식을 배웠음	我**最近**学习了禁止钓鱼标志牌**的相关知识。** Wǒ zuìjìn xuéxíle jìnzhǐ diàoyú biāozhìpái de xiāngguān zhīshi.
전개	**이것은** 의외의 사고가 발생하는 것을 방지**하기 위해서였음**	这是为了防止意外事故的发生。 Zhè shì wèile fángzhǐ yìwài shìgù de fāshēng.
	먼저 나는 표지판(标志牌)의 모양을 봤고, **그 다음에** 표지판(标志牌)이 있는 곳에서 낚시하는(钓鱼) 것이 위험하다(危险)는 것도 알게 되었음	首先我看了标志牌的样子，然后又知道了在有标志牌的地方钓鱼很危险。 Shǒuxiān wǒ kànle biāozhìpái de yàngzi, ránhòu yòu zhīdàole zài yǒu biāozhìpái de dìfang diàoyú hěn wēixiǎn.
	이 과정에서, 나는 앞으로 낚시할(钓鱼) 때 먼저 표지판(标志牌)을 주의하기로 마음먹었음	在这个过程中，我决定今后钓鱼时首先要留意标志牌。 Zài zhè ge guòchéng zhōng, wǒ juédìng jīnhòu diàoyú shí shǒuxiān yào liúyì biāozhìpái.
마무리	**결론적으로, 이 일은 나로 하여금** 안전(安全)의 중요성을 알게 했음	总而言之，这件事让我知道了安全的重要性。 Zǒng'éryánzhī, zhè jiàn shì ràng wǒ zhīdàole ānquán de zhòngyàoxìng.

*쓰기 2부분 원고지 PDF 또는 '해커스 HSK IBT 쓰기 트레이너'에 자신의 답안을 직접 작성해 보세요.　원고지에 쓴 모범 답안 및 해석 해설집 p.195

2 사회·취미 활동 관련 글쓰기

사회·취미 활동과 관련해서는 주로 사교/인간관계, 운동/건강, 쇼핑, 여행/사진, 음악/미술, 공연/전시, 방송/행사, 시사/이슈와 관련된 사진들이 출제된다. 세부 주제별 활용 가능한 어휘와 대표 아웃라인 및 모범 답안을 외워 둔다.

1. 사교/인간관계

(1) 활용 표현

朋友 péngyou 閔친구　聚会 jùhuì 閔모임 閔모이다　方案 fāng'àn 閔방안　心情 xīnqíng 閔기분
秘密 mìmì 閔비밀　聊天 liáotiān 閔이야기하다　安慰 ānwèi 閔위로하다　鼓励 gǔlì 閔격려하다
看望 kànwàng 閔문안하다, 방문하다　拥抱 yōngbào 閔포옹하다　感动 gǎndòng 閔감동하다
称赞 chēngzàn 閔칭찬하다　批评 pīpíng 閔꾸짖다　开心 kāixīn 閔기쁘다

(2) 대표 문제의 아웃라인 및 모범 답안

┄┄┄► 위로하는 여자를 '나'로 설정

<u>소재 및 활용 표현</u>　친구들을 만나 위로의 중요성을 알게 된 경험

朋友(친구), 安慰(위로하다), 鼓励(격려하다), 心情(기분), 方案(방안)

<u>아웃라인 및 모범 답안</u>

도입	나는 최근에 친구(朋友) 몇 명과 만났음	我最近和几个朋友见面了。 Wǒ zuìjìn hé jǐ ge péngyou jiànmiàn le.
전개	이것은 막 힘든 일을 겪은 샤오왕을 위로(安慰)하기 위해서였음	这是为了安慰刚经历了坏事的小王。 Zhè shì wèile ānwèi gāng jīnglìle huàishì de Xiǎo Wáng.
	우리들의 도움으로, 샤오왕의 기분(心情)은 조금씩 나아졌고, 해결 방안(方案)도 찾았음	在我们的帮助下，小王的心情逐渐变好了，也找到了解决方案。 Zài wǒmen de bāngzhù xià, Xiǎo Wáng de xīnqíng zhújiàn biànhǎole, yě zhǎodàole jiějué fāng'àn.
	이 과정에서, 나는 위로(安慰)와 격려(鼓励)의 힘을 느꼈음	在这个过程中，我感受到了安慰和鼓励的力量。 Zài zhè ge guòchéng zhōng, wǒ gǎnshòu dàole ānwèi hé gǔlì de lìliang.
마무리	결론적으로, 이 일은 나로 하여금 다른 사람을 위로하는 것(安慰)의 중요성을 알게 했음	总而言之，这件事让我知道了安慰别人的重要性。 Zǒng'éryánzhī, zhè jiàn shì ràng wǒ zhīdàole ānwèi biérén de zhòngyàoxìng.

*쓰기 2부분 원고지 PDF 또는 '해커스 HSK IBT 쓰기 트레이너'에 자신의 답안을 직접 작성해 보세요.　　원고지에 쓴 모범 답안 및 해석 해설집 p.196

2. 운동/건강

(1) 활용 표현

健身房 jiànshēnfáng 헬스장　**跑步机** pǎobùjī 러닝 머신　**状态** zhuàngtài 몡상태　**手术** shǒushù 몡수술
教练 jiàoliàn 몡트레이너, 코치　통훈련하다　**减肥** jiǎnféi 통다이어트하다　**滑冰** huábīng 통스케이트를 타다
滑雪 huáxuě 통스키를 타다　**散步** sànbù 통산책하다　**住院** zhùyuàn 통입원하다　**治疗** zhìliáo 통치료하다
保持 bǎochí 통유지하다　**健康** jiànkāng 통건강하다　**疲劳** píláo 톙피곤하다

(2) 대표 문제의 아웃라인 및 모범 답안

<u>소재 및 활용 표현</u>　헬스장에 가서 운동을 하며 성취감을 가지게 된 경험

健身房(헬스장), 跑步机(러닝 머신), 健康(건강하다), 状态(상태), 保持(유지하다)

<u>아웃라인 및 모범 답안</u>

도입	나는 **최근에** 계속 꾸준히 헬스장(健身房)에 가서 운동을 했음	**我最近**一直坚持去健身房运动。 Wǒ zuìjìn yìzhí jiānchí qù jiànshēnfáng yùndòng.
전개	**이것은** 신체 건강(健康)을 유지(保持)**하기 위해**서였음	**这是为了**保持身体健康。 Zhè shì wèile bǎochí shēntǐ jiànkāng.
	비록 내가 운동을 시작한 지 얼마 되지는 않았지만, **그러나** 나의 상태(状态)가 점점 좋아지고 있다고 느낌	**虽然**我开始运动没多久，**但是**感觉自己的状态变得越来越好了。 Suīrán wǒ kāishǐ yùndòng méi duō jiǔ, dànshì gǎnjué zìjǐ de zhuàngtài biàn de yuèláiyuè hǎo le.
	이 과정에서, 나는 러닝 머신(跑步机)에서 운동하는 것은 좋은 효과가 있다는 것을 알게 되었음	**在这个过程中，我发现**在跑步机上运动有很好的效果。 Zài zhè ge guòchéng zhōng, wǒ fāxiàn zài pǎobùjī shang yùndòng yǒu hěn hǎo de xiàoguǒ.
마무리	**결론적으로, 이 일은 나로 하여금** 성취감을 가지게 했음	**总而言之，这件事让我很有**成就感。 Zǒng'éryánzhī, zhè jiàn shì ràng wǒ hěn yǒu chéngjiùgǎn.

*쓰기 2부분 원고지 PDF 또는 '해커스 HSK IBT 쓰기 트레이너'에 자신의 답안을 직접 작성해 보세요.　원고지에 쓴 모범 답안 및 해석 해설집 p.196

3. 쇼핑

(1) 활용 표현

目录 mùlù 圈목록 **售货员** shòuhuòyuán 圈판매원 **产品** chǎnpǐn 圈제품, 상품
日用品 rìyòngpǐn 圈생활용품 **商场** shāngchǎng 圈상점 **购物中心** gòuwù zhōngxīn 쇼핑 센터
网购 wǎnggòu 온라인 쇼핑 **购买** gòumǎi 圈구입하다 **消费** xiāofèi 圈소비하다 **计划** jìhuà 圈계획하다 圈계획
挑选 tiāoxuǎn 圈고르다, 선택하다 **推荐** tuījiàn 圈추천하다 **节约** jiéyuē 圈절약하다 **浪费** làngfèi 圈낭비하다

(2) 대표 문제의 아웃라인 및 모범 답안

<u>소재 및 활용 표현</u> 소비 습관을 바꾸면서 계획을 세워 소비하는 것의 중요성을 알게 된 경험

消费(소비하다), 目录(목록), 购买(구입하다), 节约(절약하다), 计划(계획, 계획하다)

<u>아웃라인 및 모범 답안</u>

도입	나는 **최근에** 소비(消费) 습관을 바꾸었음	**我最近改变了**消费习惯。 Wǒ zuìjìn gǎibiànle xiāofèi xíguàn.
전개	이것은 불필요한 낭비를 피하기 **위해서였음**	这是为了避免不必要的浪费。 Zhè shì wèile bìmiǎn bú bìyào de làngfèi.
	먼저 나는 필요한 물건을 모두 기록해 두고, **그 다음에** 이 목록(目录)에 따라 구입했음(购买)	**首先**我把需要的东西都记录下来，**然后按照**这个目录进行了购买。 Shǒuxiān wǒ bǎ xūyào de dōngxi dōu jìlù xiàlai, ránhòu ànzhào zhè ge mùlù jìnxíngle gòumǎi.
	그래서 나는 적지 않은 돈을 절약했음(节约)	**于是**我节约了不少钱。 Yúshì wǒ jiéyuēle bùshǎo qián.
마무리	**결론적으로,** 이 일은 나로 **하여금** 계획(计划)을 세워 소비하는 것(消费)이 매우 중요한 일이라는 것을 알게 **했음**	**总而言之，**这件事让我知道了有计划地进行消费是一件很重要的事情。 Zǒng'éryánzhī, zhè jiàn shì ràng wǒ zhīdàole yǒu jìhuà de jìnxíng xiāofèi shì yí jiàn hěn zhòngyào de shìqing.

*쓰기 2부분 원고지 PDF 또는 '해커스 HSK IBT 쓰기 트레이너'에 자신의 답안을 직접 작성해 보세요.   원고지에 쓴 모범 답안 및 해석 해설집 p.197

4. 여행/사진

(1) 활용 표현

风景 fēngjǐng 圆풍경　**景点** jǐngdiǎn 圆명소　**目的地** mùdìdì 圆목적지　**旅行** lǚxíng 圆여행하다
度假 dùjià 圆휴가를 보내다　**享受** xiǎngshòu 圆누리다, 즐기다　**体验** tǐyàn 圆경험하다, 체험하다
到达 dàodá 圆도착하다　**摄影** shèyǐng 圆촬영하다　**合影** héyǐng 圆단체 사진을 찍다 圆단체 사진
拍照片 pāi zhàopiàn 사진을 찍다　**空闲** kòngxián 圆한가하다 圆여가, 짬　**优美** yōuměi 圆아름답다
到处 dàochù 圆곳곳에

(2) 대표 문제의 아웃라인 및 모범 답안

남자를 '나'로 설정

<u>소재 및 활용 표현</u>　친구와 함께 **여행**을 가서 잊지 못할 추억을 남긴 경험

旅行(여행하다), 风景(풍경), 优美(아름답다), 目的地(목적지), 体验(경험하다)

아웃라인 및 모범 답안

도입	나는 최근에 친구와 함께 여행(旅行)을 갔음	我最近和朋友一起去旅行了。 Wǒ zuìjìn hé péngyou yìqǐ qù lǚxíng le.
전개	이것은 풍경(风景)이 아름다운(优美) 곳에서 휴가를 보내기 위해서였음	这是为了在风景优美的地方度假。 Zhè shì wèile zài fēngjǐng yōuměi de dìfang dùjià.
	먼저 우리는 목적지(目的地)에 도착했고, 그 다음에 지도를 따라 여러 가지 관광 명소를 찾았음	首先我们到达了目的地，然后按照地图寻找各种旅游景点。 Shǒuxiān wǒmen dàodále mùdìdì, ránhòu ànzhào dìtú xúnzhǎo gèzhǒng lǚyóu jǐngdiǎn.
	이 과정에서, 나는 다른 즐거움을 경험했음(体验)	在这个过程中，我体验到了不一样的快乐。 Zài zhè ge guòchéng zhōng, wǒ tǐyàn dàole bù yíyàng de kuàilè.
마무리	한마디로 말해서, 이 일은 내게 잊지 못할 추억을 남겼음	总之，这件事给我留下了难忘的回忆。 Zǒngzhī, zhè jiàn shì gěi wǒ liúxiàle nánwàng de huíyì.

*쓰기 2부분 원고지 PDF 또는 '해커스 HSK IBT 쓰기 트레이너'에 자신의 답안을 직접 작성해 보세요.　원고지에 쓴 모범 답안 및 해석 해설집 p.197

5. 음악/미술

(1) 활용 표현

弹钢琴 tán gāngqín 피아노를 치다　画画儿 huàhuàr 그림을 그리다　乐器 yuèqì 圏악기　音乐 yīnyuè 圏음악
爱好 àihào 圏취미　魅力 mèilì 圏매력　色彩 sècǎi 圏색채　水平 shuǐpíng 圏실력, 수준　形容 xíngróng 圏묘사하다
吸引 xīyǐn 圏매료시키다, 끌어들이다　提高 tígāo 圏향상시키다　激动 jīdòng 圏감동하다, 감격하다
强烈 qiángliè 圏강렬하다　业余 yèyú 圏여가의

(2) 대표 문제의 아웃라인 및 모범 답안

└----- 피아노 치는 아이를 '나'로 설정

<u>소재 및 활용 표현</u>　**여가** 시간을 이용하여 **피아노를 치는 것**을 배우면서 즐거웠던 경험

弹钢琴(피아노를 치다), 业余(여가의), 爱好(취미), 水平(실력), 魅力(매력)

<u>아웃라인 및 모범 답안</u>

도입	나는 **최근에** 여가(业余) 시간을 이용하여 피아노 치는 것(弹钢琴)을 배우고 있음	我**最近**在利用业余时间学习弹钢琴。 Wǒ zuìjìn zài lìyòng yèyú shíjiān xuéxí tán gāngqín.
전개	이것은 새로운 취미(爱好)를 만들기 **위해서**였음	这是为了培养一个新的爱好。 Zhè shì wèile péiyǎng yí ge xīn de àihào.
	선생님의 **도움으로**, 나의 실력(水平)은 다소 향상되었음	在老师的帮助下，我的水平有所提高了。 Zài lǎoshī de bāngzhù xià, wǒ de shuǐpíng yǒusuǒ tígāo le.
	이 과정에서, 나는 피아노의 매력(魅力)을 느꼈고, 앞으로도 계속 피아노를 배우고 싶다고 생각했음	在这个过程中，我感受到了钢琴的魅力，未来还想继续学习钢琴。 Zài zhè ge guòchéng zhōng, wǒ gǎnshòu dàole gāngqín de mèilì, wèilái hái xiǎng jìxù xuéxí gāngqín.
마무리	결론적으로, 이 일은 나로 하여금 즐거움을 느끼게 했음	总而言之，这件事让我感到很愉快。 Zǒng'éryánzhī, zhè jiàn shì ràng wǒ gǎndào hěn yúkuài.

*쓰기 2부분 원고지 PDF 또는 '해커스 HSK IBT 쓰기 트레이너'에 자신의 답안을 직접 작성해 보세요.　원고지에 쓴 모범 답안 및 해석 해설집 p.198

6. 공연/전시

(1) 활용 표현

展览会 zhǎnlǎnhuì 圓전시회　美术 měishù 圓미술　作品 zuòpǐn 圓작품　文化 wénhuà 圓문화
主题 zhǔtí 圓주제　规模 guīmó 圓규모　意见 yìjiàn 圓의견　意义 yìyì 圓의미, 뜻　表演 biǎoyǎn 圓공연하다
参观 cānguān 圓견학하다　欣赏 xīnshǎng 圓감상하다　鼓掌 gǔzhǎng 圓박수치다　有趣 yǒuqù 圓흥미롭다
精彩 jīngcǎi 圓훌륭하다

(2) 대표 문제의 아웃라인 및 모범 답안

┆----- 남자를 '나'로 설정

<u>소재 및 활용 표현</u>　미술 전시회에 가서 깊은 인상이 남은 경험

美术(미술), 展览会(전시회), 规模(규모), 作品(작품), 欣赏(감상하다)

<u>아웃라인 및 모범 답안</u>

도입	나는 **최근에** 미술(美术) 전시회(展览会)에 간 적이 있음	**我最近**去过美术展览会。 Wǒ zuìjìn qùguo měishù zhǎnlǎnhuì.
전개	이것은 친구와 함께 새로운 것을 **경험하기 위해**서였음	**这是为了**和朋友一起体验新鲜的事物。 Zhè shì wèile hé péngyou yìqǐ tǐyàn xīnxiān de shìwù.
	비록 전시회(展览会) 규모(规模)는 크지 않았지만, **그러나** 아주 흥미로운 작품(作品)이 많이 있었음	**虽然**展览会规模不大，**但**里面有很多非常有趣的作品。 Suīrán zhǎnlǎnhuì guīmó bú dà, dàn lǐmiàn yǒu hěn duō fēicháng yǒuqù de zuòpǐn.
	그래서 나는 그 작품(作品)들을 감상하면서(欣赏), 친구와 의견을 나누었음	**于是我**一边欣赏那些作品，一边和朋友交换意见。 Yúshì wǒ yìbiān xīnshǎng nàxiē zuòpǐn, yìbiān hé péngyou jiāohuàn yìjiàn.
마무리	**한마디로 말해서**, 이 일은 내게 깊은 인상을 남겼음	**总之**，这件事给我留下了深刻的印象。 Zǒngzhī, zhè jiàn shì gěi wǒ liúxiàle shēnkè de yìnxiàng.

*쓰기 2부분 원고지 PDF 또는 '해커스 HSK IBT 쓰기 트레이너'에 자신의 답안을 직접 작성해 보세요.　　원고지에 쓴 모범 답안 및 해석 해설집 p.198

7. 방송/행사

(1) 활용 표현

明星 míngxīng 圆스타 　记者 jìzhě 圆기자 　活动 huódòng 圆행사 圆활동하다 　新闻 xīnwén 圆뉴스
媒体 méitǐ 圆미디어 　个性 gèxìng 圆개성 　报道 bàodào 圆보도하다 圆보도 　采访 cǎifǎng 圆인터뷰하다
签名 qiānmíng 圆사인하다 　欢迎 huānyíng 圆환영하다 　握手 wòshǒu 圆악수하다 　排队 páiduì 圆줄을 서다
兴奋 xīngfèn 圆흥분하다 　热烈 rèliè 圆열렬하다

(2) 대표 문제의 아웃라인 및 모범 답안

인터뷰하는 남자를 '나'로 설정

<u>소재 및 활용 표현</u> 　한 **스타**와의 **인터뷰**를 하며 잊지 못할 추억을 남긴 경험
采访(인터뷰하다), 明星(스타), 报道(보도하다), 兴奋(흥분하다), 个性(개성)

<u>아웃라인 및 모범 답안</u>

도입	나는 **최근에** 한 스타(明星)를 인터뷰(采访)한 적이 있음	**我最近**采访过一个明星。 Wǒ zuìjìn cǎifǎngguo yí ge míngxīng.
전개	**이것은** 그녀의 성공 스토리를 보도(报道)**하기 위해서였음**	这是为了报道她的成功故事。 Zhè shì wèile bàodào tā de chénggōng gùshi.
	비록 나는 기대로 인해 몹시 흥분했지만(兴奋), **그러나** 결국 침착하게 인터뷰(采访)를 끝냈음	虽然我因为期待而格外兴奋，但最终还是冷静地做完了采访。 Suīrán wǒ yīnwèi qīdài ér géwài xīngfèn, dàn zuìzhōng háishi lěngjìng de zuò wánle cǎifǎng.
	이 과정에서, 나는 이 스타(明星)의 개성(个性)과 매력을 발견했음	在这个过程中，我发现了这个明星的个性和魅力。 Zài zhè ge guòchéng zhōng, wǒ fāxiànle zhè ge míngxīng de gèxìng hé mèilì.
마무리	**한마디로 말해서,** 이 일은 내게 잊지 못할 추억을 **남겼음**	总之，这件事给我留下了难忘的回忆。 Zǒngzhī, zhè jiàn shì gěi wǒ liúxiàle nánwàng de huíyì.

*쓰기 2부분 원고지 PDF 또는 '해커스 HSK IBT 쓰기 트레이너'에 자신의 답안을 직접 작성해 보세요. 　　원고지에 쓴 모범 답안 및 해석 해설집 p.199

8. 시사/이슈

(1) 활용 표현

机器人 jīqìrén 몡로봇　**技术** jìshù 몡기술　**网络** wǎngluò 몡인터넷　**软件** ruǎnjiàn 몡소프트웨어
环境 huánjìng 몡환경　**能源** néngyuán 몡에너지　**资源** zīyuán 몡자원　**社会** shèhuì 몡사회
变化 biànhuà 몡변화하다　**发展** fāzhǎn 몡발전하다　**利用** lìyòng 몡이용하다　**保护** bǎohù 몡보호하다
保存 bǎocún 몡보존하다　**未来** wèilái 몡앞으로의 몡미래

(2) 대표 문제의 아웃라인 및 모범 답안

<u>소재 및 활용 표현</u>　로봇 기술에 대한 강좌를 듣고 깊은 인상이 남은 경험

机器人(로봇), 技术(기술), 发展(발전하다), 未来(앞으로), 变化(변화하다)

<u>아웃라인 및 모범 답안</u>

도입	나는 **최근에** 로봇(机器人) 기술(技术)에 대한 강좌를 들었음	**我最近**听了关于机器人技术的讲座。 Wǒ zuìjìn tīngle guānyú jīqìrén jìshù de jiǎngzuò.
	이것은 새로운 지식을 얻기 **위해서였음**	**这是为了**获得新的知识。 Zhè shì wèile huòdé xīn de zhīshi.
전개	**먼저** 로봇(机器人)의 발전(发展) 과정을 배웠고, **그 다음에** 로봇(机器人)의 종류와 기능도 알게 되었음	**首先**我学习了机器人的发展过程，**然后又**了解了机器人的种类和功能。 Shǒuxiān wǒ xuéxíle jīqìrén de fāzhǎn guòchéng, ránhòu yòu liǎojiěle jīqìrén de zhǒnglèi hé gōngnéng.
	이 과정에서, 나는 로봇(机器人)이 앞으로(未来) 사회에 많은 변화(变化)를 가져올 것이라고 느꼈음	**在这个过程中，我**觉得机器人未来会给社会带来很多变化。 Zài zhè ge guòchéng zhōng, wǒ juéde jīqìrén wèilái huì gěi shèhuì dàilai hěn duō biànhuà.
마무리	**한마디로** 말해서, 이 일은 내게 깊은 인상을 남겼음	**总之，**这件事给我留下了深刻的印象。 Zǒngzhī, zhè jiàn shì gěi wǒ liúxiàle shēnkè de yìnxiàng.

*쓰기 2부분 원고지 PDF 또는 '해커스 HSK IBT 쓰기 트레이너'에 자신의 답안을 직접 작성해 보세요.　　원고지에 쓴 모범 답안 및 해석 해설집 p.199

③ 학교·직장 생활 관련 글쓰기

학교·직장 생활과 관련해서는 주로 학업, 졸업/구직, 업무/성과와 관련된 사진들이 출제된다. 세부 주제별 활용 가능한 어휘와 대표 아웃라인 및 모범 답안을 외워 둔다.

1. 학업

(1) 활용 표현

理论 lǐlùn 圀이론　**化学** huàxué 圀화학　**物理** wùlǐ 圀물리　**实验** shíyàn 圀실험 圄실험하다　**论文** lùnwén 圀논문
压力 yālì 圀스트레스　**黑板** hēibǎn 圀칠판　**提问** tíwèn 圄질문하다　**讨论** tǎolùn 圄토론하다
集中 jízhōng 圄집중하다　**观察** guānchá 圄관찰하다　**考试** kǎoshì 圄시험을 치다　**理解** lǐjiě 圄이해하다
分析 fēnxī 圄분석하다

(2) 대표 문제의 아웃라인 및 모범 답안

학생을 '나'로 설정

<u>소재 및 활용 표현</u>　과학 실험 수업을 통해 과학의 매력을 느끼게 된 경험

实验(실험), 化学(화학), 集中(집중하다), 观察(관찰하다), 理解(이해하다)

<u>아웃라인 및 모범 답안</u>

도입	나는 최근에 학교에서 과학 실험(实验)을 한 적이 있음	我最近在学校做过科学实验。 Wǒ zuìjìn zài xuéxiào zuòguo kēxué shíyàn.
전개	이것은 배웠던 화학(化学) 이론을 복습하기 위해서였음	这是为了复习学过的化学理论。 Zhè shì wèile fùxí xuéguo de huàxué lǐlùn.
	선생님의 도움으로, 나는 정신을 집중해서(集中) 실험(实验) 중의 다양한 현상을 관찰했음(观察)	在老师的帮助下，我集中精神观察到了实验中的各种现象。 Zài lǎoshī de bāngzhù xià, wǒ jízhōng jīngshén guānchá dàole shíyàn zhōng de gèzhǒng xiànxiàng.
	이 과정에서, 나는 학습했던 내용에 대한 더 깊은 이해(理解)가 생겼음	在这个过程中，我对学习过的内容有了更深的理解。 Zài zhè ge guòchéng zhōng, wǒ duì xuéxíguo de nèiróng yǒule gèng shēn de lǐjiě.
마무리	결론적으로, 이 일은 나로 하여금 과학의 매력을 느끼게 했음	总而言之，这件事让我感受到了科学的魅力。 Zǒng'éryánzhī, zhè jiàn shì ràng wǒ gǎnshòu dàole kēxué de mèilì.

*쓰기 2부분 원고지 PDF 또는 '해커스 HSK IBT 쓰기 트레이너'에 자신의 답안을 직접 작성해 보세요.　　　원고지에 쓴 모범 답안 및 해석 해설집 p.200

2. 졸업/구직

(1) 활용 표현

梦想 mèngxiǎng 명 꿈　**机会** jīhuì 명 기회　**学历** xuélì 명 학력　**专业** zhuānyè 명 전공
成就 chéngjiù 명 성취 동 성취하다　**毕业** bìyè 동 졸업하다　**参加** cānjiā 동 참가하다　**面试** miànshì 동 면접시험을 보다
招聘 zhāopìn 동 모집하다　**从事** cóngshì 동 종사하다　**支持** zhīchí 동 지지하다　**感谢** gǎnxiè 동 감사하다
紧张 jǐnzhāng 형 긴장하다　**自豪** zìháo 형 자랑스럽다, 대견하다

(2) 대표 문제의 아웃라인 및 모범 답안

아빠를 '나'로 설정

소재 및 활용 표현　아들의 졸업식에 참석해서 행복했던 경험
毕业(졸업하다), 成就(성취), 梦想(꿈), 支持(지지하다), 自豪(자랑스럽다)

아웃라인 및 모범 답안

도입	**나는 최근에** 아들의 졸업(毕业)식에 참석했음	**我最近参加了儿子的毕业典礼。** Wǒ zuìjìn cānjiāle érzi de bìyè diǎnlǐ.
전개	**이것은** 아들의 순조로운 졸업(毕业)을 축하**하기 위해서였음**	**这是为了祝贺儿子顺利毕业。** Zhè shì wèile zhùhè érzi shùnlì bìyè.
	먼저 나는 아들과 그의 성취(成就)에 대해 이야기를 했고, **그 다음에** 그의 앞으로의 꿈(梦想)에 대해서도 지지(支持)를 보내 주었음	**首先我和儿子聊了聊他的成就，然后又对他未来的梦想表示了支持。** Shǒuxiān wǒ hé érzi liáo le liáo tā de chéngjiù, ránhòu yòu duì tā wèilái de mèngxiǎng biǎoshìle zhīchí.
	이 과정에서, 나는 아들에 대한 자랑스러움(自豪)을 깊이 느꼈음	**在这个过程中，我深深地为儿子感到自豪。** Zài zhè ge guòchéng zhōng, wǒ shēnshēn de wèi érzi gǎndào zìháo.
마무리	**결론적으로, 이 일은 나로 하여금** 매우 행복하다고 **느끼게 했음**	**总而言之，这件事让我觉得非常幸福。** Zǒng'éryánzhī, zhè jiàn shì ràng wǒ juéde fēicháng xìngfú.

*쓰기 2부분 원고지 PDF 또는 '해커스 HSK IBT 쓰기 트레이너'에 자신의 답안을 직접 작성해 보세요.　원고지에 쓴 모범 답안 및 해석 해설집 p.200

3. 업무/성과

(1) 활용 표현

项目 xiàngmù 阅프로젝트   **业务** yèwù 阅업무   **会议** huìyì 阅회의   **同事** tóngshì 阅동료   **日程** rìchéng 阅일정
收获 shōuhuò 阅소득, 성과   **评价** píngjià 阅평가 阅평가하다   **报告** bàogào 阅보고하다 阅보고
出差 chūchāi 阅출장을 가다   **担任** dānrèn 阅맡다, 담당하다   **代表** dàibiǎo 阅대표하다 阅대표
处理 chǔlǐ 阅처리하다   **耽误** dānwu 阅(시간을) 지체하다   **签合同** qiān hétong 계약을 체결하다

(2) 대표 문제의 아웃라인 및 모범 답안

발표하는 여자를 '나'로 설정

<u>소재 및 활용 표현</u>   프로젝트 담당자를 맡아서 성취감을 가진 경험

担任(맡다), 项目(프로젝트), 业务(업무), 报告(보고하다), 评价(평가)

<u>아웃라인 및 모범 답안</u>

도입	나는 **최근에** 회사의 프로젝트(项目) 담당자를 맡았음(担任)	**我最近**担任了公司的项目负责人。 Wǒ zuìjìn dānrènle gōngsī de xiàngmù fùzérén.
전개	**이것은** 업무(业务) 방면에서 우수한 성과를 내기 **위해서였음**	**这是为了**在业务方面做出优秀的成果。 Zhè shì wèile zài yèwù fāngmiàn zuòchū yōuxiù de chéngguǒ.
	동료들의 **도움으로,** 나는 계획에 따라 순조롭게 프로젝트(项目)를 완성할 수 있었음	**在同事的帮助下,**我按照计划顺利地完成了项目。 Zài tóngshì de bāngzhù xià, wǒ ànzhào jìhuà shùnlì de wánchéngle xiàngmù.
	그래서 나는 업무(业务)를 보고(报告)할 때 좋은 평가(评价)를 얻었음	于是我在报告业务时得到了很好的评价。 Yúshì wǒ zài bàogào yèwù shí dédàole hěn hǎo de píngjià.
마무리	**결론적으로,** 이 일은 나로 **하여금** 성취감을 가지게 했음	**总而言之,**这件事让我很有成就感。 Zǒng'éryánzhī, zhè jiàn shì ràng wǒ hěn yǒu chéngjiùgǎn.

*쓰기 2부분 원고지 PDF 또는 '해커스 HSK IBT 쓰기 트레이너'에 자신의 답안을 직접 작성해 보세요.   원고지에 쓴 모범 답안 및 해석 해설집 p.201

실전연습문제

제시된 사진과 관련된 80자 내외의 짧은 글을 완성해 보세요.
(IBT 대비를 위해 해커스중국어 사이트에서 '해커스 HSK IBT 쓰기 트레이너'로 자신의 답안을 직접 작성해 보세요.)

1.

48

80

2.

48

80

모범 답안 해설집 p.201

1. 제시된 어휘를 모두 사용하여 80자 내외의 짧은 글을 완성해 보세요.

(IBT 대비를 위해 해커스중국어 사이트에서 '해커스 HSK IBT 쓰기 트레이너'로 자신의 답안을 직접 작성해 보세요.)

婚姻　　矛盾　　相处　　尊重　　平等

48

80

모범 답안 해설집 p.203

2. 제시된 사진과 관련된 80자 내외의 짧은 글을 완성해 보세요.

(IBT 대비를 위해 해커스중국어 사이트에서 '해커스 HSK IBT 쓰기 트레이너'로 자신의 답안을 직접 작성해 보세요.)

48

80

모범 답안 해설집 p.204

* 실제 시험을 보는 것처럼 시간에 맞춰 실전모의고사를 풀어 보세요.
* 교재에 수록된 실전모의고사 3회분은 해커스중국어(china.Hackers.com)에서
  IBT로도 풀어 보실 수 있습니다.

실전모의고사

1,2,3

잠깐! 테스트 전 확인 사항

1. 휴대 전화의 전원을 끄셨나요?
2. 답안지, 연필, 지우개가 준비되셨나요?
3. 시계가 준비되셨나요? (제한시간 약 120분)

실전모의고사

1

답안지 작성법

汉语水平考试 HSK（五级）答题卡

请填写考生信息

请按照考试证件上的姓名填写：수험표 상의 영문 이름을 기입하세요.

姓名	KIM JEE YOUNG

如果有中文姓名，请填写：중문 이름이 있다면 기입하세요.

中文姓名	金志玲

수험 번호를 쓰고 마킹하세요.

考生序号	6	[0] [1] [2] [3] [4] [5] [6] [7] [8] [9]
	O	[0] [1] [2] [3] [4] [5] [6] [7] [8] [9]
	2	[0] [1] [2] [3] [4] [5] [6] [7] [8] [9]
	5	[0] [1] [2] [3] [4] [5] [6] [7] [8] [9]
	9	[0] [1] [2] [3] [4] [5] [6] [7] [8] [9]

고사장 정보를 기입하세요.

请填写考点信息

고사장 번호를 쓰고 마킹하세요.

考点序号	8	[0] [1] [2] [3] [4] [5] [6] [7] [8] [9]
	1	[0] [1] [2] [3] [4] [5] [6] [7] [8] [9]
	5	[0] [1] [2] [3] [4] [5] [6] [7] [8] [9]
	O	[0] [1] [2] [3] [4] [5] [6] [7] [8] [9]
	3	[0] [1] [2] [3] [4] [5] [6] [7] [8] [9]
	O	[0] [1] [2] [3] [4] [5] [6] [7] [8] [9]
		[0] [1] [2] [3] [4] [5] [6] [7] [8] [9]

국적 번호를 쓰고 마킹하세요.

国籍	5	[0] [1] [2] [3] [4] [5] [6] [7] [8] [9]
	2	[0] [1] [2] [3] [4] [5] [6] [7] [8] [9]
	3	[0] [1] [2] [3] [4] [5] [6] [7] [8] [9]

나이를 쓰고 마킹하세요.

年龄	2	[0] [1] [2] [3] [4] [5] [6] [7] [8] [9]
	3	[0] [1] [2] [3] [4] [5] [6] [7] [8] [9]

해당하는 성별에 마킹하세요.

性别	男 [1]	女 [2]

注意	请用2B铅笔这样写： ■ 2B 연필로 마킹하세요.

一、听力 듣기

당안 마킹시 당안표기 방향에 주의하세요.

제1부분

1. [A] [B] [C] [D]
2. [A] [B] [C] [D]
3. [A] [B] [C] [D]
4. [A] [B] [C] [D]
5. [A] [B] [C] [D]

6. [A] [B] [C] [D]
7. [A] [B] [C] [D]
8. [A] [B] [C] [D]
9. [A] [B] [C] [D]
10. [A] [B] [C] [D]

11. [A] [B] [C] [D]
12. [A] [B] [C] [D]
13. [A] [B] [C] [D]
14. [A] [B] [C] [D]
15. [A] [B] [C] [D]

16. [A] [B] [C] [D]
17. [A] [B] [C] [D]
18. [A] [B] [C] [D]
19. [A] [B] [C] [D]
20. [A] [B] [C] [D]

제2부분

21. [A] [B] [C] [D]
22. [A] [B] [C] [D]
23. [A] [B] [C] [D]
24. [A] [B] [C] [D]
25. [A] [B] [C] [D]

26. [A] [B] [C] [D]
27. [A] [B] [C] [D]
28. [A] [B] [C] [D]
29. [A] [B] [C] [D]
30. [A] [B] [C] [D]

31. [A] [B] [C] [D]
32. [A] [B] [C] [D]
33. [A] [B] [C] [D]
34. [A] [B] [C] [D]
35. [A] [B] [C] [D]

36. [A] [B] [C] [D]
37. [A] [B] [C] [D]
38. [A] [B] [C] [D]
39. [A] [B] [C] [D]
40. [A] [B] [C] [D]

41. [A] [B] [C] [D]
42. [A] [B] [C] [D]
43. [A] [B] [C] [D]
44. [A] [B] [C] [D]
45. [A] [B] [C] [D]

二、阅读 독해

제1부분

46. [A] [B] [C] [D]
47. [A] [B] [C] [D]
48. [A] [B] [C] [D]
49. [A] [B] [C] [D]
50. [A] [B] [C] [D]

51. [A] [B] [C] [D]
52. [A] [B] [C] [D]
53. [A] [B] [C] [D]
54. [A] [B] [C] [D]
55. [A] [B] [C] [D]

56. [A] [B] [C] [D]
57. [A] [B] [C] [D]
58. [A] [B] [C] [D]
59. [A] [B] [C] [D]
60. [A] [B] [C] [D]

제2부분

61. [A] [B] [C] [D]
62. [A] [B] [C] [D]
63. [A] [B] [C] [D]
64. [A] [B] [C] [D]
65. [A] [B] [C] [D]

66. [A] [B] [C] [D]
67. [A] [B] [C] [D]
68. [A] [B] [C] [D]
69. [A] [B] [C] [D]
70. [A] [B] [C] [D]

제3부분

71. [A] [B] [C] [D]
72. [A] [B] [C] [D]
73. [A] [B] [C] [D]
74. [A] [B] [C] [D]
75. [A] [B] [C] [D]

76. [A] [B] [C] [D]
77. [A] [B] [C] [D]
78. [A] [B] [C] [D]
79. [A] [B] [C] [D]
80. [A] [B] [C] [D]

81. [A] [B] [C] [D]
82. [A] [B] [C] [D]
83. [A] [B] [C] [D]
84. [A] [B] [C] [D]
85. [A] [B] [C] [D]

86. [A] [B] [C] [D]
87. [A] [B] [C] [D]
88. [A] [B] [C] [D]
89. [A] [B] [C] [D]
90. [A] [B] [C] [D]

三、书写 쓰기

제1부분

91. 我收到了一张明信片。

92.

93.

94.

95. _____

96. _____

97. _____

98. _____

제2부분
99.

		我	最	近	每	天	都	会	散	步	。				
																48
																80

100.

		我	最	近	去	看	过	在	老	家	生	活	的	爷	爷	。
																48
																80

실전모의고사 1 답안지

汉语水平考试 HSK（五级）答题卡

一、听力

1. [A] [B] [C] [D]
2. [A] [B] [C] [D]
3. [A] [B] [C] [D]
4. [A] [B] [C] [D]
5. [A] [B] [C] [D]
6. [A] [B] [C] [D]
7. [A] [B] [C] [D]
8. [A] [B] [C] [D]
9. [A] [B] [C] [D]
10. [A] [B] [C] [D]
11. [A] [B] [C] [D]
12. [A] [B] [C] [D]
13. [A] [B] [C] [D]
14. [A] [B] [C] [D]
15. [A] [B] [C] [D]
16. [A] [B] [C] [D]
17. [A] [B] [C] [D]
18. [A] [B] [C] [D]
19. [A] [B] [C] [D]
20. [A] [B] [C] [D]
21. [A] [B] [C] [D]
22. [A] [B] [C] [D]
23. [A] [B] [C] [D]
24. [A] [B] [C] [D]
25. [A] [B] [C] [D]

26. [A] [B] [C] [D]
27. [A] [B] [C] [D]
28. [A] [B] [C] [D]
29. [A] [B] [C] [D]
30. [A] [B] [C] [D]
31. [A] [B] [C] [D]
32. [A] [B] [C] [D]
33. [A] [B] [C] [D]
34. [A] [B] [C] [D]
35. [A] [B] [C] [D]
36. [A] [B] [C] [D]
37. [A] [B] [C] [D]
38. [A] [B] [C] [D]
39. [A] [B] [C] [D]
40. [A] [B] [C] [D]
41. [A] [B] [C] [D]
42. [A] [B] [C] [D]
43. [A] [B] [C] [D]
44. [A] [B] [C] [D]
45. [A] [B] [C] [D]

二、阅读

46. [A] [B] [C] [D]
47. [A] [B] [C] [D]
48. [A] [B] [C] [D]
49. [A] [B] [C] [D]
50. [A] [B] [C] [D]
51. [A] [B] [C] [D]
52. [A] [B] [C] [D]
53. [A] [B] [C] [D]
54. [A] [B] [C] [D]
55. [A] [B] [C] [D]
56. [A] [B] [C] [D]
57. [A] [B] [C] [D]
58. [A] [B] [C] [D]
59. [A] [B] [C] [D]
60. [A] [B] [C] [D]
61. [A] [B] [C] [D]
62. [A] [B] [C] [D]
63. [A] [B] [C] [D]
64. [A] [B] [C] [D]
65. [A] [B] [C] [D]
66. [A] [B] [C] [D]
67. [A] [B] [C] [D]
68. [A] [B] [C] [D]
69. [A] [B] [C] [D]
70. [A] [B] [C] [D]

71. [A] [B] [C] [D]
72. [A] [B] [C] [D]
73. [A] [B] [C] [D]
74. [A] [B] [C] [D]
75. [A] [B] [C] [D]
76. [A] [B] [C] [D]
77. [A] [B] [C] [D]
78. [A] [B] [C] [D]
79. [A] [B] [C] [D]
80. [A] [B] [C] [D]
81. [A] [B] [C] [D]
82. [A] [B] [C] [D]
83. [A] [B] [C] [D]
84. [A] [B] [C] [D]
85. [A] [B] [C] [D]
86. [A] [B] [C] [D]
87. [A] [B] [C] [D]
88. [A] [B] [C] [D]
89. [A] [B] [C] [D]
90. [A] [B] [C] [D]

三、书写

91.

92.

93.

94.

95-100题 →

95. _____

96. _____

97. _____

98. _____

99.

															48
															80

100.

															48
															80

汉语水平考试
HSK（五级）

注　意

一、HSK（五级）分三部分：

　　1. 听力（45题，约30分钟）

　　2. 阅读（45题，45分钟）

　　3. 书写（10题，40分钟）

二、听力结束后，有5分钟填写答题卡。

三、全部考试约125分钟（含考生填写个人信息时间5分钟）。

一、听 力

第一部分

第1-20题：请选出正确答案。

1. A 外套
   B 毛衣
   C 梳子
   D 项链

2. A 脾气变好了
   B 生哥哥的气了
   C 要去外地上学了
   D 和哥哥闹矛盾了

3. A 他没有喝醉
   B 打算少喝两杯
   C 觉得酒很难喝
   D 见到朋友很高兴

4. A 新开的健身房很远
   B 年轻教练的实力很强
   C 女的开了一家减肥中心
   D 男的不满意现在的教练

5. A 对行业的了解加深了
   B 与主任配合得更好了
   C 能够找到工作的重心了
   D 在工作方面更有热情了

6. A 睡着了
   B 熬夜了
   C 生病了
   D 失恋了

7. A 买胶水
   B 发信息
   C 贴照片
   D 交材料

8. A 一项爱好
   B 一位诗人
   C 一个时代
   D 一首古诗

9. A 注册账号
   B 修理房屋
   C 买新的柜子
   D 自己换零件

10. A 没买到火车票
    B 汽车更加舒服
    C 飞机票太贵了
    D 坐汽车的人少

11. A 抱怨
    B 遗憾
    C 珍惜
    D 失望

12. A 是本科生
    B 是招聘人员
    C 在北京读大学
    D 学的是地理专业

13. A 座位不太多
    B 可以提前预订
    C 明天开始营业
    D 就在酒吧附近

14. A 香蕉
    B 香肠
    C 饼干
    D 冰激凌

15. A 结构
    B 顺序
    C 格式
    D 内容

16. A 网速慢
    B 非常实用
    C 功能不全
    D 风格华丽

17. A 恋人
    B 室友
    C 教练和运动员
    D 教授和研究生

18. A 酒吧
    B 楼下
    C 火车站
    D 急诊室

19. A 上专业课
    B 听主题讲座
    C 陪家人去看病
    D 去海边吃海鲜

20. A 紧张是不可避免的
    B 今天的运气还不错
    C 不在乎比赛的输赢
    D 自己也没有发挥好

第二部分

第21-45题：请选出正确答案。

21. A 学习情况
    B 运动方式
    C 活动时间
    D 手机游戏

22. A 买电脑
    B 取包裹
    C 安装软件
    D 修理电脑

23. A 对自己没有信心
    B 还没去新公司工作
    C 应聘了一家网络公司
    D 知道怎么缓解工作压力

24. A 厨师
    B 清洁工
    C 客服人员
    D 超市员工

25. A 放鞭炮了
    B 包饺子了
    C 发红包了
    D 听故事了

26. A 讨论设计方案
    B 提升用户体验
    C 确定投资方向
    D 扩大产品影响力

27. A 西餐厅
    B 美发店
    C 美术馆
    D 批发市场

28. A 保持环境整洁
    B 满足孩子的需要
    C 营造好的家庭氛围
    D 减少和朋友之间的矛盾

29. A 这场比赛很无聊
    B 她喜欢上了足球
    C 球迷都不喜欢喝酒
    D 比赛结果令人失望

30. A 经济相当发达
    B 有一所著名的大学
    C 老街道保存得非常好
    D 是近期开发的旅游景点

31. A 努力减轻压力
    B 要培养多种爱好
    C 让自己再来挑战
    D 请求周围人的帮助

32. A 试图去改变世界
    B 变得积极乐观些
    C 做一个优秀的领导
    D 少发表自己的意见

33. A 最初在德国创立
    B 在中国开了研究所
    C 是欧洲三大设计奖项之一
    D 是专为建筑工程师颁发的奖

34. A 是一座红色的建筑
    B 只展出欧洲人的作品
    C 建筑面积有1000多平方米
    D 是世界最大的现代设计博物馆

35. A 以德国为发展重心
    B 开始积极走进亚洲
    C 逐步完善奖励制度
    D 不在欧洲举办展览

36. A 全面的
    B 有规律的
    C 高强度的
    D 有针对性的

37. A 泳池换水记录
    B 卫生合格证书
    C 每日杀菌记录
    D 每日卫生检查表

38. A 能够科学指导会员
    B 没有专业资格证书
    C 懂得尊重会员的爱好
    D 对餐饮有特殊的要求

39. A 广告宣传加强了
    B 生活水平提高了
    C 空闲时间变多了
    D 旅游费用降低了

40. A 不用自己计划
    B 时间非常自由
    C 可以随时购物
    D 会有朋友陪同

41. A 买东西不方便
    B 游玩的景点少
    C 旅游花费太多
    D 准备过程麻烦

42. A 胃口
    B 体温
    C 睡眠质量
    D 运动能力

43. A 拒绝吃药
    B 脚疼得厉害
    C 情绪波动大
    D 精神状态不好

44. A 不喜欢说话
    B 父亲是医生
    C 非常有智慧
    D 喜欢喂山羊

45. A 华佗通过了考试
    B 华佗打败了师兄
    C 华佗找到了民间疗法
    D 华佗有丰富的医学知识

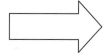

二、阅 读

第一部分

第46-60题：请选出正确答案。

46-48.

"欲戴王冠，必承其重"经常出现在各种各样的寓言中。这句话原来的意思是，想要戴上王冠，就要承受它的___46___。经过一段时间的演变后，人们开始用这句话来表示另一种情况，即在胜利面前，如果想要___47___它的成果，就要承担这份成果带给自己的一切，包括好的方面和不好的方面。除此之外，这句话还有个更深层的意思，就是想要得到一样东西，就必须要付出相应的代价。

___48___，胜利是来之不易的，成功的背后，更多的是为之付出的汗水和经历失败后的痛苦。

46. A 重量　　　　B 高度　　　　C 表面　　　　D 厚度
47. A 否定　　　　B 想象　　　　C 批评　　　　D 享受
48. A 何况　　　　B 总之　　　　C 原来　　　　D 以及

49-52.

美国国家美术馆东馆由一流的华人建筑师贝聿铭设计，建于1978年。它是贝聿铭最满意的___49___之一，其造型非常新颖，平面为三角形，既让建筑物显得非常醒目，又与周围环境和谐一致。东馆四周既有大厦，又有广场，附近多是古典___50___的公共建筑。

东馆内部设计丰富多彩，有很多不同的窗子，因此采光与展出效果极佳。东馆的展览室有很多房间，模样和结构十分___51___。管理者不但可以调整房间平面的形状和尺寸，还能根据展品的类型调整天花板。这样的设计在富有美感的同时，还极大程度地保证了空间的灵活性。贝聿铭妥善地解决了复杂而困难的设计问题，从而在世界建筑界___52___。

49. A 商品　　　　B 品牌　　　　C 阶段　　　　D 作品
50. A 核心　　　　B 风格　　　　C 规矩　　　　D 主题
51. A 独特　　　　B 自动　　　　C 重大　　　　D 可怜
52. A 变得格外有名　　　　　　　B 失去了专家的地位
　　C 没有得到任何评价　　　　D 否认了自己的成就

53-56.

　　为了调查互联网是如何___53___地影响人们的生活，一名摄影师走进了不同的中国家庭，请人们展示了网购的物品，然后与那些物品合影。其实，这些物品不仅代表了人们的消费趋势，更是反映了人们在这个互联网___54___的生活方式。

　　接受采访的人中，一名四十岁的女性算是较早开始网购的。十几年前，互联网开始流行时，她就和单位几个女同事一起学着在网上买东西了。她表示，网络帮助大家___55___了不出门也能随时随地购物的愿望。而另一位中年男性则说，自己第一次网购是在2014年，尝试过一两次后，就感受到了网购带来的便利，___56___。他盖新房和装修时用的各种材料都来自网上商城。对于他来说，网购就代表着便捷。

53．A 深刻　　　　B 偶然　　　　C 激烈　　　　D 超级

54．A 行业　　　　B 时代　　　　C 程序　　　　D 纪录

55．A 包括　　　　B 实现　　　　C 构成　　　　D 控制

56．A 休闲生活离不开网购　　　　B 每天为买东西而发愁
　　　C 却不知道该如何改变方法　　D 并逐渐习惯了这种购物方式

57-60.

　　世界上有这样一群人，他们拥有超强的记忆力，可以轻松回忆起大约10岁以后发生的每一件事，___57___。这种记忆被称为"自传体记忆"，是一种关于自我信息的记忆。大多数人认为所记得的东西越多越好，但专家指出，拥有这种神奇记忆力的人不是通常___58___上的记忆高手，这类特殊能力对取得___59___也没有太大的帮助。

　　许多自传体记忆强的人表示，这一方面使他们的生活变得更加丰富，另一方面___60___会给他们带来一些问题，因为过多的记忆碎片会支配他们的大脑，放大过去不愉快的经历。

57．A 不想得到周围人的表扬　　　B 希望自己可以更加努力
　　　C 甚至可以准确描述相关细节　D 加强记忆力的方式多种多样

58．A 空间　　　　B 外形　　　　C 意义　　　　D 期间

59．A 课程　　　　B 成就　　　　C 现象　　　　D 情绪

60．A 往往　　　　B 抽象　　　　C 未必　　　　D 幸亏

第二部分

第61-70题：请选出与试题内容一致的一项。

61. 洗澡时有些人习惯先洗头，再洗身体，最后吹干头发。然而，这样的做法容易让头部长时间暴露在温度较高，湿度较大，且不通风的环境中，从而引发头痛、头晕等健康问题。所以专家建议，应该尽量缩短洗澡时间。

    A 洗澡水的温度不宜太高

    B 湿度过大对健康并无影响

    C 洗完澡后再吹干头发最科学

    D 尽量缩短洗头和吹头的间隔

62. 当看到别人一夜暴富时，总有些人认为只要运气好，自己也能够轻松致富。然而，有句话叫做"天下没有免费的午餐"，意思是不管在过去还是未来，想要获得财富，都要付出应有的努力和艰苦的劳动。这句话提醒人们不劳动就不会有成果，也提示人们不要去贪便宜。

    A 免费的午餐营养不充分

    B 发财离不开不懈的努力

    C 一夜暴富的人往往运气好

    D 过去轻松致富的人比现在多

63. "腾讯会议"是一款视频软件，它帮助人们在家有序地进行视频会议、办公会议等。除了一般的视频功能，"腾讯会议"还具备一些特殊的功能，像是提升会议效率的背景虚化，表达观点和意见的弹幕，及调整视频画面的功能等。除此之外，喜欢个性化配置的人可以提前自定义背景，对声音有追求的人及时开启降低杂音功能即可。

    A "腾讯会议"是一款培训软件

    B "腾讯会议"的功能非常单一

    C "腾讯会议"支持自定义背景

    D "腾讯会议"无法处理杂音问题

64. 宁宁的爸爸每天都很忙。有一天宁宁问爸爸："爸爸，你每天都这么忙，一天挣多少钱呀？"爸爸说："大约500元，怎么了？"宁宁从抽屉里拿出500元说："这是我存了很久的钱，今天你能在家陪伴我一天吗？"爸爸的眼睛湿润了。

A 爸爸每天都很早下班
B 爸爸对宁宁缺乏耐心
C 宁宁也能自己挣钱了
D 宁宁希望爸爸多陪自己

65. 世界上毛发最长的长毛兔，是一只名叫艾达的安哥拉兔。艾达的毛长达25.4厘米，这让它的体型看起来巨大，然而实际上它的体重只有2到3千克。艾达的毛生长速度很快，每个月能达到2.45厘米。主人为了保证艾达的健康，每三个月都会给它剪一次毛。剪下来的毛都被用来制作围巾、帽子、手套等。

A 艾达的毛不适合织围巾
B 安哥拉兔体型都很巨大
C 艾达是毛发最长的兔子
D 艾达的主人善于养宠物

66. 亚健康是21世纪人类面临的最大的健康问题。亚健康人群分布在世界各地，其中女性比例较大。这类人群经常会感到身体疼痛或者情绪不稳定，严重时甚至不能正常生活，但是去医院也检查不出具体病因。目前80%的人都处在亚健康状态，如果不加以注意，五年后会引发各种慢性病。

A 亚健康问题不容忽视
B 亚健康人群中男性居多
C 亚健康人群都无法工作
D 亚健康人群分布范围较小

67. 大部分人睡觉时都会做梦，有趣的是，成人和孩子会做不同类型的梦。例如，三至五岁孩子的梦更接近于一张照片，而不是一段动态影像。他们的梦主要有两大主题：动物和静止的自己。这个年龄阶段的孩子，因为大脑的模仿能力尚未成熟，因此梦里没有太多动作出现。

A 人类的梦都有两大主题
B 四岁孩子的梦是静止的
C 孩子的模仿能力相对较强
D 孩子总是能梦到新奇的事物

68. 现在，很多人会选择在书店度过悠闲的周末。这是因为人们可以在书店翻阅不同类型的书，这样做既可以增长知识，又可以放松心情。其次，现在的大型书店里都有茶室或者咖啡厅，人们可以选一两本书，安安静静地坐在角落里，边读书边喝咖啡，度过一段休闲时光。除此之外，为了丰富人们的精神生活，有些大型书店还会定期举办各类作者见面会和讲座。

   A 茶室不允许人们看书
   B 阅读与精神生活无关
   C 咖啡厅已逐渐代替了书店
   D 有些书店会定期举办一些讲座

69. 异常气候是造成严重洪涝、干旱、霜冻等灾害的气候现象的总称。从20世纪60年代起，世界各地异常气候事件增多，几十年、几百年一遇的现象在世界各地不断发生。导致这种现象发生的原因有三点，一是天文原因，包括太阳辐射、地球轨道、海水等的变化，二是地理原因，如海陆变迁、火山活动等，三是人为原因，即人类活动对气候环境造成的影响。

   A 异常气候与人类活动有关
   B 空气质量的好坏会影响温差
   C 避免气候灾害的方式随处可见
   D 可根据云的形状来判断气候情况

70. 为什么一进超市就会不知不觉地买一大堆东西？这就要归功于商家的精心布局了。精明的商家一般把出入口安排为右进左出，因为这样更符合大多数人右手拿东西的习惯；入口偏冷的色调会让消费者放慢脚步；货架上成年人水平视距摆放高利润商品，儿童水平视距摆放的是零食和甜品，生活用品则在超市的最里面。就这样，我们自然而然地逛完了超市，同时也完成了商家的预期目标——消费。

   A 生活用品离超市出口最近
   B 商品的摆放位置影响销量
   C 超市的货架一般设在右手边
   D 冷色调入口让人自觉停下脚步

第三部分

第71-90题：请选出正确答案。

71-74.

　　每次提到桂花，最先让我想起的就是那股浓郁的香味。桂花种类繁多，味道迷人，而且还有着极强的观赏性和实用性。我喜欢桂花，不开花时，只有满树的绿叶；开花时，花朵藏在绿叶中，虽然不像梅花那么鲜艳夺目，却有一股迷人的气味。

　　我家院子里种的全是桂花。桂花成熟时，只要轻轻一摇，就可以得到满地新鲜、完整的花朵。如果桂花自然地掉落在泥土里，或者是被雨淋得湿漉漉的，香味就会变淡。小时候，摇桂花对于我来说是件大事，所以我老是问母亲："妈，今天摇桂花吗？"她总是微笑着说："还早呢，摇不下来的。"

　　有一天，天空中满是乌云，母亲知道要刮台风了，就赶紧叫上全家人一起摇桂花。她在桂花树下铺上一块白布，然后让大家抱住桂花树使劲儿地摇。桂花纷纷落下来，落得我们满身都是。我兴奋地喊道："啊！好香的雨！"。母亲则洗净双手，用糯米粉、桂花和糖做出了香味扑鼻的桂花糕。这就是我童年最温暖的回忆。

71. 作者喜欢桂花的原因是：
    A 味道好闻
    B 形状漂亮
    C 花朵很大
    D 颜色鲜艳

72. 为什么收集桂花时要用摇的方式？
    A 鼓励全家人参与劳动
    B 保证桂花完整而新鲜
    C 保护桂花树上的树枝
    D 欣赏花朵掉落时的美景

73. 关于桂花，可以知道什么？
    A 桂花的生长期较长
    B 桂花的颜色为淡黄色
    C 桂花淋雨后香味变淡
    D 桂花一年四季都会开花

74. 上文主要谈的是：
    A 父母的爱
    B 采花的方式
    C 对童年的回忆
    D 桂花糕的做法

75-78.

绘本是最适合幼儿阅读的图书。绘本以图画为主，同时也配合文字，图画承载内容，文字辅助图画，文字与图画相互起作用。有一些绘本作品是无字书，它没有文字，却生动地表现了独特的意识和情感世界，为孩子们提供了无限的想象空间。

其实从来到这个世界的那一刻起，孩子们就会表达自己的情感，在成长过程中，他们的精神世界变得越来越丰富。在婴幼儿期，父母一般会用最简单的重复性语言和孩子们交流，但随着一天天成长，简单的语言已经不能满足他们的情感需求了。这时父母就可以借助绘本，给他们展现一个更加丰富多彩的世界。阅读绘本可以把孩子们带入美好的故事情节当中，使他们的情感变得更加丰富。生动的画面能激发孩子们的想象力，这是纯文字无法代替的部分。

绘本不仅可以讲故事，还可以给孩子们传授知识，帮助他们建立良好的世界观。绘本故事跨越国界和不同的文化背景，把他们带进不同的世界，让他们的创造力不断得到提升。

75. 绘本的特点是：
 A 全是文字 B 语言生动
 C 以图画为主 D 纸张质量好

76. 绘本可以帮助孩子们：
 A 找到梦想 B 学会冒险
 C 丰富想象力 D 制定学习目标

77. 幼儿时期，父母一般怎样和孩子们交流？
 A 通过动作 B 在纸上画画
 C 放经典音乐 D 重复简单的语言

78. 下列哪项属于作者的观点？
 A 绘本不宜给婴幼儿看 B 父母要满足孩子们的需求
 C 绘本能提升孩子们的创造力 D 孩子们的内心世界都很丰富

79-82.

　　有一天早上洗澡时，杰克摘下自己的高档手表，把它放在洗脸台的边上了。妻子怕手表被淋湿，就将其放在餐桌上。儿子起床后，到餐桌上拿食物时，不小心将手表碰到地上摔坏了。心疼手表的杰克骂了儿子，妻子很生气，就和杰克展开了激烈的争吵。杰克一气之下，没吃饭就去了公司，可快到公司时，他才想起来没拿公文包出门，于是他只能回一趟家。到家后他发现家里没人，杰克没带钥匙进不去，只好打电话让妻子回来开门。当时妻子也在上班的路上，她慌慌张张地往家赶时，不小心撞翻了路边一个水果摊，不得不赔偿了一笔钱。杰克重新赶到公司时已经迟到了  15分钟，挨了上司一顿批评。下班前他又为一件小事跟同事吵了一架。妻子也因迟到被扣了当月的奖金。儿子这天参加棒球比赛，却因心情不好，发挥不佳，被淘汰了。

　　在这个事例中，手表摔坏只占了倒霉事的10%，由于杰克没有很好地控制这10%，才导致了剩下90%不如意的事情发生。如果杰克在手表摔坏后做出另一种反应，比如安慰儿子说："手表摔坏了也不要紧，我拿去修修就好。"这样一家三口都高兴，随后的一切就不会发生了。可见，人们虽然控制不了10%的坏事情发生，但完全可以用良好的心态和正确的行为控制剩余90%的坏事情连续发生。这就是著名的费斯汀格法则。

79. 男人把手表放在哪儿了？
　　A 床上　　　　　　　　　　　B 餐桌上
　　C 书架上　　　　　　　　　　D 洗脸台边

80. 妻子在回家的路上遇到了什么事？
　　A 被车撞倒了　　　　　　　　B 赔给别人一笔钱
　　C 捡到了一个公文包　　　　　D 买了两斤新鲜的水果

81. 在上文中，杰克没能控制好的10%是什么？
　　A 错过早餐　　　　　　　　　B 摔坏手表
　　C 拿错钥匙　　　　　　　　　D 上班迟到

82. 最后一段想要告诉我们：
　　A 心理健康决定一切　　　　　B 要忽视身边发生的坏事
　　C 好的心态和行为很重要　　　D 如何控制预料之外的事情

83-86.

近期，随着人们生活的变化，"快餐"渐渐慢了下来，重新回归到"现炒"的方式，这一方式能够让食物变得更加美味可口。比如深圳的"小女当家"、广州的"小凡家"等等，这些餐厅以现炒现吃为特色，所有菜品都由大厨在开放式厨房现场完成。这种"现炒"的中式快餐采取了"称重计费"的新模式，吃什么、吃多少均由顾客自由选择，最后按重量计算费用。这种快餐更像是快捷版的星级酒店自助餐。记者发现，这种自助式称重方式可减少食物的浪费，深得不少顾客的欢心，大大提升了用餐体验。

当然，现炒、开放式厨房带来良好体验的同时，也存在一些缺点，比如说效率的降低和人工成本的增加，但用正餐的方式去改造快餐，绝对算得上是目前餐饮行业里最有创意的模式了。

不少行业专家十分看好这种新模式。美食专栏作家王鹿鹿也曾经说过："快餐门店数量虽多，能获得消费者信任的却并不多。想要成功，就要付出切实的行动。"在她看来，这种新模式以看得见、摸得着的方式给消费者传递一种安全感，在提升消费体验的同时，也解决了消费者的"心理问题"，在顾客极为重视食品安全的今天，这种模式自然会受到消费者的欢迎。

83. 这种新式快餐最大的特点是什么？
　　A 方便快捷　　　　　　　　　B 现场制作
　　C 厨师水平高　　　　　　　　D 就餐环境好

84. 专家对这种新式快餐持有怎样的态度？
　　A 观望　　　　　　　　　　　B 乐观
　　C 负责　　　　　　　　　　　D 无所谓

85. 根据上文，这种快餐：
　　A 节省了人工成本　　　　　　B 提高了制作效率
　　C 推广了健康理念　　　　　　D 提升了用餐体验

86. 最适合做上文标题的是：
　　A "慢"下来的快餐　　　　　　B 传统快餐的缺点
　　C 如何确保食品安全　　　　　D 升级消费体验的方法

87-90.

一到星期一，不少上班族会出现头晕，胸闷，精神不佳，胃口差，注意力不集中等症状，这就是"星期一综合症"。一项调查表明，上班族星期一的血压比一周当中的其他日子都要高，心脏病的发病率增加33%。但是，只要及时对心理和行为进行调节，绝大多数人都能远离星期一综合症。

首先要适当地放松。双休日最好以休息为主，可适当增加一些让身心轻松的娱乐活动，如看电影或看书。在上班的前一天，最好不要安排过于刺激或让人过度兴奋的活动。

其次，确保充足的睡眠。星期日晚上尽量在11点前**就寝**，保证足够的休息时间，从而为第二天的工作积累充足的精力。

第三，合理安排饮食。周末要避免摄入过多的胆固醇，减少身体代谢的负担；饮酒勿过量，特别是有心脏病史的人群，更要注意控制饮酒；千万不要为了抵抗星期一综合症，而喝大量咖啡或茶，这样做只会让人变得更加疲劳；星期一早上可以食用低脂高蛋白的早餐，如鸡蛋和牛肉，这类食物能够增加肾上腺素的分泌，提高注意力。

第四，积极应对厌烦情绪。可以在星期日晚上事先制定好计划，为第二天的工作做好准备，提前安排一周的工作。如果一切都安排得井井有条，那么星期一就不会再让人感到厌烦了。

87. 星期一综合症具体有什么表现？
   A 失眠
   B 皮肤过敏
   C 不想吃东西
   D 容易情绪激动

88. 根据上文，双休日最好不要安排什么活动？
   A 亲子活动
   B 在家听音乐
   C 去朋友家做客
   D 参加篮球比赛

89. 第三段中画线词语"就寝"的意思是：
   A 吃大餐
   B 上床睡觉
   C 锻炼身体
   D 完成工作

90. 上文主要想告诉我们：
   A 上班族最好不要喝酒
   B 怎样克服星期一综合症
   C 星期一尽量早点儿下班休息
   D 喝茶能缓解星期一综合症症状

三、书 写

第一部分

第91-98题：完成句子。

例如：发明　　这台机器　　什么时候　　是　　的

　　　这台机器是什么时候发明的？

91. 违反　　大家　　交通　　千万不要　　规则

92. 结婚的消息　　宣布了　　这位明星　　向媒体

93. 来跟你　　不是　　我　　的　　吵架

94. 你何必　　呢　　不在乎　　假装

95. 删除　　都　　电脑病毒　　完了

96. 一个　　办公室　　挂着　　门上　　牌子

97. 表现出了　　他对　　谨慎的态度　　这个方案

98. 最好　　你　　把被子　　晒一晒　　拿出来

第二部分

第99-100题：写短文。

99. 请结合下列词语（要全部实用，顺序不分先后），写一篇80字左右的短文。

夏令营　体验　进一步　组织　主动

100. 请结合这张图片写一篇80字左右的短文。

정답 해설집 p.206

실전모의고사
2

汉语水平考试 HSK（五级）答题卡

请填写考生信息

请按照考试证件上的姓名填写：

姓名

如果有中文姓名，请填写：

中文姓名

考生序号

[0] [1] [2] [3] [4] [5] [6] [7] [8] [9]
[0] [1] [2] [3] [4] [5] [6] [7] [8] [9]
[0] [1] [2] [3] [4] [5] [6] [7] [8] [9]
[0] [1] [2] [3] [4] [5] [6] [7] [8] [9]
[0] [1] [2] [3] [4] [5] [6] [7] [8] [9]

请填写考点信息

考点序号

[0] [1] [2] [3] [4] [5] [6] [7] [8] [9]
[0] [1] [2] [3] [4] [5] [6] [7] [8] [9]
[0] [1] [2] [3] [4] [5] [6] [7] [8] [9]
[0] [1] [2] [3] [4] [5] [6] [7] [8] [9]
[0] [1] [2] [3] [4] [5] [6] [7] [8] [9]
[0] [1] [2] [3] [4] [5] [6] [7] [8] [9]
[0] [1] [2] [3] [4] [5] [6] [7] [8] [9]

国籍

[0] [1] [2] [3] [4] [5] [6] [7] [8] [9]
[0] [1] [2] [3] [4] [5] [6] [7] [8] [9]
[0] [1] [2] [3] [4] [5] [6] [7] [8] [9]

年龄

[0] [1] [2] [3] [4] [5] [6] [7] [8] [9]
[0] [1] [2] [3] [4] [5] [6] [7] [8] [9]

性别　　　　　男 [1]　　　　女 [2]

注意　　请用2B铅笔这样写：█

一、听力

1. [A] [B] [C] [D]
2. [A] [B] [C] [D]
3. [A] [B] [C] [D]
4. [A] [B] [C] [D]
5. [A] [B] [C] [D]

6. [A] [B] [C] [D]
7. [A] [B] [C] [D]
8. [A] [B] [C] [D]
9. [A] [B] [C] [D]
10. [A] [B] [C] [D]

11. [A] [B] [C] [D]
12. [A] [B] [C] [D]
13. [A] [B] [C] [D]
14. [A] [B] [C] [D]
15. [A] [B] [C] [D]

16. [A] [B] [C] [D]
17. [A] [B] [C] [D]
18. [A] [B] [C] [D]
19. [A] [B] [C] [D]
20. [A] [B] [C] [D]

21. [A] [B] [C] [D]
22. [A] [B] [C] [D]
23. [A] [B] [C] [D]
24. [A] [B] [C] [D]
25. [A] [B] [C] [D]

26. [A] [B] [C] [D]
27. [A] [B] [C] [D]
28. [A] [B] [C] [D]
29. [A] [B] [C] [D]
30. [A] [B] [C] [D]

31. [A] [B] [C] [D]
32. [A] [B] [C] [D]
33. [A] [B] [C] [D]
34. [A] [B] [C] [D]
35. [A] [B] [C] [D]

36. [A] [B] [C] [D]
37. [A] [B] [C] [D]
38. [A] [B] [C] [D]
39. [A] [B] [C] [D]
40. [A] [B] [C] [D]

41. [A] [B] [C] [D]
42. [A] [B] [C] [D]
43. [A] [B] [C] [D]
44. [A] [B] [C] [D]
45. [A] [B] [C] [D]

二、阅读

46. [A] [B] [C] [D]
47. [A] [B] [C] [D]
48. [A] [B] [C] [D]
49. [A] [B] [C] [D]
50. [A] [B] [C] [D]

51. [A] [B] [C] [D]
52. [A] [B] [C] [D]
53. [A] [B] [C] [D]
54. [A] [B] [C] [D]
55. [A] [B] [C] [D]

56. [A] [B] [C] [D]
57. [A] [B] [C] [D]
58. [A] [B] [C] [D]
59. [A] [B] [C] [D]
60. [A] [B] [C] [D]

61. [A] [B] [C] [D]
62. [A] [B] [C] [D]
63. [A] [B] [C] [D]
64. [A] [B] [C] [D]
65. [A] [B] [C] [D]

66. [A] [B] [C] [D]
67. [A] [B] [C] [D]
68. [A] [B] [C] [D]
69. [A] [B] [C] [D]
70. [A] [B] [C] [D]

71. [A] [B] [C] [D]
72. [A] [B] [C] [D]
73. [A] [B] [C] [D]
74. [A] [B] [C] [D]
75. [A] [B] [C] [D]

76. [A] [B] [C] [D]
77. [A] [B] [C] [D]
78. [A] [B] [C] [D]
79. [A] [B] [C] [D]
80. [A] [B] [C] [D]

81. [A] [B] [C] [D]
82. [A] [B] [C] [D]
83. [A] [B] [C] [D]
84. [A] [B] [C] [D]
85. [A] [B] [C] [D]

86. [A] [B] [C] [D]
87. [A] [B] [C] [D]
88. [A] [B] [C] [D]
89. [A] [B] [C] [D]
90. [A] [B] [C] [D]

三、书写

91.

92.

93.

94.

95-100题　→

95.

96.

97.

98.

99.

100.

汉语水平考试
HSK（五级）

注　意

一、HSK（五级）分三部分：

    1. 听力（45题，约30分钟）

    2. 阅读（45题，45分钟）

    3. 书写（10题，40分钟）

二、听力结束后，有5分钟填写答题卡。

三、全部考试约125分钟（含考生填写个人信息时间5分钟）。

一、听 力

일반 버전

고사장 소음 버전

第一部分

第1-20题：请选出正确答案。

1. A 母亲对家庭的贡献
   B 孩子应培养的能力
   C 父母对孩子的期望
   D 家庭教育的重要性

2. A 种粮食
   B 做家务
   C 学成语
   D 节约粮食

3. A 女的不会打急救电话
   B 救护车已经到达现场
   C 男的知道女的在哪儿
   D 发生了一起交通事故

4. A 反对
   B 赞成
   C 怀疑
   D 讽刺

5. A 是透明的
   B 重量较轻
   C 十分昂贵
   D 塑料做的

6. A 政府官员
   B 学校领导
   C 科研人员
   D 企业培训师

7. A 办理住宿手续
   B 补办身份证件
   C 在商场修理电梯
   D 在健身房锻炼身体

8. A 到期日提前了
   B 能按时完成任务
   C 工作效率并不高
   D 设备没有及时更新

9. A 胃
   B 胸
   C 肌肉
   D 心脏

10. A 比赛环境恶劣
    B 辩论赛很激烈
    C 参赛选手不多
    D 结果令人失望

11. A 换工作
    B 放弃挑战
    C 开发新业务
    D 了解新媒体

12. A 做家务
    B 写论文
    C 讨论工作
    D 吃冰激凌

13. A 新闻报道
    B 调研报告
    C 别人的成就
    D 志愿者经历

14. A 价格便宜
    B 质量有保证
    C 颜色配得好
    D 样式比较时髦

15. A 拍合影
    B 摘桔子
    C 去约会
    D 游览风景

16. A 不打算买股票
    B 钱存得不够多
    C 关注银行利息
    D 想做高风险投资

17. A 香肠
    B 辣椒
    C 土豆
    D 臭豆腐

18. A 过于敏感
    B 非常马虎
    C 对家人不热心
    D 一点儿都不谦虚

19. A 训练已被取消
    B 女的不讲道理
    C 还是要去训练
    D 教练很负责任

20. A 存钱
    B 贷款
    C 领工资
    D 办银行卡

第二部分

第21-45题：请选出正确答案。

21. A 银行
    B 大使馆
    C 水产品市场
    D 食品专卖店

22. A 是一个英雄
    B 拍了战争片
    C 只得过一次奖
    D 是地道的上海人

23. A 文件能找回来
    B 数据彻底丢了
    C 打算改进技术
    D 误删文件很常见

24. A 男的要去急诊室
    B 病人还在手术室
    C 女的受伤住院了
    D 主任在办住院手续

25. A 不吃晚餐
    B 从不熬夜
    C 适当吃甜食
    D 少吃辣的食物

26. A 男的想去看胡同
    B 男的想再来一次
    C 这座城市很热闹
    D 女的已订好酒店

27. A 女的善于把握机会
    B 王元工作能力较强
    C 培训机会不易得到
    D 培训期限共为七天

28. A 平时多观察别人
    B 不必参加辅导班
    C 辅导老师更专业
    D 要掌握写作方法

29. A 缺乏活力
    B 推迟时间
    C 享受生活
    D 发展落后

30. A 高铁票
    B 证件照
    C 驾驶执照
    D 身份证号码

31. A 举办寿宴时吃
    B 欣赏鹅的姿态
    C 想请王羲之帮忙
    D 模仿王羲之的书法

32. A 道士愿意花钱抄书
    B 抄写经书并非易事
    C 王羲之能为鹅放弃原则
    D 王羲之专门养了一群鹅

33. A 云和雾
    B 风和阳光
    C 雨和闪电
    D 水滴和光线

34. A 光线强烈
    B 空气湿润
    C 面对阳光
    D 水滴过大

35. A 光线的强度
    B 水滴的大小
    C 水滴的形状
    D 太阳直射的面积

36. A 平稳健康
    B 不可控制
    C 不温不火
    D 非常活跃

37. A 儿童教育
    B 兴趣爱好
    C 道德修养
    D 休闲娱乐

38. A 没有标准
    B 不断上涨
    C 变动幅度较小
    D 始终保持稳定

39. A 遗传
    B 社会
    C 勇气
    D 教育

40. A 容易冲动
    B 勇于竞争
    C 思想成熟
    D 行动迅速

41. A 军事家
    B 艺术家
    C 企业家
    D 科学家

42. A 动物学
    B 教育学
    C 体育学
    D 心理学

43. A 得到检验的理论
    B 未被发现的问题
    C 明确的研究方向
    D 已被证明的知识

44. A 又累又渴
    B 没抽出水来
    C 意外丢失瓶子
    D 弄脏了瓶子里的水

45. A 安全最重要
    B 有舍才有得
    C 凡事要靠自己
    D 知识就是力量

二、阅 读

第一部分

第46-60题：请选出正确答案。

46-48.

沉锚效应是一种心理现象。在＿＿46＿＿情况下，人们做决定的时候会被第一信息所左右。就像沉入海底的锚一样，它会把人的思想固定在某处，从而决定之后的行为。沉锚效应是潜意识里自然生成的，是人类的一种天性。这种天性＿＿47＿＿着人的大脑深处，使人们在实际决策过程中形成偏差，从而影响最终的结果。哪怕是精明能干的人也不例外。这一现象＿＿48＿＿于生活的方方面面。不光是生活中的小决定，工作和投资行为都会不同程度地受到沉锚效应的影响。

46. A 目前　　　　　　B 实验　　　　　　C 实际　　　　　　D 通常
47. A 控制　　　　　　B 制作　　　　　　C 删除　　　　　　D 在乎
48. A 限制　　　　　　B 培养　　　　　　C 存在　　　　　　D 采取

49-52.

火的使用从＿＿49＿＿上改变了人类的生活方式，因为火是人类所掌握的一种能量形式，具有划时代的意义。

火最直接的＿＿50＿＿就是烹饪食物，这极大地提高了人体对食物的消化率，同时也满足了人们日渐增长的营养需求，不仅养活了更多的人，还促进了人类大脑的发育。除了加工食物，火还起到了杀灭病毒的作用，＿＿51＿＿降低人类死于食物中毒的概率，这使人口数量有了大幅度的增长。另外，＿＿52＿＿，它让人类可以生活在寒冷的北方地区。

总的来说，火是人类寿命增加、活动范围扩大的重要原因之一。

49. A 轻易　　　　　　B 通常　　　　　　C 根本　　　　　　D 的确
50. A 用途　　　　　　B 奇迹　　　　　　C 事实　　　　　　D 收获
51. A 除非　　　　　　B 总之　　　　　　C 可见　　　　　　D 从而
52. A 人口数量越来越少　　　　　　B 火还有取暖的作用
　　　C 错误用火会造成灾害　　　　　　D 火的获取方式比较复杂

53-56.

有研究表明，职业、生理、心理等方面的优势会影响寿命。除此之外，哭泣也是延长___53___的重要因素。通常情况下，人们哭泣之后，40%左右的负面情绪可以得到缓解。不过，___54___，发泄完压抑的情绪，心情平静之后就不宜继续哭。人的肠胃功能对情绪极其___55___，悲伤或哭泣时间过长，就会让胃的运动速度减慢、胃液分泌减少、胃液酸度下降，从而影响___56___，使人不愿进食，严重时甚至会引起各种胃部疾病。

53. A 未来 　　　　B 青春 　　　　C 寿命 　　　　D 目标

54. A 大人从来不会哭 　　　　　　B 哭泣需要有个度
    C 哭的次数并不重要 　　　　　D 心情激动时也会哭

55. A 敏感 　　　　B 谨慎 　　　　C 热烈 　　　　D 恶劣

56. A 质量 　　　　B 步骤 　　　　C 成分 　　　　D 胃口

57-60.

邓亚萍是乒乓球历史上最伟大的女子选手，她5岁起就随父亲学打球，1988年进入国家队，先后获得14次世界冠军头衔；在乒坛世界排名___57___8年保持第一。

童年的邓亚萍立志做一名优秀的运动员。当时她个子矮，手脚粗短，根本不___58___体校的要求。于是，年幼的她跟父亲学起了乒乓球，每天练完体能后，还要做100个发球接球的动作。她为了使自己的球技更加___59___，基本功更加扎实，便在自己的腿上系上了沙袋。

邓亚萍努力___60___，成就出色，打破了世界乒坛只在高个子中选拔运动员的传统观念。国际奥委会主席萨马兰奇也为邓亚萍的球风和球艺所倾倒，亲自为她颁奖。

57. A 经营 　　　　B 表现 　　　　C 妨碍 　　　　D 连续

58. A 解释 　　　　B 符合 　　　　C 适应 　　　　D 安慰

59. A 强烈 　　　　B 熟练 　　　　C 熟悉 　　　　D 一致

60. A 打造了无数令人惊叹的记录 　　　B 使她成为了国际奥委会成员
    C 终于培养了许多乒乓球人才 　　　D 反而引发了严重的健康问题

第二部分

第61-70题：请选出与试题内容一致的一项。

61. 一项为期25年的研究显示，每天看电视超过一定的时间，就会产生很多严重的问题，其中对人们影响最大的就是运动不足。缺乏运动会让人在中年时期面临各种各样的风险，比如身体逐渐虚弱，认知能力不断下降等。

    A 多数中年人都不爱运动

    B 这项研究没有明确结论

    C 长时间看电视会影响健康

    D 不良生活方式难以被改变

62. 表情包是一种利用图片来表达情感的方式。表情包在社交软件上被普遍使用之后，形成了一种流行文化，人们以时下流行的明星、语录、动漫、影视截图为素材，配上一系列相关的文字，用以表达特定的情感。这类图片以搞笑的居多，且构图夸张，能给人带来不少乐趣。

    A 表情包这一词语来自国外媒体

    B 表情包可通过图片来表达情感

    C 网友通常用表情包来讽刺他人

    D 表情包是一种流行的网络软件

63. “大数据杀熟”指的是，在平台上购买同样的商品或服务时，老顾客看到的价格反而比新顾客贵许多。这是因为商家运用大数据收集消费者的信息，分析其消费偏好、习惯，将同一产品或服务以不同的价格卖给不同的消费者，从而获取更多的利益。前不久，某外卖平台被曝出会员的配送费比非会员贵，引发了社会的广泛关注。这伤害了老顾客的感情，使他们不再信任商家。

    A 老顾客情绪变化更大

    B 商家不关心消费者的习惯

    C 外卖平台经常给老顾客打折

    D “大数据杀熟”会增加商家利润

64. 两个经济学家在去吃午餐的路上，看见地上有一张100块纸币。年纪较轻的经济学家打算把钱捡起来，年纪较大的却拦住了他，说："那肯定不是真钱，如果是的话，早就被人捡走了，怎么可能还躺在那里。"他们走上前去，发现地上的果然是假币。

A 他们看到的不是真币
B 经济学家都不喜欢钱
C 一百块钱只是小数目
D 大家都有类似的经历

65. 在中国古代文学作品中，花木兰是一个勇敢、坚强的女子，她被称为巾帼英雄。为了保卫国家，她穿上男性的衣服，像男人一样，在战场上和敌人英勇斗争。她不仅聪明勇敢，还对家庭和国家充满责任心。花木兰的故事被制作成多种文艺作品，包括电影、电视剧、动画片等等。

A 花木兰有很强的责任心
B 女人在古代也能上战场
C 花木兰是中国著名女将军
D 电影《花木兰》属于爱情片

66. 随着川菜和火锅的流行，喜欢吃辣的人越来越多，很多人可以说是顿顿离不开辣椒了。辣椒之所以如此受欢迎，是因为它给人带来非常刺激的感官体验。辣其实是属于一种痛感，但吃辣椒会使大脑产生快感，从而让人更加迷恋辣的味道。除此之外，还有人认为辣椒能阻止人长胖，因为他们看到的四川人都比较瘦。然而医生认为，过分食用辣椒对身体没有好处。

A 吃辣椒会使人发胖
B 四川人都喜欢吃辣椒
C 辣给人带来痛的感觉
D 医生鼓励大家多吃辣椒

67. 这是一个重视沟通和合作的时代，同时也是一个充满竞争和机会的时代。人们要想追求更大的发展，就必须主动去学习，做到"活到老，学到老"。有些人总是不停地学习，获取新知识，把握新趋势，因此比一般人多了许多成功的机会。"活到老，学到老"，只有不断学习，才能得到更多的机会。

A 提高能力比增加知识更重要
B 应该要养成终身学习的习惯
C 家庭教育是所有教育的基础
D 重视沟通的时代还没有到来

68. 有个法国作家小时候出过意外，这场意外使他的脑部严重受损，那之后的70年，直到去世之前，他都没有睡过一次觉。正常情况下，一个健康的人如果连续三天不睡觉，就会因过于疲惫而无法进行日常生活。长期不睡觉的话，大脑的疲劳将无法得到缓解，生活和工作都会受到影响。

    A 受过伤的人都无法入睡
    B 三天不睡觉会影响生活
    C 大脑的疲劳不容易缓解
    D 这个作家自觉放弃了睡眠

69. LOFT公寓是深受年轻人喜爱的一种新型住房，这类公寓面积大多在三十到五十平方米左右，层高在三点六至五点二米之间。虽然销售时只按一层的建筑面积计算，但实际使用面积却可达到销售面积的近两倍。高大而开敞的空间随意且舒适，可任意变化，且装修风格多样，可以将工作和生活完美地融合在一起。

    A LOFT公寓不受年轻人欢迎
    B LOFT公寓和生活关系密切
    C LOFT公寓不允许改变结构
    D LOFT公寓的空间可灵活调整

70. 晒太阳是放松、休闲的一种方式，但令人遗憾的是，它也有可能会带来不好的后果，那就是晒伤皮肤。然而，为什么我们很少见到动物被晒伤？这是因为动物在进化过程中形成了很多应对机制。比如说大象，它们皮肤较厚，而且常常在泥潭里打滚，身上涂满泥巴，这些泥巴自然而然地变成了一层保护膜。

    A 大象不怕被太阳晒伤
    B 人类喜欢过轻松的生活
    C 晒太阳能够延长动物的寿命
    D 皮肤的薄厚影响皮肤的晒伤程度

第三部分

第71-90题：请选出正确答案。

71-74.

　　最近，杭州出现了一家没有售货员和收银员的无人超市。人们进入无人超市后，只需要打开手机，扫一扫门口的二维码，就可以开始购物。购物结束后，通过再次扫码或"刷脸"的方式实现快捷支付。

　　大学生王明对此感到十分好奇，于是带着外婆来到了这家无人超市。一到超市门口，王明就熟练地打开手机，完成了二维码的扫描。可是外婆怎么都找不到手机里扫二维码的功能。由于后面等待的队伍很长，外婆有点儿着急了，最后没有扫码就直接跟在其他人的身后进入了超市。

　　外婆本来想买一瓶酱油，但因为没有售货员，她在超市里转了好几圈才找到。买到酱油后，外婆想赶紧回家，就让王明帮她付钱，可是在这个时候却显示扫码失败，外婆出不去了。王明只好打电话给工作人员，工作人员说，外婆无法离店是因为她进店时没有扫码。王明和外婆等了好一会儿，最后在工作人员的帮助下才离开了超市。

　　体验结束后，王明觉得无人超市简化了购物程序，缩短了购物时间，总体来说比较方便。但外婆却认为无人超市更适合年轻人，对自己这样的老年人来说反而更不方便。

71. 关于无人超市，下列哪项正确？
   A 店里没有进口商品
   B 付钱时要使用现金
   C 可以扫码快捷支付
   D 购物的都是年轻人

72. 外婆为什么无法离店？
   A 没有找到出口
   B 进店时没有扫码
   C 手机出现了问题
   D 排队离店的人太多

73. 外婆觉得无人超市：
   A 价格合理
   B 非常便利
   C 商品种类不多
   D 不太适合老人

74. 最适合做上文标题的是：
   A 完美的无人超市
   B 二维码的重要性
   C 无人超市面临的困境
   D 无人超市的优势与问题

75-78.

现在，中国的图书市场变得越来越大，出版社每年出版的图书已达到几十万本。但是数量和种类的增多带来了一个严重的问题，那就是买了很多书，却没有时间一一阅读。为了解决这样的问题，有人推出了一种帮助阅读的手机软件。

这种软件会对书的内容进行概括，然后将最精彩的部分写成2万字左右的总结，人们只需一个小时就能读完。对于一些没有时间或者没有耐心读完一整本书的人来说，这是一种非常方便的办法，既可以在短时间内获取知识，又可以了解准确信息。

也许有人会说，这种和"快餐"没什么差别的阅读方式并不能扩大知识面，因为阅读和思考是没有<u>捷径</u>的。但其实，这类软件的作用并不是完全代替阅读，而是帮助人们阅读。人们可以先根据概括的内容判断图书的好坏，再决定是否购买。因为有些书通过总结就可以充分向普通读者传达观点，不需要仔细阅读。而有些书只有读完全文才能真正掌握核心内容。如果人们学会灵活使用阅读软件，好处一定是远远大于坏处的。

75. 图书数量增多带来了什么问题？
   A 人们不爱买书　　　　　　　　B 书本价格变贵
   C 人们没时间看书　　　　　　　D 市场竞争愈加激烈

76. 阅读软件可以：
   A 为人们播放语音　　　　　　　B 概括图书的内容
   C 推荐最新的书本　　　　　　　D 教人们如何成功

77. 第三段中画线词语"捷径"的意思是：
   A 好走的路　　　　　　　　　　B 方便的软件
   C 正确的选择　　　　　　　　　D 快速的办法

78. 下列哪项属于作者的观点？
   A 关于成功的书太多了　　　　　B 别人的成功不值得学习
   C 有些书看概括总结就可以　　　D 出版社该推出免费阅读软件

79-82.

　　人的大脑有一个特性，那就是喜欢稳定，不喜欢变化。因此，还没有取得结果的事情，都会被大脑打上"不确定"的标志。这种不确定性会占大脑的很多空间，对人的思考有极大的危害。

　　在日常生活中，如果脑海里总是出现一些不确定的想法和念头，那么就很难专心学习和工作，更别说深入思考其他问题了。与此同时，这种不确定性会阻止人的有效行动，让人的思绪在过去和未来之间来回不定，从而忘记关注最重要的"当下"。

　　那么，该怎样解决这样的问题呢？其实答案很简单，就是立即开始行动，停止空想。按照下面三个步骤去做的话，就一定可以改善不确定性带来的问题。第一是刺激控制，将所有令你忧虑的想法写在纸上。第二，制定行动方案，想办法将你的忧虑转化为行动，然后找一个明确的时间解决。最后，做好核对清单。把需要处理的事情及相关的细节做成一张表，行动的时候拿出来随时核对。这样做可以避免差错，也可以让大脑不再反复思考。

79.　人的大脑有什么特点？
　　A 期待刺激　　　　　　　　B 追求完美
　　C 不喜欢变化　　　　　　　D 对思考不感兴趣

80.　大脑的不确定性会带来什么问题？
　　A 忽视现在　　　　　　　　B 妨碍他人
　　C 加重烦恼　　　　　　　　D 影响情绪

81.　做好核对清单有什么好处？
　　A 让人不断思考　　　　　　B 避免出现错误
　　C 改善睡眠质量　　　　　　D 充分利用大脑

82.　上文最可能出自哪里？
　　A 科学杂志　　　　　　　　B 娱乐新闻
　　C 艺术展览　　　　　　　　D 人物采访

83-86.

　　最近，我四岁的女儿迷上了一部名叫《小猪佩奇》的英国动画片。刚开始我觉得这部动画片画面粗糙，只适合用来给小孩子打发时间，所以不怎么喜欢它，但后来惊奇地发现，很多观众都给该动画片打了高分。《小猪佩奇》深受孩子的喜爱和家长的热捧。面对这样的情况，我带着半信半疑的态度，陪孩子看了几集。看之前我心想，只要内容有问题，就立刻阻止女儿观看，结果，我和女儿看着看着就被吸引了。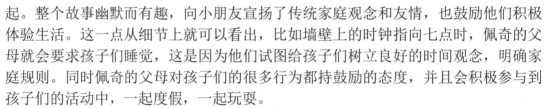

　　故事是围绕着小猪佩奇与家人的愉快经历展开的。主人公佩奇是一个可爱的小猪，它与爸爸妈妈和弟弟生活在一起。整个故事幽默而有趣，向小朋友宣扬了传统家庭观念和友情，也鼓励他们积极体验生活。这一点从细节上就可以看出，比如墙壁上的时钟指向七点时，佩奇的父母就会要求孩子们睡觉，这是因为他们试图给孩子们树立良好的时间观念，明确家庭规则。同时佩奇的父母对孩子们的很多行为都持鼓励的态度，并且会积极参与到孩子们的活动中，一起度假，一起玩耍。

　　《小猪佩奇》向观众们传达了很多信息，比如轻松、活泼的家庭氛围对孩子们的成长起着极其重要的作用；人要学会接纳自己，勇敢做自己；要想培养孩子的自信心和责任感，就应该赋予他们一定的责任。每当看这部既有趣味性，又有实用性的动画片时，我和女儿都能感受到其中浓浓的爱与幸福。

83. 刚开始《小猪佩奇》不被看好是因为：
    A 故事单调　　　　　　　　B 主题消极
    C 缺乏个性　　　　　　　　D 画面粗糙

84. 作者陪孩子看《小猪佩奇》的目的是什么？
    A 提高英语水平　　　　　　B 检查其中的内容
    C 和孩子增进感情　　　　　D 感受单纯的快乐

85. 佩奇的父母要求佩奇：
    A 按时睡觉　　　　　　　　B 培养好性格
    C 锻炼逻辑思维　　　　　　D 提高家务能力

86. 下列哪项不属于《小猪佩奇》的教育意义？
    A 要懂得接纳自己　　　　　B 家庭氛围很重要
    C 应禁止晚上看动画片　　　D 需给孩子一定的责任

87-90.

福建土楼是闽南地区最有代表性的客家建筑。福建土楼给人一种世外桃源般的神秘感。见过土楼的人会不由自主地发出"土楼归来不看屋"的惊叹。

客家人一千多年前从中原来到闽南地区，成了当地的"客人"，后被称为客家人。他们虽然是汉族，但定居闽南地区后，逐渐创造了自己的语言，并用自己的勤奋与智慧，建起了这种独具特色的大型民居建筑——土楼。同姓的数十户、几百人都生活在一个土楼里，反映出客家人聚族而居，和睦相处的家族传统。

最常见的土楼类型有圆形、半圆形、方形等。土楼一开始是方形的，后来为了扩大使用空间，节省建筑材料，并更好地抵抗风雨和外部冲击力，客家人开始把土楼建成圆形。

高高的土楼一般有四层或五层，全部用木质，竹制构架搭接，用土做墙。土楼内生产、生活、防卫设施齐全。一楼有祠堂和厨房，二楼是存粮食的地方，一楼和二楼均没有窗户。三楼开始设有窗户，主要供人居住生活。整座土楼只有一个大门与外部连接。

福建土楼被中外建筑学界称为中国五大建筑之一，为建筑学、人类学等学科的研究提供了宝贵的实物资料。

실전모의고사 2

해커스 HSK 5급 한 권으로 정복

87. 关于客家人，下列哪项正确？
   A 没有自己独立的语言
   B 一般倾向于群居生活
   C 从东南亚来到中原地区
   D 主要生活在庭院式住宅

88. 圆形土楼：
   A 墙面更加结实耐用
   B 可以更好地防风防雨
   C 能使外观看起来更壮观
   D 比较符合客家人的审美

89. 关于福建土楼，可以知道什么？
   A 三面均建有小门
   B 所有楼层都有窗户
   C 可在里面进行生产活动
   D 一楼是老人的主要活动区域

90. 第一段中，"土楼归来不看屋"最可能是什么意思？
   A 土楼让人失去判断力
   B 不想再看其他的土楼
   C 不愿意回到自己的家
   D 土楼是最出色的建筑

三、书写

第一部分

第91-98题：完成句子。

例如：发明　　这台机器　　什么时候　　是　　的

　　　<u>这台机器是什么时候发明的？　　　　　</u>

91. 疲劳驾驶　　社会的　　广泛　　关注　　引起了

92. 她　　语气　　很温柔　　说话的

93. 把　　你　　明天的任务　　安排好了　　吗

94. 是个　　姑姑　　人　　单纯善良的

95. 矛盾　　产生了　　很大的　　他们之间

96. 您　　多亏　　提前　　设备　　检查好了

97. 从事　　我父亲　　装修工作　　一直

98. 难题　　令人头疼的　　他　　都　　解决了　　被

第二部分

第99-100题：写短文。

99. 请结合下列词语（要全部实用，顺序不分先后），写一篇80字左右的短文。

　　捐　困难　哪怕　力量　纷纷

100. 请结合这张图片写一篇80字左右的短文。

실전모의고사
3

汉语水平考试 HSK（五级）答题卡

| 请填写考生信息 | | 请填写考点信息 |

请按照考试证件上的姓名填写：

姓名

如果有中文姓名，请填写：

中文姓名

考点序号
[0] [1] [2] [3] [4] [5] [6] [7] [8] [9]
[0] [1] [2] [3] [4] [5] [6] [7] [8] [9]
[0] [1] [2] [3] [4] [5] [6] [7] [8] [9]
[0] [1] [2] [3] [4] [5] [6] [7] [8] [9]
[0] [1] [2] [3] [4] [5] [6] [7] [8] [9]
[0] [1] [2] [3] [4] [5] [6] [7] [8] [9]
[0] [1] [2] [3] [4] [5] [6] [7] [8] [9]

考生序号
[0] [1] [2] [3] [4] [5] [6] [7] [8] [9]
[0] [1] [2] [3] [4] [5] [6] [7] [8] [9]
[0] [1] [2] [3] [4] [5] [6] [7] [8] [9]
[0] [1] [2] [3] [4] [5] [6] [7] [8] [9]
[0] [1] [2] [3] [4] [5] [6] [7] [8] [9]

国籍
[0] [1] [2] [3] [4] [5] [6] [7] [8] [9]
[0] [1] [2] [3] [4] [5] [6] [7] [8] [9]
[0] [1] [2] [3] [4] [5] [6] [7] [8] [9]

年龄
[0] [1] [2] [3] [4] [5] [6] [7] [8] [9]
[0] [1] [2] [3] [4] [5] [6] [7] [8] [9]

性别　　　男 [1]　　　女 [2]

注意　请用2B铅笔这样写：■■

一、听力

1. [A] [B] [C] [D]
2. [A] [B] [C] [D]
3. [A] [B] [C] [D]
4. [A] [B] [C] [D]
5. [A] [B] [C] [D]

6. [A] [B] [C] [D]
7. [A] [B] [C] [D]
8. [A] [B] [C] [D]
9. [A] [B] [C] [D]
10. [A] [B] [C] [D]

11. [A] [B] [C] [D]
12. [A] [B] [C] [D]
13. [A] [B] [C] [D]
14. [A] [B] [C] [D]
15. [A] [B] [C] [D]

16. [A] [B] [C] [D]
17. [A] [B] [C] [D]
18. [A] [B] [C] [D]
19. [A] [B] [C] [D]
20. [A] [B] [C] [D]

21. [A] [B] [C] [D]
22. [A] [B] [C] [D]
23. [A] [B] [C] [D]
24. [A] [B] [C] [D]
25. [A] [B] [C] [D]

26. [A] [B] [C] [D]
27. [A] [B] [C] [D]
28. [A] [B] [C] [D]
29. [A] [B] [C] [D]
30. [A] [B] [C] [D]

31. [A] [B] [C] [D]
32. [A] [B] [C] [D]
33. [A] [B] [C] [D]
34. [A] [B] [C] [D]
35. [A] [B] [C] [D]

36. [A] [B] [C] [D]
37. [A] [B] [C] [D]
38. [A] [B] [C] [D]
39. [A] [B] [C] [D]
40. [A] [B] [C] [D]

41. [A] [B] [C] [D]
42. [A] [B] [C] [D]
43. [A] [B] [C] [D]
44. [A] [B] [C] [D]
45. [A] [B] [C] [D]

二、阅读

46. [A] [B] [C] [D]
47. [A] [B] [C] [D]
48. [A] [B] [C] [D]
49. [A] [B] [C] [D]
50. [A] [B] [C] [D]

51. [A] [B] [C] [D]
52. [A] [B] [C] [D]
53. [A] [B] [C] [D]
54. [A] [B] [C] [D]
55. [A] [B] [C] [D]

56. [A] [B] [C] [D]
57. [A] [B] [C] [D]
58. [A] [B] [C] [D]
59. [A] [B] [C] [D]
60. [A] [B] [C] [D]

61. [A] [B] [C] [D]
62. [A] [B] [C] [D]
63. [A] [B] [C] [D]
64. [A] [B] [C] [D]
65. [A] [B] [C] [D]

66. [A] [B] [C] [D]
67. [A] [B] [C] [D]
68. [A] [B] [C] [D]
69. [A] [B] [C] [D]
70. [A] [B] [C] [D]

71. [A] [B] [C] [D]
72. [A] [B] [C] [D]
73. [A] [B] [C] [D]
74. [A] [B] [C] [D]
75. [A] [B] [C] [D]

76. [A] [B] [C] [D]
77. [A] [B] [C] [D]
78. [A] [B] [C] [D]
79. [A] [B] [C] [D]
80. [A] [B] [C] [D]

81. [A] [B] [C] [D]
82. [A] [B] [C] [D]
83. [A] [B] [C] [D]
84. [A] [B] [C] [D]
85. [A] [B] [C] [D]

86. [A] [B] [C] [D]
87. [A] [B] [C] [D]
88. [A] [B] [C] [D]
89. [A] [B] [C] [D]
90. [A] [B] [C] [D]

三、书写

91.

92.

93.

94.

95-100题 →

95.

96.

97.

98.

99.

48

80

100.

48

80

汉语水平考试

HSK（五级）

注　意

一、HSK（五级）分三部分：

    1.听力（45题，约30分钟）

    2.阅读（45题，45分钟）

    3.书写（10题，40分钟）

二、听力结束后，有5分钟填写答题卡。

三、全部考试约125分钟（含考生填写个人信息时间5分钟）。

一、听 力

第一部分

第1-20题：请选出正确答案。

1. A 重视小事
   B 打破规则
   C 掌握知识
   D 模仿他人

2. A 会计
   B 银行职员
   C 销售人员
   D 机器维修工

3. A 怕她感冒
   B 担心她太累
   C 空气污染严重
   D 想让她去别的地方

4. A 提高员工素质
   B 挑选合适人员
   C 做好重要项目
   D 增强业务能力

5. A 有主持经验
   B 是志愿者代表
   C 业务能力出色
   D 表现得很大方

6. A 趁暑假锻炼身体
   B 要完成寒假作业
   C 提前适应学校生活
   D 养成早起的好习惯

7. A 象棋
   B 耳环
   C 娃娃
   D 梳子

8. A 项目快要结束了
   B 女的身体不太好
   C 他们是同事关系
   D 男的并不想喝汤

9. A 学历的高低
   B 未来的计划
   C 良好的环境
   D 人生的态度

10. A 笑话
    B 作家
    C 报道
    D 数学题

11. A 重新下载文件
    B 重装一遍系统
    C 安装一个新软件
    D 试试其他的方式

12. A 提前挂号
    B 投资股票
    C 将旅行延后
    D 开实习证明

13. A 赞美
    B 支持
    C 怀疑
    D 批评

14. A 风景优美
    B 风俗独特
    C 生活时尚
    D 历史悠久

15. A 花期太短
    B 不能常浇水
    C 更适合放在外面
    D 喜欢湿润的环境

16. A 请求延长时间
    B 希望增加人员
    C 需要经常加班
    D 没有任何成果

17. A 女的很讨厌堵车
    B 他的车空间狭小
    C 老人摔倒较危险
    D 驾车技术不熟练

18. A 儿子非常乖巧
    B 不想再生孩子了
    C 工作压力非常大
    D 丈夫请了两天假

19. A 丝绸
    B 玩具
    C 现金
    D 海鲜

20. A 突然辞职了
    B 眼睛不舒服
    C 家人去世了
    D 要去医院看病

第二部分

第21-45题：请选出正确答案。

21. A 借书
    B 拍照
    C 填申请表
    D 办身份证

22. A 舍不得卖
    B 家人不同意
    C 买家出价太低
    D 让更多人欣赏

23. A 不喜欢武术老师
    B 是个很虚心的人
    C 武术练得很不错
    D 常受妈妈的表扬

24. A 听不听话
    B 反应够不够快
    C 训练时是否专心
    D 跑步姿势标不标准

25. A 同事关系
    B 工作待遇
    C 未来的发展
    D 公司周围的环境

26. A 实习职员
    B 房屋中介
    C 公寓房东
    D 宠物医生

27. A 想投资新兴行业
    B 把钱存在银行里
    C 用全部资金买保险
    D 减少对保险的投资

28. A 信息很全面
    B 价格比较低
    C 内容有深度
    D 印刷质量高

29. A 不太完美
    B 没有价值
    C 较为单调
    D 不够具体

30. A 颜色不太好
    B 样式不时髦
    C 质量比较差
    D 长短不合适

31. A 长颈鹿胆子比较小
    B 长颈鹿睡眠时间长
    C 长颈鹿常发出声音
    D 长颈鹿性情很暴躁

32. A 不能弯脖子
    B 体重非常轻
    C 共有6节颈骨
    D 用头和脚保护自己

33. A 兴奋
    B 陌生
    C 神秘
    D 亲切

34. A 大脑放松时
    B 运动四肢时
    C 身体紧张时
    D 大脑感到疲劳时

35. A 增加知识
    B 提升自信心
    C 解决自身矛盾
    D 缓解心理压力

36. A 提高销量
    B 降低成本
    C 节省资源
    D 减少收入

37. A 材料费
    B 水电费
    C 配送费
    D 员工工资

38. A 半价饮料质量较差
    B 第二杯半价可实现双赢
    C 商品经济变得异常活跃
    D 狡猾的商家打乱市场规则

39. A 学会了驾驶卡车
    B 失去了一条小腿
    C 生了一场严重的病
    D 在戏剧学院找到了工作

40. A 是短跑运动员
    B 喜欢文学创作
    C 社会地位很高
    D 打破过世界记录

41. A 前途
    B 决心
    C 希望
    D 权力

42. A 会成为新兴产业
    B 采用了最新科技
    C 使绿地面积减少
    D 可确保产品质量

43. A 卫生问题
    B 公平问题
    C 环境污染问题
    D 资源浪费问题

44. A 广州
    B 上海
    C 太原
    D 石家庄

45. A 让肌肤变白
    B 用来做面食
    C 能帮助消化
    D 可软化血管

二、阅 读

第一部分

第46-60题：请选出正确答案。

46-48.

我们看到的方便面，形状都是弯曲的。这样做的原因有以下几种：第一，形状弯曲的面饼可以____46____包装空间；其次，弯弯曲曲的面饼中间有很多空隙，这些空隙会使面饼和水有充足的接触____47____。因此在较短的时间内煮好面就不再是一件困难的事情了。最后，由于方便面的面饼是油炸的，所以非常脆。如果将它做成直的，在运输时就很容易____48____，做成弯的，在保存和运输时就很方便了。

46. A 妨碍　　　　　B 反映　　　　　C 节省　　　　　D 反复
47. A 规模　　　　　B 面积　　　　　C 本领　　　　　D 方式
48. A 碎　　　　　　B 切　　　　　　C 逃　　　　　　D 拆

49-52.

沙滩排球简称"沙排"，是一____49____在全世界都很流行的体育运动。比赛一般在沙滩上举行，而且沙滩的深度必须要达到40厘米。此外，比赛场区的所有界线宽度必须在5～8厘米之间，颜色需要和沙滩的颜色有____50____的区别，这样人们才能看清界限。人们玩沙滩排球是为了休闲娱乐，他们可以头顶蓝天，沐浴阳光，光着脚板在软软的沙滩上尽情跳跃，____51____。最近，越来越多的人被沙滩排球特有的____52____所吸引，开始对这项运动产生兴趣，并且积极地参与其中。

49. A 阵　　　　　　B 项　　　　　　C 支　　　　　　D 片
50. A 广泛　　　　　B 真实　　　　　C 明显　　　　　D 平均
51. A 双脚更有力量　　　　　　　　　B 获得了比赛冠军
    C 躺在沙滩上睡觉　　　　　　　　D 享受美妙的时光
52. A 功能　　　　　B 魅力　　　　　C 风险　　　　　D 制度

53-56.

万斯同是清朝早期著名的历史学家，他被___53___为研究明清两代历史的第一人，而他的父亲是当时非常有名的大学者万泰。万斯同小时候是一个爱玩的孩子。一天，他由于太调皮，打扰了来家里做客的客人们，当众受到父亲的___54___，丢尽了面子。他一气之下打翻了餐桌，父亲十分恼火，把他关到了书房里，对他说："我宁可把你关在屋里，___55___。你就在里面好好读书，反省自己的错误吧。"

被关在书房的那几天，万斯同慢慢地对周围的书籍有了兴趣。此后，他从一个淘气、厌学的孩子逐渐转变为用心读书的孩子。转眼一年多过去了，他在书房里研读了很多书，而他也明白了父亲当初的良苦用心。经过长期的勤奋苦读，他终于成为了当时最有学问的大学者，并且___56___了许多史书的编写工作。

53. A 保持　　　　　B 观察　　　　　C 评价　　　　　D 实现

54. A 批评　　　　　B 采访　　　　　C 表扬　　　　　D 信号

55. A 不如让你提高写作水平　　　　　B 就不会再让你失去信心了
　　C 也不会再让你出来搞破坏了　　　D 才能让你在学术界发挥影响力

56. A 保留　　　　　B 包含　　　　　C 结合　　　　　D 参与

57-60.

当气球被吹大后，会变得像羽毛一样轻，你可以抓它、打它，甚至扔它、弹它。但其实气球不仅仅是一种___57___，在飞机还没有被发明以前，它帮助人们飞上了___58___。

关于巨型气球的发明，有这样一个故事。大约两百年前，一个巨型气球飘浮在巴黎上空。首先乘气球飞上天空的是一只鸭子、一只公鸡和一头羊，因为法国国王想知道，___59___。后来，人可以驾驶特制气球飞上天空了。地面上的人们屏住呼吸望着天空，因为他们担心气球上的人会摔下来。飞上天空的人安全着陆后，地面上的人用欢呼声和舞蹈来___60___了这一切。

57. A 工具　　　　　B 财产　　　　　C 玩具　　　　　D 商品

58. A 天空　　　　　B 地球　　　　　C 公寓　　　　　D 前途

59. A 巨型气球上的温度　　　　　B 怎么让气球升起来
　　C 哪种动物胆子更大　　　　　D 动物能否在高空生活

60. A 赞成　　　　　B 庆祝　　　　　C 期待　　　　　D 推荐

第二部分

第61-70题：请选出与试题内容一致的一项。

61. 黑天天，也被称为龙眼草、黑姑娘、野辣椒、山辣椒等。它是一种生长在田边或荒地的野生植物。成熟的黑天天表面是紫色的，形状是圆的。其果实和叶子都可以食用，而且还具有一定的药用价值，比如治疗牙齿疼痛等等。

    A 黑天天适合秋天观赏

    B 黑天天的果皮非常厚

    C 黑天天的果实可以治病

    D 黑天天主要分布在岛屿上

62. 装饰老年人的房间时要注意的是，不能把房间装饰得太亮。如果墙面刷得过白，就容易伤害老年人的眼睛，因为一般白色墙的光反射系数为69%~80%，比草地、森林或毛面装饰物高10倍左右。这个数值大大超过了人体的生理适应范围，容易引起视疲劳。

    A 老年人需要多在外面晒太阳

    B 白色墙面能给人带来积极影响

    C 老年人的情绪会受到墙面影响

    D 太亮的房间对老年人的眼睛不好

63. 当原本只有1元的报纸价格涨到10元时，你肯定会无法接受，但原本5000元的电脑涨了50元的话，你就不会有太大的反应了。贝勃规律很好地解释了产生这一心理变化的原因。规律表明，如果人经历了强烈的刺激，之后的刺激就会变得更容易接受，也就是说第一次经历的巨大刺激能够冲淡第二次的小刺激。

    A 五千块的电脑不算便宜

    B 电脑涨价的速度比报纸快

    C 大的刺激会减弱小的刺激

    D 人在受到刺激后会产生幻想

64. 孔子曾说过："父母在，不远游，游必有方"。这句话的意思是父母在世时尽量不出远门，如果要出远门，就一定要告知父母自己要去的地方。这句话充分体现了中国人所重视的"孝"。值得一提的是，虽然孔子强调了子女应照顾并孝敬父母，但也没有反对子女为正当明确的目标而外出奋斗。

    A 子女应该孝顺父母
    B 孔子一直陪伴着父母
    C 子女不应该在外地打拼
    D 旅行前要征求父母的意见

65. 每年对护照指数进行统计的一个协会公布了各个国家和地区免签国的数量和排名。从排名结果来看，亚洲国家中位于第一的是日本和新加坡，它们也是世界排名最高的国家。而欧美国家中，德国连续五年都是第一，德国人可以在190个国家和地区享受免签待遇。

    A 去德国旅游时无需办理签证
    B 德国的名次五年来保持不变
    C 中国护照的免签国家有75个
    D 新加坡免签国数量排亚洲第二

66. 有一个男孩儿独自靠坐在房间的角落里，身上盖着潮湿的被子，脸上没有任何表情，不知道在想些什么。其实，男孩儿心里很难过，因为他今天丢了工作，正为接下来的生活而发愁。突然，他冲到窗前，对着街上驶过的洒水车大声喊道："谢谢！谢谢你祝贺我的生日！"原来那个洒水车播放的音乐就是《祝你生日快乐》。

    A 男孩儿付不起房租
    B 男孩儿今天胃口不好
    C 男孩儿喜欢新奇的事物
    D 男孩儿在生日那天失业了

67. 体型胖瘦是决定一个人是否容易喝醉的重要因素。喝酒时是否容易醉，与人体吸收酒精的程度有关。瘦的人一般不容易喝醉，是因为他们肌肉里含有较多的水分，而含水量较多的肌肉更容易吸收酒精。相反，胖的人因为体内脂肪多而水分少，酒精很难被吸收，所以就很容易喝醉。

    A 喝酒容易使人发胖
    B 瘦的人肌肉特别多
    C 胖的人更容易喝醉
    D 胖的人体内水分比脂肪多

68. 在英国，火车晚点时火车公司会用讲笑话的方式解释晚点的原因，以缓解乘客不耐烦的情绪。此外，无论晚点理由是什么，只要耽误了乘客的时间，公司都会给予赔偿。火车延误30～59分钟时，乘客可获得票价的50%，晚点超过一个小时，就可获得100%的赔偿。

    A 火车晚点会被乘客投诉
    B 火车司机要善于讲笑话
    C 晚点时乘客会获得赔偿
    D 火车延误的原因有两种

69. 春困是季节交替给人们带来的生理变化的一种客观反应。很多人一到春天就容易犯困，同时会出现情绪不稳定，睡眠不深，多梦易醒的状况。工作时也会哈欠连连，提不起精神，这给人们带来了不少困扰。对此专家指出，避免春困的有效方法是多喝茶，做适量的运动以及保证充足的睡眠。

    A 人们只有春天才会发困
    B 适当的运动会缓解春困
    C 工作会给人产生无形的压力
    D 春季喝茶不利于青少年的健康

70. 哺乳动物的皮肤表面长有毛发，而每一个毛孔里都有一条叫竖毛肌的小肌肉。当动物受到刺激后，体温会下降，这时竖毛肌便会收缩，使毛发竖立起来，形成鸡皮疙瘩。这个生理系统除了有保温的作用外，也可以使动物的体型看起来比实际更大，从而吓退敌人。

    A 动物生病时体温会下降
    B 哺乳动物的体型普遍较大
    C 竖毛肌是最小的一种肌肉
    D 鸡皮疙瘩起到保护动物的作用

第三部分

第71-90题：请选出正确答案。

71-74.

夏天的傍晚十分凉快。河边有很多人，有人在散步，有人在玩。这时，一个钓鱼的老人吸引了大家的关注。老人不仅技术熟练，还能同时控制两根鱼竿。没过多久，他就钓了一筐鱼。人们纷纷称赞老人的钓鱼技术。

一个陌生的小男孩儿也走过去看老人钓鱼。看到这个天真可爱的孩子，老人想起了自己的孙子，这个孩子看起来和孙子差不多大。于是老人便要把钓上来的鱼送给孩子，但是男孩儿摇头拒绝了。老人惊讶地问道："你为什么不要？"男孩儿犹豫了一下，便说："爷爷，您能不能送我一根鱼竿？"老人好奇地问："你要鱼竿做什么？"男孩儿不好意思地说："这些鱼没多久就会被吃光的。要是我有鱼竿，我就可以自己钓，这样一辈子都能吃到新鲜的鱼。"人群中顿时响起了一片议论声，大家都认为这个男孩儿很有智慧。男孩儿虽然年龄小，但却十分聪明，对他来说，得到几条鱼远不如拥有鱼竿重要，因为他知道，如果想永远有鱼吃，那就要有工具，同时掌握钓鱼的方法。

71. 老人为什么能钓到很多鱼？
    A 他钓鱼技术好
    B 河里有很多鱼
    C 周围的人鼓励他
    D 有人帮他一起钓

72. 关于男孩儿，可以知道：
    A 他已掌握了钓鱼技术
    B 他年纪小却很有智慧
    C 他的眼睛看起来很善良
    D 他对钓鱼丝毫不感兴趣

73. 男孩儿想要鱼竿是因为：
    A 鱼竿比鱼更贵
    B 鱼竿做得很精致
    C 他想自己制作一根
    D 他认为鱼竿更有用

74. 上文主要谈的是：
    A 钓鱼的方法
    B 赞美的力量
    C 工具的重要性
    D 如何与老人交流

75-78.

很多人都认为篮球运动员一定是高大魁梧的。但其实，一些个子矮的人通过自己的努力，也成为了优秀的篮球运动员。身高仅有1.60米的成志就是其中之一。

成志从小就热爱篮球。八岁那年，他终于有了一个属于自己的篮球。他非常开心，从那以后，他睡觉抱着球，出门带着球，甚至出去倒垃圾的时候也会运着球。长大成人以后，即使身高只有1.60米，他也从未放弃过自己的篮球梦想，更没有拿身高当借口。他充分利用身体灵活这一优势，活跃在各个赛场上。他很少出现失误，抢断球的成功率高达百分之九十。他刻苦训练，不断奋斗，付出了比其他运动员更多的努力和汗水。后来，他终于实现了自己的梦想，破格进入了职业球队，成为了职业篮球运动员。成志曾经自信地说："别人都说我太矮，但这反而成为了我前进的动力。我想证明矮个子也能在赛场上发挥自己的能量，取得好的成绩。"

一般人在不想努力的时候，总喜欢找一些借口来为自己开脱。然而，成功人士之所以会成功，是因为他们从不给自己找任何借口，只会不断地努力，直到取得成功的那一天。

75. 人们认为篮球运动员有什么特征？
    A 个性独特   B 双臂较长
    C 特征明显   D 身材高大

76. 成志靠什么成为了职业篮球运动员？
    A 虚心   B 勤奋
    C 体力   D 技术

77. 成志的独特优势是什么？
    A 身体灵活   B 技能全面
    C 善于配合教练   D 富有挑战精神

78. 上文主要想告诉我们：
    A 失败是成功之母   B 车到山前必有路
    C 成功是奋斗出来的   D 失败者也要勇于挑战

79-82.

　　《林中小屋》是一档真人秀节目。在节目中，几个嘉宾一起前往一栋连水电都不通的林中小屋，过上了极简生活。他们每天只能靠有限的水和太阳能光板发的电生活，从大自然中获取食物。这样的环境虽然很艰苦，却给嘉宾们带来了新鲜的体验。

　　与一般的综艺节目不同，《林中小屋》给嘉宾布置的任务主要以感受自然为主。比如，和小动物拍照、听溪谷中流淌的水声、给路上遇见的植物贴上名牌等等。这些任务都没有限定时间，既可以在很短的时间内完成，也可以花一整天。节目组向嘉宾发起了一次又一次的挑战，比如扔掉不需要的东西，一顿饭只吃一种蔬菜等。有时候还会有一些奇怪又有趣的要求，像是在第一缕阳光出现的时候起床，或是花三个小时吃完一顿饭。

　　挑战结束后，嘉宾们意外地发现，当他们扔掉自己眼中的必需品时，竟然会感觉到莫名地轻松，这也引起了很多观众的**共鸣**。过多的物品只会让生活变得越来越复杂，所以需要及时丢掉这些，让物质和精神都回归到最简单的状态。也许这就是《林中小屋》的意义所在。

79. 《林中小屋》是什么？
　　A 一座房子　　　　　　　　　B 一项规定
　　C 一种生活状态　　　　　　　D 一个电视节目

80. 下列哪项属于《林中小屋》里的挑战内容？
　　A 花三小时吃饭　　　　　　　B 与动物们聊天
　　C 亲手种一棵树　　　　　　　D 每天早上六点起床

81. 第三段中的画线词语"共鸣"可能是什么意思？
　　A 完美的观点　　　　　　　　B 相同的看法
　　C 深深的怀念　　　　　　　　D 远大的理想

82. 上文主要谈的是：
　　A 应该保护环境　　　　　　　B 得勇敢接受挑战
　　C 简单生活的重要性　　　　　D 要与动物和谐相处

83-86.

　　有一天，桑德路过一家自助餐厅时，发现那家店生意兴隆，人们排着长队，自选自取符合自己口味的菜品。当时，这种类型的餐厅出现没多久就颇受欢迎。顿时，他灵机一动，心想：能不能将这种方式引进杂货店，让顾客自助选购需要的商品？父亲听了他的想法，大声责骂道："这简直异想天开，还是放弃你这个愚蠢的主意吧。人们不习惯自己选择商品，而你的店很快会倒闭的。"

　　然而桑德始终坚信这种方式一定会行得通。他不顾家人的强烈反对，坚决辞去稳定的工作，开了一家小杂货铺，并用这种全新的经营理念，用心经营起了自己的事业。很快，他的小店吸引了很多顾客，门庭若市，生意逐渐兴隆了起来。后来，他又接二连三地开了多家分店，取得了巨大的成功。他为这种由消费者自行挑选商品，最后统一结账的零售店经营模式申请了专利，这就是超市的雏形。

　　桑德的故事告诉我们，不管是在生活上还是在事业上，当自己的想法和意见得不到他人的理解与支持时，不要太在意，相信自己，成功就在前方。

83. 桑德看到的那家自助餐厅有什么不同之处？
　　A 位置偏离市中心　　　　　　B 顾客能免费领零食
　　C 顾客可随意挑选食物　　　　D 每个月都分发优惠券

84. 父亲为什么反对桑德的主意？
　　A 开杂货店成本过高　　　　　B 桑德缺乏动手能力
　　C 不符合人们的习惯　　　　　D 桑德头脑不够灵活

85. 根据上文，下列哪项正确？
　　A 桑德开了多家分店　　　　　B 桑德提倡节约能源
　　C 桑德得到了巨额投资　　　　D 顾客不能单独去杂货店

86. 最适合做上文标题的是：
　　A 创业的代价　　　　　　　　B 最初的超市
　　C 自助餐厅的优势　　　　　　D 经营模式的重要性

87-90.

20世纪50年代诞生的"大白兔奶糖"是经典国货，也是民族品牌。最近"大白兔"迎来了60岁生日。60年来，"大白兔"既是无数中国人童年时代的美好记忆，也是相伴成长的快乐标志。

作为"上海冠生园食品有限公司"的核心品牌，大白兔形象的年轻化是该公司近年来的发展方向。在"坚持传统，注重创新"原则的指导下，"大白兔"先后推出了"巨白兔"、"大白兔奶瓶装"、"大白兔冰激凌风味奶糖"等广受年轻消费者喜爱的创新产品。之后又和"中国国家博物馆"合作推出文物糖果礼盒，和香港"太平洋咖啡"合作推出咖啡饮品，和知名游戏品牌联合推出新款奶糖。通过与其他公司新颖而有趣的合作，大白兔品牌变得充满活力，也走进了年轻人的心里。

在上海举办的《大白兔60周年纪念展览会》开幕式上，各类"大白兔"产品吸引了众人的关注。展厅附近写字楼工作的小李告诉记者，"大白兔"陪伴她度过了整个童年时代，所以她专门赶在开幕第一天来打卡。

近些年，随着中国经济的逐渐发展，国货浪潮开始回归，买国货、用国货、晒国货，成为了年轻人的日常，"中国制造"也成为了国之骄傲。

87. "大白兔"品牌年轻化的做法包括：
　　A 积极开展跨界合作　　　　　B 举行产品评比活动
　　C 选年轻人做公司总裁　　　　D 邀请消费者参观公司

88. "大白兔"品牌的原则是什么？
　　A 制造经典，感受时尚　　　　B 中国制造，国之骄傲
　　C 相伴童年，快乐成长　　　　D 坚持传统，注重创新

89. 根据上文，现在的年轻消费者：
　　A 喜欢参观各类展览　　　　　B 对传统食品不感兴趣
　　C 普遍倾向于购买国货　　　　D 不容易被老品牌吸引

90. 最适合做上文标题的是：
　　A 一种让人快乐的食物　　　　B 最可爱的动物是什么
　　C 一个"年轻"的老品牌　　　　D 一个受年轻人欢迎的展览

三、书 写

第一部分

第91-98题：完成句子。

例如：发明　　这台机器　　什么时候　　是　　的

　　　　<u>这台机器是什么时候发明的？　　　　　　</u>

91. 相当　　她的　　冷淡　　显得　　反应

92. 一些新的　　提出了　　观点　　专家

93. 这不是　　方法　　唯一　　评价员工的

94. 整理一下　　叫我　　舅舅　　到阳台　　维修工具

95. 重要成果　　化学领域　　取得了　　他在

96. 广泛　　已被　　应用在　　生活中　　手机支付

97. 达到了　　生产量　　一定的规模　　工厂的

98. 大约有　　这次　　三百个人　　志愿者　　活动的

第二部分

第99-100题：写短文。

99. 请结合下列词语（要全部实用，顺序不分先后），写一篇80字左右的短文。

调整　状态　反复　分析　实际

100. 请结合这张图片写一篇80字左右的短文。

정답 해설집 p.305

중국어도 역시 1위 해커스중국어
약 900여 개의 체계적인 무료 학습자료

분야 / 레벨	공통	회화	HSK	HSKK/TSC
공통	철저한 성적분석 **무료 레벨테스트**	빠르게 궁금증 해결 **1:1 학습 케어**	HSK 전 급수 **프리미엄 모의고사**	TSC 급수별 **발음 완성 트레이너**
초급	초보자가 꼭 알아야 할 **초보 중국어 단어**	기초 무료 강의 제공 **초보 중국어 회화** 	HSK 4급 쓰기+어휘 완벽 대비 **쓰기 핵심 문장 연습**	TSC 급수별 만능 표현 **& 필수 암기 학습자료**
중급	매일 들어보는 **사자성어 & 한자상식**	입이 트이는 자동발사 **중국어 팟캐스트**	기본에서 실전까지 마무리 **HSK 무료 강의** 	HSKK/TSC 실전 정복! **고사장 소음 버전 MP3**
고급	실생활 고급 중국어 완성! **중국어 무료 강의**	상황별 다양한 표현 학습 **여행/비즈니스 중국어**	HSK 고득점을 위한 **무료 쉐도잉 프로그램** 	고급 레벨을 위한 **TSC 무료 학습자료**

무료 학습자료
확인하기 ▶

중국어 인강 1위 해커스중국어   china.Hackers.com   검색

중국어도 역시
1위 해커스중국어

중국어인강
1위

소비자 만족지수
1위

강의 만족도
96.4%

[인강] 주간동아 선정 2019 한국 브랜드 만족지수 교육(중국어인강) 부문 1위
[소비자만족지수] 한경비즈니스 선정 2017 소비자가 뽑은 소비자만족지수, 교육(중국어학원)부문 1위 해커스중국어
[만족도] 해커스중국어 2020 강의 수강생 대상 설문조사 취합 결과

중국어인강 **1위** 해커스의 저력,
HSK 합격자로 증명합니다.

HSK 4급 환급 신청자
합격 점수
평균 256점

* 성적 미션 달성자

HSK 5급 환급 신청자
합격 점수
평균 240점

* 성적 미션 달성자

2주 만에 HSK 4급 261점 합격

HSK 4급 (2020.05.09) 汉语水平考试

듣기	독해	쓰기	총점
			총점
86	100	75	
			261

HSK 환급반 수강생 김*빈님 후기

이미 많은 선배들이 **해커스중국어**에서
고득점으로 HSK 졸업 했습니다.

HSK 5급
최종 실전 마무리!
다음 단계로
추천하는 교재

해커스 HSK 5급 실전모의고사
점수를 높이는 막판 1주!

· HSK 5급 **최신 경향 분석 반영**
· **실전모의고사 5회분 수록**
· **모의고사용/문제별 분할/고사장 MP3 제공**

교재와 함께
무료 매일 학습 콘텐츠로 중국어 완벽 마스터!

· 매일 HSK 5급 필수 어휘
· 매일 한자 Quiz
· 해커스 HSK 기출 사자성어

해커스 중국어 HSK 5급 한 권으로 정복

해커스중국어 교재 시리즈

HSK 단어장

| 해커스 HSK 1-4급 단어장 | 해커스 HSK 5급 단어장 | 해커스 HSK 6급 단어장 | 해커스 HSK 1-4급 단어장 [큰글씨 확대판] | 해커스 HSK 5급 단어장 [큰글씨 확대판] | 해커스 HSK 6급 단어장 [큰글씨 확대판] |

HSK 기본서

| 해커스 HSK 1-2급 한 권으로 가뿐하게 합격 | 해커스 HSK 3급 한 권으로 합격 | 해커스 HSK 4급 한 권으로 합격 | 해커스 HSK 5급 한 권으로 정복 | 해커스 HSK 6급 한 권으로 고득점 달성 | 해커스 HSK 7-9급 한 권으로 마스터 |

HSK 실전서

| 해커스 HSK 3급 실전모의고사 | 해커스 HSK 4급 실전모의고사 | 해커스 HSK 5급 실전모의고사 | 해커스 해설이 상세한 HSK 6급 실전모의고사 | 해커스 해설이 상세한 HSK 7-9급 실전모의고사 |

HSKK 기본서 / TSC 기본서 / 중국어 문법

| 해커스 HSKK 중급 10일 만에 딸 수 있다! | 해커스 HSKK 고급 5일 만에 딸 수 있다! | 해커스 TSC 3급 "니하오"를 몰라도 20일 만에 딸 수 있다! | 해커스 TSC 한 권으로 끝내기 | 99포인트로 마스터하는 해커스 중국어 문법 |

중국어 회화

| 해커스 중국어 첫걸음 | 해커스 자동발사 중국어 첫걸음 탄 | 해커스 자동발사 중국어 첫걸음 2탄 | 해커스 왕초보 중국어회화 10분의 기적 기초중국어 말하기 | 해커스 중국어회화 10분의 기적 패턴으로 말하기 | 해커스 중국어회화 10분의 기적 상황별로 말하기 |

13720

ISBN 979-11-379-0213-8

9791137902138

해커스 중국어 HSK 5급

기본에서
실전까지
한 달 완성

베스트셀러
1위

해설집

추가 자료 해커스중국어 china.Hackers.com

◉ 본 교재 인강(할인쿠폰 수록) ♬ 교재 무료 MP3 5급 필수어휘 2500 PDF 및 MP3 쓰기 2부분 원고지 PDF 나만의 단어 암기 노트 PDF
병음북 PDF 무료 받아쓰기&쉐도잉 프로그램 해커스 HSK IBT 쓰기 트레이너 HSK IBT 실전모의고사(교재 수록 1~3회)

YES24 국어 외국어 사전 베스트셀러 중국어 분야 1위(2021.11.06. YES24 베스트셀러 기준)

해커스

해커스 [중국어] HSK 5급 한 권으로 정복

200% 활용법!

교재 무료 MP3 [학습용 / 문제별 분할(듣기·독해·쓰기) / 고사장 소음 버전 / 핵심어휘집]

방법 1 해커스중국어(china.Hackers.com) 접속 후 로그인 ▶
페이지 상단 [교재/MP3 → 교재 MP3/자료] 클릭 ▶ 본 교재 선택 후 이용하기

방법 2 [해커스 ONE] 앱 다운로드 후 로그인 ▶ 좌측 상단에서 [중국어] 선택 ▶
페이지 상단 [교재·MP3] 클릭 ▶ 본 교재 선택 후 이용하기

▲ [해커스 ONE] 앱 다운받기

HSK 5급 필수어휘 2500 & 듣기 예제 병음북 [PDF+MP3]
쓰기 2부분 원고지 & 나만의 단어 암기 노트 [PDF]

이용방법 해커스중국어(china.Hackers.com) 접속 후 로그인 ▶
페이지 상단 [교재/MP3 → 교재 MP3/자료] 클릭 ▶ 본 교재 선택 후 이용하기

무료 HSK 5급 받아쓰기 & 쉐도잉 프로그램

이용방법 해커스중국어(china.Hackers.com) 접속 후 로그인 ▶
페이지 상단 [iBT 학습하기 → HSK 받아쓰기&쉐도잉] 클릭 ▶ 본 교재 선택 후 이용하기

해커스 HSK 5급 IBT 쓰기 트레이너

이용방법 해커스중국어(china.Hackers.com) 접속 후 로그인 ▶
페이지 상단 [iBT 학습하기 → HSK iBT 쓰기 트레이너] 클릭 ▶ 교재 구매 인증 코드 입력 후 이용하기

해커스 HSK 5급 IBT 모의고사 [교재 수록 1~3회]

이용방법 해커스중국어(china.Hackers.com) 접속 후 로그인 ▶ 페이지 상단 [교재/MP3 → 교재 MP3/자료]
클릭 ▶ 본 교재 내 [실전모의고사 IBT 버전] 클릭 ▶ 교재 구매 인증 코드 입력 후 이용하기

본 교재 인강 30% 할인쿠폰

2E67D4CA4588CC2L * 쿠폰 유효기간: 쿠폰 등록 후 30일

▲ 쿠폰 등록하기

이용방법 해커스중국어(china.Hackers.com) 접속 후 로그인 ▶ 나의강의실 ▶ 내 쿠폰 확인하기 ▶ 쿠폰번호 등록

* 해당 쿠폰은 HSK 5급 단과 강의 구매 시 사용 가능합니다.
* 본 쿠폰은 1회에 한해 등록 가능합니다.
* 이외 쿠폰 관련 문의는 해커스중국어 고객센터(02-537-5000)으로 연락 바랍니다.

기본에서 실전까지 **한 달 완성**

해커스 중국어

HSK5급

한 권으로 **정복**

초판 9쇄 발행 2024년 12월 2일

초판 1쇄 발행 2021년 11월 1일

지은이	해커스 HSK연구소
펴낸곳	㈜해커스
펴낸이	해커스 출판팀

주소	서울특별시 서초구 강남대로61길 23 ㈜해커스
고객센터	02-537-5000
교재 관련 문의	publishing@hackers.com
	해커스중국어 사이트(china.Hackers.com) 교재 Q&A 게시판
동영상강의	china.Hackers.com

ISBN	979-11-379-0213-8 (13720)
Serial Number	01-09-01

중국어인강 1위
해커스중국어 china.Hackers.com

해커스중국어

- 어려운 중국어 듣기를 완전 정복할 수 있는 **다양한 버전의 교재 무료 MP3**
- HSK 5급 필수어휘 2500 및 병음북, 쓰기 2부분 원고지, 나만의 단어 암기 노트 PDF 등 **다양한 무료 학습 콘텐츠**
- 하루 10분으로 직청직해 실력 완성! **무료 받아쓰기&쉐도잉 프로그램**
- IBT 시험까지 완벽 대비! **해커스 HSK IBT 쓰기 트레이너& HSK IBT 실전모의고사**(교재 수록 1~3회)
- 해커스 스타강사의 본 **교재 인강**(교재 내 할인쿠폰 수록)

주간동아 선정 2019 한국 브랜드 만족지수 교육(중국어인강) 부문 1위

해커스 중국어

중국어

HSK 5급

한 권으로 정복

해설집

해커스

듣기

제1, 2부분 대화

문제풀이 스텝 해석 p.27

A 要准备大型比赛 B 嗓子不适合唱歌 **C 参加了舞蹈俱乐部** D 不喜欢艺术队的活动	A 대형 경기를 준비해야 한다 B 목소리가 노래 부르기에 적합하지 않다 **C 댄스 클럽에 참여했다** D 예술단 활동을 좋아하지 않는다
女：您嗓子这么好，我们诚恳地邀请您加入我们艺术队！ 男：谢谢您的邀请，不过我已经加入舞蹈俱乐部了。 问：关于男的，可以知道什么？	여: 당신 목소리가 이렇게 좋군요. 우리는 당신이 우리 예술단에 가입하기를 간절히 요청드려요! 남: 당신의 요청은 고맙지만, 저는 이미 댄스 클럽에 가입했어요. 질문: 남자에 관하여, 무엇을 알 수 있는가?

어휘 **大型** dàxíng [형] 대형의 **嗓子** sǎngzi [명] 목소리 **适合** shìhé [동] 적합하다 **舞蹈** wǔdǎo [명] 댄스 **俱乐部** jùlèbù [명] 클럽 **艺术队** yìshùduì [명] 예술단 **诚恳** chéngkěn [형] 간절하다 **邀请** yāoqǐng [동] 요청하다 **加入** jiārù [동] 가입하다

고득점비책 01 | 장소·위치 문제 공략하기 p.33

들으며 학습하기 ▸

1 D	2 A	3 D	4 D	5 B	6 A	7 C	8 C	9 C	10 B	11 A	12 B

1

A 卧室里　　B 阳台上 C 书房里　　**D 客厅里**	A 침실 안　　B 베란다 C 서재 안　　**D 거실 안**
女：卧室里的书柜怎么不见了？你把它移到别的地方了吗？ 男：对，它太占地方了，放在卧室很不方便，所以我把它搬到客厅了。 问：书柜现在在哪儿？	여: 침실 안에 있던 책장이 왜 안 보이지? 네가 그것을 다른 곳으로 옮겼니? 남: 응, 자리를 너무 차지하고, 침실에 두니 불편해서, 내가 그것을 거실로 옮겼어. 질문: 책장은 지금 어디에 있는가?

해설 제시된 선택지에 里(안), 上(위)이 사용되었으므로, 특정 대상의 위치를 파악하면서 대화를 듣는다. 대화에서 여자가 침실 안의 책장을 다른 곳으로 옮겼는지를 묻자, 남자가 **我把它搬到客厅了**라고 했다. 질문이 책장은 지금 어디에 있는지를 물었으므로, D **客厅里**를 정답으로 고른다. 참고로, 여자가 언급한 **卧室里**를 듣고, A를 정답으로 고르지 않도록 주의한다.

어휘 **卧室** wòshì [명] 침실 **阳台** yángtái [명] 베란다 **书房** shūfáng [명] 서재 **客厅** kètīng [명] 거실 **书柜** shūguì [명] 책장 **移** yí [동] 옮기다 **占** zhàn [동] 차지하다

2

A 医院	B 宴会厅	A 병원	B 연회장
C 运动场	D 体育馆	C 운동장	D 체육관

男：您好，我打篮球的时候骨头受伤了，应该挂哪个科啊？

女：骨科，但今天骨科没有专家号，挂普通号可以吗？

问：他们可能在哪儿？

남: 안녕하세요. 제가 농구를 할 때 뼈를 다쳤는데, 어느 과로 접수해야 하나요?

여: 정형외과요. 하지만 오늘 정형외과는 전문의 진료가 없어서, 일반 진료로 접수해 드려도 될까요?

질문: 그들은 아마도 어디에 있을 것인가?

해설　제시된 선택지가 모두 장소를 나타내므로, 화자나 제3자가 있는 장소, 또는 가려고 하는 장소가 어디인지를 주의 깊게 듣는다. 대화에서 언급된 应该挂哪个科啊?와 今天骨科没有专家号, 挂普通号可以吗?를 토대로 두 화자는 병원에 있다는 것을 유추할 수 있다. 질문이 그들은 아마도 어디에 있을 것인지를 물었으므로, A 医院을 정답으로 고른다.

어휘　宴会厅 yànhuìtīng 圆 연회장　体育馆 tǐyùguǎn 圆 체육관　骨头 gǔtou 圆 뼈　受伤 shòushāng 圆 다치다　挂 guà 圆 접수하다
　　　骨科 gǔkē 圆 정형외과　专家号 zhuānjiāhào 전문의 진료　普通号 pǔtōnghào 일반 진료[레지던트·전공의 진료]

3

A 桥底下	B 操场南边	A 다리 밑	B 운동장 남쪽
C 大楼对面	**D 广场北边**	C 빌딩 맞은편	**D 광장 북쪽**

女：广场北边的旅行社怎么不见了？我想咨询一下蜜月旅行的事。

男：哦，上个月他们因为租金问题迁到其他地区了，至于具体地址我也不太了解。

问：旅行社原来在哪儿？

여: 광장 북쪽의 여행사가 왜 안 보이지? 나 신혼여행에 관해서 물어보고 싶은데.

남: 아, 지난달에 임대료 문제 때문에 다른 지역으로 옮겼어. 구체적인 주소에 대해서는 나도 잘 모르겠네.

질문: 여행사는 원래 어디에 있었는가?

해설　제시된 선택지에 下(아래), 南边(남쪽), 对面(맞은편), 北边(북쪽)이 사용되었으므로, 특정 대상의 위치를 파악하면서 대화를 듣는다. 대화에서 여자가 广场北边的旅行社怎么不见了?라고 하자, 남자가 여행사는 다른 지역으로 옮겼다고 했다. 질문이 여행사는 원래 어디에 있었는지를 물었으므로, D 广场北边을 정답으로 고른다.

어휘　桥 qiáo 圆 다리, 교량　底 dǐ 圆 밑, 바다　操场 cāochǎng 圆 운동장　大楼 dàlóu 圆 빌딩　对面 duìmiàn 圆 맞은편
　　　广场 guǎngchǎng 圆 광장　旅行社 lǚxíngshè 圆 여행사　咨询 zīxún 圆 물어보다　哦 ó 回[사실·상황을 깨달았을 때 쓰임]
　　　租金 zūjīn 圆 임대료　迁 qiān 圆 옮기다　地区 dìqū 圆 지역　至于 zhìyú 圈 ~에 대해서는　具体 jùtǐ 圈 구체적이다
　　　地址 dìzhǐ 圆 주소　原来 yuánlái 圆 원래

4

A 宾馆	B 咖啡厅	A 호텔	B 카페
C 幼儿园	**D 自习室**	C 유치원	**D 자습실**

男：管理员，您好，那边有人把这里当作是咖啡厅了，在大声地聊天。这里是自习室，这么吵会妨碍大家学习的，麻烦看一下。

女：实在是不好意思，我现在就派人去处理一下。

问：根据对话，他们可能在哪儿？

남: 관리자님, 안녕하세요. 저쪽에 어떤 사람이 여기를 카페로 삼아, 큰 소리로 이야기하고 있어요. 여기는 자습실인데 이렇게 떠들면 사람들이 공부하는 것에 방해가 될 거예요. 가서 좀 봐주세요.

여: 정말 죄송합니다. 제가 지금 바로 사람을 보내서 해결하겠습니다.

질문: 대화에 근거하여, 그들은 아마도 어디에 있을 것인가?

해설　제시된 선택지가 모두 장소를 나타내므로, 화자나 제3자가 있는 장소, 또는 가려고 하는 장소가 어디인지를 주의 깊게 듣는다. 대화에서 남자가 **这里是自习室**이라고 했다. 질문이 대화에 근거하여 그들은 아마도 어디에 있을 것인지를 물었으므로, D **自习室**을 정답으로 고른다. 참고로, 남자가 언급한 **咖啡厅**을 듣고, B를 정답으로 고르지 않도록 주의한다.

어휘　**宾馆** bīnguǎn 圆호텔　**咖啡厅** kāfēitīng 圆카페　**幼儿园** yòu'éryuán 圆유치원　**自习室** zìxíshì 자습실
管理员 guǎnlǐyuán 圆관리자　**当作** dàngzuò 圆~로 삼다　**吵** chǎo 圆떠들다　**妨碍** fáng'ài 圆방해하다　**实在** shízài 圓정말
派 pài 圆보내다, 파견하다　**处理** chǔlǐ 圆해결하다

5

| A 药店 | B 甜品店 | A 약국 | B 디저트 가게 |
| C 百货商店 | D 顶楼花园 | C 백화점 | D 옥상 정원 |

女： 离电影开始还有半个小时，我们先去顶楼花园坐一会儿，然后再去甜品店买个冰激凌吧。

男： 我们还是先去买冰激凌，然后再去顶楼吧。

问： 他们接下来可能会去什么地方？

여： 영화 시작하려면 아직 30분 남았으니, 우리 먼저 옥상 정원에 가서 잠시 앉아 있다가, 그 다음 디저트 가게에 가서 아이스크림을 사자.

남： 우리는 먼저 아이스크림을 사러 갔다가, 그 다음 옥상에 가는 것이 좋겠어.

질문: 그들은 곧이어 아마도 어디로 갈 것인가?

해설　제시된 선택지가 모두 장소를 나타내므로, 화자나 제3자가 있는 장소, 또는 가려고 하는 장소가 어디인지를 주의 깊게 듣는다. 대화에서 여자가 먼저 옥상 정원에 갔다가 **然后再去甜品店买个冰激凌吧**라고 하자, 남자가 **我们还是先去买冰激凌**이라며 디저트 가게에 먼저 갈 것을 제안했다. 질문이 그들은 곧이어 아마도 어디로 갈 것인지를 물었으므로, 대화 마지막에 남자가 먼저 가자고 제안한 B **甜品店**을 정답으로 고른다. 참고로 여자가 언급한 **顶楼花园**을 듣고, D를 정답으로 고르지 않도록 주의한다.

어휘　**药店** yàodiàn 圆약국　**甜品店** tiánpǐndiàn 디저트 가게　**百货商店** bǎihuò shāngdiàn 圆백화점
顶楼花园 dǐnglóu huāyuán 옥상 정원　**冰激凌** bīngjīlíng 圓아이스크림

6

| A 电台 | B 报告厅 | A 라디오 방송국 | B 세미나실 |
| C 图书馆 | D 出版社 | C 도서관 | D 출판사 |

男： 你后天有什么安排？我约了下午去出版社开会，那个出版社就在你公司附近，晚上下班后有空一起吃饭吧。

女： 我那天要去电台录音，可能一整天都在那里，应该没有时间一起吃晚饭了。

问： 女的后天要去什么地方？

남： 당신 모레 무슨 계획 있나요? 제가 모레 오후에 출판사에 가서 회의하기로 약속했는데, 그 출판사가 당신 회사 근처에 있어요, 저녁에 퇴근하고 시간 있으면 같이 밥 먹어요.

여： 저는 그날 녹음하러 라디오 방송국에 가야 해요. 아마 하루 종일 거기에 있을 거라서, 저녁에 같이 밥 먹을 시간은 없을 것 같네요.

질문: 여자는 모레 어디에 가야 하는가?

해설　제시된 선택지가 모두 장소를 나타내므로, 화자나 제3자가 있는 장소, 또는 가려고 하는 장소가 어디인지를 주의 깊게 듣는다. 대화에서 남자가 모레 무슨 계획이 있는지 묻자, 여자가 **我那天要去电台录音**이라고 했다. 질문이 여자는 모레 어디에 가야 하는지를 물었으므로, A **电台**를 정답으로 고른다. 참고로, 남자가 언급한 **出版社**를 듣고, D를 정답으로 고르지 않도록 주의한다.

어휘　**电台** diàntái 圆라디오 방송국　**报告厅** bàogàotīng 세미나실　**出版社** chūbǎnshè 圆출판사　**安排** ānpái 圆계획하다, 안배하다
下班 xiàbān 圆퇴근하다　**有空** yǒukòng 시간이 있다　**录音** lùyīn 圆녹음　**一整天** yìzhěngtiān 하루 종일

7

A 超市　　B 法院
C 餐厅　　D 邮局

女：这里环境舒适，气氛也不错。咱们点什么菜？
男：你喜欢吃什么？你能吃辣的吗？
女：能吃一点儿，但是我不吃油炸食物。
男：我也不喜欢油炸的，那我们吃清淡一点的菜吧。

问：他们最可能在哪儿？

A 슈퍼마켓　　B 법원
C 식당　　D 우체국

여: 여기 환경이 쾌적하고 분위기도 괜찮네. 우리 무슨 요리 시킬까?
남: 너는 뭐 먹는 것을 좋아하니? 너 매운 것 먹을 수 있어?
여: 조금은 먹을 수 있지, 하지만 난 기름에 튀긴 음식은 먹지 않아.
남: 나도 기름에 튀긴 건 안 좋아해, 그럼 우리 좀 담백한 요리로 먹자.

질문: 그들은 어디에 있을 가능성이 가장 큰가?

해설 제시된 선택지가 모두 장소를 나타내므로, 화자나 제3자가 있는 장소, 또는 가려고 하는 장소가 어디인지를 주의 깊게 듣는다. 대화에서 언급된 **咱们点什么菜?, 辣的, 油炸食物, 那我们吃清淡一点的菜吧**를 토대로 두 화자는 식당에 있다는 것을 유추할 수 있다. 질문이 그들은 어디에 있을 가능성이 가장 큰지를 물었으므로, C **餐厅**을 정답으로 고른다.

어휘 **法院** fǎyuàn [명]법원　**餐厅** cāntīng [명]식당　**邮局** yóujú [명]우체국　**舒适** shūshì [형]쾌적하다, 편하다　**气氛** qìfēn [명]분위기　**油炸** yóuzhá [동]기름에 튀기다　**食物** shíwù [명]음식, 음식물　**清淡** qīngdàn [형]담백하다, (색·냄새 등이) 은은하다

8

A 游乐园　　B 足球场
C 学生宿舍　　D 化学实验室

男：同学你好，请问学生宿舍怎么走？
女：就在篮球场旁边，很容易找。
男：不好意思，我是大一新生，对这里比较陌生，不知道篮球场在哪儿。
女：原来如此，那我带你去吧。

问：男的打算去哪儿？

A 놀이공원　　B 축구장
C 학생 기숙사　　D 화학 실험실

남: 학우님 안녕하세요, 학생 기숙사는 어떻게 가나요?
여: 바로 농구장 옆에 있어요, 찾기 쉬워요.
남: 실례하지만, 저는 1학년 신입생이라, 여기가 좀 낯설거든요, 농구장이 어디에 있는지 모르겠어요.
여: 그렇군요. 그러면 제가 데려다 줄게요.

질문: 남자는 어디로 갈 계획인가?

해설 제시된 선택지가 모두 장소를 나타내므로, 화자나 제3자가 있는 장소, 또는 가려고 하는 장소가 어디인지를 주의 깊게 듣는다. 대화에서 남자가 **请问学生宿舍怎么走?**라고 묻자, 여자가 바로 농구장 옆에 있다고 답했다. 질문이 남자는 어디로 갈 계획인지를 물었으므로, C **学生宿舍**를 정답으로 고른다.

어휘 **游乐园** yóulèyuán [명]놀이공원　**足球场** zúqiúchǎng [명]축구장　**学生宿舍** xuéshēng sùshè 학생 기숙사　**化学** huàxué [명]화학　**实验室** shíyànshì [명]실험실　**新生** xīnshēng [명]신입생　**陌生** mòshēng [형]낯설다　**原来如此** yuánlái rúcǐ (알고 보니) 그렇다

9

A 地毯上　　B 箱子下
C 袋子里　　D 椅子上

女：喂，您好，请问是三栋608号吗？您预订的牛奶到了。
男：不好意思，我现在不在家，墙角处的箱子里有个白色袋子，请把它放在那儿吧。

A 카펫 위　　B 박스 아래
C 봉지 안　　D 의자 위

여: 여보세요, 안녕하세요, 3동 608호 맞나요? 예약하신 우유 도착했습니다.
남: 죄송합니다만, 제가 지금 집에 없어서, 벽 모퉁이 쪽 박스 안에 하얀색 봉지가 있는데, 거기에 놓아주세요.

女：好的。今天天气热，不能在外面放太	여: 알겠습니다. 오늘 날씨가 더워서, 밖에 오래 두면 안
久，建议您尽快喝完。	되니, 되도록 빨리 드시기 바랍니다.
男：谢谢提醒，我会在一个小时内到家的。	남: 일깨워주셔서 감사합니다. 저는 한 시간 내에 도착
	할 것 같네요.
问：男的要求把牛奶放在哪儿？	질문: 남자는 우유를 어디에 두라고 요청했는가?

해설　제시된 선택지에 上(위), 下(아래), 里(안)가 사용되었으므로, 특정 대상의 위치를 파악하면서 대화를 듣는다. 대화에서 여자가 您预订的牛奶到了。라고 하자, 남자가 집에 없다면서 墙角处的箱子里有个白色袋子, 请把它放在那儿吧라고 했다. 질문이 남자는 우유를 어디에 두라고 요청했는지를 물었으므로, C 袋子里를 정답으로 고른다. 참고로, 남자가 언급한 箱子를 듣고, B를 정답으로 고르지 않도록 주의한다.

어휘　**地毯** dìtǎn 圆카펫　**箱子** xiāngzi 圆박스, 상자　**栋** dòng 圆동, 채[건물을 세는 단위]　**预订** yùdìng 圆예약하다
　　　墙角处 qiángjiǎo chù 벽 모퉁이 쪽　**尽快** jǐnkuài 里되도록 빨리　**提醒** tíxǐng 圆일깨우다

10
| A 公司 | **B 机场** | A 회사 | **B 공항** |
| C 免税店 | D 维修店 | C 면세점 | D 수리점 |

男：您好，您有什么需要托运的吗？	남: 안녕하세요, 운송 위탁이 필요하신 것이 있습니까？
女：没有，我只有一个手提包。	여: 아니요, 저는 손가방 하나 밖에 없습니다.
男：如果您没有行李箱需要托运，我建议您	남: 만약 위탁이 필요한 트렁크가 없으시면, 직접 자동 발
直接用自助取票机取登机牌，这样可以	권기를 사용해 탑승권을 발급하실 것을 제안드립니
节省不少时间。	다. 이렇게 하면 많은 시간을 절약하실 수 있습니다.
女：好的，非常感谢。	여: 네, 정말 감사합니다.
问：对话可能发生在哪儿？	질문: 대화는 아마도 어디에서 일어난 것인가?

해설　제시된 선택지가 모두 장소를 나타내므로, 화자나 제3자가 있는 장소, 또는 가려고 하는 장소가 어디인지를 주의 깊게 듣는 다. 대화에서 언급된 如果您没有行李箱需要托运, 我建议您直接用自助取票机取登机牌를 토대로 두 화자는 공항에 있다 는 것을 유추할 수 있다. 질문이 대화는 아마도 어디에서 일어난 것인지를 물었으므로, B 机场을 정답으로 고른다.

어휘　**免税店** miǎnshuìdiàn 圆면세점　**维修店** wéixiūdiàn 圆수리점　**托运** tuōyùn 圆(짐·화물의) 운송을 위탁하다
　　　手提包 shǒutíbāo 圆손가방　**行李箱** xínglǐxiāng 圆트렁크, 여행용 가방　**建议** jiànyì 圆제안하다　**直接** zhíjiē 圆직접의
　　　自助取票机 zìzhù qǔpiàojī 자동 발권기　**登机牌** dēngjīpái 圆탑승권　**节省** jiéshěng 圆절약하다

11
| **A 门后面** | B 池塘里 | **A 문 뒤** | B 연못 안 |
| C 竹子旁边 | D 石头周围 | C 대나무 옆 | D 돌 주위 |

女：你看，那只坐在竹子旁边的熊猫叫	여: 봐봐, 저기 대나무 옆에 앉아 있는 판다를 '아이바
"爱宝"吗？	오'라고 하니?
男：不是，躲在门后面的那只才是。	남: 아니, 문 뒤에 숨어 있는 저 판다가 그거야.
女：那竹子旁边的叫什么名字？	여: 그러면 대나무 옆에 있는 건 이름이 뭐야?
男：那是"福宝"，是"爱宝"的女儿，是	남: 그건 '푸바오'인데, '아이바오'의 딸이야, 너무 귀엽
不是很可爱？	지 않니?
问：熊猫"爱宝"在哪儿？	질문: 판다 '아이바오'는 어디에 있는가?

해설   제시된 선택지에 后面(뒤), 里(안), 旁边(옆), 周围(주위)가 사용되었으므로, 특정 대상의 위치를 파악하면서 대화를 듣는다. 대화에서 여자가 那只坐在竹子旁边的熊猫叫"爱宝"吗?라고 하자, 남자가 不是, 躲在门后面的那只才是。이라고 했다. 질문이 판다 '아이바오'는 어디에 있는지를 물었으므로, A 门后面을 정답으로 고른다. 참고로, 여자가 언급한 竹子旁边을 듣고 C를 정답으로 고르지 않도록 주의한다.

어휘   **池塘** chítáng 몡(비교적 작고 얕은) 연못   **竹子** zhúzi 몡대나무   **石头** shítou 몡돌   **周围** zhōuwéi 몡주위   **躲** duǒ 동숨다

12

A 加油站	B 火车站	A 주유소	B 기차역
C 商务中心	D 恒隆商场	C 비즈니스 센터	D 헝룽 백화점

男: 我看时间也不早了，我们还是快点儿吃完这些，然后直接去站台吧。

女: 好啊，我看那里写着我们的列车从三站台进站。

男: 三站台就在下面，下去就到了。我们的座位在几车厢？

女: 是三车厢，座位号是二十一和二十二。

问: 对话可能发生在哪儿？

남: 시간도 늦었는데, 우리 얼른 이것들 다 먹고 나서 바로 플랫폼으로 가자.

여: 좋아, 내가 보니까 저기에 우리 열차는 3번 플랫폼으로 들어온다고 쓰여 있네.

남: 3번 플랫폼은 바로 아래에 있어, 내려가면 바로 도착해. 우리 좌석은 몇 호 차에 있어?

여: 3호차이고, 좌석 번호는 21번과 22번이야.

질문: 대화는 아마도 어디에서 일어나는가?

해설   제시된 선택지가 모두 장소를 나타내므로, 화자나 제3자가 있는 장소, 또는 가려고 하는 장소가 어디인지를 주의 깊게 듣는다. 대화에서 언급된 我看那里写着我们的列车从三站台进站과 我们的座位在几车厢?을 토대로 두 화자는 기차역에 있다는 것을 유추할 수 있다. 질문이 대화는 아마도 어디에서 일어나는지를 물었으므로, B 火车站을 정답으로 고른다.

어휘   **加油站** jiāyóuzhàn 몡주유소   **商务中心** shāngwù zhōngxīn 몡비즈니스 센터
恒隆商场 Hénglóng Shāngchǎng 헝룽 백화점[상하이의 대표 쇼핑몰]   **直接** zhíjiē 혱바로, 직접의   **站台** zhàntái 몡플랫폼
列车 lièchē 몡열차   **座位** zuòwèi 몡좌석   **车厢** chēxiāng 몡(열차의) 객실, 화물칸

고득점비책 02 | 직업·신분·관계 문제 공략하기   p.39

들으며 학습하기 ▶

1 C	2 B	3 B	4 A	5 B	6 A	7 D	8 D	9 B	10 B	11 C	12 C

1

A 魏厂长	B 李大夫	A 웨이 공장장	B 리 선생님
C 张经理	D 董总裁	C 장 매니저	D 동 회장

女: 你看到公告栏了吗？今年的优秀员工评选结果出来了，又是张经理呢。

男: 那他这是连续两年都被评上了，真是厉害。

问: 谁评上了优秀员工？

여: 게시판 봤어요? 올해의 우수 직원 선정 결과가 나왔는데, 또 장 매니저님이에요.

남: 그럼 그가 2년 연속 뽑힌 거네요, 정말 대단해요.

질문: 누가 우수 직원으로 뽑혔는가?

해설   제시된 선택지가 모두 신분을 나타내므로, 대화를 들을 때 신분과 관련된 내용을 주의 깊게 듣는다. 대화에서 여자가 올해의 우수 직원 선정 결과가 나왔다고 하면서, 又是张经理呢라고 했다. 질문이 누가 우수 직원으로 뽑혔는지를 물었으므로, C 张经理를 정답으로 고른다.

어휘 　厂长 chǎngzhǎng 圏공장장　总裁 zǒngcái 圏회장　公告栏 gōnggàolán 게시판　员工 yuángōng 圏직원
　　　评选 píngxuǎn 圏선정하다　结果 jiéguǒ 圏결과　连续 liánxù 圏연속하다　厉害 lìhai 圏대단하다

2

A 老板	B 秘书	A 사장	B 비서
C 会计师	D 运动员	C 회계사	D 운동선수

男：你的新工作怎么样？

女：挺好的，只是有些忙，每天都要确认好
　　领导的日程，安排会议，同时还要做很
　　多其他事情。

问：女的的职业是什么？

남: 너의 새로운 일은 어때?

여: 아주 좋지, 다만 조금 바쁠 뿐이야, 매일 대표님의 일
　　정을 잘 확인해야 하고, 회의를 준비해야 하고, 동시
　　에 다른 많은 일도 해야 해.

질문: 여자의 직업은 무엇인가?

해설　제시된 선택지가 모두 직업을 나타내므로, 대화를 들을 때 직업과 관련된 내용을 주의 깊게 듣는다. 대화에서 언급된 **每天**
　　　都要确认好领导的日程，安排会议，同时还要做很多其他事情을 토대로 여자의 직업은 비서라는 것을 유추할 수 있다.
　　　질문이 여자의 직업이 무엇인지를 물었으므로, B 秘书를 정답으로 고른다.

어휘　老板 lǎobǎn 圏사장　秘书 mìshū 圏비서　会计师 kuàijìshī 圏회계사　挺 tǐng 圉아주　确认 quèrèn 圏확인하다
　　　领导 lǐngdǎo 圏대표　日程 rìchéng 圏일정　安排 ānpái 圏준비하다　职业 zhíyè 圏직업

3

A 兄妹	B 邻居	A 오빠와 여동생	B 이웃
C 舍友	D 师生	C 기숙사 룸메이트	D 스승과 제자

女：昨天楼上的水管漏水了，我们家卫生间
　　到处都是水。你们家没事吧？

男：我们家没事。为了避免这样的问题再次
　　出现，还是得找人来看一下。

问：他们最可能是什么关系？

여: 어제 위층 수도관에서 물이 새서, 저희 집 화장실 곳
　　곳이 다 물이에요. 당신 집은 괜찮나요?

남: 저희 집은 괜찮아요. 이러한 문제가 다시 생기는 것
　　을 방지하기 위해서는, 와서 좀 봐줄 사람을 찾아야
　　겠네요.

질문: 그들은 어떤 관계일 가능성이 가장 큰가?

해설　제시된 선택지가 모두 인물 간의 관계를 나타내므로, 인물 관계를 파악하면서 대화를 듣는다. 대화에서 언급된 **昨天楼上的**
　　　水管漏水了，我们家卫生间到处都是水。你们家没事吧?와 **我们家没事**。을 토대로 두 화자는 이웃 관계임을 유추할 수
　　　있다. 질문이 그들은 어떤 관계일 가능성이 가장 큰지를 물었으므로, B 邻居를 정답으로 고른다.

어휘　兄妹 xiōngmèi 圏오빠와 여동생　舍友 shèyǒu 圏기숙사 룸메이트　师生 shīshēng 圏스승과 제자　水管 shuǐguǎn 圏수도관
　　　漏 lòu 圏새다　卫生间 wèishēngjiān 圏화장실　到处 dàochù 圏곳곳　避免 bìmiǎn 圏방지하다, 피하다　再次 zàicì 圉다시
　　　出现 chūxiàn 圏생기다, 출현하다

4

A 作家	B 教练	A 작가	B 코치
C 外交官	D 酒店厨师	C 외교관	D 호텔 요리사

男：张女士，恭喜您，您上个月出版的小说再
　　一次成为排行榜冠军。您现在心情如何？

女：这让我感到很意外。感谢大家对这部作
　　品的喜爱和支持。

问：女的最可能从事什么职业？

남: 장 여사님, 축하드립니다. 지난 달에 출판하신 소설
　　이 다시 한 번 랭킹 1위가 되었습니다. 당신은 지금
　　심정이 어떠신가요?

여: 뜻밖이라고 생각합니다. 이 작품에 대한 여러분의 사
　　랑과 지지에 감사드립니다.

질문: 여자는 어느 직업에 종사할 가능성이 가장 큰가?

해설 제시된 선택지가 모두 직업을 나타내므로, 대화를 들을 때 직업과 관련된 내용을 주의 깊게 듣는다. 대화에서 언급된 您上个月出版的小说再一次成为排行榜冠军을 토대로 여자는 소설을 쓰는 작가임을 유추할 수 있다. 질문이 여자는 어느 직업에 종사할 가능성이 가장 큰지를 물었으므로, A 作家를 정답으로 고른다.

어휘 作家 zuòjiā 圓작가 教练 jiàoliàn 圓코치, 감독 外交官 wàijiāoguān 圓외교관 酒店 jiǔdiàn 圓호텔 厨师 chúshī 圓요리사
女士 nǚshì 圓여사 恭喜 gōngxǐ 圓축하하다 出版 chūbǎn 圓출판하다 小说 xiǎoshuō 圓소설 成为 chéngwéi 圓~이 되다
排行榜 páihángbǎng 圓랭킹, 차트 冠军 guànjūn 圓1위 心情 xīnqíng 圓심정 如何 rúhé 圓어떠하다 意外 yìwài 圓뜻밖이다
感谢 gǎnxiè 圓감사하다 作品 zuòpǐn 圓작품 喜爱 xǐ'ài 圓사랑하다 支持 zhīchí 圓지지하다 从事 cóngshì 圓종사하다
职业 zhíyè 圓직업

5

| A 中介 | B 编辑 | A 중개인 | B 편집자 |
| C 律师 | D 歌手 | C 변호사 | D 가수 |

女: 听说马上就要到截稿日了，你一切顺利吗？

男: 嗯，快要完成了。我把原稿交给了印刷厂，现在正在等待印刷。

问: 男的可能从事哪种职业？

여: 듣자 하니 곧 원고 마감일이라던데, 모든 것이 순조롭게 잘 되어 가니?

남: 응, 거의 완성되어 가. 나는 원고를 인쇄소에 넘겼고, 지금은 인쇄를 기다리고 있어.

질문: 남자는 아마도 어떤 직업에 종사하는가?

해설 제시된 선택지가 모두 직업을 나타내므로, 대화를 들을 때 직업과 관련된 내용을 주의 깊게 듣는다. 대화에서 언급된 我把原稿交给了印刷厂，现在正在等待印刷。를 토대로 남자는 편집자임을 유추할 수 있다. 질문이 남자는 아마도 어떤 직업에 종사하는지를 물었으므로, B 编辑를 정답으로 고른다.

어휘 中介 zhōngjiè 圓중개인 编辑 biānjí 圓편집자 律师 lǜshī 圓변호사 歌手 gēshǒu 圓가수 截稿日 jiégǎorì 원고 마감일
一切 yíqiè 圓모든 것 嗯 èng 圓응 原稿 yuángǎo 圓원고 交 jiāo 圓넘기다 印刷厂 yìnshuāchǎng 인쇄소
等待 děngdài 圓기다리다 从事 cóngshì 圓종사하다

6

| A 系主任 | B 人事科长 | A 학과장 | B 인사 과장 |
| C 项目主管 | D 文学老师 | C 프로젝트 팀장 | D 문학 선생님 |

男: 赵老师，您好，我想转专业，所以想和系主任进行面谈。请问系主任在哪里呢？

女: 他去外面参加研讨会了。在学校官网也可以申请面谈，你直接在官网申请吧。

问: 男的在找谁？

남: 자오 선생님, 안녕하세요, 저는 전과를 하고 싶어서 학과장님과 면담을 하고 싶어요. 학과장님은 어디에 계시나요？

여: 그분은 워크숍에 참석하러 외부로 나가셨어요. 학교 홈페이지에서도 면담을 신청할 수 있으니, 홈페이지에서 직접 신청하세요.

질문: 남자는 누구를 찾고 있는가？

해설 제시된 선택지가 모두 직업·신분을 나타내므로, 대화를 들을 때 직업·신분과 관련된 내용을 주의 깊게 듣는다. 대화에서 남자가 想和系主任进行面谈。이라며 请问系主任在哪里呢？라고 물었다. 질문이 남자는 누구를 찾고 있는지를 물었으므로 A 系主任을 정답으로 고른다.

어휘 系主任 xìzhǔrèn 학과장 人事 rénshì 圓인사 科长 kēzhǎng 圓과장 项目 xiàngmù 圓프로젝트, 항목 主管 zhǔguǎn 圓팀장
文学 wénxué 圓문학 转专业 zhuǎn zhuānyè 전과하다 面谈 miàntán 圓면담 研讨会 yántǎohuì 圓워크숍
学校官网 xuéxiào guānwǎng 학교 홈페이지 申请 shēnqǐng 圓신청하다

7

| A 翻译 | B 教授 | A 번역가 | B 교수 |
| C 记者 | D 模特 | C 기자 | D 모델 |

女：你好，我是《娱乐日报》记者张小丽，可以耽误你一点儿时间吗？
男：你好，请问找我有什么事？
女：我们得知你被评为年度超模，想做一期关于你的专题报道，你愿意接受我们的采访吗？
男：好的，我先跟经纪人确认一下日程。

问：男的是什么人？

여: 안녕하세요, 저는 <연예일보> 기자 장샤오리입니다. 당신의 시간을 조금 뺏어도 될까요?
남: 안녕하세요, 저에게 무슨 용건이 있나요?
여: 저희가 당신이 올해의 슈퍼 모델로 선정되었다는 것을 알게 되어서, 당신에 대한 특집 보도를 하고 싶습니다. 저희의 인터뷰에 응해 주실 의향이 있으신가요?
남: 좋아요, 먼저 매니저와 일정을 확인해 볼게요.

질문: 남자는 어떤 사람인가?

해설 제시된 선택지가 모두 직업을 나타내므로, 대화를 들을 때 직업과 관련된 내용을 주의 깊게 듣는다. 대화에서 언급된 **我们得知你被评为年度超模**를 토대로 남자는 모델임을 알 수 있다. 질문이 남자는 어떤 사람인지를 물었으므로, D **模特**를 정답으로 고른다. 참고로, 여자가 언급한 **记者**를 듣고, C를 정답으로 고르지 않도록 주의한다.
* 바꾸어 표현 **超模** 슈퍼 모델 → **模特** 모델

어휘 **翻译** fānyì [명] 번역가, 통역가 **记者** jìzhě [명] 기자 **模特** mótè [명] 모델 **娱乐** yúlè [명] 연예 **耽误** dānwu [동] (시간을) 뺏다 **得知** dézhī [동] 알게 되다 **评为** píngwéi [동] ~으로 선정하다 **年度** niándù [명] 올해 **超模** chāomó 슈퍼 모델[**超级模特**의 줄임말] **专题报道** zhuāntí bàodào 특집 보도 **采访** cǎifǎng [동] 인터뷰하다 **经纪人** jīngjìrén [명] 매니저 **确认** quèrèn [동] 확인하다 **日程** rìchéng [명] 일정

8

A 老师和学生　B 医生和病人
C 老板和员工　**D 售货员和顾客**

A 교사와 학생　B 의사와 환자
C 사장과 직원　**D 판매원과 고객**

男：欢迎光临，请问有什么需要帮助的吗？
女：我想购买这个相机，有现货吗？
男：不好意思，这是上周刚上市的新款相机，想要购买的话只能先预订。
女：没关系，那我再看看其他款式吧。

问：他们最可能是什么关系？

남: 어서 오세요, 무엇을 도와드릴까요?
여: 저 이 카메라 사고 싶은데요, 재고가 있나요?
남: 죄송합니다, 이건 지난주에 막 출시된 신형 카메라인데, 구매하고 싶으시면 사전 예약만 가능하세요.
여: 괜찮아요, 그럼 저는 다른 스타일로 다시 볼게요.

질문: 그들은 무슨 관계일 가능성이 가장 큰가?

해설 제시된 선택지가 모두 인물 간의 관계를 나타내므로, 인물 관계를 파악하면서 대화를 듣는다. 대화에서 언급된 **请问有什么需要帮助的吗?**와 **我想购买这个相机，有现货吗?**를 토대로 남자는 판매원이고, 여자는 고객임을 유추할 수 있다. 질문이 그들은 어떤 관계일 가능성이 가장 큰지를 물었으므로, D **售货员和顾客**를 정답으로 고른다.

어휘 **老板** lǎobǎn [명] 사장 **员工** yuángōng [명] 직원 **售货员** shòuhuòyuán [명] 판매원 **顾客** gùkè [명] 고객 **光临** guānglín [동] 오다 **相机** xiàngjī [명] 카메라 **现货** xiànhuò [명] 재고, 현물 **上市** shàngshì [동] 출시되다 **新款** xīnkuǎn [명] 신형, 새로운 스타일 **预订** yùdìng [동] 예약하다 **款式** kuǎnshì [명] 스타일

9

A 朋友　**B 夫妻**
C 父女　D 亲戚

A 친구　**B 부부**
C 아버지와 딸　D 친척

女：天气预报说北京明天会降温，你可别着凉了。
男：好的，老婆，你不用操心，我会照顾好自己的，这又不是第一次出差。

여: 일기 예보에서 말하길 베이징은 내일 기온이 내려갈 거래요. 당신 감기 걸리지 않도록 해요.
남: 알겠어요 여보, 당신 걱정할 것 없어요. 내가 스스로를 잘 돌볼게요, 이번이 첫 번째 출장이 아니기도 하고요.

女: 这次去要待几天啊？	여: 이번에 가면 며칠이나 머물러야 하나요？
男: 就两天，回来的时候给你带点儿北京特产。	남: 이틀이요, 돌아올 때 당신에게 베이징 특산물을 좀 가져다 줄게요.
问: 他们是什么关系？	질문: 그들은 어떤 관계인가？

해설   제시된 선택지가 모두 인물 간의 관계를 나타내므로, 인물 관계를 파악하면서 대화를 듣는다. 대화에서 언급된 好的, 老婆, 你不用操心을 토대로 두 화자는 부부 관계임을 유추할 수 있다. 질문이 그들은 어떤 관계인지를 물었으므로, B 夫妻를 정답으로 고른다.

어휘   **夫妻** fūqī 圆부부　**亲戚** qīnqi 圆친척　**天气预报** tiānqì yùbào 圆일기 예보　**降温** jiàngwēn 圆기온이 내려가다
着凉 zháoliáng 圆감기 걸리다, 오한이 들다　**老婆** lǎopo 圆여보, 아내　**操心** cāoxīn 圆걱정하다　**出差** chūchāi 圆출장 가다
待 dāi 圆머물다　**特产** tèchǎn 圆특산물

10

A 建筑师	**B 工程师**	A 건축가	**B 엔지니어**
C 法律专家	D 科研人员	C 법률 전문가	D 과학 연구원

男: 听说你的高考志愿填的是建筑学专业，是吗？	남: 듣자 하니 너 대학 입시 원서에 적은 게 건축학 전공이라며, 맞아？
女: 是的，因为我想当建筑师。你填报了什么专业呢？	여: 응, 나는 건축가가 되고 싶거든. 너는 어떤 전공을 적어서 제출했어？
男: 我填了计算机类的专业，以后想成为工程师。	남: 나는 컴퓨터 분야 전공을 적었어, 나중에 엔지니어가 되고 싶어.
女: 感觉这个职业很适合你。	여: 이 직업 너한테 잘 어울릴 것 같아.
问: 男的想从事哪个职业？	질문: 남자는 어떤 직업에 종사하고 싶어 하는가？

해설   제시된 선택지가 모두 직업·신분을 나타내므로, 대화를 들을 때 직업·신분과 관련된 내용을 주의 깊게 듣는다. 대화에서 여자가 남자에게 어떤 전공을 적어서 제출했는지를 묻자, 남자가 컴퓨터 전공을 적었다며 以后想成为工程师이라고 답했다. 질문이 남자는 어떤 직업에 종사하고 싶어 하는지를 물었으므로 B 工程师을 정답으로 고른다. 참고로, 여자가 언급한 建筑师을 듣고, A를 정답으로 고르지 않도록 주의한다.

어휘   **建筑师** jiànzhùshī 圆건축가　**工程师** gōngchéngshī 圆엔지니어　**法律专家** fǎlǜ zhuānjiā 법률 전문가
科研人员 kēyán rényuán 과학 연구원　**高考志愿** gāokǎo zhìyuàn 대학 입시 원서　**填** tián 圆(기입하여) 적다
建筑学 jiànzhùxué 圆건축학　**专业** zhuānyè 圆전공　**填报** tiánbào 圆적어서 제출하다, 기입하여 보고하다
计算机 jìsuànjī 圆컴퓨터　**成为** chéngwéi 圆~이 되다　**适合** shìhé 圆어울리다　**从事** cóngshì 圆종사하다

11

A 恋人	B 同学	A 연인	B 동창
C 同事	D 兄弟	**C 직장 동료**	D 형제

女: 今天是我上班的最后一天，真舍不得离开这个公司。	여: 오늘은 제가 출근하는 마지막 날인데, 정말 이 회사를 떠나는 것이 아쉬워요.
男: 不要太难过了，小李，你未来会有更好的发展。	남: 너무 슬퍼하지 말아요, 샤오리, 당신은 미래에 더 좋은 발전이 있을 거예요.
女: 谢谢你这段时间以来对我的照顾和帮助。	여: 그동안 저를 보살펴 주시고 도와주셔서 감사합니다.

男：哪里的话，你对工作认真负责，我也从你这儿学到了很多。	남: 무슨 말이에요, 당신은 업무에 성실하고 책임감이 강했었잖아요, 저도 당신한테서 많은 것을 배웠어요.
问：他们最可能是什么关系？	질문: 그들은 어떤 관계일 가능성이 가장 큰가?

해설 제시된 선택지가 모두 인물 간의 관계를 나타내므로, 인물 관계를 파악하면서 대화를 듣는다. 대화에서 언급된 今天是我上班的最后一天，真舍不得离开这个公司，와 你对工作认真负责，我也从你这儿学到了很多를 토대로 두 화자는 직장 동료 관계임을 유추할 수 있다. 질문이 그들은 어떤 관계일 가능성이 가장 큰지를 물었으므로, C 同事를 정답으로 고른다.

어휘 恋人 liànrén 명 연인　兄弟 xiōngdì 명 형제　上班 shàngbān 통 출근하다　舍不得 shěbude 통 아쉽다　未来 wèilái 명 미래
发展 fāzhǎn 통 발전하다　负责 fùzé 통 책임감이 강하다

12

A 专业演员	B 兼职律师	A 전문 배우	B 겸직 변호사
C 室内设计师	D 铁路工程师	**C 실내 디자이너**	D 철도 엔지니어

男：我想重新装修律师事务所，如果你周围有合适的人，可以介绍给我吗？	남: 저는 변호사 사무실을 다시 인테리어 하고 싶은데, 만약 당신 주위에 적합한 사람이 있으면, 저한테 소개해 줄 수 있나요?
女：给你推荐王浩吧，他是我亲戚，在室内装修行业干了十几年，肯定会让你满意的。	여: 왕하오를 추천해 줄게요. 그는 제 친척인데, 실내 디자인 업계에서 십여 년 일해서, 틀림없이 당신을 만족시켜줄 거예요.
男：太好了，可是不知道价格怎么样。	남: 너무 좋아요, 그런데 가격이 어떨지 모르겠네요.
女：要不给你他的电话号码，先打电话咨询一下吧。	여: 아니면 당신에게 그의 전화번호를 줄테니, 먼저 전화해서 한번 물어봐요.
问：王浩可能是什么人？	질문: 왕하오는 아마도 어떤 사람인가?

해설 제시된 선택지가 모두 직업을 나타내므로, 대화를 들을 때 직업과 관련된 내용을 주의 깊게 듣는다. 대화에서 언급된 给你推荐王浩吧……在室内装修行业干了十几年을 토대로 왕하오는 실내 디자인 업계 종사자임을 유추할 수 있다. 질문이 왕하오는 아마도 어떤 사람인지를 물었으므로, C 室内设计师을 정답으로 고른다. 참고로, 남자가 언급한 律师를 듣고, B를 정답으로 고르지 않도록 주의한다.

어휘 专业 zhuānyè 명 전문　演员 yǎnyuán 명 배우　兼职 jiānzhí 명 겸직　律师 lǜshī 명 변호사　设计师 shèjìshī 명 디자이너
铁路 tiělù 명 철도　工程师 gōngchéngshī 명 엔지니어　重新 chóngxīn 부 다시　装修 zhuāngxiū 통 인테리어 하다
事务所 shìwùsuǒ 명 사무실　周围 zhōuwéi 명 주위　合适 héshì 형 적합하다　推荐 tuījiàn 통 추천하다　亲戚 qīnqi 명 친척
行业 hángyè 명 업계　肯定 kěndìng 부 틀림없이　价格 jiàgé 명 가격　要不 yàobù 접 아니면　号码 hàomǎ 명 번호
咨询 zīxún 통 물어보다

고득점비책 03 | 행동 문제 공략하기 p.45

들으며 학습하기 ▶

1 D	2 A	3 C	4 C	5 A	6 D	7 A	8 D	9 A	10 D	11 B	12 C

1

A 打印材料	B 投资项目	A 자료를 인쇄한다	B 사업에 투자한다
C 待在会议室	D 做会议记录	C 회의실에 머무른다	D 회의 기록을 한다

女：下午会议的主题是如何降低新项目的投资风险。这次会议非常重要，你一定要做好会议记录。 男：好的，我这就去安排会议室。 问：女的让男的做什么？	여: 오후 회의의 주제는 어떻게 새로운 사업의 투자 위험성을 낮출 것인가입니다. 이번 회의는 매우 중요하니, 당신은 반드시 회의 기록을 잘 해 두어야 해요. 남: 알겠습니다, 저는 지금 바로 회의실을 준비하러 가겠습니다. 질문: 여자는 남자에게 무엇을 하게 했는가?

해설 제시된 선택지가 모두 행동과 관련된 동사로 구성된 문제이므로, 화자 또는 제3자의 행동과 관련된 내용을 주의 깊게 듣는다. 대화에서 여자가 **下午会议……非常重要，你一定要做好会议记录**라고 하자, 남자가 알겠다고 했다. 질문이 여자는 남자에게 무엇을 하게 했는지를 물었으므로, **D 做会议记录**를 정답으로 고른다.

어휘 **打印** dǎyìn [동]인쇄하다 **材料** cáiliào [명]자료 **投资** tóuzī [동]투자하다 **项目** xiàngmù [명]사업, 프로젝트 **待** dāi [동]머무르다 **会议室** huìyìshì 회의실 **记录** jìlù [명]기록 **主题** zhǔtí [명]주제 **如何** rúhé [대]어떻게 **降低** jiàngdī [동]낮추다 **风险** fēngxiǎn [명]위험성 **安排** ānpái [동]준비하다, 안배하다

2

A 回老家	B 去旅行	**A 고향으로 돌아간다**	B 여행을 간다
C 放松心情	D 照顾家人	C 마음을 편하게 한다	D 가족을 돌본다

男：刘经理，我打算请十天假，回老家处理些事情，请您批准。 女：我知道了，你跟张部长也报告一下吧，记得分配好手头的工作。 问：男的为什么要请假？	남: 리우 매니저님, 제가 10일 간 휴가를 내고 고향에 돌아가서 일을 좀 처리하려고 합니다. 승인 부탁 드립니다. 여: 알겠어요, 장 부장님에게도 보고하세요, 수중의 일을 잘 안배하는 것을 잊지 말고요. 질문: 남자는 왜 휴가를 내려고 하는가?

해설 제시된 선택지가 모두 행동과 관련된 동사로 구성된 문제이므로, 화자 또는 제3자의 행동과 관련된 내용을 주의 깊게 듣는다. 대화에서 남자가 **我打算请十天假，回老家处理些事情**이라고 하자, 여자가 장 부장님에게도 보고하라고 했다. 질문이 남자가 휴가를 내려는 이유를 물었으므로, **A 回老家**를 정답으로 고른다.

어휘 **老家** lǎojiā [명]고향(집) **放松** fàngsōng [동]편하게 하다 **心情** xīnqíng [명]마음 **处理** chǔlǐ [동]처리하다 **批准** pīzhǔn [동]승인하다 **部长** bùzhǎng [명]부장 **报告** bàogào [동]보고하다 **分配** fēnpèi [동]안배하다, 배정하다 **手头** shǒutóu [명]수중

3

A 明天出去晒太阳	A 내일 나가서 햇볕을 쬔다
B 看天气预报后再洗	B 일기 예보를 본 후 다시 빤다
C 等雨停了再洗衣服	**C 비가 그치는 것을 기다렸다 다시 옷을 빤다**
D 把衣服送去洗衣店	D 옷을 세탁소에 맡긴다

女：这雨下了好几天了，洗了衣服也晒不干，还是直接拿到洗衣店吧。 男：说不定雨明天就停了，等天晴了再洗吧。 问：男的有什么建议？	여: 이번 비는 며칠 동안 내려서, 옷을 빨아도 마르지 않으니, 바로 세탁소에 들고 가는 것이 좋겠어. 남: 비가 내일 그칠지도 모르니, 날씨가 맑아질 때까지 기다렸다가 다시 빨자. 질문: 남자는 어떤 제안이 있는가?

해설 제시된 선택지가 모두 행동과 관련된 동사로 구성된 문제이므로, 화자 또는 제3자의 행동과 관련된 내용을 주의 깊게 듣는다. 대화에서 여자가 며칠 동안 비가 내려서 옷이 안 마르니 옷을 세탁소에 들고 가자고 하자, 남자가 **说不定雨明天就停了，等天晴了再洗吧。**라고 했다. 질문이 남자는 어떤 제안이 있는지를 물었으므로, **C 等雨停了再洗衣服**를 정답으로 고른다.

4

A 减少消费	A 소비를 줄인다
B 把点心扔掉	B 간식을 버린다
C 不购买零食	**C 군것질거리를 사지 않는다**
D 买有营养的食物	D 영양가 있는 음식을 산다

男：哎，我也想减肥，可是一看到家里那堆 　　零食，就忍不住想吃。	남 : 에휴, 나도 살을 빼고 싶지, 그런데 집 안의 군것질거 　　리 더미만 보면 먹고 싶다는 생각을 참을 수가 없어.
女：想要减肥成功，就别买零食了，要控制 　　好自己。	여 : 다이어트에 성공하고 싶으면, 군것질거리를 사지 말 　　고, 스스로를 잘 자제시켜야 해.
问：女的给的建议是什么？	질문 : 여자가 준 제안은 무엇인가？

해설　제시된 선택지가 모두 행동과 관련된 동사로 구성된 문제이므로, 화자 또는 제3자의 행동과 관련된 내용을 주의 깊게 듣는
　　다. 대화에서 남자가 살을 빼고 싶지만 간식을 보면 먹고 싶다는 생각을 참을 수 없다고 하자, 여자가 **想要减肥成功, 就别**
　　买零食了라고 했다. 질문이 여자가 준 제안은 무엇인지를 물었으므로, C **不购买零食**을 정답으로 고른다.

어휘　减少 jiǎnshǎo 툉줄이다　消费 xiāofèi 툉소비하다　点心 diǎnxin 툉간식　扔掉 rēngdiào 툉버리다　购买 gòumǎi 툉사다
　　零食 língshí 툉군것질거리　营养 yíngyǎng 툉영양가　食物 shíwù 툉음식　哎 āi 툉에휴　减肥 jiǎnféi 툉살을 빼다, 다이어트하다
　　堆 duī 툉더미　忍不住 rěn bu zhù 툉참을 수 없다　控制 kòngzhì 툉자제하다　建议 jiànyì 툉제안

5

A 保存文件	**A 파일을 저장한다**
B 下载软件	B 소프트웨어를 다운로드한다
C 修理电脑	C 컴퓨터를 수리한다
D 删除信息	D 정보를 삭제한다

女：最近公司的电脑出了些毛病，所以我把 　　重要文件都放在电子邮箱里了。	여 : 최근 회사 컴퓨터가 고장이 났는데, 그래서 제가 중 　　요한 파일들을 모두 메일함에 넣어 놨어요.
男：那我待会儿把文件放在移动硬盘里， 　　免得以后丢失。	남 : 다음에 잃어버리지 않도록, 제가 잠시 후에 파일을 　　외장하드에 넣을게요.
问：男的接下来会做什么？	질문 : 남자는 곧이어 무엇을 할 것인가？

해설　제시된 선택지가 모두 행동과 관련된 동사로 구성된 문제이므로, 화자 또는 제3자의 행동과 관련된 내용을 주의 깊게 듣는
　　다. 대화에서 남자가 **那我待会儿把文件放在移动硬盘里**라고 했다. 질문이 남자는 곧이어 무엇을 할 것인지를 물었으므
　　로, A **保存文件**을 정답으로 고른다.

　　＊ 바꾸어 표현　把文件放在移动硬盘里 파일을 외장하드에 넣다 → 保存文件 파일을 저장하다

어휘　保存 bǎocún 툉저장하다　文件 wénjiàn 툉파일　下载 xiàzài 툉다운로드하다　软件 ruǎnjiàn 툉소프트웨어
　　修理 xiūlǐ 툉수리하다　删除 shānchú 툉삭제하다　信息 xìnxī 툉정보　毛病 máobìng 툉고장　电子邮箱 diànzǐ yóuxiāng 메일함
　　待会儿 dāihuìr 툉잠시 후에　移动硬盘 yídòng yìngpán 외장하드　免得 miǎnde 툉~하지 않도록　丢失 diūshī 툉잃어버리다

6

| A 放鞭炮 | B 领身份证 | A 폭죽을 터뜨린다 | B 신분증을 수령한다 |
| C 请朋友喝酒 | **D 办结婚手续** | C 친구에게 술을 사준다 | **D 결혼 절차를 밟는다** |

男：昨天我和女朋友去办理结婚登记了。	남: 어제 저는 여자친구와 혼인 신고를 하러 갔습니다.
女：恭喜你们正式成为了夫妻，记得请我喝喜酒啊。	여: 당신들이 정식으로 부부가 된 것을 축하합니다, 저한테 결혼 축하주 사 주는 것을 잊지 마세요.
问：男的昨天做什么了？	질문: 남자는 어제 무엇을 했는가?

해설　제시된 선택지가 모두 행동과 관련된 동사로 구성된 문제이므로, 화자 또는 제3자의 행동과 관련된 내용을 주의 깊게 듣는다. 대화에서 남자가 昨天我和女朋友去办理结婚登记了。라고 했다. 질문이 남자는 어제 무엇을 했는지를 물었으므로, D办结婚手续를 정답으로 고른다. 참고로, 여자가 언급한 记得请我喝喜酒를 듣고, C를 정답으로 고르지 않도록 주의한다.

  * 바꾸어 표현　办理结婚登记 혼인 신고를 하다 → 办结婚手续 결혼 절차를 밟다

어휘　鞭炮 biānpào 뗑폭죽　领 lǐng 통수령하다　身份证 shēnfènzhèng 뗑신분증　手续 shǒuxù 뗑절차
　　　办理 bànlǐ 통(사무를) 하다, 처리하다　结婚登记 jiéhūn dēngjì 혼인 신고　恭喜 gōngxǐ 통축하하다　正式 zhèngshì 뗑정식의
　　　成为 chéngwéi 통~이 되다　夫妻 fūqī 뗑부부　喜酒 xǐjiǔ 뗑결혼 축하주

7
A 退货	B 拿衣服	A 물건을 반품한다	B 옷을 가져간다
C 买围巾	D 挑选项链	C 목도리를 산다	D 목걸이를 고른다

女：我妈妈过两天要过生日，所以我早上去百货商店买礼物了。	여: 우리 엄마가 이틀 후면 곧 생신이셔서, 나는 아침에 백화점에 가서 선물을 샀어.
男：是吗？都买了些什么？	남: 그래? 어떤 것들을 샀어?
女：我给她买了几件衣服，但是她试穿后不太满意。我明天还得再去一趟百货商店。	여: 그녀에게 드릴 몇 벌의 옷을 샀지만, 그녀는 입어 본 후에 별로 마음에 들지 않아 하셨어. 나는 내일 다시 한 번 백화점에 가야 해.
男：去的时候要拿好收据，不然没法退。	남: 갈 때 영수증을 잘 챙겨야 해, 그렇지 않으면 반품할 수 없어.
问：女的明天去百货商店做什么？	질문: 여자는 내일 무엇을 하러 백화점에 가는가?

해설　제시된 선택지가 모두 행동과 관련된 동사로 구성된 문제이므로, 화자 또는 제3자의 행동과 관련된 내용을 주의 깊게 듣는다. 대화에서 여자가 我明天还得再去一趟百货商店。이라고 하자, 남자가 去的时候要拿好收据，不然没法退。라고 했다. 질문이 여자는 내일 백화점에 가서 무엇을 하는지를 물었으므로, A退货를 정답으로 고른다.

어휘　退 tuì 통(구매한 물건 등을) 반품하다　围巾 wéijīn 뗑목도리　挑选 tiāoxuǎn 통고르다　项链 xiàngliàn 뗑목걸이
　　　过两天 guò liǎngtiān 이틀 후　百货商店 bǎihuò shāngdiàn 뗑백화점　试穿 shìchuān 통입어 보다
　　　趟 tàng 떻번[왕래한 횟수를 세는 데 쓰임]　收据 shōujù 뗑영수증　不然 bùrán 쩬그렇지 않으면

8
A 旅游	B 治病	A 여행한다	B 병을 치료한다
C 出席宴会	D 看望女儿	C 연회에 참석한다	D 딸을 찾아가 본다

男：您这次去美国出差还是旅游？	남: 당신이 이번에 미국에 가시는 건 출장인가요, 아니면 여행인가요?
女：我去看女儿和外孙，我女儿移民到美国了，前不久生了孩子。	여: 저는 딸과 외손자를 보러 가요. 제 딸은 미국으로 이민 갔는데, 얼마 전에 아이를 낳았어요.
男：恭喜您当姥姥了，您要在那儿住一段时间吗？	남: 외할머니가 되신 것을 축하드려요. 당신은 거기서 한동안 지내실 건가요?
女：是的，我打算住一年左右。但我现在有点儿担心时差问题。	여: 네. 저는 1년 가량 지낼 생각이에요. 하지만 저는 지금 시차 문제가 조금 걱정되네요.

| 问：女的去美国做什么？ | 질문: 여자는 미국에 가서 무엇을 하는가? |

해설 　제시된 선택지가 모두 행동과 관련된 동사로 구성된 문제이므로, 화자 또는 제3자의 행동과 관련된 내용을 주의 깊게 듣는다. 대화에서 남자가 이번에 미국에 가는 건 출장인지 아니면 여행인지를 묻자, 여자가 我去看女儿和外孙이라고 답했다. 질문이 여자는 미국에 가서 무엇을 하는지를 물었으므로, D 看望女儿를 정답으로 고른다. 참고로, 남자가 언급한 旅游를 듣고, A를 정답으로 고르지 않도록 주의한다.

* 바꾸어 표현　去看女儿 딸을 보러 가다 → 看望女儿 딸을 찾아가 보다

어휘 　治病 zhìbìng 圄 병을 치료하다　出席 chūxí 圄 참석하다　宴会 yànhuì 圄 연회　看望 kànwàng 圄 찾아가 보다, 방문하다
　　　 出差 chūchāi 圄 출장 가다　外孙 wàisūn 圄 외손자　移民 yímín 圄 이민하다　前不久 qiánbùjiǔ 圄 얼마 전에
　　　 恭喜 gōngxǐ 圄 축하하다　当 dāng 圄 ~이 되다　姥姥 lǎolao 圄 외할머니　左右 zuǒyòu 圄 가량　时差 shíchā 圄 시차

9

A 去医院看病	A 병원에 가서 진료를 받는다
B 先购买保险	B 먼저 보험을 든다
C 回家多休息几天	C 집에 가서 며칠 더 휴식한다
D 到附近的药店拿药	D 가까운 약국에 가서 약을 탄다

女：我的脸有点儿烫，还有点儿痒，可能是对刚才吃的海鲜过敏了。	여: 내 얼굴이 조금 뜨겁고, 또 조금 가려운데, 아마도 아까 먹은 해산물에 알레르기 반응을 보이나 봐.
男：看起来确实有点儿红，你还是赶紧去皮肤科挂个号吧。	남: 보아하니 확실히 좀 빨갛네. 아무래도 서둘러 피부과에 가서 접수하는 것이 낫겠어.
女：皮肤过敏也在医疗保险范围内吗？	여: 피부가 알레르기 반응을 보이는 것도 의료 보험 범위 안에 있니?
男：这个时候还管什么保险不保险的，赶快去吧，不然会更严重的。	남: 이 순간에도 보험이 되는지 안 되는지를 신경 쓰니. 얼른 가 봐, 그렇지 않으면 더 심각해질 거야.
问：男的建议女的做什么？	질문: 남자는 여자에게 무엇을 하라고 제안하는가?

해설 　제시된 선택지가 모두 행동과 관련된 동사로 구성된 문제이므로, 화자 또는 제3자의 행동과 관련된 내용을 주의 깊게 듣는다. 대화에서 여자가 아까 먹은 해산물에 알레르기 반응을 보이는 것 같다고 하자, 남자가 你还是赶紧去皮肤科挂个号吧라고 했다. 질문이 남자는 여자에게 무엇을 하라고 제안했는지를 물었으므로, 去皮肤科挂个号吧라는 표현을 통해 알 수 있는 A 去医院看病을 정답으로 고른다.

어휘 　购买 gòumǎi 圄 들다, 구매하다　保险 bǎoxiǎn 圄 보험　药店 yàodiàn 圄 약국　拿药 ná yào 약을 타다　烫 tàng 圄 뜨겁다
　　　 痒 yǎng 圄 가렵다　海鲜 hǎixiān 圄 해산물　过敏 guòmǐn 圄 알레르기 반응을 보이다　确实 quèshí 圄 확실히
　　　 赶紧 gǎnjǐn 圄 서둘러　皮肤科 pífūkē 피부과　挂号 guàhào 圄 접수하다　医疗 yīliáo 圄 의료　范围 fànwéi 圄 범위
　　　 内 nèi 圄 안　赶快 gǎnkuài 圄 얼른　不然 bùrán 圄 그렇지 않으면　严重 yánzhòng 圄 심각하다　建议 jiànyì 圄 제안하다

10

A 在家里闲着	A 집에서 한가하게 있는다
B 去北京旅游	B 베이징에 여행을 간다
C 学会做网站	C 웹 사이트 만드는 것을 배운다
D 参加夏令营	**D 여름 캠프에 참가한다**

| 男：这个暑假我准备参加暑期夏令营，你要一起去吗？ | 남: 이번 여름 방학 때 나는 여름 캠프에 참가하려고 하는데, 너도 같이 갈래? |
| 女：去吧，反正在家也是闲着。报名开始了吗？ | 여: 가자. 어차피 집에서 한가하게 있을 텐데. 등록은 시작했어? |

男：明天是最后一天，你赶快在官网注册，填好个人信息。

女：好的，你把网址发给我吧。

问：女的暑假期间可能做什么？

남: 내일이 마지막 날이야. 너 얼른 공식 사이트에 회원 가입하고, 개인 정보를 입력해.

여: 알겠어. 웹 사이트 주소를 나에게 보내 줘.

질문: 여자는 여름 방학 기간에 아마도 무엇을 할 것인가?

해설 제시된 선택지가 모두 행동과 관련된 동사로 구성된 문제이므로, 화자 또는 제3자의 행동과 관련된 내용을 주의 깊게 듣는다. 대화에서 남자가 这个暑假我准备参加暑期夏令营，你要一起去吗?라고 묻자, 여자가 去吧라고 답했다. 질문이 여자는 여름 방학 기간에 아마도 무엇을 할 것인지를 물었으므로, D 参加夏令营을 정답으로 고른다. 참고로, 여자가 언급한 反正在家也是闲着를 듣고, A를 정답으로 고르지 않도록 주의한다.

어휘 闲着 xiánzhe 한가하게 있다　网站 wǎngzhàn 圈웹 사이트　夏令营 xiàlìngyíng 여름 캠프　反正 fǎnzhèng 圈어차피
报名 bàomíng 圈등록하다　赶快 gǎnkuài 圈얼른　官网 guānwǎng 공식 사이트　注册 zhùcè 圈회원 가입하다
填 tián 圈입력하다　个人信息 gèrén xìnxī 개인 정보　网址 wǎngzhǐ 圈웹 사이트 주소

11

| A 采访学生 | B 复印材料 | A 학생을 인터뷰한다 | B 자료를 복사한다 |
| C 处理文件 | D 进行演讲 | C 서류를 처리한다 | D 강연을 진행한다 |

女：哎，这不是李老师吗？

男：王老师，您也在这儿啊。我来打印一些宣传文件，您呢？

女：我刚才给学生们复印了一些辅导材料。

男：您还是这么认真负责，遇到您这样的老师是孩子们的福气啊。

问：女的刚才做了什么？

여: 아이고, 리 선생님 아니십니까?

남: 왕 선생, 당신도 여기 계셨군요. 저는 홍보 자료들을 인쇄하러 왔어요. 당신은요?

여: 저는 방금 학생들에게 학습 자료를 복사해 줬어요.

남: 당신은 여전히 이렇게 성실하고 책임감이 강하시네요. 당신과 같은 선생님을 만난다는 것은 아이들에게 있어서 행운이네요.

질문: 여자는 방금 무엇을 했는가?

해설 제시된 선택지가 모두 행동과 관련된 동사로 구성된 문제이므로, 화자 또는 제3자의 행동과 관련된 내용을 주의 깊게 듣는다. 대화에서 남자가 자신은 홍보 자료들을 인쇄하러 왔다고 하자, 여자가 我刚才给学生们复印了一些辅导材料。라고 답했다. 질문이 여자는 방금 무엇을 했는지를 물었으므로, B 复印材料를 정답으로 고른다.

어휘 采访 cǎifǎng 圈인터뷰하다　复印 fùyìn 圈복사하다　材料 cáiliào 圈사료　处理 chǔlǐ 圈서리하다　文件 wénjiàn 圈서류, 자료
进行 jìnxíng 圈진행하다　演讲 yǎnjiǎng 圈강연하다　哎 āi 圆아이고　打印 dǎyìn 圈인쇄하다　宣传 xuānchuán 圈홍보하다
辅导材料 fǔdǎo cáiliào 학습 자료　负责 fùzé 圈책임감이 강하다　福气 fúqi 圈행운

12

A 去滑冰

B 学习骑马

C 一起上射击课

D 做好玩儿的事情

A 스케이트를 타러 간다

B 승마를 배운다

C 함께 사격 수업을 듣는다

D 재미있는 일을 한다

男：我想学一项新的运动，你可以给我推荐几个吗？

女：你对什么类型的运动有兴趣？

男：我喜欢好玩儿的，而且没有太多人学的运动。

남: 나 새로운 운동을 배우고 싶은데, 나에게 몇 개 추천해 줄 수 있어?

여: 너는 어떤 유형의 운동에 관심이 있니?

남: 나는 재미있고, 또 너무 많은 사람이 배우지 않는 운동을 좋아해.

女：我最近在学射击，要不你下周和我一起去感受一下射击的魅力吧？	여: 나는 최근에 사격을 배우고 있는데, 아니면 너 다음 주에 나와 같이 사격의 매력을 한번 느껴 보러 가지 않을래?
问：女的建议男的做什么？	질문: 여자는 남자에게 무엇을 하라고 제안하는가?

해설 제시된 선택지가 모두 행동과 관련된 동사로 구성된 문제이므로, 화자 또는 제3자의 행동과 관련된 내용을 주의 깊게 듣는다. 대화에서 남자가 새로운 운동을 추천해 달라고 하자, 여자가 최근에 사격을 배우고 있다며, **要不你下周和我一起去感受一下射击的魅力吧?**라고 했다. 질문이 여자는 남자에게 무엇을 하라고 제안하는지를 물었으므로, C **一起上射击课**를 정답으로 고른다.

어휘 **滑冰** huábīng [동]스케이트를 타다 **骑马** qímǎ [동]승마하다 **射击** shèjī [동]사격하다 **推荐** tuījiàn [동]추천하다
类型 lèixíng [명]유형 **要不** yàobù [접]아니면 **感受** gǎnshòu [동]느끼다 **魅力** mèilì [명]매력 **建议** jiànyì [동]제안하다

고득점비책 04 | 특정 명사·명사구 문제 공략하기 p.51

들으며 학습하기 ▶

1 C 2 A 3 B 4 A 5 D 6 C 7 B 8 A 9 D 10 C 11 D 12 D

1

A 这个月底　B 五月下旬 **C 本月中旬**　D 下个月上旬	A 이번 달 말　B 5월 하순 **C 이달 중순**　D 다음 달 상순
女：小林刚来没多久，还在试用期吧？ 男：对，还剩一个月，不过总裁很看好他，决定这个月中旬让他提前转正。	여: 샤오린은 온지 얼마 안 되었으니, 아직 수습 기간이죠? 남: 네, 아직 한 달 남았죠, 그런데 회장님께서 그를 좋게 보셔서, 이번 달 중순에 그가 일찍 정식 직원이 되도록 결정하셨어요.
问：小林有可能什么时候转正？	질문: 샤오린은 아마도 언제 정식 직원이 되는가?

해설 제시된 선택지가 모두 특정 날짜를 나타내므로, 대화를 들을 때 날짜와 관련된 내용을 주의 깊게 듣는다. 대화에서 여자가 샤오린이 아직 수습 기간인지를 묻자, 남자가 아직 한 달 남았다고 하면서 **不过总裁很看好他，决定这个月中旬让他提前转正**이라고 답했다. 질문이 샤오린은 아마도 언제 정식 직원이 되는지를 물었으므로, C **本月中旬**을 정답으로 고른다.
* 바꾸어 표현 **这个月中旬** 이번 달 중순 → **本月中旬** 이달 중순

어휘 **下旬** xiàxún [명]하순 **中旬** zhōngxún [명]중순 **上旬** shàngxún [명]상순 **试用期** shìyòngqī [명]수습 기간 **剩** shèng [동]남다
不过 búguò [접]그런데 **总裁** zǒngcái [명](기업의) 회장님 **提前** tíqián [동]일찍 ~을 하다 **转正** zhuǎnzhèng [동]정식 직원이 되다

2

A 婚姻证明　B 财产证明 C 保险证明　D 身份证明	**A 혼인 증명서**　B 재산 증명서 C 보험 증명서　D 신분 증명서
男：这是我申请保险的材料，表格都填好了，身份证也复印了。 女：先生，不好意思，您还缺一份证明婚姻状况的材料。	남: 이것은 제가 보험을 신청하는 자료입니다. 표는 모두 기입했고, 신분증도 복사했습니다. 여: 선생님, 죄송합니다만, 선생님의 혼인 상황을 증명하는 자료가 부족합니다.
问：男的接下来需要提供什么材料？	질문: 남자는 이어서 어떤 자료를 제공할 필요가 있는가?

해설   제시된 선택지가 모두 특정 증명서 종류를 나타내므로, 대화를 들을 때 증명서 종류와 관련된 내용을 주의 깊게 듣는다. 대화에서 남자가 보험을 신청하는 자료를 제출하자, 여자가 您还缺一份证明婚姻状况的材料라고 했다. 질문이 남자는 이어서 어떤 자료를 제공할 필요가 있는지를 물었으므로, A 婚姻证明을 정답으로 고른다. 참고로, 남자가 언급한 保险이나 身份证을 듣고 C나 D를 정답으로 고르지 않도록 주의한다.

어휘   婚姻 hūnyīn 圆혼인   证明 zhèngmíng 圆증명서   财产 cáichǎn 圆재산   保险 bǎoxiǎn 圆보험   身份 shēnfèn 圆신분
申请 shēnqǐng 圆신청하다   材料 cáiliào 圆자료   表格 biǎogé 圆표   填 tián 圆기입하다   身份证 shēnfènzhèng 圆신분증
复印 fùyìn 圆복사하다   缺 quē 圆부족하다   状况 zhuàngkuàng 圆상황   提供 tígōng 圆제공하다

3

A 现金	**B 基金**	A 현금	**B 펀드**
C 股票	D 黄金	C 주식	D 황금

女: 你最近在做理财吗? 我想重新制定理财计划。

男: 我只了解定期存款, 不太懂投资。不过听说最近有几个基金还不错, 你可以考虑买基金。

问: 男的建议哪种理财方式?

여: 너 요즘 재테크하니? 나는 재테크 계획을 다시 세우고 싶어.

남: 나는 정기 예금만 알고, 투자는 잘 몰라. 그런데 최근에 펀드 몇 개가 괜찮다고 들었는데, 너는 펀드를 사는 것을 고려해 볼 수 있어.

질문: 남자는 어떤 재테크 방식을 제안하는가?

해설   제시된 선택지가 모두 특정 명사이므로, 대화의 주제나 중심 소재 및 각 선택지와 관련된 내용을 주의 깊게 듣는다. 대화에서 여자가 재테크 계획을 다시 세우고 싶다고 하자, 남자가 听说最近有几个基金还不错, 你可以考虑买基金이라고 답했다. 질문이 남자는 어떤 재테크 방식을 제안하는지를 물었으므로, B 基金을 정답으로 고른다.

어휘   现金 xiànjīn 圆현금   基金 jījīn 圆펀드, 기금   股票 gǔpiào 圆주식   黄金 huángjīn 圆황금   理财 lǐcái 圆재테크하다
重新 chóngxīn 圆다시   制定 zhìdìng 圆세우다   计划 jìhuà 圆계획   定期存款 dìngqī cúnkuǎn 정기 예금
投资 tóuzī 圆투자하다   不过 búguò 圆그런데   考虑 kǎolǜ 圆고려하다   方式 fāngshì 圆방식

4

A 护照	B 机票	**A 여권**	B 비행기 표
C 钥匙	D 驾照	C 열쇠	D 운전면허증

男: 我记得前几天把护照和重要物品都放在包里了, 现在怎么只有机票和钱包?

女: 那你怎么办理出国手续啊? 你先别慌张, 仔细想想。

问: 男的接下来可能会找什么?

남: 내가 기억하기로는 며칠 전에 여권과 중요한 물품을 가방에 넣어 두었는데, 어째서 지금 비행기 표와 지갑밖에 없는 거죠?

여: 그러면 어떻게 출국 수속을 밟으려고요? 당황하지 말고, 꼼꼼히 생각해 봐요.

질문: 남자는 이어서 아마도 무엇을 찾을 것인가?

해설   제시된 선택지가 모두 특정 명사이므로, 대화의 주제나 중심 소재 및 각 선택지와 관련된 내용을 주의 깊게 듣는다. 대화에서 남자가 把护照和重要物品都放在包里了, 现在怎么只有机票和钱包?라고 하자, 여자가 당황하지 말고 꼼꼼히 생각해 보라고 했다. 질문이 남자는 이어서 아마도 무엇을 찾을 것인지를 물었으므로, 남자의 말을 통해 알 수 있는 A 护照를 정답으로 고른다. 참고로, 남자가 언급한 机票를 듣고, B를 정답으로 고르지 않도록 주의한다.

어휘   机票 jīpiào 圆비행기 표   钥匙 yàoshi 圆열쇠   驾照 jiàzhào 圆운전면허증   物品 wùpǐn 圆물품   钱包 qiánbāo 圆지갑
办理 bànlǐ 圆(수속을) 밟다   出国手续 chūguó shǒuxù 출국 수속   慌张 huāngzhāng 圆당황하다   仔细 zǐxì 圆꼼꼼하다

5

A 元旦	B 春节	A 신정	B 춘절
C 中秋节	**D 国庆节**	C 중추절	**D 국경절**

女：这次中秋假期比较长，我打算回乡下看姥姥。你呢，要去南京旅行吗？	여: 이번 중추절 휴가 기간이 비교적 길어서, 나는 시골에 내려가서 외할머니를 뵐 계획이야. 너는 난징으로 여행 갈 거니？
男：哎呦，我最近工作太忙了，星期天也不能休息，恐怕中秋节也不例外。我还是国庆节再去吧。	남: 에휴, 나는 최근에 일이 너무 바빠서, 일요일도 쉴 수가 없어. 아마 중추절도 예외는 아닐 것 같아. 나는 국경절 때 다시 가야겠어.
问：男的可能什么时候去南京旅行？	질문: 남자는 아마도 언제 난징 여행을 가는가？

해설　제시된 선택지가 모두 중국의 명절을 나타내므로, 대화를 들을 때 명절과 관련된 내용을 주의 깊게 듣는다. 대화에서 여자가 남자에게 你呢，要去南京旅行吗？라고 묻자, 남자가 최근에 일이 바쁘다고 말하며 我还是国庆节再去吧。라고 답했다. 질문이 남자는 아마 언제 난징 여행을 가는지를 물었으므로, D 国庆节를 정답으로 고른다. 참고로, 여자가 언급한 中秋节를 듣고, C를 정답으로 고르지 않도록 주의한다.

어휘　元旦 Yuándàn 고급 신정[양력 1월 1일]　春节 Chūnjié 고급 춘절　中秋节 Zhōngqiūjié 고급 중추절　国庆节 Guóqìngjié 고급 국경절
　　　假期 jiàqī 휴가 기간　乡下 xiāngxia 시골　姥姥 lǎolao 외할머니　旅行 lǚxíng 여행하다　哎呦 āiyōu 에휴
　　　恐怕 kǒngpà 아마 ~일 것이다　例外 lìwài 예외

6
A 化学实验	B 学校风景	A 화학 실험	B 학교 풍경
C 学校设施	D 音乐表演	**C 학교 시설**	D 음악 공연

男：听说你刚入职的学校环境优美，硬件极好，是真的吗？	남: 듣자 하니 네가 막 입사한 학교는 환경이 아름답고, 장비 및 설비가 매우 좋다고 하던데, 그게 진짜야？
女：是的，我们学校设施完善，有游泳馆、健身房、实验室、心理咨询室等等。	여: 응, 우리 학교의 시설은 나무랄 데가 없는걸. 수영장, 체력 단련실, 실험실, 심리 상담실 등이 있어.
问：他们在聊什么？	질문: 그들은 무엇을 이야기하고 있는가？

해설　제시된 선택지가 모두 명사구이므로, 대화의 주제나 중심 소재 및 각 선택지와 관련된 내용을 주의 깊게 듣는다. 대화에서 남자가 你刚入职的学校环境优美，硬件极好，是真的吗？라고 묻자, 여자가 我们学校设施完善이라며, 수영장, 체력 단련실 등이 있다고 답했다. 질문이 그들은 무엇을 이야기하고 있는지를 물었으므로, C 学校设施을 정답으로 고른다.

어휘　化学 huàxué 화학　实验 shíyàn 실험　风景 fēngjǐng 풍경　设施 shèshī 시설　表演 biǎoyǎn 공연하다
　　　入职 rùzhí 입사하다　优美 yōuměi 아름답다　硬件 yìngjiàn 장비 및 설비　完善 wánshàn 나무랄 데가 없다, 완벽하다
　　　游泳馆 yóuyǒngguǎn 수영장　健身房 jiànshēnfáng 체력 단련실　实验室 shíyànshì 실험실
　　　心理咨询室 xīnlǐ zīxúnshì 심리 상담실

7
A 老师的态度	**B 子女的教育**	A 선생님의 태도	**B 자녀의 교육**
C 附近的体育馆	D 辅导班的位置	C 근처의 체육관	D 학원의 위치

女：昨天家长会开得怎么样？老师说什么了？	여: 어제 학부모회 어땠어요? 선생님께서 뭐라고 말씀하셨나요?
男：老师说儿子的数学成绩下降得厉害，让我们多关注一下。	남: 선생님이 아들의 수학 성적이 심하게 떨어져서, 우리더러 관심을 많이 가지래요.
女：那怎么办呢？下个月给他报个数学辅导班吧？	여: 그러면 어떻게 해야 하나요? 다음 달에 수학 학원을 등록해 줄까요?
男：好的，那我去看看附近有没有合适的。	남: 그래요, 그러면 내가 근처에 적당한 곳이 있는지 알아볼게요.

问：他们在谈什么？	질문: 그들은 무엇을 논의하고 있는가?

해설　제시된 선택지가 모두 명사구이므로, 대화의 주제나 중심 소재 및 각 선택지와 관련된 내용을 주의 깊게 듣는다. 대화에서 남자가 老师说儿子的数学成绩下降得厉害，让我们多关注一下。라고 하자, 여자가 下个月给他报个数学辅导班吧？라고 했다. 질문이 그들은 무엇을 논의하고 있는지를 물었으므로, 두 사람의 대화 내용을 통해 유추할 수 있는 B子女的教育를 정답으로 고른다.

어휘　**态度** tàidu 圐태도　**教育** jiàoyù 圐교육　**体育馆** tǐyùguǎn 圐체육관　**辅导班** fǔdǎobān 圐학원　**位置** wèizhi 圐위치
家长会 jiāzhǎnghuì 圐학부모회　**下降** xiàjiàng 圐떨어지다　**厉害** lìhai 圐심하다　**关注** guānzhù 圐관심을 가지다
合适 héshì 圐적당하다, 알맞다

8

A 眼睛	B 脖子	A 눈	B 목
C 心脏	D 嗓子	C 심장	D 목구멍

男：我这两天总是流眼泪，看什么都很模糊。	남: 나는 요 며칠 계속 눈물을 흘리고, 무엇을 봐도 뚜렷하지 않아.
女：去医院了吗？医生怎么说？	여: 병원은 갔어? 의사 선생님은 뭐라고 말씀하셨어?
男：医生说我是因为用眼过度，眼睛太疲劳了。	남: 의사 선생님께서 말씀하시길 내가 눈을 과도하게 사용해서, 눈이 너무 피곤한 거래.
女：那你这两天可别玩儿手机了，也尽量少用电脑。	여: 그러면 너는 요 며칠 동안 휴대폰을 그만 가지고 놀아, 또 가능한 한 컴퓨터도 적게 쓰고.
问：男的哪里不舒服？	질문: 남자는 어디가 불편한가?

해설　제시된 선택지가 모두 신체 부위를 나타내므로, 대화를 들을 때 신체 부위와 관련된 내용을 주의 깊게 듣는다. 대화에서 남자가 我这两天总是流眼泪，看什么都很模糊。라며, 병원에 가 보았더니 의사 선생님이 是因为用眼过度，眼睛太疲劳了라고 했다고 말했다. 질문이 남자는 어디가 불편한지를 물었으므로, A眼睛을 정답으로 고른다.

어휘　**脖子** bózi 圐목　**心脏** xīnzàng 圐심장　**嗓子** sǎngzi 圐목구멍　**模糊** móhu 圐뚜렷하지 않다　**眼** yǎn 圐눈
过度 guòdù 圐과도하다　**疲劳** píláo 圐피곤하다　**尽量** jǐnliàng 阚가능한 한

9

A 生产部	B 宣传部	A 생산부	B 홍보부
C 人事部	D 销售部	C 인사부	D 판매부

女：我们的新产品马上就要上市了，销售这个任务就交给你们部门了。	여: 우리 신제품이 곧 시장에 출시될 예정인데, 이 판매 임무를 당신 부서에게 맡기겠습니다.
男：好的，张总，我们已经做好销售方案了，不过还需要宣传部门的积极配合。	남: 네, 장 사장님. 저희는 판매 방안을 이미 완성해 두었어요. 하지만 홍보부의 적극적인 협력도 필요합니다.
女：这个你放心，宣传部的李主任下午会联系你的。	여: 그건 마음 놓으세요, 홍보부의 리 주임이 오후에 당신에게 연락할 것입니다.
男：谢谢您。我们不会让您失望的。	남: 감사합니다. 저희는 당신을 실망시키지 않겠습니다.
问：男的在哪个部门工作？	질문: 남자는 어느 부서에서 일하는가?

해설　제시된 선택지가 모두 직장 내 부서를 나타내므로, 대화를 들을 때 직장 내 부서와 관련된 내용을 주의 깊게 듣는다. 대화에서 여자가 销售这个任务就交给你们部门了라고 하자, 남자가 我们已经做好销售方案了라고 했다. 질문이 남자는 어느 부서에서 일하는지를 물었으므로, 두 사람의 대화 내용을 통해 알 수 있는 D销售部를 정답으로 고른다. 참고로, 남자가 언급한 宣传部를 듣고, B를 정답으로 고르지 않도록 주의한다.

어휘　**生产部** shēngchǎnbù 생산부　**宣传部** xuānchuánbù 홍보부　**人事部** rénshìbù 인사부　**销售部** xiāoshòubù 판매부
产品 chǎnpǐn 명제품　**上市** shàngshì 통출시하다　**销售** xiāoshòu 통판매하다　**任务** rènwu 명임무　**交** jiāo 통맡기다
部门 bùmén 명부서　**方案** fāng'àn 명방안　**不过** búguò 젭그러나　**积极** jījí 형적극적이다, 긍정적이다　**配合** pèihé 통협력하다
主任 zhǔrèn 명주임　**联系** liánxì 통연락하다　**失望** shīwàng 통실망하다

10

A 录音设备	B 电脑程序	A 녹음 설비	B 컴퓨터 프로그램
C 网络状况	D 手机信号	**C 인터넷 상태**	D 휴대폰 신호

男: 喂，你好，我们家网络信号不太好，能过来检查一下吗？

女: 您好，先生，您能具体讲一下是什么情况吗？

男: 前天刚安装了网络设备，之后信号一直不稳定，断断续续的，有时候根本上不了网。

女: 好的，您说一下地址，我们马上派维修师傅过去。

问: 他们俩在谈什么？

남: 여보세요, 안녕하세요. 저희 집 인터넷 신호가 그다지 좋지 않은데, 와서 점검해 주실 수 있나요?

여: 안녕하세요, 선생님. 어떤 상황인지 구체적으로 말씀해 주실 수 있나요?

남: 그저께 막 인터넷 설비를 설치했는데, 이후에 신호가 줄곧 안정되지 않고, 끊어졌다 이어졌다 하네요. 어떤 때는 아예 인터넷 접속이 안 돼요.

여: 네, 주소를 말씀해 주세요. 저희가 곧 수리 기사님을 보내 드릴게요.

질문: 그들 둘은 무엇을 이야기하고 있는가?

해설　제시된 선택지가 모두 명사구이므로, 대화의 주제나 중심 소재 및 각 선택지와 관련된 내용을 주의 깊게 듣는다. 대화에서 남자가 我们家网络信号不太好라며, 前天刚安装了网络设备, 之后信号一直不稳定, 断断续续的, 有时候根本上不了网。이라고 하자, 여자가 곧 수리 기사님을 보내겠다고 했다. 질문이 그들 둘은 무엇을 이야기하고 있는지를 물었으므로, 남자의 말을 통해 알 수 있는 C 网络状况을 정답으로 고른다.

어휘　**录音** lùyīn 명녹음　**设备** shèbèi 명설비　**程序** chéngxù 명프로그램　**网络** wǎngluò 명인터넷　**状况** zhuàngkuàng 명상태, 상황
信号 xìnhào 명신호　**具体** jùtǐ 형구체적이다　**情况** qíngkuàng 명상황, 정황　**前天** qiántiān 명그저께　**刚** gāng 분막
安装 ānzhuāng 통설치하다　**稳定** wěndìng 형안정되다　**断断续续** duànduàn xùxù 끊어졌다 이어졌다 한다
根本 gēnběn 분아예　**地址** dìzhǐ 명주소　**派** pài 통보내다, 파견하다　**维修师傅** wéixiū shīfu 수리 기사

11

A 个人贷款	B 商标使用权	A 개인 대출	B 상표 사용권
C 国家奖学金	**D 营业许可证**	C 국가 장학금	**D 영업 허가증**

女: 饭店马上要开业了，你终于可以实现自己的目标了。

男: 谢谢，但是还有好多事情等着我做呢。

女: 是吗？还有什么要准备的吗？

男: 要设计商标，还要申请营业许可证，估计这几天会很忙。

问: 男的还要申请什么？

여: 식당이 곧 개업하는데, 당신 드디어 목표를 실현할 수 있게 되었네요.

남: 감사합니다. 하지만 아직 많은 일들이 제가 처리하기를 기다리고 있어요.

여: 그래요? 또 준비해야 할 것이 있나요?

남: 상표를 디자인해야 하고, 영업 허가증도 신청해야 해요. 요 며칠 바쁠 것으로 예상되네요.

질문: 남자는 또 무엇을 신청해야 하는가?

해설　제시된 선택지가 모두 명사구이므로, 대화의 주제나 중심 소재 및 각 선택지와 관련된 내용을 주의 깊게 듣는다. 대화에서 여자가 식당이 곧 개업하는데 또 준비해야 할 것이 있는지를 묻자, 남자가 还要申请营业许可证이라고 했다. 질문이 남자가 또 무엇을 신청해야 하는지를 물었으므로, D 营业许可证을 정답으로 고른다.

어휘 **个人** gèrén 圓개인 **贷款** dàikuǎn 圓대출 **商标使用权** shāngbiāo shǐyòngquán 상표 사용권
国家奖学金 guójiā jiǎngxuéjīn 국가 장학금 **营业许可证** yíngyè xǔkězhèng 영업 허가증 **饭店** fàndiàn 圓식당
开业 kāiyè 圓개업하다 **实现** shíxiàn 圓실현하다 **目标** mùbiāo 圓목표 **设计** shèjì 圓디자인하다 **申请** shēnqǐng 圓신청하다
估计 gūjì 圓예상하다

12

A 半年	B 三天	A 반년	B 삼 일
C 一个月	**D 一个礼拜**	C 한 달	**D 일주일**

男: 听说下个月你们公司又要组织去旅游，太羡慕你了。上次去了三天，这次要去多久？

女: 大概一个礼拜。

男: 离开那么多天的话，你的小狗怎么办？

女: 我已经跟邻居打过招呼了，他会帮忙照顾小狗的。

问: 女的要旅行多长时间？

남: 다음 달에 너희 회사가 또 여행을 가려고 조직한다고 들었는데, 너무 부럽다. 지난번에는 사흘 동안 갔고, 이번에는 얼마나 가니?

여: 대략 일주일 정도 될 거야.

남: 그렇게 많은 날을 떠나 있으면, 너의 강아지는 어떻게 해?

여: 내가 이미 이웃집한테 알렸어, 그가 도와서 강아지를 돌봐줄 거야.

질문: 여자는 얼마 동안 여행을 할 것인가?

해설 제시된 선택지가 모두 특정 날짜를 나타내므로, 대화를 들을 때 날짜와 관련된 내용을 주의 깊게 듣는다. 대화에서 남자가 여자에게 다음 달에 여행 가는 것이 부럽다고 하며 얼마나 가 있는지를 묻자, 여자가 大概一个礼拜。라고 답했다. 질문이 여자는 얼마 동안 여행을 할 것인지를 물었으므로, D 一个礼拜를 정답으로 고른다.

어휘 **礼拜** lǐbài 圓주[= 星期] **组织** zǔzhī 圓조직하다 **旅行** lǚxíng 圓여행하다 **羡慕** xiànmù 圓부러워하다 **大概** dàgài 圓대략
打招呼 dǎ zhāohu (사전에) 알리다, (말이나 행동으로) 인사하다

고득점비책 05 | 사람의 상태·상황 문제 공략하기 p.57

들으며 학습하기 ▶

1 D	2 D	3 A	4 B	5 B	6 D	7 B	8 A	9 A	10 D	11 A	12 B

1

A 脾气一直很好	A 성격이 늘 좋다
B 原来不太想结婚	B 원래는 결혼을 별로 하고 싶지 않았다
C 没有以前温柔了	C 예전만큼 다정하지 않다
D 对太太非常体贴	**D 아내에게 매우 자상하게 대한다**

女: 您对太太那么体贴，让我这个曾经不想结婚的人都转变想法了。

男: 说实话，我本来脾气不好，但是年龄大了反而变好了。

问: 关于男的，下列哪项正确？

여: 당신이 아내에게 그렇게 자상하게 대하시니, 저같이 일찍이 결혼하고 싶어 하지 않았던 사람조차도 생각이 바뀌네요.

남: 솔직히 말해서, 저는 원래 성격이 좋지 않았지만, 나이가 들면서 도리어 좋아졌어요.

질문: 남자에 관하여, 다음 중 옳은 것은?

해설 제시된 선택지가 모두 사람의 상태를 나타내므로, 화자 또는 제3자의 상태와 관련된 내용을 주의 깊게 듣는다. 대화에서 여자가 남자에게 您对太太那么体贴라고 했다. 질문이 남자에 관하여 옳은 것을 물었으므로, D 对太太非常体贴를 정답으

로 고른다. 참고로, 여자가 언급한 让我这个曾经不想结婚的人都转变想法了를 듣고, B를 정답으로 고르지 않도록 주의한다.

어휘 **脾气** píqi 圆 성격　**原来** yuánlái 閉 원래　**温柔** wēnróu 閿 다정하다　**太太** tàitai 圆 아내　**体贴** tǐtiē 圆 자상하게 대하다
　　曾经 céngjīng 閿 일찍이　**转变** zhuǎnbiàn 圆 바뀌다　**实话** shíhuà 圆 솔직한 말　**本来** běnlái 閿 원래, 본래
　　年龄 niánlíng 圆 나이　**反而** fǎn'ér 閿 도리어

2

A 支持	B 认同	A 지지한다	B 인정한다
C 不关心	**D 不同意**	C 관심이 없다	**D 동의하지 않는다**

男：有些人只追求金钱上的成功，我觉得这样的人想法很片面，人不应该把金钱看作唯一的目标。

女：我不这么认为，每个人想法各不相同，只要不妨碍别人，过什么样的生活是他们的自由。

问：女的对男的的观点持什么态度？

남: 어떤 사람들은 금전상의 성공만을 추구하는데, 나는 이런 사람들은 생각이 단편적이라고 생각해. 사람은 금전을 유일한 목표로 삼아서는 안 돼.

여: 나는 그렇게 생각하지 않아. 사람마다 생각이 각기 다르니, 다른 사람을 방해하지만 않는다면, 어떤 생활을 보내는가는 그들의 자유야.

질문: 여자는 남자의 견해에 대해 어떤 태도를 취하는가?

해설 제시된 선택지가 모두 사람의 태도를 나타내므로, 대화에서 언급되는 화자 또는 제3자의 어투·태도·감정과 관련된 내용을 주의 깊게 듣는다. 대화에서 남자가 금전상의 성공만을 추구하는 사람들의 생각은 단편적이라고 하자, 여자가 **我不这么认为**라고 했다. 질문이 여자는 남자의 견해에 대해 어떤 태도를 취하는지를 물었으므로, **不这么认为**라는 표현을 통해 유추할 수 있는 D **不同意**를 정답으로 고른다.

어휘 **支持** zhīchí 圆 지지하다　**认同** rèntóng 圆 인정하다　**追求** zhuīqiú 圆 추구하다　**金钱** jīnqián 圆 금전　**成功** chénggōng 圆 성공
　　想法 xiǎngfǎ 圆 생각　**片面** piànmiàn 圆 단편적이다　**唯一** wéiyī 圆 유일한　**目标** mùbiāo 圆 목표　**妨碍** fáng'ài 圆 방해하다
　　生活 shēnghuó 圆 생활　**自由** zìyóu 圆 자유　**观点** guāndiǎn 圆 견해　**态度** tàidu 圆 태도

3

A **不必这么客气**	A **이렇게 예의를 차릴 필요는 없다**
B 不怕自己吃亏	B 자신이 손해를 입는 것을 걱정하지 않는다
C 女的不太懂礼貌	C 여자는 예의를 잘 모른다
D 自己靠种小麦养家	D 자신은 밀을 심는 것에 기대어 가족을 부양한다

女：王叔叔，这个点心是我爸让我带给您的，是用我们家种的小麦做的。

男：哎，你爸真是的，都多少年的同学了，何必这么客气呢。

问：男的是什么意思？

여: 왕 삼촌, 이 간식은 저희 아버지가 저보고 삼촌 가져다 드리라고 하신 건데, 저희 집에서 심은 밀로 만든 것이랍니다.

남: 아이고, 너네 아빠도 참, 몇 년이나 된 동창인데, 이렇게까지 예의를 차릴 필요가 있니.

질문: 남자의 말은 무슨 의미인가?

해설 제시된 선택지가 모두 사람의 상태·상황을 나타내므로, 화자 또는 제3자의 상태나 처한 상황과 관련된 내용을 주의 깊게 듣는다. 대화에서 여자가 이 간식은 아버지가 가져다 드리라고 한 것이라고 하자, 남자가 **何必这么客气**呢라고 했다. 질문이 남자의 말은 무슨 의미인지를 물었으므로, A **不必这么客气**를 정답으로 고른다.

* 바꾸어 표현　**何必这么客气呢** 이렇게까지 예의를 차릴 필요가 있는가 → **不必这么客气** 이렇게 예의를 차릴 필요가 없다

어휘 **不必** búbì 圆 ~할 필요가 없다　**客气** kèqi 圆 예의를 차리다　**吃亏** chīkuī 圆 손해를 입다　**礼貌** lǐmào 圆 예의　**小麦** xiǎomài 圆 밀
　　养家 yǎngjiā 圆 가족을 부양하다　**点心** diǎnxin 圆 간식　**哎** āi 圆 아이고　**何必** hébì 圆 ~할 필요가 있는가

4

A 女的学习导演专业	A 여자는 연출을 전공으로 공부한다
B 男的想看经典电影	**B 남자는 명작 영화를 보고 싶어 한다**
C 男的经常看纪录片	C 남자는 종종 다큐멘터리 영화를 본다
D 女的希望成为演员	D 여자는 배우가 되길 희망한다

男：你看过的电影比较多，能给我推荐一些经典电影吗？	남: 너는 본 영화가 비교적 많으니, 나에게 명작 영화들을 추천해 줄 수 있어?
女：可以啊，你平时喜欢看哪种类型的电影？	여: 가능하지, 넌 평소에 어떤 장르의 영화를 보는 것을 좋아하니?
问：根据对话，下列哪项正确？	질문: 대화에 근거하여, 다음 중 옳은 것은?

해설 제시된 선택지가 모두 사람의 상태·상황을 나타내므로, 화자 또는 제3자의 상태나 처한 상황과 관련된 내용을 주의 깊게 듣는다. 대화에서 남자가 能给我推荐一些经典电影吗?라고 묻자, 여자가 가능하다고 했다. 질문이 대화에 근거하여 옳은 것을 물었으므로, 남자의 말을 통해 알 수 있는 B 男的想看经典电影을 정답으로 고른다.

어휘 **导演** dǎoyǎn 图연출하다 **专业** zhuānyè 圆전공 **经典电影** jīngdiǎn diànyǐng 명작 영화 **纪录片** jìlùpiàn 圆다큐멘터리 영화 **成为** chéngwéi 图~이 되다 **推荐** tuījiàn 图추천하다 **平时** píngshí 圆평소 **类型** lèixíng 圆장르, 유형

5

A 喝酒喝醉了	A 술을 마시고 취해 버렸다
B 记错时间了	**B 시간을 잘못 기억했다**
C 不想当球迷了	C 축구팬이 되고 싶지 않다
D 和朋友吵架了	D 친구와 다퉜다

女：昨天的乒乓球决赛你看了吗？比赛相当激烈。	여: 어제의 탁구 결승전을 너는 보았니? 경기가 꽤 치열하더라.
男：没有。我昨天和朋友去酒吧了，本打算喝完酒再看，可是搞错了时间，回家后发现比赛已经结束了。	남: 아니, 나는 어제 친구랑 술집에 갔어. 원래는 술을 다 마시고 보려고 했는데, 시간을 착각해서, 집에 돌아간 후에 경기가 이미 끝났다는 것을 알았어.
问：男的为什么没看比赛？	질문: 남자는 왜 경기를 못 봤는가?

해설 제시된 선택지가 모두 사람의 상태·상황을 나타내므로, 화자 또는 제3자의 상태나 처한 상황과 관련된 내용을 주의 깊게 듣는다. 대화에서 여자가 어제 탁구 결승전을 봤는지를 묻자, 남자가 아니라며 搞错了时间，回家后发现比赛已经结束了라고 했다. 질문이 남자가 경기를 못 본 이유를 물었으므로, B 记错时间了를 정답으로 고른다.

* 바꾸어 표현 搞错时间 시간을 착각하다 → 记错时间 시간을 잘못 기억하다

어휘 **醉** zuì 图취하다 **记错** jìcuò 잘못 기억하다 **球迷** qiúmí 圆축구팬 **吵架** chǎojià 图다투다 **乒乓球** pīngpāngqiú 圆탁구 **决赛** juésài 圆결승전 **相当** xiāngdāng 凰꽤, 상당히 **激烈** jīliè 圆치열하다 **酒吧** jiǔbā 圆술집 **搞错** gǎocuò 착각하다

6

A 冷淡	B 鼓励	A 냉담하다	B 격려한다
C 否定	**D 吃惊**	C 부정한다	**D 놀라다**

男：经理说上半年的销售量增长了30%。	남：매니저님이 상반기의 판매량이 30% 증가했다고 하셨어요.
女：是啊，真没想到我们提出的推广方案效果这么好，我都没抱什么期待呢。	여：그러게요. 우리가 제안한 홍보 방안이 효과가 이렇게 좋을 줄은 정말 생각지도 못했어요, 저는 아무런 기대를 품고 있지 않았거든요.
问：女的是什么语气？	질문：여자는 어떤 어투인가?

해설　제시된 선택지가 모두 사람의 태도나 감정을 나타내므로, 대화에서 언급되는 화자 또는 제3자의 어투·태도·감정과 관련된 내용을 주의 깊게 듣는다. 대화에서 여자가 真没想到我们提出的推广方案效果这么好, 我都没抱什么期待呢라고 했다. 질문이 여자는 어떤 어투인지를 물었으므로, 真没想到라는 표현을 통해 유추할 수 있는 D 吃惊을 정답으로 고른다.

어휘　冷淡 lěngdàn 웹냉담하다　鼓励 gǔlì 圆격려하다　否定 fǒudìng 圆부정하다　吃惊 chījīng 圆놀라다
　　　上半年 shàngbànnián 圆상반기　销售量 xiāoshòuliàng 판매량　增长 zēngzhǎng 증가하다　推广 tuīguǎng 圆홍보하다
　　　方案 fāng'àn 圆방안　效果 xiàoguǒ 圆효과　期待 qīdài 圆기대하다　语气 yǔqì 圆어투

7

A 坐错了位置	A 위치를 잘못 앉았다
B 座位是靠窗的	**B 좌석이 창가 쪽이다**
C 喜欢一个人出门	C 혼자 밖에 나가는 것을 좋아한다
D 想跟男的借晕车药	D 남자에게 멀미약을 빌리고 싶다

女：您好，请问您是一个人吗？不介意的话，能跟我换一下座位吗？我想和朋友坐在一起。	여：안녕하세요, 혼자이신가요? 개의치 않으시면, 저와 좌석을 바꿀 수 있을까요? 제가 친구와 함께 앉고 싶어서요.
男：我可以跟你换，但我晕车，所以只能坐靠窗的位置。	남：저는 당신과 바꿀 수 있어요. 하지만 제가 차멀미를 해서, 창가 쪽 위치에만 앉을 수 있어요.
女：您放心，我的座位正好也靠窗。太谢谢您了。	여：안심하세요. 제 좌석도 마침 창가 쪽이에요. 정말 감사해요.
男：不客气，我一个人坐哪儿都差不多。	남：별말씀을요. 저 혼자 어디에 앉든 모두 비슷한걸요.
问：关于女的，可以知道什么？	질문：여자에 관하여, 무엇을 알 수 있는가?

해설　제시된 선택지가 모두 사람의 상태·상황을 나타내므로, 화자 또는 제3자의 상태나 처한 상황과 관련된 내용을 주의 깊게 듣는다. 대화에서 여자가 남자에게 친구와 함께 앉고 싶은데 좌석을 바꿔줄 수 있는지를 묻자, 남자가 바꿔줄 수는 있지만 자신이 차멀미를 해서 창가 쪽 위치에만 앉을 수 있다고 답했다. 그러자 여자가 我的座位正好也靠窗이라고 말했다. 질문이 여자에 관하여 알 수 있는 것을 물었으므로, B 座位是靠窗的을 정답으로 고른다.

어휘　位置 wèizhi 圆위치　座位 zuòwèi 圆좌석　靠窗 kào chuāng 창가 쪽　一个人 yí ge rén 혼자　晕车药 yùnchē yào 멀미약
　　　不介意 bú jièyì 개의치 않다　晕车 yùnchē 차멀미 하다　正好 zhènghǎo 圆마침　差不多 chàbuduō 圆비슷하다

8

A 睡眠不足	**A 수면이 부족하다**
B 工作太累了	B 일이 너무 힘들다
C 睡得比较早	C 비교적 일찍 잔다
D 经常和邻居沟通	D 자주 이웃과 소통을 한다

男：我最近总是觉得头晕。	남: 나는 요즘 줄곧 머리가 어지럽다고 느껴.
女：怎么了？是不是工作太累了？	여: 무슨 일이야? 일이 너무 힘든 거 아니야?
男：工作还好，楼上的邻居夜里两三点还跳舞，吵得我根本睡不着。	남: 일은 그럭저럭 괜찮은데, 위층의 이웃이 밤 2~3시에도 춤을 추는 바람에, 시끄러워서 내가 도무지 잠을 잘 수가 없어.
女：你应该找个时间跟你的邻居沟通一下。	여: 너는 시간을 내서 너의 이웃과 소통해 봐야 해.
问：男的最近怎么了？	질문: 남자는 최근 어떠한가?

해설   제시된 선택지가 모두 사람의 상태·상황을 나타내므로, 화자 또는 제3자의 상태나 처한 상황과 관련된 내용을 주의 깊게 듣는다. 대화에서 남자가 最近总是觉得头晕이라며, 楼上的邻居……吵得我根本睡不着라고 했다. 질문이 남자는 최근 어떠한지를 물었으므로, A 睡眠不足를 정답으로 고른다. 참고로, 여자가 언급한 工作太累了를 듣고, B를 정답으로 고르지 않도록 주의한다.

    * 바꾸어 표현   吵得根本睡不着 시끄러워서 도무지 잠을 잘 수 없다 → 睡眠不足 수면이 부족하다

어휘   睡眠 shuìmián 圆수면   不足 bùzú 부족하다   沟通 gōutōng 圆소통하다   头晕 tóuyūn 머리가 어지럽다   夜 yè 圆밤
    吵 chǎo 圆시끄럽다   根本 gēnběn 匣도무지

9

A 非常棒	B 比较普通	A 아주 훌륭하다	B 비교적 일반적이다
C 发音不好	D 有一些错误	C 발음이 좋지 않다	D 약간의 실수가 있다

女：你学汉语学很久了吧，说得真地道。	여: 너 중국어를 오랫동안 배웠나 보네. 정말 정통으로 말한다.
男：听到中国人这么夸我，好开心啊，其实我才学了半年。	남: 중국인이 이렇게 나를 칭찬하는 것을 들으니, 정말 기쁘다. 사실 나는 겨우 반년 배웠어.
女：学了半年就能说得这么好，太了不起了。	여: 반년 배웠는데 이렇게 잘 말할 수 있다니, 진짜 대단하다.
男：我一直在外面租公寓住，隔壁邻居都是中国人，所以平时有很多机会学地道的汉语。	남: 나는 계속 밖에서 아파트를 빌려 사는데, 이웃이 모두 중국인이거든. 그래서 평소 정통 중국어를 배울 기회가 많이 있어.
问：男的汉语说得怎么样？	질문: 남자는 중국어를 말하는 것이 어떠한가?

해설   제시된 선택지가 모두 사람의 상태를 나타내므로, 화자 또는 제3자의 상태와 관련된 내용을 주의 깊게 듣는다. 대화에서 여자가 남자에게 你学汉语学很久了吧，说得真地道라고 하자, 남자가 중국인의 칭찬을 들으니 기쁘다고 했다. 질문이 남자는 중국어를 말하는 것이 어떠한지를 물었으므로, 说得真地道라는 표현을 통해 알 수 있는 A 非常棒을 정답으로 고른다.

어휘   棒 bàng 圆훌륭하다   普通 pǔtōng 일반적이다   发音 fāyīn 圆발음   错误 cuòwù 圆실수   地道 dìdao 圆정통의
    夸 kuā 칭찬하다   开心 kāixīn 圆기쁘다   了不起 liǎobuqǐ 圆대단하다   租 zū 圆빌리다, 세내다   公寓 gōngyù 圆아파트
    隔壁 gébì 圆이웃   平时 píngshí 圆평소

10

A 怕自行车被弄脏	A 자전거가 더럽혀질까 봐 두렵다
B 希望女的坐地铁	B 여자가 지하철을 타기를 바란다
C 对女的不太信任	C 여자에 대해 그다지 신뢰하지 않는다
D 担心女的的安全	**D 여자의 안전을 걱정한다**

男：你今天出去的时候还是别开车了。	남: 너 오늘 외출할 때 운전하지 않는 것이 좋겠어.
女：怎么了？有什么问题吗？	여: 왜? 무슨 문제라도 있어?
男：气象局说这一带暴雨天气还会持续，路面比较危险。	남: 기상청에서 이 일대에 폭우가 오는 날씨가 지속될 거고, 길바닥이 비교적 위험하다고 했어.
女：为了安全起见，我还是坐地铁三号线吧。	여: 안전을 위해서, 나는 지하철 3호선을 타는 게 좋겠어.
问：男的为什么建议女的不要开车？	질문: 남자는 왜 여자에게 운전하지 말라고 제안하는가?

해설　제시된 선택지가 모두 사람의 태도나 감정을 나타내므로, 대화에서 언급되는 화자 또는 제3자의 어투·태도·감정과 관련된 내용을 주의 깊게 듣는다. 대화에서 남자가 여자에게 오늘 외출할 때 운전하지 않는 것이 좋겠다고 하면서, 气象局说这一带暴雨天气还会持续, 路面比较危险。이라고 했다. 질문이 남자가 여자에게 운전하지 말라고 제안하는 이유를 물었으므로, 路面比较危险이라는 표현을 통해 유추할 수 있는 D 担心女的的安全을 정답으로 고른다.

어휘　脏 zāng 톙더럽다　信任 xìnrèn 톙신뢰하다　安全 ānquán 톙안전하다　气象局 qìxiàngjú 기상청　一带 yídài 일대
　　　暴雨 bàoyǔ 톙폭우　持续 chíxù 지속하다　路面 lùmiàn 톙길바닥　危险 wēixiǎn 톙위험하다　起见 qǐjiàn 좧~을 위해서
　　　建议 jiànyì 톙제안하다

11
A 考上大学了	A 대학에 합격했다
B 作品获大奖了	B 작품이 대상을 받았다
C 得到了一笔奖金	C 상금을 받았다
D 想放弃自己的梦想	D 자신의 꿈을 포기하고 싶다

女：我有一个好消息要告诉你，我被中央大学美术学院录取了。	여: 너한테 알려줄 좋은 소식이 하나 있어, 나 중앙대학교 미술학부에 뽑혔어.
男：太好了，你的梦想终于实现了！	남: 정말 잘됐다, 너의 꿈이 드디어 실현되었네!
女：谢谢你一直鼓励我，不然我早就放弃了。	여: 나를 줄곧 격려해줘서 고마워, 그렇지 않았다면 난 진작에 포기했을 거야.
男：哪里的话，中午我请你吃饭，一起庆祝一下。	남: 천만의 말씀을, 점심에 내가 밥 살게, 함께 축하하자.
问：女的是什么意思？	질문: 여자의 말은 무슨 의미인가?

해설　제시된 선택지가 모두 사람의 상태·상황을 나타내므로, 화자 또는 제3자의 상태나 처한 상황과 관련된 내용을 주의 깊게 듣는다. 대화에서 여자가 我被中央大学美术学院录取了라고 하자, 남자가 점심에 밥을 살테니 함께 축하하자고 했다. 질문이 여자의 말은 무슨 의미인지를 물었으므로, A 考上大学了를 정답으로 고른다.

＊바꾸어 표현　被大学录取 대학에 뽑히다 → 考上大学 대학에 합격하다

어휘　作品 zuòpǐn 톙작품　得到 dédào 받다, 획득하다　笔 bǐ 왕[금액·금전이나 그것과 관계 있는 데에 쓰임]　奖金 jiǎngjīn 톙상금
　　　放弃 fàngqì 포기하다　梦想 mèngxiǎng 톙꿈　消息 xiāoxi 톙소식　录取 lùqǔ (시험에 합격한 사람을) 뽑다
　　　实现 shíxiàn 톙실현하다　鼓励 gǔlì 톙격려하다　不然 bùrán 그렇지 않으면　早就 zǎojiù 톜진작에　庆祝 qìngzhù 톙축하하다

12
A 赞成	**B 不满**	A 찬성한다	**B 불만이다**
C 感激	D 无所谓	C 감격해 한다	D 상관없다

男：小春最近对我很冷淡，真奇怪！ 女：你可以试着朝她笑一笑，因为没有人会拒绝别人的笑脸。 男：她那么冷淡，我为什么还要对她热情？ 女：你看对方就像看镜子里的自己，你先笑一笑，也许会改善你们之间的关系。 问：男的对小春是什么态度？	남: 샤오춘이 최근 나에게 쌀쌀맞네, 정말 이상해! 여: 너는 시험 삼아 그녀를 향해 한번 웃어 봐, 다른 사람의 웃는 얼굴을 거부하는 사람은 없으니까. 남: 그녀가 그렇게도 쌀쌀맞은데, 내가 왜 그녀에게 친절해야 해? 여: 네가 상대방을 바라보는 것은 바로 거울 속의 자신을 바라보는 것과 같아. 네가 먼저 웃어주면, 아마도 너희 관계를 개선할 수 있을 거야. 질문: 남자는 샤오춘에 대해 어떤 태도인가?

해설 제시된 선택지가 모두 사람의 태도나 감정을 나타내므로, 대화에서 언급되는 화자 또는 제3자의 어투·태도·감정과 관련된 내용을 주의 깊게 듣는다. 대화에서 남자가 샤오춘이 최근 자신에게 쌀쌀맞다고 하자, 여자가 남자에게 샤오춘을 향해 시험 삼아 먼저 웃어보라고 했다. 그러자 남자가 **她那么冷淡，我为什么还要对她热情？**이라고 말했다. 질문이 남자는 샤오춘에 대해 어떤 태도인지를 물었으므로, **我为什么……?**라는 표현을 통해 유추할 수 있는 B **不满**을 정답으로 고른다.

어휘 **赞成** zànchéng [동] 찬성하다 **不满** bùmǎn [형] 불만이다 **感激** gǎnjī [동] 감격하다 **无所谓** wúsuǒwèi 상관없다
冷淡 lěngdàn [형] 쌀쌀맞다 **朝** cháo [개] ~를 향하여 **拒绝** jùjué [동] 거부하다 **笑脸** xiàoliǎn [명] 웃는 얼굴 **对方** duìfāng [명] 상대방
镜子 jìngzi [명] 거울 **改善** gǎishàn [동] 개선하다 **态度** tàidu [명] 태도

고득점비책 06 | 특정 대상의 상태·상황 문제 공략하기 p.61

찍으며 학습하기 ▶

1 D	2 C	3 D	4 B	5 B	6 A	7 A	8 D	9 B	10 B	11 D	12 A

1

A 没有意义	B 不值得看	A 의미가 없다	B 볼 가치가 없다
C 形式新鲜	**D 很有帮助**	C 형식이 신선하다	**D 큰 도움이 된다**

女：上次说的那个访谈节目昨天播出了，你看了吗？ 男：我看了，感觉很有意义。而且通过这个节目，我学习到了很多有用的知识。 问：男的觉得节目怎么样？	여: 지난번에 말한 그 토크쇼가 어제 방송됐는데, 봤어? 남: 봤지. 의미가 있다고 생각해. 그리고 이 프로그램을 통해서, 나는 유용한 지식을 많이 배웠어. 질문: 남자는 프로그램이 어떻다고 생각하는가?

해설 제시된 선택지가 모두 특정 대상에 대한 견해를 나타내므로, 화자가 언급하는 의견을 주의 깊게 듣는다. 대화에서 여자가 토크쇼를 봤는지를 묻자, 남자가 봤다고 하면서 **通过这个节目，我学习到了很多有用的知识**이라고 답했다. 질문이 남자는 프로그램이 어떻다고 생각하는지를 물었으므로, D **很有帮助**를 정답으로 고른다.

어휘 **意义** yìyì [명] 의미 **值得** zhídé [동] ~할 가치가 있다 **形式** xíngshì [명] 형식 **访谈节目** fǎngtán jiémù 토크쇼 **播出** bōchū [동] 방송하다
感觉 gǎnjué [동] ~라고 생각하다 **通过** tōngguò [개] ~을 통해서 **有用** yǒuyòng 유용하다 **知识** zhīshi [명] 지식

2

A 有大雾	B 十分寒冷	A 짙은 안개가 낀다	B 몹시 춥다
C 温度升高	D 湿度较大	**C 온도가 상승한다**	D 습도가 비교적 높다

男：今天真冷啊，不知道明天天气如何。我怕明天不能和朋友一起去滑雪了。	남: 오늘 진짜 춥다, 내일 날씨가 어떨지 모르겠네. 내일 친구와 스키 타러 가지 못할까 봐 걱정이야.
女：别太担心了，天气预报说明天会升温。	여: 너무 걱정하지 마, 일기 예보에서 내일 기온이 오를 거라고 했어.
问：明天天气怎么样？	질문: 내일 날씨는 어떠한가?

해설 　제시된 선택지가 모두 날씨의 상태를 나타내므로, 날씨와 관련된 내용을 주의 깊게 듣는다. 대화에서 남자가 오늘 진짜 춥다며, 내일 날씨가 어떨지 모르겠다고 하자, 여자가 **天气预报说明天会升温**이라고 했다. 질문이 내일 날씨는 어떠한지를 물었으므로, C 温度升高를 정답으로 고른다.

* 바꾸어 표현　**升温** 기온이 오르다 → **温度升高** 온도가 상승하다

어휘 　大雾 dàwù 圏질은 안개　十分 shífēn 圏몹시　寒冷 hánlěng 圏춥다　温度 wēndù 圏온도　升高 shēnggāo 圏상승하다
　　　湿度 shīdù 圏습도　如何 rúhé 圏어떻다　滑雪 huáxuě 圏스키를 타다　天气预报 tiānqì yùbào 일기 예보
　　　升温 shēngwēn 圏기온이 오르다

3

| A 今天不营业 | B 早就搬走了 | A 오늘은 영업하지 않는다 | B 진작에 이사 갔다 |
| C 重新装修了 | **D 在学校里面** | C 인테리어를 다시 했다 | **D 학교 안에 있다** |

女：我的手机充电器坏了，你知道学校哪里可以买充电器吗？	여: 내 휴대폰 충전기가 고장이 났는데, 너는 학교 어느 곳에서 충전기를 살 수 있는지 아니?
男：学生活动中心旁边有家超市，那里好像有，我陪你去看看吧。	남: 학생회관 옆에 슈퍼마켓이 있는데, 거기에 아마 있는 것 같아, 내가 너와 함께 가 줄게.
问：关于那家超市，可以知道什么？	질문: 그 슈퍼마켓에 관하여, 무엇을 알 수 있는가?

해설 　제시된 선택지가 모두 특정 대상의 상태·상황을 나타내므로, 이와 관련된 내용을 주의 깊게 듣는다. 대화에서 여자가 你知道学校哪里可以买充电器吗?라고 묻자, 남자가 学生活动中心旁边有家超市,那里好像有라고 답했다. 질문이 그 슈퍼마켓에 관하여 알 수 있는 것을 물었으므로, 남자의 말을 통해 알 수 있는 D 在学校里面을 정답으로 고른다.

어휘 　营业 yíngyè 圏영업하다　搬走 bānzǒu 圏이사 가다　重新 chóngxīn 圏다시　装修 zhuāngxiū 圏인테리어 하다
　　　充电器 chōngdiànqì 圏충전기　学生活动中心 xuéshēng huódòng zhōngxīn 학생회관　好像 hǎoxiàng 圏아마
　　　陪 péi 圏함께하다

4

| A 没有质量问题 | **B 可以直接退货** | A 품질 문제는 없다 | **B 바로 반품할 수 있다** |
| C 让顾客很满意 | D 图片不如实物 | C 고객을 만족시킨다 | D 사진이 실물만 못하다 |

男：在网上看的时候，感觉这个商品还不错，没想到实物和图片差距这么大。	남: 인터넷에서 봤을 때는, 이 상품이 꽤 괜찮은 것 같았는데, 실물과 사진의 차이가 이렇게 클 줄은 생각도 못했어.
女：大部分网上商店提供七天无理由退货服务，如果收到的商品有问题，直接退货就行。	여: 대부분의 인터넷 쇼핑몰은 7일 내 조건 없이 반품해 주는 서비스를 제공하고 있으니, 만약 수령한 상품에 문제가 있다면 바로 반품하면 돼.
问：关于网上的商品，可以知道什么？	질문: 인터넷상의 상품에 관하여, 무엇을 알 수 있는가?

해설 　제시된 선택지가 모두 특정 대상의 상태 또는 화자의 견해를 나타내므로, 이와 관련된 내용을 주의 깊게 듣는다. 대화에서 남자가 인터넷에서 본 상품이 실물과 차이가 크다고 하자, 여자가 **如果收到的商品有问题,直接退货就行**이라고 했다. 질

문이 인터넷상의 상품에 관하여 알 수 있는 것을 물었으므로, B 可以直接退货를 정답으로 고른다.

어휘 **质量** zhìliàng 圐품질 **直接** zhíjiē 뛤바로 ~하다 **退货** tuìhuò 뚿반품하다 **顾客** gùkè 圐고객 **图片** túpiàn 圐사진
实物 shíwù 圐실물 **商品** shāngpǐn 圐상품 **差距** chājù 圐차이 **提供** tígōng 통제공하다 **无** wú 통없다
理由 lǐyóu 圐조건, 이유

5

A 空间狭小	**B 设计得好**	A 공간이 협소하다	**B 디자인이 잘 됐다**
C 味道甘甜	D 气氛神秘	C 맛이 달다	D 분위기가 신비롭다

女: 听说你昨天去了新开的茶馆, 那儿环境
怎么样?

男: 非常好, 里面装饰得很别致, 一看就是
请专家专门设计的。

问: 男的觉得新开的茶馆怎么样?

여: 듣자 하니 당신이 어제 새로 연 찻집에 갔었다고 하
던데, 그곳의 환경은 어떤가요?

남: 아주 좋아요, 안을 색다르게 장식해서, 딱 봐도 전
문가에게 요청해서 특별히 디자인한 것 같더라구요.

질문: 남자는 새로 연 찻집이 어떻다고 생각하는가?

해설 제시된 선택지가 모두 특정 대상에 대한 견해를 나타내므로, 화자가 언급하는 의견을 주의 깊게 듣는다. 대화에서 여자가 새
로 연 찻집은 어떤지를 묻자, 남자가 非常好, 里面装饰得很别致, 一看就是请专家专门设计的。라고 답했다. 질문이 남자
는 새로 연 찻집이 어떻다고 생각하는지를 물었으므로, 请专家专门设计라는 표현을 통해 유추할 수 있는 B 设计得好를
정답으로 고른다.

어휘 **空间** kōngjiān 圐공간 **狭小** xiáxiǎo 톴협소하다 **设计** shèjì 통디자인하다 **味道** wèidao 圐맛 **甘甜** gāntián 톴달다
气氛 qìfēn 圐분위기 **神秘** shénmì 톴신비하다 **茶馆** cháguǎn 圐찻집 **装饰** zhuāngshì 통장식하다
别致 biézhì 톴색다르다 **专家** zhuānjiā 圐전문가 **专门** zhuānmén 뛤특별히

6

A 周末用的人多	A 주말에 사용하는 사람이 많다
B 最近活动频繁	B 최근에 행사가 빈번하다
C 宴会厅即将装修	C 연회장이 곧 인테리어 될 것이다
D 饭店空间不够大	D 호텔 공간은 그다지 넓지 않다

男: 我们单位周末要举办一个大型活动, 需
要能坐三百人的宴会厅。你们这里有
吗?

女: 有是有, 但是周末需求较多, 您得提前
预订。

问: 男的为什么需要提前预订宴会厅?

남: 저희 회사에서 주말에 대형 행사를 개최하려고 하는
데, 삼백 명이 앉을 수 있는 연회장이 필요합니다. 여
기 있나요?

여: 있긴 있지만, 주말에는 수요가 비교적 많아서, 미리
예약하셔야 해요.

질문: 남자는 왜 연회장을 미리 예약할 필요가 있는가?

해설 제시된 선택지가 모두 특정 대상의 상태·상황을 나타내므로, 이와 관련된 내용을 주의 깊게 듣는다. 대화에서 남자가 삼백
명이 앉을 수 있는 연회장이 있는지를 묻자, 여자가 있긴 있지만 周末需求较多, 您得提前预订이라고 답했다. 질문이 남자
가 연회장을 미리 예약할 필요가 있는 이유를 물었으므로, A 周末用的人多를 정답으로 고른다.

* 바꾸어 표현 需求较多 수요가 비교적 많다 → 用的人多 사용하는 사람이 많다

어휘 **活动** huódòng 圐행사 **频繁** pínfán 톴빈번하다 **宴会厅** yànhuìtīng 圐연회장 **即将** jíjiāng 뛤곧
装修 zhuāngxiū 통인테리어 하다 **空间** kōngjiān 圐공간 **不够** búgòu 뛤그다지 **单位** dānwèi 圐회사, 단체
举办 jǔbàn 통개최하다 **大型** dàxíng 톴대형의 **需求** xūqiú 圐수요 **提前** tíqián 통미리 ~하다 **预订** yùdìng 통예약하다

7

A 进行系统升级	A 시스템 업그레이드를 진행한다
B 不支持查询业务	B 조회 업무를 지원하지 않는다
C 需要重新注册信息	C 정보를 다시 등록할 필요가 있다
D 代替全部柜台业务	D 모든 창구 업무를 대체한다

女：我昨天接到短信，手机银行系统正在升级，不能办理转账业务，只能查询账户信息。	여: 제가 어제 문자 메시지를 받았는데, 모바일 뱅킹의 시스템이 지금 업그레이드 중이라서, 계좌 이체 업무는 처리할 수 없고, 계좌 정보만 조회할 수 있대요.
男：是吗？那什么时候能正常使用？	남: 그래요? 그러면 언제 정상적으로 사용이 가능한가요?
女：说是明天下午开始。	여: 내일 오후에 개시된다고 해요.
男：幸亏你提醒我了，我还是直接去柜台办业务吧。	남: 당신이 저를 일깨워 줘서 다행이에요, 저는 창구에 직접 가서 업무 처리를 해야겠어요.
问：手机银行怎么了？	질문: 모바일 뱅킹은 어떠한가?

해설　제시된 선택지가 모두 특정 대상의 상태·상황 또는 화자의 견해를 나타내므로, 이와 관련된 내용을 주의 깊게 듣는다. 대화에서 여자가 手机银行系统正在升级라고 했다. 질문이 모바일 뱅킹은 어떠한지를 물었으므로, A 进行系统升级를 정답으로 고른다.

어휘　**系统** xìtǒng 圄시스템　**升级** shēngjí 圄업그레이드하다　**支持** zhīchí 圄지원하다, 지지하다　**查询** cháxún 圄조회하다
　　业务 yèwù 圄업무　**重新** chóngxīn 凰다시　**注册** zhùcè 圄등록하다　**代替** dàitì 圄대체하다　**全部** quánbù 圄모든
　　柜台 guìtái 圄창구　**短信** duǎnxìn 圄문자 메시지　**手机银行** shǒujī yínháng 모바일 뱅킹　**办理** bànlǐ 圄처리하다
　　转账 zhuǎnzhàng 圄(계좌) 이체하다　**账户** zhànghù 圄계좌　**使用** shǐyòng 圄사용하다　**幸亏** xìngkuī 凰다행히
　　提醒 tíxǐng 圄일깨우다　**直接** zhíjiē 휑직접의

8

A 善于培养人才	A 인재를 양성하는 것에 능숙하다
B 不断调整业务	B 끊임없이 업무를 조정한다
C 产品种类多样	C 상품 종류가 다양하다
D 服务做得很好	**D 서비스를 잘 한다**

男：这家公司在业绩方面能做到全国第三不是偶然的。	남: 이 회사가 실적 방면에서 전국 3위를 달성할 수 있었던 것은 우연이 아니에요.
女：他们有什么特别之处吗？	여: 그들에게 어떤 특별한 점이 있나요?
男：他们不断扩大规模，同时也没有忘记提高服务质量。	남: 그들은 규모를 끊임없이 확대하면서도, 동시에 서비스 품질을 향상시키는 것을 잊지 않았어요.
女：我们要多学习他们的优点啊。	여: 우리는 그들의 장점을 많이 배워야 해요.
问：那家公司有什么特别之处？	질문: 그 회사는 어떤 특별한 점이 있는가?

해설　제시된 선택지가 모두 특정 대상의 상태·상황을 나타내므로, 이와 관련된 내용을 주의 깊게 듣는다. 대화에서 남자가 이 회사는 규모를 끊임없이 확대하면서도 同时也没有忘记提高服务质量이라고 했다. 질문이 그 회사는 어떤 특별한 점이 있는지를 물었으므로, D 服务做得很好를 정답으로 고른다.

　　＊ 바꾸어 표현　提高服务质量 서비스 품질을 향상시키다 → 服务做得很好 서비스를 잘 하다

어휘　**善于** shànyú ~에 능숙하다　**培养** péiyǎng 圄양성하다　**人才** réncái 圄인재　**不断** búduàn 끊임없이
　　调整 tiáozhěng 圄조정하다　**业务** yèwù 圄업무　**产品** chǎnpǐn 圄상품　**种类** zhǒnglèi 圄종류　**服务** fúwù 圄서비스하다

业绩 yèjì 圆실적   方面 fāngmiàn 圆방면   偶然 ǒurán 圓우연이다   扩大 kuòdà 圓확대하다   规模 guīmó 圆규모
质量 zhìliàng 圆품질   优点 yōudiǎn 圆장점

9

A 不可以讲价	A 가격을 흥정할 수 없다
B 农产品种类丰富	**B 농산품 종류가 많다**
C 专门销售肉和海鲜	C 육류와 해산물을 전문적으로 판매한다
D 价格和超市一样便宜	D 가격이 마트와 동일하게 싸다

女：王老师，我们下周一要去的农贸市场是什么地方？	여: 왕 선생님, 우리가 다음 주 월요일에 가려고 하는 농산물 시장은 어떤 곳인가요?
男：农贸市场就是农业产品贸易市场，主要卖蔬菜、水果、肉、海鲜等等。	남: 농산물 시장은 바로 농업 생산품 매매 시장이에요. 주로 채소, 과일, 고기, 해산물 등을 팔아요.
女：这些东西在超市都能买得到，为什么要带我们去那儿呢？	여: 이러한 것들은 모두 마트에서도 살 수 있는데, 왜 우리를 그곳에 데리고 가려고 하시나요?
男：因为那儿不仅种类比较多，而且还能讨价还价。	남: 그곳은 종류가 비교적 많을 뿐만 아니라, 게다가 값도 흥정할 수 있기 때문이에요.
问：关于农贸市场，可以知道什么？	질문: 농산물 시장에 관하여, 무엇을 알 수 있는가?

해설   제시된 선택지가 모두 특정 대상의 상태·상황을 나타내므로, 이와 관련된 내용을 주의 깊게 듣는다. 대화에서 여자가 농산물 시장은 어떤 곳이냐 묻자, 남자가 **农贸市场就是农业产品贸易市场**이라고 하며, **那儿不仅种类比较多**라고 답했다. 질문이 농산물 시장에 관하여 알 수 있는 것을 물었으므로, B 农产品种类丰富를 정답으로 고른다.

* 바꾸어 표현 种类……多 종류가 …… 많다 → 种类……丰富 종류가 …… 풍부하다

어휘   讲价 jiǎngjià 圆가격을 흥정하다   农产品 nóngchǎnpǐn 圆농산품   种类 zhǒnglèi 圆종류   丰富 fēngfù 圆많다, 풍부하다
专门 zhuānmén 圆전문적이다   销售 xiāoshòu 圆판매하다   海鲜 hǎixiān 圆해산물   价格 jiàgé 圆가격
农贸市场 nóngmào shìchǎng 농산물 시장   农业 nóngyè 圆농업   产品 chǎnpǐn 圆생산품   贸易 màoyì 圆매매, 무역
市场 shìchǎng 圆시장   蔬菜 shūcài 圆채소   讨价还价 tǎojià huánjià 圆값을 흥정하다

10

A 表面没有洞	**B 适合煮着吃**	A 표면에 구멍이 없다	**B 삶아서 먹기에 적절하다**
C 做起来很难	D 口味太清淡	C 만들기에 어렵다	D 맛이 너무 담백하다

男：这块豆腐上怎么有这么多洞啊？	남: 이 두부에는 왜 이렇게 많은 구멍이 있어?
女：这是北方的冻豆腐，把豆腐放冰箱里冻一下就会变成这样。	여: 이것은 북쪽 지방의 언두부인데, 두부를 냉장고에 넣어서 얼리면 이렇게 돼.
男：以前没见过。冻豆腐怎么做才好吃？	남: 전에 본 적 없는데. 언두부는 어떻게 해야 맛있어?
女：跟肉一起煮最合适了，豆腐会吸收肉的汤汁，特别好吃。	여: 고기랑 함께 삶는 것이 가장 적합해, 두부가 고기의 육즙을 흡수해서, 엄청 맛있어.
问：女的认为冻豆腐怎么样？	질문: 여자는 언두부가 어떻다고 생각하는가?

해설   제시된 선택지가 모두 특정 대상에 대한 견해를 나타내므로, 대화를 들을 때 화자가 언급하는 의견을 주의 깊게 듣는다. 남자가 언두부를 전에 본 적 없다면서, 어떻게 먹어야 맛있는지를 묻자, 여자가 **跟肉一起煮最合适了**라고 답했다. 질문이 여자는 언두부가 어떻다고 생각하는지를 물었으므로, **煮最合适**이라는 표현을 통해 알 수 있는 B 适合煮着吃을 정답으로 고른다.

어휘 **表面** biǎomiàn 圆표면　**洞** dòng 圆구멍　**适合** shìhé 圆적절하다　**煮** zhǔ 圆삶다　**口味** kǒuwèi 圆맛
清淡 qīngdàn 圆담백하다　**豆腐** dòufu 圆두부　**冻** dòng 圆얼다　**合适** héshì 圆적합하다　**吸收** xīshōu 圆흡수하다
汤汁 tāngzhī 육즙

11

A 缺少联系方式	A 연락처가 빠졌다
B 已通过法律审查	B 이미 법률 심사를 통과했다
C 下周一才能完成	C 다음 주 월요일에야 겨우 완성할 수 있다
D 数据出现了错误	**D 데이터에 오류가 발생했다**

女：销售合同都准备好了吗？下周就要正式
　　签合同了。

男：我发现有几个错误数据需要修改一下，
　　下午差不多能完成。

女：修改后送到法务部审查一下。

男：好的，经理，您放心吧。

问：关于那份销售合同，可以知道什么？

여: 판매 계약서는 다 준비되었나요? 다음 주에 정식으로 계약서에 서명을 해야 합니다.

남: 저는 수정이 필요한 몇 개의 오류 난 데이터가 있다는 것을 발견했는데, 오후에 대강 완성할 수 있을 것 같아요.

여: 수정 후에는 법무부에 보내서 심사 받으세요.

남: 알겠습니다, 매니저님, 걱정하지 마세요.

질문: 그 판매 계약서에 관하여, 무엇을 알 수 있는가?

해설 제시된 선택지가 모두 특정 대상의 상태·상황을 나타내므로, 이와 관련된 내용을 주의 깊게 듣는다. 대화에서 여자가 판매 계약서가 다 준비됐는지를 묻자, 남자가 我发现有几个错误数据需要修改一下라고 답했다. 질문이 그 판매 계약서에 관하여 알 수 있는 것을 물었으므로, D 数据出现了错误를 정답으로 고른다.

＊ 바꾸어 표현 **有几个错误数据** 몇 개의 오류 난 데이터가 있다 → **数据出现了错误** 데이터에 오류가 발생했다

어휘 **缺少** quēshǎo 圆빠지다, 부족하다　**联系方式** liánxì fāngshì 연락처　**通过** tōngguò 圆통과하다　**法律** fǎlǜ 圆법률
审查 shěnchá 圆심사하다　**数据** shùjù 圆데이터　**错误** cuòwù 圆오류, 잘못　**销售合同** xiāoshòu hétong 판매 계약서
正式 zhèngshì 圆정식의　**签** qiān 圆서명하다　**修改** xiūgǎi 圆수정하다　**差不多** chàbuduō 围대강　**法务部** fǎwùbù 圆법무부

12

A 网上的评价很好	A 인터넷상의 평가가 좋다
B 字幕不是很清楚	B 자막이 명확한 것은 아니다
C 主要讲非洲文明史	C 주로 아프리카의 문명사를 이야기한다
D 目前还没得过大奖	D 지금까지는 큰 상을 받은 적이 없다

男：如果你对纪录片感兴趣的话，我给你推
　　荐一部不错的作品。

女：好啊，内容是关于什么的？

男：是讲欧洲文明史的。它得过大奖，在网
　　上的评分也很高，不过没有中文字幕。

女：如果没有字幕，理解起来会很吃力吧？

问：关于那部纪录片，下列哪项正确？

남: 만약 네가 다큐멘터리에 관심이 있다면, 내가 너에게 괜찮은 작품 한 편 추천해 줄게.

여: 좋아, 무엇에 관한 내용인데?

남: 유럽 문명사를 이야기해. 큰 상을 받은 적이 있고, 인터넷상에서의 평점도 높아, 그런데 중국어 자막이 없어.

여: 만약 자막이 없으면, 이해하는 데 힘들겠지?

질문: 그 다큐멘터리에 관하여, 다음 중 옳은 것은?

해설 제시된 선택지가 모두 특정 대상의 상태·상황을 나타내므로, 이와 관련된 내용을 주의 깊게 듣는다. 대화에서 남자가 여자에게 다큐멘터리 작품을 추천하면서, 이 작품은 큰 상을 받은 적이 있으며, 在网上的评分也很高라고 했다. 질문이 그 다큐멘터리에 관하여 옳은 것을 물었으므로, A 网上的评价很好를 정답으로 고른다.

＊ 바꾸어 표현 **评分很高** 평점이 높다 → **评价很好** 평가가 좋다

어휘 **评价** píngjià [명]평가 **字幕** zìmù [명]자막 **非洲** Fēizhōu [고유]아프리카 **文明史** wénmíngshǐ [명]문명사 **目前** mùqián [명]지금 **纪录片** jìlùpiàn [명]다큐멘터리 **推荐** tuījiàn [동]추천하다 **作品** zuòpǐn [명]작품 **内容** nèiróng [명]내용 **欧洲** Ōuzhōu [고유]유럽 **评分** píngfēn [명]평점 **不过** búguò [접]그런데 **理解** lǐjiě [동]이해하다 **吃力** chīlì [형]힘들다

제1, 2부분 대화 실전테스트 p.62

들으며 학습하기 ▶

1 B	2 C	3 B	4 A	5 D	6 C	7 C	8 C	9 A	10 D
11 D	12 D	13 C	14 D	15 A	16 D	17 B	18 D	19 D	20 C
21 A	22 B	23 A	24 C	25 D	26 B	27 A	28 B	29 C	30 A

1

A 组织活动　**B 参加婚礼**
C 去看开幕式　D 参观博物馆

A 행사를 조직한다　**B 결혼식에 참석한다**
C 개막식을 보러 간다　D 박물관을 견학한다

女：听说星期六的开幕式请了很多明星，其中有你最喜欢的林浩，一起去吧！
男：真不巧，那天正好是我好朋友的婚礼。

问：男的星期六要做什么？

여: 듣자 하니 토요일 개막식에 많은 스타를 초청했다고 하네, 그중에 네가 가장 좋아하는 린하오도 있어, 같이 가자!
남: 참 공교롭게 되었어, 그날은 마침 내 친한 친구의 결혼식이야.

질문: 남자는 토요일에 무엇을 할 것인가?

해설 제시된 선택지가 모두 행동과 관련된 동사로 구성된 문제이므로, 화자 또는 제3자의 행동과 관련된 내용을 주의 깊게 듣는다. 대화에서 여자가 **听说星期六的开幕式请了很多明星**이라며 같이 가자고 하자, 남자가 **那天正好是我好朋友的婚礼**라고 했다. 질문이 남자는 토요일에 무엇을 할 것인지를 물었으므로, 남자의 말을 통해 알 수 있는 B **参加婚礼**를 정답으로 고른다.

어휘 **组织** zǔzhī [동]조직하다 **活动** huódòng [명]행사 **婚礼** hūnlǐ [명]결혼식 **开幕式** kāimùshì [명]개막식 **参观** cānguān [동]견학하다 **博物馆** bówùguǎn [명]박물관 **明星** míngxīng [명]스타 **其中** qízhōng [명]그중에 **巧** qiǎo [형]공교롭다 **正好** zhènghǎo [부]마침

2

A 加油站　B 印刷厂
C 文具店　D 家具店

A 주유소　B 인쇄소
C 문구점　D 가구점

男：上次买的铅笔都用完了，得买几支，然后再买个大一点儿的笔记本。
女：好的，等你挑完东西，咱们一起去那边结账吧。

问：对话可能发生在哪儿？

남: 지난번에 산 연필을 다 써서, 몇 자루를 사야 하고, 그런 후에 좀 큰 공책을 사야겠어.
여: 그래, 네가 물건을 다 고른 다음에 우리 함께 저쪽에 가서 계산하자.

질문: 대화는 아마도 어디에서 일어날 것인가?

해설 제시된 선택지가 모두 장소를 나타내므로, 화자나 제3자가 있는 장소, 또는 가려고 하는 장소가 어디인지를 주의 깊게 듣는다. 대화에서 언급된 **铅笔都用完了，得买几支，然后再买个大一点儿的笔记本**과 **等你挑完东西，咱们一起去那边结账吧**를 토대로 두 화자는 문구점에 있다는 것을 유추할 수 있다. 질문이 대화는 아마도 어디에서 일어날 것인지를 물었으므로, C **文具店**을 정답으로 고른다.

어휘 **加油站** jiāyóuzhàn [명]주유소 **印刷厂** yìnshuāchǎng [명]인쇄소 **文具店** wénjùdiàn [명]문구점 **家具店** jiājudiàn [명]가구점 **支** zhī [양]자루[막대 모양의 물건을 세는 단위] **挑** tiāo [동]고르다 **结账** jiézhàng [동]계산하다 **发生** fāshēng [동]일어나다

3

A 男的喜欢免费讲座	A 남자는 무료 강좌를 좋아한다
B 男的打算去听讲座	**B 남자는 강좌를 들으러 가려 한다**
C 女的最近工作压力大	C 여자는 최근 업무 스트레스가 크다
D 他们需要一起写报告	D 그들은 함께 보고서를 써야 한다

女：你最近赶项目压力很大吧？下午有个免费讲座叫"如何提高心理承受力"，你可以去听一下。	여: 너 최근 프로젝트 서두르느라 스트레스가 크지? 오후에 '어떻게 심리적 인내력을 높이는가'라는 무료 강좌가 있는데, 가서 들어 봐.
男：谢谢，我会去的，也顺便学学怎么缓解压力。	남: 고마워, 가 볼게, 그러는 김에 어떻게 스트레스를 해소하는지도 좀 배워야겠어.
问：根据对话，下列哪项正确？	질문: 대화에 근거하여, 다음 중 옳은 것은?

해설　제시된 선택지가 모두 사람의 상태·상황을 나타내므로, 화자 또는 제3자의 상태나 처한 상황과 관련된 내용을 주의 깊게 듣는다. 대화에서 여자가 下午有个免费讲座……你可以去听一下라고 하자, 남자가 고맙다며 我会去的라고 했다. 질문이 대화에 근거하여 옳은 것을 물었으므로, 여자가 말한 무료 강좌에 남자가 가 보겠다는 내용을 통해 알 수 있는 B 男的打算去听讲座를 정답으로 고른다.

어휘　讲座 jiǎngzuò 圈강좌　压力 yālì 圈스트레스　报告 bàogào 圈보고서　赶 gǎn 圈서두르다　项目 xiàngmù 圈프로젝트
如何 rúhé 団어떻다　心理 xīnlǐ 圈심리　承受力 chéngshòulì 圈인내력　顺便 shùnbiàn 団~하는 김에
缓解 huǎnjiě 圈해소하다

4

A 一本书　　　B 一部电影	**A 책 한 권**　　　B 영화 한 편
C 一场表演　　D 一项爱好	C 한 차례 공연　　D 한 가지 취미

男：你在看这部小说啊？听说它最近被拍成电影了。	남: 너 지금 이 소설을 읽고 있니? 듣자 하니 이거 최근에 영화로 촬영됐다고 하더라.
女：是啊，写得的确不错，可以说是我看过的书中最好的一本了，想推荐给你。	여: 맞아, 확실히 잘 썼어. 내가 본 책 중에서 가장 좋은 책이라고 할 수 있어. 너한테 추천해 주고 싶어.
问：他们在谈论什么？	질문: 그들은 무엇을 이야기하고 있는가?

해설　제시된 선택지가 모두 명사구이므로, 대화의 주제나 중심 소재 및 각 선택지와 관련된 내용을 주의 깊게 듣는다. 대화에서 남자가 你在看这部小说啊?라며 이 책은 최근에 영화로 촬영되었다고 하자, 여자가 可以说是我看过的书中最好的一本了라고 했다. 질문이 그들은 무엇을 이야기하고 있는지를 물었으므로, A 一本书를 정답으로 고른다. 참고로, 남자가 언급한 电影을 듣고, B를 정답으로 고르지 않도록 주의한다.

어휘　表演 biǎoyǎn 圈공연하다　小说 xiǎoshuō 圈소설　拍 pāi (사진이나 영상을) 촬영하다　的确 díquè 団확실히
推荐 tuījiàn 圈추천하다

5

A 没人能理解他	A 그를 이해할 수 있는 사람이 없다
B 没有什么朋友	B 아무런 친구가 없다
C 父母没时间陪他	C 부모님은 그와 함께할 시간이 없다
D 没有其他兄弟姐妹	**D 다른 형제자매가 없다**

女: 认识你这么长时间了，我却不知道你的情况。你有兄弟姐妹吗？		여: 너를 이렇게 오랫동안 알고 지냈는데도 나는 너의 상황을 모르네. 너는 형제자매가 있니?	
男: 没有，我家只有我一个孩子，所以有时候挺寂寞的。		남: 없어. 우리 집에 나 혼자뿐이라서, 가끔씩 매우 외로워.	
问: 男的为什么会觉得寂寞？		질문: 남자는 왜 외롭다고 느끼는가?	

해설 제시된 선택지가 모두 사람의 상태·상황을 나타내므로, 화자 또는 제3자의 상태나 처한 상황과 관련된 내용을 주의 깊게 듣는다. 대화에서 여자가 你有兄弟姐妹吗?라고 묻자, 남자가 没有, 我家只有我一个孩子, 所以有时候挺寂寞的。라고 했다. 질문이 남자가 외롭다고 느끼는 이유를 물었으므로, D 没有其他兄弟姐妹를 정답으로 고른다.

어휘 理解 lǐjiě 통 이해하다 陪 péi 통 함께하다 兄弟姐妹 xiōngdì jiěmèi 명 형제자매 情况 qíngkuàng 명 상황 挺 tǐng 분 매우 寂寞 jìmò 형 외롭다

6

A 觉得太甜了	B 胃口不太好	A 너무 달다고 생각한다	B 입맛이 별로 좋지 않다
C 喝了不舒服	D 已经过期了	**C 마시고 몸이 불편하다**	D 이미 기한이 지났다

男: 咱们喝点儿东西吧。这家现榨的花生露很有特色，你可以尝尝。		남: 우리 뭐 좀 마시자. 이 가게의 즉석에서 짠 화성루는 아주 특색이 있어, 너 한 번 맛 봐봐.	
女: 我还是要橙汁吧，花生会让我浑身发痒。		여: 난 그래도 오렌지 주스로 할래, 땅콩은 내 온몸을 가렵게 해.	
问: 女的为什么不喝花生露？		질문: 여자는 왜 화성루를 마시지 않는가?	

해설 제시된 선택지가 모두 사람이나 특정 대상의 상태·상황을 나타내므로, 이와 관련된 내용을 주의 깊게 듣는다. 대화에서 남자가 这家现榨的花生露……你可以尝尝이라고 하자, 여자가 오렌지 주스를 마시겠다며 花生会让我浑身发痒이라고 했다. 질문이 여자가 화성루를 마시지 않는 이유를 물었으므로, 让我浑身发痒이라는 표현을 통해 유추할 수 있는 C 喝了不舒服를 정답으로 고른다.

어휘 胃口 wèikǒu 명 입맛 过期 guòqī 통 기한이 지나다 咱们 zánmen 대 우리(들) 现榨 xiànzhà 통 즉석에서 짜다 花生露 huāshēnglù 화성루[땅콩음료] 特色 tèsè 명 특색 尝 cháng 통 맛보다 橙汁 chéngzhī 명 오렌지 주스 花生 huāshēng 명 땅콩 浑身 húnshēn 명 온몸 发痒 fāyǎng 통 가렵게 되다

7

A 花盆小	B 缺乏营养	A 화분이 작다	B 영양이 결핍되었다
C 浇水过多	D 气温太低	**C 물을 너무 많이 줬다**	D 기온이 너무 낮다

女: 要多给向日葵晒太阳，另外，不能浇太多水，不然花会死得很快。		여: 해바라기에게 햇볕을 많이 쬐어 주어야 하고, 이 외에는 너무 많은 물을 주면 안 돼, 그렇지 않으면 꽃이 빨리 죽을 수 있어.	
男: 哎呀，这个我还真不知道，怪不得我的那棵向日葵没过两天就死了呢。		남: 아이고, 이걸 나는 정말 모르고 있었네, 어쩐지 내가 심은 그 해바라기가 이틀도 안 돼서 죽었더라니.	
问: 男的种的向日葵为什么死了？		질문: 남자가 심은 해바라기는 왜 죽었는가?	

해설 제시된 선택지가 모두 특정 대상의 상태·상황을 나타내므로, 이와 관련된 내용을 주의 깊게 듣는다. 대화에서 여자가 要多给向日葵晒太阳,……不能浇太多水, 不然花会死得很快라고 하자, 남자가 이것을 몰랐다며, 어쩐지 자신이 심은 해바라

기가 이틀도 안 돼서 죽었다고 했다. 질문이 남자가 심은 해바라기가 죽은 이유를 물었으므로, C 浇水过多를 정답으로 고른다.

* 바꾸어 표현 浇太多水 너무 많은 물을 주다 → 浇水过多 물을 너무 많이 주다

어휘 花盆 huāpén 圈화분 缺乏 quēfá 圈결핍되다 营养 yíngyǎng 圈영양 浇 jiāo 圈물을 주다 气温 qìwēn 圈기온
低 dī (높이·등급·정도 등이) 낮다 向日葵 xiàngrìkuí 圈해바라기 晒 shài 圈햇볕을 쬐다 另外 lìngwài 圈이 외에
不然 bùrán 圈그렇지 않으면 死 sǐ 圈죽다 哎呀 āiyā 圈아이고 怪不得 guàibude 圈어쩐지 棵 kē 圈그루

8

A 签租房合同	A 임대 계약서에 서명한다
B 购买一套窗帘	B 커튼을 구매한다
C 咨询装修公司	**C 인테리어 회사에 문의한다**
D 把家具搬到新家	D 가구를 새집에 옮겨 놓는다

男：老婆，我们下个月就要搬到新家了，你 觉得咱家怎么装饰比较好？

女：我喜欢简单大方的风格，要不先咨询一 下专业的装修公司吧。

问：女的建议男的做什么？

남: 여보, 우리 다음 달이면 새집으로 이사를 가는데, 당 신은 우리 집을 어떻게 꾸며야 비교적 좋을 것 같아?

여: 나는 심플하고 고상한 스타일이 좋아. 아니면 먼저 전문적인 인테리어 회사에 한번 문의해 보자.

질문: 여자는 남자에게 무엇을 하라고 제안했는가?

해설 제시된 선택지가 모두 행동과 관련된 동사로 구성된 문제이므로, 화자 또는 제3자의 행동과 관련된 내용을 주의 깊게 듣는 다. 대화에서 남자가 이사가는 새집을 어떻게 꾸미면 좋을지를 묻자, 여자가 要不先咨询一下专业的装修公司吧라고 했 다. 질문이 여자는 남자에게 무엇을 하라고 제안했는지를 물었으므로, C 咨询装修公司를 정답으로 고른다.

어휘 签 qiān 圈서명하다 租房合同 zūfáng hétong 임대 계약서 购买 gòumǎi 圈구매하다 窗帘 chuānglián 圈커튼
咨询 zīxún 圈문의하다 装修 zhuāngxiū 圈인테리어 하다 家具 jiājù 圈가구 老婆 lǎopo 圈여보, 아내
装饰 zhuāngshì 圈꾸미다 大方 dàfang 圈(스타일·색깔이) 고상하다 风格 fēnggé 圈스타일 要不 yàobù 圈아니면
专业 zhuānyè 圈전문

9

A 激动	B 平静	A 감격스럽다	B 평온하다
C 遗憾	D 不安	C 유감스럽다	D 불안하다

女：哇，原来月牙泉的景色这么美，旁边的 建筑也很有特色。我终于看到了"沙漠 第一泉"，真让人兴奋！

男：是啊，这儿是敦煌最著名的景点之一。 我就知道你会喜欢！

问：女的现在心情怎么样？

여: 와, 알고 보니 웨야취안의 풍경이 이렇게 아름다웠구 나, 옆의 건축물도 아주 특색 있어. 내가 드디어 '사 막 제일의 샘'을 봤네, 정말 흥분돼!

남: 그래, 이곳은 둔황에서 가장 유명한 명소 중 하나야. 네가 좋아할 줄 알았어!

질문: 여자는 지금 기분이 어떠한가?

해설 제시된 선택지가 모두 사람의 태도나 감정을 나타내므로, 대화에서 언급되는 화자 또는 제3자의 어투·태도·감정과 관련된 내용을 주의 깊게 듣는다. 대화에서 여자가 我终于看到了"沙漠第一泉"，真让人兴奋!이라고 했다. 질문이 여자는 지금 기 분이 어떠한지를 물었으므로, 真让人兴奋이라는 표현을 통해 유추할 수 있는 A 激动을 정답으로 고른다.

어휘 激动 jīdòng 圈감격스럽다 平静 píngjìng 圈평온하다 遗憾 yíhàn 圈유감스럽다 不安 bù'ān 圈불안하다 哇 wā 四와, 우와
原来 yuánlái 圈알고 보니 月牙泉 Yuèyáquán 교웨야취안[월아천, 초승달 모양의 호수] 景色 jǐngsè 圈풍경
建筑 jiànzhù 圈건축물 特色 tèsè 圈특색 沙漠 shāmò 圈사막 泉 quán 圈샘 兴奋 xīngfèn 圈흥분하다
敦煌 Dūnhuáng 교둔황[돈황, 간쑤성(甘肃省)에 위치한 도시] 著名 zhùmíng 圈유명하다 景点 jǐngdiǎn 圈명소
心情 xīnqíng 圈기분

10

A 手工地毯质量不好	A 수제 카펫의 품질이 좋지 않다
B 卧室里不能铺地毯	B 침실 안에는 카펫을 깔 수 없다
C 欧洲的地毯更便宜	C 유럽의 카펫이 더 싸다
D 男的没必要买地毯	**D 남자는 카펫을 살 필요가 없다**

男: 这家店的地毯是手工制作的, 咱们买一张放在卧室吧。

女: 阳台上还有你从欧洲买回来的地毯呢, 怎么不用它?

问: 女的是什么意思?

남: 이 가게의 카펫은 수제로 제작됐어. 우리 한 장 사서 침실에 두자.

여: 베란다에 네가 유럽에서 사 온 카펫이 하나 있잖아. 왜 그건 사용하지 않니?

질문: 여자의 말은 무슨 의미인가?

해설 제시된 선택지가 모두 사람이나 특정 대상의 상태·상황을 나타내므로, 이와 관련된 내용을 주의 깊게 듣는다. 대화에서 남자가 수제로 된 카펫을 사서 침실에 두자고 하자, 여자가 阳台上还有你从欧洲买回来的地毯呢, 怎么不用它?라고 했다. 질문이 여자의 말은 무슨 의미인지를 물었으므로, 怎么不用它라는 표현을 통해 유추할 수 있는 D 男的没必要买地毯을 정답으로 고른다.

어휘 手工 shǒugōng 몡 수제, 수공(손 기술로 하는 공예) 地毯 dìtǎn 몡 카펫 质量 zhìliàng 몡 품질 卧室 wòshì 몡 침실 铺 pū 통 (물건을) 깔다 欧洲 Ōuzhōu 고유 유럽 必要 bìyào 몡 필요하다 制作 zhìzuò 통 제작하다 阳台 yángtái 몡 베란다

11

A 安慰孩子	B 拉上窗帘	A 아이를 위로한다	B 커튼을 친다
C 关掉显示屏	**D 调低音乐声音**	C 모니터를 끈다	**D 음악 소리를 낮춘다**

女: 不好意思, 您能把音乐声调小一点儿吗? 我的孩子在睡觉呢。

男: 对不起, 吵到你们了, 我这就把音乐关掉。

问: 女的要求男的做什么?

여: 미안하지만 음악 소리 좀 줄여 주실 수 있나요? 제 아이가 자고 있어서요.

남: 죄송해요, 시끄럽게 했네요. 제가 음악을 바로 끌게요.

질문: 여자는 남자에게 무엇을 해 달라고 요구하는가?

해설 제시된 선택지가 모두 행동과 관련된 동사로 구성된 문제이므로, 화자 또는 제3자의 행동과 관련된 내용을 주의 깊게 듣는다. 대화에서 여자가 您能把音乐声调小一点儿吗?라고 하자, 남자가 죄송하다며 음악을 바로 끄겠다고 했다. 질문이 여자는 남자에게 무엇을 해 달라고 요구하는지를 물었으므로, D 调低音乐声音을 정답으로 고른다.

* 바꾸어 표현 把音乐声调小 음악 소리를 줄이다 → 调低音乐声音 음악 소리를 낮추다

어휘 安慰 ānwèi 통 위로하다 拉 lā 통 치다 窗帘 chuānglián 몡 커튼 关掉 guāndiào 끄다 显示屏 xiǎnshìpíng 몡 모니터 调低 tiáodī 통 (조절하여) 낮추다 吵 chǎo 톙 시끄럽다

12

A 经理	B 咨询师	A 매니저	B 상담사
C 物理学家	**D 技术专家**	C 물리학자	**D 기술 전문가**

男: 明天上午技术方面的专家过来开会, 老板让你也参加会议, 一起分析新数据。

女: 好的, 那我需要准备什么资料呢?

问: 女的明天和谁开会?

남: 내일 오전에 기술 방면의 전문가가 와서 회의를 하는데, 사장님께서 당신도 회의에 참석해서, 함께 새로운 데이터를 분석하라고 하셨어요.

여: 네, 그러면 저는 어떤 자료를 준비해야 하나요?

질문: 여자는 내일 누구와 회의를 하는가?

해설 제시된 선택지가 모두 직업·신분을 나타내므로, 직업·신분과 관련된 내용을 주의 깊게 듣는다. 대화에서 언급된 **技术方面的专家过来开会**, **老板让你也参加会议**를 토대로 기술 방면의 전문가와 하는 회의에 여자도 참석함을 알 수 있다. 질문이 여자는 내일 누구와 회의를 하는지를 물었으므로, D 技术专家를 정답으로 고른다.

어휘 **咨询师** zīxúnshī 몡상담사 **物理学家** wùlǐxuéjiā 물리학자 **技术** jìshù 몡기술 **专家** zhuānjiā 몡전문가
方面 fāngmiàn 몡방면 **老板** lǎobǎn 몡사장, 주인 **分析** fēnxī 몡분석하다 **数据** shùjù 몡데이터 **资料** zīliào 몡자료

13

A 角色的选择	B 故事的结局	A 캐릭터의 선택	B 이야기의 결말
C 色彩的运用	D 服装的设计	**C 색채의 활용**	D 의상의 디자인

女：你看过这部电影吗？它的角色选择和服装设计都很棒。

男：看过，但我最欣赏的是导演对色彩的运用。

问：对于这部电影，男的最喜欢什么？

여: 너는 이 영화를 본 적이 있니? 이것의 캐릭터 선택과 의상 디자인이 모두 뛰어나더라.

남: 본 적 있어. 하지만 내가 가장 마음에 드는 것은 감독의 색채 활용이야.

질문: 이 영화에 대해, 남자는 무엇을 가장 좋아하는가?

해설 제시된 선택지가 모두 명사구이므로, 대화의 주제나 중심 소재 및 각 선택지와 관련된 내용을 주의 깊게 듣는다. 대화에서 여자가 이 영화는 캐릭터 선택과 의상 디자인이 모두 뛰어나다고 하자, 남자가 **我最欣赏的是导演对色彩的运用**이라고 했다. 질문이 이 영화에 대해 남자는 무엇을 가장 좋아하는지를 물었으므로, C 色彩的运用을 정답으로 고른다. 참고로, 여자가 언급한 **角色选择**와 **服装设计**를 듣고, A 또는 D를 정답으로 고르지 않도록 주의한다.

어휘 **角色** juésè 몡캐릭터 **结局** jiéjú 몡결말 **色彩** sècǎi 몡색채 **运用** yùnyòng 몡활용하다 **服装** fúzhuāng 몡의상
设计 shèjì 몡디자인 **棒** bàng 톙뛰어나다 **欣赏** xīnshǎng 몡마음에 들다 **导演** dǎoyǎn 몡감독

14

A 工厂建成了	B 材料写完了	A 공장이 건설되었다	B 자료를 다 적었다
C 主持人选好了	**D 宣传单印好了**	C 사회자가 뽑혔다	**D 광고 전단지가 다 인쇄되었다**

男：宣传单都印刷好了吗？国庆节快到了，时间挺紧的。

女：主任，您放心，工厂那边下午就能送过来。

问：女的为什么让男的放心？

남: 광고 전단지는 다 인쇄됐어요? 국경절이 곧 다가오니 시간이 매우 촉박하네요.

여: 주임님, 안심하세요, 공장 쪽에서 오후에 바로 보내줄 수 있어요.

질문: 여자는 왜 남자에게 안심하라고 하는가?

해설 제시된 선택지가 모두 특정 대상의 상태·상황을 나타내므로, 이와 관련된 내용을 주의 깊게 듣는다. 대화에서 남자가 **宣传单都印刷好了吗?**라고 물으며 시간이 촉박하다고 하자, 여자가 **您放心**, **工厂那边下午就能送过来**라고 답했다. 질문이 여자가 남자에게 안심하라고 한 이유를 물었으므로, 여자의 말을 통해 알 수 있는 D 宣传单印好了를 정답으로 고른다.

어휘 **工厂** gōngchǎng 몡공장 **建成** jiànchéng 몡건설하다 **材料** cáiliào 몡자료 **主持人** zhǔchírén 몡사회자
宣传单 xuānchuándān 몡광고 전단지 **印刷** yìnshuā 몡인쇄하다 **国庆节** Guóqìngjié 고유국경절 **挺** tǐng 튀매우
紧 jǐn 톙촉박하다 **主任** zhǔrèn 몡주임

15

A 花束和蛋糕	B 耳环和戒指	**A 꽃다발과 케이크**	B 귀고리와 반지
C 衣服和鞋子	D 蛋糕和围巾	C 옷과 신발	D 케이크와 목도리

女: 妇女节你给阿姨准备了什么礼物？让我参考一下。	여: 세계 여성의 날에 너는 어머님께 어떤 선물을 준비했어? 내가 참고 좀 하게 해 줘.
男: 我在网上给她预订了一束花和一个蛋糕，她最喜欢吃蛋糕了。	남: 나는 인터넷에서 그녀에게 줄 꽃 한 다발과 케이크 하나를 주문했어, 그녀는 케이크 먹는 것을 가장 좋아해.
问: 男的准备了什么礼物？	질문: 남자는 어떤 선물을 준비했는가?

해설   제시된 선택지가 모두 명사구이므로, 대화의 주제나 중심 소재 및 각 선택지와 관련된 내용을 주의 깊게 듣는다. 대화에서 여자가 남자에게 세계 여성의 날에 어머님께 어떤 선물을 준비했냐고 묻자, 남자가 我在网上给她预订了一束花和一个蛋糕라고 답했다. 질문이 남자는 어떤 선물을 준비했는지를 물었으므로, A花束和蛋糕를 정답으로 고른다.

어휘   花束 huāshù 圆꽃다발   耳环 ěrhuán 圆귀고리   戒指 jièzhi 圆반지   围巾 wéijīn 圆목도리
     妇女节 Fùnǚjié 교위세계 여성의 날[부녀절]   参考 cānkǎo 圆참고하다   预订 yùdìng 圆주문하다   束 shù 圆다발

16

A 身体容易疲劳	A 몸이 쉽게 피곤해진다
B 收取的费用过高	B 받는 비용이 너무 높다
C 活动内容不丰富	C 활동 내용이 풍부하지 않다
D 活动过多影响学习	**D 활동이 너무 많아 학습에 영향을 준다**

男: 你平时参加那么多志愿者活动，会不会耽误学习啊？	남: 당신은 평소에 그렇게 많은 자원봉사자 활동에 참가하는데, 공부하는데 지장을 주지는 않나요?
女: 我能平衡好两者的关系，而且志愿者经历对我的学习也有好处。	여: 저는 둘의 관계를 균형 잡히게 할 수 있어요. 게다가 자원봉사자 경험은 제 공부에도 도움이 돼요.
问: 男的担心什么？	질문: 남자는 무엇을 걱정하는가?

해설   제시된 선택지가 모두 사람이나 특정 대상의 상태·상황을 나타내므로, 이와 관련된 내용을 주의 깊게 듣는다. 대화에서 남자가 여자에게 你平时参加那么多志愿者活动, 会不会耽误学习啊?라고 묻자, 여자가 둘의 관계를 균형 잡히게 할 수 있다고 답했다. 질문이 남자는 무엇을 걱정하는지를 물었으므로, D 活动过多影响学习를 정답으로 고른다.

* 바꾸어 표현   耽误学习 학습에 지장을 주다 → 影响学习 학습에 영향을 주다

어휘   疲劳 píláo 圆피곤하다   收取 shōuqǔ 圆받다   费用 fèiyong 圆비용   活动 huódòng 圆활동   内容 nèiróng 圆내용
     丰富 fēngfù 圆풍부하다   志愿者 zhìyuànzhě 圆자원봉사자   耽误 dānwu 圆지장을 주다   平衡 pínghéng 圆균형 잡히게 하다
     经历 jīnglì 圆경험   好处 hǎochu 圆도움, 이로운 점

17

A 包里	**B 抽屉里**	A 가방 안	**B 서랍 안**
C 床头上	D 窗户上	C 침대 머리맡	D 창문 위

女: 这个手电筒该换电池了，我试过几次，但还是不能用。	여: 이 손전등 건전지를 바꿔야겠어요, 제가 몇 번 시도해 보았는데, 그래도 쓸 수 없네요.
男: 前几天刚换过，怎么已经用光了？我抽屉里有个备用的电池，拿去用吧。	남: 며칠 전에 바꿨는데, 어째서 이미 다 쓴 거죠? 제 서랍에 예비용 건전지가 있으니 가져가 쓰세요.
问: 备用的电池在哪儿？	질문: 예비용 건전지는 어디에 있는가?

해설　제시된 선택지에 里(안), 上(위)이 사용되었으므로, 특정 대상의 위치를 파악하면서 대화를 듣는다. 대화에서 여자가 이 손전등 건전지를 바꿔야겠다고 말하자, 남자가 **我抽屉里有个备用的电池，拿去用吧。**라고 했다. 질문이 예비용 건전지는 어디에 있는지를 물었으므로, B 抽屉里를 정답으로 고른다.

어휘　**抽屉** chōuti 圐서랍　**床头** chuángtóu 圐침대 머리맡　**窗户** chuānghu 圐창문　**手电筒** shǒudiàntǒng 圐손전등
电池 diànchí 圐건전지　**备用** bèiyòng 圐예비하다, 사용을 위해 준비하다

18

A 善于挑战　　　　　　　　　　　　　A 도전에 능하다

B 很受欢迎　　　　　　　　　　　　　B 인기가 많다

C 对读者十分友好　　　　　　　　　　C 독자에게 매우 우호적이다

D 写作时注重细节　　　　　　　　　**D 글을 쓸 때 디테일을 중시한다**

男：这篇文章的细节描写得真不错，值得一　　남: 이 글의 디테일은 정말 훌륭하게 묘사되었어. 한번
　　看。　　　　　　　　　　　　　　　　볼 만해.

女：嗯，这个作家的写作风格就是这样，比　　여: 응, 이 작가의 글 쓰는 스타일이 딱 이래, 비교적 디
　　较注重细节。　　　　　　　　　　　　테일을 중시해.

问：女的认为那个作家怎么样？　　　　　　질문: 여자는 그 작가가 어떻다고 생각하는가?

해설　제시된 선택지가 모두 사람의 상태·상황을 나타내므로, 화자 또는 제3자의 상태나 처한 상황과 관련된 내용을 주의 깊게 듣는다. 대화에서 남자가 이 글의 디테일은 훌륭하게 묘사되었다고 하자, 여자가 **这个作家的写作风格……比较注重细节**라고 했다. 질문이 여자는 그 작가가 어떻다고 생각하는지를 물었으므로, D 写作时注重细节를 정답으로 고른다.

어휘　**善于** shànyú 圐~에 능하다　**挑战** tiǎozhàn 圐도전하다　**读者** dúzhě 圐독자　**友好** yǒuhǎo 圐우호적이다
写作 xiězuò 圐글을 쓰다　**注重** zhùzhòng 圐중시하다　**细节** xìjié 圐디테일　**文章** wénzhāng 圐글
描写 miáoxiě 圐묘사하다　**值得** zhídé 圐~할 만하다　**嗯** èng 圑응, 그래　**作家** zuòjiā 圐작가　**风格** fēnggé 圐스타일

19

A 系领带不舒服　　　　　　　　　　　A 넥타이를 매는 것은 불편하다

B 期待和同学拍合影　　　　　　　　　B 학우들과 단체 사진 찍는 것을 기대한다

C 对黑白搭配感到满意　　　　　　　　C 흑백 조합에 만족을 느낀다

D 不赞成穿统一的服装　　　　　　　**D 통일된 복장을 입는 것에 찬성하지 않는다**

女：明天咱们班要拍合影，大家都统一穿白　　여: 내일 우리 반은 단체 사진을 찍어야 하니, 모두 통일
　　衬衫黑裤子吧，男生都系领带。　　　　해서 흰 셔츠에 검은 바지를 입자, 남학생은 모두 넥
　　　　　　　　　　　　　　　　　　　　타이를 매고.

男：我倒觉得随意点儿更好，统一的服装看　　남: 나는 오히려 마음대로 입는 것이 더 좋다고 생각하는
　　起来没有特色。　　　　　　　　　　　데, 통일된 복장은 특색이 없어 보여.

问：男的是什么意思？　　　　　　　　　질문: 남자의 말은 무슨 의미인가?

해설　제시된 선택지가 모두 사람의 태도나 감정을 나타내므로, 대화에서 언급되는 화자 또는 제3자의 어투·태도·감정과 관련된 내용을 주의 깊게 듣는다. 대화에서 여자가 통일된 복장을 입고 단체 사진을 찍자고 하자, 남자가 **我倒觉得随意点儿更好，统一的服装看起来没有特色。**라고 했다. 질문이 남자의 말은 무슨 의미인지를 물었으므로, 我倒觉得……라는 표현을 통해 유추할 수 있는 D 不赞成穿统一的服装을 정답으로 고른다.

어휘　**系领带** jì lǐngdài 넥타이를 매다　**期待** qīdài 圐기대하다　**拍** pāi 圐(사진이나 영상을) 찍다　**合影** héyǐng 圐단체 사진
搭配 dāpèi 圐조합　**赞成** zànchéng 圐찬성하다　**统一** tǒngyī 圐통일되다 圐통일하다　**服装** fúzhuāng 圐복장
咱们 zánmen 圑우리(들)　**倒** dào 圐오히려　**随意** suíyì 圐마음대로　**特色** tèsè 圐특색

20

A 按时吃药	A 제때에 약을 먹는다
B 多喝白开水	B 끓인 맹물을 많이 마신다
C 下班后买玩具	**C 퇴근 후에 장난감을 산다**
D 出席今天的晚宴	D 오늘의 저녁 연회에 참석한다

男：今天老板让我加班，晚上我不回家吃饭了。	남: 오늘 사장님이 나에게 야근을 하라고 하셔서, 저녁에 나는 집에 가서 밥을 먹지 못하게 되었어.
女：好的。小虎今天考试没考好，心情很糟糕，你回家时给他买个玩具吧。	여: 알았어. 샤오후가 오늘 시험을 잘 못 봐서 기분이 안 좋아. 당신이 집에 올 때 그에게 장난감을 하나 사다 줘 봐.
问：女的希望男的做什么？	질문: 여자는 남자가 무엇을 하기를 바라는가?

해설 제시된 선택지가 모두 행동과 관련된 동사로 구성된 문제이므로, 화자 또는 제3자의 행동과 관련된 내용을 주의 깊게 듣는다. 대화에서 남자가 여자에게 오늘 저녁에 집에 가서 밥을 먹을 수 없다고 하자, 여자가 알았다고 하며 샤오후가 시험을 못 봐서 기분이 안 좋으니, 你回家时给他买个玩具吧라고 했다. 질문이 여자는 남자가 무엇을 하기를 바라는지를 물었으므로, C 下班后买玩具를 정답으로 고른다.

어휘 按时 ànshí 圆제때에 白开水 báikāishuǐ 圆끓인 맹물 玩具 wánjù 圆장난감 出席 chūxí 圆참석하다
晚宴 wǎnyàn 圆저녁 연회 老板 lǎobǎn 圆사장 加班 jiābān 圆야근하다 心情 xīnqíng 圆기분
糟糕 zāogāo 圆(기분·상황이) 안 좋다

21

A 母子	B 邻居	A 엄마와 아들	B 이웃
C 总裁和员工	D 售货员和顾客	C 총재와 직원	D 판매원과 고객

女：行李都收拾好了吗？我看你的充电器还在客厅。	여: 짐 정리는 모두 다 했니? 네 충전기가 아직 거실에 있는 것 봤는데.
男：哎呀！差点儿忘了！	남: 아이고! 하마터면 잊을 뻔했네요!
女：长途飞行耗费精力，今晚你得早点儿休息。	여: 장거리 비행은 체력이 소모되니까, 오늘 저녁에 너는 일찍 쉬어야 해.
男：妈，您就别操心了，我已经成年了，能照顾好自己。	남: 엄마, 걱정하지 마세요, 저는 이미 성인이고, 스스로를 잘 돌볼 수 있어요.
问：他们最可能是什么关系？	질문: 그들은 어떤 관계일 가능성이 가장 큰가?

해설 제시된 선택지가 모두 인물 간의 관계를 나타내므로, 인물 관계를 파악하면서 대화를 듣는다. 대화에서 언급된 妈，您就别操心了를 토대로 두 화자는 엄마와 아들 관계임을 알 수 있다. 질문이 그들은 어떤 관계일 가능성이 가장 큰지를 물었으므로, A 母子를 정답으로 고른다.

어휘 总裁 zǒngcái 圆총재 员工 yuángōng 圆직원 售货员 shòuhuòyuán 圆판매원 顾客 gùkè 圆고객 行李 xíngli 圆짐
收拾 shōushi 圆정리하다 充电器 chōngdiànqì 圆충전기 客厅 kètīng 圆거실 哎呀 āiyā 圆아이고[놀라움을 나타냄]
差点儿 chàdiǎnr 圆하마터면 长途 chángtú 圆장거리의 飞行 fēixíng 圆비행 耗费 hàofèi 圆소모되다 精力 jīnglì 圆체력, 힘
操心 cāoxīn 圆걱정하다 成年 chéngnián 圆성인

22

A 付费方式	**B 手机话费**	A 요금을 내는 방식	**B 휴대폰 통화 요금**
C 套餐的种类	D 营业厅的位置	C 요금제의 종류	D 영업점의 위치

男：您好，您想办什么业务？	남: 안녕하세요, 어떤 업무를 처리하고 싶으신가요?
女：我前几天刚充了一百块，没过几天手机又欠费了，想查一下话费清单。	여: 제가 며칠 전에 100위안을 막 충전했는데, 며칠 지나지 않아 휴대폰이 또 요금이 부족해서, 통화 요금 명세서를 확인하고 싶습니다.
男：我看您大部分时间都是用手机上网，要不您办一下网络套餐吧，可以节省不少话费。	남: 제가 보기엔 선생님은 대부분 시간에 휴대폰으로 인터넷을 하시는 것 같습니다. 아니면 인터넷 요금제를 드는 것은 어떠신가요, 적지 않은 통화 요금을 절약할 수 있습니다.
女：好的，那我现在就办。	여: 좋아요, 지금 바로 신청할게요.
问：女的在咨询什么？	질문: 여자는 무엇을 물어보고 있는가?

해설　제시된 선택지가 모두 명사구이므로, 대화의 주제나 중심 소재 및 각 선택지와 관련된 내용을 주의 깊게 듣는다. 대화에서 남자가 어떤 업무를 처리하고 싶은지를 묻자, 여자가 我前几天刚充了一百块, 没过几天手机又欠费了, 想查一下话费清单。이라고 답했다. 질문이 여자는 무엇을 물어보고 있는지를 물었으므로, B 手机话费를 정답으로 고른다.

어휘　**付费** fùfèi 圖요금을 내다　**方式** fāngshì 圖방식　**话费** huàfèi 圖통화 요금　**套餐** tàocān 圖요금제, 세트 메뉴
种类 zhǒnglèi 圖종류　**营业厅** yíngyètīng 圖영업점　**位置** wèizhi 圖위치　**业务** yèwù 圖업무　**欠费** qiànfèi 圖요금이 부족하다
清单 qīngdān 圖명세서　**要不** yàobù 圖아니면　**网络** wǎngluò 圖인터넷　**节省** jiéshěng 圖절약하다　**咨询** zīxún 圖물어보다

23

A 活动被取消了	A 행사가 취소되었다
B 天气预报不太准	B 일기 예보는 그다지 정확하지 않다
C 夏天的温度太高了	C 여름의 온도가 너무 높아졌다
D 要朗读的内容太复杂	D 낭독해야 할 내용이 너무 복잡하다

女：下周五的户外中文朗读比赛取消了，你知道吗？	여: 다음 주 금요일의 야외 중국어 낭독 대회가 취소되었어, 너 알고 있니?
男：为什么啊？我都期待很久了。	남: 왜? 나는 오랫동안 기대하고 있었는데.
女：据说是因为那天温度会达到40度。	여: 듣자 하니 그날 온도가 40도에 이를 수 있기 때문이래.
男：太热了，的确不适合办比赛。不过还是很遗憾啊。	남: 너무 덥네, 확실히 대회를 치르기에는 적절하지 않겠다. 그런데 여전히 아쉬워.
问：男的为什么遗憾？	질문: 남자는 왜 아쉬운가?

해설　제시된 선택지가 모두 특정 대상의 상태·상황을 나타내므로, 이와 관련된 내용을 주의 깊게 듣는다. 대화에서 여자가 户外中文朗读比赛取消了라고 하자, 남자가 我都期待很久了。라며 不过还是很遗憾啊。라고 했다. 질문이 남자가 아쉬워하는 이유를 물었으므로, A 活动被取消了를 정답으로 고른다.

　＊ 바꾸어 표현　户外中文朗读比赛 야외 중국어 낭독 대회 → 活动 행사

어휘　**活动** huódòng 圖행사　**取消** qǔxiāo 圖취소하다　**天气预报** tiānqì yùbào 일기 예보　**准** zhǔn 圖정확하다
温度 wēndù 圖온도　**朗读** lǎngdú 圖낭독하다　**内容** nèiróng 圖내용　**户外** hùwài 圖야외　**期待** qīdài 圖기대하다
据说 jùshuō 圖듣자 하니 ~이라 한다　**达到** dádào 圖이르다　**的确** díquè 圖확실히　**适合** shìhé 圖적절하다
不过 búguò 圖그런데　**遗憾** yíhàn 圖아쉽다

24

A 在海关上班	A 세관에서 근무한다
B 驾驶技术不熟练	B 운전 기술이 능숙하지 않다
C 坐的是国际航班	**C 탄 것은 국제선이다**
D 穿着蓝色牛仔衬衫	D 파란색 청남방을 입고 있다

男：王女士，您好。公司安排我下午去机场接您，请问到时候怎么找您呢？	남: 왕 여사님, 안녕하세요. 회사에서 제가 오후에 공항에 가서 당신을 마중 나가도록 배정했습니다. 그때 어떻게 당신을 찾으면 될까요?
女：我穿了白色的衬衫和蓝色的牛仔裤。	여: 저는 흰색 셔츠와 파란색 청바지를 입었습니다.
男：好的，找不到的话就给您打电话。您的手机能在国内使用吗？	남: 알겠습니다. 못 찾으면 당신께 전화를 드리겠습니다. 당신의 휴대폰은 국내에서 사용할 수 있나요?
女：我不太确定。如果找不到我，就在国际航班一号出口等我吧。	여: 그다지 확실하지 않네요. 만약 저를 못 찾는다면, 국제선 1번 출구에서 저를 기다리세요.
问：关于女的，可以知道什么？	질문: 여자에 관하여, 무엇을 알 수 있는가?

해설 제시된 선택지가 모두 사람의 상태·상황을 나타내므로, 화자 또는 제3자의 상태나 처한 상황과 관련된 내용을 주의 깊게 듣는다. 대화에서 남자가 여자를 공항에서 맞이할 것인데 여자의 휴대폰을 국내에서도 사용할 수 있는지를 묻자, 여자가 확실하지 않다며 如果找不到我，就在国际航班一号出口等我吧.라고 했다. 질문이 여자에 관하여 알 수 있는 것을 물었으므로, 在国际航班一号出口等我라는 표현을 통해 알 수 있는 C 坐的是国际航班을 정답으로 고른다.

어휘 海关 hǎiguān 명 세관 驾驶 jiàshǐ 통 운전하다 技术 jìshù 명 기술 熟练 shúliàn 형 능숙하다
国际航班 guójì hángbān 국제선 牛仔衬衫 niúzǎi chènshān 청남방 女士 nǚshì 명 여사, 부인 安排 ānpái 통 배정하다
接 jiē 통 마중하다 牛仔裤 niúzǎikù 명 청바지 国内 guónèi 명 국내 使用 shǐyòng 통 사용하다 确定 quèdìng 형 확실하다
出口 chūkǒu 명 출구

25

A 收入比较高	A 수입이 비교적 높다
B 是朋友介绍的	B 친구가 소개해 준 것이다
C 为创业者提供平台	C 창업가를 위해 플랫폼을 제공한다
D 核心技术处于领先地位	**D 핵심 기술이 선두적 위치에 있다**

女：请你谈谈为什么选择我们企业。	여: 왜 우리 기업을 선택하셨는지 말씀 부탁드립니다.
男：贵公司的核心技术在信息技术领域是最先进的，这样的平台可以让我学到很多知识。	남: 귀사의 핵심 기술은 정보 기술 분야에서 가장 앞서 있는데, 이러한 플랫폼은 저로 하여금 많은 지식을 배울 수 있게 합니다.
女：那你觉得自己有什么优势？	여: 그러면 당신은 자신에게 어떤 장점이 있다고 생각하나요?
男：我适应能力很强，而且善于跟别人合作。	남: 저는 적응력이 강하고, 또한 다른 사람과 협력하는 것을 잘합니다.
问：男的为什么选择这个公司？	질문: 남자는 왜 이 회사를 선택했는가?

해설 제시된 선택지가 모두 사람이나 특정 대상의 상태·상황을 나타내므로, 이와 관련된 내용을 주의 깊게 듣는다. 대화에서 여자가 왜 우리 기업을 선택했는지를 묻자, 남자가 贵公司的核心技术在信息技术领域是最先进的.라고 답했다. 질문이 남자가 이 회사를 선택한 이유를 물었으므로, D 核心技术处于领先地位을 정답으로 고른다.

＊ 바꾸어 표현 最先进 가장 앞서다 → 处于领先地位 선두적 위치에 있다

어휘 **收入** shōurù 圓수입, 소득 **创业者** chuàngyèzhě 창업가 **提供** tígōng 圖제공하다 **平台** píngtái 圓플랫폼
核心 héxīn 圓핵심 **技术** jìshù 圓기술 **处于** chǔyú ~에 있다 **领先地位** lǐngxiān dìwèi 선두적 위치 **谈** tán 圖말하다
企业 qǐyè 圓기업 **信息** xìnxī 圓정보 **领域** lǐngyù 圓분야 **先进** xiānjìn 圓(남보다) 앞선 **知识** zhīshi 圓지식
优势 yōushì 圓장점 **适应能力** shìyìng nénglì 적응력 **善于** shànyú ~을 잘하다 **合作** hézuò 圓협력하다

26

A 价格上涨了	B 被醋损坏了	A 가격이 올랐다	B 식초에 의해 손상되었다
C 颜色变淡了	D 更加流行了	C 색깔이 연해졌다	D 더욱 유행되었다

男：你的珍珠项链真漂亮啊。不过这一颗好像有点儿问题。

女：别提了，上次吃饭的时候，我不小心把醋滴上去了，它就成这样了。

男：学化学的时候，老师说过醋可以把珍珠溶解掉。

女：怪不得它成这样了。以后我得小心了。

问：珍珠项链怎么了？

남: 네 진주 목걸이 정말 예쁘다. 그런데 이 알은 문제가 좀 있는 것 같네.

여: 말도 마, 저번에 밥 먹을 때 실수로 식초를 위에 떨어뜨렸는데, 바로 이렇게 되어 버렸어.

남: 화학을 배울 때, 선생님께서 식초는 진주를 녹여 버릴 수 있다고 말씀하셨어.

여: 어쩐지 이게 이렇게 됐더라. 다음에는 조심해야겠어.

질문: 진주 목걸이는 어떻게 되었는가?

해설 제시된 선택지가 특정 대상의 상태·상황을 나타내므로, 이와 관련된 내용을 주의 깊게 듣는다. 대화에서 남자가 **你的珍珠项链真漂亮啊。不过这一颗好像有点儿问题。**라고 하자, 여자가 **我不小心把醋滴上去了，它就成这样了**라고 했다. 질문이 진주 목걸이는 어떻게 되었는지를 물었으므로, 여자의 말을 통해 알 수 있는 B 被醋损坏了를 정답으로 고른다.

어휘 **价格** jiàgé 圓가격 **上涨** shàngzhǎng 오르다 **醋** cù 圓식초 **损坏** sǔnhuài 圓손상시키다 **淡** dàn 圓연하다
流行 liúxíng 유행하다 **珍珠** zhēnzhū 圓진주 **项链** xiàngliàn 圓목걸이 **不过** búguò 圓그런데 **颗** kē 圓알, 방울
好像 hǎoxiàng 圓마치 ~와(과) 같다 **提** tí 圓말을 꺼내다 **滴** dī (圓)(액체를 한 방울씩) 떨어뜨리다 **化学** huàxué 圓화학
溶解 róngjiě 圓녹이다 **怪不得** guàibude 어쩐지

27

A 向女朋友求婚	A 여자친구에게 프러포즈를 한다
B 拜访高中老师	B 고등학교 선생님을 찾아뵙는다
C 举办生日聚会	C 생일잔치를 연다
D 浏览有趣的网站	D 재미있는 웹 사이트를 둘러본다

女：我看你最近一直在浏览网站，你在找什么呢？

男：我在找一家高档餐厅。

女：那我给你推荐一家吧。你找高档餐厅干什么？

男：明天是我和女朋友两周年纪念日，我打算向她求婚。

问：男的明天要做什么？

여: 너 최근에 계속 웹 사이트를 둘러보던데, 뭘 찾는 중이야?

남: 나는 고급 식당을 찾고 있어.

여: 그럼 내가 너에게 한 곳을 추천해 줄게. 너 고급 식당을 찾아서 뭐 하려고?

남: 내일은 나와 여자친구의 2주년 기념일이야, 나는 그녀에게 프러포즈를 하려고 해.

질문: 남자는 내일 무엇을 하려고 하는가?

해설 제시된 선택지가 모두 행동과 관련된 동사로 구성된 문제이므로, 화자 또는 제3자의 행동과 관련된 내용을 주의 깊게 듣는다. 대화에서 남자가 **明天是我和女朋友两周年纪念日，我打算向她求婚。**이라고 했다. 질문이 남자는 내일 무엇을 하려고 하는지 물었으므로, A 向女朋友求婚을 정답으로 고른다.

어휘 求婚 qiúhūn 圖프러포즈하다 拜访 bàifǎng 圖찾아뵙다 举办 jǔbàn 圖열다, 개최하다 聚会 jùhuì 圖잔치, 모임
浏览 liúlǎn 圖둘러보다 有趣 yǒuqù 圖재미있다 网站 wǎngzhàn 圖(인터넷) 웹 사이트 高档 gāodàng 圖고급의
餐厅 cāntīng 圖식당 推荐 tuījiàn 圖추천하다 周年 zhōunián 圖주년 纪念日 jìniànrì 圖기념일

28

A 工作不勤奋	A 일을 부지런히 하지 않는다
B 态度很谦虚	**B 태도가 겸손하다**
C 想送男的回家	C 남자를 집에 바래다주고 싶어 한다
D 做的菜有点儿咸	D 만든 요리가 조금 짜다

男：你太厉害了，你做的菜真的很好吃。	남: 너 정말 대단하다, 네가 만든 음식이 정말 맛있어.
女：哪里哪里，我还不太熟练，需要继续努力。	여: 아니야, 나는 아직 그다지 능숙하지 않아서, 계속 노력할 필요가 있어.
男：你太谦虚了。时间不早了，我先走了，谢谢你的招待。	남: 너 정말 겸손하다. 시간이 늦었네, 나 먼저 갈게. 대접해 줘서 고마워.
女：别客气，慢走，下次再来玩儿吧。	여: 별말씀을. 조심해서 가고, 다음에 또 놀러 와.
问：关于女的，下列哪项正确？	질문: 여자에 관하여, 다음 중 옳은 것은?

해설 제시된 선택지가 모두 사람의 상태·상황을 나타내므로, 화자 또는 제3자의 상태나 처한 상황과 관련된 내용을 주의 깊게 듣는다. 대화에서 남자가 여자의 요리를 칭찬하자, 여자가 哪里哪里, 我还不太熟练, 需要继续努力.라고 했다. 그러자 남자가 你太谦虚了.라고 했다. 질문이 여자에 관하여 옳은 것을 물었으므로, B 态度很谦虚를 정답으로 고른다.

어휘 勤奋 qínfèn 圖부지런하다 态度 tàidu 圖태도 谦虚 qiānxū 圖겸손하다 咸 xián 圖짜다 厉害 lìhai 圖대단하다
熟练 shúliàn 圖능숙하다 继续 jìxù 圖계속하다 招待 zhāodài 圖대접하다

29

A 男的喜欢戴口罩	A 남자는 마스크 쓰는 것을 좋아한다
B 女的对花粉过敏	B 여자는 꽃가루에 알레르기 반응을 보인다
C 女的想去公园拍照	**C 여자는 공원에 가서 사진을 찍고 싶어 한다**
D 男的以前学过摄影	D 남자는 이전에 촬영하는 것을 배운 적 있다

女：最近各种花都开了，咱们明天去公园拍照吧。	여: 최근에 갖가지 꽃들이 모두 피었어, 우리 내일 공원에 가서 사진 찍자.
男：好啊！但我对花粉过敏，不能离花太近。	남: 좋아! 그런데 나는 꽃가루에 알레르기 반응을 보여서, 꽃에 너무 가까이 가면 안 돼.
女：不能近距离赏花，真是太遗憾了。	여: 근거리에서 꽃구경을 할 수 없다니, 정말 유감스럽다.
男：只要不用手触碰就行，我可以戴着口罩，在远处帮你拍照。	남: 손으로 건드리지만 않으면 돼. 나는 마스크를 쓰고, 먼 곳에서 너를 도와 사진을 찍어줄 수 있어.
问：根据对话，可以知道什么？	질문: 대화에 근거하여, 무엇을 알 수 있는가?

해설 제시된 선택지가 모두 사람의 상태·상황을 나타내므로, 화자 또는 제3자의 상태나 처한 상황과 관련된 내용을 주의 깊게 듣는다. 대화에서 여자가 咱们明天去公园拍照吧라고 했다. 질문이 대화에 근거하여 알 수 있는 것을 물었으므로, C 女的想去公园拍照를 정답으로 고른다. 참고로, 남자가 언급한 对花粉过敏을 듣고, B를 정답으로 고르지 않도록 주의한다.

30

A 交论文	B 签合同	A 논문을 제출한다	B 계약한다
C 买保险	D 考研究生	C 보험을 든다	D 대학원생 시험을 치른다

男：小李！周末了你怎么还来学校？

女：今天得把修改好的毕业论文交给指导老师。

男：写论文很不容易，你辛苦了。毕业后读研还是工作呀？

女：我想先工作一段时间，然后再考虑读研的事情。我已经跟一家保险公司签好合同了。

问：女的今天来做什么？

남: 샤오리! 주말인데 너는 어째서 학교에 왔니?

여: 오늘 수정 완료한 졸업 논문을 지도 교수님께 제출해야 해.

남: 논문 쓰는 게 쉽지 않았을 텐데, 고생 많았어. 졸업 후에는 대학원에 진학하니, 아니면 일을 하니?

여: 나는 먼저 얼마간 일을 한 다음에, 대학원에 진학하는 일을 고려하고 싶어. 나는 이미 한 보험 회사와 계약했어.

질문: 여자는 오늘 무엇을 하러 왔는가?

해설 제시된 선택지가 모두 행동과 관련된 동사로 구성된 문제이므로, 화자 또는 제3자의 행동과 관련된 내용을 주의 깊게 듣는다. 대화에서 남자가 주말인데 왜 학교에 왔냐고 묻자, 여자가 今天得把修改好的毕业论文交给指导老师。이라고 답했다. 질문이 여자는 오늘 무엇을 하러 왔는지를 물었으므로, A 交论文을 정답으로 고른다.

어휘 交 jiāo 圐제출하다 论文 lùnwén 圐논문 签合同 qiān hétong 계약하다 保险 bǎoxiǎn 圐보험
      研究生 yánjiūshēng 圐대학원생 修改 xiūgǎi 圐수정하다 毕业 bìyè 圐졸업하다 指导老师 zhǐdǎo lǎoshī 圐지도 교수
      读研 dú yán 대학원에 진학하다 考虑 kǎolǜ 圐고려하다

제2부분 단문

문제풀이 스텝 해석 p.67

1. **A** 能够制作玫瑰油

   B 果实具有药用价值

   C 叶子适合装饰房间

   D 可以当做动物的饲料

2. **A** 冬天开花

   B 味道非常特别

   C 不能长时间接触太阳

   D 可以适应条件不好的土壤

1. **A** 장미유를 만들 수 있다

   B 열매는 약용 가치가 있다

   C 잎은 방을 장식하기에 적합하다

   D 동물의 사료로 사용할 수 있다

2. **A** 겨울에 꽃이 핀다

   B 맛이 매우 특이하다

   C 오랫동안 태양에 닿으면 안 된다

   D 조건이 안 좋은 토양에 적응할 수 있다

第1到2题是根据下面一段话:

　　¹白玫瑰是一种被子植物，一般在温暖的四到五月开花。它不仅美丽，而且¹用途广泛。比如说白玫瑰的花朵可以做成玫瑰油和调味料。清香的玫瑰油会帮助睡眠，而特殊的调味料会让食物变得更加精致。白玫瑰的果实富含维他命E，能够直接食用。此外，白玫瑰喜爱阳光，适合在十五到二十五度的地方生长。²它适应性很强，在条件较差的土壤中也可以盛开。

1. 问：关于白玫瑰的用途，可以知道什么？
2. 问：白玫瑰有什么样的特点？

1-2번 문제는 다음 내용에 근거한다.

　　¹백장미는 일종의 속씨식물로, 보통 포근한 4월~5월에 꽃이 핀다. 그것은 아름다울 뿐만 아니라, 게다가 ¹용도도 광범위하다. 백장미의 꽃송이는 장미유와 조미료로 만들 수 있다는 것이 그 예다. 은은한 향기의 장미유는 수면을 도우며, 특수한 조미료는 음식을 더욱 정교하게 만든다. 백장미의 그 열매에는 비타민 E가 풍부하게 함유되어 있어서, 바로 먹을 수 있다. 이 밖에, 백장미는 햇빛을 좋아하며, 15도~25도인 곳에서 자라기에 적합하다. ²그것의 적응력은 매우 강해서, 조건이 비교적 열악한 토양에서도 만개할 수 있다.

1. 질문: 백장미의 용도에 관하여, 무엇을 알 수 있는가?
2. 질문: 백장미는 어떤 특징이 있는가?

어휘　**制作** zhìzuò 图 만들다　**玫瑰油** méiguīyóu 图 장미유　**果实** guǒshí 图 열매　**具有** jùyǒu 图 있다, 가지다　**药用** yàoyòng 图 약용
价值 jiàzhí 图 가치　**叶子** yèzi 图 잎　**适合** shìhé 图 적합하다　**装饰** zhuāngshì 图 장식하다　**饲料** sìliào 图 사료　**味道** wèidao 图 맛
接触 jiēchù 图 닿다, 접촉하다　**适应** shìyìng 图 적응하다　**条件** tiáojiàn 图 조건　**土壤** tǔrǎng 图 토양　**白玫瑰** báiméigui 图 백장미
被子植物 bèizǐ zhíwù 속씨식물, 피자식물　**温暖** wēnnuǎn 图 포근하다, 따뜻하다　**不仅** bùjǐn 图 ~뿐만 아니라　**美丽** měilì 图 아름답다
用途 yòngtú 图 용도　**广泛** guǎngfàn 图 광범위하다　**比如** bǐrú 图 ~가 그 예다, 예를 들면 ~이다　**花朵** huāduǒ 图 꽃송이
调味料 tiáowèiliào 조미료　**清香** qīngxiāng 图 은은한 향기　**睡眠** shuìmián 图 수면　**特殊** tèshū 图 특수하다　**食物** shíwù 图 음식
精致 jīngzhì 图 정교하다　**富含** fùhán 图 풍부하게 함유하다　**维他命** wéitāmìng 图 비타민　**直接** zhíjiē 图 바로, 직접적인
食用 shíyòng 图 먹다　**此外** cǐwài 图 이 밖에　**阳光** yángguāng 图 햇빛　**生长** shēngzhǎng 图 자라다　**适应性** shìyìngxìng 图 적응력
盛开 shèngkāi 图 만개하다

고득점비책 01 | 이야기·실용문 공략하기 p.73

▶돌으며 학습하기 ▶

| 1 B | 2 D | 3 A | 4 B | 5 D | 6 C | 7 D | 8 C | 9 C | 10 D |

1-2

1. A 照片很模糊 **B 总有人闭眼** C 常有人迟到 D 得不到配合	1. A 사진이 흐릿하다 **B 항상 누군가 눈을 감는다** C 늘 누군가 지각을 한다 D 협력을 얻어내지 못한다
2. A 要求大家笑出声 B 观察摄影师的反应 C 命令大家一起喊一二三 **D 不让大家在拍摄前睁眼**	2. A 모두에게 소리 내서 웃으라고 요구한다 B 사진사의 반응을 관찰한다 C 모두에게 함께 하나, 둘, 셋을 외치라고 명령한다 **D 모두가 사진을 찍기 전 눈을 뜨지 못하게 한다**
第1到2题是根据下面一段话： [1]有一位摄影师经常为学校和公司拍摄集体照。少的时候只有十几个人，多的时候就有上百人。但是，[1]始终有一个问题困扰着他，那就是不管他怎么提醒，[1]在按下快门的那一刻，总有人会闭眼睛。就算他每次都喊一二三，这种状况也依然没有得到改善。 为了解决这个问题，[2]摄影师想了很久，[2]终于想出了一个好办法，那就是在拍摄前先让大家闭上眼睛，喊到三后再睁开眼睛。这一方法果然有效，在打印出来的照片中，所有人看起来都很精神，没有一个人闭眼睛。	1-2번 문제는 다음 내용에 근거한다. [1]한 사진사는 자주 학교와 회사를 위해 단체 사진을 찍었다. 적을 때는 몇십 명뿐이었지만, 많을 때는 몇백 명 정도 있었다. 그러나 [1]늘 한 가지 문제가 그를 곤혹스럽게 했는데, 그것은 바로 그가 어떻게 주의를 주든지 간에, [1]셔터를 누르는 그 순간에 항상 누군가 눈을 감는다는 것이었다. 설령 그가 매번 하나, 둘, 셋을 외쳐도, 이러한 상황은 여전히 개선되지 않았다. 이 문제를 해결하기 위해, [2]사진사는 오랫동안 생각했고, [2]마침내 좋은 방법 하나를 생각해 냈는데, 그것은 바로 사진을 찍기 전에 먼저 사람들에게 눈을 감고 있으라고 하고, 셋까지 다 외치고 난 후 다시 눈을 뜨라고 하는 것이다. 이 방법은 역시나 효과가 있었는데, 인화되어 나온 사진 속에서 모든 사람은 생기발랄해 보였고, 눈을 감고 있는 사람은 한 명도 없었다.
1. 问：拍集体照时，摄影师遇到了什么问题？ 2. 问：摄影师用什么方法解决了难题？	1. 질문: 단체 사진을 찍을 때, 사진사는 어떤 문제에 봉착했는가? 2. 질문: 사진사는 어떤 방법으로 난제를 해결했는가?

해설 **선택지 읽기**

2번 선택지가 모두 사람과 관련된 상황을 나타내고, 1번 선택지에서 照片(사진), 2번 선택지에서 摄影师(사진사)이 언급되었으므로, 사진사와 관련된 이야기가 나올 것임을 예상할 수 있다. 따라서 단문에 등장하는 인물과 관련된 사건의 전개나 결과를 주의 깊게 들어야 한다.

단문 듣기

단문 초반의 **有一位摄影师经常为学校和公司拍摄集体照。……始终有一个问题困扰着他……在按下快门的那一刻，总有人会闭眼睛**을 듣고, 1번의 B 总有人闭眼에 체크해 둔다.

단문 후반의 **摄影师……终于想出了一个好办法，那就是在拍摄前先让大家闭上眼睛，喊到三后再睁开眼睛**을 듣고, 2번의 D 不让大家在拍摄前睁眼에 체크해 둔다.

질문 듣고 정답 고르기

1. 질문이 단체 사진을 찍을 때, 사진사는 어떤 문제에 봉착했는지를 물었으므로, B를 정답으로 고른다.
2. 질문이 사진사는 어떤 방법으로 난제를 해결했는지를 물었으므로, D를 정답으로 고른다.

어휘 **模糊** móhu [형]흐릿하다 **闭** bì [동](눈을) 감다 **配合** pèihé [동]협력하다 **观察** guānchá [동]관찰하다 **摄影师** shèyǐngshī [명]사진사 **反应** fǎnyìng [명]반응 **命令** mìnglìng [동]명령하다 **喊** hǎn [동]외치다 **拍摄** pāishè [동](사진을) 찍다 **睁** zhēng [동](눈을) 뜨다 **集体照** jítǐzhào [명]단체 사진 **始终** shǐzhōng [부]늘 **困扰** kùnrǎo [동]곤혹스럽게 하다 **不管** bùguǎn [접]~하든지 간에 **提醒** tíxǐng [동]주의를 주다, 일깨우다 **按** àn [동]누르다 **快门** kuàimén [명](사진기의) 셔터 **就算** jiùsuàn [접]설령 ~하더라도 **状况** zhuàngkuàng [명]상황 **依然** yīrán [부]여전히 **改善** gǎishàn [동]개선하다 **果然** guǒrán [부]역시나 **打印** dǎyìn [동]인화하다 **精神** jīngshen [형]생기발랄하다 **难题** nántí [명]난제

<table>
<tr><td>

3. A 咨询　　　　　B 保险

　　C 建筑　　　　　D 出版

4. A 总部设在上海

　　B 有三十多万名员工

　　C 是全球最大的金融公司

　　D 主要为个人客户提供服务

5. A 专科及以上学历

　　B 独立应对突发状况

　　C 有三年以上从业经验

　　D 取得相关领域资格证

</td><td>

3. A 컨설팅　　　　B 보험

　　C 건축　　　　　D 출판

4. A 본부가 상하이에 세워져 있다

　　B 30여만 명의 직원이 있다

　　C 전 세계에서 가장 큰 금융 회사이다

　　D 주로 개인 고객을 위해 서비스를 제공한다

5. A 전문 대학 및 이상의 학력

　　B 독자적으로 돌발 상황에 대처한다

　　C 3년 이상 업계에 종사한 경험이 있다

　　D 관련 분야 자격증을 취득한다

</td></tr>
<tr><td>

第3到5题是根据下面一段话：

　　你想从事企业管理方面的工作吗？ ³我公司主要针对企业提供金融、会计、税务、企业管理咨询及财务咨询服务。公司遍及全球一百五十个国家及地区，⁴共拥有超过三十万名专业人士，致力为顾客提供世界一流的高质量专业服务。上海分公司现招聘注册会计师，主要工作内容为给企业提供会计、财务、税务和其他经济管理咨询服务。⁵应聘者应该取得会计、金融专业本科及以上学历，⁵持有注册会计师资格证，并具有五年以上相关咨询行业从业经验。此外要有良好的沟通协调能力，责任心强，具有团队合作精神。欢迎各位专业人士加入我们公司。

3. 问：这家公司最有可能属于哪个行业？

4. 问：关于这家公司，可以知道什么？

5. 问：根据招聘启事，应聘者应具备什么条件？

</td><td>

3-5번 문제는 다음 내용에 근거한다.

　　기업 관리 방면 업무에 종사하고 싶으신가요? ³저희 회사는 주로 기업을 겨냥하여 금융, 회계, 세무, 기업 관리 자문 및 재무 컨설팅 서비스를 제공합니다. 회사는 전 세계 150개 국가 및 지역에 두루 퍼져 있으며, ⁴총 30만 명이 넘는 전문 인력을 보유하고 있고, 고객에게 세계 일류의 고품질 전문 서비스를 제공하는 데 힘쓰고 있습니다. 상하이 지점은 현재 공인 회계사를 모집하고 있으며, 주요 업무 내용은 기업에게 회계, 재무, 세무와 기타 경제 관리 컨설팅 서비스를 제공하는 것입니다. ⁵지원자는 회계, 금융 전공 학부 및 이상의 학력을 취득해야 하며, ⁵공인 회계사 자격증을 소지하고, 5년 이상 관련 컨설팅 업계 종사 경험이 있어야 합니다. 이 밖에 좋은 커뮤니케이션 조정 능력이 있어야 하고, 책임감이 강하며, 단체 협동 정신이 있어야 합니다. 각 전문 인력이 저희 회사에 들어오는 것을 환영합니다.

3. 질문: 이 회사는 어떤 업계에 속할 가능성이 가장 큰가?

4. 질문: 이 회사에 관하여, 무엇을 알 수 있는가?

5. 질문: 모집 공고에 근거하여, 지원자는 어떤 조건을 갖춰야 하는가?

</td></tr>
</table>

해설　**선택지 읽기**

5번 선택지가 회사 지원 자격과 관련된 내용이므로, 특정 회사의 모집 공고에 관한 실용문이 나올 것임을 예상할 수 있다. 실용문에서는 단문의 세부 내용을 묻는 문제가 자주 출제되므로, 대상·주제 등과 관련된 세부 사항을 주의 깊게 듣는다.

단문 듣기

단문 초반의 我公司主要针对企业提供金融、会计、税务、企业管理咨询及财务咨询服务。를 듣고, 3번의 A 咨询에 체크해 둔다.
단문 중반의 共拥有超过三十万名专业人士을 듣고, 4번의 B 有三十多万名员工에 체크해 둔다.
단문 후반의 应聘者应该……持有注册会计师资格证，并具有五年以上相关咨询行业从业经验을 듣고, 5번의 D 取得相关领域资格证에 체크해 둔다.

질문 듣고 정답 고르기

3. 질문이 이 회사는 어떤 업계에 속할 가능성이 가장 큰지를 물었으므로, A를 정답으로 고른다.
4. 질문이 이 회사에 관하여 알 수 있는 것을 물었으므로, B를 정답으로 고른다.
5. 질문이 모집 공고에 근거하여 지원자는 어떤 조건을 갖춰야 하는지를 물었으므로, D를 정답으로 고른다.

咨询 zīxún 圖 컨설팅하다　**保险** bǎoxiǎn 圕 보험　**建筑** jiànzhù 圕 건축　**出版** chūbǎn 圖 출판하다　**总部** zǒngbù 圕 본부

设 shè 圖 세우다, 설치하다　**员工** yuángōng 圕 직원　**金融** jīnróng 圕 금융　**个人** gèrén 圕 개인　**客户** kèhù 圕 고객, 거래처

专科 zhuānkē 圕 전문 대학, 전공 분야　**学历** xuélì 圕 학력　**独立** dúlì 圖 독자적으로 하다, 독립하다　**应对** yìngduì 圖 대처하다

突发 tūfā 圖 돌발하다　**状况** zhuàngkuàng 圕 상황　**从业** cóngyè 圖 업계에 종사하다　**相关** xiāngguān 圖 (서로) 관련되다

领域 lǐngyù 圕 분야　**资格证** zīgézhèng 圕 자격증　**从事** cóngshì 圖 종사하다　**企业** qǐyè 圕 기업　**管理** guǎnlǐ 圖 관리하다

针对 zhēnduì 圖 겨냥하다　**会计** kuàijì 圕 회계　**税务** shuìwù 圕 세무　**财务** cáiwù 圕 재무　**遍及** biànjí 圖 두루 퍼지다

地区 dìqū 圕 지역　**拥有** yōngyǒu 圖 보유하다　**超过** chāoguò 圖 넘다, 초과하다　**专业** zhuānyè 圖 전문의　**人士** rénshì 圕 인력, 인사

致力 zhìlì 圖 힘쓰다　**顾客** gùkè 圕 고객, 손님　**一流** yīliú 圕 일류의　**分公司** fēngōngsī 圕 지점　**招聘** zhāopìn 圖 모집하다

注册会计师 zhùcè kuàijìshī 圕 공인 회계사　**应聘** yìngpìn 圖 지원하다　**本科** běnkē 圕 (대학교의) 학부　**持有** chíyǒu 圖 소지하다

行业 hángyè 圕 업계　**此外** cǐwài 圖 이 밖에　**良好** liánghǎo 圖 좋다　**沟通** gōutōng 圖 커뮤니케이션하다　**协调** xiétiáo 圖 조정하다

责任心 zérènxīn 책임감　**团队** tuánduì 圕 단체　**合作** hézuò 圖 협동하다　**精神** jīngshén 圕 정신　**加入** jiārù 圖 들어가다

启事 qǐshì 圕 공고　**具备** jùbèi 圖 갖추다

6 - 7

6. A 是个冷静的人
   B 只顾自己的事情
   C 打碎了仅剩的碗
   D 被老和尚训了一顿

7. A 做事要小心谨慎
   B 学一门手艺很重要
   C 想象力具有强大的力量
   D 要懂得放下已失去的东西

6. A 냉정한 사람이다
   B 자신의 일만 신경 쓴다
   C 겨우 남아 있는 그릇을 깨뜨렸다
   D 노스님에게 한바탕 꾸지람을 들었다

7. A 일을 할 때는 조심하고 신중해야 한다
   B 수공 기술을 하나 배우는 것은 중요하다
   C 상상력은 거대한 힘을 가진다
   D 이미 잃어버린 것을 놔줄 줄 알아야 한다

第6到7题是根据下面一段话:

　　[6]小和尚跟着老和尚到处行走的时候, 不小心把饭碗打碎了, 而那是他们唯一的碗。小和尚伤心不已, 可没想到老和尚看都没看他一眼, 把小和尚甩在后头, 只顾着走自己的路。小和尚很不理解, 追上去问道: "师父, 我的饭碗被打碎, 你怎么看都不看一眼啊?" 老和尚平静地回答说: "就算我回头看, 它依然是碎的。[7]人要学会冷静地接受已失去的东西, 因为不管有怎么悲伤, 结果也不会被改变的。" 小和尚总算体会到了其中的深意。

6. 问: 关于小和尚, 可以知道什么?

7. 问: 这段话主要想告诉我们什么?

6-7번 문제는 다음 내용에 근거한다.

　　[6]어린 중이 노스님과 함께 곳곳을 걸어 다닐 때, 실수로 밥그릇을 깨뜨렸는데, 그것은 그들의 유일한 그릇이었다. 어린 중은 속상해 마지않았지만, 노스님이 그를 한 번도 보지 않고, 어린 중을 뒤편으로 떼어 놓은 채, 오로지 자신의 길을 걸어가는 데에만 신경을 쓸 줄은 생각지도 못했다. 어린 중은 이해할 수 없어서, 뒤쫓아가 물었다. "스승님, 제 밥그릇이 깨져버렸는데, 왜 한 번도 보지 않으시나요?" 노스님은 평온하게 답했다. "설령 내가 뒤돌아서 본다고 하더라도, 그것은 여전히 깨진 것이란다. [7]사람은 이미 잃어버린 것을 냉정하게 받아들이는 법을 배워야 하는데, 제아무리 슬퍼해도, 결과는 바뀌어지지 않을 것이기 때문이야." 어린 중은 마침내 그 속의 깊은 뜻을 이해했다.

6. 질문: 어린 중에 관하여, 무엇을 알 수 있는가?

7. 질문: 이 단문이 주로 우리에게 알려 주고자 하는 것은 무엇인가?

해설　**선택지 읽기**
6번 선택지가 모두 사람의 상태·상황을 나타내고, 老和尚(노스님)이 언급되었으므로, 노스님과 관련된 이야기가 나올 것임을 예상할 수 있다. 따라서 단문에 등장하는 인물과 관련된 사건의 전개나 결과를 주의 깊게 듣는다.

단문 듣기
단문 초반의 小和尚跟着老和尚到处行走的时候, 不小心把饭碗打碎了, 而那是他们唯一的碗。을 듣고, 6번의 C 打碎了仅剩的碗에 체크해 둔다.

단문 후반의 人要学会冷静地接受已失去的东西를 듣고, 7번의 D 要懂得放下已失去的东西에 체크해 둔다.

질문 듣고 정답 고르기

6. 질문이 어린 중에 관하여 알 수 있는 것을 물었으므로, C를 정답으로 고른다.

   ＊**바꾸어 표현** 唯一的碗 유일한 그릇 → 仅剩的碗 겨우 남아 있는 그릇

7. 질문이 이 단문이 주로 우리에게 알려 주고자 하는 것을 물었으므로, D를 정답으로 고른다.

어휘 **冷静** lěngjìng 園 냉정하다 **顾** gù 園 신경을 쓰다 **打碎** dǎsuì 園 깨뜨리다 **老和尚** lǎo héshang 노스님 **训** xùn 園 꾸짖다
谨慎 jǐnshèn 園 신중하다 **门** mén 園[기술 등을 셀 때 쓰임] **手艺** shǒuyì 園 수공 기술 **想象力** xiǎngxiànglì 園 상상력
具有 jùyǒu 園 가지다 **强大** qiángdà 園 거대하다 **力量** lìliang 園 힘 **失去** shīqù 園 잃어버리다 **小和尚** xiǎo héshang 어린 중
到处 dàochù 園 곳곳 **行走** xíngzǒu 園 걷다 **唯一** wéiyī 園 유일한 **伤心** shāngxīn 園 속상하다 **不已** bùyǐ 園 (~해) 마지않다
甩 shuǎi 園 떼어 놓다, 떨구다 **后头** hòutou 園 뒤편 **理解** lǐjiě 園 이해하다 **追** zhuī 園 뒤쫓다 **师父** shīfu 園 스승, 스님
平静 píngjìng 園 평온하다 **就算** jiùsuàn 園 설령 ~하더라도 **回头** huítóu 園 뒤돌아보다 **依然** yīrán 園 여전히
接受 jiēshòu 園 받아들이다 **悲伤** bēishāng 園 슬프다 **结果** jiéguǒ 園 결과 **改变** gǎibiàn 園 바뀌다 **总算** zǒngsuàn 園 마침내
体会 tǐhuì 園 이해하다, 터득하다 **深意** shēnyì 園 깊은 뜻

---

8 - 10

8. A 老太太不听劝

   B 显示自己的实力

   C 觉得老太太可怜

   D 赔偿老太太的损失

9. A 很光滑　　　　B 不新鲜

   C 不普通　　　　D 有营养

10. A 遇事非常冷静沉稳

    B 对产品的定位不够准确

    C 从校园歌手得到了灵感

    D 能灵活运用市场营销知识

8. A 노부인은 충고를 따르지 않는다

   B 자신의 실력을 드러낸다

   C 노부인이 불쌍하다고 생각한다

   D 노부인의 손해를 배상한다

9. A 반질반질하다　　　　B 신선하지 않다

   C 일반적이지 않다　　　　D 영양가가 있다

10. A 일에 부딪힐 때 매우 침착하고 신중하다

    B 상품에 대한 객관적인 평가가 정확하지 않다

    C 캠퍼스 가수로부터 영감을 얻었다

    D 마케팅 지식을 융통성 있게 활용할 수 있다

第8到10题是根据下面一段话：

　　有一年元旦，一位老太太在大学门口卖两大筐苹果。⁸因为天冷，买苹果的人甚少。恰巧一位教授见此情形，觉得老太太卖苹果很不容易，于是给她出了个主意。教授去附近商店买了一些包装袋和红色彩带，先把两个苹果装在一起，然后用彩带系了漂亮的蝴蝶结。包装完苹果，他大声喊道：“卖情侣苹果啦！十元一对！”⁹用心包装的苹果看起来的确很特别，路过的情侣们都觉得新鲜，买的人渐渐多了起来。没过多久，苹果全部卖光了。¹⁰那位教授对当时来往的行人分析得非常独到，对产品的定位也非常准确。原来是那些成双成对的校园情侣给了他灵感，使老太太在大冷天也能高价出售所有苹果。

8-10번 문제는 다음 내용에 근거한다.

　　어느 해 신정, 한 노부인이 대학교 문 앞에서 사과 두 광주리를 팔았다. ⁸날이 추워서 사과를 사는 사람이 매우 적었다. 때마침 한 교수가 이 상황을 보고, 노부인이 사과를 팔기 쉽지 않겠다고 생각하여, 그녀에게 아이디어를 하나 내 주었다. 교수는 근처 상점에 가서 포장 봉투와 빨간색 컬러 테이프들을 사서, 먼저 사과 두 개를 함께 담은 다음, 컬러 테이프로 예쁜 나비 매듭을 묶었다. 사과를 다 포장하고 나서, 그는 큰 소리로 외쳤다. "커플 사과 팝니다! 10위안에 한 쌍입니다!" ⁹심혈을 기울여 포장한 사과는 확실히 특별해 보여서, 지나가는 커플들은 모두 신기하게 느꼈고, 사는 사람들이 점점 많아졌다. 얼마 지나지 않아, 사과는 전부 다 팔렸다. ¹⁰그 교수는 당시 오가는 행인들에 대해 매우 독창적으로 분석했고, 상품에 대한 객관적인 평가도 매우 정확했다. 알고 보니 짝을 이룬 캠퍼스 커플들이 그에게 영감을 주어서, 노부인이 아주 추운 날에도 비싼 값으로 모든 사과를 다 팔 수 있도록 한 것이었다.

8. 问：教授为什么决定帮助老太太？	8. 질문: 교수는 왜 노부인을 돕기로 결정했는가?
9. 问：包装好的苹果看起来怎么样？	9. 질문: 포장된 사과는 보기에 어떠한가?
10. 问：关于教授，可以知道什么？	10. 질문: 교수에 관하여, 무엇을 알 수 있는가?

해설 **선택지 읽기**
8번 선택지가 모두 사람의 상태·상황을 나타내고, 老太太(노부인)가 언급되었으므로, 한 노부인과 관련된 이야기가 나올 것임을 예상할 수 있다. 따라서 단문에 등장하는 인물과 관련된 사건의 전개나 결과를 주의 깊게 듣는다.

단문 듣기
단문 초반의 因为天冷, 买苹果的人甚少。恰巧一位教授见此情形, 觉得老太太卖苹果很不容易, 于是给她出了个主意。를 듣고, 8번의 C 觉得老太太可怜에 체크해 둔다.
단문 중반의 用心包装的苹果看起来的确很特别를 듣고, 9번의 C 不普通에 체크해 둔다.

질문 듣고 정답 고르기
8. 질문이 교수가 노부인을 돕기로 결정한 이유를 물었으므로, C를 정답으로 고른다.
9. 질문이 포장된 사과는 보기에 어떠한지를 물었으므로, C를 정답으로 고른다.
　　＊바꾸어 표현　很特别 특별하다 → 不普通 일반적이지 않다
10. 질문이 교수에 관하여 알 수 있는 것을 물었으므로, 단문 후반의 那位教授对当时来往的行人分析得非常独到, 对产品的 定位也非常准确。를 통해 유추할 수 있는 D 能灵活运用市场营销知识를 정답으로 고른다.

어휘 **老太太** lǎo tàitai 몡 노부인　**听劝** tīngquàn 툉 충고를 따르다　**显示** xiǎnshì 툉 드러내다　**实力** shílì 몡 실력　**可怜** kělián 톙 불쌍하다
赔偿 péicháng 툉 배상하다　**损失** sǔnshī 툉 손해보다　**光滑** guānghuá 톙 (물체의 표면이) 반질반질하다　**营养** yíngyǎng 몡 영양가
遇事 yùshì 툉 일에 부딪히다　**冷静** lěngjìng 톙 침착하다　**沉稳** chénwěn 톙 신중하다　**产品** chǎnpǐn 몡 상품
定位 dìngwèi 툉 객관적인 평가를 내리다　**准确** zhǔnquè 톙 정확하다　**校园** xiàoyuán 몡 캠퍼스　**灵感** línggǎn 몡 영감
灵活 línghuó 톙 융통성 있다　**运用** yùnyòng 툉 활용하다　**市场营销** shìchǎng yíngxiāo 마케팅　**知识** zhīshi 몡 지식
元旦 Yuándàn 교유 신정[양력 1월 1일]　**筐** kuāng 몡 광주리　**恰巧** qiàqiǎo 뷔 때마침, 공교롭게도　**教授** jiàoshòu 몡 교수
情形 qíngxing 몡 상황　**于是** yúshì 젭 그래서　**主意** zhǔyi 몡 아이디어　**包装袋** bāozhuāngdài 몡 포장 봉투　**彩带** cǎidài 몡 컬러 테이프
蝴蝶结 húdiéjié 몡 나비 매듭　**包装** bāozhuāng 툉 포장하다　**喊** hǎn 툉 외치다　**情侣** qínglǚ 몡 커플　**用心** yòngxīn 툉 심혈을 기울이다
的确 díquè 뷔 확실히　**路过** lùguò 툉 지나가다　**渐渐** jiànjiàn 뷔 점점　**全部** quánbù 몡 전부　**当时** dāngshí 몡 당시
来往 láiwǎng 툉 오가다　**行人** xíngrén 몡 행인　**分析** fēnxī 툉 분석하다　**独到** dúdào 톙 독창적이다　**原来** yuánlái 뷔 알고 보니
成双成对 chéngshuāng chéngduì 짝을 이루다　**高价** gāojià 몡 비싼 값　**出售** chūshòu 툉 팔다

고득점비책 02 | 설명문 공략하기 p.77

들으며 학습하기 ▶

1 C	2 D	3 A	4 B	5 B	6 C	7 B	8 B	9 A	10 A

1 - 2

1. A 营养价值高	1. A 영양 가치가 높다
B 里面自带发热包	B 안에는 발열팩이 자체적으로 들어 있다
C 得先用热水泡熟	**C 먼저 뜨거운 물에 담가서 익혀야 한다**
D 随时随地都可以食用	D 언제 어디서나 먹을 수 있다
2. A 对环境造成污染	2. A 환경에 오염을 야기한다
B 需要用明火煮熟	B 직화로 삶아서 익힐 필요가 있다
C 5秒钟后可立即食用	C 5초 뒤에 즉시 먹을 수 있다
D 与普通米饭口感相似	**D 일반 밥과 식감이 비슷하다**

第1到2题是根据下面一段话：

　　自热米饭是食品工业中历史最长，也是较为成功的方便食品。¹传统的方便食品需要用热水泡熟才能食用，所以在一些特殊情况下，没有开水就无法现吃。¹自热米饭则不同，食用时不需要用热水泡，也不需要使用电或明火，¹只要将里面自带的纯净水倒在发热包上，发热包就会在五秒钟内迅速升温，把米饭和菜蒸熟，再等八到十五分钟即可食用。²自热米饭在口感、外形上与普通米饭没有区别，它不仅简单方便，易于存放，还不会产生污染。

1. 问：关于传统方便食品，可以知道什么？

2. 问：自热米饭有什么特点？

1-2번 문제는 다음 내용에 근거한다.

　　자가열 밥은 식품 공업 중에서 역사가 가장 길고, 또한 비교적 성공한 즉석식품이다. ¹기존의 즉석식품은 뜨거운 물에 담구어 익힌 후에야 비로소 먹을 수 있어서, 특별한 상황에서 끓인 물이 없다면 바로 먹을 수 없다. ¹자가열 밥은 다르다. 먹을 때 뜨거운 물에 담가둘 필요가 없고, 전기나 직화를 사용할 필요도 없다. ¹안에 자체적으로 들어 있는 정제수를 발열팩에 따르기만 하면, 발열팩은 5초 안에 빠르게 온도가 올라서, 밥과 음식을 쪄서 익히고, 다시 8~15분 정도 기다리면 바로 먹을 수 있다. ²자가열 밥은 식감, 외형에서 일반 밥과 차이가 없고, 간단하고 편리할 뿐만 아니라, 보관하기 쉬우며, 오염도 생기지 않는다.

1. 질문: 기존의 즉석식품에 관하여, 무엇을 알 수 있는가?

2. 질문: 자가열 밥은 어떤 특징이 있는가?

해설 선택지 읽기
1번과 2번 선택지가 모두 특정 대상에 대한 사실을 나타내고, 泡熟(담구어 익히다), 食用(먹다), 煮熟(삶아서 익히다), 米饭(밥)이 언급되었으므로, 음식 조리와 관련된 설명문이 나올 것임을 예상할 수 있다. 따라서 설명 대상의 세부적인 특징에 대한 내용을 주의 깊게 듣는다.

단문 듣기
단문 초반의 传统的方便食品需要用热水泡熟才能食用……自热米饭则不同……只要将里面自带的纯净水倒在发热包上을 듣고, 1번의 B 里面自带发热包, C 得先用热水泡熟에 체크해 둔다.
단문 후반의 自热米饭在口感、外形上与普通米饭没有区别를 듣고, 2번의 D 与普通米饭口感相似에 체크해 둔다.

질문 듣고 정답 고르기
1. 질문이 기존의 즉석식품에 관하여 알 수 있는 것을 물었으므로, C를 정답으로 고른다. 참고로, B는 자가열 밥의 특징에 속하므로 오답이다.
2. 질문이 자가열 밥은 어떤 특징이 있는지를 물었으므로, D를 정답으로 고른다.

　＊ 바꾸어 표현　在口感上没有区别 식감에 차이가 없다 → 口感相似 식감이 비슷하다

어휘 营养 yíngyǎng 圆영양　价值 jiàzhí 圆가치　发热包 fārèbāo 발열팩　热水 rèshuǐ 圆뜨거운 물　泡熟 pàoshú 담가 익히다
随时随地 suíshí suídì 언제 어디서나　食用 shíyòng 圄먹다　造成 zàochéng 圄야기하다　污染 wūrǎn 圄오염되다
明火 mínghuǒ 圆직화　煮 zhǔ 圄삶다　熟 shú 圐익다　秒 miǎo 圐초　立即 lìjí 凰즉시　普通 pǔtōng 圐일반적이다
口感 kǒugǎn 圆식감　相似 xiāngsì 凰비슷하다
自热米饭 zìrè mǐfàn 자가열 밥[정제수를 부으면 발열팩이 밥과 반찬을 가열시키는 형태의 즉석식품]　工业 gōngyè 圆공업
食品 shípǐn 圆식품　成功 chénggōng 凰성공하다　方便食品 fāngbiàn shípǐn 즉석식품　传统 chuántǒng 圐기존의, 전통의
特殊 tèshū 圐특별하다　情况 qíngkuàng 圐상황　开水 kāishuǐ 圐끓인 물　泡 pào 圄(물이나 액체에) 담그다
使用 shǐyòng 圄사용하다　纯净水 chúnjìngshuǐ 圐정제수　倒 dào 圄따르다　迅速 xùnsù 凰빠르다
升温 shēngwēn 圄온도가 올라가다　蒸 zhēng 圄찌다　即可 jíkě 凰바로~할 수 있다　外形 wàixíng 圆외형
区别 qūbié 圆차이　不仅 bùjǐn 凰~뿐만 아니라　存放 cúnfàng 圄보관하다　产生 chǎnshēng 圄생기다　特点 tèdiǎn 圆특징

3. **A** 蓝色　　　　　　B 绿色

   C 黄色　　　　　　D 白色

4. A 能治疗心理问题

   B 可以让人心情愉快

   C 有助于延长睡眠时间

   D 给人高贵而神秘的感觉

5. A 红色让人内心宁静

   B 紫色非常刺激视觉

   C 卧室墙壁不适合用绿色

   D 酒店的房间都是蓝色的

3. **A** 파란색　　　　　B 초록색

   C 노란색　　　　　D 흰색

4. A 심리 문제를 치료할 수 있다

   B 기분을 즐겁게 할 수 있다

   C 수면 시간을 늘리는 데 도움이 된다

   D 고상하고 신비한 느낌을 준다

5. A 빨간색은 마음을 편안하게 한다

   B 자주색은 시각을 매우 자극한다

   C 침실 벽에 초록색을 사용하는 것은 적합하지 않다

   D 호텔의 방은 모두 파란색이다

第3到5题是根据下面一段话：

　　最近，一家著名的连锁酒店先后对几千个住店的客人进行了一项数据调查，调查的内容是不同色彩的房间对人的影响。

　　根据调查结果，酒店方面得出了如下结论：³人们在蓝色房间的平均睡眠时间最长，睡眠质量最高，这是因为蓝色的房间让人内心宁静。人们在黄色房间的睡眠质量则排名第二。黄色是明亮的色彩，它可以让人的睡眠质量变高，还可以给人很强的放松感。绿色是排名第三的色彩，22%的人喜欢绿色房间，因为绿色可以让人的身心得到很好的休息，并且⁴绿色的环境会让人精神抖擞，心情愉悦。令人意外的是，很多人喜欢紫色，觉得它高贵神秘，但研究表明，⁵紫色对视觉的刺激非常大，不但无法让人的大脑放松，还会让人在睡眠中被梦困扰。

3. 问：在哪种颜色的房间睡觉时，睡眠时间最长？

4. 问：绿色的房间对人有什么好处？

5. 问：根据这段话，下列哪项正确？

3-5번 문제는 다음 내용에 근거한다.

　　최근, 한 유명한 체인 호텔이 잇따라 수천 명의 숙박 손님을 대상으로 데이터 조사를 진행했는데, 조사한 내용은 다른 색깔의 방이 사람에게 미치는 영향이었다.

　　조사 결과에 근거하여, 호텔 측은 다음과 같은 결론을 내렸다. ³사람들은 파란색 방에서의 평균 수면 시간이 가장 길었고, 수면 질이 가장 높았는데, 이는 파란색 방이 마음을 편안하게 해 주었기 때문이다. 사람들의 노란색 방에서의 수면 질은 2위에 랭크되었다. 노란색은 밝은 색깔로, 사람의 수면의 질을 높아지게 할 수 있으며, 또 사람에게 강한 해방감을 줄 수 있다. 초록색은 3위에 랭크된 색깔로, 22%의 사람들이 초록색 방을 좋아했는데, 초록색은 사람의 몸과 마음이 좋은 휴식을 취하게 할 수 있고, 게다가 ⁴녹색 환경은 기력을 왕성하게 하면서, 기분을 유쾌하고 즐겁게 하기 때문이다. 뜻밖의 것은 많은 사람들이 자주색을 좋아하며, 그것이 고상하고 신비하다고 생각하지만, 연구에서는 ⁵자주색은 시각에 대한 자극이 매우 커서, 사람의 대뇌가 이완하지 못하게 할 뿐만 아니라, 또 사람이 수면 중에 꿈에 시달리게 한다고 밝혔다.

3. 질문: 어떤 색깔의 방에서 잘 때, 수면 시간이 가장 긴가?

4. 질문: 초록색의 방은 사람에게 어떤 장점이 있는가?

5. 질문: 이 단문에 근거하여, 다음 중 옳은 것은?

해설　선택지 읽기

　　4번과 5번 선택지가 모두 특정 대상에 대한 사실을 나타내고, 3번 선택지에서 색깔, 4번 선택지에서 心理(심리)가 언급되었으므로, 색깔과 심리와 관련된 설명문이 나올 것임을 예상할 수 있다. 따라서 설명 대상의 세부적인 특징에 대한 내용을 주의 깊게 듣는다.

　　단문 듣기

　　단문 중반의 人们在蓝色房间的平均睡眠时间最长, 睡眠质量最高를 듣고, 3번의 A 蓝色에 체크해 둔다.

　　단문 후반의 绿色的环境会让人精神抖擞, 心情愉悦를 듣고, 4번의 B 可以让人心情愉快에 체크해 둔다.

　　단문 후반의 紫色对视觉的刺激非常大를 듣고, 5번의 B 紫色非常刺激视觉에 체크해 둔다.

질문 듣고 정답 고르기

3. 질문이 어떤 색깔의 방에서 잘 때, 수면 시간이 가장 긴지를 물었으므로, A를 정답으로 고른다.
4. 질문이 초록색 방은 사람에게 어떤 장점이 있는지를 물었으므로, B를 정답으로 고른다.
   * 바꾸어 표현 **心情愉悦** 기분이 유쾌하고 즐겁다 → **心情愉快** 기분이 즐겁다
5. 질문이 이 단문에 근거하여 옳은 것을 물었으므로, B를 정답으로 고른다.
   * 바꾸어 표현 **对视觉的刺激非常大** 시각에 대한 자극이 매우 크다 → **非常刺激视觉** 시각을 매우 자극한다

어휘 **治疗** zhìliáo [동] 치료하다 **心理** xīnlǐ [명] 심리 **心情** xīnqíng [명] 기분 **愉快** yúkuài [형] 즐겁다 **有助于** yǒuzhùyú ~에 도움이 되다
延长 yáncháng [동] 늘리다, 연장하다 **睡眠** shuìmián [명] 수면 **高贵** gāoguì [형] 고상하다 **神秘** shénmì [형] 신비하다 **感觉** gǎnjué [명] 느낌
内心 nèixīn [명] 마음 **宁静** níngjìng [형] (환경·마음 따위가) 편안하다 **紫色** zǐsè [명] 자주색 **刺激** cìjī [동] 자극하다 **视觉** shìjué [명] 시각
卧室 wòshì [명] 침실 **墙壁** qiángbì [명] 벽 **适合** shìhé [동] 적합하다 **酒店** jiǔdiàn [명] 호텔 **著名** zhùmíng [형] 유명하다
连锁 liánsuǒ [형] 체인의, 연쇄적인 **先后** xiānhòu [부] 잇따라 **住店** zhùdiàn [동] 숙박하다 **进行** jìnxíng [동] 진행하다 **数据** shùjù [명] 데이터
调查 diàochá [동] 조사하다 **内容** nèiróng [명] 내용 **色彩** sècǎi [명] 색깔 **结果** jiéguǒ [명] 결과 **结论** jiélùn [명] 결론
平均 píngjūn [형] 평균이다 **质量** zhìliàng [명] 질, 품질 **排名** páimíng [동] 랭크되다 **明亮** míngliàng [형] 밝다
放松感 fàngsōnggǎn [명] 해방감 **并且** bìngqiě [접] 게다가 **精神抖擞** jīngshen dǒusǒu [성] 기력이 왕성하다
愉悦 yúyuè [형] 유쾌하고 즐겁다 **意外** yìwài [형] 뜻밖의 **研究** yánjiū [동] 연구하다 **表明** biǎomíng [동] (분명하게) 밝히다
大脑 dànǎo [명] 대뇌 **放松** fàngsōng [동] 이완하다 **困扰** kùnrǎo [동] 시달리다 **好处** hǎochu [명] 장점

6-7

6. A 比赛的规则
   B 运动员的资格
   C 发动机的制造
   D 驾驶船艇的技术

7. A 开始于1990年
   B 有利于增强体质
   C 任何人都可以参加
   D 船艇主要以风能为动力

6. A 게임의 규칙
   B 운동선수의 자격
   C 엔진의 제조
   D 보트를 운전하는 기술

7. A 1990년에 시작되었다
   B 체력 강화에 이롭다
   C 누구나 참여할 수 있다
   D 보트는 주로 풍력을 동력으로 삼는다

第6到7题是根据下面一段话:

摩托艇运动是一项水上竞速类体育运动，运动员通常在水上驾驶以汽油发动机、喷气发动机等为动力的船艇。这一项运动始于十九世纪末。随着人类对海洋需求不断增加，摩托艇运动得到了很大发展，同时，[6]相关运动技术的不断创新和进步反过来带动了船艇的设计和发动机的研制。

[7]摩托艇运动不仅能丰富人们的文化娱乐生活，[7]还可以锻炼人的身体和意志力。但并不是所有人都适合参加这项运动，摩托艇运动要求运动员熟悉并适应水上生活，具备基本的航海知识以及驾驶船艇的技术。

6. 问：摩托艇运动技术的发展影响了哪方面？
7. 问：关于摩托艇运动，可以知道什么？

6-7번 문제는 다음 내용에 근거한다.

모터보트 스포츠는 물 위에서 속도를 겨루는 스포츠로, 운동선수는 일반적으로 물 위에서 가솔린 엔진, 제트 엔진 등을 동력으로 하는 보트를 운전한다. 이 스포츠는 19세기 말에 시작되었다. 바다에 대한 인류의 수요가 계속 증가함에 따라, 모터보트 스포츠는 큰 발전을 이루었고, 동시에 [6]관련 스포츠 기술의 끊임없는 혁신과 진보가 역으로 보트의 디자인과 엔진의 연구 제작을 이끌었다.

[7]모터보트 스포츠는 사람들의 문화 오락 생활을 풍부하게 할 뿐만 아니라, [7]사람의 몸과 의지력을 단련할 수 있다. 그러나 결코 모든 사람이 이 스포츠에 참여하는 것이 적합한 것은 아니다. 모터보트 스포츠는 운동선수가 수상 생활을 잘 알고 적응하며, 기본적인 항해 지식 및 보트를 운전하는 기술을 갖추는 것을 요구한다.

6. 질문: 모터보트 스포츠 기술의 발전은 어느 방면에 영향을 미쳤는가?
7. 질문: 모터보트 스포츠에 관하여, 무엇을 알 수 있는가?

선택지 읽기

7번 선택지가 모두 특정 대상에 대한 사실을 나타내고, 船艇(보트)이 언급되었으므로, 보트와 관련된 설명문이 나올 것임을 예상할 수 있다. 따라서 설명 대상의 세부적인 특징에 대한 내용을 주의 깊게 듣는다.

단문 듣기

단문 중반의 相关运动技术的不断创新和进步反过来带动了船艇的设计和发动机的研制을 듣고, 6번의 C 发动机的制造에 체크해 둔다.

단문 후반의 摩托艇运动……还可以锻炼人的身体和意志力를 듣고, 7번의 B 有利于增强体质에 체크해 둔다.

질문 듣고 정답 고르기

6. 모터보트 스포츠 기술의 발전은 어느 방면에 영향을 미쳤는지를 물었으므로, C를 정답으로 고른다.

　　＊ 바꾸어 표현　发动机的研制 엔진의 연구 제작 → 发动机的制造 엔진의 제조

7. 모터보트 스포츠에 관하여 알 수 있는 것을 물었으므로, B를 정답으로 고른다.

어휘

规则 guīzé 몡규칙　资格 zīgé 몡자격　发动机 fādòngjī 몡엔진　制造 zhìzào 통제조하다　驾驶 jiàshǐ 통운전하다

船艇 chuántǐng 몡보트　技术 jìshù 몡기술　有利 yǒulì 통이롭다　增强 zēngqiáng 통강화하다　体质 tǐzhì 몡체력

风能 fēngnéng 몡풍력　动力 dònglì 몡동력　摩托艇 mótuōtǐng 몡모터보트　竞速 jìngsù 통속도를 겨루다

通常 tōngcháng 튄일반적으로　汽油发动机 qìyóu fādòngjī 가솔린 엔진　喷气发动机 pēnqì fādòngjī 제트 엔진　世纪 shìjì 몡세기

随着 suízhe 깨~에 따라　人类 rénlèi 몡인류　海洋 hǎiyáng 몡바다　需求 xūqiú 몡수요　不断 búduàn 튄계속 끊임없다

增加 zēngjiā 통증가하다　发展 fāzhǎn 통발전하다　同时 tóngshí 몡동시에　创新 chuàngxīn 통혁신하다　进步 jìnbù 통진보하다

反过来 fǎn guòlai 역으로　带动 dàidòng 통이끌다　设计 shèjì 몡디자인　研制 yánzhì 통연구·제작하다　不仅 bùjǐn 젭~뿐만 아니라

丰富 fēngfù 통풍부하게 하다　娱乐 yúlè 몡오락　生活 shēnghuó 몡생활　意志力 yìzhìlì 의지력　所有 suǒyǒu 몡모든

适合 shìhé 통적합하다　熟悉 shúxī 통잘 알다　适应 shìyìng 통적응하다　具备 jùbèi 통갖추다　基本 jīběn 톙기본적인

航海 hánghǎi 통항해하다　知识 zhīshi 몡지식　以及 yǐjí 젭및　方面 fāngmiàn 몡방면

---

8 - 10

8. A 桥的中间升起

　 B 中间的木船开启

　 C 采用耐潮的木材

　 D 两边的桥并排连接

9. **A 样式各不相同**

　 B 每个空间大小一致

　 C 桥亭里有石头桌椅

　 D 屋顶像展开翅膀的大鸟

10. A 兴建于一一七一年

　 B 属于中国现代建筑

　 C 地理位置十分重要

　 D 只有中间部分被保存

8. A 다리의 중간이 솟아 있다

　 B 가운데의 나무배가 개방된다

　 C 습기에 강한 목재를 사용한다

　 D 양쪽의 다리가 나란히 연결되어 있다

9. **A 양식이 제각기 다르다**

　 B 공간마다 크기가 일치한다

　 C 다리 정자 안에는 돌로 된 책걸상이 있다

　 D 지붕이 마치 날개를 펼친 큰 새 같다

10. A 1171년에 건설되었다

　 B 중국 현대 건축물에 속한다

　 C 지리적 위치가 매우 중요하다

　 D 가운데 부분만 보존되었다

第8到10题是根据下面一段话：

　　[10]广济桥位于广东省潮州市，[10]始建于一一七一年。它是中国四大古桥之一，也是世界上最早的启闭式桥梁。[8]桥的中间部分为浮桥，由十八只木船并排连接而成。这些木船可以开启，也可以关闭，[8]开启时能使大型船舶通行，

8-10번 문제는 다음 내용에 근거한다.

　　[10]광지차오는 광둥성 차오저우시에 위치해 있으며, [10]1171년에 창건되었다. 그것은 중국의 4대 오래된 다리 중 하나이며, 또 세계 최초의 개폐식 교량이다. [8]다리의 중간 부분은 부교로, 18개의 나무배로 나란히 연결해서 만들었다. 이러한 나무배는 개방할 수 있고, 또 닫을 수도 있다. [8]개방할 때는 대형 선박을 통행시킬 수 있고, 닫힐 때는 양쪽의 다리를

闭合时可连接两边的桥。这种结构极大地减少了河流的阻力，使桥的安全性得到了很大的提高。桥梁上建有三十个桥亭，可以让行人停下脚步休息或避雨。桥亭具有中国传统的建筑风格，⁹这些桥亭形态多种多样，空间大小不一，互不相连。由于结构独特、装饰精美，广济桥享有"江南第一桥"的美称。

8. 问：广济桥怎样才能使大型船舶通行？
9. 问：广济桥的桥亭有什么特点？
10. 问：关于广济桥，可以知道什么？

연결할 수 있다. 이러한 구조는 강의 저항력을 크게 줄여, 다리의 안전성을 크게 높였다. 다리에는 30개의 다리 정자가 지어져 있어, 행인이 발걸음을 멈추고 휴식하거나 비를 피할 수 있도록 한다. 다리 정자는 중국 전통 건축 스타일을 지니고 있다. ⁹이러한 다리 정자는 형태가 각양각색이고, 공간 크기도 다르며, 서로 이어지지 않는다. 구조가 독특하고, 장식이 정교하고 아름답기 때문에, 광지차오는 '쟝난 제 1의 다리'라는 아름다운 이름을 누리고 있다.

8. 질문: 광지차오가 어떻게 해야 대형 선박을 통행시킬 수 있는가?
9. 질문: 광지차오의 다리 정자는 어떤 특징이 있는가?
10. 질문: 광지차오에 관하여, 무엇을 알 수 있는가?

해설

선택지 읽기
8번, 9번, 10번 선택지가 모두 특정 대상에 대한 사실을 나타내고, 8번 선택지에서 桥(다리), 10번 선택지에서 中国(중국)가 언급되었으므로, 중국의 다리와 관련된 설명문이 나올 것임을 예상할 수 있다. 따라서 설명 대상의 세부적인 특징에 대한 내용을 주의 깊게 듣는다.

단문 듣기
단문 초반의 广济桥……始建于一一七一年을 듣고, 10번의 A 兴建于一一七一年에 체크해 둔다.
단문 초반의 桥的中间部分为浮桥，由十八只木船并排连接而成。这些木船可以开启……开启时能使大型船舶通行을 듣고, 8번의 B 中间的木船开启에 체크해 둔다.
단문 후반의 这些桥亭形态多种多样을 듣고, 9번의 A 样式各不相同에 체크해 둔다.

질문 듣고 정답 고르기
8. 질문이 광지차오가 어떻게 해야 대형 선박을 통행시킬 수 있는지를 물었으므로, B를 정답으로 고른다.
9. 질문이 광지차오의 다리 정자는 어떤 특징이 있는지를 물었으므로, A를 정답으로 고른다.
  *바꾸어 표현 多种多样 각양각색이다 → 各不相同 제각기 다르다
10. 질문이 광지차오에 관하여 알 수 있는 것을 물었으므로, A를 정답으로 고른다.
  *바꾸어 표현 始建于一一七一年 1171에 창건되었다 → 兴建于一一七一年 1171에 건설되었다

어휘
桥 qiáo 圆 다리, 교량 升起 shēngqǐ 솟다 木船 mùchuán 圆 나무배 开启 kāiqǐ 圆 개방하다 采用 cǎiyòng 圆 사용하다
耐潮 nàicháo 습기에 강하다 木材 mùcái 圆 목재 并排 bìngpái 圆 나란히 서다 连接 liánjiē 圆 연결되다 样式 yàngshì 圆 양식
各不相同 gè bù xiāngtóng 제각기 다르다 空间 kōngjiān 圆 공간 大小 dàxiǎo 圆 크기 一致 yízhì 圆 일치하다
桥亭 qiáotíng 다리 정자 石头 shítou 圆 돌 桌椅 zhuōyǐ 圆 책걸상 屋顶 wūdǐng 圆 지붕 展开 zhǎnkāi 圆 펼치다
翅膀 chìbǎng 圆 날개 兴建 xīngjiàn 圆 건설하다 属于 shǔyú 圆 ~에 속하다 建筑 jiànzhù 圆 건축물 地理 dìlǐ 圆 지리
位置 wèizhi 圆 위치 十分 shífēn 圆 매우 部分 bùfen 圆 부분 保存 bǎocún 圆 보존하다 广济桥 Guǎngjìqiáo 교유 광지차오
位于 wèiyú 圆 ~에 위치하다 广东省 Guǎngdōng Shěng 교유 광둥성 潮州市 Cháozhōu Shì 교유 차오저우시
始建 shǐjiàn 창건하다 世界 shìjiè 圆 세계 启闭式桥梁 qǐbìshì qiáoliáng 개폐식 교량
浮桥 fúqiáo 圆 부교, 배다리[배나 뗏목을 일정한 간격으로 이어서, 그 위에 나무 널판을 깔아서 만든 다리] 关闭 guānbì 圆 닫다
大型 dàxíng 圆 대형 船舶 chuánbó 圆 선박 通行 tōngxíng 圆 통행하다 闭合 bìhé 圆 닫다, 잇다 结构 jiégòu 圆 구조
极大 jídà (지극히) 크다 河流 héliú 圆 강 阻力 zǔlì 圆 저항력 桥梁 qiáoliáng 圆 다리 行人 xíngrén 圆 행인
脚步 jiǎobù 圆 발걸음 避雨 bìyǔ 비를 피하다 具有 jùyǒu 圆 지니다 传统 chuántǒng 圆 전통적이다
风格 fēnggé 圆 스타일 形态 xíngtài 圆 형태 不一 bùyī 圆 다르다 相连 xiānglián 圆 서로 이어지다 由于 yóuyú 圆 ~때문에
独特 dútè 圆 독특하다 装饰 zhuāngshì 圆 장식 精美 jīngměi 圆 정교하고 아름답다 享有 xiǎngyǒu 圆 (명성·명예 등을) 누리다
江南 Jiāngnán 교유 쟝난[중국 지명, 창장(长江) 이남 지역] 美称 měichēng 圆 아름다운 이름 特点 tèdiǎn 圆 특징

| 1 D | 2 D | 3 B | 4 C | 5 D | 6 A | 7 C | 8 D | 9 A | 10 B |

1-2

1. A 信息技术的出口
   B 经济的均衡发展
   C 工业的迅速退步
   D 新能源的开发利用

2. A 有必要制定可行性方案
   B 要积极开发物质文化产品
   C 需了解环境对科技的影响
   D 解决全球气候问题至关重要

1. A 정보 기술의 수출
   B 경제의 균형적인 발전
   C 공업의 급속한 퇴보
   D 신 에너지의 개발과 이용

2. A 실행 가능한 방안을 제정하는 것이 필요하다
   B 물질 문화 상품을 적극적으로 개발해야 한다
   C 환경이 과학 기술에 미치는 영향을 알아야 한다
   D 전 세계 기후 문제를 해결하는 것이 지극히 중요하다

第1到2题是根据下面一段话：

现代工业的自动化生产、[1]新能源的开发利用、信息技术的发展，都在不同方面[1]体现了科技的进步。和过去相比，人们的生活变得方便快捷、丰富多彩。但是科技的发展也带来了极大的危害。汽车等交通工具排出的有害气体造成了大气污染。大气污染带来的问题中，最严重的就是全球气候变暖。[2]气候变暖导致北极冰川的面积逐渐缩小，海平面连年上升。此外，由于气候变得干燥，森林大火发生的次数越来越多，严重破坏了大自然的平衡。因此，了解科技带来的影响非常重要。[2]人们在关注科技发展的同时，也要重视环境问题。只有这样，我们才能发挥科技的作用，让它进一步为人类做出贡献。

1. 问：下列哪项体现了科技的发展？

2. 问：这段话主要谈的是什么？

1-2번 문제는 다음 내용에 근거한다.

현대 공업의 자동화 생산, [1]신 에너지의 개발과 이용, 정보 기술의 발전은 모두 다른 방면에서 [1]과학 기술의 진보를 구현했다. 과거와 비교했을 때, 사람들의 생활은 편리하고 빠르며, 풍부하고 다채로워졌다. 하지만 과학 기술의 발전은 매우 큰 손해도 가지고 왔다. 자동차 등 교통 수단에서 배출된 유해 가스는 대기 오염을 만들어 냈다. 대기 오염이 가져온 문제 중에서, 가장 심각한 것은 바로 전 세계 기후 온난화이다. [2]기후 온난화는 북극 빙하의 면적이 점차 감소하고, 해수면이 여러 해 동안 계속 상승하는 것을 야기했다. 이 밖에도 기후가 건조하게 변해서, 숲에 큰 불이 발생하는 횟수가 점점 늘었고, 대자연의 균형을 심각하게 파괴했다. 이 때문에 과학 기술이 가져오는 영향을 아는 것은 매우 중요하다. [2]사람들은 과학 기술의 발전에 관심을 가지는 동시에, 환경 문제도 중시해야 한다. 이렇게 해야만, 우리는 비로소 과학 기술의 효과를 발휘하여, 그것이 한층 더 나아가 인류를 위해 기여하도록 만들 수 있다.

1. 질문: 다음 중 어떤 것이 과학 기술의 발전을 구현했는가?

2. 질문: 이 단문이 주로 말하고 있는 것은 무엇인가?

해설 **선택지 읽기**
2번 선택지가 모두 주장이나 의견을 나타내는 내용이므로, 논설문이 나올 것임을 예상할 수 있다. 따라서 단문의 처음과 끝부분을 특히 주의 깊게 듣는다.

단문 듣기
단문 초반의 新能源的开发利用……体现了科技的进步를 듣고 1번의 D 新能源的开发利用에 체크해 둔다.
단문 중후반의 气候变暖导致北极冰川的面积逐渐缩小, 海平面连年上升。……人们在关注科技发展的同时, 也要重视环境问题。를 듣고 2번의 D 解决全球气候问题至关重要에 체크해 둔다.

질문 듣고 정답 고르기

1. 질문이 선택지 중 어떤 것이 과학 기술의 발전을 구현했는지를 물었으므로, D를 정답으로 고른다.
2. 질문이 이 단문이 주로 말하고 있는 것은 무엇인지를 물었으므로, D를 정답으로 고른다.

어휘 　信息 xìnxī 몡정보　技术 jìshù 몡기술　出口 chūkǒu 통수출하다　经济 jīngjì 몡경제　均衡 jūnhéng 톙균형적이다
　发展 fāzhǎn 몡발전　工业 gōngyè 몡공업　迅速 xùnsù 톙급속하다　退步 tuìbù 통퇴보하다　能源 néngyuán 몡에너지
　开发 kāifā 통개발하다　利用 lìyòng 통이용　必要 bìyào 톙필요하다　制定 zhìdìng 통제정하다　可行性 kěxíngxìng 톙실행 가능성
　方案 fāng'àn 몡방안　积极 jījí 톙적극적이다　物质文化 wùzhì wénhuà 물질 문화　产品 chǎnpǐn 몡상품　科技 kējì 몡과학 기술
　至关重要 zhìguān zhòngyào 지극히 중요하다　现代 xiàndài 몡현대　自动化生产 zìdònghuà shēngchǎn 자동화 생산
　方面 fāngmiàn 몡방면　体现 tǐxiàn 통구현하다　进步 jìnbù 통진보하다　相比 xiāngbǐ 통비교하다　快捷 kuàijié 톙빠르다
　丰富多彩 fēngfù duōcǎi 톙풍부하고 다채롭다　危害 wēihài 몡손해　交通工具 jiāotōng gōngjù 교통 수단
　排出 páichū 통배출하다　有害气体 yǒuhài qìtǐ 몡유해 가스　造成 zàochéng 통만들다, 형성하다　大气 dàqì 몡대기, 공기
　污染 wūrǎn 몡오염　全球气候变暖 quánqiú qìhòu biàn nuǎn 전 세계 기후 온난화　导致 dǎozhì 통야기하다　北极 běijí 몡북극
　冰川 bīngchuān 몡빙하　面积 miànjī 몡면적　逐渐 zhújiàn 튀점차　缩小 suōxiǎo 통감소하다　海平面 hǎipíngmiàn 몡해수면
　连年 liánnián 통여러 해 동안 계속되다　上升 shàngshēng 통상승하다　此外 cǐwài 젭이 밖에도　干燥 gānzào 톙건조하다
　森林 sēnlín 몡숲　次数 cìshù 몡횟수　破坏 pòhuài 통파괴하다　大自然 dàzìrán 몡대자연　平衡 pínghéng 몡균형
　关注 guānzhù 통관심을 가지다　重视 zhòngshì 통중시하다　发挥 fāhuī 통발휘하다　作用 zuòyòng 몡효과
　进一步 jìn yí bù 한층 더 나아가　人类 rénlèi 몡인류　贡献 gòngxiàn 통기여하다

---

3 - 5

3. A 缺乏成就感
   B 想法各不相同
   C 不愿意承受现实
   D 不放弃个人利益

4. A 让对方受委屈
   B 承受不必要的责任
   C 影响彼此之间的关系
   D 可以冷静处理突发情况

5. A 必须全面考虑
   B 要有自己的主见
   C 得接受他人的意见
   D 应当学会换位思考

3. A 성취감이 부족하다
   B 생각이 제각각이다
   C 현실을 감당하고 싶어하지 않는다
   D 개인의 이익을 포기하지 않는다

4. A 상대방이 억울함을 당하게 한다
   B 불필요한 책임을 감당한다
   C 서로의 관계에 영향을 미친다
   D 돌발 상황을 침착하게 처리할 수 있다

5. A 반드시 전체적으로 고려해야 한다
   B 자기만의 주관이 있어야 한다
   C 타인의 의견을 받아들여야 한다
   D 입장을 바꿔 깊이 생각하는 법을 배워야 한다

第3到5题是根据下面一段话：

[3]每个人的思想都不一样，因此在交流过程中会造成许多不必要的误会。论语中有一句"己所不欲，勿施于人"，意思是自己不喜欢或不愿意承受的事，也不要强加在别人身上。当要求别人做什么时，首先要自己本身愿意做并且能做得到，如果自己做不到，便不能要求别人做到。

3-5번 문제는 다음 내용에 근거한다.

[3]사람마다의 생각은 모두 다른데, 이로 인하여 서로 소통하는 과정에서 불필요한 오해를 매우 많이 일으킬 수 있다. 논어에는 '기소불욕, 물시어인'이라는 말이 있는데, 자기가 싫어하거나 감당하기 싫은 일을 남에게도 강요하지 말라는 의미이다. 남에게 무엇을 해 달라고 요구할 때는, 가장 먼저 자기 자신이 하고 싶어야 하고 또 할 수 있어야 하며, 만약 자기가 할 수 없다면, 남에게 하도록 요구할 수 없다.

这句话所揭晓的是处理人际关系的重要原则。这是尊重他人，平等待人的体现。⁴假如把自己不愿意做的事情硬推给别人，不仅会破坏关系，也会将事情弄得僵持而不可收拾。⁵我们应当对人持平等、尊重和友善的态度，站在对方的立场考虑问题，设身处地地替对方想一想，了解他们的想法，这会使我们变得更加冷静和理智。

이 말이 드러내는 것은 인간관계를 다룰 때의 중요한 원칙이다. 이는 타인을 존중하고, 평등하게 사람을 대하는 것을 구현하는 것이다. ⁴만약 자기가 하고 싶어 하지 않는 일을 억지로 남에게 미루면, 관계를 망칠 뿐만 아니라 일을 대치시켜서 수습할 수 없게 만들 수도 있다. ⁵우리는 마땅히 사람을 대할 때 평등하고 존중하며 다정한 태도를 취해야 하고, 다른 사람의 입장에 서서 문제를 생각해야 하며, 입장을 바꿔서 상대방을 위해 생각하고 그들의 생각을 이해해야 하는데, 이것이 우리를 더욱 냉정하고 이성적이게 만들 수 있다.

3. 问：交流过程中为什么会产生误会？

4. 问：把自己不愿意做的事情硬推给别人会怎么样？

5. 问：根据这段话，我们要怎么做？

3. 질문: 서로 소통하는 과정에서 왜 오해가 생길 수 있는가?

4. 질문: 자기가 하고 싶어 하지 않는 일을 다른 사람에게 억지로 미루면 어떻게 되는가?

5. 질문: 이 단문에 근거하여, 우리는 어떻게 해야 하는가?

해설 **선택지 읽기**
5번 선택지가 모두 주장이나 의견을 나타내는 내용이므로, 논설문이 나올 것임을 예상할 수 있다. 따라서 단문의 처음과 끝부분을 특히 주의 깊게 듣는다.

단문 듣기
단문 초반의 每个人的思想都不一样，因此在交流过程中会造成许多不必要的误会。를 듣고, 3번의 B 想法各不相同에 체크해 둔다.
단문 중후반의 假如把自己不愿意做的事情硬推给别人，不仅会破坏关系，也会将事情弄得僵持而不可收拾。을 듣고, 4번의 C 影响彼此之间的关系에 체크해 둔다.
단문 후반의 我们应当对人持平等、尊重和友善的态度，站在对方的立场考虑问题를 듣고, 5번의 D 应当学会换位思考에 체크해 둔다.

질문 듣고 정답 고르기
3. 질문이 서로 소통하는 과정에서 오해가 생길 수 있는 이유를 물었으므로, B를 정답으로 고른다.
  * 바꾸어 표현 思想都不一样 생각이 모두 다르다 → 想法各不相同 생각이 제각각이다
4. 질문이 자기가 하고 싶어 하지 않는 일을 다른 사람에게 억지로 미루면 어떻게 되는지를 물었으므로, C를 정답으로 고른다.
5. 질문이 단문에 근거하여 우리는 어떻게 해야 하는지를 물었으므로, D를 정답으로 고른다.

어휘 **缺乏** quēfá 圏부족하다 **成就感** chéngjiùgǎn 圏성취감 **想法** xiǎngfǎ 圏생각 **承受** chéngshòu 圏감당하다 **现实** xiànshí 圏현실
放弃 fàngqì 圏포기하다 **个人** gèrén 圏개인 **利益** lìyì 圏이익 **对方** duìfāng 圏상대방 **委屈** wěiqu 圏억울하다
必要 bìyào 圏필요하다 **责任** zérèn 圏책임 **彼此** bǐcǐ 圏서로 **冷静** lěngjìng 圏침착하다 **处理** chǔlǐ 圏처리하다
突发 tūfā 圏돌발하다 **情况** qíngkuàng 圏상황 **全面** quánmiàn 圏전체적으로 **考虑** kǎolǜ 圏고려하다 **主见** zhǔjiàn 圏주관
接受 jiēshòu 圏받아들이다 **意见** yìjiàn 圏의견 **换位** huànwèi 圏입장을 바꾸다 **思考** sīkǎo 圏깊이 생각하다
思想 sīxiǎng 圏생각, 사상 **因此** yīncǐ 圏이로 인하여 **交流** jiāoliú 圏서로 소통하다 **过程** guòchéng 圏과정
造成 zàochéng 圏일으키다, 야기하다 **许多** xǔduō 圏매우 많다 **误会** wùhuì 圏오해 **论语** Lúnyǔ 교육논어
己所不欲，勿施于人 jǐsuǒbúyù, wùshīyúrén 圏기소불욕, 물시어인[자신이 하기 싫은 일을 남에게 강요하지 마라]
强加 qiángjiā 圏강요하다 **首先** shǒuxiān 圏가장 먼저 **本身** běnshēn 圏자신, 본인 **并且** bìngqiě 圏또한
揭晓 jiēxiǎo 圏드러내다, 공표하다 **人际关系** rénjì guānxi 인간관계 **原则** yuánzé 圏원칙 **尊重** zūnzhòng 圏존중하다
平等 píngděng 圏평등하다 **体现** tǐxiàn 圏구현하다 **假如** jiǎrú 圏만약 **硬** yìng 圏억지로 **推** tuī 圏미루다
不仅 bùjǐn 圏~뿐만 아니라 **破坏** pòhuài 圏망치다, 파괴하다 **弄** nòng 圏하다, 행하다 **僵持** jiāngchí 圏(서로 양보하지 않고) 대치하다
收拾 shōushi 圏수습하다 **持** chí 圏(어떤 태도를) 취하다 **友善** yǒushàn 圏다정하다 **态度** tàidu 圏태도 **立场** lìchǎng 圏입장
设身处地 shèshēn chǔdì 圏입장을 바꾸어 상대방을 위해 생각하다 **理智** lǐzhì 圏이성적이다 **产生** chǎnshēng 圏생기다

6. **A** 可以创造价值

    B 粉丝数量众多

    C 吸引外国观众

    D 具有道德底线

7. A 网红的粉丝要热情一些

    B 网红的行为应该更加神秘

    C 网红经济的未来不可预测

    D 每个网红都可以获得利润

6. **A** 가치를 창출할 수 있다

    B 팬의 수가 매우 많다

    C 외국 관중을 사로잡는다

    D 최소한의 도덕을 가지고 있다

7. A 왕홍의 팬은 좀 열정적이어야 한다

    B 왕홍의 행동은 더 신비로워야 한다

    C 왕홍 경제의 미래는 예측할 수 없다

    D 모든 왕홍은 이윤을 얻을 수 있다

第6到7题是根据下面一段话：

    现在，"网红"一词渐渐从娱乐领域走向了经济领域，而人们对"网红"这类人群的评价也开始出现了分化。[6]有人认为，网红的存在是有必要的，因为他们用自己独特的能力创造出了巨大的价值，促进了社会的发展。但有人认为，部分快速成名的网红缺乏道德底线。一些网红为了增加粉丝数量，利用不文明的话语和行为吸引人们的注意力。这一行为与主流价值观矛盾，让很多人感到不快。

    [7]网红经济发展迅速，但它的不确定性也很大。网红的粉丝是否具有持久性，[7]网红经济是否可持续发展，这一切都是未知数。因此，对于大规模投资网红一事，众多投资方依然保持着谨慎的态度。

6. 问：为什么有些人觉得网红有必要存在？

7. 问：根据这段话，可以知道什么？

6-7번 문제는 다음 내용에 근거한다.

    오늘날, '왕홍'이라는 이 단어는 점차 예능 영역에서 경제 영역으로 나아가고 있고, '왕홍' 이 무리에 대한 사람들의 평가에도 분열이 나타나기 시작했다. [6]어떤 사람은 왕홍의 존재가 필요한 것이라고 생각하는데, 그들은 자신의 독특한 능력으로 막대한 가치를 창출해 내어, 사회의 발전을 촉진시켰기 때문이다. 하지만 어떤 사람은 빠른 속도로 유명해진 일부 왕홍은 최소한의 도덕이 부족하다고 생각한다. 몇몇 왕홍은 팬의 수를 늘리기 위해, 예의 바르지 않은 말과 행동을 이용하여 사람들의 주의력을 이끌어 낸다. 이러한 행동은 주류가 되는 가치관과 모순되어, 많은 사람이 불쾌함을 느끼게 한다.

    [7]왕홍 경제는 발전이 빠르지만, 그것의 불확실성도 크다. 왕홍의 팬들이 지속성을 가지는지, [7]왕홍 경제가 지속해서 발전 가능한지, 이 모든 것은 전부 미지수이다. 이 때문에 대규모로 왕홍에 투자하는 일에 대해서, 매우 많은 투자자는 여전히 신중한 태도를 유지하고 있다.

6. 질문: 왜 어떤 사람들은 왕홍이 존재할 필요가 있다고 생각하는가?

7. 질문: 이 단문에 근거하여, 무엇을 알 수 있는가?

해설 **선택지 읽기**
7번 선택지가 모두 주장이나 의견을 나타내는 내용이므로, 논설문이 나올 것임을 예상할 수 있다. 따라서 단문의 처음과 끝부분을 특히 주의 깊게 듣는다.

단문 듣기
단문 초반의 有人认为，网红的存在是有必要的，因为他们用自己独特的能力创造出了巨大的价值，促进了社会的发展。을 듣고, 6번의 A 可以创造价值에 체크해 둔다.

질문 듣고 정답 고르기
6. 질문이 어떤 사람들이 왕홍이 존재할 필요가 있다고 생각하는 이유를 물었으므로, A를 정답으로 고른다.
7. 질문이 단문에 근거하여 알 수 있는 것을 물었으므로, 단문 후반의 网红经济发展迅速，但它的不确定性也很大。……网红经济是否可持续发展，这一切都是未知数를 통해 유추할 수 있는 C 网红经济的未来不可预测를 정답으로 고른다.

어휘 创造 chuàngzào 图창출하다, 창조하다 价值 jiàzhí 图가치 粉丝 fěnsī 图(스타의) 팬 数量 shùliàng 图수, 수량
众多 zhòngduō 图매우 많다 吸引 xīyǐn 图사로잡다, 이끌어 내다 观众 guānzhòng 图관중 具有 jùyǒu 图가지다
道德底线 dàodé dǐxiàn 최소한의 도덕 网红 wǎnghóng 图왕홍[网络红人의 줄임말], 인터넷 스타 行为 xíngwéi 图행동
更加 gèngjiā 图더 神秘 shénmì 图신비롭다 经济 jīngjì 图경제 未来 wèilái 图미래 预测 yùcè 图예측하다
获得 huòdé 图얻다 利润 lìrùn 图이윤 渐渐 jiànjiàn 图점차 娱乐 yúlè 图예능 领域 lǐngyù 图영역

走向 zǒuxiàng ~로 나아가다 **人群** rénqún [명] 무리 **评价** píngjià [명] 평가 **出现** chūxiàn [동] 나타나다 **分化** fēnhuà [동] 분열하다
存在 cúnzài [명] 존재 [동] 존재하다 **必要** bìyào [형] 필요하다 **独特** dútè [형] 독특하다 **能力** nénglì [명] 능력 **巨大** jùdà [형] 막대하다
促进 cùjìn [동] 촉진시키다 **社会** shèhuì [명] 사회 **发展** fāzhǎn [명] 발전 [동] 발전하다 **部分** bùfen [명] 일부 **缺乏** quēfá [동] 부족하다
增加 zēngjiā [동] 늘리다, 증가하다 **利用** lìyòng [동] 이용하다 **文明** wénmíng [형] 예의가 있다, 교양이 있다 **注意力** zhùyìlì [명] 주의력
主流 zhǔliú [명] 주류 **价值观** jiàzhíguān [명] 가치관 **矛盾** máodùn [형] 모순적이다 **不快** búkuài [형] 불쾌하다 **迅速** xùnsù [형] 빠르다
确定性 quèdìngxìng 확실성 **是否** shìfǒu [부] ~인지 아닌지 **持久性** chíjiǔxìng 지속성 **持续** chíxù [동] 지속하다 **一切** yíqiè [대] 모든 것
未知数 wèizhīshù [명] 미지수 **因此** yīncǐ [접] 이 때문에 **对于** duìyú [개] ~에 대해 **规模** guīmó [명] 규모 **投资** tóuzī [동] 투자하다
投资方 tóuzīfāng 투자자 **依然** yīrán [부] 여전히 **保持** bǎochí [동] 유지하다 **谨慎** jǐnshèn [형] 신중하다 **态度** tàidu [명] 태도

8 - 10

8. A 应自觉遵守社会规则
   B 控制儿童情绪并非易事
   C 情绪本身没有好坏之分
   D 儿童对话语中的情绪敏感

9. **A 不耐烦** B 很犹豫
   C 非常烦恼 D 充满期待

10. A 孩子很难学好外语
    B 要跟孩子好好说话
    C 孩子应该信任大人
    D 孩子需要得到安慰

8. A 마땅히 자발적으로 사회적 규칙을 준수해야 한다
   B 아동의 감정을 통제하는 것은 결코 쉬운 일이 아니다
   C 감정은 본래 좋고 나쁨의 구분이 없다
   D 아동은 말 속의 감정에 민감하다

9. **A 귀찮아한다** B 주저한다
   C 매우 걱정한다 D 기대로 가득 찼다

10. A 아이는 외국어를 잘 배우기가 어렵다
    B 아이와 잘 말해야 한다
    C 아이는 마땅히 어른을 믿어야 한다
    D 아이는 위로를 받는 것이 필요하다

第8到10题是根据下面一段话：

[8]《科学报告》发表的一项最新研究表明，儿童能区别出母语人声中的情绪。比起快乐和害怕，儿童能更准确地感受到母语中生气和悲伤的情绪。这种通过说话声音而非内容来识别情绪的现象，在儿童身上很普遍，因此用怎样的情绪跟孩子说话显得十分重要。

但是我们经常会看到，[9]当孩子兴冲冲地想跟父母谈事情时，大部分父母却忙着做其他的事，让孩子等会儿再说，[9]有时甚至会对孩子喊道："你能不能懂点事？别来烦我！"而孩子诉说委屈时，父母不但不倾听，还会发火，甚至责骂他们。[10]其实，好好说话是一种态度，这种态度会让孩子感受到父母对自己的信任、理解与爱。

8. 问：《科学报告》中的研究说明了什么？
9. 问：当孩子找父母谈事时，很多父母持什么态度？
10. 问：下列哪项属于说话人的观点？

8-10번 문제는 다음 내용에 근거한다.

[8]<사이언티픽 리포트>에서 발표한 최신 연구에서, 아동이 모국어 음성 속에서 감정을 구별해 낼 수 있는 것으로 나타났다. 즐거움과 두려움을 비교해 보면, 아동은 모국어 속의 화나고 슬픈 감정을 더욱 정확하게 느낄 수 있다. 이러한 말의 소리와 내용이 아닌 것을 통해서 감정을 식별해 내는 현상은 아이에게 있어서 보편적이므로, 따라서 어떤 감정으로 아이와 대화하는지가 매우 중요해 보인다.

그러나 우리는 [9]아이가 기분이 매우 좋아서 부모와 이야기를 하고 싶어 할 때, 대부분의 부모는 오히려 다른 일을 하기 바빠서, 아이에게 이따가 다시 말하자고 하고, [9]어떤 때는 심지어 아이에게 큰소리치며 '너 철 좀 들 수는 없니? 나를 성가시게 하지 마!'라고 하는 것을 자주 볼 수 있다. 아이들이 섭섭함을 하소연할 때, 부모는 경청하지 않을 뿐 아니라 화를 내고, 심지어 그들을 꾸짖기도 한다. [10]사실 잘 말하는 것은 일종의 태도로, 이런 태도는 아이들이 자신에 대한 부모의 신뢰, 이해와 사랑을 느끼게 할 수 있다.

8. 질문: <사이언티픽 리포트>에서의 연구는 무엇을 설명했는가?
9. 질문: 아이들이 부모를 찾아가서 말할 때, 많은 부모는 어떤 태도를 취하는가?
10. 질문: 다음 중 화자의 관점에 속하는 것은?

해설　선택지 읽기

8번과 10번 선택지가 모두 주장이나 의견을 나타내는 내용이므로, 논설문이 나올 것임을 예상할 수 있다. 따라서 단문의 처음과 끝부분을 특히 주의 깊게 듣는다.

단문 듣기

단문 초반의 《科学报告》发表的一项最新研究表明, 儿童能区别出母语人声中的情绪。比起快乐和害怕, 儿童能更准确地感受到母语中生气和悲伤的情绪。를 듣고, 8번의 D 儿童对话语中的情绪敏感에 체크해 둔다.

단문 중반의 当孩子兴冲冲地想跟父母谈事情时……有时甚至会对孩子喊道: "你能不能懂点事？别来烦我!"를 듣고, 9번의 A 不耐烦에 체크해 둔다.

단문 후반의 其实, 好好说话是一种态度, 这种态度会让孩子感受到父母对自己的信任、理解与爱。를 듣고, 10번의 B 要跟孩子好好说话에 체크해 둔다.

질문 듣고 정답 고르기

8. 질문이 <사이언티픽 리포트>에서의 연구는 무엇을 설명했는지를 물었으므로, D를 정답으로 고른다.

9. 질문이 아이들이 부모를 찾아가서 말할 때, 많은 부모는 어떤 태도를 취하는지를 물었으므로, A를 정답으로 고른다.

10. 질문이 선택지 중 화자의 관점에 속하는 것을 물었으므로, B를 정답으로 고른다.

어휘　自觉 zìjué 阌자발적이다　遵守 zūnshǒu 阌준수하다　社会 shèhuì 阌사회　规则 guīzé 阌규칙　控制 kòngzhì 阌통제하다
儿童 értóng 阌아동　情绪 qíngxù 阌감정　并非 bìngfēi 결코 ~이 아니다　本身 běnshēn 阌본래, 그 자신
好坏 hǎohuài 阌좋고 나쁨　话语 huàyǔ 阌말　敏感 mǐngǎn 阌민감하다　不耐烦 bú nàifán 귀찮아 하다
犹豫 yóuyù 阌주저하다　烦恼 fánnǎo 阌걱정하다　充满 chōngmǎn 阌가득 차다　期待 qīdài 阌기대하다
信任 xìnrèn 阌믿다, 신뢰하다　安慰 ānwèi 阌위로하다　科学报告 kēxué bàogào 사이언티픽 리포트[과학 학술지인 '네이처'의 자매지]
发表 fābiǎo 阌발표하다　研究 yánjiū 阌연구　表明 biǎomíng 阌(분명하게) 나타내다　区别 qūbié 阌구별하다
母语 mǔyǔ 阌모국어　人声 rénshēng 阌음성　准确 zhǔnquè 阌정확하다　感受 gǎnshòu 阌느끼다
悲伤 bēishāng 阌슬프다　通过 tōngguò 꿰~를 통해　内容 nèiróng 阌내용　识别 shíbié 阌식별하다　现象 xiànxiàng 阌현상
普遍 pǔbiàn 阌보편적이다　因此 yīncǐ 阌따라서　兴冲冲 xìngchōngchōng 기분이 매우 좋은 모양　甚至 shènzhì 꿰심지어
喊道 hǎndào 阌큰소리치다　懂事 dǒngshì 阌철들다　烦 fán 阌성가시게 하다　诉说 sùshuō 阌하소연하다
委屈 wěiqu 阌섭섭하다　倾听 qīngtīng 阌경청하다　发火 fāhuǒ 阌화를 내다　责骂 zémà 阌꾸짖다
说明 shuōmíng 阌설명하다　观点 guāndiǎn 阌관점

제2부분 단문　실전테스트 p.82

들으며 학습하기 ▶

1 D	2 A	3 A	4 C	5 D	6 C	7 D	8 D	9 B	10 C
11 B	12 A	13 B	14 C	15 B					

1 - 2

1. A 没有被人们广泛接受

　B 能充分体现本质问题

　C 可以准确地评价一个人

　D 能够长久地保存在记忆中

2. **A 第一印象不太客观**

　B 第一印象是固定不变的

　C 第一印象与主观感受无关

　D 第一印象会让人变得理性

1. A 사람들에게 광범위하게 받아들여지지 않았다

　B 본질적인 문제를 충분히 구체적으로 드러낼 수 있다

　C 한 사람을 정확하게 평가할 수 있다

　D 오랫동안 기억 속에 보존될 수 있다

2. **A 첫인상은 그다지 객관적이지 않다**

　B 첫인상은 고정불변하는 것이다

　C 첫인상은 주관적인 느낌과 관련이 없다

　D 첫인상은 사람을 이성적으로 변하게 할 수 있다

第1到2题是根据下面一段话：

很多人都觉得给别人留下良好的第一印象非常重要。不可否认，¹第一印象确实很容易被保存在对方的记忆里，而且过很多年都不会消失。可是，第一印象真的有那么重要吗？事实并非如此，因为一个人或事物的某一个特点，虽然能从侧面上反映一些问题，但无法完全体现其本质。²因为第一印象存在不可避免的偏差，所以我们不应该把自己的主观感受当作评价别人的第一标准。尽管可能会对对方产生喜欢或讨厌的第一印象，但是时间会默默改变这些认知，让人的眼光变得更为客观和理性。

1. 问：关于第一印象，可以知道什么？

2. 问：下列哪项属于说话人的观点？

1-2번 문제는 다음 내용에 근거한다.

많은 사람들은 다른 사람에게 좋은 첫인상을 남기는 것이 매우 중요하다고 생각한다. ¹첫인상은 확실히 상대방의 기억 속에 보존되기 쉽고, 게다가 여러 해가 지나도 사라지지 않는다는 점을 부인할 수 없다. 하지만, 첫인상은 정말 그렇게 중요할까? 사실은 결코 그렇지 않다. 사람이나 사물의 어느 특징은 비록 단편적인 면에서는 일부 문제를 반영할 수 있지만, 그 본질을 완전히 구체적으로 드러낼 수는 없기 때문이다. ²첫인상은 피할 수 없는 편차가 존재하기 때문에, 우리는 자신의 주관적 느낌을 다른 사람을 평가하는 첫 번째 기준으로 삼아서는 안 된다. 비록 상대방에 대해 좋거나 싫다는 첫인상이 생길 수 있지만, 시간은 소리 없이 이러한 인식들을 바꿀 것이고, 사람의 안목을 더 객관적이고 이성적으로 변하게 할 것이다.

1. 질문: 첫인상에 관하여, 무엇을 알 수 있는가?

2. 질문: 다음 중 화자의 관점에 속하는 것은?

해설 선택지 읽기
2번 선택지가 모두 주장이나 의견을 나타내는 내용이므로, 논설문이 나올 것임을 예상할 수 있다. 따라서 단문의 처음과 끝부분을 특히 주의 깊게 듣는다.

단문 듣기
단문 초반의 第一印象确实很容易被保存在对方的记忆里，而且过很多年都不会消失을 듣고, 1번의 D 能够长久地保存在记忆中에 체크해 둔다.
단문 후반의 因为第一印象存在不可避免的偏差，所以我们不应该把自己的主观感受当作评价别人的第一标准。을 듣고, 2번의 A 第一印象不太客观에 체크해 둔다.

질문 듣고 정답 고르기
1. 질문이 첫인상에 관하여 알 수 있는 것을 물었으므로, D를 정답으로 고른다.
2. 질문이 선택지 중 화자의 관점에 속하는 것을 물었으므로, A를 정답으로 고른다.

어휘 广泛 guǎngfàn 혭광범위하다　接受 jiēshòu 통받아들이다　充分 chōngfèn 혭충분히　体现 tǐxiàn 통구체적으로 드러내다
本质 běnzhì 몡본질　准确 zhǔnquè 혭정확하다　评价 píngjià 통평가하다　长久 chángjiǔ 혭(시간이) 오래다, 길다
保存 bǎocún 통보존하다　记忆 jìyì 몡기억　印象 yìnxiàng 몡인상　客观 kèguān 혭객관적이다　固定 gùdìng 혭고정하다
主观 zhǔguān 혭주관적이다　感受 gǎnshòu 몡느낌　无关 wúguān 통관련이 없다　理性 lǐxìng 혭이성적이다
良好 liánghǎo 혭좋다　否认 fǒurèn 통부인하다　确实 quèshí 혭확실히　对方 duìfāng 몡상대방　消失 xiāoshī 통사라지다
可是 kěshì 졥하지만　事实 shìshí 몡사실　并非 bìngfēi 결코 ~하지 않다　如此 rúcǐ 혭그러하다　事物 shìwù 몡사물
某 mǒu 떼어느　特点 tèdiǎn 몡특징　侧面 cèmiàn 몡단편적인 면, 측면　反映 fǎnyìng 통반영하다　完全 wánquán 혭완전히
存在 cúnzài 통존재하다　避免 bìmiǎn 통피하다　偏差 piānchā 몡편차　当作 dàngzuò 통(~로) 삼다　标准 biāozhǔn 몡기준
尽管 jǐnguǎn 졥비록 ~이라 하더라도　产生 chǎnshēng 통생기다　讨厌 tǎoyàn 통싫어하다　默默 mòmò 소리 없이
改变 gǎibiàn 통바꾸다　认知 rènzhī 몡인식　眼光 yǎnguāng 몡안목　属于 shǔyú 통~에 속하다　观点 guāndiǎn 몡관점

3 - 5

| 3. **A** 木头 | B 竹子 | 3. **A** 나무 | B 대나무 |
| C 纸张 | D 金属 | C 종이 | D 금속 |

4. A 为部队运输粮食

   B 收集邻国的资料

   C 作战时传递信息

   D 进攻敌人的阵地

5. A 纸做的风筝更加坚固耐用

   B 风筝的制作方法较为复杂

   C 被认为是粗俗的娱乐活动

   D 是文学创作的重要题材之一

4. A 부대를 위해 식량을 운송한다

   B 인접국의 자료를 수집한다

   C 전투 시 정보를 전달한다

   D 적의 진지를 공격한다

5. A 종이로 만든 연이 더 견고하고 오래간다

   B 연의 제작 방법은 비교적 복잡하다

   C 저속한 오락 활동으로 여겨졌다

   D 문학 창작의 중요 소재 중 하나이다

第3到5题是根据下面一段话:

　　风筝的历史可以追溯到两千多年前的春秋战国时期。³/⁴据说最初的风筝形状像鸟,用木头制成。⁴这种"木鸟"主要用在军事领域。它不仅可以测量距离、传递信息,还能运火药。

　　后来,随着造纸业的发展,人们开始用纸制作风筝,这种纸风筝被称为"纸鸢"。纸鸢在民间迅速传播开来,成为了一种休闲娱乐的方式。⁵到了宋代,风筝流传得更为广泛。当时,它既是群众喜爱的户外活动,⁵又是文人艺术创作的重要题材。就在这一时期,制作风筝发展为一种专门的职业。

　　明清时期是风筝发展的鼎盛时期,风筝在大小、样式、制作技术、装饰和放飞技艺上都有了巨大进步。当时人们喜欢把风筝赠送亲友,而且文人放风筝被普遍认为是一种极为风雅的行为。

3. 问：风筝最早是用什么材料制作的?

4. 问：在军事领域,风筝的用途是什么?

5. 问：关于古代的风筝,可以知道什么?

3-5번 문제는 다음 내용에 근거한다.

　　연의 역사는 2000여 년 전인 춘추 전국 시대로 거슬러 올라갈 수 있다. ³/⁴최초의 연의 형태는 마치 새와 같았고, 나무로 만들어졌다고 한다. ⁴이러한 '나무 새'는 주로 군사 분야에서 사용되었다. 그것은 거리를 측량하고 정보를 전달할 수 있었을 뿐만 아니라, 화약 또한 운송할 수 있었다.

　　이후, 제지업의 발전에 따라 사람들은 종이로 연을 제작하기 시작했고, 이러한 종이 연은 '지연'이라고 불렸다. 지연은 민간에 빠르게 전파되었고, 일종의 여가 오락 방식이 되었다. ⁵송대에 이르러서 연은 더욱 광범위하게 퍼졌다. 당시, 그것은 대중이 좋아하는 야외 활동이었을 뿐만 아니라, ⁵또한 문인들의 예술 창작의 중요한 소재이기도 했다. 바로 이 시기에, 연 제작은 하나의 전문적인 직업으로 발전했다.

　　명청 시대는 연 발전이 한창 왕성했던 시기로, 연은 크기, 모양, 제작 기술, 장식과 날리는 기예 등에서 모두 거대한 진보를 이루었다. 당시 사람들은 친한 벗에게 연을 선물하는 것을 좋아했고, 게다가 문인이 연을 날리는 것은 보편적으로 극히 고상하고 멋이 있는 행위로 여겨졌다.

3. 질문: 연은 최초에 어떤 재료로 제작되었는가?

4. 질문: 군사 분야에서 연의 용도는 무엇이었는가?

5. 질문: 고대의 연에 관하여, 무엇을 알 수 있는가?

해설　선택지 읽기

4번과 5번 선택지가 모두 특정 대상에 대한 사실을 나타내고, 5번 선택지에서 风筝(연)이 언급되었으므로, 연과 관련된 설명문이 나올 것임을 예상할 수 있다. 따라서 설명 대상의 세부적인 특징에 대한 내용을 주의 깊게 듣는다.

단문 듣기

단문 초반의 据说最初的风筝形状像鸟, 用木头制成。을 듣고, 3번의 A 木头에 체크해 둔다.

단문 초반의 据说最初的风筝形状像鸟, 用木头制成。这种"木鸟"主要用在军事领域。它不仅可以测量距离、传递信息를 듣고, 4번의 C 作战时传递信息에 체크해 둔다.

단문 중반의 到了宋代, 风筝流传得更为广泛。当时, 它……又是文人艺术创作的重要题材를 듣고, 5번의 D 是文学创作的重要题材之一에 체크해 둔다.

질문 듣고 정답 고르기

3. 질문이 연은 최초에 어떤 재료로 제작되었는지를 물었으므로, A를 정답으로 고른다.

4. 질문이 군사 분야에서 연의 용도는 무엇이었는지를 물었으므로, C를 정답으로 고른다.

5. 질문이 고대의 연에 관하여 알 수 있는 것을 물었으므로, D를 정답으로 고른다.

어휘 　木头 mùtou 圏나무 　竹子 zhúzi 圏대나무 　纸张 zhǐzhāng 圏종이 　金属 jīnshǔ 圏금속 　部队 bùduì 圏(군) 부대

　运输 yùnshū 圏운송하다 　粮食 liángshi 圏식량 　收集 shōují 圏수집하다 　邻国 línguó 圏인접국, 이웃 나라

　资料 zīliào 圏자료 　作战 zuòzhàn 圏전투하다 　传递 chuándì 圏전달하다 　信息 xìnxī 圏정보 　进攻 jìngōng 圏공격하다

　敌人 dírén 圏적 　阵地 zhèndì 圏진지, 일선 　风筝 fēngzheng 圏연 　坚固 jiāngù 圏견고하다

　耐用 nàiyòng 圏오래가다, 오래 쓸 수 있다 　制作 zhìzuò 圏제작하다 　较为 jiàowéi 圏비교적 　复杂 fùzá 圏복잡하다

　粗俗 cūsú 圏(어투·행동 등이) 저속하다 　娱乐 yúlè 圏오락 　活动 huódòng 圏활동 　文学 wénxué 圏문학

　创作 chuàngzuò 圏창작 　题材 tícái 圏(문학이나 예술 작품의) 소재 　追溯 zhuīsù 圏거슬러 올라가다

　春秋战国 Chūnqiū Zhànguó 교위춘추 전국 (시대) [중국의 춘추 시대와 전국 시대를 아울러 이르는 말]

　时期 shíqī 圏(역사적) 시대, (특정한) 시기 　据说 jùshuō 圏(다른 사람 말에 근거하면) ~라고 한다 　最初 zuìchū 圏최초

　形状 xíngzhuàng 圏형태 　军事 jūnshì 圏군사 　领域 lǐngyù 圏분야 　不仅 bùjǐn 圏~뿐만 아니라 　测量 cèliáng 圏측량하다

　距离 jùlí 圏거리 　火药 huǒyào 圏화약 　随着 suízhe 圏~에 따라서 　造纸业 zàozhǐyè 圏제지업

　发展 fāzhǎn 圏발전 발전하다 　称为 chēngwéi 圏~으로 불리다 　纸鸢 zhǐyuān 圏지연(= 风筝) 　民间 mínjiān 圏민간

　迅速 xùnsù 圏빠르다 　传播 chuánbō 圏전파하다 　成为 chéngwéi 圏~이 되다 　休闲 xiūxián 圏여가 　方式 fāngshì 圏방식

　宋代 Sòngdài 교위송대[송나라 시대(960~1279년), 중국의 왕조] 　流传 liúchuán 圏퍼지다, 전해지다 　广泛 guǎngfàn 圏광범위하다

　当时 dāngshí 圏당시 　群众 qúnzhòng 圏대중 　户外 hùwài 圏야외 　文人 wénrén 圏(글을 쓰는) 문인

　艺术 yìshù 圏예술 　专门 zhuānmén 圏전문적이다 　职业 zhíyè 圏직업

　明清 Míng Qīng 명청 시대[중국의 왕조인 명나라(1368~1644년)와 청나라(1616~1844) 시대를 아우르는 말]

　鼎盛 dǐngshèng 圏한창 왕성하다 　大小 dàxiǎo 圏크기 　样式 yàngshì 圏모양 　技术 jìshù 圏기술 　装饰 zhuāngshì 圏장식

　技艺 jìyì 圏기예 　巨大 jùdà 圏거대하다 　进步 jìnbù 圏진보하다 　赠送 zèngsòng 圏선물하다, 증정하다

　亲友 qīnyǒu 圏친한 벗 　普遍 pǔbiàn 圏보편적이다 　极为 jíwéi 圏극히 　风雅 fēngyǎ 圏고상하고 멋이 있다

　行为 xíngwéi 圏행위 　材料 cáiliào 圏재료 　用途 yòngtú 圏용도 　古代 gǔdài 圏고대

6-8

6. A 立即藏进洞里

　 B 马上逃到陆地上

　 C 躲进壳里不出来

　 D 联合伙伴进行攻击

7. A 供其他鱼类玩

　 B 增加箱内的空间

　 C 提高水里的含氧量

　 D 让水族箱变得干净

8. A 2年　　　　　　　　B 5年

　 C 15年　　　　　　　**D 30年**

6. A 즉시 구멍 속에 숨는다

　 B 바로 육지 위로 도망간다

　 C 껍데기 속에 숨어서 나오지 않는다

　 D 동료와 연합하여 공격을 진행한다

7. A 다른 어류들이 놀 수 있도록 제공한다

　 B 상자 안의 공간을 늘린다

　 C 물 안의 산소 함유량을 높인다

　 D 어항을 깨끗하게 한다

8. A 2년　　　　　　　　B 5년

　 C 15년　　　　　　　**D 30년**

第6到8题是根据下面一段话：

　　外形介于虾和蟹之间的寄居蟹，常出现在沙滩和海边的岩石缝中。它寄居在已死亡的软体动物的壳里，以保护自己柔软的腹部。⁶寄居蟹整天都背着壳，在沙滩上跑来跑去，⁶遇到敌人时就马上钻进壳里，等敌人离开了再钻出来。

6-8번 문제는 다음 내용에 근거한다.

　　외형이 새우와 게의 중간 형태인 소라게는, 모래사장과 바닷가의 암석 틈에서 자주 출현한다. 그것은 자신의 부드러운 복부를 보호하기 위해, 이미 죽은 연체동물의 껍데기 안에 기거한다. ⁶소라게는 하루 종일 껍데기를 메고, 모래사장에서 뛰어다니는데, ⁶적을 만났을 때는 바로 껍데기 속으로 파고 들어가, 적이 떠나기를 기다렸다가 다시 파서 나온다.

寄居蟹是杂食性动物，它们被称为"海边的清道夫"，从蔬菜、水果到藻类、食物残渣、寄生虫无所不食。[7]在水族箱里放一两只寄居蟹还会起到清洁作用。[8]寄居蟹的寿命一般为二到五年，但在良好的饲养环境下，可以活二十到三十年。

6. 问：寄居蟹遇到敌人时会怎么做？
7. 问：在水族箱里放一只寄居蟹有什么作用？
8. 问：寄居蟹最长可以活多久？

소라게는 잡식성 동물로, 그들은 '해변의 청소부'라 불리우며, 채소, 과일부터 해조류, 음식 찌꺼기, 기생충에 이르기까지 먹지 않는 것이 없다. [7]어항에 한두 마리의 소라게를 놓아두면 청결 작용도 한다. [8]소라게의 수명은 일반적으로 2~5년이지만, 양호한 사육 환경에서는 20~30년까지 살수 있다.

6. 질문: 소라게는 적을 만났을 때 어떻게 하는가?
7. 질문: 어항에 한 마리의 소라게를 놓아두면 어떤 작용이 있는가?
8. 질문: 소라게는 최대 얼마나 오래 살 수 있는가?

해설 **선택지 읽기**
6번 선택지가 모두 특정 대상에 대한 사실을 나타내고, 7번 선택지에서 **鱼类**(어류), **水族箱**(어항)이 언급되었으므로, 어류와 관련된 설명문이 나올 것임을 예상할 수 있다. 따라서 설명 대상의 세부적인 특징에 대한 내용을 주의 깊게 듣는다.

단문 듣기
단문 중반의 **寄居蟹……遇到敌人时就马上钻进壳里, 等敌人离开了再钻出来**를 듣고, 6번의 C **躲进壳里不出来**에 체크해 둔다.
단문 후반의 **在水族箱里放一两只寄居蟹还会起到清洁作用。**을 듣고, 7번의 D **让水族箱变得干净**에 체크해 둔다.
단문 후반의 **寄居蟹的寿命一般为二到五年, 但在良好的饲养环境下, 可以活二十到三十年。**을 듣고, 8번의 A 2年, B 5年, D 30年에 체크해 둔다.

질문 듣고 정답 고르기
6. 질문이 소라게는 적을 만났을 때 어떻게 하는지를 물었으므로, C를 정답으로 고른다.
7. 질문이 어항에 한 마리의 소라게를 놓아두면 어떤 작용이 있는지를 물었으므로, D를 정답으로 고른다.
8. 질문이 소라게는 최대 얼마나 오래 살 수 있는지를 물었으므로, D를 정답으로 고른다. 참고로, A, B는 소라게의 일반적인 수명이므로 오답이다.

어휘 **立即** lìjí 튀 즉시　　**藏** cáng 동 숨다　　**洞** dòng 명 구멍　　**逃** táo 동 도망치다　　**陆地** lùdì 명 육지
躲 duǒ 동 숨다　　**壳** ké 명 껍데기　　**联合** liánhé 동 연합하다　　**伙伴** huǒbàn 명 동료　　**进行** jìnxíng 동 진행하다
攻击 gōngjī 동 공격하다　　**供** gōng 동 제공하다　　**鱼类** yúlèi 명 어류　　**增加** zēngjiā 동 늘리다, 증가하다　　**箱** xiāng 명 상자
内 nèi 명 안　　**空间** kōngjiān 명 공간　　**含氧量** hányǎngliàng 산소 함유량　　**水族箱** shuǐzúxiāng 명 어항
外形 wàixíng 명 외형　　**介于** jièyú 동 ~의 중간이다　　**虾** xiā 명 새우　　**蟹** xiè 명 게　　**寄居蟹** jìjūxiè 소라게
出现 chūxiàn 동 출현하다　　**沙滩** shātān 명 모래사장　　**海边** hǎibiān 명 바닷가　　**岩石** yánshí 명 암석　　**缝** fèng 명 틈
寄居 jìjū 동 기거하다, 얹혀살다　　**死亡** sǐwáng 동 죽다　　**软体动物** ruǎntǐ dòngwù 연체동물　　**保护** bǎohù 동 보호하다
柔软 róuruǎn 형 부드럽다　　**腹部** fùbù 명 복부　　**整天** zhěngtiān 명 하루 종일　　**背** bēi 동 (등에) 메다　　**敌人** dírén 명 적
钻 zuān 동 파고 들다　　**杂食性** záshíxìng 명 잡식성　　**称** chēng 동 부르다　　**清道夫** qīngdàofū 청소부
蔬菜 shūcài 명 채소　　**藻类** zǎolèi 명 해조류　　**食物** shíwù 명 음식　　**残渣** cánzhā 명 찌꺼기
寄生虫 jìshēngchóng 명 기생충　　**无所** wúsuǒ (조금도) ~하는 것이 없다　　**清洁** qīngjié 형 청결하다　　**作用** zuòyòng 명 작용
寿命 shòumìng 명 수명　　**良好** liánghǎo 형 양호하다　　**饲养** sìyǎng 동 사육하다

9 - 11

9. A 不熟悉路况
　 B 身高不达标
　 C 不适应长途旅行
　 D 不能锻炼动手能力

9. A 도로 상황을 잘 알지 못한다
　 B 신장이 기준에 도달하지 못한다
　 C 장거리 여행에 적응하지 못한다
　 D 손을 쓰는 능력을 단련할 수 없다

10. A 使用率比较高

B 儿童不喜欢久坐

C 很多人缺乏了解

D 用起来比较麻烦

11. A 扩大座椅的生产规模

B 制定相应的法律法规

C 对安全性能进行改善

D 降低安全座椅的价格

10. A 사용률이 비교적 높다

B 어린이는 오래 앉는 것을 좋아하지 않는다

C 많은 사람들이 이해가 부족하다

D 사용하기에 비교적 번거롭다

11. A 좌석의 생산 규모를 확대한다

B 상응하는 법률과 법규를 제정한다

C 안전 성능에 대해 개선을 진행한다

D 카시트의 가격을 낮춘다

第9到11题是根据下面一段话:

大家都知道坐车要系安全带，但是很多人不知道的是，⁹汽车座椅上的安全带都是为成年人设计的。⁹儿童达不到身高要求，因而无法使用座椅上的安全带。

随着儿童的安全不断受到重视，在过去的四十多年里，很多公司开发出了多种不同类型的儿童安全座椅。在汽车发生碰撞或突然减速的情况下，儿童安全座椅能够有效减少外部的冲击力，通过限制身体的移动范围来减少对儿童的伤害，从而确保儿童的乘车安全。

然而最新调查显示，目前在中国，¹⁰儿童安全座椅的使用率不足百分之五，这主要是因为大部分人还没有真正意识到儿童安全座椅的重要性。¹¹推广儿童安全座椅最有效的方法就是制定相关法律规定，普及儿童安全座椅的使用。

9. 问：儿童为什么无法使用汽车座椅的安全带？

10. 问：关于儿童安全座椅，下列哪项正确？

11. 问：怎样才能有效推广儿童安全座椅？

9-11번 문제는 다음 내용에 근거한다.

모두들 차를 타면 안전벨트를 매야 한다는 것은 알지만, 많은 사람들이 모르는 것은 ⁹자동차 좌석의 안전벨트는 모두 어른들을 위해 설계되었다는 것이다. ⁹어린이는 신장 요구에 미치지 못하여서 좌석의 안전벨트를 사용할 수가 없다.

어린이 안전이 끊임없이 중시를 받게 되면서, 지난 40여 년 동안 많은 회사가 여러 가지 다양한 유형의 어린이 카시트를 개발해 냈다. 자동차가 충돌이 발생하거나 갑자기 감속하는 상황에서, 어린이 카시트는 외부의 충격을 효과적으로 감소시킬 수 있는데, 신체의 이동 범위를 제한하는 것을 통해서 어린이의 상해를 줄이고, 그리하여 어린이의 승차 안전을 확실히 보장한다.

하지만 최신 조사에서, 현재 중국에서는 ¹⁰어린이 카시트의 사용률이 5%도 안 되는 것으로 나타났는데, 이는 주로 대부분의 사람이 아직 어린이 카시트의 중요성을 확실히 의식하지 못하고 있기 때문이다. ¹¹어린이 카시트를 널리 보급하는 가장 효과적인 방법은 바로 관련된 법률 규정을 제정하여 어린이 카시트의 사용을 보급하는 것이다.

9. 질문: 어린이는 왜 자동차 좌석의 안전벨트를 사용할 수 없는가?

10. 질문: 어린이 카시트에 관하여, 다음 중 옳은 것은?

11. 질문: 어떻게 해야만 어린이 카시트를 효과적으로 널리 보급할 수 있는가?

해설 **선택지 읽기**

10번 선택지가 모두 특정 대상에 대한 사실을 나타내고, 10번 선택지에서 儿童(어린이), 11번 선택지에서 **安全座椅**(카시트)가 언급되었으므로, 어린이 카시트와 관련된 설명문이 나올 것임을 예상할 수 있다. 따라서 설명 대상의 세부적인 특징에 대한 내용을 주의 깊게 듣는다.

단문 듣기

단문 초반의 **汽车座椅上的安全带……儿童达不到身高要求，因而无法使用座椅上的安全带。**를 듣고, 9번의 B **身高不达标**에 체크해 둔다.

단문 후반의 **推广儿童安全座椅最有效的方法就是制定相关法律规定**을 듣고, 11번의 B **制定相应的法律法规**에 체크해 둔다.

질문 듣고 정답 고르기

9. 질문이 어린이가 자동차 좌석의 안전벨트를 사용할 수 없는 이유를 물었으므로, B를 정답으로 고른다.

  * **바꾸어 표현** **达不到身高要求** 신장 요구에 미치지 못하다 → **身高不达标** 신장이 기준에 도달하지 못하다

10. 질문이 어린이 카시트에 관하여 옳은 것을 물었으므로, 단문 후반의 儿童安全座椅的使用率不足百分之五, 这主要是因为大部分人还没有真正意识到儿童安全座椅的重要性을 통해 유추할 수 있는 **C 很多人缺乏了解**를 정답으로 고른다.

11. 질문이 어떻게 해야만 어린이 카시트를 효과적으로 널리 보급할 수 있는지를 물었으므로, **B**를 정답으로 고른다.

＊바꾸어 표현 相关法律规定 관련된 법률 규정 → 相应的法律法规 상응하는 법률과 법규

어휘 **熟悉** shúxī 圈 잘 알다, 익숙하다 **路况** lùkuàng 圆 도로 상황 **达标** dábiāo 기준에 도달하다 **适应** shìyìng 圈 적응하다
长途 chángtú 圆 장거리의 **旅行** lǚxíng 圈 여행하다 **动手** dòngshǒu 圈 손을 쓰다 **能力** nénglì 圆 능력 **使用率** shǐyònglǜ 사용률
儿童 értóng 圆 어린이, 아동 **缺乏** quēfá 圈 부족하다 **麻烦** máfan 圈 번거롭다 **扩大** kuòdà 圈 확대하다 **座椅** zuòyǐ 圆 좌석
生产 shēngchǎn 圈 생산하다 **规模** guīmó 圆 규모 **制定** zhìdìng 圈 제정하다 **相应** xiāngyìng 圈 상응하다 **法律** fǎlǜ 圆 법률
法规 fǎguī 圆 법규 **安全** ānquán 圈 안전하다 **性能** xìngnéng 圆 성능 **进行** jìnxíng 圈 진행하다 **改善** gǎishàn 圈 개선하다
降低 jiàngdī 圈 낮추다 **安全座椅** ānquán zuòyǐ 카시트 **价格** jiàgé 圆 가격 **系** jì 圈 매다 **安全带** ānquándài 圆 안전벨트
设计 shèjì 圈 설계하다 **因而** yīn'ér 圈 따라서 **无法** wúfǎ 圈 ~할 수 없다 **随着** suízhe 圖 ~하게 되면서 **不断** búduàn 圈 끊임없이
受到 shòudào 圈 ~을 받다 **重视** zhòngshì 圈 중시하다 **开发** kāifā 圈 개발하다 **类型** lèixíng 圆 유형 **发生** fāshēng 圈 발생하다
碰撞 pèngzhuàng 圈 충돌하다 **减速** jiǎnsù 圈 감속하다 **情况** qíngkuàng 圆 상황 **能够** nénggòu 圈 ~할 수 있다
减少 jiǎnshǎo 圈 감소하다, 줄이다 **外部** wàibù 圆 외부 **冲击力** chōngjīlì 충격[물체끼리 부딪쳤을 때 발생하는 힘]
通过 tōngguò 께 ~을 통해 **限制** xiànzhì 圈 제한하다 **移动** yídòng 圈 이동하다 **范围** fànwéi 圆 범위 **伤害** shānghài 圈 상해하다
从而 cóng'ér 圈 그리하여 **确保** quèbǎo 圈 확실히 보장하다 **乘车** chéngchē 승차하다 **然而** rán'ér 圈 하지만
调查 diàochá 圈 조사하다 **显示** xiǎnshì 圈 나타내다 **目前** mùqián 圆 현재 **不足** bùzú (어떤 수에) 차지 않다, 모자라다
真正 zhēnzhèng 圈 확실히 **意识** yìshí 圈 의식하다 **推广** tuīguǎng 圈 널리 보급하다 **方法** fāngfǎ 圆 방법
相关 xiāngguān 圈 (서로) 관련되다 **规定** guīdìng 圆 규정 **普及** pǔjí 圈 보급하다

---

12 - 13

12. **A** 可能短于预期时间
   B 将会延长至第二天
   C 物业公司另行通知
   D 预计只要三个小时

13. A 清洗水箱
   B 存放一些水
   C 外出前打开水龙头
   D 协助水箱检修工作

12. **A** 예상 시간보다 짧을 수 있다
   B 다음 날까지 연장될 것이다
   C 관리 사무소에서 별도로 통지한다
   D 세 시간만 필요할 것으로 예상된다

13. A 물탱크를 청소한다
   B 물을 좀 보관한다
   C 외출하기 전 수도꼭지를 튼다
   D 물탱크를 점검 수리하는 업무에 협조한다

第12到13题是根据下面一段话：

　　尊敬的住户, 晚上好。为了保证小区生活用水质量达到国家规定的生活用水标准, 物业公司决定对本小区的水箱进行清洗消毒, 届时供水中断, 具体停水时间为七月十二日上午七点至下午六点。¹²根据清洗、消毒进展情况, 供水时间可能会提前。¹³请各位住户提前做好蓄水准备, 并在外出前务必检查水龙头是否关闭, 以免正常供水后发生泄水现象。供水后初次用水时, 请适当放水三至五分钟。停水期间给您带来不便, 敬请谅解。感谢您一直以来对我们物业服务工作的支持与配合。

12-13번 문제는 다음 내용에 근거한다.

　　존경하는 입주자 여러분, 안녕하세요. 아파트 단지의 생활용수 품질이 국가가 규정한 생활용수 기준에 도달하는 것을 보장하기 위하여, 관리 사무소는 본 단지의 물탱크에 대해 청소와 소독을 진행하기로 결정했습니다. 그때가 되면 급수가 중단되는데, 구체적인 단수 시간은 7월 12일 오전 7시에서 오후 6시까지입니다. ¹²청소와 소독의 진행 상황에 따라, 급수 시간이 아마도 앞당겨질 수 있습니다. ¹³각 입주자분께서는 사전에 물 저장 준비를 잘 하시고, 정상 급수 후 물이 새는 현상이 일어나지 않도록, 외출하기 전에 반드시 수도꼭지가 잠겨졌는지 점검하시기 바랍니다. 급수 후 물을 처음 사용하실 때에는, 물을 3분에서 5분 동안 적당하게 흘려 보내십시오. 단수 기간 여러분께 불편을 가져다 드리는 점 양해 부탁드립니다. 늘 저희 관리 서비스 업무에 대한 지지와 협력에 감사드립니다.

12. 问：关于停水时间，下列哪项正确？	12. 질문: 단수 시간에 관하여, 다음 중 옳은 것은?
13. 问：停水期间住户应该怎么做？	13. 질문: 단수 기간 입주자는 어떻게 해야 하는가?

해설 **선택지 읽기**

12번 선택지에서 **物业公司**(관리 사무소), **通知**(통지하다), 13번 선택지에서 **水箱**(물탱크), **水龙头**(수도꼭지)가 언급되었으므로, 수도 설비에 관한 실용문 단문이 나올 것임을 예상할 수 있다. 실용문에서는 단문의 세부 내용을 묻는 문제가 자주 출제되므로, 대상·주제 등과 관련된 세부 내용을 주의 깊게 듣는다.

단문 듣기

단문 중반의 **根据清洗、消毒进展情况，供水时间可能会提前。**을 듣고, 12번의 A **可能短于预期时间**에 체크해 둔다.

단문 중반의 **请各位住户提前做好蓄水准备**를 듣고, 13번의 B **存放一些水**에 체크해 둔다.

질문 듣고 정답 고르기

12. 질문이 단수 시간에 관하여 옳은 것을 물었으므로, A를 정답으로 고른다.

13. 질문이 단수 기간 입주자는 어떻게 해야 하는지를 물었으므로, B를 정답으로 고른다. 참고로, 물탱크를 청소하고 소독하는(清洗消毒) 업무는 점검 수리하는 업무(检修工作)가 아니므로 선택지 D는 오답이다.

어휘 **预期** yùqī [동] 예상하다, 예기하다 **延长** yáncháng [동] 연장하다 **物业公司** wùyè gongsī 관리 사무소 **另行** lìngxíng [동] 별도로 하다
通知 tōngzhī [동] 통지하다 **预计** yùjì [동] 예상하다, 예측하다 **清洗** qīngxǐ [동] 청소하다 **水箱** shuǐxiāng [명] 물탱크
存放 cúnfàng [동] (물건이나 돈 등을 잠시) 보관하다 **外出** wàichū [동] 외출하다 **水龙头** shuǐlóngtóu [명] 수도꼭지
协助 xiézhù [동] 협조하다 **检修** jiǎnxiū [동] 점검하고 수리하다 **尊敬** zūnjìng [형] 존경하는 **住户** zhùhù [명] 입주자
保证 bǎozhèng [동] 보장하다 **小区** xiǎoqū [명] (아파트) 단지 **生活** shēnghuó [명] 생활 **质量** zhìliàng [명] 품질
达到 dádào [동] 도달하다 **规定** guīdìng [동] 규정하다 **标准** biāozhǔn [명] 기준 **消毒** xiāodú [동] 소독하다 **届时** jièshí [부] 그때가 되면
供水 gōngshuǐ [동] 급수하다 **中断** zhōngduàn [동] 중단되다 **具体** jùtǐ [형] 구체적이다 **停水** tíngshuǐ [동] 단수하다
进展 jìnzhǎn [동] 진행하다, 진전하다 **情况** qíngkuàng [명] 상황 **提前** tíqián [동] (예정된 시간·위치를) 앞당기다, 사전에 ~하다
各 gè [대] 각 **蓄水** xùshuǐ [동] 물을 저장하다 **务必** wùbì [부] 반드시 **是否** shìfǒu [부] ~인지 아닌지 **关闭** guānbì [동] 잠그다, 닫다
以免 yǐmiǎn [접] ~하지 않도록 **正常** zhèngcháng [형] 정상적이다 **发生** fāshēng [동] (원래 없던 현상이) 일어나다
泄水 xièshuǐ 물이 새다 **现象** xiànxiàng [명] 현상 **适当** shìdàng [형] 적당하다 **放水** fàngshuǐ [동] 물을 흘려 보내다
期间 qījiān [명] 기간 **不便** búbiàn [형] 불편하다 **敬请** jìngqǐng [동] (정중히) 부탁하다 **谅解** liàngjiě [동] 양해하다
感谢 gǎnxiè [동] 감사하다 **一直以来** yìzhí yǐlái 늘 **支持** zhīchí [동] 지지하다 **与** yǔ [개] ~과(와) **配合** pèihé [동] 협력하다

14 - 15

14. A 山区学校学费太贵	14. A 산간 지역 학교의 학비가 너무 비싸다
B 当地没有重点高中	B 현지에는 중점 고등학교가 없다
C 给学生更多的学习机会	**C 학생들에게 더 많은 학업 기회를 준다**
D 国家希望她能有所作为	D 국가는 그녀가 다소 성과를 낼 수 있기를 바란다
15. A 热爱各种挑战活动	15. A 각종 도전적인 활동을 좋아한다
B 为教育事业付出了很多	**B 교육 사업을 위해 많은 것을 바쳤다**
C 更关注学生的学习成绩	C 학생들의 학업 성적에 더 많은 관심을 가진다
D 拒绝了来自社会各界的捐款	D 사회 각계에서 온 기부금을 거절했다

第14到15题是根据下面一段话:

¹⁴张桂梅校长建立了中国第一所全免费女子高中。她的心愿就是要让家境困难的孩子免费上高中，抓住用知识改变命运的机会。她把贫困山区一千多名学生送进了大学，最让她自豪的是，没人中途放弃学业。

张校长把大部分工资都用在了学生身上。一天，张校长发现一个小姑娘穿着破旧的衣服，呆呆地坐着。原来女孩儿的父亲去世了，母亲一个人支撑着全家人的生活。张校长知道后，马上给她找了两套衣服，还帮她交了书费。张校长像母亲一样细心照顾了她的学习和生活。

¹⁵张校长为教育事业贡献了自己所有的金钱和精力。当听到学生毕业后能为社会做贡献时，她觉得一切都值了。

14. 问：张校长为什么创办了免费女子高中？

15. 问：关于张校长，下列哪项正确？

14-15번 문제는 다음 내용에 근거한다.

¹⁴장구이메이 교장은 중국에서 모든 것이 무료인 첫 번째 여자 고등학교를 세웠다. 그녀의 소망은 바로 가정 형편이 어려운 아이들이 무료로 고등학교를 다녀서, 지식으로 운명을 바꾸는 기회를 잡게 하는 것이다. 그녀는 빈곤한 산간 지역의 천여 명의 학생을 대학에 보냈는데, 가장 그녀를 자랑스럽게 한 것은, 도중에 학업을 포기한 학생이 없다는 것이다.

장 교장은 대부분의 월급을 학생들에게 썼다. 어느 날, 장 교장은 한 여자아이가 낡은 옷을 입은 채 멍하게 앉아 있는 것을 발견했다. 알고 보니 여자아이의 아버지는 세상을 떠났고, 어머니 혼자서 온 가족의 생계를 지탱하고 있었다. 장 교장은 알고 나서, 바로 그녀에게 옷 두 벌을 찾아 주고, 그녀를 도와 책값도 내주었다. 장 교장은 어머니처럼 세심하게 그녀의 학업과 생활을 보살폈다.

¹⁵장 교장은 교육 사업을 위해 자신의 모든 돈과 에너지를 공헌했다. 학생들이 졸업한 후 사회에 이바지할 수 있다는 말을 들었을 때, 그녀는 모든 것이 가치가 있다고 느낀다.

14. 질문: 장 교장은 왜 무료 여자 고등학교를 설립하였는가?

15. 질문: 장 교장에 관하여, 다음 중 옳은 것은?

해설 **선택지 읽기**
15번 선택지가 모두 사람의 상태를 나타내고, 14번 선택지에 사람 명사 她(그녀)가 언급되었으므로, 어떤 특정 인물과 관련된 이야기가 나올 것임을 예상할 수 있다. 따라서 단문에 등장하는 인물과 관련된 사건의 전개나 결과를 주의 깊게 듣는다.

단문 듣기
단문 초반의 张桂梅校长建立了中国第一所全免费女子高中。她的心愿就是要让家境困难的孩子免费上高中,抓住用知识改变命运的机会。를 듣고, 14번의 C 给学生更多的学习机会에 체크해 둔다.
단문 후반의 张校长为教育事业贡献了自己所有的金钱和精力。를 듣고, 15번의 B 为教育事业付出了很多에 체크해 둔다.

질문 듣고 정답 고르기
14. 질문이 장 교장이 무료 여자 고등학교를 설립한 이유를 물었으므로, C를 정답으로 고른다.
15. 질문이 장 교장에 관하여 옳은 것을 물었으므로, B를 정답으로 고른다.

어휘 **山区** shānqū 몡 산간 지역　**学费** xuéfèi 몡 학비　**当地** dāngdì 몡 현지　**重点** zhòngdiǎn 몡 중점　**高中** gāozhōng 몡 고등학교
有所 yǒusuǒ 다소　**作为** zuòwéi 툉 성과를 내다　**热爱** rè'ài 툉 (열렬히) 좋아하다　**挑战** tiǎozhàn 툉 도전하다　**事业** shìyè 몡 사업
付出 fùchū 툉 바치다　**关注** guānzhù 툉 관심을 가지다　**拒绝** jùjué 툉 거절하다　**来自** láizì 툉 ~에서 오다
各界 gèjiè 몡 각계　**捐款** juānkuǎn 몡 기부금　**建立** jiànlì 툉 세우다　**免费** miǎnfèi 툉 무료로 하다　**心愿** xīnyuàn 몡 소망
家境 jiājìng 몡 가정 형편　**困难** kùnnan 톙 어렵다　**抓住** zhuāzhù 툉 잡다　**知识** zhīshi 몡 지식　**命运** mìngyùn 몡 운명
贫困 pínkùn 톙 빈곤하다　**自豪** zìháo 톙 자랑스럽다　**中途** zhōngtú 몡 도중　**放弃** fàngqì 툉 포기하다　**学业** xuéyè 몡 학업
工资 gōngzī 몡 월급　**小姑娘** xiǎo gūniang 몡 여자아이　**破旧** pòjiù 톙 낡다　**呆** dāi 툉 멍하다　**原来** yuánlái 튀 알고 보니
去世 qùshì 툉 세상을 떠나다　**支撑** zhīchēng 툉 지탱하다　**生活** shēnghuó 몡 생계, 생활　**套** tào 얭 벌, 세트
书费 shūfèi 몡 책값　**细心** xìxīn 톙 세심하다　**贡献** gòngxiàn 툉 공헌하다, 이바지하다　**金钱** jīnqián 몡 돈　**精力** jīnglì 몡 에너지
毕业 bìyè 툉 졸업하다　**社会** shèhuì 몡 사회　**一切** yíqiè 톤 모든 것　**值** zhí 툉 가치가 있다　**创办** chuàngbàn 툉 설립하다

독해

제1부분

문제풀이 스텝 해석 p.87

中国戏曲是一种以唱、念、做、打的综合表演为主的戏剧形式。[1]它把诗词、音乐、美术之美融合在一个戏里，1. C 产生自然又统一的效果。它的表现手法丰富，能够给观众展现自身富有魅力的一面。综合性、虚拟性是中国戏曲的主要艺术特征，它们带着传统美学思想，让中国戏曲在文化的舞台上闪耀。

A 掌握　　B 扩大
C 产生　　D 采取

중국 희곡은 노래, 대사, 동작, 무술의 종합적인 공연을 위주로 하는 연극 형식이다. [1]그것은 시와 사, 음악, 미술의 아름다움을 하나의 극에 융합시켜, 자연스러우면서도 통일된 효과를 1. C 만들어 낸다. 그것의 표현 기법은 풍부해서 관중들에게 그 자체로 매력이 가득한 모습을 보여 줄 수 있다. 종합성, 가상성은 중국 희곡의 주된 예술적 특징이며, 그것들은 전통 미학 사상을 가지고 있어, 중국 희곡을 문화의 무대 위에서 빛나게 한다.

A 파악하다　　B 확대하다
C 만들어 내다　　D 채택하다

어휘 **戏曲** xìqǔ [명] 희곡[중국의 전통 연극 양식] **综合** zōnghé [동] 종합하다 **表演** biǎoyǎn [명] 공연 **戏剧** xìjù [명] 연극 **形式** xíngshì [명] 형식 **诗词** shīcí [명] 시와 사 **美术** měishù [명] 미술 **融合** rónghé [동] 융합하다 **产生** chǎnshēng [동] 만들어 내다 **统一** tǒngyī [형] 통일된 **效果** xiàoguǒ [명] 효과 **表现** biǎoxiàn [명] 표현 **手法** shǒufǎ [명] 기법 **观众** guānzhòng [명] 관중 **展现** zhǎnxiàn [동] 보여 주다 **自身** zìshēn [명] 자체 **富有** fùyǒu [동] 가득하다 **魅力** mèilì [명] 매력 **综合性** zōnghéxìng 종합성 **虚拟性** xūnǐxìng 가상성 **艺术** yìshù [명] 예술 **特征** tèzhēng [명] 특징 **传统** chuántǒng [형] 전통적이다 **美学** měixué [명] 미학 **思想** sīxiǎng [명] 사상 **舞台** wǔtái [명] 무대 **闪耀** shǎnyào [동] (반짝이며) 빛나다 **掌握** zhǎngwò [동] 파악하다 **扩大** kuòdà [동] 확대하다 **采取** cǎiqǔ [동] 채택하다

고득점비책 01 | 어휘 채우기 p.100

들으며 학습하기 ▶

1 A	2 D	3 B	4 C	5 B	6 A	7 B	8 B	9 C	10 C
11 A	12 B	13 A	14 C	15 D					

1-3

硬币是用金属制造的货币，已有几千年的历史。[1]硬币之所以被1. A 设计成圆的，而不是方的，是有理由的。[2]人们需要经常使用硬币，2. D 万一把它做成有棱角的方形，那么就很容易划伤衣服或者皮肤。[3]但把硬币做成圆形的话，就可以3. B 避免这样的问题。当然，这或许只是原因之一，还有就是在面积相同的情况下，相对于其他形状，圆形的周长较小，这样能节省原材料。最后，从外观上来看，圆形的硬币沿用了古代钱币的外形，在古代钱币"外圆内方"的基础上融合了现代化的设计。

동전은 금속으로 만든 화폐로, 이미 수천 년의 역사를 가지고 있다. [1]동전이 네모난 것이 아닌, 둥글게 1. A 디자인된 데에는 이유가 있다. [2]사람들은 동전을 자주 사용해야 하는데, 2. D 만약 그것을 모서리가 있는 사각형으로 만들면, 옷이나 피부가 긁혀 다치기 쉽다. [3]그러나 동전을 원형으로 만든다면, 이러한 문제를 3. B 피할 수 있다. 물론, 이는 아마도 원인 중 그저 하나일 것이다. 그리고 면적이 똑같은 상황이라면 다른 형태에 비해 원형의 둘레는 비교적 작은데, 이렇게 하면 원자재를 절약할 수 있다. 마지막으로, 외관상으로 보면 원형의 동전은 고대 화폐의 외형을 그대로 사용했는데, 고대 화폐의 '겉은 둥글고 속은 네모남'을 토대로 현대적인 디자인을 융합했다.

어휘　**硬币** yìngbì 圆동전　**金属** jīnshǔ 圆금속　**制造** zhìzào 통만들다　**货币** huòbì 圆화폐　**设计** shèjì 통디자인하다
　　　圆 yuán 圆둥글다　**方** fāng 圆네모난　**理由** lǐyóu 圆이유　**使用** shǐyòng 통사용하다　**万一** wànyī 圆만약　**棱角** léngjiǎo 圆모서리
　　　方形 fāngxíng 圆사각형　**划伤** huáshāng 圆긁혀 다치다　**皮肤** pífū 圆피부　**圆形** yuánxíng 圆원형　**避免** bìmiǎn 圆피하다
　　　或许 huòxǔ 圆아마도　**面积** miànjī 圆면적　**相同** xiāngtóng 圆똑같다　**情况** qíngkuàng 圆상황　**相对于** xiāngduìyú ~에 비해
　　　形状 xíngzhuàng 圆형태　**周长** zhōucháng 圆둘레　**节省** jiéshěng 통절약하다　**原材料** yuáncáiliào 圆원자재　**外观** wàiguān 圆외관
　　　沿用 yányòng 통(이전의 제도·방법 등을) 그대로 사용하다　**古代** gǔdài 圆고대　**钱币** qiánbì 圆화폐　**外形** wàixíng 圆외형
　　　基础 jīchǔ 圆토대　**融合** rónghé 통융합하다　**现代** xiàndài 圆현대

1

A 设计	B 计划	A 디자인하다	B 계획하다
C 打算	D 计算	C ~하려고 하다	D 계산하다

해설　각 선택지의 뜻을 먼저 확인한 후, 빈칸 주변을 읽는다. 빈칸 주변의 '동전이 네모난 것이 아닌, 둥글게 ＿＿＿＿＿ 된 데에는 이
　　　유가 있다.'라는 문맥에 가장 적합한 A 设计를 정답으로 고른다.

어휘　**设计** shèjì 통디자인하다　**计划** jìhuà 통계획하다　**计算** jìsuàn 통계산하다

2

A 于是	B 然而	A 그래서	B 그러나
C 既然	D 万一	C ~인 이상	D 만약

해설　선택지를 읽고 빈칸에 문맥상 어떤 연결어가 필요할지를 파악한 후, 빈칸 주변을 읽는다. 빈칸 앞에서 사람들은 동전을 자주
　　　사용해야 한다고 했으므로, 빈칸 뒤는 동전을 사각형으로 만들면 옷이나 피부가 긁히기 쉽다라는 문맥이 되어야 한다. 따라
　　　서 가정을 나타내는 연결어 D 万一를 정답으로 고른다.

어휘　**于是** yúshì 圆그래서　**然而** rán'ér 圆그러나　**既然** jìrán 圆~인 이상　**万一** wànyī 圆만약

3

A 强调	B 避免	A 강조하다	B 피하다
C 观察	D 运用	C 관찰하다	D 응용하다

해설　각 선택지의 뜻을 먼저 확인한 후, 빈칸 주변을 읽는다. 빈칸 주변의 '그러나 동전을 원형으로 만든다면, 이러한 문제(동전에
　　　모서리가 있으면 옷이나 피부가 긁혀 다치기 쉬운 문제)를 ＿＿＿＿＿ 수 있다.'라는 문맥에 가장 적합하면서 빈칸 뒤의 问题(문제)와
　　　문맥적으로 호응하는 B 避免을 정답으로 고른다. 避免问题(문제를 피하다)를 고정적인 형태로 알아 둔다.

어휘　**强调** qiángdiào 통강조하다　**避免** bìmiǎn 통피하다　**观察** guānchá 통관찰하다　**运用** yùnyòng 통응용하다

---

4 - 7

最近，中国的时尚界出现了一个独特的身影，那就是六十四岁的张双利。张双利虽然年纪较大，但却有一 **4. C 颗** [4]年轻的心。[5]与其他喜欢下棋或是打太极的老年人 **5. B 不同**，张双利的爱好比较独特，他喜欢健身。[6]为了保持 **6. A 良好** 的身材，穿上各种好看的衣服，三十年来他每天都坚持运动，不仅如此，退休后张双利就开始频繁走起了时装秀。在时装秀的舞台上，[7]满头白发的他和年轻人一样有 **7. B 精神**，充满活力。张双利之所以不老，是因为他对热爱的事情保持热情，对新鲜的事物保持好奇心。

최근, 중국의 패션계에 독특한 모습이 하나 나타났는데, 바로 64살의 장솽리이다. 장솽리는 비록 나이가 비교적 많지만, [4]젊은 마음 한 **4. C 조각**을 가지고 있다. [5]바둑을 두거나 태극권하는 것을 좋아하는 다른 노인과 **5. B 달리**, 장솽리의 취미는 비교적 독특한데, 그는 운동하는 것을 좋아한다. **6. A 좋은** [6]체격을 유지하여 각종 예쁜 옷을 입기 위해 30년 동안 그는 매일 꾸준히 운동을 했고, 이뿐만 아니라, 은퇴 후 장솽리는 패션쇼에 자주 다니기 시작했다. 패션쇼 무대에서, [7]온 머리 가득 백발인 그는 젊은이만큼 **7. B 활력**이 있고, 생기가 가득했다. 장솽리가 늙지 않은 까닭은 그가 애착을 가지는 일에 열정을 유지하고, 새로운 사물에 대한 호기심을 유지했기 때문이다.

어휘　时尚界 shíshàngjiè 패션계　出现 chūxiàn 圖 나타나다　独特 dútè 圖 독특하다　身影 shēnyǐng 圖 (사람의) 모습, 그림자
　　年纪 niánjì 圖 나이　颗 kē 圖 조각, 알[둥글고 작은 알맹이 모양과 같은 것을 세는 데 쓰임]　下棋 xiàqí 圖 바둑을 두다
　　或是 huòshì 圖 ~이거나, 혹은 ~이다　打太极 dǎ tàijí 태극권을 하다　老年人 lǎoniánrén 圖 노인
　　健身 jiànshēn 圖 운동하다, 몸을 건강하게 하다　保持 bǎochí 圖 유지하다　良好 liánghǎo 圖 좋다　身材 shēncái 圖 체격, 몸매
　　各 gè 圖 각종, 여러　不仅 bùjǐn 圖 ~뿐만 아니라　退休 tuìxiū 圖 은퇴하다　频繁 pínfán 圖 잦다, 빈번하다
　　时装秀 shízhuāngxiù 패션쇼　舞台 wǔtái 圖 무대　满头 mǎntóu 圖 온 머리　精神 jīngshen 圖 활력　充满 chōngmǎn 圖 가득하다
　　活力 huólì 圖 생기　热爱 rè'ài 圖 애착을 가지다　事物 shìwù 圖 사물　好奇心 hàoqíxīn 圖 호기심

4　A 群　　　　　　　B 滴　　　　　　A 무리　　　　　　　B 방울
　　C 颗　　　　　　D 朵　　　　　　**C 조각**　　　　　D 송이

해설　선택지를 읽고 빈칸에 어떤 양사가 필요할지를 파악한 후, 빈칸 주변을 읽는다. 빈칸 뒤에 年轻的心(젊은 마음)이 있으므로,
　　心(마음)과 자주 호응하는 C 颗를 정답으로 고른다. 一颗心(마음 한 조각)을 고정적인 형태로 알아 둔다.

어휘　群 qún 圖 무리, 떼　滴 dī 圖 방울　颗 kē 圖 조각[둥글고 작은 알맹이 모양과 같은 것을 세는 데 쓰임]　朵 duǒ 圖 송이

5　A 矛盾　　　　　　**B 不同**　　　　A 모순되다　　　　　**B 다르다**
　　C 相似　　　　　　D 不足　　　　　C 유사하다　　　　　D 부족하다

해설　각 선택지의 뜻을 먼저 확인한 후, 빈칸 주변을 읽는다. 빈칸 주변이 '바둑을 두거나 태극권하는 것을 좋아하는 다른 노인
　　과 _____, 장솽리의 취미는 비교적 독특한데, 그는 운동하는 것을 좋아한다.'라는 문맥이므로, 빈칸에는 장솽리의 취미는
　　다른 노인과 같지 않음을 나타내는 어휘가 들어가야 한다. 따라서 B 不同을 정답으로 고른다. 참고로, 与A不同(A와 다르다)
　　을 고정적인 형태로 알아 둔다.

어휘　矛盾 máodùn 圖 모순되다　不同 bùtóng 圖 다르다　相似 xiāngsì 圖 유사하다　不足 bùzú 圖 부족하다

6　**A 良好**　　　　　　B 热烈　　　　　**A 좋다**　　　　　　B 열렬하다
　　C 优惠　　　　　　D 重大　　　　　C 우대하다　　　　　D 중대하다

해설　각 선택지의 뜻을 먼저 확인한 후, 빈칸 주변을 읽는다. 빈칸 주변의 '_____ 체격을 유지하여 각종 예쁜 옷을 입기 위해'라
　　는 문맥에 가장 적합하면서 빈칸 뒤의 身材(체격)와 문맥적으로 호응하는 A 良好를 정답으로 고른다. 良好的身材(좋은 체격)
　　를 고정적인 형태로 알아 둔다.

어휘　良好 liánghǎo 圖 좋다　热烈 rèliè 圖 열렬하다　优惠 yōuhuì 圖 우대하다　重大 zhòngdà 圖 중대하다

7　A 前途　　　　　　**B 精神**　　　　A 전망　　　　　　　**B 활력**
　　C 设备　　　　　　D 青春　　　　　C 설비　　　　　　　D 청춘

해설　각 선택지의 뜻을 먼저 확인한 후, 빈칸 주변을 읽는다. 빈칸 주변의 '온 머리 가득 백발인 그는 젊은이만큼 _____이 있고,
　　생기가 가득했다'라는 문맥에 가장 적합한 B 精神을 정답으로 고른다.

어휘　前途 qiántú 圖 전망　精神 jīngshen 圖 활력　设备 shèbèi 圖 설비　青春 qīngchūn 圖 청춘

一般而言，⁸尾巴是脊椎动物的独有8. B 特征。对很多动物来说，最有用的工具就是尾巴。动物的尾巴各有其用途。猴子靠尾巴倒挂在树枝上采摘水果；鳄鱼用它强有力的尾巴击退敌人；狐狸用它的尾巴保暖；⁹松鼠用尾巴9. C 保持⁹平衡，使自己安全着陆；鸭嘴兽毛茸茸的¹⁰尾巴里积蓄着很多脂肪，当冬季来临时，粗尾巴能帮助它御寒，并¹⁰提供10. C 必要的营养；海狸用它的尾巴发出警告，游泳时靠尾巴改变方向，¹¹在11. A 咬断树木时还用尾巴来稳住身体。然而有些动物的尾巴其实只有一个用处，那就是用来赶走苍蝇这类让人讨厌的昆虫。

일반적으로 ⁸꼬리는 척추동물의 고유한 8. B 특징이다. 많은 동물에게 있어, 가장 유용한 도구는 바로 꼬리이다. 동물의 꼬리는 각각 그 용도가 있다. 원숭이는 꼬리에 의지하여 나뭇가지에 거꾸로 매달려 과일을 딴다. 악어는 힘센 꼬리로 적을 물리친다. 여우는 꼬리로 온도를 유지한다. ⁹다람쥐는 꼬리로 균형을 9. C 유지해서, 자신이 안전하게 착지하게 한다. 오리너구리의 수북한 ¹⁰꼬리 속에는 많은 지방이 축적되어 있어, 겨울철이 다가올 때면, 굵은 꼬리는 추위를 막도록 도와줄 수 있고, 또한 10. C 필요한 ¹⁰영양을 공급한다. 비버는 꼬리로 경고를 보내고, 수영할 때는 꼬리에 의지하여 방향을 바꾸며, ¹¹나무를 11. A 물어뜯을 때는 꼬리를 사용해서 몸을 안정되게 한다. 그렇지만 어떤 동물의 꼬리는 사실 한 가지 쓸모만 있는데, 그것은 바로 파리처럼 사람을 성가시게 하는 곤충을 쫓아내는 데에 쓰는 것이다.

어휘 　一般而言 yìbān'éryán 일반적으로 　尾巴 wěiba 圓꼬리 　脊椎动物 jǐzhuī dòngwù 척추동물 　独有 dú yǒu 고유한
特征 tèzhēng 圓특징 　有用 yǒu yòng 유용하다 　工具 gōngjù 圓도구 　用途 yòngtú 圓용도 　猴子 hóuzi 圓원숭이
靠 kào 圓의지하다 　倒挂 dàoguà 圓거꾸로 매달리다 　树枝 shùzhī 圓나뭇가지 　采摘 cǎizhāi 圓따다 　鳄鱼 èyú 圓악어
强有力 qiángyǒulì 힘세다 　击退 jītuì 圓물리치다 　敌人 dírén 圓적 　狐狸 húli 圓여우 　保暖 bǎonuǎn 圓온도를 유지하다
松鼠 sōngshǔ 圓다람쥐 　保持 bǎochí 圓유지하다 　平衡 pínghéng 圓균형이 맞다 　着陆 zhuólù 圓착지하다
鸭嘴兽 yāzuǐshòu 圓오리너구리 　毛茸茸 máoróngrōng 圓(털이) 수북하다 　积蓄 jīxù 圓축적하다 　脂肪 zhīfáng 圓지방
冬季 dōngjì 圓겨울철 　来临 láilín 圓다가오다 　粗 cū 圓굵다 　御寒 yùhán 圓추위를 막다 　提供 tígōng 圓공급하다
必要 bìyào 圓필요하다 　营养 yíngyǎng 圓영양 　海狸 hǎilí 圓비버 　警告 jǐnggào 圓경고하다 　咬 yǎo 圓물다 　树木 shùmù 圓나무
稳住 wěnzhù 圓안정되게 하다 　然而 rán'ér 圓그렇지만 　用处 yòngchu 圓쓸모 　赶走 gǎnzǒu 圓쫓아내다
苍蝇 cāngying 圓파리 　讨厌 tǎoyàn 圓성가시다 　昆虫 kūnchóng 圓곤충

8

A 本领	B 特征	A 능력	B 특징
C 零件	D 道具	C 부속품	D 소품

해설 　각 선택지의 뜻을 먼저 확인한 후, 빈칸 주변을 읽는다. 빈칸 주변의 '꼬리는 척추동물의 고유한 _____이다'라는 문맥에 가장 적합한 B 特征을 정답으로 고른다.

어휘 　本领 běnlǐng 圓능력 　特征 tèzhēng 圓특징 　零件 língjiàn 圓(기계 등의) 부속품 　道具 dàojù 圓(연극 공연이나 영화의) 소품

9

A 体验	B 讲究	A 체험하다	B 중시하다
C 保持	D 破坏	C 유지하다	D 파괴하다

해설 　각 선택지의 뜻을 먼저 확인한 후, 빈칸 주변을 읽는다. 빈칸 주변의 '다람쥐는 꼬리로 균형을 _____, 자신이 안전하게 착지하게 한다.'라는 문맥에 가장 적합하면서 빈칸 뒤의 平衡(균형)과 문맥적으로 호응하는 C 保持를 정답으로 고른다. 保持平衡(균형을 유지하다)을 고정적인 형태로 알아 둔다.

어휘 　体验 tǐyàn 圓체험하다 　讲究 jiǎngjiu 圓중시하다 　保持 bǎochí 圓유지하다 　破坏 pòhuài 圓파괴하다

10

A 合理	B 周到	A 합리적이다	B 세심하다
C 必要	D 夸张	C 필요하다	D 과장하다

해설 　각 선택지의 뜻을 먼저 확인한 후, 빈칸 주변을 읽는다. 빈칸 주변의 '꼬리 속에는 많은 지방이 축적되어 있어······ _____ 영양을 공급한다'라는 문맥에 가장 적합하면서 빈칸 뒤의 营养(영양)과 문맥적으로 호응하는 C 必要를 정답으로 고른다. 必要的营养(필요한 영양)을 고정적인 형태로 알아 둔다.

어휘 　合理 hélǐ 圓합리적이다 　周到 zhōudào 圓세심하다 　必要 bìyào 圓필요하다 　夸张 kuāzhāng 圓과장하다

11

A 咬	B 交	**A 물다**	B 건네다
C 踩	D 摸	C 밟다	D 만지다

해설 각 선택지의 뜻을 먼저 확인한 후, 빈칸 주변을 읽는다. 빈칸 주변이 '나무를 ______ 뜯을 때는 꼬리를 사용해서 몸을 안정되게 한다'라는 문맥이므로, 빈칸에는 비버라는 동물이 나무를 뜯는 행위와 관련된 어휘가 들어가야 한다. 따라서 A 咬를 정답으로 고른다. 참고로, 咬断(물어뜯다)을 고정적인 형태로 알아 둔다.

어휘 **咬** yǎo [동] 물다 **踩** cǎi [동] 밟다 **摸** mō [동] (손으로) 만지다

12-15

现在，[12]人们习惯用计算器这类电子**12. B 设备**计算数字，这样做既能迅速得到结果，又免去了麻烦的计算过程。但是在计算器出现之前，人们不得不进行人工计算。即便如此，[13]在科技不如现在发达的**13. A 时代**，有人想出了简单的计算方法，从而节省了很多时间。

手工计算时期的[14]石头、绳子、算筹等工具都比较简易，[14]这些工具**14. C 利用**现有的物品记录计算过程，便于人们记忆数字。不过随着经济的发展，[15]这种形式的工具难以满足日益增长的数据计算需求。**15. D 于是**，就有人总结出了详细的计算原理，然后发明出了算盘、纳皮尔棒这样的辅助计算工具。

오늘날 [12]사람들은 계산기 같은 이런 전자 **12. B 장비**를 사용하여 숫자를 계산하는 것에 익숙한데, 이렇게 하면 신속하게 결과를 얻을 수 있고, 또 번거로운 계산 과정도 없앨 수 있다. 그러나 계산기가 나타나기 전에, 사람들은 어쩔 수 없이 수동으로 계산을 했다. 그럼에도 [13]과학 기술이 지금보다 발달하지 못했던 **13. A 시대**에, 간단한 계산 방법을 생각해 낸 사람이 있었고, 이로 인해 많은 시간을 절약했다.

수동으로 계산하는 시기의 [14]돌, 노끈, 산가지 등의 도구들은 비교적 간편했고, [14]이러한 도구들은 기존의 물건을 **14. C 이용하여** 계산 과정을 기록하는 것이어서, 사람들이 숫자를 기억하기에 편했다. 그러나 경제가 발전함에 따라, [15]이러한 형태의 도구는 날로 증가하는 데이터 계산 수요를 만족시키기 어려웠다. **15. D 그래서**, 어떤 사람이 상세한 계산 원리를 총결산한 후, 주판과 네이피어 계산봉과 같은 이러한 보조적인 계산 도구를 발명해 냈다.

어휘 **计算器** jìsuànqì 계산기 **电子** diànzǐ [명] 전자 **设备** shèbèi [명] 장비 **计算** jìsuàn [동] 계산하다 **数字** shùzì [명] 숫자
既…又… jì … yòu … ~하고 또 ~하다 **迅速** xùnsù [형] 신속하다 **得到** dédào [동] 얻다 **结果** jiéguǒ [명] 결과 **免去** miǎnqù [동] 없애버리다
麻烦 máfan [형] 번거롭다 **过程** guòchéng [명] 과정 **出现** chūxiàn [동] 나타나다 **不得不** bùdébù [부] 어쩔 수 없이
人工 réngōng [형] 수동의, 인공의 **即便如此** jíbiàn rúcǐ 그럼에도 **科技** kējì [명] 과학 기술 **不如** bùrú [동] ~보다 못하다
发达 fādá [동] 발달하다 **时代** shídài [명] 시대 **节省** jiéshěng [동] 절약하다 **手工** shǒugōng [명] 수동[손으로 하는 방식]
时期 shíqī [명] (특정한) 시기 **石头** shítou [명] 돌 **绳子** shéngzi [명] 노끈, 밧줄
算筹 suànchóu [명] 산가지[수를 셀 수 없는 특별한 도구가 없었던 시대에 수수대, 대나무 등을 매끈하고 짧게 깎아 사용하던 가는 대를 말함]
工具 gōngjù [명] 도구 **简易** jiǎnyì [형] 간편하다 **利用** lìyòng [동] 이용하다 **现有** xiànyǒu [동] 기존의 **物品** wùpǐn [명] 물건
记录 jìlù [동] 기록하다 **便于** biànyú [동] ~하기에 편하다 **记忆** jìyì [동] 기억하다 **不过** búguò [접] 그러나 **随着** suízhe [개] ~에 따라서
经济 jīngjì [명] 경제 **发展** fāzhǎn [동] 발전하다 **形式** xíngshì [명] 형태 **难以** nányǐ [형] ~하기 어렵다 **满足** mǎnzú [동] 만족시키다
日益 rìyì [부] 날로 **增长** zēngzhǎng [동] 증가하다 **数据** shùjù [명] 데이터 **需求** xūqiú [명] 수요 **于是** yúshì [접] 그래서
总结 zǒngjié [동] 총결산하다 **详细** xiángxì [형] 상세하다 **原理** yuánlǐ [명] 원리 **发明** fāmíng [동] 발명하다 **算盘** suànpán [명] 주판
纳皮尔棒 Nàpí'ěrbàng [고유] 네이피어 계산봉[J. Napier가 고안한 포켓용 곱셈·나눗셈 용구] **辅助** fǔzhù [형] 보조적인

12

A 样式	**B 设备**	A 양식	**B 장비**
C 机器	D 玩具	C 기계	D 장난감

해설 각 선택지의 뜻을 먼저 확인한 후, 빈칸 주변을 읽는다. 빈칸 주변의 '사람들은 계산기 같은 이런 전자 ______를 사용하여 숫자를 계산하는 것에 익숙하다'라는 문맥에 가장 적합한 B 设备를 정답으로 고른다.
C 机器는 주로 동력을 써서 움직이거나 일을 하는 장치를 나타내므로, 문맥과 어울리지 않는다.

어휘 **样式** yàngshì [명] 양식 **设备** shèbèi [명] 장비 **机器** jīqì [명] 기계 **玩具** wánjù [명] 장난감

13	A 时代	B 种类	A 시대	B 종류
	C 地位	D 年纪	C 지위	D 나이

해설　각 선택지의 뜻을 먼저 확인한 후, 빈칸 주변을 읽는다. 빈칸 주변의 '과학 기술이 지금보다 발달하지 못했던 _____에'라는 문맥에 가장 적합한 A 时代를 정답으로 고른다.

어휘　**时代** shídài 圈시대　**种类** zhǒnglèi 圈종류　**地位** dìwèi 圈지위　**年纪** niánjì 圈나이

14	A 失去	B 挑战	A 잃어버리다	B 도전하다
	C 利用	D 获取	C 이용하다	D 획득하다

해설　각 선택지의 뜻을 먼저 확인한 후, 빈칸 주변을 읽는다. 빈칸 주변의 '돌, 노끈, 산가지 등 …… 이러한 도구들은 기존의 물건을 _____ 계산 과정을 기록하는 것이어서, 사람들이 숫자를 기억하기에 편했다'라는 문맥에 가장 적합한 C 利用을 정답으로 고른다.

어휘　**失去** shīqù 圈잃어버리다　**挑战** tiǎozhàn 圈도전하다　**利用** lìyòng 圈이용하다　**获取** huòqǔ 圈획득하다

15	A 反正	B 由于	A 어쨌든	B ~때문에
	C 可见	D 于是	C ~임을 알 수 있다	D 그래서

해설　선택지를 읽고 빈칸에 문맥상 어떤 연결어가 필요할지를 파악한 후, 빈칸 주변을 읽는다. 빈칸 앞에서 이러한 도구(돌, 노끈, 산가지 등)는 날로 증가하는 데이터 계산 수요를 만족시키기 어려웠다고 했고, 빈칸 뒤에서 어떤 사람이 계산 원리를 총결산하여 보조 계산 도구를 발명했다고 했으므로, 빈칸에는 앞뒤 내용이 인과 관계임을 나타내는 연결어가 들어가야 한다. 따라서 D 于是를 정답으로 고른다.
B 由于는 ',(콤마)' 앞에서 단독으로 사용할 수 없는 연결어이므로 오답이다.

어휘　**反正** fǎnzhèng 圈어쨌든　**由于** yóuyú 圈~때문에　**可见** kějiàn 圈~임을 알 수 있다　**于是** yúshì 圈그래서

고득점비책 02 | 문장 채우기 p.104

돌으며 학습하기 ▶

1 C	2 A	3 B	4 D	5 B	6 C	7 D	8 D	9 C	10 D
11 A	12 B	13 A	14 A	15 C	16 B				

1-4

众所周知, ¹大部分铁路是直的, <u>1. C 高速公路则设有一些弯道</u>。这样设计的原因是什么呢? 首先, ²铁路弯道越多, 行驶时就越难提速。因此, 在修建铁路时, 人们会 <u>2. A 尽量</u> 采取直线, 或采用大弯道, 这样既能保证火车的安全, 也不影响其行驶速度。但高速公路的情况则有所不同。³汽车司机如果长时间在平坦笔直的路上驾驶, 很容易感到 <u>3. B 疲劳</u>, 这就会增加发生危险的可能性。所以在高速公路上特意多设几个弯道, 不但能刺激司机的视觉, 还能⁴使他们的注意力变得集中, 从而降低发生交通事故的 <u>4. D 风险</u>。

모든 사람들이 다 알듯이, ¹대부분의 철도는 직선으로 되어 있지만, <u>1. C 고속 도로에는 약간의 커브길이 설치되어 있다</u>. 이렇게 설계한 이유는 무엇일까? 먼저, ²철도는 커브길이 많을수록, 운행 시 속도를 높이기가 어렵다. 이 때문에 철도를 건설할 때, 사람들은 <u>2. A 되도록</u> 직선을 채택하거나, 혹은 커브가 큰 길을 적용하는데, 이렇게 하면 기차의 안전을 보장할 수 있고, 또 그 운행 속도에도 영향을 주지 않는다. 그러나 고속 도로의 사정은 조금 다르다. ³자동차 운전자가 만약 장시간 평평하고 곧은 길에서 운전한다면, 쉽게 <u>3. B 피곤함</u>을 느끼게 되는데, 이것은 위험 발생 가능성을 증가시킨다. 그래서 고속 도로에는 일부러 몇 개의 커브길을 더 설계하는데, 운전자의 시각을 자극할 수 있을 뿐만 아니라, 또 ⁴그들의 주의력을 집중되게 할 수 있어서, 교통사고가 발생하는 <u>4. D 위험</u>을 줄여 준다.

어휘　众所周知 zhòngsuǒzhōuzhī 쮜 모든 사람이 다 알고 있다　铁路 tiělù 쮜 철도　直 zhí 쮜 직선이다, 곧다
高速公路 gāosù gōnglù 쮜 고속 도로　弯道 wāndào 쮜 커브길　设计 shèjì 쮜 설계하다　行驶 xíngshǐ 쮜 운행하다
提速 tísù 쮜 속도를 높이다　修建 xiūjiàn 쮜 건설하다　尽量 jǐnliàng 쮜 되도록, 가능한 한　采取 cǎiqǔ 쮜 채택하다　直线 zhíxiàn 쮜 직선
采用 cǎiyòng 쮜 적용하다　大弯道 dàwāndào 쮜 커브가 큰 길　保证 bǎozhèng 쮜 보장하다　安全 ānquán 쮜 안전하다
速度 sùdù 쮜 속도　情况 qíngkuàng 쮜 사정, 상황　有所不同 yǒusuǒbùtóng 조금 다르다　平坦 píngtǎn 쮜 (도로·지대 등이) 평평하다
笔直 bǐzhí 쮜 곧다　驾驶 jiàshǐ 쮜 운전하다　疲劳 píláo 쮜 피곤하다　发生 fāshēng 쮜 (원래 없던 현상이) 발생하다
可能性 kěnéngxìng 쮜 가능성　特意 tèyì 쮜 일부러, 특별히　刺激 cìjī 쮜 자극시키다　视觉 shìjué 쮜 시각　集中 jízhōng 쮜 집중하다
从而 cóng'ér 쮜 그리하여　降低 jiàngdī 쮜 줄이다　交通 jiāotōng 쮜 교통　事故 shìgù 쮜 사고　风险 fēngxiǎn 쮜 위험

1

A 火车的速度相当慢	A 기차의 속도는 꽤 느리다
B 但火车的形状并不直	B 그러나 기차의 형태는 결코 곧지 않다
C 高速公路则设有一些弯道	**C 고속 도로에는 약간의 커브길이 설치되어 있다**
D 高速公路限制汽车的速度	D 고속 도로는 자동차의 속도를 제한한다

해설　선택지가 모두 문장 형태이므로, 빈칸 앞뒤의 내용을 꼼꼼히 해석하여 문맥을 자연스럽게 이어주는 선택지를 정답으로 고른다. 빈칸 주변이 '대부분의 철도는 직선으로 되어 있지만, _____. 이렇게 설계한 이유는 무엇일까?'라는 문맥이고, 지문 전체적으로 철도가 직선으로 설계된 이유와 고속 도로가 커브길로 설계된 이유를 차례대로 설명하고 있으므로, 빈칸에는 고속 도로의 커브길 설계와 관련된 내용이 들어가야 한다. 따라서 C 高速公路则设有一些弯道를 정답으로 고른다.

어휘　速度 sùdù 쮜 속도　相当 xiāngdāng 쮜 꽤, 상당히　形状 xíngzhuàng 쮜 형태　直 zhí 쮜 곧다
高速公路 gāosù gōnglù 쮜 고속 도로　弯道 wāndào 쮜 커브길　限制 xiànzhì 쮜 제한하다

2

A 尽量	B 迟早	**A 되도록**	B 조만간
C 依然	D 何必	C 여전히	D ~할 필요가 있는가

해설　각 선택지의 뜻을 먼저 확인한 후, 빈칸 주변을 읽는다. 빈칸 주변의 '철도는 커브길이 많을수록, 운행 시 속도를 높이기가 어렵다. 이 때문에 철도를 건설할 때, 사람들은 _____ 직선을 채택하거나'라는 문맥에 가장 적합한 A 尽量을 정답으로 고른다.

어휘　尽量 jǐnliàng 쮜 되도록, 가능한 한　迟早 chízǎo 쮜 조만간, 머지않아　依然 yīrán 쮜 여전히　何必 hébì 쮜 ~할 필요가 있는가

3

A 寂寞	**B 疲劳**	A 외롭다	**B 피곤하다**
C 悲观	D 慌张	C 비관적이다	D 당황하다

해설　각 선택지의 뜻을 먼저 확인한 후, 빈칸 주변을 읽는다. 빈칸 주변이 '자동차 운전자가 만약 장시간 평평하고 곧은 길에서 운전한다면, 쉽게 _____ 을 느끼게 되는데, 이것은 위험 발생 가능성을 증가시킨다.'라는 문맥이므로, 빈칸에는 장시간 운전하면 나타나게 되는 상태와 관련된 어휘가 들어가야 한다. 따라서 B 疲劳를 정답으로 고른다.

어휘　寂寞 jìmò 쮜 외롭다　疲劳 píláo 쮜 피곤하다　悲观 bēiguān 쮜 비관적이다　慌张 huāngzhāng 쮜 당황하다

4

A 形式	B 价值	A 형식	B 가치
C 奇迹	**D 风险**	C 기적	**D 위험**

해설　각 선택지의 뜻을 먼저 확인한 후, 빈칸 주변을 읽는다. 빈칸 주변의 '그들의 주의력을 집중되게 할 수 있어서, 교통사고가 발생하는 _____ 을 줄여 준다'라는 문맥에 가장 적합하면서 빈칸 앞의 降低(줄이다)와 문맥적으로 호응하는 D 风险을 정답으로 고른다. 降低风险(위험을 줄이다)을 고정적인 형태로 알아 둔다.

어휘　形式 xíngshì 쮜 형식　价值 jiàzhí 쮜 가치　奇迹 qíjì 쮜 기적　风险 fēngxiǎn 쮜 위험

司马光是中国北宋时期著名的政治家，也是当时了不起的史学家和文学家。⁵司马光小时候总认为自己不够聪明，所以⁵非常 5. B 勤奋，会利用一切空闲时间读书。⁶他想训练自己的记忆力，6. C 因而背书时比别人多花两三倍的时间。

他的家里除了书本，只有几样物品，也就是一张床、一床被子和一个圆木做的枕头。那么，为什么司马光要用圆木做枕头？因为他读书读累了就在床上睡一会儿，⁷当他翻身时，圆木枕头就会 7. D 滚 到地上，他自然就被那声音吵醒。每次这么被弄醒后，他马上披上衣服，点上蜡烛，继续读书。他⁸之所以能写出《资治通鉴》等诸多著作，8. D 是因为付出了如此艰苦的努力。

사마광은 중국 북송 시기의 저명한 정치가이자 당시의 뛰어난 사학가 겸 문학가였다. ⁵사마광은 어릴 때 늘 자신이 그다지 총명하지 않다고 생각하여, ⁵매우 5. B 부지런했는데, 모든 여가 시간을 이용해서 책을 읽었다. ⁶그는 자신의 기억력을 훈련하고 싶어 했고, 6. C 그래서 책을 외울 때 남들보다 두세 배의 시간을 더 썼다.

그의 집에는 책을 제외하고 겨우 몇 종류의 물건만 있었는데, 침대 하나, 이불 하나, 통나무로 만든 베개 하나였다. 그렇다면, 왜 사마광은 통나무로 베개를 만들었을까? 그는 책을 읽다가 피곤해지면 침대에서 잠시 잤는데, ⁷그가 몸을 돌릴 때, 통나무 베개가 바닥으로 7. D 굴러떨어지면서 자연히 그 소리에 시끄러워 잠에서 깨어났기 때문이다. 매번 이렇게 깨어난 뒤에, 그는 바로 옷을 걸치고, 초에 불을 붙여서 계속해서 책을 읽었다. 그가 <자치통감> 등 수많은 저서를 쓸 수 있었⁸던 까닭은, 8. D 이러한 고생스러운 노력을 들였기 때문이다.

어휘 司马光 Sīmǎ Guāng (고유) 사마광　北宋 Běi Sòng (고유) 북송[960~1127년에 존재하였던 중국 왕조]　时期 shíqī (명) (특정한) 시기　著名 zhùmíng (형) 저명하다　政治家 zhèngzhìjiā (명) 정치가　当时 dāngshí (명) 당시　了不起 liǎobuqǐ (형) 뛰어나다　史学家 shǐxuéjiā (명) 사학가　文学家 wénxuéjiā (명) 문학가　不够 búgòu (형) 그다지 ~하지 않다　勤奋 qínfèn (형) 부지런하다　利用 lìyòng (동) 이용하다　一切 yíqiè (데) 모든　空闲 kòngxián (명) 여가　训练 xùnliàn (동) 훈련하다　记忆力 jìyìlì (명) 기억력　因而 yīn'ér (접) 그래서　书本 shūběn (명) 책　样 yàng (양) 종류　物品 wùpǐn (명) 물건　床 chuáng (명) 침대 [침구를 세는 단위]　被子 bèizi (명) 이불　圆木 yuánmù (명) 통나무　枕头 zhěntou (명) 베개　翻身 fānshēn (동) 몸을 돌리다　滚 gǔn (동) 구르다　自然 zìrán (부) 자연히　吵醒 chǎoxǐng (동) 시끄러워 잠이 깨다　弄醒 nòngxǐng (동) (잠을) 깨어나게 하다　披 pī (동) 걸치다　蜡烛 làzhú (명) 초, 양초　继续 jìxù (동) 계속하다　资治通鉴 Zīzhìtōngjiàn (고유) 자치통감 [사마광이 편찬한 역사서]　诸多 zhūduō (형) 수많은　著作 zhùzuò (명) 저서, 작품　付出 fùchū (동) 들이다　如此 rúcǐ (데) 이러한　艰苦 jiānkǔ (형) 고생스럽다

5

| A 谦虚 | B 勤奋 | A 겸손하다 | B 부지런하다 |
| C 神秘 | D 可怜 | C 신비롭다 | D 불쌍하다 |

해설 각 선택지의 뜻을 먼저 확인한 후, 빈칸 주변을 읽는다. 빈칸 주변의 '사마광은 …… 매우 _____, 모든 여가 시간을 이용해서 책을 읽었다'라는 문맥에 가장 적합한 B 勤奋을 정답으로 고른다.

어휘 谦虚 qiānxū (형) 겸손하다　勤奋 qínfèn (형) 부지런하다　神秘 shénmì (형) 신비롭다　可怜 kělián (형) 불쌍하다

6

| A 何况 | B 宁可 | A 하물며 | B 차라리 |
| C 因而 | D 不管 | C 그래서 | D ~에 관계없이 |

해설 선택지를 읽고 빈칸에 문맥상 어떤 연결어가 필요할지를 파악한 후, 빈칸 주변을 읽는다. 빈칸 앞에서 그(사마광)는 자신의 기억력을 훈련하고 싶어 했다고 했고, 빈칸 뒤에서 책을 외울 때 남들보다 두세 배의 시간을 더 썼다고 했으므로, 빈칸에는 앞뒤 내용이 인과 관계임을 나타내는 연결어가 들어가야 한다. 따라서 C 因而을 정답으로 고른다.

어휘 何况 hékuàng (접) 하물며　宁可 nìngkě (부) 차라리　因而 yīn'ér (접) 그래서　不管 bùguǎn (접) ~에 관계없이

7

| A 背 | B 催 | A 등지다 | B 재촉하다 |
| C 抄 | D 滚 | C 베끼다 | D 구르다 |

해설   각 선택지의 뜻을 먼저 확인한 후, 빈칸 주변을 읽는다. 빈칸 주변의 '그가 몸을 돌릴 때, 통나무 베개가 바닥으로 _____ 떨
어진다'라는 문맥에 가장 적합한 D 滚을 정답으로 고른다. 참고로, 滚到地上(바닥으로 굴러떨어지다)을 고정적인 형태로 알아
둔다.

어휘   背 bèi 圐등지다   催 cuī 圐재촉하다   抄 chāo 圐베끼다   滚 gǔn 圐구르다

8

A 假如他承认自己的错误

B 尽管他一路上困难重重

C 除非他不愿意和别人相处

D 是因为付出了如此艰苦的努力

A 만약 그가 자신의 잘못을 인정한다면

B 비록 그가 도중에 어려움이 매우 많더라도

C 그가 다른 사람과 함께 지내는 것을 원하지 않는 것
이 아니고서는

D 이러한 고생스러운 노력을 들였기 때문이다

해설   선택지가 모두 문장 형태이므로, 빈칸 앞뒤의 내용을 꼼꼼히 해석하여 문맥을 자연스럽게 이어주는 선택지를 정답으로 고
른다. 빈칸 앞 문장에 之所以가 있으므로, 之所以(~던 까닭은)와 자주 호응하는 연결어 是因为를 포함한 D 是因为付出了如
此艰苦的努力를 정답으로 고른다. 之所以A, 是因为B(A한 까닭은, B하기 때문이다)를 고정적인 형태로 알아 둔다.

어휘   假如 jiǎrú 圙만약   承认 chéngrèn 圐인정하다   错误 cuòwù 圐잘못   尽管 jǐnguǎn 圙비록 ~라 하더라도
       一路 yílù 圐도중   困难 kùnnan 圐어려움   重重 chóngchóng 圐매우 많다   除非 chúfēi 圙~하는 것이 아니고서는
       相处 xiāngchǔ 圐함께 지내다   付出 fùchū 圐들이다   如此 rúcǐ 圙이러하다   艰苦 jiānkǔ 圐고생스럽다

---

9 - 12

    当高产抗病的土豆刚被引进时，农民们对
这个外来植物并不感兴趣。⁹为了 9.C 提倡人
们种植土豆，当地政府花了很大的力气来宣
传，但优良土豆仍被冷落。于是有人想出了一
个办法，¹⁰在试种土豆的地方安排士兵日夜看
守。这使周围村民们感到十分好奇，10.D 这
块地里种的是什么宝贝呢？后来¹¹他们实在忍
不住，就趁士兵不注意时，11.A 纷纷进去偷
土豆。回到家后，他们把偷来的土豆种在自
家地里，开始研究这种土豆到底有何不同。果
然，一个季节下来，¹²土豆的12.B 优势逐渐
显现了出来，然后被迅速传播开来，¹²成为当
地最受欢迎的农作物之一。

    높은 수확량의 질병 저항성이 있는 감자가 막 도입되었을
때, 농민들은 이 외래 식물에 결코 관심이 없었다. ⁹사람들
이 감자를 재배하도록 9. C 장려하기 위해, 현지 정부는 많
은 에너지를 들여 홍보했는데, 그러나 우수한 감자는 여전히
냉대를 받았다. 그리하여 어떤 사람이 한 방법을 생각해 냈
는데, ¹⁰감자를 시험 재배하는 곳에 병사들이 밤낮으로 감시
하도록 배치하는 것이었다. 이는 주변 농민들로 하여금 매우
호기심을 갖게 했다. 10. D 이 밭에 심은 것은 어떤 보물일
까? 나중에 ¹¹그들은 도저히 참을 수 없어서, 병사들이 부주
의한 틈을 타, 11. A 잇달아 들어가서 감자를 훔쳤다. 집에
돌아온 후, 그들은 훔쳐 온 감자를 자신들의 밭에 심었고, 이
런 종류의 감자는 도대체 어떻게 다른지를 연구하기 시작했
다. 과연 한 계절이 지나가자 ¹²감자의 12. B 장점이 점차 드
러나게 되었고, 그런 후에 재빠르게 널리 퍼져 나가 ¹²현지에
서 가장 환영받는 농작물 중 하나가 되었다.

어휘   高产 gāochǎn 圐높은 수확량   抗病 kàng bìng 질병 저항성이 있는   土豆 tǔdòu 圐감자   刚 gāng 圐막   引进 yǐnjìn 圐도입하다
       农民 nóngmín 圐농민   植物 zhíwù 圐식물   提倡 tíchàng 圐장려하다   种植 zhòngzhí 圐재배하다   当地 dāngdì 圐현지
       政府 zhèngfǔ 圐정부   力气 lìqi 圐에너지   宣传 xuānchuán 圐홍보하다   优良 yōuliáng 圐우수하다   冷落 lěngluò 圐냉대하다
       于是 yúshì 圙그리하여   试种 shìzhòng 圐시험 재배하다   安排 ānpái 圐배치하다   士兵 shìbīng 圐병사   日夜 rìyè 圐밤낮
       看守 kānshǒu 圐감시하다   周围 zhōuwéi 圐주변   十分 shífēn 圙매우   好奇 hàoqí 圐호기심을 갖다   宝贝 bǎobèi 圐보물
       实在 shízài 圙도저히   忍不住 rěnbuzhù 圐참을 수 없다   趁 chèn 圙(조건·시간·기회 등을) 틈타서   纷纷 fēnfēn 圙잇달아
       偷 tōu 圐훔치다   研究 yánjiū 圐연구하다   到底 dàodǐ 圙도대체   优势 yōushì 圐장점   逐渐 zhújiàn 圙점차
       显现 xiǎnxiàn 圐드러나다   迅速 xùnsù 圐재빠르다   传播 chuánbō 圐널리 퍼지게 하다   成为 chéngwéi 圐~이 되다
       农作物 nóngzuòwù 圐농작물

9

A 吸收   B 配合   A 흡수하다   B 협력하다

C 提倡   D 批准   C 장려하다   D 허가하다

해설 각 선택지의 뜻을 먼저 확인한 후, 빈칸 주변을 읽는다. 빈칸 주변의 '사람들이 감자를 재배하도록 ______ 위해, 현지 정부는 많은 에너지를 들여 홍보했다'라는 문맥에 가장 적합한 C 提倡을 정답으로 고른다.

어휘 **吸收** xīshōu [동] 흡수하다 **配合** pèihé [동] 협력하다 **提倡** tíchàng [동] 장려하다, 제창하다 **批准** pīzhǔn [동] 허가하다

10

A 政府决定进行罚款	A 정부는 벌금을 부과하기로 결정했다
B 事情变得越来越恶劣	B 일이 갈수록 나쁘게 변했다
C 大家为什么不喜欢种土豆	C 사람들은 왜 감자 심는 것을 좋아하지 않는가
D 这块地里种的是什么宝贝呢	**D 이 밭에 심은 것은 어떤 보물일까**

해설 선택지가 모두 문장 형태이므로, 빈칸 앞뒤의 내용을 꼼꼼히 해석하여 문맥을 자연스럽게 이어주는 선택지를 정답으로 고른다. 빈칸 앞에서 감자를 시험 재배하는 곳에 병사들을 밤낮으로 감시하도록 배치한 것이 주변 농민들로 하여금 매우 호기심을 갖게 했다고 했으므로, 농민들이 구체적으로 어떠한 점을 궁금해 했는지에 대한 내용을 담은 D 这块地里种的是什么宝贝呢를 정답으로 고른다.

어휘 **政府** zhèngfǔ [명] 정부 **罚款** fákuǎn [동] 벌금을 부과하다 **恶劣** èliè [형] 나쁘다 **土豆** tǔdòu [명] 감자 **宝贝** bǎobèi [명] 보물

11

A 纷纷	B 曾经	**A 잇달아**	B 일찍이
C 时刻	D 居然	C 항상	D 뜻밖에

해설 각 선택지의 뜻을 먼저 확인한 후, 빈칸 주변을 읽는다. 빈칸 주변의 '그들은 도저히 참을 수 없어서, 병사들이 부주의한 틈을 타, ______ 들어가서 감자를 훔쳤다'라는 문맥에 가장 적합한 A 纷纷을 정답으로 고른다.

어휘 **纷纷** fēnfēn [부] 잇달아 **曾经** céngjīng [부] 일찍이 **时刻** shíkè [부] 항상 **居然** jūrán [부] 뜻밖에

12

A 特长	**B 优势**	A 특기	**B 장점**
C 状态	D 本质	C 상태	D 본질

해설 각 선택지의 뜻을 먼저 확인한 후, 빈칸 주변을 읽는다. 빈칸 주변의 '감자의 ______이 점차 드러나게 되었고…… 현지에서 가장 환영받는 농작물 중 하나가 되었다'라는 문맥에 가장 적합한 B 优势을 정답으로 고른다.
A 特长은 주로 특별히 뛰어난 기능이나 특별히 가진 업무 경험을 의미하므로, 문맥과 어울리지 않는다.

어휘 **特长** tècháng [명] 특기 **优势** yōushì [명] 장점, 우세 **状态** zhuàngtài [명] 상태 **本质** běnzhì [명] 본질

13 - 16

很多时候，[13]大多数人 13. A 哪怕 喝得再多，在酒桌上也依然能够正常聊天，回家之后还能完成刷牙、洗脸等一系列动作。但是第二天醒来后，这些人[14]完全想不起来前一晚发生了什么事情。到底是什么 14. A 造成 了这样的结果？其实，这并不是失忆，而是大脑根本就没有保存过醉酒时的记忆。简单来讲，喝酒断片的人如同丢失存储卡的摄像机，拍摄时没有任何问题，但是没有留下任何记录。作为中枢神经抑制剂的一种，[15]酒精超过一定浓度后，就会麻痹大脑负责记忆的部分，15. C 阻止 神经元之间的信息传递。

많은 경우, [13]대부분의 사람은 13. A 설령 아무리 많이 마신다고 해도, 술자리에서 여전히 정상적으로 대화할 수 있고, 집에 돌아온 후 양치, 세수 등 일련의 동작들도 끝낼 수 있다. 그러나 이튿날 깨어난 후 이들은 [14]전날 밤에 무슨 일이 일어났는지 전혀 생각해 내지 못한다. 도대체 무엇이 이러한 결과를 14. A 초래했을까? 사실, 이것은 기억을 못 하는 것이 아니라, 뇌가 아예 술이 취했을 때의 기억을 보존하지 못한 것이다. 간단하게 말해서 술을 마셔 필름이 끊긴 사람은 마치 메모리 카드를 잃어버린 카메라와 같아서, 촬영할 때는 어떠한 문제도 없지만, 어떠한 기록도 남아 있지 않는 것이다. 중추 신경 억제제의 일종으로서, [15]알코올이 일정 농도를 넘어서면, 뇌의 기억을 담당하는 부분을 마비시켜, 뉴런 사이의 정보 전달을 15. C 막는다.

¹⁶长期喝酒不仅伤害大脑和记忆，还会永久性地改变大脑结构，<u>16. B 使大脑功能衰退</u>。无论喝多少酒都是对身体有害的。比起酒精对身体的危害，那一点儿"好处"根本不值一提。因此，为了减少酒精对大脑的损伤，保护大脑，还是应该减少喝醉酒的频率。

¹⁶장기간 술을 마시는 것은 뇌와 기억을 손상시킬 뿐 아니라, 또 영구적으로 뇌 구조를 변화시켜, 16. B 뇌 기능을 쇠퇴시킨다. 술을 많이 마시든 적게 마시든 관계없이 모두 몸에 유해하다. 알코올의 몸에 대한 위험과 해로움에 비하면 그까짓 '장점'은 아예 언급할 가치도 없다. 그러므로 알코올이 뇌에 끼치는 손상을 줄이고, 뇌를 보호하기 위해서는 술에 취하는 빈도를 줄여야 한다.

어휘 **哪怕** nǎpà 웹 설령 ~이라 해도　**依然** yīrán 뷔 여전히　**正常** zhèngcháng 웹 정상적이다　**一系列** yíxìliè 일련의　**动作** dòngzuò 몡 동작　**醒** xǐng 图 깨어나다　**完全** wánquán 뷔 전혀　**发生** fāshēng 图 일어나다　**到底** dàodǐ 뷔 도대체　**造成** zàochéng 图 초래하다　**结果** jiéguǒ 몡 결과　**失忆** shīyì 图 기억을 못하다　**大脑** dànǎo 몡 뇌　**根本** gēnběn 뷔 아예　**保存** bǎocún 图 보존하다　**醉** zuì 图 취하다　**记忆** jìyì 몡 기억　**断片** duàn piàn 필름이 끊기다　**如同** rútóng 图 마치 ~와 같다　**丢失** diūshī 图 잃어버리다　**存储卡** cúnchǔkǎ 메모리 카드　**摄像机** shèxiàngjī 몡 카메라　**拍摄** pāishè 图 촬영하다　**任何** rènhé 데 어떠한　**留** liú 图 남다　**记录** jìlù 몡 기록　**作为** zuòwéi 꽤 ~으로서　**中枢** zhōngshū 몡 중추　**神经** shénjīng 몡 신경　**抑制剂** yìzhìjì 억제제　**酒精** jiǔjīng 몡 알코올　**超过** chāoguò 图 넘다　**浓度** nóngdù 몡 농도　**麻痹** mábì 图 마비시키다　**负责** fùzé 图 담당하다　**部分** bùfen 몡 부분　**阻止** zǔzhǐ 图 막다　**神经元** shénjīngyuán 몡 뉴런[신경 세포]　**信息** xìnxī 몡 정보　**传递** chuándì 图 전달하다　**不仅** bùjǐn 젭 ~뿐만 아니라　**伤害** shānghài 图 손상시키다　**永久** yǒngjiǔ 몡 영구적인　**改变** gǎibiàn 图 변화시키다　**结构** jiégòu 몡 구조　**功能** gōngnéng 몡 기능　**衰退** shuāituì 图 쇠퇴하다　**无论** wúlùn 젭 ~에 관계없이　**有害** yǒuhài 웹 유해한　**危害** wēihài 몡 위험과 해로움　**好处** hǎochu 몡 장점　**不值一提** bùzhíyìtí 언급할 가치가 없다　**因此** yīncǐ 젭 그러므로　**减少** jiǎnshǎo 图 줄이다　**损伤** sǔnshāng 图 손상되다　**保护** bǎohù 图 보호하다　**频率** pínlǜ 몡 빈도

13

A 哪怕	B 与其	A 설령 ~이라 해도	B ~하기 보다는
C 一旦	D 不然	C 일단	D 그렇지 않으면

해설 선택지를 읽고 빈칸에 문맥상 어떤 연결어가 필요할지 파악한 후, 빈칸 주변을 읽는다. 빈칸 뒤 문장에 也가 있으므로, 也(~또한)와 자주 호응하는 연결어 A 哪怕를 정답으로 고른다. 哪怕A, 也B(설령 A이라 해도, 또한 B하다)를 고정적인 형태로 알아 둔다. 참고로, B 与其는 不如(~하는 것이 낫다)와, C 一旦은 就(~바로)와 자주 호응하고, D 不然은 주로 단독으로 사용되기 때문에 오답이다.

어휘 **哪怕** nǎpà 젭 설령 ~이라 해도　**与其** yǔqí 젭 ~하기 보다는　**一旦** yídàn 뷔 일단　**不然** bùrán 젭 그렇지 않으면

14

A 造成	B 控制	A 초래하다	B 통제하다
C 否认	D 分析	C 부인하다	D 분석하다

해설 각 선택지의 뜻을 먼저 확인한 후, 빈칸 주변을 읽는다. 빈칸 주변의 '전날 밤에 무슨 일이 일어났는지 전혀 생각해 내지 못한다. 도대체 무엇이 이러한 결과를 _____?'라는 문맥에 가장 적합한 A 造成을 정답으로 고른다.

어휘 **造成** zàochéng 图 초래하다　**控制** kòngzhì 图 통제하다　**否认** fǒurèn 图 부인하다　**分析** fēnxī 图 분석하다

15

A 建造	B 负责	A 건설하다	B 책임지다
C 阻止	D 挑战	C 막다	D 도전하다

해설 각 선택지의 뜻을 먼저 확인한 후, 빈칸 주변을 읽는다. 빈칸 주변의 '알코올이 일정 농도를 넘어서면, 뇌의 기억을 담당하는 부분을 마비시켜, 뉴런 사이의 정보 전달을 _____'이라는 문맥에 가장 적합한 C 阻止을 정답으로 고른다.

어휘 **建造** jiànzào 图 건설하다　**负责** fùzé 图 책임지다　**阻止** zǔzhǐ 图 막다　**挑战** tiǎozhàn 图 도전하다

16

A 促使脑细胞生长	A 뇌세포의 성장을 촉진한다
B 使大脑功能衰退	**B 뇌 기능을 쇠퇴시킨다**
C 使人变得更加理性	C 사람이 더 이성적으로 변하게 한다
D 让脑血管不会发病	D 뇌혈관에 병이 생기지 않게 한다

해설 선택지가 모두 문장 형태이므로, 빈칸 앞뒤의 내용을 꼼꼼히 해석하여 문맥을 자연스럽게 이어주는 선택지를 정답으로 고른다. 빈칸 앞에서 장기간 술을 마시는 것은 뇌와 기억을 손상시킬 뿐 아니라, 또 영구적으로 뇌 구조를 변화시킨다고 했으므로, 술을 마시는 것의 부정적인 영향과 관련된 B **使大脑功能衰退**를 정답으로 고른다.

어휘 **促使** cùshǐ [동]촉진하다 **脑细胞** nǎoxìbāo 뇌세포 **生长** shēngzhǎng [동]성장하다 **功能** gōngnéng [명]기능
衰退 shuāituì [동]쇠퇴하다 **理性** lǐxìng [형]이성적이다 **脑血管** nǎoxuèguǎn 뇌혈관 **发病** fābìng [동]병이 생기다

제1부분 실전테스트 p.106

들으며 학습하기 ▶

1 B	2 D	3 A	4 A	5 B	6 C	7 D	8 C	9 B	10 A
11 D	12 A	13 C	14 B	15 C					

1-3

年画始于汉代，是一种以画的形式展示的中国装饰艺术。传统的民间年画一般用木板水印制作，颜色、大小及所用的纸张都有讲究。从古至今，每到春节的时候，人们都会在大门挂上一1. B 幅颜色鲜艳的[1]年画。这样不但可以起到装饰效果，还可以表达对新年的美好愿望。年画涉及到很多主题，总共有两千多种，如同一部民间百科全书。年画的画面线条简单，色彩鲜明，气氛热烈愉快，而其中的人物生动可爱，富有活力。[2]年画之所以受人们喜爱，是因为它不但具有艺术2. D 价值，还包含了大量的自然和人文信息。[3]人们可以通过年画看出其背后3. A 悠久的文化传统。

연화는 한나라 시대에서 시작된, 그림 형식으로써 드러나는 중국 장식 예술이다. 전통 민간 연화는 일반적으로 목판수인 방식으로 제작되며, 색, 크기 및 사용하는 종이가 모두 명확한 형식이 있다. 예로부터 지금까지, 춘절 때마다 사람들은 모두 대문에 한 1. B 폭의 색이 선명하고 아름다운 [1]연화를 건다. 이렇게 하면 장식의 효과를 낼 수 있을 뿐만 아니라, 또 새해에 대한 아름다운 소망을 드러낼 수 있다. 연화는 많은 주제를 다루는데, 모두 2000여 종이 있어, 마치 민간 백과사전과 같다. 연화의 화면은 선이 단순하고, 색채가 선명하며, 분위기가 뜨겁고 유쾌한데 그 속의 인물은 생동감 있고 귀여우며, 활력이 넘쳐흐른다. [2]연화가 사람들에게 사랑받는 것은 그것이 예술 2. D 가치를 지닐 뿐만 아니라, 많은 양의 자연과 역사 문화적인 정보도 내포하기 때문이다. [3]사람들은 연화를 통해 그 배경의 3. A 유구한 문화 전통을 알아볼 수 있다.

어휘 **年画** niánhuà [명]연화[춘절에 실내에 붙이는 그림] **始于** shǐyú ~로 부터 시작하다 **汉代** Hàndài [고유]한나라 시대
形式 xíngshì [명]형식 **展示** zhǎnshì [동]드러내다 **装饰** zhuāngshì [명]장식 [동]장식하다 **艺术** yìshù [명]예술
传统 chuántǒng [형]전통적이다 [명]전통 **民间** mínjiān [명]민간 **木板水印** mùbǎn shuǐyìn [명]목판수인 방식[중국 전통의 목각화 인쇄 방식]
制作 zhìzuò [동]제작하다 **纸张** zhǐzhāng [명]종이 **有讲究** yǒu jiǎngjiu 명확한 형식이 있다 **春节** Chūnjié [고유]춘절[설, 음력 정월 초하루]
挂 guà [동]걸다 **幅** fú [양]폭[그림·천을 세는 단위] **鲜艳** xiānyàn [형](색이) 선명하고 아름답다 **效果** xiàoguǒ [명]효과
表达 biǎodá [동](생각·감정을) 드러내다 **美好** měihǎo [형]아름답다 **愿望** yuànwàng [명]소망 **涉及** shèjí [동]다루다, 관련되다
主题 zhǔtí [명]주제 **总共** zǒnggòng [부]모두 **如同** rútóng [동]마치 ~과 같다 **百科全书** bǎikē quánshū 백과사전
画面 huàmiàn [명]화면 **线条** xiàntiáo [명]선 **色彩** sècǎi [명]색채 **鲜明** xiānmíng [형]선명하다 **气氛** qìfēn [명]분위기
热烈 rèliè [형]뜨겁다 **愉快** yúkuài [형]유쾌하다 **其中** qízhōng [명]그 속 **人物** rénwù [명]인물 **生动** shēngdòng [형]생동감 있다
富有 fùyǒu [동]넘쳐흐르다 **活力** huólì [명]활력 **具有** jùyǒu [동]지니다 **价值** jiàzhí [명]가치 **包含** bāohán [동]내포하다
大量 dàliàng [형]많은 양의 **人文** rénwén [명]역사 문화[인류 사회의 각종 문화 현상] **信息** xìnxī [명]정보 **通过** tōngguò [개]~를 통해
背后 bèihòu [명]배경, 배후 **悠久** yōujiǔ [형]유구하다

1			
A 批	**B 幅**	A 묶음	**B 폭**
C 堆	D 届	C 더미	D 회

해설 선택지를 읽고 빈칸에 어떤 양사가 필요할지를 파악한 후, 빈칸 주변을 읽는다. 빈칸 뒤에 **年画**(연화), 즉 그림(画)에 해당하는 명사가 있으므로, **画**(그림)와 호응하는 B **幅**를 정답으로 고른다. **一幅画**(한 폭의 그림)를 고정적인 형태로 알아 둔다.

어휘 **批** pī [명] 묶음, 무리[대량의 물건이나 다수의 사람을 세는 단위] **幅** fú [명] 폭[그림·천을 세는 단위]
堆 duī [명] 더미, 무더기, 무리[물건·장작·사람 등을 세는 단위] **届** jiè [명] 회, 기[정기 회의·졸업 등을 세는 단위]

2			
A 格式	B 角色	A 격식	B 역할
C 智慧	**D 价值**	C 지혜	**D 가치**

해설 각 선택지의 뜻을 먼저 확인한 후, 빈칸 주변을 읽는다. 빈칸 주변의 '연화가 사람들에게 사랑받는 것은 그것이 예술_____를 지닐 뿐만 아니라'라는 문맥에 가장 적합하면서 빈칸 앞의 **艺术**(예술)와 문맥적으로 호응하는 D **价值**을 정답으로 고른다. **艺术价值**(예술 가치)을 고정적인 형태로 알아 둔다.

어휘 **格式** géshi [명] 격식 **角色** juésè [명] 역할 **智慧** zhìhuì [명] 지혜 **价值** jiàzhí [명] 가치

3			
A 悠久	B 短缺	**A 유구하다**	B 부족하다
C 良好	D 灵活	C 양호하다	D 민첩하다

해설 각 선택지의 뜻을 먼저 확인한 후, 빈칸 주변을 읽는다. 빈칸 주변의 '사람들은 연화를 통해 그 배경의_____문화 전통을 알아볼 수 있다.'라는 문맥에 가장 적합하면서 빈칸 뒤의 **传统**(전통)과 문맥적으로 호응하는 A **悠久**를 정답으로 고른다. **悠久的传统**(유구한 전통)을 고정적인 형태로 알아 둔다.

어휘 **悠久** yōujiǔ [형] 유구하다 **短缺** duǎnquē [동] 부족하다 **良好** liánghǎo [형] 양호하다, 좋다 **灵活** línghuó [형] 민첩하다

4-7

[4]在现代社会，社交媒体已经大范围普及，其中，微信、微博等新媒体发展迅速，应用广泛，已在媒体领域占有一席之地。**4. A 只要有手机和网络**，[4]人们随时随地都可以在线分享自己对某件事的看法。这意味着每天都有大量的信息出现，包括个人的想法和意见，[5]这些信息通过各种媒体渠道进行**5. B 传播**。然而，这样的情况既带来了好处，也制造了问题。[6]人们有了更多可以自由表达想法的机会，但表达能力却没有**6. C 明显**提高。相反，[7]由于习惯长期使用浅显的"轻表达"，很多人正在**7. D 逐渐**失去深入思考的能力。

[4]현대 사회에서 소셜 미디어가 광범위하게 퍼져 있고, 그중에서도 위챗, 웨이보 등 뉴미디어는 발전이 빠르고 폭넓게 응용되어, 이미 미디어 분야에서 일정한 지위를 점하고 있다. **4. A 휴대전화와 인터넷만 있으면**, [4]사람들은 언제 어디서나 온라인에 접속해 어떤 일에 대한 자신의 의견을 공유할 수 있다. 이것은 개인의 생각과 의견을 포함하여, 매일 대량의 정보가 생겨난다는 것을 의미하며, [5]이러한 정보는 다양한 매체 경로를 통해 **5. B 전파된다**. 그러나, 이런 상황은 이로운 점을 가져다주었을 뿐만 아니라 문제를 만들기도 했다. [6]사람들은 자유롭게 생각을 표현할 수 있는 기회가 더 많아졌지만, 표현 능력은 오히려 **6. C 뚜렷하게** 향상되지 않았다. 반면, [7]오랫동안 평이한 '가벼운 표현'을 사용하는 것에 습관이 되었기 때문에, 많은 사람들이 깊게 사고하는 능력을 **7. D 점점** 잃어 가고 있다.

어휘 **现代** xiàndài [명] 현대 **社会** shèhuì [명] 사회 **社交媒体** shèjiāo méitǐ [명] 소셜 미디어[SNS] **范围** fànwéi [명] 범위 **普及** pǔjí [동] 퍼지다
其中 qízhōng [명] 그중 **微信** Wēixìn [고유] 위챗[중국의 메신저 프로그램] **微博** Wēibó [고유] 웨이보[중국의 SNS 사이트]
新媒体 xīnméitǐ 뉴미디어 **发展** fāzhǎn [동] 발전하다 **迅速** xùnsù [형] 빠르다 **应用** yìngyòng [동] 응용하다 **广泛** guǎngfàn [형] 폭넓다
媒体 méitǐ [명] 미디어 **领域** lǐngyù [명] 분야 **占有** zhànyǒu [동] 점하다 **一席之地** yìxízhīdì 일정한 지위 **网络** wǎngluò [명] 인터넷
随时随地 suíshí suídì 언제 어디서나 **在线** zàixiàn [동] 온라인에 접속해 있다 **分享** fēnxiǎng [동] 공유하다 **某** mǒu [대] 어떤
看法 kànfǎ [명] 의견 **意味着** yìwèizhe [동] 의미하다 **信息** xìnxī [명] 정보 **包括** bāokuò [동] 포함하다 **个人** gèrén [명] 개인

意见 yìjiàn 圆의견　通过 tōngguò 꿰~를 통해　各种 gè zhǒng 다양한　渠道 qúdào 圆경로　传播 chuánbō 전파하다
然而 rán'ér 圆그러나　情况 qíngkuàng 圆상황　既 jì 꿰~할 뿐만 아니라　好处 hǎochu 이로운 점　制造 zhìzào 圆만들다
自由 zìyóu 자유롭다　能力 nénglì 圆능력　相反 xiāngfǎn 圆반면　由于 yóuyú 꿰~때문에, ~으로 인하여　使用 shǐyòng 圆사용하다
浅显 qiǎnxiǎn 圆평이하다　失去 shīqù 圆잃다　深入 shēnrù 圆깊다　思考 sīkǎo 圆사고하다

4

A 只要有手机和网络	A 휴대전화와 인터넷만 있으면
B 促使人们加强交流	B 사람들이 교류를 강화하도록 한다
C 每天都会提供新的报道	C 매일 새로운 기사를 제공한다
D 传播消息的速度加快了	D 소식을 전파하는 속도가 빨라졌다

해설　선택지가 모두 문장 형태이므로, 빈칸 앞뒤의 내용을 꼼꼼히 해석하여 문맥을 자연스럽게 이어주는 선택지를 정답으로 고른다. 빈칸 주변에서 현대 사회에서 소셜 미디어가 광범위하게 퍼져 있고, 사람들은 언제 어디서나 온라인으로 자신의 의견을 공유할 수 있다고 했으므로, 온라인에 접속하여 자신의 견해를 공유할 수 있는 방법을 언급한 A 只要有手机和网络를 정답으로 고른다.

어휘　网络 wǎngluò 圆인터넷　促使 cùshǐ 圆~하도록 (재촉)하다　交流 jiāoliú 圆교류하다　提供 tígōng 圆제공하다
报道 bàodào 圆기사　传播 chuánbō 圆전파하다　消息 xiāoxi 圆소식　速度 sùdù 圆속도

5

| A 浏览 | B 传播 | A 둘러보다 | B 전파하다 |
| C 处理 | D 体现 | C 처리하다 | D 구현하다 |

해설　각 선택지의 뜻을 먼저 확인한 후, 빈칸 주변을 읽는다. 빈칸 주변의 '이러한 정보는 다양한 매체 경로를 통해 ＿＿＿'라는 문맥에 가장 적합한 B 传播를 정답으로 고른다.
C 处理는 주로 사무를 처리하거나 문제를 해결함을 의미하므로, 문맥과 어울리지 않는다.

어휘　浏览 liúlǎn 圆둘러보다　传播 chuánbō 圆전파하다　处理 chǔlǐ 圆처리하다　体现 tǐxiàn 圆구현하다

6

| A 相对 | B 逐月 | A 상대적이다 | B 다달이 |
| C 明显 | D 特殊 | C 뚜렷하다 | D 특수하다 |

해설　각 선택지의 뜻을 먼저 확인한 후, 빈칸 주변을 읽는다. 빈칸 주변의 '사람들은 자유롭게 생각을 표현할 수 있는 기회가 더 많아졌지만, 표현 능력은 오히려 ＿＿＿ 향상되지 않았다.'라는 문맥에 가장 적합하면서 빈칸 뒤의 提高(향상되다)와 문맥적으로 호응하는 C 明显을 정답으로 고른다. 明显提高(뚜렷하게 향상되다)를 고정적인 형태로 알아 둔다.

어휘　相对 xiāngduì 圆상대적이다　逐月 zhúyuè 圆다달이, 달마다　明显 míngxiǎn 圆뚜렷하다　特殊 tèshū 圆특수하다

7

| A 根本 | B 过分 | A 전혀 | B 지나치다 |
| C 照常 | D 逐渐 | C 평상시대로 | D 점점 |

해설　각 선택지의 뜻을 먼저 확인한 후, 빈칸 주변을 읽는다. 빈칸 주변의 '오랫동안 평이한 '가벼운 표현'을 사용하는 것에 습관이 되었기 때문에, 많은 사람들이 깊게 사고하는 능력을 ＿＿＿ 잃어 가고 있다'라는 문맥에 가장 적합한 D 逐渐을 정답으로 고른다.

어휘　根本 gēnběn 圆전혀　过分 guòfèn 圆(말이나 행동이) 지나치다　照常 zhàocháng 圆평상시대로　逐渐 zhújiàn 圆점점

古希腊有位著名的物理学家叫阿基米德。⁸他有许多发明创造，因此大家都很8. **C 尊敬**他。有一天，敌人从海上攻打希腊，而城里只有老人、妇女和孩子。大家都被吓坏了，跑来找阿基米德，请求他想办法把敌人击退。⁹阿基米德抬头望了望天空，9. **B 此时的阳光异常强烈**，照得眼睛都睁不开。¹⁰他灵机一动，高兴地说："有办法啦！放火烧船！"于是，他10. **A 指挥**大家一起行动。他让每个人拿一面镜子对准战船，¹¹把阳光反射到船上的某一处，使船表面的温度11. **D 迅速**升高。不一会儿，船就开始燃烧了，敌人防不胜防，只好跳水逃命。

고대 그리스에는 아르키메데스라는 유명한 물리학자가 있었다. ⁸그는 많은 발명과 창조를 했고, 그래서 모두들 그를 8. **C 존경했다.** 어느 날, 적들이 바다에서 그리스를 공격했는데, 도시에는 노인, 여성, 아이들만 있었다. 모두들 놀라서 아르키메데스를 찾아 달려와, 적을 물리칠 방법을 생각해 달라고 부탁했다. ⁹아르키메데스는 고개를 들어 올려 하늘을 바라보았는데, 9. **B 이때의 햇빛이 대단히 강렬하여,** 눈을 뜰 수 없을 정도로 내리쬐었다. ¹⁰그는 영감이 떠올라, 기뻐하며 '방법이 있어요! 불을 질러 배를 태웁시다!'라고 말했다. 그리하여 그는 사람들이 함께 행동하도록 10. **A 지휘했다.** 그는 모두가 거울 한 면을 군함에 겨누게 하여, ¹¹햇빛을 배의 어느 한곳에 반사해서, 배 표면의 온도가 11. **D 재빠르게** 오르도록 했다. 얼마 지나지 않아, 배는 타기 시작했고, 적은 막으려야 막을 수 없어, 어쩔 수 없이 물에 뛰어들어 목숨만 겨우 건져 도망쳤다.

어휘　**古希腊** Gǔ Xīlà [고유] 고대 그리스　**著名** zhùmíng [형] 유명하다　**物理学家** wùlǐxuéjiā 물리학자
　　　阿基米德 Ājīmǐdé [고유] 아르키메데스[고대 그리스의 수학자이자 물리학자]　**许多** xǔduō [형] 많다　**发明** fāmíng [동] 발명하다
　　　创造 chuàngzào [동] 창조하다　**因此** yīncǐ [접] 그래서　**尊敬** zūnjìng [동] 존경하다　**敌人** dírén [명] 적　**攻打** gōngdǎ [동] 공격하다
　　　妇女 fùnǚ [명] 여성　**吓** xià [동] 놀라다　**请求** qǐngqiú [동] 부탁하다　**击退** jītuì [동] 물리치다　**抬** tái [동] 들어 올리다　**天空** tiānkōng [명] 하늘
　　　此时 cǐshí [명] 이때　**阳光** yángguāng [명] 햇빛　**异常** yìcháng [부] 대단히　**强烈** qiángliè [형] 강렬하다　**睁** zhēng [동] 눈을 뜨다
　　　灵机一动 língjīyídòng [성어] 영감이 떠오르다　**放火** fànghuǒ [동] 불을 지르다　**烧** shāo [동] 태우다　**指挥** zhǐhuī [동] 지휘하다
　　　行动 xíngdòng [동] 행동하다　**镜子** jìngzi [명] 거울　**对准** duìzhǔn [동] 겨누다　**战船** zhànchuán [명] 군함　**反射** fǎnshè [동] 반사하다
　　　某 mǒu [대] 어느　**表面** biǎomiàn [명] 표면　**温度** wēndù [명] 온도　**迅速** xùnsù [형] 재빠르다　**升高** shēnggāo [동] 오르다
　　　不一会儿 bù yíhuìr 얼마 지나지 않아　**燃烧** ránshāo [동] 타다　**防不胜防** fángbúshèngfáng 막으려야 막을 수 없다
　　　只好 zhǐhǎo [부] 어쩔 수 없이　**跳水** tiàoshuǐ [동] 물에 뛰어들다　**逃命** táomìng [동] 목숨만 겨우 건져 도망치다

8

A 自豪	B 想念	A 자랑스럽다	B 그리워하다
C 尊敬	D 惊讶	**C 존경하다**	D 놀라다

해설　각 선택지의 뜻을 먼저 확인한 후, 빈칸 주변을 읽는다. 빈칸 주변의 '그는 많은 발명과 창조를 했고, 그래서 모두들 그를 _____.'이라는 문맥에 가장 적합한 C 尊敬을 정답으로 고른다.
　　　A 自豪는 '자랑스럽다'라는 의미이지만, 형용사라서 목적어를 가질 수 없으므로 오답이다.

어휘　**自豪** zìháo [형] 자랑스럽다　**想念** xiǎngniàn [동] 그리워하다　**尊敬** zūnjìng [동] 존경하다　**惊讶** jīngyà [형] 놀라다

9

A 天空没有一片云	A 하늘에 구름 한 점 없다
B 此时的阳光异常强烈	**B 이때의 햇빛이 대단히 강렬하다**
C 觉得很难想出好办法	C 좋은 방법을 생각해 내기가 어렵다고 생각한다
D 认为马上就要下大雨了	D 곧 큰비가 내릴 것이라고 여겼다

해설　선택지가 모두 문장 형태이므로, 빈칸 앞뒤의 내용을 꼼꼼히 해석하여 문맥을 자연스럽게 이어주는 선택지를 정답으로 고른다. 빈칸 앞에서 아르키메데스는 고개를 들어 하늘을 바라보았다고 했고, 빈칸 뒤에서는 무엇인가가 눈을 뜰 수 없을 정도로 내리쬐었다고 했으므로, 아르키메데스가 하늘을 바라본 후 눈을 뜰 수 없었던 이유가 되는 선택지 B 此时的阳光异常强烈를 정답으로 고른다.

어휘　**天空** tiānkōng [명] 하늘　**云** yún [명] 구름　**此时** cǐshí [명] 이때　**阳光** yángguāng [명] 햇빛　**异常** yìcháng [부] 대단히
　　　强烈 qiángliè [형] 강렬하다

10

| **A** 指挥 | **B** 采取 | **A** 지휘하다 | **B** 채택하다 |
| **C** 从事 | **D** 劳动 | **C** 종사하다 | **D** 노동하다 |

해설　각 선택지의 뜻을 먼저 확인한 후, 빈칸 주변을 읽는다. 빈칸 주변의 '그는 영감이 떠올라, 기뻐하며 '방법이 있어요! 불을 질러 배를 태웁시다!'라고 말했다. 그리하여 그는 사람들이 함께 행동하도록 _____.'이라는 문맥에 가장 적합한 A 指挥를 정답으로 고른다.

어휘　指挥 zhǐhuī 통 지휘하다　采取 cǎiqǔ 통 (수단·방법 등을) 채택하다　从事 cóngshì 통 종사하다　劳动 láodòng 통 노동하다

11

| **A** 一致 | **B** 统一 | **A** 일치하다 | **B** 통일된 |
| **C** 意外 | **D** 迅速 | **C** 의외의 | **D** 재빠르다 |

해설　각 선택지의 뜻을 먼저 확인한 후, 빈칸 주변을 읽는다. 빈칸 주변의 '햇빛을 배의 어느 한곳에 반사해서, 배 표면의 온도가 _____ 오르도록 했다'라는 문맥에 가장 적합한 D 迅速를 정답으로 고른다.

어휘　一致 yízhì 통 일치하다　统一 tǒngyī 통 통일된　意外 yìwài 형 의외의　迅速 xùnsù 형 재빠르다

12 - 15

据说篮球这一运动刚出现的时候，篮板上装的是篮子。每当球被投进去后，有人专门 12. **A** 踩 ¹²梯子上去，把球从篮子里取出来。因此，比赛总是被叫停，少了很多激烈紧张的气氛。为了让比赛能够不被打断，人们想了很多取球的方法，但效果都不太理想。比如有个¹³发明家制造了一种 13. **C** 机器，在下面一拉就能把球弹出来，不过这种方法仍没能让比赛紧张起来。有一天，一位父亲带着儿子来看球赛。¹⁴小男孩看到大人们 14. **B** 不断 从篮子里取球，¹⁴/¹⁵不由得产生了疑惑：为什么不找一把剪刀，把篮网的底部剪掉呢？人们这才意识到，15. **C** 原来解决方法可以这样简单。于是便出现了现在的篮网样式。

농구라는 운동이 처음 등장했을 때, 백보드에 설치한 것은 바구니였다고 한다. 매번 공이 들어간 후에는, 전문적으로 ¹²사다리를 12. **A** 밟고 올라가 공을 바구니에서 빼내는 사람이 있었다. 이 때문에 시합이 자꾸 중지되었고, 치열하고 긴박한 분위기가 많이 사그라들었다. 시합이 끊기지 않을 수 있도록 하기 위해 사람들은 공을 빼내는 많은 방법을 생각해 봤지만, 효과는 모두 그다지 이상적이지 않았다. 예를 들어 어느 ¹³발명가는 13. **C** 기계를 만들기도 했는데, 밑에서 당기기만 하면 공을 튕겨낼 수 있었지만, 이러한 방법으로는 여전히 시합이 긴장하게 할 수 없었다. 어느 날, 한 아버지가 아들을 데리고 시합을 보러 왔다. ¹⁴남자아이는 어른들이 14. **B** 끊임없이 바구니에서 공을 꺼내는 것을 보고, ¹⁴/¹⁵'왜 가위 하나를 찾아서 농구 네트 밑을 잘라내지 않는 것이시?'라는 의문이 저절로 생겼다. 사람들은 그제서야 15. **C** 알고 보니 해결 방법이 이렇게 간단할 수 있었다는 것을 깨달았다. 그리하여 바로 현재의 농구 네트 스타일이 나타나게 되었다.

어휘　据说 jùshuō 통 (듣자 하니) ~라고 한다　篮板 lánbǎn 명 (농구 골대의) 백보드　装 zhuāng 통 설치하다　篮子 lánzi 명 바구니　投进去 tóu jìnqu (던져서) 들어가다　踩 cǎi 통 밟다　梯子 tīzi 명 사다리　取出来 qǔ chūlai 빼내다　因此 yīncǐ 접 이 때문에　叫停 jiàotíng 통 (시합을) 중지하다　激烈 jīliè 형 치열하다　紧张 jǐnzhāng 형 긴박하다　气氛 qìfēn 명 분위기　打断 dǎduàn 통 끊다　方法 fāngfǎ 명 방법　理想 lǐxiǎng 형 이상적이다　发明家 fāmíngjiā 명 발명가　制造 zhìzào 통 만들다　机器 jīqì 명 기계　拉 lā 통 당기다　弹出来 tán chūlai 튕겨내다　不过 búguò 접 그러나　仍 réng 부 여전히　球赛 qiúsài 명 (구기) 시합　不断 búduàn 부 끊임없이　不由得 bùyóude 부 저절로　产生 chǎnshēng 통 생기다　疑惑 yíhuò 명 의문　剪刀 jiǎndāo 명 가위　篮网 lánwǎng 명 농구 네트　底部 dǐbù 명 밑　意识 yìshí 통 깨닫다　原来 yuánlái 부 알고 보니　于是 yúshì 접 그리하여　样式 yàngshì 명 스타일, 형식

12

| **A** 踩 | **B** 插 | **A** 밟다 | **B** 꽂다 |
| **C** 吹 | **D** 装 | **C** 불다 | **D** 설치하다 |

해설 각 선택지의 뜻을 먼저 확인한 후, 빈칸 주변을 읽는다. 빈칸 주변의 '사다리를 _____ 올라간다'라는 문맥에 가장 적합하면 서 빈칸 뒤의 **梯子**(사다리)와 문맥적으로 호응하는 A **踩**를 정답으로 고른다. **踩梯子上去**(사다리를 밟고 올라가다)를 고정적인 형태로 알아 둔다.

어휘 **踩** cǎi 图밟다 **插** chā 图꽂다 **吹** chuī 图불다 **装** zhuāng 图설치하다

13

A 现象	B 用品
C 机器	D 系统

A 현상	B 용품
C 기계	D 시스템

해설 각 선택지의 뜻을 먼저 확인한 후, 빈칸 주변을 읽는다. 빈칸 주변의 '발명가는 _____ 를 만들기도 했는데, 밑에서 당기기만 하면 공을 팅겨낼 수 있었다'라는 문맥에 가장 적합한 C **机器**를 정답으로 고른다.

어휘 **现象** xiànxiàng 图현상 **用品** yòngpǐn 图용품 **机器** jīqì 图기계 **系统** xìtǒng 图시스템

14

A 何必	**B 不断**
C 大约	D 偶然

A 구태여 ~할 필요가 있는가	**B 끊임없이**
C 대략	D 가끔

해설 각 선택지의 뜻을 먼저 확인한 후, 빈칸 주변을 읽는다. 빈칸 주변의 '남자아이는 어른들이 _____ 바구니에서 공을 꺼내는 것을 보고, '왜 가위 하나를 찾아서 농구 네트 밑을 잘라내지 않는 것이지?'라는 의문이 저절로 생겼다.'라는 문맥에 가장 적 합한 B **不断**을 정답으로 고른다.

어휘 **何必** hébì 图구태여 ~할 필요가 있는가 **不断** búduàn 图끊임없이 **大约** dàyuē 图대략 **偶然** ǒurán 图가끔

15

A 比赛规则这么复杂
B 孩子的办法不总是有效
C 原来解决方法可以这样简单
D 夺取冠军需要付出很多努力

A 시합 규칙이 이렇게 복잡하다
B 아이의 방법이 매번 효과가 있는 것은 아니다
C 알고 보니 해결 방법이 이렇게 간단할 수 있다
D 우승을 쟁취하려면 많은 노력을 들여야 한다

해설 선택지가 모두 문장 형태이므로, 빈칸 앞뒤의 내용을 꼼꼼히 해석하여 문맥을 자연스럽게 이어주는 선택지를 정답으로 고른다. 지문 전체적으로 현재의 농구 네트가 만들어진 계기와 관련하여, 바구니 때문에 시합이 자꾸 중단되는 문제를 해결하기 위한 여러 시도들이 모두 실패했는데, 한 아이가 '왜 가위 하나를 찾아서 농구대 그물 밑을 잘라내지 않는 것이지?'라는 의문을 가지자 그제서야 사람들이 어떠한 사실을 깨달았다는 내용이 전개되고 있다. 따라서 사람들이 깨닫게 된 사실을 담은 C **原来解决方法可以这样简单**을 정답으로 고른다.

어휘 **规则** guīzé 图규칙 **复杂** fùzá 图복잡하다 **有效** yǒuxiào 图효과가 있다 **原来** yuánlái 图알고 보니 **方法** fāngfǎ 图방법 **夺取** duóqǔ 图쟁취하다 **冠军** guànjūn 图우승 **付出** fùchū 图들이다

제2부분

문제풀이 스텝 해석 p.109

猫善于爬高，所以当它从高处掉落时，不会
被摔死，甚至不会受到一点伤害。那是因为
ᴬ猫调整身体各部位的能力很强，ᴬ可以很好地
控制平衡。假如猫从高处掉下来，它会在靠近
地面时立即改变姿势，因此能平稳落地。此
外，ᴰ猫的爪子长着一层厚厚的肉，ᴰ四个爪子
着地时能起到缓解冲击的作用。

A 猫非常善于控制平衡

B 猫爬高是为了寻找快乐

C 猫一不小心就会掉进河里

D 起跳时猫爪子能缓解冲击

고양이는 높은 곳에 기어오르는 것에 능숙한데, 그래서 높은 곳에서 떨어질 때, 떨어져 죽지 않으며, 심지어는 조금의 상처도 입지 않는다. 그것은 ᴬ고양이가 신체 각 부위를 조절하는 능력이 강해서, ᴬ균형을 잘 조절할 수 있기 때문이다. 고양이는 높은 곳에서 떨어지면, 지면과 가까워질 때 즉시 자세를 바꾸는데, 이 때문에 안정적으로 착지할 수 있다. 이 밖에, ᴰ고양이의 발톱에는 두꺼운 살이 붙어 있어서, ᴰ네 개의 발톱은 착지할 때 충격을 완화시키는 역할을 할 수 있다.

A 고양이는 균형을 조절하는 것에 아주 능숙하다

B 고양이가 높은 곳에 기어오르는 것은 즐거움을 찾기 위해서이다

C 고양이는 조심하지 않으면 강 속으로 바로 떨어진다

D 뛰어오를 때 고양이 발톱은 충격을 완화시킬 수 있다

어휘 善于 shànyú 통 ~에 능숙하다 爬 pá 통 기어오르다 掉落 diàoluò 통 떨어지다 摔 shuāi 통 떨어지다, 넘어지다 甚至 shènzhì 젭 심지어
受到 shòudào 통 ~을 입다 伤害 shānghài 통 상처를 주다 调整 tiáozhěng 통 조절하다 部位 bùwèi 몡 부위 能力 nénglì 몡 능력
控制 kòngzhì 통 조절하다 平衡 pínghéng 몡 균형이 맞다 假如 jiǎrú 젭 ~한다면 靠近 kàojìn 통 가까이 가다 地面 dìmiàn 몡 지면
立即 lìjí 튄 즉시 改变 gǎibiàn 통 바꾸다 姿势 zīshì 몡 자세 因此 yīncǐ 젭 이 때문에 平稳 píngwěn 톙 안정되다
落地 luòdì 통 착지하다 此外 cǐwài 젭 이 밖에 爪子 zhuǎzi 몡 (짐승의) 발톱 厚 hòu 톙 두껍다 着地 zhuódì 통 착지하다, 땅에 닿다
缓解 huǎnjiě 통 완화시키다 冲击 chōngjī 몡 충격을 받다 作用 zuòyòng 몡 역할 寻找 xúnzhǎo 통 찾다 河 hé 몡 강
起跳 qǐtiào 통 뛰어오르다

고득점비책 01 | 지식 정보 설명문 공략하기 p.112

들으며 학습하기 ▶

1 A	2 A	3 C	4 C	5 D	6 C

1

香蕉树是一种生长在热带地区的植物，其果
实是我们最常吃的水果——香蕉。值得注意
的是，ᴬ不是所有的香蕉都可以当水果吃，
有些根本不甜，只能当蔬菜烧着吃。另外，
运输香蕉时需要注意：如果在香蕉又软又黄
的时候采摘，那么就会出现在运输途中烂掉
的情况。所以为了保证质量，必须要在香蕉
呈浅绿色时就将其摘下。

바나나 나무는 열대 지역에서 자라는 식물로, 그 열매는 우리가 가장 자주 먹는 과일인 바나나이다. 주목할 만한 것은, ᴬ모든 바나나를 전부 과일로 먹을 수 있는 것은 아니라는 것인데, 어떤 것은 전혀 달지 않아, 채소로 구워 먹을 수밖에 없다. 한편, 바나나를 운송할 때는 주의가 필요한데, 만약 바나나가 물렁하면서 또 노랄 때 수확하면, 운송 도중에 썩어버리는 상황이 발생할 수 있다. 따라서 품질을 보장하기 위해서는 반드시 바나나가 연한 초록색을 띨 때 이를 따야 한다.

A 有的香蕉味道不甘甜	A 어떤 바나나는 맛이 달지 않다
B 香蕉烧着吃更加柔软	B 바나나는 구워 먹으면 더 부드럽다
C 香蕉的质量与气候有关	C 바나나의 품질은 기후와 관련 있다
D 运送香蕉时要注意车速	D 바나나를 운송할 때는 차의 속도에 주의해야 한다

해설 　지문의 첫 문장을 읽으면 香蕉(바나나)와 관련된 지식 정보 설명문임을 알 수 있다. 따라서 지문에서 香蕉와 관련된 개념이나 세부 특징이 언급되면, 각 선택지와 내용을 대조하여 오답을 소거하면서 정답을 고른다.

지문의 초중반에서 언급된 不是所有的香蕉都可以当水果吃, 有些根本不甜과 선택지 A 有的香蕉味道不甘甜의 내용을 대조해 보면, 지문의 '모든 바나나를 전부 과일로 먹을 수 있는 것은 아니라는 것인데, 어떤 것은 전혀 달지 않다'는 곧 어떤 바나나는 맛이 달지 않다는 의미이므로 내용이 일치한다. 따라서 선택지 A를 정답으로 고른다. → A (○)

*A를 정답으로 답안지에 표시한 후, 바로 다음 문제로 넘어가서 시간을 절약한다.

선택지 B, C, D는 지문에서 언급되지 않았으므로 오답이다. → B (X), C (X), D (X)

어휘 　**香蕉树** xiāngjiāo shù 圓 바나나 나무　**生长** shēngzhǎng 圓 자라다　**热带地区** rèdài dìqū 열대 지역　**植物** zhíwù 圓 식물
果实 guǒshí 圓 열매　**所有** suǒyǒu 圓 모든　**根本** gēnběn 圓 전혀　**蔬菜** shūcài 圓 채소　**烧** shāo 圓 굽다
运输 yùnshū 圓 운송하다　**软** ruǎn 圓 물렁하다　**采摘** cǎizhāi 圓 (과일·잎 등을) 수확하다, 따다　**出现** chūxiàn 圓 발생하다
途中 túzhōng 圓 도중　**烂掉** làndiào 썩어버리다　**保证** bǎozhèng 圓 보장하다　**质量** zhìliàng 圓 품질　**呈** chéng 圓 (빛깔을) 띠다
浅 qiǎn 圓 (색깔이) 연하다　**摘下** zhāi xià 圓 (열매 따위를) 따다　**甘甜** gāntián 圓 달다　**柔软** róuruǎn 圓 부드럽다

2

ᶜ信息技术、设备、设施、生产者等的ᶜ集合就是信息资源。ᴮ信息资源能够重复使用，并且在这样的过程中体现自身价值。同时，ᴰ人们在利用和搜索信息资源的时候，不会受到时间、空间、语言、地区和行业的ᴰ限制。ᴬ信息资源有着重要的意义，它是一种社会财富，属于所有人，没有人可以购买它的永久使用权。	ᶜ정보 기술, 설비, 시설, 생산자 등의 ᶜ집합이 바로 정보 자원이다. ᴮ정보 자원은 중복 사용할 수 있고, 게다가 이러한 과정 속에서 자신의 가치를 드러낸다. 아울러 ᴰ사람들은 정보 자원을 이용하고 검색할 때, 시간, 공간, 언어, 지역과 업종의 ᴰ제한을 받지 않는다. ᴬ정보 자원은 중요한 의미를 지니는데, 그것은 일종의 사회적 자산으로, 모든 사람에게 속해서 그것의 영구적인 사용권을 구매할 수 있는 사람은 없다.
A 信息资源意义重大	A 정보 자원의 의미는 크다
B 信息资源是一次性资源	B 정보 자원은 일회성 자원이다
C 信息技术不属于信息资源	C 정보 기술은 정보 자원에 속하지 않는다
D 信息资源受到多方面的限制	D 정보 자원은 다양한 제한을 받는다

해설 　지문의 첫 문장을 읽으면 信息资源(정보 자원)과 관련된 지식 정보 설명문임을 알 수 있다. 따라서 지문에서 信息资源과 관련된 개념이나 세부 특징이 언급되면, 각 선택지와 내용을 대조하여 오답을 소거하면서 정답을 고른다.

지문의 초반에서 信息技术……集合就是信息资源이라고 했는데, 선택지 C는 信息技术不属于信息资源이라고 했으므로, 오답으로 소거한다. → C (X)

그 다음 문장에서 信息资源能够重复使用이라고 했는데, 선택지 B는 信息资源是一次性资源이라고 했으므로, 오답으로 소거한다. → B (X)

지문의 중반에서 人们在利用和搜索信息资源的时候, 不会受到……限制이라고 했는데, 선택지 D는 信息资源受到多方面的限制이라고 했으므로, 오답으로 소거한다. → D (X)

지문의 후반에서 언급된 信息资源有着重要的意义와 선택지 A 信息资源意义重大의 내용을 대조해 보면, 지문의 '정보 자원은 중요한 의미를 지닌다'는 곧 정보 자원의 의미는 크다는 의미이므로 내용이 일치한다. 따라서 선택지 A를 정답으로 고른다. → A (○)

* 바꾸어 표현　有着重要的意义 중요한 의미를 지닌다 → 意义重大 의미가 크다

어휘 　**信息** xìnxī 圓 정보　**技术** jìshù 圓 기술　**设备** shèbèi 圓 설비　**设施** shèshī 圓 시설　**生产者** shēngchǎnzhě 생산자

集合 jíhé 圖집합하다　　资源 zīyuán 圖자원　　重复 chóngfù 圖중복하다　　使用 shǐyòng 사용하다　　并且 bìngqiě 圖게다가
体现 tǐxiàn 圖(구체적으로) 드러내다　　自身 zìshēn 圖자신　　价值 jiàzhí 圖가치　　同时 tóngshí 圖아울러, 동시에
利用 lìyòng 圖이용하다　　搜索 sōusuǒ 圖(인터넷에) 검색하다　　空间 kōngjiān 圖공간　　语言 yǔyán 圖언어　　地区 dìqū 圖지역
行业 hángyè 圖업종　　限制 xiànzhì 圖제한　　意义 yìyì 圖의미, 의의　　财富 cáifù 圖자산　　属于 shǔyú 圖~에 속하다
所有 suǒyǒu 圖모든　　购买 gòumǎi 圖구매하다　　永久 yǒngjiǔ 圖영구적인　　使用权 shǐyòngquán 사용권
重大 zhòngdà 圖크다, 중대하다　　一次性 yícìxìng 圖일회성　　多方面 duōfāngmiàn 圖다양한, 다방면의

3

近年来，全球气温不断升高，这对粮食生产产生了极大的影响。有关研究显示，^C在温度普遍升高的情况下，全球大多数地区的^C小麦产量都有所提升。然而在印度、非洲等^B温度又高，降雨又少的区域，小麦的产量却出现了显著下降的趋势。

A 印度和非洲不生产小麦

B 高温降雨有利于农业发展

C 气温变化会影响小麦产量

D 世界粮食产量正不断提高

최근 몇 년 동안, 전 세계의 기온은 끊임없이 높아졌는데, 이것은 식량 생산에 지대한 영향을 끼쳤다. 관련 연구에서는 ^C온도가 보편적으로 높아지는 상황에서, 전 세계 대부분 지역의 ^C밀 생산량이 다소 증가했다는 것을 보여 준다. 그러나 인도, 아프리카 등 ^B기온도 높고, 비도 적게 내리는 지역에서는 밀의 생산량이 오히려 현저히 줄어드는 경향이 나타났다.

A 인도와 아프리카는 밀을 생산하지 않는다

B 고온강우는 농업 발전에 유리하다

C 기온 변화는 밀 생산량에 영향을 준다

D 세계 식량 생산량은 현재 끊임없이 늘어나고 있다

해설　지문의 첫 문장을 읽으면 粮食生产(식량 생산)과 관련된 지식 정보 설명문임을 알 수 있다. 따라서 지문에서 粮食生产과 관련된 개념이나 세부 특징이 언급되면, 각 선택지와 내용을 대조하여 오답을 소거하면서 정답을 고른다.

　　지문의 중반에서 언급된 在温度普遍升高的情况下……小麦产量都有所提升과 선택지 C 气温变化会影响小麦产量의 내용을 대조해 보면, 지문의 '온도가 보편적으로 높아지는 상황에서 …… 밀 생산량이 다소 증가했다는 것을 보여 준다'는 곧 기온 변화는 밀 생산량에 영향을 준다는 의미이므로 내용이 일치한다. 따라서 선택지 C를 정답으로 고른다. → C (O)

　　*C를 정답으로 답안지에 표시한 후, 바로 다음 문제로 넘어가서 시간을 절약한다.

　　지문의 마지막 문장에서 温度又高, 降雨又少的区域, 小麦的产量却出现了显著下降的趋势이라고 했는데, 선택지 B는 高温降雨有利于农业发展이라고 했으므로, 오답으로 소거한다. → B (X)

　　선택지 A, D는 지문에서 언급되지 않았으므로 오답이다. → A (X), D (X)

어휘　全球 quánqiú 圖전 세계　　气温 qìwēn 圖기온　　不断 búduàn 圖끊임없이　　升高 shēnggāo 圖높아지다　　粮食 liángshi 圖식량
　　生产 shēngchǎn 圖생산하다　　产生 chǎnshēng 圖(영향을) 끼치다　　极大 jídà 圖지대하다　　有关 yǒuguān 圖관련되다
　　显示 xiǎnshì 圖보여주다, 드러내다　　温度 wēndù 圖온도, 기온　　普遍 pǔbiàn 圖보편적이다　　情况 qíngkuàng 圖상황
　　大多数 dàduōshù 圖대부분　　地区 dìqū 圖지역　　小麦 xiǎomài 圖밀　　产量 chǎnliàng 圖생산량　　有所 yǒusuǒ 다소 ~하다
　　提升 tíshēng 圖증가하다　　印度 Yìndù 교유인도　　非洲 Fēizhōu 교유아프리카　　降雨 jiàngyǔ 圖비가 내리다 圖강우
　　区域 qūyù 圖지역, 구역　　出现 chūxiàn 圖나타나다　　显著 xiǎnzhù 圖현저하다　　下降 xiàjiàng 圖줄어들다　　趋势 qūshì 圖경향
　　高温 gāowēn 圖고온　　有利于 yǒulìyú ~에 유리하다　　农业 nóngyè 圖농업

4

你或许对这一现象并不陌生：同一段音乐在脑海中不断重复，怎么也挥之不去。这种现象叫做"耳虫"，而科学家把耳虫引起的感觉称为认知瘙痒。^{B/C}耳虫现象^B非常普遍，但^C基本上对人体没有伤害，除非你真的不想再听那个音乐了。

당신은 어쩌면 같은 소절의 음악이 머릿속에서 끊임없이 반복되고, 어떻게 해도 사라지지 않는 이런 현상이 낯설지 않을지도 모른다. 이런 현상을 '귀벌레 증후군'이라고 하는데, 과학자들은 귀벌레 증후군이 야기하는 감각을 인지적 가려움이라고 부른다. ^{B/C}귀벌레 증후군 현상은 ^B매우 보편적이지만 당신이 정말 그 음악을 더는 듣고 싶지 않은 것이 아니고서는 ^C대체로 인체에 해를 입히지 않는다.

A 科学家不建议多听音乐	A 과학자는 음악을 많이 듣는 것을 추천하지 않는다
B 耳虫现象属于不常见的病	B 귀벌레 증후군 현상은 보기 드문 병에 속한다
C 耳虫现象一般对人体无害	**C 귀벌레 증후군 현상은 보통 인체에 무해하다**
D 大脑会不断重复听过的歌词	D 대뇌는 들어봤던 가사를 끊임없이 반복한다

해설 지문의 초반을 읽으면 耳虫(귀벌레 증후군)과 관련된 지식 정보 설명문임을 알 수 있다. 따라서 지문에서 耳虫과 관련된 개념이나 세부 특징이 언급되면, 각 선택지와 내용을 대조하여 오답을 소거하면서 정답을 고른다.

지문의 마지막 문장에서 耳虫现象非常普遍이라고 했는데, 선택지 B는 耳虫现象属于不常见的病이라고 했으므로, 오답으로 소거한다. → B (X)

같은 문장에서 언급된 耳虫现象……基本上对人体没有伤害와 선택지 C 耳虫现象一般对人体无害의 내용을 대조해 보면, 지문의 '귀벌레 증후군 현상은 …… 대체로 인체에 해를 입히지 않는다'는 곧 귀벌레 증후군 현상은 보통 인체에 무해하다는 의미이므로 내용이 일치한다. 따라서 선택지 C를 정답으로 고른다. → C (O)

* 바꾸어 표현 对人体没有伤害 인체에 해를 입히지 않는다 → 对人体无害 인체에 무해하다

*C를 정답으로 답안지에 표시한 후, 바로 다음 문제로 넘어가서 시간을 절약한다.

선택지 A, D는 지문에서 언급되지 않았으므로 오답이다. → A (X), D (X)

어휘 或许 huòxǔ 圈 어쩌면   现象 xiànxiàng 圈 현상   陌生 mòshēng 圈 낯설다   脑海 nǎohǎi 圈 머리   不断 búduàn 圈 끊임없이
重复 chóngfù 圈 반복하다   挥之不去 huīzhībúqù 사라지지 않는다   耳虫 ěrchóng 귀벌레 증후군[어떤 음악이 귓속에서 맴도는 현상]
感觉 gǎnjué 圈 감각   称为 chēngwéi 圈 ~라고 부르다   认知 rènzhī 圈 인지하다   瘙痒 sàoyǎng 圈 (피부가) 가렵다
普遍 pǔbiàn 圈 보편적이다   基本 jīběn 圈 대체로   人体 réntǐ 圈 인체   伤害 shānghài 圈 해를 입히다
除非 chúfēi 圈 ~이 아니고서는   属于 shǔyú 圈 ~에 속하다   常见 chángjiàn 圈 흔히 있다   无害 wúhài 圈 무해하다
大脑 dànǎo 圈 대뇌   歌词 gēcí 圈 가사

5

无人驾驶汽车又称智能汽车，是一种通过电脑系统进行无人驾驶的汽车。在没有任何人为操作的情况下，无人驾驶汽车也可以自动安全地行驶。随着相关技术的不断发展，B无人驾驶汽车有望将事故率降低90%，从根本上提高驾驶安全。D无人驾驶汽车被认为是未来人类出行的最佳方式。	자율주행차는 스마트 자동차라고도 불리는데, 컴퓨터 시스템을 통해 자율 주행하는 자동차이다. 어떠한 인위적인 조작도 없는 상황에서, 자율주행차는 자동으로 안전하게 운행할 수 있다. 관련 기술의 끊임없는 발전에 따라, B자율주행차는 사고율을 90% 낮추어, 근본적으로 주행 안전성을 높일 것으로 기대된다. D자율주행차는 미래에 인류가 이동하는 최적의 방식으로 여겨진다.
A 年轻人愿意购买新款汽车	A 젊은이들은 새로운 스타일의 자동차를 구입하는 것을 원한다
B 智能汽车不存在任何风险	B 스마트 자동차에는 어떤 위험도 존재하지 않는다
C 普通汽车已失去了竞争力	C 일반 자동차는 이미 경쟁력을 잃었다
D 智能汽车将是最佳交通工具	**D 스마트 자동차는 최적의 교통 수단이 될 것이다**

해설 지문의 첫 문장을 읽으면 无人驾驶汽车(자율주행차)와 관련된 지식 정보 설명문임을 알 수 있다. 따라서 지문에서 无人驾驶汽车와 관련된 개념이나 세부 특징이 언급되면, 각 선택지와 내용을 대조하여 오답을 소거하면서 정답을 고른다.

지문의 중반에서 无人驾驶汽车有望将事故率降低90%이라고 했는데, 선택지 B는 智能汽车不存在任何风险이라고 했으므로, 오답으로 소거한다. → B (X)

지문의 마지막 문장에서 언급된 无人驾驶汽车被认为是未来人类出行的最佳方式。과 선택지 D 智能汽车将是最佳交通工具의 내용을 대조해 보면, 지문의 스마트 자동차라고 불리는 자율주행차는 미래에 인류가 이동하는 최적의 방식으로 여겨진다는 내용은 곧 스마트 자동차 최적의 교통 수단이 될 것이라는 의미이므로 내용이 일치한다. 따라서 선택지 D를 정답으로 고른다. → D (O)

선택지 A, C 는 지문에서 언급되지 않았으므로 오답이다. → A (X), C (X)

어휘 　无人驾驶汽车 wúrén jiàshǐ qìchē 자율주행차　智能汽车 zhìnéng qìchē 스마트 자동차　通过 tōngguò 郂~을 통해
　　　系统 xìtǒng 圀시스템　任何 rènhé 떼어떠한　人为 rénwéi 圀인위적인　操作 cāozuò 圀조작하다　情况 qíngkuàng 圀상황
　　　自动 zìdòng 圀자동이다　安全 ānquán 圀안전하다　行驶 xíngshǐ 圀운행하다　随着 suízhe 郂~에 따라서
　　　相关 xiāngguān 圀(서로) 관련되다　技术 jìshù 圀기술　不断 búduàn 끊임없이　发展 fāzhǎn 圀발전하다
　　　有望 yǒuwàng ~할 것이라 기대하다　事故率 shìgùlǜ 圀사고율　降低 jiàngdī 圀낮추다　未来 wèilái 圀미래
　　　人类 rénlèi 圀인류　出行 chūxíng 圀이동하다　最佳 zuìjiā 圀최적이다　方式 fāngshì 圀방식　购买 gòumǎi 圀구입하다
　　　新款 xīnkuǎn 圀새로운 스타일　存在 cúnzài 圀존재하다　风险 fēngxiǎn 圀위험　普通 pǔtōng 일반적이다
　　　失去 shīqù 圀잃다　竞争力 jìngzhēnglì 圀경쟁력　交通 jiāotōng 圀교통　工具 gōngjù 圀수단

6

俗话说 "字如其人"，意思是 ^{C}写出来的字体可以体现个人的人格特质。目前一些企业在招聘时，都会把字迹作为选拔人才的重要标准之一，通过字迹判断应聘者的性格特征，从而挑选出个性最符合职位的应聘者。在通常情况下，字迹圆润的人，被认为适应性强；字迹方正的人，则被认为原则性强；而字迹飞扬的人，被认为创造力强。

A 应聘者应该好好练字
B 字写得好看的人内心丰富
C 字体可以体现一个人的个性
D 企业不喜欢没有创造力的人

옛말에 '자여기인'이란 말이 있는데, 의미는 ^{C}써낸 글씨체가 개인의 성격 특성을 드러낼 수 있다는 것이다. 현재 일부 기업은 채용을 할 때, 필적을 인재를 선발하는 중요한 기준 중 하나로 여기며, 필적을 통해 지원자의 성격 특징을 판단하고, 그리하여 개성이 직위에 가장 부합하는 지원자를 골라낸다. 일반적인 상황에서는, 필적이 둥글고 매끄러운 사람은 적응력이 강하다고 여겨지고, 필적이 반듯한 사람은 원칙성이 강하다고 여겨진다. 그리고 필적이 날아다니는 사람은 창의력이 강하다고 여겨진다.

A 지원자는 열심히 글씨 연습을 해야 한다
B 글씨를 보기 좋게 쓰는 사람은 마음이 넉넉하다
C 글씨체는 한 사람의 개성을 드러낼 수 있다
D 기업은 창의력이 없는 사람을 좋아하지 않는다

해설 　지문의 첫 문장을 읽으면 字体(글씨체)와 관련된 지식 정보 설명문임을 알 수 있다. 따라서 지문에서 字体와 관련된 개념이나 세부 특징이 언급되면, 각 선택지와 내용을 대조하여 오답을 소거하면서 정답을 고른다.

　　　지문의 초반에서 언급된 写出来的字体可以体现个人的人格特质과 선택지 C 字体可以体现一个人的个性의 내용을 대조해 보면, 지문의 '써낸 글씨체가 개인의 성격 특성을 드러낼 수 있다'는 곧 글씨체는 한 사람의 개성을 드러 낼 수 있다는 의미이므로 내용이 일치한다. 따라서 선택지 C를 정답으로 고른다. → C (O)

　　　* 바꾸어 표현 体现个人的人格特质 개인의 성격 특성을 드러낸다 → 体现一个人的个性 한 사람의 개성을 드러낸다

　　　*C를 정답으로 답안지에 표시한 후, 바로 다음 문제로 넘어가서 시간을 절약한다.

　　　선택지 A, B, D는 지문에서 언급되지 않았으므로 오답이다. → A (X), B (X), D (X)

어휘 　俗话 súhuà 圀옛말　字如其人 zì rú qírén 자여기인[글씨는 마치 그 사람과 같다]　字体 zìtǐ 圀글씨체　体现 tǐxiàn 圀드러내다
　　　个人 gèrén 圀개인　人格特质 réngé tèzhì 성격 특성　企业 qǐyè 圀기업　招聘 zhāopìn 圀채용하다　字迹 zìjì 圀필적
　　　选拔 xuǎnbá 圀선발하다　人才 réncái 圀인재　标准 biāozhǔn 圀기준　通过 tōngguò 郂~을 통해　判断 pànduàn 圀판단하다
　　　应聘者 yìngpìnzhě 圀지원자　性格 xìnggé 圀성격　特征 tèzhēng 圀특징　从而 cóng'ér 圀그리하여　挑选 tiāoxuǎn 圀골라내다
　　　个性 gèxìng 圀개성　符合 fúhé 圀부합하다　职位 zhíwèi 圀직위　通常 tōngcháng 圀일반적이다　情况 qíngkuàng 圀상황
　　　圆润 yuánrùn 圀(그림이나 글씨의 기법이) 둥글고 매끄럽다　适应性 shìyìngxìng 적응력　方正 fāngzhèng 圀반듯하다
　　　原则性 yuánzéxìng 원칙성　飞扬 fēiyáng 圀날아다니다　创造力 chuàngzàolì 圀창의력　内心 nèixīn 圀마음
　　　丰富 fēngfù 圀넉넉하다

고득점비책 02 | 중국 문화 설명문 공략하기　p.116

풀으며 학습하기 ▶

| 1 C | 2 D | 3 A | 4 C | 5 D | 6 D |

1

酒令是酒席上的一种助兴游戏，反映了中国特有的酒文化。^{C/D}酒令^D最主要的目的是活跃饮酒时的气氛，^C一般在席间选一人为令官，其他人按照令官的要求，轮流说诗词、联语，或进行一些简单的游戏。人们不按要求做或者输了的话，就会被罚酒。酒令既是古人好客的表现，又是他们饮酒艺术与聪明才智的结晶。

A 酒令正在面临失传的危险

B 酒令最早出现在唐朝末年

C 酒令会在现场选一个人主持

D 酒令的目的是活跃运动时的气氛

벌주놀이는 술자리에서 일종의 흥을 돋우는 놀이로, 중국 고유의 술 문화를 반영한다. ^{C/D}벌주놀이의 ^D가장 주된 목적은 술 마실 때의 분위기를 활기차게 만드는 것인데, ^C일반적으로 자리에서 사회자가 될 한 사람을 뽑고, 다른 사람은 사회자의 요구에 따라 돌아가며 시사, 연어를 말하거나 간단한 놀이를 한다. 사람들이 요구에 따르지 않거나 지면, 벌주를 마시게 된다. 벌주놀이는 옛 사람들이 손님 접대를 좋아했다는 상징이자 또 그들의 음주 예술과 슬기로움의 결정체이다.

A 벌주놀이는 현재 전해 내려오지 않는 위험에 처해 있다

B 벌주놀이는 당 왕조 말기에 가장 처음 나타났다

C 벌주놀이는 현장에서 진행할 한 사람을 뽑는다

D 벌주놀이의 목적은 운동할 때의 분위기를 활기차게 만드는 것이다

해설 지문의 첫 문장에서 酒令(벌주놀이), 中国(중국)가 언급되었으므로, 酒令과 관련된 중국 문화 설명문임을 알 수 있다. 따라서 지문에서 酒令과 관련된 특징이나 장점이 언급되면, 각 선택지와 내용을 대조하여 오답을 소거하면서 정답을 고른다.

지문의 초반에서 酒令最主要的目的是活跃饮酒时的气氛이라고 했는데, 선택지 D는 酒令的目的是活跃运动时的气氛이라고 했으므로 오답으로 소거한다. → D (X)

이어지는 문장에서 언급된 酒令……一般在席间选一人为令官과 선택지 C 酒令会在现场选一个人主持의 내용을 대조해 보면, 지문의 '벌주놀이 …… 일반적으로 자리에서 사회자가 될 한 사람을 뽑는다'는 곧 벌주놀이는 현장에서 진행할 한 사람을 뽑는다는 의미이므로 내용이 일치한다. 따라서 선택지 C를 정답으로 고른다. → C (O)

* 바꾸어 표현 选一人为令官 사회자가 될 한 사람을 뽑는다 → 选一个人主持 진행할 한 사람을 뽑는다

*C를 정답으로 답안지에 표시한 후, 바로 다음 문제로 넘어가서 시간을 절약한다.

선택지 A, B는 지문에서 언급되지 않았으므로 오답이다. → A (X), B (X)

어휘 **酒令** jiǔlìng 圐 벌주놀이　**酒席** jiǔxí 圐 술자리　**助兴** zhùxìng 흥을 돋우다　**反映** fǎnyìng 圄 반영하다　**特有** tèyǒu 圄 고유하다
酒文化 jiǔ wénhuà 술 문화　**目的** mùdì 圐 목적　**活跃** huóyuè 활기차게 만들다　**饮酒** yǐnjiǔ 술을 마시다, 음주하다
气氛 qìfēn 圐 분위기　**席间** xíjiān 圐 (술자리·연회 따위의) 자리　**令官** lìngguān 圐 (술자리에서의) 사회자　**按照** ànzhào 圙 ~에 따라
轮流 lúnliú 圙 돌아가면서 하다　**诗词** shīcí 圐 시사　**联语** liányǔ 연어, 대련[종이나 천에 쓰거나 나무·기둥 따위에 새긴 대구(对句)]
进行 jìnxíng 圙 하다, 진행하다　**输** shū 圙 지다　**罚酒** fájiǔ 圙 벌주를 마시다　**既…又…** jì…yòu… ~이자 ~이다
古人 gǔrén 圐 옛 사람　**好客** hàokè 圙 손님 접대를 좋아하다　**表现** biǎoxiàn 圐 상징　**艺术** yìshù 圐 예술
聪明才智 cōngmíng cáizhì 圐 슬기로움　**结晶** jiéjīng 圐 결정체　**面临** miànlín 圙 처해있다　**失传** shīchuán 圙 전해 내려오지 않다
危险 wēixiǎn 圐 위험　**出现** chūxiàn 圙 나타나다　**唐朝** Tángcháo 교유 당 왕조　**末年** mònián 圐 말기　**现场** xiànchǎng 圐 현장
主持 zhǔchí 圙 진행하다

2

与^C广州人坐在茶楼里，边吃早餐边聊天的慢节奏不同，武汉人通常来不及坐下来慢慢吃早餐，^D边走边吃是武汉早餐的一大特色。烧卖、豆皮这种干食边走边吃很正常，但热干面、牛肉粉这种有汤水的早餐，武汉人也能边走边吃，而且速度很快，一眨眼一碗面就下肚了。

^C광저우 사람들이 찻집에 앉아 아침을 먹으면서 이야기를 나누는 느린 속도인 것과는 달리, 우한 사람들은 대체로 앉아서 천천히 아침을 먹을 여유가 없어, ^D걸으면서 먹는 것이 우한 아침 식사의 큰 특징이다. 샤오마이, 더우피 같은 이런 건조 식품은 걸으면서 먹는 것이 정상이지만, 러깐미엔, 니우로우펀 같은 국물이 있는 아침 식사도 우한 사람들은 걸으면서 먹을 수 있는데, 게다가 속도도 빨라서, 눈 깜짝할 사이에 국수 한 그릇을 먹는다.

A 早餐的种类相当丰富	A 아침 식사의 종류는 상당히 풍부하다
B 吃早餐的速度影响健康	B 아침을 먹는 속도는 건강에 영향을 끼친다
C 武汉人喜欢去茶楼吃早餐	C 우한 사람은 찻집에 가서 아침을 먹는 것을 좋아한다
D 武汉人习惯边走边吃早餐	**D 우한 사람들은 걸으면서 아침을 먹는데 익숙하다**

해설 지문의 첫 문장에서 중국의 지명인 **广州**(광저우), **武汉**(우한)과 **早餐**(아침 식사)이 언급되었으므로, **广州和武汉的早餐**과 관련된 중국 문화 설명문임을 알 수 있다. 따라서 지문에서 이 두 지역의 **早餐**과 관련된 특징이나 장점이 언급되면, 각 선택지와 내용을 대조하여 오답을 소거하면서 정답을 고른다.

지문의 초반에서 **广州人坐在茶楼里，边吃早餐边聊天**이라고 했는데, 선택지 C는 **武汉人喜欢去茶楼吃早餐**이라고 했으므로, 오답으로 소거한다. → C (X)

이어지는 문장에서 언급된 **边走边吃是武汉早餐的一大特色**와 선택지 D **武汉人习惯边走边吃早餐**의 내용을 대조해 보면, 지문의 '걸으면서 먹는 것이 우한 아침 식사의 큰 특징이다'는 곧 우한 사람들은 걸으면서 아침을 먹는데 익숙하다는 의미이므로 내용이 일치한다. 따라서 선택지 D를 정답으로 고른다. → D (O)

*D를 정답으로 답안지에 표시한 후, 바로 다음 문제로 넘어가서 시간을 절약한다.

A, B는 지문에서 언급되지 않았으므로 오답이다. → A (X), B (X)

어휘 **广州** Guǎngzhōu [고유]광저우[중국의 지명] **茶楼** chálóu [명]찻집 **慢节奏** màn jiézòu 느린 속도 **武汉** Wǔhàn [고유]우한[중국의 지명] **通常** tōngcháng [부]대체로 **来不及** láibují [동](시간이 촉박하여) 여유가 없다 **特色** tèsè [명]특징 **烧卖** shāomài 샤오마이[만두의 일종] **豆皮** dòupí 더우피[얇게 눌러 말린 두부] **干食** gānshí [명]건조 식품 **热干面** règānmiàn 러깐미엔[우한 특색의 국수 요리] **牛肉粉** niúròufěn 니우로우펀[소고기 국수] **汤水** tāngshuǐ [명]국물 **速度** sùdù [명]속도 **一眨眼** yìzhǎyǎn 눈 깜짝할 사이 **下肚** xiàdù [동]먹다 **种类** zhǒnglèi [명]종류 **相当** xiāngdāng [부]상당히 **丰富** fēngfù [형]풍부하다

3

[C]晋商指的是山西商人，他们是中国较早的商人群体。[B]明清两代是晋商最繁荣的时期，那时晋商是中国十大商帮之首，"他们善于经商、善于理财"的说法流传至今。[A]晋商成功的根本原因在于他们敬业、勤奋、谨慎、诚实、[A]守信用、团结的"晋商精神"。在五百多年时间里，晋商创造了山西地区发达的经济，留下了灿烂的商业文化。	[C]진상이 가리키는 것은 산시 상인으로, 그들은 중국 초기의 상인 단체이다. [B]명청 두 시대는 진상이 가장 번영한 시기로, 그 때 진상은 중국 10대 상인방의 우두머리였으며, '그들은 장사하는 것에 능하고, 재정을 관리하는 것에 능하다'는 표현은 지금까지도 대대로 전해 내려오고 있다. [A]진상이 성공한 근본적인 원인은 그들이 자기 일에 최선을 다하고, 부지런하고, 신중하며, 진실하고, [A]신용을 지키며, 단결했던 '진상 정신'에 있다. 500여 년 동안, 진상은 산시 지역의 발전된 경제를 창조했고, 찬란한 상업 문화를 남겼다.
A 晋商非常讲究信用	**A 진상은 신용을 매우 중요시한다**
B 晋商出现在清朝末年	B 진상은 청 왕조 말기에 출현했다
C 晋商主要从事农业生产	C 진상은 주로 농업 생산에 종사한다
D 山西人经商不考虑经济利益	D 산시 사람은 장사할 때 경제적 이익을 고려하지 않는다

해설 지문의 첫 문장에서 **晋商**(진상), **中国**(중국)가 언급되었으므로, **晋商**과 관련된 중국 문화 설명문임을 알 수 있다. 따라서 지문에서 **晋商**과 관련된 특징이나 장점이 언급되면, 각 선택지와 내용을 대조하여 오답을 소거하면서 정답을 고른다.

지문의 초반에서 **晋商指的是山西商人**이라고 했는데, 선택지 C는 **晋商主要从事农业生产**이라고 했으므로, 오답으로 소거한다. → C (X)

그 다음 문장에서 **明清两代是晋商最繁荣的时期**라고 했는데, 선택지 B는 **晋商出现在清朝末年**이라고 했으므로, 오답으로 소거한다. → B (X)

지문의 중반에서 언급된 晋商成功的根本原因在于……守信用、团结的"晋商精神"과 선택지 A 晋商非常讲究信用의 내용을 대조해 보면, 지문의 '진상이 성공한 근본적인 원인은 …… 신용을 지키며, 단결했던 '진상 정신'에 있다'는 곧 진상이 신용을 매우 중요시한다는 의미이므로 내용이 일치한다. 따라서 선택지 A를 정답으로 고른다. → A (O)

*A를 정답으로 답안지에 표시한 후, 바로 다음 문제로 넘어가서 시간을 절약한다.

선택지 D는 지문에서 언급되지 않았으므로 오답이다. → D (X)

어휘   晋商 [고유] Jìnshāng 진상[중국 근대사에서 가장 크게 활약한 상인 그룹], 산시 상인   指 zhǐ 가리키다
山西商人 Shānxī Shāngrén [고유] 산시 상인[중국의 유명한 상인 집단]   群体 qúntǐ 단체
明清两代 MíngQīng liǎng dài 명청 두 시대[중국 명나라·청나라에 해당하는 두 시기]   繁荣 fánróng 번영하다
时期 shíqī (특정한) 시기   商帮 shāngbāng 상인방[지역 기반 중국 전통 상인 집단]   首 shǒu 우두머리
善于 shànyú ~에 능하다   经商 jīngshāng 장사하다   理财 lǐcái 재정을 관리하다   说法 shuōfǎ 표현
流传 liúchuán 대대로 전해 내려오다   至今 zhìjīn 지금까지   成功 chénggōng 성공하다   根本 gēnběn 근본적인
在于 zàiyú ~에 있다   敬业 jìngyè 자기의 일에 최선을 다하다   勤奋 qínfèn 부지런하다   谨慎 jǐnshèn 신중하다
诚实 chéngshí 진실하다   守 shǒu 지키다   信用 xìnyòng 신용   团结 tuánjié 단결하다   精神 jīngshén 정신
创造 chuàngzào 창조하다   山西 Shānxī [고유] 산시[중국 서북부에 위치한 성(省)]   地区 dìqū 지역   发达 fādá 발전하다
留下 liúxia 남기다   灿烂 cànlàn 찬란하다   商业 shāngyè 상업   讲究 jiǎngjiu 중요시하다   出现 chūxiàn 출현하다
清朝 Qīngcháo [고유] 청 왕조   末年 mònián 말기   从事 cóngshì 종사하다   农业 nóngyè 농업
生产 shēngchǎn 생산하다   考虑 kǎolǜ 고려하다   经济 jīngjì 경제   利益 lìyì 이익

4

越剧是排在京剧之后的第二大剧种，它在国外被称为"中国歌剧"。 B/C越剧发源于浙江绍兴， B它以唱为主，音色优美动听，表演真切动人， C极具江南特色。因此 D越剧自出现以来赢得了众多观众的喜爱。越剧的舞台背景常运用民间剪纸或皮影艺术手法，具有较强的民间艺术韵味。

월극은 경극 다음으로 두 번째로 큰 중국 전통극 종류로, 그것은 해외에서 '중국 오페라'로 불린다. B/C월극은 저장 샤오싱에서 기원했는데, B그것은 노래를 위주로 하며, 음색이 아름다워 듣기 좋고, 연기는 진실되어 감동적이며, C장난의 특색을 가득 지니고 있다. 이 때문에 D월극은 등장 이후 많은 대중의 사랑을 받았다. 월극의 무대 배경은 민간 전지나 그림자 예술 기법을 자주 활용하여, 비교적 강한 민간 예술 정취를 가지고 있다.

A 中国只有两种戏剧形式   A 중국에는 두 가지 종류의 희극 형식만 있다

B 越剧主要以对话形式为主   B 월극은 주로 대화 형식을 위주로 한다

C 越剧具有浓厚的江南风格   **C 월극은 짙은 쟝난 스타일을 가지고 있다**

D 越剧赢得了众多专家的喜爱   D 월극은 많은 전문가의 사랑을 받았다

해설   지문의 첫 문장에서 越剧(월극), 中国(중국)가 언급되었으므로, 越剧와 관련된 중국 문화 설명문임을 알 수 있다. 따라서 지문에서 越剧와 관련된 특징이나 장점이 언급되면, 각 선택지와 내용을 대조하여 오답을 소거하면서 정답을 고른다.

지문의 초반에서 언급된 越剧……它以唱为主라고 했는데, 선택지 B는 越剧主要以对话形式为主라고 했으므로, 오답으로 소거한다. → B (X)

지문의 중반에서 언급된 越剧……极具江南特色와 선택지 C 越剧具有浓厚的江南风格의 내용을 대조해 보면, 지문의 '월극은 …… 쟝난의 특색을 가득 지니고 있다'는 곧 월극은 짙은 쟝난 스타일을 가지고 있다는 의미이므로 내용이 일치한다. 따라서 선택지 C를 정답으로 고른다. → C (O)

* 바꾸어 표현   极具江南特色 쟝난의 특색을 가득 지니고 있다 → 具有浓厚的江南风格 짙은 쟝난 스타일을 가지고 있다

*C를 정답으로 답안지에 표시한 후, 바로 다음 문제로 넘어가서 시간을 절약한다.

그 다음 문장에서 越剧自出现以来赢得了众多观众的喜爱라고 했는데, 선택지 D는 越剧赢得了众多专家的喜爱라고 했으므로, 오답으로 소거한다. → D (X)

선택지 A는 지문에서 언급되지 않았으므로 오답이다. → A (X)

어휘   越剧 Yuèjù 월극[저장성이 발원지로, 그 지방 민가에서 발전해 이루어진 지방극]   京剧 Jīngjù [고유] 경극
剧种 jùzhǒng 중국 전통극의 종류   歌剧 gējù 오페라   发源 fāyuán 기원하다   浙江 Zhèjiāng [고유] 저장[중국 지명, 절강]
绍兴 Shàoxīng [고유] 샤오싱[중국 지명, 소흥]   优美 yōuměi 아름답다   动听 dòngtīng 듣기 좋다   表演 biǎoyǎn 연기하다
真切 zhēnqiè 진실하다   动人 dòngrén 감동적이다   江南 Jiāngnán [고유] 쟝난[창장(长江) 이남 지역을 가리킴]

特色 tèsè 圆특색	因此 yīncǐ 圙 이 때문에	出现 chūxiàn 圆등장하다	以来 yǐlái 圆이후	赢得 yíngdé 圆받다
众多 zhòngduō 圆많다	观众 guānzhòng 圆대중	喜爱 xǐ'ài 圆사랑하다	舞台 wǔtái 圆무대
背景 bèijǐng 圆(무대 뒤나 영화·TV 드라마 등의) 배경	运用 yùnyòng 圆활용하다	民间 mínjiān 圆민간
剪纸 Jiǎnzhǐ 圙전지[종이를 오려 여러 가지 형상이나 모양을 만드는 종이 공예]	皮影 píyǐng 圆그림자	艺术 yìshù 圆예술
手法 shǒufǎ 圆(예술 작품의) 기법	具有 jùyǒu 圆가지다	韵味 yùnwèi 圆정취	戏剧 xìjù 圆희극	形式 xíngshì 圆형식
对话 duìhuà 圆대화	浓厚 nónghòu 圆(연기·안개·구름층 등이) 짙다	风格 fēnggé 圆스타일	专家 zhuānjiā 圆전문가

5

ᴮ邮驿是中国古代传送文书的机构。当官府需要传递紧急或重要公文时，就会让专门传递信息的官员用快马送信。ᴰ在送信的大道上，每隔三十公里ᴰ设有一个驿站，为送信的官员提供食宿和马匹。ᶜ到驿站之后，可以换人或者换马，保证官府的公文和信件能够迅速传递到收信人手中。ᴬ中国的邮驿制度经历了各个朝代的发展，ᴬ一直到清朝才逐渐衰落。

A 邮驿制度在清朝最为发达
B 邮驿是古代的房屋中介机构
C 不可以中途更换送信的官员
D 驿站为送信的官员提供吃住

ᴮ우역은 중국 고대에 문서를 전달하고 보냈던 기구이다. 관청에서 긴급하거나 중요한 공문을 전달하는 것이 필요할 때는, 전문적으로 소식을 전달하는 관리에게 빠른 말로 편지를 보내도록 했다. ᴰ편지를 보내는 큰길에는 30km 간격으로 ᴰ역참이 설치되어 있었는데, 편지를 보내는 관리를 위해 숙식과 말을 제공했다. ᶜ역참에 도착한 후 사람을 바꾸거나 말을 바꿀 수 있어, 관청의 공문과 편지가 수신자의 손안에 신속하게 전달될 수 있도록 보장했다. ᴬ중국의 우역 제도는 각 왕조의 발전을 거쳤고, ᴬ청 왕조에 이르러서야 비로소 점차 쇠퇴했다.

A 우역 제도는 청 왕조 때 가장 발달했다
B 우역은 고대의 부동산 중개 기관이다
C 중도에 편지를 보내는 관리를 교체할 수 없다
D 역참은 편지를 보내는 관리를 위해 먹는 것과 거주하는 것을 제공한다

해설 지문의 첫 문장에서 邮驿(우역), 中国(중국)가 언급되었으므로, 邮驿와 관련된 중국 문화 설명문임을 알 수 있다. 따라서 지문에서 邮驿와 관련된 특징이나 장점이 언급되면, 각 선택지와 내용을 대조하여 오답을 소거하면서 정답을 고른다.

지문의 초반에서 邮驿是中国古代传送文书的机构。라고 했는데, 선택지 B는 邮驿是古代的房屋中介机构라고 했으므로, 오답으로 소거한다. → B (X)

지문의 중반에서 언급된 在送信的大道上……设有一个驿站，为送信的官员提供食宿和马匹와 선택지 D 驿站为送信的官员提供吃住의 내용을 대조해 보면, 지문의 '편지를 보내는 큰길에는 …… 역참이 설치되어 있었는데, 편지를 보내는 관리를 위해 숙식과 말을 제공했다'는 곧 역참은 편지를 보내는 관리를 위해 먹는 것과 거주하는 것을 제공한다는 의미이므로 내용이 일치한다. 따라서 선택지 D를 정답으로 고른다. → D (O)

＊ 바꾸어 표현 食宿 숙식 → 吃住 먹는 것과 거주하는 것

*D를 정답으로 답안지에 표시한 후, 바로 다음 문제로 넘어가서 시간을 절약한다.

그 다음 문장에서 到驿站之后，可以换人或者换马라고 했는데, 선택지 C는 不可以中途更换送信的官员이라고 했으므로, 오답으로 소거한다. → C (X)

지문의 마지막 문장에서 中国的邮驿制度……一直到清朝才逐渐衰落라고 했는데, 선택지 A는 邮驿制度在清朝最为发达라고 했으므로, 오답으로 소거한다. → A (X)

어휘 邮驿 Yóuyì 圙우역[옛날 공문서를 전달하던 역참] 古代 gǔdài 圆고대 传送 chuánsòng 圆전달하고 보내다
文书 wénshū 圆문서 机构 jīgòu 圆기구, 기관 官府 guānfǔ 圆관청[특히 지방에 있는 것을 일컬음] 传递 chuándì 圆전달하다
紧急 jǐnjí 圆긴급하다 公文 gōngwén 圆공문 专门 zhuānmén 圆전문적이다 信息 xìnxī 圆소식 官员 guānyuán 圆관리
快马 kuàimǎ 圆빠른 말 送信 sòngxìn 圆편지를 보내다 大道 dàdào 圆큰길 隔 gé 圆간격이 있다
公里 gōnglǐ 圆km[킬로미터] 设有 shèyǒu 圆설치되어 있다 驿站 yìzhàn 圆역참 提供 tígōng 圆제공하다
食宿 shísù 圆숙식 马匹 mǎpǐ 圆말 保证 bǎozhèng 圆보장하다 信件 xìnjiàn 圆편지 迅速 xùnsù 圆신속하다
制度 zhìdù 圆제도 经历 jīnglì 圆거치다 各个 gègè 圆각각 朝代 cháodài 圆왕조 发展 fāzhǎn 圆발전하다
清朝 Qīngcháo 圙청 왕조 逐渐 zhújiàn 圆점차 衰落 shuāiluò 圆쇠퇴하다 发达 fādá 圆발달하다
房屋中介 fángwū zhōngjiè 부동산 중개 中途 zhōngtú 圆중도 更换 gēnghuàn 圆교체하다

6

口水鸡是四川传统名菜，[A]它集麻辣、鲜香、爽口于一身，具有独特的味道。这道菜里有很多花椒，麻到让吃货们不由自主地流口水。它的名字和文学家郭沫若有关，[D]郭沫若曾经在自己的作品里写道："少年时期在家乡四川吃的[D]白砍鸡……想想就口水直流。"，所以这道菜后来被称为"口水鸡"。

커우쉐이지는 쓰촨의 전통적인 유명 요리인데, [A]그것은 맵고 얼얼하고, 신선하고 향기로우며, 개운함이 한데 모아진 독특한 맛을 가진다. 이 음식 속에는 산초나무 열매가 많은데, 얼얼해서 먹는 사람들이 자신도 모르게 군침 흘리게 한다. 그것의 이름은 문학가인 궈모뤄와 관련이 있는데, [D]궈모뤄는 일찍이 자신의 작품에서 '소년 시절 고향 쓰촨에서 먹었던 [D]바이칸지 …… 생각만 해도 군침이 돈다.' 라고 썼고, 그래서 이 요리는 후에 '커우쉐이지' 로 불리게 되었다.

A 口水鸡有着偏甜的味道
B 口水鸡具有很强的美容功效
C 当地人只在过年时吃口水鸡
D 口水鸡的名称源于文学作品

A 커우쉐이지는 다소 단 맛을 가지고 있다
B 커우쉐이지는 강력한 미용 효과를 가진다
C 현지인들은 설을 지낼 때만 커우쉐이지를 먹는다
D 커우쉐이지의 명칭은 문학 작품으로부터 유래되었다

해설 지문의 첫 문장에서 口水鸡(커우쉐이지)와 중국의 지명인 四川(쓰촨)이 언급되었으므로, 口水鸡와 관련된 중국 문화 설명문임을 알 수 있다. 따라서 지문에서 口水鸡와 관련된 특징이나 장점이 언급되면, 각 선택지와 내용을 대조하여 오답을 소거하면서 정답을 고른다.

지문의 초반에서 它集麻辣、鲜香、爽口于一身이라고 했는데, 선택지 A는 口水鸡有着偏甜的味道라고 했으므로, 오답으로 소거한다. → A (X)

지문의 중후반에서 언급된 郭沫若曾经在自己的作品里写道："……白砍鸡……想想就口水直流。"，所以这道菜后来被称为"口水鸡"와 선택지 D 口水鸡的名称源于文学作品의 내용을 대조해 보면, 지문의 '궈모뤄는 일찍이 자신의 작품에서 '바이칸지 …… 생각만해도 군침이 돈다.'라고 썼고, 그래서 이 요리는 후에 '커우쉐이지'로 불리게 되었다'는 곧 커우쉐이지의 이름은 문학 작품으로부터 유래되었다는 의미이므로 내용이 일치한다. 따라서 선택지 D를 정답으로 고른다. → D (O)

선택지 B, C는 지문에서 언급되지 않았으므로 오답이다. → B (X), C (X)

어휘 口水鸡 Kǒushuǐ Jī [고유]커우쉐이지, 구수계[중국 사천지역의 전통 음식] 四川 Sìchuān [고유]쓰촨[중국 지명, 사천]
传统 chuántǒng 몡전통 名菜 míngcài 몡유명한 요리 集⋯于一身 jí⋯yúyìshēn ~이 한데 모아지다
麻辣 málà 톙맵고 얼얼하다 鲜香 xiān xiāng (맛이) 신선하고 향기롭다 爽口 shuǎngkǒu 톙(음식이) 개운하다
具有 jùyǒu 통가지다 独特 dútè 톙독특하다 味道 wèidao 몡맛 道 dào 鴫[음식의 종류를 세는 양사]
花椒 huājiāo 몡산초나무 열매 麻 má 톙얼얼하다 吃货 chīhuò 몡먹는 사람 不由自主 bùyóuzìzhǔ 졍자신도 모르게
流口水 liú kǒushuǐ 군침을 흘리다 文学家 wénxuéjiā 몡문학가
郭沫若 Guō Mòruò [고유]궈모뤄[곽말약, 중국 현대 작가이자 시인 겸 학자] 有关 yǒuguān 통관련이 있다 曾经 céngjīng 閉일찍이
作品 zuòpǐn 몡작품 少年时期 shàonián shíqī 소년 시절 家乡 jiāxiāng 몡고향
白砍鸡 Báikǎnjī [고유]바이칸지[광동 요리로, 닭을 통째로 삶아 작은 조각으로 자른 것] 口水 kǒushuǐ 몡군침 称 chēng 통부르다
偏 piān 다소 美容 měiróng 몡미용 功效 gōngxiào 몡효과 当地 dāngdì 몡현지 过年 guònián 통설을 지내다
名称 míngchēng 몡명칭 源于 yuányú 통~로부터 유래하다

고득점비책 03 | 시사 이슈 논설문 공략하기 p.120

듣으며 학습하기 ▶

1 D	2 C	3 A	4 B	5 B	6 C

1

᠑吃饭的时候要注意的是，尽量避免玩手机，因为吃饭时玩手机会引发很多问题。一般情况下，吃一顿饭也许只要20分钟，但是如果边玩儿手机边吃饭，可能会使吃饭时间变长，妨碍人体吸收食物中的营养成分。此外，现在很多人喜欢在吃饭的同时用手机看视频，当注意力都集中在精彩内容上时，一不小心就会吃多。时间一长，肥肉也就不知不觉地"爬"上了腰。

A 久坐不动一定会长胖

B 必须要缩短吃饭时间

C 看视频可以节省时间

D 吃饭时最好别看手机

᠑밥을 먹을 때 주의해야 할 점은, 되도록 휴대폰 하는 것을 피하는 것인데, 밥을 먹을 때 휴대폰을 하면 많은 문제를 야기하기 때문이다. 일반적인 상황에서 밥 한 끼를 먹는 데는 아마 20분이면 되겠지만, 만약 휴대폰을 하면서 밥을 먹는다면 식사 시간을 길어지게 하여 인체가 음식 속의 영양 성분을 흡수하는 것을 방해할 수 있다. 이 밖에도 요즘 많은 사람들은 밥을 먹는 동시에 휴대폰으로 영상을 보는 것을 좋아하는데, 주의력이 흥미진진한 내용에 집중될 때 조심하지 않으면 바로 많이 먹게 된다. 시간이 지나면, 군살도 어느덧 허리까지 '기어' 올라와 있다.

A 오래 앉아 움직이지 않으면 반드시 살이 찐다

B 식사 시간을 꼭 줄여야 한다

C 영상을 보는 것은 시간을 절약할 수 있다

D 밥 먹을 때는 휴대폰을 보지 않는 것이 제일 좋다

해설 지문의 첫 문장을 읽으면 吃饭的时候要注意的(밥 먹을 때 주의해야 할 것)와 관련된 시사 이슈 논설문임을 알 수 있다. 따라서 지문에서 吃饭的时候要注意的와 관련된 글쓴이의 주장이 언급되면, 각 선택지와 내용을 대조하여 오답을 소거하면서 정답을 고른다.

지문의 초반에서 언급된 吃饭的时候要注意的是, 尽量避免玩手机와 선택지 D 吃饭时最好别看手机의 내용을 대조해 보면, 지문의 '밥을 먹을 때 주의해야 할 점은, 되도록 휴대폰 하는 것을 피하는 것이다'는 곧 밥 먹을 때는 휴대폰을 보지 않는 것이 제일 좋다는 의미이므로 내용이 일치한다. 따라서 선택지 D를 정답으로 고른다. → D (○)

*D를 정답으로 답안지에 표시한 후, 바로 다음 문제로 넘어가서 시간을 절약한다.

선택지 A, B, C는 지문에서 언급되지 않았으므로 오답이다. → A (X), B (X), C (X)

어휘 尽量 jǐnliàng 뮈 되도록   避免 bìmiǎn 동 피하다   引发 yǐnfā 동 야기하다   顿 dùn 양 끼니   也许 yěxǔ 뮈 아마
妨碍 fáng'ài 동 방해하다   人体 réntǐ 명 인체   吸收 xīshōu 동 흡수하다   食物 shíwù 명 음식   营养 yíngyǎng 명 영양
成分 chéngfèn 명 성분   此外 cǐwài 접 이 밖에   同时 tóngshí 명 동시에   视频 shìpín 명 영상   注意力 zhùyìlì 명 주의력
集中 jízhōng 동 집중하다   精彩内容 jīngcǎi nèiróng 흥미진진한 내용   肥肉 féiròu 명 군살, 기름진 고기
不知不觉 bùzhī bùjué 성 어느덧, 자신도 모르는 사이에   爬 pá 동 기다   腰 yāo 명 허리   久坐 jiǔzuò 오래 앉다
长胖 zhǎngpàng 동 살이 찌다   缩短 suōduǎn 동 줄이다   节省 jiéshěng 동 절약하다   最好 zuìhǎo 뮈 ~하는 게 제일 좋다

2

᠑人到中年，责任和压力不断增加。᠑很多人容易感到中年危机，从而对生活的满意度下降。其实在这个阶段产生紧张和疲劳心理很正常，关键是如何去面对。能不能避免中年危机，往往取决于我们的习惯与态度。除了不断提升自己的能力，ᶜ还要学会处理情绪，这对战胜中年危机很有帮助。保持积极向上的乐观心态，多与家人沟通，争取他们的理解和支持对心理健康十分重要。

᠑사람이 중년에 들어서면 책임과 스트레스가 끊임없이 늘어난다. ᠑많은 사람들은 중년의 위기를 쉽게 느끼며 그래서 생활에 대한 만족도가 떨어진다. 사실 이 단계에서 긴장되고 피곤한 마음이 생기는 것은 정상이지만 관건은 어떻게 직면해 나갈 것인가이다. 중년의 위기를 피할 수 있는지 없는지는 종종 우리의 습관과 태도에 따라 결정된다. 끊임없이 자신의 능력을 높이는 것 외에도 ᶜ감정을 처리하는 것을 익혀야 하는데, 이는 중년의 위기를 이겨내는 데 큰 도움이 된다. 적극적이고 발전적인 긍정적 심리 상태를 유지하고, 가족과 많이 소통하며, 그들의 이해와 지지를 얻는 것은 심리 건강에 매우 중요하다.

A 不要过于在乎他人的评价
B 多与家人交流让人更有自信
C 调整情绪有利于克服中年危机
D 所有中年人都会感到中年危机

A 지나치게 타인의 평가를 신경 쓰지 마라
B 가족과 많이 교류하는 것은 사람이 더욱 자신감을 갖게 한다
C 감정을 조절하는 것은 중년의 위기를 극복하는 데 이롭다
D 모든 중년은 중년의 위기를 느낀다

해설 지문의 초반을 읽으면 **如何去面对中年危机**(중년의 위기를 어떻게 직면해 나갈 것인가)와 관련된 시사 이슈 논설문임을 알 수 있다. 따라서 지문에서 **如何去面对中年危机**와 관련된 글쓴이의 주장이 언급되면, 각 선택지와 내용을 대조하여 오답을 소거하면서 정답을 고른다.

지문의 초반에서 **人到中年……很多人容易感到中年危机**라고 했는데, 선택지 D는 **所有中年人都会感到中年危机**라고 했으므로, 오답으로 소거한다. → D (X)

지문의 후반에서 언급된 **还要学会处理情绪，这对战胜中年危机很有帮助**와 선택지 C **调整情绪有利于克服中年危机**의 내용을 대조해 보면, 지문의 '감정을 처리하는 것을 익혀야 하는데, 이는 중년의 위기를 이겨내는 데 큰 도움이 된다'는 곧 감정을 조절하는 것은 중년의 위기를 극복하는 데 이롭다는 의미이므로 내용이 일치한다. 따라서 선택지 C를 정답으로 고른다. → C (O)

* 바꾸어 표현 **处理情绪对战胜中年危机很有帮助** 감정을 처리하는 것은 중년의 위기를 이겨내는 데 큰 도움이 된다
→ **调整情绪有利于克服中年危机** 감정을 조절하는 것은 중년의 위기를 극복하는 데 이롭다

*C를 정답으로 답안지에 표시한 후, 바로 다음 문제로 넘어가서 시간을 절약한다.

선택지 A, B는 지문에서 언급되지 않았으므로 오답이다. → A (X), B (X)

어휘 **中年** zhōngnián [명] 중년 **责任** zérèn [명] 책임 **压力** yālì [명] 스트레스 **不断** búduàn [부] 끊임없이 **危机** wēijī [명] 위기 **从而** cóng'ér [접] 그래서 **生活** shēnghuó [명] 생활 **满意度** mǎnyìdù [명] 만족도 **下降** xiàjiàng [동] 떨어지다 **阶段** jiēduàn [명] 단계 **产生** chǎnshēng [동] 생기다 **紧张** jǐnzhāng [형] 긴장하다 **疲劳** píláo [형] 피곤하다 **心理** xīnlǐ [명] 마음 **正常** zhèngcháng [형] 정상적이다 **关键** guānjiàn [명] 관건 **如何** rúhé [대] 어떻다 **面对** miànduì [동] 직면하다 **避免** bìmiǎn [동] 피하다 **取决于** qǔjuéyú ~에 따라 결정되다 **态度** tàidu [명] 태도 **提升** tíshēng [동] 높이다 **能力** nénglì [명] 능력 **处理** chǔlǐ [동] 처리하다 **情绪** qíngxù [명] 감정 **战胜** zhànshèng [동] 이겨내다 **保持** bǎochí [동] 유지하다 **积极** jījí [형] 적극적이다 **向上** xiàngshàng [동] 발전하다 **乐观** lèguān [형] 긍정적이다 **心态** xīntài [명] 심리 상태 **沟通** gōutōng [동] 소통하다 **争取** zhēngqǔ [동] 얻다 **理解** lǐjiě [동] 이해하다 **十分** shífēn [부] 매우 **过于** guòyú [부] 지나치게 **在乎** zàihu [동] 신경쓰다 **评价** píngjià [명] 평가 **交流** jiāoliú [동] 교류하다 **自信** zìxìn [명] 자신감 **调整** tiáozhěng [동] 조절하다 **有利于** yǒulìyú ~에 이롭다 **克服** kèfú [동] 극복하다

3

作为全球生态系统的重要组成部分，[A]森林与人类的生活息息相关。如果一个地区的森林面积小于30%，就无法有效地调节气候，还会增加自然灾害的发生率。近年来，森林火灾在全球范围内频繁发生，大面积的森林遭到了破坏。科学家指出，[D]频发森林火灾，虽然存在一些气候原因，但是人类应该承担更多的责任。只有在保护森林上多下功夫，才能停止森林被破坏，保护我们的地球。

전 세계 생태 시스템의 중요한 구성 부분으로서, [A]삼림은 인류 생활과 관계가 밀접하다. 만약 한 지역의 삼림 면적이 30% 미만이면, 기후를 효과적으로 조절할 수 없으며, 또 자연재해의 발생률을 증가시킨다. 최근 몇 년간 삼림 화재는 전 세계적인 규모로 빈번하게 발생하여, 넓은 면적의 삼림이 파괴되었다. 과학자들은 [D]삼림 화재가 자주 발생하는 것에는, 비록 몇 가지의 기후 원인이 존재하지만, 인류가 더 많은 책임을 부담해야 한다고 지적한다. 삼림을 보호하는 것에 노력을 많이 기울여야만, 비로소 삼림이 파괴되는 것을 멈추고, 우리의 지구를 보호할 수 있다.

A 森林对人类生活意义重大
B 森林的景色会随季节改变
C 要控制森林中树木的数量
D 森林火灾频发只是人类的责任

A 삼림은 인류 생활에 있어 의미가 크다
B 삼림의 경치는 계절에 따라 바뀐다
C 삼림 속 수목의 수량을 조절해야 한다
D 삼림 화재가 자주 발생하는 것은 오직 인류의 책임이다

해설　지문의 첫 문장을 읽으면 **森林与人类的生活息息相关**(삼림은 인류 생활과 관계가 밀접하다)과 관련된 시사 이슈 논설문임을 알 수 있다. 따라서 지문에서 **森林与人类的生活息息相关**과 관련된 글쓴이의 주장이 언급되면, 각 선택지와 내용을 대조하여 오답을 소거하면서 정답을 고른다.

지문의 초반에서 언급된 **森林与人类的生活息息相关**과 선택지 A **森林对人类生活意义重大**의 내용을 대조해 보면, 지문의 삼림은 인류 생활과 관계가 밀접하다는 내용은 곧 삼림이 인류 생활에 있어 의미가 크다는 의미이므로 내용이 일치한다. 따라서 선택지 A를 정답으로 고른다. → A (O)

*A를 정답으로 답안지에 표시한 후, 바로 다음 문제로 넘어가서 시간을 절약한다.

지문의 중후반에서 **频发森林火灾, 虽然存在一些气候原因, 但是人类应该承担更多的责任**이라고 했는데, 선택지 D는 **森林火灾频发只是人类的责任**이라고 했으므로, 오답으로 소거한다. → D (X)

선택지 B, C는 지문에서 언급되지 않았으므로 오답이다. → B (X), C (X)

어휘　**作为** zuòwéi 깨 ~로서　**全球** quánqiú 뎽 전 세계　**生态** shēngtài 뎽 생태　**系统** xìtǒng 뎽 시스템　**组成** zǔchéng 됭 구성하다
森林 sēnlín 뎽 삼림　**人类** rénlèi 뎽 인류　**息息相关** xīxī xiāngguān 젱 관계가 밀접하다　**地区** dìqū 뎽 지역　**面积** miànjī 뎽 면적
有效 yǒuxiào 혱 효과적이다　**调节** tiáojié 됭 조절하다　**气候** qìhòu 뎽 기후　**增加** zēngjiā 됭 증가하다　**灾害** zāihài 뎽 재해
发生率 fāshēnglǜ 발생률　**火灾** huǒzāi 뎽 화재　**范围** fànwéi 뎽 규모　**频繁** pínfán 혱 빈번하다
遭到 zāodào (불행이나 불리한 일을) 만나다　**破坏** pòhuài 됭 파괴하다　**科学家** kēxuéjiā 뎽 과학자　**指出** zhǐchū 됭 지적하다
频发 pínfā (안 좋은 일이) 자주 발생하다　**存在** cúnzài 됭 존재하다　**原因** yuányīn 뎽 원인　**承担** chéngdān 됭 부담하다
责任 zérèn 뎽 책임　**保护** bǎohù 됭 보호하다　**下功夫** xià gōngfu 노력을 기울이다　**停止** tíngzhǐ 됭 멈추다　**地球** dìqiú 뎽 지구
意义 yìyì 뎽 의미　**景色** jǐngsè 뎽 경치　**改变** gǎibiàn 됭 바뀌다　**控制** kòngzhì 됭 조절하다　**数量** shùliàng 뎽 수량

4

剪裁衣服时，要尽量避免把衣料剪小，因为衣料小了就没办法再变回去；做菜时先要少放点盐，因为味道淡了还可以再加盐，这些都是为进一步的完善留有余地。然而在现实生活中，人们经常会把话说满，把事做绝。老话说，"人情留一线，日后好相见"，[B]说话做事时应该要为彼此留有余地，这样才能更好地解决复杂多变的人际关系，灵活地处理事情。

A 不要信任狡猾的人
B 做人做事不能太绝对
C 人一定要敢于挑战自我
D 愿意委屈自己是一种美德

옷을 재단할 때는 되도록 옷감을 작게 자르는 것을 피해야 하는데, 옷감이 작아져 버리면 다시 되돌릴 방법이 없기 때문이다. 음식을 만들 때는 우선 소금을 적게 넣어야 하는데, 맛이 싱겁다면 소금을 더 넣을 수 있기 때문이다. 이러한 것들은 모두 더욱 완벽하기 위해 여지를 남겨 두는 것이다. 그러나 현실 생활에서 사람들은 자주 장담하며 일을 극단적으로 처리한다. 옛말에 '인정을 한 가닥 남기면, 훗날에 만나기 쉽다'라는 말이 있듯이, [B]말을 하고 일을 할 때는 반드시 서로를 위해 여지를 남겨 두어야 하는데, 이래야만 비로소 복잡하고 변덕스러운 인간관계를 더 잘 해결하고, 유연하게 일을 처리할 수 있다.

A 교활한 사람을 믿지 마라
B 사람을 대하고 일을 처리하는데 있어 너무 절대적이어서는 안 된다
C 사람은 반드시 용감하게 자신에게 도전해야 한다
D 스스로를 억울하게 하려는 것은 일종의 미덕이다

해설　지문의 초반을 읽으면 **留有余地**(여지를 남겨 두다)와 관련된 시사 이슈 논설문임을 알 수 있다. 따라서 지문에서 **留有余地**와 관련된 글쓴이의 주장이 언급되면, 각 선택지와 내용을 대조하여 오답을 소거하면서 정답을 고른다.

지문의 후반에서 언급된 **说话做事时应该要为彼此留有余地**와 선택지 B **做人做事不能太绝对**의 내용을 대조해 보면, 지문의 '말을 하고 일을 할 때는 반드시 서로를 위해 여지를 남겨 두어야 한다'는 곧 사람을 대하고 일을 처리하는데 있어 너무 절대적이어서는 안 된다는 의미이므로 내용이 일치한다. 따라서 선택지 B를 정답으로 고른다. → B (O)

선택지 A, C, D는 지문에서 언급되지 않았으므로 오답이다. → A (X), C (X), D (X)

어휘　**剪裁** jiǎncái 됭 재단하다　**尽量** jǐnliàng 쀼 되도록　**避免** bìmiǎn 됭 피하다　**衣料** yīliào 뎽 옷감　**剪** jiǎn 됭 자르다
盐 yán 뎽 소금　**味道** wèidao 뎽 맛　**淡** dàn 혱 싱겁다　**完善** wánshàn 됭 완벽하다　**留有余地** liúyǒu yúdì 여지를 남겨 두다
现实 xiànshí 뎽 현실　**说满** shuōmǎn 됭 장담하다　**做绝** zuòjué 됭 극단적으로 처리하다　**老话** lǎohuà 뎽 옛말
人情 rénqíng 뎽 인정　**一线** yíxiàn 한 가닥　**日后** rìhòu 뎽 훗날에　**好** hǎo 혱 ~하기 쉽다　**相见** xiāngjiàn 됭 만나다
彼此 bǐcǐ 덵 서로　**多变** duōbiàn 혱 변덕스럽다　**人际关系** rénjì guānxi 인간관계　**灵活** línghuó 혱 유연하다

处理 chǔlǐ 圖처리하다　信任 xìnrèn 圖믿다　狡猾 jiǎohuá 圖교활하다　绝对 juéduì 圖절대적인　敢于 gǎnyú 圖용감하게 ~하다
挑战 tiǎozhàn 圖도전하다　委屈 wěiqu 圖억울하다　美德 měidé 圖미덕

5

最近一项调查显示，暑假期间近万名 ᴮ大学生成为了外卖平台的兼职骑手，其中大约50%是大二、大三的学生。 ᴰ"体验生活"、"赚生活费"以及"更早实现经济独立"成为他们选择做外卖骑手的主要原因。 ᴮ这些大学生主动到社会里求生存， ᴮ用汗水辛苦挣钱，不靠父母的 ᴮ行为值得被称赞。

A 大学生很难控制消费行为

B 大学生做兼职值得被肯定

C 外卖平台只招大学生骑手

D 赚钱是大学生骑手的唯一目标

최근 한 조사에서 여름 방학 기간에 만 명에 가까운 ᴮ대학생이 배달 플랫폼의 라이더 아르바이트생이 되었고, 그 중 대략 50%는 대학교 2학년, 3학년 학생인 것으로 나타났다. ᴰ'생활을 경험하고', '생활비를 벌고' 또 '더 일찍 경제적 독립을 실현하는 것'이 그들이 배달 라이더가 되기로 선택한 주요 원인이다. ᴮ이 대학생들이 능동적으로 사회에 뛰어들어 생존을 모색하고, ᴮ땀을 흘리며 고생스럽게 돈을 벌고, 부모에게 기대지 않는 ᴮ행위는 칭찬받을 만하다.

A 대학생은 소비 행위를 통제하기 어렵다

B 대학생이 아르바이트를 하는 것은 인정받을 만하다

C 배달 플랫폼은 대학생 라이더만 모집한다

D 돈을 버는 것은 대학생 라이더의 유일한 목표이다

해설　지문의 첫 문장을 읽으면 **大学生成为外卖平台的兼职骑手**(대학생이 배달 플랫폼의 라이더 아르바이트생이 되는 것)와 관련된 시사 이슈 논설문임을 알 수 있다. 따라서 지문에서 **大学生成为外卖平台的兼职骑手**와 관련된 글쓴이의 주장이 언급되면, 각 선택지와 내용을 대조하여 오답을 소거하면서 정답을 고른다.

지문 중반에서 **"体验生活"、"赚生活费"以及"更早实现经济独立"成为他们选择做外卖骑手的主要原因。**이라고 했는데, D는 赚钱是大学生骑手的唯一目标라고 했으므로, 오답으로 소거한다. → D (X)

지문의 초반과 후반에서 언급된 **大学生成为了外卖平台的兼职骑手……这些大学生……用汗水辛苦挣钱……行为值得被称赞**과 선택지 B **大学生做兼职值得被肯定**의 내용을 대조해 보면, 지문의 '대학생이 배달 플랫폼의 라이더 아르바이트생이 되었고 …… 이 대학생들이 …… 땀을 흘리며 고생스럽게 돈을 버는 …… 행위는 칭찬받을 만하다'는 곧 대학생이 아르바이트를 하는 것은 인정받을 만하다는 의미이므로 내용이 일치한다. 따라서 선택지 B를 정답으로 고른다. → B (O)

* 바꾸어 표현　值得被称赞 칭찬받을 만하다 → 值得被肯定 인정받을 만하다

선택지 A, C는 지문에서 언급되지 않았으므로 오답이다. → A (X), C (X)

어휘　调查 diàochá 圖조사하다　显示 xiǎnshì 圖나타내다　暑假期间 shǔjià qījiān 圖여름 방학 기간　成为 chéngwéi 圖~이 되다
外卖平台 wàimài píngtái 배달 플랫폼　兼职 jiānzhí 圖아르바이트하다　骑手 qíshǒu 圖라이더　其中 qízhōng 圖그중에
大约 dàyuē 圖대략　体验 tǐyàn 圖경험하다　赚 zhuàn 圖(돈을) 벌다　生活费 shēnghuófèi 圖생활비　以及 yǐjí 圖또, 및
实现 shíxiàn 圖실현하다　经济 jīngjì 圖경제　独立 dúlì 圖독립하다　主动 zhǔdòng 圖능동적이다　社会 shèhuì 圖사회
求 qiú 圖모색하다　生存 shēngcún 圖생존하다　汗水 hànshuǐ 圖땀　辛苦 xīnkǔ 圖고생스럽다
挣钱 zhèngqián 圖(애써서) 돈을 벌다　靠 kào 圖기대다　行为 xíngwéi 圖행위　值得 zhídé 圖~할 만하다
称赞 chēngzàn 圖칭찬하다　控制 kòngzhì 圖통제하다　消费 xiāofèi 圖소비하다　肯定 kěndìng 圖인정하다
唯一 wéiyī 圖유일한　目标 mùbiāo 圖목표

6

ᶜ兴趣爱好可以影响心态和性格，甚至会不经意间改变人的一生。打个比方，我从小非常胆小，还很自卑，但跳舞的时候会变得非常自信，阳光有活力，跳舞可以潜移默化地改变自我否定的不良习惯；而剑道这项运动使我深刻理解了坚持的含义，从此不再懒散。我认为兴趣爱好可以帮助人们完善性格。

ᶜ취미는 마음가짐과 성격에 영향을 줄 수 있고, 심지어 무심결에 사람의 일생을 바꿀 수도 있다. 예를 들면, 나는 어렸을 때부터 매우 소심하고, 열등감도 가졌지만, 춤을 출 때는 매우 자신 있게 변했는데, 밝고 활기 넘쳐서, 춤을 추면 스스로를 부정하는 나쁜 습관을 나도 모르게 바꿀 수 있었다. 또 검도라는 이 운동은 내가 끝까지 버티는 것의 의미를 깊이 이해하게 해주었고, 그로부터 더 이상 게으르지 않게 되었다. 나는 취미가 사람들이 성격을 보완하는 데 도움이 된다고 생각한다.

A 不要急着改变性格	A 조급하게 성격을 바꾸려 하지 마라
B 好的兴趣可遇不可求	B 좋은 취미는 원한다고 다 얻어지는 것은 아니다
C 性格会受兴趣爱好的影响	**C 성격은 취미의 영향을 받는다**
D 剑道会使人变得阳光自信	D 검도는 사람을 밝고 자신 있게 만든다

해설 지문의 첫 문장을 읽으면 兴趣爱好影响心态和性格(취미는 마음가짐과 성격에 영향을 준다)와 관련된 시사 이슈 논설문임을 알 수 있다. 따라서 지문에서 兴趣爱好可以影响心态和性格와 관련된 글쓴이의 주장이 언급되면, 각 선택지와 내용을 대조하여 오답을 소거하면서 정답을 고른다.

지문의 초반에서 언급된 兴趣爱好可以影响心态和性格와 선택지 C 性格会受兴趣爱好的影响의 내용을 대조해 보면, 지문의 '취미는 마음가짐과 성격에 영향을 줄 수 있다'는 곧 성격은 취미의 영향을 받는다는 의미이므로 내용이 일치한다. 따라서 선택지 C를 정답으로 고른다. → C (O)

＊바꾸어 표현   兴趣爱好可以影响性格 취미는 성격에 영향을 줄 수 있다
          → 性格会受兴趣爱好的影响 성격은 취미의 영향을 받는다

*C를 정답으로 답안지에 표시한 후, 바로 다음 문제로 넘어가서 시간을 절약한다.

선택지 A, B, D는 지문에서 언급되지 않았으므로 오답이다. → A (X), B (X), D (X)

어휘 **兴趣爱好** xìngqù àihào 취미   **心态** xīntài 圏마음가짐   **性格** xìnggé 圏성격   **甚至** shènzhì 심지어
不经意间 bùjīngyì jiān 무심결에   **改变** gǎibiàn 圏바꾸다   **比方** bǐfang 圏예를 들다   **胆小** dǎnxiǎo 圏소심하다
自卑 zìbēi 圏열등감을 가지다   **自信** zìxìn 圏자신 있다   **阳光** yángguāng 圏밝다   **活力** huólì 圏활기
潜移默化 qiányímòhuà 圏나도 모르게   **否定** fǒudìng 圏부정하다   **剑道** jiàndào 圏검도   **深刻** shēnkè 圏(인상이) 깊다
理解 lǐjiě 圏이해하다   **坚持** jiānchí 圏끝까지 버티다   **含义** hányì 圏(담겨진) 의미   **从此** cóngcǐ 圏그로부터
懒散 lǎnsǎn 圏게으르다   **完善** wánshàn 圏보완하다   **急着** jízhe 조급하다
可遇不可求 kěyù bùkěqiú 원한다고 다 얻어지는 것은 아니다

고득점비책 04 | 일상 경험 이야기 공략하기 p.124

들으며 학습하기 ▶

1 B	2 B	3 C	4 B	5 D	6 A

1

ᴰ一只小壁虎被蛇咬住尾巴后，忍痛切断了尾巴才得以逃命。ᴮ一个农夫看到这一情景，觉得小壁虎很可怜，ᴮ想给它治疗伤口，可小壁虎拒绝了农夫的帮助。它说："ᴮ我很感谢这疼痛，因为疼痛让我知道自己还活着。如果你包裹了我的伤口，我怎么能长出新尾巴呢？"说完，小壁虎拖着被切断的尾巴，艰难地爬走了。

ᴰ새끼 도마뱀붙이 한 마리가 뱀에게 꼬리를 물린 후, 고통을 참으며 꼬리를 잘라내고서야 비로소 구사일생으로 살아날 수 있었다. ᴮ한 농부는 이 광경을 보고, 새끼 도마뱀붙이가 불쌍하다고 생각하여 ᴮ그것의 상처를 치료해주고 싶었는데, 그러나 새끼 도마뱀붙이는 농부의 도움을 거절했다. 그것은 말했다. "ᴮ저는 이 통증이 감사해요, 통증은 제가 아직 살아 있다는 것을 알게 해주기 때문이죠. 만약 당신이 저의 상처를 감싸면 새 꼬리가 어떻게 자라날 수 있겠어요?" 말이 끝나고 새끼 도마뱀붙이는 잘린 꼬리를 끌며 힘겹게 기어갔다.

A 小壁虎定期治疗伤口	A 새끼 도마뱀붙이는 정기적으로 상처를 치료한다
B 小壁虎选择了承受痛苦	**B 새끼 도마뱀붙이는 고통을 견디는 것을 선택했다**
C 小壁虎的尾巴不再长出来	C 새끼 도마뱀붙이의 꼬리는 더 이상 자라지 않는다
D 农夫切断了小壁虎的尾巴	D 농부는 새끼 도마뱀붙이의 꼬리를 잘랐다

해설 　지문의 첫 문장을 읽으면 小壁虎(새끼 도마뱀붙이)와 관련된 일상 경험 이야기임을 알 수 있다. 따라서 지문에서 小壁虎의 상태나 행동과 관련된 내용이 언급되면, 각 선택지와 내용을 대조하여 오답을 소거하면서 정답을 고른다.

지문의 초반에서 一只小壁虎被蛇咬住尾巴라고 했는데, 선택지 D는 农夫切断了小壁虎的尾巴라고 했으므로, 오답으로 소거한다. → D (X)

지문의 초중반에서 언급된 一个农夫……想给它治疗伤口, 可小壁虎拒绝了农夫的帮助。……我很感谢这疼痛, 因为疼痛让我知道自己还活着。와 선택지 B 小壁虎选择了承受痛苦의 내용을 대조해 보면, 지문의 새끼 도마뱀붙이는 통증을 통해 자신이 살아있음을 알 수 있기 때문에 농부의 도움을 거절했다는 내용은 곧 새끼 도마뱀붙이가 고통을 견디는 것을 선택했다는 의미이므로 내용이 일치한다. 따라서 선택지 B를 정답으로 고른다. → B (O)

*B를 정답으로 답안지에 표시한 후, 바로 다음 문제로 넘어가서 시간을 절약한다.

선택지 A, C는 지문에서 언급되지 않았으므로 오답이다. → A (X), C (X)

어휘 　**壁虎** bìhǔ 圄도마뱀붙이[뱀목 도마뱀붙이과의 동물]　**蛇** shé 圄뱀　**咬** yǎo 圄물다　**尾巴** wěiba 圄꼬리
忍痛 rěntòng 圄고통을 참다　**切断** qiēduàn 圄자르다　**得以** déyǐ 圄~할 수 있다　**逃命** táomìng 圄구사일생으로 살아나다
农夫 nóngfū 圄농부　**情景** qíngjǐng 圄광경　**可怜** kělián 圄불쌍하다　**治疗** zhìliáo 圄치료하다　**伤口** shāngkǒu 圄상처
拒绝 jùjué 圄거절하다　**感谢** gǎnxiè 圄감사하다　**疼痛** téngtòng 圄통증　**包裹** bāoguǒ 圄감싸다　**拖** tuō 圄끌다
艰难 jiānnán 圄힘겹다　**爬** pá 圄기어가다　**定期** dìngqī 圄정기적인　**承受** chéngshòu 圄견디다　**痛苦** tòngkǔ 圄고통스럽다

2

一天，ᶜ有个哲学家在思考问题时，儿子一直在旁边打扰他。于是ᶜ他将杂志上的地图撕成碎片，让儿子玩拼图，希望获得清净。ᴮ结果不到半小时，儿子就把地图拼好了。他大吃一惊，问其原因，儿子笑嘻嘻地说："我是照地图后面的人像拼的，人像拼好了，地图也就拼完了。"哲学家顿时明白，原来人对了，世界就对了。	어느 날, ᶜ한 철학자가 문제를 생각하고 있을 때, 아들이 계속 옆에서 그를 귀찮게 했다. 그래서 ᶜ그는 잡지 속의 지도를 찢어서 조각으로 만들었고, 아들에게 퍼즐 맞추기를 하게 하여 조용함을 얻기를 바랐다. ᴮ그 결과 30분도 안 되어서, 아들은 지도를 다 맞추었다. 그는 깜짝 놀라 그 이유를 물었는데 아들은 웃으면서 말했다. "저는 지도 뒷면의 인물 사진을 따라 맞췄어요. 인물 사진을 다 맞추니 지도도 다 맞춰졌어요." 철학자는 문득, 알고 보니 사람이 맞으면, 세상도 맞는다는 것을 깨달았다.
A 拼图游戏有利于孩子的成长	A 퍼즐 게임은 아이의 성장에 이롭다
B 儿子从头到尾没有被拼图难倒	**B 아들은 처음부터 끝까지 퍼즐로 힘들지 않았다**
C 儿子将杂志上的地图撕成碎片	C 아들은 잡지 속의 지도를 찢어 조각으로 만들었다
D 哲学家和儿子一起画好了人像	D 철학가는 아들과 함께 인물화를 그렸다

해설 　지문의 첫 문장을 읽으면 哲学家(철학자), 儿子(아들)와 관련된 일상 경험 이야기임을 알 수 있다. 따라서 지문에서 哲学家, 儿子의 상태나 행동과 관련된 내용이 언급되면, 각 선택지와 내용을 대조하여 오답을 소거하면서 정답을 고른다.

지문의 초반에서 有个哲学家……他将杂志上的地图撕成碎片이라고 했는데, 선택지 C는 儿子将杂志上的地图撕成碎片이라고 했으므로, 오답으로 소거한다. → C (X)

지문의 중반에서 언급된 结果不到半小时, 儿子就把地图拼好了。와 선택지 B 儿子从头到尾没有被拼图难倒의 내용을 대조해 보면, 지문의 '그 결과 30분도 안 되어서, 아들은 지도를 다 맞추었다.'는 곧 아들은 처음부터 끝까지 퍼즐로 힘들지 않았다는 의미이므로 내용이 일치한다. 따라서 선택지 B를 정답으로 고른다. → B (O)

*B를 정답으로 답안지에 표시한 후, 바로 다음 문제로 넘어가서 시간을 절약한다.

선택지 A, D는 지문에서 언급되지 않았으므로 오답이다. → A (X), D (X)

어휘 　**哲学家** zhéxuéjiā 圄철학자　**思考** sīkǎo 圄생각하다　**打扰** dǎrǎo 圄귀찮게 하다　**于是** yúshì 圄그래서　**杂志** zázhì 圄잡지
撕 sī 圄(손으로) 찢다　**碎片** suìpiàn 圄조각　**拼图** pīntú 圄퍼즐　**获得** huòdé 圄얻다　**清净** qīngjìng 圄조용하다
拼 pīn 圄맞추다　**原因** yuányīn 圄이유　**笑嘻嘻** xiàoxīxī 圄웃는 모양　**照** zhào 圄~에 따라　**人像** rénxiàng 圄인물 사진
顿时 dùnshí 圄문득　**原来** yuánlái 圄알고 보니　**有利于** yǒulìyú ~에 이롭다　**成长** chéngzhǎng 圄성장하다
从头到尾 cóngtóudàowěi 처음부터 끝까지　**难倒** nándǎo 圄힘들게 하다

3

过去，有个人善于制作草鞋，而他的妻子在织白绢一事上非常熟练。[B]他想去另一个国家赚更多的钱，但是[C]朋友听完他的计划后却说："你到那里去，一定会变得贫穷。"他感到不解，于是问朋友原因，朋友解释道："因为草鞋是用来穿着走路的，但是当地人习惯走路时不穿鞋。而白绢是做帽子最好的原料，但是那里的人喜欢披着头发。如果不考虑实际情况，冒然去一个根本不需要你的地方，是不会变得富有的。"

과거에 어떤 사람은 짚신 만드는 것을 잘했고, 그의 아내는 하얀 명주를 짜는 일에 매우 능숙했다. [B]그는 다른 나라에 가서 더 많은 돈을 벌고 싶어 했는데, 그러나 [C]친구는 그의 계획을 다 들은 후 오히려 '너는 거기에 가면 반드시 가난해질 거야.'라고 말했다. 그는 이해하지 못했고, 그래서 친구에게 이유를 묻자 친구는 설명하며 말했다. "짚신은 신고서 길을 걸어가는 데 쓰는 것인데, 현지인들은 길을 걸을 때 신발을 신지 않는 것에 익숙하기 때문이야. 하얀 명주는 모자를 만들기에 가장 좋은 재료이지만, 그곳의 사람들은 머리를 풀어 헤치는 것을 좋아해. 만약 현실적인 상황을 고려하지 않은 채 성급하게 너를 전혀 필요로 하지 않은 곳에 간다면 부유해질 수 없을 거야."

A 那个人非常喜欢织白绢
B 妻子很想搬到别的国家
C 朋友不支持那个人的想法
D 去陌生的地方可以赚到钱

A 그 사람은 하얀 명주 짜는 것을 아주 좋아한다
B 아내는 다른 나라로 이사 가고 싶어 한다
C 친구는 그 사람의 생각을 지지하지 않는다
D 낯선 곳에 가면 돈을 벌 수 있다

해설 지문의 첫 문장을 읽으면 **善于制作草鞋的人**(짚신 만드는 것을 잘하는 사람)과 관련된 일상 경험 이야기임을 알 수 있다. 따라서 지문에서 **善于制作草鞋的人**의 상태나 행동과 관련된 내용이 언급되면, 각 선택지와 내용을 대조하여 오답을 소거하면서 정답을 고른다.

지문의 초반에서 **他想去另一个国家赚更多的钱**이라고 했는데, 선택지 B는 **妻子很想搬到别的国家**라고 했으므로, 오답으로 소거한다. → B (X)

이어지는 문장에서 언급된 **朋友听完他的计划后却说："你到那里去，一定会变得贫穷。"**과 선택지 C **朋友不支持那个人的想法**의 내용을 대조해 보면, 지문의 '친구는 그의 계획을 다 들은 후 오히려 '너는 거기에 가면 반드시 가난해질 거야.'라고 말했다'는 곧 친구는 그 사람의 생각을 지지하지 않는다는 의미이므로 내용이 일치한다. 따라서 C를 정답으로 고른다. → C (O)

*C를 정답으로 답안지에 표시한 후, 바로 다음 문제로 넘어가서 시간을 절약한다.

선택지 A, D는 지문에서 언급되지 않았으므로 오답이다. → A (X), D (X)

어휘 **善于** shànyú [동]~을 잘하다 **制作** zhìzuò [동]만들다 **草鞋** cǎoxié [명]짚신 **织** zhī [동]짜다 **绢** juàn [명]명주 **熟练** shúliàn [형]능숙하다 **赚** zhuàn [동](돈을) 벌다 **计划** jìhuà [명]계획 **贫穷** pínqióng [형]가난하다 **不解** bùjiě 이해하지 못하다 **解释** jiěshì [동]설명하다 **当地** dāngdì [명]현지 **原料** yuánliào [명]재료 **披头发** pī tóufa 머리를 풀어 헤치다 **考虑** kǎolǜ [동]고려하다 **实际** shíjì [형]현실의 **情况** qíngkuàng [명]상황 **冒然** màorán [부]성급하게 **根本** gēnběn [부]전혀 **富有** fùyǒu [형]부유하다 **支持** zhīchí [동]지지하다 **陌生** mòshēng [형]낯설다

4

一天，孔子在路上碰到了三个小孩，其中两个孩子在玩，另一个孩子却安静地站在旁边。孔子觉得奇怪，就问这个孩子为什么不加入他们。小孩认真地答道："激烈的打闹会危害人的性命，拉拉扯扯的玩闹也会伤害人的身体，而且我的衣服也有可能被撕破，所以一起玩对我来说没什么好处。"[B]孔子不由感叹道："你小小年纪就能想到这么多事情，实在是了不起啊！"

어느 날, 공자는 길에서 세 명의 아이를 만났는데, 그중 두 아이는 놀고 있었고, 다른 한 아이는 뜻밖에 조용히 옆에서 있었다. 공자는 이상하다고 생각해서, 이 아이에게 왜 그들과 어울리지 않는지 물었다. 아이는 진지하게 대답했다. "격렬한 장난은 사람의 목숨에 해를 입힐 수 있고, 잡아당기며 노는 것도 사람의 몸을 해칠 수 있으며, 게다가 제 옷이 찢어질 수도 있어서 함께 노는 것은 저에게 아무런 장점이 없습니다." [B]공자는 저도 모르게 감탄하며 말했다. "너는 어린 나이인데도 이렇게 많은 것을 생각할 수 있다니 정말 대단하구나!"

A 孔子希望孩子们勇于行动	A 공자는 아이들이 용기 있게 행동하길 바란다
B 孔子非常欣赏那个小孩儿	**B 공자는 그 아이를 매우 높이 평가한다**
C 孔子教过许多优秀的孩子	C 공자는 많은 우수한 아이를 가르친 적이 있다
D 孔子的思想适合所有孩子	D 공자의 사상은 모든 아이에게 적합하다

해설 지문의 첫 문장을 읽으면 **孔子**(공자)와 관련된 일상 경험 이야기임을 알 수 있다. 따라서 지문에서 **孔子**의 상태나 행동과 관련된 내용이 언급되면, 각 선택지와 내용을 대조하여 오답을 소거하면서 정답을 고른다.

지문의 마지막 문장에서 언급된 **孔子不由感叹道: "你小小年纪就能想到这么多事情, 实在是了不起啊!"**와 선택지 B **孔子非常欣赏那个小孩儿**의 내용을 대조해 보면, 지문의 공자는 아이가 어린 나이인데도 이렇게 많은 것을 생각한 것에 감탄했다는 내용은 곧 공자가 그 아이를 매우 높이 평가한다는 의미이므로 내용이 일치한다. 따라서 선택지 B를 정답으로 고른다. → B (O)

선택지 A, C, D는 지문에서 언급되지 않았으므로 오답이다. → A (X), C (X), D (X)

어휘 孔子 Kǒng Zǐ 교유 공자 碰 pèng 통 (우연히) 만나다 其中 qízhōng 때 그중에 加入 jiārù 통 어울리다 答道 dádào 통 대답하다 激烈 jīliè 형 격렬하다 打闹 dǎnào 통 장난치다 危害 wēihài 통 해를 입히다 性命 xìngmìng 명 목숨 拉扯 lāche 통 잡아당기다 伤害 shānghài 통 해치다 撕 sī 통 (손으로) 찢다 好处 hǎochu 명 장점 不由 bùyóu 문 저도 모르게 感叹 gǎntàn 통 감탄하다 年纪 niánjì 명 나이 了不起 liǎobuqǐ 형 대단하다 勇于 yǒngyú 용기 있게 ~하다 行动 xíngdòng 통 행동하다 欣赏 xīnshǎng 통 높이 평가하다 许多 xǔduō 형 (매우) 많다 优秀 yōuxiù 형 (품행·성적 등이) 우수하다 思想 sīxiǎng 명 사상

5

在一场激烈的战斗中，有个士兵突然发现一架敌人的飞机朝地面冲下来。照常理，发现敌机时要毫不犹豫地卧倒。可这时，^B他发现不远处有一个小男孩站着。士兵没多想，立即跑到小男孩那里，并把他紧紧地压在身下。此时一声巨响，泥土纷纷落在他们身上。士兵拍拍身上的尘土，回头一看，惊呆了，刚才自己站的那个位置被炸成了一个大坑。^D原来士兵帮助别人的同时也帮助了自己。

한 차례의 치열한 전투 중에, 어떤 병사는 갑자기 적의 비행기 한 대가 땅을 향해 돌진하는 것을 발견했다. 상식적으로, 적의 비행기를 발견했을 때는 조금도 망설이지 않고 엎드려야 한다. 하지만 이때, ^B그는 멀지 않은 곳에 어린 소년이 서 있는 것을 발견했다. 병사는 오래 생각하지 않고, 즉시 어린 소년이 있는 그곳으로 달려갔고 그를 몸 밑으로 꽉 눌렀다. 이때 큰 소리가 울리면서, 흙이 잇달아 그들의 몸 위로 떨어졌다. 병사는 몸 위의 흙먼지를 털어 내고, 뒤를 돌아보고는 놀라서 멍해졌는데, 방금 자신이 서 있던 그 자리가 폭격을 당해 큰 구덩이가 되어 있었다. ^D알고 보니 병사는 다른 사람을 돕는 동시에 자신도 도운 것이었다.

A 敌军的飞机被炸毁了	A 적군의 비행기가 폭파되었다
B 小男孩迅速躲藏了起来	B 어린 소년은 재빠르게 숨었다
C 士兵终于懂得了换位思考	C 병사는 마침내 역지사지를 이해하게 되었다
D 士兵帮助别人的同时救了自己	**D 병사는 다른 사람을 도운 동시에 자신을 구했다**

해설 지문의 첫 문장을 읽으면 **士兵**(병사)과 관련된 일상 경험 이야기임을 알 수 있다. 따라서 지문에서 **士兵**의 상태나 행동과 관련된 내용이 언급되면, 각 선택지와 내용을 대조하여 오답을 소거하면서 정답을 고른다.

지문의 중반에서 **他发现不远处有一个小男孩站着**라고 했는데, 선택지 B는 **小男孩迅速躲藏了起来**라고 했으므로, 오답으로 소거한다. → B (X)

지문의 마지막 문장에서 언급된 **原来士兵帮助别人的同时也帮助了自己。**와 선택지 D **士兵帮助别人的同时救了自己**의 내용을 대조해 보면, 지문의 '알고 보니 병사는 다른 사람을 돕는 동시에 자신도 도운 것이었다'는 곧 병사는 다른 사람을 도운 동시에 자신을 구했다는 의미이므로 내용이 일치한다. 따라서 선택지 D를 정답으로 고른다. → D (O)

선택지 A, C는 지문에서 언급되지 않았으므로 오답이다. → A (X), C (X)

어휘 场 chǎng 양 차례 激烈 jīliè 형 치열하다 战斗 zhàndòu 명 전투 士兵 shìbīng 명 병사 架 jià 양 대[받침대나 기계 장치가 있는 물체를 세는 단위] 敌人 dírén 명 적 朝 cháo 개 ~를 향해서 冲 chōng 통 돌진하다

常理 chánglǐ 뗑 상식적인 도리　敌机 díjī 적의 비행기　毫不犹豫 háobù yóuyù 조금도 망설이지 않다　卧倒 wòdǎo 뗑 엎드리다
远处 yuǎnchù 먼 곳　立即 lìjí 뗑 즉시　紧紧 jǐnjǐn 뗑 꽉　压 yā 뗑 누르다　此时 cǐshí 이때
一声巨响 yìshēng jùxiǎng 큰 소리가 울리다　泥土 nítǔ 뗑 흙　纷纷 fēnfēn 뗑 잇달아　落 luò 뗑 떨어지다
拍 pāi 뗑(손으로 쳐서) 털어 내다　尘土 chéntǔ 뗑 흙먼지　回头 huítóu 뗑 뒤돌아보다　惊呆 jīngdāi 뗑 놀라 멍해지다
位置 wèizhi 뗑 자리　炸 zhà 뗑 폭격하다　坑 kēng 뗑 구덩이　敌军 díjūn 뗑 적군　炸毁 zhàhuǐ 뗑 폭파하다
迅速 xùnsù 뗑 재빠르다　躲藏 duǒcáng 뗑 숨다　懂得 dǒngde 뗑 이해하다
换位思考 huànwèi sīkǎo 역지사지, 입장 바꿔 생각하다　救 jiù 뗑 구하다

6

80后女孩儿侯姝媛迷上了对体力要求较高的户外骑行。有一年，ᴬ她来海南环岛骑行时，ᴬ发现海南没有把租车和住宿结合起来的驿站。经过半年的努力，她将自己的爱好变成了事业，ᴬ开了"517驿站"，填补了市场空白，给骑友们提供一站式服务。除了驿站，ᶜ她还和旅行社合作推出了骑行旅游专线。

A 骑友可以在驿站住宿

B "517驿站"亏了不少

C 骑行旅游专线尚未开发

D "517驿站"很少给骑友租车

80년대생 소녀 호우쑤웬은 체력이 비교적 많이 소모되는 야외 라이딩에 푹 빠졌다. 어느 해, ᴬ그녀가 하이난에 와서 섬 일주 라이딩을 할 때, ᴬ하이난에는 자전거 대여와 숙박을 결합해 놓은 호스텔이 없다는 것을 발견했다. 반 년의 노력 끝에, 그녀는 취미를 사업으로 바꾸어, ᴬ '517 호스텔'을 열었고 시장의 공백을 메워, 라이딩 크루에게 원스톱 서비스를 제공했다. 호스텔 외에도, ᶜ그녀는 여행사와도 협업하여 라이딩 여행 전용 노선도 선보였다.

A 라이딩 크루는 호스텔에서 숙박할 수 있다

B '517 호스텔'은 적지 않은 손해를 보았다

C 라이딩 여행 전용 노선은 아직 개발되지 않았다

D '517 호스텔'이 라이딩 크루에게 자전거를 빌려주는 일은 드물다

해설　지문의 첫 문장을 읽으면 侯姝媛(호우쑤웬)과 관련된 일상 경험 이야기임을 알 수 있다. 따라서 지문에서 侯姝媛의 상태나 행동과 관련된 내용이 언급되면, 각 선택지와 내용을 대조하여 오답을 소거하면서 정답을 고른다.

지문의 중반에서 언급된 她……发现海南没有把租车和住宿结合起来的驿站……开了"517驿站"，填补了市场空白，给骑友们提供一站式服务와 선택지 A 骑友可以在驿站住宿의 내용을 대조해 보면, 지문의 그녀가 하이난에 자전거 대여와 숙박을 결합해 놓은 호스텔이 없다는 것을 발견한 후, '517' 호스텔을 열어 시장의 공백을 메웠고, 라이딩 크루들에게 원스톱 서비스를 제공했다는 내용은 곧 그녀의 사업으로 인해 라이딩 크루가 하이난의 호스텔에서 숙박할 수 있다는 의미이므로 내용이 일치한다. 따라서 선택지 A를 정답으로 고른다. → A (O)

지분의 마지막 문장에서 她还和旅行社合作推出了骑行旅游专线이라고 했는데, 선택지 C는 骑行旅游专线尚未开发라고 했으므로, 오답으로 소거한다. → C (X)

선택지 B, D는 지문에서 언급되지 않았으므로 오답이다. → B (X), D (X)

어휘　80后 bālíng hòu 뗑 80년대 출생자[빠링허우]　迷上 míshàng 푹 빠지다　体力 tǐlì 뗑 체력　户外 hùwài 야외
骑行 qíxíng 뗑 라이딩하다　海南 Hǎinán 고유 하이난　环岛 huándǎo 섬을 일주하다　租车 zūchē 자전거 대여
住宿 zhùsù 뗑 숙박하다　结合 jiéhé 뗑 결합하다　驿站 yìzhàn 뗑 호스텔[비유적 표현], 역참　事业 shìyè 뗑 사업
填补 tiánbǔ 뗑 메우다　市场 shìchǎng 뗑 시장　空白 kòngbái 뗑 공백　一站式服务 yízhànshì fúwù 원스톱 서비스
旅行社 lǚxíngshè 뗑 여행사　合作 hézuò 뗑 협업하다　推出 tuīchū 뗑 선보이다　专线 zhuānxiàn 뗑 전용 노선
亏 kuī 뗑 손해보다　尚未 shàngwèi 아직 ~하지 않다　开发 kāifā 뗑 개발하다

제2부분 실전테스트 p.126

들으며 학습하기 ▶

| 1 B | 2 B | 3 A | 4 C | 5 B | 6 C | 7 D | 8 D | 9 B | 10 A |

1

天气的冷热变化较大时，汽车的挡风玻璃上容易产生雾气。^B这种雾气会影响司机的视线，从而^B威胁到交通安全。那么，怎样做才能不让挡风玻璃产生雾气呢？司机可以在开车前开热风除去雾气。这样做的话，挡风玻璃在汽车行驶期间就能始终保持清爽的状态；另外，司机在驾驶过程中打开外循环，也能在一定程度上减少雾气。

A 有雾气就不能停车

B 雾气会影响交通安全

C 雾气一般在夏天出现

D 驾驶时需要打开热风

날씨의 춥고 더운 변화가 비교적 클 때, 자동차의 바람막이용 유리에는 안개가 생기기 쉽다. ^B이러한 안개는 운전자의 시야에 영향을 줄 수 있고, 그리하여 ^B교통 안전을 위협한다. 그러면 어떻게 해야 바람막이용 유리에 안개가 생기지 않게 할 수 있을까? 운전자는 운전하기 전에 히터를 틀어서 안개를 제거할 수 있다. 이렇게 하면 바람막이용 유리는 자동차가 달리는 동안 계속해서 깨끗한 상태를 유지할 수 있다. 이 밖에, 운전자가 운전 과정 중에 외기 순환을 틀어 놓아도 안개를 어느 정도 줄일 수 있다.

A 안개가 있으면 차를 세울 수 없다

B 안개는 교통안전에 영향을 끼친다

C 안개는 보통 여름에 나타난다

D 운전할 때 히터를 틀어야 한다

해설 지문의 첫 문장을 읽으면 挡风玻璃(바람막이용 유리)와 관련된 지식 정보 설명문임을 알 수 있다. 따라서 지문에서 挡风玻璃와 관련된 개념이나 세부 특징이 언급되면, 각 선택지와 내용을 대조하여 오답을 소거하면서 정답을 고른다.

지문의 초반에서 언급된 这种雾气……威胁到交通安全과 선택지 B 雾气会影响交通安全의 내용을 대조해 보면, 지문의 '이러한 안개는 …… 교통 안전을 위협한다'는 곧 안개는 교통 안전에 영향을 끼친다는 의미이므로 내용이 일치한다. 따라서 선택지 B를 정답으로 고른다. → B (O)

* 바꾸어 표현 威胁到交通安全 교통 안전을 위협한다 → 会影响交通安全 교통 안전에 영향을 끼친다

*B를 정답으로 답안지에 표시한 후, 바로 다음 문제로 넘어가서 시간을 절약한다.

선택지 A, C, D는 지문에서 언급되지 않았으므로 오답이다. → A (X), C (X), D (X)

어휘 挡风玻璃 dǎngfēng bōli 바람막이용 유리[윈드쉴드 글라스, 자동차의 앞 유리] 雾气 wùqì 圆안개 视线 shìxiàn 圆시야 威胁 wēixié 圆위협하다 热风 rèfēng 圆히터, 따뜻한 바람 行驶 xíngshǐ 圆달리다 始终 shǐzhōng 圆계속 保持 bǎochí 圆유지하다 清爽 qīngshuǎng 圆깨끗하다 状态 zhuàngtài 圆상태 驾驶 jiàshǐ 圆운전하다 过程 guòchéng 圆과정 外循环 wàixúnhuán 외기 순환 程度 chéngdù 圆정도 出现 chūxiàn 圆나타나다

2

梨是一种常见的水果，它香甜可口，很多人都喜欢吃，但是^B在中国，梨一般不能作为礼物赠送给他人，特别是家人和朋友。这是因为"梨"和"离"同音，而"离"有分开、分离的意思，是一种不好的象征。

A 梨有"甜蜜"的意思

B 将梨送给朋友不合适

C 凤梨深受消费者欢迎

D 梨的颜色越鲜艳越好

배는 흔히 볼 수 있는 과일로, 그것은 달콤하고 맛있어서 많은 사람들이 즐겨 먹지만, ^B중국에서 배는 보통 선물로 다른 사람에게 줄 수 없는데, 특히 가족과 친구에게 줄 수 없다. 이것은 '배'가 '떠나다'와 음이 같고, '떠나다'는 헤어지다, 이별하다는 의미여서, 좋지 않은 상징이기 때문이다.

A 배는 '달콤하다'는 의미가 있다

B 배를 친구에게 선물하는 것은 적절하지 않다

C 파인애플은 소비자의 큰 환영을 받는다

D 배의 색깔은 선명할수록 좋다

해설 지문의 첫 문장에서 梨(배), 中国(중국)가 언급되었으므로, 梨와 관련된 중국 문화 설명문임을 알 수 있다. 따라서 지문에서 梨와 관련된 특징이나 장점이 언급되면, 각 선택지와 내용을 대조하여 오답을 소거하면서 정답을 고른다.

지문의 중반에서 언급된 在中国, 梨一般不能作为礼物赠送给他人, 特别是家人和朋友와 선택지 B 将梨送给朋友不合适의 내용을 대조해 보면, 지문의 '중국에서 배는 보통 선물로 다른 사람에게 줄 수 없는데, 특히 가족과 친구에게 줄 수 없다'는 곧 배를 친구에게 선물하는 것은 적절하지 않다는 의미이므로 내용이 일치한다. 따라서 선택지 B를 정답으로 고른다. → B (O)

*B를 정답으로 답안지에 표시한 후, 바로 다음 문제로 넘어가서 시간을 절약한다.

선택지 A, C, D는 지문에서 언급되지 않았으므로 오답이다. → A (X), C (X), D (X)

어휘 **梨** lí [명] 배 **常见** chángjiàn [동] 흔히 보다 **香甜可口** xiāngtián kěkǒu 달콤하고 맛있다 **作为** zuòwéi [동] ~으로 하다 **赠送** zèngsòng [동] 주다, 증정하다 **同音** tóngyīn [동] 음이 같다 **分开** fēnkāi [동] 헤어지다 **分离** fēnlí [동] 이별하다 **象征** xiàngzhēng [명] 상징 **凤梨** fènglí [명] 파인애플 **深受** shēnshòu [동] ~을 깊게 받다 **鲜艳** xiānyàn [형] (색이) 선명하다

3

随着传染病的持续时间变长，各个地区都出现了不同程度的"疲劳"现象。很多人开始对保持社交距离感到厌烦，也不再严格遵守卫生规则。[D]世界卫生组织表示，人们在感受痛苦的同时感到疲惫的话，社区内部就可能会出现信任危机。秋季和冬季即将到来，到时两种以上的传染病同时流行，则[C]可能会使卫生系统承受不了沉重的压力，导致更多人失去生命。因此，努力克服流行病带来的疲劳感，[A]做好必要的个人保护措施就显得尤为重要。

A 有必要采取个人保护措施

B 政府可以适当加强宣传力度

C 卫生系统可以承担所有压力

D "疲劳"现象不会带来严重后果

전염병의 지속 시간이 길어짐에 따라, 각 지역에서는 모두 다른 정도의 '피로' 현상이 나타났다. 많은 사람들은 사회적 거리를 유지하는 것에 대해 싫증을 느끼기 시작했고, 또 더 이상 엄격하게 위생 규칙을 지키지 않는다. [D]세계 보건 기구는 사람들이 고통을 받는 동시에 지친다고 느낀다면, 지역 사회 내부적으로 신뢰 위기가 나타날 수 있다고 밝혔다. 가을과 겨울이 곧 다가오는데, 그때가 되어 두 가지 이상의 전염병이 동시에 유행한다면, [C]의료 체계가 심한 압력을 견디지 못하게 하여, 더 많은 사람이 생명을 잃는 것을 초래할 수 있다. 따라서 유행병이 가져오는 피로감을 극복하려고 노력하고, [A]필요한 개인 보호 조치를 잘하는 것이 특히 중요해 보인다.

A 개인 보호 조치를 취할 필요가 있다

B 정부는 홍보 역량을 적절히 강화할 수 있다

C 의료 체계는 모든 압력을 감당할 수 있다

D '피로' 현상은 심각한 결과를 가져오지 않을 것이다

해설 지문의 첫 문장을 읽으면 **传染病**(전염병)과 관련된 시사 이슈 논설임을 알 수 있다. 따라서 **传染病**과 관련된 글쓴이의 주장이 언급되면, 각 선택지와 내용을 대조하여 오답을 소거하면서 정답을 고른다.

지문의 중반에서 **世界卫生组织表示，人们在感受痛苦的同时感到疲惫的话，社区内部就可能会出现信任危机。**라고 했는데, 선택지 D는 **"疲劳"现象不会带来严重后果**라고 했으므로, 오답으로 소거한다. → D (X)

그 다음 문장에서 **可能会使卫生系统承受不了沉重的压力**라고 했는데, 선택지 C는 **卫生系统可以承担所有压力**라고 했으므로, 오답으로 소거한다. → C (X)

지문의 마지막 문장에서 언급된 **做好必要的个人保护措施就显得尤为重要**와 선택지 A **有必要采取个人保护措施**의 내용을 내소해 보면, 지문의 '필요한 개인 보호 조치를 잘하는 것이 특히 중요해 보인다'는 곧 개인 보호 조치를 취할 필요가 있다는 의미이므로 내용이 일치한다. 따라서 선택지 A를 정답으로 고른다. → A (O)

선택지 B는 지문에서 언급되지 않았으므로 오답이다. → B (X)

어휘 **传染病** chuánrǎnbìng [명] 전염병 **持续** chíxù [동] 지속하다 **地区** dìqū [명] 지역 **程度** chéngdù [명] 정도 **疲劳** píláo [형] 피로하다 **现象** xiànxiàng [명] 현상 **保持** bǎochí [동] 유지하다 **社交距离** shèjiāo jùlí 사회적 거리 **厌烦** yànfán [동] 싫증나다 **严格** yángé [형] 엄격하다 **遵守** zūnshǒu [동] 지키다 **卫生** wèishēng [명] 위생 **规则** guīzé [명] 규칙 **世界卫生组织** Shìjiè Wèishēng Zǔzhī [고유] 세계 보건 기구(WHO) **感受** gǎnshòu [동] (영향·고통을) 받다 **痛苦** tòngkǔ [형] 고통스럽다 **疲惫** píbèi [형] (매우) 지치다 **社区** shèqū [명] 지역 사회 **内部** nèibù [명] 내부 **信任** xìnrèn [동] 신뢰하다 **危机** wēijī [명] 위기 **秋季** qiūjì [명] 가을 **冬季** dōngjì [명] 겨울 **卫生系统** wèishēng xìtǒng 의료 체계 **承受** chéngshòu [동] 견디다 **沉重** chénzhòng [형] (정도가) 심하다 **压力** yālì [명] 압력 **导致** dǎozhì [동] 초래하다 **失去** shīqù [동] 잃다 **生命** shēngmìng [명] 생명 **因此** yīncǐ [접] 따라서 **克服** kèfú [동] 극복하다 **必要** bìyào [형] 필요하다 **个人** gèrén [명] 개인 **保护** bǎohù [동] 보호하다 **措施** cuòshī [명] 조치 **显得** xiǎnde [동] ~처럼 보이다 **尤为** yóuwéi [부] 특히 **采取** cǎiqǔ [동] 취하다 **政府** zhèngfǔ [명] 정부 **适当** shìdàng [동] 적절하다 **宣传** xuānchuán [동] 홍보하다 **力度** lìdù [명] 역량 **承担** chéngdān [동] 감당하다 **所有** suǒyǒu [형] 모든 **严重** yánzhòng [형] 심각하다 **后果** hòuguǒ [명] (주로 안 좋은) 결과

4

亭子是常见的传统建筑形式之一，最早的亭子建在路旁，用来供行人休息、乘凉或观赏风景。亭子一般为敞开式结构，没有围墙，顶部可分为六角、八角、圆形等多种形状。^C亭子因为造型轻巧，布设灵活，选材不受限制，所以^C被广泛应用在园林建筑上。

정자는 흔히 보이는 전통 건축물 형식 중 하나인데, 최초의 정자는 길가에 지어져, 행인에게 휴식하고 더위를 피하거나 풍경을 감상하도록 제공하는 데 쓰였다. 정자는 보통 개방식 구조로, 둘러싼 담이 없으며, 지붕은 육각, 팔각, 원형 등의 다양한 형태로 나눌 수 있다. ^C정자는 조형이 가볍고 정교하고, 배치가 자유로우며, 재료를 선택하는데 제한을 받지 않아서 ^C원림 건축물에 광범위하게 응용된다.

A 很多传统建筑历史悠久

B 五角形的亭子最为常见

C 亭子在园林建筑中很普遍

D 园林里的亭子不对游客开放

A 많은 전통 건축물의 역사는 오래되었다

B 오각형의 정자가 가장 흔히 보인다

C 정자는 원림 건축물에서 보편적이다

D 원림 안의 정자는 여행객들에게 개방하지 않는다

해설 지문의 첫 문장을 읽으면 **亭子**(정자)와 관련된 지식 정보 설명문임을 알 수 있다. 따라서 **亭子**와 관련된 개념이나 세부 특징이 언급되면, 각 선택지와 내용을 대조하여 오답을 소거하면서 정답을 고른다.

지문의 후반에서 언급된 **亭子……被广泛应用在园林建筑上**과 선택지 C **亭子在园林建筑中很普遍**의 내용을 대조해 보면, 지문의 '정자는 …… 원림 건축에 광범위하게 응용된다'는 곧 정자는 원림 건축에서 보편적이라는 의미이므로 내용이 일치한다. 따라서 선택지 C를 정답으로 고른다. → C (O)

선택지 A, B, D는 지문에서 언급되지 않았으므로 오답이다. → A (X), B (X), D (X)

어휘 **亭子** tíngzi 圐 정자 **常见** chángjiàn 圐 흔히 보다 **传统** chuántǒng 圐 전통 **建筑** jiànzhù 圐 건축물 **形式** xíngshì 圐 형식
路旁 lùpáng 圐 길가 **供** gōng 圐 제공하다 **行人** xíngrén 圐 행인 **乘凉** chéngliáng 圐 더위를 피하다
观赏 guānshǎng 圐 감상하다 **风景** fēngjǐng 圐 풍경 **敞开式** chǎngkāishì 개방식 **结构** jiégòu 圐 구조
围墙 wéiqiáng 圐 (집·정원 등을) 둘러싼 담 **顶部** dǐngbù 圐 지붕 **分为** fēnwéi (~으로) 나누다 **圆形** yuánxíng 圐 원형
形状 xíngzhuàng 圐 형태 **造型** zàoxíng 圐 조형 **轻巧** qīngqiǎo 圐 가볍고 정교하다 **布设** bùshè 배치하다 **灵活** línghuó 圐 (기존의 형식에 얽매이지 않고) 자유롭다 **选材** xuǎncái 圐 (적당한 재료나 소재를) 선택하다
限制 xiànzhì 圐 제한하다 **广泛** guǎngfàn 圐 광범위하게 **应用** yìngyòng 圐 응용하다
园林 yuánlín 圐 원림[인공적으로 설계하여 만든 화원·정원 형태의 관광·명승지] **悠久** yōujiǔ 圐 오래되다
五角形 wǔjiǎoxíng 圐 오각형 **最为** zuìwéi 圐 가장 **开放** kāifàng 圐 개방하다

5

剪纸是用剪刀把纸剪成各种各样的图案的民间艺术。用一把剪刀，一张纸就能表达生活中的喜怒哀乐。^B剪纸是中国最古老的艺术形式之一。每逢节假日，^D很多人会将美丽的剪纸贴在窗户上、墙壁上或者门上，节日的气氛被烘托得更加热闹。

전지는 가위로 종이를 각양각색의 도안으로 오려 내는 민간 예술이다. 가위 하나, 종이 한 장으로 생활 속의 희로애락을 표현할 수 있다. ^B전지는 중국에서 가장 오래된 예술 형식 중 하나이다. 명절과 휴일마다 ^D많은 사람이 아름다운 전지를 창문 위, 벽 위 혹은 문 위에 붙이는데, 휴일의 분위기가 부각되어 더 시끌벅적해진다.

A 中国人都是剪纸高手

B 剪纸是中国的传统艺术

C 结婚时要贴白色的剪纸

D 剪纸不能贴在家里的墙上

A 중국인은 모두 전지 고수이다

B 전지는 중국의 전통 예술이다

C 결혼할 때 하얀색의 전지를 붙여야 한다

D 전지는 집 안의 벽 위에 붙일 수 없다

해설 지문의 첫 문장에서 **剪纸**(전지), **中国**(중국)가 언급되었으므로, **剪纸**과 관련된 중국 문화 설명문임을 알 수 있다. 따라서 지문에서 **剪纸**과 관련된 특징이나 장점이 언급되면, 각 선택지와 내용을 대조하여 오답을 소거하면서 정답을 고른다.

지문의 중반에서 언급된 **剪纸是中国最古老的艺术形式之一。**와 선택지 B **剪纸是中国的传统艺术**의 내용을 대조해 보면, 지문의 '전지는 중국에서 가장 오래된 예술 형식 중 하나이다.'는 곧 전지는 중국의 전통 예술이라는 의미이므로 내용이

일치한다. 따라서 선택지 B를 정답으로 고른다. → B (O)

*B를 정답으로 답안지에 표시한 후, 바로 다음 문제로 넘어가서 시간을 절약한다.

그 다음 문장에서 很多人会将美丽的剪纸贴在窗户上、墙壁上或者门上이라고 했는데, 선택지 D는 剪纸不能贴在家里的墙上이라고 했으므로, 오답으로 소거한다. → D (X)

선택지 A, C는 지문에서 언급되지 않았으므로 오답이다. → A (X), C (X)

어휘 剪纸 jiǎnzhǐ 圆전지[종이를 오려 여러 가지 형상이나 모양을 만드는 종이 공예] 剪刀 jiǎndāo 圆가위 图案 tú'àn 圆도안
民间 mínjiān 圆민간 艺术 yìshù 圆예술 表达 biǎodá 圆(생각·감정을) 표현하다 生活 shēnghuó 圆생활
喜怒哀乐 xǐnùāilè 圆희로애락[기쁨과 노여움과 슬픔과 즐거움] 古老 gǔlǎo 圆오래되다 形式 xíngshì 圆형식
每逢 měi féng (~할 때) 마다 节假日 jiéjiàrì 圆명절과 휴일 贴 tiē 圆붙이다 墙壁 qiángbì 圆벽 气氛 qìfēn 圆분위기
烘托 hōngtuō 圆부각되다 高手 gāoshǒu 圆고수 传统 chuántǒng 圆전통

6

有一对模范夫妻长期和谐相处，张三十分好奇，于是找那对夫妻询问了婚姻的秘诀。丈夫说："ᶜ你听过婚姻生活三部曲吗？第一年，男的在说，女的在听；第二年，女的在说，男的在听；ᶜ第三年，男女一起说，邻居在听。浓情蜜意散尽，更多的是平凡的日常生活。幸福的婚姻其实就是少一点争吵，多一点理解和忍让。"

A 夫妻要懂得赞赏对方

B 婚姻的秘诀是少说话

C 结婚第三年更容易争吵

D 生活中浓情蜜意最重要

오랫동안 화목하게 지내는 모범적인 부부 한 쌍이 있었는데, 장싼은 너무 궁금해서 그 부부를 찾아가 결혼의 비결을 물었다. 남편은 말했다. "ᶜ당신은 결혼 생활 3부작을 들어 보셨나요? 1년 차에는 남자가 말하고 여자는 듣고, 2년 차에는 여자가 말하고 남자는 듣고, ᶜ3년 차에는 남녀가 함께 말하고, 이웃이 듣는다고 하죠. 깊은 사랑은 걷히고 평범한 일상생활이 더 많아요. 행복한 결혼은 사실 말다툼을 적게 하고, 이해와 양보를 많이 하는 거예요."

A 부부는 상대방을 높이 평가할 줄 알아야 한다

B 결혼의 비결은 말을 적게 하는 것이다

C 결혼 3년 차는 말다툼하기 더욱 쉽다

D 생활 속에서 깊은 사랑이 가장 중요하다

해설 지문의 첫 문장을 읽으면 模范夫妻(모범적인 부부)와 관련된 일상 경험 이야기임을 알 수 있다. 따라서 지문에서 模范夫妻의 상태나 행동과 관련된 내용이 언급되면, 각 선택지와 내용을 대조하여 오답을 소거하면서 정답을 고른다.

지문의 중반에서 언급된 你听过婚姻生活三部曲吗？……第三年，男女一起说，邻居在听과 선택지 C 结婚第三年更容易争吵의 내용을 대조해 보면, 지문의 '당신은 결혼 생활 3부작을 들어 보셨나요？ …… 3년 차에는 남녀가 함께 말하고 이웃이 듣는다고 하죠'는 남녀가 말하는 소리가 이웃이 들을 정도로 크다는 것이고, 이는 곧 결혼 3년 차 부부는 말다툼하기 더욱 쉽다는 의미이므로 내용이 일치한다. 따라서 C를 정답으로 고른다. → C (O)

*C를 정답으로 답안지에 표시한 후, 바로 다음 문제로 넘어가서 시간을 절약한다.

선택지 A, B, D는 지문에서 언급되지 않았으므로 오답이다. → A (X), B (X), D (X)

어휘 模范 mófàn 圆모범적인 夫妻 fūqī 圆부부 和谐 héxié 圆화목하다 相处 xiāngchǔ 圆(함께) 지내다 好奇 hàoqí 圆궁금하다
询问 xúnwèn 圆물어보다 婚姻 hūnyīn 圆결혼 秘诀 mìjué 圆비결 三部曲 sānbùqǔ 圆3부작
浓情蜜意 nóngqíngmìyì 깊은 사랑 散尽 sàn jìn 걷히다 平凡 píngfán 圆평범하다 日常 rìcháng 圆일상의
争吵 zhēngchǎo 圆말다툼하다 理解 lǐjiě 圆이해하다 忍让 rěnràng 圆양보하다 赞赏 zànshǎng 圆높이 평가하다
对方 duìfāng 圆상대방

7

数字经济是全球经济增长重要的推动力。近年来，数字人民币得到了广泛关注，它的研发和应用能满足公众对数字经济的需求，使支付行为变得更加方便、安全。不过，ᴰ我们需要关注一下数字弱势群体，因为数字人民币的推广会给他们带来不便。因此，有关部门应该考虑包括农村贫困地区和老年人在内的数字弱势群体，保证所有老百姓都能享受到数字人民币带来的便利，保护他们的基本权利。

디지털 경제는 전 세계 경제 성장의 중요한 원동력이다. 최근 몇 년간 디지털 인민폐는 광범위한 관심을 받았고, 그것의 연구 개발과 응용은 디지털 경제에 대한 대중의 수요를 만족시켜, 지불 행위가 더 편리하고 안전해지게 했다. 그러나 ᴰ우리는 디지털 취약 계층에 관심을 가질 필요가 있는데, 디지털 인민폐의 보급이 그들에게 불편함을 가져다주기 때문이다. 따라서 관련 부서에서는 반드시 농촌 빈곤 지역과 노년층을 포함한 디지털 취약 계층을 고려하여, 모든 국민이 디지털 인민폐가 가져오는 편리함을 누릴 수 있도록 보장하고, 그들의 기본 권리를 보호해야 한다.

A 必须全面使用数字科技

B 数字人民币一定受市场欢迎

C 目前的数字科技已相当成熟

D 有些人不能轻松适应数字科技

A 반드시 전면적으로 디지털 과학 기술을 사용해야 한다

B 디지털 인민폐는 반드시 시장의 환영을 받는다

C 현재의 디지털 과학 기술은 이미 상당히 발전했다

D 어떤 사람들은 디지털 과학 기술에 쉽게 적응할 수 없다

해설 지문의 초반을 읽으면 对数字弱势群体的关注(디지털 취약 계층에 대한 관심)와 관련된 시사 이슈 논설문임을 알 수 있다. 따라서 지문에서 对数字弱势群体的关注와 관련된 글쓴이의 주장이 언급되면, 각 선택지와 내용을 대조하여 오답을 소거하면서 정답을 고른다.

지문의 중반에서 언급된 我们需要关注一下数字弱势群体, 因为数字人民币的推广给他们带来不便과 선택지 D 有些人不能轻松适应数字科技의 내용을 대조해 보면, 지문의 '우리는 디지털 취약 계층에 관심을 가질 필요가 있는데, 디지털 인민폐의 보급이 그들에게 불편함을 가져다 주기 때문이다'는 곧 어떤 사람들은 디지털 과학 기술에 쉽게 적응할 수 없다는 의미이므로 내용이 일치한다. 따라서 D를 정답으로 고른다. → D (O)

*D를 정답으로 답안지에 표시한 후, 바로 다음 문제로 넘어가서 시간을 절약한다.

선택지 A, B, C는 지문에서 언급되지 않았으므로 오답이다. → A (X), B (X), C (X)

어휘 **数字经济** shùzì jīngjì 디지털 경제　**全球** quánqiú 圐 전 세계　**增长** zēngzhǎng 圄 성장하다　**推动力** tuīdònglì 圐 원동력　**人民币** Rénmínbì 교위 인민폐[중국의 법정 화폐]　**广泛** guǎngfàn 圐 광범위하다　**关注** guānzhù 관심을 가지다　**研发** yánfā 圄 연구 개발하다　**应用** yìngyòng 圄 응용하다　**满足** mǎnzú 圄 만족시키다　**公众** gōngzhòng 圐 대중　**需求** xūqiú 圐 수요　**支付** zhīfù 圄 지불하다　**行为** xíngwéi 圐 행위　**弱势** ruòshì 圐 취약　**群体** qúntǐ 圐 계층　**推广** tuīguǎng 圄 (널리) 보급하다　**部门** bùmén 圐 부서　**农村** nóngcūn 圐 농촌　**贫困** pínkùn 圐 빈곤하다　**地区** dìqū 圐 지역　**保证** bǎozhèng 圄 보장하다　**所有** suǒyǒu 圐 모든　**老百姓** lǎobǎixìng 圐 국민　**享受** xiǎngshòu 圄 누리다　**便利** biànlì 圐 편리하다　**保护** bǎohù 圄 보호하다　**基本** jīběn 圐 기본적인　**权利** quánlì 圐 권리　**全面** quánmiàn 圐 전면적이다　**使用** shǐyòng 圄 사용하다　**科技** kējì 圐 과학 기술　**市场** shìchǎng 圐 시장　**目前** mùqián 圐 현재　**相当** xiāngdāng 凰 상당히　**成熟** chéngshú 圐 (기술이) 발전되어 있다　**轻松** qīngsōng 圐 쉽다　**适应** shìyìng 圄 적응하다

8

购物节越来越多样，但是始终无法吸引中老年人参与其中。造成这一现象的原因有两点：第一是多存款少消费的传统观念，第二是医疗费用、住房及其他方面的经济压力。如果不能吸引中老年人参与购物节，那么经济很难进一步发展。所以ᴰ不管是政府还是商家，都要考虑中老年人所面临的情况，积极推出保证经济安全，刺激消费的ᴰ措施。

쇼핑데이는 점점 다양해지고 있지만 한결같이 중노년층이 그 속으로 참여하도록 끌어들이지 못하고 있다. 이 현상을 야기한 원인은 두 가지가 있다. 첫 번째는 저축을 많이 하고 소비는 적게 하는 전통 관념이고, 두 번째는 의료 비용, 주택 및 다른 방면에서의 경제적 부담이다. 만약 중노년층을 쇼핑데이에 참여하도록 끌어들이지 못한다면, 그러면 경제는 더욱 발전하기 어려울 것이다. 그래서 ᴰ정부든 상인이든 관계없이 중노년층이 처한 상황을 고려하여 경제적 안정을 보장하고 소비를 진작시키는 ᴰ조치를 적극적으로 내놔야 한다.

A 年轻人都愿意存款	A 젊은이는 모두 저축을 원한다
B 中老年人的身体普遍健康	B 중노년층의 신체는 보편적으로 건강하다
C 政府一直阻止年轻人过度消费	C 정부는 줄곧 젊은이들의 과도한 소비를 저지한다
D 商家需要考虑中老年人的消费情况	**D 상인은 중노년층의 소비 상황을 고려해야 한다**

해설 지문의 첫 문장을 읽으면 中老年人参与购物节(중노년층이 쇼핑데이에 참여하는 것)와 관련된 시사 이슈 논설문임을 알 수 있다. 따라서 지문에서 中老年人参与购物节와 관련된 글쓴이의 주장이 언급되면, 각 선택지와 내용을 대조하여 오답을 소거하면서 정답을 고른다.

지문의 후반에서 언급된 不管是政府还是商家，都要考虑中老年人所面临的情况，积极推出……措施과 선택지 D 商家需要考虑中老年人的消费情况의 내용을 대조해 보면, 지문의 '정부든 상인이든 관계없이 중노년층이 처한 상황을 고려하여 …… 조치를 적극적으로 내놔야 한다'는 곧 상인은 중노년층이 처한 상황을 고려해야 한다는 의미이므로 내용이 일치한다. 따라서 선택지 D를 정답으로 고른다. → D (O)

선택지 A, B, C는 지문에서 언급되지 않았으므로 오답이다. → A (X), B (X), C (X)

어휘 购物节 gòuwùjié 圆쇼핑데이 始终 shǐzhōng 倒한결같이 吸引 xīyǐn 圆끌어들이다 参与 cānyù 圆참여하다
其中 qízhōng 圆그 속에 造成 zàochéng 圆야기하다 现象 xiànxiàng 圆현상 原因 yuányīn 圆원인 存款 cúnkuǎn 圆저축하다
消费 xiāofèi 圆소비하다 传统 chuántǒng 圆전통적이다 观念 guānniàn 圆관념 医疗 yīliáo 圆의료 费用 fèiyòng 圆비용
住房 zhùfáng 圆주택 方面 fāngmiàn 圆방면 经济 jīngjì 圆경제 压力 yālì 圆부담 进一步 jìnyíbù 倒더욱
发展 fāzhǎn 圆발전하다 不管 bùguǎn 圆관계없이 政府 zhèngfǔ 圆정부 商家 shāngjiā 圆상인 考虑 kǎolǜ 圆고려하다
面临 miànlín 圆처하다 情况 qíngkuàng 圆상황 积极 jījí 圆적극적이다 保证 bǎozhèng 圆보장하다
安全 ānquán 圆안전하다 刺激 cìjī 圆진작시키다, 자극시키다 措施 cuòshī 圆조치 普遍 pǔbiàn 圆보편적이다
阻止 zǔzhǐ 圆저지하다 过度 guòdù 圆과도하다

9

B/C白噪音C是一种具有治疗功能的声音，它对放松身心、提高睡眠质量及B集中注意力等方面有极大帮助。经常受到噪音污染的人群，可以适当利用白噪音，帮助自己提高工作效率。需要长时间集中精力的大学生或办公室工作人员，他们一般会利用白噪音来降低那些周围杂音带来的不良影响。	B/C백색 소음은 C일종의 치료 기능을 가진 소리로 그것은 심신을 이완시키거나 수면의 질을 높이는 것, 그리고 B주의력을 집중시키는 등의 방면에서 큰 도움이 된다. 자주 소음 공해를 겪는 사람들은 백색 소음을 적절히 이용하여 스스로가 업무 효율을 높이도록 도울 수 있다. 오랜 시간 에너지 집중이 필요한 대학생 혹은 사무실 직원들은 보통 백색 소음을 이용하여 그 주변의 잡음이 가져오는 나쁜 영향을 감소시킨다.
A 大学生的生活很有规律	A 대학생의 생활은 규칙적이다
B 白噪音能提高人的注意力	**B 백색 소음은 사람의 주의력을 높일 수 있다**
C 白噪音的治疗效果不明显	C 백색 소음의 치료 효과는 뚜렷하지 않다
D 多听音乐对放松心情有益	D 음악을 많이 듣는 것은 마음을 편안하게 하는 데 도움이 된다

해설 지문의 첫 문장을 읽으면 白噪音(백색 소음)과 관련된 지식 정보 설명문임을 알 수 있다. 따라서 白噪音과 관련된 개념이나 세부 특징이 언급되면, 각 선택지와 내용을 대조하여 오답을 소거하면서 정답을 고른다.

지문의 초반에서 白噪音是一种具有治疗功能的声音이라고 했는데, 선택지 C는 白噪音的治疗效果不明显이라고 했으므로, 오답으로 소거한다. → C (X)

같은 문장에서 언급된 白噪音……集中注意力等方面有极大帮助와 선택지 B 白噪音能提高人的注意力의 내용을 대조해 보면, 지문의 '백색 소음은 …… 주의력을 집중시키는 등의 방면에서 큰 도움이 된다'는 곧 백색 소음은 사람의 주의력을 높일 수 있다는 의미이므로 내용이 일치한다. 따라서 선택지 B를 정답으로 고른다. → B (O)

*B를 정답으로 답안지에 표시한 후, 바로 다음 문제로 넘어가서 시간을 절약한다.

선택지 A, D는 지문에서 언급되지 않았으므로 오답이다. → A (X), D (X)

10

ᴮ作为中国传统武术之一的太极拳，招式灵活，充满力量。太极拳主张用缓慢而稳定的动作感受自然，同时从中学习中国古代的"阴阳"哲学思想。ᴬ学习太极拳不仅有利于身体健康，还能够稳定情绪，ᴬ这对心理健康有莫大的好处。

ᴮ중국 전통 무술 중 하나인 태극권은, 동작이 유연하고, 힘이 넘친다. 태극권은 느리고 안정된 동작으로 자연을 느끼고, 동시에 그 속에서 중국 고대의 '음양' 철학 사상을 배우라고 주장한다. ᴬ태극권을 배우는 것은 신체 건강에 이로울 뿐만 아니라, 정서도 안정시킬 수 있어, ᴬ이는 심리 건강에 크나큰 이점이 있다.

A 打太极拳有利于身心健康

B 太极拳是中国传统舞蹈之一

C 老年人群更适合练习太极拳

D 中国古代哲学思想体现在各方面

A 태극권을 하는 것은 심신 건강에 이롭다

B 태극권은 중국 전통 무용 중 하나이다

C 노년층은 태극권을 연습하기에 더 적합하다

D 중국 고대 철학 사상은 각 방면에서 드러난다

해설　지문의 첫 문장에서 中国(중국), 太极拳(태극권)이 언급되었으므로, 太极拳과 관련된 중국 문화 설명문임을 알 수 있다. 따라서 太极拳과 관련된 특징이나 장점이 언급되면, 각 선택지와 내용을 대조하여 오답을 소거하면서 정답을 고른다.

지문의 초반에서 作为中国传统武术之一的太极拳이라고 했는데, 선택지 B는 太极拳是中国传统舞蹈之一라고 했으므로, 오답으로 소거한다. → B (X)

지문의 마지막 문장에서 언급된 学习太极拳……这对心理健康有莫大的好处와 선택지 A 打太极拳有利于身心健康의 내용을 대조해 보면, 지문의 '태극권을 배우는 것은 …… 심리 건강에 크나큰 이점이 있다'는 곧 태극권을 하는 것은 심신 건강에 이롭다는 의미이므로 내용이 일치한다. 따라서 선택지 A를 정답으로 고른다. → A (O)

＊바꾸어 표현　对心理健康有莫大的好处 심리 건강에 크나큰 이점이 있다 → 有利于身心健康 심신 건강에 이롭다

선택지 C, D는 지문에서 언급되지 않았으므로 오답이다. → C (X), D (X)

제3부분

문제풀이 스텝 해석 p.131

树叶到了秋天就会变成红色，这是为什么呢？其实答案就在叶子里含有的物质中。现代科学认为，植物中的特殊物质决定了它的颜色。不同的成熟时间和环境都会让这些物质发生变化，造成季节不同，植物色彩就不一样的现象。

花青素就是这样的特殊物质，其结构特点可以改变植物的颜色。实验证明，花青素在酸性环境中呈红色。春天和夏天日照时间长，天气十分温暖，所以树叶在这样的条件下基本不会形成花青素。因此在这个时间段，树叶一直会保持绿色的状态。可是到了秋天，由于气温迅速降低，日照量减少，树叶中的糖分就开始增加，最终促进花青素的形成。由于树叶的内部环境一般是酸性，花青素使树叶变成红色也就是顺理成章的事了。

나뭇잎은 가을이 되면 붉은색으로 변하는데, 이것은 왜 그럴까? 사실 답은 잎 속에 함유된 물질에 있다. 현대 과학은 식물 속의 특수 물질이 그것의 색깔을 결정한다고 보고 있다. 서로 다른 성숙 시간과 환경이 모두 이러한 물질에 변화가 생기게 하여, 계절이 다르면 식물의 색도 달라지는 현상을 만든다는 것이다.

안토시안은 바로 이러한 특수 물질로, 그것의 구조적인 특징이 식물의 색깔을 바꿀 수 있다. 실험은 안토시안이 산성의 환경에서 붉은색을 띤다는 것을 증명했다. 봄과 여름에는 일조 시간이 길고, 날씨가 매우 따뜻한데, 나뭇잎은 이러한 조건에서 기본적으로 안토시안을 형성할 수 없다. 때문에 이 기간에 나뭇잎은 계속 녹색 상태를 유지할 수 있다. 그러나 가을이 되면 기온이 빠르게 떨어지고, 일조량이 감소하기 때문에, 나뭇잎 속의 당분이 증가하기 시작하며, 마지막에는 안토시안의 형성을 촉진한다. 나뭇잎의 내부 환경은 일반적으로 산성이기 때문에, 안토시안이 나뭇잎을 붉은색으로 변하게 하는 것도 이치에 맞는 일이다.

研究证明，花青素在酸性环境中：

A 会消失

B 呈红色

C 保持绿色

D 不断增加

연구에서 증명하기를, 안토시안은 산성의 환경에서:

A 사라진다

B 붉은색을 띤다

C 녹색을 유지한다

D 계속 증가한다

어휘　树叶 shùyè 몡나뭇잎　秋天 qiūtiān 몡가을　叶子 yèzi 몡잎　含有 hányǒu 몡함유하다　物质 wùzhì 몡물질
现代 xiàndài 몡현대　科学 kēxué 몡과학　植物 zhíwù 몡식물　特殊 tèshū 톙특수하다　决定 juédìng 용결정하다
成熟 chéngshú 용성숙하다　造成 zàochéng 용만들다　色彩 sècǎi 몡색　现象 xiànxiàng 몡현상
花青素 huāqīngsù 몡안토시안[식물의 세포액 속에 들어 있어서 다양한 빛깔을 나타내는 색소]　结构 jiégòu 몡구조
特点 tèdiǎn 몡특징　改变 gǎibiàn 용바꾸다　实验 shíyàn 몡실험　证明 zhèngmíng 용증명하다
酸性 suānxìng 몡산성　呈 chéng 용(색을) 띠다　日照 rìzhào 몡일조　温暖 wēnnuǎn 톙따뜻하다　条件 tiáojiàn 몡조건
形成 xíngchéng 용형성하다　状态 zhuàngtài 몡상태　由于 yóuyú 젭~때문에　气温 qìwēn 몡기온　迅速 xùnsù 톙빠르다
降低 jiàngdī 용(지위 등이) 떨어지다　日照量 rìzhàoliàng 일조량　减少 jiǎnshǎo 용감소하다　糖分 tángfēn 몡당분
最终 zuìzhōng 몡마지막　促进 cùjìn 용촉진하다　内部 nèibù 몡내부　顺理成章 shùnlǐ chéngzhāng 용이치에 맞다

고득점비책 01 | 육하원칙 문제 공략하기 p.134

돌으며 학습하기 ▶

1 A	2 B	3 D	4 D	5 D	6 B	7 A	8 C

陕西历史博物馆位于西安市，是中国第一座大型现代国家级博物馆。¹博物馆的建筑由中国设计大师张锦秋设计，突出了唐代的建筑风格。整座建筑主次清楚，结构合理，在技术上达到了国际水平，在建筑艺术上成为了悠久历史和伟大文明的象征，将传统文化和现代科技巧妙地结合起来。

历史上有十三个王朝在陕西建立首都，因此陕西有丰富的地上地下文物。陕西历史博物馆利用了地理上的优势，收藏了37万多件陕西出土的文物。此外，还收藏了远古人类使用的简单石器，以及1840年前社会生活中的各种文物。²这里收藏的文物不仅数量多，种类全，而且价值高。博物馆按照不同历史时代来选择和安排文物进行展览，以此表现中国各个历史阶段的社会文明发展状况。

"一座博物馆就是一所大学"。³陕西历史博物馆在这方面表现突出：不仅做好了保存、展览文物的基本工作，还把研究和传播等功能结合起来，认真讲好每一件文物背后的故事，让文物不仅反映历史，同时还为现代中国社会提供文化支持。

博物馆对外免费开放，每年吸引着近150万的中外游客前来参观。特别是每年的寒暑假，有大量的学生游客前来体验。⁴博物馆计划每天接待2000名游客，但是实际接待量远远超过这个数字，所以博物馆正在考虑扩建场馆，以达到理想的参观效果。

산시 역사 박물관은 시안시에 위치한 중국 최초의 대형 현대 국가급 박물관이다. ¹박물관의 건물은 중국의 디자인 거장인 장징쵸우가 설계하였고, 당나라의 건축 양식을 돋보이게 했다. 전체 건물은 전시 공간과 부차적인 공간의 구분이 분명하고, 구조가 합리적이며, 기술적으로는 국제적인 수준에 도달하여, 건축 예술에서 오랜 역사와 위대한 문명의 상징이 되었고, 전통문화와 현대 과학 기술을 교묘하게 결합하였다.

역사상 13개 왕조가 산시에서 수도를 건설했는데, 이때문에 산시에는 풍부한 지상 지하 문물이 있다. 산시 역사 박물관은 지리적인 우세를 이용하여, 산시에서 출토된 문물 37만여 점을 소장하고 있다. 이 밖에, 먼 옛날 인류가 사용했던 간단한 석기, 그리고 1840년 전 사회생활 속의 각종 문물도 소장하고 있다. ²이곳에 소장된 문물은 수량이 많을 뿐만 아니라, 종류도 모두 갖춰져 있으며, 게다가 가치가 높다. 박물관은 다른 역사 시대에 따라서 문물을 고르고 배치하여 전시를 하는데, 이것으로 중국 각 역사 단계의 사회 문명 발전 상황을 나타낸다.

'박물관은 곧 대학이다.' ³산시 역사 박물관은 이 부분에서의 활약이 돋보인다. 문물을 보존하고 전시하는 기본적인 작업을 잘했을 뿐만 아니라, 또 연구하고 전파하는 등의 기능을 결합하여, 각 문물 뒤편의 이야기를 충실하게 설명을 하여 문물이 역사를 반영하게 했고, 동시에 현대 중국 사회에 문화적 지지를 제공하게 했다.

박물관은 외부에 무료로 개방하며, 해마다 150만 명에 가까운 국외 여행객들이 견학하러 오도록 끌어들이고 있다. 특히 매년 겨울 방학과 여름 방학에는, 많은 학생 여행객들이 체험하러 온다. ⁴박물관은 매일 2000명의 여행객을 맞이하려고 계획하지만, 실제 방문객 수는 이 숫자를 훨씬 넘어서서 박물관은 이상적인 관람 효과에 이르기 위하여, ⁴전시장 확장을 고려하고 있다.

어휘 **陕西** Shǎnxī 고유 산시 **博物馆** bówùguǎn 몡 박물관 **位于** wèiyú 통 ~에 위치하다 **西安市** Xīānshì 고유 시안시
座 zuò 양 [건물을 세는 양사] **大型** dàxíng 혱 대형의 **现代** xiàndài 몡 현대 **建筑** jiànzhù 몡 건물, 건축물 통 건축하다
设计 shèjì 통 디자인하다, 설계하다 **大师** dàshī 몡 거장 **突出** tūchū 통 돋보이게 하다 톙 돋보이다 **唐代** tángdài 몡 당나라
风格 fēnggé 몡 양식, 스타일 **主次** zhǔcì 몡 전시 공간과 부차적인 공간의 구분, (일의) 경중 **结构** jiégòu 몡 구조 **合理** hélǐ 혱 합리적이다
悠久 yōujiǔ 혱 오래되다 **伟大** wěidà 혱 위대하다 **文明** wénmíng 몡 문명 **象征** xiàngzhēng 몡 상징 **传统** chuántǒng 몡 전통
科技 kējì 몡 과학 기술 **巧妙** qiǎomiào 톙 교묘하다 **结合** jiéhé 통 결합하다 **王朝** wángcháo 몡 왕조 **建立** jiànlì 통 건설하다
首都 shǒudū 몡 (한 나라의) 수도 **利用** lìyòng 통 이용하다 **地理** dìlǐ 몡 지리 **优势** yōushì 몡 우세 **收藏** shōucáng 통 소장하다
出土 chūtǔ 통 출토하다 **文物** wénwù 몡 문물 **此外** cǐwài 젭 이 밖에 **远古** yuǎngǔ 몡 먼 옛날 **人类** rénlèi 몡 인류
使用 shǐyòng 통 사용하다 **石器** shíqì 몡 석기 **数量** shùliàng 몡 수량 **种类** zhǒnglèi 몡 종류 **价值** jiàzhí 몡 가치
展览 zhǎnlǎn 통 전시하다 **表现** biǎoxiàn 통 나타나다 몡 활약 **阶段** jiēduàn 몡 단계 **文明** wénmíng 몡 문명
发展 fāzhǎn 통 발전하다 **状况** zhuàngkuàng 몡 상황 **保存** bǎocún 통 보존하다 **基本** jīběn 톙 기본적인 **研究** yánjiū 통 연구하다
传播 chuánbō 통 전파하다 **功能** gōngnéng 몡 기능 **背后** bèihòu 몡 뒤편 **反映** fǎnyìng 통 반영하다 **免费** miǎnfèi 통 무료로 하다
开放 kāifàng 통 개방하다 **吸引** xīyǐn 통 끌어들이다 **参观** cānguān 통 견학하다 **计划** jìhuà 통 계획하다 **接待** jiēdài 통 맞이하다
接待量 jiēdàiliàng 방문객(손님) 수 **超过** chāoguò 통 넘다 **数字** shùzì 몡 수 **考虑** kǎolǜ 통 고려하다 **扩建** kuòjiàn 통 확장하다
场馆 chǎngguǎn 몡 전시장 **达到** dádào 통 이르다 **理想** lǐxiǎng 톙 이상적이다 **效果** xiàoguǒ 몡 효과

제3부분 해커스 HSK 5급 한 권으로 정복

1

谁设计了博物馆的建筑?

A 设计大师　　　　**B** 学生游客

C 学校教授　　　　**D** 西安市长

누가 박물관의 건물을 설계했는가?

A 디자인 거장　　　　**B** 학생 여행객

C 학교 교수　　　　　**D** 시안 시장

해설　질문이 누가 박물관의 건물을 설계했는지를 물었으므로, 设计了博物馆的建筑(박물관의 건물을 설계했다)를 핵심어구로 하여 지문에서 재빨리 찾는다. 첫 번째 단락에서 博物馆的建筑由中国设计大师张锦秋设计라고 했으므로, A 设计大师를 정답으로 고른다.

어휘　设计 shèjì 통설계하다, 디자인하다　博物馆 bówùguǎn 명박물관　建筑 jiànzhù 명건물, 건축물　大师 dàshī 명거장

2

在博物馆收藏的文物有什么特点?

A 超过100万件

B 数量和种类多

C 都是在陕西出土的

D 按照价值安排展览

박물관에 소장된 문물은 어떤 특징이 있는가?

A 100만 점이 넘는다

B 수량과 종류가 많다

C 모두 산시에서 출토된 것이다

D 가치에 따라서 전시를 안배한다

해설　질문이 박물관에 소장된 문물은 어떤 특징이 있는지를 물었으므로, 收藏文物的特点(소장된 문물의 특징)을 핵심어구로 하여 지문에서 재빨리 찾는다. 두 번째 단락에서 这里收藏的文物不仅数量多, 种类全, 而且价值高。라고 했으므로, B 数量和种类多를 정답으로 고른다.

어휘　博物馆 bówùguǎn 명박물관　收藏 shōucáng 통소장하다　文物 wénwù 명문물　数量 shùliàng 명수량　种类 zhǒnglèi 명종류　出土 chūtǔ 통출토하다　价值 jiàzhí 명가치　展览 zhǎnlǎn 통전시하다

3

陕西历史博物馆在哪个方面的表现突出?

A 参观费很便宜

B 开设寒暑假课程

C 导游讲解文物故事

D 做好保存和展览文物的工作

산시 역사 박물관은 어떤 방면에서의 활약이 돋보이는가?

A 관람료가 저렴하다

B 겨울 방학과 여름 방학 수업을 개설한다

C 가이드가 문물의 이야기를 설명한다

D 문물을 보존하고 전시하는 일을 잘 한다

해설　질문이 산시 역사 박물관은 어떤 방면에서의 활약이 돋보이는지를 물었으므로, 表现突出的方面(활약이 돋보이는 방면)을 핵심어구로 하여 지문에서 재빨리 찾는다. 세 번째 단락에서 陕西历史博物馆在这方面表现突出: 不仅做好了保存、展览文物的基本工作라고 했으므로, D 做好保存和展览文物的工作를 정답으로 고른다.

어휘　表现 biǎoxiàn 명활약　突出 tūchū 통돋보이다　参观费 cānguānfèi 관람료　课程 kèchéng 명수업　讲解 jiǎngjiě 통설명하다　保存 bǎocún 통보존하다　展览 zhǎnlǎn 통전시하다　文物 wénwù 명문물

4

博物馆为什么在考虑扩建场馆?

A 想增加营业收入

B 计划展出更多文物

C 政府公布了新规定

D 实际接待的游客过多

박물관은 왜 전시장 확장을 고려하고 있는가?

A 영업 수익을 늘리고 싶어 한다

B 더 많은 문물을 전시할 계획이다

C 정부가 새로운 규정을 선포했다

D 실제로 맞이하는 여행객의 수가 아주 많다

해설　질문이 박물관은 왜 전시장 확장을 고려하고 있는지를 물었으므로, 考虑扩建场馆(전시장 확장을 고려하다)을 핵심어구로 하여 지문에서 재빨리 찾는다. 마지막 단락에서 博物馆计划每天接待2000名游客, 但是实际接待量远远超过这个数字, 所以博物馆正在考虑扩建场馆이라고 했으므로, D 实际接待的游客过多를 정답으로 고른다.

어휘　**考虑** kǎolǜ 图고려하다　　**扩建** kuòjiàn 图확장하다　　**营业** yíngyè 图영업하다　　**展出** zhǎnchū 图전시하다

文物 wénwù 圀문물　　**政府** zhèngfǔ 圀정부　　**公布** gōngbù 图선포하다　　**接待** jiēdài 图맞이하다

5-8

　　长期以来，"取药难、熬药难"是许多人去看中医时的亲身体会。尤其是在熬药方面，[5]很多人缺乏对中药的知识，且熬药过程费时费力，[5]因此中药质量无法得到保证，导致治疗效果不理想。人们对中药代熬以及送药上门服务的需求越来越明显了。

　　为了解决这一问题，一家公司最近推出了[6]"智慧中药房"自动化解决方案。该方案改造传统诊疗流程，通过互联网技术，使抓药、熬药、取药、配送等[6]全过程实现标准化和自动化，尽量减少人的参与，且主要做辅助性工作，避免人为错误。

　　据专家介绍，引进"智慧中药房"全自动解决方案后，医院只需要原先人员的1/3。[7]"智慧中药房"设备占地面积较小，可节约40%以上空间，且无需固定在一处。[7]这些特点都能有效降低医院的服务成本。

　　更重要的是，[8]采用"智慧中药房"进行规模化管理，可节省患者50%的时间，大大改善取药时间过长等问题。该方案作为就医用药的新模式，实现了"互联网+医疗健康"的发展，做到了"让信息多跑路，病人不排队"，实实在在地缓解了群众看病就医难的问题。

오랜 기간 동안 '약을 얻는 것이 어렵고, 약을 달이는 것이 어렵다'는 많은 사람들이 중의사를 보러 갈 때 직접 겪는 경험들이다. 특히 약을 달이는 부분에서, [5]많은 사람들이 중약에 대한 지식이 부족하고, 게다가 약을 달이는 과정은 시간이 걸리며 힘이 드는데, [5]때문에 중약의 품질을 보장할 수 없어, 치료 효과가 이상적이지 않은 것을 초래한다. 중약을 대신 달여주고 또 집 앞까지 배송해 주는 서비스에 대한 사람들의 수요가 갈수록 두드러지고 있다.

이 문제를 해결하기 위해, 한 회사는 최근 [6]'스마트 중약방' 자동화 해결 방안을 내놓았다. [6]이 방안은 전통적인 진료 과정을 변모시켜, 인터넷 기술을 통해 약을 짓고, 약을 달이고, 약을 얻고, 배송하는 등의 [6]전 과정이 표준화와 자동화를 실현하게 하고, 되도록 사람의 참여를 줄일 뿐만 아니라, 주로 보조적인 일을 하여 사람이 하는 실수를 피하도록 한다.

전문가의 소개에 따르면, '스마트 중약방' 전자동 해결 방안을 도입한 후에, 병원에서는 기존 인원의 3분의 1만 필요로 하게 된다고 한다. [7]'스마트 중약방' 설비는 지면을 차지하는 면적이 비교적 작아 40% 이상의 공간을 절약할 수 있고, 한 곳에 고정시켜 둘 필요도 없다. [7]이 특징들은 모두 효과적으로 병원의 서비스 원가를 낮출 수 있다.

더 중요한 것은, [8]'스마트 중약방'을 채택하여 규모화 관리를 진행하는 것은 환자의 50%의 시간을 아낄 수 있고, 약을 얻는 시간이 과도하게 오래 걸리는 등의 문제를 크게 개선할 수 있다는 것이다. 이 방안은 치료를 받고 약을 쓰는 것의 새로운 모델로서, '인터넷+의료 건강'의 발전을 실현하였고, '정보는 많이 퍼지고, 아픈 사람은 줄을 서지 않도록' 했으며, 일반 대중이 진찰받고 치료받는 것이 어렵다는 문제를 확실히 완화시켰다.

어휘　**以来** yǐlái 图동안, 이래　　**取** qǔ 图얻다　　**熬** áo 图(음식 등을) 달이다　　**许多** xǔduō 囵많은　　**亲身** qīnshēn 囵직접 겪은

体会 tǐhuì 圀경험　　**缺乏** quēfá 图부족하다　　**中药** zhōngyào 圀중약[중국 전통 의학]　　**过程** guòchéng 圀과정

费时 fèishí 图시간이 걸리다　　**费力** fèilì 图힘이 들다　　**质量** zhìliàng 圀품질　　**保证** bǎozhèng 图보장하다　　**导致** dǎozhì 图초래하다

治疗 zhìliáo 图치료하다　　**效果** xiàoguǒ 圀효과　　**理想** lǐxiǎng 囵이상적이다　　**以及** yǐjí 젭또　　**需求** xūqiú 圀수요

明显 míngxiǎn 囵두드러지다　　**推出** tuīchū 图내놓다, 출시하다　　**智慧中药房** zhìhuì zhōngyàofáng 스마트 중약방

自动化 zìdònghuà 자동화하다　　**方案** fāng'àn 圀방안　　**改造** gǎizào 图변모시키다　　**传统** chuántǒng 囵전통적이다

诊疗 zhěnliáo 图진료하다　　**流程** liúchéng 圀과정, 공정　　**互联网** hùliánwǎng 圀인터넷　　**技术** jìshù 圀기술

抓药 zhuāyào 图약을 짓다　　**配送** pèisòng 图배송하다　　**实现** shíxiàn 图실현하다　　**标准化** biāozhǔnhuà 图표준화

尽量 jǐnliàng 閂되도록　　**减少** jiǎnshǎo 图줄이다　　**参与** cānyù 图참여하다　　**辅助** fǔzhù 囵보조적인　　**避免** bìmiǎn 图피하다

人为 rénwéi 囵사람이 하다　　**错误** cuòwù 圀실수　　**专家** zhuānjiā 圀전문가　　**引进** yǐnjìn 图도입하다

全自动 quánzìdòng 圀전자동[전부 자동으로 작동되는 것을 일컬음]　　**原先** yuánxiān 圀기존, 원래　　**人员** rényuán 圀인원

设备 shèbèi 圀설비　　**占** zhàn 图차지하다　　**面积** miànjī 圀면적　　**空间** kōngjiān 圀공간　　**固定** gùdìng 图고정시키다

有效 yǒuxiào 囵효과적이다　　**降低** jiàngdī 图낮추다　　**成本** chéngběn 圀원가　　**采用** cǎiyòng 图채택하다

规模化 guīmóhuà 图규모화하다　　**管理** guǎnlǐ 图관리하다　　**节省** jiéshěng 图아끼다　　**患者** huànzhě 圀환자

改善 gǎishàn 图개선하다　　**作为** zuòwéi 께~로서　　**就医** jiùyī 图치료를 받다　　**用药** yòngyào 图약을 쓰다　　**模式** móshì 圀모델

医疗 yīliáo 圀의료　　**发展** fāzhǎn 图발전하다　　**信息** xìnxī 圀정보　　**跑路** pǎolù 퍼지다[비유적 표현], 길을 걷다

实实在在 shíshízàizài 閂확실히　　**缓解** huǎnjiě 图완화시키다　　**群众** qúnzhòng 圀일반 대중　　**看病** kànbìng 图진찰받다

5

中药质量为什么无法得到保证？

A 没有保质期

B 浓淡不均匀

C 治疗效果不理想

D 人们不太了解中药

중약의 품질은 왜 보장할 수 없는가?

A 품질 보증 기간이 없다

B 농도가 균일하지 않다

C 치료 효과가 이상적이지 않다

D 사람들은 중약을 잘 알지 못한다

해설 질문이 중약의 품질은 왜 보장할 수 없는지를 물었으므로, 中药质量无法得到保证(중약의 품질은 보장할 수 없다)을 핵심어구로 하여 지문에서 재빨리 찾는다. 첫 번째 단락에서 很多人缺乏对中药的知识……因此中药质量无法得到保证이라고 했으므로, D 人们不太了解中药를 정답으로 고른다.

＊ 바꾸어 표현 缺乏知识 지식이 부족하다 → 不太了解 잘 알지 못하다

어휘 中药 zhōngyào 圓중약[중국 전통 의학] 质量 zhìliàng 圓품질 保证 bǎozhèng 圓보장하다 保质期 bǎozhìqī 圓품질 보증 기간 浓淡 nóngdàn 圓(맛이나 색깔의) 농도 均匀 jūnyún 圓균일하다 治疗 zhìliáo 圓치료하다 效果 xiàoguǒ 圓효과 理想 lǐxiǎng 圓이상적이다

6

根据第二段，"智慧中药房"的主要特点是什么？

A 个别化　　　　　B 自动化

C 碎片化　　　　　D 简单化

두 번째 단락에 근거하여, '스마트 중약방'의 주요 특징은 무엇인가?

A 개별화　　　　　B 자동화

C 단편화　　　　　D 단순화

해설 질문이 두 번째 단락에 근거하여 '스마트 중약방'의 주요 특징은 무엇인지를 물었으므로, "智慧中药房(스마트 중약방)"을 핵심어구로 하여 두 번째 단락에서 재빨리 찾는다. 두 번째 단락에서 "智慧中药房"自动化解决方案。该方案……全过程实现标准化和自动化라고 했으므로, B 自动化를 정답으로 고른다.

어휘 智慧中药房 zhìhuì zhōngyàofáng 스마트 중약방 个别化 gèbiéhuà 개별화 自动化 zìdònghuà 자동화 碎片化 suìpiànhuà 단편화 简单化 jiǎndānhuà 단순화

7

"智慧中药房"如何有效地降低医院的服务成本？

A 节约空间

B 减少库存

C 随时检查设备

D 处理过期药品

'스마트 중약방'은 어떻게 효과적으로 병원의 서비스 원가를 낮추는가?

A 공간을 절약한다

B 재고를 줄인다

C 수시로 설비를 검사한다

D 기한이 지난 약품을 처리한다

해설 질문이 '스마트 중약방'은 어떻게 효과적으로 병원의 서비스 원가를 낮추는지를 물었으므로, 医院的服务成本(병원의 서비스 원가)을 핵심어구로 하여 지문에서 재빨리 찾는다. 세 번째 단락에서 "智慧中药房"设备占地面积较小, 可节约40%以上空间……这些特点都能有效降低医院的服务成本。이라고 했으므로, A 节约空间을 정답으로 고른다.

어휘 如何 rúhé 어떻다 有效 yǒuxiào 효과적이다 降低 jiàngdī 낮추다 成本 chéngběn 원가 空间 kōngjiān 공간 减少 jiǎnshǎo 줄이다 库存 kùcún 재고 随时 suíshí 수시로 设备 shèbèi 설비 处理 chǔlǐ 처리하다 过期 guòqī 기한이 지나다 药品 yàopǐn 약품

8

"智慧中药房"能改善什么样的问题？	'스마트 중약방'은 어떠한 문제를 개선할 수 있는가?
A 不宜搬运	A 운반하기에 적당하지 않다
B 信息乱跑路	B 정보가 마구 퍼진다
C 取药时间太长	**C 약을 얻는 시간이 너무 길다**
D 患者拒绝喝中药	D 환자가 중약을 먹는 것을 거부한다

해설 질문이 '스마트 중약방'은 어떠한 문제를 개선할 수 있는지를 물었으므로, 改善问题(문제를 개선하다)를 핵심어구로 삼아 지문에서 재빨리 찾는다. 마지막 단락에서 采用"智慧中药房"进行规模化管理, 可节省患者50%的时间, 大大改善取药时间过长等问题라고 했으므로, C 取药时间太长을 정답으로 고른다.

＊ 바꾸어 표현 时间过长 시간이 지나치게 길다 → 时间太长 시간이 너무 길다

어휘 改善 gǎishàn 통개선하다 不宜 bùyí 통~하기에 적당하지 않다 搬运 bānyùn 통운반하다 信息 xìnxī 명정보
跑路 pǎolù 통퍼지다[비유적 표현], 길을 걷다 患者 huànzhě 명환자 中药 zhōngyào 명중약[중국 전통 의학]

고득점비책 02 | 특정 세부 사항 문제 공략하기 p.138

들으며 학습하기 ▶

1 D	2 C	3 B	4 A	5 C	6 D	7 C	8 D

1 - 4

[1]《朗读者》是由中央电视台制作的大型文化情感类节目。该节目以个人成长、情感体验、背景故事与经典作品相结合的方式，选取最优美的文字，让嘉宾以最真实的情感朗读文字背后的价值。[1]推出该节目的目的在于，让观众更好地感受文化带来的魅力。

[2]节目组邀请了各个行业和领域中具有影响力的嘉宾。由著名作家、出版人、专家和学者组成的高级文学团队给嘉宾精心挑选经典美文，嘉宾则在讲述自己的人生经历后，动情地朗读一段优美的文字。《朗读者》传播了生命之美、文学之美和情感之美，符合中国人的传统价值，能够感动不同年龄段的观众。[3]董卿这次不仅担任节目的主持，[3]还首次以节目制作人的身份参与了幕后工作。

[4]《朗读者》中的"朗读"二字重点在文字，而"者"重点在人，[4]节目表达了真实人物情感，让广大观众遇见了充满色彩的世界。

[1]<낭독자>는 CCTV가 제작한 대형 문화 감성 장르의 프로그램이다. 이 프로그램은 개인의 성장, 감정의 체험, 비하인드 스토리와 고전 작품이 함께 결합된 방식으로, 가장 아름다운 글을 채택하여 게스트가 가장 진실된 감정으로 글 속의 가치를 낭독하게 한다. [1]이 프로그램을 론칭하는 목적은 시청자들이 문화가 가져다주는 매력을 더 잘 느끼게 하는 데 있다.

[2]제작진은 각 업종과 분야에서 영향력을 갖고 있는 게스트를 초청했다. 유명한 작가, 출판인, 전문가와 학자로 구성된 수준 높은 문학 팀이 게스트에게 정성을 들여 고전의 미문을 골라주면, 게스트는 자신의 인생 경험을 이야기한 후, 감정이 북받쳐 올라서 한 단락의 아름다운 글을 낭독한다. <낭독자>는 생명의 아름다움, 문학의 아름다움과 감정의 아름다움을 전파하여, 중국인의 전통 가치에 부합하며, 각기 다른 연령대의 시청자들을 감동시킬 수 있다. [3]둥칭은 이번에 프로그램의 사회를 맡았을 뿐만 아니라, [3]또 처음으로 프로그램 제작자의 신분으로 무대 뒤 작업에 참여했다.

[4]<낭독자> 속의 '낭독' 두 글자의 중점은 글에 있고, '자'의 중점은 사람에 있으며, [4]프로그램은 진실된 인물의 감정을 표현함으로써, 많은 시청자들이 빛깔로 가득 찬 세상을 만나게 했다.

어휘 朗读者 Lǎngdúzhě 고유낭독자[중국 북토크 프로그램] 中央电视台 Zhōngyāng Diànshìtái 고유CCTV[중국 중앙 텔레비전 방송국]
制作 zhìzuò 통제작하다 大型 dàxíng 형대형의 情感 qínggǎn 명감성, 감정 个人 gèrén 명개인
成长 chéngzhǎng 통성장하다 体验 tǐyàn 명체험 통체험하다 背景 bèijǐng 명비하인드, 배경 经典 jīngdiǎn 명고전
作品 zuòpǐn 명작품 结合 jiéhé 통결합하다 方式 fāngshì 명방식 选取 xuǎnqǔ 통채택하다 优美 yōuměi 형아름답다
文字 wénzì 명글 嘉宾 jiābīn 명게스트 真实 zhēnshí 형진실하다 朗读 lǎngdú 통낭독하다 背后 bèihòu 명속, 배후

价值 jiàzhí 圈 가치   推出 tuīchū 圈 (프로그램을) 론칭하다, 출시하다   在于 zàiyú 圈 ~에 있다   观众 guānzhòng 圈 시청자

魅力 mèilì 圈 매력   节目组 jiémùzǔ 제작진   邀请 yāoqǐng 圈 초청하다   行业 hángyè 圈 업종   领域 lǐngyù 圈 분야

具有 jùyǒu 圈 가지다   影响力 yǐngxiǎnglì 圈 영향력   著名 zhùmíng 圈 유명하다   作家 zuòjiā 圈 작가   出版人 chūbǎnrén 圈 출판인

专家 zhuānjiā 圈 전문가   学者 xuézhě 圈 학자   组成 zǔchéng 圈 구성하다   高级 gāojí 圈 수준이 높다, 고급이다   文学 wénxué 圈 문학

团队 tuánduì 圈 팀   精心 jīngxīn 圈 정성을 들이다   挑选 tiāoxuǎn 圈 고르다   美文 měiwén 圈 미문, 아름다운 글

讲述 jiǎngshù 圈 이야기하다   动情 dòngqíng 圈 감정이 북받치다   传播 chuánbō 圈 전파하다   生命 shēngmìng 圈 생명

符合 fúhé 圈 부합하다   传统 chuántǒng 圈 전통   年龄 niánlíng 圈 연령   董卿 Dǒng Qīng 고유 둥칭[중국을 대표하는 앵커]

担任 dānrèn 圈 맡다   主持 zhǔchí 圈 사회를 보다   身份 shēnfen 圈 신분   参与 cānyù 圈 참여하다   幕后 mùhòu 圈 무대 뒤

人物 rénwù 圈 인물   广大 guǎngdà 圈 많다   遇见 yùjiàn 圈 만나다   充满 chōngmǎn 圈 가득 차다   色彩 sècǎi 圈 빛깔

1

中央电视台制作《朗读者》这个节目的目的是:

A 了解嘉宾的背景

B 挑选最优美的文字

C 表达真实的人物情感

D 让人感受文化的魅力

CCTV가 <낭독자>라는 이 프로그램을 제작한 목적은:

A 게스트의 배경을 이해한다

B 가장 아름다운 글을 고른다

C 진실한 인물의 감정을 표현한다

D 사람들이 문화의 매력을 느끼게 한다

해설   질문이 CCTV가 <낭독자>라는 이 프로그램을 제작한 목적에 대해 물었으므로, 制作《朗读者》的目的(<낭독자>를 제작한 목적)를 핵심어구로 하여 지문에서 재빨리 찾아 주변의 내용을 주의 깊게 읽는다. 첫 번째 단락에서 《朗读者》……推出该节目的目的在于, 让观众更好地感受文化带来的魅力。라고 했으므로, D 让人感受文化的魅力를 정답으로 고른다.

* 바꾸어 표현   让观众感受文化带来的魅力 시청자들이 문화가 가져다주는 매력을 느끼게 한다

→ 让人感受文化的魅力 사람들이 문화의 매력을 느끼게 한다

어휘   中央电视台 Zhōngyāng Diànshìtái 고유 CCTV[중국 중앙 텔레비전 방송국]   制作 zhìzuò 圈 제작하다

朗读者 Lǎngdúzhě 고유 낭독자[중국 북토크 프로그램]   目的 mùdì 圈 목적   嘉宾 jiābīn 圈 게스트   背景 bèijǐng 圈 배경

挑选 tiāoxuǎn 圈 고르다   优美 yōuměi 圈 아름답다   文字 wénzì 圈 글   真实 zhēnshí 圈 진실하다   人物 rénwù 圈 인물

情感 qínggǎn 圈 감정   感受 gǎnshòu 圈 (영향을) 느끼다   魅力 mèilì 圈 매력

2

《朗读者》的嘉宾是:

A 年轻医生

B 新闻记者

C 有影响力的人

D 善于记录生活的博主

<낭독자>의 게스트는:

A 젊은 의사

B 신문 기자

C 영향력 있는 사람

D 생활을 잘 기록하는 블로거

해설   질문이 <낭독자>의 게스트를 물었으므로, 嘉宾(게스트)을 핵심어구로 하여 지문에서 재빨리 찾는다. 두 번째 단락에서 节目组邀请了各个行业和领域中具有影响力的嘉宾。이라고 했으므로, C 有影响力的人을 정답으로 고른다.

* 바꾸어 표현   具有影响力的嘉宾 영향력을 갖고 있는 게스트 → 有影响力的人 영향력 있는 사람

어휘   嘉宾 jiābīn 圈 게스트   记者 jìzhě 圈 기자   影响力 yǐngxiǎnglì 圈 영향력   善于 shànyú 圈 ~을 잘하다   记录 jìlù 圈 기록하다

生活 shēnghuó 圈 생활   博主 bózhǔ 圈 블로거[블로그 주인]

3

董卿是这个节目的:

A 导演   **B 制作人**

C 摄影师   D 幕后演员

둥칭은 이 프로그램의:

A 감독   **B 제작자**

C 카메라맨   D 무대 뒤 배우

해설   질문이 이 프로그램에서의 둥칭에 대해 물었으므로, 董卿(둥칭)을 핵심어구로 하여 지문에서 재빨리 찾아 주변의 내용을 주의 깊게 읽는다. 두 번째 단락에서 董卿……还首次以节目制作人的身份参与了幕后工作라고 했으므로, B 制作人을 정답으로 고른다.

어휘 **董卿** Dǒng Qīng [고유] 둥칭[중국을 대표하는 앵커] **导演** dǎoyǎn [명] 감독 **制作人** zhìzuòrén 제작자
摄影师 shèyǐngshī [명] 카메라맨 **幕后** mùhòu [명] 무대 뒤 **演员** yǎnyuán [명] 배우

4

《朗读者》表达了怎样的情感?	<낭독자>는 어떠한 감정을 드러냈는가?
A 真实的　　　　　　B 平和的	A 진실된　　　　　　B 평화로운
C 浓厚的　　　　　　D 迫切的	C 짙은　　　　　　　D 절박한

해설 질문이 <낭독자>는 어떠한 감정을 드러냈는지를 물었으므로, 表达情感(감정을 드러내다)을 핵심어구로 하여 지문에서 재빨리 찾는다. 마지막 단락에서 《朗读者》……节目表达了真实人物情感이라고 했으므로, A 真实的를 정답으로 고른다.

어휘 **情感** qínggǎn [명] 감정 **真实** zhēnshí [형] 진실하다 **平和** pínghé [형] 평화롭다 **浓厚** nónghòu [형] (연기·안개 등이) 짙다
迫切 pòqiè [형] 절박하다

5-8

一些专家认为，在煤烟污染和光化学污染后，人们正经历着严重的室内空气污染。

⁵人们对室内污染危害的认识开始于20世纪70年代，⁶当时一些发达国家的人在办公室工作时，出现了头疼、呼吸困难等症状，而离开办公室之后，这些症状就会有所缓解。⁶从那时起，人们开始认识到"不良建筑物"会造成室内污染这一事实。

⁷现在有研究表明，室内空气中最多可包含500种以上的污染物质。⁷室内污染程度要比室外严重2~5倍，在特殊情况下可达100倍。美国已将室内空气污染称为危害公共健康的第五大环境因素。某卫生组织的调查显示，68%的疾病都与室内空气污染有关系。

发现室内空气污染带来的危害后，人们开始减少使用含有化学污染物的建筑材料。⁸因此在装修房间时，天然无害的环保材料越来越受欢迎了。

일부 전문가들은 연탄가스 오염과 광화학 오염 이후, 사람들이 심각한 실내 공기 오염을 겪고 있는 것으로 보고 있다.

⁵실내 오염 위험에 대한 사람들의 인식은 1970년대에 시작되었는데, ⁶당시 일부 선진국 사람들이 사무실에서 일을 할 때 두통, 호흡 곤란 등의 증상이 나타났고, 사무실을 떠난 후에는 이러한 증상이 다소 완화되었다. ⁶그때부터 사람들은 '불량 건축물'이 실내 오염을 초래할 수 있다는 사실을 인식하기 시작했다.

⁷최근 한 연구는 실내 공기 속에 최대 500 종류 이상의 오염 물질이 포함되어 있을 수 있다고 ⁷밝혔다. 실내 오염 정도는 실외보다 2~5배 심각한데, 특수한 상황에서는 100배에 달할 수도 있다. 미국은 이미 실내 공기 오염을 공공의 건강을 해치는 제5대 환경 요소로 부른다. 한 보건 기구의 조사에서 68%의 질병은 모두 실내 공기 오염과 관계있는 것으로 나타났다.

실내 공기 오염이 가져오는 위험을 발견한 후, 사람들은 화학 오염 물질이 포함된 건축 자재를 사용하는 것을 줄이기 시작했다. ⁸이 때문에 방을 인테리어 할 때, 천연 무해한 친환경 자재가 점점 더 인기를 끌고 있다.

어휘 **专家** zhuānjiā [명] 전문가 **煤烟** méiyān [명] 연탄가스 **污染** wūrǎn [명] 오염 **光化学** guānghuàxué [명] 광화학
经历 jīnglì [동] (몸소) 겪다 **严重** yánzhòng [형] 심각하다 **室内** shìnèi [명] 실내 **空气** kōngqì [명] 공기
危害 wēihài [명] 위험 [동] 해치다 **发达国家** fādá guójiā [명] 선진국 **头疼** tóuténg 두통 **呼吸** hūxī [동] 호흡하다
症状 zhèngzhuàng [명] 증상 **缓解** huǎnjiě [동] 완화되다 **不良** bùliáng [형] 불량하다 **建筑物** jiànzhùwù [명] 건축물
造成 zàochéng [동] 초래하다 **研究** yánjiū [명] 연구 **表明** biǎomíng [동] 밝히다 **包含** bāohán [동] 포함하다 **物质** wùzhì [명] 물질
程度 chéngdù [명] 정도 **室外** shìwài [명] 실외 **倍** bèi [양] 배 **特殊** tèshū [형] 특수하다 **可达** kě dá 달할 수 있다
公共 gōnggòng [형] 공공의 **因素** yīnsù [명] 요소 **卫生组织** wèishēng zǔzhī 보건 기구 **显示** xiǎnshì [동] 나타나다
疾病 jíbìng [명] 질병 **含有** hányǒu [동] 포함하다 **化学** huàxué [명] 화학 **建筑** jiànzhù [동] 건축하다
装修 zhuāngxiū [동] 인테리어하다 **天然** tiānrán [형] 천연의 **无害** wúhài [형] 무해하다 **环保** huánbǎo [명] 친환경, 환경 보호

5	人们什么时候开始认识到室内污染的危害？	사람들은 언제 실내 오염의 위험을 인식하기 시작했는가?

人们什么时候开始认识到室内污染的危害？

A 7世纪20年代　　　　B 17世纪20年代

C 20世纪70年代　　　　D 21世纪70年代

사람들은 언제 실내 오염의 위험을 인식하기 시작했는가?

A 620년대　　　　B 1620년대

C 1970년대　　　　D 2070년대

해설　질문이 사람들은 언제 실내 오염의 위험을 인식하기 시작했는지를 물었으므로, **室内污染的危害**(실내 오염의 위험)를 핵심어 구로 하여 지문에서 재빨리 찾는다. 두 번째 단락에서 人们对室内污染危害的认识开始于20世纪70年代라고 했으므로, C 20世纪70年代를 정답으로 고른다.

어휘　**室内** shìnèi 몡실내　**污染** wūrǎn 몡오염　**危害** wēihài 몡위험　**世纪** shìjì 몡세기　**年代** niándài 몡년대

---

6 不良建筑物会引起什么样的症状？　　　불량 건축물은 어떠한 증상을 일으킬 수 있는가?

A 鼻塞　　　　B 牙疼

C 容易犯困　　　D 呼吸困难

A 코 막힘　　　　B 치통

C 쉽게 졸림　　　D 호흡 곤란

해설　질문이 불량 건축물은 어떠한 증상을 일으킬 수 있는지를 물었으므로, **不良建筑物**(불량 건축물)를 핵심어구로 하여 지문에서 재빨리 찾는다. 두 번째 단락에서 当时一些发达国家的人在办公室工作时, 出现了头疼、呼吸困难等症状……从那时起, 人们开始认识到"不良建筑物"会造成室内污染这一事实。이라고 했으므로, D 呼吸困难을 정답으로 고른다.

어휘　**不良** bùliáng 몡불량하다　**建筑物** jiànzhùwù 몡건축물　**引起** yǐnqǐ 일으키다　**症状** zhèngzhuàng 몡증상

鼻塞 bísè 몡코 막힘　**牙疼** yáténg 몡치통　**犯困** fànkùn 졸리다　**呼吸** hūxī 호흡하다

---

7 研究表明，室内污染：　　　연구에서 밝히기를, 실내 오염은:

A 程度比较轻

B 对人体没有危害

C 比室外严重得多

D 不含有任何有害物质

A 정도가 비교적 가볍다

B 인체에 위험이 없다

C 실외보다 많이 심각하다

D 어떠한 유해 물질도 포함되어 있지 않다

해설　질문이 연구에서 밝힌 실내 오염에 대해 물었으므로, **研究表明**(연구는 밝히다)을 핵심어구로 하여 지문에서 재빨리 찾아 주변의 내용을 주의 깊게 읽는다. 세 번째 단락에서 现在有研究表明……室内污染程度要比室外严重2~5倍라고 했으므로, C 比室外严重得多를 정답으로 고른다.

＊바꾸어 표현　比室外严重 2~5倍 실외보다 2~5배 심각하다 → 比室外严重得多 실외보다 많이 심각하다

어휘　**研究** yánjiū 몡연구　**表明** biǎomíng 몡밝히다　**室内** shìnèi 몡실내　**污染** wūrǎn 몡오염　**程度** chéngdù 몡정도

危害 wēihài 몡위험　**室外** shìwài 몡실외　**含有** hányǒu 몡포함되다　**任何** rènhé 떼어떠한　**物质** wùzhì 몡물질

---

8 根据第四段，可以知道：　　　네 번째 단락에 근거하여, 알 수 있는 것은:

A 空气污染未被得到重视

B 化学材料的销量创了新高

C 人们喜欢朴素的装修风格

D 天然材料的使用正在增加

A 공기 오염은 아직 중시 받지 못했다

B 화학 자재의 판매량이 최고를 기록했다

C 사람들은 심플한 인테리어 스타일을 좋아한다

D 천연 자재의 사용이 증가하고 있다

해설　질문이 네 번째 단락에 근거하여 알 수 있는 것을 물었으므로, 선택지의 핵심어구를 지문에서 찾아 주변의 내용을 주의 깊게 읽는다. 선택지 D의 핵심어 **天然材料**(천연 자재)와 관련하여, 네 번째 단락에서 因此在装修房间时, 天然无害的环保材料越来越受欢迎了。라고 했으므로, D 天然材料的使用正在增加를 정답으로 고른다.

어휘 **空气** kōngqì 몡공기 **污染** wūrǎn 몡오염 **化学** huàxué 몡화학 **销量** xiāoliàng 몡판매량
创新高 chuàng xīngāo 최고를 기록하다 **朴素** pǔsù 톙심플하다, 수수하다 **装修** zhuāngxiū 통인테리어하다
风格 fēnggé 몡스타일 **天然** tiānrán 톙천연의

| 1 C | 2 B | 3 D | 4 C | 5 B | 6 A | 7 D | 8 C |

1-4

[1]《孩子，你会更优秀：害怕得直发抖》是一本儿童教育故事书，里面的故事不仅题材新颖，内容有趣，而且有很大的教育意义，因此深受孩子和父母的喜爱。

其中有一篇故事是这样的。从前，依兰公主一家生活在一座岛屿上。在公主很小的时候，王后就去世了，而国王每天忙着处理公务，没时间陪公主。公主只能呆在屋子里玩玩具。

有一天，公主突然开始发抖了，怎么也停不下来。国王急得到处请医生，但公主吃了很多药也不见好转。这时，来了一个叫[2]杰可的人，他[2]表示自己将会通过讲故事的方式给公主治病。对此，大家都将信将疑，悄悄议论起来：医生都治不好的病，靠讲故事就能治好？杰可却并不在意，给小公主讲了许多小朋友发抖的故事，其中有因为失败而变得悲观的小姑娘辛娜；害怕影子而不敢睡觉的捷特；害怕狮子而不敢出门的本尼……[3]听完故事，小公主明白了自己老发抖是因为恐惧，缺少陪伴以及缺乏自信。当小公主知道原因后，她发抖的毛病立刻就改掉了。

[4]这个故事告诉家长们，当孩子乱发脾气，莫名害怕，又或者不够自信、勇敢的时候，[4]要多理解孩子的感受，心平气和地和他们沟通，缓解孩子的紧张情绪。坚持做这些，时间一长，孩子就可以更从容地面对生活了。

[1]<아이야, 넌 더 멋지단다: 무서워서 부들부들 떨다>는 아동 교육 이야기책으로, 그 속의 이야기는 소재가 참신할 뿐만 아니라 내용이 재미있고 또 큰 교육적 의의가 있는데, 이 때문에 아이와 부모의 사랑을 크게 받는다.

그중 한 편의 이야기는 이러하다. 옛날에 이란 공주 가족은 섬에서 살고 있었다. 공주가 어릴 때 왕비는 세상을 떠났고, 국왕은 매일 공무를 처리하느라 바빠서 공주와 함께 할 시간이 없었다. 공주는 방에 머무르며 장난감을 가지고 놀 수밖에 없었다.

어느 날, 공주가 갑자기 벌벌 떨기 시작했고, 어떻게 해도 멈추지 않았다. 국왕은 조급해서 도처에서 의사를 불렀지만, 공주는 많은 약을 먹어도 호전되는 게 보이지 않았다. 이때, [2]지에커라고 불리는 한 사람이 왔는데, [2]그는 자신이 이야기하는 방식을 통해 공주의 병을 치료할 수 있다고 말했다. 이에 대해 모두들 반신반의하며 '의사도 고치지 못한 병을 이야기를 하는 것으로 고칠 수 있다고?'라며 몰래 술렁거리기 시작했다. 지에커는 오히려 신경 쓰지 않고, 꼬마 공주에게 많은 꼬마 친구들이 벌벌 떠는 이야기를 해 주었는데, 그중에는 실패로 인해 비관적으로 변한 꼬마 아가씨 지나, 그림자를 무서워해서 잠잘 엄두를 못내는 예테, 사자를 무서워해서 밖에 나갈 엄두를 내지 못하는 베니 등이 있었다. [3]이야기를 다 듣고, 꼬마 공주는 자신이 늘 벌벌 떨고 있는 것은 두려움과 누군가가 함께 있어주는 것이 부족하며, 그리고 자신감이 결여되었기 때문이라는 것을 알게 되었다. 꼬마 공주가 원인을 알고 난 후, 그녀가 벌벌 떠는 나쁜 버릇은 즉시 고쳐졌다.
[4]이 이야기는 부모들에게 아이들이 제멋대로 성질을 부리고, 이유를 알 수 없이 무서워하고, 또는 그다지 자신 있어 하지 못하거나 용감하지 못할 때는, [4]아이의 감정을 많이 이해해 주고, 차분하고 부드럽게 그들과 소통하여 아이의 긴장된 정서를 풀어 줘야 한다고 알려 준다. 이렇게 꾸준히 하면, 시간이 오래 지나 아이는 더욱 침착하게 생활에 임할 수 있게 된다.

어휘   题材 tícái 몡(문학이나 예술 작품의) 소재   新颖 xīnyǐng 휑참신하다   意义 yìyì 몡의의   喜爱 xǐ'ài 통사랑   其中 qízhōng 몡그중
   篇 piān 명편   从前 cóngqián 명옛날   依兰 Yīlán 고유이란[작품 속 주인공의 이름]   公主 gōngzhǔ 몡공주   岛屿 dǎoyǔ 몡섬
   王后 wánghòu 명왕비   去世 qùshì 통세상을 떠나다   国王 guówáng 몡국왕   处理 chǔlǐ 통처리하다   公务 gōngwù 몡공무
   陪 péi 통함께하다   呆 dāi 통머무르다   屋子 wūzi 몡방   玩具 wánjù 몡장난감   发抖 fādǒu 통벌벌 떨다   停 tíng 통멈추다
   到处 dàochù 몡도처   好转 hǎozhuǎn 통호전되다   杰可 Jiékě 고유지에커[작품 속 주인공의 이름]   治病 zhìbìng 통치료하다
   将信将疑 jiāng xìn jiāng yí 반신반의하다   悄悄 qiāoqiāo 휑몰래   议论 yìlùn 통술렁거리다   靠 kào 통~(방법)으로
   在意 zàiyì 통신경쓰다   悲观 bēiguān 휑비관적이다   小姑娘 xiǎo gūniang 꼬마 아가씨   辛娜 Xīnnà 고유지나[작품 속 인명]
   影子 yǐngzi 몡그림자   不敢 bùgǎn 통~할 엄두를 못 내다   捷特 Jiétè 고유예테[작품 속 인명]   狮子 shīzi 몡사자
   本尼 Běnní 고유베니[작품 속 인명]   恐惧 kǒngjù 통두려워하다   缺少 quēshǎo 통부족하다   陪伴 péibàn 통(누군가와) 함께하다
   以及 yǐjí 젭그리고   缺乏 quēfá 통결여되다   自信 zìxìn 몡자신감 휑자신하다   原因 yuányīn 몡원인   毛病 máobìng 몡나쁜 버릇
   立刻 lìkè 휑즉시   乱 luàn 휑제멋대로   发脾气 fā píqi 성질을 부리다   莫名 mòmíng 통이유를 알 수 없다   感受 gǎnshòu 몡감정, 느낌
   心平气和 xīnpíng qìhé 차분하고 부드럽다, 마음은 평온하고 태도는 온화하다   沟通 gōutōng 통소통하다   缓解 huǎnjiě 통(기분을) 풀다
   紧张 jǐnzhāng 휑긴장해 있다   情绪 qíngxù 몡정서   坚持 jiānchí 통꾸준히 하다   从容 cóngróng 휑침착하다
   面对 miànduì 통임하다, 직면하다

---

1   下列哪项属于《孩子，你会更优秀：害怕得 直发抖》的特点？

  다음 중 <아이야, 넌 더 멋지단다: 무서워서 부들부들 떨다>의 특징에 속하는 것은?

A 主题单调   A 주제가 단조롭다

B 内容无趣   B 내용이 재미가 없다

C 新鲜且有意思   **C 새롭고 재미있다**

D 适合高中生阅读   D 고등학생이 읽기에 적절하다

해설   질문이 <아이야, 넌 더 멋지단다: 무서워서 부들부들 떨다>의 특징에 속하는 것을 물었으므로,《孩子，你会更优秀：害怕得 直发抖》(<아이야, 넌 더 멋지단다: 무서워서 부들부들 떨다>)를 지문에서 재빨리 찾아 주변의 내용과 일치하는 선택지를 정답으로 고른다. 첫 번째 단락에서《孩子，你会更优秀：害怕得直发抖》是一本儿童教育故事书，里面的故事不仅题材新颖，内容有趣，而且有很大的教育意义라고 했으므로, C 新鲜且有意思를 정답으로 고른다.

  * 바꾸어 표현   题材新颖，内容有趣 소재가 참신하고 내용이 재미있다 → 新鲜且有意思 새롭고 재미있다

어휘   主题 zhǔtí 몡주제   单调 dāndiào 휑단조롭다   无趣 wúqù 휑재미없다   阅读 yuèdú 통읽다

---

2   根据第三段，下列哪项正确？   세 번째 단락에 근거하여, 다음 중 옳은 것은?

A 国王很同情医生   A 국왕은 의사를 동정한다

B 人们不太相信杰可   **B 사람들은 지에커를 그다지 믿지 않는다**

C 杰可不愿意讲故事   C 지에커는 이야기 하기를 원치 않는다

D 医生怀疑杰可是坏人   D 의사는 지에커가 나쁜 사람이라고 의심한다

해설   질문이 세 번째 단락에 근거하여 옳은 것을 물었으므로, 선택지의 핵심어구를 세 번째 단락에서 재빨리 찾아 주변의 내용과 일치하는 선택지를 정답으로 고른다. 선택지 B의 핵심어구 杰可(지에커)와 관련하여 세 번째 단락에서 杰可……表示自己将会通过讲故事的方式给公主治病。对此，大家都将信将疑，悄悄议论起来：医生都治不好的病，靠讲故事就能治好？라고 했으므로, B 人们不太相信杰可를 정답으로 고른다.

  * 바꾸어 표현   大家都将信将疑 모두들 반신반의 하다 → 人们不太相信 사람들은 그다지 믿지 않는다

어휘   国王 guówáng 몡국왕   同情 tóngqíng 통동정하다   公主 gōngzhǔ 몡공주   杰可 Jiékě 고유지에커[작품 속 주인공의 이름]
   怀疑 huáiyí 통의심하다

3 公主发抖的原因是什么？

A 吃了很多药

B 身体受过伤

C 不想面对失败

D 缺少足够的陪伴

공주가 벌벌 떠는 이유는 무엇인가?

A 많은 약을 먹었다

B 몸에 상처를 입은 적이 있다

C 실패를 직면하고 싶지 않다

D 누군가가 충분히 함께 있어 주는 것이 부족하다

해설 질문이 공주가 벌벌 떠는 이유는 무엇인지를 물었으므로, **公主发抖**(공주가 떨다)를 핵심어구로 하여 지문에서 재빨리 찾는다. 세 번째 단락에서 **听完故事，小公主明白了自己老发抖是因为恐惧，缺少陪伴以及缺乏自信**이라고 했으므로, D **缺少足够的陪伴**을 정답으로 고른다.

어휘 **公主** gōngzhǔ [명] 공주 **发抖** fādǒu [동] 벌벌 떨다 **面对** miànduì [동] 직면하다 **缺少** quēshǎo [동] 부족하다
足够 zúgòu [동] 충분하다 **陪伴** péibàn [동] (누군가와) 함께하다

4 根据上文，下列哪项属于作者的观点？

A 家长不必给孩子讲故事

B 家长必须让孩子自己冷静

C 家长应该帮助孩子缓解情绪

D 家长最好对孩子进行批评教育

위 지문에 근거하여, 다음 중 작가의 관점에 속하는 것은?

A 부모는 아이에게 이야기를 해 줄 필요가 없다

B 부모는 아이가 스스로 침착해지도록 해야 한다

C 부모는 아이들이 기분을 풀도록 도와주어야 한다

D 부모는 아이를 꾸짖는 교육을 하는 것이 가장 좋다

해설 질문이 지문에 근거하여 작가의 관점에 속하는 것을 물었으므로, 선택지의 핵심어구를 지문에서 재빨리 찾아 주변의 내용과 일치하는 선택지를 정답으로 고른다. 선택지 C의 핵심어구 **孩子缓解情绪**(아이가 기분을 풀다)와 관련하여, 마지막 단락에서 **这个故事告诉家长们……要多理解孩子的感受，心平气和地和他们沟通，缓解孩子的紧张情绪**라고 했으므로, C **家长应该帮助孩子缓解情绪**를 정답으로 고른다.

어휘 **缓解** huǎnjiě [동] (기분을) 풀다 **情绪** qíngxù [명] 기분 **批评** pīpíng [동] 꾸짖다

5-8

古琴又称玉琴、七弦琴，是中国传统拨弦乐器之一，已具有三千多年的历史。[5]在中国悠久的历史发展阶段中，"琴、棋、书、画"被视为文人雅士修身养性，丰富精神世界的主要方式，其中居于首位的古琴蕴含着深刻的文化内涵，成为中国古典音乐中不可缺少的重要组成部分。

据《史记》记载，琴的出现不晚于尧舜时期，而[8]西周时期的钟仪是现存记载中最早的专业琴人。战国时期，随着音乐的发展，古琴也得到了发展和普及，从而涌现了大量的琴人。[6]儒学创始人孔子非常喜欢古琴，总是把它推荐给周围的人。他能弹唱诗经三百首，成为了后世士人典范。到了明朝时期，越来越多的人投入到造琴之中，好琴之人也越来越多。

고금은 옥금, 칠현금이라고도 부르는 중국 전통 발현 악기 중 하나로, 이미 3천여 년의 역사를 지니고 있다. [5]중국의 오랜 역사 발전 단계 속에서 '고금, 바둑, 서예, 그림'은 문인과 선비들이 몸과 마음을 다스리고 교양을 쌓으며, 정신세계를 풍부하게 하는 주요 방식으로 여겨지는데, 그중 최상위를 차지하는 고금은 깊은 문화 의미를 담고 있어, 중국 고전 음악에서 없어서는 안 될 중요한 구성 부분이 된다.

<사기>의 기록에 따르면, 고금의 출현은 요순 시대보다 늦지 않으며, [8]서주 시기의 종의는 현존하는 기록 중 최초의 전문 고금 연주자이다. 전국 시대에는 음악의 발전에 따라 고금도 발전하고 널리 보급되었는데, 그리하여 수많은 고금 연주자들이 생겨나게 되었다. [6]유학의 창시자 공자는 고금을 아주 좋아했고, 늘 그것을 주변 사람에게 추천하였다. 그는 시경 삼백 수를 연주하며 읊을 수 있었기에, 후대 선비들의 본보기가 되었다. 명나라 시기에 들어서는 점점 더 많은 사람들이 고금을 만드는 것에 뛰어들었고, 고금을 좋아하는 사람들도 점점 많아졌다.

[7]古琴造型优美，样式繁多，其外形包含了一些哲学思想：琴身一般长约三尺六寸五，象征一年365天；琴头六寸，象征六和；琴尾四寸，象征春夏秋冬四个季节；琴面圆而琴底平，象征天与地；[7]琴的形状与人的身体相似，有头、颈、肩、腰、足。

现存的琴曲有3360多首，琴谱130多部，琴歌300首。作为中国传统乐器之精华，古琴被评为世界文化遗产，同时被列入中国非物质文化遗产名录。

[7]고금은 조형이 아름답고, 모양이 다양하며, 그 외형은 몇몇 철학 사상을 내포한다. 고금의 몸통은 일반적으로 3척 6치 5푼 정도로 긴데, 1년이 365일임을 상징한다. 고금의 머리 부분은 6치로, 육화를 상징한다. 고금의 끝부분은 4치인데 봄, 여름, 가을, 겨울 사계절을 상징한다. 고금의 표면은 둥글고 고금의 바닥은 평평한데, 하늘과 땅을 상징한다. [7]고금의 형태는 사람의 신체와 비슷하며, 머리, 목, 어깨, 허리, 발이 있다.

현존하는 고금 곡은 3,360여 수가 있고, 고금 악보는 130여 부, 고금 노래는 300수가 있다. 중국 전통 악기의 정화로서, 고금은 세계 문화유산으로 선정되었으며, 동시에 중국의 무형 문화유산 목록에 등재되었다.

어휘 **古琴** gǔqín 몡고금[중국의 대표적인 현악기] **称** chēng 통~라고 부르다 **玉琴** yùqín 몡옥금[고금의 다른 이름]
七弦琴 qīxiánqín 몡칠현금[고금의 다른 이름] **传统** chuántǒng 톙전통이다
拨弦乐器 bōxián yuèqì 발현 악기[손톱·손가락 또는 피크 같은 도구로 줄을 퉁겨 연주하는 악기] **具有** jùyǒu 통지니다
悠久 yōujiǔ 톙오래되다 **发展** fāzhǎn 통발전하다 **阶段** jiēduàn 몡단계 **琴** qín 몡고금 **棋** qí 몡바둑 **视为** shìwéi 통~로 여겨지다
文人雅士 wénrén yǎshì 문인과 선비 **修身养性** xiūshēn yǎngxìng 몸과 마음을 다스리고 교양을 쌓다 **丰富** fēngfù 통풍부하게 하다
精神 jīngshén 몡정신 **世界** shìjiè 몡세계 **方式** fāngshì 몡방식 **其中** qízhōng 몡그중 **居于** jūyú ~를 차지하다
首位 shǒuwèi 몡최상위 **蕴含** yùnhán 통(의미를) 담다 **深刻** shēnkè 톙깊다 **内涵** nèihán 몡의미 **成为** chéngwéi 통~이 되다
古典 gǔdiǎn 몡고전의 **不可缺少** bùkě quēshǎo 없어서는 안 될 **组成** zǔchéng 통구성하다 **部分** bùfen 몡부분
史记 Shǐjì 고유사기[사마천이 지은 역사서] **记载** jìzǎi 통기록
尧舜时期 Yáoshùn Shíqī 고유요순 시대[요임금과 순임금이 덕으로 천하를 다스리던 태평한 시기]
西周 Xīzhōu 고유서주[기원전 1046년~771년에 있었던 왕조] **钟仪** Zhōng Yí 고유종의[고금 연주자] **现存** xiàncún 통현존하다
琴人 qínrén 고금 연주자 **战国时期** Zhànguó Shíqī 고유전국 시대[기원전 403년~221년 사이의 시기] **普及** pǔjí 통널리 보급되다
从而 cóng'ér 젭그리하여 **涌现** yǒngxiàn 통(대량으로) 생겨나다 **儒学** Rúxué 몡유학[공자의 사상]
创始人 chuàngshǐrén 몡창시자 **孔子** Kǒng Zǐ 고유공자[중국 고대의 사상가] **推荐** tuījiàn 통추천하다 **周围** zhōuwéi 몡주변
诗经 Shījīng 고유시경[중국 최초의 시가 총집으로 305편을 싣고 있음] **后世** hòushì 몡후대 **士人** shìrén 몡선비 **典范** diǎnfàn 몡본보기
明朝 Míngcháo 고유명나라[1368년에 세워진 중국의 통일 왕조] **投入** tóurù 통뛰어들다 **好琴之人** hào qín zhī rén 고금을 좋아하는 사람
造型 zàoxíng 몡조형 **优美** yōuměi 톙아름답다 **样式** yàngshì 몡모양 **繁多** fánduō 톙다양하다 **外形** wàixíng 몡외형
包含 bāohán 통내포하다 **哲学** zhéxué 몡철학 **思想** sīxiǎng 몡사상 **尺** chǐ 얭척 **寸** cùn 얭치 **象征** xiàngzhēng 통상징하다
六和 liùhé 육화[부처님이 말하는 여섯 가지의 중요한 윤리 덕목] **尾** wěi 몡끝 **圆** yuán 톙둥글다 **底** dǐ 몡바닥 **平** píng 톙평평하다
形状 xíngzhuàng 몡형태 **相似** xiāngsì 톙비슷하다 **颈** jǐng 몡목 **肩** jiān 몡어깨 **腰** yāo 몡허리 **琴谱** qínpǔ 몡고금의 악보
精华 jīnghuá 몡정화[뛰어난 부분] **评为** píngwéi ~으로 선정하다 **世界文化遗产** Shìjiè Wénhuà Yíchǎn 고유세계 문화유산
列入 lièrù 통(명단·목록 등에) 등재되다 **非物质文化遗产** Fēiwùzhì Wénhuà Yíchǎn 고유무형 문화유산 **名录** mínglù 몡목록

5

在中国古代，"琴、棋、书、画"：

A 主要用于教育别人

B 可以丰富人的精神世界

C 有助于提高人的道德水平

D 促使人养成良好的生活习惯

고대 중국에서 '고금, 바둑, 서예, 그림'은:

A 주로 다른 사람을 교육하는 데 쓰인다

B 사람의 정신세계를 풍부하게 할 수 있다

C 사람의 도덕 수준을 높이는 데 도움이 된다

D 사람이 좋은 생활 습관을 기르도록 한다

해설 질문이 고대 중국에서의 '고금, 바둑, 서예, 그림'에 대해 물었으므로, "琴、棋、书、画(고금, 바둑, 서예, 그림)"를 핵심어구로 하여 지문에서 재빨리 찾아 주변의 내용을 주의 깊게 읽는다. 첫 번째 단락에서 在中国悠久的历史发展阶段中，"琴、棋、书、画" 被视为文人雅士修身养性, 丰富精神世界的主要方式이라고 했으므로, B 可以丰富人的精神世界를 정답으로 고른다.

어휘 **古代** gǔdài 몡고대 **琴** qín 몡고금 **棋** qí 몡바둑 **丰富** fēngfù 통풍부하게 하다 **精神** jīngshén 몡정신
世界 shìjiè 몡세계 **有助于** yǒuzhùyú ~에 도움이 되다 **道德** dàodé 몡도덕 **促使** cùshǐ 통~하도록 하다
养成 yǎngchéng 통기르다 **良好** liánghǎo 톙좋다

6 孔子对古琴是什么态度？　　　　　　　　　공자는 고금에 대해 무슨 태도인가?

A 十分热爱　　　**B** 毫无关心　　　　　**A** 매우 사랑한다　　　**B** 전혀 관심이 없다

C 相当谨慎　　　**D** 比较冷淡　　　　　**C** 꽤 신중하다　　　　**D** 비교적 냉담하다

해설　질문이 공자는 고금에 대해 무슨 태도인지를 물었으므로, 孔子对古琴的态度(고금에 대한 공자의 태도)를 핵심어구로 하여 지문에서 재빨리 찾는다. 두 번째 단락에서 儒学创始人孔子非常喜欢古琴, 总是把它推荐给周围的人。이라고 했으므로, A 十分热爱를 정답으로 고른다.

* 바꾸어 표현　非常喜欢 아주 좋아하다 → 十分热爱 매우 사랑하다

어휘　毫无 háowú 전혀 ~이 없다　相当 xiāngdāng 團꽤　谨慎 jǐnshèn 圈신중하다　热爱 rè'ài 圈사랑하다
　　　孔子 Kǒng Zǐ 교퓨공자[중국 고대의 사상가]　古琴 gǔqín 圈고금[중국의 대표적인 현악기]　冷淡 lěngdàn 圈냉담하다

7 下列哪项不属于古琴的特点？　　　　　다음 중 고금의 특징에 속하지 **않는** 것은?

A 样式众多　　　　　　　　　　　　　　**A** 모양이 많다

B 造型优美　　　　　　　　　　　　　　**B** 조형이 아름답다

C 形状像人的身体　　　　　　　　　　　**C** 형태가 사람의 신체를 닮았다

D 上面刻有人物形象　　　　　　　　　　**D** 위에 인물의 형상이 새겨져 있다

해설　질문이 고금의 특징에 속하지 않는 것을 물었으므로, 古琴(고금)을 지문에서 재빨리 찾아 주변에서 언급된 것을 하나씩 소거하며 정답을 고른다. 세 번째 단락에서 古琴造型优美, 样式繁多, 其外形包含了一些哲学思想……琴的形状与人的身体相似라고 했고, A가 样式众多, B가 造型优美, C가 形状像人的身体라고 했으므로 소거한다. 따라서 지문에서 언급되지 않은 D 上面刻有人物形象을 정답으로 고른다.

어휘　古琴 gǔqín 圈고금[중국의 대표적인 현악기]　样式 yàngshì 圈모양　众多 zhòngduō 圈(매우) 많다　造型 zàoxíng 圈조형
　　　优美 yōuměi 圈아름답다　形状 xíngzhuàng 圈형태　人物 rénwù 圈인물　形象 xíngxiàng 圈형상

8 根据上文，下列哪项正确？　　　　　위 지문에 근거하여, 다음 중 옳은 것은?

A 古琴出现在西周时期　　　　　　　　**A** 고금은 서주 시기에 출현했다

B 古琴从明朝时期开始普及　　　　　　**B** 고금은 명나라 시기부터 보급되기 시작했다

C 古代最早的专业琴人是钟仪　　　　　**C** 고대 최초의 전문 고금 연주가는 종의이다

D 战国时期古琴的形状是圆形　　　　　**D** 전국 시대 고금의 형태는 원형이다

해설　질문이 지문에 근거하여 옳은 것을 물었으므로, 선택지의 핵심어구를 지문에서 재빨리 찾아 주변의 내용과 일치하는 선택지를 정답으로 고른다. 선택지 C의 핵심어구 钟仪(종의)와 관련하여 두 번째 단락에서 西周时期的钟仪是现存记载中最早的专业琴人이라고 했으므로, C 古代最早的专业琴人是钟仪를 정답으로 고른다.

* 바꾸어 표현　西周时期 서주 시기 → 古代 고대

어휘　古琴 gǔqín 圈고금　西周 Xī Zhōu 교퓨서주[기원전 1046년~771년에 있었던 왕조]　时期 shíqī 圈시기
　　　明朝 Míngcháo 교퓨명나라[1368년에 세워진 중국의 통일 왕조]　普及 pǔjí 圈보급되다　古代 gǔdài 圈고대
　　　琴人 qínrén 고금 연주가　钟仪 Zhōng Yí 교퓨종의[고금 연주가]
　　　战国时期 Zhànguó Shíqī 교퓨전국 시대[기원전 403년~221년 사이의 시기]　形状 xíngzhuàng 圈형태　圆形 yuánxíng 圈원형

| 1 A | 2 C | 3 D | 4 B | 5 B | 6 A | 7 A | 8 C |

1-4

¹自20世纪90年代以来，中国的老龄化进程不断加快，预计20年后，65岁及以上老年人口占总人口的比例将超过20%。更严重的是，80岁及以上的老人正以每年5%的速度增加，到2040年将增加到7400多万人。人口老龄化带来的影响不容忽视。老龄化造成了劳动力减少、劳动生产率降低、老年人看病难等社会问题。

随着老年人口的增多，老龄化问题的严重性越来越引起了人们的关注。²为了解决老龄化问题，改善老年人的基本生活，政府在老年人的健康护理、日常生活照料、社会交往和社会参与等方面采取了多项措施，比如完善老年人医疗保险制度，提供老年公寓以及各种日常生活照料服务，并给老年人提供老年活动中心、老年大学、老年再就业服务中心等活动场所和必要的活动经费。

但³目前老龄产业还无法满足老年人的需求。人口老龄化是经济、社会、科技发展的产物，因此在迎接人口老龄化挑战的过程中，³应该在各个领域内综合而全面地考虑，推行长久而稳定的政策。

¹1990년대 이래로 중국의 노령화 진행 과정은 끊임없이 빨라지고 있고, 20년 후에는 65세 이상 노인 인구가 총 인구를 차지하는 비중이 20퍼센트를 초과할 것으로 예상된다. 더욱 심각한 것은, 80세 이상 노인은 현재 매년 5퍼센트의 속도로 증가하고 있으며, 2040년이 되면 7400여만 명까지 증가될 것이라는 점이다. 인구 노령화가 가져오는 영향을 무시해서는 안 된다. 노령화는 노동력 감소, 노동 생산성 하락, 노인 진료난 등 사회 문제를 초래하였다.

노인 인구가 많아짐에 따라, 노령화 문제의 심각성은 갈수록 사람들의 관심을 불러일으킨다. ²노령화 문제를 해결하고 노인의 기본적인 생활을 개선하기 위해서, 정부는 노인의 건강 보호, 일상생활 돌봄, 사회 교제와 사회 참여 등 방면에서 여러 조치를 취했는데, 예를 들면 노인 의료 보험 제도를 보완하는 것, 노인 아파트 및 각종 일상생활 돌봄 서비스를 제공하는 것, 또 노인에게 노년 활동 센터, 노년 대학, 노년 재취업 서비스 센터 등의 활동 장소와 필요한 활동 경비를 제공하는 것이다.

그러나 ³현재 실버산업은 아직 노인들의 수요를 만족시키지 못한다. 인구 노령화는 경제, 사회, 과학 기술 발전의 산물이며, 이 때문에 인구 노령화라는 도전을 맞이하는 과정 속에서, ³각각의 분야 내에서 종합적이고 전면적으로 고민하여, 장기적이고 안정적인 정책을 시행해야 한다.

어휘 **老龄化** lǎolínghuà 🗐 노령화하다, 고령화하다 **进程** jìnchéng 🗐 진행 과정 **不断** búduàn 🗐 끊임없이 **加快** jiākuài 🗐 빨라지다
预计 yùjì 🗐 예상하다 **老年** lǎonián 🗐 노인 **人口** rénkǒu 🗐 인구 **占** zhàn 🗐 차지하다 **总人口** zǒngrénkǒu 총 인구
比例 bǐlì 🗐 비중 **速度** sùdù 🗐 속도 **不容** bùróng 🗐 ~해서는 안 된다 **忽视** hūshì 🗐 무시하다 **造成** zàochéng 🗐 초래하다
劳动力 láodònglì 🗐 노동력 **减少** jiǎnshǎo 🗐 감소하다 **劳动生产率** láodòng shēngchǎnlǜ 노동 생산성 **降低** jiàngdī 🗐 하락하다
看病难 kànbìngnán 진료난 **随着** suízhe 🗐 ~에 따라 **增多** zēngduō 🗐 많아지다 **严重性** yánzhòngxìng 심각성
引起 yǐnqǐ 🗐 불러일으키다 **关注** guānzhù 🗐 관심을 가지다 **改善** gǎishàn 🗐 개선하다 **基本** jīběn 🗐 기본적인
政府 zhèngfǔ 🗐 정부 **护理** hùlǐ 🗐 (손해를 입지 않도록) 보호하다 **日常生活** rìcháng shēnghuó 일상생활 **照料** zhàoliào 🗐 돌보다
交往 jiāowǎng 🗐 교제하다 **参与** cānyù 🗐 참여하다 **方面** fāngmiàn 🗐 방면 **采取** cǎiqǔ 🗐 취하다 **措施** cuòshī 🗐 조치
完善 wánshàn 🗐 보완하다 **医疗** yīliáo 🗐 의료 **保险制度** bǎoxiǎn zhìdù 보험 제도 **提供** tígōng 🗐 제공하다
公寓 gōngyù 🗐 아파트 **以及** yǐjí 🗐 및 **服务** fúwù 🗐 서비스하다 **活动中心** huódòng zhōngxīn 활동 센터
老年再就业服务中心 lǎonián zài jiùyè fúwù zhōngxīn 노년 재취업 서비스 센터 **场所** chǎngsuǒ 🗐 장소 **必要** bìyào 🗐 필요하다
经费 jīngfèi 🗐 경비 **目前** mùqián 🗐 현재 **产业** chǎnyè 🗐 산업 **满足** mǎnzú 🗐 만족시키다 **需求** xūqiú 🗐 수요
科技 kējì 🗐 과학 기술 **发展** fāzhǎn 🗐 발전하다 **产物** chǎnwù 🗐 산물 **因此** yīncǐ 🗐 이 때문에 **迎接** yíngjiē 🗐 맞이하다
挑战 tiǎozhàn 🗐 도전하다 **领域** lǐngyù 🗐 분야 **综合** zōnghé 🗐 종합하다 **全面** quánmiàn 🗐 전면적이다 **推行** tuīxíng 🗐 시행하다
长久 chángjiǔ 🗐 장기적이다 **稳定** wěndìng 🗐 안정적이다 **政策** zhèngcè 🗐 정책

1

| 第一段主要讲的是什么？ | 첫 번째 단락에서 주로 말하는 것은 무엇인가? |

A 中国老龄化的现况

B 高龄老人遇到的困难

C 老年人口增加的原因

D 中国人口的整体变化趋势

A 중국 노령화의 현황

B 고령 노인이 맞닥뜨린 어려움

C 노인 인구 증가의 원인

D 중국 인구의 전체적 변화 추세

해설 질문이 첫 번째 단락에서 주로 말하는 것은 무엇인지를 물었으므로, 첫 번째 단락의 첫 문장을 꼼꼼히 읽거나 단락 전체를 속독하여 내용을 파악한다. 첫 번째 단락에서 自20世纪90年代以来，中国的老龄化进程不断加快，预计20年后，65岁及以上老年人口占总人口的比例将超过20%。이라고 했으므로, A 中国老龄化的现况을 정답으로 고른다.

어휘 老龄化 lǎolínghuà 園노령화하다, 고령화하다   现况 xiànkuàng 園현황   高龄 gāolíng 園고령의   困难 kùnnan 園어려움   人口 rénkǒu 園인구   原因 yuányīn 園원인   整体 zhěngtǐ 園(한 집단의) 전체   趋势 qūshì 園추세

2

第二段主要讲的是：

A 老龄化社会的进程

B 逐渐增加的老龄人口

C 解决老龄化问题的具体措施

D 人口老龄化引起的社会问题

두 번째 단락에서 주로 말하는 것은：

A 노령화 사회의 진행 과정

B 점점 더 증가하는 노령 인구

C 노령화 문제를 해결하는 구체적인 조치

D 인구 노령화가 초래하는 사회 문제

해설 질문이 두 번째 단락에서 주로 말하는 것을 물었으므로, 두 번째 단락의 첫 문장을 꼼꼼히 읽거나 단락 전체를 속독하여 내용을 파악한다. 두 번째 단락에서 为了解决老龄化问题，改善老年人的基本生活，政府在老年人的健康护理、日常生活照料、社会交往和社会参与等方面采取了多项措施이라고 했으므로, C 解决老龄化问题的具体措施를 정답으로 고른다.

어휘 进程 jìnchéng 園진행 과정   增加 zēngjiā 園증가하다   老龄 lǎolíng 園노령   人口 rénkǒu 園인구   引起 yǐnqǐ 園초래하다

3

根据上文，下列哪项正确？

A 中国老年人健康问题很严重

B 中国人口老龄化问题正在减轻

C 老年人的增加会影响医疗消费

D 老龄产业需要长久而稳定的政策

위 지문에 근거하여, 다음 중 옳은 것은？

A 중국 노인의 건강 문제는 심각하다

B 중국 인구 노령화 문제는 지금 줄어들고 있다

C 노인의 증가는 의료 소비에 영향을 줄 수 있다

D 실버산업은 장기적이고 안정적인 정책이 필요하다

해설 질문이 지문에 근거하여 옳은 것을 물었으므로, 선택지의 핵심어구를 지문에서 재빨리 찾아 주변의 내용과 일치하는 선택지를 정답으로 고른다. 선택지 D의 핵심어구 老龄产业(실버산업)와 관련하여 세 번째 단락에서 目前老龄产业……应该在各个领域内综合而全面地考虑，推行长久而稳定的政策라고 했으므로, D 老龄产业需要长久而稳定的政策를 정답으로 고른다.

어휘 严重 yánzhòng 園심각하다   减轻 jiǎnqīng 園(무게·수량·정도 등이) 줄다   增加 zēngjiā 園증가하다   医疗 yīliáo 園의료   消费 xiāofèi 園소비하다   老龄产业 lǎolíng chǎnyè 실버산업   长久 chángjiǔ 園장기적인   稳定 wěndìng 園안정적이다   政策 zhèngcè 園정책

4

上文最可能出自哪里？

| A 《儿童教育》 | **B 《社会科学》** |

| C 《娱乐八卦》 | D 《体育人生》 |

위 지문은 어디에서 나올 가능성이 가장 큰가？

| A <아동 교육> | **B <사회 과학>** |

| C <연예계 스캔들> | D <스포츠 라이프> |

해설 질문이 위 지문은 어디에서 나올 가능성이 가장 높은지를 물었으므로, 앞의 문제들을 풀며 파악한 지문의 내용을 토대로 정답을 선택한다. 지문은 최근의 사회 문제 중 하나인 노령화 문제의 현황, 문제점, 해결 방안 등을 차례대로 서술하고 있으므로, B《社会科学》를 정답으로 고른다.

어휘 娱乐 yúlè 몡연예계 八卦 bāguà 몡스캔들 人生 rénshēng 몡라이프

5 - 8

未来上海的街头，或许再也看不到环卫工人了，取而代之的将会是⁵能够不停自动往返，且效率更高的无人驾驶清洁车。凌晨两点，无人驾驶清洁车自动开始工作。⁵它从自动发车到自动清扫，再到自动感知前方的障碍物，自动绕行，90度直角自动拐弯等等，可以说各项功能齐全。

此外，在行驶时，无人驾驶清洁车可以识别红绿灯，发现前方为红灯时自动停下，在红绿灯跳转到绿灯后，重新开启自动行驶模式，然后行驶到垃圾倾倒处倾倒垃圾，最后再回到出发点，自动停回原来的车位。同样的工作量，以前需要五个环卫工人工作一天才能完成，现在无人驾驶清洁车只要工作两个小时就可以全部搞定。

15年前，有人说和世界各地的人用手机视频对话是做梦；5年前，有人说手机代替电脑，用手机买火车票是做梦；3年前，有人说手机代替取款机，随时随地支付费用，这肯定是做梦；但⁶科技迅速发展的今天，这些都一一实现了。

未来，我们面对的会是一个什么样的世界？也许你的竞争对手不再是同事或同龄人，而是比你更快，比你更精准，还不会感到累的机器。⁷在这个高速变化的社会里，没有创造能力，不敢冒险就是最大的风险，这样的人终将会被机器所取代。

앞으로 상하이의 거리에서는, 아마 다시는 환경미화원을 볼 수 없게 될 텐데, 이를 대신하는 것은 ⁵멈추지 않고 자동으로 왕복할 수 있고, 효율은 더 높은 자율 주행 청소차일 것이다. 새벽 2시, 자율 주행 청소차는 자동으로 일을 시작한다. ⁵그것은 자동 배차부터 자동 청소, 그리고 자동으로 전방의 장애물을 감지하여, 자동으로 길을 우회하고, 90도 직각으로 자동 방향 바꾸기를 하는 등 각 기능이 완전히 갖추어졌다고 말할 수 있다.

이 밖에, 주행할 때 자율 주행 청소차는 신호등을 식별할 수 있어서, 전방이 빨간불임을 발견하면 자동으로 멈추는데, 신호등이 초록불로 바뀐 후에 다시 자율 주행 모드를 켜고, 그런 다음 쓰레기 처리장까지 주행하여 쓰레기를 쏟아내고, 마지막에 다시 출발점으로 돌아와 자동으로 원래의 주정차 위치에 멈춘다. 같은 작업량이라면 이전에는 5명의 환경미화원들이 하루 종일 일해야만 겨우 완성할 수 있었는데, 지금의 자율 주행 청소차는 2시간만 일하면 전부 완수할 수 있다.

15년 전, 누군가는 세계 각지의 사람들과 휴대폰으로 영상 통화하는 것은 허황된 꿈을 꾸는 것이라고 말했다. 5년 전, 누군가는 휴대폰이 컴퓨터를 대체하고, 휴대폰으로 기차표를 사는 것은 허황된 꿈을 꾸는 것이라 말했다. 3년 전, 누군가는 휴대폰이 현금 인출기를 대체해서, 언제 어디서나 비용을 지불하게 되는 것, 이것은 틀림없이 허황된 꿈을 꾸는 것이라 말했다. 그러나 ⁶과학 기술이 빠르게 발전하는 오늘날, 이 모든 것은 하나하나 다 실현되었다.

앞으로 우리가 마주하게 될 것은 어떤 세계일까? 아마 당신의 경쟁 상대는 더이상 동료나 또래가 아닌, 당신보다 더 빠르고, 당신보다 더 정확하며, 피곤함도 느끼지 못하는 기계일 것이다. ⁷빠른 속도로 변화하는 이 사회에서, 창의력이 없고, 감히 모험하지 못하는 것이 바로 가장 큰 위험이며, 이러한 사람은 끝내 기계에 의해 대체될 것이다.

어휘 未来 wèilái 몡앞으로의 街头 jiētóu 몡거리 或许 huòxǔ 뛰아마 环卫工人 huánwèi gōngrén 환경미화원
取而代之 qǔ'érdàizhī 그것을 대신하다 将会 jiānghuì ~일 것이다 能够 nénggòu 됭~할 수 있다 自动 zìdòng 뛰자동으로
往返 wǎngfǎn 됭왕복하다 效率 xiàolǜ 몡효율 无人驾驶清洁车 wúrén jiàshǐ qīngjiéchē 자율 주행 청소차
凌晨 língchén 몡새벽 发车 fāchē 됭배차하다 清扫 qīngsǎo 됭청소하다 感知 gǎnzhī 됭감지하다 前方 qiánfāng 몡전방
障碍物 zhàng'àiwù 장애물 绕行 ràoxíng 우회하다 直角 zhíjiǎo 몡직각 拐弯 guǎiwān 됭방향을 바꾸다
功能 gōngnéng 몡기능 齐全 qíquán 됭완전히 갖추다 此外 cǐwài 젭이 밖에 行驶 xíngshǐ 됭주행하다
识别 shíbié 됭식별하다 红绿灯 hónglǜdēng 몡신호등 跳转 tiàozhuǎn 됭바뀌다 重新 chóngxīn 뛰다시
开启 kāiqǐ 됭켜다 自动行驶模式 zìdòng xíngshǐ móshì 자율 주행 모드 垃圾倾倒处 lājī qīngdào chù 쓰레기 처리장
倾倒 qīngdào 됭쏟아내다 出发点 chūfādiǎn 몡출발점 车位 chēwèi 몡주정차 위치 搞定 gǎodìng·됭완수하다
视频对话 shìpín duìhuà 영상 통화 代替 dàitì 됭대체하다 火车票 huǒchēpiào 기차표 取款机 qǔkuǎnjī 현금 인출기
随时随地 suíshí suídì 언제 어디서나 支付 zhīfù 됭지불하다 费用 fèiyòng 몡비용 科技 kējì 몡과학 기술

迅速 xùnsù 圄빠르다　实现 shíxiàn 圄실현하다　面对 miànduì 圄마주하다　竞争对手 jìngzhēng duìshǒu 경쟁 상대
同龄人 tónglíngrén 또래　精准 jīngzhǔn 圄정확하다　机器 jīqì 기계　创造能力 chuàngzào nénglì 창의력
不敢 bùgǎn 圄감히 ~하지 못하다　冒险 màoxiǎn 圄모험하다　风险 fēngxiǎn 圄위험　终将 zhōngjiāng ~끝내 ~할 것이다
取代 qǔdài 圄대체하다

5

下列哪项不属于无人驾驶清洁车所具有的特征?	다음 중 자율 주행 청소차가 가지는 특징에 **속하지 않는** 것은?
A 自动往返	A 자동으로 왕복한다
B 分类垃圾	**B 쓰레기를 분류한다**
C 感知障碍物	C 장애물을 감지한다
D 直角自动拐弯	D 직각으로 자동 방향 바꾸기를 한다

해설　질문이 자율 주행 청소차가 가지는 특징에 속하지 않는 것을 물었으므로, 无人驾驶清洁车(자율 주행 청소차)를 지문에서 재빨리 찾아 주변에서 언급된 것을 하나씩 소거하며 정답을 고른다. 첫 번째 단락에서 能够不停自动往返, 且效率更高的无人驾驶清洁车라고 했고, A가 自动往返이라고 했으므로 소거한다. 이어지는 내용에서 它从自动发车到自动清扫, 再到自动感知前方的障碍物, 自动绕行, 90度直角自动拐弯等等, 可以说各项功能齐全。이라고 했고, C가 感知障碍物, D가 直角自动拐弯이라고 했으므로 소거한다. 따라서 지문에서 언급되지 않은 B 分类垃圾를 정답으로 고른다.

어휘　无人驾驶清洁车 wúrén jiàshǐ qīngjiéchē 자율 주행 청소차　特征 tèzhēng 圄특징　自动 zìdòng 圄자동으로
往返 wǎngfǎn 왕복하다　分类 fēnlèi 圄분류하다　感知 gǎnzhī 圄감지하다　障碍物 zhàng'àiwù 장애물
直角 zhíjiǎo 圄직각

6

第三段主要谈的是:	세 번째 단락에서 주로 말하는 것은:
A 科技的发展极为迅速	**A 과학 기술의 발전은 매우 빠르다**
B 竞争对手会促使你成长	B 경쟁 상대는 당신이 성장하게 할 것이다
C 15年前就可以用手机付款	C 15년 전에 휴대폰을 사용하여 돈을 지불할 수 있었다
D 视频通话是最好的沟通方式	D 영상 통화는 가장 좋은 소통 방식이다

해설　질문이 세 번째 단락에서 주로 말하는 것을 물었으므로, 세 번째 단락의 첫 문장을 꼼꼼히 읽거나 단락 전체를 속독하여 내용을 파악한다. 세 번째 단락에서 科技迅速发展的今天, 这些都一一实现了라고 했으므로, A 科技的发展极为迅速를 정답으로 고른다.

어휘　科技 kējì 과학 기술　发展 fāzhǎn 圄발전하다　极为 jíwéi 圄매우　迅速 xùnsù 圄빠르다
竞争对手 jìngzhēng duìshǒu 경쟁 상대　促使 cùshǐ 圄~하게 하다　成长 chéngzhǎng 圄성장하다　付款 fùkuǎn 圄돈을 지불하다
视频通话 shìpín tōnghuà 영상 통화　沟通 gōutōng 圄소통하다　方式 fāngshì 圄방식

7

根据第四段, 可以知道什么?	네 번째 단락에 근거하여, 알 수 있는 것은 무엇인가?
A 学会创新很重要	**A 창의성을 배우는 것은 중요하다**
B 生活中充满风险	B 생활 속에는 위험이 가득하다
C 未来是能预测的	C 미래는 예측할 수 있는 것이다
D 人不如机器聪明	D 인간은 기계만큼 똑똑하지 못하다

해설　질문이 네 번째 단락에 근거하여 알 수 있는 것을 물었으므로, 선택지의 핵심어구를 네 번째 단락에서 찾아 주변의 내용을 주의 깊게 읽는다. 선택지 A의 핵심어구 创新(창의성)과 관련하여 네 번째 단락에서 在这个高速变化的社会里, 没有创造能力, 不敢冒险就是最大的风险, 这样的人终将会被机器所取代。라고 했으므로, A 学会创新很重要를 정답으로 고른다.

어휘 **创新** chuàngxīn 圆창의성 **生活** shēnghuó 圆생활 **充满** chōngmǎn 圆가득하다 **风险** fēngxiǎn 圆위험 **未来** wèilái 圆미래
预测 yùcè 圆예측하다 **不如** bùrú 圆~만 못하다 **机器** jīqì 圆기계

8

上文主要谈的是:	위 지문이 주로 말하는 것은:
A 竞争的重要性	A 경쟁의 중요성
B 梦想与现实的差异	B 꿈과 현실의 차이
C 面对未来应有的态度	**C 미래를 마주할 때 가져야 할 태도**
D 环卫工人的工作环境	D 환경미화원의 작업 환경

해설 질문이 위 지문이 주로 말하는 것은 무엇인지를 물었으므로, 앞의 문제들을 풀며 파악한 지문의 내용을 토대로 정답을 선택한다. 지문은 자율 주행 청소차 용도 및 과학 기술 발전에 대응해야 하는 우리의 자세 등을 차례대로 서술하고 있으므로, C 面对未来应有的态度를 정답으로 고른다.

어휘 **竞争** jìngzhēng 圆경쟁 **梦想** mèngxiǎng 圆꿈 **现实** xiànshí 圆현실 **差异** chāyì 圆차이 **未来** wèilái 圆미래
环卫工人 huánwèi gōngrén 환경미화원

고득점비책 05 | 의미 파악 문제 공략하기 p.150

들으며 학습하기 ▶

1 D	2 C	3 A	4 B	5 A	6 C	7 B	8 B

1-4

[1]享受美食是一件让人感到幸福的事，所以互联网直播兴起后，吃播备受欢迎。然而有些主播为了赚取流量，经常以令人吃惊的食量吸引眼球。这些[1]"大胃王"让吃播"变了味儿"，有关吃播的负面消息连续不断地传来，[1]吃播被贴上了"不正常"、"浪费"等标签。

心理学家表示，观众看吃播其实是为了满足以下四种心理需求。首先，观看吃播视频，可起到替代满足的作用。所谓替代满足就是借他人行为，体验该行为带来的快感。其次，[2]观看吃播视频，能在一定程度上缓解压力。人们能通过看娱乐节目、电视剧等内容简单的节目减轻压力，吃播也属于这类减压节目。再次，[2]观看吃播视频，能让原本不想吃东西或胃口不好的人更愿意品尝美食。最后，[2]观看吃播视频，能让人获得一种"陪伴感"。有些观众在一个人吃饭时，很喜欢看吃播，这样气氛就会变得热闹，就像有亲朋好友陪伴自己一样。还有人是[3]为了消磨时间、消除寂寞才看吃播。

[1]맛있는 음식을 즐기는 것은 사람이 행복을 느끼게 하는 일이고, 그래서 인터넷 라이브 방송이 발전하기 시작한 후로 먹방은 한껏 환영받았다. 그러나 몇몇 크리에이터들은 트래픽을 획득하기 위해 자주 놀라운 식사량으로 이목을 끌어당긴다. 이러한 [1]'푸드 파이터'들은 먹방이 '맛이 변질되게' 했는데, 먹방과 관련된 부정적인 소식이 연속해서 끊임없이 전해지면서, [1]먹방에 '비정상', '낭비' 등의 꼬리표가 붙여졌다.

심리학자는 시청자들이 먹방을 보는 것은 사실 다음의 네 가지 심리적 요구를 만족시키기 위해서라고 말한다. 먼저, 먹방 영상을 보는 것은 대리 만족의 역할을 할 수 있다. 대리 만족이라는 것은 바로 타인의 행위를 빌려서, 그 행위가 가져오는 쾌감을 체험하는 것이다. 그다음으로, [2]먹방 영상을 보면, 어느 정도 스트레스를 해소할 수 있다. 사람들은 예능 프로그램과 드라마 등 내용이 간단한 프로그램을 보는 것을 통해 스트레스를 줄일 수 있는데, 먹방도 이런 스트레스를 줄여 주는 프로그램에 속한다. 또한 [2]먹방 영상을 보면, 원래 음식을 먹고 싶어 하지 않거나 입맛이 없는 사람들이 맛있는 음식을 더욱 맛보고 싶어 하게 할 수 있다. 마지막으로 [2]먹방 영상을 보면, '함께 한다는 느낌'을 가지게 할 수 있다. 어떤 시청자들은 혼자 밥을 먹을 때 먹방 보는 것을 좋아하는데, 이러면 마치 친한 친구들이 자신과 함께 있는 것 같이 분위기가 시끌벅적해진다. 또 어떤 사람은 [3]시간을 <u>소모하고</u> 외로움을 없애기 위해 먹방을 보기도 한다.

不过，吃播也有一定的负面影响，过度观看可能会引发健康问题，还可能使观众产生消极、逃避等负面情绪。因此⁴观众应该要学会合理控制在吃播上投入的时间和金钱。一个人感到孤独、寂寞，甚至空虚时，要做的是重新制定自己的目标，充实自己的生活，而不是靠吃播来打发时间。

　　그러나, 먹방 역시 어느 정도의 부정적인 영향도 있는데, 과도하게 보는 것은 건강 문제를 유발할 수 있고, 또 시청자로 하여금 소극적이고, 도피하고자 하는 등의 부정적인 정서가 생기게 할 수 있다. 이 때문에 ⁴시청자들은 먹방에 쏟아붓는 시간과 돈을 합리적으로 통제하는 것을 배워야 한다. 혼자서 고독함, 외로움, 심지어 공허함을 느낄 때 해야 할 것은 자신의 목표를 다시 세우고, 자신의 생활을 충실하게 하는 것이지, 먹방에 기대어 시간을 허비하는 것이 아니다.

어휘　享受 xiǎngshòu 图즐기다　美食 měishí 图맛있는 음식　幸福 xìngfú 图행복　互联网 hùliánwǎng 图인터넷
　　直播 zhíbō 图라이브 방송을 하다　兴起 xīngqǐ 图발전하기 시작하다　吃播 chībō 먹방　备受 bèishòu 한껏 받다
　　主播 zhǔbō 图크리에이터　赚取 zhuànqǔ 图획득하다　流量 liúliàng 图트래픽[데이터 유입량, 한 번에 접속하는 시청자의 수]
　　吃惊 chījīng 图놀라다　吸引 xīyǐn 图끌어당기다　眼球 yǎnqiú 图이목　大胃王 dàwèiwáng 푸드 파이터
　　负面 fùmiàn 图부정적인　消息 xiāoxi 图소식　连续 liánxù 图연속하다　不断 búduàn 图끊임없이　传来 chuánlái 图전해지다
　　贴 tiē 图붙이다　正常 zhèngcháng 图정상적이다　浪费 làngfèi 图낭비하다　标签 biāoqiān 图꼬리표　心理学家 xīnlǐxuéjiā 심리학자
　　观众 guānzhòng 图시청자　满足 mǎnzú 图만족시키다　需求 xūqiú 图요구　首先 shǒuxiān 图먼저　观看 guānkàn 图보다
　　视频 shìpín 图영상　替代 tìdài 图대리하다　所谓 suǒwèi ~라는 것은　行为 xíngwéi 图행위　体验 tǐyàn 图체험하다
　　快感 kuàigǎn 图쾌감　其次 qícì 图그다음　程度 chéngdù 图정도　缓解 huǎnjiě 图해소하다　压力 yālì 图스트레스
　　娱乐 yúlè 图예능　电视剧 diànshìjù 图드라마　内容 nèiróng 图내용　减轻 jiǎnqīng 图줄이다　再次 zàicì 图또한
　　原本 yuánběn 图원래　胃口 wèikǒu 图입맛　品尝 pǐncháng 图맛보다　获得 huòdé 图가지다　陪伴感 péibàngǎn 함께 한다는 느낌
　　气氛 qìfēn 图분위기　热闹 rènao 图시끌벅적하다　亲朋好友 qīnpéng hǎoyǒu 친한 친구들　陪伴 péibàn 图함께하다
　　消磨 xiāomó 图소모하다　消除 xiāochú 图없애다　寂寞 jìmò 图외롭다　过度 guòdù 图과도하다　引发 yǐnfā 图유발하다
　　产生 chǎnshēng 图생기다　消极 xiāojí 图소극적이다　逃避 táobì 图도피하다　情绪 qíngxù 图정서　因此 yīncǐ 图이 때문에
　　合理 hélǐ 图합리적이다　控制 kòngzhì 图통제하다　投入 tóurù 图쏟아붓다　孤独 gūdú 图고독하다　甚至 shènzhì 图심지어
　　空虚 kōngxū 图공허하다　重新 chóngxīn 图다시　制定 zhìdìng 图세우다　目标 mùbiāo 图목표　充实 chōngshí 图충실하게 하다
　　生活 shēnghuó 图생활　靠 kào 图기대다　打发 dǎfa 图(시간을) 허비하다

1

第一段中，"变了味儿"是什么意思？

A 食物的性质发生了变化

B 汉字的拼音发生了变化

C 食物的味道发生了变化

D 原有的意义发生了变化

첫 번째 단락의 '맛이 변질되다'는 무슨 의미인가?

A 음식의 성질에 변화가 생겼다

B 한자의 병음에 변화가 생겼다

C 음식의 맛에 변화가 생겼다

D 원래 있던 의미에 변화가 생겼다

해설　질문이 첫 번째 단락의 "变了味儿(맛이 변질되다)"은 무슨 의미인지를 물었으므로, 첫 번째 단락에서 "变了味儿"이 언급된 부분을 재빨리 찾아 주변의 문맥을 꼼꼼히 파악한다. 享受美食是一件让人感到幸福的事……"大胃王"让吃播"变了味儿"……吃播被贴上了"不正常"、"浪费"等标签이라고 했으므로, 문맥상 "变了味儿"은 먹방의 의미가 일부 '푸드 파이터'들의 먹방으로 인해 부정적으로 변화되었다는 것을 의미함을 알 수 있다. 따라서 D 原有的意义发生了变化를 정답으로 고른다.

어휘　食物 shíwù 图음식　性质 xìngzhì 图성질　发生 fāshēng 图(원래 없던 현상이) 생기다　味道 wèidao 图맛
　　原有 yuányǒu 图원래부터 있다　意义 yìyì 图의미

2

下列哪项不属于观看吃播的好处？

A 有利于减轻压力

B 让人更愿吃东西

C 可以节省时间和金钱

D 能够让人感到有人陪伴

다음 중 먹방을 보는 것의 장점에 속하지 않는 것은?

A 스트레스를 줄이는 것에 이롭다

B 더욱 음식을 먹고 싶게 한다

C 시간과 돈을 절약할 수 있다

D 누군가가 같이 있다는 느낌이 들게 한다

해설 질문이 먹방을 보는 것의 장점에 속하지 않는 것을 물었으므로, 观看吃播(먹방을 보다)를 지문에서 재빨리 찾아 주변에서 언급된 것을 하나씩 소거하며 정답을 고른다. 두 번째 단락에서 观看吃播视频, 能在一定程度上缓解压力라고 했고, 선택지 A가 有利于减轻压力라고 했으므로 소거한다. 그 다음 문장에서 观看吃播视频, 能让原本不想吃东西或胃口不好的人更愿意品尝美食……观看吃播视频, 能让人获得一种 "陪伴感"이라고 했고, 선택지 B가 让人更愿意吃东西, D가 能够让人感到有人陪伴이라고 했으므로 소거한다. 따라서 지문에서 언급되지 않은 C 可以节省时间和金钱을 정답으로 고른다.

어휘 观看 guānkàn 圏보다 吃播 chībō 먹방 好处 hǎochu 圏장점 有利 yǒulì 圏이롭다 减轻 jiǎnqīng 圏줄이다
压力 yālì 圏스트레스 节省 jiéshěng 圏절약하다 金钱 jīnqián 圏돈 陪伴 péibàn 圏같이 있다

---

3 第二段中，画线词语指的是：

A 白白地度过　　　　B 尽情地享受

C 悄悄地离开　　　　D 快速地消失

두 번째 단락의 밑줄 친 어휘가 가리키는 것은:

A 헛되이 보내다　　　B 마음껏 즐기다

C 소리 없이 떠나다　　D 빠르게 사라지다

해설 질문이 두 번째 단락에서 밑줄 친 어휘가 가리키는 것을 물었으므로, 두 번째 단락에서 밑줄 친 어휘가 있는 부분을 재빨리 찾아 주변의 문맥을 꼼꼼히 파악한다. 밑줄 친 어휘 消磨(소모하다)가 있는 문장에서 为了消磨时间、消除寂寞才看吃播라고 했으므로, 消除寂寞(외로움을 없애다)를 통해 문맥상 消磨는 외로움을 없애기 위해 괜히 시간을 보내는 것을 가리킨다는 것을 알 수 있다. 따라서 A 白白地度过를 정답으로 고른다.

어휘 词语 cíyǔ 圏어휘 白白 báibái 圏헛되이 度过 dùguò (시간을) 보내다 尽情 jìnqíng 圏마음껏
享受 xiǎngshòu 圏즐기다 悄悄 qiāoqiāo 圏소리 없이 消失 xiāoshī 圏사라지다

---

4 第三段主要想告诉我们：

A 吃播好处比坏处多

B 应该理性地对待吃播

C 观看吃播有助于实现目标

D 吃播是打发时间的好方法

세 번째 단락에서 우리에게 주로 알려 주고자 하는 것은:

A 먹방은 장점이 단점보다 많다

B 이성적으로 먹방을 대해야 한다

C 먹방을 보는 것은 목표를 실현하는 데 도움이 된다

D 먹방은 시간을 허비하는 좋은 방법이다

해설 질문이 세 번째 단락에서 주로 우리에게 알려 주고자 하는 것을 물었으므로, 세 번째 단락의 첫 문장을 꼼꼼히 읽거나 단락 전체를 속독하여 내용을 파악한다. 세 번째 단락에서 观众应该要学会合理控制在吃播上投入的时间和金钱이라고 했으므로, B 应该理性地对待吃播를 정답으로 고른다.

어휘 吃播 chībō 먹방 好处 hǎochu 圏장점 坏处 huàichu 圏단점 理性 lǐxìng 圏이성적인 对待 duìdài 圏대하다
实现 shíxiàn 圏실현하나 目标 mùbiāo 圏목표 打发 dǎfa (시간을) 허비하다 方法 fāngfǎ 圏방법

---

5 - 8

人口普查是国家对现有人口进行的普遍调查，调查的重点是了解各地的人口状况，包括人口变化情况、性别比例、出生性别比例等。⁵世界上最早的人口普查是明朝开国皇帝朱元璋实施的。

明朝建立后，朱元璋采取各种措施，大力恢复生产，发展经济。随着社会经济的发展，人口也迅速增加了。为了有效地管理国家，朱元璋决定彻底调查全国人口。1370年，朱元璋派士兵对人口进行逐步查点和对比，同时编造户口册，作为收取税款的基础。

인구 조사는 국가가 현재 있는 인구에 대해 진행하는 보편적인 조사로, 조사의 중점은 인구가 변하는 상황, 성별 비율, 출생 성별 비율 등을 포함하여 각지의 인구 상황을 알아보는 것이다. ⁵세계 최초의 인구 조사는 명나라 건국 황제 주원장이 실시한 것이다.

명나라가 세워진 후, 주원장은 각종 조치를 취하여, 생산을 크게 회복시키고, 경제를 발전시켰다. 사회 경제의 발전에 따라, 인구 또한 급속하게 증가하였다. 국가를 효과적으로 관리하기 위해서, 주원장은 전국 인구를 철저하게 조사하기로 결정했다. 1370년, 주원장은 병사를 파견하여 인구에 대한 점진적인 조사와 대비를 진행하였고, 동시에 호적부를 만들어 세금 징수의 기초로 삼았다.

具体的做法是，给每户发户口册，上面首先填写户主姓名、出生地和全家人数，接着分别填写每一个成年、未成年的男子和妇女的姓名、年龄、与户主的关系，⁶最后填写全户的<u>产业</u>，如土地、房屋、树木等。户口册填写完毕后，按照级别一一上报，最后把户口资料统一保存在政府的户部。

户口登记制度自先秦时期起便开始使用，经历各个朝代而不断完善，不过明朝以前的户口只登记需要交税或参加义务劳动的人口。⁷明朝初期的户口调查则不同，它不分男女老少，要求各户将全家人口均登记在户口册之内，所以被认为是中国最早的一次人口普查。⁷当时的人口普查制度相当完备，且内容详细。这种情况在世界上是独一无二的，因而被公认为是世界上最早的人口普查。

구체적인 방법은, 각 가구에 호적부를 발급하여 위에 가장 먼저 호주의 이름, 출생지와 집안 전체 인원수를 기입하고, 이어서 성인, 미성년인 남성과 여성의 이름, 나이 및 호주와의 관계를 각각 기입했으며, ⁶마지막으로 토지, 집, 나무 등과 같은 전 가구의 **부동산**을 기입하였다. 호적부 작성을 끝낸 후에는 등급에 따라 일일이 상부에 보고하고, 마지막으로 호적 자료를 정부의 호부에 통일하여 보존하였다.

호적 등록 제도는 선진 시대부터 사용되기 시작했고, 각각의 시대를 거치며 끊임없이 보완되었는데, 다만 명나라 이전의 호적은 세금을 내거나 의무 노동에 참가할 필요가 있는 인구만 등록하였다. ⁷명나라 초기의 호적 조사는 달랐는데, 그것은 남녀노소를 가리지 않고, 각 가구가 온 집안의 인구를 모두 호적부 안에 등록할 것을 요구했고, 그래서 중국 최초의 인구 조사로 여겨진다. ⁷당시의 인구 조사 제도는 상당히 **완전했으며**, 게다가 내용이 상세했다. 이러한 상황은 세계에서 유일무이한 것이므로, 그래서 세계 최초의 인구 조사로 인정받는다.

어휘
人口普查 rénkǒu pǔchá 인구 조사　**现有** xiànyǒu 圈 현재의　**进行** jìnxíng 圈 진행하다　**普遍** pǔbiàn 圈 보편적이다
调查 diàochá 圈 조사하다　**重点** zhòngdiǎn 圈 중점　**状况** zhuàngkuàng 圈 상황　**包括** bāokuò 圈 포함하다
情况 qíngkuàng 圈 상황　**性别** xìngbié 圈 성별　**比例** bǐlì 圈 비율　**出生** chūshēng 圈 출생하다　**世界** shìjiè 圈 세계
明朝开国皇帝 Míngcháo kāiguó huángdì 명나라 건국 황제　**朱元璋** Zhū Yuánzhāng 고유 주원장[중국 명나라를 건국한 황제]
实施 shíshī 圈 실시하다　**建立** jiànlì 圈 세우다　**采取** cǎiqǔ 圈 취하다　**措施** cuòshī 圈 조치　**大力** dàlì 圈 크게
恢复 huīfù 圈 회복하다　**生产** shēngchǎn 圈 생산하다　**发展** fāzhǎn 圈 발전시키다　**经济** jīngjì 圈 경제　**社会** shèhuì 圈 사회
迅速 xùnsù 圈 급속하다　**增加** zēngjiā 圈 증가하다　**管理** guǎnlǐ 圈 관리하다　**彻底** chèdǐ 圈 철저하다　**派** pài 圈 파견하다
士兵 shìbīng 圈 병사　**逐步** zhúbù 图 점진적으로　**查点** chádiǎn 圈 조사하다　**对比** duìbǐ 圈 대비하다　**编造** biānzào 圈 만들다
户口册 hùkǒucè 호적부　**作为** zuòwéi 圈 ~으로 삼다　**收取** shōuqǔ 圈 징수하다　**税款** shuìkuǎn 圈 세금　**基础** jīchǔ 圈 기초
具体 jùtǐ 圈 구체적이다　**户** hù 圈 가구　**首先** shǒuxiān 图 가장 먼저　**填写** tiánxiě 圈 기입하다　**户主** hùzhǔ 圈 호주
姓名 xìngmíng 圈 이름　**出生地** chūshēngdì 圈 출생지　**全家** quánjiā 집안 전체　**人数** rénshù 사람 수　**接着** jiēzhe 图 이어서
分别 fēnbié 图 각각　**未成年** wèichéngnián 圈 미성년자　**妇女** fùnǚ 圈 여성　**年龄** niánlíng 圈 나이
产业 chǎnyè 圈 (주로 개인 소유의) 부동산　**土地** tǔdì 圈 토지　**房屋** fángwū 圈 집　**树木** shùmù 圈 나무　**完毕** wánbì 圈 끝내다
按照 ànzhào 圈 ~에 따라　**级别** jíbié 圈 등급　**上报** shàngbào 圈 상부에 보고하다　**资料** zīliào 圈 자료　**统一** tǒngyī 圈 통일된
保存 bǎocún 圈 보존하다　**政府** zhèngfǔ 圈 정부　**户部** hùbù 圈 호부[호적의 재정을 관리하는 기관]　**登记** dēngjì 圈 등록하다
制度 zhìdù 圈 제도　**先秦时期** Xiānqín Shíqī 고유 선진 시대[일반적으로 춘추 전국 시대를 가리킴]　**经历** jīnglì 圈 거치다
朝代 cháodài 圈 시대[왕조의 연대]　**不断** búduàn 图 끊임없이　**完善** wánshàn 圈 보완하다　**交税** jiāoshuì 圈 세금을 내다
义务 yìwù 圈 의무　**劳动** láodòng 圈 노동　**男女老少** nánnǚ lǎoshào 圈 남녀노소　**均** jūn 图 모두　**当时** dāngshí 圈 당시
相当 xiāngdāng 图 상당히　**完备** wánbèi 圈 완전하다　**内容** nèiróng 圈 내용　**详细** xiángxì 圈 상세하다
独一无二 dúyīwú'èr 圈 유일무이하다　**因而** yīn'ér 圈 그래서　**公认** gōngrèn 圈 인정하다

5 | 根据第一段, 可以知道什么? | 첫 번째 단락에 근거하여, 알 수 있는 것은 무엇인가?

A 人口普查最早出现在明朝　　　　　　**A** 인구 조사는 명나라 때 가장 먼저 출현했다

B 性别比例和人口普查无关　　　　　　B 성별 비율은 인구 조사와 무관하다

C 人口普查只能由个人进行　　　　　　C 인구 조사는 개인만 진행할 수 있다

D 未成年男子是人口普查的重点　　　　D 미성년 남자는 인구 조사의 핵심이다

해설　질문이 첫 번째 단락에 근거하여 알 수 있는 것을 물었으므로, 선택지의 핵심어구를 첫 번째 단락에서 찾아 주변의 내용을 주의 깊게 읽는다. 선택지 A의 핵심어구 人口普查(인구 조사)와 관련하여 첫 번째 단락에서 世界上最早的人口普查是明朝

开国皇帝朱元璋实施的。라고 했으므로, A 人口普查最早出现在明朝를 정답으로 고른다.

어휘　**人口普查** rénkǒu pǔchá 인구 조사　**明朝** Míngcháo 교위 명나라　**性别** xìngbié 圏 성별　**比例** bǐlì 圏 비율
　　　个人 gèrén 圏 개인　**进行** jìnxíng 圏 진행하다　**未成年** wèichéngnián 미성년　**重点** zhòngdiǎn 圏 핵심

6　第三段中, 画线词语 "产业" 指的是：　　세 번째 단락에서, 밑줄 친 어휘 '부동산'이 가리키는 것은：

A 生产　　　　　　B 产品　　　　　　A 생산　　　　　　B 제품

C 财产　　　　　D 行业　　　　　　**C 재산**　　　　　D 업계

해설　질문이 세 번째 단락에서, 밑줄 친 어휘 "产业(부동산)"가 가리키는 것을 물었으므로, 세 번째 단락에서 "产业"가 언급된 부분을 재빨리 찾아 주변의 문맥을 꼼꼼히 파악한다. "产业"가 포함된 문장에서 **最后填写全户的产业, 如土地、房屋、树木等**이라고 했으므로, 문맥상 "产业"는 토지, 집, 나무 같은 금전적 가치가 있는 재산을 가리킨다는 것을 알 수 있다. 따라서 **C 财产**을 정답으로 고른다.

어휘　**词语** cíyǔ 圏 어휘　**产业** chǎnyè 圏 (주로 개인 소유의) 부동산　**生产** shēngchǎn 圏 생산하다　**产品** chǎnpǐn 圏 제품
　　　财产 cáichǎn 圏 재산　**行业** hángyè 圏 업계

7　第四段画线部分 "完备" 最可能是什么意思？　　네 번째 단락의 밑줄 친 부분 '완전하다'는 무슨 의미일 가능성이 가장 큰가？

A 奴隶也在制度范围　　　　　　　A 노예도 제도 범위 내에 있다

B 所包含的内容齐全　　　　　　**B 포함하는 내용이 빠짐이 없다**

C 户口册上还要填写家畜数量　　　C 호적부 상에는 가축 수량도 기입해야 한다

D 户口制度的实施增加了收入　　　D 호적 제도의 실시가 소득을 증가시켰다

해설　질문이 네 번째 단락의 밑줄 친 부분 "完备(완전하다)"는 무슨 의미인지를 물었으므로, 네 번째 단락에서 밑줄 친 부분을 재빨리 찾아 주변의 문맥을 꼼꼼히 파악한다. 밑줄 친 부분 "完备"가 포함된 문장과 그 앞에서 **明朝初期的户口调查则不同, 它不分男女老少, 要求各户将全家人口均登记在户口册之内……当时的人口普查制度相当完备, 且内容详细**。라고 했으므로, 문맥상 "完备"는 명나라 초기의 인구 조사 제도는 호적부 안에 등록된 내용이 빠짐이 없고 완전하다는 것을 의미함을 알 수 있다. 따라서 **B 所包含的内容齐全**을 정답으로 고른다.

어휘　**完备** wánbèi 圏 완전하다　**奴隶** núlì 圏 노예　**制度** zhìdù 圏 제도　**包含** bāohán 圏 포함하다
　　　齐全 qíquán 圏 빠짐이 없다, 완비하다　**户口册** hùkǒucè 호적부　**填写** tiánxiě 圏 기입하다　**家畜** jiāchù 圏 가축
　　　实施 shíshī 圏 실시하다

8　下列哪项最适合做上文标题？　　다음 중 위 지문의 제목으로 가장 적절한 것은？

A 古代的人口状况　　　　　　A 고대의 인구 상황

B 最初的人口普查　　　　　**B 최초의 인구 조사**

C 调查人口的难点　　　　　　C 인구를 조사하는 것의 고충

D 人口普查的目的　　　　　　D 인구 조사의 목적

해설　질문이 위 지문의 제목으로 가장 적절한 것을 물었으므로, 앞의 문제들을 풀며 파악한 지문의 내용을 토대로 정답을 선택한다. 지문은 인구 조사의 기원과 목적, 인구 조사의 방법과 특징을 차례대로 서술하고 있으므로, **B 最初的人口普查**를 정답으로 고른다.

어휘　**标题** biāotí 圏 제목　**古代** gǔdài 圏 고대　**人口** rénkǒu 圏 인구　**状况** zhuàngkuàng 圏 상황　**最初** zuìchū 圏 최초
　　　人口普查 rénkǒu pǔchá 인구 조사　**调查** diàochá 圏 조사하다　**难点** nándiǎn 圏 고충　**目的** mùdì 圏 목적

1 C	2 A	3 D	4 D	5 D	6 C	7 A	8 C	9 A	10 B
11 D	12 C	13 D	14 A	15 B	16 D	17 B	18 D	19 D	20 A

1-4

中国近代著名的政治家，战略家¹曾国藩，小时候却被众人看作是不会读书的笨小孩，连潜入他家的小偷也不例外。

一个寒冷的夜晚，14岁的曾国藩在家里背一篇刚学过的文章。一个小偷在房梁上²伺机而动，准备等曾国藩睡觉后捞点好处。可是过了几个小时，刻苦学习的曾国藩没有睡觉的意思，一直在磕磕巴巴地背诵着那篇不算长的文章。小偷看着曾国藩这个劲头，心中暗暗叫苦。但他不想空手而归，所以决定耐着性子再等一会儿。听到曾国藩读了几百遍也没背下来之后，³小偷无法控制自己，走到了曾国藩面前。他把曾国藩手中的书摔在地上，吼道：³"我听了几遍就会背了，你怎么还是不会。这么笨还读什么书！" 说完后，小偷就把曾国藩花了大半夜还没背下来的文章一字不差地背诵了下来，然后扬长而去。不过曾国藩并未就此气馁，反而更加努力学习，勤能补拙，最终成就了一番事业。⁴小偷虽然聪明，但好吃懒做让他只能成为曾国藩人生故事中的点缀。

중국 근대의 유명한 정치가이자 전략가인 ¹증국번은 어린 시절 모든 사람에게 공부를 못하는 어리석은 아이로 비쳤는데, 그의 집에 잠입한 좀도둑도 예외는 아니었다.

몹시 추운 밤, 열네 살의 증국번은 집에서 방금 배운 글을 외우고 있었다. 좀도둑 하나가 대들보 위에서 ²기회를 엿보며, 증국번이 잠든 뒤에 이득을 챙기려 준비하고 있었다. 그러나 몇 시간이 지나도 열심히 공부하던 증국번은 잠잘 기색도 없이, 그 길지도 않은 글을 계속 더듬더듬 외우고 있었다. 좀도둑은 증국번의 이런 열정을 보고 속으로 남몰래 비명을 질렀다. 하지만 그는 빈손으로 돌아가고 싶지 않아서 성질을 조금만 더 참아보기로 결정했다. 증국번이 몇 백 번을 읽고도 외우지 못하는 것을 듣고 난 후 ³좀도둑은 자신을 제어하지 못하고 증국번 앞으로 다가갔다. 그는 증국번 손 안의 책을 바닥에 던지고는 소리치며 말했다. ³"나는 몇 번만 들으면 외울 수 있는데, 당신은 왜 아직도 못하는 거요? 이렇게 어리석은데 무슨 공부를 하는 거요!" 말을 마친 후, 좀도둑은 증국번이 밤새도록 외우지 못한 글을 한 자도 틀리지 않고 외운 뒤 성큼성큼 가버렸다. 그러나 증국번은 이것으로 기죽지 않고 오히려 더 열심히 공부했고, 부지런함으로 결점을 보완하여 마침내 큰 업적을 이루어 냈다. ⁴도둑은 비록 총명했으나, 먹는 것만 밝히고 일을 게을리하는 것이 그가 그저 증국번 인생 이야기 속의 조연만 될 수 있게 하였다.

어휘 **近代** jìndài 몡 근대 **著名** zhùmíng 휑 유명하다 **政治家** zhèngzhìjiā 몡 정치가 **战略家** zhànlüèjiā 몡 전략가
曾国藩 Zēng Guófān 고유 증국번[중국 청나라의 정치가·문학가] **众人** zhòngrén 몡 모든 사람 **潜入** qiánrù 잠입하다
小偷 xiǎotōu 몡 좀도둑 **例外** lìwài 몡 예외 **寒冷** hánlěng 휑 몹시 춥다 **夜晚** yèwǎn 몡 밤 **背** bèi 통 외우다
文章 wénzhāng 몡 글 **房梁** fángliáng 몡 대들보 **伺机而动** sìjīérdòng 기회를 엿보다 **捞** lāo 통 챙기다 **好处** hǎochu 몡 이득
刻苦 kèkǔ 휑 열심히 하는 **磕磕巴巴** kēke bābā 휑 더듬더듬하다 **背诵** bèisòng 통 (시문·글 등을) 외우다 **劲头** jìntóu 몡 열정
暗暗 ànàn 휑 남몰래 **叫苦** jiàokǔ 통 비명을 지르다 **空手而归** kōng shǒu ér guī 빈손으로 돌아가게 하다
耐 nài 통 참다 **性子** xìngzi 몡 성질 **控制** kòngzhì 통 제어하다 **摔** shuāi 통 던지다 **吼** hǒu 통 소리치다
扬长而去 yángcháng'érqù 통 성큼성큼 가버리다 **气馁** qìněi 휑 기가 죽다 **反而** fǎn'ér 튄 오히려
勤能补拙 qínnéng bǔzhuō 휑 부지런함으로 결점을 보완하다 **成就** chéngjiù 통 이루다 **事业** shìyè 몡 업적, 일
好吃懒做 hàochī lǎnzuò 휑 먹는 것만 밝히고 일은 게을리하다 **点缀** diǎnzhuì 통 조연이 되다[비유적 표현], 장식하다

1

关于曾国藩，可以知道：

A 他很容易失眠

B 他对学习不感兴趣

C 他小时候不擅长读书

D 他是古代著名的哲学家

증국번에 관하여, 알 수 있는 것은:

A 그는 쉽게 잠을 이루지 못한다

B 그는 공부에 흥미가 없다

C 그는 어릴 때 공부를 잘하지 않았다

D 그는 고대의 유명한 철학가이다

해설　질문이 증국번에 관하여 알 수 있는 것을 물었으므로, 曾国藩(증국번)을 핵심어구로 하여 지문에서 재빨리 찾아 주변의 내용을 주의 깊게 읽는다. 첫 번째 단락에서 曾国藩，小时候却被众人看作是不会读书的笨小孩라고 했으므로, C 他小时候不擅长读书를 정답으로 고른다.

어휘　曾国藩 Zēng Guófān 고유 증국번[중국 청나라의 정치가·문학가]　失眠 shīmián 통 잠을 이루지 못하다
擅长 shàncháng 통 잘하다　古代 gǔdài 명 고대　著名 zhùmíng 형 유명하다　哲学家 zhéxuéjiā 명 철학가

2 画线词语"伺机而动"的意思是什么？

A 等待机会采取行动

B 跟着别人一起行动

C 制造攻击他人的机会

D 经常强调自己的动作

밑줄 친 어휘 '기회를 엿보다'의 의미는 무엇인가?

A 기회를 기다려 행동을 취한다

B 다른 사람을 따라 함께 행동한다

C 타인을 공격할 기회를 만든다

D 자신의 움직임을 자주 강조한다

해설　질문이 밑줄 친 어휘 "伺机而动(기회를 엿보다)"의 의미는 무엇인지를 물었으므로, 지문에서 "伺机而动"이 언급된 부분을 재빨리 찾아 주변의 문맥을 꼼꼼히 파악한다. 밑줄 친 어휘 "伺机而动" 바로 뒤에서 准备等曾国藩睡觉后捞点好处라고 했으므로, 문맥상 "伺机而动"은 좀도둑이 증국번이 잠든 틈을 타 행동을 개시하려 한다는 것을 의미함을 알 수 있다. 따라서 A 等待机会采取行动을 정답으로 고른다.

어휘　伺机而动 sìjīérdòng 기회를 엿보다　等待 děngdài 통 기다리다　采取 cǎiqǔ 통 취하다　行动 xíngdòng 명 행동
制造 zhìzào 통 만들다　攻击 gōngjī 통 공격하다　强调 qiángdiào 통 강조하다

3 小偷无法控制自己的原因是：

A 腿脚不便

B 没机会逃走

C 和曾国藩关系差

D 觉得曾国藩太笨了

좀도둑이 스스로를 제어할 수 없었던 원인은:

A 다리와 발이 불편해서

B 도망칠 기회가 없어서

C 증국번과 관계가 나빠서

D 증국번이 너무 어리석다고 생각해서

해설　질문이 좀도둑이 스스로를 제어할 수 없었던 원인에 대해 물었으므로, 小偷无法控制自己(좀도둑은 자신을 제어할 수 없다)를 핵심어구로 하여 지문에서 재빨리 찾아 주변의 내용을 주의 깊게 읽는다. 두 번째 단락에서 小偷无法控制自己，走到了曾国藩面前……"我听了几遍就会背了，你怎么还是不会。这么笨还读什么书！"라고 했으므로, D 觉得曾国藩太笨了를 정답으로 고른다.

어휘　控制 kòngzhì 통 제어하다　腿脚 tuǐjiǎo 명 다리와 발　不便 búbiàn 형 불편하다　逃走 táozǒu 통 도망치다

4 根据上文，可以知道什么？

A 背书需要技巧

B 多读书没有好处

C 小孩不用刻苦学习

D 聪明不一定造就成功

위 지문에 근거하여, 알 수 있는 것은 무엇인가?

A 책을 외우는 것에는 테크닉이 필요하다

B 책을 많이 읽는 것은 장점이 없다

C 어린아이는 애쓰며 공부할 필요가 없다

D 똑똑하다고 반드시 성공을 만들어 내는 것은 아니다

해설　질문이 지문에 근거하여 알 수 있는 것을 물었으므로, 선택지의 핵심어구를 지문에서 재빨리 찾아 주변의 내용을 주의 깊게 읽는다. 선택지 D의 핵심어구 聪明(똑똑하다)과 관련하여 마지막 단락에서 小偷虽然聪明，但好吃懒做让他只能成为曾国藩人生故事中的点缀。라고 했으므로, D 聪明不一定造就成功을 정답으로 고른다.

어휘　背 bèi 통 외우다　技巧 jìqiǎo 명 테크닉　好处 hǎochu 명 장점　刻苦 kèkǔ 형 애쓰다　造就 zàojiù 통 만들다
成功 chénggōng 통 성공하다

⁵疲劳驾驶是一种非常危险的行为，许多交通事故都是由司机疲劳驾驶引起的。但是，有些鸟类却能不知疲倦地连续飞行一百多天，比如军舰鸟。最近，研究人员将脑波记录器安装在了军舰鸟的头上，记录它们在飞行途中的脑波变化。结果表明，⁶ʼ⁷飞行时军舰鸟可以进入半脑睡眠模式，⁶即一半大脑在休息的时候，另一半大脑仍在工作。

⁷这种现象也存在于其他一些动物身上，比如海豚、鲨鱼等。不过让研究人员惊讶的是，军舰鸟有时也会进入全脑睡眠模式。这等于是一架无人驾驶的飞机在空中飞行。据统计，军舰鸟每天的平均睡眠时间大约为40分钟，而且大多在晚上。假如我们每天只睡40分钟，那用不了几天，健康状况可能就会变差。但是与人类不同，军舰鸟似乎有应对方法，那就是飞行的时候少睡，落地后再补充睡眠。研究人员发现，军舰鸟飞行时的睡眠时间比在陆地上的少。这可能意味着，为了避免过度疲劳，回到地面后，军舰鸟会及时补觉。

⁵졸음운전은 매우 위험한 행위로, 수많은 교통사고는 모두 운전자의 졸음운전으로 인해 야기된 것이다. 하지만 어떤 조류는 오히려 지칠 줄 모른 채 연속으로 백여 일 동안 비행할 수 있는데, 군함조가 그 예다. 최근, 연구원들은 뇌파 기록 장치를 군함조의 머리에 고정시켜서, 그것들의 비행 도중의 뇌파 변화를 기록했다. 그 결과, ⁶ʼ⁷비행 시 군함조는 반구 수면 모드로 진입할 수 있다는 것을 밝혀냈는데, ⁶즉 절반의 뇌가 휴식을 취할 때, 나머지 절반의 뇌는 여전히 일을 하고 있다는 것이다.

⁷이러한 현상은 다른 동물들에게도 존재하는데, 돌고래, 상어 등이 그 예다. 그러나 연구원을 놀라게 한 것은, 군함조가 때때로 완전 수면 모드로 진입하기도 한다는 것이다. 이는 마치 무인으로 조종되는 비행기가 하늘에서 비행하는 것과 다름없다. 통계에 따르면, 군함조의 하루 평균 수면 시간은 대략 40분이고, 또 대부분 저녁이다. 만약 우리가 매일 40분만 잔다면, 며칠도 못 가서 건강 상태는 악화될 것이다. 그러나 사람과는 달리, 군함조는 마치 대처 방법이 있는 것 같은데, 그것은 바로 비행 시에 적게 자고, 착륙한 후에 수면을 보충하는 것이다. 연구원들은 군함조가 비행할 때의 수면 시간이 육지에서 있을 때보다 적다는 것을 발견했다. 이것은 아마도 과도한 피로를 피하기 위해 지면으로 돌아온 후 군함조가 바로 수면을 보충한다는 것을 의미할 것이다.

어휘 疲劳驾驶 píláo jiàshǐ 졸음운전 **危险** wēixiǎn 형 위험하다 **行为** xíngwéi 명 행위 **许多** xǔduō 형 수많은
交通事故 jiāotōng shìgù 교통사고 **由** yóu 개 ~로 인해 **引起** yǐnqǐ 동 야기하다 **疲倦** píjuàn 형 지치다 **连续** liánxù 동 연속하다
飞行 fēixíng 동 비행하다 **比如** bǐrú 동 ~가 그 예다 **军舰鸟** jūnjiànniǎo 명 군함조[대형 바닷새의 일종]
研究人员 yánjiū rényuán 연구원 **脑波记录器** nǎobō jìlùqì 뇌파 기록 장치 **安装** ānzhuāng 동 고정시키다, 설치하다
途中 túzhōng 명 도중 **结果** jiéguǒ 명 결과 **表明** biǎomíng 동 밝혀내다 **半脑睡眠** bànnǎo shuìmián 반구 수면[절반의 뇌가 잠드는 상태]
模式 móshì 명 모드 **即** jí 即 즉 **仍** réng 閅 여전히 **现象** xiànxiàng 명 현상 **存在** cúnzài 동 존재하다 **海豚** hǎitún 명 돌고래
鲨鱼 shāyú 명 상어 **惊讶** jīngyà 형 놀랍다 **等于** děngyú ~이나 다름없다 **驾驶** jiàshǐ 동 (기차·비행기 등을) 조종하다
据 jù 개 ~에 따르면 **统计** tǒngjì 명 통계 **平均** píngjūn 형 평균의 **大约** dàyuē 閅 대략 **假如** jiǎrú 접 만약
状况 zhuàngkuàng 명 상태 **人类** rénlèi 명 사람, 인류 **似乎** sìhū 閅 마치 ~인 것 같다 **应对** yìngduì 동 대처하다 **方法** fāngfǎ 명 방법
落地 luòdì 동 착륙하다 **补充** bǔchōng 동 보충하다 **陆地** lùdì 명 육지 **意味着** yìwèizhe 동 의미하다 **避免** bìmiǎn 동 피하다
过度 guòdù 동 과도하다 **疲劳** píláo 형 피로하다 **补觉** bǔ jiào 수면을 보충하다

5 在疲劳状态下驾驶汽车会怎么样?

A 影响皮肤状态

B 产生消极想法

C 危害大脑健康

D 引发严重的后果

피곤한 상태에서 차를 운전하면 어떻게 되는가?

A 피부 상태에 영향을 준다

B 부정적인 생각이 생긴다

C 대뇌 건강에 해를 끼친다

D 심각한 결과를 초래한다

해설 질문이 피곤한 상태에서 차를 운전하면 어떻게 되는지를 물었으므로, 在疲劳状态下驾驶汽车(피곤한 상태에서 차를 운전하다)를 핵심어구로 하여 지문에서 재빨리 찾는다. 첫 번째 단락에서 疲劳驾驶是一种非常危险的行为,许多交通事故都是由司机疲劳驾驶引起的。라고 했으므로, D 引发严重的后果를 정답으로 고른다.

어휘 疲劳 píláo 형 피곤하다 **状态** zhuàngtài 명 상태 **驾驶** jiàshǐ 동 운전하다 **皮肤** pífū 명 피부 **产生** chǎnshēng 동 생기다
消极 xiāojí 형 부정적이다 **危害** wēihài 동 해를 끼치다 **引发** yǐnfā 동 초래하다 **后果** hòuguǒ 명 (나쁜) 결과

6

军舰鸟:

A 每天只睡4小时
B 全天用半脑睡觉
C 能在飞行时睡觉
D 睡眠质量不太高

군함조는:

A 매일 4시간만 잔다
B 하루 종일 반쪽 뇌로 잔다
C 비행 시에 잘 수 있다
D 수면의 질이 그다지 높지 않다

해설 질문이 군함조에 대해 물었으므로, 军舰鸟(군함조)를 핵심어구로 하여 지문에서 재빨리 찾아 주변의 내용과 일치하는 선택지를 정답으로 고른다. 첫 번째 단락에서 飞行时军舰鸟可以进入半脑睡眠模式,即一半大脑在休息的时候,另一半大脑仍在工作라고 했으므로, C 能在飞行时睡觉를 정답으로 고른다.

어휘 **军舰鸟** jūnjiànniǎo 圆 군함조[대형 바닷새의 일종]   **质量** zhìliàng 圆 질, 품질

7

下列哪种动物**不能**进行半脑睡眠?

A 狮子　　　B 鲨鱼
C 海豚　　　　D 军舰鸟

다음 중 어떤 동물이 반구 수면을 할 **수 없는가**?

A 사자　　　B 상어
C 돌고래　　　D 군함조

해설 질문이 동물 중 반구 수면을 할 수 없는 동물은 무엇인지를 물었으므로, 半脑睡眠(반구 수면)을 핵심어구로 하여 지문에서 재빨리 찾아 주변에서 언급된 것을 하나씩 소거하며 정답을 고른다. 첫 번째 단락에서 飞行时军舰鸟可以进入半脑睡眠模式이라고 했고, 선택지 D가 军舰鸟이므로 소거한다. 두 번째 단락에서 这种现象也存在于其他一些动物身上,比如海豚、鲨鱼等。이라고 했고, 선택지 B가 鲨鱼,C는 海豚이므로 소거한다. 따라서 지문에서 언급되지 않은 A 狮子를 정답으로 고른다.

어휘 **半脑睡眠** bànnǎo shuìmián 반구 수면[절반의 뇌가 잠드는 상태]   **狮子** shīzi 圆 사자   **鲨鱼** shāyú 圆 상어   **海豚** hǎitún 圆 돌고래

8

最适合做上文的标题是:

A 鸟类的飞行方式
B 动物的睡眠时间
C 军舰鸟的睡眠特点
D 避免疲劳驾驶的方法

위 지문의 제목으로 가장 적절한 것은:

A 조류의 비행 방식
B 동물의 수면 시간
C 군함조의 수면 특징
D 졸음운전을 피하는 방법

해설 질문이 위 지문의 제목으로 가장 적절한 것을 물었으므로, 앞의 문제들을 풀며 파악한 지문의 내용을 토대로 정답을 선택한다. 지문은 군함조의 수면 시간, 수면 방식을 차례대로 서술하고 있으므로 C 军舰鸟的睡眠特点을 정답으로 고른다.

어휘 **标题** biāotí 圆 제목   **鸟类** niǎolèi 圆 조류   **飞行** fēixíng 圆 비행하다   **睡眠** shuìmián 圆 수면   **避免** bìmiǎn 圆 피하다
疲劳驾驶 píláo jiàshǐ 졸음운전

9 - 12

⁹标志是在生活中用来表示事物特征的记号。⁹它通常由简单、显著、易识别的图形或文字构成，既可以表示某些事物，也能表达某种意义、情感。

⁹로고는 생활 속에서 사물의 특징을 나타내는데 쓰이는 기호이다. ⁹그것은 일반적으로 간단하고, 뚜렷하고, 식별하기 쉬운 도형이나 문자로 구성되어서, 일부 사물을 나타낼 수 있을 뿐만 아니라 어떠한 의미, 감정을 표현할 수도 있다.

企业标志体现的是企业抽象的视觉形象，它可以让消费者记住公司的主体和品牌文化，给目标消费者心中留下一个清晰的印象。[10]公司可以通过标志建造自己的品牌影响力，然后更好地推广产品和服务。随着经济全球化不断发展，很多大型企业已经意识到，[12]花重金去设计一个好的企业标志是相当值得的。

[11]标志是一种精神文化的象征，[11]它代表着企业的经营理念和文化特色，也包含着企业规模、经营内容和经营特点。可以说大众对标志的认同等于对企业的认同。只有企业的经营内容或企业的实态与企业标志相一致时，才有可能获得大众的一致认可。

기업 로고가 드러내는 것은 기업의 추상적인 시각적 이미지인데, 그것은 소비자가 회사의 주체와 브랜드 문화를 기억하게 하고, 타겟 소비자의 마음속에 선명한 인상을 남긴다. [10]회사는 로고를 통해 자신의 브랜드 영향력을 구축한 다음 상품과 서비스를 더 잘 홍보할 수 있다. 경제 글로벌화가 끊임없이 발전되어 감에 따라, 많은 대기업은 [12]거금을 들여 좋은 기업 로고 하나를 디자인하는 것이 상당히 가치가 있다는 것을 이미 깨달았다.

[11]로고는 일종의 정신 문화의 상징으로, [11]그것은 기업의 경영 이념과 문화적 특색을 대표하며, 기업 규모, 경영 내용과 경영 특징 또한 포함한다. 로고에 대한 대중의 인정은 기업에 대한 인정과 같다고 말할 수 있다. 오직 기업의 경영 내용 혹은 기업의 실태가 기업 로고와 서로 일치할 때만이 비로소 대중의 일치된 인정을 받을 수 있을 것이다.

어휘 标志 biāozhì 圖로고 表示 biǎoshì 圖나타내다 事物 shìwù 圖사물 特征 tèzhēng 圖특징 记号 jìhao 圖기호
　　显著 xiǎnzhù 圖뚜렷하다 识别 shíbié 圖식별하다 图形 túxíng 圖도형 文字 wénzì 圖문자 表达 biǎodá 圖(생각·감정을) 표현하다
　　意义 yìyì 圖의미 情感 qínggǎn 圖감정 企业 qǐyè 圖기업 体现 tǐxiàn 圖(구체적으로) 드러내다 抽象 chōuxiàng 圖추상적이다
　　视觉 shìjué 圖시각 形象 xíngxiàng 圖이미지 消费者 xiāofèizhě 소비자 主体 zhǔtǐ 圖주체 品牌文化 pǐnpái wénhuà 브랜드 문화
　　目标消费者 mùbiāo xiāofèizhě 타겟 소비자[기업이 판매 전략을 세울 때 선정하는 소비자 그룹] 清晰 qīngxī 圖선명하다
　　印象 yìnxiàng 圖인상 建造 jiànzào 圖구축하다, 세우다 品牌影响力 pǐnpái yǐngxiǎnglì 브랜드 영향력 推广 tuīguǎng 圖홍보하다
　　大型企业 dàxíng qǐyè 대기업 意识 yìshí 圖깨닫다 重金 zhòngjīn 圖거금 设计 shèjì 圖디자인하다 相当 xiāngdāng 圖상당히
　　值得 zhídé 圖~할 가치가 있다 精神文化 jīngshén wénhuà 정신 문화 象征 xiàngzhēng 圖상징 代表 dàibiǎo 圖대표하다
　　经营 jīngyíng 圖경영 理念 lǐniàn 圖이념 特色 tèsè 圖특색 包含 bāohán 圖포함하다 规模 guīmó 圖규모 特点 tèdiǎn 圖특징
　　等于 děngyú 圖~과 같다 认同 rèntóng 圖인정 实态 shítài 圖실태 一致 yízhì 圖일치하다 获得 huòdé 圖받다
　　认可 rènkě 圖인정하다

9

标志有什么特点？	로고는 어떤 특징이 있는가？
A 表现为文字或图形	**A 문자나 도형으로 표현된다**
B 与记号有较大区别	B 기호와 비교적 큰 차이가 있다
C 只出现在大型企业	C 대기업에서만 나타난다
D 由消费者亲自设计	D 소비자가 직접 디자인한다

해설 질문이 로고는 어떤 특징이 있는지를 물었으므로, 标志(로고)을 핵심어구로 하여 지문에서 재빨리 찾는다. 첫 번째 단락에서 标志……它通常由简单、显著、易识别的图形或文字构成이라고 했으므로, A 表现为文字或图形을 정답으로 고른다.

어휘 标志 biāozhì 圖로고 表现 biǎoxiàn 圖표현하다 文字 wénzì 圖문자 图形 túxíng 圖도형 记号 jìhao 圖기호
　　区别 qūbié 圖차이 大型企业 dàxíng qǐyè 대기업 消费者 xiāofèizhě 소비자 亲自 qīnzì 圖직접 设计 shèjì 圖디자인하다

10

对企业来说，标志可以：		기업에 있어, 로고가 할 수 있는 것은：	
A 避免错误	**B 推广品牌**	A 실수를 피한다	**B 브랜드를 홍보한다**
C 节省成本	D 制造产品	C 원가를 절감한다	D 제품을 만든다

해설 질문이 기업에 있어 로고가 할 수 있는 것을 물었으므로, 企业标志(기업의 로고)을 핵심어구로 하여 지문에서 재빨리 찾아 주변의 내용을 주의 깊게 읽는다. 두 번째 단락에서 公司可以通过标志建造自己的品牌影响力，然后更好地推广产品和服务。라고 했으므로, B 推广品牌을 정답으로 고른다.

어휘 **企业** qǐyè 圆기업 **标志** biāozhì 圆로고 **避免** bìmiǎn 圆피하다 **错误** cuòwù 圆실수 **推广** tuīguǎng 圆홍보하다
品牌 pǐnpái 圆브랜드 **节省** jiéshěng 圆절감하다 **成本** chéngběn 圆원가 **制造** zhìzào 圆만들다 **产品** chǎnpǐn 圆제품

11

下列哪项不属于标志所包含的内容?

A 经营理念　　　　B 经营特点

C 经营内容　　　　**D 经营成果**

다음 중 로고가 포함하는 내용에 **속하지 않는** 것은?

A 경영 이념　　　　B 경영 특징

C 경영 내용　　　　**D 경영 성과**

해설 질문이 로고가 포함하는 내용에 속하지 않는 것을 물었으므로, 标志所包含的(로고가 포함하는 것)을 핵심어구로 하여 지문에서 재빨리 찾아 주변에서 언급된 것을 하나씩 소거하며 정답을 고른다. 마지막 단락에서 标志……它代表着企业的经营理念和文化特色, 也包含着企业规模, 经营内容和经营特点이라고 했고, 선택지 A가 经营理念, B가 经营特点, C가 经营内容이므로 소거한다. 따라서 지문에서 언급되지 않은 D 经营成果를 정답으로 고른다.

어휘 **标志** biāozhì 圆로고 **包含** bāohán 圆포함하다 **内容** nèiróng 圆내용 **经营** jīngyíng 圆경영 **理念** lǐniàn 圆이념
特点 tèdiǎn 圆특징 **成果** chéngguǒ 圆성과

12

上文主要想告诉我们:

A 经营理念影响产品质量

B 消费者更重视品牌形象

C 设计一个好的标志十分重要

D 企业标志可以带来直接收益

위 지문이 주로 우리에게 알려 주고자 하는 것은:

A 경영 이념은 제품의 품질에 영향을 준다

B 소비자는 브랜드 이미지를 더 중시한다

C 좋은 로고 하나를 디자인하는 것은 매우 중요하다

D 기업 로고는 직접 수익을 가져다줄 수 있다

해설 질문이 위 지문이 주로 우리에게 알려 주고자 하는 것을 물었으므로, 앞의 문제들을 풀며 파악한 지문의 내용을 토대로 정답을 선택한다. 두 번째 단락에서 花重金去设计一个好的企业标志是相当值得的라고 했으므로, C 设计一个好的标志十分重要를 정답으로 고른다.

＊ 바꾸어 표현 **相当值得** 상당한 가치가 있다 → **十分重要** 매우 중요하다

어휘 **经营** jīngyíng 圆경영 **理念** lǐniàn 圆이념 **产品** chǎnpǐn 圆제품 **质量** zhìliàng 圆품질 **消费者** xiāofèizhě 소비자
重视 zhòngshì 圆중시하다 **形象** xíngxiàng 圆이미지 **设计** shèjì 圆디자인하다 **标志** biāozhì 圆로고 **企业** qǐyè 圆기업
直接收益 zhíjiē shōuyì 직접 수익[경제학 용어]

---

13 - 16

　　在某次晚会上, [13]主持人杨澜上舞台时不小心被绊了一下, 然后摔倒在地。当时所有人都惊呆了, 不知道该怎么面对这个突发情况, 只见杨澜面带笑容爬了起来, 拍了拍礼服, 开玩笑地说: "这摔得实在不够专业。" 众人听后笑了起来, 尴尬的气氛就这样得到了缓解。

　　当年[14]萧芳芳凭着在电影《女人四十》中的出色表演, 拿到了金马奖影后。在上台领奖的那一刻, [14]她没有掌握好平衡, 不小心滑倒了, 但她大方地站了起来, 走到舞台中央说: "女人四十, 身体确实不如以前了。" 一句智慧而幽默的话赢得了热烈的掌声。

　　어느 저녁 파티에서 [13]사회자 양란이 무대에 오를 때 부주의하여 발에 걸린 후에 바닥에 넘어졌다. 당시 모든 사람들이 놀라서 어리둥절하였고 이 돌발 상황을 어떻게 마주해야 할지 몰라서, 그저 양란이 얼굴에 웃음을 띤 채 일어나 드레스를 털고는 '정말 프로답지 못하게 넘어졌네요.'라고 농담조로 말하는 것만을 볼 뿐이었다. 많은 사람들은 듣고나서 웃기 시작했고, 어색한 분위기는 이렇게 풀어졌다.

　　그 해 [14]샤오팡팡은 영화 <여인 사십>에서의 뛰어난 연기로 금마장 최우수 여우 주연상을 받았다. 무대에 올라 상을 받는 그 순간 [14]그녀는 균형을 잘 잡지 못해 부주의하여 미끄러졌지만, 대범하게 일어나 무대 중앙으로 걸어가서 '여자가 마흔이 되니 몸이 확실히 예전만 못하네요.'라고 말했다. 이 지혜롭고 유머러스한 말 한마디는 열렬한 박수를 받았다.

在一次奥斯卡电影颁奖典礼上，[15]有一个女明星准备上台领奖，也许是因为太兴奋，她踩到了自己的礼服，摔倒在舞台边上。当时全场的人都沉默了，因为从来没有人在这样盛大的典礼上摔倒过。这时她迅速起身，真诚地说："为了实现站在这个舞台的梦想，我这一路走得极为艰苦，摔倒过很多次，也付出了很多代价。"巧妙而真诚的发言使她成为了当天晚上最吸引人的明星。

在舞台上或者在生活中，每个人都有摔倒的可能。[16]但与其摔倒后后悔、自责，不如迅速而坚强地站起来，用自己的聪明和智慧克服困难，摆脱危机。

오스카 시상식에서 [15]한 여배우가 무대에 올라 상을 받을 준비를 하는데 아마 너무 흥분해서인지, 그녀는 자신의 드레스를 밟았고, 무대 가장자리에서 넘어졌다. 당시 장내의 사람들은 모두 침묵했는데, 지금까지 이렇게 성대한 행사에서 넘어진 사람은 아무도 없었기 때문이다. 이때 그녀는 재빠르게 일어나 '이 무대에 서겠다는 꿈을 이루기 위해 저는 이 길을 대단히 고생스럽게 걸었습니다. 여러 번 넘어졌고, 많은 대가를 치렀죠.'라며 진솔하게 말했다. 절묘하면서도 진솔한 발언은 그녀를 그날 밤 사람들을 가장 매료시킨 스타가 되게 하였다.

무대 위 혹은 생활 속에서 누구나 넘어질 가능성이 있다. [16]그러나 넘어진 뒤 후회하고 자책하기 보다는, 재빠르고 꿋꿋하게 일어나 자신의 총명함과 지혜로 어려움을 극복하고 위기에서 벗어나는 것이 낫다.

어휘 　某 mǒu 떼어느　晚会 wǎnhuì 圆저녁 파티　主持人 zhǔchírén 圆사회자　杨澜 Yáng Lán 교유양란[중국의 유명 사회자]

舞台 wǔtái 圆무대　绊 bàn 통(발에)걸리다　摔倒 shuāidǎo 넘어지다　当时 dāngshí 圆당시　所有 suǒyǒu 圆모든

惊呆 jīngdāi 통놀라서 어리둥절하다　面对 miànduì 통마주하다　突发情况 tūfā qíngkuàng 돌발 상황　只见 zhǐjiàn 그저 ~만을 보다

笑容 xiàoróng 圆웃음을 띤 표정　爬 pá 통일어나다　拍 pāi 통털다　礼服 lǐfú 圆드레스　开玩笑 kāiwánxiào 통농담하다

实在 shízài 囝정말　众人 zhòngrén 圆많은 사람　尴尬 gāngà 圈어색하다, 난처하다　缓解 huǎnjiě 통풀어지다

萧芳芳 Xiāo Fāngfāng 교유샤오팡팡[홍콩의 유명 배우]　凭 píng 에~으로　出色 chūsè 圈뛰어나다　表演 biǎoyǎn 圆연기

金马奖 Jīnmǎjiǎng 교유금마장[대만 영화제]　影后 yǐnghòu 圆최우수 여우 주연상　领奖 lǐngjiǎng 통상을 받다　掌握 zhǎngwò 통잡다

平衡 pínghéng 圆균형　滑 huá 통미끄러지다　大方 dàfang 圈대범하다　中央 zhōngyāng 圆중앙　确实 quèshí 囝확실히

不如 bùrú 통~만 못하다　智慧 zhìhuì 圆지혜　幽默 yōumò 圈유머러스하다　赢得 yíngdé 통(갈채·찬사 따위를)받다

热烈 rèliè 圈열렬하다　掌声 zhǎngshēng 圆박수　奥斯卡 Àosīkǎ 교유오스카[미국 영화 시상식]　颁奖典礼 bānjiǎng diǎnlǐ 시상식

明星 míngxīng 圆(인기 있는)배우, 스타　也许 yěxǔ 囝아마　兴奋 xīngfèn 통흥분하다　踩 cǎi 통밟다　沉默 chénmò 통침묵하다

从来 cónglái 囝지금까지　盛大 shèngdà 圈성대하다　典礼 diǎnlǐ 圆행사　迅速 xùnsù 圈재빠르다　真诚 zhēnchéng 圈진솔하다

实现 shíxiàn 통이루다　梦想 mèngxiǎng 圆꿈　极为 jíwéi 囝대단히　艰苦 jiānkǔ 圈고생스럽다　代价 dàijià 圆대가

巧妙 qiǎomiào 圈절묘하다　发言 fāyán 圆발언　成为 chéngwéi 통~이 되다　吸引 xīyǐn 통매료시키다　生活 shēnghuó 圆생활

与其 yǔqí 에~하기보다는　后悔 hòuhuǐ 통후회하다　自责 zìzé 통자책하다　坚强 jiānqiáng 圈꿋꿋하다　克服 kèfú 통극복하다

困难 kùnnan 圆어려움　摆脱 bǎituō 통(속박·규제·생활상의 어려움 등에서) 벗어나다　危机 wēijī 圆위기

13 　在晚会上，杨澜：

A 突然忘了台词

B 被观众批评了

C 穿错了演出服装

D 在舞台上摔倒了

저녁 파티에서, 양란은:

A 갑자기 대사를 잊어버렸다

B 관중에게 비판을 받았다

C 공연 복장을 잘못 입었다

D 무대에서 넘어졌다

해설 질문이 저녁 파티에서의 양란을 물었으므로, 杨澜(양란)을 핵심어구로 하여 지문에서 재빨리 찾는다. 첫 번째 단락에서 主持人杨澜上舞台时不小心被绊了一下, 然后摔倒在地라고 했으므로, D 在舞台上摔倒了를 정답으로 고른다.

어휘 　杨澜 Yáng Lán 교유양란[중국의 유명 사회자]　台词 táicí 圆대사　观众 guānzhòng 圆관중　批评 pīpíng 통비판하다

演出 yǎnchū 圆공연　服装 fúzhuāng 圆복장　摔倒 shuāidǎo 넘어지다

根据第二段，可以知道什么？ | 두 번째 단락에 근거하여, 알 수 있는 것은 무엇인가?

A 萧芳芳很幽默 | A 샤오팡팡은 유머러스하다

B 金马奖很难拿 | B 금마상은 받기 어렵다

C 萧芳芳身体健康 | C 샤오팡팡은 몸이 건강하다

D 舞台的设计有问题 | D 무대의 디자인에 문제가 있다

해설 질문이 두 번째 단락에 근거하여 알 수 있는 것은 무엇인지를 물었으므로, 선택지의 핵심어구를 두 번째 단락에서 찾아 주변의 내용을 주의 깊게 읽는다. 선택지 A의 핵심어구 萧芳芳(샤오팡팡)과 관련하여 두 번째 단락에서 萧芳芳……她没有掌握好平衡，不小心滑倒了，但她大方地站了起来，走到舞台中央说: 女人四十，身体确实不如以前了。"一句智慧而幽默的话赢得了热烈的掌声。이라고 했으므로, A 萧芳芳很幽默를 정답으로 고른다.

어휘 **萧芳芳** Xiāo Fāngfāng 고유 샤오팡팡[홍콩의 유명 배우] **幽默** yōumò 형 유머러스하다 **金马奖** Jīnmǎjiǎng 고유 금마장[대만 영화제]
设计 shèjì 명 디자인

根据第三段，那个女明星摔倒是因为: | 세 번째 단락에 근거하여, 그 여배우가 넘어진 것은 왜 냐하면:

A 生病了 | A 병이 났기 때문에

B 太激动了 | **B 너무 감격했기 때문에**

C 鞋子坏了 | C 신발이 망가졌기 때문에

D 穿错礼服了 | D 드레스를 잘못 입었기 때문에

해설 질문이 세 번째 단락에 근거하여 그 여자 연예인이 넘어진 이유를 물었으므로, 女明星摔倒(여배우가 넘어지다)를 핵심어구로 하여 세 번째 단락에서 재빨리 찾아 주변의 내용을 주의 깊게 읽는다. 세 번째 단락에서 有一个女明星准备上台领奖，也许是因为太兴奋，她踩到了自己的礼服，摔倒在舞台边上이라고 했으므로, B 太激动了를 정답으로 고른다.

* 바꾸어 표현 **太兴奋** 너무 흥분하다 → **太激动** 너무 감격하다

어휘 **礼服** lǐfú 명 드레스

第四段主要讲的是: | 네 번째 단락에서 주로 말하는 것은:

A 如何赢得别人的信任 | A 다른 사람의 신뢰를 어떻게 얻는가

B 一旦成功就会获得掌声 | B 일단 성공하기만 하면 박수를 받을 것이다

C 好的演员都善于表达情绪 | C 좋은 배우는 모두 감정을 표현하는 것에 능숙하다

D 摔倒时要用智慧克服困难 | **D 넘어졌을 때는 지혜로 어려움을 극복해야 한다**

해설 질문이 네 번째 단락에서 주로 말하는 것을 물었으므로, 네 번째 단락의 첫 문장을 꼼꼼히 읽거나 단락 전체를 속독하여 내용을 파악한다. 마지막 단락에서 但与其摔倒后后悔、自责，不如迅速而坚强地站起来，用自己的聪明和智慧克服困难，摆脱危机。라고 했으므로, D 摔倒时要用智慧克服困难을 정답으로 고른다.

어휘 **赢得** yíngdé 동 얻다 **信任** xìnrèn 명 신뢰, 신임 **成功** chénggōng 동 성공하다 **获得** huòdé 동 받다 **掌声** zhǎngshēng 명 박수
善于 shànyú 동 ~에 능숙하다 **情绪** qíngxù 명 감정 **智慧** zhìhuì 명 지혜 **克服** kèfú 동 극복하다 **困难** kùnnan 명 어려움

随着智能产品的普及，家用机器人也逐渐被普通大众所接受。最近，有一家公司新推出了一款机器人，据说价格高达10万元人民币。究竟是什么让这款机器人变得如此昂贵？它又有什么特别之处呢？

第一，¹⁷科学家使用了一种新的制造材料，使得机器人的皮肤与人类相似。它的皮肤是有温度的，摸起来感觉很好，不会觉得不舒服。其次，机器人的双眼能够随着人的动作灵活转动，这让人觉得它似乎具有思考能力，会用双眼搜索目标。除了这两点之外，¹⁸它还能根据对话内容调整面部表情，而且非常生动。¹⁹最让人吃惊的是，无论人类与它进行什么样的对话，它都能够迅速给出合理的回答。

很多网友好奇，机器人为何会有如此大的进步，科学家是怎么做到这一点的？看到机器人的内部结构后，他们就能明白了。机器人内部的构造非常精致复杂，所有的线路都连接着位于中央的压缩机，这个压缩机的作用就相当于人类的心脏，机器人所使用的能量都来源于此。而它的皮肤之所以能够保持一定的温度，是因为内部带有一个自加热系统。广告上说："只要10万元，就可以将你心目中的那个机器人带回家。"得知这个价格后，大家纷纷表示家务还是自己来做。

스마트 제품의 보급과 함께 가정용 로봇도 점차 일반 대중에게 받아들여지고 있다. 최근 한 회사는 로봇 한 대를 새롭게 선보였는데, 가격이 10만 위안에 달한다고 한다. 도대체 무엇이 이 로봇을 이렇게 비싸게 만들었을까? 그것은 또 무슨 특별한 점이 있을까?

첫째, ¹⁷과학자들은 새로운 제조 원료를 사용해 로봇의 피부가 인간과 비슷하도록 만들었다. 그것의 피부는 온도가 있어 만져 보면 느낌이 좋고, 불편하다고 느껴지지 않는다. 그 다음으로, 로봇의 두 눈은 사람의 동작에 따라 민첩하게 움직일 수 있는데, 이는 그것이 마치 사고 능력을 가지고 있고, 두 눈으로 목표를 찾을 수 있다고 생각하게 한다. 이 두 가지 외에도 ¹⁸그것은 대화 내용에 따라 얼굴 표정을 조절할 수 있고, 게다가 매우 생동감이 있다. ¹⁹가장 놀라운 것은 인간이 그것과 어떠한 대화를 진행하든 그것은 합리적인 대답을 신속하게 할 수 있다는 것이다.

많은 네티즌들은 로봇이 어째서 이렇게 큰 진보가 있고, 과학자들은 어떻게 이를 해낼 수 있었는지 궁금해했다. 로봇의 내부 구성을 본 후, 그들은 바로 이해할 수 있었다. 로봇 내부의 구조는 굉장히 정교하고 복잡하며 모든 회로가 중앙에 위치한 압축기에 연결되어 있는데, 이 압축기의 역할은 인간의 심장과 같으며, 로봇이 사용하는 에너지는 모두 여기에서 나온다. 그것의 피부가 일정한 온도를 유지할 수 있는 것은 내부에 자체 가열 시스템을 가지고 있기 때문이다. 광고에서는 '그저 10만 위안이면, 당신 마음속의 그 로봇을 집으로 가져갈 수 있습니다.'라고 말한다. 이 가격을 알게 된 후, 사람들은 집안일은 역시 각자 알아서 하는 게 낫겠다는 생각을 잇달아 밝혔다.

어휘   **智能产品** zhìnéng chǎnpǐn 스마트 제품   **普及** pǔjí 圖보급되다   **机器人** jīqìrén 圖로봇   **逐渐** zhújiàn 圓점차   **大众** dàzhòng 圖대중
据说 jùshuō 圖(듣자 하니) ~이라 한다   **人民币** Rénmínbì 교위인민폐[중국의 법정 통화이며, 단위는 元(위안)임]   **究竟** jiūjìng 圓도대체
如此 rúcǐ 団이러하다   **昂贵** ángguì 圖비싸다   **制造** zhìzào 圖제조하다   **材料** cáiliào 圖원료   **皮肤** pífū 圖피부   **人类** rénlèi 圖인간
相似 xiāngsì 圖비슷하다   **摸** mō 圖만지다   **感觉** gǎnjué 圖느낌   **动作** dòngzuò 圖동작   **灵活** línghuó 圖민첩하다
转动 zhuǎndòng 圖움직이다   **似乎** sìhū 圓마치 ~인 것 같다   **思考** sīkǎo 圖사고   **搜索** sōusuǒ 圖(인터넷에) 찾다
目标 mùbiāo 圖목표   **除了** chúle 別~외에도   **对话** duìhuà 圖대화   **调整** tiáozhěng 圖조절하다   **表情** biǎoqíng 圖표정
生动 shēngdòng 圖생동감 있다   **吃惊** chījīng 圖놀라다   **迅速** xùnsù 圖신속하다   **合理** hélǐ 圖합리적이다   **网友** wǎngyǒu 圖네티즌
好奇 hàoqí 圖궁금해하다   **进步** jìnbù 圖진보   **内部** nèibù 圖내부   **结构** jiégòu 圖구성   **构造** gòuzào 圖구조
精致 jīngzhì 圖정교하다   **复杂** fùzá 圖복잡하다   **线路** xiànlù 圖회로   **连接** liánjiē 圖연결되다   **位于** wèiyú 圖~에 위치하다
中央 zhōngyāng 圖중앙   **压缩机** yāsuōjī 圖압축기   **作用** zuòyòng 圖역할   **相当于** xiāngdāngyú ~와 같다   **心脏** xīnzàng 圖심장
能量 néngliàng 圖에너지   **来源** láiyuán 圖~에서 나오다   **保持** bǎochí 圖유지하다   **自加热系统** zìjiārè xìtǒng 자체 가열 시스템
心目中 xīnmù zhōng 마음속   **得知** dézhī 圖알게 되다   **纷纷** fēnfēn 圖잇달아   **表示** biǎoshì 圖(생각·태도 등을) 밝히다
家务 jiāwù 圖집안일

---

17 这款机器人的制作材料有什么特别之处？

A 价格低廉且性能良好

B 触摸起来感觉很舒服

C 是由多种金属合成的

D 适合在潮湿的环境中使用

이 로봇의 제조 원료에는 무슨 특별한 점이 있는가?

A 가격이 저렴하고 성능이 좋다

B 만져 보면 느낌이 아주 편안하다

C 다양한 금속으로 합성된 것이다

D 습한 환경에서 사용하기에 적합하다

해설　질문이 이 로봇의 제조 원료는 무슨 특별한 점이 있는지를 물었으므로, 制作材料(제조 원료)를 핵심어구로 하여 지문에서 재빨리 찾는다. 두 번째 단락에서 科学家使用了一种新的制造材料，使得机器人的皮肤与人类相似。它的皮肤是有温度的，摸起来感觉很好，不会觉得不舒服라고 했으므로, B 触摸起来感觉很舒服를 정답으로 고른다.

＊바꾸어 표현　摸起来……不会觉得不舒服 만져 보면 …… 불편하다고 느껴지지 않는다
　　　　　　　→ 触摸起来感觉很舒服 만지면 느낌이 아주 편안하다

어휘　款 kuǎn ®[종류·유형 등을 나타냄]　机器人 jīqìrén ®로봇　制作 zhìzuò 제조하다　材料 cáiliào ®원료
　　　低廉 dīlián ®저렴하다　性能 xìngnéng ®성능　良好 liánghǎo ®좋다　触摸 chùmō ®만지다　感觉 gǎnjué ®느끼다
　　　多种 duōzhǒng ®다양한　金属 jīnshǔ ®금속　合成 héchéng ®합성하다　适合 shìhé ®적합하다　潮湿 cháoshī ®습하다
　　　使用 shǐyòng ®사용하다

18　这款机器人看起来生动，是因为它：　　　　　　　이 로봇이 생동감 있어 보이는 것은 왜냐하면 그것이：

A 能歌善舞　　　　　　　　　　　　　　　　　　A 노래를 부를 수 있고 춤을 잘 추기 때문에

B 说话温柔　　　　　　　　　　　　　　　　　　B 말을 다정하게 하기 때문에

C 动作丰富　　　　　　　　　　　　　　　　　　C 동작이 풍부하기 때문에

D 能调整表情　　　　　　　　　　　　　　　　**D 표정을 조절할 수 있기 때문에**

해설　질문이 이 로봇이 생동감 있어 보이는 이유에 대해 물었으므로, 看起来生动(생동감 있어 보인다)을 핵심어구로 하여 지문에서 재빨리 찾아 주변의 내용을 주의 깊게 읽는다. 두 번째 단락에서 它还能根据对话内容调整面部表情，而且非常生动이라고 했으므로, D 能调整表情을 정답으로 고른다.

어휘　生动 shēngdòng ®생동감 있다　温柔 wēnróu ®다정하다　动作 dòngzuò ®동작　丰富 fēngfù ®풍부하다
　　　调整 tiáozhěng ®조절하다　表情 biǎoqíng ®표정

19　这款机器人最令人吃惊的地方在于：　　　　　이 로봇이 사람을 가장 놀라게 하는 점은 어디에 있냐
　　　　　　　　　　　　　　　　　　　　　　　　하면：

A 可以自动充电　　　　　　　　　　　　　　　　A 자동 충전이 가능하다

B 眼睛可以转动　　　　　　　　　　　　　　　　B 눈을 움직일 수 있다

C 皮肤是有温度的　　　　　　　　　　　　　　　C 피부에 온도가 있다

D 能回答任何问题　　　　　　　　　　　　　　**D 어떤 질문에도 대답할 수 있다**

해설　질문이 이 로봇이 사람을 가장 놀라게 하는 점은 어디에 있는지에 대해 물었으므로, 最令人吃惊的地方(사람을 가장 놀라게 하는 점)을 핵심어구로 하여 지문에서 재빨리 찾아 주변의 내용을 주의 깊게 읽는다. 두 번째 단락에서 最让人吃惊的是，无论人类与它进行什么样的对话，它都能够迅速给出合理的回答。라고 했으므로, D 能回答任何问题를 정답으로 고른다.

어휘　令 lìng ®~하게 하다　吃惊 chījīng ®놀라다　在于 zàiyú ®~에 있다　自动 zìdòng ®자동이다　转动 zhuàndòng ®움직이다

20　上文最可能出自哪里？　　　　　　　　　　　위 지문은 어디에서 나올 가능성이 가장 큰가？

A《今日科技》　　　　B《国家地理》　　　　A <오늘날의 과학 기술>　　　B <국가 지리>

C《天下美食》　　　　D《少年文艺》　　　　C <세계의 맛있는 음식>　　　D <소년 문예>

해설　질문이 위 지문은 어디에서 나올 가능성이 가장 큰지를 물었으므로, 앞의 문제들을 풀며 파악한 지문의 내용을 토대로 정답을 선택한다. 지문은 가정용 로봇의 특징, 내부 구조, 가격 등을 차례대로 서술하고 있으므로, A《今日科技》를 정답으로 고른다.

어휘　今日 jīnrì ®오늘날　科技 kējì ®과학 기술　地理 dìlǐ ®지리　天下 tiānxià ®세계　美食 měishí ®맛있는 음식
　　　文艺 wényì ®문예

쓰기

제1부분

필수어법 확인학습 완성문장

1. 술어 p.163	**2. 주어** p.165
1. 他们得找更好的方法。 　　그들은 더 좋은 방법을 찾아야 한다.	1. 我的叔叔一直很想去美国。 　　나의 삼촌은 줄곧 미국에 가고 싶어 한다.
2. 我突然肚子疼。나는 갑자기 배가 아프다.	2. 勤奋是成功的关键。근면함은 성공의 관건이다.
3. 我儿子今年十岁。나의 아들은 올해 열 살이다.	3. 按时吃药对健康很有帮助。 　　제때에 약을 먹는 것은 건강에 도움이 된다.

3. 목적어 p.167	**4. 관형어** p.169
1. 家是我们心中最安全的地方。 　　집은 우리 마음 속에서 가장 안전한 곳이다.	1. 我想看他高兴的样子。나는 그가 기뻐하는 모습을 보고 싶다
2. 他们开始了新的研究。그들은 새로운 연구를 시작했다.	2. 我不知道到底租哪个房子好。 　　나는 도대체 어느 집을 빌려야 할지 모르겠다.
3. 大家都认为她很聪明。모두들 그녀가 총명하다고 생각한다.	3. 你千万不要做危险的事情。 　　너는 절대로 위험한 일을 하지 마라.

5. 부사어 p.171	**6. 보어(1) 정도보어** p.173
1. 我们应该尊重别人。우리는 다른 사람을 존중해야 한다.	1. 这篇文章翻译得很不错。이 글은 잘 번역되었다.
2. 他终于获得了成功。그는 드디어 성공을 얻었다.	2. 他兴奋得跳了起来。그는 흥분해서 껑충 뛰기 시작했다.
3. 老师吃惊地看着她。선생님은 놀라서 그녀를 보고 계신다.	3. 面试前我紧张极了。면접을 보기 전에 나는 매우 긴장했다.

7. 보어(2) 결과보어 p.175	**8. 보어(3) 방향보어** p.177
1. 这件事发生在医院里。이 일은 병원에서 일어났다.	1. 飞机往西边飞过去了。비행기는 서쪽으로 날아갔다.
2. 他修好了自行车。그는 자전거를 다 고쳤다.	2. 他难过地流下了眼泪。그는 슬퍼서 눈물을 흘렸다.
3. 我打碎了盘子。나는 접시를 깨뜨렸다.	3. 教室里突然热闹起来了。 　　교실 안이 갑자기 떠들썩해지기 시작했다.

9. 보어(4) 가능보어 p.179	**10. 보어(5) 수량보어** p.181
1. 这么多东西你一个人拿得动吗? 　　이렇게 많은 물건을 너 혼자 들 수 있니?	1. 我复习了一遍课文。나는 본문을 한 번 복습했다.
2. 你喝得了这碗汤吗? 너는 이 수프를 먹을 수 있니?	2. 他看书看了三个小时。그는 책을 세 시간 동안 읽었다.
3. 我头疼,睡不着觉。나는 머리가 아프고, 잠을 잘 수 없다.	3. 前天下了一场大雪。그저께 한 차례 큰 눈이 내렸다.

고득점비책 01 | 술어 배치하기 p.185

들으며 학습하기 ▶

1 嘉宾们陆续进入了豪华的宴会厅。 2 我们要学会怎样与人相处。
3 这家报社的编辑年纪比较大。 4 公司决定加大安全方面的教育投入。
5 希望你能保持乐观的态度。

1

豪华的　陆续　嘉宾们　宴会厅　进入了

→

명사	부사	동사+了	형용사+的	명사
嘉宾们	陆续	进入了	豪华的	宴会厅。
주어	부사어	술어+了	관형어	목적어

해석 귀빈들은 잇달아 호화스러운 연회장에 들어갔다.

해설 STEP 1 제시된 어휘 중 '동사+了' 형태의 进入了(들어갔다)를 술어 자리에 바로 배치한다. ⇒ 进入了

STEP 2 명사 嘉宾们(귀빈들)과 명사 宴会厅(연회장) 중 술어가 포함된 进入了(들어갔다)와 문맥상 목적어로 어울리는 宴会厅을 목적어로 배치하고, 주어로 어울리는 嘉宾们을 주어로 배치한다. ⇒ 嘉宾们　进入了　宴会厅

STEP 3 남은 어휘 중 부사 陆续(잇달아)를 술어가 포함된 进入了(들어갔다) 앞에 부사어로 배치하고, '형용사+的' 형태의 豪华的(호화스러운)를 목적어 宴会厅(연회장) 앞에 관형어로 배치하여 문장을 완성한다.
⇒ 嘉宾们　陆续　进入了　豪华的　宴会厅

완성된 문장 嘉宾们陆续进入了豪华的宴会厅。(귀빈들은 잇달아 호화스러운 연회장에 들어갔다.)

어휘 豪华 háohuá [형]호화스럽다 陆续 lùxù [부]잇달아 嘉宾 jiābīn [명]귀빈, 손님 宴会厅 yànhuìtīng [명]연회장

2

怎样　与人相处　我们　要学会

→

대사	조동사+동사	대사	개사+명사+동사
我们	要学会	怎样	与人相处。
주어	부사어+술어	목적어	

해석 우리는 어떻게 다른 사람과 함께 지내는지를 배워야 한다.

해설 STEP 1 제시된 어휘 중 '조동사+동사' 형태의 要学会(배워야 한다)를 술어 자리에 바로 배치한다. 참고로, '조동사+동사' 형태의 어휘는 술어 자리에 바로 배치할 수 있다. ⇒ 要学会

STEP 2 술어가 포함된 要学会(배워야 한다)와 문맥상 목적어로 어울리는 '개사+명사+동사' 형태의 与人相处(다른 사람과 함께 지내다)를 목적어 자리에 배치하고, 주어로 어울리는 대사 我们(우리)을 주어로 배치한다.
⇒ 我们　要学会　与人相处

STEP 3 남은 어휘인 대사 怎样(어떻게)을 문맥상 与人相处(다른 사람과 함께 지내다) 앞에 배치하여 怎样与人相处(어떻게 다른 사람과 함께 지내는지)라는 하나의 목적어로 연결하여 문장을 완성한다. ⇒ 我们　要学会　怎样　与人相处

완성된 문장 我们要学会怎样与人相处。(우리는 어떻게 다른 사람과 함께 지내는지를 배워야 한다.)

어휘 怎样 zěnyàng [대]어떻게 相处 xiāngchǔ [동]함께 지내다 学会 xuéhuì [동]배우다, 습득하다

3

这家报社的　比较　年纪　大　编辑

→

대사+양사+명사+的	명사	명사	부사	형용사
这家报社的	编辑	年纪	比较	大。
관형어	주어	주어	부사어	술어
		술어(주술구)		

해석 이 신문사의 편집자는 나이가 비교적 많다.

해설 STEP 1 제시된 어휘 중 술어가 될 수 있는 어휘는 형용사 大(많다)인데, 주어가 될 수 있는 명사가 年纪(나이)와 编辑(편집자) 두 개이므로, 주술술어문을 고려하여 문장을 완성한다. 大와 문맥상 주어로 어울리는 年纪를 年纪大(나이가 많다)라는 주술구 형태로 연결한 후 술어로 배치한다. ⇒ 年纪　大

STEP 2 　명사 **编辑**(편집자)를 주어로 배치한다. ⇨ 编辑　年纪　大

STEP 3 　남은 어휘 중 부사 **比较**(비교적)를 주술구 형태의 **年纪大**(나이가 많다)의 주어와 술어 사이에 부사어로 배치하고, '대사+양사+명사+的' 형태의 **这家报社的**(이 신문사의)를 주어 **编辑**(편집자) 앞에 관형어로 배치하여 문장을 완성한다. ⇨ 这家报社的　编辑　年纪　比较　大

완성된 문장　这家报社的编辑年纪比较大.(이 신문사의 편집자는 나이가 비교적 많다.)

어휘　报社 bàoshè 圆신문사　年纪 niánjì 圆나이　编辑 biānjí 圆편집자 圆편집하다

4

公司　安全方面的　加大
决定　教育投入

⇨

명사	동사	동사	형용사+명사+的	명사+명사
公司	**决定**	**加大**	**安全方面的**	**教育投入。**
주어	술어	술어	관형어	목적어
			목적어(술목구)	

해석　회사는 안전 방면의 교육 자금을 확대하기로 결정했다.

해설　STEP 1 　동사 **加大**(확대하다)와 동사 **决定**(결정하다) 중 **决定**을 술어로 배치한다. 참고로, **决定**은 술목구, 주술구를 목적어로 취할 수 있으므로 다른 동사와 함께 제시되더라도 술어 자리에 바로 배치할 수 있다. ⇨ 决定

STEP 2 　술어가 **决定**(결정하다)이므로 술목구 또는 주술구 목적어를 완성한다. 동사 **加大**(확대하다)와 '명사+명사' 형태의 **教育投入**(교육 자금)를 **加大教育投入**(교육 자금을 확대하다)라는 술목구 형태로 연결한 후 술어 **决定** 뒤에 목적어로 배치하고, 명사 **公司**(회사)를 주어로 배치한다. ⇨ 公司　决定　加大　教育投入

STEP 3 　남은 어휘인 '형용사+명사+的' 형태의 **安全方面的**(안전 방면의)를 목적어 **教育投入**(교육 자금) 앞에 관형어로 배치하여 문장을 완성한다. ⇨ 公司　决定　加大　安全方面的　教育投入

완성된 문장　公司决定加大安全方面的教育投入.(회사는 안전 방면의 교육 자금을 확대하기로 결정했다.)

어휘　安全 ānquán 圆안전하다　方面 fāngmiàn 圆방면　教育 jiàoyù 圆교육 圆교육하다　投入 tóurù 圆(투자한) 자금 圆투입하다

5

乐观的　你能　态度
希望　保持

⇨

동사	대사+조동사	동사	형용사+的	명사
希望	**你能**	**保持**	**乐观的**	**态度。**
술어	주어+부사어	술어	관형어	목적어
		목적어(주술구)		

해석　네가 낙관적인 태도를 유지할 수 있기를 희망한다.

해설　STEP 1 　동사 **希望**(희망하다)과 동사 **保持**(유지하다) 중 **希望**을 술어로 배치한다. 참고로, **希望**은 문장 맨 앞 술어 자리에 바로 배치할 수 있고, 주술구, 술목구를 목적어로 취할 수 있다. ⇨ 希望

STEP 2 　술어가 **希望**(희망하다)이므로 주술구 또는 술목구 목적어를 완성한다. 동사 **保持**를 주술구의 술어로 바로 배치하고, 문맥상 술어 **保持**의 목적어로 어울리는 명사 **态度**(태도)를 목적어로, 주어로 어울리는 你를 포함하고 있는 '대사+조동사' 형태의 **你能**(네가 할 수 있다)을 주어 자리에 배치한다. ⇨ 希望　你能　保持　态度

STEP 3 　남은 어휘인 '형용사+的' 형태의 **乐观的**(낙관적인)를 주술구의 목적어 **态度**(태도) 앞에 관형어로 배치하여 문장을 완성한다. ⇨ 希望　你能　保持　乐观的　态度

완성된 문장　希望你能保持乐观的态度.(네가 낙관적인 태도를 유지할 수 있기를 희망한다.)

어휘　乐观 lèguān 圆낙관적이다　态度 tàidu 圆태도　保持 bǎochí 圆유지하다

고득점비책 02 | 주어·목적어 배치하기 p.189

돌으며 학습하기 ▶

1 这个地区发生地震了。 　　2 发展经济成为了我们最重要的任务。

3 总裁在发言中明确地表明了自己的态度。 　　4 花生这个食物营养价值高。

5 这场比赛格外激烈。

1

地震了　地区　发生　这个	➡	대사+양사	명사	동사	명사+了
		这个	**地区**	**发生**	**地震了。**
		관형어	주어	술어	목적어+了

해석　이 지역에 지진이 발생했다.

해설　STEP 1　제시된 어휘 중 유일한 동사 发生(발생하다)을 술어로 배치한다. ➡ 发生

　　　STEP 2　'명사+了' 형태의 地震了(지진 ~했다)와 명사 地区(지역) 중 地震了를 목적어 자리에 바로 배치하고, 술어 发生(발생하다)과 문맥상 주어로 어울리는 地区를 주어로 배치한다. 참고로, 地震了에서 了는 어기조사로서 변화의 어기를 나타내므로, 了가 뒤에 붙은 '명사+了' 형태의 地震了를 목적어 자리에 바로 배치할 수 있다.

　　　　　➡ 地区　发生　地震了

　　　STEP 3　남은 어휘인 '대사+양사' 형태의 这个(이)를 주어 地区(지역) 앞에 관형어로 배치하여 문장을 완성한다.

　　　　　➡ 这个　地区　发生　地震了

　　　완성된 문장　这个地区发生地震了。(이 지역에 지진이 발생했다.)

어휘　地震 dìzhèn 圆지진　地区 dìqū 圆지역　发生 fāshēng 图발생하다

2

任务　成为了　发展经济　我们最重要的	➡	동사+명사	동사+了	대사+부사+형용사+的	명사
		发展经济	**成为了**	**我们最重要的**	**任务。**
		술어+목적어	술어+了	관형어	목적어
		주어(술목구)			

해석　경제를 발전시키는 것이 우리의 가장 중요한 임무가 되었다.

해설　STEP 1　제시된 어휘 중 '동사+了' 형태의 成为了(~이 되었다)를 술어 자리에 바로 배치한다. ➡ 成为了

　　　STEP 2　술어가 포함된 成为了(~이 되었다)와 문맥상 목적어로 어울리는 명사 任务(임무)를 목적어로 배치하고, 주어로 어울리는 '동사+명사' 형태의 술목구 发展经济(경제를 발전시키다)를 주어로 배치한다. ➡ 发展经济　成为了　任务

　　　STEP 3　남은 어휘인 '대사+부사+형용사+的' 형태의 我们最重要的(우리의 가장 중요한)를 목적어 任务(임무) 앞에 관형어로 배치하여 문장을 완성한다. ➡ 发展经济　成为了　我们最重要的　任务

　　　완성된 문장　发展经济成为了我们最重要的任务。(경제를 발전시키는 것이 우리의 가장 중요한 임무가 되었다.)

어휘　任务 rènwu 圆임무　成为 chéngwéi 图~가(이) 되다　发展 fāzhǎn 图발전시키다, 발전하다　经济 jīngjì 圆경제

3

态度　明确地　表明了　自己的　总裁在发言中	➡	명사+개사+명사+명사	형용사+地	동사+了	대사+的	명사
		总裁在发言中	**明确地**	**表明了**	**自己的**	**态度。**
		주어　　부사어		술어+了	관형어	목적어

해석　총재는 발언 중에 자신의 태도를 명확하게 표명했다.

해설　STEP 1　제시된 어휘 중 '동사+了' 형태의 表明了(표명했다)를 술어 자리에 바로 배치한다. ➡ 表明了

　　　STEP 2　'명사+개사+명사+명사' 형태의 总裁在发言中(총재는 발언 중에)을 주어 자리에 바로 배치하고, 술어가 포함된 表明了(표명했다)와 문맥상 목적어로 어울리는 명사 态度(태도)를 목적어로 배치한다. 참고로, '명사+개사구' 형태의 어휘는 주어 자리에 바로 배치할 수 있다. ➡ 总裁在发言中　表明了　态度

　　　STEP 3　남은 어휘 중 '형용사+地' 형태의 明确地(명확하게)를 술어가 포함된 表明了(표명했다) 앞에 부사어로 배치하고, '대사+的' 형태의 自己的(자신의)를 목적어 态度(태도) 앞에 관형어로 배치하여 문장을 완성한다.

　　　　　➡ 总裁在发言中　明确地　表明了　自己的　态度

　　　완성된 문장　总裁在发言中明确地表明了自己的态度。(총재는 발언 중에 자신의 태도를 명확하게 표명했다.)

어휘　态度 tàidu 圆태도　明确 míngquè 圈명확하다 图명확하게 하다　表明 biǎomíng 图(분명하게) 표명하다　总裁 zǒngcái 圆총재　发言 fāyán 圆발언 图발언하다

4

这个　花生　食物	→	명사	대사+양사	명사	명사+명사	형용사
高　营养价值		**花生**	**这个**	**食物**	**营养价值**	**高**。
		주어			관형어+주어	술어
					술어(주술구)	

해석　땅콩이라는 이 식품은 영양 가치가 높다.

해설　STEP 1　제시된 어휘 중 술어가 될 수 있는 어휘는 형용사 高(높다)인데, 주어가 될 수 있는 어휘가 명사 花生(땅콩), 명사 食物(식품), '명사+명사' 형태의 营养价值(영양 가치) 세 개이므로, 주술술어문을 고려하여 문장을 완성한다. 高와 문맥상 주어로 어울리는 营养价值을 营养价值高(영양 가치가 높다)라는 주술구 형태로 연결한 후 술어로 배치한다.
⇒ 营养价值　高

　　　　STEP 2　남은 어휘가 '대사+양사' 형태의 这个(이), 명사 花生(땅콩), 명사 食物(식품)이므로, 중첩복지 형태의 주어나 목적어를 고려한다. '명사+대사+양사+명사' 형태의 花生这个食物(땅콩이라는 이 식품)로 연결한 후, 문맥상 술어 营养价值高(영양 가치가 높다) 앞에 주어로 배치하여 문장을 완성한다. ⇒ 花生　这个　食物　营养价值　高

　　　완성된 문장　花生这个食物营养价值高。(땅콩이라는 이 식품은 영양 가치가 높다.)

어휘　花生 huāshēng 圐땅콩　食物 shíwù 圐식품, 음식　营养 yíngyǎng 圐영양　价值 jiàzhí 圐가치

5

这场　激烈　格外　比赛	→	대사+양사	명사	부사	형용사
		这场	**比赛**	**格外**	**激烈**。
		관형어	주어	부사어	술어

해석　이 경기는 유달리 격렬하다.

해설　STEP 1　제시된 어휘 중 유일한 형용사 激烈(격렬하다)를 술어로 배치한다. ⇒ 激烈

　　　　STEP 2　술어 激烈(격렬하다)와 문맥상 주어로 어울리는 명사 比赛(경기)를 주어로 배치한다. ⇒ 比赛　激烈

　　　　STEP 3　남은 어휘 중 '대사+양사' 형태의 这场(이)을 주어 比赛(경기) 앞에 관형어로 배치하고, 부사 格外(유달리)를 술어 激烈(격렬하다) 앞에 부사어로 배치하여 문장을 완성한다. ⇒ 这场　比赛　格外　激烈

　　　완성된 문장　这场比赛格外激烈。(이 경기는 유달리 격렬하다.)

어휘　激烈 jīliè 圐격렬하다　格外 géwài 圐유달리

고득점비책 03 | 관형어 배치하기　p.193

들으며 학습하기 ▶

1 每个时期的建筑风格都各不相同。　　　2 老师公布了实验结果。

3 我收到了一幅优美的风景画。　　　　　4 他们的这个分配方案非常合理。

5 运动不足会引起很严重的健康问题。

1

都　每个时期的　各不相同	→	대사+양사+명사+的	명사+명사	부사	대사+부사+형용사
建筑风格		**每个时期的**	**建筑风格**	**都**	**各不相同**。
		관형어	주어	부사어	주어+부사어+술어
					술어(주술구)

해석　매 시기의 건축 양식은 모두 제각기 다르다.

해설　STEP 1　제시된 어휘 중 유일하게 형용사를 포함하고 있는 '대사+부사+형용사' 형태의 주술구 各不相同(제각기 다르다)을 술어 자리에 바로 배치한다. ⇒ 各不相同

STEP 2 술어 各不相同(제각기 다르다)과 문맥상 주어로 어울리는 '명사+명사' 형태의 建筑风格(건축 양식)를 주어 자리에 배치한다. ⇒ 建筑风格 各不相同

STEP 3 남은 어휘 중 '대사+양사+명사+的' 형태의 每个时期的(매 시기의)를 주어 建筑风格(건축 양식) 앞에 관형어로 배치하고, 부사 都(모두)를 술어 各不相同(제각기 다르다) 앞에 부사어로 배치하여 문장을 완성한다.
⇒ 每个时期的 建筑风格 都 各不相同

완성된 문장 每个时期的建筑风格都各不相同。(매 시기의 건축 양식은 모두 제각기 다르다.)

어휘 **时期** shíqī [명] (특정한) 시기 **各不相同** gè bù xiāngtóng 제각기 다르다 **建筑** jiànzhù [명] 건축, 건축물 [동] 건축하다
风格 fēnggé [명] (예술) 양식, 스타일

2 实验 公布了 老师 结果 ➡

명사	동사+了	명사	명사
老师	公布了	实验	结果。
주어	술어+了	관형어	목적어

해석 선생님은 실험 결과를 발표하였다.

해설 STEP 1 제시된 어휘 중 '동사+了' 형태의 公布了(발표하였다)를 술어 자리에 바로 배치한다. ⇒ 公布了

STEP 2 명사 实验(실험), 명사 老师(선생님), 명사 结果(결과) 중 술어가 포함된 公布了(발표하였다)와 문맥상 목적어로 어울리는 结果를 목적어로 배치하고, 주어로 어울리는 老师을 주어로 배치한다. ⇒ 老师 公布了 结果

STEP 3 남은 어휘인 명사 实验(실험)을 목적어 结果(결과) 앞에 관형어로 배치하여 문장을 완성한다. 참고로, 实验은 结果 앞에서 的 없이 관형어로 쓰였다. ⇒ 老师 公布了 实验 结果

완성된 문장 老师公布了实验结果。(선생님은 실험 결과를 발표하였다.)

어휘 **实验** shíyàn [명] 실험 [동] 실험하다 **公布** gōngbù [동] 발표하다, 공포하다 **结果** jiéguǒ [명] 결과

3 一幅 我 风景画 收到了 优美的 ➡

대사	동사+了	수사+양사	형용사+的	명사
我	收到了	一幅	优美的	风景画。
주어	술어+了	관형어		목적어

해석 나는 한 폭의 아름다운 풍경화를 받았다.

해설 STEP 1 제시된 어휘 중 '동사+了' 형태의 收到了(받았다)를 술어 자리에 바로 배치한다. ⇒ 收到了

STEP 2 대사 我(나)와 명사 风景画(풍경화) 중 술어가 포함된 收到了(받았다)와 문맥상 목적어로 어울리는 风景画를 목적어로 배치하고, 주어로 어울리는 我를 주어로 배치한다. ⇒ 我 收到了 风景画

STEP 3 남은 어휘 중 '수사+양사' 형태의 一幅(한 폭의)와 '형용사+的' 형태의 优美的(아름다운)를 一幅 → 优美的 순서로 연결한 후 목적어 风景画(풍경화) 앞에 관형어로 배치하여 문장을 완성한다. 참고로, 관형어가 2개 이상일 때, 성질이나 특징을 나타내는 '형용사(구)+的' 형태의 관형어는 주로 '수사/대사+양사' 뒤에 배치한다.
⇒ 我 收到了 一幅 优美的 风景画

완성된 문장 我收到了一幅优美的风景画。(나는 한 폭의 아름다운 풍경화를 받았다.)

어휘 **幅** fú [양] 폭[그림·천을 세는 단위] **风景画** fēngjǐnghuà [명] 풍경화 **收到** shōudào [동] 받다 **优美** yōuměi [형] 아름답다

4 分配方案 这个 他们的 合理 非常 ➡

대사+的	대사+양사	동사+명사	부사	형용사
他们的	这个	分配方案	非常	合理。
관형어		주어	부사어	술어

해석 그들의 이 분배 방안은 매우 합리적이다.

해설 STEP 1 제시된 어휘 중 유일한 형용사 合理(합리적이다)를 술어로 배치한다. ⇒ 合理

STEP 2 술어 合理(합리적이다)와 문맥상 주어로 어울리는 '동사+명사' 형태의 分配方案(분배 방안)을 주어 자리에 배치한다. ⇒ 分配方案 合理

STEP 3 남은 어휘 중 '대사+양사' 형태의 这个(이)와 '대사+的' 형태의 他们的(그들의)를 他们的 → 这个 순서로 연결한 후 주어가 포함된 分配方案(분배 방안) 앞에 관형어로 배치하고, 부사 非常(매우)을 술어 合理(합리적이다) 앞에 부사어로 배치하여 문장을 완성한다. 참고로, 관형어가 2개 이상일 때 소유 관계를 나타내는 '대사+的' 형태의 관형어는 첫 번째 관형어로 배치한다. ⇒ 他们的 这个 分配方案 非常 合理

완성된 문장 他们的这个分配方案非常合理。(그들의 이 분배 방안은 매우 합리적이다.)

어휘 分配 fēnpèi [동]분배하다 方案 fāng'àn [명]방안 合理 hélǐ [형]합리적이다

5

问题 健康 运动不足
会引起 很严重的

➡

명사+형용사	조동사+동사	부사+형용사+的	명사	명사
运动不足	会引起	很严重的	健康	问题。
주어+술어 주어(주술구)	부사어+술어	관형어		목적어

해석 운동이 부족한 것은 심각한 건강 문제를 야기할 수 있다.

해설 STEP 1 제시된 어휘 중 '조동사+동사' 형태의 会引起(야기할 수 있다)를 술어 자리에 바로 배치한다. 참고로, '조동사+동사' 형태의 어휘는 술어 자리에 바로 배치할 수 있다. ⇒ 会引起

STEP 2 술어가 포함된 会引起(야기할 수 있다)와 문맥상 목적어로 어울리는 명사 问题(문제)를 목적어로 배치하고, '명사+형용사' 형태의 주술구 运动不足(운동이 부족하다)를 주어로 배치한다. ⇒ 运动不足 会引起 问题

STEP 3 남은 어휘 중 명사 健康(건강)과 '부사+형용사+的' 형태의 很严重的(매우 심각한)를 很严重的 → 健康 순서로 연결한 후 목적어 问题(문제) 앞에 관형어로 배치하여 문장을 완성한다. 참고로, 健康은 问题 앞에서 的 없이 관형어로 쓰였고, 이렇게 的 없이 관형어가 되는 명사의 경우 꾸미는 대상의 바로 앞에 배치한다.
⇒ 运动不足 会引起 很严重的 健康 问题

완성된 문장 运动不足会引起很严重的健康问题。(운동이 부족한 것은 심각한 건강 문제를 야기할 수 있다.)

어휘 健康 jiànkāng [명]건강 [형]건강하다 不足 bùzú [형]부족하다 [동]~하기에 부족하다 引起 yǐnqǐ [동]야기하다
严重 yánzhòng [형]심각하다

고득점비책 04 | 부사어 배치하기 p.197

들으며 학습하기 ▶

1 我们必须按时到达目的地。 2 她正专心地准备明天的采访。
3 我一定要替公司争取到投资机会。 4 这位律师简直太能干了。
5 导演逐渐改变了摄影风格。

1

必须 到达 按时
目的地 我们

➡

대사	부사	부사	동사	명사
我们	必须	按时	到达	目的地。
주어	부사어		술어	목적어

해석 우리는 반드시 제때에 목적지에 도착해야 한다.

해설 STEP 1 제시된 어휘 중 유일한 동사 到达(도착하다)를 술어로 배치한다. ⇒ 到达

STEP 2 명사 目的地(목적지)와 대사 我们(우리) 중 술어 到达(도착하다)와 문맥상 목적어로 어울리는 目的地를 목적어로 배치하고, 주어로 어울리는 我们을 주어로 배치한다. ⇒ 我们 到达 目的地

STEP 3 남은 어휘인 부사 必须(반드시 ~해야 한다)와 부사 按时(제때에)을 必须 → 按时 순서로 연결한 후 술어 到达(도착하다) 앞에 부사어로 배치하여 문장을 완성한다. ⇒ 我们 必须 按时 到达 目的地

완성된 문장 我们必须按时到达目的地。(우리는 반드시 제때에 목적지에 도착해야 한다.)

어휘 到达 dàodá [동]도착하다 按时 ànshí [부]제때에 目的地 mùdìdì [명]목적지

2

明天的　她正　准备
专心地　采访

➡

대사+부사	형용사+地	동사	명사+的	동사
她正	**专心地**	**准备**	**明天的**	**采访**。
주어	부사어	술어	관형어	목적어

해석　그녀는 지금 열중해서 내일의 인터뷰를 준비하는 중이다.

해설　**STEP 1**　동사 准备(준비하다)와 동사 采访(인터뷰하다) 중 准备를 술어로 배치한다. 참고로, 准备는 동사를 목적어로 가질 수 있고, 采访은 동사를 목적어로 가지지 않으므로, 准备를 술어 자리에 바로 배치한다. ⇨ 准备

　　　　STEP 2　술어 准备(준비하다)와 문맥상 목적어로 어울리는 동사 采访(인터뷰하다)을 목적어로 배치하고, 주어로 어울리는 她(그녀)를 포함하고 있는 '대사+부사' 형태의 她正(그녀는 지금)을 주어 자리에 배치한다. ⇨ 她正　准备　采访

　　　　STEP 3　남은 어휘 중 '명사+的' 형태의 明天的(내일의)를 목적어 采访(인터뷰) 앞에 관형어로 배치하고, '형용사+地' 형태의 专心地(열중해서)를 술어 准备(준비하다) 앞에 부사어로 배치하여 문장을 완성한다.

　　　　　　 ⇨ 她正　专心地　准备　明天的　采访

　　　　완성된 문장　她正专心地准备明天的采访。(그녀는 지금 열중해서 내일의 인터뷰를 준비하는 중이다.)

어휘　正 zhèng 🔢지금 ~하는 중이다　专心 zhuānxīn 🔢열중하다　采访 cǎifǎng 🔢인터뷰하다

3

我　要　争取到　替公司
投资机会　一定

➡

대사	부사	조동사	개사+명사	동사+동사	동사+명사
我	**一定**	**要**	**替公司**	**争取到**	**投资机会**。
주어		부사어		술어+보어	관형어+목적어

해석　나는 회사를 위해 꼭 투자 기회를 얻을 것이다.

해설　**STEP 1**　제시된 어휘 중 '동사+동사' 형태의 争取到(얻다)를 술어 자리에 배치한다. ⇨ 争取到

　　　　STEP 2　술어가 포함된 争取到(얻다)와 문맥상 목적어로 어울리는 投资机会(투자 기회)를 목적어로 배치하고, 주어로 어울리는 我(나)를 주어로 배치한다. ⇨ 我　争取到　投资机会

　　　　STEP 3　남은 어휘인 조동사 要(~해야 한다), '개사+명사' 형태의 替公司(회사를 위해), 부사 一定(꼭)을 一定→要→替公司 순서로 연결한 후 술어가 포함된 争取到(얻다) 앞에 부사어로 배치하여 문장을 완성한다. 참고로, 부사어가 2개 이상이면 부사 → 조동사 → 개사구 순서로 배치한다. ⇨ 我　一定　要　替公司　争取到　投资机会

　　　　완성된 문장　我一定要替公司争取到投资机会。(나는 회사를 위해 꼭 투자 기회를 얻을 것이다.)

어휘　争取 zhēngqǔ 🔢얻다, 쟁취하다　替 tì 🔢~를 위해 🔢대신하다　投资 tóuzī 🔢투자하다 🔢투자금

4

能干了　简直　这位
太　律师

➡

대사+양사	명사	부사	부사	형용사+了
这位	**律师**	**简直**	**太**	**能干了**。
관형어	주어	부사어		술어+了

해석　이 변호사는 정말 너무 유능하다.

해설　**STEP 1**　제시된 어휘 중 '형용사+了' 형태의 能干了(유능하다)을 술어 자리에 바로 배치한다. ⇨ 能干了

　　　　STEP 2　술어가 포함된 能干了와 문맥상 주어로 어울리는 명사 律师(변호사)을 주어로 배치한다. ⇨ 律师　能干了

　　　　STEP 3　남은 어휘 중 부사 简直(정말)과 부사 太(너무)를 简直 → 太 순서로 연결한 후 술어가 포함된 能干了(유능하다) 앞에 부사어로 배치하고, '대사+양사' 형태의 这位를 律师(변호사) 앞에 관형어로 배치하여 문장을 완성한다.

　　　　　　 ⇨ 这位　律师　简直　太　能干了

　　　　완성된 문장　这位律师简直太能干了。(이 변호사는 정말 너무 유능하다.)

어휘　能干 nénggàn 🔢유능하다　简直 jiǎnzhí 🔢정말　律师 lǜshī 🔢변호사

5

逐渐　摄影风格　改变了
导演

➡

명사	부사	동사+了	동사+명사
导演	**逐渐**	**改变了**	**摄影风格**。
주어	부사어	술어+了	관형어+목적어

해석　감독은 점차 촬영 스타일을 바꾸었다.

해설　**STEP 1**　제시된 어휘 중 '동사+了' 형태의 改变了(바꾸었다)를 술어 자리에 바로 배치한다. ➡ 改变了

　　　STEP 2　술어가 포함된 改变了(바꾸었다)와 문맥상 목적어로 어울리는 '동사+명사' 형태의 摄影风格(촬영 스타일)를 목적어로 배치하고, 주어로 어울리는 명사 导演(감독)을 주어로 배치한다. 참고로, 摄影은 风格 앞에서 的 없이 관형어로 쓰였다. ➡ 导演　改变了　摄影风格

　　　STEP 3　남은 어휘인 부사 逐渐(점차)을 술어가 포함된 改变了(바꾸었다) 앞에 부사어로 배치하여 문장을 완성한다.
　　　　➡ 导演　逐渐　改变了　摄影风格

　　　완성된 문장　导演逐渐改变了摄影风格。(감독은 점차 촬영 스타일을 바꾸었다.)

어휘　**逐渐** zhújiàn 圓점차　**摄影** shèyǐng 圖촬영하다　**风格** fēnggé 圖스타일　**改变** gǎibiàn 圖바꾸다
　　　导演 dǎoyǎn 圖감독, 연출자 圖감독하다

고득점비책 05 | 보어 배치하기　p.201

들으며 학습하기 ▶

1 他依然生活在幻想中。
2 前几天来的工程师表现得相当好。
3 蔬菜的价格终于稳定下来了。
4 奶奶紧紧握住了我的手。
5 那部纪录片制作了半年。

1

他　生活在　依然　幻想中 ➡

대사	부사	동사+동사	명사+명사
他	依然	生活在	幻想中。
주어	부사어	술어+결과보어	목적어

해석　그는 여전히 환상 속에서 살고 있다.

해설　**STEP 1**　제시된 어휘 중 유일하게 동사를 포함하고 있는 '동사+동사' 형태의 生活在(~에서 살다)를 술어 자리에 바로 배치하고, '명사+명사' 형태의 幻想中(환상 속)을 生活在 뒤 목적어 자리에 배치한다. ➡ 生活在　幻想中

　　　STEP 2　문맥상 술어가 포함된 生活在(~에서 살다)의 주어로 어울리는 대사 他(그)를 주어로 배치한다.
　　　　➡ 他　生活在　幻想中

　　　STEP 3　남은 어휘인 부사 依然(여전히)을 술어가 포함된 生活在(~에서 살다) 앞에 부사어로 배치하여 문장을 완성한다.
　　　　➡ 他　依然　生活在　幻想中

　　　완성된 문장　他依然生活在幻想中。(그는 여전히 환상 속에서 살고 있다.)

어휘　**生活** shēnghuó 圖살다, 생활하다 圖생활　**依然** yīrán 圓여전히 圖전과 다름없다　**幻想** huànxiǎng 圖환상 圖환상을 가지다

2

工程师　表现得
前几天来的　相当好 ➡

명사+수사+명사+동사+的	명사	동사+得	부사+형용사
前几天来的	工程师	表现得	相当好。
관형어	주어	술어+得	정도보어

해석　며칠 전에 온 엔지니어는 상당히 잘 활약한다.

해설　**STEP 1**　제시된 어휘 중 정도보어를 이끄는 구조조사 得가 있으므로, '술어+得+보어' 형태의 문장을 완성해야 한다. 따라서 '동사+得' 형태인 表现得(~하게 활약하다)를 '술어+得' 자리에, '부사+형용사' 형태의 相当好(상당히 잘)를 表现得 뒤에 정도보어로 배치한다. ➡ 表现得　相当好

　　　STEP 2　술어가 포함된 表现得(~하게 활약하다)와 문맥상 주어로 어울리는 명사 工程师(엔지니어)을 주어로 배치한다.
　　　　➡ 工程师　表现得　相当好

　　　STEP 3　남은 어휘인 '명사+수사+명사+동사+的' 형태의 前几天来的(며칠 전에 온)를 주어 工程师(엔지니어) 앞에 관형어로 배치하여 문장을 완성한다. ➡ 前几天来的　工程师　表现得　相当好

　　　완성된 문장　前几天来的工程师表现得相当好。(며칠 전에 온 엔지니어는 상당히 잘 활약한다.)

工程师 gōngchéngshī 圓엔지니어 **表现** biǎoxiàn 圄활약하다, 드러내다
相当 xiāngdāng 圄상당히 圄(수량·조건 등이) 비슷하다 圄알맞다

3

价格　终于　稳定	➡	명사+的	명사	부사	형용사	동사+了
蔬菜的　下来了		**蔬菜的**	**价格**	**终于**	**稳定**	**下来了。**
		관형어	주어	부사어	술어	보어+了

해석　채소의 가격이 마침내 안정되었다.
해설　STEP 1　형용사 稳定(안정적이다)과 '동사+了' 형태의 下来了(~해졌다) 중 稳定을 술어로 배치하고, 방향을 나타내는 동사를
　　　　　　포함하고 있는 下来了를 稳定 뒤에 방향보어로 배치한다. ⇨ 稳定　下来了
　　　　STEP 2　술어 稳定(안정적이다)과 문맥상 주어로 어울리는 명사 价格(가격)를 주어로 배치한다. ⇨ 价格　稳定　下来了
　　　　STEP 3　남은 어휘 중 '명사+的' 형태의 蔬菜的(채소의)를 주어 价格(가격) 앞에 관형어로 배치하고, 부사 终于(마침내)를 稳
　　　　　　定下来了(안정되었다) 앞에 부사어로 배치하여 문장을 완성한다. ⇨ 蔬菜的　价格　终于　稳定　下来了
　　　　완성된 문장　蔬菜的价格终于稳定下来了。(채소의 가격이 마침내 안정되었다.)
어휘　**价格** jiàgé 圄가격 **稳定** wěndìng 圄안정적이다 圄안정시키다 **蔬菜** shūcài 圄채소

4

紧紧　手　奶奶	➡	명사	부사	동사+동사+了	대사+的	명사
握住了　我的		**奶奶**	**紧紧**	**握住了**	**我的**	**手。**
		주어	부사어	술어+결과보어+了	관형어	목적어

해석　할머니는 내 손을 꽉 잡으셨다.
해설　STEP 1　제시된 어휘 중 '동사+동사+了' 형태의 握住了(잡다)를 술어 자리에 바로 배치한다. ⇨ 握住了
　　　　STEP 2　명사 手(손)와 명사 奶奶(할머니) 중 술어가 포함된 握住了(잡다)와 문맥상 목적어로 어울리는 手를 목적어 자리에
　　　　　　배치하고, 주어로 어울리는 奶奶를 주어로 배치한다. ⇨ 奶奶　握住了　手
　　　　STEP 3　남은 어휘 중 '대사+的' 형태의 我的(나의)를 목적어 手(손) 앞에 관형어로 배치한 후 부사 紧紧(꽉)을 술어가 포함
　　　　　　된 握住了(잡다) 앞에 부사어로 배치하여 문장을 완성한다. ⇨ 奶奶　紧紧　握住了　我的　手
　　　　완성된 문장　奶奶紧紧握住了我的手。(할머니는 내 손을 꽉 잡으셨다.)
어휘　**紧紧** jǐnjǐn 圄꽉, 팽팽하게 **握** wò 圄(손으로) 잡다

5

制作了　纪录片　那部	➡	대사+양사	명사	동사+了	수사+양사
半年		**那部**	**纪录片**	**制作了**	**半年。**
		관형어	주어	술어+了	수량보어

해석　그 다큐멘터리는 반년 동안 제작되었다.
해설　STEP 1　제시된 어휘 중 유일하게 동사를 포함하고 있는 '동사+了' 형태의 制作了(제작했다)를 술어로 바로 배치하고, 시간
　　　　　　의 양을 나타내는 '수사+양사' 형태의 半年(반년)을 制作了 뒤에 수량보어로 배치한다. ⇨ 制作了　半年
　　　　STEP 2　술어가 포함된 制作了(제작했다)와 문맥상 주어로 어울리는 명사 纪录片(다큐멘터리)을 주어로 배치한다.
　　　　　　⇨ 纪录片　制作了　半年
　　　　STEP 3　남은 어휘인 '대사+양사' 형태의 那部(그)를 주어 纪录片(다큐멘터리) 앞에 관형어로 배치하여 문장을 완성한다.
　　　　　　⇨ 那部　纪录片　制作了　半年
　　　　완성된 문장　那部纪录片制作了半年。(그 다큐멘터리는 반년 동안 제작되었다.)
어휘　**制作** zhìzuò 圄제작하다 **纪录片** jìlùpiàn 圄다큐멘터리

고득점비책 06 | 是자문·有자문 완성하기 p.205

들으며 학습하기 ▶

1 这是一个关于农村教师的感人故事。 2 你有克服困难的好办法吗？
3 他是个善于讨价还价的人。 4 他欣赏的那位模特很有魅力。
5 广州是广告业最发达的地区之一。

1

农村教师的 这是一个 关于 感人故事

➡

대사+동사+수사+양사	개사	명사+명사+的	형용사+명사
这是一个	关于	农村教师的	感人故事。
주어+술어	관형어		목적어

해석 이것은 농촌 교사에 대한 감동적인 이야기이다.

해설 STEP 1 제시된 어휘 중 是이 있으므로, 是자문을 완성해야 한다. 동사 是을 포함하고 있는 '대사+동사+수사+양사' 형태의 这是一个(이것은~이다)을 술어 자리에 배치한다. ⇒ 这是一个

STEP 2 술어 是(~이다)과 문맥상 목적어로 어울리는 '형용사+명사' 형태의 感人故事(감동적인 이야기)을 목적어 자리에 배치한다. ⇒ 这是一个 感人故事

STEP 3 남은 어휘 중 '명사+명사+的' 형태의 农村教师的(농촌 교사의)와 개사 关于(~에 대한)를 '개사구+的' 형태의 关于农村教师的(농촌 교사에 대한)로 연결한 후 목적어가 포함된 感人故事(감동적인 이야기) 앞에 관형어로 배치하여 문장을 완성한다. 참고로, 관형어가 2개 이상일 때, 성질이나 특징을 나타내는 '개사구+的' 형태의 관형어는 주로 '수사/대사+양사' 뒤에 배치한다. ⇒ 这是一个 关于 农村教师的 感人故事

완성된 문장 这是一个关于农村教师的感人故事。(이것은 농촌 교사에 대한 감동적인 이야기이다.)

어휘 农村 nóngcūn [명]농촌 教师 jiàoshī [명]교사 感人 gǎnrén [형]감동적이다

2

克服困难的 吗 有 你 好办法

➡

대사	동사	동사+명사+的	형용사+명사	吗
你	有	克服困难的	好办法	吗？
주어	술어	관형어	목적어	吗

해석 너는 어려움을 극복하는 좋은 방법이 있니?

해설 STEP 1 제시된 어휘 중 有가 있으므로, 有자문을 완성해야 한다. 동사 有(~가 있다)를 술어로 배치한다. ⇒ 有

STEP 2 대사 你(너)와 '형용사+명사' 형태의 好办法(좋은 방법) 중 술어 有(~가 있다)와 문맥상 목적어로 어울리는 好方法를 목적어 자리에 배치하고, 주어로 어울리는 你를 주어로 배치한다. ⇒ 你 有 好方法

STEP 3 남은 어휘 중 '동사+명사+的' 형태의 克服困难的(어려움을 극복하는)를 목적어가 포함된 好方法(좋은 방법) 앞에 관형어로 배치하고, 의문을 나타내는 조사 吗를 문장 맨 끝에 배치한 후 물음표를 붙여 문장을 완성한다. ⇒ 你 有 克服困难的 好方法 吗？

완성된 문장 你有克服困难的好办法吗？(너는 어려움을 극복하는 좋은 방법이 있니?)

어휘 克服 kèfú [동]극복하다 困难 kùnnan [명]어려움 [형](사정·생활이) 어렵다

3

他 讨价还价的 善于 人 是个

➡

대사	동사+양사	동사	동사+동사+的	명사
他	是个	善于	讨价还价的	人。
주어	술어	관형어		목적어

해석 그는 값을 흥정하는 것을 잘하는 사람이다.

해설 STEP 1 제시된 어휘 중 是이 있으므로, 是자문을 완성해야 한다. 동사 是을 포함하고 있는 '동사+양사' 형태의 是个(~이다)를 술어 자리에 바로 배치한다. ⇒ 是个

STEP 2 대사 他(그)와 명사 人(사람) 중 술어가 포함된 是个(~이다)와 문맥상 목적어로 어울리는 人을 목적어로 배치하고, 주어로 어울리는 他를 주어로 배치한다. 참고로, 是자문에서는 의미 범주가 좁거나 구체적인 것이 주어, 의미 범주가 넓거나 추상적인 것이 목적어로 온다. ⇨ 他 是个 人

STEP 3 남은 어휘인 동사 善于(~을 잘하다)와 '동사+동사+的' 형태의 讨价还价的(값을 흥정하는 것)를 善于讨价还价的(값을 흥정하는 것을 잘하는)로 연결한 후, 목적어 人(사람) 앞에 관형어로 배치하여 문장을 완성한다.
⇨ 他 是个 善于 讨价还价的 人

완성된 문장 他是个善于讨价还价的人。(그는 값을 흥정하는 것을 잘하는 사람이다.)

어휘 讨价还价 tǎojià huánjià 값을 흥정하다 善于 shànyú 圖~을 잘하다

4

魅力 他欣赏的 很
那位模特 有

⇨

대사+동사+的	대사+양사+명사	부사	동사	명사
他欣赏的	那位模特	很	有	魅力。
관형어	주어	부사어	술어	목적어

해석 그가 마음에 들어 하는 그 모델은 아주 매력이 있다.

해설 STEP 1 제시된 어휘 중 有가 있으므로, 有자문을 완성해야 한다. 동사 有(~가 있다)를 술어로 배치한다. ⇨ 有

STEP 2 명사 魅力(매력)와 '대사+양사+명사' 형태의 那位模特(그 모델) 중 술어 有(~가 있다)와 문맥상 목적어로 어울리는 魅力를 목적어로 배치하고, 주어로 어울리는 那位模特를 주어 자리에 배치한다. ⇨ 那位模特 有 魅力

STEP 3 남은 어휘인 '대사+동사+的' 형태의 他欣赏的(그가 마음에 들어 하는)를 주어가 포함된 那位模特(그 모델) 앞에 관형어로 배치하고, 부사 很(아주)을 술어 有(~가 있다) 앞에 부사어로 배치하여 문장을 완성한다.
⇨ 他欣赏的 那位模特 很 有 魅力

완성된 문장 他欣赏的那位模特很有魅力。(그가 마음에 들어 하는 그 모델은 아주 매력이 있다.)

어휘 魅力 mèilì 圖매력 欣赏 xīnshǎng 圖마음에 들어 하다, 감상하다 模特 mótè 圖모델

5

广州是 最发达的 之一
广告业 地区

⇨

명사+동사	명사	부사+형용사+的	명사	명사
广州是	广告业	最发达的	地区	之一。
주어+술어		관형어		목적어

해석 광저우는 광고업이 가장 발달한 지역 중 하나이다.

해설 STEP 1 제시된 어휘 중 是이 있으므로, 是자문을 완성해야 한다. 동사 是을 포함하고 있는 '명사+동사' 형태의 广州是(광저우는 ~이다)을 술어 자리에 바로 배치한다. ⇨ 广州是 (참고로, 广州是에서 广州(광저우)는 주어이다.)

STEP 2 명사 之一(~중 하니), 명시 广告业(광고업), 명사 地区(지역) 중 地区와 之一를 地区之一(지역 중 하나)로 연결한 후 목적어 자리에 배치한다. ⇨ 广州是 地区 之一

STEP 3 남은 어휘인 명사 广告业(광고업)과 '부사+형용사+的' 형태의 最发达的(가장 발달한)를 广告业最发达的(광고업이 가장 발달한)로 연결한 후 목적어 地区之一(지역 중 하나) 앞에 관형어로 배치하여 문장을 완성한다.
⇨ 广州是 广告业 最发达的 地区 之一

완성된 문장 广州是广告业最发达的地区之一。(광저우는 광고업이 가장 발달한 지역 중 하나이다.)

어휘 广州 Guǎngzhōu 교園광저우[중국의 지명] 发达 fādá 圖발달하다 广告业 guǎnggàoyè 圖광고업 地区 dìqū 圖지역

고득점비책 07 | 把자문 완성하기 p.209

들으며 학습하기 ▶

1 她把秘密告诉我了。 2 我不小心把咖啡洒在了键盘上。

3 他居然把核心技术公开了。 4 请将您的这些证件保存好。

5 你可以把那个零件递给我吗?

1

秘密　她　了
告诉我　把

→

대사	把	명사	동사+대사	了
她	把	秘密	告诉我	了。
주어	把	행위의 대상	술어	기타성분

해석　그녀는 비밀을 나에게 알려 주었다.

해설　STEP 1　제시된 어휘 중 把가 있으므로, 把자문을 완성해야 한다. 제시된 어휘 중 유일하게 동사를 포함하고 있는 '동사+대사' 형태의 告诉我(나에게 알려 주다)를 술어 자리에 바로 배치하고, 把를 술어 앞에 배치한다. ⇨ 把　告诉我

　　　STEP 2　대사 她(그녀)와 명사 秘密(비밀) 중 문맥상 술어가 포함된 告诉我(나에게 알려 주다)의 대상이 되는 秘密를 把 다음 행위의 대상으로 배치하고, 她를 주어로 배치한다. ⇨ 她　把　秘密　告诉我

　　　STEP 3　남은 어휘인 조사 了(~했다)를 술어가 포함된 告诉我(나에게 알려 주다) 뒤에 기타성분으로 배치하여 문장을 완성한다. ⇨ 她　把　秘密　告诉我　了

　　　완성된 문장　她把秘密告诉我了。(그녀는 비밀을 나에게 알려 주었다.)

어휘　秘密 mìmì 뎽비밀 뎽비밀의

2

咖啡　不小心　我
键盘上　把　洒在了

→

대사	부사+동사	把	명사	동사+동사+了	명사+명사
我	不小心	把	咖啡	洒在了	键盘上。
주어	부사어	把	행위의 대상	술어	기타성분

해석　나는 부주의하여 커피를 자판 위에 엎질렀다.

해설　STEP 1　제시된 어휘 중 把가 있으므로, 把자문을 완성해야 한다. '동사+동사+了' 형태의 洒在了(~에 엎질렀다)를 술어 자리에 바로 배치하고, 把를 술어 앞에 배치한다. ⇨ 把　洒在了

　　　STEP 2　대사 我(나)와 명사 咖啡(커피) 중 문맥상 술어 洒在了(~에 엎질렀다)의 대상이 되는 咖啡를 把 다음 행위의 대상으로 배치하고, 我를 주어로 배치한다. ⇨ 我　把　咖啡　洒在了

　　　STEP 3　남은 어휘 중 '명사+명사' 형태의 键盘上(자판 위)을 술어가 포함된 洒在了(~에 엎질렀다) 뒤에 기타성분으로 배치하고, '부사+동사' 형태의 不小心(부주의하여)을 把 앞에 부사어로 배치하여 문장을 완성한다. 참고로, 把자문에서 부사어는 주로 把 앞에 온다. ⇨ 我　不小心　把　咖啡　洒在了　键盘上

　　　완성된 문장　我不小心把咖啡洒在了键盘上。(나는 부주의하여 커피를 자판 위에 엎질렀다.)

어휘　键盘 jiànpán 뎽자판, 키보드　洒 sǎ 뎽엎지르다, 뿌리다

3

把　居然　核心技术
他　公开了

→

대사	부사	把	명사+명사	동사+了
他	居然	把	核心技术	公开了。
주어	부사어	把	관형어+행위의 대상	술어+기타성분

해석　그는 뜻밖에 핵심 기술을 공개하였다.

해설　STEP 1　제시된 어휘 중 把가 있으므로, 把자문을 완성해야 한다. 유일하게 동사를 포함하고 있는 '동사+了' 형태의 公开了(공개하였다)를 술어 자리에 바로 배치하고, 把를 술어 앞에 배치한다. ⇨ 把　公开了

　　　STEP 2　'명사+명사' 형태의 核心技术(핵심 기술)와 대사 他(그) 중 문맥상 술어가 포함된 公开了(공개하였다)의 대상이 되는 核心技术를 把 다음 행위의 대상으로 배치하고, 他를 주어로 배치한다. ⇨ 他　把　核心技术　公开了

　　　STEP 3　남은 어휘인 부사 居然(뜻밖에)을 把 앞에 부사어로 배치하여 문장을 완성한다. 참고로, 把자문에서 부사어는 주로 把 앞에 온다. ⇨ 他　居然　把　核心技术　公开了

　　　완성된 문장　他居然把核心技术公开了。(그는 뜻밖에 핵심 기술을 공개하였다.)

어휘　居然 jūrán 뎽뜻밖에　核心 héxīn 뎽핵심　技术 jìshù 뎽기술　公开 gōngkāi 뎽공개하다 뎽공개적이다

4

保存好　您的　请将 这些证件	→	请+将	대사+的	대사+양사+명사	동사+형용사
		请将	**您的**	**这些证件**	**保存好**。
		请+将	관형어	행위의 대상	술어+기타성분

해석　당신의 이 증명서들을 잘 보관하세요.

해설　STEP 1　제시된 어휘 중 将이 있으므로, 把 대신 将이 쓰인 把자문을 고려하여 문장을 완성해야 한다. '동사+형용사' 형태의 保存好(잘 보관하다)를 술어 자리에 바로 배치하고, 将이 포함되어 있는 请将(~를 ~해 주세요)을 술어 앞에 배치한다. 참고로, 청유를 나타내는 请은 把자문에서 주어 앞에 위치하며, 이때 주어는 주로 생략된다.
　⇨ 请将　保存好

　STEP 2　문맥상 술어가 포함된 保存好(잘 보관하다)의 대상이 되는 '대사+양사+명사' 형태의 这些证件(이 증명서들)을 将 다음 행위의 대상으로 배치한다. ⇨ 请将　这些证件　保存好

　STEP 3　남은 어휘인 '대사+的' 형태의 您的(당신의)를 행위의 대상이 포함된 这些证件(이 증명서들) 앞에 관형어로 배치하여 문장을 완성한다. ⇨ 请将　您的　这些证件　保存好

　완성된 문장　请将您的这些证件保存好。(당신의 이 증명서들을 잘 보관하세요.)

어휘　保存 bǎocún 통보관하다, 보존하다　证件 zhèngjiàn 명증명서

5

递给我　把　你可以 吗　那个零件	→	대사+조동사	把	대사+양사+명사	동사+동사+대사	吗
		你可以	**把**	**那个零件**	**递给我**	**吗**?
		주어+부사어	把	관형어+행위의 대상	술어+기타성분	吗

해석　너는 그 부속품을 나에게 건네줄 수 있니?

해설　STEP 1　제시된 어휘 중 把가 있으므로, 把자문을 완성해야 한다. 유일하게 동사를 포함하고 있는 '동사+동사+대사' 형태의 递给我(나에게 건네주다)를 술어 자리에 바로 배치하고, 把를 술어 앞에 배치한다. ⇨ 把　递给我

　STEP 2　'대사+조동사' 형태의 你可以(너는 ~할 수 있다)를 주어 자리에 바로 배치하고, 문맥상 술어가 포함된 递给我(나에게 건네주다)의 대상이 되는 '대사+양사+명사' 형태의 那个零件(그 부속품)을 把 다음 행위의 대상으로 배치한다. 참고로, '대사+조동사' 형태의 어휘는 주어 자리에 바로 배치할 수 있다. ⇨ 你可以　把　那个零件　递给我

　STEP 3　남은 어휘인 의문을 나타내는 조사 吗를 문장 맨 끝에 배치한 후, 물음표를 붙여 문장을 완성한다.
　⇨ 你可以　把　那个零件　递给我　吗?

　완성된 문장　你可以把那个零件递给我吗?(너는 그 부속품을 나에게 건네줄 수 있니?)

어휘　递 dì 통건네주다　零件 língjiàn 명부속품

고득점비책 08 ㅣ 被자문 완성하기　p.213

들으며 학습하기 ▶

1　我被鞭炮声吵醒了。　　　　　2　她的新发型被很多人模仿。
3　他被选为我们公司的副总裁。　4　他的培训计划终于被批准了。
5　寄给朋友的信被退回来了。

1

被　吵醒了　我 鞭炮声	→	대사	被	명사+명사	동사+동사+了
		我	**被**	**鞭炮声**	**吵醒了**。
		주어	被	행위의 주체	술어+기타성분

해석 나는 폭죽 소리에 의해 시끄러워 깼다.

해설 STEP 1 제시된 어휘 중 被가 있으므로, 被자문을 완성해야 한다. 유일하게 동사를 포함하고 있는 '동사+동사+了' 형태의 吵醒了(시끄러워 깼다)를 술어 자리에 배치하고, 被를 술어 앞에 배치한다. ⇨ 被 吵醒了

STEP 2 대사 我(나)와 '명사+명사' 형태의 鞭炮声(폭죽 소리) 중 문맥상 被……吵醒了(~에 의해 시끄러워 깼다)와 행위의 주체로 어울리는 鞭炮声을 被 다음 행위의 주체로 배치하고, 我를 주어로 배치하여 문장을 완성한다.
⇨ 我 被 鞭炮声 吵醒了

완성된 문장 我被鞭炮声吵醒了。(나는 폭죽 소리에 의해 시끄러워 깼다.)

어휘 **吵醒** chǎoxǐng 시끄러워 (잠을) 깨다 **鞭炮声** biānpàoshēng 폭죽 소리

2

新发型 她的 模仿
被 很多人

➡

대사+的	형용사+명사	被	부사+형용사+명사	동사
她的	新发型	被	很多人	模仿。
관형어	주어	被	관형어+행위의 주체	술어

해석 그녀의 새로운 헤어스타일은 많은 사람에게 모방된다.

해설 STEP 1 제시된 어휘 중 被가 있으므로, 被자문을 완성해야 한다. 유일한 동사 模仿(모방하다)을 술어로 배치하고, 被를 술어 앞에 배치한다. ⇨ 被 模仿

STEP 2 '형용사+명사' 형태의 新发型(새로운 헤어스타일)과 '부사+형용사+명사' 형태의 很多人(많은 사람) 중 문맥상 被……模仿(~에 의해 모방되다)과 행위의 주체로 어울리는 很多人을 被 다음 행위의 주체로 배치하고, 주어로 어울리는 新发型을 주어 자리에 배치한다. ⇨ 新发型 被 很多人 模仿

STEP 3 남은 어휘인 '대사+的' 형태의 她的(그녀의)를 주어가 포함된 新发型(새로운 헤어스타일) 앞에 관형어로 배치하여 문장을 완성한다. ⇨ 她的 新发型 被 很多人 模仿

완성된 문장 她的新发型被很多人模仿。(그녀의 새로운 헤어스타일은 많은 사람들에게 모방된다.)

어휘 **发型** fàxíng [명]헤어스타일 **模仿** mófǎng [동]모방하다

3

副总裁 选为 我们公司的
被 他

➡

대사	被	동사+동사	대사+명사+的	형용사+명사
他	被	选为	我们公司的	副总裁。
주어	被	술어	기타성분	

해석 그는 우리 회사의 부총재로 뽑혔다.

해설 STEP 1 제시된 어휘 중 被가 있으므로, 被자문을 완성해야 한다. 유일하게 동사를 포함하고 있는 '동사+동사' 형태의 选为(~로 뽑다)를 술어 자리에 배치하고, 被를 술어 앞에 배치한다. ⇨ 被 选为

STEP 2 문맥상 被……选为(~에 의해 ~로 뽑히다)와 주어로 어울리는 대사 他(그)를 주어로 배치한다. 참고로, 选为(~로 뽑다)의 주체는 생략되었다. ⇨ 他 被 选为

STEP 3 남은 어휘인 '형용사+명사' 형태의 副总裁(부총재)와 '대사+명사+的' 형태의 我们公司的(우리 회사의)를 我们公司的副总裁(우리 회사의 부총재)로 연결한 후 술어가 포함된 选为(~로 뽑다) 뒤에 기타성분으로 배치하여 문장을 완성한다. ⇨ 他 被 选为 我们公司的 副总裁

완성된 문장 他被选为我们公司的副总裁。(그는 우리 회사의 부총재로 뽑혔다.)

어휘 **副** fù [형]부, 보조의 **总裁** zǒngcái [명]총재, 총수

4

培训计划 他的 批准了
终于 被

➡

대사+的	동사+명사	부사	被	동사+了
他的	培训计划	终于	被	批准了。
관형어	주어	부사어	被	술어+기타성분

해석 그의 훈련 계획은 마침내 승인되었다.

해설 STEP 1 제시된 어휘 중 被가 있으므로, 被자문을 완성해야 한다. '동사+了' 형태의 批准了(승인했다)를 술어 자리에 배치하고, 被를 술어 앞에 배치한다. ⇨ 被 批准了

STEP 2 문맥상 被……批准了(~에 의해 승인되다)와 주어로 어울리는 '동사+명사' 형태의 培训计划(훈련 계획)를 주어 자리에 배치한다. 참고로, 培训은 计划 앞에서 的 없이 관형어로 쓰였고, 술어 批准了(승인했다)의 주체는 생략되었다. ⇨ 培训计划 被 批准了

STEP 3 남은 어휘 중 '대사+的' 형태의 他的(그의)를 주어가 포함된 培训计划(훈련 계획) 앞에 관형어로 배치하고, 부사 终于(마침내)를 被 앞에 부사어로 배치하여 문장을 완성한다. 참고로, 被자문에서 부사어는 주로 被 앞에 온다.
　　⇨ 他的 培训计划 终于 被 批准了

완성된 문장　他的培训计划终于被批准了。(그의 훈련 계획은 마침내 승인되었다.)

어휘　培训 péixùn 图훈련하다　计划 jìhuà 圆계획 图계획하다　批准 pīzhǔn 图승인하다　终于 zhōngyú 囤마침내

5

信　退回来了
寄给朋友的　被

동사+동사+명사+的	명사	被	동사+동사+了
寄给朋友的	信	被	退回来了。
관형어	주어	被	술어+기타성분

해석　친구에게 보낸 편지가 되돌려 보내져 왔다.

해설　STEP 1 제시된 어휘 중 被가 있으므로, 被자문을 완성해야 한다. 제시된 어휘 중 '동사+동사+了' 형태의 退回来了(되돌려 보내왔다)를 술어 자리에 배치하고, 被를 술어 앞에 배치한다. ⇨ 被 退回来了

STEP 2 문맥상 被……退回来了(~에 의해 되돌려 보내져 왔다)와 주어로 어울리는 명사 信(편지)을 주어로 배치한다. 참고로, 술어 退回来了(되돌려 보내왔다)의 주체는 생략되었다. ⇨ 信 被 退回来了

STEP 3 남은 어휘인 '동사+동사+명사+的' 형태의 寄给朋友的(친구에게 보낸)를 주어 信(편지) 앞에 관형어로 배치하여 문장을 완성한다. ⇨ 寄给朋友的 信 被 退回来了

완성된 문장　寄给朋友的信被退回来了。(친구에게 보낸 편지가 되돌려 보내져 왔다.)

어휘　退 tuì 图(구매한 물건 등을) 되돌려 보내다, 반품하다　寄 jì 图(우편으로) 보내다, 부치다

고득점비책 09 | 존현문 완성하기 p.217

1 墙角堆着很多箱子。
2 远处传来一阵笑声。
3 湖中心有一座小岛。
4 餐厅门口写着营业时间。
5 窗户上贴着一幅剪纸。

1

堆着　墙角　很多　箱子

명사	동사+着	부사+형용사	명사
墙角	堆着	很多	箱子。
주어	술어+着	관형어	목적어

해석　담 모퉁이에 많은 상자들이 쌓여 있다.

해설　STEP 1 제시된 어휘 중 존재함을 의미하는 '동사+着' 형태의 堆着(쌓여 있다)와 장소를 나타내는 명사 墙角(담 모퉁이)가 있으므로, 존현문을 완성해야 한다. 堆着를 술어 자리에 바로 배치한다. ⇨ 堆着

STEP 2 장소를 나타내는 명사 墙角(담 모퉁이)를 주어로 배치하고, 명사 箱子(상자)를 목적어로 배치한다.
　　⇨ 墙角 堆着 箱子

STEP 3 남은 어휘인 '부사+형용사' 형태의 很多(많다)를 목적어 箱子(상자) 앞에 관형어로 배치하여 문장을 완성한다.
　　⇨ 墙角 堆着 很多 箱子

완성된 문장　墙角堆着很多箱子。(담 모퉁이에 많은 상자들이 쌓여 있다.)

어휘　堆 duī 图쌓이다 圆더미, 무더기　墙角 qiángjiǎo 圆담 모퉁이　箱子 xiāngzi 圆상자

2

传来　一阵　远处　笑声　➡

명사	동사	수사+양사	명사
远处	传来	一阵	笑声。
주어	술어	관형어	목적어

해석　먼 곳에서 한바탕 웃음소리가 들려온다.

해설　STEP 1　제시된 어휘 중 나타남을 의미하는 동사 传来(들려오다)와 장소를 나타내는 명사 远处(먼 곳)가 있으므로, 존현문을 완성해야 한다. 传来를 술어로 바로 배치한다. ⇨ 传来

　　　STEP 2　장소를 나타내는 명사 远处(먼 곳)를 주어로 배치하고, 명사 笑声(웃음소리)을 목적어로 배치한다.
　　　⇨ 远处　传来　笑声

　　　STEP 3　남은 어휘인 '수사+양사' 형태의 一阵(한바탕)을 목적어 笑声(웃음소리) 앞에 관형어로 배치하여 문장을 완성한다.
　　　⇨ 远处　传来　一阵　笑声

　　　완성된 문장　远处传来一阵笑声。(먼 곳에서 한바탕 웃음소리가 들려온다.)

어휘　传来 chuánlái 圏들려오다　阵 zhèn 휑바탕, 차례　远处 yuǎnchù 圏먼 곳　笑声 xiàoshēng 圏웃음소리

3

一座　有　湖中心　小岛　➡

명사+명사	동사	수사+양사	형용사+명사
湖中心	有	一座	小岛。
주어	술어	관형어	목적어

해석　호수 한가운데에는 하나의 작은 섬이 있다.

해설　STEP 1　제시된 어휘 중 존재함을 의미하는 동사 有(있다)와 장소를 나타내는 '명사+명사' 형태의 湖中心(호수 한가운데)이 있으므로, 존현문을 완성해야 한다. 有를 술어로 배치한다. ⇨ 有

　　　STEP 2　장소를 나타내는 '명사+명사' 형태의 湖中心(호수 한가운데)을 주어로 배치하고, '형용사+명사' 형태의 小岛(작은 섬)를 목적어로 배치한다. ⇨ 湖中心　有　小岛

　　　STEP 3　남은 어휘인 '수사+양사' 형태의 一座(하나의)를 목적어가 포함된 小岛(작은 섬) 앞에 관형어로 배치하여 문장을 완성한다. ⇨ 湖中心　有　一座　小岛

　　　완성된 문장　湖中心有一座小岛。(호수의 한가운데에는 하나의 작은 섬이 있다.)

어휘　座 zuò [섬·산·교량 등 크고 고정된 것을 세는 단위]　湖 hú 圏호수　中心 zhōngxīn 圏한가운데, 중심　小岛 xiǎo dǎo 작은 섬

4

餐厅门口　营业　写着
时间　➡

명사+명사	동사+着	동사	명사
餐厅门口	写着	营业	时间。
관형어+주어	술어+着	관형어	목적어

해석　식당 입구에는 영업 시간이 쓰여져 있다.

해설　STEP 1　제시된 어휘 중 존재함을 의미하는 '동사+着' 형태의 写着(쓰여져 있다)와 장소를 나타내는 '명사+명사' 형태의 餐厅门口(식당 입구)가 있으므로, 존현문을 완성해야 한다. 写着를 술어 자리에 바로 배치한다. ⇨ 写着

　　　STEP 2　장소를 나타내는 '명사+명사' 형태의 餐厅门口(식당 입구)를 주어 자리에 배치하고, 명사 时间(시간)을 목적어로 배치한다. ⇨ 餐厅门口　写着　时间

　　　STEP 3　남은 어휘인 동사 营业(영업하다)를 목적어 时间(시간) 앞에 관형어로 배치하여 문장을 완성한다. 참고로, 营业는 时间 앞에서 的 없이 관형어로 쓰였다. ⇨ 餐厅门口　写着　营业　时间

　　　완성된 문장　餐厅门口写着营业时间。(식당 입구에는 영업 시간이 쓰여져 있다.)

어휘　餐厅 cāntīng 圏식당　营业 yíngyè 圏영업하다

5

上　贴着　一幅　窗户
剪纸　➡

명사	명사	동사+着	수사+양사	명사
窗户	上	贴着	一幅	剪纸。
주어		술어+着	관형어	목적어

해석　창문 위에는 한 폭의 전지 공예 작품이 붙여져 있다.

해설　**STEP 1**　제시된 어휘 중 존재함을 의미하는 '동사+着' 형태의 贴着(붙여져 있다)와 명사 뒤에 붙어 위치를 나타내는 명사 上(위)이 있으므로, 존현문을 완성해야 한다. 贴着를 술어 자리에 바로 배치한다. ⇨ 贴着

　　　STEP 2　명사 上(위)과 窗户(창문)를 '명사+명사' 형태의 窗户上(창문 위)으로 연결한 후 주어로 배치하고, 명사 剪纸(전지 공예 작품)을 목적어로 배치한다. ⇨ 窗户　上　贴着　剪纸

　　　STEP 3　남은 어휘인 '수사+양사' 형태의 一幅(한 폭의)를 목적어 剪纸(전지 공예 작품) 앞에 관형어로 배치하여 문장을 완성한다. ⇨ 窗户　上　贴着　一幅　剪纸

　　　완성된 문장　窗户上贴着一幅剪纸。(창문 위에는 한 폭의 전지 공예 작품이 붙여져 있다.)

어휘　贴 tiē 圖붙이다　幅 fú 圖폭[종이·그림 따위를 세는 단위]　窗户 chuānghu 圖창문
　　　剪纸 jiǎnzhǐ 圖전지 공예 작품, 전지[종이를 오려 여러 가지 형상이나 모양을 만드는 종이 공예] 圖종이를 오리다

고득점비책 10 | 연동문 완성하기　p.221

돌으며 학습하기 ▶

1　此刻的心情不能用言语形容。
2　他流着泪告别了自己的师傅。
3　我偶尔陪儿子打太极拳。
4　她决定去学校申请培训课程。
5　你没有资格参加辩论赛。

1

形容　不能 此刻的心情　用言语	⇨	명사+的+명사 **此刻的心情** 관형어+주어	부사+조동사 **不能** 부사어	동사+명사 **用言语** 술어1+목적어	동사 **形容。** 술어2

해석　지금의 기분은 말로 형용할 수 없다.

해설　**STEP 1**　술어가 될 수 있는 동사가 用言语(말을 사용하다)의 用과 形容(형용하다) 두 개이므로, 연동문을 고려하여 문장을 완성해야 한다. 연동문에서 술어1로 자주 쓰이는 동사 用을 포함하고 있는 '동사+명사' 형태의 用言语(말을 사용하다)를 술어1 자리에, 形容을 술어2로 배치한다. ⇨ 用言语　形容

　　　STEP 2　'명사+的+명사' 형태의 此刻的心情(지금의 기분)을 주어 자리에 배치한다. ⇨ 此刻的心情　用言语　形容

　　　STEP 3　남은 어휘인 '부사+조동사' 형태의 不能(~할 수 없다)을 술어1이 포함된 用言语(말을 사용하다) 앞에 부사어로 배치하여 문장을 완성한다. 참고로, 연동문에서 부정부사, 조동사는 주로 술어1 앞에서 부사어로 쓰인다.
　　　　⇨ 此刻的心情　不能　用言语　形容

　　　완성된 문장　此刻的心情不能用言语形容。(지금의 기분은 말로 형용할 수 없다.)

어휘　形容 xíngróng 圖형용하다　此刻 cǐkè 圖지금, 이때　心情 xīnqíng 圖기분　言语 yányǔ 圖말, 언어

2

告别了　他　流着泪 师傅　自己的	⇨	대사 **他** 주어	동사+着+명사 **流着泪** 술어1+着+목적어1	동사+了 **告别了** 술어2+了	대사+的 **自己的** 관형어	명사 **师傅。** 목적어2

해석　그는 눈물을 흘리며 자신의 스승님께 작별 인사를 했다.

해설　**STEP 1**　술어가 될 수 있는 동사가 流着泪(눈물을 흘리고 있다)의 流泪와 告别了(작별 인사를 했다)의 告别 두 개이므로, 연동문을 고려하여 문장을 완성해야 한다. 연동문에서 동작의 지속을 나타내는 동태조사 着는 술어1 뒤에 위치하므로, 流着泪를 술어1 자리에, 告别了를 술어2 자리에 배치한다. 참고로, 流泪는 이합동사이기에 流와 泪 사이에 着가 온다는 것을 알아 둔다. ⇨ 流着泪　告别了

　　　STEP 2　대사 他(그)와 명사 师傅(스승님) 중 술어가 포함된 告别了(작별 인사를 했다)와 문맥상 목적어로 어울리는 师傅를 목적어2로 배치하고, 流着泪告别了(눈물을 흘리면서 작별 인사를 했다)와 문맥상 주어로 어울리는 他를 주어로 배치한다. ⇨ 他　流着泪　告别了　师傅

STEP 3 남은 어휘인 '대사+的' 형태의 自己的(자신의)를 목적어2 앞에 관형어로 배치하여 문장을 완성한다.
　　　　⇒ 他　流着泪　告别了　自己的　师傅
　완성된 문장　他流着泪告别了自己的师傅。(그는 눈물을 흘리며 자신의 스승님께 작별 인사를 했다.)

어휘　告别 gàobié 園작별 인사를 하다　流泪 liúlèi 園눈물을 흘리다　师傅 shīfu 園스승님, 사부님

3

我偶尔　陪　打太极拳　儿子	➡	대사+부사 **我偶尔** 주어+부사어	동사 **陪** 술어1	명사 **儿子** 목적어1	동사+명사 **打太极拳**。 술어2+목적어2

해석　나는 가끔 아들을 데리고 태극권을 한다.

해설　STEP 1 술어가 될 수 있는 동사가 陪(데리고 ~하다), 打太极拳(태극권을 하다)의 打 두 개이므로, 연동문을 고려하여 문장을 완성해야 한다. 연동문에서 술어1로 자주 쓰이는 동사 陪를 술어1로, 打太极拳을 술어2 자리에 배치한다.
　　　　⇒ 陪　打太极拳
　　　STEP 2 '대사+부사' 형태의 我偶尔(나는 가끔)을 주어 자리에 바로 배치하고, 술어1 陪(데리고 ~하다)와 문맥상 목적어로 어울리는 명사 儿子(아들)를 목적어1로 배치하여 문장을 완성한다. 참고로, '대사+부사' 형태의 어휘는 주어 자리에 바로 배치할 수 있다. ⇒ 我偶尔　陪　儿子　打太极拳

　완성된 문장　我偶尔陪儿子打太极拳。(나는 가끔 아들을 데리고 태극권을 한다.)

어휘　偶尔 ǒu'ěr 图가끔 图우연히 발생한　陪 péi 图데리고 ~하다, 동반하다　太极拳 tàijíquán 園태극권

4

去学校　培训课程　决定　申请　她	➡	대사 **她** 주어	동사 **决定** 술어	동사+명사 **去学校** 술어1+목적어1	동사 **申请** 술어2	동사+명사 **培训课程**。 관형어+목적어2
						목적어

해석　그녀는 훈련 과정을 신청하러 학교에 가기로 결정했다.

해설　STEP 1 술어가 될 수 있는 동사가 去学校(학교에 가다)의 去, 决定(결정하다), 申请(신청하다) 세 개이므로, 决定을 술어로 바로 배치하고, 나머지 동사들로 연동문 형태의 목적어를 고려하여 문장을 완성한다. 참고로, 决定은 술목구, 주술구를 목적어로 취할 수 있으므로 다른 동사와 함께 제시되더라도 술어 자리에 바로 배치할 수 있다. ⇒ 决定
　　　STEP 2 연동문에서 술어1로 자주 쓰이는 동사 去를 포함하고 있는 去学校(학교에 가다)를 목적어에서의 술어1 자리에, 申请을 술어2로 배치한다. ⇒ 决定　去学校　申请
　　　STEP 3 남은 어휘인 '동사+명사' 형태의 培训课程(훈련 과정)과 대사 她(그녀) 중 술어2 申请(신청하다)과 문맥상 목적어로 어울리는 培训课程을 목적어2 자리에 배치하고, 决定去学校申请培训课程(훈련 과정을 신청하러 학교에 가기로 결정했다)과 문맥상 주어로 어울리는 她를 주어로 배치하여 문장을 완성한다. 참고로, 培训은 课程 앞에서 的 없이 관형어로 쓰였다. ⇒ 她　决定　去学校　申请　培训课程

　완성된 문장　她决定去学校申请培训课程。(그녀는 훈련 과정을 신청하러 학교에 가기로 결정했다.)

어휘　培训 péixùn 图훈련하다　课程 kèchéng 園과정　申请 shēnqǐng 图신청하다

5

参加　你没有　辩论赛　资格	➡	대사+동사 **你没有** 주어+술어1	명사 **资格** 목적어1	동사 **参加** 술어2	명사 **辩论赛**。 목적어2

해석　너는 변론대회에 참가할 자격이 없다.

해설　STEP 1 술어가 될 수 있는 동사가 参加(참가하다)와 你没有(너는 ~이 없다)의 没有 두 개이므로, 연동문을 고려하여 문장을 완성해야 한다. 没有를 포함하고 있는 '대사+동사' 형태의 你没有를 술어1 자리에 바로 배치하고, 参加를 술어2로 배치한다. 참고로, 연동문에서는 술어1에 (没)有가 올 수 있으며, 이런 경우 '(술어2)할 (목적어1)이 (없다)있다'는 의미를 갖는다. ⇒ 你没有　参加

STEP 2 남은 어휘인 명사 辩论赛(변론대회)와 명사 资格(자격) 중 술어1이 포함된 你没有(너는 ~이 없다)와 문맥상 목적어로

어울리는 资格를 목적어1로 배치하고, 술어2 参加(참가하다)와 문맥상 목적어로 어울리는 辩论赛를 목적어2로 배

치한 후 문장을 완성한다. ⇨ 你没有　资格　参加　辩论赛

완성된 문장　你没有资格参加辩论赛。(너는 변론대회에 참가할 자격이 없다.)

어휘　辩论赛 biànlùnsài 圆변론대회　资格 zīgé 圆자격

고득점비책 11 | 겸어문 완성하기　p.225

들으며 학습하기 ▶

1 他劝我千万别做傻事。　　2 我不建议你马上签合同。

3 总裁派李主任去北京谈判。　4 让他们继续发言吧。

5 交通警察要求她出示驾驶证。

1

劝我　做傻事　千万别　他　➡

대사	동사+대사	부사+부사	동사+형용사+명사
他	劝我	千万别	做傻事。
주어1	술어1+겸어 목적어1/주어2	부사어	술어2+관형어+목적어2

해석　그는 나에게 제발 어리석은 짓을 하지 말라고 타일렀다.

해설　STEP 1 제시된 어휘 중 사역동사 劝이 있으므로, 겸어문을 완성해야 한다. 겸어문에서는 사역동사가 주로 술어1 자리에 위
치하므로, 劝을 포함하고 있는 '동사+대사' 형태의 劝我(내가 ~하도록 타이르다)를 술어1 자리에 배치한다. 참고로,
劝我에서 我는 술어1 劝(~가 ~하도록 타이르다)의 대상이 되면서 술어2의 주어가 되는 겸어이다. ⇨ 劝我

STEP 2 동사이면서 동시에 겸어 我(나)의 행위가 될 수 있는 做(하다)를 포함하고 있는 '동사+형용사+명사' 형태의 做傻事
(어리석은 짓을 하다)을 술어2 자리에 배치하고, 술어1이 포함된 劝我(내가 ~하도록 타이르다)와 문맥상 주어로 어울리
는 대사 他(그)를 주어1로 배치한다. ⇨ 他　劝我　做傻事

STEP 3 남은 어휘인 '부사+부사' 형태의 千万别(제발 ~하지 마라)를 술어2가 포함된 做傻事(어리석은 짓을 하다) 앞에 부사어
로 배치하여 문장을 완성한다. 참고로, 겸어문에서 '~하지 마라'를 의미하는 부사 别는 술어 2 앞에 배치한다.

⇨ 他　劝我　千万别　做傻事

완성된 문장　他劝我千万别做傻事。(그는 나에게 제발 어리석은 짓을 하지 말라고 타일렀다.)

어휘　劝 quàn 圆타이르다, 권하다　傻 shǎ 圆어리석다　千万 qiānwàn 囤제발

2

建议　马上　我不
你　签合同
➡

대사+부사	동사	대사	부사	동사+명사
我不	建议	你	马上	签合同。
주어1+부사어	술어1	겸어 목적어1/주어2	부사어	술어2+목적어2

해석　나는 네가 바로 계약을 체결하는 것을 제안하지 않는다.

해설　STEP 1 제시된 어휘 중 요청동사 建议가 있으므로, 겸어문을 완성해야 한다. 겸어문에서는 요청동사가 주로 술어1 자리에
위치하므로, 建议(제안하다)를 술어1로 배치한다. ⇨ 建议

STEP 2 남은 어휘 중 유일한 동사 签을 포함하고 있는 '동사+명사' 형태의 签合同(계약을 체결하다)을 술어2 자리에 배치하
고, 술어1 建议(제안하다)의 대상이 되면서 술어2 签合同과 문맥상 주어로 어울리는 대사 你(너)를 술어1 뒤, 술어2
앞에 겸어로 배치한다. ⇨ 建议　你　签合同

남은 어휘인 '대사+부사' 형태의 我不(나는 ~않는다)를 주어1 자리에 배치하고, 부사 马上(바로)을 술어2가 포함된 签合同(계약을 체결하다) 앞에 부사어로 배치하여 문장을 완성한다. 참고로, 겸어문에서 부정부사 不는 주로 술어1 앞에 오고, 부사 马上은 술어2 签(체결하다)과 의미 관계가 가장 긴밀하여 签 바로 앞에 위치한 경우이다.

⇨ 我不　建议　你　马上　签合同

완성된 문장 我不建议你马上签合同。(나는 네가 바로 계약을 체결하는 것을 제안하지 않는다.)

어휘 **建议** jiànyì 圄제안하다 圀제안 **签** qiān 圄체결하다 **合同** hétong 圀계약

3

谈判　李主任　总裁派　去北京	⇨	명사+동사	명사+명사	동사+명사	동사
		总裁派	**李主任**	**去北京**	**谈判**。
		주어1+술어1	겸어	술어2+목적어2	술어3
			목적어1+주어2		

해석 총재는 리 주임이 베이징에 가서 협상하도록 파견했다.

해설 STEP 1 제시된 어휘 중 사역동사 派가 있으므로, 겸어문을 완성해야 한다. 겸어문에서는 사역동사가 주로 술어1 자리에 위치하므로, 派를 포함하고 있는 '명사+동사' 형태의 总裁派(총재는 파견하다)를 술어1 자리에 배치한다. 참고로, 总裁派에서 总裁는 주어이다. ⇨ 总裁派

STEP 2 남은 어휘 중 술어가 될 수 있는 동사가 谈判(협상하다)과 去北京(베이징에 가다)의 去 두 개이므로, 연동문 형태를 고려한다. 연동문에서 술어1로 자주 쓰이는 동사 去를 포함하고 있는 '동사+명사' 형태의 去北京(베이징에 가다)을 술어2 자리에, 谈判을 술어3으로 배치한다. 참고로, 去北京에서 北京은 목적어2이다. ⇨ 总裁派　去北京　谈判

STEP 3 술어1 派(파견하다)의 대상이 되면서, 去北京谈判(베이징에 가서 협상하다)과 문맥상 주어로 어울리는 '명사+명사' 형태의 李主任(리 주임)을 술어1 뒤, 술어2 앞에 겸어로 배치하여 문장을 완성한다.

⇨ 总裁派　李主任　去北京　谈判

완성된 문장 总裁派李主任去北京谈判。(총재는 리 주임이 베이징에 가서 협상하도록 파견했다.)

어휘 **谈判** tánpàn 圄협상하다 **主任** zhǔrèn 圀주임 **总裁** zǒngcái 圀총재 **派** pài 圄파견하다

4

发言　他们　吧　继续　让	⇨	동사	대사	동사	동사	吧
		让	**他们**	**继续**	**发言**	**吧**。
		술어1	겸어	술어2	목적어2	吧
			목적어1/주어2			

해석 그들이 계속 발언을 하게 합시다.

해설 STEP 1 제시된 어휘 중 사역동사 让이 있으므로, 겸어문을 완성해야 한다. 겸어문에서는 사역동사가 주로 술어1 자리에 위치하므로, 让(~하게 하다)을 술어1로 배치한다. ⇨ 让

STEP 2 동사 发言(발언하다)과 동사 继续(계속하다) 중 继续를 술어2로 배치하고, 술어1 让(~하게 하다)의 대상이 되면서 술어2 继续와 문맥상 주어로 어울리는 대사 他们(그들)을 술어1 뒤, 술어2 앞에 겸어로 배치한다.

⇨ 让　他们　继续

STEP 3 남은 어휘 중 동사 发言(발언하다)을 술어2 继续(계속하다) 뒤에 목적어로 배치하고, 권유를 나타내는 조사 吧를 문장 맨 끝에 배치하여 문장을 완성한다. ⇨ 让　他们　继续　发言　吧

완성된 문장 让他们继续发言吧。(그들이 계속 발언을 하게 합시다.)

어휘 **发言** fāyán 圄발언하다 圀발언 **继续** jìxù 圄계속하다

5

出示　驾驶证　交通警察　要求她	⇨	명사+명사	동사+대사	동사	명사
		交通警察	**要求她**	**出示**	**驾驶证**。
		주어1	술어1+겸어	술어2	목적어2
			목적어1/주어2		

해석 교통경찰은 그녀에게 운전면허증을 제시하도록 요구했다.

해설 STEP 1 제시된 어휘 중 요청동사 要求가 있으므로, 겸어문을 완성해야 한다. 겸어문에서는 요청동사가 주로 술어1 자리에 위치하므로, 要求를 포함하고 있는 '동사+대사' 형태의 要求她(그녀에게 요구하다)를 술어1 자리에 배치한다. 참고로, 要求她에서 她는 술어1 要求의 대상이 되면서 술어2의 주어가 되는 겸어이다. ⇒ 要求她

STEP 2 남은 어휘 중 유일한 동사 出示(제시하다)을 술어2로 배치하고, 술어1이 포함된 要求她(그녀에게 요구하다)와 문맥상 주어로 어울리는 '명사+명사' 형태의 交通警察(교통경찰)를 주어1로 배치한다. ⇒ 交通警察 要求她 出示

STEP 3 남은 어휘인 명사 驾驶证(운전면허증)을 술어2 出示(제시하다) 뒤에 목적어2로 배치하여 문장을 완성한다.
      ⇒ 交通警察 要求她 出示 驾驶证

완성된 문장 交通警察要求她出示驾驶证。(교통경찰은 그녀에게 운전면허증을 제시하도록 요구했다.)

어휘 出示 chūshì 圖제시하다 驾驶证 jiàshǐzhèng 圖운전면허증 交通警察 jiāotōng jǐngchá 교통경찰

고득점비책 12 | 是……的 강조구문 완성하기 p.229

들으며 학습하기 ▶

1 姥姥是坐长途汽车来的。   2 这些数据都是昨天统计的。

3 这种自然灾害是由气候变化引起的。   4 研究人员是偶然发现这类现象的。

5 诊断报告是绝对不会错的。

1

坐长途汽车　姥姥　来的
　　　　　是

⇒

명사	是	동사+형용사+명사	동사+的
姥姥	是	坐长途汽车	来的。
주어	是	강조내용	술어+的

해석 외할머니는 장거리 버스를 타고 오셨다.

해설 STEP 1 제시된 어휘 중 是과 的가 있으므로, 是……的 강조구문을 고려하여 완성해야 한다. 是 뒤에 '동사+的' 형태의 来的(왔다)를 술어 자리에 배치한다. ⇒ 是 来的

STEP 2 술어 来(오다)와 문맥상 주어로 어울리는 명사 姥姥(외할머니)를 是 앞에 주어로 배치한다. ⇒ 姥姥 是 来的

STEP 3 남은 어휘인 '동사+형용사+명사' 형태의 坐长途汽车(장거리 버스를 타다)를 是 뒤에 강조내용으로 배치하여 문장을 완성한다. 참고로, 坐长途列车는 来(오다)의 수단을 강조한다. ⇒ 姥姥 是 坐长途汽车 来的

완성된 문장 姥姥是坐长途汽车来的。(외할머니는 장거리 버스를 타고 오셨다.)

어휘 长途 chángtú 圖장거리의 姥姥 lǎolao 圖외할머니

2

的　统计　是　昨天
都　这些数据

⇒

대사+양사+명사	부사	是	명사	동사	的
这些数据	都	是	昨天	统计	的。
관형어+주어	부사어	是	강조내용	술어	的

해석 이 데이터들은 모두 어제 합산한 것이다.

해설 STEP 1 제시된 어휘 중 是과 的가 있으므로, 是……的 강조구문을 고려하여 완성해야 한다. 동사 统计(합산하다)를 是과 的 사이에 술어로 배치한다. ⇒ 是 统计 的

STEP 2 술어 统计(합산하다)와 문맥상 주어로 어울리는 '대사+양사+명사' 형태의 这些数据(이 데이터들)를 是 앞 주어 자리에 배치한다. ⇒ 这些数据 是 统计 的

STEP 3 남은 어휘 중 명사 昨天(어제)을 是 뒤에 강조내용으로 배치하고, 부사 都(모두)를 是 앞에 부사어로 배치하여 문장을 완성한다. 참고로, 昨天은 统计(합산하다)의 시간을 강조한다. ⇒ 这些数据 都 是 昨天 统计 的

완성된 문장 这些数据都是昨天统计的。(이 데이터들은 모두 어제 합산한 것이다.)

어휘 统计 tǒngjì 圖합산하다, 통계하다 数据 shùjù 圖데이터, 수치

3

自然灾害　　引起的				
由气候变化　　这种　是				

⇒

대사+양사	명사+명사	是	개사+명사+명사	동사+的
这种	自然灾害	是	由气候变化	引起的。
관형어	주어	是	강조내용	술어+的

해석　이러한 자연재해는 기후 변화로 인해 야기된 것이다.

해설　STEP 1　제시된 어휘 중 是과 的가 있으므로, 是……的 강조구문을 고려하여 완성해야 한다. 是 뒤에 '동사+的' 형태의 引起的(야기한 것)를 술어 자리에 배치한다. ⇒ 是　引起的

　　　STEP 2　술어 引起(야기하다)와 문맥상 주어로 어울리는 '명사+명사' 형태의 自然灾害(자연재해)를 是 앞에 주어로 배치한다. ⇒ 自然灾害　是　引起的

　　　STEP 3　남은 어휘 중 '대사+양사' 형태의 这种(이러한)을 주어 自然灾害(자연재해) 앞에 관형어로 배치하고, '개사+명사+명사' 형태의 개사구 由气候变化(기후 변화로 인해)를 是 뒤에 강조내용으로 배치하여 문장을 완성한다. 참고로, 由气候变化는 引起(야기하다)의 행위자를 강조한다. ⇒ 这种　自然灾害　是　由气候变化　引起的

　　　완성된 문장　这种自然灾害是由气候变化引起的。(이러한 자연재해는 기후 변화로 인해 야기된 것이다.)

어휘　自然灾害 zìrán zāihài 자연재해　引起 yǐnqǐ 阌야기하다　气候 qìhòu 阌기후　变化 biànhuà 阌변화 阌변화하다

4

偶然　　这类现象的　　是					
发现　　研究人员					

⇒

동사+명사	是	부사	동사	대사+양사+명사+的
研究人员	是	偶然	发现	这类现象的。
주어	是	강조내용	술어	관형어+목적어+的

해석　연구원은 이런 현상을 우연히 발견한 것이다.

해설　STEP 1　제시된 어휘 중 是과 的가 있으므로, 是……的 강조구문을 고려하여 완성해야 한다. 동사 发现(발견하다)을 是, 그리고 的를 포함하고 있는 '대사+양사+명사+的' 형태의 这类现象的(이런 현상을) 사이에 술어로 배치한다.

　　　　⇒ 是　发现　这类现象的

　　　STEP 2　술어 发现(발견하다)과 문맥상 주어로 어울리는 '동사+명사' 형태의 研究人员(연구원)을 是 앞에 주어로 배치한다. ⇒ 研究人员　是　发现　这类现象的

　　　STEP 3　남은 어휘인 부사 偶然(우연히)을 是 뒤에 강조내용으로 배치하여 문장을 완성한다. 참고로, 偶然은 어떻게 发现(발견하다)했는지에 대한 방식을 강조한다. ⇒ 研究人员　是　偶然　发现　这类现象的

　　　완성된 문장　研究人员是偶然发现这类现象的。(연구원은 이런 현상을 우연히 발견한 것이다.)

어휘　偶然 ǒurán 阌우연히 阌갑작스럽다　现象 xiànxiàng 阌현상　研究人员 yánjiū rényuán 연구원

5

绝对　　报告　　是					
不会错的　　诊断					

⇒

동사	명사	是	부사	부사+조동사+형용사+的
诊断	报告	是	绝对	不会错的。
관형어	주어	是	부사어	술어+的

해석　진단 보고서는 절대 틀리지 않을 것이다.

해설　STEP 1　제시된 어휘 중 是과 的가 있으므로, 是……的 강조구문을 고려하여 문장을 완성해야 한다. 是 뒤에 '부사+조동사+형용사+的' 형태의 不会错的(틀리지 않을 것이다)를 술어 자리에 배치한다. ⇒ 是　不会错的

　　　STEP 2　명사 报告(보고서)를 是 앞에 주어로 배치한다. ⇒ 报告　是　不会错的

　　　STEP 3　남은 어휘 중 동사 诊断(진단하다)을 주어 报告(보고서) 앞에 관형어로 배치하고, 부사 绝对(절대)를 술어가 포함된 不会错的(틀리지 않을 것이다) 앞에 부사어로 배치하여 문장을 완성한다. 참고로, 강조내용이 없는 是……的 구문도 있으며, 이는 주로 화자의 판단이나 견해, 설명의 어기를 나타낸다는 것을 알아 둔다.

　　　　⇒ 诊断　报告　是　绝对　不会错的

　　　완성된 문장　诊断报告是绝对不会错的。(진단 보고서는 절대 틀리지 않을 것이다.)

어휘　绝对 juéduì 阌절대로 阌절대적인　报告 bàogào 阌보고서 阌보고하다　诊断 zhěnduàn 阌진단하다

들으며 학습하기 ▶

1 她的收入比我更高。	2 他的心情比任何人都紧张。
3 这里的沙滩比那里干净得多。	4 就业形势没有我想象的那么悲观。
5 她不如姐姐那么勤奋。	

1

她的收入　高　比我　更 ➡

대사+的+명사	比+대사	부사	형용사
她的收入	比我	更	高。
관형어+주어	比+비교대상	부사어	술어

해석　그녀의 소득은 나보다 더 높다.

해설　STEP 1　제시된 어휘 중 比가 있으므로, 比자문을 완성해야 한다. 유일한 형용사 高(높다)를 술어로 배치하고, 比를 포함하고 있는 比我(나보다)를 술어 앞에 배치한다. ➡ 比我　高

　　　STEP 2　술어 高(높다)와 문맥상 주어로 어울리는 '대사+的+명사' 형태의 她的收入(그녀의 소득)를 주어 자리에 배치한다. ➡ 她的收入　比我　高

　　　STEP 3　남은 어휘인 부사 更(더)을 술어 高(높다) 앞에 부사어로 배치하여 문장을 완성한다. ➡ 她的收入　比我　更　高

　　　완성된 문장　她的收入比我更高。(그녀의 소득은 나보다 더 높다.)

어휘　**收入** shōurù 圆소득, 수입 圆받아들이다

2

比　他的　任何人
都紧张　心情 ➡

대사+的	명사	比	대사+명사	부사+형용사
他的	心情	比	任何人	都紧张。
관형어	주어	比	비교대상	부사어+술어

해석　그의 마음은 어떤 사람보다도 더 긴장되어 있다.

해설　STEP 1　제시된 어휘 중 比가 있으므로, 比자문을 완성해야 한다. 유일하게 형용사를 포함하고 있는 '부사+형용사' 형태의 都紧张(더 긴장되어 있다)을 술어 자리에 배치하고, 比를 술어 앞에 배치한다. ➡ 比　都紧张

　　　STEP 2　'대사+명사' 형태의 任何人(어떠한 사람)과 명사 心情(마음) 중 술어가 포함된 都紧张(더 긴장되어 있다)과 문맥상 주어로 어울리는 心情을 주어로 배치하고, 문맥상 주어 心情의 비교대상으로 어울리는 任何人(어떤 사람)을 比 다음 비교대상으로 배치한다. ➡ 心情　比　任何人　都紧张

　　　STEP 3　남은 어휘인 '대사+的' 형태의 他的(그의)를 주어 心情(마음) 앞에 관형어로 배치하여 문장을 완성한다.

　　　　　　➡ 他的　心情　比　任何人　都紧张

　　　완성된 문장　他的心情比任何人都紧张。(그의 마음은 어떤 사람보다도 더 긴장되어 있다.)

어휘　**任何** rènhé 圆어떤　**都** dōu 旵(~보다) 더　**紧张** jǐnzhāng 圆긴장해 있다　**心情** xīnqíng 圆마음

3

得多　那里　干净
比　这里的沙滩 ➡

대사+的+명사	比	대사	형용사	得+형용사
这里的沙滩	比	那里	干净	得多
관형어+주어	比	비교대상	술어	得+정도보어

해석　이곳의 모래사장은 그곳보다 더 깨끗하다.

해설　STEP 1　제시된 어휘 중 比가 있으므로, 比자문을 완성해야 한다. 형용사 干净(깨끗하다)을 술어로 배치하고, '得+형용사' 형태의 得多(많다)를 술어 干净 뒤 '得+정도보어' 자리에 배치한 후 比를 술어 앞에 배치한다. ➡ 比　干净　得多

STEP 2 대사 那里(그곳)와 '대사+的+명사' 형태의 这里的沙滩(이곳의 모래사장) 중 술어 干净(깨끗하다)과 문맥상 주어로 어울리는 这里的沙滩을 주어 자리에 배치하고, 주어 这里的沙滩의 비교대상으로 자연스러운 那里를 比 다음 비교대상으로 배치하여 문장을 완성한다. 참고로, 那里(그곳)는 뒤에 的沙滩(~의 모래사장)이 생략된 형태이므로 비교대상 자리에 배치해야 한다. ⇨ 这里的沙滩 比 那里 干净 得多

완성된 문장 这里的沙滩比那里干净得多。(이곳의 모래사장은 그곳보다 더 깨끗하다.)

어휘 干净 gānjìng [형]깨끗하다 沙滩 shātān [명]모래사장

4

没有我 就业形势 那么 想象的 悲观

➡

동사+명사	没有+대사	동사+的	那么	형용사
就业形势	没有我	想象的	那么	悲观。
관형어+주어	没有	비교대상	那么	술어

해석 취업 상황은 내가 상상했던 것만큼 그렇게 비관적이지 않다.

해설 STEP 1 제시된 어휘 중 没有와 那么가 있으므로, '주어+没有+비교대상+那么+술어' 형태의 비교문을 완성해야 한다. 유일한 형용사 悲观(비관적이다)을 술어로 배치하고, 没有我……那么(내가 ~만큼 그렇게 ~하지 않다)를 술어 앞에 배치한다. ⇨ 没有我 那么 悲观

STEP 2 '동사+명사' 형태의 就业形势(취업 상황)과 '동사+的' 형태의 想象的(상상한 것) 중 술어 悲观(비관적이다)과 문맥상 주어로 어울리는 就业形势을 주어 자리에 배치하고, 문맥상 주어가 포함된 就业形势의 비교대상으로 자연스러운 想象的를 没有我 다음 비교대상으로 배치하여 문장을 완성한다.
⇨ 就业形势 没有我 想象的 那么 悲观

완성된 문장 就业形势没有我想象的那么悲观。(취업 상황은 내가 상상했던 것만큼 그렇게 비관적이지 않다.)

어휘 就业 jiùyè [동]취업하다 形势 xíngshì [명]상황, 형편 想象 xiǎngxiàng [동]상상하다 悲观 bēiguān [형]비관적이다

5

那么 她不如 勤奋 姐姐

➡

대사+不如	명사	那么	형용사
她不如	姐姐	那么	勤奋。
주어+不如	비교대상	那么	술어

해석 그녀는 언니만큼 그렇게 부지런하지 못하다.

해설 STEP 1 제시된 어휘 중 不如와 那么가 있으므로, '주어+不如+비교대상+那么+술어' 형태의 비교문을 완성해야 한다. 유일한 형용사 勤奋(부지런하다)을 술어로 배치하고, 她不如……那么(그녀는 ~만큼 그렇게 ~하지 않다)를 술어 앞에 배치한다. ⇨ 她不如 那么 勤奋

STEP 2 문맥상 주어 她(그녀)의 비교대상으로 어울리는 명사 姐姐(언니)를 不如 다음 비교대상 자리에 배치하여 문장을 완성한다. ⇨ 她不如 姐姐 那么 勤奋

완성된 문장 她不如姐姐那么勤奋。(그녀는 언니만큼 그렇게 부지런하지 못하다.)

어휘 不如 bùrú [동]~보다 못하다 勤奋 qínfèn [형]부지런하다

듣으며 학습하기 ▶

[테스트 1]

1 我对海鲜非常过敏。
2 抽屉里装满了细小的零件。
3 总统亲自出席了开幕式。
4 他绝不轻易相信陌生人。
5 请提供一些具体的细节。
6 气氛逐渐活跃起来了。
7 金教练对明天的比赛很有把握。
8 她面临着从未经历过的巨大挑战。

[테스트 2]

1 爷爷对中国传统戏剧十分了解。
2 这种病毒的传播速度极快。
3 你明天一定要把设备安装好。
4 当时的资源不如现在这么丰富。
5 不要限制孩子的想象力。
6 他讨厌自己被视为胆小鬼。
7 她连最基本的规则都不懂。
8 这位艺术家用玻璃进行创作。

테스트 1

1

过敏　对海鲜　我　非常 ➡

대사	개사+명사	부사	동사
我	对海鲜	非常	过敏。
주어	부사어		술어

해석 나는 해산물에 심하게 알레르기 반응을 보인다.

해설 STEP 1 제시된 어휘 중 유일한 동사 过敏(알레르기 반응을 보이다)을 술어로 배치한다. ⇨ 过敏

STEP 2 술어 过敏(알레르기 반응을 보이다)과 문맥상 주어로 어울리는 대사 我(나)를 주어로 배치한다. ⇨ 我　过敏

STEP 3 남은 어휘인 '개사+명사' 형태의 对海鲜(해산물에)과 부사 非常(심하게)을 对海鲜 → 非常 순서로 연결한 후 술어 过敏(알레르기 반응을 보이다) 앞에 부사어로 배치하여 문장을 완성한다. 참고로, 非常은 술어와 의미적으로 밀접하여 술어 바로 앞에 위치한 경우이다. ⇨ 我　对海鲜　非常　过敏

완성된 문장 我对海鲜非常过敏。(나는 해산물에 심하게 알레르기 반응을 보인다.)

어휘 过敏 guòmǐn [동]알레르기 반응을 보이다 [형]민감하다 海鲜 hǎixiān [명]해산물

2

抽屉里　零件　细小的　装满了 ➡

명사+명사	동사+형용사+了	형용사+的	명사
抽屉里	装满了	细小的	零件。
주어	술어+결과보어+了	관형어	목적어

해석 서랍 안에는 아주 작은 부속품이 가득 담겨 있다.

해설 STEP 1 제시된 어휘 중 존재함을 의미하는 '동사+형용사+了' 형태의 装满了(가득 담겨 있다)와 장소를 나타내는 '명사+명사' 형태의 抽屉里(서랍 안)가 있으므로, 존현문을 완성해야 한다. 装满了를 술어 자리에 바로 배치한다.
⇨ 装满了

STEP 2 장소를 나타내는 '명사+명사' 형태의 抽屉里(서랍 안)를 주어로 배치하고, 명사 零件(부속품)을 목적어로 배치한다.
⇨ 抽屉里　装满了　零件

STEP 3 남은 어휘인 '형용사+的' 형태의 细小的(아주 작은)를 목적어 零件(부속품) 앞에 관형어로 배치하여 문장을 완성한다. ⇨ 抽屉里　装满了　细小的　零件

완성된 문장 抽屉里装满了细小的零件。(서랍 안에는 아주 작은 부속품이 가득 담겨 있다.)

어휘 **抽屉** chōuti [명]서랍 **零件** língjiàn [명]부속품 **细小** xìxiǎo [형]아주 작다 **装** zhuāng [동]담다 **满** mǎn [형]가득 차다 [동]가득 채우다

3

出席了 总统 开幕式
亲自

➡

명사	부사	동사+了	명사
总统	**亲自**	**出席了**	**开幕式。**
주어	부사어	술어+了	목적어

해석 대통령은 친히 개막식에 참석하였다.

해설 STEP 1 제시된 어휘 중 유일하게 동사를 포함하고 있는 '동사+了' 형태의 **出席了**(참석하였다)를 술어 자리에 바로 배치한다. ⇨ 出席了

STEP 2 술어가 포함된 **出席了**(참석하였다)와 문맥상 목적어로 어울리는 명사 **开幕式**(개막식)을 목적어로 배치하고, 주어로 어울리는 명사 **总统**(대통령)을 주어로 배치한다. ⇨ 总统 出席了 开幕式

STEP 3 남은 어휘인 부사 **亲自**(친히)를 술어가 포함된 **出席了**(참석하였다) 앞에 부사어로 배치하여 문장을 완성한다.
⇨ 总统 亲自 出席了 开幕式

완성된 문장 总统亲自出席了开幕式。(대통령은 친히 개막식에 참석하였다.)

어휘 **出席** chūxí [동]참석하다 **总统** zǒngtǒng [명]대통령 **开幕式** kāimùshì [명]개막식 **亲自** qīnzì [부]친히, 직접

4

相信陌生人 绝不 他
轻易

➡

대사	부사+부사	부사	동사+형용사+명사
他	**绝不**	**轻易**	**相信陌生人。**
주어	부사어		술어+관형어+목적어

해석 그는 절대 낯선 사람을 쉽게 믿지 않는다.

해설 STEP 1 제시된 어휘 중 유일하게 동사를 포함하고 있는 '동사+형용사+명사' 형태의 **相信陌生人**(낯선 사람을 믿다)을 술어 자리에 바로 배치한다. 참고로, **相信陌生人**에서 **人**은 술어 **相信**의 목적어, **陌生**은 목적어 **人**의 관형어이다.
⇨ 相信陌生人

STEP 2 술어가 포함된 **相信陌生人**(낯선 사람을 믿다)과 문맥상 주어로 어울리는 대사 **他**(그)를 주어로 배치한다.
⇨ 他 相信陌生人

STEP 3 남은 어휘인 '부사+부사' 형태의 **绝不**(절대 ~않다)와 부사 **轻易**(쉽게)를 **绝不** → **轻易** 순서로 연결한 후 술어가 포함된 **相信陌生人**(낯선 사람을 믿다) 앞에 부사어로 배치하여 문장을 완성한다. 참고로, **轻易**는 술어와 의미적으로 밀접하여 술어 바로 앞에 위치한 경우이다. ⇨ 他 绝不 轻易 相信陌生人

완성된 문장 他绝不轻易相信陌生人。(그는 절대 낯선 사람을 쉽게 믿지 않는다.)

어휘 **陌生** mòshēng [형]낯설다 **绝不** jué bù 절대 ~하지 않다 **轻易** qīngyì [부]쉽게, 함부로 [형]수월하다

5

具体的 提供 请
细节 一些

➡

请	동사	수사+양사	형용사+的	명사
请	**提供**	**一些**	**具体的**	**细节。**
술어1	술어2	관형어		목적어2

해석 몇 가지 구체적인 세부 사항들을 제공해 주세요.

해설 STEP 1 제시된 어휘 중 요청동사 **请**이 있으므로, 겸어문을 완성해야 한다. 겸어문에서는 요청동사가 주로 술어1 자리에 위치하므로, **请**(~하도록 요청하다)을 술어1로 배치한다. ⇨ 请

STEP 2 남은 어휘 중 유일한 동사 **提供**(제공하다)을 술어2로 배치하고, 문맥상 술어2 **提供**과 목적어로 어울리는 명사 **细节**(세부 사항)를 목적어2로 배치한다. 참고로, 이 문장에서 술어1 **请**(~하도록 요청하다)의 대상(목적어1)이 되면서 술어2 **提供**의 주어(주어2)가 되는 겸어는 생략되었다. ⇨ 请 提供 细节

STEP 3 남은 어휘인 '형용사+的' 형태의 **具体的**(구체적인)와 '수사+양사' 형태의 **一些**(몇 가지)를 **一些** → **具体的** 순서로 연결한 후 목적어2 **细节**(세부 사항) 앞에 관형어로 배치하여 문장을 완성한다. 참고로, 관형어가 2개 이상일 때, 성질이나 특징을 나타내는 '형용사(구)+的' 형태의 관형어는 주로 '수사/대사+양사' 뒤에 배치한다.
⇨ 请 提供 一些 具体的 细节

완성된 문장　请提供一些具体的细节。(몇 가지 구체적인 세부 사항들을 제공해 주세요.)

어휘　具体 jùtǐ [형]구체적이다　提供 tígōng [동]제공하다　细节 xìjié [명]세부 사항

6

了　气氛　活跃起来　逐渐 ➡

명사	부사	형용사+동사	了
气氛	逐渐	活跃起来	了。
주어	부사어	술어+방향보어	了

해석　분위기는 점점 활기를 띠기 시작했다.

해설　STEP 1　제시된 어휘 중 유일하게 형용사를 포함하고 있는 '형용사+동사' 형태의 活跃起来(활기를 띠기 시작하다)를 술어 자리에 바로 배치한다. ⇒ 活跃起来

STEP 2　술어가 포함된 活跃起来(활기를 띠기 시작하다)와 문맥상 주어로 어울리는 명사 气氛(분위기)을 주어로 배치한다. ⇒ 气氛　活跃起来

STEP 3　남은 어휘인 부사 逐渐(점점)을 술어가 포함된 活跃起来(활기를 띠기 시작하다) 앞에 부사어로 배치하고, 변화를 나타내는 어기조사 了를 문장 맨 끝에 배치하여 문장을 완성한다. ⇒ 气氛　逐渐　活跃起来　了

완성된 문장　气氛逐渐活跃起来了。(분위기는 점점 활기를 띠기 시작했다.)

어휘　气氛 qìfēn [명]분위기　活跃 huóyuè [형]활기를 띠다 [동]활기차게 하다　逐渐 zhújiàn [부]점점

7

对　金教练　明天的　很有把握　比赛 ➡

명사+명사	개사	명사+的	명사	부사+동사+명사
金教练	对	明天的	比赛	很有把握。
주어	부사어			술어+목적어

해석　진 코치는 내일의 경기에 매우 확신이 있다.

해설　STEP 1　제시된 어휘 중 有가 있으므로, 有자문을 완성해야 한다. 동사 有를 포함하고 있는 '부사+동사+명사' 형태의 很有把握(매우 확신이 있다)를 술어 자리에 바로 배치한다. 참고로, 很有把握에서 把握는 목적어이다. ⇒ 很有把握

STEP 2　'명사 + 명사' 형태의 金教练(진 코치)과 명사 比赛(경기) 중 술어가 포함된 很有把握(매우 확신이 있다)와 문맥상 주어로 어울리는 金教练을 주어로 배치한다. ⇒ 金教练　很有把握

STEP 3　남은 어휘인 개사 对(~에 대해), '명사+的' 형태의 明天的(내일의), 명사 比赛(경기)를 개사구 对明天的比赛(내일의 경기에)로 연결한 후 술어가 포함된 很有把握(매우 확신이 있다) 앞에 부사어로 배치하여 문장을 완성한다.
⇒ 金教练　对　明天的　比赛　很有把握

완성된 문장　金教练对明天的比赛很有把握。(진 코치는 내일의 경기에 매우 확신이 있다.)

어휘　教练 jiàoliàn [명]코치, 감독 [동]가르치다　把握 bǎwò [명]확신, 자신감 [동]집다, 파악하나

8

巨大挑战　从未　她　面临着　经历过的 ➡

대사	동사+着	부사+부사	동사+过+的	형용사+명사
她	面临着	从未	经历过的	巨大挑战。
주어	술어+着	관형어		목적어

해석　그녀는 여태껏 경험해 보지 않은 거대한 도전에 직면해 있다.

해설　STEP 1　제시된 어휘 중 '동사+着' 형태의 面临着(직면해 있다)를 술어 자리에 바로 배치한다. ⇒ 面临着

STEP 2　'형용사+명사' 형태의 巨大挑战(거대한 도전)과 대사 她(그녀) 중 술어가 포함된 面临着(직면하고 있다)와 문맥상 목적어로 어울리는 巨大挑战을 목적어 자리에 배치하고, 주어로 어울리는 她를 주어로 배치한다.
⇒ 她　面临着　巨大挑战

STEP 3　남은 어휘인 '부사 + 부사' 형태의 从未(여태껏 ~하지 않다)와 '동사+过+的' 형태의 经历过的(경험해 본)를 동사구 从未经历过的(여태껏 경험해 보지 않은)로 연결한 후 목적어가 포함된 巨大挑战(거대한 도전) 앞에 관형어로 배치하여 문장을 완성한다. ⇒ 她　面临着　从未　经历过的　巨大挑战

완성된 문장　她面临着从未经历过的巨大挑战。(그녀는 여태껏 경험해 보지 않은 거대한 도전에 직면해 있다.)

어휘　巨大 jùdà [형]거대하다　挑战 tiǎozhàn [명]도전 [동]도전하다　从未 cóngwèi 여태껏 ~하지 않다　面临 miànlín [동]직면하다
经历 jīnglì [동]경험하다 [명]경험

1

十分了解　爷爷　中国
传统戏剧　对

→

명사	개사	명사	명사+명사	부사+동사
爷爷	**对**	**中国**	**传统戏剧**	**十分了解。**
주어		부사어		술어

해석　할아버지는 중국 전통 연극에 대해 매우 잘 아신다.

해설　STEP 1　제시된 어휘 중 유일하게 동사를 포함하고 있는 '부사+동사' 형태의 十分了解(매우 잘 안다)를 술어 자리에 바로 배치한다. ⇨ 十分了解

　　　STEP 2　명사 爷爷(할아버지), 명사 中国(중국), '명사+명사' 형태의 传统戏剧(전통 연극) 중 술어가 포함된 十分了解(매우 잘 안다)와 문맥상 주어로 어울리는 爷爷를 주어로 배치한다. ⇨ 爷爷　十分了解

　　　STEP 3　남은 어휘인 명사 中国(중국), '명사+명사' 형태의 传统戏剧(전통 연극), 개사 对(~에 대해)를 개사구 对中国传统戏剧(중국 전통 연극에 대해)로 연결한 후 술어가 포함된 十分了解(매우 잘 안다) 앞에 부사어로 배치하여 문장을 완성한다. ⇨ 爷爷　对　中国　传统戏剧　十分了解

　　　완성된 문장　爷爷对中国传统戏剧十分了解。(할아버지는 중국 전통 연극에 대해 매우 잘 아신다.)

어휘　十分 shífēn 囝매우　传统 chuántǒng 囝전통 囿보수적인, 전통적인　戏剧 xìjù 囿연극

2

这种　传播速度　病毒的
极快

→

대사+양사	명사+的	동사+명사	부사+형용사
这种	**病毒的**	**传播速度**	**极快。**
	관형어	주어	부사어+술어

해석　이런 바이러스의 전파 속도는 매우 빠르다.

해설　STEP 1　제시된 어휘 중 유일하게 형용사를 포함하고 있는 '부사+형용사' 형태의 极快(매우 빠르다)를 술어 자리에 바로 배치한다. ⇨ 极快

　　　STEP 2　술어가 포함된 极快(매우 빠르다)와 문맥상 주어로 어울리는 '동사+명사' 형태의 传播速度(전파 속도)를 주어 자리에 배치한다. ⇨ 传播速度　极快

　　　STEP 3　남은 어휘인 '대사+양사' 형태의 这种(이런)과 '명사+的' 형태의 病毒的(바이러스의)를 这种 → 病毒的 순서로 연결한 후 주어가 포함된 传播速度(전파 속도) 앞에 관형어로 배치하여 문장을 완성한다.
　　　　　　⇨ 这种　病毒的　传播速度　极快

　　　완성된 문장　这种病毒的传播速度极快。(이런 바이러스의 전파 속도는 매우 빠르다.)

어휘　传播 chuánbō 囿전파하다　速度 sùdù 囿속도　病毒 bìngdú 囿바이러스

3

一定　安装好　要
把设备　你明天

→

대사+명사	부사	조동사	把+명사	동사+형용사
你明天	**一定**	**要**	**把设备**	**安装好。**
주어	부사어		把+행위의 대상	술어+기타성분

해석　너는 내일 반드시 설비를 다 설치해야 한다.

해설　STEP 1　제시된 어휘 중 把가 있으므로, 把자문을 완성해야 한다. 유일하게 동사를 포함하고 있는 '동사+형용사' 형태의 安装好(다 설치하다)를 술어 자리에 배치하고, '把+명사' 형태의 把设备(설비를)를 술어 앞에 '把+행위의 대상'으로 배치한다. ⇨ 把设备　安装好

　　　STEP 2　'대사+명사' 형태의 你明天(너는 내일)을 주어 자리에 배치한다. ⇨ 你明天　把设备　安装好

　　　STEP 3　남은 어휘인 부사 一定(반드시)과 조동사 要(~해야 한다)를 一定 → 要 순서로 연결한 후 把 앞에 부사어로 배치하여 문장을 완성한다. 참고로, 把자문에서 부사어는 주로 把 앞에 오며, 부사어가 2개 이상일 때는 시간을 나타내는 부사가 늘 앞에 오고, 부사 → 조동사 → 개사구 순서로 배치한다. ⇨ 你明天　一定　要　把设备　安装好

　　　완성된 문장　你明天一定要把设备安装好。(너는 내일 반드시 설비를 다 설치해야 한다.)

어휘　安装 ānzhuāng 囿설치하다　设备 shèbèi 囿설비, 시설 囿갖추다, 설비하다

4

丰富　这么　当时的资源
不如现在　➡

명사+的+명사	不如+명사	这么	형용사
当时的资源	不如现在	这么	丰富。
관형어+주어	不如+비교대상	这么	술어

해석　그때의 자원은 지금만큼 이렇게 풍족하지 못했다.

해설　STEP 1　제시된 어휘 중 不如와 这么가 있으므로, '주어+不如+비교대상+这么+술어' 형태의 비교문을 완성해야 한다. 유일한 형용사 丰富(풍부하다)를 술어로 배치하고, 不如现在……这么(지금만큼 이렇게 ~하지 못하다)를 술어 앞에 배치한다. ➡ 不如现在　这么　丰富

STEP 2　술어 丰富(풍부하다)와 문맥상 주어로 어울리는 '명사+的+명사' 형태의 当时的资源(그때의 자원)을 주어 자리에 배치하여 문장을 완성한다. ➡ 当时的资源　不如现在　这么　丰富

완성된 문장　当时的资源不如现在这么丰富。(그때의 자원은 지금만큼 이렇게 풍족하지 못했다.)

어휘　丰富 fēngfù 圈풍족하다 圈풍부하게 하다　当时 dāngshí 圈그때, 당시　资源 zīyuán 圈자원　不如 bùrú 圈~보다 못하다

5

孩子的　不要　想象力
限制　➡

부사	동사	명사+的	명사
不要	限制	孩子的	想象力。
부사어	술어	관형어	목적어

해석　아이의 상상력을 제한하지 마세요.

해설　STEP 1　제시된 어휘 중 유일한 동사 限制(제한하다)을 술어로 배치한다. ➡ 限制

STEP 2　술어 限制(제한하다)과 문맥상 목적어로 어울리는 명사 想象力(상상력)를 목적어로 배치한다. ➡ 限制　想象力

STEP 3　남은 어휘 중 '명사+的' 형태의 孩子的(아이의)를 목적어 想象力(상상력) 앞에 관형어로 배치하고, 부사 不要(~하지 마세요)를 술어 限制(제한하다) 앞에 부사어로 배치하여 문장을 완성한다. 참고로, '~하지 마라'의 의미를 가지는 명령문에서는 주어가 생략될 수 있다. ➡ 不要　限制　孩子的　想象力

완성된 문장　不要限制孩子的想象力。(아이의 상상력을 제한하지 마세요.)

어휘　想象力 xiǎngxiànglì 圈상상력　限制 xiànzhì 圈제한하다 圈규제

6

胆小鬼　他　被视为
讨厌　自己　➡

대사	동사	대사	被+동사+동사	명사
他	讨厌	自己	被视为	胆小鬼。
주어	술어	주어	被+술어	기타성분
			목적어(被자문)	

해석　그는 자신이 겁쟁이로 보여지는 것을 싫어한다.

해설　STEP 1　제시된 어휘 중 被가 있으므로 被자문을 완성하되, 주술구를 목적어로 가질 수 있는 동사 讨厌(싫어하다)이 있으므로, 被자문이 목적어가 되는 문장을 고려하여 문장을 완성해야 한다. 동사 讨厌을 술어로 배치한다. ➡ 讨厌

STEP 2　'被+동사+동사' 형태의 被视为(~에 의해 ~로 보여지다)를 被자문의 술어로 배치한 후, 대사 他(그)와 自己(자신) 중 문맥상 讨厌(싫어하다)의 주어로 어울리는 他를 술어 讨厌의 주어로, 被视为의 주어로 어울리는 自己를 被자문의 주어로 배치한다. 참고로, 视为(~로 보다)의 행위의 주체는 생략되었다. ➡ 他　讨厌　自己　被视为

STEP 3　남은 어휘인 명사 胆小鬼(겁쟁이)를 被자문의 술어가 포함된 被视为(~에 의해 ~로 보여지다) 뒤에 기타성분으로 배치하여 문장을 완성한다. ➡ 他　讨厌　自己　被视为　胆小鬼

완성된 문장　他讨厌自己被视为胆小鬼。(그는 자신이 겁쟁이로 보여지는 것을 싫어한다.)

어휘　胆小鬼 dǎnxiǎoguǐ 圈겁쟁이　视为 shìwéi ~로 보다

7

规则　她连　最基本的
都不懂　➡

대사+개사	부사+형용사+的	명사	부사+부사+동사
她连	最基本的	规则	都不懂。
주어		부사어	술어

해석 그녀는 가장 기본적인 규칙조차도 이해하지 못한다.

해설 STEP 1 제시된 어휘 중 유일하게 동사를 포함하고 있는 '부사+부사+동사' 형태의 **都不懂**(~도 이해하지 못한다)을 술어 자리에 바로 배치한다. 참고로, **都不懂**에서 **都不**는 **都**와 **不**가 결합된 형태의 부사어이다. ⇒ 都不懂

STEP 2 술어가 포함된 **都不懂**(~도 이해하지 못한다)과 문맥상 주어로 어울리는 대사 **她**(그녀)를 포함하고 있는 '대사+개사' 형태의 **她连**(그녀는 ~조차)을 주어 자리에 배치한다. ⇒ 她连 都不懂

STEP 3 남은 어휘인 '부사+형용사+的' 형태의 **最基本的**(가장 기본적인)를 명사 **规则**(규칙)와 함께 **最基本的规则**(가장 기본적인 규칙)로 연결한 후, 문맥상 술어가 포함된 **都不懂**(~도 이해하지 못한다) 앞, 주어가 포함된 **她连**(그녀는 ~조차) 뒤에 부사어로 배치하여 문장을 완성한다. 참고로, **最基本的规则**는 개사 **连**과 함께 개사구를 이루며 부사어가 되고, 개사 **连**은 부사 **都**와 함께 자주 호응되어 사용된다. ⇒ 她连 最基本的 规则 都不懂

완성된 문장 她连最基本的规则都不懂。(그녀는 가장 기본적인 규칙조차도 이해하지 못한다.)

어휘 **规则** guīzé [명]규칙 [형]규칙적이다 **连** lián [개]~조차 **基本** jīběn [형]기본적인 [명]기본, 기초

8

艺术家 玻璃 进行创作 用 这位

➡

대사+양사	명사	동사	명사	동사+동사
这位	艺术家	用	玻璃	进行创作。
관형어	주어	술어1	목적어1	술어2+목적어2

해석 이 예술가는 유리를 사용하여 창작을 한다.

해설 STEP 1 술어가 될 수 있는 동사가 **进行创作**(창작을 하다)의 **进行**, **用**(사용하다) 두 개이므로, 연동문을 고려하여 문장을 완성해야 한다. 연동문에서 술어1로 자주 쓰이는 동사 **用**을 술어1로, **进行创作**를 술어2 자리에 배치한다. ⇒ 用 进行创作

STEP 2 명사 **艺术家**(예술가)와 명사 **玻璃**(유리) 중 술어1 **用**(사용하다)과 문맥상 목적어로 어울리는 **玻璃**를 목적어1로 배치하고, **用玻璃进行创作**(유리를 사용하여 창작을 하다)와 문맥상 주어로 어울리는 **艺术家**를 주어로 배치한다. ⇒ 艺术家 用 玻璃 进行创作

STEP 3 남은 어휘인 '대사+양사' 형태의 **这位**(이)를 주어 **艺术家**(예술가) 앞에 관형어로 배치하여 문장을 완성한다. ⇒ 这位 艺术家 用 玻璃 进行创作

완성된 문장 这位艺术家用玻璃进行创作。(이 예술가는 유리를 사용하여 창작을 한다.)

어휘 **艺术家** yìshùjiā [명]예술가 **玻璃** bōli [명]유리 **进行** jìnxíng [동]하다, 진행하다 **创作** chuàngzuò [동]창작하다

제2부분

문제풀이 스텝 모범 답안 해석 p.237

99번, 제시된 어휘로 글쓰기

减肥	合理	散步	傍晚	随时

减肥 jiǎnféi [동]다이어트하다 **合理** hélǐ [형]합리적이다 **散步** sànbù [동]산보하다 **傍晚** bàngwǎn [명]저녁 무렵 **随时** suíshí [부]수시로

도입			我	最	近	每	天	都	会	散	步	。	这	是	为	了
전개	达	到	减	肥	的	目	的	。	虽	然	我	不	能	随	时	出
	去	运	动	，	但	傍	晚	散	步	就	已	经	很	有	效	果
	了	。	于	是	我	明	白	了	散	步	是	一	种	合	理	又
마무리	健	康	的	减	肥	方	式	。	总	而	言	之	，	这	件	事
	让	我	知	道	了	运	动	的	重	要	性	。				

도입 나는 최근에 매일 산보를 했다.

전개 이것은 다이어트의 목적을 달성하기 위해서였다. 비록 나는 수시로 운동을 하러 나갈 수는 없지만, 그러나 저녁 무렵에 산보를 하는 것은 이미 효과가 생겼다. 그래서 나는 산보가 합리적이고 또 건강한 다이어트 방식이라는 것을 알게 되었다.

마무리 결론적으로, 이 일은 나로 하여금 운동의 중요성을 알게 했다.

어휘 **达到** dádào [동]달성하다 **目的** mùdì [명]목적 **效果** xiàoguǒ [명]효과 **于是** yúshì [접]그래서 **方式** fāngshì [명]방식 **总而言之** zǒng'éryánzhī [성]결론적으로

- **达到目的** dádào mùdì 목적을 달성하다
- **很有效果** hěn yǒu xiàoguǒ 효과가 생기다, 효과가 있다
- **合理的减肥方式** hélǐ de jiǎnféi fāngshì 합리적인 다이어트 방식

100번, 제시된 사진 보고 글쓰기

도입			我	最	近	去	看	过	在	老	家	生	活	的	爷	爷。
전개	这	是	为	了	和	爷	爷	一	起	度	过	开	心	的	时	间。
	首	先	爷	爷	高	兴	地	迎	接	了	我	，	然	后	又	紧
	紧	地	拥	抱	了	我	。	于	是	我	感	受	到	了	爷	爷
마무리	对	我	的	爱	。	总	之	，	这	件	事	给	我	留	下	了
	幸	福	的	回	忆	。										

도입 나는 최근에 고향에서 생활하고 계시는 할아버지를 뵈러 갔다.

전개 이것은 할아버지와 함께 즐거운 시간을 보내기 위해서였다. 먼저 할아버지는 기쁘게 나를 맞이하셨고, 그 다음에 또 나를 꽉 껴안으셨다. 그래서 나는 나에 대한 할아버지의 사랑을 느꼈다.

마무리 한마디로 말해서, 이 일은 내게 행복한 추억을 남겼다.

어휘 **老家** lǎojiā [명]고향 **生活** shēnghuó [동]생활하다 **度过** dùguò [동](시간을) 보내다 **首先** shǒuxiān [부]먼저 **迎接** yíngjiē [동]맞이하다 **紧紧** jǐnjǐn [부]꽉, 단단히 **拥抱** yōngbào [동]껴안다 **于是** yúshì [접]그래서 **感受** gǎnshòu [동]느끼다 **总之** zǒngzhī [접]한마디로 말하면 **留** liú [동]남기다 **幸福** xìngfú [형]행복하다 [명]행복 **回忆** huíyì [동]추억하다

- **在老家生活** zài lǎojiā shēnghuó 고향에서 생활하다
- **度过……的时间** dùguò …… de shíjiān ~한 시간을 보내다
- **高兴地迎接A** gāoxìng de yíngjiē A A를 기쁘게 맞이하다
- **紧紧地拥抱A** jǐnjǐn de yōngbào A A를 꽉 껴안다

쓰기 2부분 답안 작성 가이드 확인학습 p.255

1.

도입			我	最	近	正	在	找	工	作	。	这	是	为	了	实
	现	我	的	梦	想	。	首	先	我	看	了	很	多	公	司	的
전개	招	聘	广	告	，	然	后	向	几	个	想	去	的	公	司	递
	交	了	申	请	。	在	这	个	过	程	中	，	我	幸	运	地
	得	到	了	几	个	公	司	的	面	试	机	会	。	总	而	言
마무리	之	，	这	件	事	让	我	既	紧	张	又	期	待	。		

도입 나는 최근에 일자리를 찾고 있는 중이다.

전개 이것은 나의 꿈을 실현하기 위해서이다. 먼저 나는 많은 회사의 모집 광고를 봤고, 그 다음에 가고 싶은 몇몇 회사에 신청을 냈다. 이 과정에서, 나는 운이 좋게 몇몇 회사의 면접 시험 기회를 얻었다.

마무리 결론적으로, 이 일은 나로 하여금 긴장하고 또 기대하게 했다.

어휘 **实现** shíxiàn [동]실현하다 **梦想** mèngxiǎng [명]꿈 **首先** shǒuxiān [부]먼저 **招聘** zhāopìn [동]모집하다 **广告** guǎnggào [명]광고 **递交** dìjiāo [동]내다, 제출하다 **申请** shēnqǐng [동]신청하다 **过程** guòchéng [명]과정 **幸运** xìngyùn [형]운이 좋다 **面试** miànshì [동]면접시험을 치다 **总而言之** zǒng'éryánzhī [성]결론적으로 **紧张** jǐnzhāng [형]긴장해 있다 **期待** qīdài [동]기대하다

- **找工作** zhǎo gōngzuò 일자리를 찾다, 구직하다
- **实现梦想** shíxiàn mèngxiǎng 꿈을 실현하다
- **招聘广告** zhāopìn guǎnggào 모집 광고, 구인 광고
- **得到机会** dédào jīhuì 기회를 얻다

2.

도입			我	最	近	和	家	人	一	起	度	过	了	除	夕	夜。
	这	是	为	了	和	全	家	人	一	起	庆	祝	新	年	的	到
전개	来	。	首	先	我	们	吃	了	父	亲	亲	自	做	的	美	食，
	然	后	互	相	交	换	了	礼	物	。	于	是	我	在	开	心
	的	氛	围	中	迎	来	了	新	年	。	总	之	，	这	件	事
마무리	给	我	留	下	了	幸	福	的	回	忆	。					

도입 나는 최근에 가족과 함께 섣달그믐 밤을 보냈다.

전개 이것은 모든 가족과 함께 새해가 오는 것을 축하하기 위해서였다. 먼저 우리는 아버지가 직접 만드신 맛있는 음식을 먹었고, 그 다음에 서로 선물을 교환했다. 그래서 나는 즐거운 분위기 속에서 새해를 맞이했다.

마무리 한마디로 말해서, 이 일은 내게 행복한 추억을 남겼다.

어휘 **度过** dùguò [동](시간을) 보내다 **除夕** chúxī [명]섣달그믐[12월 31일] **夜** yè [명]밤 **庆祝** qìngzhù [동]축하하다 **到来** dàolái [동]오다 **首先** shǒuxiān [부]먼저 **父亲** fùqīn [명]아버지 **亲自** qīnzì [부]직접 **互相** hùxiāng [부]서로 **交换** jiāohuàn [동]교환하다 **于是** yúshì [접]그래서 **氛围** fēnwéi [명]분위기 **迎来** yínglái 맞이하다 **总之** zǒngzhī [접]한마디로 말하면 **幸福** xìngfú [형]행복하다 **回忆** huíyì [동]추억하다

- **度过除夕夜** dùguò chúxī yè 섣달그믐 밤을 보내다
- **和A一起庆祝B** hé A yìqǐ qìngzhù B A와 함께 B를 축하하다
- **互相交换** hùxiāng jiāohuàn 서로 교환하다

비책 공략하기 모범 답안

1 가정·일상 생활 관련 글쓰기 p.258

1. 가족

도입		我	最	近	回	家	乡	看	望	姥	姥	了	。	这	是
	为	了	祝	贺	姥	姥	退	休	。	首	先	我	带	姥	姥	去
전개	餐	厅	吃	了	饭	，	然	后	把	准	备	好	的	礼	物	送 48
	给	了	她	，	姥	姥	十	分	感	动	。	在	这	个	过	程
	中	，	我	下	决	心	平	时	也	要	好	好	孝	顺	姥	姥。 80
마무리	总	而	言	之	，	这	件	事	让	我	感	到	很	幸	福	。

도입 나는 최근에 고향에 가서 외할머니를 찾아뵈었다.

전개 이것은 외할머니가 퇴직하시는 것을 축하하기 위해서였다. 먼저 나는 외할머니를 모시고 식당에 가서 밥을 먹었고, 그 다음에 준비한 선물을 그녀에게 드렸는데, 외할머니는 매우 감동하셨다. 이 과정에서, 나는 평소에도 외할머니께 잘 효도하기로 다짐했다.

마무리 결론적으로, 이 일은 나로 하여금 행복을 느끼게 했다.

어휘 家乡 jiāxiāng 圀 고향　看望 kànwàng 통 찾아가 보다　姥姥 lǎolao 圀 외할머니　祝贺 zhùhè 통 축하하다
退休 tuìxiū 통 퇴직하다　首先 shǒuxiān 閅 먼저　餐厅 cāntīng 圀 식당　十分 shífēn 閅 매우　感动 gǎndòng 통 감동하다
过程 guòchéng 圀 과정　决心 juéxīn 圀 다짐 통 결심하다　平时 píngshí 圀 평소　孝顺 xiàoshùn 통 효도하다
总而言之 zǒng'éryánzhī 圀 결론적으로　幸福 xìngfú 혱 행복하다

· 带……去餐厅吃饭 dài …… qù cāntīng chīfàn ~을/를 데리고 식당에 가서 밥을 먹다
· 把礼物送给A bǎ lǐwù sòng gěi A 선물을 A에게 주다
· 下决心 xià juéxīn 다짐하다

2. 결혼/기념일

도입		我	最	近	参	加	了	妹	妹	的	婚	礼	。	这	是
	为	了	给	她	送	上	祝	福	。	虽	然	有	些	亲	戚	没
전개	来	，	但	婚	礼	的	气	氛	还	是	相	当	热	闹	的	。 48
	在	这	个	过	程	中	，	我	决	心	每	年	都	为	妹	妹
	庆	祝	她	的	结	婚	纪	念	日	。	总	之	，	这	件	事 80
마무리	给	我	留	下	了	美	好	的	回	忆	。					

도입 나는 최근에 여동생의 결혼식에 참석했다.

전개 이것은 그녀에게 축복을 보내주기 위해서였다. 비록 몇몇 친척들이 오지 않았지만, 그러나 결혼식의 분위기는 그래도 상당히 떠들썩했다. 이 과정에서, 나는 매년 여동생을 위해 그녀의 결혼기념일을 축하해 주기로 결심했다.

마무리 한마디로 말해서, 이 일은 내게 아름다운 추억을 남겼다.

어휘 婚礼 hūnlǐ 圀 결혼식　祝福 zhùfú 통 축복하다　亲戚 qīnqi 圀 친척　气氛 qìfēn 圀 분위기　相当 xiāngdāng 閅 상당히
热闹 rènao 혱 떠들썩하다　过程 guòchéng 圀 과정　决心 juéxīn 통 결심하다 圀 결심　庆祝 qìngzhù 통 축하하다
纪念日 jìniànrì 圀 기념일　总之 zǒngzhī 閅 한마디로 말하면　留 liú 통 남기다　美好 měihǎo 혱 아름답다　回忆 huíyì 통 추억하다

· 参加婚礼 cānjiā hūnlǐ 결혼식에 참석하다
· 气氛热闹 qìfēn rènao 분위기가 떠들썩하다
· 庆祝纪念日 qìngzhù jìniànrì 기념일을 축하하다

3. 주거/인테리어

도입 나는 최근에 아파트를 한 채 임대했다.

전개 이것은 새로운 환경에서 생활하기 위해서였다. 비록 이 아파트는 구조가 비교적 단순하지만, 그러나 인테리어가 잘되어 있어서, 나의 일상생활을 더 편안하게 만들 수 있다. 그래서 나는 앞으로의 생활이 기대되기 시작했다.

마무리 결론적으로, 이 일은 나로 하여금 매우 만족을 느끼게 했다.

어휘 租 zū 圖 임대하다 套 tào 圖 채[건물을 셀 때 쓰임] 公寓 gōngyù 圖 아파트 生活 shēnghuó 圖 생활하다 圖 생활
结构 jiégòu 圖 구조 装修 zhuāngxiū 圖 인테리어 하다 日常 rìcháng 圖 일상의 舒适 shūshì 圖 편안하다 于是 yúshì 圖 그래서
期待 qīdài 圖 기대하다 总而言之 zǒng'éryánzhī 결론적으로 十分 shífēn 圖 매우 满足 mǎnzú 圖 만족하다

· 租公寓 zū gōngyù 아파트를 임대하다
· 在……的环境中生活 zài …… de huánjìng zhōng shēnghuó ~한 환경에서 생활하다
· 日常生活 rìcháng shēnghuó 일상생활
· 接下来的生活 jiēxiàlai de shēnghuó 앞으로의 생활

4. 요리/식습관

도입 나는 최근에 좋은 식습관을 길렀다.

전개 이것은 식량을 낭비하지 않기 위해서였다. 엄마의 도움으로, 나는 음식을 소중하게 여겨야 한다는 것을 배웠다. 그래서 나는 가능한 한 이전의 나쁜 버릇을 고치고, 식량을 아끼는 사람이 되고 싶다.

마무리 결론적으로, 이 일은 나를 많이 성장하게 했다.

어휘 养成 yǎngchéng 圖 기르다 良好 liánghǎo 圖 좋다 饮食 yǐnshí 圖 음식 浪费 làngfèi 圖 낭비하다 粮食 liángshi 圖 식량
珍惜 zhēnxī 圖 소중하게 여기다 食物 shíwù 圖 음식 于是 yúshì 圖 그래서 尽量 jǐnliàng 圖 가능한 한
改掉 gǎidiào 圖 고치다 毛病 máobìng 圖 나쁜 버릇 成为 chéngwéi 圖 ~이 되다 爱惜 àixī 圖 아끼다
总而言之 zǒng'éryánzhī 결론적으로 成长 chéngzhǎng 圖 성장하다

· 养成习惯 yǎngchéng xíguàn 습관을 기르다
· 饮食习惯 yǐnshí xíguàn 식습관
· 珍惜食物 zhēnxī shíwù 음식을 소중하게 여기다
· 改掉毛病 gǎidiào máobìng 나쁜 버릇을 고치다

5. 패션/뷰티

도입 我 最 近 给 爸 爸 送 了 一 条 围 巾 。 这

전개 是 为 了 改 变 爸 爸 的 形 象 ， 让 他 跟 得 上
流 行 趋 势 。 虽 然 围 巾 样 式 独 特 ， 但 它 ⁴⁸
很 适 合 爸 爸 。 于 是 我 感 觉 爸 爸 和 以 前

마무리 完 全 不 一 样 了 ， 变 得 格 外 时 尚 。 总 而 ⁸⁰
言 之 ， 这 件 事 让 我 感 到 十 分 高 兴 。

도입 나는 최근에 아빠에게 스카프 하나를 선물했다.

전개 이것은 아빠의 이미지를 바꿔서, 아빠가 유행 트렌드를 따라잡을 수 있게 하기 위해서였다. 비록 스카프는 스타일이 독특했지만, 그러나 아빠에게 잘 어울렸다. 그래서 나는 아빠가 이전과는 완전히 달라지셨고, 매우 스타일리쉬하게 변하셨다고 느꼈다.

마무리 결론적으로, 이 일은 나로 하여금 매우 기쁨을 느끼게 했다.

어휘 **围巾** wéijīn 몡스카프 **改变** gǎibiàn 툉바꾸다 **形象** xíngxiàng 몡이미지 **跟得上** gēn de shàng 따라잡을 수 있다, 견줄 만하다
流行 liúxíng 툉유행하다 **趋势** qūshì 몡트렌드, 추세 **样式** yàngshì 몡스타일 **独特** dútè 톙독특하다 **适合** shìhé 툉어울리다
于是 yúshì 젭그래서 **感觉** gǎnjué 툉~라고 느끼다 **完全** wánquán 뵈완전히 **格外** géwài 뵈매우
时尚 shíshàng 톙스타일리쉬하다 **总而言之** zǒng'éryánzhī 젭결론적으로

· **给A送B** gěi A sòng B A에게 B를 주다
· **改变形象** gǎibiàn xíngxiàng 이미지를 바꾸다
· **样式独特** yàngshì dútè 스타일이 독특하다

6. 생활 안전/수칙

도입 我 最 近 上 过 一 次 火 灾 安 全 课 。 这

전개 是 为 了 发 生 意 外 时 能 够 正 确 应 对 。 首
先 我 学 到 的 是 要 保 持 冷 静 ， 然 后 尽 快 ⁴⁸
采 取 有 效 措 施 。 在 这 个 过 程 中 ， 我 知

마무리 道 了 预 防 火 灾 及 管 理 的 重 要 性 。 总 之 ， ⁸⁰
这 件 事 给 我 留 下 了 深 刻 的 印 象 。

도입 나는 최근에 화재 안전 교육을 한 번 들은 적이 있다.

전개 이것은 뜻밖의 사고가 발생했을 때 올바르게 대처할 수 있기 위해서였다. 먼저 내가 배운 것은 침착함을 유지해야 한다는 것이었고, 그 다음에는 되도록 빨리 효과적인 조치를 취해야 한다는 것이었다. 이 과정에서, 나는 화재 예방 및 관리의 중요성을 알게 되었디.

마무리 한마디로 말해서, 이 일은 내게 깊은 인상을 남겼다.

어휘 **火灾** huǒzāi 몡화재 **安全** ānquán 톙안전하다 **发生** fāshēng 툉발생하다 **意外** yìwài 몡뜻밖의 사고 톙의외의
正确 zhèngquè 톙올바르다 **应对** yìngduì 툉대처하다 **首先** shǒuxiān 뵈먼저 **保持** bǎochí 툉유지하다
冷静 lěngjìng 톙침착하다 **尽快** jǐnkuài 뵈되도록 빨리 **采取** cǎiqǔ 툉취하다 **有效** yǒuxiào 톙효과가 있다
措施 cuòshī 몡조치 **过程** guòchéng 몡과정 **预防** yùfáng 툉예방하다 **管理** guǎnlǐ 툉관리하다
总之 zǒngzhī 젭한마디로 말하면 **留** liú 툉남기다 **深刻** shēnkè 톙(인상이) 깊다 **印象** yìnxiàng 몡인상

· **发生意外** fāshēng yìwài 뜻밖의 사고가 발생하다
· **保持冷静** bǎochí lěngjìng 침착함을 유지하다
· **采取措施** cǎiqǔ cuòshī 조치를 취하다

② 사회·취미 활동 관련 글쓰기 p.264

1. 사교/인간관계

도입			我	最	近	在	隔	壁	邻	居	的	邀	请	下	，		参	
	加	了	一	个	聚	会	。	这	是	为	了	度	过	愉	快	的	
전개	时	间	。	虽	然	很	多	人	根	本	不	认	识	我	，	但	48
	是	他	们	对	我	很	友	好	，	还	和	我	拍	了	合	影。	
	在	这	个	过	程	中	，	我	交	了	很	多	善	良	的	朋	80
마무리	友	。	总	而	言	之	，	这	件	事	让	我	很	开	心	。	

도입 나는 최근에 이웃의 초대로 한 모임에 참석했다.

전개 이것은 즐거운 시간을 보내기 위해서였다. 비록 많은 사람들이 나를 전혀 몰랐지만, 그러나 그들은 나에게 우호적이었고, 나와 단체 사진도 찍었다. 이 과정에서, 나는 많은 선량한 친구들을 사귀었다.

마무리 결론적으로, 이 일은 나를 즐겁게 했다.

어휘 **隔壁** gébì 圓이웃 **邀请** yāoqǐng 圖초대하다 **聚会** jùhuì 圓모임 圖모이다 **度过** dùguò 圖(시간을) 보내다
愉快 yúkuài 圓즐겁다 **根本** gēnběn 圖전혀 **友好** yǒuhǎo 圓우호적이다 **拍** pāi 圖(사진을) 찍다 **合影** héyǐng 圓단체 사진
过程 guòchéng 圓과정 **交** jiāo 圖사귀다 **善良** shànliáng 圓선량하다 **总而言之** zǒng'éryánzhī 圓결론적으로
开心 kāixīn 圓즐겁다

- **参加聚会** cānjiā jùhuì 모임에 참석하다
- **度过……的时间** dùguò……de shíjiān ~한 시간을 보내다
- **拍合影** pāi héyǐng 단체 사진을 찍다
- **交朋友** jiāo péngyou 친구를 사귀다

2. 운동/건강

도입			我	最	近	开	始	健	身	了	。	这	是	为	了	检	
	查	身	体	状	态	，	让	自	己	变	得	更	健	康	。	在	
전개	教	练	的	帮	助	下	，	我	取	得	了	明	显	的	健	身	48
	效	果	。	在	这	个	过	程	中	，	我	决	心	要	逐	步	
	克	服	缺	点	，	实	现	目	标	。	总	而	言	之	，	这	80
마무리	件	事	让	我	很	有	成	就	感	。							

도입 나는 최근에 헬스를 시작했다.

전개 이것은 신체 상태를 점검하고, 스스로를 더 건강하게 변화시키기 위해서였다. 트레이너의 도움으로, 나는 뚜렷한 헬스 효과를 얻었다. 이 과정에서, 나는 약점을 점차 극복하고, 목표를 이루기로 결심했다.

마무리 결론적으로, 이 일은 나로 하여금 성취감을 가지게 했다.

어휘 **健身** jiànshēn 圖헬스하다 **状态** zhuàngtài 圓상태 **教练** jiàoliàn 圓트레이너 **取得** qǔdé 圖얻다
明显 míngxiǎn 圓뚜렷하다 **效果** xiàoguǒ 圓효과 **过程** guòchéng 圓과정 **决心** juéxīn 圖결심하다 圓결심
逐步 zhúbù 圖점차 **克服** kèfú 圖극복하다 **缺点** quēdiǎn 圓약점 **实现** shíxiàn 圖이루다 **目标** mùbiāo 圓목표
总而言之 zǒng'éryánzhī 圓결론적으로 **成就感** chéngjiùgǎn 圓성취감

- **身体状态** shēntǐ zhuàngtài 신체 상태
- **取得……的效果** qǔdé……de xiàoguǒ ~한 효과를 얻다
- **克服缺点** kèfú quēdiǎn 약점을 극복하다
- **实现目标** shíxiàn mùbiāo 목표를 이루다

3. 쇼핑

도입 나는 최근에 쇼핑센터에서 컴퓨터를 한 대 구입했다.

전개 이것은 부품에 문제가 생긴 컴퓨터를 바꾸기 위해서였다. 판매원의 도움으로, 나는 한 인기 제품이 때마침 할인 행사를 하고 있다는 것을 알게 되었다. 그래서 나는 그 제품을 구입했다.

마무리 결론적으로, 이 일은 나로 하여금 만족을 느끼게 했다.

어휘　购物 gòuwù 圈쇼핑하다　**中心** zhōngxīn 圈센터　**台** tái 圈대[기계·설비 등을 셀 때 쓰임]　**零件** língjiàn 圈부품
　　　售货员 shòuhuòyuán 圈판매원　**热门** rèmén 圈인기 있는 것　**产品** chǎnpǐn 圈제품, 생산품　**正好** zhènghǎo 凰때마침
　　　搞 gǎo 圈~하다　**优惠** yōuhuì 圈할인의　**活动** huódòng 圈행사　**于是** yúshì 圈그래서
　　　总而言之 zǒng'éryánzhī 圈결론적으로　**满足** mǎnzú 圈만족하다

· **购物中心** gòuwù zhōngxīn 쇼핑센터
· **热门产品** rèmén chǎnpǐn 인기 제품
· **优惠活动** yōuhuì huódòng 할인 행사

4. 여행/사진

도입 나는 최근에 풍경이 아름다운 곳에 간 적이 있다.

전개 이것은 한가한 시간에 대자연을 느끼기 위해서였다. 비록 그곳에는 곳곳마다 촬영하는 사람들이 있었지만, 그러나 나는 대자연의 아름다움을 만끽했다. 이 과정에서, 나는 기념할 만한 많은 사진들을 찍었다.

마무리 한마디로 말해서, 이 일은 내게 잊지 못할 추억을 남겼다.

어휘　风景 fēngjǐng 圈풍경　**优美** yōuměi 圈아름답다　**空闲** kòngxián 圈한가하다 圈여가　**感受** gǎnshòu 圈느끼다
　　　自然 zìrán 圈자연　**到处** dàochù 凰곳곳에　**摄影** shèyǐng 圈촬영하다　**享受** xiǎngshòu 圈만끽하다
　　　美好 měihǎo 圈아름답다　**过程** guòchéng 圈과정　**拍** pāi 圈(사진이나 영상을) 찍다　**值得** zhídé 圈~할 만하다
　　　纪念 jìniàn 圈기념하다 圈기념　**总之** zǒngzhī 圈한마디로 말하면　**留** liú 圈남기다　**回忆** huíyì 圈추억하다

· **风景优美** fēngjǐng yōuměi 풍경이 아름답다
· **空闲时间** kòngxián shíjiān 한가한 시간, 여가 시간
· **拍照片** pāi zhàopiàn 사진을 찍다

5. 음악/미술

도입

| 我 | 最 | 近 | 去 | 美 | 术 | 馆 | 欣 | 赏 | 了 | 名 | 人 | 的 | 美 |

| 术 | 作 | 品 | 。 | 这 | 是 | 为 | 了 | 获 | 得 | 新 | 的 | 体 | 验 | 。 | 首 |

전개

| 先 | 我 | 看 | 了 | 美 | 丽 | 的 | 风 | 景 | 画 | ， | 然 | 后 | 又 | 被 | 更 | 48 |

| 多 | 作 | 品 | 吸 | 引 | 到 | 了 | 。 | 在 | 这 | 个 | 过 | 程 | 中 | ， | 我 |

| 了 | 解 | 到 | 了 | 很 | 多 | 艺 | 术 | 风 | 格 | ， | 总 | 算 | 是 | 理 | 解 | 80 |

마무리

| 了 | 美 | 术 | 的 | 魅 | 力 | 。 | 总 | 而 | 言 | 之 | ， | 这 | 件 | 事 | 让 |

| 我 | 感 | 到 | 十 | 分 | 激 | 动 | 。 |

도입 나는 최근에 미술관에 가서 명인의 미술 작품을 감상했다.

전개 이것은 새로운 경험을 얻기 위해서였다. 먼저 나는 아름다운 풍경화를 봤고, 그 다음에 더 많은 작품에 매료되었다. 이 과정에서, 나는 많은 예술 스타일을 알게 되었고, 마침내 미술의 매력을 이해하게 되었다.

마무리 결론적으로, 이 일은 나로 하여금 매우 감동을 느끼게 했다.

어휘 **美术馆** měishùguǎn 🏛미술관 **欣赏** xīnshǎng 🈺감상하다 **名人** míngrén 🈺명인 **美术** měishù 🈺미술
作品 zuòpǐn 🈺작품 **获得** huòdé 🈺얻다 **体验** tǐyàn 🈺경험하다 **首先** shǒuxiān 🈺먼저 **美丽** měilì 🈺아름답다
风景画 fēngjǐnghuà 🈺풍경화 **吸引** xīyǐn 🈺매료시키다 **过程** guòchéng 🈺과정 **艺术** yìshù 🈺예술
风格 fēnggé 🈺스타일 **总算** zǒngsuàn 🈺마침내 **理解** lǐjiě 🈺이해하다 **魅力** mèilì 🈺매력
总而言之 zǒng'éryánzhī 🈺결론적으로 **十分** shífēn 🈺매우 **激动** jīdòng 🈺감동하다

· **欣赏美术作品** xīnshǎng měishù zuòpǐn 미술 작품을 감상하다
· **获得……的体验** huòdé …… de tǐyàn ~한 경험을 얻다
· **被A吸引** bèi A xīyǐn A에 매료되다
· **艺术风格** yìshù fēnggé 예술 스타일

6. 공연/전시

도입 나는 최근에 박물관에 가서 견학 학습을 한 적이 있다.

전개 이것은 여가 생활을 더 의미 있게 만들기 위해서였다. 먼저 나는 전시관에 들어갔고, 그 다음에 많은 전통 예술품들을 구경했다. 이 과정에서, 나는 역사가 오래된 전통문화를 잘 보존해야 한다는 것을 알게 되었다.

마무리 결론적으로, 이 일은 나로 하여금 귀중한 경험을 얻게 했다.

어휘 **博物馆** bówùguǎn 🈺박물관 **参观** cānguān 🈺견학하다 **业余** yèyú 🈺여가의 **生活** shēnghuó 🈺생활 🈺생활하다
意义 yìyì 🈺의미 **首先** shǒuxiān 🈺먼저 **展览馆** zhǎnlǎnguǎn 🈺전시관 **观看** guānkàn 🈺구경하다
传统 chuántǒng 🈺전통 **艺术品** yìshùpǐn 🈺예술품 **过程** guòchéng 🈺과정 **保存** bǎocún 🈺보존하다
悠久 yōujiǔ 🈺오래되다 **总而言之** zǒng'éryánzhī 🈺결론적으로 **宝贵** bǎoguì 🈺귀중하다 **经验** jīngyàn 🈺경험

· **业余生活** yèyú shēnghuó 여가 생활
· **观看艺术品** guānkàn yìshùpǐn 예술품을 구경하다
· **保存传统文化** bǎocún chuántǒng wénhuà 전통문화를 보존하다
· **历史悠久** lìshǐ yōujiǔ 역사가 오래되다
· **宝贵的经验** bǎoguì de jīngyàn 귀중한 경험

7. 방송/행사

도입| 我	最	近	去	过	电	影	明	星	的	签	名	会	。

这 是 为 了 见 到 有 名 的 明 星 。 首 先 我 排
队 得 到 了 那 个 明 星 的 签 名 ， 然 后 又 和 48
他 握 手 了 。 在 这 个 过 程 中 ， 我 发 现 那
个 明 星 有 巨 大 的 魅 力 。 总 而 言 之 ， 这 80
件 事 让 我 始 终 都 很 兴 奋 。

도입 나는 최근에 영화 스타의 사인회에 간 적이 있다.

전개 이것은 유명한 스타를 만나기 위해서였다. 먼저 나는 줄을 서서 그 스타의 사인을 받았고, 그 다음에 또 그와 악수했다. 이 과정에서, 나는 그 스타가 큰 매력을 가지고 있다는 것을 발견했다.

마무리 결론적으로, 이 일은 줄곧 나를 흥분시키고 있다.

어휘 **明星** míngxīng 몡스타　**签名会** qiānmínghuì 사인회　**首先** shǒuxiān 몡먼저　**排队** páiduì 몡줄을 서다
签名 qiānmíng 몡사인 통서명하다　**握手** wòshǒu 통악수하다　**过程** guòchéng 몡과정　**巨大** jùdà 톙크다
魅力 mèilì 몡매력　**总而言之** zǒng'éryánzhī 囵결론적으로　**始终** shǐzhōng 뮈줄곧　**兴奋** xīngfèn 톙흥분하다

· **得到签名** dédào qiānmíng 사인을 받다
· **和A握手** hé A wòshǒu A와 악수하다
· **发现魅力** fāxiàn mèilì 매력을 발견하다

8. 시사/이슈

| |도입| | 我 | 最 | 近 | 和 | 朋 | 友 | 讨 | 论 | 过 | 节 | 约 | 能 | 源 | 的 |

重 要 性 。 这 是 为 了 学 习 如 何 保 护 环 境 。
虽 然 心 情 有 些 复 杂 ， 但 我 知 道 了 节 约 48
能 源 是 一 件 迫 切 的 事 情 。 于 是 我 决 心
实 行 一 些 有 价 值 的 实 践 方 案 。 总 之 ， 80
这 件 事 给 我 留 下 了 深 刻 的 印 象 。

도입 나는 최근에 친구와 에너지 절약의 중요성을 토론한 적이 있다.

전개 이것은 어떻게 환경을 보호할 것인지를 배우기 위해서였다. 비록 마음이 조금 복잡했지만, 그러나 나는 에너지를 절약하는 것이 절박한 일이라는 것을 알게 되었다. 그래서 나는 몇 가지 가치 있는 실천 방안을 실행하기로 결심했다.

마무리 한마디로 말해서, 이 일은 내게 깊은 인상을 남겼다.

어휘 **讨论** tǎolùn 통토론하다　**节约** jiéyuē 통절약하다　**能源** néngyuán 몡에너지　**如何** rúhé 떼어떻다　**保护** bǎohù 통보호하다
心情 xīnqíng 몡마음　**复杂** fùzá 톙복잡하다　**迫切** pòqiè 톙절박하다　**于是** yúshì 젭그래서　**决心** juéxīn 통결심하다 몡결심
实行 shíxíng 통실행하다　**价值** jiàzhí 몡가치　**实践** shíjiàn 통실천하다　**方案** fāng'àn 몡방안
总之 zǒngzhī 한마디로 말하면　**留** liú 통남기다　**深刻** shēnkè 톙(인상이) 깊다　**印象** yìnxiàng 몡인상

· **节约能源** jiéyuē néngyuán 에너지 절약
· **保护环境** bǎohù huánjìng 환경을 보호하다
· **实践方案** shíjiàn fāng'àn 실천 방안

❸ 학교·직장 생활 관련 글쓰기 p.272

1. 학업

		我	最	近	开	始	听	新	的	专	业	课	了	。	这
是	为	了	付	出	更	多	精	力	，	不	断	获	得	新	知
识	。	在	教	授	的	帮	助	下	，	我	制	定	了	明	确
的	计	划	，	坚	持	每	天	学	习	。	在	这	个	过	程
中	，	我	的	校	园	生	活	变	得	十	分	精	彩	。	总
而	言	之	，	这	件	事	让	我	感	受	到	了	学	习	的
快	乐	。													

도입 나는 최근에 새로운 전공 수업을 듣기 시작했다.

전개 이것은 더 많은 에너지를 쏟아, 끊임없이 새로운 지식을 얻기 위해서였다. 교수님의 도움으로, 나는 명확한 계획을 세웠고, 꾸준히 매일 공부했다. 이 과정에서, 나의 캠퍼스 생활은 매우 다채롭게 변했다.

마무리 결론적으로, 이 일은 나로 하여금 공부의 즐거움을 느끼게 해 주었다.

어휘 **专业** zhuānyè 圏전공 **付出** fùchū 圏(힘이나 대가를) 쏟다 **精力** jīnglì 圏에너지 **不断** búduàn 囤끊임없이
获得 huòdé 圐얻다 **制定** zhìdìng 圐세우다 **明确** míngquè 圐명확하다 **计划** jìhuà 圏계획 **坚持** jiānchí 圐꾸준히 하다
过程 guòchéng 圏과정 **校园** xiàoyuán 圏캠퍼스 **生活** shēnghuó 圏생활 圐생활하다 **十分** shífēn 囤매우
精彩 jīngcǎi 圐다채롭다 **总而言之** zǒng'éryánzhī 圐결론적으로 **感受** gǎnshòu 圐(영향을) 느끼다

· **听专业课** tīng zhuānyèkè 전공 수업을 듣다
· **付出精力** fùchū jīnglì 에너지를 쏟다
· **获得知识** huòdé zhīshí 지식을 얻다
· **制定计划** zhìdìng jìhuà 계획을 세우다

2. 졸업/구직

		我	最	近	完	成	了	毕	业	论	文	。	这	是	为
了	实	现	取	得	学	历	的	梦	想	。	虽	然	写	论	文
很	辛	苦	，	但	是	幸	亏	有	教	授	的	帮	助	，	我
取	得	了	出	色	的	成	绩	。	于	是	我	很	感	谢	他
没	有	让	我	浪	费	青	春	。	总	而	言	之	，	这	件
事	让	我	很	有	成	就	感	。							

도입 나는 최근에 졸업 논문을 완성했다.

전개 이것은 학력 취득의 꿈을 이루기 위해서였다. 비록 논문을 쓰는 것은 힘들었지만, 그러나 다행히 교수님의 도움으로, 나는 뛰어난 성적을 거두었다. 그래서 나는 내가 청춘을 낭비하지 않도록 해 주신 그에게 감사했다.

마무리 결론적으로, 이 일은 나로 하여금 성취감을 가지게 했다.

어휘 **毕业** bìyè 圐졸업하다 **论文** lùnwén 圏논문 **实现** shíxiàn 圐이루다 **取得** qǔdé 圐취득하다, (성적을) 거두다 **学历** xuélì 圏학력
梦想 mèngxiǎng 圏꿈 圐갈망하다 **辛苦** xīnkǔ 圐힘들다 **幸亏** xìngkuī 囤다행히 **教授** jiàoshòu 圏교수
出色 chūsè 圐뛰어나다 **于是** yúshì 圖그래서 **感谢** gǎnxiè 圐감사하다 **浪费** làngfèi 圐낭비하다 **青春** qīngchūn 圏청춘
总而言之 zǒng'éryánzhī 圐결론적으로 **成就感** chéngjiùgǎn 圏성취감

· **实现梦想** shíxiàn mèngxiǎng 꿈을 이루다
· **取得学历** qǔdé xuélì 학력을 취득하다
· **取得出色的成绩** qǔdé chūsè de chéngjì 뛰어난 성적을 거두다

3. 업무/성과

도입 나는 최근에 아르바이트 생활을 시작했다.

전개 이것은 새로운 기술을 배우기 위해서였다. 비록 이 일은 단지 임시적이지만, 그러나 나는 빠르게 모든 업무를 능숙하게 파악했다. 그래서 나는 순조롭게 나의 목표를 달성했고, 괜찮은 수입도 얻었다.

마무리 결론적으로, 이 일은 나를 또 한 번 성장하게 했다.

어휘 打工 dǎgōng 통 아르바이트하다 生活 shēnghuó 명 생활 통 생활하다 技术 jìshù 명 기술 临时 línshí 형 임시의 부 임시로
熟练 shúliàn 형 능숙하다 掌握 zhǎngwò 통 파악하다 所有 suǒyǒu 형 모든 业务 yèwù 명 업무 于是 yúshì 접 그래서
顺利 shùnlì 형 순조롭다 达到 dádào 통 달성하다 目标 mùbiāo 명 목표 收入 shōurù 명 수입
总而言之 zǒng'éryánzhī 접 결론적으로 成长 chéngzhǎng 통 성장하다

· 熟练掌握 shúliàn zhǎngwò 능숙하게 파악하다
· 达到目标 dádào mùbiāo 목표를 달성하다
· 得到收入 dédào shōurù 수입을 얻다

실전연습문제 p.275

1	委屈	鼓励	批评	方案	安慰

委屈 wěiqu 통 억울하다 鼓励 gǔlì 통 격려하다 批评 pīpíng 통 나무라다, 비판하다 方案 fāng'àn 명 방안
安慰 ānwèi 통 위로하다

STEP 1 소재 정하기
아들을 나무라며 나도 함께 성장했던 경험

STEP 2 아웃라인 잡고 짧은 글쓰기
도입 **나는** 최근에 아들을 나무랐음(批评)
전개 **이것은** 아들의 나쁜 습관을 고치기 위해서였음
비록 아이는 처음에 조금 억울해 했지만(委屈), **그러나** 결국 나의 마음을 이해했음
그래서 나는 개선 방안(方案)을 아이에게 알려줬고, 그를 위로하고(安慰) 격려했음(鼓励)
마무리 **결론적으로,** 이 일은 나와 아들을 함께 성장시켰음

모범 답안

도입			我	最	近	批	评	了	儿	子	。	这	是	为	了	让
전개	他	改	掉	身	上	的	坏	习	惯	。	虽	然	孩	子	刚	开
	始	有	点	儿	委	屈	，	但	是	最	终	还	是	理	解	了
	我	的	苦	心	。	于	是	我	把	改	善	方	案	告	诉	了
마무리	孩	子	，	安	慰	并	鼓	励	了	他	。	总	而	言	之	，
	这	件	事	让	我	和	孩	子	共	同	成	长	了	。		

도입 나는 최근에 아들을 나무랐다.

전개 이것은 그로 하여금 그의 나쁜 습관을 고치게 하기 위해서였다. 비록 아이는 처음에 조금 억울해했지만, 그러나 결국에는 나의 고심을 이해했다. 그래서 나는 개선 방안을 아이에게 알려줬고, 그를 위로하고 또 격려했다.

마무리 결론적으로, 이 일은 나와 아이를 함께 성장시켰다.

어휘 **批评** pīpíng [동]나무라다, 비판하다 **改掉** gǎidiào [동]고치다 **委屈** wěiqu [형]억울하다 **最终** zuìzhōng [명]결국 **理解** lǐjiě [동]이해하다 **苦心** kǔxīn [명]고심 **于是** yúshì [접]그래서 **改善** gǎishàn [동]개선하다 **方案** fāng'àn [명]방안 **安慰** ānwèi [동]위로하다 **鼓励** gǔlì [동]격려하다 **总而言之** zǒng'éryánzhī [성]결론적으로 **共同** gòngtóng [부]함께

- **改掉坏习惯** gǎidiào huài xíguàn 나쁜 습관을 고치다
- **改善方案** gǎishàn fāng'àn 개선 방안

2 冠军 辛苦 教练 举办 属于

冠军 guànjūn [명]우승 **辛苦** xīnkǔ [형]힘들다 **教练** jiàoliàn [명]코치 [동]가르치다 **举办** jǔbàn [동]열다 **属于** shǔyú [동]~의 것이다

STEP 1 **소재 정하기**

내년에 열리는 축구 시합을 위해 준비하면서 더욱 자신이 생긴 경험

STEP 2 **아웃라인 잡고 짧은 글쓰기**

도입 **나는 최근에** 내년에 열리는(举办) 축구 시합을 위해 준비를 했음

전개 **이것은** 시합에서 우승(冠军)을 얻**기 위해서였음**

비록 훈련은 힘들었지만(辛苦)**, 그러나** 코치님(教练)의 도움으로 우리 팀은 점점 강하게 변했음

그래서 나는 승리는 우리 팀의 것이라고(属于) 믿음

마무리 **결론적으로, 이 일은 나**를 더욱 자신 있**게 했음**

모범 답안

도입			我	最	近	为	明	年	举	办	的	足	球	比	赛	做
전개	了	准	备	。	这	是	为	了	在	比	赛	中	获	得	冠	军。
	虽	然	训	练	很	辛	苦	，	但	是	在	教	练	的	帮	助
	下	，	我	们	队	变	得	越	来	越	强	。	于	是	我	相
마무리	信	胜	利	是	属	于	我	们	队	的	。	总	而	言	之	，
	这	件	事	让	我	变	得	更	加	自	信	了	。			

도입 나는 최근에 내년에 열리는 축구 시합을 위해 준비를 했다.

전개 이것은 시합에서 우승을 얻기 위해서였다. 비록 훈련은 힘들었지만, 그러나 코치님의 도움으로 우리 팀은 점점 강하게 변했다. 그래서 나는 승리는 우리 팀의 것이라고 믿는다.

마무리 결론적으로, 이 일은 나를 더욱 자신 있어 지게 했다.

어휘 **举办** jǔbàn 圖열다 **获得** huòdé 圖얻다 **冠军** guànjūn 圖우승 **训练** xùnliàn 圖훈련하다 **辛苦** xīnkǔ 圖힘들다
教练 jiàoliàn 圖코치 **队** duì 圖팀 **于是** yúshì 圖그래서 **胜利** shènglì 圖승리하다 **属于** shǔyú 圖~의 것이다
总而言之 zǒng'éryánzhī 圖결론적으로 **更加** gèngjiā 圖더욱 **自信** zìxìn 圖자신있다

· **获得冠军** huòdé guànjūn 우승을 얻다
· **训练很辛苦** xùnliàn hěn xīnkǔ 훈련이 힘들다
· **A变得越来越B** A biàn de yuèláiyuè B A가 점점 B하게 변하다

고득점비책 02 | 100번, 제시된 사진 보고 글쓰기

모범 답안 듣기 ▶

비책 공략하기 모범 답안

❶ 가정·일상 생활 관련 글쓰기 p.278

1. 가족

도입 我最近养了一只宠物狗。这是为
전개 了和小狗度过美好的日子。虽然我和
小狗相处的时间短，但它给我和家人 48
带来了很多快乐。于是我想未来和小
狗度过更多的时间。总而言之，这件 80
마무리 事让我感到非常幸福。

도입 나는 최근에 반려견 한 마리를 키우고 있다.
전개 이것은 강아지와 행복한 날을 보내기 위해서였다. 비록 나와 강아지가 함께 산 시간은 짧지만, 그러나 강아지는 나와 우리 가족에게 많은 기쁨을 가져다주었다. 그래서 나는 앞으로 강아지와 더 많은 시간을 보내고 싶다.
마무리 결론적으로, 이 일은 나로 하여금 매우 행복을 느끼게 했다.

어휘 **养** yǎng 圖키우다 **宠物狗** chǒngwùgǒu 반려견 **度过** dùguò 圖(시간을) 보내다 **美好** měihǎo 圖행복하다
日子 rìzi 圖날 **相处** xiāngchǔ 圖함께 살다 **家人** jiārén 圖가족 **于是** yúshì 圖그래서 **未来** wèilái 圖앞으로의 圖미래
总而言之 zǒng'éryánzhī 圖결론적으로 **幸福** xìngfú 圖행복하다 圖행복

· **度过……的日子** dùguò……de rìzi ~한 날을 보내다
· **和A相处** hé A xiāngchǔ A와 함께 살다
· **度过……的时间** dùguò……de shíjiān ~한 시간을 보내다

2. 결혼/기념일

도입 我最近举行了婚礼。这是为了组
建一个新的家庭。在家人和嘉宾们的
전개 帮助下，我在众人的祝福中顺利地进 48
行了婚礼。在这个过程中，我决定建
立一个快乐的家庭。总之，这件事给 80
마무리 我留下了美好的回忆。

도입 나는 최근에 결혼식을 올렸다.
전개 이것은 새로운 가정을 꾸리기 위해서였다. 가족과 손님들의 도움으로, 나는 많은 사람의 축복 속에서 순조롭게 결혼식을 진행했다. 이 과정에서, 나는 즐거운 가정을 만들기로 마음먹었다.
마무리 한마디로 말해서, 이 일은 내게 아름다운 추억을 남겼다.

어휘 **举行** jǔxíng [동]올리다 **婚礼** hūnlǐ [명]결혼식 **组建** zǔjiàn [동]꾸리다 **家庭** jiātíng [명]가정 **嘉宾** jiābīn [명]손님
众人 zhòngrén [명]많은 사람 **祝福** zhùfú [동]축복하다 **顺利** shùnlì [형]순조롭다 **进行** jìnxíng [동]진행하다
过程 guòchéng [명]과정 **建立** jiànlì [동]만들다 **总之** zǒngzhī [접]한마디로 말하면 **留** liú [동]남기다 **美好** měihǎo [형]아름답다
回忆 huíyì [동]추억하다

- **举行婚礼** jǔxíng hūnlǐ 결혼식을 올리다
- **组建家庭** zǔjiàn jiātíng 가정을 꾸리다
- **进行婚礼** jìnxíng hūnlǐ 결혼식을 진행하다
- **建立家庭** jiànlì jiātíng 가정을 만들다

3. 주거/인테리어

도입			我	最	近	在	卧	室	挂	了	一	个	新	的	窗	帘。
	这	是	为	了	改	变	家	里	的	装	修	风	格	。	首	先
전개	我	在	商	店	买	了	新	的	窗	帘	，	然	后	把	它	挂
	在	卧	室	的	窗	户	上	了	。	在	这	个	过	程	中	，
	我	成	功	地	改	变	了	家	里	的	环	境	。	总	而	言
마무리	之	，	这	件	事	让	我	感	到	十	分	满	足	。		

도입 나는 최근에 침실에 새 커튼을 하나 달았다.

전개 이것은 집의 인테리어 스타일을 바꾸기 위해서였다. 먼저 나는 상점에서 새 커튼을 구입했고, 그 다음에 그것을 침실의 창문 위에 달았다. 이 과정에서, 나는 집안 환경을 성공적으로 바꾸었다.

마무리 결론적으로, 이 일은 나로 하여금 매우 만족을 느끼게 했다.

어휘 **卧室** wòshì [명]침실 **挂** guà [동]달다 **窗帘** chuānglián [명]커튼 **改变** gǎibiàn [동]바꾸다 **装修** zhuāngxiū [동]인테리어 하다
风格 fēnggé [명]스타일 **首先** shǒuxiān [부]먼저 **窗户** chuānghu [명]창문 **过程** guòchéng [명]과정
成功 chénggōng [동]성공하다 **总而言之** zǒng'éryánzhī [성]결론적으로 **十分** shífēn [부]매우 **满足** mǎnzú [동]만족하다

- **挂窗帘** guà chuānglián 커튼을 달다
- **装修风格** zhuāngxiū fēnggé 인테리어 스타일
- **改变环境** gǎibiàn huánjìng 환경을 바꾸다

4. 요리/식습관

도입			我	最	近	和	太	太	一	起	做	菜	了	。	这	是
	为	了	亲	自	准	备	美	味	的	晚	餐	。	首	先	我	用
전개	刀	切	好	新	鲜	的	蔬	菜	，	然	后	将	它	和	其	他
	材	料	一	起	做	成	了	好	吃	的	食	物	。	于	是	我
	吃	到	了	满	意	的	晚	餐	。	总	而	言	之	，	这	件
마무리	事	让	我	感	到	非	常	幸	福	。						

도입 나는 최근에 아내와 함께 요리를 했다.

전개 이것은 맛있는 저녁 식사를 직접 준비하기 위해서였다. 먼저 나는 신선한 채소를 칼로 썰었고, 그 다음에 그것과 다른 재료를 함께 맛있는 음식으로 만들었다. 그래서 나는 만족스러운 저녁 식사를 했다.

마무리 결론적으로, 이 일은 나로 하여금 매우 행복을 느끼게 했다.

어휘 **太太** tàitai [명]아내 **亲自** qīnzì [부]직접 **美味** měiwèi [명]맛있는 음식 **晚餐** wǎncān [명]저녁 식사 **首先** shǒuxiān [부]먼저
刀 dāo [명]칼 **切** qiē [동](칼로) 썰다 **蔬菜** shūcài [명]채소 **材料** cáiliào [명]재료 **食物** shíwù [명]음식
于是 yúshì [접]그래서 **总而言之** zǒng'éryánzhī [성]결론적으로 **幸福** xìngfú [형]행복하다 [명]행복

- **和A一起做菜** hé A yìqǐ zuòcài A와 함께 요리를 하다
- **准备晚餐** zhǔnbèi wǎncān 저녁 식사를 준비하다
- **新鲜的蔬菜** xīnxiān de shūcài 신선한 채소

5. 패션/뷰티

도입　나는 최근에 새로운 헤어스타일로 바꿨다.

전개　이것은 나의 이미지를 바꾸고, 그 김에 기분을 전환하기 위해서였다. 미용사의 도움으로, 나는 머리카락을 파마했고, 또 가장 좋아하는 색으로 염색했다. 이 과정에서, 나는 나에게 가장 어울리는 새로운 헤어스타일을 찾았다.

마무리　결론적으로, 이 일은 나로 하여금 만족을 느끼게 했다.

도입　我最近换了新发型。这是为了改

전개　变自己的形象，顺便换换心情。在理发师的帮助下，我烫好了头发，还染了最喜欢的颜色。在这个过程中，我找到了最适合自己的新发型。总而言

마무리　之，这件事让我感到很满足。

어휘　**发型** fàxíng 圓헤어스타일　**改变** gǎibiàn 圄바꾸다　**形象** xíngxiàng 圓이미지　**顺便** shùnbiàn 圄~하는 김에
心情 xīnqíng 圓기분　**理发师** lǐfàshī 圓미용사　**烫** tàng 圄(머리를) 파마하다　**染** rǎn 圄염색하다　**过程** guòchéng 圓과정
适合 shìhé 圄어울리다　**总而言之** zǒng'éryánzhī 圄결론적으로　**满足** mǎnzú 圄만족하다

· **换发型** huàn fàxíng 헤어스타일을 바꾸다
· **改变形象** gǎibiàn xíngxiàng 이미지를 바꾸다
· **换换心情** huànhuan xīnqíng 기분을 전환하다
· **烫头发** tàng tóufa 머리카락을 파마하다

6. 생활 안전/수칙

도입　나는 최근에 낚시 금지 표지판과 관련된 지식을 배웠다.

전개　이것은 의외의 사고가 발생하는 것을 방지하기 위해서였다. 먼저 나는 표지판의 모양을 봤고, 그 다음에 표지판이 있는 곳에서 낚시하는 것이 위험하다는 것도 알게 되었다. 이 과정에서, 나는 앞으로 낚시를 할 때 먼저 표지판을 주의하기로 마음먹었다.

마무리　결론적으로, 이 일은 나로 하여금 안전의 중요성을 알게 했다.

도입　我最近学习了禁止钓鱼标志牌的

전개　相关知识。这是为了防止意外事故的发生。首先我看了标志牌的样子，然后又知道了在有标志牌的地方钓鱼很危险。在这个过程中，我决定今后钓鱼时首先要留意标志牌。总而言之，

마무리　这件事让我知道了安全的重要性。

어휘　**禁止** jìnzhǐ 圄금지하다　**钓鱼** diàoyú 圄낚시하다　**标志牌** biāozhìpái 표지판　**相关** xiāngguān 圄관련되다
防止 fángzhǐ 圄방지하다　**意外** yìwài 圄의외이다　**事故** shìgù 圓사고　**发生** fāshēng 圄발생하다　**首先** shǒuxiān 圄먼저
样子 yàngzi 圓모양　**危险** wēixiǎn 圄위험하다　**过程** guòchéng 圓과정　**今后** jīnhòu 圄앞으로　**留意** liúyì 圄주의하다
总而言之 zǒng'éryánzhī 圄결론적으로　**安全** ānquán 圄안전하다

· **禁止钓鱼标志牌** jìnzhǐ diàoyú biāozhìpái 낚시 금지 표지판
· **防止事故** fángzhǐ shìgù 사고를 방지하다
· **留意标志牌** liúyì biāozhìpái 표지판을 주의하다

❷ 사회·취미 활동 관련 글쓰기 p.284

1. 사교/인간관계

도입 | 我 最 近 和 几 个 朋 友 见 面 了 。 这 是
为 了 安 慰 刚 经 历 了 坏 事 的 小 王 。 在 我
전개 | 们 的 帮 助 下 ， 小 王 的 心 情 逐 渐 变 好 了 , 48
也 找 到 了 解 决 方 案 。 在 这 个 过 程 中 ，
我 感 受 到 了 安 慰 和 鼓 励 的 力 量 。 总 而 80
마무리 | 言 之 ， 这 件 事 让 我 知 道 了 安 慰 别 人 的
重 要 性 。

도입 나는 최근에 친구 몇 명과 만났다.

전개 이것은 막 힘든 일을 겪은 샤오왕을 위로하기 위해서였다. 우리들의 도움으로, 샤오왕의 기분은 조금씩 나아졌고, 또 해결 방안도 찾았다. 이 과정에서, 나는 위로와 격려의 힘을 느꼈다.

마무리 결론적으로, 이 일은 나로 하여금 다른 사람을 위로하는 것의 중요성을 알게 했다.

어휘　**安慰** ānwèi 통 위로하다　**经历** jīnglì 통 겪다　**心情** xīnqíng 명 기분　**逐渐** zhújiàn 분 조금씩　**方案** fāng'àn 명 방안
过程 guòchéng 명 과정　**感受** gǎnshòu 통 느끼다　**鼓励** gǔlì 통 격려하다　**力量** lìliang 명 힘
总而言之 zǒng'éryánzhī 분 결론적으로

· **和朋友见面** hé péngyou jiànmiàn 친구와 만나다
· **解决方案** jiějué fāng'àn 해결 방안
· **感受……的力量** gǎnshòu …… de lìliang ~의 힘을 느끼다

2. 운동/건강

도입 | 我 最 近 一 直 坚 持 去 健 身 房 运 动 。
这 是 为 了 保 持 身 体 健 康 。 虽 然 我 开 始
전개 | 运 动 没 多 久 ， 但 是 感 觉 自 己 的 状 态 变 48
得 越 来 越 好 了 。 在 这 个 过 程 中 ， 我 发
现 在 跑 步 机 上 运 动 有 很 好 的 效 果 。 总 80
마무리 | 而 言 之 ， 这 件 事 让 我 很 有 成 就 感 。

도입 나는 최근에 계속 꾸준히 헬스장에 가서 운동을 했다.

전개 이것은 신체 건강을 유지하기 위해서였다. 비록 내가 운동을 시작한 지 얼마 되지는 않았지만, 그러나 나의 상태가 점점 좋아지고 있다고 느꼈다. 이 과정에서, 나는 러닝 머신에서 운동하는 것은 좋은 효과가 있다는 것을 알게 되었다.

마무리 결론적으로, 이 일은 나로 하여금 성취감을 가지게 했다.

어휘　**坚持** jiānchí 통 꾸준히 하다　**健身房** jiànshēnfáng 헬스장　**保持** bǎochí 통 유지하다　**感觉** gǎnjué 통 ~라고 느끼다
状态 zhuàngtài 명 상태　**过程** guòchéng 명 과정　**跑步机** pǎobùjī 러닝 머신　**效果** xiàoguǒ 명 효과
总而言之 zǒng'éryánzhī 분 결론적으로　**成就感** chéngjiùgǎn 성취감

· **坚持运动** jiānchí yùndòng 꾸준히 운동하다
· **保持健康** bǎochí jiànkāng 건강을 유지하다
· **有……的效果** yǒu …… de xiàoguǒ ~한 효과가 있다

3. 쇼핑

도입
　　我最近改变了消费习惯。这是为

전개
了避免不必要的浪费。首先我把需要
的东西都记录下来，然后按照这个目
录进行了购买。于是我节约了不少钱。

마무리
总而言之，这件事让我知道了有计划
地进行消费是一件很重要的事情。

도입 나는 최근에 소비 습관을 바꾸었다.

전개 이것은 불필요한 낭비를 피하기 위해서였다. 먼저 나는 필요한 물건을 모두 기록해 두고, 그 다음에 이 목록에 따라 구입을 했다. 그래서 나는 적지 않은 돈을 절약했다.

마무리 결론적으로, 이 일은 나로 하여금 계획을 세워 소비를 하는 것이 매우 중요한 일이라는 것을 알게 했다.

어휘 **改变** gǎibiàn [동]바꾸다 **消费** xiāofèi [동]소비하다 **避免** bìmiǎn [동]피하다 **不必要** bú bìyào 불필요하다 **浪费** làngfèi [동]낭비하다 **首先** shǒuxiān [부]먼저 **记录** jìlù [동]기록하다 **按照** ànzhào [개]~에 따라 **目录** mùlù [명]목록 **购买** gòumǎi [동]구입하다 **于是** yúshì [접]그래서 **节约** jiéyuē [동]절약하다 **总而言之** zǒng'éryánzhī [성]결론적으로 **计划** jìhuà [명]계획

- **消费习惯** xiāofèi xíguàn 소비 습관
- **避免浪费** bìmiǎn làngfèi 낭비를 피하다
- **有计划地进行**······ yǒu jìhuà de jìnxíng ······ 계획을 세워 ~을/를 진행하다

4. 여행/사진

도입
　　我最近和朋友一起去旅行了。这

전개
是为了在风景优美的地方度假。首先
我们到达了目的地，然后按照地图寻
找各种旅游景点。在这个过程中，我
体验到了不一样的快乐。总之，这件

마무리
事给我留下了难忘的回忆。

도입 나는 최근에 친구와 함께 여행을 갔다.

전개 이것은 풍경이 아름다운 곳에서 휴가를 보내기 위해서였다. 먼저 우리는 목적지에 도착했고, 그 다음에 지도를 따라 여러 관광 명소를 찾았다. 이 과정에서, 나는 다른 즐거움을 경험했다.

마무리 한마디로 말해서, 이 일은 내게 잊지 못할 추억을 남겼다.

어휘 **风景** fēngjǐng [명]풍경 **优美** yōuměi [형]아름답다 **度假** dùjià [동]휴가를 보내다 **首先** shǒuxiān [부]먼저 **到达** dàodá [동]도착하다 **目的地** mùdìdì [명]목적지 **按照** ànzhào [개]~를 따라 **寻找** xúnzhǎo [동]찾다 **景点** jǐngdiǎn [명]명소 **过程** guòchéng [명]과정 **体验** tǐyàn [동]경험하다 **总之** zǒngzhī [접]한마디로 말하면 **留** liú [동]남기다 **难忘** nánwàng [형]잊기 어렵다 **回忆** huíyì [동]추억하다

- **和A一起去旅行** hé A yìqǐ qù lǚxíng A와 함께 여행을 가다
- **风景优美** fēngjǐng yōuměi 풍경이 아름답다
- **到达目的地** dàodá mùdìdì 목적지에 도착하다
- **旅游景点** lǚyóu jǐngdiǎn 관광 명소

5. 음악/미술

<table>
<tr><td>도입</td><td colspan="15">我最近在利用业余时间学习弹钢</td></tr>
<tr><td rowspan="2">전개</td><td colspan="15">琴。这是为了培养一个新的爱好。在</td></tr>
<tr><td colspan="15">老师的帮助下，我的水平有所提高了。48</td></tr>
<tr><td rowspan="2">마무리</td><td colspan="15">在这个过程中，我感受到了钢琴的魅</td></tr>
<tr><td colspan="15">力，未来还想继续学习钢琴。总而言 80</td></tr>
<tr><td></td><td colspan="15">之，这件事让我感到很愉快。</td></tr>
</table>

도입 나는 최근에 여가 시간을 이용하여 피아노 치는 것을 배우고 있다.

전개 이것은 새로운 취미를 하나 만들기 위해서였다. 선생님의 도움으로, 나의 실력은 다소 향상되었다. 이 과정에서, 나는 피아노의 매력을 느꼈고, 앞으로도 계속 피아노를 배우고 싶다고 생각했다.

마무리 결론적으로, 이 일은 나로 하여금 즐거움을 느끼게 했다.

어휘 利用 lìyòng 图이용하다　业余 yèyú 图여가의　弹钢琴 tán gāngqín 피아노를 치다　培养 péiyǎng 图만들다
爱好 àihào 图취미　水平 shuǐpíng 图실력　有所 yǒusuǒ 图다소 ~하다　提高 tígāo 图향상시키다　过程 guòchéng 图과정
感受 gǎnshòu 图느끼다　魅力 mèilì 图매력　未来 wèilái 图앞으로의, 미래　继续 jìxù 图계속하다
总而言之 zǒng'éryánzhī 图결론적으로　愉快 yúkuài 图즐겁다

· 业余时间 yèyú shíjiān 여가 시간
· 培养爱好 péiyǎng àihào 취미를 만들다
· 水平提高 shuǐpíng tígāo 실력이 향상되다
· 感受到魅力 gǎnshòu dào mèilì 매력을 느끼다

6. 공연/전시

<table>
<tr><td>도입</td><td colspan="15">我最近去过美术展览会。这是为</td></tr>
<tr><td rowspan="3">전개</td><td colspan="15">了和朋友一起体验新鲜的事物。虽然</td></tr>
<tr><td colspan="15">展览会规模不大，但里面有很多非常48</td></tr>
<tr><td colspan="15">有趣的作品。于是我一边欣赏那些作</td></tr>
<tr><td rowspan="2">마무리</td><td colspan="15">品，一边和朋友交换意见。总之，这 80</td></tr>
<tr><td colspan="15">件事给我留下了深刻的印象。</td></tr>
</table>

도입 나는 최근에 미술 전시회에 간 적이 있다.

전개 이것은 친구와 함께 새로운 것을 경험하기 위해서였다. 비록 전시회 규모는 크지 않았지만, 그러나 안에는 아주 흥미로운 작품이 많이 있었다. 그래서 나는 그 작품들을 감상하면서, 친구와 의견을 나누었다.

마무리 한마디로 말해서, 이 일은 내게 깊은 인상을 남겼다.

어휘 美术 měishù 图미술　展览会 zhǎnlǎnhuì 图전시회　体验 tǐyàn 图경험하다　事物 shìwù 图것, 사물　规模 guīmó 图규모
有趣 yǒuqù 图흥미롭다　作品 zuòpǐn 图작품　于是 yúshì 图그래서　欣赏 xīnshǎng 图감상하다
交换 jiāohuàn 图나누다　意见 yìjiàn 图의견　总之 zǒngzhī 图한마디로 말하면　留 liú 图남기다
深刻 shēnkè 图(인상이) 깊다　印象 yìnxiàng 图인상

· 美术展览会 měishù zhǎnlǎnhuì 미술 전시회
· 体验新鲜的事物 tǐyàn xīnxiān de shìwù 새로운 것을 경험하다
· 欣赏作品 xīnshǎng zuòpǐn 작품을 감상하다
· 交换意见 jiāohuàn yìjiàn 의견을 나누다

7. 방송/행사

도입

| | 我 | 最 | 近 | 采 | 访 | 过 | 一 | 个 | 明 | 星 | 。 | 这 | 是 | 为 |

전개

了	报	道	她	的	成	功	故	事	。	虽	然	我	因	为	期
待	而	格	外	兴	奋	，	但	最	终	还	是	冷	静	地	做	48
完	了	采	访	。	在	这	个	过	程	中	，	我	发	现	了

마무리

| 这 | 个 | 明 | 星 | 的 | 个 | 性 | 和 | 魅 | 力 | 。 | 总 | 之 | ， | 这 | 件 | 80 |
| 事 | 给 | 我 | 留 | 下 | 了 | 难 | 忘 | 的 | 回 | 忆 | 。 |

도입 나는 최근에 한 스타를 인터뷰한 적이 있다.

전개 이것은 그녀의 성공 스토리를 보도하기 위해서였다. 비록 나는 기대로 인해 몹시 흥분했지만, 그러나 결국 그래도 침착하게 인터뷰를 끝냈다. 이 과정에서, 나는 이 스타의 개성과 매력을 발견했다.

마무리 한마디로 말해서, 이 일은 내게 잊지 못할 추억을 남겼다.

어휘
采访 cǎifǎng 통 인터뷰하다　明星 míngxīng 명 스타　报道 bàodào 통 보도하다　成功 chénggōng 통 성공하다
期待 qīdài 통 기대하다　格外 géwài 튀 몹시　兴奋 xīngfèn 통 흥분하다　最终 zuìzhōng 명 결국
冷静 lěngjìng 통 침착하다　过程 guòchéng 명 과정　个性 gèxìng 명 개성　魅力 mèilì 명 매력
总之 zǒngzhī 접 한마디로 말하면　留 liú 통 남기다　难忘 nánwàng 통 잊기 어렵다　回忆 huíyì 통 추억하다

· 成功故事 chénggōng gùshi 성공 스토리
· 因为 A 而 B yīnwèi A ér B A로 인해 B하다
· 发现魅力 fāxiàn mèilì 매력을 발견하다

8. 시사/이슈

도입

	我	最	近	听	了	关	于	机	器	人	技	术	的	讲
座	。	这	是	为	了	获	得	新	的	知	识	。	首	先	我
学	习	了	机	器	人	的	发	展	过	程	，	然	后	又	了	48

전개

解	了	机	器	人	的	种	类	和	功	能	。	在	这	个	过
程	中	，	我	觉	得	机	器	人	未	来	会	给	社	会	带	80
来	很	多	变	化	。	总	之	，	这	件	事	给	我	留	下

마무리

| 了 | 深 | 刻 | 的 | 印 | 象 | 。 |

도입 나는 최근에 로봇 기술에 대한 강좌를 들었다.

전개 이것은 새로운 지식을 얻기 위해서였다. 먼저 나는 로봇의 발전 과정을 배웠고, 그 다음에 또 로봇의 종류와 기능도 알게 되었다. 이 과정에서, 나는 로봇이 앞으로 사회에 많은 변화를 가져올 것이라고 느꼈다.

마무리 한마디로 말해서, 이 일은 내게 깊은 인상을 남겼다.

어휘
机器人 jīqìrén 명 로봇　技术 jìshù 명 기술　讲座 jiǎngzuò 명 강좌　获得 huòdé 통 얻다　知识 zhīshi 명 지식
首先 shǒuxiān 튀 먼저　发展 fāzhǎn 통 발전하다　过程 guòchéng 명 과정　种类 zhǒnglèi 명 종류　功能 gōngnéng 명 기능
未来 wèilái 명 앞으로의　社会 shèhuì 명 사회　带来 dàilai 통 가져오다　变化 biànhuà 명 변화　总之 zǒngzhī 접 한마디로 말하면
留 liú 통 남기다　深刻 shēnkè 톙 (인상이) 깊다　印象 yìnxiàng 명 인상

· 获得……的知识 huòdé …… de zhīshi ~한 지식을 얻다
· 发展过程 fāzhǎn guòchéng 발전 과정
· 带来变化 dàilai biànhuà 변화를 가져오다

1. 학업

도입

	我	最	近	在	学	校	做	过	科	学	实	验	。	这
是	为	了	复	习	学	过	的	化	学	理	论	。		在	老	师
的	帮	助	下	，	我	集	中	精	神	观	察	到	了	实	验
中	的	各	种	现	象	。	在	这	个	过	程	中	，	我	对
学	习	过	的	内	容	有	了	更	深	的	理	解	。	总	而
言	之	，	这	件	事	让	我	感	受	到	了	科	学	的	魅
力	。														

전개 (48) (80)
마무리

도입 나는 최근에 학교에서 과학 실험을 한 적이 있다.

전개 이것은 배웠던 화학 이론을 복습하기 위해서였다. 선생님의 도움으로, 나는 정신을 집중해서 실험 중의 다양한 현상을 관찰했다. 이 과정에서, 나는 학습했던 내용에 대한 더 깊은 이해가 생겼다.

마무리 결론적으로, 이 일은 나로 하여금 과학의 매력을 느끼게 했다.

어휘 **科学** kēxué 圆 과학 **实验** shíyàn 圆 실험 **化学** huàxué 圆 화학 **理论** lǐlùn 圆 이론 **集中** jízhōng 圆 집중하다
精神 jīngshén 圆 정신 **观察** guānchá 圆 관찰하다 **现象** xiànxiàng 圆 현상 **过程** guòchéng 圆 과정 **内容** nèiróng 圆 내용
理解 lǐjiě 圆 이해하다 **总而言之** zǒng'éryánzhī 결론적으로 **感受** gǎnshòu 圆 느끼다 **魅力** mèilì 圆 매력

· **做科学实验** zuò kēxué shíyàn 과학 실험을 하다
· **化学理论** huàxué lǐlùn 화학 이론
· **集中精神** jízhōng jīngshén 정신을 집중하다
· **感受到……的魅力** gǎnshòu dào …… de mèilì ~의 매력을 느끼다

2. 졸업/구직

도입

전개 (48) (80)
마무리

도입 나는 최근에 아들의 졸업식에 참석했다.

전개 이것은 아들의 순조로운 졸업을 축하하기 위해서였다. 먼저 나는 아들과 그의 성취에 대해 이야기를 했고, 그 다음에 그의 앞으로의 꿈에 대해서도 지지를 보내 주었다. 이 과정에서, 나는 아들에 대한 자랑스러움을 깊이 느꼈다.

마무리 결론적으로, 이 일은 나로 하여금 매우 행복하다고 느끼게 했다.

어휘 **毕业典礼** bìyè diǎnlǐ 졸업식 **祝贺** zhùhè 圆 축하하다 **顺利** shùnlì 圆 순조롭다 **首先** shǒuxiān 圆 먼저
成就 chéngjiù 圆 성취 **未来** wèilái 圆 앞으로의 圆 미래 **梦想** mèngxiǎng 圆 꿈 **支持** zhīchí 圆 지지하다
过程 guòchéng 圆 과정 **自豪** zìháo 圆 자랑스럽다 **总而言之** zǒng'éryánzhī 결론적으로 **幸福** xìngfú 圆 행복하다 圆 행복

· **参加毕业典礼** cānjiā bìyè diǎnlǐ 졸업식에 참석하다
· **祝贺毕业** zhùhè bìyè 졸업을 축하하다
· **表示支持** biǎoshì zhīchí 지지를 보내 주다

3. 업무/성과

도입			我	最	近	担	任	了	公	司	的	项	目	负	责	人	。	
전개	这	是	为	了	在	业	务	方	面	做	出	优	秀	的	成	果	。	
	在	同	事	的	帮	助	下	，	我	按	照	计	划	顺	利	地		48
	完	成	了	项	目	。	于	是	我	在	报	告	业	务	时	得		
마무리	到	了	很	好	的	评	价	。	总	而	言	之	，	这	件	事		80
	让	我	很	有	成	就	感	。										

도입 나는 최근에 회사의 프로젝트 담당자를 맡았다.

전개 이것은 업무 방면에서 우수한 성과를 내기 위해서였다. 동료들의 도움으로, 나는 계획에 따라 순조롭게 프로젝트를 완성할 수 있었다. 그래서 나는 업무를 보고할 때 좋은 평가를 얻었다.

마무리 결론적으로, 이 일은 나로 하여금 성취감을 가지게 했다.

어휘 担任 dānrèn 图 맡다 项目 xiàngmù 圆 프로젝트 负责人 fùzérén 圆 담당자 业务 yèwù 圆 업무 方面 fāngmiàn 圆 방면
优秀 yōuxiù 圈 우수하다 成果 chéngguǒ 圆 성과 按照 ànzhào 께 ~에 따라 计划 jìhuà 圆 계획 顺利 shùnlì 圈 순조롭다
于是 yúshì 圙 그래서 报告 bàogào 图 보고하다 评价 píngjià 圆 평가 总而言之 zǒng'éryánzhī 圙 결론적으로
成就感 chéngjiùgǎn 圆 성취감

· 优秀的成果 yōuxiù de chéngguǒ 우수한 성과
· 报告业务 bàogào yèwù 업무를 보고하다
· 得到……的评价 dédào …… de píngjià ~한 평가를 얻다

실전연습문제 p.295

1

STEP 1 소재 정하고 활용 표현 떠올리기

친구와 전화 통화를 하다 커피를 쏟아서 당황했던 경험

활용 표현 打电话(전화를 하다), 咖啡(커피), 洒(쏟다), 问候(안부를 묻다), 慌张(당황하다)

STEP 2 아웃라인 잡고 짧은 글쓰기

도입 나는 최근에 친구에게 전화를 했음(打电话)

전개 이것은 오랫동안 만나지 못한 친구에게 안부를 묻(问候)기 위해서였음
먼저 나는 그의 근황을 물었고, 그 다음에 이야기를 나누기 시작했음
이 과정에서, 나는 실수로 손 안의 커피(咖啡)를 옷 위에 쏟았음(洒)

마무리 결론적으로, 이 일은 나로 하여금 당황스러움(慌张)을 느끼게 했음

모범 답안

도입
　　我最近给朋友打电话了。这是为

전개
了问候很久没见的朋友。首先我询问
了他的近况，然后就开始聊起了天。 48
在这个过程中，我不小心把手里的咖
啡洒在衣服上了。总而言之，这件事 80

마무리
让我感到十分慌张。

도입 나는 최근에 친구에게 전화를 했다.

전개 이것은 오랫동안 만나지 못한 친구에게 안부를 묻기 위해서였다. 먼저 나는 그의 근황을 물었고, 그 다음에 이야기를 나누기 시작했다. 이 과정에서, 나는 실수로 손 안의 커피를 옷 위에 쏟았다.

마무리 결론적으로, 이 일은 나로 하여금 매우 당황스러움을 느끼게 했다.

어휘 **问候** wènhòu [동]안부를 묻다 **首先** shǒuxiān [부]먼저 **询问** xúnwèn [동]묻다 **近况** jìnkuàng [명]근황 **过程** guòchéng [명]과정 **洒** sǎ [동]쏟다 **总而言之** zǒng'éryánzhī [성]결론적으로 **慌张** huāngzhāng [형]당황하다

- **给A打电话** gěi A dǎ diànhuà A에게 전화를 하다
- **把A洒在B** bǎ A sǎzài B A를 B에 쏟다
- **感到慌张** gǎndào huāngzhāng 당황스러움을 느끼다

2

젊은 남자를 '나'로 설정

STEP 1 소재 정하고 활용 표현 떠올리기

환경 보호 활동에 참가해서 만족을 느낀 경험

[활용 표현] **环境**(환경), **保护**(보호하다), **捡**(줍다), **海边**(해변), **志愿者**(자원봉사자)

STEP 2 아웃라인 잡고 짧은 글쓰기

[도입] **나는 최근에** 환경(环境) 보호(保护) 활동에 참가했음

[전개] **이것은** 인근 해변(海边)을 깨끗하게 변화시키기 **위해서였음**

다른 자원봉사자(志愿者)들**의 도움으로,** 나는 빠르게 모든 쓰레기를 다 주웠음(捡)

이 과정에서, 나는 환경(环境) 보호(保护)의 중요성을 알게 되었음

[마무리] **결론적으로, 이 일은 나로 하여금** 만족을 느끼**게 했음**

모범 답안

我	最	近	参	加	了	环	境	保	护	活	动	。	这
是	为	了	让	附	近	的	海	边	变	得	更	干	净	。	在
其	他	志	愿	者	的	帮	助	下	,	我	很	快	就	捡	完
了	所	有	的	垃	圾	。	在	这	个	过	程	中	,	我	知
道	了	保	护	环	境	的	重	要	性	。	总	而	言	之	,
这	件	事	让	我	感	到	很	满	足	。

도입 · 전개 · 마무리 (48, 80)

도입 나는 최근에 환경 보호 활동에 참가했다.

전개 이것은 인근 해변을 더 깨끗하게 변화시키기 위해서였다. 다른 자원봉사자들의 도움으로, 나는 빠르게 모든 쓰레기를 다 주웠다. 이 과정에서, 나는 환경을 보호하는 것의 중요성을 알게 되었다.

마무리 결론적으로, 이 일은 나로 하여금 만족을 느끼게 했다.

어휘　保护 bǎohù 圖보호하다　活动 huódòng 圆활동　海边 hǎibiān 圆해변　志愿者 zhìyuànzhě 圆자원봉사자　捡 jiǎn 圖줍다
所有 suǒyǒu 圖모든　过程 guòchéng 圆과정　总而言之 zǒng'éryánzhī 圖결론적으로　满足 mǎnzú 圖만족하다

· 参加······活动 cānjiā ······ huódòng ~한 활동에 참가하다
· 捡垃圾 jiǎn lājī 쓰레기를 줍다

제2부분　실전테스트　p.296

모범 답안 듣기 ▶

1

婚姻	矛盾	相处	尊重	平等

婚姻 hūnyīn 圆결혼　矛盾 máodùn 圆갈등　相处 xiāngchǔ 圖함께 지내다　尊重 zūnzhòng 圖존중하다
平等 píngděng 圖평등하다

STEP 1 소재 정하기

어떻게 결혼 생활을 잘 보낼 것인지를 애인과 토론하며 깊은 인상이 남았던 경험

STEP 2 아웃라인 잡고 짧은 글쓰기

도입　나는 최근에 애인과 어떻게 결혼(婚姻) 생활을 잘 보낼 것인지에 대한 문제를 토론했음

전개　이것은 결혼 후 잘 지내(相处)기 위해서였음
　　　비록 약간의 갈등(矛盾)이 발생했지만, 그러나 마지막에는 순조롭게 해결했음
　　　이 과정에서, 나는 서로 존중하는(尊重) 평등한(平等) 관계가 매우 중요하다는 것을 이해했음

마무리　한마디로 말해서, 이 일은 내게 깊은 인상을 남겼음

모범 답안

도입			我	最	近	和	爱	人	讨	论	了	如	何	过	好	婚
	姻	生	活	的	问	题	。	这	是	为	了	结	婚	后	好	好
전개	相	处	。	虽	然	发	生	了	一	些	矛	盾	，	但	是	最
	后	都	顺	利	解	决	了	。	在	这	个	过	程	中	，	我
	明	白	了	互	相	尊	重	的	平	等	关	系	非	常	重	要。
마무리	总	之	，	这	件	事	给	我	留	下	了	深	刻	的	印	象。

도입 나는 최근에 애인과 어떻게 결혼 생활을 잘 보낼 것인지에 대한 문제를 토론했다.
전개 이것은 결혼 후 잘 지내기 위해서였다. 비록 약간의 갈등이 발생했지만, 그러나 마지막에는 순조롭게 해결했다. 이 과정에서, 나는 서로 존중하는 평등한 관계가 매우 중요하다는 것을 이해했다.
마무리 한마디로 말해서, 이 일은 내게 깊은 인상을 남겼다.

어휘 **爱人** àirén [명]애인 **讨论** tǎolùn [동]토론하다 **如何** rúhé [대]어떻다 **婚姻** hūnyīn [명]결혼 **生活** shēnghuó [명]생활
相处 xiāngchǔ [동](함께) 지내다, 함께 살다 **发生** fāshēng [동]발생하다 **矛盾** máodùn [명]갈등 **顺利** shùnlì [형]순조롭다
过程 guòchéng [명]과정 **互相** hùxiāng [부]서로 **尊重** zūnzhòng [동]존중하다 **平等** píngděng [형]평등하다
总之 zǒngzhī [접]한마디로 말하면 **留** liú [동]남기다 **深刻** shēnkè [형](인상이) 깊다 **印象** yìnxiàng [명]인상

- **婚姻生活** hūnyīn shēnghuó 결혼 생활
- **发生矛盾** fāshēng máodùn 갈등이 발생하다
- **互相尊重** hùxiāng zūnzhòng 서로 존중하다

2

STEP 1 **소재 정하고 활용 표현 떠올리기**

출장을 가서 큰 성취감을 가진 경험

[활용 표현] **出差**(출장 가다), **耽误**(그르치다), **准时**(제시간에 맞다), **日程**(일정), **成果**(성과)

STEP 2 **아웃라인 잡고 짧은 글쓰기**

[도입] **나는 최근에** 출장을 갔음(出差)

[전개] **이것은** 회사를 대표하여 계약을 **하기 위해서였음**
비록 비행기가 지연되었지만**, 그러나** 나는 제시간에(准时) 회의 장소에 도착했고, 이후의 일정(日程)을 그르치지(耽误) 않았음
그래서 나는 순조롭게 협상을 진행했고, 만족스러운 성과(成果)를 얻었음

[마무리] **결론적으로, 이 일은 나로 하여금** 큰 성취감을 가지**게 했음**

모범 답안

도입			我	最	近	去	出	差	了	。	这	是	为	了	代	表
전개	公	司	签	合	同	。	虽	然	飞	机	延	误	了	，	但	我
	还	是	准	时	到	达	了	会	议	场	所	，	没	有	耽	误
	之	后	的	日	程	。	于	是	我	顺	利	地	进	行	了	谈
	判	，	最	终	得	到	了	满	意	的	成	果	。	总	而	言
마무리	之	，	这	件	事	让	我	有	了	很	大	的	成	就	感	。

도입 나는 최근에 출장을 갔다.
전개 이것은 회사를 대표하여 계약을 하기 위해서였다. 비록 비행기가 지연되었지만, 그러나 나는 그래도 제시간에 회의 장소에 도착했고, 이후의 일정을 그르치지 않았다. 그래서 나는 순조롭게 협상을 진행했고, 결국 만족스러운 성과를 얻었다.
마무리 결론적으로, 이 일은 나로 하여금 큰 성취감을 가지게 했다.

어휘 **出差** chūchāi [동]출장 가다 **代表** dàibiǎo [동]대표하다 **签合同** qiān hétong 계약을 하다 **延误** yánwù [동]지연되다
准时 zhǔnshí [형]제시간에 맞다 **到达** dàodá [동]도착하다 **场所** chǎngsuǒ [명]장소
耽误 dānwu [동](시간이나 시기를 놓쳐 일을) 그르치다, 지체하다 **日程** rìchéng [명]일정 **于是** yúshì [접]그래서
顺利 shùnlì [형]순조롭다 **谈判** tánpàn [동]협상하다 **最终** zuìzhōng [명]결국 **成果** chéngguǒ [명]성과
总而言之 zǒng'éryánzhī [성]결론적으로 **成就感** chéngjiùgǎn [명]성취감

- **代表公司** dàibiǎo gōngsī 회사를 대표하다
- **飞机延误** fēijī yánwù 비행기가 지연되다
- **会议场所** huìyì chǎngsuǒ 회의 장소
- **得到……的成果** dédào …… de chéngguǒ ~한 성과를 얻다

✳ 실전모의고사 1

듣기 p.307

제1부분

1 A **2** C **3** D **4** D **5** A **6** B **7** C **8** D **9** D **10** A **11** C **12** A **13** B **14** D
15 D **16** B **17** C **18** D **19** D **20** A

제2부분

21 A **22** C **23** B **24** D **25** B **26** A **27** B **28** C **29** B **30** C **31** C **32** B **33** A **34** D
35 B **36** D **37** B **38** A **39** B **40** A **41** D **42** B **43** D **44** C **45** A

독해 p.312

제1부분

46 A **47** D **48** B **49** D **50** B **51** A **52** A **53** A **54** B **55** B **56** D **57** C **58** C **59** B
60 A

제2부분

61 D **62** B **63** C **64** D **65** C **66** A **67** B **68** D **69** A **70** B

제3부분

71 A **72** B **73** C **74** C **75** C **76** C **77** D **78** C **79** D **80** B **81** B **82** C **83** B **84** B
85 D **86** A **87** C **88** D **89** B **90** B

쓰기 p.322

제1부분

91 大家千万不要违反交通规则。

92 这位明星向媒体宣布了结婚的消息。

93 我不是来跟你吵架的。

94 你何必假装不在乎呢?

95 电脑病毒都删除完了。

96 办公室门上挂着一个牌子。

97 他对这个方案表现出了谨慎的态度。

98 你最好把被子拿出来晒一晒。

제2부분

99 [모범 답안] p. 252 참조

100 [모범 답안] p. 253 참조

듣기

들으면 학습하기 ▶

1

A 外套　B 毛衣　C 梳子　D 项链

A 외투　B 스웨터　C 빗　D 목걸이

女：亲爱的，你看这件毛衣漂亮吗？价格也挺优惠的。

男：我觉得旁边的外套更适合你，试穿一下这件吧。

问：男的建议女的试穿什么？

여: 자기야, 자기가 보기에는 이 스웨터 예쁜 것 같아? 가격도 엄청 할인하네.

남: 나는 옆에 있는 외투가 당신이랑 더 잘 어울리는 것 같아, 이거 한번 입어 봐봐.

질문: 남자는 여자에게 무엇을 입어 보라고 제안하는가?

해설 제시된 선택지가 모두 특정 명사이므로, 대화의 주제나 중심 소재 및 각 선택지와 관련된 내용을 주의 깊게 듣는다. 대화에서 여자가 스웨터가 예쁜지를 묻자, 남자가 **我觉得旁边的外套更适合你，试穿一下这件吧。**라고 답했다. 질문이 남자는 여자에게 무엇을 입어 보라고 제안하는지를 물었으므로, **A 外套**를 정답으로 고른다. 참고로 여자가 언급한 **毛衣**를 듣고, B를 정답으로 고르지 않도록 주의한다.

어휘 **外套** wàitào [명]외투 **毛衣** máoyī [명]스웨터 **梳子** shūzi [명]빗 **项链** xiàngliàn [명]목걸이 **亲爱的** qīn'ài de 자기야[애칭] **价格** jiàgé [명]가격 **挺** tǐng [부]엄청 **优惠** yōuhuì [형]할인하는 **适合** shìhé [동]어울리다 **试穿** shìchuān [동]입어 보다

2

A 脾气变好了

B 生哥哥的气了

C 要去外地上学了

D 和哥哥闹矛盾了

A 성격이 좋아졌다

B 오빠에게 화가 났다

C 타지에 가서 학교를 다니게 되었다

D 오빠와 관계가 틀어졌다

男：你马上要去外地上学了，到时候就不能像现在这样乱发脾气了。

女：哥，那以后没人跟你吵架，你会不会觉得寂寞啊？

问：女的怎么了？

남: 너는 곧 타지에 가서 학교를 다닐 텐데, 그때가 되면 지금처럼 이렇게 제멋대로 성질을 부려서는 안 돼.

여: 오빠, 그럼 앞으로 오빠와 말다툼할 사람이 없는데, 외롭다고 느끼지 않겠어?

질문: 여자는 무슨 일인가?

해설 제시된 선택지가 모두 사람의 상태·상황을 나타내므로, 화자 또는 제3자의 상태나 처한 상황과 관련된 내용을 주의 깊게 듣는다. 대화에서 남자가 여자에게 **你马上要去外地上学了**라며 그때가 되면 지금처럼 제멋대로 성질을 부려서는 안 된다고 했다. 질문이 여자는 무슨 일인지를 물었으므로, **C 要去外地上学了**를 정답으로 고른다.

어휘 **脾气** píqi [명]성격 **外地** wàidì [명]타지 **闹矛盾** nào máodùn 관계가 틀어지다 **乱** luàn [부]제멋대로 **发脾气** fā píqi 성질을 부리다 **吵架** chǎojià [동]말다툼하다 **寂寞** jìmò [형]외롭다

3

A 他没有喝醉

B 打算少喝两杯

C 觉得酒很难喝

D 见到朋友很高兴

A 그는 술에 취하지 않았다

B 두 잔 덜 마시려고 한다

C 술이 맛없다고 생각한다

D 친구를 만나서 기쁘다

女: 你走之前，我再三强调过别喝醉，怎么现在站都站不稳了？

男: 毕竟是多年不见的老朋友，一高兴就多喝了几杯。

问: 男的是什么意思？

여: 당신이 가기 전에, 내가 술에 취하지 말라고 재차 강조했는데, 어째서 지금 똑바로 서 있지도 못해요?

남: 그래도 몇 년을 못 본 오래된 친구잖아요, 기뻐서 몇 잔 더 마셨어요.

질문: 남자의 말은 무슨 의미인가?

해설 제시된 선택지가 모두 사람의 상태·상황을 나타내므로, 화자 또는 제3자의 상태나 처한 상황과 관련된 내용을 주의 깊게 듣는다. 대화에서 여자가 남자에게 술에 취하지 말라고 재차 강조했는데, 어째서 지금 똑바로 서 있지도 못하냐고 하자, 남자가 毕竟是多年不见的老朋友，一高兴就多喝了几杯。라고 했다. 질문이 남자의 말은 무슨 의미인지를 물었으므로, D 见到朋友很高兴을 정답으로 고른다.

어휘 喝醉 hēzuì 통술을 마셔 취하다 再三 zàisān 퇴재차 强调 qiángdiào 통강조하다 站不稳 zhàn bu wěn 똑바로 서 있지 못하다 毕竟 bìjìng 퇴그래도

4

A 新开的健身房很远
B 年轻教练的实力很强
C 女的开了一家减肥中心
D 男的不满意现在的教练

A 새로 연 헬스장은 멀다
B 젊은 트레이너의 실력이 좋다
C 여자는 다이어트 센터를 열었다
D 남자는 현재 트레이너가 마음에 들지 않는다

男: 新换的教练都太年轻了，没经验，咱们还是换个地方健身吧。

女: 平安路新开了一家健身房，听说教练非常专业，应该很不错。

问: 根据对话，下列哪项正确？

남: 새로 바뀐 트레이너들은 모두 너무 젊고, 경험이 없어. 우리 장소를 바꿔서 운동하자.

여: 핑안루에 헬스장이 새로 생겼던데, 듣자 하니 트레이너가 매우 전문적이래. 분명 괜찮을 거야.

질문: 대화에 근거하여, 다음 중 옳은 것은?

해설 제시된 선택지가 모두 사람이나 특정 대상의 상태·상황을 나타내므로, 이와 관련된 내용을 주의 깊게 듣는다. 대화에서 남자가 新换的教练都太年轻了，没经验，咱们还是换个地方健身吧。라고 했다. 질문이 대화에 근거하여 옳은 것을 물었으므로, 남자의 말을 통해 알 수 있는 D 男的不满意现在的教练을 정답으로 고른다.

어휘 健身房 jiànshēnfáng 휑헬스장 教练 jiàoliàn 퉵트레이너 实力 shílì 퓽실력 减肥 jiǎnféi 통다이어트하다 中心 zhōngxīn 퓽센터 经验 jīngyàn 퓽경험 健身 jiànshēn 통운동하다 专业 zhuānyè 퓽전문, 전문 분야

5

A 对行业的了解加深了
B 与主任配合得更好了
C 能够找到工作的重心了
D 在工作方面更有热情了

A 업계에 대한 이해가 깊어졌다
B 주임과 더 잘 협력하게 되었다
C 업무의 핵심을 찾을 수 있게 되었다
D 업무 방면에서 더욱 열정이 생겼다

女: 这份报告写得不错，重点突出，看来你在投资部干得不错。

男: 张主任给了我很多指导，这让我对投资行业有了更深的了解。

问: 男的有了怎样的进步？

여: 이 보고서 잘 썼네요. 중점이 드러나 있어요, 보아하니 당신은 투자부에서 일을 잘 했겠군요.

남: 장 주임님께서 저에게 많은 지도를 해 주셨고, 이것은 제가 투자 업계에 대해 더 깊이 이해하도록 해 주었습니다.

질문: 남자는 어떤 발전을 이루었는가?

해설   제시된 선택지가 모두 사람의 상태·상황을 나타내므로, 화자 또는 제3자의 상태나 처한 상황과 관련된 내용을 주의 깊게 듣는다. 대화에서 여자가 남자에게 보고서를 잘 썼다고 하자, 남자가 장 주임님께서 많은 지도를 해 주셨는데 这让我对投资行业有了更深的了解라고 했다. 질문이 남자는 어떤 발전을 이루었는지를 물었으므로, A 对行业的了解加深了를 정답으로 고른다.

  * 바꾸어 표현   有了更深的了解 더 깊이 이해하게 되었다 → 了解加深了 이해가 깊어졌다

어휘   **行业** hángyè 몡 업계   **主任** zhǔrèn 몡 주임   **配合** pèihé 통 협력하다   **能够** nénggòu 통 ~할 수 있다
  重心 zhòngxīn 몡 (일의) 핵심   **报告** bàogào 몡 보고서   **重点** zhòngdiǎn 몡 중점   **突出** tūchū 톙 드러나다
  投资部 tóuzībù 투자부   **指导** zhǐdǎo 통 지도하다   **投资** tóuzī 몡 투자 통 투자하다   **进步** jìnbù 통 발전하다

6

A 睡着了	**B 熬夜了**	A 잠이 들었다	**B 밤을 새웠다**
C 生病了	D 失恋了	C 병이 났다	D 실연했다

男: 你怎么看起来没精神？昨天晚上失眠了吗？

女: 编辑催我修改要发表的那篇文章，害得我一夜没睡。

问: 女的昨天怎么了？

남: 너 어째 기력이 없어 보인다? 어제저녁에 잠을 이루지 못했니?

여: 편집자가 나에게 발표할 글을 수정하라고 재촉하는 바람에, 나는 밤새 잠을 자지 못했어.

질문: 여자는 어제 어떠했는가?

해설   제시된 선택지가 모두 사람의 상태를 나타내므로, 화자 또는 제3자의 상태와 관련된 내용을 주의 깊게 듣는다. 대화에서 남자가 여자에게 기력이 없어 보인다고 하자, 여자가 글을 수정하느라 一夜没睡라고 답했다. 질문이 여자는 어제 어떠했는지를 물었으므로, B 熬夜了를 정답으로 고른다.

  * 바꾸어 표현   一夜没睡 밤새 잠을 자지 못하다 → 熬夜了 밤을 새웠다

어휘   **熬夜** áoyè 통 밤을 새다   **失恋** shīliàn 통 실연하다   **精神** jīngshen 몡 기력   **失眠** shīmián 통 잠을 이루지 못하다
  编辑 biānjí 몡 편집자   **催** cuī 통 재촉하다   **修改** xiūgǎi 통 수정하다   **发表** fābiǎo 통 발표하다   **文章** wénzhāng 몡 글
  害得 hàide [좋지 않은 상태가 되게 하다]

7

A 买胶水	B 发信息	A 풀을 산다	B 메시지를 보낸다
C 贴照片	D 交材料	**C 사진을 붙인다**	D 자료를 제출한다

女: 先生，请在报名表上登记您的信息，然后把照片粘贴在上面。

男: 好的，您能把胶水递给我一下吗？

问: 男的接下来有可能要做什么？

여: 선생님, 신청서 위에 선생님의 정보를 적어 주시고, 그다음 사진을 위쪽에 붙여 주세요.

남: 네, 풀을 제게 좀 건네주실 수 있으신가요?

질문: 남자는 곧이어 무엇을 할 가능성이 있는가?

해설   제시된 선택지가 모두 행동과 관련된 동사로 구성된 문제이므로, 화자 또는 제3자가 하고 있거나 하려는 행동과 관련된 내용을 주의 깊게 듣는다. 대화에서 여자가 신청서에 정보를 적은 다음 把照片粘贴在上面이라고 하자, 남자가 好的라고 했다. 질문이 남자는 곧이어 무엇을 할 가능성이 있는지를 물었으므로, C 贴照片을 정답으로 고른다.

어휘   **胶水** jiāoshuǐ 몡 풀   **信息** xìnxī 몡 메시지, 정보   **贴** tiē 통 붙이다   **材料** cáiliào 몡 자료   **报名表** bàomíngbiǎo 신청서
  登记 dēngjì 통 적다, 등록하다   **粘贴** zhāntiē 통 (풀 등으로) 붙이다   **递** dì 통 건네주다

8

A 一项爱好	B 一位诗人	A 취미 한 가지	B 시인 한 명
C 一个时代	**D 一首古诗**	C 한 시대	**D 고대 시 한 수**

男：你读过《春望》吗？它描写了战争时期的国家、士兵和老百姓。	남：너는 <춘망>을 읽어 본 적이 있니? 그것은 전쟁 시기의 국가, 병사 그리고 백성을 묘사했어.
女：读过，我对这首诗很感兴趣，因为它反映了一千两百多年前的社会状况。	여：읽어 봤지, 나는 이 시에 흥미를 느꼈어. 왜냐하면 천이백여 년 전의 사회 상황을 반영했거든.
问：他们在讨论什么？	질문：그들은 무엇을 논의하고 있는가?

해설 제시된 선택지가 모두 명사구이므로, 대화의 주제나 중심 소재 및 각 선택지와 관련된 내용을 주의 깊게 듣는다. 대화에서 남자가 <춘망>을 읽어 본 적이 있냐고 묻자, 여자가 读过，我对这首诗很感兴趣라고 했다. 질문이 그들은 무엇을 논의하고 있는지를 물었으므로, D 一首古诗를 정답으로 고른다.

어휘 诗人 shīrén 시인　时代 shídài 시대　古诗 gǔshī 고대 시　描写 miáoxiě 묘사하다　战争 zhànzhēng 전쟁　时期 shíqī 시기　士兵 shìbīng 병사　老百姓 lǎobǎixìng 백성　反映 fǎnyìng 반영하다　状况 zhuàngkuàng 상황

9

A 注册账号	B 修理房屋	A 계정을 등록한다	B 집을 수리한다
C 买新的柜子	**D 自己换零件**	C 새 수납장을 산다	**D 스스로 부품을 바꾼다**

女：柜子的门坏了，现在关不上了，要不要找人来修一下？	여：수납장의 문이 고장 나서, 지금 닫을 수가 없는데, 사람을 불러서 고칠까?
男：问题不大，换个小零件就行。我在网上买一个，然后咱们自己安装，就可以节省一笔钱了。	남：큰 문제는 아니네, 작은 부품만 바꾸면 돼. 내가 인터넷에서 하나 산 다음 우리가 직접 설치하면, 돈을 좀 아낄 수 있을 거야.
问：男的打算做什么？	질문：남자는 무엇을 할 계획인가?

해설 제시된 선택지가 모두 행동과 관련된 동사로 구성된 문제이므로, 화자 또는 제3자가 하고 있거나 하려는 행동과 관련된 내용을 주의 깊게 듣는다. 대화에서 여자가 수납장의 문이 고장 나서, 사람을 불러 고쳐야 할지를 묻자, 남자가 换个小零件就行이라며 我在网上买一个，然后咱们自己安装이라고 답했다. 질문이 남자는 무엇을 할 계획인지를 물었으므로, D 自己换零件을 정답으로 고른다.

어휘 注册 zhùcè 등록하다　账号 zhànghào 계정, 계좌　修理 xiūlǐ 수리하다　房屋 fángwū 집　柜子 guìzi 수납장　零件 língjiàn 부품　安装 ānzhuāng 설치하다　节省 jiéshěng 아끼다　笔 bǐ [금액·금전 등을 세는데 쓰는 단위]

10

A 没买到火车票	A 기차표를 사지 못했다
B 汽车更加舒服	B 차가 더 편하다
C 飞机票太贵了	C 비행기 표가 너무 비싸다
D 坐汽车的人少	D 차를 타는 사람이 적다

男：下周就是国庆节了，我这次打算坐飞机回家，你呢？	남：다음주가 바로 국경절이네, 나는 이번에 비행기를 타고 집에 갈 예정이야. 너는?
女：唉，别提了，我没抢到火车票，只能坐长途汽车回家了。	여：어휴, 말도 마. 나는 기차표를 못 구해서, 시외버스를 타고 집에 갈 수밖에 없어.
问：女的为什么坐长途汽车回家？	질문：여자는 왜 시외버스를 타고 집에 가는가?

해설 제시된 선택지가 모두 사람이나 특정 대상의 상태·상황을 나타내므로, 이와 관련된 내용을 주의 깊게 듣는다. 대화에서 남자가 국경절에 어떻게 집에 갈 예정인지를 묻자, 여자가 我没抢到火车票，只能坐长途汽车回家了라고 답했다. 질문이 여자가 시외버스를 타고 집에 가는 이유를 물었으므로, A 没买到火车票를 정답으로 고른다.

* 바꾸어 표현 **没抢到火车票** 기차표를 못 구했다 → **没买到火车票** 기차표를 사지 못했다

어휘 **火车票** huǒchēpiào 기차표 **国庆节** Guóqìngjié 교유 국경절 **唉** āi 어휴 **提** tí 말을 꺼내다

抢 qiǎng (티켓 등을 빠르게)구하다 **长途汽车** chángtú qìchē 시외버스

11

A 抱怨	B 遗憾	A 원망한다	B 유감스럽다
C 珍惜	D 失望	**C 소중히 여긴다**	D 실망한다

女：在这里当志愿者挺辛苦的，你们是如何坚持下来的呢？	여: 이곳에서 자원봉사자가 되는 것은 꽤나 고생스러운데, 너희들은 어떻게 꾸준히 해 온 거니?
男：志愿者工作的确不容易，但我们把它看作是提升个人能力的宝贵机会。	남: 자원봉사자 일은 분명 쉽지는 않지만, 우리는 이를 개인의 능력을 끌어올리는 귀중한 기회로 여기고 있어.
问：男的对志愿者工作持什么态度？	질문: 남자는 자원봉사자 일에 대해 어떤 태도를 가지는가?

해설 제시된 선택지가 모두 사람의 태도나 감정을 나타내므로, 대화에서 언급되는 화자 또는 제3자의 어투·태도·감정과 관련된 내용을 주의 깊게 듣는다. 대화에서 여자가 자원봉사 활동을 어떻게 꾸준히 해 온 것인지를 묻자, 남자가 자원봉사자 일은 쉽지 않지만, 我们把它看作是提升个人能力的宝贵机会라고 답했다. 질문이 남자는 자원봉사자 일에 대해 어떤 태도를 가지는지를 물었으므로, 看作是……宝贵机会라는 표현을 통해 유추할 수 있는 C 珍惜를 정답으로 고른다.

어휘 **抱怨** bàoyuàn 원망하다 **遗憾** yíhàn 유감스럽다 **珍惜** zhēnxī 소중히 여기다 **失望** shīwàng 실망하다

当 dāng ~이 되다 **志愿者** zhìyuànzhě 자원봉사자 **辛苦** xīnkǔ 고생스럽다 **如何** rúhé 어떻다

坚持 jiānchí 꾸준히 하다 **的确** díquè 분명, 확실히 **看作** kànzuò ~로 여기다 **提升** tíshēng 끌어올리다

宝贵 bǎoguì 귀중한 **持** chí (어떤 생각·견해 등을) 가지다

12

A 是本科生	A 학부생이다
B 是招聘人员	B 채용 담당자이다
C 在北京读大学	C 베이징에서 대학교를 다닌다
D 学的是地理专业	D 배운 것은 지리 전공이다

男：请你简单介绍 下自己的经历。	남: 자신의 경력을 간단히 소개해 주세요.
女：好的，我来自南京大学，今年6月本科毕业，我的专业是心理学。	여: 네, 저는 난징 대학에서 왔고, 올해 6월에 학부를 졸업합니다, 제 전공은 심리학입니다.
问：关于女的，可以知道什么？	질문: 여자에 관하여, 무엇을 알 수 있는가?

해설 제시된 선택지가 모두 사람의 상태·상황을 나타내므로, 화자 또는 제3자의 상태나 처한 상황과 관련된 내용을 주의 깊게 듣는다. 대화에서 남자가 여자에게 경력을 간단히 소개해 달라고 하자, 여자가 今年6月本科毕业, 我的专业是心理学라고 했다. 질문이 여자에 관하여 알 수 있는 것을 물었으므로, A 是本科生을 정답으로 고른다.

어휘 **本科生** běnkēshēng 학부생 **招聘人员** zhāopìn rényuán 채용 담당자 **地理** dìlǐ 지리 **专业** zhuānyè 전공, 전문적인

经历 jīnglì 경력, 경험 **来自** láizì ~에서 오다 **毕业** bìyè 졸업하다 **心理学** xīnlǐxué 심리학

13

A 座位不太多	**B 可以提前预订**	A 자리가 많지 않다	**B 미리 예약할 수 있다**
C 明天开始营业	D 就在酒吧附近	C 내일 영업을 시작한다	D 바로 술집 근처에 있다

女：听说那家网红餐厅的菜味道不错，一起去吧，我现在就预订座位。	여: 듣자 하니 저 왕홍 식당의 음식은 맛이 괜찮대, 같이 가자. 내가 지금 바로 자리를 예약할게.
男：好啊，吃完饭我请你去蓝山酒吧喝酒。	남: 좋아, 밥 다 먹고 블루마운틴 바에 가서 너에게 술 살게.
问：关于那家网红餐厅，下列哪项正确？	질문: 그 왕홍 식당에 관하여, 다음 중 옳은 것은?

해설 제시된 선택지가 모두 특정 대상의 상태·상황을 나타내므로, 이와 관련된 내용을 주의 깊게 듣는다. 대화에서 여자가 **听说那家网红餐厅的菜味道不错……我现在就预订座位**라고 했다. 질문이 그 왕홍 식당에 관하여 옳은 것을 물었으므로, **现在就预订座位**라는 표현을 통해 알 수 있는 B **可以提前预订**을 정답으로 고른다.

어휘 **座位** zuòwèi [명] 자리, 좌석 **提前** tíqián [동] 미리 ~하다, 앞당기다 **预订** yùdìng [동] 예약하다 **营业** yíngyè [동] 영업하다 **酒吧** jiǔbā [명] 술집, 바(bar) **网红餐厅** wǎnghóng cāntīng 왕홍 식당[SNS나 인터넷에서 인기를 끄는 식당] **味道** wèidao [명] 맛 **蓝山酒吧** Lánshān Jiǔbā 블루마운틴 바

14

A 香蕉	B 香肠	A 바나나	B 소시지
C 饼干	**D 冰激凌**	C 과자	**D 아이스크림**

男：大夫，矫正完牙齿后，能马上吃东西吗？	남: 의사 선생님, 치아 교정이 끝난 후 바로 음식을 먹어도 되나요?
女：明天才可以，而且一周内不能吃太冷或太热的食物，因为会刺激到牙齿。	여: 내일은 되어야 가능하고, 또 일주일 동안 너무 차거나 너무 뜨거운 음식을 먹으면 안 돼요, 치아를 자극할 수 있기 때문이에요.
问：男的一周之内不能吃哪种东西？	질문: 남자는 일주일 동안 어떤 종류의 음식을 먹을 수 없는가?

해설 제시된 선택지가 모두 음식을 나타내므로, 대화를 들을 때 음식과 관련된 내용을 주의 깊게 듣는다. 대화에서 남자가 치아 교정이 끝난 후 바로 음식을 먹어도 되는지를 묻자, 여자가 내일은 되어야 가능하고 **一周内不能吃太冷或太热的食物**라고 했다. 질문이 남자는 일주일 동안 어떤 종류의 음식을 먹을 수 없는지를 물었으므로, **太冷或太热的食物**라는 표현을 통해 유추할 수 있는 D **冰激凌**을 정답으로 고른다.

어휘 **香肠** xiāngcháng [명] 소시지 **饼干** bǐnggān [명] 과자 **冰激凌** bīngjīlíng [명] 아이스크림 **矫正** jiǎozhèng [동] 교정하다 **牙齿** yáchǐ [명] 치아 **一周** yìzhōu [명] 일주일 **食物** shíwù [명] 음식 **刺激** cìjī [동] 자극하다

15

A 结构	B 顺序	A 구성	B 순서
C 格式	**D 内容**	C 서식	**D 내용**

女：张亮，你的文章整体结构还不错，但有一部分内容有些模糊，我把它标出来了，你看看吧。	여: 장량, 너의 글은 전체 구성은 괜찮지만, 일부 내용이 좀 모호해. 내가 그것을 표시해 뒀으니까, 한번 보렴.
男：谢谢您的指导，我回去好好修改一下。	남: 지도해 주셔서 감사합니다, 돌아가서 잘 수정할게요.
问：男的的文章在哪方面存在问题？	질문: 남자의 글은 어떤 부분에서 문제가 있는가?

해설 제시된 선택지가 모두 특정 명사이므로, 대화의 주제나 중심 소재 및 각 선택지와 관련된 내용을 주의 깊게 듣는다. 대화에서 여자가 남자에게 **你的文章整体结构还不错，但有一部分内容有些模糊**라고 했다. 질문이 남자의 글은 어떤 부분에서 문제가 있는지를 물었으므로, D **内容**을 정답으로 고른다. 참고로, 여자가 언급한 **结构**를 듣고, A를 정답으로 고르지 않도록 주의한다.

16

A 网速慢	B 非常实用	A 인터넷 속도가 느리다	B 매우 실용적이다
C 功能不全	D 风格华丽	C 기능이 완전하지 않다	D 스타일이 화려하다

男：奶奶，给您买的新手机用着习惯吗？

女：还可以。颜色也不华丽，很适合我。而
且放大字体的功能特别有用。

问：女的认为新手机怎么样？

남: 할머니, 새로 사 드린 휴대폰 익숙해지셨어요?

여: 그런대로 괜찮구나. 색상도 화려하지 않고, 나에게
잘 어울려. 게다가 글자를 확대하는 기능이 아주 유
용하구나.

질문: 여자는 새 휴대폰이 어떻다고 생각하는가?

해설 제시된 선택지가 모두 특정 대상의 상태·상황을 나타내므로, 이와 관련된 내용을 주의 깊게 듣는다. 대화에서 남자가 새 휴
대폰이 익숙해졌는지를 묻자, 여자가 괜찮다고 하면서 **放大字体的功能特别有用**이라고 답했다. 질문이 여자는 새 휴대폰
이 어떻다고 생각하는지를 물었으므로, B **非常实用**을 정답으로 고른다.

＊바꾸어 표현 **特别有用** 아주 유용하다 → **非常实用** 매우 실용적이다

어휘 **网速** wǎngsù 圐인터넷 속도 **实用** shíyòng 圐실용적이다 **功能** gōngnéng 圐기능 **风格** fēnggé 圐스타일
华丽 huálì 圐화려하다 **放大** fàngdà 圐확대하다 **字体** zìtǐ 圐글자, 글자체 **有用** yǒuyòng 圐유용하다

17

A 恋人	B 室友	A 연인	B 룸메이트
C 教练和运动员	D 教授和研究生	C 코치와 운동선수	D 교수와 대학원생

女：下个月的比赛非常关键，你们要抓紧时
间训练了，明天我会检查你们的训练结
果。

男：好的，我们会提前做好准备。

问：他们可能是什么关系？

여: 다음 달 경기는 매우 중요하니, 너희들은 서둘러서
훈련을 해야 해. 내일 내가 너희들의 훈련 결과를 검
사할 거야.

남: 네, 저희가 미리 준비를 잘 해 두겠습니다.

질문: 그들은 아마도 어떤 관계인가?

해설 제시된 부기가 모두 인물 간의 관계를 나타내므로, 인물 관계를 파악하면서 내화를 듣는다. 대화에서 언급된 **下个月的比赛**
非常关键……明天我会检查你们的训练结果와 **我们会提前做好准备**를 토대로 두 화자는 코치와 운동선수 관계임을 유
추할 수 있다. 질문이 그들은 아마도 어떤 관계인지를 물었으므로, C **教练和运动员**을 정답으로 고른다.

어휘 **恋人** liànrén 圐연인 **室友** shìyǒu 圐룸메이트 **教练** jiàoliàn 圐코치 **教授** jiàoshòu 圐교수 **研究生** yánjiūshēng 圐대학원생
关键 guānjiàn 圐매우 중요한 **抓紧** zhuājǐn 圐서둘러 하다 **训练** xùnliàn 圐훈련하다 **结果** jiéguǒ 圐결과
提前 tíqián 圐미리 ~하다, 앞당기다

18

A 酒吧	B 楼下	A 술집	B 건물 아래
C 火车站	D 急诊室	C 기차역	D 응급실

男：刚才回来时，我看到一辆救护车从咱们
楼下开出去了，发生什么事了？

女：三楼的李奶奶晕倒了，可能是又犯了心
脏疼的老毛病。

问：李奶奶被送到哪儿了？

남: 방금 돌아왔을 때, 나는 구급차 한 대가 우리 건물 아
래에서 나가는 것을 봤어, 무슨 일이 일어난 거야?

여: 3층의 리씨 할머니께서 기절해서 쓰러지셨어, 아마
도 심장이 아픈 고질병이 재발했나 봐.

질문: 리씨 할머니는 어디로 보내졌는가?

제시된 선택지가 모두 장소를 나타내므로, 화자나 제3자가 있는 장소, 또는 가려고 하는 장소가 어디인지를 주의 깊게 듣는다. 대화에서 언급된 我看到一辆救护车从咱们楼下开出去了와 三楼的李奶奶晕倒了를 토대로 3층의 리씨 할머니가 쓰러지셔서 구급차를 타고 응급실로 갔다는 내용을 유추할 수 있다. 질문이 리씨 할머니는 어디로 보내졌는지를 물었으므로, D 急诊室을 정답으로 고른다. 참고로, 남자가 언급한 楼下를 듣고 B를 정답으로 고르지 않도록 주의한다.

어휘　酒吧 jiǔbā 圏 술집　急诊室 jízhěnshì 圏 응급실　救护车 jiùhùchē 圏 구급차　发生 fāshēng 圏 일어나다
　　　晕倒 yūndǎo 기절하여 쓰러지다　犯 fàn 圏 재발하다　心脏 xīnzàng 圏 심장　老毛病 lǎomáobìng 고질병

19

A 上专业课	A 전공 수업을 듣는다
B 听主题讲座	B 주제 강연을 듣는다
C 陪家人去看病	C 가족을 데리고 진찰을 받으러 간다
D 去海边吃海鲜	**D 바닷가에 가서 해산물을 먹는다**

女：文学院那个关于戏剧的主题讲座你去听了吗？教授讲得太精彩了！

男：没去，朋友昨天带我去了海边，还请我吃了海鲜。

问：男的昨天做了什么？

여: 너 문과 대학의 그 희극 관련 주제 강연 가서 들었니? 교수님이 정말 훌륭하게 잘 설명해 주셨어!

남: 안 갔어, 친구가 어제 나를 해변에 데리고 갔거든, 해산물도 사 줬어.

질문: 남자는 어제 무엇을 했는가?

해설　제시된 선택지가 모두 행동과 관련된 동사로 구성된 문제이므로, 화자 또는 제3자가 하고 있거나 하려는 행동과 관련된 내용을 주의 깊게 듣는다. 대화에서 여자가 남자에게 강연을 들었는지를 묻자, 남자가 没去，朋友昨天带我去了海边，还请我吃了海鲜。이라고 답했다. 질문이 남자는 어제 무엇을 했는지를 물었으므로, D 去海边吃海鲜을 정답으로 고른다. 참고로, 여자가 언급한 主题讲座를 듣고, B를 정답으로 고르지 않도록 주의한다.

어휘　专业 zhuānyè 圏 전공　主题 zhǔtí 圏 주제　讲座 jiǎngzuò 圏 강연　陪 péi 圏 데리고 가다　看病 kànbìng 圏 진찰을 받다
　　　海边 hǎibiān 圏 바닷가　海鲜 hǎixiān 圏 해산물　文学院 wénxuéyuàn 문과 대학　戏剧 xìjù 圏 희극　教授 jiàoshòu 圏 교수
　　　精彩 jīngcǎi 圏 훌륭하다

20

A 紧张是不可避免的	**A 긴장하는 것은 불가피하다**
B 今天的运气还不错	B 오늘의 운수는 그런대로 괜찮다
C 不在乎比赛的输赢	C 대회의 승패를 신경 쓰지 않는다
D 自己也没有发挥好	D 자신도 잘 발휘하지 못했다

男：抱歉，队长，昨天的辩论赛我没有发挥好。

女：不要紧，第一次参加比赛难免会紧张，你要自信点儿，今天好好表现。

问：女的是什么意思？

남: 미안합니다 주장, 어제의 토론 대회에서 제가 잘 발휘하지 못했어요.

여: 괜찮아요, 처음 대회에 참가하면 긴장하기 마련이에요, 좀 더 자신감을 갖고, 오늘 잘 활약하세요.

질문: 여자의 말은 무슨 의미인가?

해설　제시된 선택지가 모두 사람의 상태·상황을 나타내므로, 화자 또는 제3자의 상태나 처한 상황과 관련된 내용을 주의 깊게 듣는다. 대화에서 남자가 어제 토론 대회에서 잘 발휘하지 못해서 미안하다고 하자, 여자가 不要紧，第一次参加比赛难免会紧张이라고 했다. 질문이 여자의 말은 무슨 의미인지를 물었으므로, A 紧张是不可避免的를 정답으로 고른다.

＊바꾸어 표현　难免会紧张 긴장하기 마련이다 → 紧张是不可避免的 긴장하는 것은 불가피하다

어휘　紧张 jǐnzhāng 圏 긴장해 있다　避免 bìmiǎn 圏 피하다　运气 yùnqi 圏 운수, 운　在乎 zàihu 圏 신경 쓰다　输赢 shūyíng 圏 승패
　　　发挥 fāhuī 圏 발휘하다　抱歉 bàoqiàn 圏 미안해하다　队长 duìzhǎng 圏 주장　辩论赛 biànlùnsài 圏 토론 대회
　　　不要紧 búyàojǐn 괜찮다　难免 nánmiǎn 圏 ~하기 마련이다　自信 zìxìn 圏 자신감　表现 biǎoxiàn 圏 활약하다

A 学习情况	B 运动方式	A 학습 상황	B 운동 방식
C 活动时间	D 手机游戏	C 행사 시간	D 휴대폰 게임

女：李老师，高阳最近学习状态如何？

男：他最近不如以前勤奋了。

女：上周刚给他买了手机，他可能是没控制好玩手机的时间。

男：孩子是需要放松，但是最好也让他多参与一些户外活动。

问：女的想知道什么？

여: 리 선생님, 가오양의 요즘 학습 상태는 어떤가요?

남: 그는 요즘 이전만큼 열심히 하지 않아요.

여: 지난주에 막 그에게 휴대폰을 사 주었는데, 아마도 휴대폰을 가지고 노는 시간을 잘 조절하지 못하는 것 같네요.

남: 아이들은 스트레스를 푸는 것이 필요하죠, 하지만 그가 야외 활동에도 많이 참여하게 하는 것이 가장 좋아요.

질문: 여자는 무엇을 알고 싶은가?

해설　제시된 선택지가 모두 명사구이므로, 대화의 주제나 중심 소재 및 각 선택지와 관련된 내용을 주의 깊게 듣는다. 대화에서 여자가 高阳最近学习状态如何?라고 묻자, 남자가 그는 요즘 이전만큼 열심히 하지 않는다고 답했다. 질문이 여자는 무엇을 알고 싶은지를 물었으므로, A 学习情况을 정답으로 고른다.

* 바꾸어 표현　学习状态 학습 상태 → 学习情况 학습 상황

어휘　情况 qíngkuàng 圆 상황　方式 fāngshì 圆 방식　活动 huódòng 圆 행사　状态 zhuàngtài 圆 상태　如何 rúhé 圆 어떻다
　　　不如 bùrú 圆 ~만큼 ~하지 않다　勤奋 qínfèn 圆 열심히 하다　控制 kòngzhì 圆 조절하다　放松 fàngsōng 圆 스트레스를 풀다
　　　最好 zuìhǎo 圆 ~하는 게 가장 좋다　参与 cānyù 圆 참여하다　户外 hùwài 圆 야외

A 买电脑	B 取包裹	A 컴퓨터를 산다	B 소포를 찾는다
C 安装软件	D 修理电脑	C 소프트웨어를 설치한다	D 컴퓨터를 수리한다

男：方方，你取完包裹了？我帮你拿吧。

女：谢谢！这是我新买的笔记本电脑。你能帮我安装几个软件吗？

男：没问题。对了，那你的旧电脑呢？

女：屏幕出了问题，被我扔了。

问：女的请男的帮忙做什么？

남: 팡팡아, 너 소포 다 찾았니? 내가 들어줄게.

여: 고마워! 이건 내가 새로 산 노트북이야. 너는 나를 도와서 소프트웨어 몇 개를 설치해 줄 수 있니?

남: 문제없지. 맞다, 그럼 너의 예전 컴퓨터는?

여: 화면에 문제가 생겨서, 내가 버렸어.

질문: 여자는 남자에게 무엇을 하는 것을 도와달라고 요청하는가?

해설　제시된 선택지가 모두 행동과 관련된 동사로 구성된 문제이므로, 화자 또는 제3자가 하고 있거나 하려는 행동과 관련된 내용을 주의 깊게 듣는다. 대화에서 여자가 你能帮我安装几个软件吗?라고 묻자, 남자가 문제없다고 답했다. 질문이 여자는 남자에게 무엇을 하는 것을 도와달라고 요청하는지를 물었으므로, C 安装软件을 정답으로 고른다. 참고로, 남자가 언급한 取完包裹了를 듣고, B를 정답으로 고르지 않도록 주의한다.

어휘　取 qǔ 圆 (소포를) 찾다　包裹 bāoguǒ 圆 소포　安装 ānzhuāng 圆 설치하다　软件 ruǎnjiàn 圆 소프트웨어　修理 xiūlǐ 圆 수리하다
　　　屏幕 píngmù 圆 화면, 스크린(screen)　扔 rēng 圆 버리다

A 对自己没有信心	A 스스로에게 자신이 없다
B 还没去新公司工作	**B 아직 새로운 회사에 가서 일하지 않았다**
C 应聘了一家网络公司	C 한 인터넷 회사에 지원했다
D 知道怎么缓解工作压力	D 업무 스트레스를 어떻게 푸는지 안다

女: 小天，你工作找得怎么样了？	여: 샤오티엔, 너 일자리 구하는 건 어떻게 되었니?
男: 我应聘了一家保险公司，明天开始上班。	남: 나는 한 보험 회사에 지원했었는데, 내일부터 출근 시작해.
女: 我听说保险公司很看重业务能力，工作压力比较大。	여: 내가 듣자니 보험 회사는 실무 능력을 매우 중시해서, 업무 스트레스가 비교적 크다고 하더라고.
男: 嗯，但是我还是会把握住机会，好好表现的。	남: 응, 하지만 나는 그래도 기회를 꽉 잡아서, 제대로 보여 줄 거야.
问: 关于小天，下列哪项正确？	질문: 샤오티엔에 관하여, 다음 중 옳은 것은?

해설　제시된 선택지가 모두 사람의 상태·상황을 나타내므로, 화자 또는 제3자의 상태나 처한 상황과 관련된 내용을 주의 깊게 듣는다. 대화에서 여자가 小天, 你工作找得怎么样了？라고 묻자, 남자가 我应聘了一家保险公司，明天开始上班。이라고 답했다. 질문이 샤오티엔에 관하여 옳은 것을 물었으므로, B 还没去新公司工作를 정답으로 고른다.

어휘　**信心** xìnxīn 圆 자신, 확신　**应聘** yìngpìn 園 지원하다　**网络** wǎngluò 圆 인터넷　**缓解** huǎnjiě 園 풀다, 해소하다
压力 yālì 圆 스트레스　**保险** bǎoxiǎn 圆 보험　**看重** kànzhòng 園 중시하다　**业务** yèwù 圆 실무, 업무　**能力** nénglì 圆 능력
嗯 èng 園 응, 그래　**把握** bǎwò 園 잡다, 파악하다　**好好** hǎohǎo 團 제대로, 잘　**表现** biǎoxiàn 園 보여 주다

24

A 厨师　　　　　B 清洁工	A 요리사　　　　　B 환경미화원
C 客服人员　　　D 超市员工	C 고객센터 직원　　D 슈퍼마켓 직원
男: 欢迎收看《今日谈》，我们今天的嘉宾是李心。	남: <오늘의 대화>를 시청하러 오신 걸 환영합니다, 오늘의 게스트는 리신 씨 입니다.
女: 大家好，我是来自放心超市的李心。	여: 안녕하세요, 저는 팡신슈퍼에서 온 리신입니다.
男: 您连续五年被评为优秀员工，可以和大家分享一下您的经验吗？	남: 당신은 5년 연속 우수 직원으로 선정되셨는데요, 모두에게 당신의 경험을 한번 공유해 주실 수 있을까요?
女: 我认为对顾客负责最重要，要做到每天下班前检查是否有过期食物，如果有的话，需要及时处理。	여: 저는 고객에게 책임을 지는 것이 가장 중요하다고 생각합니다. 매일 퇴근하기 전에 기한이 지난 음식이 있는지 없는지를 검사해야 하고, 만약 있으면 즉시 처리해야 합니다.
问: 女的最有可能从事什么职业？	질문: 여자는 어떤 직업에 종사할 가능성이 가장 큰가?

해설　제시된 선택지가 모두 직업·신분을 나타내므로, 대화를 들을 때 직업·신분과 관련된 내용을 주의 깊게 듣는다. 대화에서 언급된 我是来自放心超市的李心과 您连续五年被评为优秀员工을 토대로 여자는 슈퍼마켓 직원임을 알 수 있다. 질문이 여자는 어떤 직업에 종사할 가능성이 가장 큰지를 물었으므로, D 超市员工을 정답으로 고른다.

어휘　**厨师** chúshī 圆 요리사　**清洁工** qīngjiégōng 圆 환경미화원　**客服人员** kèfú rényuán 고객센터 직원　**员工** yuángōng 圆 직원
收看 shōukàn 園 시청하다　**嘉宾** jiābīn (방송) 게스트, 손님　**来自** láizì 園 ~에서 오다　**连续** liánxù 園 연속하다
评为 píngwéi ~으로 선정하다　**优秀** yōuxiù 圆 우수하다　**分享** fēnxiǎng 圆 공유하다, 함께 나누다　**经验** jīngyàn 圆 경험, 체험
顾客 gùkè 圆 고객　**负责** fùzé 圆 책임지다　**是否** shìfǒu ~인지 아닌지　**及时** jíshí 圆 즉시, 곧바로　**处理** chǔlǐ 圆 처리하다
从事 cóngshì 圆 종사하다

25

A 放鞭炮了	B 包饺子了
C 发红包了	D 听故事了

A 폭죽을 터뜨렸다	B 만두를 빚었다
C 세뱃돈을 주었다	D 이야기를 들었다

女：过年好啊！昨天除夕夜，你和家人是怎么过的？

男：我们全家人一起包了饺子，你们家呢？

女：吃完晚饭后，爸爸给我们讲了关于"年"的传说。

男：肯定很有趣，可以给我讲讲吗？我从来没听过这类传说。

问：男的昨天做什么了？

여: 새해 복 많이 받아! 어제 섣달 그믐날 밤, 너는 가족과 어떻게 보냈니?

남: 우리 온 가족은 함께 만두를 빚었어, 너희 집은?

여: 저녁을 다 먹은 후에, 아빠가 우리에게 '해'에 대한 전설을 이야기해 주셨어.

남: 정말 재미있었겠다, 나에게도 이야기해 줄 수 있어? 나는 여태껏 이런 종류의 전설은 들어 본 적이 없어.

질문: 남자는 어제 무엇을 했는가?

해설   제시된 선택지가 모두 행동과 관련된 동사로 구성된 문제이므로, 화자 또는 제3자가 하고 있거나 하려는 행동과 관련된 내용을 주의 깊게 듣는다. 대화에서 여자가 어제 섣달 그믐날 밤을 가족과 어떻게 보냈는지를 묻자, 남자가 我们全家人一起包了饺子라고 답했다. 질문이 남자는 어제 무엇을 했는지를 물었으므로, B 包饺子了를 정답으로 고른다.

어휘   鞭炮 biānpào 몡폭죽   饺子 jiǎozi 몡만두, 교자   红包 hóngbāo 몡세뱃돈   过年 guònián 동새해를 맞다
       除夕 Chúxī 고유섣달 그믐날[음력으로 한 해의 마지막 날]   夜 yè 몡밤   传说 chuánshuō 몡전설   有趣 yǒuqù 휑재미있다
       从来 cónglái 뛰여태껏, 지금까지

26

A 讨论设计方案
B 提升用户体验
C 确定投资方向
D 扩大产品影响力

A 설계 방안을 토론한다
B 사용자 경험을 향상시킨다
C 투자 방향을 확정한다
D 제품 영향력을 넓힌다

男：总监，这是我的产品设计方案。

女：好，我来看看。

男：我在原来的基础上做了一些改进，新的方案会更突出用户体验。

女：这个比之前的方案好多了，下午我们开个会讨论一下。

问：他们下午开会时会做什么？

남: 총괄 관리자님, 이것은 저의 제품 설계 방안입니다.

여: 네, 제가 좀 볼게요.

남: 제가 기존의 것을 토대로 개선을 좀 했는데, 새로운 방안은 사용자 경험을 더욱 두드러지게 할 것입니다.

여: 이것은 이전의 방안보다 많이 좋아졌네요. 오후에 우리 회의를 열어 토론해 봅시다.

질문: 그들은 오후에 회의를 할 때 무엇을 할 것인가?

해설   제시된 선택지가 모두 행동과 관련된 동사로 구성된 문제이므로, 화자 또는 제3자가 하고 있거나 하려는 행동과 관련된 내용을 주의 깊게 듣는다. 대화에서 남자가 这是我的产品设计方案이라며, 기존의 것을 토대로 개선을 좀 했다고 하자, 여자가 下午我们开个会讨论一下라고 했다. 질문이 그들은 오후에 회의를 할 때 무엇을 할 것인지를 물었으므로, A 讨论设计方案을 정답으로 고른다.

어휘   讨论 tǎolùn 동토론하다   设计 shèjì 동설계   方案 fāng'àn 몡방안   提升 tíshēng 동향상시키다   用户 yònghù 몡사용자
       体验 tǐyàn 동경험하다   确定 quèdìng 동확정하다   投资 tóuzī 동투자   方向 fāngxiàng 몡방향   扩大 kuòdà 동넓히다
       产品 chǎnpǐn 몡제품   影响力 yǐngxiǎnglì 영향력   总监 zǒngjiān 몡총괄 관리자   基础 jīchǔ 몡토대, 기초
       改进 gǎijìn 동개선하다   突出 tūchū 동두드러지게 하다

27

A 西餐厅	B 美发店	A 레스토랑	B 미용실
C 美术馆	D 批发市场	C 미술관	D 도매 시장

女：你今天的发型很不错。

男：我昨天去烫发了，还稍微修剪了一下。

女：现在看起来更年轻了。看来那里的理发师很有经验，你可以介绍给我吗？我也打算去弄一下头发。

男：没问题，下次我带你一起去吧，给你推荐我的理发师。

问：男的昨天去哪儿了？

여: 너 오늘 헤어스타일 괜찮다.

남: 나 어제 파마하러 갔는데, 머리도 조금 다듬었어.

여: 지금이 더 어려 보이네. 보아하니 그곳의 미용사 되게 경험 있는 것 같은데, 나에게 소개해 줄 수 있어? 나도 머리 좀 하러 가려고.

남: 그럼, 다음에 내가 같이 데리고 가서, 너한테 우리 미용사 추천해 줄게.

질문: 남자는 어제 어디에 갔는가?

해설 　제시된 선택지가 모두 장소를 나타내므로, 대화를 들을 때 화자나 제3자가 있는 장소, 또는 가려고 하는 장소가 어디인지를 주의 깊게 듣는다. 대화에서 남자가 언급한 我昨天去烫发了，还稍微修剪了一下。를 토대로 남자는 어제 미용실에 갔다는 것을 유추할 수 있다. 질문이 남자는 어제 어디에 갔는지를 물었으므로, B 美发店을 정답으로 고른다.

어휘 　**西餐厅** xīcāntīng 圆레스토랑　**美发店** měifàdiàn 圆미용실　**美术馆** měishùguǎn 圆미술관　**批发市场** pīfā shìchǎng 도매 시장
　　　发型 fàxíng 圆헤어스타일　**烫发** tàngfà 圆머리를 파마하다　**稍微** shāowēi 囲조금　**修剪** xiūjiǎn 圆다듬다
　　　理发师 lǐfàshī 圆미용사　**经验** jīngyàn 圆경험　**弄** nòng 圆~하다　**推荐** tuījiàn 圆추천하다

28

A 保持环境整洁	A 환경을 깨끗하게 유지한다
B 满足孩子的需要	B 아이의 요구를 만족시킨다
C 营造好的家庭氛围	C 좋은 집안 분위기를 조성한다
D 减少和朋友之间的矛盾	D 친구 사이에서의 갈등을 줄인다

男：你的女儿性格这么好，温柔大方，你们是怎么教育她的？

女：我觉得保持良好的家庭氛围很重要。

男：嗯，大家都说"家长是孩子的第一任老师"。

女：我和孩子爸爸从来不在孩子面前吵架，有矛盾也会好好商量。

问：女的认为教育孩子最重要的是什么？

남: 네 딸은 성격이 이렇게 좋고, 다정하면서 대범한데, 너희들은 그녀를 어떻게 교육한 거니?

여: 나는 좋은 집안 분위기를 유지하는 것이 중요하다고 생각해.

남: 응, 모두들 '부모는 아이들의 첫 번째 선생님'이라고 말하더라.

여: 나는 애들 아빠랑 여태껏 아이들 앞에서 말다툼한 적이 없고, 갈등이 있어도 잘 상의해.

질문: 여자는 아이를 교육하는데 가장 중요한 것은 무엇이라고 생각하는가?

해설 　제시된 선택지가 모두 행동과 관련된 동사로 구성된 문제이므로, 화자 또는 제3자가 하고 있거나 하려는 행동과 관련된 내용을 주의 깊게 듣는다. 대화에서 남자가 여자의 딸을 칭찬하며 어떻게 교육한 것이냐고 묻자, 여자가 我觉得保持良好的家庭氛围很重要。라고 답했다. 질문이 여자는 아이를 교육하는데 가장 중요한 것은 무엇이라고 생각하는지를 물었으므로, C 营造好的家庭氛围를 정답으로 고른다.

어휘 　**保持** bǎochí 圆유지하다　**整洁** zhěngjié 圆깨끗하다　**满足** mǎnzú 圆만족시키다　**营造** yíngzào 圆조성하다
　　　家庭 jiātíng 圆집안　**氛围** fēnwéi 圆분위기　**矛盾** máodùn 圆갈등　**性格** xìnggé 圆성격　**温柔** wēnróu 圆다정하다
　　　大方 dàfang 圆대범하다　**教育** jiàoyù 圆교육하다　**良好** liánghǎo 圆좋다　**嗯** èng 囮응, 그래
　　　任 rèn 圆번, 례[담당한 직무의 횟수를 나타냄]　**从来** cónglái 囲여태껏　**吵架** chǎojià 圆말다툼하다　**商量** shāngliang 圆상의하다

29

A 这场比赛很无聊	A 이번 경기는 지루하다
B 她喜欢上了足球	**B 그녀는 축구를 좋아하게 되었다**
C 球迷都不喜欢喝酒	C 축구팬은 모두 술 마시는 것을 좋아하지 않는다
D 比赛结果令人失望	D 경기 결과는 실망스럽다

女：上周六海宁队和天一队的足球赛太棒了！	여: 지난주 토요일 하이닝 팀과 톈이 팀의 축구 경기는 정말 훌륭했어!
男：你这个不爱足球的也去看了？	남: 축구를 좋아하지 않는 너도 가서 봤어?
女：有人送了我一张票。赛场气氛太热烈了，我第一次感受到了足球的魅力。	여: 누가 나에게 표를 한 장 줬어. 경기장 분위기가 정말 열렬해서 나는 처음으로 축구의 매력을 느꼈어.
男：没错，比赛太激烈了，结束后好多球迷都去喝酒庆祝了。	남: 맞아, 경기가 정말 치열해서, 끝난 후에 많은 축구 팬들이 모두 술을 마시러 가서 축하했지.
问：女的是什么意思？	질문: 여자의 말은 무슨 의미인가?

해설 　제시된 선택지가 모두 사람이나 특정 대상의 상태·상황을 나타내므로, 이와 관련된 내용을 주의 깊게 듣는다. 대화에서 여자가 上周六海宁队和天一队的足球赛太棒了!라면서, 我第一次感受到了足球的魅力라고 했다. 질문이 여자의 말은 무슨 의미인지를 물었으므로, 感受到了足球的魅力라는 표현을 통해 유추할 수 있는 B 她喜欢上了足球를 정답으로 고른다.

어휘 　无聊 wúliáo 웹지루하다　球迷 qiúmí 웹축구팬　结果 jiéguǒ 웹결과　令 lìng 뎁~하게 하다　失望 shīwàng 웹실망하다
　　　棒 bàng 웹훌륭하다　赛场 sàichǎng 웹경기장　气氛 qìfēn 웹분위기　热烈 rèliè 웹열렬하다
　　　感受 gǎnshòu 뎁(영향을) 느끼다　魅力 mèilì 웹매력　激烈 jīliè 웹치열하다　庆祝 qìngzhù 뎁축하하다

30

A 经济相当发达	A 경제가 상당히 발달했다
B 有一所著名的大学	B 유명한 대학교가 있다
C 老街道保存得非常好	**C 옛 거리가 매우 잘 보존되어 있다**
D 是近期开发的旅游景点	D 최근에 개발된 관광 명소이다

男：听说这个地方已经有一千多年的历史了。	남: 듣자니 이곳은 이미 천여 년의 역사를 지녔다고 해요.
女：是呀，因为历史悠久，所以有很多名胜古迹，而且老建筑和街道也保存得非常完整。	여: 맞아요, 역사가 오래돼서, 명승고적이 많고, 게다가 옛 건축물과 거리도 매우 완전하게 보존되어 있어요.
男：我喜欢这种江南水乡的景色。	남: 저는 이러한 장난의 수향 마을의 풍경을 좋아해요.
女：我也是，等我们老了就来这里住吧。	여: 저도 그래요, 우리가 나이를 먹으면 여기 와서 삽시다.
问：关于那个地方，可以知道什么？	질문: 그곳에 관하여, 무엇을 알 수 있는가?

해설 　제시된 선택지가 특정 대상의 상태·상황을 나타내므로, 이와 관련된 내용을 주의 깊게 듣는다. 대화에서 남자가 이곳은 이미 천여 년의 역사를 지녔다고 하자, 여자가 명승고적이 많고, 老建筑和街道也保存得非常完整이라고 했다. 질문이 그곳에 관하여 알 수 있는 것을 물었으므로, C 老街道保存得非常好를 정답으로 고른다.

　　　＊바꾸어 표현　保存得非常完整 매우 완전하게 보존되다 → 保存得非常好 매우 잘 보존되다

어휘 　经济 jīngjì 웹경제　相当 xiāngdāng 뎁상당히　发达 fādá 웹발달하다　著名 zhùmíng 웹유명하다　老街道 lǎojiēdào 옛 거리
　　　保存 bǎocún 뎁보존하다　近期 jìnqī 웹최근　开发 kāifā 뎁개발하다　旅游景点 lǚyóu jǐngdiǎn 관광 명소
　　　悠久 yōujiǔ 웹오래되다　名胜古迹 míngshènggǔjì 웹명승고적　建筑 jiànzhù 웹건축물　完整 wánzhěng 웹완전하다
　　　江南水乡 jiāngnán shuǐxiāng 장난의 수향 마을　景色 jǐngsè 웹풍경, 경치

31. A 努力减轻压力

    B 要培养多种爱好

    C 让自己再来挑战

    D 请求周围人的帮助

32. A 试图去改变世界

    B 变得积极乐观些

    C 做一个优秀的领导

    D 少发表自己的意见

31. A 스트레스를 줄이도록 노력한다

    B 다양한 취미를 길러야 한다

    C 자신이 다시 도전하게 한다

    D 주변 사람들의 도움을 요청한다

32. A 세상을 바꾸려고 시도한다

    B 긍정적이고 낙관적으로 변한다

    C 훌륭한 리더가 된다

    D 자신의 의견을 적게 발표한다

第31到32题是根据下面一段话：

    ³¹每个人都会有失去信心而变得悲观绝望的时候。但是不要灰心，这不仅仅是一次考验，也是改变自我的重要机遇。³¹这时候要做的就是鼓起勇气向前走，给自己一个重新挑战的机会，按照最初的方向，确立奋斗目标。你可以做一个了不起的"梦想家"，努力去追求自己的梦想；或者³²你可以做一个积极的"乐天派"，让自己变得乐观一些，遇到挫折时，告诉自己一切都会好起来；你也可以做一个优秀的"意见领导者"，在团队中提出自己的建议，也积极寻求他人意见。

31. 问：缺乏自信时应该怎么做？

32. 问：根据这段话，下列哪项是说话人的建议？

31-32번 문제는 다음 내용에 근거한다.

    ³¹모든 사람에게는 자신감을 잃어버려서 비관적이고 절망적으로 변하는 시기가 있다. 하지만 낙심하지 말자. 이것은 그저 한 번의 시험일 뿐만 아니라, 자기 자신을 바꿀 중요한 기회이기도 하다. ³¹이때 해야 할 일은 바로 용기를 내서 앞으로 나아가, 스스로에게 다시 도전할 기회를 주는 것이고, 처음의 방향대로 분투 목표를 확립하는 것이다. 당신은 뛰어난 '몽상가'가 되어서, 스스로의 꿈을 열심히 좇을 수 있다. 혹은 ³²당신은 긍정적인 '낙천주의자'가 되어, 스스로를 낙관적으로 만들어서, 실패를 겪을 때는 스스로에게 모든 것이 다 잘 될 거라고 알려 줄 수 있다. 당신은 또 우수한 '의견 리더'가 되어, 집단에서 자신의 제안 사항을 건의하고, 타인의 의견도 적극적으로 구할 수 있다.

31. 질문: 자신감이 부족할 때 어떻게 해야 하는가?

32. 질문: 이 단문에 근거하여, 다음 중 화자의 제안은?

해설 선택지 읽기

    31번과 32번 선택지가 모두 주장이나 의견을 나타내는 내용이므로, 논설문이 나올 것임을 예상할 수 있다. 따라서 단문의 처음과 끝부분을 특히 주의 깊게 듣는다.

    단문 듣기

    단문 초반의 每个人都会有失去信心而变得悲观绝望的时候。……这时候要做的就是鼓起勇气向前走, 给自己一个重新挑战的机会를 듣고 31번의 C 让自己再来挑战에 체크해 둔다.

    단문 후반의 你可以做一个积极的"乐天派", 让自己变得乐观一些, 遇到挫折时, 告诉自己一切都会好起来를 듣고, 32번의 B 变得积极乐观些에 체크해 둔다.

    질문 듣고 정답 고르기

    31. 질문이 자신감이 부족할 때 어떻게 해야 하는지를 물었으므로, C를 정답으로 고른다.

    32. 질문이 단문에 근거하여 화자의 제안이 무엇인지를 물었으므로, B를 정답으로 고른다.

어휘 **减轻** jiǎnqīng 圐 줄이다 **压力** yālì 圐 스트레스 **培养** péiyǎng 圐 기르다 **挑战** tiǎozhàn 圐 도전하다 **请求** qǐngqiú 圐 요청하다

    周围 zhōuwéi 圐 주변, 주위 **试图** shìtú 圐 시도하다 **改变** gǎibiàn 圐 바뀌다 **世界** shìjiè 圐 세상, 세계

    积极 jījí 圐 긍정적이다, 적극적이다 **乐观** lèguān 圐 낙관적이다 **优秀** yōuxiù 圐 훌륭하다 **领导** lǐngdǎo 圐 리더

    发表 fābiǎo 圐 발표하다 **失去** shīqù 圐 잃어버리다 **信心** xìnxīn 圐 자신감 **悲观** bēiguān 圐 비관적이다 **绝望** juéwàng 圐 절망하다

    灰心 huīxīn 圐 낙심하다 **考验** kǎoyàn 圐 시험하다 **自我** zìwǒ 圐 자기 **机遇** jīyù 圐 기회 **鼓起** gǔqǐ 圐 (용기를) 내다

    勇气 yǒngqì 圐 용기 **重新** chóngxīn 圐 다시 **按照** ànzhào 圐 ~대로 **方向** fāngxiàng 圐 방향 **确立** quèlì 圐 확립하다

    奋斗 fèndòu 圐 분투하다 **目标** mùbiāo 圐 목표 **了不起** liǎobuqǐ 圐 뛰어나다, 대단하다 **梦想** mèngxiǎng 圐 몽상

追求 zhuīqiú 图 좇다, 추구하다　乐天派 lètiānpài 图 낙천주의자　挫折 cuòzhé 图 실패하다　一切 yíqiè 때 모든 것
团队 tuánduì 图 집단　提出 tíchū 图 건의하다　建议 jiànyì 图 제안　寻求 xúnqiú 图 구하다　缺乏 quēfá 图 부족하다
自信 zìxìn 图 자신감

33 - 35

33. A 最初在德国创立

　　B 在中国开了研究所

　　C 是欧洲三大设计奖项之一

　　D 是专为建筑工程师颁发的奖

34. A 是一座红色的建筑

　　B 只展出欧洲人的作品

　　C 建筑面积有1000多平方米

　　D 是世界最大的现代设计博物馆

35. A 以德国为发展重心

　　B 开始积极走进亚洲

　　C 逐步完善奖励制度

　　D 不在欧洲举办展览

33. **A** 독일에서 처음 창립되었다

　　B 중국에서 연구소를 열었다

　　C 유럽의 3대 디자인상 중 하나이다

　　D 건축 기사만을 위해 수여하는 상이다

34. **A** 빨간색 건축물이다

　　B 유럽인의 작품만 전시한다

　　C 건축 면적은 1000여 제곱미터이다

　　D 세계에서 가장 큰 현대 디자인 박물관이다

35. A 독일을 발전 중심으로 삼는다

　　B 적극적으로 아시아에 진출하기 시작했다

　　C 점진적으로 상금 제도를 보완한다

　　D 유럽에서 전시를 개최하지 않는다

第33到35题是根据下面一段话：

　　1955年，³³欧洲最有影响力的设计协会在德国创建了"红点奖"，这个奖如今成为世界三大设计奖项之一。"红点奖"重视设计的独立性与专业性，获得这一奖项就等于有了一张"顶级优品"的名片。在过去的几十年间，"红点奖"从一个单纯的奖项，变成了一个综合性品牌。除了比赛和研究所，红点协会还拥有出版物、网站、商店和博物馆。³⁴德国红点设计博物馆是世界上最大的现代设计博物馆，它的面积超过四千平方米，展出的作品超过1000件。与此同时，"红点奖"这个源自德国的奖项也在积极走向世界。³⁵近年来红点协会开始进入亚洲。红点设计博物馆将第二家设在了新加坡，而第三家也已在台北运营。另外，今年11月，设计展"红点在中国"将会在厦门举办。

33. 问：关于"红点奖"，可以知道什么？

34. 问：关于德国红点设计博物馆，下列哪项正确？

35. 问：近年来，红点协会发展的趋势是怎样的？

33-35번 문제는 다음 내용에 근거한다.

　　1955년 ³³유럽에서 가장 영향력 있는 디자인 협회가 독일에서 '레드닷 디자인 어워드'를 만들었는데, 이 상은 오늘날 세계 3대 디자인상 중 하나가 되었다. '레드닷 디자인 어워드'는 디자인의 독립성과 전문성을 중시해서, 이 상을 얻으면 곧 '최고 양질의 제품'이라는 명함을 가진 것과 다름없다. 지난 수십 년 동안, '레드닷 디자인 어워드'는 단순한 상에서 종합적인 브랜드가 되었다. 대회와 연구소를 제외하고, 레드닷 협회는 출판물, 웹사이트, 상점과 박물관도 보유하고 있다. ³⁴독일 레드닷 디자인 박물관은 세계에서 가장 큰 현대 디자인 박물관으로, 면적은 4000㎡가 넘으며, 전시된 작품은 천 점이 넘는다. 이와 동시에, 독일에서 유래한 이 '레드닷 디자인 어워드' 상도 세계를 향해 나아가고 있다. ³⁵최근 몇 년 간 레드닷 협회는 아시아에 진출하기 시작했다. 레드닷 디자인 박물관은 싱가포르에 2호점을 세웠고, 3호점도 이미 타이베이에서 운영하고 있다. 이 밖에 올해 11월, 디자인전인 '레드닷 인 차이나'가 샤먼에서 열릴 예정이다.

33. 질문: '레드닷 디자인 어워드'에 관하여, 무엇을 알 수 있는가?

34. 질문: 독일의 레드닷 디자인 박물관에 관하여, 다음 중 옳은 것은?

35. 질문: 최근 몇 년 동안 레드닷 협회의 발전 추세는 어떠한가?

해커스 HSK 5급 한 권으로 정복

해설   선택지 읽기

33번, 34번, 35번 선택지가 모두 특정 대상에 대한 사실을 나타내고, 33번에서 设计奖项(디자인상), 奖(상)이 언급되었으므로, 특정 디자인상과 관련된 설명문이 나올 것임을 예상할 수 있다. 따라서 설명 대상의 세부적인 특징에 대한 내용을 주의 깊게 듣는다.

단문 듣기

단문 초반의 欧洲最有影响力的设计协会在德国创建了"红点奖"을 듣고, 33번의 A 最初在德国创立에 체크해 둔다.

단문 중반의 德国红点设计博物馆是世界上最大的现代设计博物馆을 듣고, 34번의 D 是世界最大的现代设计博物馆에 체크해 둔다.

단문 후반의 近年来红点协会开始进入亚洲。를 듣고, 35번의 B 开始积极走进亚洲에 체크해 둔다.

질문 듣고 정답 고르기

33. 질문이 '레드닷 디자인 어워드'에 관하여 알 수 있는 것을 물었으므로, A를 정답으로 고른다.
34. 질문이 독일의 레드닷 디자인 박물관에 관하여 옳은 것을 물었으므로, D를 정답으로 고른다.
35. 질문이 최근 몇 년 동안 레드닷 협회의 발전 추세는 어떠한지를 물었으므로, B를 정답으로 고른다.

어휘   **最初** zuìchū 톙처음, 최초   **德国** Déguó 고유독일   **创立** chuànglì 통창립하다   **研究所** yánjiūsuǒ 톙연구소   **欧洲** Ōuzhōu 고유유럽
设计 shèjì 통디자인하다   **奖项** jiǎngxiàng 톙상, 상의 종목   **建筑工程师** jiànzhù gōngchéngshī 건축 기사
颁发 bānfā 통(증서나 상장 따위를) 수여하다   **奖** jiǎng 톙상   **建筑** jiànzhù 톙건축물 통건축하다   **展出** zhǎnchū 통전시하다
面积 miànjī 톙면적   **平方米** píngfāngmǐ 톙m²[제곱미터]   **现代** xiàndài 톙현대   **博物馆** bówùguǎn 톙박물관
发展 fāzhǎn 통발전하다   **重心** zhòngxīn 톙중심   **积极** jījí 톙적극적이다   **亚洲** Yàzhōu 고유아시아   **逐步** zhúbù 톗점진적으로, 점차
完善 wánshàn 통보완하다   **奖励** jiǎnglì 톙상금   **制度** zhìdù 톙제도   **举办** jǔbàn 통개최하다   **展览** zhǎnlǎn 톙전시
影响力 yǐngxiǎnglì 톙영향력   **协会** xiéhuì 톙협회   **创建** chuàngjiàn 통만들다, 창립하다
红点奖 Hóngdiǎnjiǎng 레드닷 디자인 어워드[독일에서 열리는 디자인 공모전]   **如今** rújīn 톙오늘날, 지금   **成为** chéngwéi 통~이 되다
重视 zhòngshì 통중시하다   **独立性** dúlìxìng 독립성   **专业性** zhuānyèxìng 전문성   **获得** huòdé 통얻다
等于 děngyú 통~과 다름없다   **顶级** dǐngjí 톙최고의   **优品** yōupǐn 톙양질의 제품   **名片** míngpiàn 톙명함
单纯 dānchún 톙단순하다   **综合性** zōnghéxìng 종합성   **品牌** pǐnpái 톙브랜드   **拥有** yōngyǒu 통보유하다, 소유하다
出版物 chūbǎnwù 톙출판물   **网站** wǎngzhàn 톙(인터넷) 웹사이트   **超过** chāoguò 통넘다, 초과하다
与此同时 yǔcǐ tóngshí 이와 동시에   **走向** zǒuxiàng ~을 향해 나아가다   **新加坡** Xīnjiāpō 고유싱가포르
台北 Táiběi 고유타이베이   **运营** yùnyíng 통운영하다   **另外** lìngwài 톗이 밖에   **厦门** Xiàmén 고유샤먼   **趋势** qūshì 톙추세

36 - 38

36. A 全面的	36. A 전반적인 것
B 有规律的	B 규칙이 있는 것
C 高强度的	C 고강도인 것
D 有针对性的	**D 맞춤형인 것**
37. A 泳池换水记录	37. A 수영장 물갈이 기록
B 卫生合格证书	**B 위생 합격 증서**
C 每日杀菌记录	C 일일 살균 기록
D 每日卫生检查表	D 일일 위생 점검표
38. **A 能够科学指导会员**	38. **A 과학적으로 회원을 지도할 수 있다**
B 没有专业资格证书	B 전문 자격 증서가 없다
C 懂得尊重会员的爱好	C 회원의 취미를 존중할 줄 안다
D 对餐饮有特殊的要求	D 음식에 대한 특별한 요구가 있다

第36到38题是根据下面一段话:	36-38번 문제는 다음 내용에 근거한다.
感谢各位会员的加入，接下来将为大家简单介绍一下我们健身俱乐部的情况。	회원 여러분들의 가입에 감사드리며, 이어서 여러분들을 위해 저희 헬스클럽의 상황을 간단히 소개해 드리겠습니다.
首先，我们俱乐部有很多最新的设备，[36]健身爱好者可以根据自己的需求进行选择。比如说如果想减肥或者锻炼特定的部位，[36]就可以用相应的设备做针对性训练。其次，[37]我们俱乐部卫生状况良好。大厅里没有灰尘，[37]其他方面也均达到了国家规定的卫生标准，还有相关的合格证书。最后，[38]我们的教练专业性很强，每个人都持有相关资格证书，[38]他们可以针对不同业余爱好者进行科学的指导。	우선, 저희 클럽에는 최신 기구가 많이 있어, [36]헬스 애호가들은 자신의 필요에 따라 선택을 할 수 있습니다. 예를 들어 만약 다이어트나 특정 부위를 단련하고 싶으면, [36]해당하는 기구로 맞춤형 훈련을 할 수 있습니다. 그다음으로, [37]저희 클럽의 위생 상태는 양호합니다. 로비에는 먼지가 없고, [37]다른 부분도 모두 국가에서 규정한 위생 기준에 도달했으며, 또한 관련 합격 증서도 있습니다. 마지막으로, [38]저희 트레이너들의 전문성은 매우 높아서, 모두가 관련 자격증을 가지고 있으며, [38]그들은 다른 아마추어 애호가들에 맞추어 과학적인 지도를 할 수 있습니다.
36. 问：健身爱好者可以进行怎样的训练？	36. 질문: 헬스 애호가들은 어떤 훈련을 할 수 있는가?
37. 问：下列哪项是健身俱乐部所具有的？	37. 질문: 다음 중 헬스클럽이 구비하고 있는 것은?
38. 问：关于这家健身俱乐部的教练，可以知道什么？	38. 질문: 이 헬스클럽의 트레이너에 관하여, 무엇을 알 수 있는가?

해설 **선택지 읽기**

38번 선택지에서 **指导会员**(회원을 지도하다), **专业资格证书**(전문 자격 증서)가 언급되었으므로, 운동 시설과 관련된 실용문이 나올 것임을 예상할 수 있다. 실용문에서는 단문의 세부 내용을 묻는 문제가 자주 출제되므로, 대상·주제 등과 관련된 세부 사항을 주의 깊게 듣는다.

단문 듣기

단문 중반의 **健身爱好者……就可以用相应的设备做针对性训练**을 듣고 36번의 **D 有针对性的**에 체크해 둔다.
단문 중반의 **我们俱乐部……其他方面也均达到了国家规定的卫生标准，还有相关的合格证书**를 듣고, 37번의 **B 卫生合格证书**에 체크해 둔다.
단문 후반의 **我们的教练专业性很强……他们可以针对不同业余爱好者进行科学的指导**를 듣고, 38번의 **A 能够科学指导会员**에 체크해 둔다.

질문 듣고 정답 고르기

36. 질문이 헬스 애호가들은 어떤 훈련을 할 수 있는지를 물었으므로, D를 정답으로 고른다.
37. 질문이 헬스클럽이 구비하고 있는 것을 물었으므로, B를 정답으로 고른다.
38. 질문이 이 헬스클럽의 트레이너에 관하여 알 수 있는 것을 물었으므로, A를 정답으로 고른다.

어휘 **全面** quánmiàn [형]전반적이다 **规律** guīlǜ [명]규칙 **强度** qiángdù [명]강도 **针对性** zhēnduìxìng 맞춤형, 타깃성
泳池 yǒngchí [명]수영장 **换水** huànshuǐ [동]물을 갈다 **记录** jìlù [명]기록 [동]기록하다 **卫生** wèishēng [명]위생
合格 hégé [형]합격하다 **证书** zhèngshū [명]증서, 증명서 **杀菌** shājūn [동]살균하다 **检查表** jiǎncházbiǎo 점검표
科学 kēxué [형]과학적이다 **指导** zhǐdǎo [동]지도하다 **会员** huìyuán [명]회원 **专业** zhuānyè [명]전문 **资格** zīgé [명]자격
尊重 zūnzhòng [동]존중하다 **餐饮** cānyǐn [명]음식 **特殊** tèshū [형]특별하다 **感谢** gǎnxiè [동]감사하다 **加入** jiārù [동]가입하다
健身俱乐部 jiànshēn jùlèbù 헬스클럽 **情况** qíngkuàng [명]상황 **设备** shèbèi [명]기구, 시설 **爱好者** àihàozhě [명]애호가
需求 xūqiú [명]필요 **减肥** jiǎnféi [동]다이어트하다 **特定** tèdìng [형]특정한 **部位** bùwèi [명]부위 **相应** xiāngyìng [동]해당하다
训练 xùnliàn [동]훈련하다 **状况** zhuàngkuàng [명]상태 **良好** liánghǎo [형]양호하다 **大厅** dàtīng [명]로비 **灰尘** huīchén [명]먼지
方面 fāngmiàn [명]부분 **均** jūn [부]모두, 다 **达到** dádào [동]도달하다 **规定** guīdìng [동]규정하다 **标准** biāozhǔn [명]기준, 표준
相关 xiāngguān [동](서로) 관련되다 **教练** jiàoliàn [명]트레이너 **持有** chíyǒu [동]가지다, 지니다 **针对** zhēnduì [동]맞추다, 겨냥하다
业余 yèyú [형]아마추어의

39. A 广告宣传加强了

B 生活水平提高了

C 空闲时间变多了

D 旅游费用降低了

40. **A 不用自己计划**

B 时间非常自由

C 可以随时购物

D 会有朋友陪同

41. A 买东西不方便

B 游玩的景点少

C 旅游花费太多

D 准备过程麻烦

---

39. A 광고 홍보가 강화되었다

B 생활 수준이 향상되었다

C 한가한 시간이 많아졌다

D 여행 비용이 줄어들었다

40. **A 스스로 계획할 필요가 없다**

B 시간이 매우 자유롭다

C 아무 때나 쇼핑할 수 있다

D 친구가 동행할 것이다

41. A 물건을 사는 것이 편리하지 않다

B 돌아다니며 구경하는 명소가 적다

C 여행 경비가 너무 많이 든다

D 준비 과정이 번거롭다

第39到41题是根据下面一段话:

近年来，³⁹人们的生活水平不断提高，休闲娱乐方式也变得越来越多样，旅游就是其中之一。通过旅游，人们不仅可以放松身心，还可以尝到不同地方的美食，因此³⁹这种休闲方式受到了人们的欢迎。

面对不同的旅游方式，人们的选择都有不同。⁴⁰有的人会选择"跟团游"，这样做的好处就是不需要制定计划，只要跟着导游走，一路听讲解就可以了。不过在一般情况下，旅游公司可能会给人们安排一些不必要的购物项目，这会让有些人感觉自己的时间被浪费了。相比之下，⁴¹有的人更喜欢"自由行"，虽然旅游前的准备工作可能比较麻烦，但是日程完全由自己来掌握和安排，可以说是一种很自由的旅游方式。

39. 问：为什么旅游越来越受到欢迎？

40. 问：根据这段话，"跟团游"的好处是什么？

41. 问："自由行"有什么缺点？

39-41번 문제는 다음 내용에 근거한다.

최근 몇 년 동안, ³⁹사람들의 생활 수준이 끊임없이 높아지면서, 여가 방식도 점점 다양해지고 있는데, 여행이 바로 그중 하나이다. 여행을 통해서 사람들은 몸과 마음을 편안하게 할 수 있을 뿐만 아니라, 다른 지역의 맛있는 음식을 맛볼 수 있어서, 이 때문에 ³⁹이런 휴식 방식은 사람들의 환영을 받는다.

다른 여행 방식에 직면하여, 사람들의 선택은 모두 다르다. ⁴⁰어떤 사람은 '패키지 여행'을 선택하는데, 이렇게 하는 것의 장점은 바로 계획을 세울 필요가 없고, 가이드를 따라 다니면서, 내내 설명을 듣기만 하면 된다는 것이다. 그러나 일반적인 상황에서, 여행 회사는 아마도 사람들에게 불필요한 쇼핑 프로그램을 배정할 수 있는데, 이것은 어떤 사람들에게 자신의 시간이 낭비되었다고 느끼게 할 수 있다. 이에 비해 ⁴¹어떤 사람은 '자유 여행'을 더 선호하는데, 비록 여행 전의 준비 작업은 비교적 번거로울 수 있지만, 일정을 전적으로 자신이 제어하고 안배해서, 일종의 자유로운 여행 방식이라고 말할 수 있다.

39. 질문: 왜 여행은 점점 환영을 받는가?

40. 질문: 이 단문에 근거하여, '패키지 여행'의 장점은 무엇인가?

41. 질문: '자유 여행'은 어떤 단점이 있는가?

해설　선택지 읽기

39번 선택지가 모두 특정 대상에 대한 사실을 나타내고, 41번 선택지에서 景点(명소), 旅游(여행)가 언급되었으므로, 여행과 관련된 설명문이 나올 것임을 예상할 수 있다. 따라서 설명 대상의 세부적 특징에 대한 내용을 주의 깊게 듣는다.

단문 듣기

단문 초반의 人们的生活水平不断提高, 休闲娱乐方式也变得越来越多样, 旅游就是其中之一……这种休闲方式受到了人们的欢迎을 듣고, 39번의 B 生活水平提高了에 체크해 둔다.

단문 중반의 有的人会选择"跟团游", 这样做的好处就是不需要制定计划를 듣고, 40번의 A 不用自己计划에 체크해 둔다.
단문 후반의 有的人更喜欢"自由行", 虽然旅游前的准备工作可能比较麻烦를 듣고, 41번의 D 准备过程麻烦에 체크해 둔다.

질문 듣고 정답 고르기

39. 질문이 여행이 점점 환영을 받는 이유를 물었으므로, B를 정답으로 고른다.
40. 질문이 단문에 근거하여 '패키지 여행'의 장점은 무엇인지를 물었으므로, A를 정답으로 고른다.
41. 질문이 '자유 여행'은 어떤 단점이 있는지를 물었으므로, D를 정답으로 고른다.

* 바꾸어 표현 准备工作 준비 작업 → 准备过程 준비 과정

어휘 广告 guǎnggào 몡광고 宣传 xuānchuán 동홍보하다 空闲 kòngxián 톙한가하다 费用 fèiyòng 몡비용 降低 jiàngdī 동줄어들다
　　 计划 jìhuà 동계획하다 随时 suíshí 튀아무 때나 陪同 péitóng 동동행하다 游玩 yóuwán 동돌아다니며 구경하다
　　 景点 jǐngdiǎn 몡명소 花费 huāfèi 몡경비 过程 guòchéng 몡과정 休闲娱乐 xiūxián yúlè 여가 方式 fāngshì 몡방식
　　 多样 duōyàng 톙다양하다 放松 fàngsōng 동편안하게 하다 身心 shēnxīn 몸과 마음, 심신 尝 cháng 동맛보다, 시험 삼아 해 보다
　　 美食 měishí 맛있는 음식 休闲 xiūxián 동휴식을 하다 跟团游 gēntuányóu 패키지 여행 好处 hǎochu 몡장점, 이익
　　 制定 zhìdìng 동세우다, 제정하다 导游 dǎoyóu 몡가이드 一路 yílù 튀내내, 줄곧 讲解 jiǎngjiě 동설명하다, 해설하다
　　 情况 qíngkuàng 몡상황 安排 ānpái 동배정하다 必要 bìyào 톙필요하다 项目 xiàngmù 몡프로그램 浪费 làngfèi 동낭비하다
　　 相比之下 xiāngbǐzhìxià 그에 비해 日程 rìchéng 몡일정 完全 wánquán 튀전적으로 掌握 zhǎngwò 동제어하다
　　 缺点 quēdiǎn 몡단점

42 - 43

42. A 胃口
　　 B 体温
　　 C 睡眠质量
　　 D 运动能力

43. A 拒绝吃药
　　 B 脚疼得厉害
　　 C 情绪波动大
　　 D 精神状态不好

42. A 식욕
　　 B 체온
　　 C 수면 품질
　　 D 운동 능력

43. A 약 먹는 것을 거부한다
　　 B 발이 심하게 아프다
　　 C 감정 기복이 크다
　　 D 정신 상태가 좋지 않다

第42到43题是根据下面一段话：

　　⁴²当孩子发烧时，父母会时刻关注他们的体温。虽然体温是直观了解孩子身体状况的指标，但⁴²大部分父母只关注体温的变化，忽视了孩子的精神状态。

　　有的孩子发烧属于一时的，就算不采取特别的措施，也会自然而然地恢复健康。因此，对于家长来说，如果孩子发烧时没有出现睡眠差、呕吐、咳嗽、拉肚子等症状，那么只要多喝开水、多休息就可以了。通常情况下，发烧的症状一到两天就会消失。但是，⁴³假如孩子出现发烧、呕吐且精神不好的症状，即使体温没有达到38.5℃，⁴³家长还是应该及时把孩子送到医院，避免引发严重的问题。

42-43번 문제는 다음 내용에 근거한다.

　　⁴²아이가 열이 날 때, 부모는 늘 그들의 체온에 관심을 보인다. 비록 체온은 아이의 몸 상태를 직관적으로 이해하는 지표이지만, ⁴²대부분의 부모는 체온의 변화에만 관심을 보인 채, 아이의 정신 상태는 간과한다.

　　어떤 아이는 열나는 것이 일시적인 것이어서, 설령 특별한 조치를 취하지 않더라도 저절로 건강을 회복할 수 있다. 그래서 부모들에게 있어서, 만약 아이가 열이 날 때 잠을 못 자거나, 토하거나 기침, 설사를 하는 등의 증상이 나타나지 않으면, 끓인 물을 많이 마시고, 휴식을 많이 취하기만 하면 된다. 일반적인 상황에서 열이 나는 증상은 하루에서 이틀이면 사라진다. 하지만 ⁴³만약 아이에게 열이 나고, 구토를 하고, 정신을 못 차리는 증상이 나타나면, 설령 체온이 38.5℃에 이르지 않았더라도 ⁴³부모들은 심각한 문제를 일으키는 것을 피하기 위해, ⁴³아이를 즉시 병원으로 데리고 가야 한다.

42. 问：孩子发烧时，大部分父母只关注哪方面？	**42.** 질문: 아이가 열이 날 때, 대부분의 부모는 어떤 방면에만 관심을 보이는가?
43. 问：在怎样的情况下，要马上送孩子去医院？	**43.** 질문: 어떠한 상황에서, 아이를 즉시 병원으로 데리고 가야 하는가?

해설　**선택지 읽기**

43번 선택지가 모두 특정 대상에 대한 사실을 나타내고, 42번 선택지에서 **体温**(체온), 43번 선택지에서 **吃药**(약을 먹다), **脚疼**(발이 아프다)이 언급되었으므로, 신체 건강과 관련된 설명문이 나올 것임을 예상할 수 있다. 따라서 설명 대상의 세부적인 특징에 대한 내용을 주의 깊게 듣는다.

단문 듣기

단문 초반의 当孩子发烧时……大部分父母只关注体温的变化를 듣고, 42번의 B 体温에 체크해 둔다.
단문 후반의 假如孩子出现发烧、呕吐且精神不好的症状……家长还是应该及时把孩子送到医院을 듣고, 43번의 D 精神状态不好에 체크해 둔다.

질문 듣고 정답 고르기

42. 질문이 아이가 열이 날 때, 대부분의 부모는 어떤 방면에만 관심을 보이는지를 물었으므로, B를 정답으로 고른다.
43. 질문이 어떠한 상황에서 아이를 즉시 병원으로 데리고 가야 하는지를 물었으므로, D를 정답으로 고른다.

어휘　**胃口** wèikǒu 圆식욕　**体温** tǐwēn 圆체온　**睡眠** shuìmián 圆수면, 잠　**质量** zhìliàng 圆품질　**能力** nénglì 圆능력
拒绝 jùjué 튱거부하다　**厉害** lìhai 휑심하다　**情绪** qíngxù 圆감정　**波动** bōdòng 튱기복　**精神** jīngshén 圆정신
状态 zhuàngtài 圆상태　**时刻** shíkè 튀늘, 언제나　**关注** guānzhù 튱관심을 보이다　**直观** zhíguān 휑직관적이다
状况 zhuàngkuàng 圆상태, 상황　**指标** zhǐbiāo 圆지표, 수치　**忽视** hūshì 튱간과하다　**一时** yìshí 圆일시, 한때
就算 jiùsuàn 쥅설령~하더라도　**采取** cǎiqǔ 튱취하다　**措施** cuòshī 圆조치, 대책　**自然而然** zìrán'érrán 저절로, 자연스럽게
恢复 huīfù 튱회복하다　**因此** yīncǐ 쥅그래서　**对于** duìyú 꿰~에, ~에 대해　**家长** jiāzhǎng 圆부모, 학부모　**出现** chūxiàn 튱나타나다
呕吐 ǒutù 튱토하다　**咳嗽** késou 튱기침하다　**拉肚子** lā dùzi 설사하다　**症状** zhèngzhuàng 圆증상　**开水** kāishuǐ 圆끓인 물
消失 xiāoshī 튱사라지다　**假如** jiǎrú 쥅만약　**即使** jíshǐ 쥅설령~하더라도　**达到** dádào 튱이르다　**及时** jíshí 튀즉시
避免 bìmiǎn 튱피하다　**引发** yǐnfā 튱일으키다　**严重** yánzhòng 휑심각하다

---

44 - 45

44. A 不喜欢说话	**44.** A 말하는 것을 좋아하지 않는다
B 父亲是医生	B 아버지는 의사이다
C 非常有智慧	**C 매우 지혜롭다**
D 喜欢喂山羊	D 염소에게 먹이를 주는 것을 좋아한다
45. **A 华佗通过了考试**	**45.** **A 화타는 시험에 통과했다**
B 华佗打败了师兄	B 화타는 선배를 이겼다
C 华佗找到了民间疗法	C 화타는 민간요법을 찾아냈다
D 华佗有丰富的医学知识	D 화타는 풍부한 의학 지식을 갖고 있다

第44到45题是根据下面一段话：

　　华佗是东汉末年著名的医学家。华佗小时候，父亲因病去世，为了生计，他决定向父亲的老朋友蔡大夫学医。到蔡大夫家里之后，华佗说明了自己的来意，并恳求蔡大夫收自己为学生，但蔡大夫没有马上答应。华佗见蔡大夫不说话，心里很是着急。

　　这时，⁴⁵蔡大夫提出要考考华佗。他先让华佗摘树上的叶子，华佗轻轻松松就做到了。后来，他们看到远处有两只山羊在打斗，蔡大夫就让华佗把那两只羊拉开，结果华佗只用两把鲜嫩的树叶就让它们停止了打斗。

　　^{44/45}见华佗如此聪明，⁴⁵蔡大夫终于决定把医术传授给他。经过多年的学习，华佗的医术有了很大的进步。学业有成后，华佗四处游览，寻找高人和民间疗法，还发明了救人生命的药。就这样，华佗成为了神医。

44. 问：关于华佗，可以知道什么？

45. 问：蔡大夫为什么让华佗当自己的学生？

44–45번 문제는 다음 내용에 근거한다.

　　화타는 동한 말기의 유명한 의학자이다. 화타가 어릴 때, 아버지는 병으로 세상을 떠났고, 생계를 위해, 그는 아버지의 오랜 친구인 차이 의사에게 의학을 배우기로 결심했다. 차이 의사 집에 도착한 후, 화타는 자신이 찾아온 이유를 설명하고, 차이 의사에게 자신을 제자로 받아 달라고 간곡히 부탁했지만, 차이 의사는 바로 승낙하지 않았다. 화타는 차이 의사가 말이 없는 것을 보고, 마음이 매우 초조했다.

　　이때, ⁴⁵차이 의사는 화타를 좀 시험해 보겠다고 제안했다. 그는 먼저 화타에게 나무의 잎을 따라고 했는데, 화타는 수월하게 해냈다. 이후 그들은 먼 곳에서 염소 두 마리가 싸우는 것을 봤는데, 차이 의사는 화타에게 그 염소 두 마리를 떼어 놓으라고 했고, 그 결과 화타는 파릇파릇한 나뭇잎 두 움큼만으로 그것들의 싸움을 멈추게 했다.

　　^{44/45}화타가 이렇게 총명한 것을 보고, ⁴⁵차이 의사는 마침내 의술을 그에게 전수하기로 결정했다. 다년간의 학습을 거쳐, 화타의 의술은 큰 발전을 이루었다. 학문에 성과를 거둔 후, 화타는 여러 곳을 유람하며 달인과 민간요법을 찾으러 다녔고, 사람의 생명을 구하는 약도 발명했다. 이렇게, 화타는 명의가 되었다.

44. 질문: 화타에 관하여, 무엇을 알 수 있는가?

45. 질문: 차이 의사는 왜 화타가 자신의 제자가 되게 했는가?

해설　**선택지 읽기**

44번과 45번 선택지가 모두 사람의 상태·상황을 나타내고, 45번 선택지에서 华佗(화타), 医学(의학)가 언급되었으므로, 의학과 관련된 특정 인물의 이야기가 나올 것임을 예상할 수 있다. 따라서 단문에 등장하는 인물과 관련된 사건의 전개나 결과를 주의 깊게 듣는다.

단문 듣기

단문 후반의 见华佗如此聪明을 듣고, 44번의 C 非常有智慧에 체크해 둔다.

질문 듣고 정답 고르기

44. 질문이 화타에 관하여 알 수 있는 것을 물었으므로, C를 정답으로 고른다.

45. 질문이 차이 의사가 화타를 자신의 제자로 삼은 이유를 물었으므로, 단문 중반의 蔡大夫提出要考考华佗……见华佗如此聪明, 蔡大夫终于决定把医术传授给他.를 통해 유추할 수 있는 A 华佗通过了考试를 정답으로 고른다.

어휘　**父亲** fùqīn 몡아버지　**智慧** zhìhuì 몡지혜　**喂** wèi 통먹이를 주다, 기르다　**山羊** shānyáng 몡염소
　　华佗 Huà Tuó 고유화타[중국 고대의 명의]　**通过** tōngguò 통통과하다　**打败** dǎbài 통(경쟁하여) 이기다　**师兄** shīxiōng 몡(동문) 선배
　　民间疗法 mínjiān liáofǎ 민간요법　**丰富** fēngfù 톙풍부하다　**医学** yīxué 몡의학　**知识** zhīshi 몡지식
　　东汉 Dōnghàn 고유동한[중국 고대 시기 중 하나]　**著名** zhùmíng 톙유명하다　**医学家** yīxuéjiā 의학자　**去世** qùshì 통세상을 떠나다
　　生计 shēngjì 몡생계　**学医** xué yī 의학을 배우다　**来意** láiyì 찾아온 이유　**恳求** kěnqiú 통간곡히 부탁하다　**答应** dāying 통승낙하다
　　这时 zhèshí 이때　**提出** tíchū 통제안하다　**摘** zhāi 통따다　**叶子** yèzi 몡잎　**轻松** qīngsōng 톙수월하다　**远处** yuǎnchù 먼 곳
　　打斗 dǎdòu 통싸우다　**拉开** lākāi 통떼어 놓다　**把** bǎ 엥한 움큼　**鲜嫩** xiānnèn 톙파릇파릇하다　**停止** tíngzhǐ 통멈추다
　　如此 rúcǐ 때이러하다, 이와 같다　**医术** yīshù 몡의술　**传授** chuánshòu 통전수하다
　　学业有成 xuéyè yǒuchéng 학문에서 성과를 거두다　**四处** sìchù 여러 곳　**游览** yóulǎn 통유람하다　**寻找** xúnzhǎo 통찾다
　　高人 gāorén 달인, 명인　**发明** fāmíng 통발명하다　**救** jiù 통구하다　**生命** shēngmìng 몡생명　**成为** chéngwéi 통~이 되다
　　神医 shényī 몡명의

46 - 48

"欲戴王冠，必承其重"经常出现在各种各样的寓言中。这句话原来的意思是，⁴⁶想要戴上王冠，就要承受它的 46. A 重量。经过一段时间的演变后，人们开始用这句话来表示另一种情况，即⁴⁷在胜利面前，如果想要 47. D 享受 它的成果，就要承担这份成果带给自己的一切，包括好的方面和不好的方面。除此之外，这句话还有个更深层的意思，就是想要得到一样东西，就必须要付出相应的代价。

48. B 总之，⁴⁸胜利是来之不易的，成功的背后，更多的是为之付出的汗水和经历失败后的痛苦。

'왕관을 쓰려는 자, 반드시 그 무게를 견뎌라'는 각종 우화에 자주 등장한다. 이 말의 본뜻은 ⁴⁶왕관을 쓰고 싶으면, 그것의 46. A 무게를 감당해야 한다는 것이다. 얼마간의 변화 발전을 거친 후, 사람들은 이 말을 사용하여 또 다른 상황을 표현하기 시작했는데, 바로 ⁴⁷승리 앞에서 만약 그것의 성과를 47. D 누리고 싶다면, 이 성과가 자신에게 가져다주는 좋은 것과 안 좋은 것을 포함하여 모든 것을 책임져야 한다는 것이다. 이 밖에도 이 말에는 더 깊은 의미가 있는데, 바로 무언가를 얻으려고 하면, 반드시 상응하는 대가를 치러야 한다는 것이다.

48. B 한 마디로 말하면, ⁴⁸승리는 얻기 쉽지 않고, 성공의 이면에 더 많은 것은 그것을 위해 바친 땀과 실패를 경험한 후의 고통이다.

어휘 **欲** yù 웹 ~하려고 하다　**王冠** wángguān 웹 왕관　**承** chéng 웹 견디다　**重** zhòng 웹 무게　**寓言** yùyán 웹 우화
承受 chéngshòu 웹 감당하다　**重量** zhòngliàng 웹 무게　**演变** yǎnbiàn 웹 변화 발전하다　**胜利** shènglì 웹 승리하다
享受 xiǎngshòu 웹 누리다　**成果** chéngguǒ 웹 성과　**承担** chéngdān 웹 책임지다　**包括** bāokuò 웹 포함하다
除此之外 chúcǐzhīwài 이 밖에　**深层** shēncéng 웹 깊은　**付出** fùchū 웹 치르다, 바치다　**相应** xiāngyìng 웹 상응하다
代价 dàijià 웹 대가　**总之** zǒngzhī 웹 한 마디로 말하면　**来之不易** láizhībúyì 웹 (성공 등을) 얻기가 쉽지 않다　**背后** bèihòu 웹 이면, 뒤편
汗水 hànshuǐ 웹 땀　**痛苦** tòngkǔ 웹 고통스럽다

46

| A 重量 | B 高度 | A 무게 | B 높이 |
| C 表面 | D 厚度 | C 표면 | D 두께 |

해설 각 선택지의 뜻을 먼저 확인한 후, 빈칸 주변을 읽는다. 빈칸 주변의 '왕관을 쓰고 싶으면, 그것의 ＿＿＿를 감당해야 한다'라는 문맥에 가장 적합하면서 빈칸 앞의 承受(감당하다)와 문맥적으로 호응하는 A 重量을 정답으로 고른다. 承受重量(무게를 감당하다)를 고정적인 형태로 알아 둔다.

어휘 **重量** zhòngliàng 웹 무게　**高度** gāodù 웹 높이　**表面** biǎomiàn 웹 표면　**厚度** hòudù 웹 두께

47

| A 否定 | B 想象 | A 부정하다 | B 상상하다 |
| C 批评 | D 享受 | C 비판하다 | D 누리다 |

해설 각 선택지의 뜻을 먼저 확인한 후, 빈칸 주변을 읽는다. 빈칸 주변의 '승리 앞에서 만약 그것의 성과를 ＿＿＿ 싶다면, 이 성과가 자신에게 가져다주는 좋은 것과 안 좋은 것을 포함하여 모든 것을 책임져야 한다'라는 문맥에 가장 적합한 D 享受를 정답으로 고른다.

어휘 **否定** fǒudìng 웹 부정하다 웹 부정적인　**想象** xiǎngxiàng 웹 상상하다　**享受** xiǎngshòu 웹 누리다

48

| A 何况 | B 总之 | A 더군다나 | B 한 마디로 말하면 |
| C 原来 | D 以及 | C 원래 | D 그리고 |

해설　선택지를 읽고 빈칸에 문맥상 어떤 연결어가 필요할지를 파악한 후, 빈칸 주변을 읽는다. 빈칸 주변은 '_____, 승리는 얻기 쉽지 않고, 성공의 이면에 더 많은 것은 그것을 위해 바친 땀과 실패를 경험한 후의 고통이다'라는 문맥이고, 지문 전반적으로 '왕관을 쓰려는 자, 반드시 그 무게를 견뎌라"는 말의 의미를 설명하고 있으므로, 빈칸에는 빈칸 뒤의 내용이 지문 전체의 결론임을 나타내는 연결어가 들어가야 한다. 따라서 B 总之을 정답으로 고른다.

어휘　何况 hékuàng 젭더군다나　总之 zǒngzhī 젭한 마디로 말하면, 요컨대　以及 yǐjí 젭그리고

49 - 52

⁴⁹美国国家美术馆东馆由一流的华人建筑师贝聿铭设计，建于1978年。⁴⁹它是贝聿铭最满意的49. D 作品之一，其造型非常新颖，平面为三角形，既让建筑物显得非常醒目，又与周围环境和谐一致。东馆四周既有大厦，又有广场，⁵⁰附近多是古典50. B 风格的公共建筑。

东馆内部设计丰富多彩，有很多不同的窗子，因此采光与展出效果极佳。⁵¹东馆的展览室有很多房间，模样和结构十分51. A 独特。管理者不但可以调整房间平面的形状和尺寸，还能根据展品的类型调整天花板。这样的设计在富有美感的同时，还极大程度地保证了空间的灵活性。⁵²贝聿铭妥善地解决了复杂而困难的设计问题，从而在世界建筑界52. A 变得格外有名。

⁴⁹미국 국립 미술관 동관은 일류의 중국계 건축가 이오 밍 페이가 설계한 것으로, 1978년에 지어졌다. ⁴⁹이것은 이오 밍 페이가 가장 만족스러워하는 49. D 작품 중 하나로, 그 조형은 매우 참신한데, 평면은 삼각형으로 되어 있고, 건축물을 매우 돋보이게 하면서, 또 주변 환경과도 조화롭다. 동관의 사방에는 빌딩이 있고, 또 광장도 있는데, ⁵⁰근처에는 대부분 고전 50. B. 스타일의 공공 건축물들이다.

동관의 내부 설계는 풍부하고 다채로우며 많은 다양한 창문들이 있는데, 그래서 채광과 전시 효과가 극히 뛰어나다. ⁵¹동관의 전시실에는 많은 방이 있는데, 모양과 구조가 아주 51. A 독특하다. 관리자는 방 평면의 형태와 크기를 조절할 수 있을 뿐만 아니라, 또 전시품의 유형에 따라 천장을 조절할 수 있다. 이러한 설계는 미적 감각을 충분히 가지는 동시에, 또 최대한도로 공간의 유연성을 보장한다. ⁵²이오 밍 페이는 복잡하고 어려운 설계 문제를 적절하게 해결하였고, 그리하여 세계 건축계에서 52. A 특히 유명해졌다.

어휘　美国国家美术馆 Měiguó Guójiā Měishùguǎn 교유미국 국립 미술관　一流 yīliú 圈일류의
华人 huárén 圈중국계 사람[중국의 국적을 갖지 않고 거주국의 국적을 가진 중국계 주민]　建筑师 jiànzhùshī 圈건축가
贝聿铭 Bèi Yùmíng 교유이오 밍 페이(I.M.Pei)[중국계 미국인 건축가]　设计 shèjì 圈설계하다　作品 zuòpǐn 圈작품　造型 zàoxíng 圈조형
新颖 xīnyǐng 圈참신하다　平面 píngmiàn 圈평면　三角形 sānjiǎoxíng 圈삼각형　醒目 xǐngmù 圈돋보이다
和谐一致 héxié yízhì 조화롭다　四周 sìzhōu 圈사방　大厦 dàshà 圈빌딩　广场 guǎngchǎng 圈광장　古典 gǔdiǎn 圈고전적인
风格 fēnggé 圈스타일　建筑 jiànzhù 圈건축물　内部 nèibù 圈내부　多彩 duōcǎi 圈다채롭다　窗子 chuāngzi 圈창문
采光 cǎiguāng 圈채광하다　展出 zhǎnchū 圈전시하다　佳 jiā 圈뛰어나다　展览室 zhǎnlǎnshì 圈전시실　模样 múyàng 圈모양
结构 jiégòu 圈구조　独特 dútè 圈독특하다　调整 tiáozhěng 圈조절하다　形状 xíngzhuàng 圈형태　尺寸 chǐcùn 圈크기
展品 zhǎnpǐn 圈전시품　天花板 tiānhuābǎn 圈천장　富有 fùyǒu 圈충분히 가지다　美感 měigǎn 圈미적 감각　空间 kōngjiān 圈공간
灵活性 línghuóxìng 유연성　妥善 tuǒshàn 圈적절하다　从而 cóng'ér 圈그리하여　建筑界 jiànzhùjiè 건축계　格外 géwài 圈특히

49

A 商品	B 品牌	A 상품	B 브랜드
C 阶段	D 作品	C 단계	D 작품

해설　각 선택지의 뜻을 먼저 확인한 후, 빈칸 주변을 읽는다. 빈칸 주변의 '미국 국립 미술관 동관은 일류의 중국계 건축가 이오 밍 페이가 설계한 것으로 …… 이것은 이오 밍 페이가 가장 만족스러워하는 _____ 중 하나이다'라는 문맥에 가장 적합한 D 작품을 정답으로 고른다.

어휘　商品 shāngpǐn 圈상품　品牌 pǐnpái 圈브랜드　阶段 jiēduàn 圈단계　作品 zuòpǐn 圈작품

50	A 核心	**B 风格**		A 핵심		**B 스타일**
	C 规矩	D 主题		C 규칙		D 주제

해설 각 선택지의 뜻을 먼저 확인한 후, 빈칸 주변을 읽는다. 빈칸 주변의 '근처에는 대부분 고전 _____의 공공 건축물들이다'라는 문맥에 가장 적합하면서 빈칸 앞의 **古典**(고전)과 문맥적으로 호응하는 B 风格를 정답으로 고른다. **古典风格**(고전 스타일)를 고정적인 형태로 알아 둔다.

어휘 **核心** héxīn 뎽핵심　**风格** fēnggé 뎽스타일　**规矩** guīju 뎽규칙　**主题** zhǔtí 뎽주제

51	**A 独特**	B 自动		**A 독특하다**		B 자동이다
	C 重大	D 可怜		C 중대하다		D 불쌍하다

해설 각 선택지의 뜻을 먼저 확인한 후, 빈칸 주변을 읽는다. 빈칸 주변의 '동관의 전시실에는 많은 방이 있는데, 모양과 구조가 아주 _____. 관리자는 방 평면의 형태와 크기를 조절할 수 있을 뿐만 아니라, 또 전시품의 유형에 따라 천장을 조절할 수 있다.'라는 문맥에 가장 적합한 A 独特를 정답으로 고른다.

어휘 **独特** dútè 뎽독특하다　**自动** zìdòng 뎽자동이다　**重大** zhòngdà 뎽중대하다　**可怜** kělián 뎽불쌍하다

52	A 变得格外有名	**A 특히 유명해졌다**
	B 失去了专家的地位	B 전문가의 지위를 잃었다
	C 没有得到任何评价	C 아무런 평가를 받지 못했다
	D 否认了自己的成就	D 자신의 성과를 부인했다

해설 선택지가 모두 문장 형태이므로, 빈칸 앞뒤의 내용을 꼼꼼히 해석하여 문맥을 자연스럽게 이어주는 선택지를 정답으로 고른다. 빈칸 앞에서 이오 밍 페이가 복잡하고 어려운 설계 문제를 적절하게 해결했다고 했으므로, 빈칸에는 그의 이름이 세계에 널리 알려졌다는 문맥이 되어야 한다. 따라서 A 变得格外有名를 정답으로 고른다.

어휘 **格外** géwài 凹특히　**失去** shīqù 똉잃다　**评价** píngjià 똉평가하다　**否认** fǒurèn 똉부인하다　**成就** chéngjiù 똉성과

53 - 56

⁵³为了调查互联网是如何 53. **A 深刻** 地影响人们的生活，一名摄影师走进了不同的中国家庭，请人们展示了网购的物品，然后与那些物品合影。其实，⁵⁴这些物品不仅代表了人们的消费趋势，更是反映了人们在这个互联网 54. **B 时代** 的生活方式。

接受采访的人中，一名四十岁的女性算是较早开始网购的。十几年前，互联网开始流行时，她就和单位几个女同事一起学着在网上买东西了。她表示，⁵⁵网络帮助大家 55. **B 实现** 了不出门也能随时随地购物的愿望。而⁵⁶另一位中年男性则说，自己第一次网购是在2014年，尝试过一两次后，就⁵⁶感受到了网购带来的便利，56. **D 并逐渐习惯了这种购物方式**。⁵⁶他盖新房和装修时用的各种材料都来自网上商城。对于他来说，网购就代表着便捷。

⁵³인터넷이 사람들의 생활에 어떻게 53. **A 깊게** 영향을 주는지를 조사하기 위해, 한 사진사는 여러 중국 가정 속으로 들어가, 사람들에게 인터넷으로 쇼핑한 물건을 보여 달라고 요청했고, 그런 다음 그 물건들과 함께 사진을 찍었다. 사실 ⁵⁴이 물건들은 사람들의 소비 추세를 대표할 뿐만 아니라, 더욱이 이 인터넷 54. **B 시대**에서의 사람들의 생활 방식을 반영한다.

인터뷰에 응한 사람 중, 한 마흔 살 여성은 비교적 일찍 인터넷 쇼핑을 시작했다고 할 수 있다. 십여 년 전, 인터넷이 유행하기 시작했을 때, 그녀는 회사의 몇몇 여자 동료들과 함께 인터넷에서 물건 사는 것을 배웠다. 그녀는 ⁵⁵인터넷은 사람들이 외출하지 않고도 언제 어디서나 쇼핑할 수 있다는 소망을 55. **B 이루는** 것을 도왔다고 밝혔다. ⁵⁶또 다른 중년 남성은 자신의 최초의 인터넷 쇼핑은 2014년이라고 했는데, 한두 번 시도해 본 후 ⁵⁶인터넷 쇼핑이 가져다주는 편리함을 느꼈으며, 56. **D 점차 이런 쇼핑 방식에 익숙해졌다**고 말했다. ⁵⁶그가 새 집을 짓고 인테리어 할 때 사용한 각종 자재는 모두 인터넷 쇼핑몰에서 온 것이다. 그에게 있어 인터넷 쇼핑은 편리함을 대표한다.

如何 rúhé 때 어떻다 深刻 shēnkè 휑 깊다 摄影师 shèyǐngshī 휑 사진사 家庭 jiātíng 휑 가정 展示 zhǎnshì 휑 보여주다
网购 wǎnggòu 인터넷 쇼핑을 하다 物品 wùpǐn 휑 물건 合影 héyǐng 함께 사진을 찍다 代表 dàibiǎo 휑 대표하다
消费 xiāofèi 휑 소비하다 趋势 qūshì 휑 추세 反映 fǎnyìng 휑 반영하다 时代 shídài 휑 시대 方式 fāngshì 휑 방식
采访 cǎifǎng 휑 인터뷰하다 单位 dānwèi 휑 회사, 단체 网络 wǎngluò 휑 인터넷, 온라인 实现 shíxiàn 휑 이루다
随时随地 suíshísuídì 언제 어디서나 愿望 yuànwàng 휑 소망 中年 zhōngnián 휑 중년 尝试 chángshì 휑 시도해 보다
感受 gǎnshòu 휑 (영향을) 느끼다 逐渐 zhújiàn 휑 점차 盖 gài 휑 (집을) 짓다 装修 zhuāngxiū 휑 인테리어하다
网上商城 wǎngshàng shāngchéng 인터넷 쇼핑몰 便捷 biànjié 휑 편리하다

53

A 深刻	B 偶然	A 깊다	B 우연하다
C 激烈	D 超级	C 치열하다	D 최고의

해설 각 선택지의 뜻을 먼저 확인한 후, 빈칸 주변을 읽는다. 빈칸 주변의 '인터넷이 사람들의 생활에 어떻게 ＿＿＿＿ 영향을 주는
지를 조사하기 위해'라는 문맥에 가장 적합하면서 빈칸 뒤의 影响(영향을 주다)과 문맥적으로 호응하는 A 深刻을 정답으로
고른다. 深刻地影响(깊게 영향을 주다)을 고정적인 형태로 알아 둔다.

어휘 深刻 shēnkè 휑 (인상이) 깊다 偶然 ǒurán 휑 우연하다 激烈 jīliè 휑 치열하다 超级 chāojí 휑 최고의

54

A 行业	B 时代	A 업계	B 시대
C 程序	D 纪录	C 프로그램	D 기록

해설 각 선택지의 뜻을 먼저 확인한 후, 빈칸 주변을 읽는다. 빈칸 주변의 '이 물건들은 사람들의 소비 추세를 대표할 뿐만 아니라,
더욱이 이 인터넷 ＿＿＿＿ 에서의 사람들의 생활 방식을 반영한다'라는 문맥에 가장 적합한 B 时代를 정답으로 고른다.

어휘 行业 hángyè 휑 업계 时代 shídài 휑 시대 程序 chéngxù 휑 프로그램 纪录 jìlù 휑 기록

55

A 包括	B 实现	A 포함하다	B 이루다
C 构成	D 控制	C 구성하다	D 통제하다

해설 각 선택지의 뜻을 먼저 확인한 후, 빈칸 주변을 읽는다. 빈칸 주변의 '인터넷은 사람들이 외출하지 않고도 언제 어디서나
쇼핑할 수 있다는 소망을 ＿＿＿＿ 것을 도왔다'라는 문맥에 가장 적합하면서 빈칸 뒤의 愿望(소망)과 문맥적으로 호응하는
B 实现을 정답으로 고른다. 实现愿望(소망을 이루다)을 고정적인 형태로 알아 둔다.

어휘 包括 bāokuò 휑 포함하다 实现 shíxiàn 휑 이루다 构成 gòuchéng 휑 구성하다 控制 kòngzhì 휑 통제하다

56

A 休闲生活离不开网购	A 여가 생활은 인터넷 쇼핑과 떼려야 뗄 수 없다
B 每天为买东西而发愁	B 매일 물건을 사는 일로 고민한다
C 却不知道该如何改变方法	C 방법을 어떻게 바꿔야 할 지 모른다
D 并逐渐习惯了这种购物方式	D 점차 이런 쇼핑 방식에 익숙해졌다

해설 선택지가 모두 문장 형태이므로, 빈칸 앞뒤의 내용을 꼼꼼히 해석하여 문맥을 자연스럽게 이어주는 선택지를 정답으로 고
른다. 빈칸 앞에서 또 다른 중년 남성은 인터넷 쇼핑이 가져다주는 편리함을 느꼈다고 했고, 빈칸 뒤에서 그가 새 집을 짓고
인테리어 할 때 사용한 각종 자재는 모두 인터넷 쇼핑몰에서 온 것이라고 했으므로, 빈칸에는 중년 남성이 이미 인터넷 쇼
핑 방식을 잘 활용하고 있다는 문맥이 되어야 한다. 따라서 D 并逐渐习惯了这种购物方式을 정답으로 고른다.

어휘 休闲生活 xiūxián shēnghuó 여가 생활 网购 wǎng gòu 인터넷 쇼핑을 하다 发愁 fāchóu 휑 고민하다, 근심하다
如何 rúhé 때 어떻다 逐渐 zhújiàn 휑 점차 方式 fāngshì 휑 방식

世界上有这样一群人，[57]他们拥有超强的记忆力，可以轻松回忆起大约10岁以后发生的每一件事，**57. C 甚至可以准确描述相关细节**。这种记忆被称为"自传体记忆"，是一种关于自我信息的记忆。[58]大多数人认为所记得的东西越多越好，但专家指出，拥有这种神奇记忆力的人不是通常 **58. C 意义** 上的记忆高手，[59]这类特殊能力对取得 **59. B 成就** 也没有太大的帮助。

许多自传体记忆强的人表示，[60]这一方面使他们的生活变得更加丰富，另一方面 **60. A 往往** 会给他们带来一些问题，因为过多的记忆碎片会支配他们的大脑，放大过去不愉快的经历。

세상에는 이런 무리의 사람들이 있다. [57]그들은 뛰어난 기억력을 가지고 있어, 대략 10살 이후에 일어난 모든 일을 수월하게 회상할 수 있고, **57. C 심지어 관련된 세부 내용을 정확하게 묘사할 수 있다.** 이런 기억은 '자전적 기억'이라고 불리는데, 일종의 자기 정보에 관한 기억이다. [58]대부분의 사람들은 기억하는 것이 많을수록 좋다고 생각하지만, 전문가는 이런 신기한 기억력을 가지고 있는 사람은 일반적인 **58. C 의미**에서의 기억 고수는 아니며, [59]이런 특수 능력은 **59. B 성과**를 얻는 것에도 그렇게 큰 도움이 되지는 않는다고 [58]지적한다.

자전적 기억력이 뛰어난 많은 사람은, [60]이것이 한편으로는 그들의 생활을 더욱 풍부하게 변화시켰지만, 다른 한편으로는 너무 많은 기억 파편이 그들의 대뇌를 지배해서 과거의 불쾌한 경험을 증폭시키기 때문에 **60. A 종종** [60]그들에게 여러 문제를 가져다 줄수 있다고 밝혔다.

어휘 群 qún 圈무리　拥有 yōngyǒu 圈가지다　记忆力 jìyìlì 圈기억력　描述 miáoshù 圈묘사하다　相关 xiāngguān 圈(서로) 관련되다
细节 xìjié 圈세부 내용　记忆 jìyì 圈기억　称 chēng 圈부르다　自传体记忆 zìzhuàntǐ jìyì 자전적 기억[개인의 경험으로 형성되는 기억]
自我 zìwǒ 圈자기　专家 zhuānjiā 圈전문가　指出 zhǐchū 圈지적하다　神奇 shénqí 圈신기하다
通常 tōngcháng 圈일반적이다, 기묘하다　意义 yìyì 圈의미　高手 gāoshǒu 圈고수　特殊 tèshū 圈특수하다　取得 qǔdé 圈얻다
成就 chéngjiù 圈성과　过多 guòduō 圈너무 많다　碎片 suìpiàn 圈파편　支配 zhīpèi 圈지배하다　放大 fàngdà 圈증폭하다

57

A 不想得到周围人的表扬
B 希望自己可以更加努力
C 甚至可以准确描述相关细节
D 加强记忆力的方式多种多样

A 주위 사람들의 칭찬을 받고 싶지 않다
B 자신이 더욱 열심히 할 수 있기를 바란다
C 심지어 관련된 세부 내용을 정확하게 묘사할 수 있다
D 기억력을 강화하는 방식은 다양하다

해설 선택지가 모두 문장 형태이므로, 빈칸 앞뒤의 내용을 꼼꼼히 해석하여 문맥을 자연스럽게 이어주는 선택지를 정답으로 고른다. 빈칸 앞에서 그들은 뛰어난 기억력을 가지고 있어, 대략 10살 이후에 일어난 모든 일을 수월하게 회상할 수 있다고 했으므로, 이들의 기억력이 어떤지 구체적으로 설명하는 내용을 담은 C 甚至可以准确描述相关细节을 정답으로 고른다.

어휘 周围 zhōuwéi 圈주위　描述 miáoshù 圈묘사하다　相关 xiāngguān 圈(서로) 관련되다　细节 xìjié 圈세부 내용
加强 jiāqiáng 圈강화하다　记忆力 jìyìlì 圈기억력　方式 fāngshì 圈방식

58

| A 空间 | B 外形 | A 공간 | B 외형 |
| C 意义 | D 期间 | C 의미 | D 기간 |

해설 각 선택지의 뜻을 먼저 확인한 후, 빈칸 주변을 읽는다. 빈칸 주변의 '대부분의 사람들은 기억하는 것이 많을수록 좋다고 생각하지만, 전문가는 이런 신기한 기억력을 가지고 있는 사람은 일반적인 _____에서의 기억 고수는 아니라고 지적한다'라는 문맥에 가장 적합한 선택지 C 意义를 정답으로 고른다.

어휘 空间 kōngjiān 圈공간　外形 wàixíng 圈외형　意义 yìyì 圈의미　期间 qījiān 圈기간

59

| A 课程 | **B 成就** | A 교과 과정 | **B 성과** |
| C 现象 | D 情绪 | C 현상 | D 정서 |

해설 각 선택지의 뜻을 먼저 확인한 후, 빈칸 주변을 읽는다. 빈칸 주변의 '이런 특수 능력은 _____를 얻는 것에도 그렇게 큰 도움이 되지 않는다'는 문맥에 가장 적합하면서 빈칸 앞의 取得(얻다)와 문맥적으로 호응하는 B 成就를 정답으로 고른다. 取得成就(성과를 얻다)를 고정적인 형태로 알아 둔다.

어휘 课程 kèchéng 몡교과 과정 成就 chéngjiù 몡성과 现象 xiànxiàng 몡현상 情绪 qíngxù 몡정서

60

| A 往往 | B 抽象 | A 종종 | B 추상적이다 |
| C 未必 | D 幸亏 | C 반드시 ~한 것은 아니다 | D 다행히 |

해설 각 선택지의 뜻을 먼저 확인한 후, 빈칸 주변을 읽는다. 빈칸 주변의 '이것이 한편으로는 그들의 생활을 더욱 풍부하게 만들었지만, 다른 한편으로는 _____ 그들에게 몇 가지 문제를 가져다 줄수 있다'라는 문맥에 가장 적합한 A 往往을 정답으로 고른다.

어휘 往往 wǎngwǎng 몡종종 抽象 chōuxiàng 혱추상적이다 未必 wèibì 혱반드시 ~한 것은 아니다 幸亏 xìngkuī 혱다행히

61

ᴰ洗澡时有些人习惯先洗头，再洗身体，ᴰ最后吹干头发。然而，ᴰ这样的做法容易让头部长时间暴露在温度较高，湿度较大，且不通风的环境中，从而ᴰ引发头痛、头晕等ᴰ健康问题。所以ᴰ专家建议，应该尽量缩短洗澡时间。

A 洗澡水的温度不宜太高

B 湿度过大对健康并无影响

C 洗完澡后再吹干头发最科学

D 尽量缩短洗头和吹头的间隔

ᴰ목욕할 때 어떤 사람은 머리를 먼저 감고, 몸을 씻은 다음, ᴰ마지막으로 머리카락을 바람에 쐬어 말리는 습관이 있다. 그러나 ᴰ이러한 방법은 머리를 온도가 비교적 높고, 습도가 비교적 높으며, 통풍이 잘 되지 않은 환경에 장시간 쉽게 노출시키게 하여, 이로 인해 두통, 어지럼증 등 ᴰ건강 문제를 야기한다. 따라서 ᴰ전문가는 되도록 목욕 시간을 줄여야 한다고 제안한다.

A 목욕물의 온도는 너무 높은 것은 좋지 않다

B 습도가 너무 높은 것은 건강에 아무런 영향이 없다

C 목욕 후 머리카락을 바람에 쐬어 말리는 것이 가장 과학적이다

D 되도록 머리를 감는 것과 말리는 것의 간격을 줄여야 한다

해설 지문의 첫 문장을 읽으면 洗头(머리를 감다)와 관련된 지식 정보 설명문임을 알 수 있다. 따라서 지문에서 洗头와 관련된 개념이나 세부 특징이 언급되면, 각 선택지와 내용을 대조하여 오답을 소거하면서 정답을 고른다.

지문에서 언급된 洗澡时有些人习惯先洗头……最后吹干头发……这样的做法……引发……健康问题……专家建议，应该尽量缩短洗澡时间과 선택지 D 尽量缩短洗头和吹头的间隔의 내용을 대조해 보면, 지문의 목욕할 때 어떤 사람은 머리를 먼저 감고 마지막으로 머리카락을 말리는 습관이 있는데, 이러한 방법은 건강 문제를 야기하기 때문에 전문가는 되도록 목욕 시간을 줄이는 것을 제안한다는 내용은 곧 되도록 머리를 감는 것과 말리는 것의 간격을 줄여야 한다는 의미이므로 내용이 일치한다. 따라서 선택지 D를 정답으로 고른다. ⇒ D (O)

선택지 A, B, C는 지문에서 언급되지 않았으므로 오답이다. ⇒ A (X), B(X), C(X)

어휘 吹干 chuī gān 바람을 쐬어 말리다 做法 zuòfǎ 몡방법 暴露 bàolù 몡노출하다 湿度 shīdù 몡습도
从而 cóng'ér 쩹이로 인해 引发 yǐnfā 동야기하다 头痛 tóutòng 몡두통 头晕 tóuyūn 몡어지럼증 专家 zhuānjiā 몡전문가
尽量 jǐnliàng 뷔되도록 缩短 suōduǎn 동줄이다 不宜 bùyí 동~하는 것은 좋지 않다 间隔 jiàngé 몡(시간·공간의) 간격

62

当看到别人一夜暴富时，总有些人认为只要运气好，自己也能够轻松致富。然而，有句话叫做“天下没有免费的午餐”，意思是不管在过去还是未来，[B]想要获得财富，都要付出应有的努力和艰苦的劳动。这句话提醒人们不劳动就不会有成果，也提示人们不要去贪便宜。

다른 사람이 하룻밤에 벼락부자가 되는 것을 봤을 때, 늘 어떤 사람들은 운만 좋으면, 자신도 쉽게 부자가 될 수 있다고 생각한다. 그런데 '세상에 공짜 점심은 없다'라는 말이 있는데 의미는 과거이든 미래이든 관계없이, [B]부를 얻고 싶다면 응당한 노력과 힘든 노동을 지불해야 한다는 것이다. 이 말은 사람들에게 노동하지 않으면 결실이 없을 것임을 일깨워 주고, 또 사람들에게 공짜를 좋아하지 말라고 일러 준다.

A 免费的午餐营养不充分

B 发财离不开不懈的努力

C 一夜暴富的人往往运气好

D 过去轻松致富的人比现在多

A 공짜 점심은 영양이 충분하지 않다

B 돈을 버는 것은 부단한 노력과 떨어질 수 없다

C 하룻밤에 부자가 된 사람은 종종 운이 좋다

D 과거에는 쉽게 부자가 되는 사람이 지금보다 많았다

해설 지문의 첫 문장을 읽으면 **一夜暴富**(하룻밤에 벼락부자가 되다)와 관련된 시사 이슈 논설문임을 알 수 있다. 따라서 지문에서 **一夜暴富**와 관련된 글쓴이의 주장이 언급되면, 각 선택지와 내용을 대조하여 오답을 소거하면서 정답을 고른다.

지문의 중반에서 언급된 **想要获得财富, 都要付出应有的努力和艰苦的劳动**과 선택지 B **发财离不开不懈的努力**의 내용을 대조해 보면, 지문의 '부를 얻고 싶다면 응당한 노력과 힘든 노동을 지불해야 한다'는 곧 돈을 버는 것은 부단한 노력과 떨어질 수 없다는 의미이므로 내용이 일치한다. 따라서 선택지 B를 정답으로 고른다. ⇨ B (O)

A, C, D는 지문에서 언급되지 않았으므로 오답이다. ⇨ A (X), C (X), D (X)

어휘 **暴富** bàofù [동]벼락부자가 되다 **运气** yùnqi [명]운 **致富** zhìfù [동]부자가 되다 **午餐** wǔcān [명]점심 **未来** wèilái [명]미래
财富 cáifù [명]부, 재산 **付出** fùchū [동]지불하다 **应有** yīngyǒu [형]응당하다 **艰苦** jiānkǔ [형]힘들다
劳动 láodòng [명]노동 **成果** chéngguǒ [명]결실 **提示** tíshì [동]일러 주다 **贪便宜** tān piányi 공짜를 좋아하다
营养 yíngyǎng [명]영양 **充分** chōngfèn [형]충분하다 **发财** fācái [동]돈을 벌다 **不懈** búxiè [형]부단하다, 태만하지 않다

63

“腾讯会议”是一款视频软件，它帮助人们在家有序地进行视频会议、办公会议等。[B]除了一般的视频功能，[B/C]“腾讯会议”[B]还具备一些特殊的功能，像是提升会议效率的背景虚化，表达观点和意见的弹幕，及调整视频画面的功能等。除此之外，喜欢个性化配置的人[C]可以提前自定义背景，对声音有追求的人[D]及时开启降低杂音功能即可。

'텐센트 미팅'은 영상 소프트웨어로, 그것은 사람들이 집에서 조직적으로 화상 회의, 사무 회의 등을 진행할 수 있게 한다. [B]일반적인 영상 기능 외에도, [B/C]'텐센트 미팅'은 [B]여러 가지 특수한 기능을 갖추고 있는데, 미팅의 효율성을 높이는 배경 흐리기, 관점과 의견을 드러내는 실시간 댓글, 그리고 영상 화면을 조정하는 기능 등이다. 이 밖에, 개별화 설정을 좋아하는 사람은 [C]미리 배경을 자체 설정할 수 있으며, 소리에 대해 원하는 바가 있는 사람은 [D]제때에 잡음 낮추기 기능을 켜면 된다.

A “腾讯会议”是一款培训软件

B “腾讯会议”的功能非常单一

C “腾讯会议”支持自定义背景

D “腾讯会议”无法处理杂音问题

A '텐센트 미팅'은 교육용 소프트웨어이다

B '텐센트 미팅'의 기능은 매우 단일하다

C '텐센트 미팅'은 배경을 자체 설정하는 것을 지원한다

D '텐센트 미팅'에서 잡음 문제를 처리할 방법이 없다

해설 지문의 첫 문장을 읽으면 **“腾讯会议**(텐센트 미팅)**”**와 관련된 지식 정보 설명문임을 알 수 있다. 따라서 지문에서 **“腾讯会议”**와 관련된 개념이나 세부 특징이 언급되면, 각 선택지와 내용을 대조하여 오답을 소거하면서 정답을 고른다.

지문의 초반에서 **除了一般的视频功能, “腾讯会议”还具备一些特殊的功能**이라고 했는데, 선택지 B는 **“腾讯会议”的功能非常单一**라고 했으므로, 오답으로 소거한다. ⇨ B (X)

지문의 초반과 후반에서 언급된 **“腾讯会议”……可以提前自定义背景**과 선택지 C **“腾讯会议”支持自定义背景**의 내용을 대조해 보면, 지문의 ''텐센트 미팅'은 미리 배경을 자체 설정할 수 있다'는 곧 '텐센트 미팅'은 배경을 자체 설정하는 것을

지원한다는 의미이므로 내용이 일치한다. 따라서 선택지 C를 정답으로 고른다. ⇒ C (O)

*C를 정답으로 답안지에 표시한 후, 바로 다음 문제로 넘어가서 시간을 절약한다.

지문의 후반에서 及时开启降低杂音功能即可라고 했는데, 선택지 D는 "腾讯会议"无法处理杂音问题라고 했으므로, 오답으로 소거한다. ⇒ D (X)

선택지 A는 지문에서 언급되지 않았으므로 오답이다. ⇒ A (X)

어휘 **腾讯会议** téngxùn huìyì 텐센트 미팅　**视频** shìpín 圈영상, 화상　**软件** ruǎnjiàn 圈소프트웨어
　　有序地 yǒuxù de 조직적으로, 질서 있게　**办公会议** bàngōng huìyì 圈사무 회의　**功能** gōngnéng 圈기능　**具备** jùbèi 갖추다
　　特殊 tèshū 圈특수하다　**提升** tíshēng 圈높이다　**效率** xiàolǜ 圈효율　**背景虚化** bèijǐng xūhuà 배경 흐리기
　　观点 guāndiǎn 圈관점　**弹幕** dànmù 圈실시간 댓글　**调整** tiáozhěng 圈조정하다　**画面** huàmiàn 圈화면
　　除此之外 chúcǐzhīwài 이 밖에　**个性化配置** gèxìnghuà pèizhì 개별화 설정　**定义** dìngyì 圈설정하다
　　追求 zhuīqiú 圈원하다, 추구하다　**杂音** záyīn 圈잡음　**培训** péixùn 圈교육하다　**单一** dānyī 圈단일하다
　　支持 zhīchí 圈지원하다　**自定义** zìdìngyì 자체 설정하다　**处理** chǔlǐ 圈처리하다

64

宁宁的爸爸每天都很忙。有一天[D]宁宁问爸爸："爸爸，你每天都这么忙，一天挣多少钱呀？"爸爸说："大约500元，怎么了？"宁宁从抽屉里拿出500元说："这是我存了很久的钱，今天你能在家陪伴我一天吗？"爸爸的眼睛湿润了。	닝닝의 아버지는 매일 바쁘시다. [D]어느 날 닝닝은 아버지에게 '아버지, 아버지는 매일 이렇게 바쁜데, 하루에 얼마 버세요?'라고 물었다. 아버지는 '대략 500위안 정도야, 왜 그러니?'라고 대답했다. 닝닝은 서랍에서 500위안을 꺼내며 '이것은 제가 오랫동안 저축한 돈이에요, 오늘 하루 종일 집에서 저와 같이 있어 줄 수 있나요?'라고 말했다. 아버지의 눈이 촉촉해졌다.
A 爸爸每天都很早下班	A 아버지는 매일 일찍 퇴근하신다
B 爸爸对宁宁缺乏耐心	B 아버지는 닝닝에게 인내심이 부족하다
C 宁宁也能自己挣钱了	C 닝닝도 스스로 돈을 벌 수 있다
D 宁宁希望爸爸多陪自己	**D 닝닝은 아버지가 자신과 더 많이 있어 주기를 바란다**

해설　지문의 첫 문장을 읽으면 宁宁(닝닝), 爸爸(아버지)와 관련된 일상 경험 이야기임을 알 수 있다. 따라서 지문에서 宁宁, 爸爸의 상태나 행동과 관련된 내용이 언급되면, 각 선택지와 내용을 대조하여 오답을 소거하면서 정답을 고른다.

　　지문의 초중반에서 언급된 宁宁问爸爸："爸爸，你每天都这么忙，一天挣多少钱呀？"爸爸说："大约500元，怎么了？"宁宁从抽屉里拿出500元说："这是我存了很久的钱，今天你能在家陪伴我一天吗？"와 선택지 D 宁宁希望爸爸多陪自己의 내용을 대조해 보면, 지문에서 본인이 저축한 돈을 아버지에게 주면서, 하루 동안 자신과 같이 있어 줄 수 있냐고 물어보는 내용은 곧 닝닝은 아버지가 자신과 더 많이 있어 주기를 바란다는 의미이므로 내용이 일치한다. 따라서 선택지 D를 정답으로 고른다. ⇒ D (O)

　　A, B, C는 지문에서 언급되지 않았으므로 오답이다. ⇒ A (X), B (X), C (X)

어휘　**挣** zhèng 圈(돈을) 벌다　**抽屉** chōuti 圈서랍　**陪伴** péibàn 圈같이 있다　**湿润** shīrùn 圈촉촉하다　**缺乏** quēfá 부족하다

65

[C]世界上毛发最长的长毛兔，是一只名叫艾达的安哥拉兔。艾达的毛长达25.4厘米，[B]这让它的体型看起来巨大，然而实际上它的体重只有2到3千克。艾达的毛生长速度很快，每个月能达到2.45厘米。主人为了保证艾达的健康，每三个月都会给它剪一次毛。[A]剪下来的毛都被用来制作围巾、帽子、手套等。	[C]세계에서 털이 가장 긴 장모 토끼는 아이다라고 불리는 앙고라토끼이다. 아이다의 털은 길이가 25.4cm에 달하고, [B]이는 그것의 체형을 거대하게 보이게 하지만, 실제로 그것의 체중은 2~3kg에 불과하다. 아이다의 털은 성장 속도가 빨라서, 매달 2.45cm까지 자랄 수 있다. 주인은 아이다의 건강을 보장하기 위해, 3개월마다 그것의 털을 깎는다. [A]깎아낸 털은 목도리, 모자, 장갑 등을 제작하는 데 쓰인다.

A 艾达的毛不适合织围巾	A 아이다의 털은 목도리를 짜기에 적합하지 않다
B 安哥拉兔体型都很巨大	B 앙고라토끼들의 체형은 모두 거대하다
C 艾达是毛发最长的兔子	**C 아이다는 털이 가장 긴 토끼이다**
D 艾达的主人善于养宠物	D 아이다의 주인은 반려동물을 키우는 것에 능숙하다

해설 지문의 첫 문장을 읽으면 艾达(아이다), 安哥拉兔(앙고라토끼)와 관련된 지식 정보 설명문임을 알 수 있다. 따라서 지문에서 艾达, 安哥拉兔와 관련된 개념이나 세부 특징이 언급되면, 각 선택지와 내용을 대조하여 오답을 소거하면서 정답을 고른다.

지문 초반에서 언급된 世界上毛发最长的长毛兔，是一只名叫艾达的安哥拉兔。와 선택지 C 艾达是毛发最长的兔子의 내용을 대조해 보면, 지문의 '세계에서 털이 가장 긴 장모 토끼는 아이다라고 불리는 앙고라토끼이다.'는 곧 아이다는 털이 가장 긴 토끼라는 의미이므로 내용이 일치한다. 따라서 선택지 C를 정답으로 고른다. ⇨ C (O)

*C를 정답으로 답안지에 표시한 후, 바로 다음 문제로 넘어가서 시간을 절약한다.

그 다음 문장에서 这让它的体型看起来巨大，然而实际上它的体重只有2到3千克라고 했는데, 선택지 B는 安哥拉兔体型都很巨大라고 했으므로, 오답으로 소거한다. ⇨ B (X)

마지막 문장에서 剪下来的毛都被用来制作围巾、帽子、手套等。이라고 했는데, 선택지 A는 艾达的毛不适合织围巾이라고 했으므로, 오답으로 소거한다. ⇨ A (X)

선택지 D는 지문에서 언급되지 않았으므로 오답이다. ⇨ D (X)

어휘 毛发 máofà 圆털　安哥拉兔 āngēlātù 圆앙고라토끼　厘米 límǐ 圆cm[센티미터]　体型 tǐxíng 圆체형　巨大 jùdà 圆거대하다　千克 qiānkè 圆kg[킬로그램]　生长 shēngzhǎng 圆성장하다　达到 dádào 圆(~까지) 자라다, 이르다　主人 zhǔrén 圆주인　剪 jiǎn 圆깎다　制作 zhìzuò 圆제작하다　围巾 wéijīn 圆목도리　手套 shǒutào 圆장갑　织 zhī 圆짜다　兔子 tùzi 圆토끼　善于 shànyú 圆~에 능숙하다　宠物 chǒngwù 圆반려동물

---

66 亚健康是21世纪人类面临的最大的健康问题。B亚健康人群分布在世界各地，其中女性比例较大。这类人群经常会感到身体疼痛或者情绪不稳定，严重时甚至不能正常生活，但是去医院也检查不出具体病因。A目前80%的人都处在亚健康状态，如果不加以注意，五年后会引发各种慢性病。

아건강은 21세기 인류가 직면한 가장 큰 건강 문제이다. B아건강 무리는 세계 각지에 분포하고 있는데, 그중 여성의 비율이 비교적 높다. 이 무리는 자주 신체적 통증 혹은 정서적 불안정을 느끼며, 심각할 때는 심지어 정상적인 생활이 불가능할 수도 있지만 병원에 가도 구체적인 병의 원인을 찾아내지 못한다. A현재 80%의 사람이 모두 아건강 상태에 처해있는데, 만약 주의를 기울이지 않는다면, 5년 후에는 각종 만성병을 유발할 수도 있다.

A 亚健康问题不容忽视	**A 아건강 문제는 소홀히 해서는 안 된다**
B 亚健康人群中男性居多	B 아건강 무리는 남성이 다수를 차지한다
C 亚健康人群都无法工作	C 아건강 무리는 모두 일을 할 수 없다
D 亚健康人群分布范围较小	D 아건강 무리의 분포 범위는 비교적 적다

해설 지문의 첫 문장을 읽으면 亚健康(아건강)과 관련된 지식 정보 설명문임을 알 수 있다. 따라서 지문에서 亚健康과 관련된 개념이나 세부 특징이 언급되면, 각 선택지와 내용을 대조하여 오답을 소거하면서 정답을 고른다.

지문의 초반에서 亚健康人群分布在世界各地，其中女性比例较大。라고 했는데, 선택지 B는 亚健康人群中男性居多라고 했으므로, 오답으로 소거한다. ⇨ B (X)

마지막 문장에서 언급된 目前80%的人都处在亚健康状态，如果不加以注意，五年后会引发各种慢性病。과 선택지 A 亚健康问题不容忽视의 내용을 대조해 보면, 지문의 '현재 80%의 사람이 모두 아건강 상태에 처해있으며, 만약 주의를 기울이지 않는다면, 5년 후에는 각종 만성병을 유발할 수도 있다.'는 곧 아건강 문제는 소홀히 해서는 안 된다는 의미이므로 내용이 일치한다. 따라서 선택지 A를 정답으로 고른다. ⇨ A (O)

선택지 C, D는 지문에서 언급되지 않았으므로 오답이다. ⇨ C (X), D (X)

어휘 亚健康 Yàjiànkāng 교유아건강[신체적으로나 정신적으로 질병에 걸린 것도 아니고 건강하지도 않은 '회색 상태']　人类 rénlèi 圆인류　面临 miànlín 圆직면하다　人群 rénqún 圆무리　分布 fēnbù 圆분포하다　比例 bǐlì 圆비율　疼痛 téngtòng 圆통증

情绪 qíngxù 圆정서　稳定 wěndìng 圆안정되다　具体 jùtǐ 圆구체적이다　病因 bìngyīn 圆병의 원인　目前 mùqián 圆현재

状态 zhuàngtài 圆상태　引发 yǐnfā 圆유발하다　慢性病 mànxìngbìng 圆만성병　不容 bùróng 圆~해서는 안 된다

忽视 hūshì 圆소홀히 하다　居多 jūduō 圆다수를 차지하다　范围 fànwéi 圆범위

---

67 大部分人睡觉时都会做梦，有趣的是，成人和孩子会做不同类型的梦。例如，^B三至五岁孩子的梦更接近于一张照片，而不是一段动态影像。他们的梦主要有两大主题：动物和静止的自己。^C这个年龄阶段的孩子，因为大脑的模仿能力尚未成熟，因此梦里没有太多动作出现。

A　人类的梦都有两大主题

B　四岁孩子的梦是静止的

C　孩子的模仿能力相对较强

D　孩子总是能梦到新奇的事物

대부분의 사람은 잠을 잘 때 꿈을 꾸는데, 재미있는 것은, 성인과 아이는 다른 유형의 꿈을 꾼다는 것이다. 예를 들어, ^B3살~5살 아이의 꿈은 한 편의 움직이는 영상이 아니라 ^B한 장의 사진에 더 가깝다. 그들의 꿈은 주로 두 가지 큰 주제가 있는데 동물과 정지된 자신이다. ^C이 연령대의 아이는 대뇌의 모방 능력이 아직 성숙하지 않기 때문에, 이로 인하여 꿈속에 그렇게 많은 동작이 나타나지는 않는다.

A　인간의 꿈에는 모두 두 가지 큰 주제가 있다

B　4살 아이의 꿈은 정지된 것이다

C　아이의 모방 능력은 상대적으로 비교적 강하다

D　아이는 항상 신기한 사물을 꿈꿀 수 있다

해설　지문의 첫 문장을 읽으면 孩子(아이), 梦(꿈)과 관련된 지식 정보 설명문임을 알 수 있다. 따라서 지문에서 孩子, 梦과 관련된 개념이나 세부 특징이 언급되면, 각 선택지와 내용을 대조하여 오답을 소거하면서 정답을 고른다.

지문의 초반에서 언급된 三至五岁孩子的梦更接近于一张照片과 선택지 B 四岁孩子的梦是静止的의 내용을 대조해 보면, 지문의 '3살~5살 아이의 꿈은 한 장의 사진에 더 가깝다'는 곧 4살 아이의 꿈은 정지된 것이라는 의미이므로 내용이 일치한다. 따라서 선택지 B를 정답으로 고른다. ⇒ B (O)

*B를 정답으로 답안지에 표시한 후, 바로 다음 문제로 넘어가서 시간을 절약한다.

지문의 중반에서 这个年龄阶段的孩子, 因为大脑的模仿能力尚未成熟라고 했는데, 선택지 C는 孩子的模仿能力相对较强이라고 했으므로, 오답으로 소거한다. ⇒ C (X)

A, D는 지문에서 언급되지 않았으므로 오답이다. ⇒ A (X), D (X)

어휘　成人 chéngrén 圆성인　接近 jiējìn 가깝다　动态 dòngtài 圆움직이는　影像 yǐngxiàng 圆영상　主题 zhǔtí 圆주제

静止 jìngzhǐ 圆정지하다　阶段 jiēduàn 圆단계　模仿 mófǎng 圆모방하다　尚 shàng 圆아직　成熟 chéngshú 圆성숙하다

人类 rénlèi 圆인간　相对 xiāngduì 圆상대적이다　新奇 xīnqí 圆신기하다　事物 shìwù 圆사물

---

68 现在，很多人会选择在书店度过悠闲的周末。这是因为人们可以在书店翻阅不同类型的书，这样做既可以增长知识，又可以放松心情。其次，^A现在的大型书店里都有茶室或者咖啡厅，人们可以选一两本书，安安静静地坐在角落里，^A边读书边喝咖啡，度过一段休闲时光。除此之外，为了丰富人们的精神生活，^D有些大型书店还会定期举办各类作者见面会和讲座。

A　茶室不允许人们看书

B　阅读与精神生活无关

C　咖啡厅已逐渐代替了书店

D　有些书店会定期举办一些讲座

요즘 많은 사람들은 서점에서 한가로운 주말을 보내는 것을 선택한다. 이는 사람들이 서점에서 다른 유형의 책을 훑어볼 수 있고, 이렇게 함으로써 지식을 늘릴 수 있을 뿐만 아니라 또 마음을 편안하게 할 수 있기 때문이다. 그 다음으로, ^A요즘 대형 서점 안에는 찻집 혹은 커피숍이 있어서, 사람들은 한두 권의 책을 골라 조용히 구석에 앉아서 ^A책을 읽고 커피를 마시며 여가 시간을 보낼 수 있다. 그 외에도, 사람들의 정신생활을 풍요롭게 하기 위해, ^D일부 대형 서점은 각종 저자 팬미팅과 강좌도 정기적으로 개최한다.

A　찻집은 사람들이 책 보는 것을 허락하지 않는다

B　읽는 것은 정신생활과 관계가 없다

C　커피숍은 이미 조금씩 서점을 대체했다

D　일부 서점에서는 정기적으로 강좌를 개최한다

해설 지문의 첫 문장을 읽으면 书店(서점)과 관련된 지식 정보 설명문임을 알 수 있다. 따라서 지문에서 书店과 관련된 개념이나 세부 특징이 언급되면, 각 선택지와 내용을 대조하여 오답을 소거하면서 정답을 고른다.

지문의 중반에서 现在的大型书店里都有茶室或者咖啡厅……边读书边喝咖啡라고 했는데, 선택지 A는 茶室不允许人们看书라고 했으므로, A를 오답으로 소거한다. ⇨ A (X)

지문의 마지막 문장에서 언급된 有些大型书店还会定期举办各类作者见面会和讲座와 선택지 D 有些书店会定期举办一些讲座의 내용을 대조해 보면, 지문의 '일부 대형 서점은 각종 저자 팬미팅과 강좌도 정기적으로 개최한다'는 곧 일부 서점에서는 정기적으로 강좌를 개최한다는 의미이므로 내용이 일치한다. 따라서 선택지 D를 정답으로 고른다. ⇨ D (O)

선택지 B, C는 지문에서 언급되지 않았으므로 오답이다. ⇨ B (X), C (X)

어휘 书店 shūdiàn 圓서점 度过 dùguò 圐(시간을) 보내다 悠闲 yōuxián 圀한가롭다 翻阅 fānyuè 圐(책 등을) 훑어보다
类型 lèixíng 圓유형 增长 zēngzhǎng 圐늘리다 大型 dàxíng 圀대형의 茶室 cháshì 圓찻집 角落 jiǎoluò 圓구석
休闲时光 xiūxián shíguāng 여가 시간 精神 jīngshén 圓정신 定期 dìngqī 圀정기적인 见面会 jiànmiànhuì 팬미팅
讲座 jiǎngzuò 圓강좌 逐渐 zhújiàn 圐조금씩, 점차 代替 dàitì 圐대체하다

69

异常气候是造成严重洪涝、干旱、霜冻等灾害的气候现象的总称。从20世纪60年代起，ᴬ世界各地异常气候事件增多，几十年、几百年一遇的现象在世界各地不断发生。ᴬ导致这种现象发生的原因有三点，一是天文原因，包括太阳辐射、地球轨道、海水等的变化，二是地理原因，如海陆变迁、火山活动等，ᴬ三是人为原因，即人类活动对气候环境造成的影响。

이상 기후는 심각한 홍수와 침수, 가뭄, 서리 피해 등의 재해를 초래하는 기후 현상의 총칭이다. 1960년대부터 ᴬ세계 각지에서는 이상 기후 사건이 증가하고 있고, 수십 년, 수백 년 동안 한 번 마주칠 현상이 세계 각지에서는 끊임없이 발생하고 있다. ᴬ이런 현상의 발생을 야기하는 원인에는 세 가지가 있는데, 하나는 천문학적 원인으로, 태양 복사, 지구 궤도, 바닷물 등의 변화를 포함한다. 두 번째는 바다와 육지의 변천, 화산 활동 등과 같은 지리적 원인이고, ᴬ세 번째는 인위적인 원인인데, 바로 인류 활동이 기후 환경에 미치는 영향이다.

A 异常气候与人类活动有关
B 空气质量的好坏会影响温差
C 避免气候灾害的方式随处可见
D 可根据云的形状来判断气候情况

A 이상 기후는 인류 활동과 관련이 있다
B 공기 질의 좋고 나쁨은 온도 차에 영향을 줄 수 있다
C 기후 재해를 피하는 방법은 어디서나 볼 수 있다
D 구름의 형태에 따라 기후 상황을 판단할 수 있다

해설 지문의 첫 문장을 읽으면 异常气候(이상 기후)와 관련된 지식 정보 설명문임을 알 수 있다. 따라서 지문에서 异常气候와 관련된 개념이나 세부 특징이 언급되면, 각 선택지와 내용을 대조하여 오답을 소거하면서 정답을 고른다.

지문의 초중반과 마지막 문장에서 언급된 世界各地异常气候事件增多……导致这种现象发生的原因有三点……三是人为原因，即人类活动对气候环境造成的影响과 선택지 A 异常气候与人类活动有关의 내용을 대조해 보면, 지문의 '세계 각지에서 이상 기후 사건이 증가하고 있고 …… 이런 현상의 발생을 야기하는 원인에는 세 가지가 있다 …… 세 번째는 인위적인 원인인데, 바로 인류 활동이 기후 환경에 미치는 영향이다'는 곧 이상 기후는 인류 활동과 관련이 있다는 의미이므로 내용이 일치한다. 따라서 선택지 A를 정답으로 고른다. ⇨ A (O)

선택지 B, C, D는 지문에서 언급되지 않았으므로 오답이다. ⇨ B (X), C (X), D (X)

어휘 异常气候 yìcháng qìhòu 이상 기후 造成 zàochéng 圐초래하다, (영향을) 미치다 洪涝 hónglào 圓홍수와 침수
干旱 gānhàn 圓가뭄 霜冻 shuāngdòng 圓서리 피해 灾害 zāihài 圓재해 现象 xiànxiàng 圓현상 总称 zǒngchēng 圓총칭
年代 niándài 圓연대 事件 shìjiàn 圓사건 不断 búduàn 圐끊임없이 发生 fāshēng 圐(원래 없던 현상이) 발생하다
导致 dǎozhì 圐야기하다 天文 tiānwén 圓천문학 包括 bāokuò 圐포함하다 辐射 fúshè 圐(중심에서 여러 방향으로) 복사하다
轨道 guǐdào 圓궤도 地理 dìlǐ 圓지리 海陆 hǎilù 바다와 육지 变迁 biànqiān 圐변천하다 火山 huǒshān 圓화산
人为 rénwéi 圀인위적인 圐사람이 하다 人类 rénlèi 圓인류 温差 wēnchā 圓온도 차 避免 bìmiǎn 圐피하다
方式 fāngshì 圓방법 随处可见 suíchù kějiàn 어디서나 보인다 形状 xíngzhuàng 圓형태

70

为什么一进超市就会不知不觉地买一大堆东西？^B这就要归功于商家的精心布局了。精明的商家一般把出入口安排为右进左出，因为这样更符合大多数人右手拿东西的习惯；^D入口偏冷的色调会让消费者放慢脚步；货架上成年人水平视距摆放高利润商品，儿童水平视距摆放的是零食和甜品，^A生活用品则在超市的最里面。就这样，我们自然而然地逛完了超市，同时也^B完成了商家的预期目标——消费。

A 生活用品离超市出口最近

B 商品的摆放位置影响销量

C 超市的货架一般设在右手边

D 冷色调入口让人自觉停下脚步

왜 마트에 들어가자마자 자기도 모르게 물건을 한 무더기씩 사는 걸까? ^B이것은 바로 상점의 심혈을 기울인 배치 덕분이다. 똑똑한 상점은 일반적으로 출입구를 오른쪽으로 들어가고 왼쪽으로 나가도록 배치하는데, 이렇게 하면 대다수 사람들이 오른손으로 물건을 드는 습관에 부합하기 때문이다. ^D입구의 다소 차가운 컬러는 소비자가 발걸음을 늦추게 한다. 진열대에서 성인 수준 가시거리에는 높은 이윤의 상품을 두고, 어린이 수준 가시거리에 두는 것은 간식과 디저트이며, ^A생활용품은 마트 맨 안쪽에 있다. 이렇게 해야, 우리가 자연스럽게 마트를 다 둘러보고, 동시에 ^B상점의 예상 목표인 소비도 달성하게 된다.

A 생활용품은 마트 출구와 가장 가깝다

B 상품의 진열 위치는 판매량에 영향을 준다

C 마트의 진열대는 일반적으로 오른쪽에 설치된다

D 차가운 컬러의 입구는 자발적으로 발걸음을 멈추게 한다

해설　지문의 초반을 읽으면 超市(마트), 布局(배치)와 관련된 지식 정보 설명문임을 알 수 있다. 따라서 지문에서 超市, 布局와 관련된 개념이나 세부 특징이 언급되면, 각 선택지와 내용을 대조하여 오답을 소거하면서 정답을 고른다.

지문의 중반에서 入口偏冷的色调会让消费者放慢脚步라고 했는데, 선택지 D는 冷色调入口让人自觉停下脚步라고 했으므로, 오답으로 소거한다. ⇒ D (X)

같은 문장에서 生活用品则在超市的最里面이라고 했는데, 선택지 A는 生活用品离超市出口最近이라고 했으므로, 오답으로 소거한다. ⇒ A (X)

지문의 초반과 후반에서 언급된 这就要归功于商家的精心布局了。……完成了商家的预期目标——消费와 선택지 B 商品的摆放位置影响销量의 내용을 대조해 보면, 지문의 '이것은 바로 업체의 치밀한 배치 덕분이다. …… 상점의 예상 목표인 소비도 달성하게 된다'는 곧 상품의 진열 위치는 판매량에 영향을 준다는 의미이므로 내용이 일치한다. 따라서 선택지 B를 정답으로 고른다. ⇒ B (O)

선택지 C는 지문에서 언급되지 않았으므로 오답이다. ⇒ C (X)

어휘　**不知不觉** bùzhībùjué 圏 자기도 모르게　**堆** duī 図 무더기　**归功于** guīgōngyú 圏 ~ 덕분이다　**商家** shāngjiā 図 상점
精心 jīngxīn 図 심혈을 기울이다　**布局** bùjú 図 배치　**精明** jīngmíng 図 똑똑하다　**出入口** chūrùkǒu 출입구
色调 sèdiào 図 컬러　**消费者** xiāofèizhě 図 소비자　**放慢** fàngmàn 圏 (걸음을) 늦추다　**脚步** jiǎobù 図 발걸음
货架 huòjià 図 진열대　**成年人** chéngniánrén 図 성인　**视距** shìjù 図 가시거리　**摆放** bǎifàng 圏 두다, 진열하다
利润 lìrùn 図 이윤　**商品** shāngpǐn 図 상품　**零食** língshí 図 간식　**甜品** tiánpǐn 図 디저트
生活用品 shēnghuó yòngpǐn 생활용품　**自然而然** zìrán'érrán 図 자연스럽게　**预期目标** yùqī mùbiāo 예상 목표
出口 chūkǒu 図 출구　**位置** wèizhi 図 위치　**销量** xiāoliàng 図 판매량　**自觉** zìjué 図 자발적이다

每次提到桂花，最先让我想起的就是那股浓郁的香味。桂花种类繁多，味道迷人，而且还有着极强的观赏性和实用性。[71]我喜欢桂花，不开花时，只有满树的绿叶；开花时，花朵藏在绿叶中，虽然不像梅花那么鲜艳夺目，却[71]有一股迷人的气味。

我家院子里种的全是桂花。[72]桂花成熟时，只要轻轻一摇，就可以得到满地新鲜、完整的花朵。如果[73]桂花自然地掉落在泥土里，或者是[73]被雨淋得湿漉漉的，香味就会变淡。小时候，摇桂花对于我来说是件大事，所以我老是问母亲："妈，今天摇桂花吗？"她总是微笑着说："还早呢，摇不下来的。"

有一天，天空中满是乌云，母亲知道要刮台风了，就赶紧叫上全家人一起摇桂花。她在桂花树下铺上一块白布，然后让大家抱住桂花树使劲儿地摇。桂花纷纷落下来，落得我们满身都是。我兴奋地喊道："啊！好香的雨！"。母亲则洗净双手，用糯米粉、桂花和糖做出了香味扑鼻的桂花糕。[74]这就是我童年最温暖的回忆。

매번 목서를 언급하면, 가장 먼저 생각나는 것이 바로 그 짙은 향기이다. 목서는 종류가 많고, 향이 매력적이며 게다가 관상용으로 매우 좋고 실용적이다. [71]나는 목서를 좋아하는데, 꽃이 피지 않을 때는 온 나무 가득한 푸른 잎만 있다. 꽃이 필 때는 꽃봉오리가 푸른 잎 속에 숨어 있는데, 비록 매화처럼 그렇게 화려하고 현란하지는 않지만 오히려 [71]매혹적인 향이 있다.

우리 집 정원에 심은 것은 모두 목서이다. [72]목서가 자랐을 때, 그저 가볍게 한번 흔들어 주기만 해도 한껏 싱싱하고 온전한 꽃봉오리를 얻을 수 있다. 만약 [73]목서가 저절로 진흙 속에 떨어지거나 혹은 [73]비에 젖어 축축해진다면, 향기는 곧 옅어진다. 어릴 때 목서 흔들기는 나에게 있어서 큰일이었고 그래서 나는 늘 어머니께 '어머니, 오늘 목서를 흔드나요?'라고 물었다. 그녀는 항상 웃으시면서 '아직 이르단다, 흔들어도 떨어지지 않을 거야.'라고 말하셨다.

어느 날, 하늘에 먹구름이 가득하자, 어머니는 태풍이 불려고 하는 것을 알아차리셨고 재빨리 함께 목서를 흔들기 위해 온 가족을 부르셨다. 그녀는 목서 나무 아래에 하얀색 천을 깔고 나서 모두에게 목서 나무를 안고 힘껏 흔들라고 하셨다. 목서는 우리의 온몸을 뒤덮을 정도로 계속해서 떨어졌다. 나는 흥분하며 '아! 향기로운 비다!'라고 소리쳤다. 어머니는 양손을 깨끗이 씻고, 찹쌀가루, 목서 그리고 설탕으로 향긋한 냄새가 코를 찌르는 구이화가오를 만드셨다. [74]이것이 바로 내 어린 시절 가장 따뜻한 추억이다.

어휘 桂花 Guìhuā 고유 목서[중국 원산의 물푸레나무과 나무]　股 gǔ 양 [기체·맛·힘 등을 셀 때 쓰는 단위]　浓郁 nóngyù 형 (향기가) 짙다
香味 xiāngwèi 명 향기　名花 mínghuā 명 명화[아름다운 이름난 꽃]　种类 zhǒnglèi 명 종류　繁多 fánduō 형 많다
迷人 mírén 형 매력적이다, 매혹적이다　观赏 guānshǎng 동 관상하다　实用 shíyòng 형 실용적이다　花朵 huāduǒ 명 꽃봉오리
梅花 Méihuā 고유 매화　鲜艳 xiānyàn 형 화려하다　夺目 duómù 형 현란하다　气味 qìwèi 명 향, 냄새　院子 yuànzi 명 정원
成熟 chéngshú 동 (식물·열매 등이) 자라다, 익다　摇 yáo 동 흔들다　完整 wánzhěng 형 온전하다　掉落 diàoluò 동 떨어지다
泥土 nítǔ 명 진흙　淋 lín 동 (물이나 액체에) 젖다　湿漉漉 shīlùlù 형 (물체가) 축축한 모양　老是 lǎoshì 부 늘　微笑 wēixiào 동 웃다
天空 tiānkōng 명 하늘　乌云 wūyún 명 먹구름　台风 táifēng 명 태풍　赶紧 gǎnjǐn 부 재빨리　铺 pū 동 (물건을) 깔다　布 bù 명 천
使劲儿 shǐjìnr 힘을 쓰다　纷纷 fēnfēn 부 계속해서　喊 hǎn 동 소리치다　洗净 xǐjìng 깨끗이 씻다　糯米粉 nuòmǐfěn 찹쌀가루
香味扑鼻 xiāngwèipūbí 향긋한 냄새가 코를 찌르다　桂花糕 guìhuāgāo 구이화가오[계화꽃떡이라고도 하는 중국 전통 간식]
童年 tóngnián 명 어린 시절　温暖 wēnnuǎn 형 따뜻하다

71

作者喜欢桂花的原因是：		필자가 목서를 좋아하는 원인은：	
A 味道好闻	**B** 形状漂亮	**A** 냄새가 좋다	**B** 형태가 아름답다
C 花朵很大	**D** 颜色鲜艳	**C** 꽃봉오리가 크다	**D** 색깔이 화려하다

해설 질문이 필자가 목서를 좋아하는 원인을 물었으므로, 喜欢桂花的原因(목서를 좋아하는 원인)을 핵심어구로 하여 지문에서 재빨리 찾아 주변 내용을 주의 깊게 읽는다. 첫 번째 단락에서 我喜欢桂花……有一股迷人的气味라고 했으므로, A 味道好闻을 정답으로 고른다.

어휘 桂花 Guìhuā 고유 목서[중국 원산의 물푸레나무과 나무]　好闻 hǎowén 형 냄새가 좋다　形状 xíngzhuàng 명 형태
鲜艳 xiānyàn 형 화려하다

72

为什么收集桂花时要用摇的方式？

A 鼓励全家人参与劳动

B 保证桂花完整而新鲜

C 保护桂花树上的树枝

D 欣赏花朵掉落时的美景

왜 목서를 수집할 때 흔드는 방식을 써야 하는가?

A 온 가족이 노동에 참여하도록 장려하기 위해서

B 목서가 온전하고 싱싱한 것을 보장하기 위해서

C 목서 나무의 나뭇가지를 보호하기 위해서

D 꽃봉오리가 떨어질 때의 아름다운 풍경을 감상하기 위해서

해설 질문이 왜 목서를 수집할 때 흔드는 방식을 써야 하는지를 물었으므로, 摇的方式(흔드는 방식)을 핵심어구로 하여 지문에서 재빨리 찾는다. 두 번째 단락에서 桂花成熟时，只要轻轻一摇，就可以得到满地新鲜、完整的花朵。라고 했으므로, B 保证桂花完整而新鲜을 정답으로 고른다.

어휘 收集 shōují 图수집하다　摇 yáo 图흔들다　方式 fāngshì 图방식　参与 cānyù 图참여하다　劳动 láodòng 图노동
完整 wánzhěng 图온전하다　树枝 shùzhī 图나뭇가지　欣赏 xīnshǎng 图감상하다　掉落 diàoluò 떨어지다
美景 měijǐng 图아름다운 풍경

73

关于桂花，可以知道什么？

A 桂花的生长期较长

B 桂花的颜色为淡黄色

C 桂花淋雨后香味变淡

D 桂花一年四季都会开花

목서에 관하여, 알 수 있는 것은 무엇인가?

A 목서의 성장기는 비교적 길다

B 목서의 색깔은 연 노란색이다

C 목서가 비에 젖으면 향기는 옅어진다

D 목서는 일 년 사계절 모두 꽃이 핀다

해설 질문이 목서에 관하여 알 수 있는 것을 물었으므로, 桂花(목서)를 핵심어구로 하여 지문에서 재빨리 찾아 주변의 내용을 주의 깊게 읽는다. 두 번째 단락에서 桂花……被雨淋得湿漉漉的，香味就会变淡이라고 했으므로, C 桂花淋雨后香味变淡을 정답으로 고른다.

어휘 生长期 shēngzhǎngqī 图성장기　淡黄色 dàn huángsè 연 노란색　淋雨 línyǔ 图비에 젖다　香味 xiāngwèi 图향기

74

上文主要谈的是：

A 父母的爱　　　　B 采花的方式

C 对童年的回忆　　D 桂花糕的做法

위 지문에서 주로 말하고 있는 것은:

A 부모님의 사랑　　　B 꽃을 따는 방식

C 어린 시절에 대한 추억　D 구이화가오의 조리법

해설 질문이 지문에서 주로 말하고 있는 것을 물었으므로, 앞의 문제들을 풀며 파악한 지문의 내용을 토대로 정답을 선택한다. 마지막 단락에서 这就是我童年最温暖的回忆。라고 했고, 지문 전반에 걸쳐 어린 시절 목서 나무를 흔들어 꽃을 딴 추억을 회상하고 있으므로, C 对童年的回忆를 정답으로 고른다.

어휘 采花 cǎihuā 图꽃을 따다　方式 fāngshì 图방식　童年 tóngnián 图어린 시절
桂花糕 guìhuāgāo 구이화가오[계화꽃떡이라고도 하는 중국 전통 간식]　做法 zuòfǎ 图조리법

75 - 78

绘本是最适合幼儿阅读的图书。⁷⁵绘本以图画为主，同时也配合文字，图画承载内容，文字辅助图画，文字与图画相互起作用。⁷⁶有一些绘本作品是无字书，它没有文字，却生动地表现了独特的意识和情感世界，⁷⁶为孩子们提供了无限的想象空间。

그림책은 유아가 읽기에 가장 적합한 도서이다. ⁷⁵그림책은 그림을 위주로 하고 동시에 글과 조화를 이루는데, 그림에 내용을 싣고, 글은 그림을 보조하면서 글과 그림은 상호 작용을 한다. ⁷⁶어떤 그림책 작품들은 글자가 없는 책인데, 글이 없지만 오히려 독특한 의식과 감정 세계를 생동감 있게 표현하여 ⁷⁶아이들에게 무한한 상상의 공간을 제공한다.

其实从来到这个世界的那一刻起，孩子们就会表达自己的情感，在成长过程中，他们的精神世界变得越来越丰富。[77]在婴幼儿期，父母一般会用最简单的重复性语言和孩子们交流，但随着一天天成长，简单的语言已经不能满足他们的情感需求了。这时父母就可以借助绘本，给他们展现一个更加丰富多彩的世界。阅读绘本可以把孩子们带入美好的故事情节当中，使他们的情感变得更加丰富。生动的画面能激发孩子们的想象力，这是纯文字无法代替的部分。 绘本不仅可以讲故事，还可以给孩子们传授知识，帮助他们建立良好的世界观。[78]绘本故事跨越国界和不同的文化背景，[78]把他们带进不同的世界，让他们的创造力不断得到提升。	사실 이 세계로 온 그 순간부터 아이들은 자신의 감정을 드러내고, 성장 과정 속에서 그들의 정신세계는 점점 더 풍부하게 변한다. [77]영유아 시기에 부모는 일반적으로 가장 간단한 반복성 언어를 사용하여 아이들과 소통하지만 하루하루 성장함에 따라, 간단한 언어는 이미 그들의 감정적인 요구를 만족시킬 수 없게 된다. 이때 부모는 그림책의 도움을 받아 그들에게 더 풍부하고 다채로운 세계를 펼쳐줄 수 있다. 그림책을 읽으면 아이들을 아름다운 이야기 줄거리 속으로 데려갈 수 있고, 그들의 감정을 더 풍부해지게 할 수 있다. 생동감 있는 화면은 아이들의 상상력을 자극할 수 있는데, 이것은 순수 문자가 대신할 수 없는 부분이다. 그림책은 이야기를 해 줄 수 있는 것 뿐만 아니라 아이들에게 지식도 가르칠 수 있어, 그들이 좋은 세계관을 형성하는데 도움이 된다. [78]그림책의 이야기는 국경선과 다른 문화적 배경을 뛰어넘어 [78]그들을 다른 세계로 데려가서, 그들의 창의력이 끊임없이 높아지게 한다.

어휘 **绘本** huìběn 그림책 **幼儿** yòu'ér [명]유아 **图画** túhuà [명]그림 **配合** pèihé [동]조화를 이루다 **文字** wénzì [명]글, 문자 **承载** chéngzài [동]싣다, 하중을 견디다 **辅助** fǔzhù [동]보조하다 **相互** xiānghù [부]상호, 서로 **作品** zuòpǐn [명]작품 **生动** shēngdòng [형]생동감 있다 **独特** dútè [형]독특하다 **意识** yìshí [명]의식 **情感** [명]qínggǎn 감정 **无限** wúxiàn [형]무한하다 **想象** xiǎngxiàng [동]상상하다 **空间** kōngjiān [명]공간 **表达** biǎodá [동](생각·감정을) 드러내다 **成长** chéngzhǎng [동]성장하다 **精神** jīngshén [명]정신 **婴幼儿** yīngyòu'ér [명]영유아 **重复** chóngfù [동]반복하다 **满足** mǎnzú [동]만족시키다 **需求** xūqiú [명]요구 **借助** jièzhù [동]도움을 받다 **展现** zhǎnxiàn [동](눈앞에) 펼치다 **丰富多彩** fēngfù duōcǎi [성]풍부하고 다채롭다 **情节** qíngjié [명]줄거리 **当中** dāngzhōng [명]속, 중간 **激发** jīfā [동]자극하다 **代替** dàitì [동]대신하다 **传授** chuánshòu [동]가르치다, 전수하다 **建立** jiànlì [동]형성하다 **良好** liánghǎo [형]좋다 **世界观** shìjièguān [명]세계관 **跨越** kuàyuè [동](지역이나 시기를) 뛰어넘다 **国界** guójiè [명]국경선 **背景** bèijǐng [명]배경 **创造力** chuàngzàolì 창의력 **不断** búduàn [부]끊임없이 **提升** tíshēng [동]높아지다

75

绘本的特点是:		그림책의 특징은:	
A 全是文字	B 语言生动	A 전체가 글이다	B 언어에 생동감이 있다
C 以图画为主	D 纸张质量好	**C 그림을 위주로 한다**	D 종이의 질이 좋다

해설 질문이 그림책의 특징에 대해 물었으므로, **绘本的特点**(그림책의 특징)을 핵심어구로 하여 지문에서 재빨리 찾아 주변 내용을 주의 깊게 읽는다. 첫 번째 단락에서 **绘本以图画为主**라고 했으므로, **C 以图画为主**를 정답으로 고른다.

어휘 **绘本** huìběn 그림책 **特点** tèdiǎn [명]특징 **文字** wénzì [명]글 **生动** shēngdòng [형]생동감 있다 **纸张** zhǐzhāng [명]종이

76

绘本可以帮助孩子们:		그림책이 아이들을 도와줄 수 있는 것은:	
A 找到梦想	B 学会冒险	A 꿈을 찾는다	B 모험을 배운다
C 丰富想象力	D 制定学习目标	**C 상상력을 풍부하게 한다**	D 학습 목표를 세운다

해설 질문이 그림책이 아이들을 도울 수 있는 것에 대해 물었으므로, **帮助孩子们**(아이들을 돕다)을 핵심어구로 하여 지문에서 재빨리 찾아 주변 내용을 주의 깊게 읽는다. 첫 번째 단락에서 **有一些绘本作品……为孩子们提供了无限的想象空间**이라고 했으므로, **C 丰富想象力**를 정답으로 고른다.

* 바꾸어 표현 **提供无限的想象空间** 무한한 상상의 공간을 제공하다 → **丰富想象力** 상상력을 풍부하게 하다

어휘 **梦想** mèngxiǎng [명]꿈 **冒险** màoxiǎn [동]모험하다 **制定** zhìdìng [동]세우다 **目标** mùbiāo [명]목표

77

幼儿时期，父母一般怎样和孩子们交流？

A 通过动作

B 在纸上画画

C 放经典音乐

D 重复简单的语言

유아 시기에, 부모는 보통 어떻게 아이들과 소통하는가?

A 동작을 통해서

B 종이 위에 그림을 그려서

C 클래식 음악을 틀어서

D 간단한 언어를 반복해서

해설 질문이 유아 시기에 부모는 보통 어떻게 아이와 소통하는지를 물었으므로, 幼儿时期父母和孩子们交流(유아 시기에 부모와 아이들이 소통하다)를 핵심어구로 하여 지문에서 찾는다. 두 번째 단락에서 在婴幼儿期, 父母一般会用最简单的重复性语言和孩子们交流라고 했으므로, D 重复简单的语言을 정답으로 고른다.

어휘 幼儿 yòu'ér 圆유아　时期 shíqī 圆(특정한) 시기　经典 jīngdiǎn 圆클래식　重复 chóngfù 圆반복하다

78

下列哪项属于作者的观点？

A 绘本不宜给婴幼儿看

B 父母要满足孩子们的需求

C 绘本能提升孩子们的创造力

D 孩子们的内心世界都很丰富

다음 중 작가의 관점에 속하는 것은？

A 그림책을 영유아에게 보여주는 것은 좋지 않다

B 부모는 아이들의 요구를 만족시켜야 한다

C 그림책은 아이들의 창의력을 높일 수 있다

D 아이들의 내면세계는 풍부하다

해설 질문이 작가의 관점에 속하는 것을 물었으므로, 선택지의 핵심어구를 지문에서 재빨리 찾아 주변의 내용과 일치하는 선택지를 정답으로 고른다. 선택지 C의 핵심어구 创造力(창의력)와 관련하여, 마지막 단락에서 绘本故事……把他们带进不同的世界, 让他们的创造力不断得到提升이라고 했으므로, C 绘本能提升孩子们的创造力를 정답으로 고른다.

어휘 观点 guāndiǎn 圆관점　不宜 bùyí 圆~하는 것은 좋지 않다　婴幼儿 yīngyòu'ér 圆영유아　满足 mǎnzú 圆만족시키다　需求 xūqiú 圆요구　提升 tíshēng 圆높이다　创造力 chuàngzàolì 圆창의력　内心世界 nèixīn shìjiè 내면세계

---

79 - 82

有一天早上洗澡时，⁷⁹杰克摘下自己的高档手表，把它放在洗脸台的边上了。妻子怕手表被淋湿，就将其放在餐桌上。儿子起床后，到餐桌上拿食物时，不小心将手表碰到地上摔坏了。心疼手表的杰克骂了儿子，妻子很生气，就和杰克展开了激烈的争吵。杰克一气之下，没吃饭就去了公司，可快到公司时，他才想起来没拿公文包出门，于是他只能回一趟家。到家后他发现家里没人，杰克没带钥匙进不去，只好打电话让妻子回来开门。⁸⁰当时妻子也在上班的路上，她慌慌张张地往家赶时，⁸⁰不小心撞翻了路边一个水果摊，不得不赔偿了一笔钱。杰克重新赶到公司时已经迟到了15分钟，挨了上司一顿批评。下班前他又为一件小事跟同事吵了一架。妻子也因迟到被扣了当月的奖金。儿子这天参加棒球比赛，却因心情不好，发挥不佳，被淘汰了。

어느 날 아침 샤워를 할 때, ⁷⁹제이크는 자신의 고급 시계를 벗어 그것을 세면대 가장자리에 올려 두었다. 아내는 시계가 젖을까 걱정되어 이를 식탁 위에 올려 두었다. 아들은 일어난 후 식탁에서 음식을 가져갈 때 실수로 시계를 바닥에 떨어뜨려 부쉈다. 시계가 아까웠던 제이크는 아들을 혼냈고 아내는 화가 나서 제이크와 격렬한 말다툼을 벌였다. 제이크는 화가 나서 밥도 먹지 않고 회사로 갔는데, 회사에 거의 다 와 갈 때 그는 비로소 서류 가방을 안 들고 나온 것이 생각났고, 그래서 그는 어쩔 수 없이 집으로 돌아갈 수밖에 없었다. 집에 도착한 후 그는 집에 사람이 없다는 것을 발견했는데, 제이크는 열쇠를 가져오지 않아 들어갈 수 없어, 할 수 없이 전화를 걸어 아내가 돌아와 문을 열게 했다. ⁸⁰그때 아내도 출근하는 길이었는데 그녀가 허둥대며 집으로 서둘러 올 때 ⁸⁰실수로 길가의 과일 노점을 부딪쳐 엎었고, 어쩔 수 없이 돈을 변상했다. 제이크가 다시 회사에 도착했을 때는 이미 15분이나 늦어서, 상사에게 한차례 꾸지람을 들었다. 퇴근 전에 그는 또 작은 일로 동료와 한바탕 말다툼을 했다. 아내도 지각 때문에 그 달의 보너스가 깎였다. 아들은 그날 야구 경기에 참가했는데 기분이 안 좋아서 실력을 발휘하지 못했고, 탈락되었다.

在这个事例中，[81]手表摔坏只占了倒霉事的10%，由于杰克没有很好地控制这10%，才导致了剩下90%不如意的事情发生。如果杰克在手表摔坏后做出另一种反应，比如安慰儿子说："手表摔坏了也不要紧，我拿去修修就好。"这样一家三口都高兴，随后的一切就不会发生了。可见，[82]人们虽然控制不了10%的坏事情发生，但完全可以用良好的心态和正确的行为控制剩余90%的坏事情连续发生。这就是著名的费斯汀格法则。

이 사례에서 [81]시계가 부서진 것은 재수 없는 일의 10% 밖에 차지하지 않지만, 제이크는 이 10%를 잘 통제하지 못했기 때문에 나머지 90%의 뜻대로 되지 않는 일이 발생하는 것을 초래했다. 만약 제이크가 시계가 부서진 후 예를 들어 아들을 위로하며 '시계가 부서져도 괜찮단다, 내가 가져가서 고치면 돼.'라고 말하는 다른 반응을 보였다면, 그렇게 한 집안 세 식구는 모두 즐거웠을 것이고 그다음의 모든 일은 발생하지 않았을 것이다. [82]사람들은 비록 10%의 나쁜 일이 발생하는 것을 통제할 수는 없지만, 좋은 심리 상태와 올바른 행동으로 남은 90%의 나쁜 일이 연속해서 발생하는 것을 완전히 통제할 수 있다는 것을 알 수 있다. 이것이 유명한 페스팅거 법칙이다.

어휘 摘 zhāi 圖 벗다, 따다　高档 gāodàng 圖 고급의　洗脸台 xǐliǎntái 세면대　淋湿 línshī 圖 (물이나 액체에) 젖다　餐桌 cānzhuō 圖 식탁
食物 shíwù 圖 음식　碰 pèng 圖 (부딪쳐) 떨어트리다　摔坏 shuāihuài 圖 부수다　心疼 xīnténg 圖 아까워하다　骂 mà 圖 혼내다
展开 zhǎnkāi 圖 벌리다　激烈 jīliè 圖 격렬하다　争吵 zhēngchǎo 圖 말다툼하다　公文包 gōngwénbāo 圖 서류 가방
慌张 huāngzhāng 圖 허둥대다　撞 zhuàng 圖 부딪치다　翻 fān 圖 엎다　摊 tān 圖 노점　赔偿 péicháng 圖 변상하다
重新 chóngxīn 圖 다시　挨 ái 圖 ~을 듣다, 당하다　顿 dùn 圖 차례[식사·질책 등을 세는 단위]　扣 kòu 圖 깎다　棒球 bàngqiú 圖 야구
发挥不佳 fāhuī bùjiā 실력을 발휘하지 못하다　淘汰 táotài 圖 탈락하다　事例 shìlì 圖 사례　占 zhàn 圖 차지하다
倒霉 dǎoméi 圖 재수 없다　控制 kòngzhì 圖 통제하다　导致 dǎozhì 圖 초래하다　不如意 bùrúyì 뜻대로 되지 않다
安慰 ānwèi 圖 위로하다　不要紧 búyàojǐn 괜찮다　随后 suíhòu 圖 그다음에·　可见 kějiàn 圖 ~임을 알 수 있다　良好 liánghǎo 圖 좋다
心态 xīntài 圖 심리 상태　行为 xíngwéi 圖 행동　连续 liánxù 圖 연속하다　费斯汀格法则 Fèisītīnggé Fázé 교위 페스팅거 법칙

79 男人把手表放在哪儿了？

A 床上　　　　　　　B 餐桌上
C 书架上　　　　　　**D 洗脸台边**

남자는 시계를 어디에 두었는가?

A 침대 위　　　　　　B 식탁 위
C 책꽂이 위　　　　　**D 세면대 가장자리**

해설 질문이 남자는 시계를 어디에 두었는지를 물었으므로, 手表(시계)를 핵심어구로 하여 지문에서 재빨리 찾는다. 첫 번째 단락에서 杰克摘下自己的高档手表,把它放在洗脸台的边上了라고 했으므로, D 洗脸台边을 정답으로 고른다.

어휘 餐桌 cānzhuō 圖 식탁　书架 shūjià 圖 책꽂이　洗脸台 xǐliǎntái 세면대

80 妻子在回家的路上遇到了什么事？

A 被车撞倒了
B 赔给别人一笔钱
C 捡到了一个公文包
D 买了两斤新鲜的水果

아내는 집에 돌아오는 길에 어떤 일을 겪었는가?

A 차에 부딪혀 넘어졌다
B 다른 사람에게 돈을 변상했다
C 서류 가방을 주웠다
D 두 근의 신선한 과일을 샀다

해설 질문이 아내는 집에 돌아오는 길에 어떤 일을 겪었는지를 물었으므로, 妻子在回家的路上遇到的事(아내가 집에 돌아오는 길에 겪은 일)를 핵심어구로 하여 지문에서 재빨리 찾는다. 첫 번째 단락에서 当时妻子也在上班的路上……不小心撞翻了路边一个水果摊,不得不赔偿了一笔钱이라고 했으므로, B 赔给别人一笔钱을 정답으로 고른다.

어휘 撞 zhuàng 圖 부딪치다　赔 péi 圖 변상하다　捡 jiǎn 圖 줍다　公文包 gōngwénbāo 圖 서류 가방

在上文中，杰克没能控制好的10%是什么？	위 지문에서, 제이크가 통제할 수 없었던 10%는 무엇인가?
A 错过早餐　　　　B 摔坏手表	A 아침 식사를 놓쳤다　　　B 시계가 부서졌다
C 拿错钥匙　　　　D 上班迟到	C 열쇠를 잘못 들고 왔다　　D 출근에 늦었다

해설　질문이 지문에서 제이크가 통제할 수 없었던 10%는 무엇인지를 물었으므로, **杰克没能控制好的10%**(제이크가 통제할 수 없었던 10%)을 핵심어구로 하여 지문에서 재빨리 찾는다. 마지막 단락에서 **手表摔坏只占了倒霉事的10%，由于杰克没有很好地控制这10%**이라고 했으므로, B 摔坏手表를 정답으로 고른다.

어휘　控制 kòngzhì 圖통제하다　早餐 zǎocān 圖아침 식사　摔坏 shuāihuài 圖부수다

最后一段想要告诉我们：	마지막 단락에서 우리에게 알려 주고자 하는 것은：
A 心理健康决定一切	A 심리 건강이 모든 것을 결정한다
B 要忽视身边发生的坏事	B 주위에서 일어나는 나쁜 일을 무시해야 한다
C 好的心态和行为很重要	C 좋은 마음가짐과 행동이 중요하다
D 如何控制预料之外的事情	D 예상 밖의 일을 어떻게 통제하는가

해설　질문이 마지막 단락에서 우리에게 알려 주고자 하는 것을 물었으므로, 마지막 단락의 첫 문장을 꼼꼼히 읽거나 단락 전체를 속독하여 내용을 파악한다. 마지막 단락에서 人们虽然控制不了10%的坏事情发生，但完全可以用良好的心态和正确的行为控制剩余90%的坏事情连续发生이라고 했으므로, C 好的心态和行为很重要를 정답으로 고른다.

어휘　心理 xīnlǐ 圖심리　忽视 hūshì 圖무시하다, 소홀히 하다　心态 xīntài 圖마음가짐　行为 xíngwéi 圖행동　控制 kòngzhì 圖통제하다
　　　预料 yùliào 圖예상

近期，[86]随着人们生活的变化，"快餐"渐渐慢了下来，重新回归到"现炒"的方式，这一方式能够让食物变得更加美味可口。比如深圳的"小女当家"、广州的"小凡家"等等，[83]这些餐厅以现炒现吃为特色，所有菜品都由大厨在开放式厨房现场完成。这种"现炒"的中式快餐采取了"称重计费"的新模式，吃什么、吃多少均由顾客自由选择，最后按重量计算费用。这种快餐更像是快捷版的星级酒店自助餐。记者发现，[85]这种自助式称重方式可减少食物的浪费，深得不少顾客的欢心，大大提升了用餐体验。

当然，现炒、开放式厨房带来良好体验的同时，也存在一些缺点，比如说效率的降低和人工成本的增加，但用正餐的方式去改造快餐，绝对算得上是目前餐饮行业里最有创意的模式了。

최근 [86]사람들의 생활이 변화함에 따라 '패스트푸드'는 점점 느려졌고, 다시 '즉석에서 조리하는' 방식으로 돌아갔는데 이 방식은 음식이 더 맛깔스러워지게 한다. 예를 들면 션전의 '샤오뉘땅지아', 광저우의 '샤오판지아' 등등인데, [83]이러한 식당들은 즉석에서 조리하고 현장에서 먹는 것을 특색으로 하며 모든 메뉴는 주방장이 오픈형 주방 현장에서 완성한다. 이렇게 '즉석에서 조리하는' 중식 패스트푸드는 '무게를 달아 계산하는' 새로운 모델을 채택했는데, 무엇을 먹고, 얼마나 먹는지는 모두 고객이 자유롭게 선택하고 마지막에 무게에 따라 비용을 계산한다. 이런 패스트푸드는 단축 버전의 성급 호텔 뷔페와 더욱 비슷하다. 기자는 [85]이러한 셀프로 무게를 재는 방식이 식품의 낭비를 줄일 수 있어 적지 않은 고객의 환심을 사고 있으며, 식사 경험을 크게 향상시켰다는 것을 발견했다.

물론 즉석조리, 오픈형 주방은 좋은 경험을 가져오는 동시에 또 몇몇 단점도 있는데, 이를테면 효율이 낮아지는 것과 인건비가 증가하는 것이다. 그러나 제대로 된 식사의 방식으로 패스트푸드를 개조하는 것은 틀림없이 현재 요식업계에서 가장 창의적인 모델이라고 할 수 있다.

不少行业专家十分看好这种新模式。美食专栏作家王鹿鹿也曾经说过："快餐门店数量虽多，能获得消费者信任的却并不多。想要成功，就要付出切实的行动。"在她看来，这种新模式以看得见、摸得着的方式给消费者传递一种安全感，在提升消费体验的同时，也解决了消费者的"心理问题"，在顾客极为重视食品安全的今天，这种模式自然会受到消费者的欢迎。

[84]적지 않은 업계 전문가들은 이런 새로운 모델을 매우 좋게 보고 있다. 미식 칼럼리스트 왕루루도 일찍이 '패스트푸드 매장의 수는 비록 많지만, 소비자의 신뢰를 얻을 수 있는 곳은 결코 많지 않습니다. 성공하고 싶다면, 확실한 행동으로 옮겨야 합니다.'라고 말했다. 그녀가 봤을 때 이런 새로운 모델은 눈에 보이고, 만져지는 방식으로 소비자에게 일종의 안도감을 전달하여 소비 경험을 향상시키는 동시에 소비자의 '심리 문제'도 해결했기에, 고객이 식품의 안전을 매우 중요시하는 오늘날, 이런 모델은 자연스럽게 소비자의 인기를 얻을 수밖에 없다.

어휘 近期 jìnqī 웹최근 快餐 kuàicān 웹패스트푸드 渐渐 jiànjiàn 冕점점 重新 chóngxīn 冕다시 回归 huíguī 통돌아가다
现炒 xiàn chǎo 즉석에서 조리하다 方式 fāngshì 웹방식 食物 shíwù 웹음식 美味可口 měiwèi kěkǒu (음식이) 맛깔스럽다
深圳 Shēn zhèn 고유선전[심천, 중국 지명] 小女当家 Xiǎonǚ Dāngjiā 고유샤오뉘땅지아[식당 이름]
广州 Guǎngzhōu 고유광저우[중국 지명] 小凡家 Xiǎofánjiā 고유샤오판지아[식당 이름] 特色 tèsè 웹특색 菜品 càipǐn 웹메뉴
大厨 dà chú 웹주방장 开放式厨房 kāifàngshì chúfáng 오픈형 주방 现场 xiànchǎng 웹현장 采取 cǎiqǔ 통채택하다
称重 chēng zhòng 무게를 달다 计费 jìfèi (비용·요금을) 계산하다 模式 móshì 웹모델 自由 zìyóu 웹자유롭다
重量 zhòngliàng 웹무게 计算 jìsuàn 통계산하다 快捷版 kuàijiébǎn 단축 버전 星级酒店 xīngjí jiǔdiàn 성급 호텔
自助餐 zìzhùcān 웹뷔페 欢心 huānxīn 웹환심 提升 tíshēng 통향상시키다 用餐 yòngcān 통식사를 하다 体验 tǐyàn 통경험하다
良好 liánghǎo 웹좋다 存在 cúnzài 통있다 效率 xiàolǜ 웹효율 人工成本 réngōng chéngběn 인건비
正餐 zhèngcān 웹제대로 된 식사, 정찬 改造 gǎizào 통개조하다 绝对 juéduì 冕틀림없이 目前 mùqián 웹현재
餐饮 cānyǐn 웹요식, 음식 行业 hángyè 웹업계 创意 chuàngyì 웹창의 专家 zhuānjiā 웹전문가 美食 měishí 미식, 맛있는 음식
专栏作家 zhuānlánzuòjiā 칼럼리스트 曾经 céngjīng 冕일찍이 门店 méndiàn 웹매장 消费者 xiāofèizhě 웹소비자
信任 xìnrèn 통신뢰하다 付出 fùchū (행동으로) 옮기다, (돈·대가 등을) 지불하다 切实 qièshí 웹확실하다 行动 xíngdòng 웹행동
摸 mō 통만지다 传递 chuándì 통전달하다 安全感 ānquángǎn 웹안도감 心理 xīnlǐ 웹심리 极为 jíwéi 冕매우

---

83 这种新式快餐最大的特点是什么？

이런 새로운 방식의 패스트푸드의 가장 큰 특징은 무엇인가?

A 方便快捷   **B 现场制作**   A 편리하고 빠르다   **B 현장에서 제작한다**
C 厨师水平高 D 就餐环境好   C 주방장의 수준이 높다   D 식사하는 환경이 좋다

해설 질문이 새로운 방식의 패스트푸드의 가장 큰 특징은 무엇인지를 물었으므로, 新式快餐的特点(새로운 방식의 패스트푸드의 특징)을 핵심어구로 하여 지문에서 재빨리 찾는다. 첫 번째 단락에서 这些餐厅以现炒现吃为特色, 所有菜品都由大厨在开放式厨房现场完成이라고 했으므로, B 现场制作를 정답으로 고른다.

어휘 快餐 kuàicān 웹패스트푸드 快捷 kuàijié 웹빠르다 现场 xiànchǎng 웹현장 制作 zhìzuò 통제작하다 就餐 jiùcān 통식사하다

---

84 专家对这种新式快餐持有怎样的态度？

전문가는 이런 새로운 방식의 패스트푸드에 대해 어떤 태도를 가지고 있는가?

A 观望   **B 乐观**   A 관망한다   **B 낙관적이다**
C 负责   D 无所谓   C 책임진다   D 개의치 않는다

해설 질문이 전문가는 이런 새로운 방식의 패스트푸드에 대해 어떤 태도를 가지고 있는지를 물었으므로, 专家对这种新式快餐的态度(전문가의 이런 새로운 방식의 패스트푸드에 대한 태도)를 핵심어구로 하여 지문에서 재빨리 찾는다. 세 번째 단락에서 不少行业专家十分看好这种新模式.이라고 했으므로, B 乐观을 정답으로 고른다.

* 바꾸어 표현 十分看好 매우 좋게 보다 → 乐观 낙관적이다

어휘 专家 zhuānjiā 웹전문가 快餐 kuàicān 웹패스트푸드 观望 guānwàng 통관망하다 乐观 lèguān 웹낙관적이다
无所谓 wúsuǒwèi 개의치 않다

根据上文，这种快餐：

A 节省了人工成本

B 提高了制作效率

C 推广了健康理念

D 提升了用餐体验

위 지문에 근거하여, 이런 패스트푸드는:

A 인건비를 절약했다

B 제작 효율을 높였다

C 건강 이념을 널리 퍼트렸다

D 식사 경험을 향상시켰다

해설　질문이 지문에 근거하여 이런 패스트푸드에 대해 물었으므로, 这种快餐(이런 패스트푸드)을 핵심어구로 하여 지문에서 재빨리 찾아 주변 내용을 주의 깊게 읽는다. 첫 번째 단락에서 这种自助式称重方式可减少食物的浪费，深得不少顾客的欢心，大大提升了用餐体验이라고 했으므로, D 提升了用餐体验을 정답으로 고른다.

어휘　**快餐** kuàicān 圆패스트푸드　**节省** jiéshěng 圄절약하다　**人工成本** réngōng chéngběn 인건비　**制作** zhìzuò 圄제작하다
　　　效率 xiàolǜ 圆효율　**推广** tuīguǎng 圄널리 퍼트리다　**理念** lǐniàn 圆이념　**用餐** yòngcān 圄식사를 하다　**体验** tǐyàn 圄경험하다

最适合做上文标题的是：

A "慢"下来的快餐

B 传统快餐的缺点

C 如何确保食品安全

D 升级消费体验的方法

위 지문의 제목으로 가장 적절한 것은:

A '느려'지는 패스트푸드

B 기존 패스트푸드의 단점

C 어떻게 식품의 안전을 확보할 것인가

D 소비 경험을 향상시키는 방법

해설　질문이 지문의 제목으로 가장 적절한 것을 물었으므로, 앞의 문제들을 풀며 파악한 지문의 내용을 토대로 정답을 선택한다. 첫 번째 단락에서 随着人们生活的变化，"快餐"渐渐慢了下来，重新回归到"现炒"的方式이라고 했고, 지문 전반에 걸쳐 속도가 느려진 '즉석 조리'식 패스트푸드의 특징과 이에 대한 전문가의 견해에 대해 서술하고 있으므로, A "慢"下来的快餐을 정답으로 고른다.

어휘　**快餐** kuàicān 圆패스트푸드　**如何** rúhé 団어떻다　**确保** quèbǎo 圄확보하다　**升级** shēngjí 圄향상시키다
　　　消费 xiāofèi 圄소비하다　**体验** tǐyàn 圄경험하다

　　[87]一到星期一，不少上班族会出现头晕，胸闷，精神不佳，胃口差，注意力不集中等症状，这就是"星期一综合症"。一项调查表明，上班族星期一的血压比一周当中的其他日子都要高，心脏病的发病率增加33%。但是，[90]只要及时对心理和行为进行调节，绝大多数人都能远离星期一综合症。

　　首先要适当地放松。[88]双休日最好以休息为主，可适当增加一些让身心轻松的娱乐活动，如看电影或看书。[88]在上班的前一天，最好不要安排过于刺激或让人过度兴奋的活动。

　　其次，[89]确保充足的睡眠。星期日晚上尽量在11点前就寝，保证足够的休息时间，从而为第二天的工作积累充足的精力。

　　[87]월요일만 되면, 적지 않은 직장인들에게 머리가 어지럽고, 가슴이 답답하며, 컨디션이 좋지 않고, 입맛이 없으며, 주의력이 떨어지는 등의 증상이 나타나는데 이것이 바로 '월요일 증후군'이다. 한 조사에서 직장인들의 월요일 혈압은 일주일 중 다른 날보다 높고, 심장병의 발병률은 33% 증가하는 것으로 나타났다. 그러나 [90]심리와 행동을 제때에 조절하기만 하면, 대다수의 사람들은 월요일 증후군에서 멀어질 수 있다.

　　우선, 적당히 긴장을 풀어야 한다. [88]주말은 휴식을 위주로 하는 것이 가장 좋고, 영화를 보거나 책을 보는 것과 같이 몸과 마음을 편안하게 하는 오락 활동을 적절하게 늘릴 수 있다. [88]출근 전날에는 지나치게 자극적이거나 사람을 과도하게 흥분시키는 활동은 계획하지 않는 것이 제일 좋다.

　　그다음, [89]충분한 수면을 확실히 보장한다. 일요일 저녁은 되도록 11시 전에 취침하여, 넉넉한 휴식 시간을 보장하고, 이를 통해 다음 날 업무를 위한 충분한 에너지를 축적한다.

第三，合理安排饮食。周末要避免摄入过多的胆固醇，减少身体代谢的负担；饮酒勿过量，特别是有心脏病史的人群，更要注意控制饮酒；千万不要为了抵抗星期一综合症，而喝大量咖啡或茶，这样做只会让人变得更加疲劳；星期一早上可以食用低脂高蛋白的早餐，如鸡蛋和牛肉，这类食物能够增加肾上腺素的分泌，提高注意力。 第四，积极应对厌烦情绪。可以在星期日晚上事先制定好计划，为第二天的工作做好准备，提前安排一周的工作。如果一切都安排得井井有条，那么星期一就不会再让人感到厌烦了。	셋째, 먹고 마시는 것을 합리적으로 계획한다. 주말에는 과도한 콜레스테롤 섭취를 피하여, 몸의 신진대사 부담을 줄여야 한다. 술을 과도하게 마시지 않아야 하며, 특히 심장병 병력이 있는 사람들은 술을 마시는 것에 더욱 신경 써서 조절해야 한다. 월요일 증후군을 막기 위해 절대로 많은 양의 커피나 차를 마시면 안 된다. 이렇게 하면 사람을 더욱 피곤하게 만들 뿐이다. 월요일 아침에는 계란이나 쇠고기 같은 저지방 고단백의 아침을 먹을 수 있는데, 이런 종류의 음식은 아드레날린의 분비를 증가시켜 주의력을 높일 수 있다. 넷째, 싫증 나는 감정에 적극적으로 대응한다. 일요일 저녁에 먼저 계획을 잘 세워서 다음 날의 업무를 위해 준비를 잘 해놓고, 한 주의 업무를 미리 배치할 수 있다. 만약 모든 것이 질서정연하게 배치된다면, 월요일이 더 이상 싫증 나지 않을 것이다.

어휘 **上班族** shàngbānzú [명] 직장인 **头晕** tóuyūn [동] 머리가 어지럽다 **胸闷** xiōng mèn 가슴이 답답하다 **精神** jīngshen [명] 컨디션 **胃口** wèikǒu [명] 입맛 **不集中** bù jízhōng (주의력이) 떨어지다, 집중하지 못하다 **症状** zhèngzhuàng [명] 증상 **综合症** zōnghézhèng [명] 증후군 **表明** biǎomíng [동] (분명하게) 나타내다 **血压** xuèyā [명] 혈압 **心脏病** xīnzàngbìng [명] 심장병 **发病率** fābìnglǜ [명] 발병률 **心理** xīnlǐ [명] 심리 **行为** xíngwéi [명] 행동 **调节** tiáojié [동] 조절하다 **远离** yuǎnlí [동] 멀어지다 **适当** shìdàng [형] 적당하다, 적절하다 **双休日** shuāngxiūrì [명] 주말 **娱乐** yúlè [명] 오락 **安排** ānpái [동] 계획하다, 배치하다 **过于** guòyú [부] 지나치게 **刺激** cìjī [형] 자극적이다 **过度** guòdù [형] 과도하다 **确保** quèbǎo [동] 확실히 보장하다 **充足** chōngzú [형] 만족스럽다, 충분하다 **睡眠** shuìmián [명] 수면 **尽量** jǐnliàng [부] 되도록 **就寝** jiùqǐn [동] 취침하다 **保证** bǎozhèng [동] 보장하다 **足够** zúgòu [형] 넉넉하다, 충분하다 **从而** cóng'ér [접] 이를 통해 **精力** jīnglì [명] 에너지 **合理** hélǐ [형] 합리적이다 **饮食** yǐnshí [명] 먹고 마시는 것, 음식 **避免** bìmiǎn [동] 피하다 **摄入** shè rù 섭취하다 **胆固醇** dǎngùchún [명] 콜레스테롤 **代谢** dàixiè [명] 신진대사 **负担** fùdān [명] 부담 **饮酒** yǐnjiǔ [동] 술을 마시다 **勿** wù [부] ~하지 마라 **过量** guòliàng [형] 과도하다 **控制** kòngzhì [동] 조절하다 **抵抗** dǐkàng [동] 막다, 저항하다 **疲劳** píláo [형] 피곤하다 **食用** shíyòng [동] 먹다 **低脂高蛋白** dī zhī gāo dànbái 저지방 고단백 **食物** shíwù [명] 음식 **肾上腺素** shènshàngxiànsù [명] 아드레날린 **分泌** fēnmì [동] 분비하다 **应对** yìngduì [동] 대응하다 **厌烦** yàn fán 싫증 나다 **情绪** qíngxù [명] 감정 **事先** shìxiān [명] 먼저, 미리 **制定** zhìdìng [동] 세우다 **井井有条** jǐngjǐngyǒutiáo [성] 질서정연하다

87 星期一综合症具体有什么表现？ A 失眠 B 皮肤过敏 **C 不想吃东西** D 容易情绪激动	월요일 증후군은 구체적으로 어떻게 나타나는가? A 잠을 이루지 못한다 B 피부가 알레르기 반응을 보인다 **C 음식을 먹고 싶지 않다** D 감정이 격해지기 쉽다

해설 질문이 월요일 증후군은 구체적으로 어떻게 나타나는지를 물었으므로, 星期一综合症(월요일 증후군)을 핵심어구로 하여 지문에서 재빨리 찾는다. 첫 번째 단락에서 一到星期一，不少上班族会出现头晕，胸闷，精神不佳，胃口差，注意力不集中等症状，这就是"星期一综合症"。이라고 했으므로, C 不想吃东西를 정답으로 고른다.

* 바꾸어 표현 **胃口差** 입맛이 없다 → **不想吃东西** 음식을 먹고 싶지 않다

어휘 **综合症** zōnghézhèng [명] 증후군 **具体** jùtǐ [형] 구체적이다 **表现** biǎoxiàn [동] 나타나다 **失眠** shīmián [동] 잠을 이루지 못하다 **过敏** guòmǐn [동] 알레르기 반응을 보이다 **情绪** qíngxù [명] 감정

根据上文，双休日最好不要安排什么活动？　위 지문에 근거하여, 주말에는 어떤 활동을 계획하지 않는 것이 가장 좋은가?

A 亲子活动　　　　　　　　　　　A 부모와 자식이 함께하는 활동

B 在家听音乐　　　　　　　　　　B 집에서 음악을 듣는다

C 去朋友家做客　　　　　　　　　C 친구 집에 손님으로 간다

D 参加篮球比赛　　　　　　　　**D 농구 게임에 참가한다**

해설　질문이 지문에 근거하여 주말에는 어떤 활동을 계획하지 않는 것이 가장 좋은지를 물었으므로, 双休日安排活动(주말에 활동을 계획하다)을 핵심어구로 하여 지문에서 재빨리 찾는다. 두 번째 단락에서 双休日最好以休息为主……在上班的前一天, 最好不要安排过于刺激或让人过度兴奋的活动。이라고 했으므로, D 参加篮球比赛를 정답으로 고른다.

어휘　双休日 shuāngxiūrì 圓주말　亲子活动 qīnzǐ huódòng 부모와 자식이 함께하는 활동

第三段中画线词语"就寝"的意思是：　세 번째 단락의 밑줄 친 어휘 '취침하다'의 의미는:

A 吃大餐　　　　　　　　　　　　A 풍성한 음식을 먹는다

B 上床睡觉　　　　　　　　　　**B 침대에 올라가서 잠을 잔다**

C 锻炼身体　　　　　　　　　　　C 신체를 단련한다

D 完成工作　　　　　　　　　　　D 업무를 완성한다

해설　질문이 세 번째 단락의 밑줄 친 어휘 "就寝(취침하다)"의 의미를 물었으므로, 세 번째 단락에서 "就寝"이 언급된 부분을 재빨리 찾아 주변의 문맥을 꼼꼼히 파악한다. 세 번째 단락에서 确保充足的睡眠。星期日晚上尽量在11点前就寝이라고 했으므로, 문맥상 "就寝"은 잠을 잔다는 것을 의미한다는 것을 알 수 있다. 따라서 B 上床睡觉를 정답으로 고른다.

어휘　就寝 jiùqǐn 圓취침하다　大餐 dàcān 圓풍성한 음식

90

上文主要想告诉我们：　위 지문이 우리에게 주로 알려 주고자 하는 것은:

A 上班族最好不要喝酒　　　　　　A 직장인은 술을 마시지 않는 것이 가장 좋다

B 怎样克服星期一综合症　　　　**B 월요일 증후군을 어떻게 극복하는가**

C 星期一尽量早点儿下班休息　　　C 월요인은 되도록 일찍 퇴근하여 휴식을 취한다

D 喝茶能缓解星期一综合症症状　　D 차를 마시면 월요일 증후군 증상을 완화시킬 수 있다

해설　질문이 지문이 우리에게 주로 알려 주고자 하는 것을 물었으므로, 앞의 문제들을 풀며 파악한 지문의 내용을 토대로 정답을 선택한다. 첫 번째 단락에서 只要及时对心理和行为进行调节, 绝大多数人都能远离星期一综合症이라고 했고, 지문 전반에 걸쳐 월요일 증후군을 극복할 수 있는 방법에 대해서 서술하고 있으므로 B 怎样克服星期一综合症을 정답으로 고른다.

어휘　上班族 shàngbānzú 圓직장인　克服 kèfú 圓극복하다　综合症 zōnghézhèng 圓증후군　尽量 jǐnliàng 圓되도록

緩解 huǎnjiě 圓완화시키다　症状 zhèngzhuàng 圓증상

91

违反　大家　交通
千万不要　规则

⇒

대사	부사+부사	동사	명사	명사
大家	**千万不要**	**违反**	**交通**	**规则。**
주어	부사어	술어	관형어	목적어

해석　모두 제발 교통 규칙을 위반하지 마세요.

해설　STEP 1　제시된 어휘 중 유일한 동사 违反(위반하다)을 술어로 배치한다. ⇒ 违反

　　　STEP 2　대사 大家(모두), 명사 交通(교통), 명사 规则(규칙) 중 술어 违反(위반하다)과 문맥상 목적어로 어울리는 规则을 목적어로 배치하고, 주어로 어울리는 大家를 주어로 배치한다. ⇒ 大家　违反　规则

　　　STEP 3　남은 어휘 중 '부사+부사' 형태의 千万不要(제발 ~하지 마라)를 술어 违反(위반하다) 앞에 부사어로 배치하고, 명사 交通(교통)을 목적어 规则(규칙) 앞에 관형어로 배치하여 문장을 완성한다. 참고로, 명사 交通은 规则 앞에서 的 없이 관형어로 쓰였다. ⇒ 大家　千万不要　违反　交通　规则

　　　완성된 문장　大家千万不要违反交通规则。(모두 제발 교통 규칙을 위반하지 마세요.)

어휘　违反 wéifǎn 圖위반하다　交通 jiāotōng 圓교통　千万 qiānwàn 圓제발, 부디　规则 guīzé 圓규칙 圖규칙적이다

92

结婚的消息　宣布了
这位明星　向媒体

⇒

대사+양사+명사	개사+명사	동사+了	동사+的+명사
这位明星	**向媒体**	**宣布了**	**结婚的消息。**
관형어+주어	부사어	술어+了	관형어+목적어

해석　이 스타는 언론에 결혼 소식을 발표했다.

해설　STEP 1　제시된 어휘 중 '동사+了' 형태의 宣布了(발표했다)를 술어 자리에 바로 배치한다. ⇒ 宣布了

　　　STEP 2　'동사+的+명사' 형태의 结婚的消息(결혼 소식)와 '대사+양사+명사' 형태의 这位明星(이 스타) 중 술어가 포함된 宣布了(발표했다)와 문맥상 목적어로 어울리는 结婚的消息를 목적어 자리에 배치하고, 주어로 어울리는 这位明星을 주어 자리에 배치한다. ⇒ 这位明星　宣布了　结婚的消息

　　　STEP 3　남은 어휘인 '개사+명사' 형태의 개사구 向媒体(언론에)를 술어가 포함된 宣布了(발표했다) 앞에 부사어로 배치하여 문장을 완성한다. ⇒ 这位明星　向媒体　宣布了　结婚的消息

　　　완성된 문장　这位明星向媒体宣布了结婚的消息。(이 스타는 언론에 결혼 소식을 발표했다.)

어휘　消息 xiāoxi 圓소식, 뉴스　宣布 xuānbù 圖발표하다, 선포하다　明星 míngxīng 圓스타　媒体 méitǐ 圓언론, 매체

93

来跟你　不是　我
的　吵架

⇒

대사	부사+是	동사+개사+대사	동사	的
我	**不是**	**来跟你**	**吵架**	**的。**
주어	부사어+是	술어1+부사어	술어2	的
		강조내용		

해석　나는 너와 말다툼을 하려고 온 것이 아니다.

해설　STEP 1　제시된 어휘 중 不是과 的가 있으므로, 是……的 강조구문을 완성하되, 술어가 될 수 있는 어휘가 来跟你(와서 너와)의 来와 吵架(말다툼을 하다) 두 개이므로, 연동문 형태를 고려하여 문장을 완성해야 한다. '동사+개사+대사' 형태의 来跟你(와서 너와)는 吵架의 목적을 나타내므로, 不是과 的 사이의 술어1 자리에 来跟你를, 술어2 자리에 吵架를 배치한다. 참고로, 来跟你는 吵架의 목적을 강조한다. ⇒ 不是　来跟你　吵架　的

　　　STEP 2　남은 어휘인 대사 我(나)를 주어로 배치하여 문장을 완성한다. ⇒ 我　不是　来跟你　吵架　的

　　　완성된 문장　我不是来跟你吵架的。(나는 너와 말다툼을 하려고 온 것이 아니다.)

어휘　吵架 chǎojià 圖말다툼하다

94

					대사+부사	동사	부사+동사	呢
你何必	呢	不在乎	假装	⇒	你何必	假装	不在乎	呢?
					주어+부사어	술어	목적어	呢

해석　너는 신경 쓰지 않는 척을 할 필요가 있니?
해설　STEP 1　'부사+동사' 형태의 不在乎(신경 쓰지 않다)와 동사 假装(~하는 척 하다) 중 假装을 술어로 배치한다. 참고로, 假装은
　　　　　　　　동사나 동사구를 목적어로 가질 수 있는 동사임을 알아 둔다. ⇒ 假装
　　　　STEP 2　술어 假装(~하는 척 하다)과 문맥상 목적어로 어울리는 '부사+동사' 형태의 不在乎(신경 쓰지 않다)를 목적어로 배치
　　　　　　　　하고, 주어로 어울리는 대사 你(너)가 포함되어 있는 '대사+부사' 형태의 你何必(너는 ~ 할 필요가 있는가)를 주어 자
　　　　　　　　리에 배치한다. ⇒ 你何必 假装 不在乎
　　　　STEP 3　남은 어휘인 의문을 나타내는 조사 呢를 문장 맨 끝에 배치한 후 물음표를 붙여 문장을 완성한다.
　　　　　　　　⇒ 你何必 假装 不在乎 呢?
　　　　완성된 문장　你何必假装不在乎呢?(너는 신경 쓰지 않는 척을 할 필요가 있니?)
어휘　何必 hébì 图~할 필요가 있는가　在乎 zàihu 图신경 쓰다　假装 jiǎzhuāng 图~하는 척하다

95

				명사+명사	부사	동사	동사+了
删除	都	电脑病毒	完了	⇒	电脑病毒	都	删除	完了。
				관형어+주어	부사어	술어	결과보어+了

해석　컴퓨터 바이러스는 다 삭제되었다.
해설　STEP 1　제시된 어휘 동사 删除(삭제하다)와 '동사+了' 형태의 完了(다 ~했다) 중 删除를 술어로 배치하고, 결과를 나타내는
　　　　　　　　동사 完(완료하다)을 포함하고 있는 完了를 删除 뒤에 결과보어로 배치한다. ⇒ 删除 完了
　　　　STEP 2　'명사+명사' 형태의 电脑病毒(컴퓨터 바이러스)를 주어 자리에 배치한다. ⇒ 电脑病毒 删除 完了
　　　　STEP 3　남은 어휘인 부사 都(다)를 술어 删除(삭제하다) 앞에 부사어로 배치하여 문장을 완성한다.
　　　　　　　　⇒ 电脑病毒 都 删除 完了
　　　　완성된 문장　电脑病毒都删除完了。(컴퓨터 바이러스는 다 삭제되었다.)
어휘　删除 shānchú 图삭제하다　病毒 bìngdú 图바이러스

96

			명사	명사+방위사	동사+着	수사+양사	명사
一个	办公室	挂着	⇒	办公室	门上	挂着	一个	牌子。
门上	牌子			관형어	주어	술어+着	관형어	목적어

해석　사무실 문 위에는 하나의 팻말이 걸려 있다.
해설　STEP 1　제시된 어휘 중 존재함을 의미하는 '동사+着' 형태의 挂着(걸려 있다)와 장소를 나타내는 '명사+방위사' 형태의 门上
　　　　　　　　(문 위)이 있으므로, 존현문을 완성해야 한다. 挂着를 술어 자리에 바로 배치한다. ⇒ 挂着
　　　　STEP 2　장소를 나타내는 '명사+방위사' 형태의 门上(문 위)을 주어로 배치하고, 명사 牌子(팻말)를 목적어로 배치한다.
　　　　　　　　⇒ 门上 挂着 牌子
　　　　STEP 3　남은 어휘 중 명사 办公室(사무실)을 주어 门上(문 위) 앞에 관형어로 배치하고, '수사+양사' 형태의 一个(하나의)를
　　　　　　　　목적어 牌子(팻말) 앞에 관형어로 배치하여 문장을 완성한다. ⇒ 办公室 门上 挂着 一个 牌子
　　　　완성된 문장　办公室门上挂着一个牌子。(사무실 문 위에는 하나의 팻말이 걸려 있다.)
어휘　挂 guà 图걸다　牌子 páizi 图팻말

97

			대사+개사		동사+동사+了	형용사+的+명사
表现出了	他对	⇒	他对	这个方案	表现出了	谨慎的态度。
谨慎的态度	这个方案		주어	부사어	술어+보어+了	관형어+목적어

해석　그는 이 방안에 대해 신중한 태도를 보여 주었다.

해설
STEP 1　제시된 어휘 중 '동사+동사+了' 형태의 表现出了(보여 주었다)를 술어 자리에 바로 배치한다. ⇨ 表现出了

STEP 2　'대사+개사' 형태의 他对(그는 ~에 대해)를 바로 주어 자리에 배치하고, 술어가 포함된 表现出了(보여 주었다)와 문맥상 목적어로 어울리는 '형용사+的+명사' 형태의 谨慎的态度(신중한 태도)를 목적어 자리에 배치한다. 참고로, '대사+개사' 형태의 어휘는 주어 자리에 바로 배치할 수 있다. ⇨ 他对　表现出了　谨慎的态度

STEP 3　남은 어휘인 '대사+양사+명사' 형태의 这个方案(이 방안)을 문맥상 술어가 포함된 表现出了(보여 주었다) 앞, 주어가 포함된 他对(그는 ~에 대해) 뒤에 부사어로 배치하여 문장을 완성한다. 참고로, 这个方案은 개사 对와 함께 对这个方案(이 방안에 대해)이라는 개사구를 이루며 부사어가 된다. ⇨ 他对　这个方案　表现出了　谨慎的态度

완성된 문장　他对这个方案表现出了谨慎的态度。(그는 이 방안에 대해 신중한 태도를 보여 주었다.)

어휘　表现 biǎoxiàn 圖보여 주다　谨慎 jǐnshèn 圖신중하다　方案 fāng'àn 圖방안

98

| 最好 | 你 | 把被子 | | |
| 晒一晒 | 拿出来 | | | |

⇨

대사	부사	把+명사	동사+동사	동사+一+동사
你	最好	把被子	拿出来	晒一晒。
주어	부사어	把+행위의 대상	술어1+기타성분	술어2

해석　너는 이불을 가지고 나와 햇볕에 좀 말리는 것이 가장 좋겠다.

해설
STEP 1　제시된 어휘 중 把가 있고, 술어가 될 수 있는 어휘가 拿出来(가지고 나오다)의 拿와 晒一晒(햇볕에 좀 말리다) 두 개이므로, 把자문, 연동문을 고려하여 문장을 완성해야 한다. 拿出来와 晒一晒는 연속 발생의 관계이므로, 拿出来를 술어1 자리에, 晒一晒를 술어2 자리에 배치한 후 '把+명사' 형태의 把被子(이불을)를 술어1 拿出来 앞에 배치한다. ⇨ 把被子　拿出来　晒一晒

STEP 2　문맥상 把被子拿出来晒一晒(이불을 가지고 나와 햇볕에 좀 말리다)의 주어로 어울리는 대사 你(너)를 주어로 배치한다. ⇨ 你　把被子　拿出来　晒一晒

STEP 3　남은 어휘인 부사 最好(~하는 것이 가장 좋다)를 把 앞에 부사어로 배치하여 문장을 완성한다. 참고로, 把자문에서 부사어는 주로 把 앞에 온다. ⇨ 你　最好　把被子　拿出来　晒一晒

완성된 문장　你最好把被子拿出来晒一晒。(너는 이불을 가지고 나와 햇볕에 좀 말리는 것이 가장 좋겠다.)

어휘　最好 zuìhǎo 圖~하는 것이 가장 좋다　被子 bèizi 圖이불　晒 shài 圖햇볕에 말리다, 햇볕을 쬐다

99

| 夏令营 | 体验 | 进一步 | 组织 | 主动 |

夏令营 xiàlìngyíng 圖여름 캠프　体验 tǐyàn 圖경험하다　进一步 jìnyíbù 圖한 걸음 더 나아가　组织 zǔzhī 圖조직하다 圖조직
主动 zhǔdòng 圖자발적이다

STEP 1　**소재 정하기**
학교에서 조직한 여름 캠프에 참가하여 협력의 중요성을 이해하게 된 경험

STEP 2　**아웃라인 잡고 짧은 글쓰기**

도입　**나는 최근에 학교에서 조직한**(组织) **여름 캠프**(夏令营)**에 참가했음**

전개　**이것은 새로운 경험**(体验)**을 얻기 위해서였음**
　　　먼저 나는 몇 명과 조를 짰고, 그 다음에 자발적으로(主动) **다양한 활동에 참여했음**
　　　이 과정에서, 나는 어떻게 다른 사람과 협력하는지를 배웠음

마무리　**결론적으로, 이 일은 나로 하여금 협력의 중요성을 한 걸음 더**(进一步) **이해하게 했음**

모범 답안

도입			我	最	近	参	加	了	学	校	组	织	的	夏	令	营。
전개	这	是	为	了	获	得	新	的	体	验	。	首	先	我	和	几
	个	人	组	成	了	小	组	，	然	后	主	动	参	与	了	各	48
	种	活	动	。	在	这	个	过	程	中	，	我	学	会	了	如
	何	与	他	人	合	作	。	总	而	言	之	，	这	件	事	让	80
마무리	我	进	一	步	理	解	了	合	作	的	重	要	性	。		

도입 나는 최근에 학교에서 조직한 여름 캠프에 참가했다.

전개 이것은 새로운 경험을 얻기 위해서였다. 먼저 나는 몇 명과 조를 짰고, 그 다음에 자발적으로 다양한 활동에 참여했다. 이 과정에서, 나는 어떻게 다른 사람과 협력하는지를 배웠다.

마무리 결론적으로, 이 일은 나로 하여금 협력의 중요성을 한 걸음 더 이해하게 했다.

어휘 **组织** zǔzhī [동]조직하다 [명]조직 **夏令营** xiàlìngyíng [명]여름 캠프 **获得** huòdé [동]얻다 **体验** tǐyàn [동]경험하다
首先 shǒuxiān [부]먼저 **组成** zǔchéng [동]짜다, 구성하다 **小组** xiǎozǔ [명](업무나 학습 등의 편리를 위해 구성한) 조, 그룹
主动 zhǔdòng [형]자발적이다 **参与** cānyù [동]참여하다 **活动** huódòng [명]활동 **过程** guòchéng [명]과정
如何 rúhé [대]어떻게 **合作** hézuò [동]협력하다 **总而言之** zǒng'éryánzhī [성]결론적으로 **进一步** jìnyíbù [부]한 걸음 더 나아가
理解 lǐjiě [동]이해하다

- **参加夏令营** cānjiā xiàlìngyíng 여름 캠프에 참가하다
- **获得……的体验** huòdé …… de tǐyàn ~한 경험을 얻다
- **主动参与** zhǔdòng cānyù 자발적으로 참여하다
- **与A合作** yǔ A hézuò A와 협력하다

100

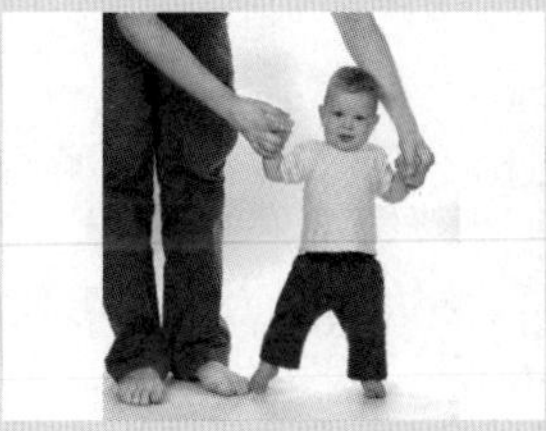

어린 아이의 손을 잡고 있는 사람을 '나'로 설정

STEP 1 **소재 정하고 활용 표현 떠올리기**

어린 아들에게 걸음마를 가르치며 귀중한 추억을 남긴 경험

활용 표현 **宝贝**(어린 아이), **走路**(걸음마), **摔倒**(넘어지다), **成长**(성장하다), **度过**(시간을 보내다)

STEP 2 **아웃라인 잡고 짧은 글쓰기**

도입 **나는 최근에** 어린(宝贝) 아들에게 걸음마(走路)를 가르쳤음

전개 **이것은** 성장(成长) 과정 중 필요한 교육을 그에게 **하기 위해서였음**
비록 여러 번 넘어졌지(摔倒)만, **그러나** 아들은 끝내 결국 걸음마(走路)를 배워서 터득했음
이 과정에서, 나와 아들은 함께 즐거운 시간을 보냈음(度过)

마무리 **한마디로 말해서, 이 일은 내게** 귀중한 추억을 **남겼음**

모범 답안

도입

		我	最	近	教	宝	贝	儿	子	走	路	了	。	这	是
为	了	对	他	进	行	成	长	过	程	中	需	要	的	教	育。

전개

虽	然	摔	倒	了	好	几	次	,	但	是	儿	子	最	终	还	48
是	学	会	了	走	路	。	在	这	个	过	程	中	,	我	和	
儿	子	一	起	度	过	了	愉	快	的	时	间	。	总	之	,	80

마무리

这	件	事	给	我	留	下	了	珍	贵	的	回	忆	。

도입 나는 최근에 어린 아들에게 걸음마를 가르쳤다.

전개 이것은 성장 과정 중 필요한 교육을 그에게 하기 위해서였다. 비록 여러 번 넘어졌지만, 그러나 아들은 끝내 결국 걸음마를 배워서 터득했다. 이 과정에서, 나와 아들은 함께 즐거운 시간을 보냈다.

마무리 한마디로 말해서, 이 일은 내게 귀중한 추억을 남겼다.

어휘   **宝贝** bǎobèi 圓어린 아이   **走路** zǒu lù 걸음마   **成长** chéngzhǎng 圄성장하다   **过程** guòchéng 圓과정
教育 jiàoyù 圓교육   **摔倒** shuāidǎo 넘어지다   **最终** zuìzhōng 끝내   **学会** xuéhuì 圄배워서 터득하다
度过 dùguò 圄(시간을) 보내다   **愉快** yúkuài 圈즐겁다   **总之** zǒngzhī 圂한마디로 말하면   **留** liú 圄남기다
珍贵 zhēnguì 圈귀중하다   **回忆** huíyì 圄추억하다

· **教走路** jiāo zǒulù 걸음마를 가르치다
· **成长过程** chéngzhǎng guòchéng 성장 과정
· **度过……的时间** dùguò …… de shíjiān ~한 시간을 보내다

듣기

p.329

제1부분

1 C 2 D 3 D 4 B 5 B 6 D 7 A 8 B 9 A 10 B 11 C 12 B 13 D 14 C
15 A 16 A 17 A 18 B 19 C 20 D

제2부분

21 D 22 B 23 A 24 B 25 D 26 B 27 C 28 B 29 C 30 D 31 C 32 C 33 D 34 C
35 B 36 D 37 A 38 B 39 C 40 B 41 C 42 B 43 B 44 B 45 B

독해

p.334

제1부분

46 D 47 A 48 C 49 C 50 A 51 D 52 B 53 C 54 B 55 A 56 D 57 D 58 B 59 B
60 A

제2부분

61 C 62 B 63 D 64 A 65 A 66 C 67 B 68 B 69 D 70 A

제3부분

71 C 72 B 73 D 74 D 75 C 76 B 77 D 78 C 79 C 80 A 81 B 82 A 83 D 84 B
85 A 86 C 87 B 88 B 89 C 90 D

쓰기

p.344

제1부분

91 疲劳驾驶引起了社会的广泛关注。

92 她说话的语气很温柔。

93 你把明天的任务安排好了吗？

94 姑姑是个单纯善良的人。

95 他们之间产生了很大的矛盾。

96 多亏您提前检查好了设备。

97 我父亲一直从事装修工作。

98 令人头疼的难题都被他解决了。

제2부분

99 [모범 답안] p. 302 참조

100 [모범 답안] p. 303 참조

1

A 母亲对家庭的贡献	A 가정에 대한 어머니의 공헌
B 孩子应培养的能力	B 아이가 길러야 할 능력
C 父母对孩子的期望	**C 아이에 대한 부모의 기대**
D 家庭教育的重要性	D 가정 교육의 중요성

女: 你听过《常回家看看》这首歌吗? 我觉得歌词特别打动人心。	여: 당신은 <자주 집에 들르세요> 이 노래를 들어 본 적 있나요? 저는 가사가 특히 사람의 마음을 울린다고 생각해요.
男: 当然听过, 歌词传达了很多父母的愿望。父母都希望孩子们能常回家看看他们, 年轻人工作再忙也不能忘记亲情。	남: 당연히 들어봤죠, 가사는 많은 부모의 소망을 전달하잖아요. 부모는 아이들이 그들을 보러 자주 집에 들르기를 바라요. 젊은이들은 일이 아무리 바빠도 혈육 간의 정을 잊어서는 안 돼요.
问: 这首歌传达了怎样的信息?	질문: 이 노래는 어떤 정보를 전달하는가?

해설　제시된 선택지가 모두 명사구이므로, 대화의 주제나 중심 소재 및 각 선택지와 관련된 내용을 주의 깊게 듣는다. 대화에서 여자가 <자주 집에 들르세요>라는 노래를 들어 본 적 있는지를 묻자, 남자가 당연히 들어봤다며, 歌词传达了很多父母的愿望。父母都希望孩子们能常回家看看他们이라고 답했다. 질문이 이 노래는 어떤 정보를 전달하는지를 물었으므로, C 父母对孩子的期望을 정답으로 고른다.

어휘　**母亲** mǔqīn 圓어머니　**家庭** jiātíng 圓가정　**贡献** gòngxiàn 圓공헌　**培养** péiyǎng 圈기르다　**能力** nénglì 圓능력
　　　父母 fùmǔ 圓부모　**期望** qīwàng 圈기대하다　**教育** jiàoyù 圓교육　**重要性** zhòngyàoxìng 중요성
　　　首 shǒu 圓[노래를 세는 양사]　**歌词** gēcí 圓가사　**打动** dǎdòng 圈마음을 울리다　**人心** rénxīn 圓사람의 마음
　　　传达 chuándá 圈전달하다　**愿望** yuànwàng 圓소망　**亲情** qīnqíng 圓혈육 간의 정　**信息** xìnxī 圓정보

2

A 种粮食	B 做家务	A 곡식을 재배한다	B 집안일을 한다
C 学成语	**D 节约粮食**	C 성어를 배운다	**D 식량을 절약한다**

男: 今天老师说 "民以食为天", 意思是吃饭对人的生活非常重要。	남: 오늘 선생님께서 '백성은 음식을 하늘로 여긴다'고 말씀하셨는데, 밥 먹는 것은 사람들의 생활에 있어 아주 중요하다는 뜻이야.
女: 老师说得对, 粮食问题解决不好, 社会就很难稳定发展。你以后可不能再这样浪费粮食了。	여: 선생님 말씀이 옳아, 식량 문제가 잘 해결되지 않으면, 사회는 안정적으로 발전하기 힘들어. 너는 앞으로 다시는 이렇게 식량을 낭비해서는 안 돼.
问: 女的让男的怎么做?	질문: 여자는 남자에게 어떻게 하라고 했는가?

해설　제시된 선택지가 모두 행동과 관련된 동사로 구성된 문제이므로, 화자 또는 제3자가 하고 있거나 하려는 행동과 관련된 내용을 주의 깊게 듣는다. 대화에서 남자가 오늘 선생님께서 밥 먹는 것은 사람들의 생활에 있어 아주 중요하다고 말씀하셨다고 하자, 여자가 你以后可不能再这样浪费粮食了。라고 했다. 질문이 여자는 남자에게 어떻게 하라고 했는지를 물었으므로, D 节约粮食을 정답으로 고른다.

어휘　**种** zhòng 圈재배하다　**粮食** liángshi 圓곡식, 식량　**家务** jiāwù 圓집안일　**成语** chéngyǔ 圓성어　**节约** jiéyuē 圈절약하다
　　　民以食为天 mínyǐshíwéitiān 圓백성은 음식을 하늘로 여긴다　**生活** shēnghuó 圓생활　**社会** shèhuì 圓사회
　　　稳定 wěndìng 圈안정되다　**发展** fāzhǎn 圈발전하다　**以后** yǐhòu 圓앞으로　**浪费** làngfèi 圈낭비하다

3

A 女的不会打急救电话	A 여자는 긴급 전화를 걸 줄 모른다
B 救护车已经到达现场	B 구급차는 이미 현장에 도착했다
C 男的知道女的在哪儿	C 남자는 여자가 어디에 있는지 안다
D 发生了一起交通事故	**D 교통사고가 한 차례 발생했다**

女：喂，是急救中心吗？我的朋友被车撞了，现在头在流血。请尽快派救护车过来。

男：女士，不要慌张，请提供一下你的位置，我们马上就到。

问：根据对话，可以知道什么？

여: 여보세요, 응급 의료 센터죠? 제 친구가 차에 부딪쳐서, 지금 머리에 피를 흘리고 있어요. 가능한 한 빨리 구급차를 보내 주세요.

남: 여사님, 당황하지 마시고, 당신의 위치를 제공해 주세요, 저희가 곧 도착할 겁니다.

질문: 대화에 근거하여, 무엇을 알 수 있는가?

해설 제시된 선택지가 모두 사람이나 특정 대상의 상태·상황을 나타내므로, 이와 관련된 내용을 주의 깊게 듣는다. 대화에서 여자가 我的朋友被车撞了, 现在头在流血。라고 했다. 질문이 대화에 근거하여 알 수 있는 것을 물었으므로, 被车撞了라는 표현을 통해 유추할 수 있는 D 发生了一起交通事故를 정답으로 고른다.

어휘 急救电话 jíjiù diànhuà 긴급 전화 救护车 jiùhùchē 圆구급차 到达 dàodá 圖도착하다
现场 xiànchǎng 圆(사건이나 사고의) 현장 发生 fāshēng 圖발생하다 交通 jiāotōng 圆교통 事故 shìgù 圆사고
急救中心 jíjiù zhōngxīn 응급 의료 센터 撞 zhuàng 圖부딪치다 血 xiě / xuè 圆피 尽快 jǐnkuài 圖가능한 한 빨리
派 pài 圖보내다 女士 nǚshì 圆여사, 부인 慌张 huāngzhāng 圖당황하다 提供 tígōng 圖제공하다 位置 wèizhi 圆위치

4

| A 反对 | **B 赞成** | A 반대한다 | **B 찬성한다** |
| C 怀疑 | D 讽刺 | C 의심한다 | D 풍자한다 |

男：您好，我是光明日报的记者，想了解一下您对垃圾分类有什么看法。

女：我觉得分类处理垃圾很有必要，因为这能有效减少环境污染和资源浪费。

问：女的对垃圾分类持什么态度？

남: 안녕하세요, 저는 광밍일보의 기자인데요, 분리수거에 대해서 선생님은 어떤 의견을 가지고 계신지 알고 싶습니다.

여: 저는 쓰레기를 분류하여 처리하는 것은 매우 필요하다고 생각하는데, 이는 환경 오염과 자원 낭비를 효과적으로 줄일 수 있기 때문입니다.

질문: 여자는 분리수거에 대해서 어떤 태도를 가지는가?

해설 제시된 선택지가 모두 사람의 태도를 나타내므로, 대화에서 언급되는 화자 또는 제3자의 어투·태도·감정과 관련된 내용을 주의 깊게 듣는다. 대화에서 남자가 분리수거에 대해 어떤 의견을 가지고 있는지를 묻자, 여자가 我觉得分类处理垃圾很有必要라고 답했다. 질문이 여자는 분리수거에 대해서 어떤 태도를 가지는지를 물었으므로, 觉得……很有必要라는 표현을 통해 유추할 수 있는 B 赞成을 정답으로 고른다.

어휘 反对 fǎnduì 圖반대하다 赞成 zànchéng 圖찬성하다 怀疑 huáiyí 圖의심하다 讽刺 fěngcì 圖풍자하다 记者 jìzhě 圆기자
垃圾分类 lājī fēnlèi 분리수거 看法 kànfǎ 圆의견 分类 fēnlèi 圖분류하다 处理 chǔlǐ 圖처리하다 必要 bìyào 圖필요하다
有效 yǒuxiào 圖효과적이다 减少 jiǎnshǎo 圖줄이다 污染 wūrǎn 圖오염시키다 资源 zīyuán 圆자원
浪费 làngfèi 圖낭비하다 态度 tàidu 圆태도

5

| A 是透明的 | **B 重量较轻** | A 투명한 것이다 | **B 무게가 비교적 가볍다** |
| C 十分昂贵 | D 塑料做的 | C 매우 비싸다 | D 플라스틱으로 만든 것이다 |

女：这种新型建筑材料摸上去像金属，却和塑料一样轻。	여: 이런 종류의 신형 건축 자재는 만져 보면 금속 같지만, 플라스틱처럼 가볍습니다.
男：它除了材质，在价格上也很有优势，所以被看作是盖房子的好材料。	남: 그것은 재질 외에, 가격 면에서도 장점이 있어서, 집을 지을 때 좋은 자재로 여겨집니다.
问：关于这种材料，可以知道什么？	질문: 이런 종류의 자재에 관하여, 무엇을 알 수 있는가?

해설　제시된 선택지가 모두 특정 대상의 상태를 나타내므로, 이와 관련된 내용을 주의 깊게 듣는다. 대화에서 여자가 **这种新型建筑材料摸上去像金属, 却和塑料一样轻。**이라고 했다. 질문이 이런 종류의 자재에 관하여 알 수 있는 것을 물었으므로, B 重量较轻을 정답으로 고른다.

어휘　**透明** tòumíng 图투명하다　**重量** zhòngliàng 圆무게　**十分** shífēn 图매우　**昂贵** ángguì 图비싸다　**塑料** sùliào 圆플라스틱
　　　新型 xīnxíng 신형의　**建筑** jiànzhù 圆건축, 건축물　**材料** cáiliào 圆자재, 재료　**摸** mō 만지다　**金属** jīnshǔ 圆금속
　　　材质 cáizhì 圆재질　**价格** jiàgé 圆가격　**优势** yōushì 圆장점　**看作** kànzuò ~라고 여기다　**盖房子** gài fángzi 집을 짓다

6

A 政府官员	B 学校领导	A 정부 관리	B 학교 간부
C 科研人员	D 企业培训师	C 과학 연구원	D 기업 강사

男：您的培训非常成功，员工们对企业文化有了更深的理解。	남: 당신의 교육은 매우 성공적이어서, 직원들이 기업 문화에 대해 더욱 깊이 이해하게 되었습니다.
女：希望我的工作对你们企业有所帮助。	여: 제 업무가 당신의 기업에 도움이 되었길 바랍니다.
问：女的最可能是做什么的？	질문: 여자는 무슨 일을 할 가능성이 가장 큰가?

해설　제시된 선택지가 모두 직업·신분을 나타내므로, 대화를 들을 때 직업·신분과 관련된 내용을 주의 깊게 듣는다. 대화에서 언급된 **您的培训……员工们对企业文化有了更深的理解**와 **希望我的工作对你们企业有所帮助**를 토대로 여자는 기업의 직원들을 교육하는 강사라는 것을 유추할 수 있다. 질문이 여자는 무슨 일을 할 가능성이 큰지를 물었으므로, D 企业培训师를 정답으로 고른다.

어휘　**政府** zhèngfǔ 圆정부　**官员** guānyuán 圆관리　**领导** lǐngdǎo 圆간부, 리더　**科研人员** kēyán rényuán 과학 연구원
　　　企业 qǐyè 圆기업　**培训师** péixùnshī 강사　**培训** péixùn 교육하다, 훈련하다　**成功** chénggōng 图성공하다
　　　员工 yuángōng 圆직원　**深** shēn 图깊다

7

A 办理住宿手续	A 체크인 수속을 밟는다
B 补办身份证件	B 신분증을 재발급한다
C 在商场修理电梯	C 상가에서 엘리베이터를 수리한다
D 在健身房锻炼身体	D 헬스장에서 신체를 단련한다

女：先生，入住手续已经办理完毕，请拿好您的证件和房卡，电梯在大厅右侧。如果有什么需要的，您可以给前台打电话。	여: 선생님, 숙박 수속은 이미 처리 완료하였습니다. 선생님의 신분증과 카드키를 잘 받으시고, 엘리베이터는 로비 우측에 있습니다. 만약 필요한 것이 있으시다면, 프런트에 전화하시면 됩니다.
男：好的，非常感谢。	남: 네, 정말 감사합니다.
问：男的做什么了？	질문: 남자는 무엇을 했는가?

해설   제시된 선택지가 모두 행동과 관련된 동사로 구성된 문제이므로, 화자 또는 제3자가 하고 있거나 하려는 행동과 관련된 내용을 주의 깊게 듣는다. 대화에서 여자가 남자에게 先生, 入住手续已经办理完毕라고 했다. 질문이 남자는 무엇을 했는지를 물었으므로, A 办理住宿手续를 정답으로 고른다.

  * 바꾸어 표현 入住手续 숙박 수속 → 住宿手续 체크인 수속

어휘   **办理** bànlǐ 图(수속을) 밟다   **住宿手续** zhùsù shǒuxù 체크인 수속   **补办** bǔbàn 재발급하다   **身份证件** shēnfèn zhèngjiàn 신분증
  商场 shāngchǎng 图상가   **修理** xiūlǐ 图수리하다   **健身房** jiànshēnfáng 图헬스장   **入住** rùzhù 图숙박하다
  完毕 wánbì 图완료하다   **证件** zhèngjiàn 图신분증   **房卡** fángkǎ 카드키   **大厅** dàtīng 图로비, 홀   **前台** qiántái 프런트

8

A 到期日提前了	A 만기일이 앞당겨졌다
B 能按时完成任务	**B 제때에 업무를 끝낼 수 있다**
C 工作效率并不高	C 작업 효율이 결코 높지 않다
D 设备没有及时更新	D 설비가 즉시 교체되지 않았다

男: 这次任务艰巨，希望各部门全力配合，克服困难，尽快完成生产目标。

女: 您放心，设备刚刚换完，工作效率提高了不少，一定可以在到期日前完成任务。

问: 女的是什么意思？

남: 이번 업무는 어렵고 힘드니까, 각 부서가 전력으로 협력하여, 어려움을 극복하고, 조속히 생산 목표를 달성하기 바랍니다.

여: 안심하세요, 설비를 방금 다 바꿔서, 작업 효율이 많이 올랐으니, 반드시 만기일 전에 업무를 끝낼 수 있을 것입니다.

질문: 여자의 말은 무슨 의미인가?

해설   제시된 선택지가 모두 사람이나 특정 대상의 상태·상황을 나타내므로, 이와 관련된 내용을 주의 깊게 듣는다. 대화에서 남자가 이번 업무의 어려움을 극복하고 조속히 생산 목표를 달성하기를 바란다고 하자, 여자가 一定可以在到期日前完成任务라고 했다. 질문이 여자의 말은 무슨 의미인지를 물었으므로, B 能按时完成任务를 정답으로 고른다.

어휘   **到期日** dàoqīrì 图만기일   **提前** tíqián 图앞당기다   **按时** ànshí 图제때에   **任务** rènwu 图(책임진) 업무, 임무
  效率 xiàolǜ 图효율   **设备** shèbèi 图설비   **及时** jíshí 图즉시   **更新** gēngxīn 图(새 것으로) 교체하다, 갱신하다
  艰巨 jiānjù 图어렵고 힘들다   **部门** bùmén 图부서   **全力** quánlì 图전력   **配合** pèihé 图협력하다   **克服** kèfú 图극복하다
  尽快 jǐnkuài 图조속히   **生产** shēngchǎn 图생산하다   **目标** mùbiāo 图목표

9

A 胃	B 胸	A 위	B 가슴
C 肌肉	D 心脏	C 근육	D 심장

女: 你这消化不良的毛病其实是饮食不规律造成的。

男: 我的胃很难受，你就别再教训我了，快帮我倒杯热水吧。

问: 男的可能哪里不舒服？

여: 너의 이 소화가 잘 안되는 병은 사실 먹고 마시는 게 불규칙해서 유발된 것이야.

남: 저는 위가 너무 아파요. 이제 그만 혼내시고, 빨리 따뜻한 물 한 잔 따라 주세요.

질문: 남자는 아마도 어디가 불편한가?

해설   제시된 선택지가 모두 신체 부위를 나타내므로, 대화를 들을 때 신체 부위와 관련된 내용을 주의 깊게 듣는다. 대화에서 남자가 我的胃很难受라고 했다. 질문이 남자는 아마도 어디가 불편한지를 물었으므로, A 胃를 정답으로 고른다.

어휘   **胃** wèi 图위   **胸** xiōng 图가슴   **肌肉** jīròu 图근육   **心脏** xīnzàng 图심장   **消化** xiāohuà 图소화
  不良 bùliáng 图잘 안되다, 좋지 않다   **毛病** máobìng 图병   **饮食** yǐnshí 图먹고 마시는 것   **规律** guīlǜ 图규칙
  造成 zàochéng 图유발하다   **难受** nánshòu 图(몸이) 아프다   **教训** jiàoxùn 图혼내다 图교훈   **倒** dào 图따르다

10

A 比赛环境恶劣

B 辩论赛很激烈

C 参赛选手不多

D 结果令人失望

A 대회 환경이 열악하다

B 토론 대회가 치열하다

C 대회에 참가한 선수가 많지 않다

D 결과가 실망스럽다

男：这真是一场精彩的辩论赛，对方表现得太出色了，我们差点儿就输给他们了。

女：幸亏咱们比赛前准备得比较充分。

问：根据对话，可以知道什么？

남: 정말 훌륭한 토론 대회였어. 상대방이 너무 뛰어나게 활약해서, 우리가 하마터면 그들에게 질 뻔했네.

여: 다행히도 우리는 대회 전에 준비를 비교적 충분하게 했어.

질문: 대화에 근거하여, 무엇을 알 수 있는가?

해설 제시된 선택지가 모두 특정 대상의 상태·상황을 나타내므로, 이와 관련된 내용을 주의 깊게 듣는다. 대화에서 남자가 **这真是一场精彩的辩论赛, 对方表现得太出色了, 我们差点儿就输给他们了.**라고 했다. 질문이 대화에 근거하여 알 수 있는 것을 물었으므로, **B 辩论赛很激烈**를 정답으로 고른다.

어휘 恶劣 èliè 圈 열악하다　辩论赛 biànlùnsài 圈 토론 대회　激烈 jīliè 圈 치열하다　参赛 cānsài 圈 대회에 참가하다
选手 xuǎnshǒu 圈 선수　结果 jiéguǒ 圈 결과　失望 shīwàng 圈 실망하다　精彩 jīngcǎi 圈 훌륭하다　表现 biǎoxiàn 圈 활약하다
出色 chūsè 圈 뛰어나다　差点儿 chàdiǎnr 團 하마터면　幸亏 xìngkuī 團 다행히　充分 chōngfèn 圈 충분하다

11

A 换工作　　　　B 放弃挑战

C 开发新业务　D 了解新媒体

A 일자리를 바꾼다　　B 도전을 포기한다

C 신규 사업을 개발한다　D 새로운 매체를 이해한다

女：现在很少有人看报纸了，传统媒体面临着巨大的压力和挑战。

男：你们报社必须得开发新业务才行，不然日子会越来越难过。

问：男的对女的有什么建议？

여: 요즘 신문을 보는 사람이 많지 않아서 전통 매체는 엄청난 부담과 도전에 직면해 있어.

남: 너희 신문사는 반드시 신규 사업을 개발해야만 해, 그렇지 않으면 형편이 갈수록 어려워질 거야.

질문: 남자는 여자에게 어떤 제안이 있는가？

해설 제시된 선택지가 모두 행동과 관련된 동사로 구성된 문제이므로, 화자 또는 제3자가 하고 있거나 하려는 행동과 관련된 내용을 주의 깊게 듣는다. 대화에서 여자가 요즘 신문을 보는 사람이 많지 않아서 전통 매체는 엄청난 부담과 도전에 직면해 있다고 하자, 남자가 **你们报社必须得开发新业务才行**이라고 했다. 질문이 남자는 여자에게 어떤 제안이 있는지를 물었으므로, **C 开发新业务**를 정답으로 고른다.

어휘 放弃 fàngqì 포기하다　挑战 tiǎozhàn 圈 도전하다　开发 kāifā 圈 개발하다　新业务 xīnyèwù 신규 사업　媒体 méitǐ 圈 매체
传统 chuántǒng 圈 전통　面临 miànlín 圈 직면하다　巨大 jùdà 圈 엄청나다　报社 bàoshè 圈 신문사
不然 bùrán 圈 그렇지 않으면　日子 rìzi 圈 형편, 날

12

A 做家务　　　　　**B 写论文**

C 讨论工作　　　　D 吃冰激凌

A 집안일을 한다　　　**B 논문을 쓴다**

C 업무를 논의한다　　D 아이스크림을 먹는다

男：熬了几天夜，总算完成第一篇小论文了，你呢？

女：我也差不多，结论部分快写完了。咱们出去吃个冰激凌放松一下，怎么样？

问：他们正在做什么？

남: 며칠 밤을 새고, 드디어 첫 번째 소논문 한 편을 완성했어. 너는?

여: 나도 비슷해. 결론 부분은 곧 다 써가. 우리 나가서 아이스크림 먹으면서 잠깐 쉬자, 어때?

질문: 그들은 지금 무엇을 하고 있는가?

해설　제시된 선택지가 모두 행동과 관련된 동사로 구성된 문제이므로, 화자 또는 제3자가 하고 있거나 하려는 행동과 관련된 내용을 주의 깊게 듣는다. 대화에서 남자가 **总算完成第一篇小论文了**라며 여자의 진행 상황을 묻자, 여자가 **我也差不多, 结论部分快写完了。**라고 답했다. 질문이 그들은 지금 무엇을 하고 있는지를 물었으므로, B **写论文**을 정답으로 고른다. 참고로, 여자가 언급한 吃个冰激凌을 듣고, D를 정답으로 고르지 않도록 주의한다.

어휘　**家务** jiāwù 圆 집안일　**论文** lùnwén 圆 논문　**讨论** tǎolùn 圆 논의하다　**冰激凌** bīngjīlíng 圆 아이스크림　**熬夜** áoyè 圆 밤을 새다
　　　总算 zǒngsuàn 图 드디어　**篇** piān 圆 편, 장 [문장·종이의 수를 셀 때 쓰임]　**差不多** chàbuduō 圆 비슷하다　**结论** jiélùn 圆 결론
　　　部分 bùfen 圆 부분　**放松** fàngsōng 圆 쉬다

13

A 新闻报道	B 调研报告	A 뉴스 보도	B 조사 연구 보고
C 别人的成就	**D 志愿者经历**	C 타인의 성과	**D 자원 봉사자 경험**

女: 参加志愿活动时，有让你印象特别深刻的经历吗？

男: 当然有。有一次地震后，在恶劣的环境下，我们从一堆石头下面救出了三个人，当时就觉得特别有成就感。

问: 他们在聊什么？

여: 자원 봉사 활동에 참가했을 때, 당신에게 인상이 특히 깊었던 경험이 있나요?

남: 당연히 있어요. 한번은 지진이 난 후였는데, 열악한 환경에서 저희는 돌 더미 아래로부터 3명을 구출해 냈어요. 그때 특히 성취감이 있다고 느꼈어요.

질문: 그들은 무엇을 이야기하고 있는가?

해설　제시된 선택지가 모두 명사구이므로, 대화의 주제나 중심 소재 및 각 선택지와 관련된 내용을 주의 깊게 듣는다. 대화에서 여자가 参加志愿活动时, 有让你印象特别深刻的经历吗?라고 묻자, 남자가 당연히 있다면서 자신이 자원 봉사자로 활동했을 때의 경험을 이야기했다. 질문이 그들은 무엇을 이야기하고 있는지를 물었으므로, D **志愿者经历**를 정답으로 고른다.

어휘　**报道** bàodào 圆 보도 图 보도하다　**调研** diàoyán 圆 조사 연구하다　**报告** bàogào 圆 보고　**成就** chéngjiù 圆 성과, 성취
　　　志愿者 zhìyuànzhě 圆 자원 봉사자　**经历** jīnglì 圆 경험　**志愿活动** zhìyuàn huódòng 자원 봉사 활동　**印象** yìnxiàng 圆 인상
　　　深刻 shēnkè 圆 (인상이) 깊다　**地震** dìzhèn 圆 지진　**恶劣** èliè 圆 열악하다　**堆** duī 圆 더미　**石头** shítou 圆 돌
　　　救 jiù 图 구출하다　**当时** dāngshí 圆 그때　**成就感** chéngjiùgǎn 圆 성취감

14

A 价格便宜	A 가격이 저렴하다
B 质量有保证	B 품질이 보장된다
C 颜色配得好	**C 색깔이 잘 배합되었다**
D 样式比较时髦	D 스타일이 비교적 현대적이다

男: 这套无线键盘和鼠标真漂亮，黑色和银色的搭配太经典了。

女: 是啊，而且价格也很便宜。咱家的那套已经用了七八年，也该换新的了。

问: 男的为什么对这套键盘和鼠标满意？

남: 이 무선 키보드와 마우스 세트 정말 예쁘다, 검은색과 은색의 조합이 정말 최고야.

여: 그러네, 게다가 가격도 저렴해. 우리집 그 세트는 이미 7~8년을 썼으니, 새것으로 바꿔야겠어.

질문: 남자는 왜 이 키보드와 마우스 세트에 만족하는가?

해설　제시된 선택지가 모두 특정 대상의 상태를 나타내므로, 이와 관련된 내용을 주의 깊게 듣는다. 대화에서 남자가 **这套无线键盘和鼠标真漂亮, 黑色和银色的搭配太经典了**。라고 했다. 질문이 남자가 이 키보드와 마우스 세트에 만족하는 이유를 물었으므로, 黑色和银色的搭配太经典이라는 표현을 통해 알 수 있는 C **颜色配得好**를 정답으로 고른다.

어휘　**价格** jiàgé 圆 가격　**质量** zhìliàng 圆 품질　**保证** bǎozhèng 图 보장하다　**配** pèi 图 배합하다　**样式** yàngshì 圆 스타일
　　　时髦 shímáo 圆 현대적이다　**套** tào 圆 세트, 채　**无线** wúxiàn 圆 무선의　**键盘** jiànpán 圆 키보드
　　　鼠标 shǔbiāo 圆 (컴퓨터의) 마우스　**银色** yínsè 圆 은색　**搭配** dāpèi 图 조합하다　**经典** jīngdiǎn 圆 최고의

15

A 拍合影　　B 摘桔子 C 去约会　　D 游览风景	A 단체 사진을 찍는다　　B 귤을 딴다 C 약속을 간다　　D 풍경을 유람한다
女：这儿风景真美啊，难怪古人说“上有天堂，下有苏杭”。咱们一起拍照吧，我想留个纪念。 男：好啊，你先找个地方站好，我请前面那位姑娘来帮我们拍。 问：他们打算做什么？	여: 이곳 풍경은 정말 아름답구나, 어쩐지 옛사람들이 '하늘에 천당이 있다면, 지상에는 쑤저우와 항저우가 있다'라고 말하더라. 우리 같이 사진 찍자, 나 기념으로 남기고 싶어. 남: 좋아, 너는 우선 자리를 찾아 서 있어. 내가 앞에 있는 저 아가씨한테 우리 사진을 찍어 달라고 부탁할게. 질문: 그들은 무엇을 할 계획인가?

해설　제시된 선택지가 모두 행동과 관련된 동사로 구성된 문제이므로, 화자 또는 제3자가 하고 있거나 하려는 행동과 관련된 내용을 주의 깊게 듣는다. 대화에서 여자가 남자에게 이곳의 풍경이 정말 아름답다며 **咱们一起拍照吧**라고 하자, 남자가 좋다고 했다. 질문이 그들은 무엇을 할 계획인지를 물었으므로, **一起拍照**라는 표현을 통해 알 수 있는 **A 拍合影**을 정답으로 고른다.

어휘　**拍** pāi [동](사진이나 영상을) 찍다　**合影** héyǐng [명]단체 사진　**摘** zhāi [동]따다, 떼다　**桔子** júzi [명]귤　**约会** yuēhuì [명]약속
游览 yóulǎn [동]유람하다　**风景** fēngjǐng [명]풍경　**难怪** nánguài [부]어쩐지　**古人** gǔrén [명]옛사람　**天堂** tiāntáng [명]천당
苏杭 Sū Háng [고유]쑤저우와 항저우를 이르는 말[중국의 지명]　**纪念** jìniàn [명]기념　**姑娘** gūniang [명]아가씨

16

A 不打算买股票 B 钱存得不够多 C 关注银行利息 D 想做高风险投资	A 주식을 사지 않을 계획이다 B 돈을 충분히 저축하지 못한다 C 은행 이자에 관심을 가진다 D 리스크가 높은 투자를 하고 싶어 한다
男：现在利息这么低，咱们买一些股票吧，不要把钱存在银行了。 女：我追求的是稳定的收益。股票投资风险太大，还是别冒这个险了。 问：女的是什么意思？	남: 요즘 이자가 이렇게 낮으니, 우리 주식을 좀 사자, 돈을 은행에 저축하지 말고. 여: 내가 추구하는 것은 안정적인 수익이야. 주식 투자는 리스크가 너무 크니, 이런 모험은 하지 않는 것이 좋겠어. 질문: 여자의 말은 무슨 의미인가?

해설　제시된 선택지가 모두 사람의 상태·상황을 나타내므로, 화자 또는 제3자의 상태나 처한 상황과 관련된 내용을 주의 깊게 듣는다. 대화에서 남자가 주식을 좀 사자고 하자, 여자가 **股票投资风险太大，还是别冒这个险了。**라고 했다. 질문이 여자의 말은 무슨 의미인지를 물었으므로, **A 不打算买股票**를 정답으로 고른다.

어휘　**股票** gǔpiào [명]주식　**存** cún [동]저축하다　**够** gòu [부]충분히　**关注** guānzhù [동]관심을 가지다　**利息** lìxī [명]이자
风险 fēngxiǎn [명]리스크　**投资** tóuzī [명]투자　**低** dī [형](높이·등급·정도 등이) 낮다　**追求** zhuīqiú [동]추구하다
稳定 wěndìng [형]안정적이다　**收益** shōuyì [명]수익, 이득　**冒险** màoxiǎn [동]모험하다

A 香肠	B 辣椒	A 소시지	B 고추
C 土豆	D 臭豆腐	C 감자	D 취두부

女：这些香肠是我们家自己做的，和青菜一起炒的话更香，您要不要尝一尝？

男：好的。听说油炸臭豆腐也是你们这儿的特色，给我也来一份吧。

问：女的推荐了什么菜？

여: 이 소시지는 저희 가게에서 직접 만든 것인데, 청경채와 같이 볶으면 더욱 맛있습니다, 한 번 맛보실래요?

남: 좋아요. 듣자 하니 기름에 튀긴 취두부도 이곳의 특색이라고 하던데, 저도 하나 주세요.

질문: 여자는 어떤 음식을 추천했는가?

해설　제시된 선택지가 모두 음식을 나타내므로, 대화를 들을 때 음식과 관련된 내용을 주의 깊게 듣는다. 대화에서 여자가 **这些香肠是我们家自己做的……您要不要尝一尝**?이라고 묻자, 남자가 좋다고 답했다. 질문이 여자는 어떤 음식을 추천했는지를 물었으므로, A 香肠을 정답으로 고른다. 참고로, 남자가 언급한 臭豆腐을 듣고, D를 정답으로 고르지 않도록 주의한다.

어휘　香肠 xiāngcháng 圆소시지　辣椒 làjiāo 圆고추　土豆 tǔdòu 圆감자

臭豆腐 chòudòufu 圆취두부[소금에 절인 두부를 발효시킨 음식]　青菜 qīngcài 圆청경채　炒 chǎo 圄볶다

香 xiāng 圈맛있다　尝 cháng 圄맛보다　油炸 yóuzhá 圄기름에 튀기다　特色 tèsè 圆특색　推荐 tuījiàn 圄추천하다

A 过于敏感	A 지나치게 예민하다
B 非常马虎	**B 매우 부주의하다**
C 对家人不热心	C 가족에게 친절하지 않다
D 一点儿都不谦虚	D 조금도 겸손하지 않다

男：老婆，我的戒指不知道放哪里了，快帮我找找。

女：我刚才看到你把戒指放在卧室小柜子上面了。你怎么这么粗心啊，总是忘记东西放在哪里了。这个毛病真得改改了。

问：女的认为男的怎么样？

남: 여보, 내 반지를 어디에 두었는지 모르겠어요, 빨리 나를 도와서 좀 찾아 주세요.

여: 저는 방금 당신이 반지를 침실 작은 수납장 위에 둔 것을 봤어요. 당신 어쩜 이렇게 꼼꼼하지 못하나요, 항상 물건을 어디에 두었는지 잊어버리네요. 이 나쁜 버릇은 정말 고쳐야 해요.

질문: 여자는 남자가 어떻다고 생각하는가?

해설　제시된 선택지가 모두 사람의 태도를 나타내므로, 대화에서 언급되는 화자 또는 제3자의 어투·태도·감정과 관련된 내용을 주의 깊게 듣는다. 대화에서 남자가 반지를 어디에 두었는지 모르겠다고 하자, 여자가 **你怎么这么粗心啊**라며 이 나쁜 버릇은 고쳐야 한다고 했다. 질문이 여자는 남자가 어떻다고 생각하는지를 물었으므로, B 非常马虎를 정답으로 고른다.

＊바꾸어 표현　粗心 꼼꼼하지 못하다 → 马虎 부주의하다

어휘　过于 guòyú 圄지나치게　敏感 mǐngǎn 圈예민하다　马虎 mǎhu 圈부주의하다　热心 rèxīn 圈친절하다

谦虚 qiānxū 圈겸손하다　老婆 lǎopo 圆여보, 아내　戒指 jièzhi 圆반지　卧室 wòshì 圆침실　柜子 guìzi 圆수납장

粗心 cūxīn 圈꼼꼼하지 못하다　毛病 máobìng 圆나쁜 버릇　改 gǎi 圄고치다

A 训练已被取消	A 훈련은 이미 취소되었다
B 女的不讲道理	B 여자는 억지를 부린다
C 还是要去训练	**C 그래도 훈련하러 가야 한다**
D 教练很负责任	D 코치는 책임감이 있다

女：外面打雷了，天气预报说下午会下大雨，你就别去训练了。	여: 밖에 천둥이 치네, 일기 예보에서 오후에 큰비가 내린다고 하니, 너는 훈련에 가지 말거라.
男：我们说好了今天在室内训练，你就不要担心了。	남: 저희는 오늘 실내에서 훈련하기로 이야기했으니, 걱정하지 마세요.
问：男的是什么意思？	질문: 남자의 말은 무슨 의미인가?

해설 제시된 선택지가 모두 사람이나 특정 대상의 상태·상황을 나타내므로, 이와 관련된 내용을 주의 깊게 듣는다. 대화에서 여자가 남자에게 일기 예보에서 오후에 큰비가 내린다고 하니 훈련에 가지 말라고 하자, 남자가 **我们说好了今天在室内训练，你就不要担心了。**라고 했다. 질문이 남자의 말은 무슨 의미인지를 물었으므로, C **还是要去训练**을 정답으로 고른다.

어휘 **训练** xùnliàn [동] 훈련하다 **取消** qǔxiāo [동] 취소하다 **不讲道理** bù jiǎng dàolǐ 억지를 부리다 **教练** jiàoliàn [명] 코치, 감독 **负责任** fù zérèn 책임감이 있다 **打雷** dǎléi [동] 천둥치다 **天气预报** tiānqì yùbào [명] 일기 예보 **室内** shìnèi [명] 실내

20

A 存钱	B 贷款	A 예금한다	B 대출한다
C 领工资	**D 办银行卡**	C 월급을 수령한다	**D 은행 카드를 만든다**

男：您好，请问您需要办理什么业务？	남: 안녕하세요, 무슨 업무를 처리하셔야 하나요?
女：我的工资卡丢了，我想挂失，然后再补一张新卡。	여: 저는 월급 카드를 잃어버려서, 분실 신고를 하고, 새 카드를 재발급받고 싶어요.
问：女的想办什么业务？	질문: 여자는 무슨 업무를 처리하고 싶은가?

해설 제시된 선택지가 모두 행동과 관련된 동사로 구성된 문제이므로, 화자 또는 제3자가 하고 있거나 하려는 행동과 관련된 내용을 주의 깊게 듣는다. 대화에서 남자가 **请问您需要办理什么业务?**라고 묻자, 여자가 **我的工资卡丢了，我想……再补一张新卡**라고 답했다. 질문이 여자는 무슨 업무를 처리하고 싶은지를 물었으므로, D **办银行卡**를 정답으로 고른다.

어휘 **存钱** cúnqián 예금하다, 저금하다 **贷款** dàikuǎn [동] 대출하다 **领** lǐng [동] 수령하다 **工资** gōngzī [명] 월급 **银行卡** yínhángkǎ 은행 카드 **办理** bànlǐ [동] 처리하다, (수속을) 밟다 **业务** yèwù [명] 업무 **工资卡** gōngzīkǎ 월급 카드 **丢** diū [동] 잃어버리다 **挂失** guàshī [동] 분실 신고를 하다 **补卡** bǔ kǎ 카드를 재발급하다

21

A 银行	B 大使馆	A 은행	B 대사관
C 水产品市场	**D 食品专卖店**	C 수산물 시장	**D 식품 전문점**

女：你是怎么找到这家店的？我在这附近住了这么久都不知道。	여: 너는 이 가게를 어떻게 찾아낸 거야? 나는 이 근처에서 이렇게 오래 살았는데도 몰랐어.
男：其实不是我找的，而是一个喜欢进口零食的同事推荐给我的。	남: 사실 내가 찾은 건 아니고, 수입 간식을 좋아하는 동료가 나에게 추천해 준 거야.
女：很多牌子我在超市里都没见过，我要多买一点回去尝尝。	여: 많은 브랜드들이 내가 마트에서는 본 적이 없던 거네, 많이 사 가서 맛을 좀 봐야겠다.
男：好的，买好了我们就去结账吧。	남: 그래, 다 사면 우리 계산하러 가자.
问：他们现在最可能在哪儿？	질문: 그들은 지금 어디에 있을 가능성이 가장 큰가?

해설 제시된 선택지가 모두 장소를 나타내므로, 화자나 제3자가 있는 장소, 또는 가려고 하는 장소가 어디인지를 주의 깊게 듣는다. 대화에서 언급된 **一个喜欢进口零食的同事推荐给我的**와 **我要多买一点回去尝尝**을 토대로 두 사람은 한 식품 전문점에 있다는 것을 유추할 수 있다. 질문이 그들은 지금 어디에 있을 가능성이 가장 큰지를 물었으므로, D **食品专卖店**을 정답으로 고른다.

어휘   **大使馆** dàshǐguǎn 圆대사관   **水产品市场** shuǐchǎnpǐn shìchǎng 수산물 시장   **食品专卖店** shípǐn zhuānmàidiàn 식품 전문점
进口 jìnkǒu 圆수입하다   **零食** língshí 圆(초콜릿·사탕 등의) 간식   **推荐** tuījiàn 圆추천하다   **牌子** páizi 圆브랜드
尝 cháng 圆맛보다, 시험 삼아 해 보다   **结账** jiézhàng 圆계산하다

22

A 是一个英雄	A 영웅이다
B 拍了战争片	**B 전쟁 영화를 찍었다**
C 只得过一次奖	C 상을 한 번 받았을 뿐이다
D 是地道的上海人	D 정통 상하이 사람이다

男：你经常提到的大白到底是谁啊？	남: 네가 자주 언급하는 따바이는 도대체 누구야?
女：你居然不知道？大白是电影明星啊，他获得过很多大奖！	여: 너 정말 몰라? 따바이는 무비 스타잖아, 그는 많은 대상을 받았었어!
男：是那个经常在战争片里演英雄的男演员吗？	남: 전쟁 영화에서 영웅을 자주 연기하는 그 남자 배우야?
女：对，就是他，他是不是看起来很有魅力？	여: 맞아, 바로 그 사람이야, 그가 정말 매력 있어 보이지 않니?
问：关于大白，可以知道什么？	질문: 따바이에 관하여, 무엇을 알 수 있는가?

해설   제시된 선택지가 모두 사람의 상태·상황을 나타내므로, 화자 또는 제3자의 상태나 처한 상황과 관련된 내용을 주의 깊게 듣는다. 대화에서 남자가 따바이에 대해 是那个经常在战争片里演英雄的男演员吗?라고 묻자, 여자가 맞다고 답했다. 질문이 따바이에 관하여 알 수 있는 것을 물었으므로, B 拍了战争片을 정답으로 고른다.

어휘   **英雄** yīngxióng 圆영웅   **战争片** zhànzhēngpiàn 전쟁 영화   **地道** dìdao 圆정통의   **上海** Shànghǎi 교유상하이[중국 지명]
到底 dàodǐ 圆도대체   **居然** jūrán 圆정말, 놀랍게도   **明星** míngxīng 圆스타   **演员** yǎnyuán 圆배우, 연기자   **魅力** mèilì 圆매력

23

A 文件能找回来	A 파일을 되찾을 수 있다
B 数据彻底丢了	B 데이터가 완전히 없어졌다
C 打算改进技术	C 기술을 개선하려고 한다
D 误删文件很常见	D 서류를 실수로 삭제하는 것은 흔하다

女：小王，有个重要文件不小心被我删除了，你能帮我找回来吗？	여: 샤오왕, 중요한 서류가 제 실수로 삭제되었는데, 저를 도와 복구해 줄 수 있나요?
男：可以，我先下载数据恢复软件，然后再进行操作。	남: 할 수 있어요, 제가 먼저 데이터 복구 소프트웨어를 다운로드 하고 나서 다시 조작할게요.
女：真是太糟糕了，这个文件要是弄丢了，我就得辞职回家了。	여: 진짜 큰일났어요. 이 파일이 삭제되어 버리면, 저는 직장을 그만두고 집에 돌아가야 해요.
男：别那么悲观，我会帮你搞定的。	남: 그렇게 비관하지 마세요, 제가 당신을 도와 해결해 드릴게요.
问：男的是什么意思？	질문: 남자의 말은 무슨 의미인가?

해설   제시된 선택지가 모두 사람이나 특정 대상의 상태·상황을 나타내므로, 이와 관련된 내용을 주의 깊게 듣는다. 대화에서 여자가 有个重要文件不小心被我删除了，你能帮我找回来吗?라고 묻자, 남자가 먼저 데이터 복구 소프트웨어를 다운로드 하고 나서 조작해 보겠다고 하며 我会帮你搞定的라고 답했다. 질문이 남자의 말은 무슨 의미인지를 물었으므로, A 文件能找回来를 정답으로 고른다.

文件 wénjiàn 圆파일, 서류　　**数据** shùjù 圆데이터　　**彻底** chèdǐ 圆완전하다, 철저하다　　**丢** diū 圆없어지다　　**改进** gǎijìn 圆개선하다
技术 jìshù 圆기술　　**误删** wù shān 실수로 삭제하다　　**删除** shānchú 圆삭제하다　　**下载** xiàzài 圆다운로드하다
数据恢复 shùjù huīfù 데이터 복구　　**软件** ruǎnjiàn 圆소프트웨어　　**操作** cāozuò 圆조작하다　　**糟糕** zāogāo 圆큰일 나다, 엉망이다
要是 yàoshi 圆만약 ~이라면　　**弄丢** nòngdiū 圆삭제하다[비유적 표현], 잃어버리다　　**辞职** cízhí 圆직장을 그만두다
悲观 bēiguān 圆비관하다　　**搞定** gǎodìng 圆해결하다

24

A 男的要去急诊室	A 남자는 응급실에 가야 한다
B 病人还在手术室	**B 환자는 아직 수술실에 있다**
C 女的受伤住院了	C 여자는 부상을 당해 입원했다
D 主任在办住院手续	D 치프는 입원 수속을 밟고 있다

男：刘主任，手术做得还顺利吗？

女：手术过程中出现了突发状况，但总的来说很成功，放心吧。

男：太好了，孩子终于有救了，太感谢您了。

女：别客气，这是我们的职责。等孩子醒过来，就可以转到普通病房了。

问：根据对话，可以知道什么？

남：리우 치프 선생님, 수술은 순조롭게 진행되었나요?

여：수술 과정 중에 돌발 상황이 발생했지만, 대체로 성공적이었으니 안심하세요.

남：정말 잘 됐네요, 아이가 드디어 살 가망이 있네요, 정말 감사드립니다.

여：천만에요, 이것은 저희의 직무와 책임인걸요. 아이가 깨어나면, 곧 일반 병실로 옮길 수 있을 겁니다.

질문：대화에 근거하여, 무엇을 알 수 있는가?

해설　제시된 선택지가 모두 사람의 상태·상황을 나타내므로, 화자 또는 제3자의 상태나 처한 상황과 관련된 내용을 주의 깊게 듣는다. 대화에서 남자가 **手术做得还顺利吗?**라고 묻자, 여자가 대체로 성공적이었다며 **等孩子醒过来, 就可以转到普通病房了。**라고 답했다. 질문이 대화에 근거하여 알 수 있는 것을 물었으므로, 여자의 말을 통해 유추할 수 있는 B 病人还在手术室를 정답으로 고른다.

어휘　**急诊室** jízhěnshì 응급실　　**手术室** shǒushùshì 수술실　　**住院** zhùyuàn 圆(환자가) 입원하다　　**主任** zhǔrèn 圆치프[전공의 4년차]
手续 shǒuxù 圆수속　　**顺利** shùnlì 圆순조롭다　　**过程** guòchéng 圆과정　　**出现** chūxiàn 圆발생하다　　**突发** tūfā 圆돌발하다
状况 zhuàngkuàng 圆상황　　**成功** chénggōng 圆성공하다　　**有救** yǒujiù 圆살 가망이 있다　　**别客气** bié kèqi 천만에요
职责 zhízé 圆직무와 책임　　**病房** bìngfáng 圆병실

25

A 不吃晚餐	A 저녁을 먹지 않는다
B 从不熬夜	B 밤을 샌 적이 없다
C 适当吃甜食	C 단 음식을 적당히 먹는다
D 少吃辣的食物	**D 매운 음식을 덜 먹는다**

女：今天在网上看到了一篇报道，说山西有个村被称为"长寿村"。

男：我也看到了，那里的老人平均寿命达到了92岁。

女：那里的人之所以长寿，应该和良好的空气质量有关。

男：我觉得只要吃得清淡一些，注意锻炼，同时保持稳定的情绪，就能长寿。

问：男的认为长寿的秘密是什么？

여：오늘 인터넷에서 기사 하나를 보았는데, 산시성에 '장수촌'이라고 불리는 마을이 있대.

남：나도 봤어, 그곳 노인들은 평균 수명이 92세에 달하더라.

여：그곳의 사람들이 장수하는 이유는 당연히 좋은 대기질과 관련이 있을 거야.

남：나는 좀 담백하게 먹고, 운동에 주의하며, 동시에 안정된 기분을 유지하기만 하면, 장수할 수 있다고 생각해.

질문：남자는 장수의 비밀이 무엇이라고 생각하는가?

해설 제시된 선택지가 모두 사람의 상태·상황을 나타내므로, 화자 또는 제3자의 상태나 처한 상황과 관련된 내용을 주의 깊게 듣는다. 대화에서 여자가 '장수촌' 마을 사람들이 장수하는 이유는 좋은 대기질과 관련이 있는 것 같다고 하자, 남자가 我觉得只要吃得清淡一些……就能长寿라고 했다. 질문이 남자는 장수의 비밀이 무엇이라고 생각하는지를 물었으므로, 吃得清淡一些라는 표현을 통해 유추할 수 있는 D 少吃辣的食物를 정답으로 고른다.

어휘 **熬夜** áoyè 圖밤을 새다 **适当** shìdàng 圖적당하다 **报道** bàodào 圈기사 **山西** Shānxī 교윤산시성[중국의 지명]
称 chēng 圖부르다 **长寿** chángshòu 圖장수하다 **平均** píngjūn 圖평균의 **寿命** shòumìng 圖수명
达到 dádào 圖달하다 **良好** liánghǎo 圖좋다 **空气质量** kōngqì zhìliàng 대기질 **只要** zhǐyào 圖~하기만 하면
清淡 qīngdàn 圖담백하다 **同时** tóngshí 圖동시에, 같은 때 **保持** bǎochí 圖유지하다 **稳定** wěndìng 圖안정되다
情绪 qíngxù 圖기분, 감정 **秘密** mìmì 圖비밀

26

A 男的想去看胡同	A 남자는 후통을 보러 가고 싶어 한다
B 男的想再来一次	**B 남자는 다시 한번 오고 싶어 한다**
C 这座城市很热闹	C 이 도시는 시끌벅적하다
D 女的已订好酒店	D 여자는 이미 호텔을 예약했다

男：你们这儿名胜古迹太多了，两天时间根本逛不完。	남: 이곳에는 명승고적이 너무 많아서, 이틀이라는 시간으로는 절대 다 돌아볼 수 없어.
女：是啊，这座城市值得花时间慢慢游览，这次太匆忙了。	여: 그렇지, 이 도시는 시간을 들여 천천히 관광할 가치가 있어, 이번에는 너무 바빴어.
男：留点儿遗憾也好，给下次旅行一个借口。	남: 아쉬움을 조금 남기는 것도 좋지, 다음 여행에 핑계를 줄 수 있잖아.
女：说得对，下次带弟弟妹妹一起来吧，到时候多住几天。	여: 맞는 말이야, 다음에는 남동생과 여동생을 데리고 같이 와, 그때가 되면 며칠 더 묵고.
问：根据对话，下列哪项正确？	질문: 대화에 근거하여, 다음 중 옳은 것은?

해설 제시된 선택지가 모두 사람이나 특정 대상의 상태·상황을 나타내므로, 이와 관련된 내용을 주의 깊게 듣는다. 대화에서 남자가 이곳에는 명승고적이 너무 많아서 이틀이라는 시간이 부족했다며, 留点儿遗憾也好, 给下次旅行一个借口。라고 했다. 질문이 대화에 근거하여 옳은 것을 물었으므로, B 男的想再来一次를 정답으로 고른다.

어휘 **胡同** hútòng 圖후통, 골목 **热闹** rènao 圖시끌벅적하다 **订** dìng 圖예약하나 **酒店** jiǔdiàn 圖호텔
名胜古迹 míngshènggǔjì 圖명승고적 **根本** gēnběn 圖절대, 아예 **逛** guàng 圖돌아보다 **值得** zhídé 圖~할 가치가 있다
游览 yóulǎn 圖관광하다 **匆忙** cōngmáng 圖너무 바쁘다 **留** liú 圖남기다 **遗憾** yíhàn 圖아쉬움 圖유감스럽다
借口 jièkǒu 圖핑계

27

A 女的善于把握机会	A 여자는 기회를 잘 잡는다
B 王元工作能力较强	B 왕위안은 업무 능력이 비교적 좋다
C 培训机会不易得到	**C 교육 기회는 쉽게 얻을 수 없다**
D 培训期限共为七天	D 교육 기간은 총 7일이다

女：你入职以来表现很好，我们打算推荐你参加这次总公司的人事培训。	여: 당신은 입사 이래로 활약이 뛰어났기에, 우리는 당신이 이번 본사 인사 교육에 참가하도록 추천할 계획입니다.
男：谢谢您，李经理，我会珍惜这个难得的学习机会。	남: 감사합니다, 리 매니저님. 저는 이 얻기 힘든 배움의 기회를 소중히 여기겠습니다.
女：培训为期十天，下周一开始，这期间的工作由王元帮你承担。	여: 교육은 10일을 기한으로 하고, 다음 주 월요일부터 시작합니다. 이 기간 동안의 업무는 왕위안이 당신을 도와 맡을 것입니다.
男：好的，我这就跟王元交接工作。	남: 알겠습니다. 지금 바로 왕위안에게 업무를 인계하겠습니다.
问：根据对话，下列哪项正确？	질문: 대화에 근거하여, 다음 중 옳은 것은?

해설 제시된 선택지가 모두 사람이나 특정 대상의 상태·상황을 나타내므로, 이와 관련된 내용을 주의 깊게 듣는다. 대화에서 여자가 남자를 이번 본사 인사 교육에 참가할 수 있도록 추천할 계획이라고 하자, 남자가 감사하다며 **我会珍惜这个难得的学习机会**라고 했다. 질문이 대화에 근거하여 옳은 것을 물었으므로, C **培训机会不易得到**를 정답으로 고른다.

* 바꾸어 표현 **难得** 얻기 힘들다 → **不易得到** 쉽게 얻을 수 없다

어휘 **善于** shànyú [동]~을 잘하다 **把握** bǎwò [동]잡다, 파악하다 **能力** nénglì [명]능력 **培训** péixùn [동]교육하다, 훈련하다 **期限** qīxiàn [명]기한 **入职** rùzhí 입사하다 **以来** yǐlái [명]이래, 이후 **表现** biǎoxiàn [명]활약 **推荐** tuījiàn [동]추천하다 **总公司** zǒnggōngsī [명]본사 **人事** rénshì [명]인사 **珍惜** zhēnxī [동]소중히 하다 **难得** nándé [형]얻기 어렵다 **为期** wéiqī [동]기한으로 하다 **期间** qījiān [명]기간 **承担** chéngdān [동]맡다, 담당하다 **交接** jiāojiē [동]인계하다

28

A 平时多观察别人	A 평소에 다른 사람을 많이 관찰한다
B 不必参加辅导班	**B 학원에 다닐 필요 없다**
C 辅导老师更专业	C 과외 선생님이 더 전문적이다
D 要掌握写作方法	D 글 쓰는 방법을 습득해야 한다
男：妈妈，这两次考试我作文成绩都不高，所以暑假想报个作文辅导班。	남: 엄마, 이 두 번의 시험에서 제 작문 성적이 모두 높지 않아요. 그래서 여름 방학에 작문 학원을 등록하고 싶어요.
女：你觉得上辅导班会对你有什么帮助呢？	여: 너는 학원에 다니면 너에게 어떤 도움이 있을 거라고 생각하니?
男：老师会给我们讲一些写作方法。	남: 선생님은 저희에게 글 쓰는 방법들을 알려 주실 거예요.
女：比起掌握具体的写作方法，多看书多思考更有利于提高你的写作水平。	여: 구체적인 글쓰기 방법을 습득하는 것보다, 책을 많이 읽고 생각을 많이 하는 것이 너의 글쓰기 실력을 향상시키는데 더 도움이 될 거야.
问：女的是什么意思？	질문: 여자의 말은 무슨 의미인가?

해설 제시된 선택지가 모두 사람의 상태·상황을 나타내므로, 화자 또는 제3자의 상태나 처한 상황과 관련된 내용을 주의 깊게 듣는다. 대화에서 여자가 작문 학원에 다니면 어떤 도움이 있을 거라고 생각하는지를 묻자, 남자가 선생님이 글 쓰는 방법들을 알려줄 것이라고 답했다. 이어서 여자가 **比起掌握具体的写作方法，多看书多思考更有利于提高你的写作水平。**이라고 했다. 질문이 여자의 말은 무슨 의미인지를 물었으므로, 여자의 말을 통해 유추할 수 있는 B **不必参加辅导班**을 정답으로 고른다.

어휘 **观察** guānchá [동]관찰하다 **辅导班** fǔdǎobān [명]학원 **辅导** fǔdǎo [동]과외하다 **专业** zhuānyè [형]전문적인 **掌握** zhǎngwò [동]습득하다, 파악하다 **写作** xiězuò [동]글을 쓰다 **方法** fāngfǎ [명]방법 **作文** zuòwén [명]작문 **具体** jùtǐ [형]구체적이다 **思考** sīkǎo [동]생각하다 **有利** yǒulì [형]도움이 되다 **提高** tígāo [동]향상시키다

29

A 缺乏活力	B 推迟时间		A 활력이 부족하다	B 시간을 늦춘다
C 享受生活	D 发展落后		C 생활을 즐긴다	D 발전이 늦어진다

女：如果你想找个地方放松放松，我强烈推荐你去成都。

男：我听说成都是休闲之都，到处都是喝茶、聊天、晒太阳的人。

女："慢"是那里人独特的生活观念，对他们来说，享受慢生活是最重要的事儿。

男：我最近压力很大，正好想去体验一下他们的慢生活。

问：成都的"慢"指的是什么？

여: 만약 네가 쉴 곳을 찾고 싶다면, 나는 네가 청두에 가는 것을 강력하게 추천할게.

남: 나는 청두가 휴양 도시라, 차를 마시고, 이야기를 나누고, 햇볕을 쬐는 사람들이 곳곳에 있다고 들었어.

여: '느림'이 그곳 사람들의 독특한 생활관이야. 그들에게 있어서, 느린 생활을 즐기는 것은 가장 중요한 일이거든.

남: 나는 요즘 스트레스가 많아. 마침 그들의 느린 생활을 몸소 경험해 보러 가고 싶어.

질문: 청두의 '느림'은 무엇을 가리키는가?

해설 제시된 선택지가 모두 사람이나 특정 대상의 상태·상황을 나타내므로, 이와 관련된 내용을 주의 깊게 듣는다. 대화에서 남자가 청두가 휴양 도시라고 들었다고 하자, 여자가 "慢"是那里人独特的生活观念，对他们来说，享受慢生活是最重要的事儿。이라고 했다. 질문이 청두의 '느림'은 무엇을 가리키는지를 물었으므로, C 享受生活를 정답으로 고른다.

어휘 **缺乏** quēfá 圈부족하다 **活力** huólì 圈활력 **推迟** tuīchí 圈늦추다 **享受** xiǎngshòu 圈즐기다 **发展** fāzhǎn 圈발전하다
落后 luòhòu 圈늦어지다 **放松** fàngsōng 圈쉬다 **强烈** qiángliè 圈강력하다 **推荐** tuījiàn 圈추천하다
成都 Chéngdū 고유청두[중국의 지명] **休闲** xiūxián 圈휴양하다 **到处** dàochù 圈곳곳, 여기저기 **晒** shài 圈햇볕을 쬐다
独特 dútè 圈독특하다 **生活观念** shēnghuó guānniàn 생활관 **压力** yālì 圈스트레스 **正好** zhènghǎo 團마침
体验 tǐyàn 圈몸소 경험하다, 체험하다

30

A 高铁票	B 证件照		A 고속 철도 티켓	B 증명사진
C 驾驶执照	D 身份证号码		C 운전면허증	D 신분증 번호

男：你好，我忘了带身份证，不能取高铁票了。

女：您可以去售票大厅9号窗口办理临时身份证。

男：办临时身份证需要什么材料？

女：您只要提供身份证号码，再签个字就可以办了。

问：办临时身份证时需要提供什么？

남: 안녕하세요, 제가 신분증을 가지고 오는 것을 잊어버려서, 고속철도 티켓을 뽑을 수 없어요.

여: 매표소 9번 창구에 가시면 임시 신분증을 만드실 수 있습니다.

남: 임시 신분증을 발급받으려면 어떤 서류가 필요한가요?

여: 신분증 번호를 제공하시고, 서명하시기만 하면 발급받으실 수 있습니다.

질문: 임시 신분증을 발급할 때 무엇을 제공하는 것이 필요한가?

해설 제시된 선택지가 모두 명사구이므로, 대화의 주제나 중심 소재 및 각 선택지와 관련된 내용을 주의 깊게 듣는다. 대화에서 남자가 办临时身份证需要什么材料?라고 묻자, 여자가 提供身份证号码라고 답했다. 질문이 임시 신분증을 발급할 때 무엇을 제공하는 것이 필요한지를 물었으므로, D 身份证号码를 정답으로 고른다. 참고로, 남자가 언급한 高铁票를 듣고, A를 정답으로 고르지 않도록 주의한다.

어휘 **高铁** gāotiě 圈고속 철도 **证件照** zhèngjiànzhào 증명사진 **驾驶** jiàshǐ 圈운전하다 **执照** zhízhào 圈면허증
身份证 shēnfènzhèng 圈신분증 **号码** hàomǎ 圈번호 **忘** wàng 圈잊어버리다 **售票大厅** shòupiào dàtīng 매표소
窗口 chuāngkǒu 圈창구 **办理** bànlǐ 圈만들다, 처리하다 **临时** línshí 圈임시의 **材料** cáiliào 圈서류, 재료
只要 zhǐyào 쮑~하기만 하면 **提供** tígōng 圈제공하다 **签** qiān 圈서명하다

31. A 举办寿宴时吃

    B 欣赏鹅的姿态

    C 想请王羲之帮忙

    D 模仿王羲之的书法

32. A 道士愿意花钱抄书

    B 抄写经书并非易事

    C 王羲之能为鹅放弃原则

    D 王羲之专门养了一群鹅

---

31. A 생일잔치를 열 때 먹는다

    B 거위의 자태를 감상한다

    C 왕희지에게 도움을 청하고 싶다

    D 왕희지의 서예를 모방한다

32. A 도사는 돈을 써서 책을 베껴 쓰기를 바란다

    B 경서를 베껴 쓰는 것은 결코 쉬운 일이 아니다

    C 왕희지는 거위를 위해 원칙을 포기할 수 있다

    D 왕희지는 특별히 거위 떼를 키웠다

第31到32题是根据下面一段话：

王羲之生性喜爱鹅，不管哪里有好鹅，他都要去看一看，或者把鹅买回来。³¹有一个道士想要王羲之给他抄写一卷《道德经》，可是他知道王羲之是不肯轻易替人抄写经书的，于是他特地养了一群品种好的鹅。王羲之听说道士家有好鹅，真的跑去看了。他在那里看到一群鹅在水面上悠闲地浮游着，一身雪白的羽毛十分讨人喜爱。王羲之看着看着，实在是舍不得离开，就要求道士把这群鹅卖给他。道士笑着说：“我有一个请求，就是希望您替我抄写一卷《道德经》。”听完，³²王羲之不顾自己的原则，毫不犹豫地答应了他，抄写完之后，满怀欣喜地把那群鹅带回了家。

31. 问：道士为什么养了一群鹅？

32. 问：根据这段话，可以知道什么？

31-32번 문제는 다음 내용에 근거한다.

왕희지는 천성이 거위를 좋아해서, 어디든 좋은 거위가 있으면, 가서 한번 보거나, 또는 거위를 사 왔다. ³¹한 도사는 왕희지가 그에게 <도덕경> 한 권을 베껴 써 주기를 바랐지만, 그는 왕희지가 쉽사리 다른 사람을 대신해서 경서를 베끼려 하지 않는다는 것을 알고는, 특별히 품종이 좋은 거위 떼를 키웠다. 왕희지는 도사 집에 좋은 거위가 있다는 것을 듣고, 정말로 뛰어가서 봤다. 그는 그곳에서 거위 떼가 물 위에서 유유히 떠다니고 있는 것을 보았는데, 온몸의 새하얀 깃털은 매우 사람의 호감을 샀다. 왕희지는 보고 있자니 정말 떠나기가 아쉬워서, 도사에게 이 거위 떼를 자신에게 팔라고 청했다. 도사는 웃으면서 말했다. “저는 한 가지 부탁이 있습니다. 바로 당신이 저를 대신해서 <도덕경> 한 권을 베껴 쓰는 것입니다.” 다 듣고 나서, ³²왕희지는 자신의 원칙을 저버리고, 조금의 망설임도 없이 승낙했으며, 다 베껴 쓴 후에 기쁜 마음을 가득 안고서 거위 떼를 집으로 데리고 갔다.

31. 질문: 도사는 왜 거위 떼를 키웠는가?

32. 질문: 이 단문에 근거하여, 무엇을 알 수 있는가?

해설　선택지 읽기

32번 선택지가 모두 사람과 관련된 상황을 나타내고, 王羲之(왕희지)이 언급되었으므로, 王羲之이라는 인물과 관련된 이야기가 나올 것임을 예상할 수 있다. 따라서 단문에 등장하는 인물과 관련된 사건의 전개나 결과를 주의 깊게 들어야 한다.

단문 듣기

단문 후반의 王羲之不顾自己的原则，毫不犹豫地答应了他，抄写完之后，满怀欣喜地把那群鹅带回了家를 듣고, 32번의 C 王羲之能为鹅放弃原则에 체크해 둔다.

질문 듣고 정답 고르기

31. 질문이 도사가 거위 떼를 키운 이유를 물었으므로, 단문 초반의 有一个道士想要王羲之给他抄写一卷《道德经》，可是他知道王羲之是不肯轻易替人抄写经书的，于是他特地养了一群品种好的鹅。를 통해 유추할 수 있는 C 想请王羲之帮忙을 정답으로 고른다.

32. 질문이 단문에 근거하여 알 수 있는 것을 물었으므로, C를 정답으로 고른다.

어휘　**举办** jǔbàn 圖 열다, 개최하다　**寿宴** shòuyàn 圖 생일잔치　**欣赏** xīnshǎng 圖 감상하다　**鹅** é 圖 거위　**姿态** zītài 자태, 모습
王羲之 Wáng Xīzhī [고유] 왕희지[중국의 서예가]　**模仿** mófǎng 圖 모방하다　**书法** shūfǎ 서예
道士 dàoshì 圖 도사[도교를 믿고 수행하는 사람]　**花钱** huāqián 圖 돈을 쓰다　**抄** chāo 圖 베껴 쓰다
经书 jīngshū 圖 경서[유가의 경전을 가리킴]　**并非** bìngfēi 결코 ~이 아니다　**放弃** fàngqì 圖 포기하다　**原则** yuánzé 圖 원칙
专门 zhuānmén 圖 특별히　**群** qún 圖 떼, 무리 圖 무리　**生性** shēngxìng 圖 천성　**不管** bùguǎn 圖 ~이든, ~에 관계없이
卷 juǎn 圖 [원형통으로 말아 놓은 물건을 세는 데 쓰는 단위]　**道德经** Dàodéjīng [고유] 도덕경　**不肯** bùkěn ~하려 하지 않다
轻易 qīngyì 圖 쉽사리　**替** tì 圖 대신하다　**于是** yúshì 圖 그래서　**特地** tèdì 圖 특별히, 일부러　**品种** pǐnzhǒng 圖 품종
悠闲 yōuxián 圖 유유하다　**浮游** fúyóu 圖 (물에) 떠다니다　**雪白** xuěbái 圖 새하얗다　**羽毛** yǔmáo 圖 깃털　**讨** tǎo 圖 사다, 받다
喜爱 xǐ'ài 圖 호감을 가지다　**实在** shízài 圖 정말　**舍不得** shěbude 圖 아쉽다　**请求** qǐngqiú 圖 부탁하다
不顾 búgù 圖 (원칙 등을) 저버리다, 상관하지 않다　**毫不犹豫** háobùyóuyù 조금도 망설이지 않다　**答应** dāying 圖 승낙하다
满怀 mǎnhuái 圖 (기쁨·원한 등이 마음 속에) 가득하다　**欣喜** xīnxǐ 圖 기뻐하다, 즐거워하다

---

33 - 35

33. A 云和雾
　B 风和阳光
　C 雨和闪电
　D 水滴和光线

34. A 光线强烈
　B 空气湿润
　C 面对阳光
　D 水滴过大

35. A 光线的强度
　B 水滴的大小
　C 水滴的形状
　D 太阳直射的面积

33. A 구름과 안개
　B 바람과 햇빛
　C 비와 번개
　D 물방울과 빛

34. A 빛이 강렬하다
　B 공기가 촉촉하다
　C 햇빛을 마주 본다
　D 물방울이 지나치게 크다

35. A 빛의 강도
　B 물방울의 크기
　C 물방울의 형태
　D 태양이 직사하는 면적

第33到35题是根据下面一段话:

　　彩虹又称天虹，是一种常见的光学现象。那么，彩虹到底是怎么形成的呢？

　　空气中有水滴的话，就有可能观察到彩虹，比如在瀑布附近。但彩虹最常在雨后天晴时出现。[33]大雨过后，空气中充满了小水滴，阳光穿过这些圆圆的水滴时，光线的传播方向会发生变化，造成折射及反射，从而在天空中形成拱形的七彩光谱。由于光线折射和反射的角度各不相同，最终形成了不同颜色的光线。如果观察者背对阳光，就很容易看到彩虹，而[34]面对阳光时是看不到彩虹的。[35]彩虹是否明显由空气中水滴的大小决定，水滴越大，形成的彩虹越显眼。反之，水滴越小，形成的彩虹就越不明显。

33-35번 문제는 다음 내용에 근거한다.

　　무지개는 텐훙이라고도 부르는 흔한 광학 현상이다. 그렇다면, 무지개는 도대체 어떻게 형성되는 것일까?

　　공기 중에 물방울이 있으면, 예를 들면 폭포 근처 같은 곳에서 무지개를 관찰할 수 있을 것이다. 그러나 무지개는 비가 온 뒤 날이 맑아졌을 때 가장 자주 나타난다. [33]큰비가 내린 후, 공기 중에는 작은 물방울이 가득 차 있는데, 햇빛이 이렇게 둥글둥글한 물방울을 통과할 때, 빛의 전파 방향에 변화가 생기면서 굴절과 반사를 일으키고, 그리하여 하늘에 아치형의 일곱 빛깔 스펙트럼이 형성된다. 빛의 굴절과 반사되는 각도는 각기 다르기 때문에, 결국에는 다른 색의 빛이 형성된다. 만약 관찰자가 햇빛을 등지고 있다면 무지개를 쉽게 볼 수 있지만, [34]햇빛을 마주 볼 때는 무지개를 볼 수 없다. [35]무지개가 뚜렷한지의 여부는 공기 중 물방울의 크기로 결정되는데, 물방울이 클수록, 형성된 무지개는 점점 눈에 띈다. 이와 반대로 물방울이 작을수록, 형성된 무지개는 더욱 뚜렷하지 않다.

33. 问：彩虹的形成需要哪些条件？	33. 질문: 무지개의 형성에는 어떤 조건이 필요한가?
34. 问：在下列哪种情况下，会看不到彩虹？	34. 질문: 다음 중 어떤 상황에서, 무지개를 볼 수 없는가?
35. 问：彩虹是否明显与什么有关？	35. 질문: 무지개가 뚜렷한지의 여부는 무엇과 관련이 있는가?

해설

선택지 읽기

34번 선택지가 모두 특정 대상에 대한 사실을 나타내고, 34번과 35번 선택지에서 水滴(물방울), 光线(빛)이 언급되었으므로, 자연현상과 관련된 설명문이 나올 것임을 예상할 수 있다. 따라서 설명 대상의 세부적인 특징에 대한 내용을 주의 깊게 듣는다.

단문 듣기

단문 후반의 面对阳光时是看不到彩虹的를 듣고, 34번의 C 面对阳光에 체크해 둔다.
단문 후반의 彩虹是否明显由空气中水滴的大小决定을 듣고, 35번의 B 水滴的大小에 체크해 둔다.

질문 듣고 정답 고르기

33. 질문이 무지개의 형성에는 어떤 조건이 필요한지를 물었으므로, 단문 중반의 大雨过后, 空气中充满了小水滴, 阳光穿过这些圆圆的水滴时, 光线的传播方向会发生变化, 造成折射及反射, 从而在天空中形成拱形的七彩光谱。를 통해 알 수 있는 D 水滴和光线을 정답으로 고른다.

34. 질문이 무지개를 볼 수 없는 상황을 물었으므로, C를 정답으로 고른다.

35. 질문이 무지개가 뚜렷한지의 여부는 무엇과 관련이 있는지를 물었으므로, B를 정답으로 고른다.

어휘 云 yún 圆구름 雾 wù 圆안개 阳光 yángguāng 圆햇빛 闪电 shǎndiàn 圆번개 水滴 shuǐdī 圆물방울 光线 guāngxiàn 圆빛, 광선 强烈 qiángliè 圆강렬하다 空气 kōngqì 圆공기 湿润 shīrùn 圆촉촉하다, 습윤하다 面对 miànduì 圆마주 보다, 직면하다 强度 qiángdù 圆강도 形状 xíngzhuàng 圆형태, 생김새 直射 zhíshè 圆직사하다 面积 miànjī 圆면적 彩虹 cǎihóng 圆무지개 称 chēng 圆부르다 天虹 tiānhóng 톈훙[=무지개] 光学 guāngxué 圆광학 现象 xiànxiàng 圆현상 到底 dàodǐ 圆도대체 形成 xíngchéng 圆형성하다 观察 guānchá 圆관찰하다 比如 bǐrú 圆예를 들면~이다 瀑布 pùbù 圆폭포 天晴 tiānqíng 圆날이 맑아지다 出现 chūxiàn 圆나타나다 充满 chōngmǎn 圆가득 차다 圆 yuán 圆둥글다 传播 chuánbō 圆전파하다 方向 fāngxiàng 圆방향 发生 fāshēng 圆(원래 없던 현상이) 생기다 造成 zàochéng 圆일으키다 折射 zhéshè 圆굴절하다 反射 fǎnshè 圆반사하다 从而 cóng'ér 圆그리하여 天空 tiānkōng 圆하늘 拱形 gǒngxíng 圆아치형 七彩 qīcǎi 圆일곱 빛깔 光谱 guāngpǔ 圆스펙트럼 由于 yóuyú 圆~때문에~하다 角度 jiǎodù 圆각도, 관점 各不相同 gè bù xiāngtóng 각기 다르다 观察者 guāncházhě 관찰자 背 bèi 圆등지다 등 是否 shìfǒu 圆여부~인지 아닌지 明显 míngxiǎn 圆뚜렷하다 显眼 xiǎnyǎn 圆눈에 띄다 反之 fǎnzhī 圆이와 반대로 条件 tiáojiàn 圆조건

---

36 - 38

36. A 平稳健康 B 不可控制	36. A 평온하고 건강하다 B 제어할 수 없다
C 不温不火 **D 非常活跃**	C 뜨뜻미지근하다 **D 매우 활발하다**
37. **A 儿童教育** B 兴趣爱好	37. **A 아동 교육** B 취미
C 道德修养 D 休闲娱乐	C 도덕적 수양 D 여가 오락
38. A 没有标准	38. A 기준이 없다
B 不断上涨	**B 끊임없이 오른다**
C 变动幅度较小	C 변동폭이 비교적 적다
D 始终保持稳定	D 언제나 안정을 유지한다

第36到38题是根据下面一段话：

　　[36]近几年，儿童消费市场异常活跃，相关领域的销售利润都在持续增长，其中儿童教育方面的增长最为突出，可以说是形成了新的消费趋势。

36-38번 문제는 다음 내용에 근거한다.

　　[36]최근 몇 년간 아동 소비 시장이 매우 활발해지면서, 관련 분야의 판매 이윤이 모두 지속적으로 증가하고 있는데, 그중 아동 교육 분야의 증가가 가장 두드러져서, 새로운 소비 추세를 형성했다고 말할 수 있다.

随着居民收入的不断提高，越来越多的中国家庭开始把更多的金钱和精力投入到孩子的教育上。各类辅导班、各种兴趣班、夏令营等都引起了家长们的关注。虽然饮食和服装消费仍是儿童消费的主要部分，但教育消费所占的比例也越来越高。最新调查显示，³⁷除基本生存消费以外，教育消费已成为了儿童消费的最大部分。

此外，在儿童消费的其他领域中，娱乐、玩具、家具也吸引了家长们的目光。³⁸尽管相关物品的价格一涨再涨，但丝毫没有影响到家长的购买热情。

36. 问： 近几年儿童消费市场发展状况如何？

37. 问： 除了基本生存消费，下列哪项是儿童消费的最大部分？

38. 问： 儿童商品的价格有什么特点？

주민 소득의 끊임없는 증가에 따라, 점점 많은 중국 가정이 더 많은 돈과 에너지를 자녀의 교육에 투자하기 시작했다. 각종 학원, 취미반, 여름 캠프 등은 모두 학부모들의 관심을 끌었다. 비록 음식과 의류 소비는 여전히 아동 소비의 주요 부분이지만, 교육 소비가 차지하는 비율도 점점 높아지고 있다. 최신 조사에서는, ³⁷기본 생존 소비 이외에 교육 소비가 이미 아동 소비의 가장 큰 부분이 된 것으로 나타났다.

이 밖에, 아동 소비의 다른 영역에서, 오락, 장난감, 가구도 학부모의 눈길을 사로잡았다. ³⁸비록 관련 물품의 가격이 오르고 또 올랐지만, 학부모의 구매 열정에는 조금도 영향을 주지 못했다.

36. 질문: 최근 몇 년간 아동 소비 시장의 발전 상황은 어떠한가?

37. 질문: 기본 생존 소비를 제외하고, 다음 중 아동 소비에서 가장 큰 부분은?

38. 질문: 아동 상품의 가격에는 무슨 특징이 있는가?

해설　선택지 읽기
38번 선택지가 모두 특정 대상에 대한 사실을 나타내고, 上涨(오르다), 变动幅度(변동폭)가 언급되었으므로, 경제와 관련된 설명문이 나올 것을 예상할 수 있다. 따라서 설명 대상의 세부적인 특징에 대한 내용을 주의 깊게 듣는다.

단문 듣기
단문 초반의 近几年, 儿童消费市场异常活跃를 듣고, 36번의 D 非常活跃에 체크해 둔다.
단문 후반의 除基本生存消费以外, 教育消费已成为了儿童消费的最大部分을 듣고 37번의 A 儿童教育에 체크해 둔다.
단문 후반의 尽管相关物品的价格一涨再涨을 듣고, 38번의 B 不断上涨에 체크해 둔다.

질문 듣고 정답 고르기
36. 질문이 최근 몇 년간 아동 소비 시장의 발전 상황은 어떠한지를 물었으므로, D를 정답으로 고른다.
37. 질문이 기본 생존 소비를 제외하고 아동 소비에서 가장 큰 부분을 물었으므로, A를 정답으로 고른다.
38. 질문이 아동 상품의 가격에는 무슨 특징이 있는지를 물었으므로, B를 정답으로 고른다.

　　＊바꾸어 표현　一涨再涨 오르고 또 오르다 → 不断上涨 끊임없이 오르다

어휘　平稳 píngwěn 형 평온하다　控制 kòngzhì 동 제어하다　不温不火 bùwēnbùhuǒ 뜨뜻미지근하다　活跃 huóyuè 형 활발하다
　　儿童 értóng 명 아동　教育 jiàoyù 명 교육　道德 dàodé 명 도덕이다　修养 xiūyǎng 명 수양, 교양
　　休闲 xiūxián 통 여가 활동을 하다　标准 biāozhǔn 명 기준　不断 búduàn 분 끊임없이 끊임없다　上涨 shàngzhǎng 동 오르다
　　变动 biàndòng 통 변동하다　幅度 fúdù 명 폭　始终 shǐzhōng 분 언제나　保持 bǎochí 동 유지하다　稳定 wěndìng 동 안정되다
　　消费 xiāofèi 동 소비하다　市场 shìchǎng 명 시장　异常 yìcháng 분 매우　相关 xiāngguān 통 (서로) 관련되다
　　领域 lǐngyù 명 분야, 영역　销售 xiāoshòu 통 판매하다　利润 lìrùn 명 이윤　持续 chíxù 통 지속하다　增长 zēngzhǎng 통 증가하다
　　其中 qízhōng 명 그중에　方面 fāngmiàn 명 분야　突出 tūchū 동 두드러지다　形成 xíngchéng 통 형성하다　趋势 qūshì 명 추세
　　随着 suízhe 개 ~에 따르다　居民 jūmín 명 주민　收入 shōurù 명 소득　家庭 jiātíng 명 가정　精力 jīnglì 명 에너지
　　投入 tóurù 통 투자하다　辅导班 fǔdǎobān 명 학원　夏令营 xiàlìngyíng 명 여름 캠프　引起 yǐnqǐ 통 (주의를) 끌다, 야기하다
　　家长 jiāzhǎng 명 학부모　关注 guānzhù 동 관심을 가지다　饮食 yǐnshí 명 음식, 먹고 마시는 것　服装 fúzhuāng 명 의류
　　仍 réng 분 여전히　部分 bùfen 명 부분　占 zhàn 동 차지하다　比例 bǐlì 명 비율　调查 diàochá 동 조사하다
　　显示 xiǎnshì 통 나타나다　基本 jīběn 형 기본, 기본적인　生存 shēngcún 통 생존하다　以外 yǐwài 명 이외
　　成为 chéngwéi 통 ~이 되다　吸引 xīyǐn 통 사로잡다　目光 mùguāng 명 눈길　尽管 jǐnguǎn 접 비록 ~이라 하더라도
　　物品 wùpǐn 명 물품　价格 jiàgé 명 가격　涨 zhǎng 동 (값이나 수위가) 올라가다　丝毫 sīháo 분 조금도　购买 gòumǎi 동 구매하다
　　发展 fāzhǎn 통 발전하다　状况 zhuàngkuàng 명 상황　如何 rúhé 대 어떠하다　商品 shāngpǐn 명 상품　特点 tèdiǎn 명 특징

39. A 遗传	B 社会	39. A 유전	B 사회
C 勇气	D 教育	**C 용기**	D 교육
40. A 容易冲动	**B 勇于竞争**	40. A 충동적이기 쉽다	**B 용감하게 경쟁한다**
C 思想成熟	D 行动迅速	C 생각이 성숙하다	D 행동이 재빠르다
41. A 军事家	B 艺术家	41. A 군사 전문가	B 예술가
C 企业家	D 科学家	**C 기업가**	D 과학자

第39到41题是根据下面一段话：

性格对人的一生有着较为深刻的影响，所以影响性格的因素一直都是心理学的热门研究课题。

传统心理学认为影响性格的因素共有五个。经过深入研究，[39/40]心理学家又发现了第六大因素，那就是"冒险精神"。研究表明，[40]具有这种性格特征的人勇于竞争，乐于冒险，大胆行动。这类人行动时有坚定的目标，清楚地知道自己在做什么，并且愿意承担责任和风险。面对激烈的竞争，他们更愿意独自挑战，并达到最终的目标。[41]这一特征在公司的领导者、出租车司机、运动员中尤为突出，而且男性所占比例较高。

第六种因素的发现是心理学研究的重要成果，这一发现向人们揭示了一个完整的心理平衡系统。

39. 问：影响性格的第六种因素是什么？

40. 问：根据这段话，具有冒险精神的人有什么特征？

41. 问：根据这段话，下列哪类人最可能具有冒险精神？

39-41번 문제는 다음 내용에 근거한다.

성격은 사람의 일생에 비교적 깊은 영향을 미치고 있는데, 그래서 성격에 영향을 미치는 요소는 줄곧 심리학의 인기 있는 연구 과제이다.

전통 심리학은 성격에 영향을 미치는 요소가 총 5개라고 본다. 깊은 연구를 거쳐서, [39/40]심리학자는 여섯 번째로 큰 요소를 또 발견했는데, 그것은 바로 '모험 정신'이다. 연구는 [40]이런 성격 특징을 가지고 있는 사람이 용감하게 경쟁하며, 모험하는 것을 즐기고, 대담하게 행동한다고 밝혔다. 이런 부류의 사람은 행동할 때 확고한 목표를 가지고 있고, 자신이 무엇을 하고 있는지 정확히 알고 있으며, 게다가 책임과 위험을 감수하고 싶어한다. 치열한 경쟁에 직면하면, 그들은 혼자서 도전하고 최종 목표에 이르는 것을 더 원한다. [41]이 특징은 회사의 리더, 택시 운전기사, 운동선수에서 특히 두드러지며, 남성이 차지하는 비율이 비교적 높다.

여섯 번째 성격 요소의 발견은 심리학 연구의 중요한 성과이며, 이 발견은 사람들에게 하나의 완전한 심리 균형 체계를 명시해 주었다.

39. 질문: 성격에 영향을 미치는 여섯 번째 요소는 무엇인가?

40. 질문: 이 단문에 근거하여, 모험 정신을 가지고 있는 사람은 어떤 특징이 있는가?

41. 질문: 이 단문에 근거하여, 다음 중 어떤 유형의 사람이 모험 정신을 가지고 있을 가능성이 가장 큰가?

해설　**선택지 읽기**

40번 선택지가 모두 사람 성격의 특징과 관련된 표현이므로, 성격과 관련된 설명문이 나올 것임을 예상할 수 있다. 따라서 설명 대상의 세부적인 특징에 대한 내용을 주의 깊게 듣는다.

단문 듣기

단문 중반의 心理学家又发现了第六大因素, 那就是"冒险精神"……具有这种性格特征的人勇于竞争을 듣고, 40번의 B 勇于竞争에 체크해 둔다.

질문 듣고 정답 고르기

39. 질문이 성격에 영향을 미치는 여섯 번째 요소는 무엇인지를 물었으므로, 단문 중반의 心理学家又发现了第六大因素, 那就是"冒险精神"을 통해 유추할 수 있는 C 勇气를 정답으로 고른다.

40. 질문이 단문에 근거하여 모험 정신을 가지고 있는 사람은 어떤 특징이 있는지를 물었으므로, B를 정답으로 고른다.

41. 질문이 단문에 근거하여 어떤 유형의 사람이 모험 정신을 가지고 있을 가능성이 가장 큰지를 물었으므로, 단문 후반의 这一特征在公司的领导者、出租车司机、运动员中尤为突出을 통해 유추할 수 있는 C 企业家를 정답으로 고른다.

遗传 yíchuán 圓유전　社会 shèhuì 圓사회　勇气 yǒngqì 圓용기　教育 jiàoyù 圓교육　冲动 chōngdòng 圓충동적이다
勇于 yǒngyú 圓용감하게 ~하다　竞争 jìngzhēng 圓경쟁하다　思想 sīxiǎng 圓생각　成熟 chéngshú 圓(정도 등이) 성숙하다
行动 xíngdòng 圓행동 圓행동하다　迅速 xùnsù 圓재빠르다　军事家 jūnshìjiā 圓군사 전문가　艺术家 yìshùjiā 圓예술가
企业家 qǐyèjiā 圓기업가　科学家 kēxuéjiā 圓과학자　性格 xìnggé 圓성격　一生 yìshēng 圓일생　深刻 shēnkè 圓깊다
因素 yīnsù 圓요소, 원인　一直 yìzhí 圓줄곧　热门 rèmén 圓인기 있는 것　研究 yánjiū 圓연구하다　课题 kètí 圓과제
传统 chuántǒng 圓전통　心理学 xīnlǐxué 圓심리학　深入 shēnrù 圓깊다　冒险 màoxiǎn 圓모험하다　精神 jīngshén 圓정신
表明 biǎomíng 圓(분명하게) 밝히다　特征 tèzhēng 圓특징　乐于 lèyú 圓~하는 것을 즐기다　大胆 dàdǎn 圓대담하다
坚定 jiāndìng 圓확고하다　目标 mùbiāo 圓목표　并且 bìngqiě 圓게다가　承担 chéngdān 圓감수하다, 부담하다
责任 zérèn 圓책임　风险 fēngxiǎn 圓위험　面对 miànduì 圓직면하다　激烈 jīliè 圓치열하다　独自 dúzì 圓혼자서
挑战 tiǎozhàn 圓도전하다　达到 dádào 圓이르다　领导者 lǐngdǎozhě 圓리더　运动员 yùndòngyuán 圓운동선수
尤为 yóuwéi 圓특히　突出 tūchū 圓두드러지다　占 zhàn 圓차지하다　比例 bǐlì 圓비율　成果 chéngguǒ 圓성과
揭示 jiēshì 圓명시하다　完整 wánzhěng 圓완전하다　平衡 pínghéng 圓균형이 맞다　系统 xìtǒng 圓체계, 시스템

42 - 43

42. A 动物学　　　**B 教育学**
　　C 体育学　　　D 心理学

43. A 得到检验的理论
　　B 未被发现的问题
　　C 明确的研究方向
　　D 已被证明的知识

42. A 동물학　　　**B 교육학**
　　C 체육학　　　D 심리학

43. A 검증 받은 이론
　　B 아직 발견되지 않은 문제
　　C 명확한 연구 방향
　　D 이미 증명된 지식

第42到43题是根据下面一段话:

　　[42]一位著名教授曾经讲过一个有趣的"兔子理论"。他认为，教育学生就像是教学生抓兔子。本科生所学习的内容都是经过前人反复证明的知识，是固定的，所以被叫做"看得见的死兔子"。本科阶段要做的就是找到一条正确的路，学会快速抓住"兔子"。研究生时期则要学会发现并抓住"在视野中奔跑的活兔子"，即要学习如何发现和解决问题。[43]读到博士的时候，要学会"打一只看不见的活兔子"，也就是要找出未被发现的问题。此时的兔子可能不在视野里，而是在树林里到处奔跑，这就需要学生先从树林里把这只兔子赶出来，判断是否值得去猎取，然后再用更高级的狩猎技术抓住兔子。

　　这套理论用幽默诙谐的语言解释了不同学习阶段的特点。该教授指出，本科教育是素质教育，目的是培养一个成熟的文明人，研究生和博士生教育则是专业教育，目的是培养具有较强的观察能力和分析能力的人。

42-43번 문제는 다음 내용에 근거한다.

　　[42]한 유명한 교수는 예전에 재미있는 '토끼 이론'을 강의한 적이 있다. 그는 학생을 가르치는 것이 학생들에게 토끼 잡는 것을 알려주는 것과 비슷하다고 생각했다. 학부생이 배우는 내용은 모두 이전 사람들의 반복적인 증명을 거친 지식으로, 고정된 것이여서, '보이는 죽은 토끼'라고 불린다. 학부 단계에서 해야 할 일은 바로 정확한 길을 찾아서, 빠르게 '토끼' 잡는 법을 배우는 것이다. 대학원생 시기에는 '시야에시 뛰어다니는 실아 있는 토끼'를 발견하고 잡는 법을 배워야 하는데, 즉 어떻게 문제를 발견하고 해결하는지를 배워야 한다. [43]박사를 공부할 때는, '보이지 않는 살아 있는 토끼 한 마리를 사냥하는 것'을 배울 줄 알아야 하는데, 즉 아직 발견되지 않은 문제를 찾아내야 한다. 이때 토끼는 아마 시야에 있지 않고, 숲 속 이곳저곳을 뛰어다닐텐데, 이때 학생들은 먼저 숲 속에서 이 토끼를 몰아내서, 사냥하여 얻을 가치가 있는지 없는지를 판단한 다음, 더 고급스러운 사냥 기술로 토끼를 잡을 수 있어야 한다.

　　이 이론은 해학적인 언어로 다른 학습 단계의 특징을 설명했다. 이 교수는 학부 교육은 소양 교육이며, 목적은 성숙한 지식인을 양성하는 것이고, 대학원생과 박사생의 교육은 전문적인 교육이며, 목적은 비교적 강한 관찰 능력과 분석 능력을 지닌 사람을 양성하는 것이라고 했다.

| 42. 问："兔子理论"是哪个学科的理论？ | 42. 질문: '토끼 이론'은 어느 학문 분야의 이론인가? |
| 43. 问：教授说的"看不见的活兔子"实际上指的是什么？ | 43. 질문: 교수가 말하는 '보이지 않는 살아 있는 토끼'는 사실상 무엇을 가리키는가? |

해설 선택지 읽기

43번 선택지가 모두 특정 대상에 대한 사실을 나타내고, 42번 선택지에 ~学(~학), 43번 선택지에 研究(연구), 知识(지식)이 언급되었으므로, 어떤 학문에 대한 연구 지식과 관련된 설명문이 나올 것임을 예상할 수 있다. 따라서 설명 대상의 세부적인 특징에 대한 내용을 주의 깊게 듣는다.

단문 듣기

단문 중반의 读到博士的时候，要学会"打一只看不见的活兔子"，也就是要找出未被发现的问题。를 듣고, 43번의 B 未被发现的问题에 체크해 둔다.

질문 듣고 정답 고르기

42. 질문이 '토끼 이론'은 어느 학문 분야의 이론인지를 물었으므로, 단문 초반의 一位著名教授曾经讲过一个有趣的"兔子理论"。他认为，教育学生就像是教学生抓兔子。를 통해 유추할 수 있는 B 教育学를 정답으로 고른다.

43. 질문이 교수가 말하는 '보이지 않는 살아 있는 토끼'는 사실상 무엇을 가리키는지를 물었으므로, B를 정답으로 고른다.

어휘 教育学 jiàoyùxué 圆교육학　心理学 xīnlǐxué 圆심리학　检验 jiǎnyàn 圄검증하다　理论 lǐlùn 圆이론　明确 míngquè 圄명확하다
研究 yánjiū 圆연구　方向 fāngxiàng 圆방향　证明 zhèngmíng 圄증명하다　著名 zhùmíng 圄유명하다　曾经 céngjīng 圄예전에
有趣 yǒuqù 재미있다　教育 jiàoyù 圄가르치다 圆교육　抓 zhuā 圄잡다　本科生 běnkēshēng 圆학부생
前人 qiánrén 圆이전 사람　反复 fǎnfù 圄반복하여　固定 gùdìng 圄고정되다　兔子 tùzi 圆토끼　本科 běnkē 圆학부, 본과
阶段 jiēduàn 圆단계, 계단　正确 zhèngquè 圄정확하다　快速 kuàisù 圄빠르다　研究生 yánjiūshēng 圆대학원생
时期 shíqī 圆(특정한) 시기　视野 shìyě 圆시야　奔跑 bēnpǎo 圄뛰어다니다　即 jí 圄즉, 곧　如何 rúhé 떼어떻다
博士 bóshì 圆박사　此时 cǐshí 圆이때　树林 shùlín 圆숲　到处 dàochù 圄이곳저곳, 도처　赶 gǎn 圄몰다, 쫓다
判断 pànduàn 圄판단하다　是否 shìfǒu 圄~인지 아닌지　值得 zhídé 圄~할 가치가 있다　猎取 lièqǔ 圄사냥하여 얻다
高级 gāojí 圄고급의　狩猎 shòuliè 圄사냥하다　幽默诙谐 yōumò huīxié 해학적이다　语言 yǔyán 圆언어　解释 jiěshì 圄설명하다
特点 tèdiǎn 圆특징　素质 sùzhì 圆소양, 자질　目的 mùdì 圆목적　培养 péiyǎng 圄양성하다　成熟 chéngshú 圄(정도 등이) 성숙하다
文明人 wénmíngrén 圆지식인　专业 zhuānyè 圄전문적이다　观察 guānchá 圄관찰하다　能力 nénglì 圆능력
分析 fēnxī 圄분석하다　学科 xuékē 圆학문 분야　实际上 shíjì shang 圄사실상

44 - 45

44. A 又累又渴	44. A 피곤하고 목마르다
B 没抽出水来	B 물을 못 뽑아냈다
C 意外丢失瓶子	C 뜻밖에 병을 잃어버렸다
D 弄脏了瓶子里的水	D 병 속의 물을 더럽혔다
45. A 安全最重要	45. A 안전이 가장 중요하다
B 有舍才有得	B 포기하는 것이 있어야 비로소 얻는 게 있다
C 凡事要靠自己	C 모든 일은 자신에게 의지해야 한다
D 知识就是力量	D 아는 것이 힘이다

第44到45题是根据下面一段话：

　　有一个人在沙漠里走了两天两夜，当他坚持不下去时，发现了一个小屋，里面有一台抽水机。⁴⁴他之前用过这种抽水机，以为只要持续按压，就能让水流出来。可是试了半天也没见水流出来。他感到十分灰心，转身想要离开。忽然，他发现了一个装有水的小瓶子，瓶子上贴着一张纸，上面写道："把水倒进抽水机后连续按压，水才能出来。"看完后他犹豫了很久，因为如果照这个方法去做，自己可能会失去仅剩的那点儿水，如果不照做，只靠瓶子里的水也很难走出沙漠。最终，他还是决定相信纸上的说明。于是他按照瓶子上写的那句话，把水倒进抽水机里。最后他抽出了大量的水，而那些水足够支撑他走出沙漠。

　　⁴⁵这则故事告诉我们，"舍得"是一种智慧，是我们必须要学会的生存艺术，⁴⁵有时丢掉一部分东西，才会得到更多。

44. 问：那个人为什么感到灰心？

45. 问：这段话主要想告诉我们什么？

44-45번 문제는 다음 내용에 근거한다.

　　사막에서 이틀 밤을 걸은 한 사람이 있었다. 그가 더 이상 버틸 수 없을 때, 작은 집 하나를 발견했는데, 그 안에는 물 펌프 한 대가 있었다. ⁴⁴그는 전에 이런 종류의 물 펌프를 사용해 본 적이 있어, 지속해서 누르기만 하면 물이 흘러 나오게 할 수 있을 것이라고 생각했다. 그러나 한참 동안을 시도해도 물이 흘러 나오는 것을 볼 수 없었다. 그는 매우 낙담하여 몸을 돌려 떠나려고 했다. 갑자기 그는 물이 담겨 있는 작은 병을 발견했다. 병에는 종이가 한 장 붙어 있었는데 그 위에는 '물을 펌프에 부은 후 계속 눌러야 물이 비로소 나올 수 있다'고 적혀 있었다. 다 보고 나서 그는 한참을 망설였는데, 만약 이 방법대로 했다가는 자신에게 겨우 남은 그 물을 잃을 수도 있고, 만약 이대로 하지 않는다면, 병 속의 물에만 의지해서는 사막에서 빠져 나가기 힘들기 때문이었다. 결국, 그는 그래도 종이에 적힌 설명을 믿기로 결심했다. 그리하여 그는 병에 적힌 그 말대로, 물을 물 펌프에 따라 부었다. 마침내 그는 많은 물을 뽑아냈고, 그 물은 그가 사막에서 빠져 나가는 것을 버티게 해주기에 충분했다.

　　⁴⁵이 이야기는 우리에게 '미련이 없다'는 일종의 지혜이고, 우리가 반드시 배워야 할 생존 예술이며, ⁴⁵때로는 일부 물건을 잃어야지만, 비로소 더 많은 것을 얻을 수 있다는 것을 알려 준다.

44. 질문: 그 사람은 왜 낙담했는가?

45. 질문: 이 단문이 우리에게 주로 알려주고 싶어 하는 것은 무엇인가?

해설　선택지 읽기

44번 선택지가 모두 사람의 상태·상황을 나타내고, 水(물), 瓶子(병)가 언급되었으므로, 어떤 사람과 물에 관련된 이야기가 나올 것임을 예상할 수 있다. 따라서 단문에 등장하는 인물과 관련된 사건의 전개나 결과를 주의 깊게 들어야 한다.

단문 듣기

단문 초반의 他之前用过这种抽水机，以为只要持续按压，就能让水流出来。可是试了半天也没见水流出来。他感到十分灰心，转身想要离开。를 듣고, 44번의 B 没抽出水来에 체크해 둔다.

질문 듣고 정답 고르기

44. 질문이 그가 낙담한 이유를 물었으므로, B를 정답으로 고른다.

45. 질문이 단문이 우리에게 주로 알려 주고 싶어 하는 것을 물었으므로, 단문 후반의 这则故事告诉我们……有时丢掉一部分东西，才会得到更多를 통해 유추할 수 있는 B 有舍才有得을 정답으로 고른다.

어휘　抽 chōu 图뽑다, 나오다　意外 yìwài 图뜻밖의　丢失 diūshī 图잃어버리다　弄脏 nòngzāng 图더럽히다　舍 shě 图포기하다

凡事 fánshì 图모든 일　靠 kào 图의지하다, 기대다　力量 lìliang 图힘, 능력　沙漠 shāmò 图사막　夜 yè 图밤

坚持 jiānchí 图끝까지 버티다　小屋 xiǎowū 작은 집　抽水机 chōushuǐjī 图물 펌프　持续 chíxù 图지속하다　按压 ànyā 图누르다

半天 bàntiān 한참 동안　灰心 huīxīn 图낙담하다　转身 zhuǎnshēn 图몸을 돌리다　忽然 hūrán 图갑자기

装 zhuāng 图담다, 포장하다　贴 tiē 图붙이다　连续 liánxù 图계속하다, 연속하다　犹豫 yóuyù 图망설이다　失去 shīqù 图잃다

仅 jǐn 图겨우　剩 shèng 图남다　照做 zhàozuò 이대로 하다　最终 zuìzhōng 图결국　说明 shuōmíng 图설명하다

大量 dàliàng 图많은　足够 zúgòu 图충분하다　支撑 zhīchēng 图버티다　舍得 shědé 图미련이 없다　智慧 zhìhuì 图지혜, 슬기

生存 shēngcún 图생존하다　丢掉 diūdiào 图잃다

46 - 48

⁴⁶沉锚效应是一种心理现象。在46. D 通常 情况下，人们做决定的时候会被第一信息所左右。就像沉入海底的锚一样，它会把人的思想固定在某处，从而决定之后的行为。沉锚效应是潜意识里自然生成的，是人类的一种天性。⁴⁷这种天性 47. A 控制 着人的大脑深处，使人们在实际决策过程中形成偏差，从而影响最终的结果。哪怕是精明能干的人也不例外。⁴⁸这一现象48. C 存在 于生活的方方面面。不光是生活中的小决定，工作和投资行为⁴⁸都会不同程度地受到沉锚效应的影响。

⁴⁶닻 내림 효과는 일종의 심리 현상이다. 46. D 일반적인 상황에서, 사람들은 결정을 내릴 때 첫 번째 정보에 의해 좌우될 수 있다. 마치 바닷속에 잠긴 닻과 같이, 이것은 사람들의 생각을 어느 한 곳에 고정시키고, 그렇게 함으로써 그 다음 행위를 결정한다. 닻 내림 효과는 잠재의식 속에서 자연스럽게 생기는 것으로, 인류의 천성이다. ⁴⁷이러한 천성은 사람의 대뇌 깊은 곳을 47. A 통제하고 있으며, 사람들이 실제로 결정을 하는 과정에서 오류가 생기게 하고, 그리하여 최종 결과에 영향을 준다. 설령 영리하고 유능한 사람이라도 예외가 되지 않는다. ⁴⁸이 현상은 삶의 여러 방면에 48. C 존재한다. 생활 속의 작은 결정뿐만 아니라, 업무와 투자 행위도 ⁴⁸모두 각기 다른 정도로 닻 내림 효과의 영향을 받는다.

어휘 沉锚效应 chénmáo xiàoyìng 囘닻 내림 효과[어떤 사항에 대한 판단을 내릴 때 초기에 제시된 기준에 영향을 받는 현상]
心理 xīnlǐ 囘심리　现象 xiànxiàng 囘현상　通常 tōngcháng 囘일반적인　信息 xìnxī 囘정보　左右 zuǒyòu 통좌우하다
沉入 chénrù 통잠기다　海底 hǎidǐ 囘바닷속　思想 sīxiǎng 囘생각　固定 gùdìng 통고정하다　某处 mǒu chù 어느 한 곳
从而 cóng'ér 젭그렇게 함으로써, 그리하여　行为 xíngwéi 囘행위　潜意识 qiányìshí 囘잠재의식　人类 rénlèi 囘인류
天性 tiānxìng 囘천성　控制 kòngzhì 통통제하다　大脑 dànǎo 囘대뇌　深处 shēnchù 囘깊은 곳
决策 juécè 통(정책과 방법을) 결정하다　形成 xíngchéng 통생기다, 형성하다　偏差 piānchā 囘오류, 편차　哪怕 nǎpà 젭설령
精明 jīngmíng 톈영리하다　能干 nénggàn 톈유능하다　例外 lìwài 통예외가 되다　不光 bùguāng 閇~뿐만 아니라
投资 tóuzī 통투자하다　程度 chéngdù 囘정도

46

A 目前	B 实验
C 实际	**D 通常**

A 지금	B 실험
C 실제	**D 일반적인**

해설 각 선택지의 뜻을 먼저 확인한 후, 빈칸 주변을 읽는다. 빈칸 주변이 '닻 내림 효과는 일종의 심리 현상이다. _____ 상황에서, 사람들은 결정을 내릴 때 첫 번째 정보에 의해 좌우될 수 있다.'라는 문맥이고, 지문 전체적으로 닻 내림 효과가 인류의 천성이며, 누구든 예외가 없다고 했으므로, 빈칸에는 닻 내림 효과가 보편적인 현상임을 나타내는 어휘가 들어가야 한다. 따라서 D 通常을 정답으로 고른다.

어휘 目前 mùqián 囘지금, 현재　实验 shíyàn 囘실험　实际 shíjì 囘실제　通常 tōngcháng 톈일반적인

47

A 控制	B 制作
C 删除	D 在乎

A 통제하다	B 제작하다
C 삭제하다	D 신경 쓰다

해설 각 선택지의 뜻을 먼저 확인한 후, 빈칸 주변을 읽는다. 빈칸 주변의 '이러한 천성은 사람의 대뇌 깊은 곳을 _____ 있으며, 사람들이 실제로 결정을 하는 과정에서 오류가 생기게 하고, 그리하여 최종 결과에 영향을 준다.'라는 문맥에 가장 적합한 A 控制을 정답으로 고른다.

어휘 控制 kòngzhì 통통제하다　制作 zhìzuò 통제작하다　删除 shānchú 통삭제하다　在乎 zàihū 통신경 쓰다

48

A 限制	B 培养
C 存在	D 采取

A 제한하다	B 기르다
C 존재하다	D 채택하다

해설 각 선택지의 뜻을 먼저 확인한 후, 빈칸 주변을 읽는다. 빈칸 주변의 '이 현상은 삶의 여러 방면에 _____. …… 모두 각기 다른 정도로 닻 내림 효과의 영향을 받는다'라는 문맥에 가장 적합한 C 存在를 정답으로 고른다.

어휘 限制 xiànzhì 🅑제한하다   培养 péiyǎng 🅑기르다, 양성하다   存在 cúnzài 🅑존재하다   采取 cǎiqǔ 🅑채택하다

---

49 - 52

⁴⁹火的使用从 49. C 根本 上改变了人类的生活方式，因为火是人类所掌握的一种能量形式，⁴⁹具有划时代的意义。

⁵⁰火最直接的 50. A 用途 就是烹饪食物，这极大地提高了人体对食物的消化率，同时也满足了人们日渐增长的营养需求，不仅养活了更多的人，还促进了人类大脑的发育。除了加工食物，⁵¹火还起到了杀灭病毒的作用，51. D 从而 降低人类死于食物中毒的概率，这使人口数量有了大幅度的增长。另外，52. B 火还有取暖的作用，⁵²它让人类可以生活在寒冷的北方地区。

总的来说，火是人类寿命增加、活动范围扩大的重要原因之一。

⁴⁹불의 사용은 49. C 근본적으로 인류의 생활 방식을 바꿔놓았는데, 불은 인류가 습득한 에너지 형식이기 때문에, ⁴⁹획기적인 의미를 가진다.

⁵⁰불의 가장 직접적인 50. A 용도는 바로 음식을 조리하는 것으로, 이는 음식에 대한 인체의 소화율을 크게 높여주었고, 동시에 사람들의 나날이 증가하는 영양 수요도 만족시켜, 더 많은 사람들을 먹여 살렸을 뿐만 아니라, 인류 대뇌의 발육도 촉진시켰다. 음식을 가공하는 것 외에도, ⁵¹불은 바이러스를 박멸하는 역할도 해서, 51. D 그리하여 인류가 식중독으로 사망하는 확률을 낮추었는데, 이는 인구수가 큰 폭으로 증가하게 했다. 이 밖에, 52. B 불은 몸을 따뜻하게 하는 역할도 하는데, ⁵²그것은 인류가 몹시 추운 북방 지역에서 살 수 있게 해 준다.

전반적으로 말하면, 불은 인류 수명이 늘어나고, 활동 범위를 넓힌 주요 원인 중 하나이다.

어휘 根本 gēnběn 🅗근본적인   人类 rénlèi 🅑인류   方式 fāngshì 🅑방식   掌握 zhǎngwò 🅑습득하다, 파악하다   能量 néngliàng 🅑에너지
形式 xíngshì 🅑형식   划时代 huàshídài 🅗획기적인   意义 yìyì 🅑의미   用途 yòngtú 🅑용도   烹饪 pēngrèn 🅑조리하다
食物 shíwù 🅑음식   人体 réntǐ 🅑인체   消化率 xiāohuàlǜ 소화율   满足 mǎnzú 🅑만족시키다   日渐 rìjiàn 🅗나날이
营养 yíngyǎng 🅑영양   需求 xūqiú 🅑수요   养活 yǎnghuó 🅑먹여 살리다   促进 cùjìn 🅑촉진하다   发育 fāyù 🅑발육
加工 jiāgōng 🅑가공하다   杀灭 shāmiè (병균 등을) 박멸하다   病毒 bìngdú 🅑바이러스   从而 cóng'ér 🅒그리하여
食物中毒 shíwù zhòngdú 🅑식중독   概率 gàilǜ 🅑확률   人口 rénkǒu 🅑인구   幅度 fúdù 🅑(사물의 변동) 폭
取暖 qǔnuǎn 🅑몸을 따뜻하게 하다   寒冷 hánlěng 🅗몹시 춥다   地区 dìqū 🅑지역   总的来说 zǒngdeláishuō 전반적으로 말하면
寿命 shòumìng 🅑수명   范围 fànwéi 🅑범위   扩大 kuòdà 🅑넓히다, 확대하다

49

A 轻易	B 通常	A 쉽사리	B 일반적인
C 根本	D 的确	**C 근본적인**	D 확실히

해설 각 선택지의 뜻을 먼저 확인한 후, 빈칸 주변을 읽는다. 빈칸 주변의 '불의 사용은 _____으로 인류의 생활 방식을 바꿔놓았는데 …… 획기적인 의미를 가진다'라는 문맥에 가장 적합하면서, 빈칸 바로 뒤의 上(~으로)과 문맥적으로 호응하는 C 根本을 정답으로 고른다. 根本上(근본적으로)을 고정적인 형태로 알아 둔다.

어휘 轻易 qīngyì 🅗쉽사리   通常 tōngcháng 🅗일반적인   根本 gēnběn 🅗근본적인   的确 díquè 🅗확실히

50

A 用途	B 奇迹	A 용도	B 기적
C 事实	D 收获	C 사실	D 소득

해설 각 선택지의 뜻을 먼저 확인한 후, 빈칸 주변을 읽는다. 빈칸 주변의 '불의 가장 직접적인 _____는 바로 음식을 조리하는 것이다'라는 문맥에 가장 적합한 A 用途를 정답으로 고른다.

어휘 用途 yòngtú 🅑용도   奇迹 qíjì 🅑기적   事实 shìshí 🅑사실   收获 shōuhuò 🅑소득

| A 除非 | B 总之 | A 오로지 ~해야만 | B 요컨대 |
| C 可见 | D 从而 | C ~임을 알 수 있다 | D 그리하여 |

해설 선택지를 읽고 지문의 빈칸에 문맥상 어떤 연결어가 필요할 지 파악한 후, 빈칸 주변을 읽는다. 빈칸 앞에서 불은 바이러스를 박멸하는 역할도 한다고 했고, 빈칸 뒤에서 그것(불)은 인류가 식중독으로 사망하는 확률을 낮추었다고 했으므로, 빈칸에는 앞뒤 내용이 인과 관계임을 나타내는 연결어가 들어가야 한다. 따라서 D 从而을 정답으로 고른다.

어휘 除非 chúfēi 웹 오로지 ~해야만　总之 zǒngzhī 웹 요컨대　可见 kějiàn 웹 ~임을 알 수 있다　从而 cóng'ér 웹 그리하여

A 人口数量越来越少	A 인구수가 갈수록 줄어든다
B 火还有取暖的作用	B 불은 몸을 따뜻하게 하는 역할도 한다
C 错误用火会造成灾害	C 불을 잘못 사용하면 재해를 초래할 수 있다
D 火的获取方式比较复杂	D 불을 얻는 방식은 비교적 복잡하다

해설 선택지가 모두 문장 형태이므로, 빈칸 앞뒤의 내용을 꼼꼼히 해석하여 문맥을 자연스럽게 이어주는 선택지를 정답으로 고른다. 빈칸 뒤에서 그것은 인류가 몹시 추운 북방 지역에서 살 수 있게 해준다고 했으므로, 인류가 추운 지역에서 살 수 있게 된 계기가 되는 내용을 담은 B 火还有取暖的作用을 정답으로 고른다.

어휘 人口 rénkǒu 웹 인구　取暖 qǔnuǎn 웹 몸을 따뜻하게 하다　造成 zàochéng 웹 초래하다　灾害 zāihài 웹 재해　获取 huòqǔ 웹 얻다
方式 fāngshì 웹 방식

53 - 56

有研究表明，职业、生理、心理等方面的优势会影响寿命。除此之外，⁵³哭泣也是延长 53. C 寿命 的重要因素。通常情况下，人们哭泣之后，40%左右的负面情绪可以得到缓解。不过，54. B 哭泣需要有个度，⁵⁴发泄完压抑的情绪，心情平静之后就不宜继续哭。⁵⁵人的肠胃功能对情绪极其 55. A 敏感，悲伤或哭泣时间过长，就会让胃的运动速度减慢，⁵⁶胃液分泌减少、胃液酸度下降，从而影响 56. D 胃口，使人不愿进食，严重时甚至会引起各种胃部疾病。

한 연구에서는 직업, 생리, 심리 등 분야의 장점이 수명에 영향을 줄 수 있다고 밝혔다. 그 외에 ⁵³우는 것도 53. C 수명을 연장하는 중요한 요소이다. 일반적인 상황에서, 사람들은 울고 난 후, 40% 정도의 부정적인 감정이 완화될 수 있다. 그러나 54. B 우는 것에는 정도가 있어야 하는데, ⁵⁴억눌린 감정을 다 털어놓고, 마음이 평온해진 뒤에도 계속 우는 것은 좋지 않다. ⁵⁵사람의 위장 기능은 감정에 몹시 55. A 예민해서, 슬프거나 우는 시간이 너무 길어지면, 위의 운동 속도를 느려지게 하고, ⁵⁶위액 분비를 줄어들게 하며, 위액 산도가 떨어지게 하는데 그리하여 56. D 식욕에 영향을 주어 밥을 먹기 싫게 하고, 심각할 때는 심지어 각종 위장 질병을 일으킨다.

어휘 表明 biǎomíng 웹 (분명하게) 밝히다　生理 shēnglǐ 웹 생리　心理 xīnlǐ 웹 심리　优势 yōushì 웹 장점　寿命 shòumìng 웹 수명
哭泣 kūqì 웹 울다, 흐느끼다　延长 yáncháng 웹 연장하다　因素 yīnsù 웹 요소　通常 tōngcháng 웹 일반적이다
负面 fùmiàn 웹 부정적인 면　情绪 qíngxù 웹 감정　缓解 huǎnjiě 웹 완화되다　发泄 fāxiè 웹 (불만·감정 등을) 털어놓다
压抑 yāyì 웹 억누르다　心情 xīnqíng 웹 마음　平静 píngjìng 웹 평온하다　不宜 bùyí 웹 ~하는 것은 좋지 않다　肠胃 chángwèi 웹 위장
功能 gōngnéng 웹 기능　极其 jíqí 웹 몹시　敏感 mǐngǎn 웹 민감하다　悲伤 bēishāng 웹 슬프다　胃 wèi 웹 위
胃液 wèiyè 웹 위액　分泌 fēnmì 웹 분비하다　酸度 suāndù 웹 산도　从而 cóng'ér 웹 그리하여　胃口 wèikǒu 웹 식욕
进食 jìnshí 웹 밥을 먹다　引起 yǐnqǐ 웹 일으키다　疾病 jíbìng 웹 질병

| A 未来 | B 青春 | A 미래 | B 청춘 |
| C 寿命 | D 目标 | C 수명 | D 목표 |

해설　각 선택지의 뜻을 먼저 확인한 후, 빈칸 주변을 읽는다. 빈칸 주변의 '우는 것도 ＿＿＿을 연장하는 중요한 요소이다'라는 문맥에 가장 적합하면서, 빈칸 앞 延长(연장하다)과 문맥적으로 호응하는 C 寿命을 정답으로 고른다. 延长寿命(수명을 연장하다)을 고정적인 형태로 알아 둔다.

어휘　未来 wèilái 圆 미래　青春 qīngchūn 圆 청춘　寿命 shòumìng 圆 수명　目标 mùbiāo 圆 목표

54

A 大人从来不会哭	A 어른들은 늘 울지 않는다
B 哭泣需要有个度	**B 우는 것에는 정도가 있어야 한다**
C 哭的次数并不重要	C 우는 횟수는 결코 중요하지 않다
D 心情激动时也会哭	D 감정이 격해질 때 울기도 한다

해설　선택지가 모두 문장 형태이므로, 빈칸 앞뒤의 내용을 꼼꼼히 해석하여 문맥을 자연스럽게 이어주는 선택지를 정답으로 고른다. 빈칸 뒤에서 억눌린 감정을 다 털어놓고, 마음이 평온해진 뒤에도 계속 우는 것은 좋지 않다고 했으므로, 계속 우는 것이 좋지 않다는 맥락을 담은 B 哭泣需要有个度를 정답으로 고른다.

어휘　大人 dàrén 圆 어른　哭泣 kūqì 圆 울다　次数 cìshù 圆 횟수　心情 xīnqíng 圆 감정　激动 jīdòng 圆 (감정이) 격하다, 흥분하다

55

| A 敏感 | B 谨慎 | A 예민하다 | B 신중하다 |
| C 热烈 | D 恶劣 | C 열렬하다 | D 열악하다 |

해설　각 선택지의 뜻을 먼저 확인한 후, 빈칸 주변을 읽는다. 빈칸 주변의 '사람의 위장 기능은 감정에 몹시 ＿＿＿, 슬프거나 우는 시간이 너무 길어지면, 위의 운동 속도를 느려지게 한다'라는 문맥에 가장 적합한 A 敏感을 정답으로 고른다.

어휘　敏感 mǐngǎn 圆 예민하다, 민감하다　谨慎 jǐnshèn 圆 신중하다　热烈 rèliè 圆 열렬하다　恶劣 èliè 圆 열악하다

56

| A 质量 | B 步骤 | A 품질 | B 절차 |
| C 成分 | D 胃口 | C 성분 | D 식욕 |

해설　각 선택지의 뜻을 먼저 확인한 후, 빈칸 주변을 읽는다. 빈칸 주변의 '위액 분비를 줄어들게 하며, 위액 산도가 떨어지게 하는데, 그리하여 ＿＿＿에 영향을 주어 밥을 먹기 싫게 한다'라는 문맥에 가장 적합한 D 胃口를 정답으로 고른다.

어휘　质量 zhìliàng 圆 품질　步骤 bùzhòu 圆 (일이 진행되는) 절차　成分 chéngfèn 圆 성분　胃口 wèikǒu 圆 식욕

57 - 60

邓亚萍是乒乓球历史上最伟大的女子选手，她5岁起就随父亲学打球，1988年进入国家队，先后获得14次世界冠军头衔；[57]在乒坛世界排名 57. D 连续 8年保持第一。

童年的邓亚萍立志做一名优秀的运动员。[58]当时她个子矮，手脚粗短，根本不 58. B 符合体校的要求。于是，年幼的她跟父亲学起了乒乓球，每天练完体能后，还要做100个发球接球的动作。她[59]为了使自己的球技更加 59. B 熟练，基本功更加扎实，[59]便在自己的腿上系上了沙袋。

덩야핑은 탁구 역사상 가장 위대한 여자 선수로 다섯 살 때부터 아버지를 따라 공 치는 것을 배웠고, 1988년에는 국가 대표팀에 합류하여 연이어 열네 차례 세계 챔피언 칭호를 획득했으며, [57]탁구 세계 랭킹 8년 57. D 연속 1위를 유지했다.

어린 시절의 덩야핑은 우수한 운동선수가 되겠다는 포부를 가졌다. [58]당시 그녀는 키도 작고 손발도 땅딸막하여, 체육 학교의 요구에 도무지 58. B 부합하지 않았다. 그래서 어린 나이의 그녀는 아버지에게 탁구를 배우기 시작했는데, 매일 체력을 단련한 뒤, 100번의 서브와 리시브 동작도 연습해야 했다. 그녀는 [59]자신의 공을 다루는 기술을 더 59. B 숙련되게 하고, 기본기를 더 탄탄하게 [59]하기 위해 자신의 다리에 모래주머니를 매달았다.

⁶⁰邓亚萍努力60. A 打造了无数令人惊叹的记录，成就出色，打破了世界乒坛只在高个子中选拔运动员的传统观念。国际奥委会主席萨马兰奇也为邓亚萍的球风和球艺所倾倒，亲自为她颁奖。

⁶⁰덩야핑은 노력하여 60. A 사람들을 놀라게 하는 무수한 기록을 만들어냈고, 성과가 뛰어났으며, 세계 탁구계가 큰 키에서만 선수를 선발하는 전통 관념을 깼다. 국제 올림픽 위원회 위원장 사마란치도 덩야핑의 태도와 공을 다루는 능력에 매료되어, 친히 그녀를 위해 상을 주었다.

어휘 | 邓亚萍 Dèng Yàpíng 교유덩야핑[중국의 전 탁구선수]   伟大 wěidà 휑위대하다   选手 xuǎnshǒu 휑선수

国家队 guójiāduì 휑국가 대표팀   先后 xiānhòu 휑연이어   冠军 guànjūn 휑챔피언   头衔 tóuxián 휑칭호   乒坛 pīngtán 휑탁구계

保持 bǎochí 휑유지하다   童年 tóngnián 휑어린 시절   立志 lìzhì 휑포부를 가지다   粗短 cū duǎn 땅딸막하다   体校 tǐxiào 휑체육 학교

年幼 niányòu 휑어린 나이의   体能 tǐnéng 휑체력   发球 fāqiú 휑서브   接球 jiēqiú 휑리시브   球技 qiújì 휑공 다루는 기술

熟练 shúliàn 휑능숙하다   基本功 jīběngōng 휑기본기   扎实 zhāshi 휑튼튼하다   沙袋 shādài 휑모래주머니

打造 dǎzào 휑만들어내다   无数 wúshù 휑무수하다   惊叹 jīngtàn 휑놀라다   记录 jìlù 휑기록   成就 chéngjiù 휑성과

出色 chūsè 휑뛰어나다   打破 dǎpò 휑깨다   选拔 xuǎnbá 휑(인재를) 선발하다   传统 chuántǒng 휑전통   观念 guānniàn 휑관념

国际奥委会 Guójì Àowěihuì 교유국제 올림픽 위원회   主席 zhǔxí 휑위원장, 주석

萨马兰奇 Sàmǎlánqí 교유사마란치[전 국제 올림픽 위원회 위원장]   球风 qiúfēng 휑(선수들의) 태도   球艺 qiúyì 휑공을 다루는 능력

倾倒 qīngdǎo 휑매료되다   亲自 qīnzì 휑친히   颁奖 bānjiǎng 휑상을 주다

57

| A 经营 | B 表现 | A 경영하다 | B 표현하다 |
| C 妨碍 | D 连续 | C 방해하다 | D 연속하다 |

해설 | 각 선택지의 뜻을 먼저 확인한 후, 빈칸 주변을 읽는다. 빈칸 주변의 '탁구 세계 랭킹 8년 _____ 1위를 유지했다'라는 문맥에 가장 적합한 D 连续를 정답으로 고른다.

어휘 | 经营 jīngyíng 휑경영하다   表现 biǎoxiàn 휑표현하다, 나타내다   妨碍 fáng'ài 휑방해하다   连续 liánxù 휑연속하다

58

| A 解释 | B 符合 | A 설명하다 | B 부합하다 |
| C 适应 | D 安慰 | C 적응하다 | D 위로하다 |

해설 | 각 선택지의 뜻을 먼저 확인한 후, 빈칸 주변을 읽는다. 빈칸 주변의 '당시 그녀는 키도 작고 손발도 땅딸막하여, 체육 학교의 요구에 도무지 _____ 않았다.'라는 문맥에 가장 적합하면서, 빈칸 앞의 要求(요구)와 문맥적으로 호응하는 B 符合를 정답으로 고른다. 符合要求(요구에 부합하다)를 고정적인 형태로 알아 둔다.

어휘 | 解释 jiěshì 휑설명하다   符合 fúhé 휑부합하다   适应 shìyìng 휑적응하다   安慰 ānwèi 휑위로하다

59

| A 强烈 | B 熟练 | A 강렬하다 | B 숙련되다 |
| C 熟悉 | D 一致 | C 익숙하게 하다 | D 일치하다 |

해설 | 각 선택지의 뜻을 먼저 확인한 후, 빈칸 주변을 읽는다. 빈칸 주변의 '자신의 공을 다루는 기술을 더 _____ 하고 …… 하기 위해 자신의 다리에 모래주머니를 매달았다'라는 문맥에 가장 적합한 B 熟练을 정답으로 고른다. C 熟悉는 주로 상황을 명확하게 잘 아는 정도로 익숙하게 만드는 경우를 나타내므로 오답이다.

어휘 | 强烈 qiángliè 휑강렬하다   熟练 shúliàn 휑숙련되다   熟悉 shúxī 휑익숙하게 하다   一致 yízhì 휑일치하다

60

A 打造了无数令人惊叹的记录	A 사람들을 놀라게 하는 무수한 기록을 만들어 냈다
B 使她成为了国际奥委会成员	B 그녀가 국제 올림픽 위원회 구성원이 되게 하였다
C 终于培养了许多乒乓球人才	C 마침내 많은 탁구 인재를 양성했다
D 反而引发了严重的健康问题	D 오히려 심각한 건강 문제를 유발했다

해설 　선택지가 모두 문장 형태이므로, 빈칸 앞뒤의 내용을 꼼꼼히 해석하여 문맥을 자연스럽게 이어주는 선택지를 정답으로 고른다. 빈칸 주변은 '덩야핑은 노력하여 _____, 성과가 뛰어났다'라는 문맥이고, 지문 전체적으로 그녀가 탁구 세계 랭킹 1위가 되기 위해 쏟았던 노력과 과정을 이야기하고 있으므로, 이것의 결과가 되는 내용을 담은 A 打造了无数令人惊叹的记录를 정답으로 고른다.

어휘 　打造 dǎzào 图 만들어내다　无数 wúshù 图 무수한　惊叹 jīngtàn 图 놀라다　国际奥委会 Guójì Àowěihuì 교유 국제 올림픽 위원회　成员 chéngyuán 圆 구성원　培养 péiyǎng 图 양성하다　人才 réncái 圆 인재　反而 fǎn'ér 图 오히려　引发 yǐnfā 图 유발하다

61

一项为期25年的研究显示，ᶜ每天看电视超过一定的时间，就会产生很多严重的问题，其中ᶜ对人们影响最大的就是运动不足。缺乏运动会让人在中年时期面临各种各样的风险，比如身体逐渐虚弱，认知能力不断下降等。

A 多数中年人都不爱运动
B 这项研究没有明确结论
C 长时间看电视会影响健康
D 不良生活方式难以被改变

25년을 기한으로 한 연구에서, ᶜ매일 텔레비전을 보는 것이 일정 시간을 초과하면, 많은 심각한 문제가 생길 수 있는 것으로 나타났는데, 그중 ᶜ사람들에게 가장 큰 영향을 미치는 것은 바로 운동 부족이다. 운동이 부족하면, 사람이 중년기에 각종 위험에 직면하게 하는데, 예를 들어 신체가 점차 허약해지고, 인지 능력이 계속해서 떨어지는 것 등이다.

A 다수의 중년층은 운동하는 것을 좋아하지 않는다
B 이 연구는 명확한 결론이 없다
C 장시간 텔레비전을 보는 것은 건강에 영향을 미친다
D 좋지 않은 생활 방식은 고쳐지기 어렵다

해설 　지문의 첫 문장을 읽으면 运动不足(운동 부족)와 관련된 지식 정보 설명문임을 알 수 있다. 따라서 지문에서 运动不足와 관련된 개념이나 세부 특징이 언급되면, 각 선택지와 내용을 대조하여 오답을 소거하면서 정답을 고른다.

　지문의 초중반에서 언급된 每天看电视超过一定的时间, 就会产生很多严重的问题……对人们影响最大的就是运动不足와 선택지 C 长时间看电视会影响健康를 대조해 보면, 지문의 '매일 텔레비전 보는 것이 일정 시간을 초과하면, 많은 심각한 문제가 생길 수 있는 것으로 나타났다 …… 사람들에게 가장 큰 영향을 미치는 것은 바로 운동 부족이다'는 곧 장시간 텔레비전을 보는 것은 건강에 영향을 미친다는 의미이므로 내용이 일치한다. 따라서 선택지 C를 정답으로 고른다. ⇒ C (O)
*C를 정답으로 답안지에 표시한 후, 바로 다음 문제로 넘어가서 시간을 절약한다.

　선택지 A, B, D는 지문에서 언급되지 않았으므로 오답이다. ⇒ A (X), B (X), D (X)

어휘 　为期 wéiqī 图 기한으로 하다　显示 xiǎnshì 图 나타나다　产生 chǎnshēng 图 생기다　不足 bùzú 图 부족하다　缺乏 quēfá 图 부족하다　中年时期 zhōngnián shíqī 중년기　面临 miànlín 图 직면하다　风险 fēngxiǎn 圆 위험　逐渐 zhújiàn 图 점차　虚弱 xūruò 图 허약하다　认知 rènzhī 图 인지하다　下降 xiàjiàng 图 떨어지다　明确 míngquè 图 명확하다　结论 jiélùn 圆 결론　方式 fāngshì 圆 방식　难以 nányǐ 图 ~하기 어렵다

62

ᴮ表情包是一种利用图片来表达情感的方式。表情包在社交软件上被普遍使用之后，形成了一种流行文化，人们以时下流行的明星、语录、动漫、影视截图为素材，配上一系列相关的文字，用以表达特定的情感。这类图片以搞笑的居多，且构图夸张，能给人带来不少乐趣。

A 表情包这一词语来自国外媒体
B 表情包可通过图片来表达情感
C 网友通常用表情包来讽刺他人
D 表情包是一种流行的网络软件

ᴮ사진짤은 사진을 이용하여 감정을 표현하는 방식이다. 사진짤은 SNS에서 보편적으로 사용된 후, 일종의 대중문화를 형성했는데, 사람들은 현재 유행하는 스타, 어록, 애니메이션, 영화와 텔레비전의 화면 캡처를 소재로, 일련의 관련 있는 문자를 곁들여, 특정 감정을 표현하는데 사용한다. 이 사진들은 웃긴 것들이 다수를 차지하고, 게다가 구도가 과장되어, 사람들에게 적지 않은 즐거움을 가져다 줄 수 있다.

A 사진짤이라는 이 단어는 외국 매체로부터 왔다
B 사진짤은 사진을 통해 감정을 표현할 수 있다
C 네티즌들은 보통 사진짤로 다른 사람을 풍자한다
D 사진짤은 일종의 유행하는 온라인 소프트웨어이다.

해설 지문의 첫 문장을 읽으면 表情包(사진짤)와 관련된 지식 정보 설명문임을 알 수 있다. 따라서 지문에서 表情包와 관련된 개념이나 세부 특징이 언급되면, 각 선택지와 내용을 대조하여 오답을 소거하면서 정답을 고른다.

지문의 초반에서 언급된 **表情包是一种利用图片来表达情感的方式。**과 선택지 B **表情包可通过图片来表达情感**을 대조해 보면, 지문의 '사진짤은 사진을 이용하여 감정을 표현하는 방식이다.'는 곧 사진짤은 사진을 통해 감정을 표현할 수 있다는 의미이므로 내용이 일치한다. 따라서 선택지 B를 정답으로 고른다. ⇨ B (O)

*B를 정답으로 답안지에 표시한 후, 바로 다음 문제로 넘어가서 시간을 절약한다.

선택지 A, C, D는 지문에서 언급되지 않았으므로 오답이다. ⇨ A (X), C (X), D (X)

어휘 **表情包** biǎoqíng bāo 사진짤 **利用** lìyòng [동]이용하다 **图片** túpiàn [명]사진 **表达** biǎodá [동](생각·감정을) 표현하다
情感 qínggǎn [명]감정 **方式** fāngshì [명]방식 **社交软件** shèjiāo ruǎnjiàn SNS[소셜 네트워크 서비스 앱]
形成 xíngchéng [동]형성하다 **流行文化** liúxíng wénhuà 대중문화 **时下** shíxià [명]현재 **明星** míngxīng [명]스타
语录 yǔlù [명]어록 **动漫** dòngmàn [명]애니메이션 **影视截图** yǐngshì jiétú 영화와 텔레비전의 화면 캡쳐 **素材** sùcái [명]소재
一系列 yíxìliè 일련의 **文字** wénzì [명]문자 **特定** tèdìng [형]특정한 **搞笑** gǎoxiào [동]웃기다 **居多** jūduō [동]다수를 차지하다
构图 gòutú [명]구도 **夸张** kuāzhāng [동]과장하다 **乐趣** lèqù [명]즐거움 **媒体** méitǐ [명]매체 **网友** wǎngyǒu 네티즌
通常 tōngcháng [부]보통 **讽刺** fěngcì [동]풍자하다 **网络** wǎngluò [명]온라인 **软件** ruǎnjiàn [명]소프트웨어

63

[D]"大数据杀熟"指的是，在平台上购买同样的商品或服务时，老顾客看到的价格反而比新顾客贵许多。这是因为[B/D]商家运用大数据收集消费者的信息，分析其消费偏好、习惯，将同一产品或服务以不同的价格卖给不同的消费者，从而[D]获取更多的利益。前不久，[C]某外卖平台被曝出会员的配送费比非会员贵，引发了社会的广泛关注。这伤害了老顾客的感情，使他们不再信任商家。

[D]'빅데이터로 바가지 씌우기'는 플랫폼에서 같은 상품이나 서비스를 구매할 때, 단골 고객이 본 가격이 오히려 신규 고객보다 훨씬 비싸다는 것을 가리킨다. 이것은 [B/D]판매자가 빅데이터를 활용해 소비자의 정보를 수집하여, 소비자 선호, 습관을 분석해 같은 상품이나 서비스를 다른 가격으로 다른 소비자들에게 판매하고, 그리하여 [D]더 많은 이익을 얻기 때문이다. 얼마 전 [C]모 배달 플랫폼에서 회원들의 배송비가 비회원들보다 비싸다는 사실이 알려지면서, 사회의 폭넓은 관심을 일으켰다. 이것은 단골 고객들의 마음을 상하게 했고, 그들이 더 이상 판매자를 신뢰하지 않게 했다.

A 老顾客情绪变化更大
B 商家不关心消费者的习惯
C 外卖平台经常给老顾客打折
D "大数据杀熟"会增加商家利润

A 단골 고객의 감정 변화가 더 크다
B 판매자는 소비자의 습관에 무관심하다
C 배달 플랫폼은 단골 고객에게 자주 할인해 준다.
D '빅데이터로 바가지 씌우기'는 판매자의 이윤을 높일 수 있다

해설 지문의 첫 문장을 읽으면 "大数据杀熟(빅데이터로 바가지 씌우기)"와 관련된 지식 정보 설명문임을 알 수 있다. 따라서 지문에서 "大数据杀熟"와 관련된 개념이나 세부 특징이 언급되면, 각 선택지와 내용을 대조하여 오답을 소거하면서 정답을 고른다.

지문의 초중반에서 언급된 **"大数据杀熟"指的是，在平台上购买同样的商品或服务时，老顾客看到的价格反而比新顾客贵许多。这是因为商家运用大数据收集消费者的信息……获取更多的利益。**와 선택지 D **"大数据杀熟"会增加商家利润**의 내용을 대조해 보면, 지문의 "빅데이터로 바가지 씌우기'는 플랫폼에서 같은 상품이나 서비스를 구매할 때 단골 고객이 본 가격이 오히려 신규 고객보다 훨씬 비싸다는 것을 가리킨다. 이것은 판매자가 빅데이터를 활용해 소비자의 정보를 수집하여 …… 더 많은 이익을 얻기 때문이다'는 곧 '빅데이터로 바가지 씌우기'는 판매자의 이윤을 높일 수 있다는 의미이므로 내용이 일치한다. 따라서 선택지 D를 정답으로 고른다. ⇨ D (O)

지문의 초반에서 **商家运用大数据收集消费者的信息**라고 했는데, 선택지 B는 **商家不关心消费者的习惯**이라고 했으므로, 오답으로 소거한다. ⇨ B (X)

지문의 후반에서 **某外卖平台被曝出会员的配送费比非会员贵**라고 했는데, 선택지 C는 **外卖平台经常给老顾客打折**라고 했으므로, 오답으로 소거한다. ⇨ C (X)

선택지 A는 지문에서 언급되지 않았으므로 오답이다. ⇨ A (X)

어휘 **大数据杀熟** dàshùjù shāshú [명]빅데이터로 바가지 씌우기[빅데이터를 통해 기존 고객의 성향을 분석하여 바가지를 씌우는 현상]
平台 píngtái [명]플랫폼 **商品** shāngpǐn [명]상품 **反而** fǎn'ér [부]오히려 **商家** shāngjiā [명]판매자 **运用** yùnyòng [동]활용하다

收集 shōují 圖 수집하다　**分析** fēnxī 圖 분석하다　**消费偏好** xiāofèi piānhào 소비자 선호　**产品** chǎnpǐn 圖 제품
从而 cóng'ér 圖 그리하여　**获取** huòqǔ 圖 얻다　**利益** lìyì 圖 이익　**某** mǒu 圖 모, 아무　**外卖** wàimài 圖 배달
曝出 bàochū 사실이 알려지다　**配送费** pèisòngfèi 圖 배송비　**引发** yǐnfā 圖 일으키다　**广泛** guǎngfàn 圖 폭넓다
关注 guānzhù 圖 관심　**伤害** shānghài 圖 상하게 하다　**信任** xìnrèn 圖 신뢰하다　**情绪** qíngxù 圖 감정　**利润** lìrùn 圖 이윤

64

两个经济学家在去吃午餐的路上，看见地上有一张100块纸币。年纪较轻的经济学家打算把钱捡起来，年纪较大的却拦住了他，说："那肯定不是真钱，如果是的话，早就被人捡走了，怎么可能还躺在那里。"ᴬ他们走上前去，发现地上的果然是假币。	두 경제학자가 점심을 먹으러 가는 길에, 바닥에 100위안짜리 지폐가 한 장 있는 것을 보았다. 나이가 비교적 젊은 경제학자가 돈을 주우려 하자, 나이가 비교적 많은 사람이 도리어 그를 제지하며 말했다. "저건 분명히 진짜 돈이 아닐 거예요. 만일 진짜라면 일찌감치 주워 갔을텐데, 어째서 아직도 저기에 있을 수 있겠어요." ᴬ그들은 앞으로 걸어가서, 길 위의 그것이 역시나 위조 지폐임을 발견했다.
A 他们看到的不是真币	**A** 그들이 본 것은 진짜 지폐가 아니다
B 经济学家都不喜欢钱	**B** 경제학자는 모두 돈을 좋아하지 않는다
C 一百块钱只是小数目	**C** 100위안은 그저 적은 금액이다
D 大家都有类似的经历	**D** 모두들 비슷한 경험이 있다

해설　지문의 첫 문장을 읽으면 **两个经济学家**(두 경제학자)와 관련된 일상 경험 이야기임을 알 수 있다. 따라서 지문에서 **两个经济学家**의 상태나 행동과 관련된 내용이 언급되면, 각 선택지와 내용을 대조하여 오답을 소거하면서 정답을 고른다.

　　지문의 마지막 문장에서 언급된 **他们走上前去，发现地上的果然是假币.**와 선택지 A **他们看到的不是真币**의 내용을 대조해 보면, 지문의 '그들은 앞으로 걸어가서, 길 위의 그것이 역시나 위조 지폐임을 발견했다.'는 곧 그들이 본 것은 진짜 지폐가 아니라는 의미이므로 내용이 일치한다. 따라서 선택지 A를 정답으로 고른다. ⇨ A (O)

　　선택지 B, C, D는 지문에서 언급되지 않았으므로 오답이다. ⇨ B (X), C (X), D (X)

어휘　**经济学家** jīngjìxuéjiā 圖 경제학자　**年纪** niánjì 圖 나이　**捡** jiǎn 圖 줍다　**拦住** lánzhù 圖 제지하다　**果然** guǒrán 圖 역시나
　　假币 jiǎbì 圖 위조 지폐　**数目** shùmù 圖 금액　**类似** lèisì 圖 비슷하다

65

在中国古代文学作品中，花木兰是一个勇敢、坚强的女子，她被称为巾帼英雄。为了保卫国家，她穿上男性的衣服，像男人一样，在战场上和敌人英勇斗争。ᴬ她不仅聪明勇敢，ᴬ还对家庭和国家充满责任心。花木兰的故事被制作成多种文艺作品，包括电影、电视剧、动画片等等。	중국 고대 문학 작품 속에서, 화목란은 용감하고 강인한 여자이며, 여장부로 불렸다. 나라를 지키기 위해, 그녀는 남자의 옷을 입고, 남자처럼 전쟁터에서 적과 용맹하게 싸웠다. ᴬ그녀는 총명하고 용감할 뿐만 아니라, ᴬ가정과 나라에 대한 책임감도 가득했다. 화목란의 이야기는 영화, 드라마, 애니메이션 등을 포함하여 다양한 종류의 문예 작품으로 제작되었다.
A 花木兰有很强的责任心	**A** 화목란은 강한 책임감이 있다
B 女人在古代也能上战场	**B** 여자는 고대에도 전쟁터에 나갈 수 있었다
C 花木兰是中国著名女将军	**C** 화목란은 중국의 유명한 여장군이다
D 电影《花木兰》属于爱情片	**D** 영화 <화목란>은 로맨스 영화에 속한다

해설　지문의 첫 문장에서 **中国**(중국), **花木兰**(화목란)이 언급되고 있으므로, **花木兰**과 관련된 중국 문화 설명문임을 알 수 있다. 따라서 지문에서 **花木兰**과 관련된 특징이나 장점이 언급되면, 각 선택지와 내용을 대조하여 오답을 소거하면서 정답을 고른다.

　　지문의 중후반에서 언급된 **她……还对家庭和国家充满责任心**과 선택지 A **花木兰有很强的责任心**의 내용을 대조해 보면, 지문의 '그녀는 …… 가정과 나라에 대한 책임감도 가득했다'는 곧 화목란은 강한 책임감이 있다는 의미이므로 내용이 일치한다. 따라서 선택지 A를 정답으로 고른다. ⇨ A (O)

* 바꾸어 표현　充满责任心 책임감이 가득하다 → 有很强的责任心 강한 책임감이 있다

*A를 정답으로 답안지에 표시한 후, 바로 다음 문제로 넘어가서 시간을 절약한다.

선택지 B, C, D는 지문에서 언급되지 않았으므로 오답이다. ⇨ B (X), C (X), D (X)

어휘　**古代** gǔdài 圐고대　**文学** wénxué 圐문학　**作品** zuòpǐn 圐작품
花木兰 Huāmùlán 고윤화목란[중국 남북조시대의 장편 서사시 '목란사'에 등장하는 여자 영웅]　**坚强** jiānqiáng 匐강인하다
巾帼英雄 jīnguó yīngxióng 여장부　**保卫** bǎowèi 匐지키다　**战场** zhànchǎng 圐전쟁터　**敌人** dírén 圐적
英勇 yīngyǒng 匐용맹하다　**斗争** dòuzhēng 匐싸우다　**家庭** jiātíng 圐가정　**充满** chōngmǎn 匐가득하다
文艺 wényì 문예[문학과 예술]　**包括** bāokuò 匐포함하다　**动画片** dònghuàpiàn 圐애니메이션　**将军** jiāngjūn 圐장군
爱情片 àiqíngpiàn 로맨스 영화

---

66 随着川菜和火锅的流行，喜欢吃辣的人越来越多，很多人可以说是顿顿离不开辣椒了。辣椒之所以如此受欢迎，是因为它给人带来非常刺激的感官体验。ᶜ辣其实是属于一种痛感，但吃辣椒会使大脑产生快感，从而让人更加迷恋辣的味道。除此之外，ᴬ还有人认为辣椒能阻止人长胖，因为他们看到的四川人都比较瘦。然而ᴰ医生认为，过分食用辣椒对身体没有好处。

쓰촨 요리와 훠궈의 유행에 따라 매운 음식 먹는 것을 좋아하는 사람들이 점점 많아지면서, 많은 사람들이 끼니마다 고추를 달고 산다고 말할 수 있다. 고추가 이렇게 환영을 받는 까닭은, 그것이 사람에게 매우 자극적인 감각 경험을 가져다 주기 때문이다. ᶜ매움은 사실 일종의 통각에 속하지만, 고추를 먹는 것은 대뇌에 쾌감이 생기게 하는데, 그리하여 사람들이 매운 맛에 더욱 빠지게 한다. 이 외에, ᴬ고추가 사람이 뚱뚱해지는 것을 막을 수 있게 해 준다고 생각하는 사람도 있는데, 그들이 본 쓰촨 사람들은 비교적 날씬하기 때문이다. 그러나 ᴰ의사는 고추를 지나치게 먹는 것은 몸에 이로운 점이 없다고 생각한다.

A 吃辣椒会使人发胖

B 四川人都喜欢吃辣椒

C 辣给人带来痛的感觉

D 医生鼓励大家多吃辣椒

A 고추를 먹는 것은 사람을 살찌게 한다

B 쓰촨 사람은 모두 고추를 먹는 것을 좋아한다

C 매움은 사람에게 아픈 느낌을 가져다준다

D 의사는 사람들에게 고추를 많이 먹으라고 권장한다

해설　지문의 첫 문장을 읽으면 辣椒(고추)와 관련된 지식 정보 설명문임을 알 수 있다. 따라서 지문에서 辣椒와 관련된 개념이나 세부 특징이 언급되면, 각 선택지와 내용을 대조하여 오답을 소거하면서 정답을 고른다.

지문의 중반에서 언급된 辣其实是属于一种痛感과 선택지 C 辣给人带来痛的感觉의 내용을 대조해 보면, 지문의 '매움은 사실 일종의 통각에 속한다'는 곧 매움은 사람에게 아픈 느낌을 가져다준다는 의미이므로 내용이 일치한다. 따라서 선택지 C를 정답으로 고른다. ⇨ C (O)

*C를 정답으로 답안지에 표시한 후, 바로 다음 문제로 넘어가서 시간을 절약한다.

지문의 중반에서 还有人认为辣椒能阻止人长胖이라고 했는데, 선택지 A는 吃辣椒会使人发胖이라고 했으므로, 오답으로 소거한다. ⇨ A (X)

지문의 마지막 문장에서 医生认为，过分食用辣椒对身体没有好处라고 했는데, 선택지 D는 医生鼓励大家多吃辣椒라고 했으므로, 오답으로 소거한다. ⇨ D (X)

선택지 B는 지문에서 언급되지 않았으므로 오답이다. ⇨ B (X)

어휘　**川菜** chuān cài 쓰촨 요리　**火锅** huǒguō 훠궈[중국식 샤브샤브]　**流行** liúxíng 匐유행하다
顿 dùn 圐끼니[요리·식사·질책 등을 세는 단위]　**辣椒** làjiāo 圐고추　**之所以** zhīsuǒyǐ ~한 까닭　**刺激** cìjī 匐자극적이다
感官 gǎnguān 감각, 감각 기관　**体验** tǐyàn 匐경험하다　**痛感** tònggǎn 圐통각　**大脑** dànǎo 圐대뇌　**产生** chǎnshēng 匐생기다
快感 kuàigǎn 圐쾌감　**从而** cóng'ér 圙그리하여　**迷恋** míliàn 匐(~에) 빠지다　**除此之外** chúcǐzhīwài 이 외에
阻止 zǔzhǐ 匐막다　**过分** guòfèn 匐지나치다　**发胖** fāpàng 匐살찌다

67

ᴰ这是一个重视沟通和合作的时代，同时也是一个充满竞争和机会的时代。人们要想追求更大的发展，就必须主动去学习，做到"活到老，学到老"。有些人总是不停地学习，获取新知识，把握新趋势，因此比一般人多了许多成功的机会。ᴮ"活到老，学到老"，只有不断学习，才能得到更多的机会。

A 提高能力比增加知识更重要

B 应该要养成终身学习的习惯

C 家庭教育是所有教育的基础

D 重视沟通的时代还没有到来

ᴰ지금은 소통과 협력을 중시하는 시대이며, 동시에 경쟁과 기회가 넘쳐나는 시대이다. 사람들은 더 큰 발전을 추구하고 싶으면, 반드시 자발적으로 공부해야 하며, '배움에는 끝이 없다'를 실천해야 한다. 어떤 사람들은 늘 쉬지 않고 배우며, 새로운 지식을 얻고, 새로운 트렌드를 파악하는데, 이 때문에 보통 사람보다 여러 성공의 기회가 많다. ᴮ'배움에는 끝이 없다', 끊임없이 공부해야만, 비로소 더 많은 기회를 얻을 수 있다.

A 능력을 향상시키는 것이 지식을 늘리는 것 보다 더 중요하다

B 반드시 평생 공부하는 습관을 길러야 한다

C 가정 교육은 모든 교육의 기초이다

D 소통을 중시하는 시대는 아직 오지 않았다

해설 　지문의 초반을 읽으면 "活到老, 学到老(배움에는 끝이 없다)"와 관련된 시사 이슈 논설문임을 알 수 있다. 따라서 지문에서 "活到老, 学到老"와 관련된 글쓴이의 주장이 언급되면, 각 선택지와 내용을 대조하여 오답을 소거하면서 정답을 고른다.

지문의 초반에서 这是一个重视沟通和合作的时代라고 했는데, 선택지 D는 重视沟通的时代还没有到来라고 했으므로, D를 오답으로 소거한다. ⇨ D (X)

지문의 마지막 문장에서 언급된 "活到老, 学到老", 只有不断学习, 才能得到更多的机会。와 선택지 应该要养成终身学习的习惯의 내용을 대조해 보면, 지문의 "배움에는 끝이 없다', 끊임없이 공부해야만, 비로소 더 많은 기회를 얻을 수 있다.'는 곧 반드시 평생 공부하는 습관을 길러야 한다는 의미이므로 내용이 일치한다. 따라서 선택지 B를 정답으로 고른다. ⇨ B (O)

선택지 A, C는 지문에서 언급되지 않았으므로 오답이다. ⇨ A (X), C (X)

어휘 　沟通 gōutōng 圈소통하다 　合作 hézuò 圈협력하다 　时代 shídài 圈시대 　充满 chōngmǎn 圈넘쳐나다 　追求 zhuīqiú 圈추구하다 　主动 zhǔdòng 圈자발적이다 　获取 huòqǔ 圈얻다 　把握 bǎwò 圈파악하다 　趋势 qūshì 圈트렌드 　终身 zhōngshēn 圈평생 　家庭 jiātíng 圈가정

68

ᴰ有个法国作家小时候出过意外，这场意外使他的脑部严重受损，那之后的70年，ᴰ直到去世之前，他都没有睡过一次觉。正常情况下，ᴮ一个健康的人如果连续三天不睡觉，就会因过于疲惫而ᴮ无法进行日常生活。长期不睡觉的话，大脑的疲劳将无法得到缓解，生活和工作都会受到影响。

A 受过伤的人都无法入睡

B 三天不睡觉会影响生活

C 大脑的疲劳不容易缓解

D 这个作家自觉放弃了睡眠

ᴰ한 프랑스 작가는 어릴 때 불의의 사고를 당한 적이 있는데, 이 불의의 사고는 그의 뇌가 심각한 손상을 입게 하여, 그 이후의 70년 동안, ᴰ세상을 뜨기 전까지 그는 한 번도 잠을 잔 적이 없었다. 정상적인 상황에서 ᴮ건강한 사람이 만약 3일 연속 잠을 못 자면, 너무 피곤한 나머지 ᴮ일상 생활을 할 수 없다. 장기간 잠을 자지 않으면, 뇌의 피로가 풀리지 못해서, 생활과 일에 모두 영향을 받게 된다.

A 부상을 당한 적이 있는 사람은 모두 잠들지 못한다

B 3일 동안 잠을 못 자면 생활에 영향을 준다

C 대뇌의 피로는 쉽게 풀리지 않는다

D 이 작가는 의식적으로 수면을 포기했다

해설 　지문의 첫 문장을 읽으면 脑部受损(뇌가 손상을 입다)과 관련된 지식 정보 설명문임을 알 수 있다. 따라서 지문에서 脑部受损과 관련된 개념이나 세부 특징이 언급되면, 각 선택지와 내용을 대조하여 오답을 소거하면서 정답을 고른다.

지문의 초반에서 有个法国作家小时候出过意外, 这场意外使他的脑部严重受损……直到去世之前, 他都没有睡过一次觉라고 했는데, 선택지 D는 这个作家自觉放弃了睡眠이라고 했으므로, 오답으로 소거한다. ⇨ D (X)

지문의 중반에서 언급된 **一个健康的人如果连续三天不睡觉……无法进行日常生活**와 선택지 B **三天不睡觉会影响生活**의 내용을 대조해 보면, 지문의 '건강한 사람이 만약 3일 연속 잠을 못 자면 …… 일상 생활을 할 수 없다'는 곧 3일 동안 잠을 못 자면 생활에 영향을 준다는 의미이므로 내용이 일치한다. 따라서 선택지 B를 정답으로 고른다. ⇨ B (O)

*B를 정답으로 답안지에 표시한 후, 바로 다음 문제로 넘어가서 시간을 절약한다.

선택지 A, C는 지문에서 언급되지 않았으므로 오답이다. ⇨ A (X), C (X)

어휘 **法国** Fǎguó [고유] 프랑스 **意外** yìwài [명] 불의의 사고 **受损** shòusǔn 손상을 입다 **去世** qùshì [동] 세상을 뜨다
连续 liánxù 연속하다 **过于** guòyú 너무 **疲惫** píbèi [형] 피곤하다 **日常** rìcháng 일상의 **长期** chángqī 장기간
疲劳 píláo [형] 피로하다 **缓解** huǎnjiě [동] (피로·긴장 등이) 풀리다 **受伤** shòushāng [동] 부상을 당하다 **入睡** rùshuì [동] 잠들다
自觉 zìjué [형] 의식적이다

69

ᴬLOFT公寓是深受年轻人喜爱的一种新型住房，这类公寓面积大多在三十到五十平方米左右，层高在三点六至五点二米之间。虽然销售时只按一层的建筑面积计算，但实际使用面积却可达到销售面积的近二倍。ᴰ高大而开敞的空间随意且舒适，ᴰ可任意变化，且装修风格多样，可以将工作和生活完美地融合在一起。

ᴬ로프트 아파트는 젊은이들의 사랑을 크게 받고 있는 일종의 신형 주택으로, 이러한 종류의 아파트 면적은 대부분 30~50m² 정도이며, 층고는 3.6~5.2m 사이이다. 비록 매매할 때는 한 층의 건물 면적에 따라서만 산정하지만, 실제 사용 면적은 오히려 매매 면적의 두 배 가까이에 달할 수 있다. ᴰ크고 활짝 열린 공간은 캐주얼하고 쾌적하며, ᴰ마음대로 변화시킬 수 있고, 게다가 인테리어 스타일도 다양해서, 일과 생활을 완벽하게 융합시킬 수 있다.

A LOFT公寓不受年轻人欢迎

B LOFT公寓和生活关系密切

C LOFT公寓不允许改变结构

D LOFT公寓的空间可灵活调整

A 로프트 아파트는 젊은이들의 환영을 받지 못한다

B 로프트 아파트와 생활은 관계가 긴밀하다

C 로프트 아파트는 구조 변경을 허용하지 않는다

D 로프트 아파트의 공간은 융통성 있게 조절 가능하다

해설 지문의 첫 문장을 읽으면 LOFT公寓(로프트 아파트)와 관련된 지식 정보 설명문임을 알 수 있다. 따라서 지문에서 LOFT公寓와 관련된 개념이나 세부 특징이 언급되면, 각 선택지와 내용을 대조하여 오답을 소거하면서 정답을 고른다.

지문의 초반에서 LOFT公寓是深受年轻人喜爱的一种新型住房이라고 했는데, 선택지 A는 LOFT公寓不受年轻人欢迎이라고 했으므로, A를 오답으로 소거한다. ⇨ A (X)

지문의 후반에서 언급된 **高大而开敞的空间……可任意变化**와 선택지 D **LOFT公寓的空间可灵活调整**의 내용을 대조해 보면, 지문의 '크고 활짝 열린 공간은 …… 마음대로 변화시킬 수 있다'는 곧 로프트 아파트의 공간은 융통성 있게 조절 가능하다는 의미이므로 내용이 일치한다. 따라서 선택지 D를 정답으로 고른다. ⇨ D (O)

* **바꾸어 표현** **空间可任意变化** 공간을 마음대로 변화시킬 수 있다 → **空间可灵活调整** 공간을 융통성 있게 조절 가능하다

*D를 정답으로 답안지에 표시한 후 바로 다음 문제로 넘어가서 시간을 절약한다.

선택지 B, C는 지문에서 언급되지 않았으므로 오답이다. ⇨ B (X), C (X)

어휘 **LOFT公寓** LOFT gōngyù 로프트 아파트[공간 분리 없이 크고 오픈된 주거 형태] **深受** shēnshòu [동] 크게 받다
新型住房 xīnxíng zhùfáng 신형 주택 **面积** miànjī [명] 면적 **平方米** píngfāngmǐ [양] m²[제곱미터] **层高** cénggāo [명] 층고
销售 xiāoshòu [동] 매매하다, 팔다 **建筑** jiànzhù [명] 건물 **计算** jìsuàn [동] 산정하다, 계산하다 **达到** dádào [동] 달하다
开敞 kāichǎng 활짝 열다 **空间** kōngjiān [명] 공간 **随意** suíyì [동] 캐주얼하다 **舒适** shūshì [형] 쾌적하다 **任意** rènyì [형] 마음대로
装修 zhuāngxiū [동] 인테리어 하다 **风格** fēnggé [명] 스타일 **完美** wánměi [형] 완벽하다 **融合** rónghé [동] 융합하다
密切 mìqiè [형] 긴밀하다 **结构** jiégòu [명] 구조 **灵活** línghuó [형] 융통성 있다 **调整** tiáozhěng [동] 조절하다

晒太阳是放松、休闲的一种方式，但令人遗憾的是，它也有可能会带来不好的后果，那就是晒伤皮肤。然而，^A为什么我们很少见到动物被晒伤？这是因为动物在进化过程中形成了很多应对机制。^A比如说大象，它们皮肤较厚，而且常常在泥潭里打滚，身上涂满泥巴，这些泥巴自然而然地变成了一层保护膜。

일광욕하는 것은 긴장을 풀고 휴식하는 방식 중 하나지만, 유감스러운 것은, 그것이 나쁜 결과를 가져올 가능성도 있다는 것인데, 그것은 바로 피부가 햇볕에 타는 것이다. 그러나, ^A왜 우리는 동물이 햇볕에 타는 것을 거의 보지 못했을까? 그것은 동물이 진화하는 과정에서 많은 대응기제를 형성했기 때문이다. ^A예를 들어 코끼리는 피부가 비교적 두껍고, 게다가 자주 진흙 구덩이에서 뒹굴며, 몸에 진흙을 가득 바르는데, 이 진흙들이 자연스럽게 한 층의 보호막이 되었다.

A 大象不怕被太阳晒伤

B 人类喜欢过轻松的生活

C 晒太阳能够延长动物的寿命

D 皮肤的薄厚影响皮肤的晒伤程度

A 코끼리는 햇볕에 타는 것을 두려워하지 않는다

B 인간은 편안한 생활을 보내는 것을 좋아한다

C 일광욕 하는 것은 동물의 수명을 연장할 수 있다

D 피부의 얇고 두꺼움은 피부가 햇볕에 타는 정도에 영향을 미친다

해설 지문의 첫 문장을 읽으면 晒伤皮肤(피부가 햇볕에 타다)와 관련된 지식 정보 설명문임을 알 수 있다. 따라서 지문에서 晒伤皮肤와 관련된 개념이나 세부 특징이 언급되면, 각 선택지와 내용을 대조하여 오답을 소거하면서 정답을 고른다.

지문의 중후반에서 언급된 为什么我们很少见到动物被晒伤？……比如说大象，它们皮肤较厚，而且常常在泥潭里打滚，身上涂满泥巴，这些泥巴自然而然地变成了一层保护膜와 선택지 A 大象不怕被太阳晒伤를 대조해 보면, 지문의 '왜 우리는 동물이 햇볕에 타는 것을 거의 보지 못했을까? …… 예를 들어 코끼리는 피부가 비교적 두껍고, 게다가 자주 진흙 구덩이에서 뒹굴며, 몸에 진흙을 가득 바르는데, 이 진흙들이 자연스럽게 한 층의 보호막이 되었다.'는 곧 코끼리는 몸에 진흙을 발라 보호막을 만들기 때문에 햇볕에 타는 것을 두려워하지 않는다는 의미이므로 내용이 일치한다. 따라서 선택지 A를 정답으로 고른다. ⇒ A (O)

선택지 B, C, D는 지문에서 언급되지 않았으므로 오답이다. ⇒ B (X), C (X), D (X)

어휘 晒太阳 shài tàiyáng 일광욕하다, 햇볕을 쬐다　休闲 xiūxián 图 휴식하다　方式 fāngshì 圆 방식　遗憾 yíhàn 圆 유감스럽다
后果 hòuguǒ 圆 (주로 안 좋은) 결과　晒伤 shàishāng 햇볕에 타다　进化 jìnhuà 图 진화하다　形成 xíngchéng 图 형성하다
应对机制 yìngduì jīzhì 대응기제[어려움에 처해 있을 때 대처하는 반응 양식]　大象 dàxiàng 圆 코끼리　泥潭 nítán 圆 진흙 구덩이
打滚 dǎgǔn 图 뒹굴다　涂 tú 图 바르다　泥巴 níbā 圆 진흙　自然而然 zìrán'érrán 자연스럽다　保护膜 bǎohùmó 보호막
人类 rénlèi 圆 인간　延长 yáncháng 图 연장하다　寿命 shòumìng 圆 수명　薄 báo 圆 얇다　程度 chéngdù 圆 정도

最近，⁷¹杭州出现了一家没有售货员和收银员的无人超市。人们进入无人超市后，只需要打开手机，扫一扫门口的二维码，就可以开始购物。⁷¹购物结束后，通过再次扫码或"刷脸"的方式实现快捷支付。

大学生王明对此感到十分好奇，于是带着外婆来到了这家无人超市。一到超市门口，王明就熟练地打开手机，完成了二维码的扫描。可是外婆怎么都找不到手机里扫二维码的功能。由于后面等待的队伍很长，外婆有点儿着急了，最后没有扫码就直接跟在其他人的身后进入了超市。

최근 ⁷¹항저우에 판매원과 계산원이 없는 무인 슈퍼마켓이 생겼다. 사람들은 무인 슈퍼마켓에 들어간 후, 휴대폰을 켜 입구의 QR 코드를 스캔하기만 하면, 쇼핑을 시작할 수 있다. ⁷¹쇼핑이 끝나면, 다시 한 번 QR 코드를 스캔하거나 '안면 인식' 방식을 통해 간편결제가 이뤄진다.

대학생 왕밍은 이에 대해 매우 호기심을 느꼈고, 그래서 외할머니를 모시고 이 무인 슈퍼마켓을 찾았다. 슈퍼마켓 입구에 들어서자마자, 왕밍은 능숙하게 휴대폰을 켜서 QR 코드의 스캔을 마쳤다. 그러나 외할머니는 어떻게 해도 휴대폰에 있는 QR 코드 스캔 기능을 찾지 못했다. 뒤에서 기다리는 줄이 길어서, 외할머니는 조금 조급해졌고, 결국 QR 코드를 스캔하지 않고 곧바로 다른 사람의 뒤를 따라 슈퍼마켓으로 들어갔다.

外婆本来想买一瓶酱油，但因为没有售货员，她在超市里转了好几圈才找到。买到酱油后，外婆想赶紧回家，就让王明帮她付钱，可是在这个时候却显示扫码失败，外婆出不去了。王明只好打电话给工作人员，工作人员说，⁷²外婆无法离店是因为她进店时没有扫码。王明和外婆等了好一会儿，最后在工作人员的帮助下才离开了超市。

⁷⁴体验结束后，王明觉得无人超市简化了购物程序，缩短了购物时间，总体来说比较方便。⁷³/⁷⁴但外婆却认为无人超市更适合年轻人，对自己这样的老年人来说反而更不方便。

외할머니는 원래 간장 한 병을 사려고 했지만, 판매원이 없어서, 그녀는 슈퍼마켓 안을 몇 바퀴 돌고서야 겨우 찾았다. 간장을 산 다음, 외할머니는 서둘러 집에 가고 싶어서 왕밍에게 그녀를 도와 계산해 달라고 했지만, 이때 QR 코드 스캔 실패라고 표시되어서, 외할머니는 나가지를 못했다. 왕밍은 어쩔 수 없이 직원에게 전화를 걸었고, 직원은 ⁷²외할머니가 가게를 떠날 수 없었던 것은 그녀가 가게에 들어올 때 QR 코드를 스캔하지 않았기 때문이라고 말했다. 왕밍과 외할머니는 한참을 기다렸다가, 마지막에 직원의 도움으로 겨우 슈퍼마켓을 떠났다.

⁷⁴체험이 끝난 후, 왕밍은 무인 슈퍼마켓이 쇼핑 절차를 간소화하고 쇼핑 시간을 단축해, 전반적으로 말하면 비교적 편리하다고 생각했다. ⁷³/⁷⁴하지만 외할머니는 오히려 무인 슈퍼마켓은 젊은 사람에게 더 알맞고, 자신 같은 노인들에게는 오히려 더 불편하다고 생각했다.

어휘 | **杭州** Hángzhōu 교유 항저우[중국의 지명] **售货员** shòuhuòyuán 명 판매원 **收银员** shōuyínyuán 명 계산원
无人超市 wúrén chāoshì 무인 슈퍼마켓 **扫** sǎo 동 (QR 코드 등을) 스캔하다 **二维码** èrwéimǎ QR 코드
扫码 sǎo mǎ QR코드를 스캔하다 **刷脸** shuā liǎn 안면 인식 **方式** fāngshì 명 방식 **实现** shíxiàn 동 이뤄지다, 실현하다
快捷支付 kuàijié zhīfù 간편결제 **好奇** hàoqí 형 호기심을 갖다 **外婆** wàipó 명 외할머니 **熟练** shúliàn 형 능숙하다
扫描 sǎomiáo 동 스캔하다 **功能** gōngnéng 명 기능 **等待** děngdài 동 기다리다 **队伍** duìwu 명 줄 **酱油** jiàngyóu 명 간장
圈 quān 양 바퀴[일정한 범위나 어떤 한정된 구역] **赶紧** gǎnjǐn 부 서둘러 **付钱** fùqián 동 계산하다 **显示** xiǎnshì 동 표시되다
工作人员 gōngzuò rényuán 직원 **体验** tǐyàn 동 체험하다 **简化** jiǎnhuà 동 간소화하다 **程序** chéngxù 명 절차
缩短 suōduǎn 동 단축하다 **总体来说** zǒngtǐláishuō 전반적으로 말하면 **老年人** lǎoniánrén 명 노인 **反而** fǎn'ér 부 오히려

---

71 关于无人超市，下列哪项正确？

A 店里没有进口商品

B 付钱时要使用现金

C 可以扫码快捷支付

D 购物的都是年轻人

무인 슈퍼마켓에 관하여, 다음 중 옳은 것은?

A 가게 안에는 수입 상품이 없다

B 계산할 때는 현금을 사용해야 한다

C QR 코드를 스캔하여 간편결제를 할 수 있다

D 쇼핑하는 사람은 모두 젊은 사람이다

해설 | 질문이 무인 슈퍼마켓에 관하여 옳은 것을 물었으므로, 无人超市(무인 슈퍼마켓)을 핵심어구로 하여 지문에서 재빨리 찾아 주변의 내용과 일치하는 선택지를 정답으로 고른다. 첫 번째 단락에서 杭州出现了一家没有售货员和收银员的无人超市……购物结束后，通过再次扫码或 "刷脸" 的方式实现快捷支付。라고 했으므로, C 可以扫码快捷支付를 정답으로 고른다.

어휘 | **无人超市** wúrén chāoshì 무인 슈퍼마켓 **进口** jìnkǒu 동 수입하다 **商品** shāngpǐn 명 상품 **付钱** fùqián 동 계산하다
现金 xiànjīn 명 현금 **扫码** sǎo mǎ QR 코드를 스캔하다 **快捷支付** kuàijié zhīfù 간편결제 **购物** gòuwù 동 쇼핑하다
年轻人 niánqīngrén 명 젊은 사람

---

72 外婆为什么无法离店？

A 没有找到出口

B 进店时没有扫码

C 手机出现了问题

D 排队离店的人太多

외할머니는 왜 가게를 떠날 수 없었는가?

A 출구를 못 찾았다

B 가게에 들어올 때 QR 코드를 스캔하지 않았다

C 휴대폰에 문제가 생겼다

D 줄을 서서 가게를 떠나는 사람들이 너무 많다

해설　질문이 외할머니는 왜 가게를 떠날 수 없었는지를 물었으므로, 无法离店(가게를 떠날 수 없다)을 핵심어구로 하여 지문에서 재빨리 찾는다. 세 번째 단락에서 外婆无法离店是因为她进店时没有扫码라고 했으므로, B进店时没有扫码를 정답으로 고른다.

어휘　外婆 wàipó 몡외할머니　出口 chūkǒu 몡출구　扫码 sǎo mǎ QR코드를 스캔하다

73

外婆觉得无人超市：	외할머니가 생각하기에 무인 슈퍼마켓은:
A 价格合理	A 가격이 합리적이다
B 非常便利	B 매우 편리하다
C 商品种类不多	C 상품 종류가 많지 않다
D 不太适合老人	**D 노인에게 알맞지 않다**

해설　질문이 외할머니가 생각하는 무인 슈퍼마켓을 물었으므로, 外婆觉得无人超市(외할머니가 생각하기에 무인 슈퍼마켓은)을 핵심어구로 하여 지문에서 재빨리 찾아 주변 내용을 주의 깊게 읽는다. 마지막 단락에서 但外婆却认为无人超市更适合年轻人，对自己这样的老年人来说反而更不方便。이라고 했으므로, D 不太适合老人을 정답으로 고른다.

어휘　外婆 wàipó 몡외할머니　无人超市 wúrén chāoshì 무인 슈퍼마켓　合理 hélǐ 혱합리적이다　便利 biànlì 혱편리하다
商品 shāngpǐn 몡상품　种类 zhǒnglèi 몡종류　适合 shìhé 동알맞다　老人 lǎorén 몡노인

74

最适合做上文标题的是：	위 지문의 제목으로 가장 적절한 것은:
A 完美的无人超市	A 완벽한 무인 슈퍼마켓
B 二维码的重要性	B QR 코드의 중요성
C 无人超市面临的困境	C 무인 슈퍼마켓이 처한 어려움
D 无人超市的优势与问题	**D 무인 슈퍼마켓의 장점과 문제점**

해설　질문이 지문의 제목으로 가장 적절한 것을 물었으므로, 앞의 문제들을 풀며 파악한 지문의 내용을 토대로 정답을 선택한다. 마지막 단락에서 体验结束后，王明觉得无人超市简化了购物程序，缩短了购物时间，总体来说比较方便。但外婆却认为无人超市更适合年轻人，对自己这样的老年人来说反而更不方便。이라고 했으므로, D 无人超市的优势与问题를 정답으로 고른다.

어휘　完美 wánměi 혱완벽하다　无人超市 wúrén chāoshì 무인 슈퍼마켓　二维码 èrwéimǎ QR코드　面临 miànlín 동처하다
困境 kùnjìng 몡어려움　优势 yōushì 몡장점

---

75 - 78

現在，中国的图书市场变得越来越大，出版社每年出版的图书已达到几十万本。但是 75数量和种类的增多带来了一个严重的问题，那就是买了很多书，却没有时间一一阅读。为了解决这样的问题，有人推出了一种帮助阅读的手机软件。

76这种软件会对书的内容进行概括，然后将最精彩的部分写成2万字左右的总结，人们只需一个小时就能读完。对于一些没有时间或者没有耐心读完一整本书的人来说，这是一种非常方便的办法，既可以在短时间内获取知识，又可以了解准确信息。

현재 중국의 도서 시장은 갈수록 커지고 있는데, 출판사가 매년 출판하는 도서는 이미 수십만 권에 달한다. 하지만 75수량과 종류의 증가는 한 가지 심각한 문제를 가져왔는데, 그것은 바로 많은 책을 샀지만, 뜻밖에 하나 하나 읽을 시간이 없다는 것이다. 이런 문제를 해결하기 위해, 누군가가 독서를 돕는 모바일 애플리케이션을 내놓았다.

76이 애플리케이션은 책의 내용에 대해 요약을 하고, 그 다음에 가장 근사한 부분을 2만 자 내외의 총평으로 써내어 사람들은 한 시간이면 다 읽을 수 있다. 시간이 없거나 혹은 책 전체를 다 읽을 인내심이 없는 몇몇 사람들에게 있어 이는 매우 편리한 방법인데, 짧은 시간 내에 지식을 얻을 수 있을 뿐만 아니라, 또 정확한 정보를 이해할 수 있다.

⁷⁷也许有人会说，这种和"快餐"没什么差别的阅读方式并不能扩大知识面，因为阅读和思考是没有<u>捷径</u>的。但其实，这类软件的作用并不是完全代替阅读，而是帮助人们阅读。人们可以先根据概括的内容判断图书的好坏，再决定是否购买。⁷⁸因为有些书通过总结就可以充分向普通读者传达观点，不需要仔细阅读。而有些书只有读完全文才能真正掌握核心内容。如果人们学会灵活使用阅读软件，好处一定是远远大于坏处的。

⁷⁷아마도 어떤 사람은 이러한 종류의 '패스트푸드'와 별다른 차이가 없는 독서 방식은 지식의 폭을 넓힐 수 없다고 말할지도 모르는데, 왜냐하면 읽는 것과 깊이 생각하는 것은 지름길이 없는 것이기 때문이다. 그러나 사실, 이러한 애플리케이션의 역할은 완전히 독서를 대체하는 것이 아니라 사람들의 독서를 돕는 것이다. 사람들은 먼저 요약된 내용에 따라 도서의 좋고 나쁨을 판단한 후, 다시 구매를 할지 말지를 결정할 수 있다. ⁷⁸어떤 책은 총평을 통해 충분히 일반 독자를 향해 관점을 전달할 수 있기 때문에, 자세히 읽을 필요가 없다. 또 어떤 책은 전문을 다 읽어야만 비로소 진정으로 핵심 내용을 파악할 수 있다. 만약 사람들이 융통성 있게 독서 애플리케이션 사용하는 것을 배워서 할 수 있게 된다면, 장점은 분명히 단점보다 훨씬 클 것이다.

어휘　**市场** shìchǎng 圐시장　**出版社** chūbǎnshè 圐출판사　**出版** chūbǎn 圄출판하다　**达到** dádào 圄달하다　**种类** zhǒnglèi 圐종류
增多 zēngduō 圄증가하다　**推出** tuīchū 圄(시장에 신상품이나 새로운 아이디어를)내놓다　**软件** ruǎnjiàn 圐애플리케이션
概括 gàikuò 圄요약하다　**获取** huòqǔ 圄얻다　**快餐** kuàicān 圐패스트푸드　**差别** chābié 圐차이　**方式** fāngshì 圐방식
扩大 kuòdà 圄넓히다　**思考** sīkǎo 圄깊이 생각하다　**捷径** jiéjìng 圐지름길　**代替** dàitì 圄대체하다　**好坏** hǎohuài 圐좋고 나쁨
充分 chōngfèn 톙충분히　**传达** chuándá 圄전달하다　**观点** guāndiǎn 圐관점　**掌握** zhǎngwò 圄파악하다　**核心** héxīn 圐핵심
灵活 línghuó 톙융통성 있다　**远远** yuǎnyuǎn 冏훨씬　**大于** dàyú ~보다 크다

75

图书数量增多带来了什么问题？

A 人们不爱买书

B 书本价格变贵

C 人们没时间看书

D 市场竞争愈加激烈

도서 수량의 증가는 무슨 문제를 가져왔는가?

A 사람들이 책 사는 것을 좋아하지 않는다

B 책의 가격이 비싸졌다

C 사람들이 책을 볼 시간이 없다

D 시장 경쟁이 더욱 치열해졌다

해설　질문이 도서 수량의 증가는 무슨 문제를 가져왔는지를 물었으므로, **图书数量增多带来的问题**(도서 수량의 증가가 가져온 문제)를 핵심어구로 하여 지문에서 재빨리 찾는다. 첫 번째 단락에서 数量和种类的增多带来了一个严重的问题，那就是买了很多书，却没有时间——阅读라고 했으므로, C 人们没时间看书를 정답으로 고른다.

어휘　**增多** zēngduō 圄증가하다　**市场** shìchǎng 圐시장　**愈加** yùjiā 冏더욱　**激烈** jīliè 톙치열하다

76

阅读软件可以：

A 为人们播放语音

B 概括图书的内容

C 推荐最新的书本

D 教人们如何成功

독서 애플리케이션이 할 수 있는 것은：

A 사람들을 위해 음성을 튼다

B 도서의 내용을 요약한다

C 최신 책을 추천한다

D 사람들에게 어떻게 성공하는지를 가르친다

해설　질문이 독서 애플리케이션이 할 수 있는 것을 물었으므로, **阅读软件**(독서 애플리케이션)를 핵심어구로 하여 지문에서 재빨리 찾아 주변 내용을 주의 깊게 읽는다. 두 번째 단락에서 这种软件会对书的内容进行概括라고 했으므로, B 概括图书的内容을 정답으로 고른다.

어휘　**阅读** yuèdú 圄독서하다　**软件** ruǎnjiàn 圐애플리케이션　**播放** bōfàng 圄틀다, 방송하다　**语音** yǔyīn 圐음성
概括 gàikuò 圄요약하다　**推荐** tuījiàn 圄추천하다　**如何** rúhé 때어떻게

77 第三段中画线词语 "捷径" 的意思是：

A 好走的路　　　　B 方便的软件

C 正确的选择　　　**D 快速的办法**

세 번째 단락에서 밑줄 친 어휘 '지름길'의 의미는：

A 걷기 좋은 길　　　　B 편리한 애플리케이션

C 정확한 선택　　　　**D 빠른 방법**

해설　질문이 세 번째 단락에서 밑줄 친 어휘 "捷径(지름길)"의 의미를 물었으므로, 세 번째 단락에서 밑줄 친 어휘 "捷径"이 언급된 부분을 재빨리 찾아 주변의 문맥을 꼼꼼히 파악한다. 세 번째 단락에서 也许有人会说，这种和 "快餐" 没什么差别的阅读方式并不能扩大知识面，因为阅读和思考是没有捷径的。라고 했으므로, 문맥상 "捷径"은 '패스트푸드'처럼 빠른 속도가 특징인 수단이나 방식을 의미함을 알 수 있다. 따라서 D 快速的办法를 정답으로 고른다.

어휘　画线 huàxiàn 圖밑줄을 치다　捷径 jiéjìng 圖지름길　软件 ruǎnjiàn 圖애플리케이션　快速 kuàisù 圖빠른

78 下列哪项属于作者的观点？

A 关于成功的书太多了

B 别人的成功不值得学习

C 有些书看概括总结就可以

D 出版社该推出免费阅读软件

다음 중 작가의 관점에 속하는 것은？

A 성공에 관한 책이 너무 많다

B 다른 사람의 성공은 배울 가치가 없다

C 어떤 책은 요약 총평을 보면 된다

D 출판사는 무료 독서 애플리케이션을 출시해야 한다

해설　질문이 작가의 관점에 속하는 것을 물었으므로, 선택지의 핵심어구를 지문에서 재빨리 찾아 주변의 내용과 일치하는 선택지를 정답으로 고른다. 선택지 C의 핵심어구 总结(총평)와 관련하여, 마지막 단락에서 因为有些书通过总结就可以充分向普通读者传达观点，不需要仔细阅读。라고 했으므로, C 有些书看概括总结就可以를 정답으로 고른다.

어휘　属于 shǔyú 圖~에 속하다　观点 guāndiǎn 圖관점　概括 gàikuò 圖요약하다　推出 tuīchū 圖출시하다

79 - 82

[79]人的大脑有一个特性，那就是喜欢稳定，不喜欢变化。因此，还没有取得结果的事情，都会被大脑打上 "不确定" 的标志。这种不确定性会占大脑的很多空间，对人的思考有极大的危害。

在日常生活中，如果脑海里总是出现一些不确定的想法和念头，那么就很难专心学习和工作，更别说深入思考其他问题了。与此同时，[80]这种不确定性会阻止人的有效行动，让人的思绪在过去和未来之间来回不定，从而忘记关注最重要的 "当下"。

那么，该怎样解决这样的问题呢？其实答案很简单，就是立即开始行动，停止空想。按照下面三个步骤去做的话，就一定可以改善不确定性带来的问题。第一是刺激控制，将所有令你忧虑的想法写在纸上。第二，制定行动方案，想办法将你的忧虑转化为行动，然后找一个明确的时间解决。最后，[81]做好核对清单。把需要处理的事情及相关的细节做成一张表，行动的时候拿出来随时核对。[81]这样做可以避免差错，也可以让大脑不再反复思考。

[79]사람의 대뇌는 한 가지 특성이 있는데, 그것은 바로 안정을 좋아하고, 변화는 좋아하지 않는다는 것이다. 이 때문에, 아직 결과를 얻지 못한 일은 모두 대뇌에 의해 '불확실하다'고 표시된다. 이런 불확실성은 대뇌의 많은 공간을 차지하여, 사람의 사고에 큰 피해가 생긴다.

일상생활 중에, 만약 머리 속에서 몇몇 불확실한 생각과 마음이 계속 떠오르면, 몰두해서 공부하거나 일하기가 어려운데, 다른 문제를 깊이 생각하는 것은 더욱 말할 것도 없다. 이와 동시에, [80]이러한 불확실성은 사람의 효과적인 행동을 가로막고, 사람의 기분이 과거와 미래 사이를 오락가락하게 하는데, 그리하여 가장 중요한 '그 순간'에 관심 가지는 것을 잊는다.

그렇다면, 어떻게 이런 문제를 해결해야 할까? 사실 답은 간단한데, 바로 즉시 행동을 개시하고, 공상을 멈추는 것이다. 아래 세 가지 단계대로 따라 한다면, 반드시 불확실성이 가져오는 문제를 개선할 수 있다. 첫째는 자극 통제인데, 당신을 우려하게 하는 모든 생각을 종이에 적는다. 둘째, 행동 방안을 세우는 것으로, 당신의 우려를 행동으로 옮기는 방법을 생각하고, 그 다음 명확하게 하는 시간을 가져 해결한다. 마지막은 [81]체크리스트를 잘 만드는 것이다. 처리해야 할 일과 관련된 세부 사항을 한 장의 표로 만들고, 행동할 때 꺼내어 수시로 체크한다. [81]이렇게 하면 실수를 방지할 수 있고, 또 대뇌가 다시는 반복적으로 사고하지 못할 수 있다.

어휘 **大脑** dànǎo [명] 대뇌 **特性** tèxìng [명] 특성 **稳定** wěndìng [형] 안정되다 **取得** qǔdé [동] 얻다 **确定** quèdìng [동] 확실하다 **标志** biāozhì [명] 표시 **占** zhàn [동] 차지하다 **空间** kōngjiān [명] 공간 **思考** sīkǎo [동] 사고하다 **危害** wēihài [명] 피해 **日常** rìcháng [형] 일상의 **脑海** nǎohǎi [명] 머리 **想法** xiǎngfǎ [명] 생각 **念头** niàntou [명] 마음 **专心** zhuānxīn [형] 몰두하다 **深入** shēnrù [동] 깊이 들어가다 **与此同时** yǔcǐtóngshí 이와 동시에 **阻止** zǔzhǐ [동] 가로막다 **有效** yǒuxiào [동] 효과가 있다 **行动** xíngdòng [명] 행동 **思绪** sīxù [명] 기분 **未来** wèilái [명] 미래 **来回不定** láihuí búdìng 오락가락하다 **从而** cóng'ér [접] 그리하여 **当下** dāngxià [부] 그 순간 **立即** lìjí [부] 즉시 **停止** tíngzhǐ [동] 멈추다 **空想** kōngxiǎng [명] 공상 **步骤** bùzhòu [명] (일이 진행되는) 단계 **改善** gǎishàn [동] 개선하다 **刺激** cìjī [명] 자극 **控制** kòngzhì [동] 통제하다 **忧虑** yōulǜ [동] 우려하다 **制定** zhìdìng [동] 세우다 **方案** fāng'àn [명] 방안 **转化** zhuǎnhuà [동] 옮기다 **明确** míngquè [동] 명확하게 하다 **核对** héduì [동] 체크하다 **清单** qīngdān [명] 리스트 **处理** chǔlǐ [동] 처리하다 **相关** xiāngguān [동] (서로) 관련되다 **细节** xìjié [명] 세부 사항 **随时** suíshí [부] 수시로 **避免** bìmiǎn [동] 방지하다 **差错** chācuò [명] 실수 **反复** fǎnfù [부] 반복적으로

79

人的大脑有什么特点?	사람의 대뇌는 무슨 특징이 있는가?
A 期待刺激	A 자극을 기대한다
B 追求完美	B 완벽함을 추구한다
C 不喜欢变化	**C 변화를 좋아하지 않는다**
D 对思考不感兴趣	D 사고하는 것에 흥미가 없다

해설 질문이 사람의 대뇌는 무슨 특징이 있는지를 물었으므로, **人的大脑**(사람의 대뇌)를 핵심어구로 하여 지문에서 재빨리 찾는다. 첫 번째 단락에서 **人的大脑有一个特性，那就是喜欢稳定，不喜欢变化。**라고 했으므로, C **不喜欢变化**를 정답으로 고른다.

어휘 **大脑** dànǎo [명] 대뇌 **期待** qīdài [동] 기대하다 **刺激** cìjī [명] 자극 **追求** zhuīqiú [동] 추구하다 **完美** wánměi [형] 완벽하다 **思考** sīkǎo [동] 사고하다

80

大脑的不确定性会带来什么问题?		대뇌의 불확실성은 무슨 문제를 가져오는가?	
A 忽视现在	B 妨碍他人	**A 현재를 소홀히 한다**	B 타인을 방해한다
C 加重烦恼	D 影响情绪	C 걱정이 심해진다	D 정서에 영향을 미친다

해설 질문이 대뇌의 불확실성은 무슨 문제를 가져오는지를 물었으므로, **不确定性会带来的问题**(불확실성이 가져오는 문제)를 핵심어구로 하여 지문에서 재빨리 찾는다. 두 번째 단락에서 **这种不确定性会阻止人的有效行动，让人的思绪在过去和未来之间来回不定，从而忘记关注最重要的“当下”**라고 했으므로, A **忽视现在**를 정답으로 고른다.

어휘 **不确定性** búquèdìngxìng 불확실성 **忽视** hūshì [동] 소홀히 하다 **妨碍** fáng'ài [동] 방해하다 **加重** jiāzhòng [동] 심해지다 **情绪** qíngxù [명] 정서

81

做好核对清单有什么好处?	체크리스트를 잘 만드는 것은 무슨 장점이 있는가?
A 让人不断思考	A 사람이 끊임없이 생각하게 한다
B 避免出现错误	**B 실수가 생기는 것을 방지한다**
C 改善睡眠质量	C 수면의 질을 개선한다
D 充分利用大脑	D 대뇌를 충분히 이용한다

해설 질문이 체크리스트를 잘 만드는 것은 무슨 장점이 있는지를 물었으므로, **核对清单**(체크리스트)을 핵심어구로 하여 지문에서 재빨리 찾는다. 마지막 단락에서 **做好核对清单……这样做可以避免差错，也可以让大脑不再反复思考。**라고 했으므로, B **避免出现错误**를 정답으로 고른다.

어휘 **核对清单** héduì qīngdān 체크리스트 **思考** sīkǎo [동] 생각하다 **避免** bìmiǎn [동] 방지하다 **改善** gǎishàn [동] 개선하다 **充分** chōngfèn [부] 충분히 **利用** lìyòng [동] 이용하다 **大脑** dànǎo [명] 대뇌

上文最可能出自哪里?	위 지문은 어디에서 나올 가능성이 가장 큰가?
A 科学杂志　　　　**B** 娱乐新闻	**A** 과학 잡지　　　　**B** 연예 뉴스
C 艺术展览　　　　**D** 人物采访	**C** 예술 전시　　　　**D** 인물 인터뷰

해설　질문이 위 지문은 어디에서 나올 가능성이 가장 큰지를 물었으므로, 앞의 문제들을 풀며 파악한 지문의 내용을 토대로 정답을 선택한다. 지문은 대뇌의 특성과 이 특성이 가져오는 문제점, 해결 방법을 차례대로 서술하고 있으므로, A 科学杂志를 정답으로 고른다.

어휘　娱乐 yúlè 阌연예, 오락　展览 zhǎnlǎn 阌전시 阍전시하다　人物 rénwù 阌인물　采访 cǎifǎng 阍인터뷰하다

83 - 86

最近，我四岁的女儿迷上了一部名叫《小猪佩奇》的英国动画片。[83]刚开始我觉得这部动画片画面粗糙，只适合用来给小孩子打发时间，所以不怎么喜欢它，但后来惊奇地发现，很多观众都给该动画片打了高分。《小猪佩奇》深受孩子的喜爱和家长的热捧。面对这样的情况，[84]我带着半信半疑的态度，陪孩子看了几集。看之前我心想，只要内容有问题，就立刻阻止女儿观看，结果，我和女儿看着看着就被吸引了。

故事是围绕着小猪佩奇与家人的愉快经历展开的。主人公佩奇是一个可爱的小猪，它与爸爸妈妈和弟弟生活在一起。整个故事幽默而有趣，向小朋友宣扬了传统家庭观念和友情，也鼓励他们积极体验生活。这一点从细节上就可以看出，比如[85]墙壁上的时钟指向七点时，佩奇的父母就会要求孩子们睡觉，这是因为他们试图给孩子们树立良好的时间观念，明确家庭规则。同时佩奇的父母对孩子们的很多行为都持鼓励的态度，并且会积极参与到孩子们的活动中，一起度假，一起玩耍。

[86]《小猪佩奇》向观众们传达了很多信息，比如轻松、活泼的家庭氛围对孩子们的成长起着极其重要的作用；人要学会接纳自己，勇敢做自己；要想培养孩子的自信心和责任感，就应该赋予他们一定的责任。每当看这部既有趣味性，又有实用性的动画片时，我和女儿都能感受到其中浓浓的爱与幸福。

요즘 나의 네 살배기 딸은 <페파피그>라고 불리는 영국 애니메이션 한 편에 푹 빠졌다. [83]처음에 나는 이 애니메이션의 화면이 조잡하여, 그저 어린 아이들이 시간을 보내는 데에만 적합하다고 생각했고, 그래서 그것을 딱히 좋아하지 않았다. 그러나 후에 놀랍게도 많은 시청자가 이 애니메이션에 높은 점수를 줬다는 것을 발견했다. <페파피그>는 아이들의 사랑과 학부모의 열렬한 환영을 크게 받고 있었다. 이러한 상황을 맞아, [84]나는 반신반의한 태도를 가지고 아이와 함께 몇 편을 보았다. 보기 전에 나는 내용에 문제가 있기만 하면 즉시 딸이 보는 것을 말려야겠다고 속으로 생각했는데, 결론적으로 나와 딸은 보면 볼수록 빠져들었다.

이야기는 작은 돼지 페파와 가족들을 둘러싼 즐거운 경험으로 펼쳐진다. 주인공 페파는 귀여운 아기 돼지로, 그는 아빠, 엄마 그리고 남동생과 함께 산다. 모든 에피소드가 웃기고 흥미로운데, 어린 친구들에게 전통적인 가족관과 우정을 널리 알리고, 또 그들이 적극적으로 삶을 경험하도록 격려한다. 이러한 점은 사소한 부분에서 바로 알 수 있다. 예를 들어 [85]벽의 시계가 7시를 가리킬 때, 페파의 부모는 아이들에게 잠잘 것을 요구하는데, 이것은 그들이 아이들에게 좋은 시간관념을 세워주고, 집안 규칙을 명확히 하려고 시도하기 때문이다. 동시에 페파의 부모는 아이들의 많은 행동에 모두 격려하는 태도를 유지하고, 또 아이들의 활동에 적극적으로 참여하여, 함께 휴가를 보내고, 함께 논다.

[86]<페파피그>는 시청자들에게 많은 정보를 전달했는데, 예를 들어 편안하고, 활발한 집안 분위기는 아이들의 성장에 매우 중요한 역할을 한다는 것이다. 사람들은 자신을 받아들이고, 자신을 용감하게 하는 법을 배워야 하는데, 아이들의 자신감과 책임감을 길러주고 싶다면, 그들에게 어느 정도의 책임을 주어야만 한다. 재미도 있고, 또 실용성도 있는 이 애니메이션을 볼 때마다, 나와 딸은 모두 그 속에서 진한 사랑과 행복을 느낄 수 있다.

어휘　迷上 míshàng 푹 빠지다　小猪佩奇 Xiǎozhū Pèiqí 고위페파피그[베이커 데이비스 감독의 어린이용 애니메이션 시리즈]
动画片 dònghuàpiàn 阌애니메이션　画面 huàmiàn 阌화면　粗糙 cūcāo 阍조잡하다　打发 dǎfa 阍보내다　惊奇 jīngqí 阍놀라다
喜爱 xǐ'ài 阍사랑하다　家长 jiāzhǎng 阌학부모　热捧 rèpěng 阍(스타나 상품을) 열렬히 환영하다　面对 miànduì 阍맞이하다
半信半疑 bànxìnbànyí 阍반신반의　立刻 lìkè 阍즉시　阻止 zǔzhǐ 阍말리다　围绕 wéirào 阍둘러싸다　展开 zhǎnkāi 阍펼치다
主人公 zhǔréngōng 阌주인공　佩奇 Pèiqí 고위페파　整个 zhěnggè 阌모든　宣扬 xuānyáng 阍널리 알리다

传统 chuántǒng 웹전통적이다　家庭 jiātíng 웹가족, 집안　观念 guānniàn 웹관념　友情 yǒuqíng 웹우정　体验 tǐyàn 통체험하다
细节 xìjié 웹사소한 부분　墙壁 qiángbì 웹벽　时钟 shízhōng 웹시계　指向 zhǐxiàng 통가리키다　试图 shìtú 통시도하다
树立 shùlì 통세우다　良好 liánghǎo 웹좋다　明确 míngquè 통명확하게 하다　规则 guīzé 웹규칙　行为 xíngwéi 웹행동
参与 cānyù 통참여하다　度假 dùjià 통휴가를 보내다　玩耍 wánshuǎ 통놀다　传达 chuándá 통전달하다　氛围 fēnwéi 웹분위기
成长 chéngzhǎng 통성장하다　极其 jíqí 튀매우　接纳 jiēnà 통받아들이다　培养 péiyǎng 통기르다　赋予 fùyǔ 통(임무 등을) 주다
趣味性 qùwèixìng 웹재미　实用 shíyòng 웹실용적이다　感受 gǎnshòu 통(영향을) 느끼다　浓 nóng 웹진하다

83　刚开始《小猪佩奇》不被看好是因为：

A 故事单调　　　　B 主题消极

C 缺乏个性　　　　**D 画面粗糙**

처음에 <페파피그>가 좋게 보이지 않은 것은 왜냐하면：

A 이야기가 단조롭다　　　B 주제가 부정적이다

C 개성이 부족하다　　　　**D 화면이 조잡하다**

해설　질문이 처음에 <페파피그>가 좋게 보이지 않은 이유를 물었으므로, 刚开始《小猪佩奇》(처음의 <페파피그>)를 핵심어구로 하여 지문에서 재빨리 찾아 주변 내용을 주의 깊게 읽는다. 첫 번째 단락에서 刚开始我觉得这部动画片画面粗糙, 只适合用来给小孩子打发时间, 所以不怎么喜欢它라고 했으므로, D 画面粗糙를 정답으로 고른다.

어휘　小猪佩奇 Xiǎozhū Pèiqí 교유페파피그[베이커 데이비스 감독의 어린이용 애니메이션 시리즈]　单调 dāndiào 웹단조롭다
主题 zhǔtí 웹주제　消极 xiāojí 웹부정적이다　缺乏 quēfá 통부족하다　个性 gèxìng 웹개성　画面 huàmiàn 웹화면
粗糙 cūcāo 웹조잡하다

84　作者陪孩子看《小猪佩奇》的目的是什么？

A 提高英语水平

B 检查其中的内容

C 和孩子增进感情

D 感受单纯的快乐

글쓴이가 아이와 함께 <페파피그>를 본 목적은 무엇인가？

A 영어 수준을 향상시킨다

B 그 속의 내용을 관찰한다

C 아이와 정을 돈독히 한다

D 단순한 재미를 느낀다

해설　질문이 글쓴이가 아이와 함께 <페파피그>를 본 목적은 무엇인지를 물었으므로, 陪孩子看的目的(아이와 본 목적)를 핵심어구로 하여 지문에서 재빨리 찾는다. 첫 번째 단락에서 我带着半信半疑的态度, 陪孩子看了几集。看之前我心想, 只要内容有问题, 就立刻阻止女儿观看이라고 했으므로, B 检查其中的内容을 정답으로 고른다.

어휘　增进 zēngjìn 통돈독히 하다　感受 gǎnshòu 통느끼다　单纯 dānchún 웹단순하다

85　佩奇的父母要求佩奇：

A 按时睡觉

B 培养好性格

C 锻炼逻辑思维

D 提高家务能力

페파의 부모가 페파에게 요구하는 것은：

A 제시간에 자는 것

B 좋은 성격을 기르는 것

C 논리적 사고를 훈련하는 것

D 살림 능력을 향상시키는 것

해설　질문이 페파의 부모가 페파에게 요구하는 것을 물었으므로, 父母要求佩奇(부모가 페파에게 요구하는 것)를 핵심어구로 하여 지문에서 재빨리 찾아 주변 내용을 주의 깊게 읽는다. 두 번째 단락에서 墙壁上的时钟指向七点时, 佩奇的父母就会要求孩子们睡觉라고 했으므로, A 按时睡觉를 정답으로 고른다.

어휘　佩奇 Pèiqí 교유페파　培养 péiyǎng 통기르다　逻辑 luójí 웹논리　思维 sīwéi 웹사고　家务 jiāwù 웹살림

下列哪项不属于《小猪佩奇》的教育意义？	다음 중 <페파피그>의 교육적 의미에 속하지 **않는** 것은?
A 要懂得接纳自己	A 자신을 받아들이는 법을 이해해야 한다
B 家庭氛围很重要	B 집안 분위기는 중요하다
C 应禁止晚上看动画片	**C 저녁에 애니메이션을 보는 것을 금지해야 한다**
D 需给孩子一定的责任	D 아이에게 어느 정도의 책임을 줄 필요가 있다

해설   질문이 <페파피그>의 교육적 의미에 속하지 않는 것을 물었으므로, 教育意义(교육적 의미)를 지문에서 재빨리 찾아 주변에서 언급된 것을 하나씩 소거하며 정답을 고른다. 마지막 단락에서 《小猪佩奇》向观众们传达了很多信息, 比如轻松、活泼的家庭氛围对孩子们的成长起着极其重要的作用; 人要学会接纳自己, 勇敢做自己; 要想培养孩子的自信心和责任感, 就应该赋予他们一定的责任。이라고 했고, 선택지 A가 要懂得接纳自己, 선택지 B가 家庭氛围很重要, 선택지 D가 需给孩子一定的责任이라고 했으므로 소거한다. 따라서 지문에서 언급되지 않은 C 应禁止晚上看动画片을 정답으로 고른다.

어휘   **属于** shǔyú 图 ~에 속하다   **意义** yìyì 图 의미   **懂得** dǒngde 图 이해하다   **接纳** jiēnà 图 받아들이다   **家庭** jiātíng 图 집안
氛围 fēnwéi 图 분위기   **动画片** dònghuàpiàn 图 애니메이션

福建土楼是闽南地区最有代表性的客家建筑。[90]福建土楼给人一种世外桃源般的神秘感。见过土楼的人会不由自主地发出"土楼归来不看屋"的惊叹。

客家人一千多年前从中原来到闽南地区，成了当地的"客人"，后被称为客家人。他们虽然是汉族，但定居闽南地区后，逐渐创造了自己的语言，并用自己的勤奋与智慧，建起了这种独具特色的大型民居建筑——土楼。[87]同姓的数十户、几百人都生活在一个土楼里，反映出客家人聚族而居，和睦相处的家族传统。

最常见的土楼类型有圆形、半圆形、方形等。土楼一开始是方形的，[88]后来为了扩大使用空间，节省建筑材料，并更好地抵抗风雨和外部冲击力，客家人开始把土楼建成圆形。

高高的土楼一般有四层或五层，全部用木质、竹制构架搭接，用土做墙。[89]土楼内生产、生活、防卫设施齐全。一楼有祠堂和厨房，二楼是存粮食的地方，一楼和二楼均没有窗户。三楼开始设有窗户，主要供人居住生活。整座土楼只有一个大门与外部连接。

福建土楼被中外建筑学界称为中国五大建筑之一，为建筑学、人类学等学科的研究提供了宝贵的实物资料。

푸젠성 토루는 민난 지역의 가장 대표적인 객가 건축물이다. [90]푸젠성의 토루는 사람들에게 무릉도원 같은 신비한 느낌을 준다. 토루를 본 적 있는 사람은 자기도 모르게 '토루가 돌아오면 집을 보지 않는다'는 탄성을 내지른다.

객가인은 천여 년 전에 중원에서 민남 지역으로 왔으며, 현지의 '손님'이 되었다가 후에 객가인이라고 불리었다. 그들은 비록 한족이지만, 민남 지역에 정착한 후, 점차 자신의 언어를 창조했고, 자신들의 근면함과 지혜를 이용하여 이런 독자적이고 특색 있는 대형 민가 건축물인 토루를 지었다. [87]같은 성씨인 수십 가구, 수백 명이 모두 한 토루에 사는 것은 객가인들이 무리지어 살고, 함께 사이 좋게 지내던 가족의 전통을 [87]반영한다.

가장 흔한 토루 유형은 원형, 반원형, 사가형 등이 있다. 토루는 처음에는 사각형이었으나, [88]후에 사용 공간을 넓히고 건축 자재를 절감하며 비바람과 외부 충격에 더 잘 견디고자, 객가인들은 토루를 원형으로 짓기 시작했다.

높은 토루는 보통 4층이나 5층인데, 전부 목재와 대나무로 만든 구조로 연결하고, 흙으로 담을 쌓는다. [89]토루 안에는 생산, 생활, 방위 시설이 완비되어 있다. 1층에는 사당과 주방이 있고, 2층은 식량을 저장하는 장소이며, 1층과 2층 모두 창문은 없다. 3층부터는 창문이 설치되기 시작하는데 주로 사람들의 주거 생활에 제공된다. 토루 전체적으로 외부와 통하는 대문은 하나만 있다.

푸젠성 토루는 중국 외부의 건축학계에 의해 중국 5대 건축물 중 하나로 불리며, 건축학, 인류학 등의 학계의 연구에 귀중한 실물 자료를 제공했다.

어휘 福建土楼 Fújiàn Tǔlóu [고유] 푸젠성 토루[중국 푸젠성 지역에 있는 흙으로 만든 집단주택, 2008년 세계문화유산으로 지정됨]

闽南 Mǐnnán [고유] 민난[푸젠성 남부 지역]　地区 dìqū 몡 지역　代表 dàibiǎo 통 대표하다

客家 Kèjiā [고유] 객가[서전과 북송 시기 황하 북쪽에서 살던 한족 중 하나]　建筑 jiànzhù 몡 건축물　世外桃源 shìwài táoyuán 무릉도원

神秘 shénmì 톙 신비하다　不由自主 bùyóuzìzhǔ 졩 자기도 모르게　归来 guīlái 통 돌아오다　惊叹 jīngtàn 통 탄성, 감탄

中原 Zhōngyuán [고유] 중원[황하 중류와 하류에 걸친 땅]　当地 dāngdì 몡 현지　称为 chēngwéi ~라고 부르다　汉族 Hànzú [고유] 한족

定居 dìngjū 통 정착하다　逐渐 zhújiàn 閅 점차　创造 chuàngzào 통 창조하다　勤奋 qínfèn 톙 근면하다　智慧 zhìhuì 몡 지혜

独具 dújù 독자적이다　特色 tèsè 톙 특색 있는　大型 dàxíng 톙 대형의　民居建筑 mínjū jiànzhù 민가 건축물

同姓 tóngxìng 몡 같은 성씨　户 hù 몡 가구, 호　反映 fǎnyìng 통 반영하다　聚族而居 jù zú ér jū 무리지어 살다

和睦 hémù 톙 사이가 좋다　相处 xiāngchǔ 통 함께 지내다　传统 chuántǒng 몡 전통　类型 lèixíng 몡 유형　圆形 yuánxíng 몡 원형

半圆形 bànyuánxíng 몡 반원형　方形 fāngxíng 몡 사각형　扩大 kuòdà 통 넓히다　空间 kōngjiān 몡 공간　节省 jiéshěng 통 절감하다

抵抗 dǐkàng 통 견디다　风雨 fēngyǔ 몡 비바람　冲击力 chōngjīlì 몡 충격　木质 mùzhì 몡 목재　竹 zhú 몡 대나무

构架 gòujià 몡 구조, 프레임　搭接 dājiē 연결하다　墙 qiáng 몡 담, 벽　生产 shēngchǎn 통 생산하다　防卫 fángwèi 통 방위하다

设施 shèshī 몡 시설　齐全 qíquán 톙 완비하다　祠堂 cítáng 몡 사당　粮食 liángshi 몡 식량　均 jūn 몡 모두

居住生活 jūzhù shēnghuó 주거 생활　连接 liánjiē 통 통하다, 연결되다　人类学 rénlèixué 몡 인류학　学科 xuékē 몡 학계

宝贵 bǎoguì 톙 귀중한　实物 shíwù 몡 실물　资料 zīliào 몡 자료

---

87 关于客家人，下列哪项正确？　객가인에 관하여, 다음 중 옳은 것은?

A 没有自己独立的语言　A 자신의 독립적인 언어가 없다

B 一般倾向于群居生活　**B 일반적으로 떼지어 사는 편이다**

C 从东南亚来到中原地区　C 동남아시아에서 중원 지역으로 왔다

D 主要生活在庭院式住宅　D 주로 정원식 주택에서 생활한다

해설 질문이 객가인에 관하여 옳은 것을 물었으므로, 客家人(객가인)을 핵심어구로 하여 지문에서 재빨리 찾아 주변의 내용과 일치하는 선택지를 정답으로 고른다. 두 번째 단락에서 同姓의 数十户、几百人都生活在一个土楼里, 反映出客家人聚族而居라고 했으므로, B 一般倾向于群居生活을 정답으로 고른다.

어휘 客家 Kèjiā [고유] 객가[서전과 북송 시기 황하 북쪽에서 살던 한족 중 하나]　独立 dúlì 통 독립하다　倾向 qīngxiàng ~하는 편이다

群居 qúnjū 떼지어 살다　东南亚 Dōngnányà [고유] 동남아시아　中原 Zhōngyuán [고유] 중원[황하 중류와 하류에 걸친 땅]

地区 dìqū 몡 지역　庭院式 tíngyuànshì 정원식　住宅 zhùzhái 몡 주택[주로 규모가 비교적 큰 것을 가리킴]

---

88 圆形土楼：　원형 토루는:

A 墙面更加结实耐用　A 담이 더 단단하고 오래간다

B 可以更好地防风防雨　**B 비바람을 더 잘 막을 수 있다**

C 能使外观看起来更壮观　C 외관이 더 훌륭하고 장대하게 보이게 할 수 있다

D 比较符合客家人的审美　D 객가인의 심미에 비교적 부합한다

해설 질문이 원형 토루에 대해 물었으므로, 圆形土楼(원형 토루)를 핵심어구로 하여 지문에서 재빨리 찾아 주변 내용을 주의 깊게 읽는다. 세 번째 단락에서 后来为了扩大使用空间, 节省建筑材料, 并更好地抵抗风雨和外部冲击力, 客家人开始把土楼建成圆形이라고 했으므로, B 可以更好地防风防雨를 정답으로 고른다.

어휘 圆形 yuánxíng 몡 원형　墙 qiáng 몡 담, 벽　结实 jiēshi 톙 단단하다　耐用 nàiyòng 오래가다　防风 fángfēng 바람을 막다

防雨 fángyǔ 비를 막다　外观 wàiguān 몡 외관　壮观 zhuàngguān 훌륭하고 장대하다　审美 shěnměi 몡 심미

89	关于福建土楼，可以知道什么？	푸젠성 토루에 관하여, 알 수 있는 것은?
	A 三面均建有小门	A 3면에 모두 작은 문을 설치했다
	B 所有楼层都有窗户	B 모든 층에 다 창문이 있다
	C 可在里面进行生产活动	**C 안에서 생산 활동을 할 수 있다**
	D 一楼是老人的主要活动区域	D 1층은 노인이 주로 생활하는 구역이다

해설　질문이 푸젠성 토루에 관하여, 알 수 있는 것을 물었으므로, **福建土楼**(푸젠성 토루)를 핵심어구로 하여 지문에서 재빨리 찾아 주변의 내용을 주의 깊게 읽는다. 네 번째 단락에서 **土楼内生产、生活、防卫设施齐全。**이라고 했으므로, C **可在里面进行生产活动**을 정답으로 고른다.

어휘　**福建土楼** Fújiàn Tǔlóu ┌고유┐ 푸젠성 토루[중국 푸젠성 지역에 있는 흙으로 만든 집단주택, 2008년 세계문화유산으로 지정됨]
　　　均 jūn ┌ 대┐ 모두　**楼层** lóucéng ┌명┐ 층　**生产** shēngchǎn ┌동┐ 생산하다　**区域** qūyù ┌명┐ 구역

90	第一段中，"土楼归来不看屋"最可能是什么意思？	첫 번째 단락의 '토루가 돌아오면 집을 보지 않는다'는 무슨 의미일 가능성이 가장 큰가?
	A 土楼让人失去判断力	A 토루는 사람이 판단력을 잃게 한다
	B 不想再看其他的土楼	B 다른 토루를 다시는 보고 싶지 않다
	C 不愿意回到自己的家	C 자신의 집으로 돌아오는 것을 원하지 않는다
	D 土楼是最出色的建筑	**D 토루는 가장 뛰어난 건축물이다**

해설　질문이 첫 번째 단락의 "**土楼归来不看屋**(토루가 돌아오면 집을 보지 않는다)"는 무슨 의미일 가능성이 가장 큰지를 물었으므로, 첫 번째 단락에서 "**土楼归来不看屋**"를 재빨리 찾아 주변의 문맥을 꼼꼼히 파악한다. 첫 번째 단락에서 **福建土楼给人一种世外桃源般的神秘感。见过土楼的人会不由自主地发出"土楼归来不看屋"的惊叹。**이라고 했으므로, 문맥상 "**土楼归来不看屋**"는 사람들이 토루를 보고 나면 다른 집에는 감흥이 안 생길 만큼 토루가 뛰어난 건축물이라는 것을 의미함을 알 수 있다. 따라서 D **土楼是最出色的建筑**을 정답으로 고른다.

어휘　**归来** guīlái ┌동┐ 돌아오다　**失去** shīqù ┌동┐ 잃다　**出色** chūsè ┌형┐ 뛰어나다, 출중하다　**建筑** jiànzhù ┌명┐ 건축물

쓰기

폰으로 학습하기 ▶

91

疲劳驾驶　社会的　广泛　关注　引起了

⇒

형용사+명사	동사+了	명사+的	형용사	동사
疲劳驾驶	引起了	社会的	广泛	关注。
주어	술어+了	관형어		목적어

해석　졸음운전은 사회의 폭넓은 관심을 일으켰다.

해설　STEP 1　제시된 어휘 중 '동사+了' 형태의 引起了(일으켰다)를 술어 자리에 바로 배치한다. ⇒ 引起了

STEP 2　술어가 포함된 引起了(일으켰다)와 문맥상 목적어로 어울리는 동사 关注(관심)를 목적어로 배치하고, 주어로 어울리는 '형용사+명사' 형태의 疲劳驾驶(졸음운전)을 주어로 배치한다. ⇒ 疲劳驾驶　引起了　关注

STEP 3　남은 어휘인 '명사+的' 형태의 社会的(사회의)와 형용사 广泛(폭넓은)을 社会的 → 广泛 순서로 연결한 후 목적어 关注(관심) 앞에 관형어로 배치하여 문장을 완성한다. 참고로, 관형어 广泛은 목적어와 의미적으로 밀접하여 목적어 바로 앞에 위치한 경우이다. ⇒ 疲劳驾驶　引起了　社会的　广泛　关注

완성된 문장　疲劳驾驶引起了社会的广泛关注。(졸음운전은 사회의 폭넓은 관심을 일으켰다.)

어휘　疲劳驾驶 píláo jiàshǐ 졸음운전　广泛 guǎngfàn [형]폭넓다　关注 guānzhù [동]관심을 가지다　引起 yǐnqǐ [동]일으키다

92

她　语气　很温柔　说话的

⇒

대사	동사+的	명사	부사+형용사
她	说话的	语气	很温柔。
주어	관형어	주어	부사어+술어
		술어(주술구)	

해석　그녀는 말하는 어투가 다정하다.

해설　STEP 1　제시된 어휘 중 술어가 될 수 있는 것은 '부사+형용사' 형태의 很温柔(다정하다)인데, 주어가 될 수 있는 어휘가 대사 她(그녀), 명사 语气(어투) 두 개이므로, 주술술어문을 고려하여 문장을 완성한다. 语气와 很温柔를 语气很温柔(어투가 다정하다)라는 주술구 형태로 연결한 후 술어로 배치하고, 她를 주어로 배치한다. ⇒ 她　语气　很温柔

STEP 2　남은 어휘인 '동사+的' 형태의 说话的(말하는)를 주술구의 주어 语气(어투) 앞에 관형어로 배치하여 문장을 완성한다. ⇒ 她　说话的　语气　很温柔

완성된 문장　她说话的语气很温柔。(그녀는 말하는 어투가 다정하다.)

어휘　语气 yǔqì [명]어투　温柔 wēnróu [형]다정하다

93

把　你　明天的任务　安排好了　吗

⇒

대사	把	명사+的+명사	동사+형용사+了	吗
你	把	明天的任务	安排好了	吗?
주어	把	관형어+행위의 대상	술어+기타성분	吗

해석　당신은 내일의 임무를 다 배정하셨나요?

해설　STEP 1　제시된 어휘 중 把가 있으므로, 把자문을 완성해야 한다. 유일하게 동사를 포함하고 있는 '동사+형용사+了' 형태의 安排好了(다 배정했다)를 술어 자리에 바로 배치하고, 把를 술어 앞에 배치한다. ⇒ 把　安排好了

STEP 2　대사 你(당신)와 '명사+的+명사' 형태의 明天的任务(내일의 임무) 중 문맥상 술어가 포함된 安排好了(다 배정했다)의 대상이 되는 明天的任务를 把 다음 행위의 대상으로 배치하고, 你를 주어로 배치한다.
⇒ 你　把　明天的任务　安排好了

STEP 3　남은 어휘인 의문을 나타내는 조사 吗를 문장 맨 끝에 배치한 후 물음표를 붙여 문장을 완성한다.
⇒ 你　把　明天的任务　安排好了　吗?

완성된 문장　你把明天的任务安排好了吗?(당신은 내일의 임무를 다 배정하셨나요?)

어휘　任务 rènwu [명]임무　安排 ānpái [동]배정하다, 안배하다

94

	是个 姑姑 人 单纯善良的	⇒	명사 **姑姑** 주어	동사+양사 **是个** 술어	형용사+형용사+的 **单纯善良的** 관형어	명사 **人**。 목적어

해석　고모는 단순하고 착하신 분이다.

해설　
STEP 1　제시된 어휘 중 是이 있으므로, 是자문을 완성해야 한다. 동사 是을 포함하고 있는 '동사+양사' 형태의 是个(~이다)를 술어 자리에 바로 배치한다.　⇒ 是个

STEP 2　명사 姑姑(고모)와 명사 人(사람) 중 술어가 포함된 是个(~이다)와 문맥상 목적어로 어울리는 人을 목적어로 배치하고, 주어로 어울리는 姑姑를 주어로 배치한다. 참고로, 是자문에서는 의미 범주가 좁거나 구체적인 것이 주어, 의미 범주가 넓거나 추상적인 것이 목적어로 온다.　⇒ 姑姑　是个　人

STEP 3　남은 어휘인 '형용사+형용사+的' 형태의 单纯善良的(단순하고 착한)를 목적어 人(사람) 앞에 관형어로 배치하여 문장을 완성한다.　⇒ 姑姑　是个　单纯善良的　人

완성된 문장　姑姑是个单纯善良的人。(고모는 단순하고 착하신 분이다.)

어휘　姑姑 gūgu 몡 고모　单纯 dānchún 톙 단순하다　善良 shànliáng 톙 착하다

95

	矛盾 产生了 很大的 他们之间	⇒	대사+명사 **他们之间** 주어	동사+了 **产生了** 술어+了	부사+형용사+的 **很大的** 관형어	명사 **矛盾**。 목적어

해석　그들 사이에는 큰 갈등이 생겼다.

해설　
STEP 1　제시된 어휘 중 '동사+了' 형태의 产生了(생겼다)를 술어 자리에 바로 배치한다.　⇒ 产生了

STEP 2　명사 矛盾(갈등)과 '대사+명사' 형태의 他们之间(그들 사이) 중 술어가 포함된 产生了(생겼다)와 문맥상 목적어로 어울리는 矛盾을 목적어로 배치하고, 주어로 어울리는 他们之间을 주어로 배치한다.
　⇒ 他们之间　产生了　矛盾

STEP 3　남은 어휘인 '부사+형용사+的' 형태의 很大的(큰)를 목적어 矛盾(갈등) 앞에 관형어로 배치하여 문장을 완성한다.　⇒ 他们之间　产生了　很大的　矛盾

완성된 문장　他们之间产生了很大的矛盾。(그들 사이에는 큰 갈등이 생겼다.)

어휘　矛盾 máodùn 몡 갈등, 모순 톙 모순되다　产生 chǎnshēng 통 생기다　之间 zhījiān 몡 (~의) 사이

96

	您 多亏 提前 设备 检查好了	⇒	동사 **多亏** 술어1	대사 **您** 겸어 목적어1/주어2	동사 **提前** 부사어	동사+형용사+了 **检查好了** 술어2+보어+了	명사 **设备**。 목적어2

해석　당신이 설비를 미리 잘 검사해 주신 덕분입니다.

해설　
STEP 1　술어가 될 수 있는 동사 多亏(~덕분이다), 提前(미리 ~하다), 检查(검사하다) 중 겸어문에 자주 쓰이는 동사 多亏가 있으므로, 겸어문을 고려하여 문장을 완성해야 한다. 겸어문에서 술어1로 자주 쓰이는 多亏를 술어1로 배치한다. 참고로, 多亏가 겸어문에서 술어1로 쓰일 때 주어가 자주 생략된다는 것을 알아 둔다.　⇒ 多亏

STEP 2　남은 어휘 중 '동사+형용사+了' 형태의 检查好了(잘 검사했다)를 술어2 자리에 배치하고, 대사 您(당신)과 명사 设备(설비) 중 술어1 多亏(~덕분이다)의 대상이 되면서 술어2가 포함된 检查好了와 문맥상 주어로 어울리는 您을 술어1 뒤, 술어2 앞에 겸어로 배치한다.　⇒ 多亏　您　检查好了

STEP 3　동사 提前(미리 ~하다)과 명사 设备(설비) 중 술어2가 포함된 检查好了(잘 검사했다)와 문맥상 목적어로 어울리는 设备를 목적어2로 배치하고, 提前을 술어2 앞에 부사어로 배치하여 문장을 완성한다.
　⇒ 多亏　您　提前　检查好了　设备

완성된 문장　多亏您提前检查好了设备。(당신이 설비를 미리 잘 검사해 주신 덕분입니다.)

어휘　多亏 duōkuī 통 덕분이다　提前 tíqián 통 미리 ~하다　设备 shèbèi 몡 설비

97

从事 我父亲 装修工作 一直	⇒	대사+명사 **我父亲** 관형어+주어	부사 **一直** 부사어	동사 **从事** 술어	동사+명사 **装修工作。** 관형어+목적어

해석 나의 아버지는 줄곧 인테리어 직종에 종사하신다.

해설 STEP 1 동사 **从事**(종사하다)과 '동사+명사' 형태의 **装修工作**(인테리어 직종) 중 **从事**을 술어로 배치한다. 참고로, **装修工作**에서 **装修**(인테리어 하다)는 동사이지만, 뒤에 있는 **工作**(직종)를 인테리어 할 수 없으므로, 술어가 될 수 없다. ⇒ **从事**

STEP 2 술어 **从事**(종사하다)과 문맥상 목적어로 어울리는 '동사+명사' 형태의 **装修工作**(인테리어 직종)를 목적어 자리에 배치하고, 주어로 어울리는 '대사+명사' 형태의 **我父亲**(나의 아버지)을 주어 자리에 배치한다.

⇒ **我父亲 从事 装修工作**

STEP 3 남은 어휘인 부사 **一直**(줄곧)을 술어 **从事**(종사하다) 앞에 부사어로 배치하여 문장을 완성한다.

⇒ **我父亲 一直 从事 装修工作**

완성된 문장 **我父亲一直从事装修工作。**(나의 아버지는 줄곧 인테리어 직종에 종사하신다.)

어휘 **从事** cóngshì [동]종사하다 **父亲** fùqīn [명]아버지 **装修工作** zhuāngxiū gōngzuò 인테리어 직종

98

难题 令人头疼的 他 都 解决了 被	⇒	동사+명사+형용사+的 **令人头疼的** 관형어	명사 **难题** 주어	부사 **都** 부사어	被 **被** 被	대사 **他** 행위의 주체	동사+了 **解决了。** 술어+기타성분

해석 머리를 아프게 하는 난제는 모두 그에 의해 해결되었다.

해설 STEP 1 제시된 어휘 중 **被**가 있으므로, **被**자문을 완성해야 한다. '동사+了' 형태의 **解决了**(해결했다)를 술어 자리에 바로 배치하고, **被**를 술어 앞에 배치한다. ⇒ **被 解决了**

STEP 2 명사 **难题**(난제)와 대사 **他**(그) 중 문맥상 술어가 포함된 **解决了**(해결했다)의 주체가 되는 **他**를 **被** 다음 행위의 주체로 배치하고, **难题**를 주어로 배치한다. ⇒ **难题 被 他 解决了**

STEP 3 남은 어휘 중 '동사+명사+형용사+的' 형태의 **令人头疼的**(머리를 아프게 하는)를 주어 **难题**(난제) 앞에 관형어로 배치하고, 부사 **都**(모두)를 **被** 앞에 부사어로 배치하여 문장을 완성한다. 참고로, **被**자문에서 부사어는 주로 **被** 앞에 온다. ⇒ **令人头疼的 难题 都 被 他 解决了**

완성된 문장 **令人头疼的难题都被他解决了。**(머리를 아프게 하는 난제는 모두 그에 의해 해결되었다.)

어휘 **难题** nántí [명]난제, 해결하기 어려운 문제 **令** lìng [동]~하게 하다 **头疼** tóuténg [형]머리가 아프다

99

捐	困难	哪怕	力量	纷纷

捐 juān [동]기부하다 **困难** kùnnan [형]어렵다 **哪怕** nǎpà [접]설령 ~일지라도 **力量** lìliang [명]힘 **纷纷** fēnfēn [부]계속해서, 잇달아

STEP 1 **소재 정하기**

재해 지역에 돈을 기부하며 깊은 인상이 남은 경험

STEP 2 **아웃라인 잡고 짧은 글쓰기**

도입 **나는 최근에** 재해 지역에 돈을 기부한(捐) 적이 있음

전개 **이것은** 그곳의 이재민을 돕**기 위해서였음**

비록 재해는 막대한 손실을 초래했지만, **그러나** 나를 포함한 적지 않은 사람들이 계속해서(纷纷) 자신의 힘(力量)을 모았음

그래서 나는 설령(哪怕) 어려움(困难)이 아무리 클지라도, 모두가 극복할 수 있다고 생각함

마무리 **한마디로 말해서, 이 일은 내게** 깊은 인상을 **남겼음**

모범 답안

도입

我	最	近	给	受	灾	地	区	捐	过	款	。	这	是
为	了	帮	助	那	里	的	灾	民	。	虽	然	灾	害	造	成

전개

了	巨	大	损	失	，	但	包	括	我	在	内	的	不	少	人	48
纷	纷	贡	献	了	自	己	的	力	量	。	于	是	我	想	哪	

마무리

怕	困	难	再	大	，	大	家	也	能	克	服	。	总	之	，	80
这	件	事	给	我	留	下	了	深	刻	的	印	象	。			

도입 나는 최근에 재해 지역에 돈을 기부한 적이 있다.

전개 이것은 그곳의 이재민을 돕기 위해서였다. 비록 재해는 막대한 손실을 초래했지만, 그러나 나를 포함한 적지 않은 사람들이 계속해서 자신의 힘을 모았다. 그래서 나는 설령 어려움이 아무리 클지라도, 모두가 극복할 수 있다고 생각한다.

마무리 한마디로 말해서, 이 일은 내게 깊은 인상을 남겼다.

어휘 受灾地区 shòuzāi dìqū 재해 지역 　捐款 juānkuǎn 图 돈을 기부하다 　灾民 zāimín 图 이재민 　灾害 zāihài 图 재해
造成 zàochéng 图 초래하다 　巨大 jùdà 图 막대하다 　损失 sǔnshī 图 손실을 입다 　包括 bāokuò 图 포함하다
在内 zàinèi 图 (어떤 범위) 내에 있다 　纷纷 fēnfēn 图 계속해서 　贡献 gòngxiàn 图 (힘을) 모으다, 공헌하다
力量 lìliang 图 힘 　于是 yúshì 图 그래서 　哪怕 nǎpà 图 설령 ~일지라도 　困难 kùnnan 图 어렵다 　克服 kèfú 图 극복하다
总之 zǒngzhī 图 한마디로 말하면 　留 liú 图 남기다 　深刻 shēnkè 图 (인상이) 깊다 　印象 yìnxiàng 图 인상

· 造成损失 zàochéng sǔnshī 손실을 초래하다
· 贡献力量 gòngxiàn lìliang 힘을 모으다
· 哪怕 A, 也 B nǎpà A, yě B 설령 A일지라도, B하다

100

친구의 눈을 가리고 있는 여자를 '나'로 설정

STEP 1　소재 정하고 활용 표현 떠올리기

친구를 위해 서프라이즈 생일 파티를 열어서 아름다운 추억을 남긴 경험

활용 표현　生日宴会(생일 파티), 庆祝(축하하다), 挡住(가리다), 礼物(선물), 感动(감동하다)

STEP 2　아웃라인 잡고 짧은 글쓰기

도입　**나는 최근에** 친구를 위해 서프라이즈로 가득 찬 생일 파티(生日宴会)를 열었음

전개　**이것은** 친구를 위해 그의 생일을 축하(庆祝)**하기 위해서였음**
　　　먼저 나는 친구의 눈을 가렸고(挡住), **그 다음에** 준비한 선물(礼物)을 그에게 줬음
　　　이 과정에서, 나의 친구는 감동해서(感动) 눈물을 흘렸음

마무리　**한마디로 말해서, 이 일은 내게** 아름다운 추억을 남겼음

모범 답안

	我	最	近	为	朋	友	举	办	了	充	满	惊	喜	的
生	日	宴	会	。	这	是	为	了	帮	朋	友	庆	祝	他	的
生	日	。	首	先	我	挡	住	了	朋	友	的	眼	睛	，	然
后	将	准	备	好	的	礼	物	送	给	了	他	。	在	这	个
过	程	中	，	我	的	朋	友	感	动	地	流	泪	了	。	总
之	，	这	件	事	给	我	留	下	了	美	好	的	回	忆	。

도입 | 我最近为朋友举办了充满惊喜的生日宴会。

전개 | 这是为了帮朋友庆祝他的生日。首先我挡住了朋友的眼睛，然后将准备好的礼物送给了他。在这个过程中，我的朋友感动地流泪了。

마무리 | 总之，这件事给我留下了美好的回忆。

48

80

도입 나는 최근에 친구를 위해 서프라이즈로 가득 찬 생일 파티를 열었다.

전개 이것은 친구를 위해 그의 생일을 축하하기 위해서였다. 먼저 나는 친구의 눈을 가렸고, 그 다음에 준비한 선물을 그에게 줬다. 이 과정에서, 나의 친구는 감동해서 눈물을 흘렸다.

마무리 한마디로 말해서, 이 일은 내게 아름다운 추억을 남겼다.

어휘 | **举办** jǔbàn 圏 열다 **充满** chōngmǎn 圏 가득 차다 **惊喜** jīngxǐ 圏 서프라이즈하다 **宴会** yànhuì 圏 파티
庆祝 qìngzhù 圏 축하하다 **首先** shǒuxiān 圏 먼저 **挡住** dǎngzhù 圏 가리다 **过程** guòchéng 圏 과정
感动 gǎndòng 圏 감동하다 **流泪** liúlèi 圏 눈물을 흘리다 **总之** zǒngzhī 圏 한마디로 말하면 **留** liú 圏 남기다
美好 měihǎo 圏 아름답다 **回忆** huíyì 圏 추억하다

· **举办生日宴会** jǔbàn shēngrì yànhuì 생일 파티를 열다
· **挡住眼睛** dǎngzhù yǎnjing 눈을 가리다
· **将礼物送给 A** jiāng lǐwù sònggěi A 선물을 A에게 주다

듣기

p.351

제1부분

1 A 2 B 3 A 4 C 5 A 6 C 7 B 8 A 9 D 10 C 11 D 12 C 13 B 14 D
15 D 16 A 17 C 18 B 19 C 20 C

제2부분

21 B 22 D 23 C 24 B 25 C 26 B 27 A 28 D 29 A 30 A 31 A 32 D 33 B 34 D
35 D 36 A 37 C 38 B 39 B 40 D 41 C 42 C 43 B 44 C 45 C

독해

p.356

제1부분

46 C 47 B 48 A 49 B 50 C 51 D 52 B 53 C 54 A 55 C 56 D 57 C 58 A 59 D
60 B

제2부분

61 C 62 D 63 C 64 A 65 B 66 D 67 C 68 C 69 B 70 D

제3부분

71 A 72 B 73 D 74 C 75 D 76 B 77 A 78 C 79 D 80 A 81 B 82 C 83 C 84 C
85 A 86 B 87 A 88 D 89 C 90 C

쓰기

p.366

제1부분

91 她的反应显得相当冷淡。

92 专家提出了一些新的观点。

93 这不是评价员工的唯一方法。

94 舅舅叫我到阳台整理一下维修工具。

95 他在化学领域取得了重要成果。

96 手机支付已被广泛应用在生活中。

97 工厂的生产量达到了一定的规模。

98 这次活动的志愿者大约有三百个人。

제2부분

99 [모범 답안] p. 352 참조

100 [모범 답안] p. 353 참조

듣기

들으며 학습하기 ▶

1

A 重视小事　　B 打破规则 C 掌握知识　　D 模仿他人	**A** 사소한 일을 중요시한다　　B 규칙을 깬다 C 지식을 습득한다　　D 남을 흉내 낸다
女："破窗效应"指的是，如果有人打坏窗户玻璃，坏掉的窗户又得不到及时维修的话，别人就会打破更多的窗户。 男：是啊，所以就算问题再小，我们也应该及时解决。 问：男的认为应该怎么做？	여: '깨진 유리창 이론'은 만약 어떤 사람이 창문의 유리를 깼는데, 깨진 창문이 즉시 수리되지도 못한다면, 다른 사람이 더 많은 창문을 깰 수 있다는 것을 가리킵니다. 남: 맞습니다. 그래서 설령 문제가 아무리 작다고 하더라도, 우리는 즉시 해결해야 합니다. 질문: 남자는 어떻게 해야 한다고 생각하는가?

해설 제시된 선택지가 모두 행동과 관련된 동사로 구성된 문제이므로, 화자 또는 제3자가 하고 있거나 하려는 행동과 관련된 내용을 주의 깊게 듣는다. 대화에서 여자가 '깨진 유리창 이론'을 설명하자, 남자가 **就算问题再小，我们也应该及时解决**라고 했다. 질문이 남자는 어떻게 해야 한다고 생각하는지를 물었으므로, A **重视小事**을 정답으로 고른다.

어휘 **重视** zhòngshì [동] 중요시하다　**小事** xiǎoshì [명] 사소한 일　**打破** dǎpò [동] 깨다, 타파하다　**规则** guīzé [명] 규칙
掌握 zhǎngwò [동] 습득하다　**知识** zhīshi [명] 지식　**模仿** mófǎng [동] 흉내 내다　**他人** tārén [명] 남, 타인
破窗效应 pò chuāng xiàoyìng 깨진 유리창 이론[작은 범죄를 방치하면 더 큰 범죄로 이어진다는 이론]　**指** zhǐ [동] 가리키다
打坏 dǎhuài [동] (때려) 깨다, 부수다　**窗户** chuānghu [명] 창문　**玻璃** bōli [명] 유리　**得不到** dé bu dào 얻지 못하다
及时 jíshí [부] 즉시　**维修** wéixiū [동] 수리하다　**就算** jiùsuàn [접] 설령 ~하더라도

2

A 会计　　**B** 银行职员 C 销售人员　　D 机器维修工	A 회계사　　**B** 은행 직원 C 판매원　　D 기계 수리공
男：您好，我想查一下账户里总共有多少存款。 女：您好，先生，您不用在柜台排队，我带您去那边的机器查一下吧。 问：女的最可能是做什么的？	남: 안녕하세요, 저는 계좌에 전부 얼마의 예금이 있는지 확인해보고 싶습니다. 여: 안녕하세요, 선생님. 선생님은 창구에서 줄을 서지 않으셔도 돼요, 제가 당신을 모시고 저쪽 기계로 가서 확인해드릴게요. 질문: 여자는 무슨 일을 할 가능성이 가장 큰가?

해설 제시된 선택지가 모두 직업·신분을 나타내므로, 대화를 들을 때 직업·신분과 관련된 내용을 주의 깊게 듣는다. 대화에서 언급된 **我想查一下账户里总共有多少存款**과 **我带您去那边的机器查一下吧**를 토대로, 남자는 은행 손님이고, 여자는 은행 직원이라는 것을 유추할 수 있다. 질문이 여자는 무슨 일을 할 가능성이 가장 큰지를 물었으므로, B **银行职员**을 정답으로 고른다.

어휘 **会计** kuàijì [명] 회계사　**职员** zhíyuán [명] 직원　**销售人员** xiāoshòu rényuán 판매원　**机器** jīqì [명] 기계
维修工 wéixiūgōng 수리공　**查** chá [동] 확인하다, 찾다　**账户** zhànghù [명] 계좌　**总共** zǒnggòng [부] 전부
存款 cúnkuǎn [명] 예금　**柜台** guìtái [명] 창구　**排队** páiduì [동] 줄을 서다

3

A 怕她感冒

B 担心她太累

C 空气污染严重

D 想让她去别的地方

A 그녀가 감기에 걸릴까 봐 염려된다

B 그녀가 너무 피곤할 것이 걱정된다

C 공기 오염이 심각하다

D 그녀를 다른 곳으로 가게 하고 싶다

女：天气预报说，明天早上会降温。

男：那你明早还是在家休息吧，别去公园打太极拳了，容易着凉。

问：男的为什么不让女的去公园？

여: 일기 예보에서 내일 아침에 기온이 내려간다고 하네.

남: 그럼 너 내일 아침에는 집에서 쉬는 게 좋겠어, 공원에 태극권 하러 가지마, 오한이 들기 쉬워.

질문: 남자는 왜 여자가 공원에 가지 못하게 하는가?

해설　제시된 선택지가 모두 사람의 감정이나 특정 대상의 상태·상황을 나타내므로, 이와 관련된 내용을 주의 깊게 듣는다. 대화에서 여자가 내일 아침에 기온이 내려간다고 하자, 남자가 别去公园打太极拳了,容易着凉이라고 했다. 질문이 남자가 여자를 공원에 가지 못하도록 한 이유를 물었으므로, A 怕她感冒를 정답으로 고른다.

* 바꾸어 표현　着凉 오한이 들다 → 感冒 감기에 걸리다

어휘　空气污染 kōngqì wūrǎn 공기 오염　严重 yánzhòng 圏심각하다　天气预报 tiānqì yùbào 일기 예보

　　　降温 jiàngwēn 圏(기온·온도가) 내려가다　太极拳 tàijíquán 圏태극권　着凉 zháoliáng 圏오한이 들다

4

A 提高员工素质

B 挑选合适人员

C 做好重要项目

D 增强业务能力

A 직원의 자질을 높인다

B 적합한 인원을 뽑는다

C 중요한 프로젝트를 잘 해낸다

D 업무 능력을 강화한다

男：这个项目对公司很重要，一定要重视起来。

女：您放心吧，李主任，我会找业务能力强的工程师来负责这个项目。

问：男的对女的有什么要求？

남: 이 프로젝트는 회사에 매우 중요하니, 반드시 중시해야 합니다.

여: 안심하세요, 리 주임님, 제가 업무 능력이 뛰어난 엔지니어를 찾아서 이 프로젝트를 책임지도록 하겠습니다.

질문: 남자는 여자에게 어떤 요구가 있는가?

해설　제시된 선택지가 모두 행동과 관련된 동사로 구성된 문제이므로, 화자 또는 제3자가 하고 있거나 하려는 행동과 관련된 내용을 주의 깊게 듣는다. 대화에서 남자가 这个项目对公司很重要,一定要重视起来。라고 하자, 여자가 안심하라고 했다. 질문이 남자는 여자에게 어떤 요구가 있는지를 물었으므로, C 做好重要项目를 정답으로 고른다.

어휘　员工 yuángōng 圏직원　素质 sùzhì 圏자질, 소양　挑选 tiāoxuǎn 圏뽑는다　合适 héshì 圏적합하다　人员 rényuán 圏인원

　　　项目 xiàngmù 圏프로젝트　增强 zēngqiáng 圏강화하다　业务 yèwù 圏업무　重视 zhòngshì 圏중시하다

　　　主任 zhǔrèn 圏주임　工程师 gōngchéngshī 圏엔지니어　负责 fùzé 圏책임지다

5

A 有主持经验　　　　B 是志愿者代表

C 业务能力出色　　　D 表现得很大方

A 진행 경험이 있다　　　B 자원봉사자 대표이다

C 업무 능력이 뛰어나다　D 시원시원하게 활약한다

女：这次的志愿者联欢晚会，你觉得让谁当主持人比较合适？

男：我认为刘帅是最佳人选，听说他曾经主持过校园歌手大赛。

여: 이번 자원봉사자 친목 만찬회에서, 너는 누구를 사회자로 삼는 것이 비교적 적합하다고 생각하니?

남: 나는 류솨이가 적임자라고 생각해, 그가 이전에 캠퍼스 노래 경연대회를 진행한 적이 있다고 들었어.

问：男的为什么推荐刘帅？ | 질문: 남자는 왜 류솨이를 추천하는가?

해설 제시된 선택지가 모두 사람의 상태·상황을 나타내므로, 화자 또는 제3자의 상태나 처한 상황과 관련된 내용을 주의 깊게 듣는다. 대화에서 여자가 친목 만찬회에서 누구를 사회자로 삼는 것이 적합하다고 생각하는지를 묻자, 남자가 **我认为刘帅是最佳人选，听说他曾经主持过校园歌手大赛。**라고 답했다. 질문이 남자가 류솨이를 추천한 이유를 물었으므로, A **有主持经验**을 정답으로 고른다.

어휘 **主持** zhǔchí [동]진행하다 **经验** jīngyàn [명]경험 **志愿者** zhìyuànzhě [명]자원봉사자 **代表** dàibiǎo [명]대표 **业务** yèwù [명]업무 **出色** chūsè [형]뛰어나다 **表现** biǎoxiàn [동]활약하다 **大方** dàfang [형]시원시원하다 **联欢晚会** liánhuān wǎnhuì 친목 만찬회 **主持人** zhǔchírén [명]사회자 **合适** héshì [형]적합하다 **最佳人选** zuìjiā rénxuǎn 적임자 **曾经** céngjīng [부]이전에 **校园** xiàoyuán [명]캠퍼스 **歌手大赛** gēshǒu dàsài 노래 경연대회 **推荐** tuījiàn [동]추천하다

6

A 趁暑假锻炼身体 | A 여름 방학을 틈타서 신체를 단련한다
B 要完成寒假作业 | B 겨울 방학 숙제를 완성해야 한다
C 提前适应学校生活 | **C 학교생활에 미리 적응한다**
D 养成早起的好习惯 | D 일찍 일어나는 좋은 습관을 기른다

男：你起得好早啊，怎么不趁假期好好休息休息？ | 남: 너 일찍 일어났구나, 왜 방학 기간을 틈타서 푹 쉬지 않고?
女：马上就要开学了，我得提前调整好状态，这样才能适应开学后的生活。 | 여: 곧 개학이잖아, 나는 미리 컨디션을 잘 조절해야 해, 이렇게 해야만 개학 후의 생활에 적응할 수 있어.

问：女的为什么起得很早？ | 질문: 여자는 왜 일찍 일어났는가?

해설 제시된 선택지가 모두 행동과 관련된 동사로 구성된 문제이므로, 화자 또는 제3자가 하고 있거나 하려는 행동과 관련된 내용을 주의 깊게 듣는다. 대화에서 남자가 왜 방학인데 더 쉬지 않느냐고 묻자, 여자가 곧 개학이라고 하며 **我得提前调整好状态，这样才能适应开学后的生活**라고 답했다. 질문이 여자가 일찍 일어난 이유를 물었으므로, C **提前适应学校生活**를 정답으로 고른다.

어휘 **趁** chèn [개](조건·시간·기회 등을) 틈타서 **暑假** shǔjià [명]여름 방학 **锻炼** duànliàn [동]단련하다 **寒假** hánjià [명]겨울 방학 **提前** tíqián [동]미리~하다 **适应** shìyìng [동]적응하다 **假期** jiàqī [명]방학 기간, 휴가 기간 **调整** tiáozhěng [동]조절하다 **状态** zhuàngtài [명]컨디션

7

A 象棋　**B 耳环** | A 장기　**B 귀고리**
C 娃娃　D 梳子 | C 인형　D 빗

女：这副样式很特别，你觉得怎么样？ | 여: 이 한 쌍은 디자인이 매우 특별하네, 너는 어떻게 생각해?
男：好看是挺好看的，但这个是合成金属做的，戴在耳朵上容易过敏。 | 남: 예쁘긴 아주 예쁘지만, 이건 합성 금속으로 만든 거라, 귀에다 하면 쉽게 알레르기 반응을 보일 거야.

问：他们在讨论什么？ | 질문: 그들은 무엇을 논의하고 있는가?

해설 제시된 선택지가 모두 특정 명사이므로, 대화의 주제나 중심 소재 및 각 선택지와 관련된 내용을 주의 깊게 듣는다. 대화에서 여자가 남자에게 **这副样式很特别**라고 하자, 남자가 예쁘긴 아주 예쁘지만 **戴在耳朵上容易过敏**이라고 말했다. 질문이 그들이 논의하고 있는 것을 물었으므로, **戴在耳朵上**이라는 표현을 통해 유추할 수 있는 B **耳环**을 정답으로 고른다.

어휘 **象棋** xiàngqí [명]장기 **耳环** ěrhuán [명]귀고리 **娃娃** wáwa [명]인형 **梳子** shūzi [명]빗

副 fù ⓐ쌍, 세트[쌍으로 된 물건을 셀 때 쓰임]　样式 yàngshì ⓝ디자인, 스타일　合成 héchéng ⓥ합성하다
金属 jīnshǔ ⓝ금속　过敏 guòmǐn ⓥ알레르기 반응을 보이다

8

A 项目快要结束了	A 프로젝트가 곧 끝난다
B 女的身体不太好	B 여자의 몸이 좋지 않다
C 他们是同事关系	C 그들은 동료 관계이다
D 男的并不想喝汤	D 남자는 국을 먹고 싶지 않다

男：你先睡吧，我今晚还得熬夜。好在这个项目快结束了，到时候可以好好休息几天。	남: 너 먼저 자, 나는 오늘 밤에 밤새야 해. 다행히 이 프로젝트가 곧 끝나는데, 그때가 되면 며칠 푹 쉴 수 있어.
女：别太累了，我煮点儿汤，给你补充补充营养。	여: 너무 무리하지 마. 내가 국을 좀 끓여서, 너에게 영양을 좀 보충해 줄게.
问：根据对话，可以知道什么？	질문: 대화에 근거하여, 무엇을 알 수 있는가?

해설　제시된 선택지가 모두 사람이나 특정 대상의 상태·상황을 나타내므로, 이와 관련된 내용을 주의 깊게 듣는다. 대화에서 남자가 여자에게 오늘 밤을 새야 해서 먼저 자라며, 好在这个项目快结束了라고 하자, 여자가 너무 무리하지 말라고 했다. 질문이 대화에 근거하여 알 수 있는 것을 물었으므로, A 项目快要结束了를 정답으로 고른다.

어휘　项目 xiàngmù ⓝ프로젝트　汤 tāng ⓝ국　熬夜 áoyè ⓥ밤새다　好在 hǎozài ⓟ다행히　煮 zhǔ ⓥ끓이다
　　　补充 bǔchōng ⓥ보충하다　营养 yíngyǎng ⓝ영양

9

A 学历的高低	B 未来的计划	A 학력의 높고 낮음	B 미래의 계획
C 良好的环境	**D 人生的态度**	C 좋은 환경	**D 인생의 태도**

女：要想在激烈的竞争中立于不败之地，您认为最重要的是什么？	여: 치열한 경쟁 속에서 확고한 위치를 차지하려면, 당신은 가장 중요한 것이 무엇이라고 생각하십니까?
男：我认为最重要的是面对生活的态度，尤其在遇到困难的时候，要学会用微笑面对一切，不轻易放弃。	남: 저는 가장 중요한 것은 삶을 대하는 태도라고 생각하는데요, 특히 어려움에 부딪혔을 때, 미소로 모든 것을 내하고 쉽게 포기하지 않는 것을 배워야 합니다.
问：男的觉得取得成功的关键是什么？	질문: 남자는 성공을 얻는 관건이 무엇이라고 생각하는가?

해설　제시된 선택지가 모두 명사구이므로, 대화의 주제나 중심 소재 및 각 선택지와 관련된 내용을 주의 깊게 듣는다. 대화에서 여자가 치열한 경쟁에서 확고한 위치를 차지하려면 무엇이 가장 중요하다고 생각하는지를 묻자, 남자가 我认为最重要的是面对生活的态度라고 답했다. 질문이 남자는 성공을 얻는 관건이 무엇이라고 생각하는지를 물었으므로, D 人生的态度를 정답으로 고른다.

＊바꾸어 표현　面对生活的态度 삶을 대하는 태도 → 人生的态度 인생의 태도

어휘　学历 xuélì ⓝ학력　未来 wèilái ⓝ미래　计划 jìhuà ⓝ계획　良好 liánghǎo ⓐ좋다　人生 rénshēng ⓝ인생　态度 tàidu ⓝ태도
　　　激烈 jīliè ⓐ치열하다　竞争 jìngzhēng ⓝ경쟁　立于不败之地 lìyú búbàizhīdì 확고한 위치를 차지하다　尤其 yóuqí ⓟ특히
　　　微笑 wēixiào ⓝ미소　轻易 qīngyì ⓟ쉽게　放弃 fàngqì ⓥ포기하다　取得 qǔdé ⓥ얻다　关键 guānjiàn ⓝ관건

10

A 笑话	B 作家	A 우스갯소리	B 작가
C 报道	D 数学题	**C 보도**	D 수학 문제

男：这篇报道上说，打完疫苗之后，可能会出现头痛、恶心、呕吐等症状。	남: 이 보도에서는 백신을 맞고 난 후에 아마도 머리가 아프거나, 메스껍거나, 구토를 하는 등의 증상이 나타날 수 있다고 하네요.
女：是吗？我觉得每个人的情况可能会不一样。	여: 그래요? 나는 사람마다 상황이 다를 거라고 생각해요.
问：他们在谈什么？	질문: 그들은 무엇을 이야기하고 있는가?

해설 제시된 선택지가 모두 특정 명사이므로, 대화의 주제나 중심 소재 및 각 선택지와 관련된 내용을 주의 깊게 듣는다. 대화에서 남자가 **这篇报道**에서 백신을 맞고 난 후에 여러 증상이 나타날 수 있다고 한 것을 이야기하자, 여자가 사람마다 상황이 다를 것이라고 했다. 질문이 그들이 이야기하고 있는것을 물었으므로, C **报道**를 정답으로 고른다.

어휘 **笑话** xiàohua [명]우스갯소리 **作家** zuòjiā [명]작가 **报道** bàodào [명]보도 **疫苗** yìmiáo [명]백신 **头痛** tóutòng [형]머리가 아프다 **恶心** ěxin [형]메스껍다 **呕吐** ǒutù [동]구토하다 **症状** zhèngzhuàng [명]증상

11

A 重新下载文件	A 파일을 다시 다운로드 받는다
B 重装一遍系统	B 시스템을 다시 한번 설치한다
C 安装一个新软件	C 새로운 프로그램을 설치한다
D 试试其他的方式	**D 그 외의 방식을 시도한다**
女：我在网上下载了一些文件，可是里面的图片显示不了。	여: 내가 인터넷에서 몇 개의 파일을 다운로드 받았거든, 그런데 그 안의 사진이 뜨지를 않네.
男：你用别的方式，重新把文件打开看看。	남: 다른 방식을 써서, 다시 파일을 열어 봐봐.
问：男的建议女的怎么做？	질문: 남자는 여자에게 어떻게 하라고 제안했는가?

해설 제시된 선택지가 모두 행동과 관련된 동사로 구성된 문제이므로, 화자 또는 제3자가 하고 있거나 하려는 행동과 관련된 내용을 주의 깊게 듣는다. 대화에서 여자가 인터넷에서 다운로드 받은 파일 안의 사진이 뜨지 않는다고 하자, 남자가 **你用别的方式**이라며, 다시 파일을 열어 보라고 했다. 질문이 남자는 여자에게 어떻게 하라고 제안했는지를 물었으므로, D **试试其他的方式**을 정답으로 고른다.

* 바꾸어 표현 **别的方式** 다른 방식 → **其他方式** 그 외의 방식

어휘 **重新** chóngxīn [부]다시 **下载** xiàzài [동]다운로드하다 **文件** wénjiàn [명]파일 **重装** chóngzhuāng 다시 설치하다 **系统** xìtǒng [명]시스템 **安装** ānzhuāng [동]설치하다 **软件** ruǎnjiàn [명]프로그램 **方式** fāngshì [명]방식 **图片** túpiàn [명]사진 **显示** xiǎnshì [동]뜨다, 나타내 보이다 **打开** dǎkāi [동]열다 **建议** jiànyì [동]제안하다

12

A 提前挂号　　B 投资股票	A 앞당겨 접수한다　　B 주식에 투자한다
C 将旅行延后　　D 开实习证明	**C 여행을 뒤로 미룬다**　　D 실습 증명서를 뗀다
男：您好，我临时有事，想推迟之前订的"海南岛五日游"，需要办理什么手续吗？	남: 안녕하세요, 제가 잠시 일이 있어서 전에 예약한 '하이난섬 5일 투어'를 미루고 싶은데, 어떤 절차를 밟는 것이 필요한가요?
女：请先在这里签个字，告诉我具体日期，然后我帮您改签机票。	여: 우선 여기에 서명해 주시고, 저에게 구체적인 날짜를 알려 주세요. 그런 다음 제가 비행기표 변경하는 것을 도와드릴게요.
问：男的打算做什么？	질문: 남자는 무엇을 할 계획인가?

해설 제시된 선택지가 모두 행동과 관련된 동사로 구성된 문제이므로, 화자 또는 제3자가 하고 있거나 하려는 행동과 관련된 내용을 주의 깊게 듣는다. 대화에서 남자가 **我临时有事，想推迟之前订的"海南岛五日游"**라며 어떤 절차를 밟는 것이 필요한지를 묻자, 여자가 우선 서명을 하고 구체적인 날짜를 알려 달라고 했다. 질문이 남자는 무엇을 할 계획인지를 물었으므로, C **将旅行延后**를 정답으로 고른다.

* 바꾸어 표현 **推迟** 미루다 → **延后** 뒤로 미루다

어휘 **提前** tíqián [동] (예정된 시간을) 앞당기다 **挂号** guàhào [동] 접수하다 **投资** tóuzī [동] 투자하다 **股票** gǔpiào [명] 주식
延后 yánhòu [동] 뒤로 미루다 **实习** shíxí [동] 실습하다 **证明** zhèngmíng [명] 증명서 **临时** línshí [형] 잠시의 **推迟** tuīchí [동] 미루다
订 dìng [동] 예약하다 **海南岛** Hǎinándǎo [고유] 하이난섬[중국 하이난 성을 구성하는 큰 섬] **办理** bànlǐ [동] (수속을) 밟다
手续 shǒuxù [명] 절차 **签** qiān [동] 서명하다 **具体** jùtǐ [형] 구체적이다 **日期** rìqī [명] 날짜
改签 gǎiqiān (비행기 표·기차표 등을) 변경하다 **机票** jīpiào [명] 비행기 표

13

A 赞美 **B 支持**
C 怀疑 D 批评

A 칭찬한다 **B 지지한다**
C 의심한다 D 비판한다

女：我最近总是情绪糟糕，所以在考虑要不要找心理医生咨询一下。
男：我觉得这个想法很不错，有了专业人士的帮助，相信你很快就能调整好状态。

问：男的对女的的想法持什么态度？

여: 나 요즘 맨날 기분이 안 좋아서, 정신과 의사를 찾아 상담을 받아볼까 생각 중이야.
남: 나는 이 생각이 아주 좋은 거 같아, 전문가의 도움이 있으면 네가 곧 컨디션을 잘 조절할 수 있을 거라고 믿어.

질문: 남자는 여자의 생각에 대해 어떤 태도를 가지는가?

해설 제시된 선택지가 모두 사람의 태도를 나타내므로, 대화에서 언급되는 화자 또는 제3자의 어투·태도·감정과 관련된 내용을 주의 깊게 듣는다. 대화에서 여자가 요즘 맨날 기분이 안 좋아서 정신과 의사를 찾아 상담을 받아볼까 생각 중이라고 하자, 남자가 **我觉得这个想法很不错，有了专业人士的帮助，相信你很快就能调整好状态。**라고 했다. 질문이 남자는 여자의 생각에 대해 어떤 태도를 가지는지를 물었으므로, **这个想法很不错**라는 표현을 통해 유추할 수 있는 B **支持**를 정답으로 고른다.

어휘 **赞美** zànměi [동] 칭찬하다 **支持** zhīchí [동] 지지하다 **怀疑** huáiyí [동] 의심하다 **批评** pīpíng [동] 비판하다
情绪 qíngxù [명] 기분 **糟糕** zāogāo [형] 안 좋다, 엉망이다 **考虑** kǎolǜ [동] 생각하다 **心理医生** xīnlǐ yīshēng 정신과 의사
咨询 zīxún [동] 상담하다 **专业人士** zhuānyè rénshì 전문가 **调整** tiáozhěng [동] 조절하다 **状态** zhuàngtài [명] 컨디션

14

A 风景优美 B 风俗独特
C 生活时尚 **D 历史悠久**

A 풍경이 아름답다 B 풍속이 독특하다
C 생활이 트렌디하다 **D 역사가 오래되다**

男：西安是一座历史名城，那儿有许多名胜古迹，所以我很喜欢西安。
女：我更喜欢有时尚感的城市，比如上海。

问：男的喜欢西安的原因是什么？

남: 시안은 역사적으로 유명한 도시로, 그곳에는 매우 많은 명승고적이 있어. 그래서 나는 시안을 매우 좋아해.
여: 나는 트렌디한 느낌이 있는 도시가 더 좋아, 예를 들면 상하이 같은 곳 말이야.

질문: 남자가 시안을 좋아하는 이유는 무엇인가?

해설 제시된 선택지가 모두 특정 대상의 상태·상황을 나타내므로, 이와 관련된 내용을 주의 깊게 듣는다. 대화에서 남자가 **西安是一座历史名城……我很喜欢西安**이라고 했다. 질문이 남자가 시안을 좋아하는 이유를 물었으므로, D **历史悠久**를 정답으로 고른다.

어휘 **风景** fēngjǐng [명] 풍경 **优美** yōuměi [형] 아름답다 **风俗** fēngsú [명] 풍속 **独特** dútè [형] 독특하다 **时尚** shíshàng [형] 트렌디하다
悠久 yōujiǔ [형] 오래되다 **西安** Xī'ān [고유] 시안[서안, 중국 지명] **名城** míngchéng 유명한 도시 **许多** xǔduō [형] 매우 많다
名胜古迹 míngshènggǔjì [명] 명승고적 **时尚感** shíshànggǎn 트렌디한 느낌 **比如** bǐrú [동] 예를 들면 ~이다 **原因** yuányīn [명] 이유

15

A 花期太短

B 不能常浇水

C 更适合放在外面

D 喜欢湿润的环境

A 꽃이 피어 있는 기간이 너무 짧다

B 물을 자주 주어서는 안 된다

C 바깥에 두는 것이 더 적합하다

D 습윤한 환경을 좋아한다

女：这种花比较喜欢温暖湿润的环境，放在外面可能不利于生长。

男：那我把花盆搬到阳台吧，那儿暖和，浇水也方便。

问：关于那盆花，下列哪项正确？

여: 이런 종류의 꽃은 비교적 따뜻하고 습윤한 환경을 좋아해서, 바깥에 두면 자라는 데에 좋지 않을 수 있어.

남: 그럼 내가 화분을 베란다로 옮길게. 거긴 따뜻하고 물 주기도 편하니까.

질문: 그 화분에 관하여, 다음 중 옳은 것은?

해설　제시된 선택지가 모두 특정 대상의 상태·상황을 나타내므로, 이와 관련된 내용을 주의 깊게 듣는다. 대화에서 여자가 这种花比较喜欢温暖湿润的环境이라고 했다. 질문이 그 화분에 관하여 옳은 것을 물었으므로, D 喜欢湿润的环境을 정답으로 고른다.

어휘　花期 huāqī ⓝ꽃이 피어 있는 기간　浇水 jiāoshuǐ ⓥ물을 주다　适合 shìhé ⓥ적합하다　湿润 shīrùn ⓐ습윤하다
温暖 wēnnuǎn ⓐ따뜻하다, 온난하다　生长 shēngzhǎng ⓥ자라다　花盆 huāpén ⓝ화분　阳台 yángtái ⓝ베란다
暖和 nuǎnhuo ⓐ따뜻하다

16

A 请求延长时间

B 希望增加人员

C 需要经常加班

D 没有任何成果

A 시간을 늘려 달라고 부탁한다

B 인원을 늘리기를 희망한다

C 자주 야근을 해야 한다

D 어떠한 성과도 없다

男：刘经理，今天是最后一天了，新产品的设计工作进展如何？

女：不好意思，我们还在完善设计方案，能不能明天向总裁报告？

问：女的是什么意思？

남: 류 매니저님, 오늘이 마지막 날이네요. 새로운 제품의 디자인 작업은 어떻게 진행되고 있나요?

여: 죄송합니다, 저희가 아직 디자인 방안을 보완하고 있어서, 내일 총재님께 보고드려도 될까요?

질문: 여자의 말은 무슨 의미인가?

해설　제시된 선택지가 모두 사람의 상태·상황을 나타내므로, 화자 또는 제3자의 상태나 처한 상황과 관련된 내용을 주의 깊게 듣는다. 대화에서 남자가 새로운 제품의 디자인 작업이 어떻게 진행되고 있는지를 묻자, 여자가 我们还在完善设计方案, 能不能明天向总裁报告?라고 답했다. 질문이 여자의 말은 무슨 의미인지를 물었으므로, A 请求延长时间을 정답으로 고른다.

어휘　请求 qǐngqiú ⓥ부탁하다　延长 yáncháng ⓥ늘리다　增加 zēngjiā ⓥ늘리다　人员 rényuán ⓝ인원　加班 jiābān ⓥ야근하다
任何 rènhé ⓟ어떠한　成果 chéngguǒ ⓝ성과　产品 chǎnpǐn ⓝ제품　设计 shèjì ⓥ디자인　进展 jìnzhǎn ⓥ진행하다
如何 rúhé ⓟ어떠하다　完善 wánshàn ⓥ보완하다　方案 fāng'àn ⓝ방안　总裁 zǒngcái ⓝ총재　报告 bàogào ⓥ보고하다

17

A 女的很讨厌堵车

B 他的车空间狭小

C 老人摔倒较危险

D 驾车技术不熟练

A 여자는 차가 막히는 것을 싫어한다

B 그의 차는 공간이 협소하다

C 노인이 넘어지는 것은 비교적 위험하다

D 운전 기술이 능숙하지 않다

女：外婆摔倒了！我们赶快开车送她到医院吧！	여: 외할머니께서 넘어지셨어! 우리 얼른 차를 몰아 그녀를 병원으로 모시자!
男：老人摔倒时骨头容易受伤，我们不能随便动她，还是叫救护车吧。	남: 노인은 넘어질 때 뼈를 쉽게 다칠 수 있어서, 우리는 함부로 그녀를 움직이면 안 돼. 그냥 구급차를 부르자.
问：男的为什么要叫救护车？	질문: 남자는 왜 구급차를 부르려고 하는가?

해설   제시된 선택지가 모두 사람의 상태·상황을 나타내므로, 화자 또는 제3자의 상태나 처한 상황과 관련된 내용을 주의 깊게 듣는다. 대화에서 여자가 외할머니께서 넘어지셨으니 얼른 병원으로 모시자고 하자, 남자가 老人摔倒时骨头容易受伤, 我们不能随便动她, 还是叫救护车吧。라고 했다. 질문이 남자가 구급차를 부르려는 이유를 물었으므로, 老人摔倒时骨头容易受伤이라는 표현을 통해 유추할 수 있는 C 老人摔倒较危险을 정답으로 고른다.

어휘   讨厌 tǎoyàn 图싫어하다   堵车 dǔchē 차가 막히다   空间 kōngjiān 图공간   狭小 xiáxiǎo 图협소하다
摔倒 shuāidǎo 图넘어지다   危险 wēixiǎn 图위험하다   驾车 jiàchē (차를) 운전하다   技术 jìshù 图기술
熟练 shúliàn 图능숙하다   赶快 gǎnkuài 图얼른   骨头 gǔtou 图뼈   受伤 shòushāng 다치다
随便 suíbiàn 图함부로   救护车 jiùhùchē 图구급차

18

A 儿子非常乖巧	A 아들이 매우 영리하다
B 不想再生孩子了	**B 아이를 또 낳고 싶지 않다**
C 工作压力非常大	C 업무 스트레스가 매우 크다
D 丈夫请了两天假	D 남편은 휴가를 2일 냈다

男：你儿子已经上幼儿园了吧，你们打算再要个孩子吗？	남: 당신 아들은 벌써 유치원에 다니죠? 당신들은 또 아이를 낳을 생각인가요?
女：儿子太淘气，丈夫又很忙，我还得上班，哪儿有精力照顾俩孩子啊？	여: 아들은 너무 장난이 심하고 또 남편이 바쁜 데다 저도 출근을 해야 하는데, 애 둘을 돌볼 힘이 어디 있겠어요?
问：女的是什么意思？	질문: 여자의 말은 무슨 의미인가?

해설   제시된 선택지가 모두 사람의 상태·상황을 나타내므로, 화자 또는 제3자의 상대니 치한 상황과 관련된 내용을 주의 깊게 듣는다. 대화에서 남자가 你们打算再要个孩子吗?라고 묻자, 여자가 哪儿有精力照顾俩孩子啊?라고 답했다. 질문이 여자의 말은 무슨 의미인지를 물었으므로, 哪儿有……啊?(어디 ~이 있겠어?)를 사용해서 반문하는 내용을 통해 유추할 수 있는 B 不想再生孩子了를 정답으로 고른다.

어휘   乖巧 guāiqiǎo 图영리하다   压力 yālì 图스트레스   幼儿园 yòu'éryuán 图유치원   淘气 táoqì 图장난이 심하다
精力 jīnglì 图힘   俩 liǎ 图둘, 두 사람

19

| A 丝绸 | B 玩具 | A 실크 | B 장난감 |
| **C 现金** | D 海鲜 | **C 현금** | D 해산물 |

女：听说隔壁老王的女儿考上大学了，咱们送个礼物表示祝贺吧。	여: 듣자 하니 이웃집 라오왕의 딸이 대학에 붙었다던데, 우리 선물을 보내서 축하해 주자!
男：不知道她喜欢什么，要不送个红包，让她买自己想要的。	남: 그녀가 무엇을 좋아하는지 모르겠어, 아니면 그녀가 자기가 사고 싶은 거 사라고 돈 봉투를 주자.
问：男的认为送什么比较合适？	질문: 남자는 무엇을 주는 것이 비교적 적합하다고 생각하는가?

해설 제시된 선택지가 모두 특정 명사이므로, 대화의 주제나 중심 소재 및 각 선택지와 관련된 내용을 주의 깊게 듣는다. 대화에서 여자가 이웃집 아이에게 선물을 보내서 축하해 주자고 하자, 남자가 아이가 어떤 것을 좋아하는지 모르니 要不送个红包,让她买自己想要的라고 했다. 질문이 남자는 무엇을 주는 것이 비교적 적합하다고 생각하는지를 물었으므로, C 现金을 정답으로 고른다.

* 바꾸어 표현 红包 돈 봉투 → 现金 현금

어휘 丝绸 sīchóu 圆실크 玩具 wánjù 圆장난감 现金 xiànjīn 圆현금 海鲜 hǎixiān 圆해산물 隔壁 gébì 圆이웃집
祝贺 zhùhè 圆축하하다 红包 hóngbāo 圆돈 봉투 合适 héshì 圆적합하다

20

A 突然辞职了	A 갑자기 직장을 그만뒀다
B 眼睛不舒服	B 눈이 편안하지 않다
C 家人去世了	**C 가족이 세상을 떠났다**
D 要去医院看病	D 병원에 가서 진료를 받아야 한다

男：我刚才看到小赵匆匆忙忙地离开了，眼睛红红的，她怎么了？	남: 나는 방금 샤오자오가 분주하게 떠나는 것을 봤어. 눈이 빨갛던데, 그녀는 무슨 일이야?
女：唉，她接到了姥姥去世的消息，所以要赶紧回老家。	여: 에휴, 그녀는 외할머니가 돌아가셨다는 소식을 전해 들었거든, 그래서 서둘러 고향 집에 돌아가야 해.
问：小赵怎么了？	질문: 샤오자오는 무슨 일인가?

해설 제시된 선택지가 모두 사람의 상태·상황을 나타내므로, 화자 또는 제3자의 상태나 처한 상황과 관련된 내용을 주의 깊게 듣는다. 대화에서 남자가 刚才看到小赵匆匆忙忙地离开了……她怎么了?라고 묻자, 여자가 她接到了姥姥去世的消息라며 서둘러 고향 집으로 돌아가야 한다고 답했다. 질문이 샤오자오는 무슨 일인지를 물었으므로, C 家人去世了를 정답으로 고른다.

* 바꾸어 표현 姥姥 외할머니 → 家人 가족

어휘 辞职 cízhí 圆직장을 그만두다 去世 qùshì 세상을 떠나다 看病 kànbìng 圆진료를 받다 匆忙 cōngmáng 圆분주하다
唉 āi 圆에휴 姥姥 lǎolao 圆외할머니 消息 xiāoxi 圆소식 赶紧 gǎnjǐn 圆서둘러 老家 lǎojiā 圆고향 집

21

A 借书	**B 拍照**	A 책을 빌린다	**B 사진을 찍는다**
C 填申请表	D 办身份证	C 신청서를 작성한다	D 신분증을 발급한다

女：你好！我要补办一个借书证，这是我的申请表。	여: 안녕하세요! 저는 도서 대출증을 재발급받고 싶은데요, 이것은 저의 신청서입니다.
男：您好！您还需要交两张三个月以内的证件照。	남: 안녕하세요! 당신은 또 3개월 이내의 증명사진 두 장을 제출하셔야 합니다.
女：我的照片都是很久以前拍的，请问附近有拍照的地方吗？	여: 제 사진은 모두 오래전에 찍은 거예요, 근처에 사진을 찍는 곳이 있나요?
男：一楼大门旁边就有自助拍照机器，拍完很快就能拿到照片。	남: 1층 정문 옆에 셀프로 사진을 찍는 기계가 있어요. 다 찍고 나면 빠르게 바로 사진을 받을 수 있어요.
问：女的接下来最可能去做什么？	질문: 여자는 이어서 무엇을 하러 갈 가능성이 가장 큰가?

해설 | 제시된 선택지가 모두 행동과 관련된 동사로 구성된 문제이므로, 화자 또는 제3자가 하고 있거나 하려는 행동과 관련된 내용을 주의 깊게 듣는다. 대화에서 여자가 도서 대출증을 재발급받고 싶다고 하자, 남자가 您还需要交两张三个月以内的证件照。라고 했다. 이어서 여자가 자신의 사진은 모두 오래 전에 찍은 것이라며, 请问附近有拍照的地方吗?라고 물었다. 질문이 여자는 이어서 무엇을 하러 갈 가능성이 가장 큰지를 물었으므로, B 拍照를 정답으로 고른다.

어휘 | 拍照 pāizhào 图 사진을 찍다　填 tián 图 (신청서 등을) 작성하다　申请表 shēnqǐngbiǎo 신청서
身份证 shēnfènzhèng 图 신분증　补办 bǔbàn 图 (증명서 등을) 재발급하다　借书证 jièshūzhèng 도서 대출증
交 jiāo 图 제출하다　以内 yǐnèi 图 이내　证件照 zhèngjiànzhào 증명사진　大门 dàmén 图 정문　自助 zìzhù 셀프로 하다
机器 jīqì 图 기계

22

A 舍不得卖	A 팔기 아까워한다
B 家人不同意	B 가족이 동의하지 않는다
C 买家出价太低	C 구매자가 제시한 가격이 너무 낮다
D 让更多人欣赏	**D 더 많은 사람들이 감상하게 한다**

男: 作为当代著名画家, 您最满意自己的哪幅作品?

女: 我比较喜欢十年前画的那幅《苏州情》。

男: 据说曾有人想出高价买这幅画, 您却把它捐给了美术馆, 这是为什么呢?

女: 我认为这样做可以吸引更多的人来看, 让大家感受它的艺术价值。

남: 현시대의 유명한 화가로서, 당신은 자신의 어떤 작품에 가장 만족하시나요?

여: 저는 10년 전에 그린 <쑤저우칭>을 꽤 좋아해요.

남: 듣자 하니 이전에 높은 가격을 제시하여 이 그림을 사고 싶어 한 사람이 있었다던데, 당신은 오히려 이것을 미술관에 기부했더군요. 이건 왜 그런 것인가요?

여: 저는 이렇게 하면 더 많은 사람들이 보러 오도록 사로잡아, 그것의 예술 가치를 모두가 느끼게 할 수 있다고 생각해요.

问: 女的为什么没有卖那幅画?

질문: 여자는 왜 그 그림을 팔지 않았는가?

해설 | 제시된 선택지가 모두 사람이나 특정 대상의 상태·상황을 나타내므로, 이와 관련된 내용을 주의 깊게 듣는다. 대화에서 남자가 여자에게 작품을 미술관에 기부한 이유에 대해서 묻자, 여자가 我认为这样做可以吸引更多的人来看, 让大家感受它的艺术价值。이라고 답했다. 질문이 여자가 그 그림을 팔지 않은 이유를 물었으므로, D 让更多人欣赏을 정답으로 고른다.

어휘 | 舍不得 shěbude 图 ~하기 아끼워하다　买家 mǎijiā 图 구매자　出价 chūjià 图 (구매하는 쪽에서) 가격을 제시하다
低 dī 图 (높이·등급·정도 등이) 낮다　欣赏 xīnshǎng 图 감상하다　作为 zuòwéi 团 ~로서[신분·자격을 나타냄]
当代 dāngdài 图 현시대, 당대　著名 zhùmíng 图 유명하다　幅 fú [폭[그림·천을 세는 단위]　作品 zuòpǐn 图 작품
苏州情 Sūzhōuqíng 고유 쑤저우칭[작품명]　据说 jùshuō 图 듣자 하니 ~이라 한다　曾 céng 뛴 이전에
出高价 chū gāojià 높은 가격을 제시하다　捐 juān 图 기부하다　美术馆 měishùguǎn 미술관　吸引 xīyǐn 图 사로잡다
感受 gǎnshòu 图 (영향을) 느끼다　艺术 yìshù 图 예술　价值 jiàzhí 图 가치

23

A 不喜欢武术老师	A 무술 선생님을 좋아하지 않는다
B 是个很虚心的人	B 겸손한 사람이다
C 武术练得很不错	**C 무술을 괜찮게 한다**
D 常受妈妈的表扬	D 엄마의 칭찬을 자주 받는다

女：小雨，上完武术课，你怎么不在家练习呢？	여: 샤오위, 무술 수업이 끝나면, 너는 왜 집에서 연습하지 않니?
男：妈妈，老师教的那些动作我都掌握了，而且他还夸我练得好呢。	남: 엄마, 선생님께서 알려주신 그 동작들을 저는 다 마스터했어요, 게다가 선생님은 제가 잘한다고 칭찬도 해주셨어요.
女：学武术要天天练习，你不能骄傲。	여: 무술을 배울 때는 날마다 연습해야 한단다, 너는 거만해서는 안 돼.
男：好吧，老师也说过要"拳不离手"，我这就去练。	남: 알겠어요. 선생님께서도 '배운 것을 꾸준히 연마해야 한다'고 하셨으니, 저는 바로 가서 연습할게요.
问：关于男的，下列哪项正确？	질문: 남자에 관하여, 다음 중 옳은 것은?

해설 제시된 선택지가 모두 사람의 상태·상황을 나타내므로, 화자 또는 제3자의 상태나 처한 상황과 관련된 내용을 주의 깊게 듣는다. 대화에서 여자가 왜 집에서 무술을 연습하지 않냐고 묻자, 남자가 老师教的那些动作我都掌握了, 而且他还夸我练得好呢라고 답했다. 질문이 남자에 관하여 옳은 것을 물었으므로, 夸我练得好라는 표현을 통해 알 수 있는 C 武术练得很不错를 정답으로 고른다.

어휘 武术 wǔshù 몡무술　虚心 xūxīn 휑겸손하다　表扬 biǎoyáng 图칭찬하다　动作 dòngzuò 몡동작　掌握 zhǎngwò 图마스터하다
夸 kuā 图칭찬하다　天天 tiāntiān 날마다　骄傲 jiāo'ào 휑거만하다, 자랑스럽다
拳不离手 quán bù lí shǒu 배운 것을 꾸준히 연마한다[비유 표현]

24

A 听不听话	A 말을 듣는지 안 듣는지
B 反应够不够快	**B 반응이 충분히 빠른지**
C 训练时是否专心	C 훈련할 때 열중하는지
D 跑步姿势标不标准	D 달리기 자세가 표준인지

男：我家的狗在宠物大赛上获得了冠军！	남: 우리 집 강아지가 반려동물 대회에서 우승을 했어!
女：真棒，恭喜你啊。比赛的内容是什么？	여: 정말 대단한걸, 축하해. 대회 내용이 뭐야?
男：一是比漂亮，二是比聪明。主人要带着狗完成规定动作，看看狗能不能迅速地做出反应。	남: 첫 번째는 예쁜 것을 겨루고, 두 번째는 똑똑한 것을 겨뤄. 주인이 강아지를 데리고 규정된 동작을 완수해야 하는데, 강아지가 빠르게 반응을 해낼 수 있는지를 봐.
女：看来想得冠军的话，还要接受专业训练呢。	여: 보아하니 우승을 하고 싶으면, 전문적인 훈련도 받아야겠구나.
问：宠物比赛的内容是什么？	질문: 반려동물 대회의 내용은 무엇인가?

해설 제시된 선택지가 모두 특정 대상의 상태·상황을 나타내므로, 이와 관련된 내용을 주의 깊게 듣는다. 대화에서 남자가 자신의 강아지가 반려동물 대회에서 우승했다고 하면서, 대회 내용은 주인이 강아지를 데리고 규정된 동작을 완수해야 하는데, 看看狗能不能迅速地做出反应이라고 했다. 질문이 반려동물 대회의 내용은 무엇인지를 물었으므로, B 反应够不够快를 정답으로 고른다.

어휘 反应 fǎnyìng 몡반응　够 gòu 튄충분히　训练 xùnliàn 图훈련하다　是否 shìfǒu 튄~인지 아닌지
专心 zhuānxīn 휑열중하다　姿势 zīshì 몡자세　标准 biāozhǔn 휑표준의　宠物 chǒngwù 몡반려동물　大赛 dàsài 몡대회
获得 huòdé 图(우승을) 하다, 얻다　冠军 guànjūn 몡우승　棒 bàng 휑대단하다　恭喜 gōngxǐ 图축하하다
主人 zhǔrén 몡주인　规定 guīdìng 图규정하다　动作 dòngzuò 몡동작　迅速 xùnsù 휑빠르다　接受 jiēshòu 图받다
专业 zhuānyè 몡전문

25

A 同事关系	B 工作待遇	A 동료 관계	B 근무 대우
C 未来的发展	D 公司周围的环境	C 미래의 발전	D 회사 주위의 환경

女：我打算换个工作，所以过完春节就要辞职了。	여: 나는 이직을 하려고 해. 그래서 춘절을 쇠고 곧 사직할 거야.
男：这家企业挺好的啊，而且工资待遇也不错。	남: 이 기업 꽤 좋잖아. 게다가 급여 대우도 괜찮고 말이야.
女：待遇还可以，但是我更重视将来的发展。这里员工多，升职机会相对较少。	여: 대우는 그런대로 괜찮아. 하지만 나는 장래의 발전을 더 중시해. 여기는 직원이 많아서, 승진 기회가 상대적으로 적어.
男：你说得也有道理，长远的发展更重要。	남: 네가 말한 것도 일리가 있네. 장기적인 발전이 더 중요하지.
问：对于工作，女的更重视哪方面？	질문: 일에 대해, 여자는 어떤 방면을 더 중시하는가?

해설 제시된 선택지가 모두 명사구이므로, 대화의 주제나 중심 소재 및 각 선택지와 관련된 내용을 주의 깊게 듣는다. 대화에서 여자가 춘절을 쇠고 곧 사직할 거라면서, 지금 회사의 대우는 그런대로 괜찮지만, 我更重视将来的发展이라고 했다. 질문이 일에 대해 여자는 어떤 방면을 더 중시하는지를 물었으므로, C 未来的发展을 정답으로 고른다.

* 바꾸어 표현 将来的发展 장래의 발전 → 未来的发展 미래의 발전

어휘 **待遇** dàiyù 圏대우 **未来** wèilái 圏미래 **发展** fāzhǎn 圏발전하다 **周围** zhōuwéi 圏주위 **换工作** huàn gōngzuò 이직하다 **春节** Chūnjié 교위춘절 **辞职** cízhí 圏사직하다 **企业** qǐyè 圏기업 **工资** gōngzī 圏급여 **重视** zhòngshì 圏중시하다 **将来** jiānglái 圏장래 **员工** yuángōng 圏직원 **升职** shēngzhí 승진하다 **相对** xiāngduì 圏상대적이다 **道理** dàolǐ 圏일리 **长远** chángyuǎn 圏장기적이다

26

A 实习职员	B 房屋中介	A 인턴 직원	B 부동산 중개인
C 公寓房东	D 宠物医生	C 아파트 집주인	D 수의사

男：除了每月的房租以外，还需要付其他费用吗？	남: 매달 임대료를 제외하고, 또 기타 비용을 지불해야 하나요?
女：你还要付一个月的房租作为押金，搬走的时候会退给你。	여: 당신은 한 달 치의 임대료를 보증금으로 삼아 지불해야 하는데, 이사 가실 때 돌려드릴 겁니다.
男：好的。对了，我能养宠物吗？	남: 알겠습니다. 아 참, 제가 반려동물을 기를 수 있을까요?
女：不好意思，房东不允许养宠物，他担心宠物会打扰到邻居。	여: 죄송하지만, 집주인이 반려동물 기르는 것에 동의하지 않아요. 그는 반려동물이 이웃에게 폐를 끼칠까 봐 걱정하거든요.
问：女的最可能是做什么的？	질문: 여자는 무엇을 하는 사람일 가능성이 가장 큰가?

해설 제시된 선택지가 모두 직업·신분을 나타내므로, 대화를 들을 때 직업·신분과 관련된 내용을 주의 깊게 듣는다. 대화에서 언급된 我能养宠物吗?와 房东不允许养宠物, 他担心宠物会打扰到邻居를 토대로, 남자는 세입자이고, 여자는 부동산 중개인이라는 것을 유추할 수 있다. 질문이 여자는 무엇을 하는 사람일 가능성이 가장 큰지를 물었으므로, B 房屋中介를 정답으로 고른다.

어휘 **实习** shíxí 圏인턴십을 하다 **职员** zhíyuán 圏직원 **房屋中介** fángwū zhōngjiè 부동산 중개인 **公寓** gōngyù 圏아파트 **房东** fángdōng 圏집주인 **宠物医生** chǒngwù yīshēng 수의사 **房租** fángzū 圏임대료 **付** fù 圏지불하다 **费用** fèiyong 圏비용 **作为** zuòwéi 圏~으로 삼다 **押金** yājīn 圏보증금 **对了** duìle 아 참[잊을 뻔했던 어떤 일이 문득 떠올랐을 때 하는 말] **养** yǎng 圏기르다 **宠物** chǒngwù 圏반려동물 **允许** yǔnxǔ 圏동의하다, 허락하다 **打扰** dǎrǎo 圏폐를 끼치다

27

A 想投资新兴行业	A 신흥 업계에 투자하고 싶다
B 把钱存在银行里	B 돈을 은행에 저축한다
C 用全部资金买保险	C 자금 전부를 써서 보험을 산다
D 减少对保险的投资	D 보험에 대한 투자를 줄인다

女：听说这段时间股票市场不太好。

男：是的，我想调整一下投资方向，把资金投到一些新兴行业。

女：我们还是多买一些保险吧，毕竟股票风险很大。

男：你说得也有道理，我们可以考虑拿一部分钱买保险。

问：对近期的投资，男的有什么想法？

여：듣자 하니 요즘 주식 시장이 그다지 좋지 않다면서요.

남：맞아요. 저는 투자 방향을 좀 조정해서, 자금을 신흥 업계에 투자하고 싶어요.

여：우리 그래도 보험을 좀 많이 사는 것이 나을 것 같아요. 어디까지나 주식은 리스크가 크잖아요.

남：당신이 말한 것도 일리가 있어요. 우리는 일부 돈을 가지고 보험을 사는 것을 고려해볼 수 있겠네요.

질문：최근의 투자에 대해, 남자는 어떤 생각을 가지고 있는가?

해설 제시된 선택지가 모두 사람의 상태·상황을 나타내므로, 화자 또는 제3자의 상태나 처한 상황과 관련된 내용을 주의 깊게 듣는다. 대화에서 여자가 요즘 주식 시장이 그다지 좋지 않다고 들었다고 하자, 남자가 我想调整一下投资方向,把资金投到一些新兴行业라고 했다. 질문이 최근의 투자에 대해 남자는 어떤 생각을 가지고 있는지를 물었으므로, A 想投资新兴行业를 정답으로 고른다.

어휘 投资 tóuzī 圖투자하다　新兴 xīnxīng 圈신흥의　行业 hángyè 圆업계　存 cún 圖저축하다　全部 quánbù 圈전부의
资金 zījīn 圆자금　保险 bǎoxiǎn 圆보험　减少 jiǎnshǎo 圖줄이다　股票 gǔpiào 圆주식　市场 shìchǎng 圆시장
调整 tiáozhěng 圖조정하다　方向 fāngxiàng 圆방향　投 tóu 圖투자하다　毕竟 bìjìng 圖어디까지나, 결국
风险 fēngxiǎn 圆리스크　道理 dàoli 圆일리　考虑 kǎolǜ 圖고려하다　一部分 yíbùfen 일부의　近期 jìnqī 圆최근

28

A 信息很全面	B 价格比较低	A 정보가 완전하다	B 가격이 비교적 낮다
C 内容有深度	**D 印刷质量高**	C 내용이 깊이가 있다	**D 인쇄 품질이 높다**

男：电脑和手机出现后，看杂志的人就变得越来越少了。

女：是啊，因为杂志的传播速度没有新媒体快，不过，有些杂志还是会有自己的固定读者。

男：它们是靠什么吸引读者的呢？

女：举个例子，像时尚类的杂志，由于印刷精美，里面的图片比电脑上显示的更漂亮。

问：女的认为时尚类杂志的优点是什么？

남：컴퓨터와 휴대폰이 출현한 후에, 잡지를 보는 사람이 점점 줄어들었어.

여：맞아. 잡지의 보급 속도가 새로운 대중 매체만큼 빠르지 않기 때문이야. 하지만 어떤 잡지는 아직 자신들만의 고정 독자가 있어.

남：그들은 무엇으로 독자들을 끌어당기는 거야?

여：예를 들어 패션류의 잡지 같은 것은, 인쇄가 정교하고 아름다워서, 안에 있는 사진이 컴퓨터상에서 보이는 것보다 더 예뻐.

질문：여자는 패션류 잡지의 장점이 무엇이라고 생각하는가?

해설 제시된 선택지가 모두 특정 대상의 상태 또는 화자의 견해를 나타내므로, 이와 관련된 내용을 주의 깊게 듣는다. 대화에서 여자가 어떤 잡지는 아직 자신들만의 고정 독자가 있다며, 像时尚类的杂志,由于印刷精美,里面的图片比电脑上显示的更漂亮이라고 했다. 질문이 여자는 패션류 잡지의 장점이 무엇이라고 생각하는지를 물었으므로, D 印刷质量高를 정답으로 고른다.

어휘　**信息** xìnxī 閱정보　**全面** quánmiàn 閱완전하다　**深度** shēndù 閱깊이　**印刷** yìnshuā 閱인쇄하다　**质量** zhìliàng 閱품질
　　　　杂志 zázhì 閱잡지　**传播** chuánbō 閱보급하다　**速度** sùdù 閱속도　**媒体** méitǐ 閱대중 매체　**固定** gùdìng 閱고정되다
　　　　读者 dúzhě 閱독자　**靠** kào 閱~로(~에 기대어) ~하다　**吸引** xīyǐn 閱끌어당기다　**时尚** shíshàng 閱패션
　　　　精美 jīngměi 閱정교하고 아름답다　**图片** túpiàn 閱사진　**显示** xiǎnshì 閱보이다　**优点** yōudiǎn 閱장점

29

A 不太完美	B 没有价值	A 그다지 완벽하지 않다	B 가치가 없다
C 较为单调	D 不够具体	C 비교적 단조롭다	D 구체적이지 못하다

女：小张做的方案你看了吗？说说你的想法。
男：我刚看完，整体内容还可以，就是需要调整一些细节。
女：你觉得有什么问题，具体讲一下。
男：我感觉这个方案没有很好地体现出我们产品的特点。

问：男的觉得这个方案怎么样？

여：샤오장이 쓴 방안을 보았니? 네 생각을 말해 봐.
남：나 방금 다 봤어. 전체적 내용은 그런대로 괜찮고, 다만 세부 사항을 조금 조정할 필요가 있어.
여：너는 어떤 문제가 있다고 생각하는지, 구체적으로 이야기해 줘.
남：나는 이 방안이 우리 제품의 특징을 잘 구현해 내지 못했다고 생각해.

질문：남자는 이 방안이 어떻다고 생각하는가?

해설　제시된 선택지가 모두 특정 대상의 상태 또는 화자의 견해를 나타내므로, 이와 관련된 내용을 주의 깊게 듣는다. 대화에서 여자가 샤오장이 쓴 방안에 대한 남자의 생각을 묻자, 남자가 전체적 내용은 그런대로 괜찮지만, 就是需要调整一些细节라고 답했다. 질문이 남자는 이 방안이 어떻다고 생각하는지를 물었으므로, A 不太完美를 정답으로 고른다.

어휘　**完美** wánměi 閱완벽하다　**价值** jiàzhí 閱가치　**较为** jiàowéi 閱비교적　**单调** dāndiào 閱단조롭다　**具体** jùtǐ 閱구체적이다
　　　　方案 fāng'àn 閱방안　**整体** zhěngtǐ 閱전체　**调整** tiáozhěng 閱조정하다　**细节** xìjié 閱세부 사항
　　　　体现 tǐxiàn 閱구현하다　**产品** chǎnpǐn 閱제품　**特点** tèdiǎn 閱특징

30

A 颜色不太好	A 색깔이 별로 좋지 않다
B 样式不时髦	B 스타일이 트렌디하지 않다
C 质量比较差	C 품질이 비교적 떨어진다
D 长短不合适	D 길이가 알맞지 않다

男：服务员，我想买一条可以配这套西装的领带。
女：您看这条丝绸的怎么样？质量非常好。
男：样子确实不错，就是红色看起来不太大方。
女：这种样式也有男士喜欢的经典蓝色，您要看看吗？

问：男的认为那条红色领带怎么样？

남：종업원님, 저는 이 양복에 어울릴 수 있는 넥타이 하나를 사고 싶어요.
여：이 실크로 된 것은 어떠세요? 품질이 아주 좋아요.
남：모양은 확실히 괜찮네요. 다만 빨간색이 그다지 점잖아 보이지 않아요.
여：이런 스타일은 남성분들이 좋아하시는 클래식 블루도 있는데, 보시겠어요?

질문：남자는 그 빨간색 넥타이가 어떻다고 생각하는가?

해설　제시된 선택지가 모두 특정 대상의 상태 또는 화자의 견해를 나타내므로, 이와 관련된 내용을 주의 깊게 듣는다. 대화에서 남자가 양복에 어울리는 넥타이를 사고 싶다고 하자, 여자가 실크로 된 것을 추천해 주었다. 이어서 남자가 모양은 괜찮지만 就是红色看起来不太大方이라고 했다. 질문이 남자는 그 빨간색 넥타이가 어떻다고 생각하는지를 물었으므로, A 颜色不太好를 정답으로 고른다.

어휘　**样式** yàngshì 圆스타일　**时髦** shímáo 톈트렌디하다　**质量** zhìliàng 圆품질　**长短** chángduǎn 圆길이, 치수
　　　　合适 héshì 톈알맞다　**配** pèi 톈~에 어울리다　**套** tào 圆세트, 채　**西装** xīzhuāng 圆양복　**领带** lǐngdài 圆넥타이
　　　　丝绸 sīchóu 圆실크　**确实** quèshí 톈확실히　**大方** dàfang 톈점잖다, 대범하다　**男士** nánshì 圆남성분[성인 남자에 대한 존칭]
　　　　经典蓝色 jīngdiǎn lánsè 클래식 블루[색깔]

31 - 32

31.　A　长颈鹿胆子比较小

　　　B　长颈鹿睡眠时间长

　　　C　长颈鹿常发出声音

　　　D　长颈鹿性情很暴躁

32.　A　不能弯脖子

　　　B　体重非常轻

　　　C　共有6节颈骨

　　　D　用头和脚保护自己

31.　A　기린은 담력이 비교적 약하다

　　　B　기린은 수면 시간이 길다

　　　C　기린은 소리를 자주 낸다

　　　D　기린은 성미가 거칠고 급하다

32.　A　목을 구부릴 수 없다

　　　B　체중이 매우 가볍다

　　　C　모두 6마디의 목뼈가 있다

　　　D　머리와 다리로 스스로를 보호한다

第31到32题是根据下面一段话：

　　³¹长颈鹿是世界上最高的动物。它脖子很长，眼睛又大又圆。长颈鹿性情温和，而且³¹很容易受到惊吓，所以动物园里的长颈鹿馆门口，一直都挂着要求人们保持安静的标志。

　　和人类一样，长颈鹿的脖子只有七节颈骨。由于每节颈骨都很长，所以弯脖子对长颈鹿来说非常困难。长颈鹿想喝水时，必须先把腿向两边伸开，降低身体高度才行。长颈鹿虽然看上去很瘦，但实际上有五只狮子那么重。³²碰到敌人时，长颈鹿会同时用头和脚攻击对方，直到对方被吓跑为止。

31.　问：为什么要在长颈鹿馆保持安静？

32.　问：关于长颈鹿，可以知道什么？

31-32번 문제는 다음 내용에 근거한다.

　　³¹기린은 세계에서 가장 키가 큰 동물이다. 그것은 목이 길며, 눈은 크고 둥글다. 기린은 성품이 온화하며, 또한 ³¹쉽게 놀라고 두려워해서, 동물원의 기린관 입구에는 항상 사람들에게 조용히 해달라고 요구하는 표지판이 걸려 있다.

　　사람과 같이, 기린의 목에는 7마디의 목뼈만 있다. 각 마디의 목뼈가 길기 때문에, 목을 구부리는 것은 기린에게 있어 매우 힘들다. 기린이 물을 마시고 싶을 때는, 반드시 먼저 다리를 양쪽으로 벌려서 몸의 높이를 낮추어야 비로소 가능하다. 기린은 비록 말라 보이지만 실제로 다섯 마리의 사자만큼 무겁다. ³²적을 만났을 때, 기린은 머리와 발을 동시에 사용하여 상대방이 놀라서 달아날 때까지 상대방을 공격한다.

31.　질문: 왜 기린관에서 조용히 해야 하는가?

32.　질문: 기린에 관하여, 무엇을 알 수 있는가?

해설　**선택지 읽기**
　　31번과 32번 선택지가 모두 특정 대상에 대한 사실을 나타내고, 31번 선택지에 **长颈鹿**(기린)가 언급되었으므로, 기린과 관련된 설명문이 나올 것임을 예상할 수 있다. 따라서 설명 대상의 세부적인 특징에 대한 내용을 주의 깊게 듣는다.

　　단문 듣기
　　단문 초반의 **长颈鹿……很容易受到惊吓, 所以动物园里的长颈鹿馆门口, 一直都挂着要求人们保持安静的标志.** 을 듣고, 31번의 A **长颈鹿胆子比较小**에 체크해 둔다.
　　단문 후반의 **碰到敌人时, 长颈鹿会同时用头和脚攻击对方, 直到对方被吓跑为止.**을 듣고, 32번의 D **用头和脚保护自己**에 체크해 둔다.

　　질문 듣고 정답 고르기
　　31. 질문이 기린관에서 조용히 해야 하는 이유를 물었으므로, A를 정답으로 고른다.
　　32. 질문이 기린에 관하여 알 수 있는 것을 물었으므로, D를 정답으로 고른다.

어휘　**长颈鹿** chángjǐnglù 圆기린　**胆子** dǎnzi 圆담력　**睡眠** shuìmián 圆수면　**发出** fāchū (소리를) 내다　**性情** xìngqíng 圆성미, 성품
　　　　暴躁 bàozào (성미가) 거칠고 급하다　**弯** wān 圆구부리다　**脖子** bózi 圆목　**体重** tǐzhòng 圆체중　**节** jié 圆(사람이나 동물의) 마디

颈骨 jǐnggǔ 圓목뼈　保护 bǎohù 圖보호하다　圆 yuán 圖둥글다　温和 wēnhé 圓(성질·태도 등이) 온화하다
惊吓 jīngxià 圖놀라고 두려워하다　挂 guà 圖걸다　保持 bǎochí 圖지키다, 유지하다　标志 biāozhì 圓표지판　人类 rénlèi 圓사람
由于 yóuyú 圖~때문에~하다　伸开 shēnkāi 圖(신체 일부를) 벌리다　降低 jiàngdī 圖낮추다　高度 gāodù 圓높이
实际上 shíjì shang 圖실제로　狮子 shīzi 圓사자　重 zhòng 圓무겁다　碰 pèng 圖(우연히) 만나다　敌人 dírén 圓적
同时 tóngshí 圖동시에　攻击 gōngjī 圖공격하다　对方 duìfāng 圓상대방　吓跑 xiàpǎo 圖놀라서 달아나다
为止 wéizhǐ 圖~에까지 이르다

33 - 35

33. A 兴奋　　　　　**B 陌生**
　　C 神秘　　　　　D 亲切

34. A 大脑放松时
　　B 运动四肢时
　　C 身体紧张时
　　D 大脑感到疲劳时

35. A 增加知识
　　B 提升自信心
　　C 解决自身矛盾
　　D 缓解心理压力

33. A 흥분한다　　　　**B 낯설다**
　　C 신비롭다　　　　D 친절하다

34. A 대뇌가 이완되었을 때
　　B 사지를 움직일 때
　　C 몸이 긴장할 때
　　D 대뇌가 피로를 느낄 때

35. A 지식을 늘린다
　　B 자신감을 높인다
　　C 자기 모순을 해결한다
　　D 심리적 스트레스를 완화시킨다

第33到35题是根据下面一段话：

　　大家可能都有过这样一种体验：33长时间盯着某个字，或者重复写某个字时，就会感觉不认识这个字了，其实这是一种"语义饱和"现象。简单来说，就是34大脑如果一直进行高强度运转的话，就很容易感到疲劳，然后出现短暂的"罢工"现象。这时，可以转转脖子，动动手指，35转移一下注意力，过段时间再回来看的话，就会发现比以前顺眼多了。35这样做会减少不必要的神经活动，达到缓解焦虑、释放心理压力的效果。

33. 问：长时间盯着某个字看会有什么感觉？
34. 问：大脑什么时候会出现"罢工"现象？
35. 问：根据这段话，转移注意力会起到什么效果？

33-35번 문제는 다음 내용에 근거한다.

　　모두 아마 이런 경험을 해본 적이 있을 것이다. 33긴 시간 어떤 글자를 응시하거나, 혹은 어떤 글자를 반복해서 쓸 때, 33이 글자를 모르는 것 같은 느낌이 드는데, 사실 이것은 일종의 '의미 포화' 현상이다. 간단히 말해서, 34대뇌가 만약 계속해서 높은 강도로 일한다면, 쉽게 피로함을 느끼는데, 그 후에 짧은 '파업' 현상이 나타나는 것이다. 이때, 목을 돌리거나, 손가락을 움직이며 35주의력을 돌리면 되는데, 시간이 지나고 다시 돌아와서 본다면, 이전보다 훨씬 편안해진 것을 발견할 수 있을 것이다. 35이렇게 하면 불필요한 신경 활동을 줄여주어, 초조함을 완화하고, 심리적 스트레스를 푸는 효과에 이르게 한다.

33. 질문: 긴 시간 어떤 글자를 응시하고 있다 보면 무슨 느낌이 들 수 있는가?
34. 질문: 대뇌에는 언제 '파업' 현상이 나타나는가?
35. 질문: 이 단문에 근거하여, 주의력을 돌리면 어떤 효과가 일어날 수 있는가?

해설　선택지 읽기
　　35번 선택지가 모두 특정 대상에 대한 사실을 나타내고, 34번 선택지에 大脑(대뇌)가 언급되었으므로, 대뇌와 관련된 설명문이 나올 것임을 예상할 수 있다. 따라서 설명 대상의 세부적인 특징에 대한 내용을 주의 깊게 듣는다.

단문 듣기
　　단문 중반의 大脑如果一直进行高强度运转的话, 就很容易感到疲劳, 然后出现短暂的"罢工"现象을 듣고, 34번의 D 大脑感到疲劳时에 체크해 둔다.

단문 후반의 转移一下注意力……这样做会减少不必要的神经活动, 达到缓解焦虑、释放心理压力的效果。를 듣고, 35번의 D 缓解心理压力에 체크해 둔다.

질문 듣고 정답 고르기

33. 질문이 긴 시간 어떤 글자를 응시하고 있다 보면 무슨 느낌이 들 수 있는지를 물었으므로, 단문 초반의 长时间盯着某个字……就会感觉不认识这个字了를 통해 유추할 수 있는 B 陌生을 정답으로 고른다.
34. 질문이 대뇌에는 언제 '파업' 현상이 나타나는지를 물었으므로, D를 정답으로 고른다.
35. 질문이 단문에 근거하여 주의력을 돌리면 어떤 효과가 일어날 수 있는지를 물었으므로, D를 정답으로 고른다.

* 바꾸어 표현 释放心理压力 심리적 스트레스를 풀다 → 缓解心理压力 심리적 스트레스를 해소하다

어휘 兴奋 xīngfèn 圖흥분하다 陌生 mòshēng 圖낯설다 神秘 shénmì 圖신비롭다 亲切 qīnqiè 圖친절하다 大脑 dànǎo 圖대뇌
　　　放松 fàngsōng 圖이완하다 四肢 sìzhī 圖사지, 팔다리 疲劳 píláo 圖피로하다 增加 zēngjiā 圖늘리다 提升 tíshēng 圖높이다
　　　自信心 zìxìnxīn 圖자신감 自身 zìshēn 圖자기, 본인 矛盾 máodùn 圖모순 缓解 huǎnjiě 圖완화시키다 心理 xīnlǐ 圖심리
　　　压力 yālì 圖스트레스 体验 tǐyàn 圖경험하다 盯 dīng 圖응시하다, 뚫어져라 쳐다보다 某 mǒu 圖어떤
　　　重复 chóngfù 圖반복하다 感觉 gǎnjué 圖느낌 语义饱和 yǔyì bǎohé 의미 포화 现象 xiànxiàng 圖현상
　　　高强度 gāo qiángdù 높은 강도 运转 yùnzhuǎn 圖일 하다[비유적 표현], 회전하다 短暂 duǎnzàn 圖(시간이) 짧다
　　　罢工 bàgōng 圖파업하다 脖子 bózi 圖목 手指 shǒuzhǐ 圖손가락 转移 zhuǎnyí 圖(시선을) 돌리다 注意力 zhùyìlì 圖주의력
　　　顺眼 shùnyǎn 圖(보기에) 편하다 必要 bìyào 圖필요하다 神经 shénjīng 圖신경 焦虑 jiāolǜ 圖초조하다 释放 shìfàng 圖풀다
　　　效果 xiàoguǒ 圖효과 出现 chūxiàn 圖나타나다

36 - 38

36.	**A** 提高销量	**B** 降低成本		36.	**A** 판매량을 끌어올린다	**B** 원가를 낮춘다
	C 节省资源	**D** 减少收入			**C** 자원을 절약한다	**D** 수입을 줄인다
37.	**A** 材料费	**B** 水电费		37.	A 재료비	B 수도와 전기 요금
	C 配送费	**D** 员工工资			**C** 배송비	D 직원 월급
38.	**A** 半价饮料质量较差			38.	A 반값 음료의 품질은 비교적 안 좋다	
	B 第二杯半价可实现双赢				**B** 두 번째 잔 반값은 윈윈을 실현할 수 있다	
	C 商品经济变得异常活跃				C 상품 경제가 대단히 활발해졌다	
	D 狡猾的商家打乱市场规则				D 교활한 판매상이 시장 규칙을 어지럽힌다	

第36到38题是根据下面一段话：

　　"第二杯半价"是很多快餐店常用的促销方式。36原先销量不好的一款饮料, 一旦被贴上"第二杯半价"的标签, 销量立马就上升了。这背后究竟有什么秘密呢? 消费者都有"捡便宜"的心理, 商家正好利用这一心理, 吸引潜在客户, 增加额外消费。对商家来说, 37一杯饮料的价格中包含了租金、水电费、人工费和原料的费用, 第二杯则只需要原料的成本。消费者认为第二杯半价很划算, 不买会吃亏。所以饮料销量明显上升, 商家得到的利益也随之增加, 从而实现利益最大化。38这是一种既能提高消费者的满意度, 也让商家赚钱的营销方式。

36-38번 문제는 다음 내용에 근거한다.

　　'두 번째 잔 반값'은 많은 패스트푸드점에서 자주 사용하는 판촉 방식이다. 36본래 판매량이 안 좋은 음료에 일단 '두 번째 잔 반값'이라는 라벨이 붙여지면, 판매량이 즉시 올랐다. 이 이면에는 도대체 어떤 비밀이 있을까? 소비자는 모두 '힘이지 않고 이익을 얻고 싶은' 심리가 있는데, 판매상은 마침 이 심리를 이용하여, 잠재적인 고객을 유인하고, 예상외의 소비를 증가시킨다. 판매상에게 있어서 37음료 한 잔의 가격에는 임대료, 수도와 전기 요금, 인건비와 원료의 비용이 포함되어 있어서, 두 번째 잔은 원료의 원가만 있으면 된다. 소비자는 두 번째 잔 반값이 수지에 맞아서, 사지 않으면 손해를 볼 수 있다고 생각한다. 때문에 음료 판매량이 뚜렷하게 상승하면서, 판매상이 얻는 이익도 이에 따라 증가되고, 그리하여 이익의 극대화를 실현한다. 38이는 소비자의 만족도를 높이면서, 판매상도 돈을 벌 수 있게 하는 마케팅 방식이다.

36. 问："第二杯半价" 会产生什么效果?	36. 질문: '두 번째 잔 반값'은 어떤 효과가 나타나는가?
37. 问：一杯饮料中，一般不包括什么费用?	37. 질문: 한 잔의 음료에는 보통 어떤 비용이 포함되지 않는가?
38. 问：根据这段话，下列哪项正确?	38. 질문: 이 단문에 근거하여, 다음 중 옳은 것은?

해설 선택지 읽기

38번 선택지가 모두 특정 대상에 대한 사실을 나타내고, 第二杯半价(두 번째 잔 반값), 商品经济(상품 경제), 商家(판매상)가 언급되었으므로, 특정 경제 현상과 관련된 설명문이 나올 것임을 예상할 수 있다. 따라서 설명 대상의 세부적인 특징에 대한 내용을 주의 깊게 듣는다.

단문 듣기

단문 초반의 原先销量不好的一款饮料, 一旦被贴上"第二杯半价"的标签, 销量立马就上升了。를 듣고, 36번의 A 提高销量에 체크해 둔다.

단문 중반의 一杯饮料的价格中包含了租金、水电费、人工费和原料的费用을 듣고, 37번의 A 材料费, B 水电费, D 员工工资에 체크해 둔다.

단문 후반의 这是一种既能提高消费者的满意度, 也让商家赚钱的营销方式。을 듣고, 38번의 B 第二杯半价可实现双赢에 체크해 둔다.

질문 듣고 정답 고르기

36. 질문이 '두 번째 잔 반값'은 어떤 효과가 나타나는지를 물었으므로, A를 정답으로 고른다.

37. 질문이 한 잔의 음료에는 보통 어떤 비용이 포함되지 않는지를 물었으므로, 단문에서 언급하지 않은 C 配送费를 정답으로 고른다.

38. 질문이 단문에 근거하여 옳은 것을 물었으므로, B를 정답으로 고른다.

어휘 销量 xiāoliàng 圆판매량 降低 jiàngdī 圈낮추다 成本 chéngběn 圆원가 节省 jiéshěng 圈절약하다 资源 zīyuán 圆자원 减少 jiǎnshǎo 圈줄이다 收入 shōurù 圆수입 材料费 cáiliàofèi 재료비 水电费 shuǐdiànfèi 수도와 전기 요금 配送费 pèisòngfèi 배송비 员工 yuángōng 圆직원 工资 gōngzī 圆월급 半价 bànjià 圆반값 质量 zhìliàng 圆품질 实现 shíxiàn 圈실현하다 双赢 shuāngyíng 圈윈윈하다 商品 shāngpǐn 圆상품 经济 jīngjì 圆경제 异常 yìcháng 團대단히 活跃 huóyuè 圈활발하다 狡猾 jiǎohuá 圈교활하다 商家 shāngjiā 圆판매상 打乱 dǎluàn 圈어지럽히다 市场 shìchǎng 圆시장 规则 guīzé 圆규칙 快餐店 kuàicāndiàn 圆패스트푸드점 促销 cùxiāo 圈판촉하다 方式 fāngshì 圆방식 原先 yuánxiān 圆본래 一旦 yídàn 圆일단 贴 tiē 圈붙이다 标签 biāoqiān 圆라벨 立马 lìmǎ 圈즉시 背后 bèihòu 圆이면 究竟 jiūjìng 團도대체 秘密 mìmì 圆비밀 消费者 xiāofèizhě 圆소비자 捡便宜 jiǎn piányi 힘들이지 않고 이익을 얻다 心理 xīnlǐ 圆심리 正好 zhènghǎo 團마침 利用 lìyòng 圈이용하다 吸引 xīyǐn 圈유인하다 潜在 qiánzài 圈잠재적인 客户 kèhù 圆고객 增加 zēngjiā 圈증가시키다 额外 éwài 圈예상 외의, 초과한 消费 xiāofèi 圈소비하다 价格 jiàgé 圆가격 包含 bāohán 圈포함하다 租金 zūjīn 圆임대료 人工费 réngōngfèi 圆인건비 原料 yuánliào 圆원료 费用 fèiyòng 圆비용 划算 huásuàn 圈수지에 맞다 吃亏 chīkuī 圈손해를 보다 明显 míngxiǎn 圈뚜렷하다 利益 lìyì 圆이익 从而 cóng'ér 圆그리하여 满意度 mǎnyìdù 圆만족도 赚钱 zhuànqián 圈돈을 벌다 营销 yíngxiāo 마케팅 效果 xiàoguǒ 圆효과 包括 bāokuò 圈포함하다

39 - 41

39. A 学会了驾驶卡车	39. A 트럭을 운전하는 법을 배웠다
B 失去了一条小腿	**B 종아리 하나를 잃었다**
C 生了一场严重的病	C 심각한 병에 걸렸다
D 在戏剧学院找到了工作	D 희극 전문 대학에서 일을 찾았다
40. A 是短跑运动员	40. A 단거리 달리기 운동선수이다
B 喜欢文学创作	B 문학 창작을 좋아한다
C 社会地位很高	C 사회적 지위가 높다
D 打破过世界记录	**D 세계 기록을 깬 적이 있다**

41. A 前途　　B 决心
C 希望　　D 权力

41. A 전망　　B 다짐
C 희망　　D 권력

第39到41题是根据下面一段话：

[39]22岁的麦吉刚从耶鲁大学毕业，他原本是个前途光明的年轻人。可在一天晚上，他遭遇了一场严重的车祸。[39]他被一辆大卡车撞倒，晕了过去。醒来后，他发现自己的左小腿被切除了。他无法接受这个事实，很长时间都处在绝望的处境中。后来他忍受着痛苦，开始练习跑步，没过多久就去参加了十公里长跑比赛。这对只有一条腿的他来说是一个巨大的挑战，但[40]他顺利跑完整整十公里，并且打破了残疾人记录。就这样，他成了全世界跑得最快的独腿长跑运动员。

麦吉的经历告诉我们，[41]人这一生中最重要的既不是财产，也不是地位，而是心中像火一样燃烧着的希望。带着希望活下去的人才会成为人生赢家。

39. 问：麦吉二十二岁时经历了什么事？
40. 问：关于麦吉，下列哪项正确？
41. 问：根据这段话，人生中最重要的是什么？

39-41번 문제는 다음 내용에 근거한다.

[39]22살의 메기는 막 예일 대학을 졸업했으며, 그는 본래 전망이 밝게 빛나던 젊은이였다. 그러나 어느 날 밤, 그는 심각한 교통사고를 당했다. [39]그는 큰 트럭 한 대에 부딪쳐 넘어졌고, 의식을 잃어버렸다. 깨어난 후, 그는 자신의 왼쪽 종아리가 절단되어 있는 것을 발견했다. 그는 이 사실을 받아들이지 못해서, 아주 오랫동안 절망적인 상태에 놓여 있었다. 후에 그는 고통을 견디며, 달리기 연습을 시작했는데, 얼마 지나지 않아 10km 장거리 달리기 시합에 참가했다. 이는 다리가 하나밖에 없는 그에게 있어 큰 도전이었지만, [40]그는 순조롭게 꼬박 10km를 완주했고, 장애인 기록을 깼다. 이렇게 그는 전 세계에서 달리기가 가장 빠른 외다리 장거리 달리기 운동선수가 되었다.

메기의 경험은 우리에게, [41]사람의 일생에서 가장 중요한 것은 재산도 아니고, 지위도 아니며, 마음속에 불같이 타고 있는 희망이라는 것을 알려준다. 희망을 가지고 살아가는 사람이야말로 비로소 인생의 승자가 될 수 있다.

39. 질문: 메기는 22살 때 무슨 일을 겪었는가?
40. 질문: 메기에 관하여, 다음 중 옳은 것은?
41. 질문: 이 단문에 근거하여, 인생에서 가장 중요한 것은 무엇인가?

해설 선택지 읽기

39번과 40번 선택지가 모두 사람과 관련된 상태·상황을 나타내고, 40번 선택지에서 **运动员**(운동선수), **世界记录**(세계 기록)가 언급되었으므로, 세계적인 운동선수와 관련된 이야기가 나올 것임을 예상할 수 있다. 따라서 단문에 등장하는 인물과 관련된 사건의 전개나 결과를 주의 깊게 들어야 한다.

단문 듣기

단문 초반의 **22岁的麦吉……他被一辆大卡车撞倒，晕了过去。醒来后，他发现自己的左小腿被切除了。**를 듣고, 39번의 B **失去了一条小腿**에 체크해 둔다.

단문 중반의 **他顺利跑完整整十公里，并且打破了残疾人记录**를 듣고, 40번의 D **打破过世界记录**에 체크해 둔다.

단문 후반의 **人这一生中最重要的既不是财产，也不是地位，而是心中像火一样燃烧着的希望**을 듣고, 41번의 C **希望**에 체크해 둔다.

질문 듣고 정답 고르기

39. 질문이 메기는 22살 때 무슨 일을 겪었는지를 물었으므로, B를 정답으로 고른다.
40. 질문이 메기에 관하여 옳은 것을 물었으므로, D를 정답으로 고른다.
41. 질문이 단문에 근거하여 인생에서 가장 중요한 것은 무엇인지를 물었으므로, C를 정답으로 고른다.

어휘 **驾驶** jiàshǐ [동]운전하다 **卡车** kǎchē [명]트럭 **失去** shīqù [동]잃다 **小腿** xiǎotuǐ [명]종아리 **严重** yánzhòng [형]심각하다
戏剧学院 xìjù xuéyuàn 희극 전문 대학 **短跑** duǎnpǎo [명]단거리 달리기 **文学** wénxué [명]문학 **创作** chuàngzuò [동]창작하다
地位 dìwèi [명]지위 **打破** dǎpò [동]깨다 **记录** jìlù [명]기록 **前途** qiántú [명]전망 **决心** juéxīn [동]다짐하다 **权力** quánlì [명]권력
耶鲁大学 Yēlǔ Dàxué [고유]예일 대학 **毕业** bìyè [동]졸업하다 **原本** yuánběn [부]본래 **光明** guāngmíng [형]밝게 빛나다
遭遇 zāoyù [동](불행한 일을) 당하다 **车祸** chēhuò [명]교통사고 **撞倒** zhuàngdǎo 부딪쳐 넘어지다 **晕** yūn [동]의식을 잃다
醒 xǐng [동]깨어나다 **切除** qiēchú [동](수술을 통해) 절단하다 **接受** jiēshòu [동]받아들이다 **事实** shìshí [명]사실
绝望 juéwàng [동]절망하다 **处境** chǔjìng [명]상태 **忍受** rěnshòu [동]견디다 **痛苦** tòngkǔ [명]고통 **公里** gōnglǐ [양]km[킬로미터]

长跑 chángpǎo 圏장거리 달리기   巨大 jùdà 圏크다   挑战 tiǎozhàn 圏도전하다   顺利 shùnlì 圏순조롭다   整整 zhěngzhěng 圏꼬박
残疾人 cánjírén 圏장애인   独腿 dú tuǐ 외다리   一生 yìshēng 圏일생   财产 cáichǎn 圏재산   燃烧 ránshāo 圏타다
人生 rénshēng 圏인생   赢家 yíngjiā 圏승자

42 - 43

42. A 会成为新兴产业
B 采用了最新科技
C 使绿地面积减少
D 可确保产品质量

43. A 卫生问题   **B 公平问题**
C 环境污染问题   D 资源浪费问题

42. A 신흥 산업이 될 것이다
B 최신 과학 기술을 채택했다
C 녹지 면적을 줄어들게 한다
D 상품 품질을 확실히 보증할 수 있다

43. A 위생 문제   **B 공평 문제**
C 환경 오염 문제   D 자원 낭비 문제

第42到43题是根据下面一段话：

如今一次性用品已成为日常生活中不可或缺的部分，然而很多人只看到了一次性用品带来的方便，却忽视了其弊端。[43]一是环境污染问题，一次性用品对环境造成严重的污染。一次性用品多为塑料制品，由于它们难以降解，所以会给环境带来沉重的负担。[43]二是资源浪费问题，一次性用品的过度生产对自然资源造成了破坏和浪费。比如说，[42]因生产一次性筷子，每年都砍掉将近两百万立方米的森林。[43]三是卫生问题，由于很多一次性用品制造企业缺乏严格的卫生标准，生产出的产品难以保证质量。

可见，一次性用品是弊大于利的。保护环境、节约资源是我们每个人的责任。要想拥有一个安全和谐的生存环境，就有必要有意识地减少一次性用品的使用。

42. 问：关于一次性用品，可以知道什么？

43. 问：下列哪项不是一次性用品所带来的问题？

42-43번 문제는 다음 내용에 근거한다.

오늘날 일회용품은 이미 일상생활에서 없어서는 안 될 부분이 되었지만, 많은 사람은 그저 일회용품이 가져온 편리함만 볼 뿐, 그 폐해를 무시했다. [43]첫 번째는 환경 오염 문제인데, 일회용품은 환경에 심각한 오염을 초래한다. 일회용품은 대부분 플라스틱 제품이고, 그것은 분해하기 어렵기 때문에, 환경에 몹시 무거운 부담을 가져다줄 수 있다. [43]두 번째는 자원 낭비 문제인데, 일회용품의 과도한 생산은 자연 자원에 파괴와 낭비를 초래했다. 예를 들면 [42]일회용 젓가락을 생산하는 것으로 인해, 매년 거의 200m³의 숲을 베어내는 것이다. [43]세 번째는 위생 문제인데, 일회용품을 제조하는 많은 기업은 엄격한 위생 기준이 부족하기 때문에, 생산해 낸 제품은 품질을 보증하기 어렵다.

일회용품은 득보다 실이 많다는 것을 알 수 있다. 환경을 보호하고, 자원을 절약하는 것은 우리 모두의 책임이다. 안전하고 조화로운 생존 환경을 가지고 싶다면, 의식적으로 일회용품의 사용을 줄이는 것이 필요하다.

42. 질문: 일회용품에 관하여, 무엇을 알 수 있는가?

43. 질문: 다음 중 일회용품이 가져다 준 문제가 아닌 것은?

해설   **선택지 읽기**
42번 선택지가 모두 주장이나 의견을 나타내는 내용이므로, 논설문이 나올 것임을 예상할 수 있다. 따라서 단문의 처음과 끝부분을 특히 주의 깊게 듣는다.

단문 듣기
단문 중반의 因生产一次性筷子, 每年都砍掉将近两百万立方米的森林을 듣고, 42번의 C 使绿地面积减少에 체크해 둔다.

질문 듣고 정답 고르기
42. 질문이 일회용품에 관하여 알 수 있는 것을 물었으므로, C를 정답으로 고른다.
43. 질문이 일회용품이 가져다 준 문제가 아닌 것을 물었고, 단문 전반에 걸쳐 一是环境污染问题……二是资源浪费问题……三是卫生问题를 언급했으므로, 이중 언급되지 않은 B 公平问题를 정답으로 고른다.

해커스 HSK 5급 한 권으로 정복

어휘 **成为** chéngwéi [동]~가 되다 **新兴产业** xīnxīng chǎnyè 신흥 산업 **采用** cǎiyòng [동]채택하다 **科技** kējì [명]과학 기술
绿地面积 lǜdì miànjī 녹지 면적 **确保** quèbǎo [동]확실히 보증하다 **产品** chǎnpǐn [명]상품 **质量** zhìliàng [명]품질
卫生 wèishēng [명]위생 **公平** gōngpíng [형]공평하다 **污染** wūrǎn [동]오염시키다 **资源** zīyuán [명]자원 **浪费** làngfèi [동]낭비하다
如今 rújīn [명]오늘날 **一次性用品** yícìxìng yòngpǐn 일회용품 **日常** rìcháng [형]일상의 **不可或缺** bùkěhuòquē 없어서는 안 되다
部分 bùfen [명]부분 **然而** rán'ér [접]하지만 **忽视** hūshì [동]무시하다 **弊端** bìduān [명]폐해 **造成** zàochéng [동]초래하다
严重 yánzhòng [형]심각하다 **塑料** sùliào [명]플라스틱, 비닐 **制品** zhìpǐn [명]제품 **由于** yóuyú [접]~때문에 ~하다
难以 nányǐ [형]~하기 어렵다 **降解** jiàngjiě [동]분해하다 **沉重** chénzhòng [형](무게·부담 등이) 몹시 무겁다
负担 fùdān [명]부담 **过度** guòdù [형]과도하다 **生产** shēngchǎn [동]생산하다 **破坏** pòhuài [동]파괴하다 **比如** bǐrú [동]예를 들면 ~이다
砍 kǎn [동](도끼 따위로) 베다 **立方米** lìfāngmǐ [양]m³[세제곱미터] **森林** sēnlín [명]숲 **制造** zhìzào [동]제조하다 **企业** qǐyè [명]기업
缺乏 quēfá [동]부족하다 **严格** yángé [형]엄격하다 **标准** biāozhǔn [명]기준 **保证** bǎozhèng [동]보증하다
可见 kějiàn [접]~임을 알 수 있다 **弊大于利** bì dàyú lì 득보다 실이 많다 **节约** jiéyuē [동]절약하다 **责任** zérèn [명]책임
拥有 yōngyǒu [동]가지다 **安全** ānquán [형]안전하다 **和谐** héxié [형]조화롭다 **生存** shēngcún [동]생존하다 **必要** bìyào [형]필요하다
意识 yìshí [명]의식 **使用** shǐyòng [동]사용하다

44 - 45

44. A 广州　　B 上海
C 太原　　D 石家庄

45. A 让肌肤变白
B 用来做面食
C 能帮助消化
D 可软化血管

44. A 광저우　　B 상하이
C 타이위안　　D 스자좡

45. A 피부를 하얘지게 한다
B 면 요리를 만드는 데 사용된다
C 소화를 도울 수 있다
D 혈관을 부드러워지게 할 수 있다

第44到45题是根据下面一段话:

中国的饮食文化博大精深，也因地域不同而千差万别。中国人的口味可以简单概括为“南甜北咸东辣西酸”。说到“西酸”，有关部门曾经对华北五个城市每年的人均食醋量做过一次调查，调查结果显示：天津五点一斤，河北石家庄八斤，北京八点四斤，内蒙古呼和浩特十斤，山西太原十八斤。从此次调查可见，[44]太原的食醋消费量为华北乃至中国之最。

山西人爱吃醋已经是公认的事实了。山西老陈醋作为中国四大名醋之一，已有三千多年历史。[45]醋对山西人有以下两点作用：一是吃醋可以保持人体内的酸碱平衡，有利于身体健康。山西地处黄土高原，水土碱性大，而醋的酸性正好能中和碱性。[45]二是山西人喜欢吃各种面食，而面食相对难消化，在这些面食里加醋的话，更有助于消化。久而久之，醋就成了山西人的必备调味品之一。

44-45번 문제는 다음 내용에 근거한다.

중국의 음식 문화는 넓고 심오하며, 또한 지역이 다르기 때문에 천차만별이다. 중국인의 입맛은 '남쪽은 달고 북쪽은 짜며 동쪽은 맵고 서쪽은 시다'로 간단하게 요약할 수 있다. '서쪽은 시다'를 말하자면, 관련 부서가 예전에 화베이 다섯 개 도시의 매년 1인당 평균 식초 섭취량에 대한 조사를 한 차례 진행했었는데, 조사 결과, 톈진 5.1근, 허베이 스자좡 8근, 베이징 8.4근, 네이멍구 후허하오터 10근, 산시성 타이위안은 18근으로 나타났다. 이 조사에서 [44]타이위안의 식초 소비량은 화베이, 더 나아가 중국에서 가장 높다는 것을 알 수 있다.

산시성 사람들이 식초 먹는 것을 좋아한다는 것은 공인된 사실이다. 산시성의 라오천추는 중국 4대 식초 중 하나로, 이미 3000여 년의 역사를 지니고 있다. [45]식초는 산시성 사람들에게 다음과 같은 두 가지 역할을 한다. 첫 번째는, 식초를 먹으면 인체 속의 산염기 균형을 유지할 수 있어, 신체 건강에 좋다. 산시성은 황토 고원에 위치해 있어, 수분과 토양에 알칼리성이 많은데, 식초의 산성이 마침 알칼리성을 중화할 수 있다. [45]두 번째는 산시성 사람들은 각종 면 요리를 먹는 것을 좋아하는데, 면 요리는 상대적으로 소화시키기 어려워서, 이런 면 요리에 식초를 넣으면, 소화에 더욱 도움이 된다. 시간이 오래 지나면서 식초는 산시성 사람들에게 반드시 갖추어야 할 조미료 중 하나가 되었다.

44. 问：下面哪个地方的人最喜欢吃醋？	**44.** 질문: 다음 중 어떤 지역의 사람이 식초 먹는 것을 가장 좋아하는가?
45. 问：对山西人来说，吃醋有什么作用？	**45.** 질문: 산시성 사람들에게 있어서, 식초를 먹는 것은 어떤 역할을 하는가?

해설 선택지 읽기

45번 선택지가 모두 특정 대상에 대한 사실을 나타내고, 44번 선택지에 중국 지명이 언급되었으므로, 중국 관련 설명문이 나올 것을 예측할 수 있다. 따라서 설명 대상의 세부적인 특징에 대한 내용을 주의 깊게 듣는다.

단문 듣기

단문 중반의 太原的食醋消费量为华北乃至中国之最를 듣고, 44번의 C 太原에 체크해 둔다.

단문 중반의 醋对山西人有以下两点作用……二是山西人喜欢吃各种面食, 而面食相对难消化, 在这些面食里加醋的话, 更有助于消化。를 듣고, 45번의 C 能帮助消化에 체크해 둔다.

질문 듣고 정답 고르기

44. 질문이 어떤 지역의 사람이 식초 먹는 것을 가장 좋아하는지를 물었으므로, C를 정답으로 고른다.

45. 질문이 산시성 사람들에게 있어서 식초를 먹는 것은 어떤 역할을 하는지를 물었으므로, C를 정답으로 고른다.

   * 바꾸어 표현   有助于消化 소화에 도움이 된다 → 能帮助消化 소화를 도울 수 있다

어휘 广州 Guǎngzhōu [고유]광저우   太原 Tàiyuán [고유]타이위안[중국 산시(山西)성의 성도]

石家庄 Shíjiāzhuāngshì [고유]스자좡[중국 허베이성에 위치한 도시]   肌肤 jīfū [명]피부   面食 miànshí [명]면 요리

消化 xiāohuà [동]소화하다   软化 ruǎnhuà [동]부드러워지다   血管 xuèguǎn [명]혈관   饮食 yǐnshí [명]음식

博大精深 bódà jīngshēn [성](사상·학식이) 넓고 심오하다   地域 dìyù [명]지역   千差万别 qiānchāwànbié [성]천차만별

口味 kǒuwèi [명]입맛   概括 gàikuò [동]간단하게 요약하다   咸 xián [형]짜다   辣 là [형]맵다   酸 suān [형]시다   部门 bùmén [명]부서

华北 Huáběi [고유]화베이[중국의 북부인 허베이, 산시, 베이징시, 톈진시 일대]   人均 rénjūn 1인당 평균   醋 cù [명]식초

显示 xiǎnshì [동]나타나다   天津 Tiānjīn [고유]톈진   斤 jīn [양]근[중량의 단위]   河北 Héběi [고유]허베이   内蒙古 Nèi Měnggǔ [고유]네이멍구

呼和浩特 Hūhéhàotè [고유]후허하오터   山西 Shānxī [고유]산시성   乃至 nǎizhì [접]더 나아가   公认 gōngrèn [동]공인하다

事实 shìshí [명]사실   老陈醋 Lǎochéncù [고유]라오천추[중국 산시성 지역의 발효 식초]   作为 zuòwéi [개]~로서   作用 zuòyòng [명]역할

保持 bǎochí [동]유지하다   人体 réntǐ [명]인체   酸碱平衡 suānjiǎn pínghéng 산염기 균형[산과 염기의 균형을 유지하려는 속성]

地处 dìchǔ [동]~에 위치하다   黄土高原 Huángtǔ Gāoyuán [고유]황토 고원   水土 shuǐtǔ [명]수분과 토양   碱性 jiǎnxìng [명]알칼리성

酸性 suānxìng [명]산성   正好 zhènghǎo [부]마침   中和 zhōnghé [동]중화하다   相对 xiāngduì [형]상대적인

久而久之 jiǔérjiǔzhī [성]시간이 오래 지나다   必备 bìbèi [동]반드시 갖추다   调味品 tiáowèipǐn 조미료

46 - 48

我们看到的方便面，形状都是弯曲的。这样做的原因有以下几种：第一，⁴⁶形状弯曲的面饼可以 46. C 节省 包装空间；其次，⁴⁷弯弯曲曲的面饼中间有很多空隙，这些空隙会使面饼和水有充足的接触 47. B 面积 。因此在较短的时间内煮好面就不再是一件困难的事情了。最后，⁴⁸由于方便面的面饼是油炸的，所以非常脆。如果将它做成直的，在运输时就很容易 48. A 碎 ，做成弯的，在保存和运输时就很方便了。

우리가 본 인스턴트 라면은 형태가 모두 꼬불꼬불한 것이다. 이렇게 만든 이유에는 다음과 같은 몇 가지가 있다. 첫 번째, ⁴⁶형태가 꼬불꼬불한 밀가루 면은 포장 공간을 46. C 절약할 수 있다. 다음은 ⁴⁷꼬불꼬불한 밀가루 면 속에는 많은 틈이 있는데, 이 틈들은 밀가루 면과 물에 충분한 접촉 47. B 면적이 생기게 한다. 이 때문에 비교적 짧은 시간 안에 면을 잘 삶는 것은 더 이상 어려운 일이 아니다. 마지막으로, ⁴⁸인스턴트 라면의 밀가루 면은 기름에 튀긴 것이기 때문에, 그래서 매우 바삭바삭하다. 만약 그것을 곧게 만든다면, 운반할 때 쉽게 48. A 부서질 것이고, 구불구불하게 만든다면, 보존하고 운반할 때 편할 것이다.

어휘 **方便面** fāngbiànmiàn 몡인스턴트 라면　**形状** xíngzhuàng 몡형태　**弯曲** wānqū 톙꼬불꼬불하다　**面饼** miànbǐng 몡밀가루 면
节省 jiéshěng 툉절약하다　**包装** bāozhuāng 몡포장　**空间** kōngjiān 몡공간　**空隙** kòngxì 몡틈　**充足** chōngzú 톙충분하다, 충족하다
接触 jiēchù 툉접촉하다　**面积** miànjī 몡면적　**煮** zhǔ 툉삶다　**油炸** yóuzhá 툉기름에 튀기다　**脆** cuì 톙바삭바삭하다　**直** zhí 톙곧다
运输 yùnshū 툉운반하다　**碎** suì 툉부서지다　**保存** bǎocún 툉보존하다

46

A 妨碍	B 反映	A 방해하다	B 반영하다
C 节省	D 反复	**C 절약하다**	D 반복하다

해설 각 선택지의 뜻을 먼저 확인한 후, 빈칸 주변을 읽는다. 빈칸 주변의 '형태가 꼬불꼬불한 밀가루 면은 포장 공간을 _____ 수 있다'라는 문맥에 가장 적합한 C 节省을 정답으로 고른다.

어휘 **妨碍** fáng'ài 툉방해하다　**反映** fǎnyìng 툉반영하다　**节省** jiéshěng 툉절약하다　**反复** fǎnfù 툉반복하다

47

A 规模	**B 面积**	A 규모	**B 면적**
C 本领	D 方式	C 능력	D 방식

해설 각 선택지의 뜻을 먼저 확인한 후, 빈칸 주변을 읽는다. 빈칸 주변의 '꼬불꼬불한 밀가루 면 속에는 많은 틈이 있는데, 이 틈들은 밀가루 면과 물에 충분한 접촉 _____ 이 생기게 한다'라는 문맥에 가장 적합하면서, 빈칸 앞의 接触(접촉하다)와 문맥적으로 호응하는 B 面积를 정답으로 고른다. 接触面积(접촉 면적)를 고정적인 형태로 알아 둔다.

어휘 **规模** guīmó 몡규모　**面积** miànjī 몡면적　**本领** běnlǐng 몡능력　**方式** fāngshì 몡방식

48

A 碎	B 切	**A 부서지다**	B 자르다
C 逃	D 拆	C 도망치다	D 뜯다

해설 각 선택지의 뜻을 먼저 확인한 후, 빈칸 주변을 읽는다. 빈칸 주변의 '인스턴트 라면의 밀가루 면은 기름에 튀긴 것이기 때문에, 그래서 매우 바삭바삭하다. 만약 그것을 곧게 만든다면, 운반할 때 쉽게 _____ 것이다'라는 문맥에 가장 적합한 A 碎를 정답으로 고른다.

어휘 **碎** suì 툉부서지다　**切** qiē 툉(칼로) 자르다　**逃** táo 툉도망치다　**拆** chāi 툉(붙어 있는 것을) 뜯다

49 - 52

沙滩排球简称“沙排”，是一49. B 项在全世界都很流行的体育[49]运动。比赛一般在沙滩上举行，而且沙滩的深度必须要达到40厘米。此外，比赛场区的所有界线宽度必须在5~8厘米之间，[50]颜色需要和沙滩的颜色有50. C 明显的区别，这样人们才能看清界限。人们玩沙滩排球是为了休闲娱乐，[51]他们可以头顶蓝天，沐浴阳光，光着脚板在软软的沙滩上尽情跳跃，51. D 享受美妙的时光。最近，[52]越来越多的人被沙滩排球特有的52. B 魅力所吸引，开始对这项运动产生兴趣，并且积极地参与其中。

비치 발리볼은 '비치볼'로 줄여 부르는데, 전 세계적으로 유행하는 체육 [49]운동의 한 49. B 종목이다. 경기는 일반적으로 모래사장 위에서 열리며, 모래사장의 깊이는 반드시 40cm에 달해야 한다. 이외에, 경기 코트의 모든 경계선 너비는 반드시 5~8cm 사이여야만 하며, [50]색깔은 모래사장의 색과 50. C 뚜렷한 구분이 있어야 하는데, 이렇게 해야만 사람들이 경계를 정확하게 볼 수 있다. 사람들이 비치 발리볼을 하는 것은 휴식하고 즐겁게 보내기 위해서인데, [51]그들은 파란 하늘 아래에서 일광욕을 하고, 맨발로 부드러운 모래사장 위를 마음껏 뛰어다니며 51. D 아름다운 때를 즐길 수 있다. 최근, [52]점점 더 많은 사람들이 비치 발리볼 특유의 52. B 매력에 빠져들어, 이 운동에 대해 관심을 가지고, 그 속에 적극적으로 참여하기 시작했다.

어휘 **沙滩排球** shātān páiqiú [명] 비치 발리볼 **简称** jiǎnchēng [동] ~로 줄여 부르다 **项** xiàng [양] 종목[체육 활동을 세는 데 씀]
沙滩 shātān [명] 모래사장 **深度** shēndù [명] 깊이 **达到** dádào [동] 달하다, 도달하다 **厘米** límǐ [양] cm[센티미터] **此外** cǐwài [접] 이외에
场区 chǎngqū (배구·농구 등의 경기를 하는) 코트 **界线** jièxiàn [명] 경계선 **宽度** kuāndù [명] 너비 **明显** míngxiǎn [형] 뚜렷하다
区别 qūbié [명] 구분 **看清** kànqīng [동] 정확하게 보다 **界限** jièxiàn [명] 경계 **休闲** xiūxián [동] 휴식하다 **娱乐** yúlè [동] 즐겁게 보내다
头顶蓝天 tóudǐng lántiān 파란 하늘 아래에서 **沐浴阳光** mùyù yángguāng 일광욕을 하다 **光着脚板** guāngzhe jiǎobǎn 맨발로
软 ruǎn [형] 부드럽다 **尽情** jìnqíng [동] 마음껏 하다 **跳跃** tiàoyuè [동] 뛰어다니다 **享受** xiǎngshòu [동] 즐기다
美妙 měimiào [형] 아름답다 **时光** shíguāng [명] 때, 세월 **特有** tèyǒu [형] 특유하다 **魅力** mèilì [명] 매력
产生 chǎnshēng [동] 가지다, 생기다 **参与** cānyù [동] 참여하다

49

A 阵	**B 项**	A 차례	**B 종목**
C 支	D 片	C 자루	D 편

해설 선택지를 읽고 빈칸에 어떠한 양사가 필요할지를 파악한 후, 빈칸 주변을 읽는다. 빈칸 뒤에 **运动**(운동)이 있으므로, **运动**과 자주 호응하는 B **项**을 정답으로 고른다. **一项运动**(운동 한 종목)을 고정적인 형태로 알아 둔다.

어휘 **阵** zhèn [양] 차례, 바탕[잠시 지속되는 동작을 세는 단위] **项** xiàng [양] 종목[체육 활동을 세는 데 씀]
支 zhī [양] 자루[막대 모양의 물건을 세는 단위] **片** piàn [양] 편[조각·면적 등을 세는 단위]

50

A 广泛	B 真实	A 광범위하다	B 진실하다
C 明显	D 平均	**C 뚜렷하다**	D 균등하다

해설 각 선택지의 뜻을 먼저 확인한 후, 빈칸 주변을 읽는다. 빈칸 주변의 '색깔은 모래사장의 색과 ______ 구분이 있어야 하는데, 이렇게 해야만 사람들이 경계를 정확하게 볼 수 있다'라는 문맥에 가장 적합하면서, 빈칸 뒤의 **区别**(구분)와 문맥적으로 호응하는 C **明显**을 정답으로 고른다. **明显的区别**(뚜렷한 구분)를 고정적인 형태로 알아 둔다.

어휘 **广泛** guǎngfàn [형] 광범위하다 **真实** zhēnshí [형] 진실하다 **明显** míngxiǎn [형] 뚜렷하다 **平均** píngjūn [형] 균등하다

51

A 双脚更有力量	A 두 발은 더 힘이 있다
B 获得了比赛冠军	B 경기의 우승을 차지했다
C 躺在沙滩上睡觉	C 모래사장에 누워서 잔다
D 享受美妙的时光	**D 아름다운 때를 즐긴다**

해설   선택지가 모두 문장 형태이므로, 빈칸 앞뒤의 내용을 꼼꼼히 해석하여 문맥을 자연스럽게 이어주는 선택지를 정답으로 고른다. 빈칸 앞에서 그들은 파란 하늘 아래에서 일광욕을 하고, 맨발로 부드러운 모래사장 위를 마음껏 뛰어다닌다고 했으므로, 사람들이 일광욕을 하고 모래사장을 뛰어다니는 상황을 묘사하는 내용을 담은 D 享受美妙的时光를 정답으로 고른다.

어휘   **力量** lìliang 몡 힘   **冠军** guànjūn 몡 우승   **躺** tǎng 됭 눕다   **沙滩** shātān 몡 모래사장   **享受** xiǎngshòu 됭 즐기다
  美妙 měimiào 휑 아름답다   **时光** shíguāng 몡 때, 세월

52

A 功能	**B 魅力**	A 기능	**B 매력**
C 风险	D 制度	C 위험	D 제도

해설   각 선택지의 뜻을 먼저 확인한 후, 빈칸 주변을 읽는다. 빈칸 주변의 '점점 더 많은 사람들이 비치 발리볼 특유의 _____ 에 빠져들어, 이 운동에 대해 관심을 가진다'라는 문맥에 가장 적합한 B 魅力를 정답으로 고른다.

어휘   **功能** gōngnéng 몡 기능   **魅力** mèilì 몡 매력   **风险** fēngxiǎn 몡 위험   **制度** zhìdù 몡 제도

---

53 - 56

⁵³万斯同是清朝早期著名的历史学家，他被53. C 评价为研究明清两代历史的第一人，而他的父亲是当时非常有名的大学者万泰。万斯同小时候是一个爱玩的孩子。一天，⁵⁴他由于太调皮，打扰了来家里做客的客人们，当众受到父亲的54. A 批评，丢尽了面子。他一气之下打翻了餐桌，父亲十分恼火，把他关到了书房里，对他说："⁵⁵我宁可把你关在屋里，55. C 也不会再让你出来搞破坏了。你就在里面好好读书，反省自己的错误吧。"

被关在书房的那几天，万斯同慢慢地对周围的书籍有了兴趣。此后，他从一个淘气、厌学的孩子逐渐转变为用心读书的孩子。转眼一年多过去了，他在书房里研读了很多书，而他也明白了父亲当初的良苦用心。经过长期的勤奋苦读，⁵⁶他终于成为了当时最有学问的大学者，并且56. D 参与了许多史书的编写工作。

⁵³만사동은 청나라 왕조 초기의 저명한 역사학자로, 그는 명청 두 시대의 역사를 연구하는 일인자로 53. C 평가받았으며, 그의 아버지는 당시 매우 유명했던 대학자 만태이다. 만사동은 어렸을 때 놀기 좋아하는 아이였다. 어느 날, ⁵⁴그는 너무 장난스럽게 굴어서, 집에 오신 손님들을 방해한 것 때문에 사람들 앞에서 아버지에게 54. A 꾸지람을 들었고, 체면을 잃었다. 그가 홧김에 밥상을 뒤집어 엎자, 아버지는 몹시 화가 나서 그를 서재에 가두고는, 그에게 ⁵⁵'차라리 내가 너를 방 안에 가둘지언정, 55. C 다시는 네가 나와서 부수도록 하지 않을 것이야. 너는 안에서 얌전하게 책을 읽으며, 자신의 잘못을 반성하도록 하여라.'라고 말했다.

서재에 갇힌 그 며칠 동안, 만사동은 서서히 주변의 책들에 관심을 갖게 되었다. 이후, 그는 장난이 심하고, 공부를 싫어하던 아이에서 점차 열심히 공부하는 아이로 바뀌었다. 순식간에 1년이 넘게 흘렀고, 그는 서재에서 많은 책을 읽고 연구하며, 당초 아버지의 깊은 사랑도 이해하게 되었다. 오랜 시간 부지런하게 열심히 공부하는 것을 거쳐, ⁵⁶그는 마침내 당시 가장 학식 있는 대학자가 되었으며, 게다가 많은 역사책의 집필 업무에 56. D 참여했다.

어휘   **万斯同** Wàn Sītóng 교유 만사동[중국 청나라 때의 사학자]   **清朝** Qīngcháo 교유 청나라 왕조   **早期** zǎoqī 몡 초기
  历史学家 lìshǐxuéjiā 역사학자   **评价** píngjià 됭 평가하다   **明清** Míng Qīng 명청시대[중국 왕조의 명나라·청나라 시기]
  第一人 dìyī rén 일인자   **大学者** dàxuézhě 대학자[학식이 뛰어난 학자]   **万泰** Wàn Tài 교유 만태[청나라 시기의 대학자]
  调皮 tiáopí 휑 장난스럽다   **做客** zuòkè 됭 오다, 손님이 되다   **当众** dāngzhòng 븻 사람들 앞에서   **面子** miànzi 몡 체면
  一气之下 yíqì zhī xià 홧김에   **打翻** dǎfān 됭 뒤집어 엎다   **餐桌** cānzhuō 몡 밥상   **恼火** nǎohuǒ 휑 화가 나다   **书房** shūfáng 몡 서재
  宁可 nìngkě 븻 차라리 ~할지언정   **屋里** wū li 방 안   **搞** gǎo 됭 하다   **破坏** pòhuài 됭 부수다   **反省** fǎnxǐng 됭 반성하다
  书籍 shūjí 몡 책   **此后** cǐhòu 몡 이후   **淘气** táoqì 휑 장난이 심하다   **厌学** yànxué 공부를 싫어하다   **逐渐** zhújiàn 븻 점차
  转变 zhuǎnbiàn 됭 바꾸다   **用心** yòngxīn 휑 열심이다   **转眼** zhuǎnyǎn 순식간에   **研读** yándú 읽고 연구하다
  当初 dāngchū 몡 당초   **良苦用心** liángkǔ yòngxīn 깊은 사랑   **长期** chángqī 몡 오랜 시간   **勤奋** qínfèn 휑 부지런하다
  苦读 kǔdú 됭 열심히 공부하다   **学问** xuéwen 몡 학식   **参与** cānyù 됭 참여하다   **史书** shǐshū 몡 역사책   **编写** biānxiě 됭 집필하다

53

A 保持	B 观察	A 유지하다	B 관찰하다
C 评价	D 实现	**C 평가하다**	D 실현하다

해설 각 선택지의 뜻을 먼저 확인한 후, 빈칸 주변을 읽는다. 빈칸 주변의 '만사동은 청나라 왕조 초기의 저명한 역사학자로, 그는 명청 두 시대의 역사를 연구하는 일인자로 ______ 받았다'라는 문맥에 가장 적합한 C **评价**를 정답으로 고른다. 참고로, **被评价为A**(A라고 평가받다)를 고정적인 형태로 알아 둔다.

어휘 **保持** bǎochí [동] 유지하다 **观察** guānchá [동] 관찰하다 **评价** píngjià [동] 평가하다 **实现** shíxiàn [동] 실현하다

54

A 批评	B 采访	**A 꾸지람**	B 인터뷰하다
C 表扬	D 信号	C 칭찬하다	D 신호

해설 각 선택지의 뜻을 먼저 확인한 후, 빈칸 주변을 읽는다. 빈칸 주변의 '그는 너무 장난스럽게 굴어서, 집에 오신 손님들을 방해한 것 때문에, 사람들 앞에서 아버지에게 ______을 들었다'라는 문맥에 가장 적합한 A **批评**을 정답으로 고른다.

어휘 **批评** pīpíng [명] 꾸지람 **采访** cǎifǎng [동] 인터뷰하다 **表扬** biǎoyáng [동] 칭찬하다 **信号** xìnhào [명] 신호

55

A 不如让你提高写作水平	A 네가 글짓기 수준을 향상시키도록 하는 것만 못하다
B 就不会再让你失去信心了	B 다시 네가 자신감을 잃도록 하지 않을 것이다
C 也不会再让你出来搞破坏了	**C 다시는 네가 나와서 부수도록 하지 않을 것이다**
D 才能让你在学术界发挥影响力	D 비로소 네가 학술계에서 영향력을 발휘하게 할 수 있다

해설 선택지가 모두 문장 형태이므로, 빈칸 앞뒤의 내용을 꼼꼼히 해석하여 문맥을 자연스럽게 이어주는 선택지를 정답으로 고른다. 빈칸 주변의 '차라리 내가 너를 방 안에 가둘지언정, ______'라는 문맥에 가장 적합하면서, 빈칸 앞의 **宁可**(차라리~할 지 언정)와 자주 호응하는 연결어 **也不**를 포함한 C **也不会再让你出来搞破坏了**를 정답으로 고른다. **宁可A也不B**(차라리 A 할 지 언정 B하지 않는다)를 고정적인 형태로 알아 둔다.

어휘 **不如** bùrú [동] ~보다 못하다 **写作** xiězuò [동] 글을 짓다 **失去** shīqù [동] 잃다 **搞** gǎo [동] 하다 **破坏** pòhuài [동] 부수다 **学术界** xuéshùjiè 학술계 **发挥** fāhuī [동] 발휘하다

56

A 保留	B 包含	A 남겨두다	B 포함하다
C 结合	**D 参与**	C 결합하다	**D 참여하다**

해설 각 선택지의 뜻을 먼저 확인한 후, 빈칸 주변을 읽는다. 빈칸 주변의 '그는 마침내 당시 가장 학식 있는 대학자가 되었으며, 게다가 많은 역사책의 집필 업무에 ______했다'라는 문맥에 가장 적합하고, 빈칸 뒤 **编写工作**(집필 업무)와 자연스럽게 이어지는 D **参与**를 정답으로 고른다.

어휘 **保留** bǎoliú [동] 남겨두다 **包含** bāohán [동] 포함하다 **结合** jiéhé [동] 결합하다 **参与** cānyù [동] 참여하다

57 - 60

[57]当气球被吹大后，会变得像羽毛一样轻，你可以抓它、打它，甚至扔它、弹它。但其实气球不仅仅是一种57. C 玩具，[58]在飞机还没有被发明以前，它帮助人们飞上了58. A 天空。

关于巨型气球的发明，有这样一个故事。大约两百年前，一个巨型气球飘浮在巴黎上空。首先[59]乘气球飞上天空的是一只鸭子、一只公鸡和一头羊，因为法国国王想知道，59. D 动物能否在高空生活。后来，人可以驾驶特制气球飞上天空了。地面上的人们屏住呼吸望着天空，因为他们担心气球上的人会摔下来。[60]飞上天空的人安全着陆后，地面上的人用欢呼声和舞蹈来60. B 庆祝了这一切。

[57]풍선은 불려서 커지고 난 후 깃털처럼 가볍게 변하는데, 당신은 그것을 잡고, 때리고 심지어 던지고, 튕길 수 있다. 그러나 사실 풍선은 그저 57. C 장난감일 뿐만은 아니다. [58]비행기가 아직 발명되기 전, 그것은 사람들이 58. A 하늘로 날아오르도록 도와주었다.

대형 풍선의 발명에 관해, 이러한 이야기가 있다. 대략 200년 전에, 한 대형 풍선이 파리의 상공에 떴다. 가장 먼저 [59]풍선을 타고 하늘로 날아오른 것은 오리 한 마리, 수탉 한 마리와 양 한 마리였는데, 프랑스 국왕이 59. D 동물이 높은 곳에서 살 수 있을지를 알고 싶어 했기 때문이었다. 그 후 사람들은 특수하게 제작된 풍선을 운전해서 하늘로 날아오를 수 있게 되었다. 땅 위의 사람들은 숨을 죽인 채 하늘을 바라보았는데, 그들은 풍선에 탄 사람들이 떨어질까 봐 걱정했기 때문이었다. [60]하늘로 날아오른 사람이 안전하게 착륙한 후, 땅 위의 사람들은 환호성과 춤으로 이 모든 것을 60. B 축하했다.

어휘 **气球** qìqiú [명] 풍선 **吹** chuī [동] 입으로 힘껏 분다, (바람을) 불다 **羽毛** yǔmáo [명] 깃털 **抓** zhuā [동] 잡다 **弹** tán [동] 튕기다, 쏘다 **仅仅** jǐnjǐn [부] 그저, 겨우 **发明** fāmíng [동] 발명하다 **天空** tiānkōng [명] 하늘 **巨型** jùxíng [형] 대형의 **飘浮** piāofú [동] (공중에) 뜨다, 떠다니다 **巴黎** Bālí [고유] 파리 **上空** shàngkōng [명] 상공, 하늘 **乘** chéng [동] 타다 **鸭子** yāzi [명] 오리 **公鸡** gōngjī [명] 수탉 **头** tóu [양] 마리[소·양·돼지 따위 가축을 세는 단위] **法国** Fǎguó [고유] 프랑스 **国王** guówáng [명] 국왕 **驾驶** jiàshǐ [동] 운전하다 **特制** tèzhì [동] 특별히 제작하다 **屏住** bǐngzhù [동] 죽이다, 참다 **呼吸** hūxī [동] 숨쉬다, 호흡하다 **望** wàng [동] (멀리) 바라보다 **摔** shuāi [동] (높은 곳에서 아래로) 떨어지다 **着陆** zhuólù [동] (비행기 따위가) 착륙하다 **欢呼声** huānhūshēng 환호성 **舞蹈** wǔdǎo [동] 춤추다 **庆祝** qìngzhù [동] 축하하다

57

A 工具	B 财产	A 도구	B 재산
C 玩具	D 商品	**C 장난감**	D 상품

해설 각 선택지의 뜻을 먼저 확인한 후, 빈칸 주변을 읽는다. 빈칸 주변의 '풍선은 불려서 커지고 난 후 깃털처럼 가볍게 변하는데, 당신은 그것을 잡고, 때리고 심지어 던지고, 튕길 수 있다. 그러나 사실 풍선은 그저 ____일 뿐만은 아니다.'라는 문맥에 가장 적합한 C 玩具를 정답으로 고른다.

어휘 **工具** gōngjù [명] 도구 **财产** cáichǎn [명] 재산 **玩具** wánjù [명] 장난감 **商品** shāngpǐn [명] 상품

58

A 天空	B 地球	**A 하늘**	B 지구
C 公寓	D 前途	C 아파트	D 전망

해설 각 선택지의 뜻을 먼저 확인한 후, 빈칸 주변을 읽는다. 빈칸 주변의 '비행기가 아직 발명되기 전, 그것은 사람들이 ____로 날아오르도록 도와주었다.'라는 문맥에 가장 적합한 A 天空을 정답으로 고른다.

어휘 **天空** tiānkōng [명] 하늘 **公寓** gōngyù [명] 아파트 **前途** qiántú [명] 전망

59

A 巨型气球上的温度	A 대형 풍선 위의 온도
B 怎么让气球升起来	B 어떻게 풍선을 떠오르게 할 것인가
C 哪种动物胆子更大	C 어떤 동물의 담력이 더 큰가
D 动物能否在高空生活	**D 동물이 높은 곳에서 살 수 있는가**

해설 선택지가 모두 문장 형태이므로, 빈칸 앞뒤의 내용을 꼼꼼히 해석하여 문맥을 자연스럽게 이어주는 선택지를 정답으로 고른다. 빈칸 앞에서 오리, 수탉, 양이 풍선을 타고 하늘로 날아올랐는데, 이는 국왕이 무언가를 알고 싶어 했기 때문이라고 했다. 따라서 국왕의 궁금증과 관련 있는 내용을 담은 D **动物能否在高空生活**를 정답으로 고른다.

어휘 **巨型** jùxíng [형] 대형의 **气球** qìqiú [명] 풍선 **升** shēng [동] 떠오르다 **胆子** dǎnzi [명] 담력 **高空** gāokōng [명] 높은 곳

60

A 赞成	**B 庆祝**	A 찬성하다	**B 축하하다**
C 期待	D 推荐	C 기대하다	D 추천하다

해설 각 선택지의 뜻을 먼저 확인한 후, 빈칸 주변을 읽는다. 빈칸 주변의 '하늘로 날아오른 사람이 안전하게 착륙한 후, 땅 위의 사람들은 환호성과 춤으로 이 모든 것을 ______.'라는 문맥에 가장 적합한 B **庆祝**를 정답으로 고른다.

어휘 **赞成** zànchéng [동] 찬성하다 **期待** qīdài [동] 기대하다 **推荐** tuījiàn [동] 추천하다

61

黑天天，也被称为龙眼草、黑姑娘、野辣椒、山辣椒等。它是一种生长在田边或荒地的野生植物。成熟的黑天天表面是紫色的，形状是圆的。[C]其果实和叶子都可以食用，而且[C]还具有一定的药用价值，比如治疗牙齿疼痛等等。

까마중은 용안초, 흑고낭, 야랄초, 산랄초 등으로 불리기도 한다. 이것은 밭 기슭이나 황무지에서 자라는 야생 식물이다. 다 익은 까마중의 표면은 자주색이며, 형태는 둥글다. [C]그 열매와 잎은 모두 먹을 수 있고, 게다가 [C]어느 정도의 약용 가치도 가지고 있는데, 예를 들어 치통을 치료하는 것 등이다.

A 黑天天适合秋天观赏
B 黑天天的果皮非常厚
C 黑天天的果实可以治病
D 黑天天主要分布在岛屿上

A 까마중은 가을에 감상하기에 알맞다
B 까마중의 열매껍질은 매우 두껍다
C 까마중의 열매는 병을 치료할 수 있다
D 까마중은 주로 섬에 분포해 있다

해설 지문의 첫 문장을 읽으면 **黑天天**(까마중)과 관련된 지식 정보 설명문임을 알 수 있다. 따라서 지문에서 **黑天天**과 관련된 개념이나 세부 특징이 언급되면, 각 선택지와 내용을 대조하여 오답을 소거하면서 정답을 고른다.

지문의 마지막 문장에서 언급된 **其果实和叶子……还具有一定的药用价值，比如治疗牙齿疼痛等等**과 선택지 C **黑天天的果实可以治病**의 내용을 대조해 보면, 지문의 '그(까마중의) 열매와 잎은 …… 어느 정도의 약용 가치도 가지고 있는데, 예를 들어 치통을 치료하는 것 등이다'는 곧 까마중의 열매는 병을 치료할 수 있다는 의미이므로 내용이 일치한다. 따라서 선택지 C를 정답으로 고른다. ⇨ C (O)

선택지 A, B, D는 지문에서 언급되지 않았으므로 오답이다. ⇨ A (X), B (X), D (X)

어휘 **黑天天** Hēitiāntiān [고유] 까마중[야생식물의 일종] **称为** chēngwéi [동] 부르다
龙眼草 Lóngyǎncǎo [고유] 용안초[까마중의 다른 이름 중 하나] **黑姑娘** Hēigūniáng [고유] 흑고낭[까마중의 다른 이름 중 하나]
野辣椒 Yělàjiāo [고유] 야랄초[까마중의 다른 이름 중 하나] **山辣椒** Shānlàjiāo [고유] 산랄초[까마중의 다른 이름 중 하나]
生长 shēngzhǎng [동] 자라다 **田边** tián bian [명] 밭 기슭 **荒地** huāngdì [명] 황무지 **野生植物** yěshēng zhíwù 야생 식물
成熟 chéngshú [동] (과실·곡식 등이) 익다 **表面** biǎomiàn [명] 표면 **紫色** zǐsè [명] 자주색 **形状** xíngzhuàng [명] 형태
圆 yuán [형] 둥글다 **其** qí [대] 그 **果实** guǒshí [명] 열매 **叶子** yèzi [명] 잎 **食用** shíyòng [동] 먹다 **具有** jùyǒu [동] 가지고 있다
药用 yàoyòng [명] 약용 **价值** jiàzhí [명] 가치 **治疗** zhìliáo [동] 치료하다 **牙齿疼痛** yáchǐ téngtòng 치통
观赏 guānshǎng [동] 감상하다 **果皮** guǒpí [명] 열매껍질 **治病** zhìbìng [동] 병을 치료하다 **分布** fēnbù [동] 분포하다
岛屿 dǎoyǔ [명] 섬

62

[D]装饰老年人的房间时要注意的是，[D]不能把房间装饰得太亮。如果墙面刷得过白，就[D]容易伤害老年人的眼睛，因为一般白色墙的光反射系数为69%～80%，比草地、森林或毛面装饰物高10倍左右。这个数值大大超过了人体的生理适应范围，容易引起视疲劳。

A 老年人需要多在外面晒太阳
B 白色墙面能给人带来积极影响
C 老年人的情绪会受到墙面影响
D 太亮的房间对老年人的眼睛不好

[D]노인의 방을 장식할 때 주의해야 할 점은 [D]방을 너무 밝게 장식하면 안 된다는 것이다. 만약 벽면을 너무 하얗게 칠하면, [D]노인의 눈을 손상시키기 쉬운데, 일반적으로 하얀색 벽의 빛 반사 계수는 69%~80%로 잔디밭, 숲 혹은 표면이 털로 된 장식물보다 10배가량 높기 때문이다. 이 수치는 인체의 생리적 적응 범위를 크게 넘어서므로, 눈 피로를 일으키기 쉽다.

A 노인은 자주 밖에서 햇볕을 쬐어야 한다
B 하얀색 벽면은 사람들에게 긍정적인 영향을 가져다줄 수 있다
C 노인의 기분은 벽면의 영향을 받는다
D 너무 밝은 방은 노인의 눈에 좋지 않다

해설 지문의 첫 문장을 읽으면 **装饰老年人的房间**(노인의 방을 장식하는 것)과 관련된 지식 정보 설명문임을 알 수 있다. 따라서 지문에서 **装饰老年人的房间**과 관련된 개념이나 세부 특징이 언급되면, 각 선택지와 내용을 대조하여 오답을 소거하면서 정답을 고른다.

지문의 초반에서 언급된 **装饰老年人的房间时……不能把房间装饰得太亮……容易伤害老年人的眼睛**과 선택지 D **太亮的房间对老年人的眼睛不好**의 내용을 대조해 보면, 지문의 '노인의 방을 장식할 때 …… 방을 너무 밝게 장식하면 안 된다 …… 노인의 눈을 손상시키기 쉽다'는 곧 너무 밝은 방은 노인의 눈에 좋지 않다는 의미이므로 내용이 일치한다. 따라서 선택지 D를 정답으로 고른다. ⇨ D (O)

*D를 정답으로 답안지에 표시한 후, 바로 다음 문제로 넘어가서 시간을 절약한다.

선택지 A, B, C는 지문에서 언급되지 않았으므로 오답이다. ⇨ A (X), B (X), C (X)

어휘 **装饰** zhuāngshì [동]장식하다 **老年人** lǎoniánrén [명]노인 **亮** liàng [형]밝다 **墙面** qiángmiàn [명]벽면 **刷** shuā [동]칠하다 **伤害** shānghài [동]손상시키다 **光** guāng [명]빛 **反射系数** fǎnshè xìshù 반사 계수 **草地** cǎodì [명]잔디밭 **装饰物** zhuāngshìwù [명]장식물 **数值** shùzhí [명]수치 **人体** réntǐ [명]인체 **生理** shēnglǐ [명]생리, 생리학 **范围** fànwéi [명]범위 **视疲劳** shì píláo 눈 피로 **外面** wàimian [명]밖 **晒** shài [동](햇볕을) 쬐다 **情绪** qíngxù [명]기분

63

当原本只有1元的报纸价格涨到10元时，你肯定会无法接受，但原本5000元的电脑涨了50元的话，你就不会有太大的反应了。贝勒规律很好地解释了产生这一心理变化的原因。规律表明，[C]如果人经历了强烈的刺激，之后的刺激就会变得更容易接受，也就是说第一次经历的巨大刺激能够冲淡第二次的小刺激。

A 五千块的电脑不算便宜
B 电脑涨价的速度比报纸快
C 大的刺激会减弱小的刺激
D 人在受到刺激后会产生幻想

원래 고작 1위안이던 신문의 가격이 10위안으로 올랐을 때, 당신은 분명히 받아들일 수 없겠지만, 원래 5000위안이던 컴퓨터가 50위안 오른다면 당신은 그렇게 큰 반응이 없을 것이다. 베이보 규칙은 이런 심리적 변화가 생기는 원인을 잘 설명했다. 규칙은 [C]만약 사람이 강렬한 자극을 경험하면, 그 이후의 자극은 더 쉽게 받아들이는데, 다시 말해 첫 번째로 경험한 거대한 자극이 두 번째의 작은 자극을 줄일 수 있다는 것을 밝혔다.

A 5000위안의 컴퓨터는 싼 편이 아니다
B 컴퓨터의 가격이 오르는 속도는 신문보다 빠르다
C 큰 자극은 작은 자극을 약화시킨다
D 사람은 자극을 받은 후 환상을 가진다

해설 지문의 초중반을 읽으면 **贝勒规律**(베이보 규칙)와 관련된 지식 정보 설명문임을 알 수 있다. 따라서 지문에서 **贝勒规律**와 관련된 개념이나 세부 특징이 언급되면, 각 선택지와 내용을 대조하여 오답을 소거하면서 정답을 고른다.

지문의 후반에서 언급된 **如果人经历了强烈的刺激，之后的刺激就会变得更容易接受**와 선택지 C **大的刺激会减弱小的**

刺激의 내용을 대조해 보면, 지문의 '만약 사람이 강렬한 자극을 경험하면, 그 이후의 자극은 더 쉽게 받아들인다'는 곧 큰 자극은 작은 자극을 약화시킨다는 의미이므로 내용이 일치한다. 따라서 선택지 C를 정답으로 고른다. ⇨ C (O)

선택지 A, B, D는 지문에서 언급되지 않았으므로 오답이다. ⇨ A (X), B (X), D (X)

어휘 | **原本** yuánběn 圖원래   **涨** zhǎng 圖(수위나 물가 등이) 오르다   **反应** fǎnyìng 圖반응   **产生** chǎnshēng 圖생기다
心理 xīnlǐ 圖심리   **表明** biǎomíng 圖(분명하게) 밝히다   **强烈** qiángliè 圖강렬하다   **刺激** cìjī 圖자극   **巨大** jùdà 圖거대하다
冲淡 chōngdàn 圖(효과 등이) 줄다   **涨价** zhǎngjià 圖가격이 오르다   **减弱** jiǎnruò 圖약화시키다   **幻想** huànxiǎng 圖환상

64

孔子曾说过："父母在，不远游，游必有方"。这句话的意思是父母在世时尽量不出远门，如果要出远门，就一定要告知父母自己要去的地方。这句话充分体现了中国人所重视的"孝"。值得一提的是，虽然ᴬ孔子强调了子女应照顾并孝敬父母，但也ᶜ没有反对子女为正当明确的目标而外出奋斗。

A 子女应该孝顺父母

B 孔子一直陪伴着父母

C 子女不应该在外地打拼

D 旅行前要征求父母的意见

공자는 '부모재, 불원유, 유필유방'이라고 일찍이 말한 적이 있다. 이 말의 의미는 부모가 살아 계실 때는 되도록 멀리 떠나지 않아야 하며, 만약 멀리 떠나야 한다면, 반드시 부모에게 자신이 가려고 하는 곳을 알려야 한다는 것이다. 이 말은 중국인이 중시하는 '효'를 충분히 드러내고 있다. 언급할 만한 것은, 비록 ᴬ공자는 자녀들이 마땅히 부모를 돌보고 공경해야 한다고 강조했으나, ᶜ자녀가 정당하고 명확한 목표를 위해 타지로 나가 분투하는 것을 반대하지도 않았다는 것이다.

A 자녀는 마땅히 부모에게 효도해야 한다

B 공자는 줄곧 부모를 모시고 있다

C 자녀는 외지에서 열심히 해서는 안 된다

D 여행 전에 부모의 의견을 구해야 한다

해설 지문의 첫 문장을 읽으면 孔子(공자)의 말과 관련된 시사 이슈 논설문임을 알 수 있다. 따라서 지문에서 孔子와 관련된 글쓴이의 주장이 언급되면, 각 선택지와 내용을 대조하여 오답을 소거하면서 정답을 고른다.

지문의 마지막 문장에서 언급된 孔子强调了子女应照顾并孝敬父母와 선택지 A 子女应该孝顺父母의 내용을 대조해 보면, 지문의 '공자는 자녀들이 마땅히 부모를 돌보고 공경해야 한다고 강조했다'는 곧 자녀는 마땅히 부모에게 효도해야 한다는 의미이므로 내용이 일치한다. 따라서 선택지 A를 정답으로 고른다. ⇨ A (O)

* 바꾸어 표현 孝敬 공경하다 → 孝顺 효도하다

*A를 정답으로 답안지에 표시한 후, 바로 다음 문제로 넘어가서 시간을 절약한다.

이어지는 부분에서 没有反对子女为正当明确的目标而外出奋斗라고 했는데, 선택지 C는 子女不应该在外地打拼이라고 했으므로, 오답으로 소거한다. ⇨ C (X)

선택지 B, D는 지문에서 언급되지 않았으므로 오답이다. ⇨ B (X), D (X)

어휘 | **孔子** Kǒngzǐ 고유공자   **游必有方** yóubìyǒufāng 圈유필유방[먼 곳에 갈 때는 반드시 그 행방을 알려야 한다는 뜻]
在世 zàishì 圖살아 있다   **尽量** jǐnliàng 圖되도록   **出远门** chū yuǎnmén 멀리 떠나다   **告知** gàozhī 圖알리다
充分 chōngfèn 圖충분히   **体现** tǐxiàn 圖드러내다   **重视** zhòngshì 圖중시하다   **孝** xiào 圖효, 효도   **提** tí 圖언급하다
强调 qiángdiào 圖강조하다   **子女** zǐnǚ 圖자녀   **孝敬** xiàojìng 圖(웃어른을) 공경하다   **正当** zhèngdàng 圖정당하다
明确 míngquè 圖명확하다   **目标** mùbiāo 圖목표   **奋斗** fèndòu 圖분투하다   **孝顺** xiàoshùn 圖효도하다
陪伴 péibàn 圖모시다   **外地** wàidì 圖외지   **打拼** dǎpīn 圖열심히 하다   **征求** zhēngqiú 圖구하다

65

每年对护照指数进行统计的一个协会公布了各个国家和地区免签国的数量和排名。从排名结果来看，亚洲国家中位于第一的是日本和ᴰ新加坡，它们也是世界排名最高的国家。而欧美国家中，ᴮ德国连续五年都是第一，德国人可以在190个国家和地区享受免签待遇。

매년 여권 지수에 대한 통계를 내는 한 협회는 각 국가와 지역의 비자 면제 국가 수와 순위를 발표했다. 순위 결과로 보면, 아시아 국가 중 1위를 차지한 것은 일본과 ᴰ싱가포르이며, 이 국가들은 세계에서 순위가 가장 높은 국가이기도 하다. 유럽 국가 중에서는 ᴮ독일이 5년 연속 1위인데, 독일 여권은 190개 국가와 지역에서 비자 면제 혜택을 누릴 수 있다.

A 去德国旅游时无需办理签证	A 독일 여행을 갈 때는 비자를 발급받을 필요가 없다
B 德国的名次五年来保持不变	**B 독일의 순위는 5년 동안 변하지 않고 유지되고 있다**
C 中国护照的免签国家有75个	C 중국 여권의 비자 면제 국가는 75개국이 있다
D 新加坡免签国数量排亚洲第二	D 싱가포르의 비자 면제 국가 수는 아시아에서 2위이다

해설   지문의 첫 문장을 읽으면 免签国数量的排名(비자 면제 국가 수의 순위)과 관련된 지식 정보 설명문임을 알 수 있다. 따라서 지문에서 免签国数量的排名과 관련된 개념이나 세부 특징이 언급되면, 각 선택지와 내용을 대조하여 오답을 소거하면서 정답을 고른다.

지문의 중반에서 新加坡, 它们也是世界排名最高的国家라고 했는데, 선택지 D는 新加坡免签国数量排亚洲第二이라고 했으므로, 오답으로 소거한다. ⇒ D (X)

지문의 후반에서 언급된 德国连续五年都是第一와 선택지 B 德国的名次五年来保持不变의 내용을 대조해 보면, 지문의 '독일이 5년 연속 1위이다'는 곧 독일의 순위가 5년째 변동이 없다는 의미이므로 내용이 일치한다. 따라서 선택지 B를 정답으로 고른다. ⇒ B (O)

선택지 A, C는 지문에서 언급되지 않았으므로 오답이다. ⇒ A (X), C (X)

어휘   指数 zhǐshù 몡지수   统计 tǒngjì 통계하다   协会 xiéhuì 몡협회   公布 gōngbù 통(공개적으로) 발표하다   地区 dìqū 몡지역
免签 miǎnqiān 몡비자를 면제하다   排名 páimíng 툉순위를 매기다   亚洲 Yàzhōu 고유아시아   位于 wèiyú 통~을 차지하다
新加坡 Xīnjiāpō 고유싱가포르   欧美 Ōu Měi 고유유럽과 아메리카   连续 liánxù 통연속하다   享受 xiǎngshòu 통누리다
待遇 dàiyù 몡혜택, 대우   办理 bànlǐ 통발급하다   签证 qiānzhèng 몡비자[visa]   名次 míngcì 몡순위
保持 bǎochí 통유지하다

66

有一个男孩儿独自靠坐在房间的角落里，身上盖着潮湿的被子，脸上没有任何表情，不知道在想些什么。其实，男孩儿心里很难过，因为ᴰ他今天丢了工作，正为接下来的生活而发愁。ᴰ突然，他冲到窗前，对着街上驶过的洒水车大声喊道："谢谢！谢谢你祝贺我的生日！"原来那个洒水车播放的音乐就是《祝你生日快乐》。	혼자서 방구석에 기대어 앉아 몸에는 축축한 이불을 덮어쓴 채, 얼굴에는 아무런 표정도 없어 무슨 생각을 하고 있는지 알 수 없는 한 사내가 있었다. 사실, 사내의 마음은 괴로웠는데, ᴰ그는 오늘 직장을 잃어 앞으로의 생활에 대해 막 걱정하고 있었기 때문이었다. ᴰ갑자기 그가 창문 앞으로 달려가, 거리에 지나가는 살수차를 향해 '고마워요! 내 생일을 축하해 줘서 고마워요!'라고 큰 소리로 외쳤다. 알고 보니 그 살수차에서 튼 노래는 바로 <생일 축하합니다>였다.
A 男孩儿付不起房租	A 사내는 집세를 지불할 수 없다
B 男孩儿今天胃口不好	B 사내는 오늘 입맛이 없다
C 男孩儿喜欢新奇的事物	C 사내는 신기한 사물을 좋아한다
D 男孩儿在生日那天失业了	**D 사내는 생일날 실직했다**

해설   지문의 첫 문장을 읽으면 男孩儿(사내)과 관련된 일상 경험 이야기임을 알 수 있다. 따라서 지문에서 男孩儿의 상태나 행동과 관련된 내용이 언급되면, 각 선택지와 내용을 대조하여 오답을 소거하면서 정답을 고른다.

지문의 중후반에서 언급된 他今天丢了工作……突然, 他冲到窗前, 对着街上驶过的洒水车大声喊道："谢谢！谢谢你祝贺我的生日！"原来那个洒水车播放的音乐就是《祝你生日快乐》。와 선택지 D 男孩儿在生日那天失业了의 내용을 대조해 보면, 지문의 그는 직장을 잃었는데, 마침 살수차가 <생일 축하합니다> 노래를 틀며 지나가자, 그 살수차를 향해 자신의 생일을 축하해줘서 고맙다고 말하는 내용은 곧 사내는 생일날 실직했다는 의미이므로 내용이 일치한다. 따라서 선택지 D를 정답으로 고른다. ⇒ D (O)

선택지 A, B, C는 지문에서 언급되지 않았으므로 오답이다. ⇒ A (X), B (X), C (X)

어휘   独自 dúzì 뵈혼자서   靠 kào 통기대다   角落 jiǎoluò 몡구석   盖 gài 통덮다   潮湿 cháoshī 통축축하다   被子 bèizi 몡이불
表情 biǎoqíng 몡표정   发愁 fāchóu 통걱정하다   冲 chōng 통달려가다   驶过 shǐguò 지나가다   洒水车 sǎshuǐchē 몡살수차
喊 hǎn 통외치다   播放 bōfàng 통틀다, 방송하다   付 fù 통지불하다   房租 fángzū 몡집세   胃口 wèikǒu 몡입맛
新奇 xīnqí 휑신기하다   事物 shìwù 몡사물   失业 shīyè 통실직하다

67

体型胖瘦是决定一个人是否容易喝醉的重要因素。喝酒时是否容易喝醉，与人体吸收酒精的程度有关。瘦的人一般不容易喝醉，是因为他们肌肉里含有较多的水分，而含水量较多的肌肉更容易吸收酒精。相反，C/D胖的人因为体内脂肪多而水分少，C酒精很难被吸收，所以就很容易喝醉。

A 喝酒容易使人发胖

B 瘦的人肌肉特别多

C 胖的人更容易喝醉

D 胖的人体内水分比脂肪多

체형이 뚱뚱하고 마른 것은 한 사람이 쉽게 술에 취하는지 아닌지를 결정하는 중요한 요소이다. 술을 마실 때 쉽게 취하는지 아닌지는 인체가 알코올을 흡수하는 정도와 관련 있다. 마른 사람이 일반적으로 쉽게 취하지 않는 것은 그들의 근육 속에 비교적 많은 수분이 함유되어 있고 수분 함유량이 비교적 많은 근육이 더 쉽게 알코올을 흡수하기 때문이다. 반대로, C/D뚱뚱한 사람은 체내 지방이 많고 수분은 적은데, 그래서 C알코올이 흡수되기 어려워 쉽게 취한다.

A 술을 마시는 것은 사람을 쉽게 살찌게 한다

B 마른 사람은 근육이 특히 많다

C 뚱뚱한 사람이 술에 취하기 더 쉽다

D 뚱뚱한 사람은 체내에 수분이 지방보다 많다

해설 지문의 첫 문장을 읽으면 体型胖瘦(체형이 뚱뚱하고 마르다), 喝醉(술에 취하다)와 관련된 지식 정보 설명문임을 알 수 있다. 따라서 지문에서 体型胖瘦, 喝醉와 관련된 개념이나 세부 특징이 언급되면, 각 선택지와 내용을 대조하여 오답을 소거하면서 정답을 고른다.

지문의 후반에서 언급된 胖的人因为体内脂肪多而水分少, 酒精很难被吸收, 所以就很容易喝醉와 선택지 C 胖的人更容易喝醉를 대조해 보면, 지문의 '뚱뚱한 사람은 체내 지방이 많고 수분은 적은데, 그래서 알코올이 흡수되기 어려워 쉽게 취한다'는 곧 뚱뚱한 사람이 술에 취하기 더 쉽다는 의미이므로 내용이 일치한다. 따라서 선택지 C를 정답으로 고른다. ⇒ C (O)

같은 문장에서 胖的人因为体内脂肪多而水分少라고 했는데, 선택지 D는 胖的人体内水分比脂肪多라고 했으므로 오답으로 소거한다. ⇒ D (X)

선택지 A, B는 지문에서 언급되지 않았으므로 오답이다. ⇒ A (X), B (X)

어휘 体型 tǐxíng 圏체형 喝醉 hēzuì 圏(술을 마셔) 취하다 因素 yīnsù 圏요소 人体 réntǐ 圏인체 吸收 xīshōu 圏흡수하다 酒精 jiǔjīng 圏알코올 程度 chéngdù 圏정도 肌肉 jīròu 圏근육 含有 hányǒu 圏함유하다 水分 shuǐfèn 圏수분 脂肪 zhīfáng 圏지방 发胖 fāpàng 圏살찌다

68

在英国，火车晚点时火车公司会用讲笑话的方式解释晚点的原因，以缓解乘客不耐烦的情绪。此外，无论晚点理由是什么，C只要耽误了乘客的时间，公司都会给予赔偿。火车延误30~59分钟时，乘客可获得票价的50%，晚点超过一个小时，就可获得100%的赔偿。

A 火车晚点会被乘客投诉

B 火车司机要善于讲笑话

C 晚点时乘客会获得赔偿

D 火车延误的原因有两种

영국에서 기차가 연착할 때 철도 회사에는 농담을 하는 방식으로 연착된 원인을 해명하고, 이로써 승객들의 짜증이 나는 기분을 완화시킨다. 이 밖에, 연착된 이유가 무엇이든, C승객의 시간을 지체하기만 해도, 회사는 모두 변상해 준다. 기차가 30~59분 지연될 때, 승객은 표 값의 50%를 받을 수 있으며, 1시간 넘게 연착될 때는, 100%의 변상을 받을 수 있다.

A 기차가 연착하면 승객에게 고발당할 수 있다

B 기차 기관사는 농담을 잘해야 한다

C 연착될 때 승객은 변상받을 수 있다

D 기차가 지연되는 원인은 두 가지가 있다

해설 지문의 첫 문장을 읽으면 英国火车(영국 기차)와 관련된 지식 정보 설명문임을 알 수 있다. 따라서 지문에서 英国火车와 관련된 개념이나 세부 특징이 언급되면, 각 선택지와 내용을 대조하여 오답을 소거하면서 정답을 고른다.

지문의 중반에서 언급된 只要耽误了乘客的时间, 公司都会给予赔偿과 선택지 C 晚点时乘客会获得赔偿의 내용을 대조해 보면, 지문의 '승객의 시간을 지체하기만 해도, 회사는 모두 변상해 준다'는 곧 연착될 때 승객은 변상받을 수 있다는 의미이므로 내용이 일치한다. 따라서 선택지 C를 정답으로 고른다. ⇒ C (O)

선택지 A, B, D는 지문에서 언급되지 않았으므로 오답이다. ⇒ A (X), B (X), D (X)

어휘　**晚点** wǎndiǎn 圄(배·기차 등이) 연착하다　**笑话** xiàohua 圆농담　**方式** fāngshì 圆방식　**缓解** huǎnjiě 圄완화시키다
　　　乘客 chéngkè 圆승객　**不耐烦** búnàifán 짜증 나다　**情绪** qíngxù 圆기분　**此外** cǐwài 圆이 밖에　**理由** lǐyóu 圆이유
　　　耽误 dānwu 圄지체하다　**给予** jǐyǔ 圄주다　**赔偿** péicháng 圄변상하다　**延误** yánwù 圄지연되다
　　　票价 piàojià 圆(입장권·차표 따위의) 값　**投诉** tóusù 圄(기관·관계자에게) 고발하다　**善于** shànyú 圄~을 잘하다

69

春困是季节交替给人们带来的生理变化的一种客观反应。很多人一到春天就容易犯困，同时会出现情绪不稳定，睡眠不深，多梦易醒的状况。工作时也会哈欠连连，提不起精神，这给人们带来了不少困扰。对此专家指出，ᴮ避免春困的有效方法是多喝茶，ᴮ做适量的运动以及保证充足的睡眠。

A 人们只有春天才会发困
B 适当的运动会缓解春困
C 工作会给人产生无形的压力
D 春季喝茶不利于青少年的健康

춘곤은 계절의 교체가 사람들에게 가져오는 생리적 변화의 객관적 반응이다. 많은 사람은 봄이 되면 쉽게 졸리고, 동시에 정서가 불안정하며, 잠을 깊게 자지 못하고, 꿈을 많이 꾸고 쉽게 깨는 상황이 나타난다. 일할 때도 하품을 계속하고, 정신을 못 차리는 것은 사람들에게 적지 않은 성가심을 가져다준다. 이것에 대해 전문가들은 ᴮ춘곤을 피하는 효과적인 방법은 차를 많이 마시고, ᴮ적당량의 운동을 하는 것 그리고 충분한 수면을 보장하는 것이라고 지적한다.

A 사람들은 봄에만 졸린다
B 적당한 운동은 춘곤을 완화시킨다
C 일은 사람에게 무형의 스트레스를 발생시킨다
D 봄철에 차를 마시는 것은 청소년의 건강에 이롭지 않다

해설　지문의 첫 문장을 읽으면 春困(춘곤)과 관련된 지식 정보 설명문임을 알 수 있다. 따라서 지문에서 春困과 관련된 개념이나 세부 특징이 언급되면, 각 선택지와 내용을 대조하여 오답을 소거하면서 정답을 고른다.

　　　지문의 마지막 문장에서 언급된 避免春困的有效方法是……做适量的运动과 선택지 B 适当的运动会缓解春困의 내용을 대조해 보면, 지문의 '춘곤을 피하는 효과적인 방법은 …… 적당량의 운동을 하는 것'은 곧 적당한 운동은 춘곤을 완화한다는 의미이므로 내용이 일치한다. 따라서 선택지 B를 정답으로 고른다. ⇒ B (O)

　　　선택지 A, C, D는 지문에서 언급되지 않았으므로 오답이다. ⇒ A (X), C (X), D (X)

어휘　**春困** chūnkùn 圆춘곤[봄날에 느끼는 나른한 기운]　**交替** jiāotì 圄교체하다　**生理** shēnglǐ 圆생리　**客观** kèguān 圆객관적이다
　　　反应 fǎnyìng 圆반응　**犯困** fànkùn 圄졸리다　**出现** chūxiàn 圄나타나다　**情绪** qíngxù 圆정서　**稳定** wěndìng 圆안정되다
　　　睡眠 shuìmián 圆잠자다　**状况** zhuàngkuàng 圆상황　**哈欠** hāqian 圆하품　**连连** liánlián 圎계속해서　**提** tí (정신을) 차리다
　　　精神 jīngshén 圆정신　**困扰** kùnrǎo 圆성가심　**专家** zhuānjiā 圆전문가　**指出** zhǐchū 圄지적하다　**避免** bìmiǎn 圄피하다
　　　有效 yǒuxiào 圆효과가 있다　**适量** shìliàng 圆적당량이다　**以及** yǐjí 圎그리고　**保证** bǎozhèng 圄보장하다
　　　充足 chōngzú 圆충분하다　**发困** fākùn 圄졸리다, 졸음이 오다　**适当** shìdàng 圆적당하다　**缓解** huǎnjiě 圄완화시키다
　　　产生 chǎnshēng 圄발생하다　**无形** wúxíng 圆무형의　**春季** chūnjì 圆봄철　**不利于** búlìyú ~에 이롭지 않다
　　　青少年 qīngshàonián 圆청소년

70

哺乳动物的皮肤表面长有毛发，而ᶜ每一个毛孔里都有一条叫竖毛肌的小肌肉。当动物受到刺激后，体温会下降，这时竖毛肌便会收缩，使毛发竖立起来，形成ᴰ鸡皮疙瘩。ᴰ这个生理系统除了有保温的作用外，也ᴰ可以使动物的体型看起来比实际更大，从而吓退敌人。

포유동물의 피부 표면에는 털이 자라나 있고, ᶜ각 모공 속에는 입모근이라고 불리는 작은 근육이 있다. 동물은 자극을 받은 후에, 체온이 낮아지는데, 이때 입모근이 바로 수축되면서, 털을 똑바로 서게 하고, ᴰ닭살을 만든다. ᴰ이 생리 시스템은 보온 효과가 있는 것 외에도, 또 ᴰ동물의 체형을 실제보다 더 커 보이게 할 수 있어서, 적이 놀라 물러나게 한다.

A 动物生病时体温会下降	A 동물은 병이 났을 때 체온이 낮아진다
B 哺乳动物的体型普遍较大	B 포유동물의 체형은 보편적으로 큰 편이다
C 竖毛肌是最小的一种肌肉	C 입모근은 가장 작은 근육의 일종이다
D 鸡皮疙瘩起到保护动物的作用	**D 닭살은 동물을 보호하는 역할을 한다**

해설 지문의 첫 문장을 읽으면 哺乳动物(포유동물), 竖毛肌(입모근)와 관련된 지식 정보 설명문임을 알 수 있다. 따라서 지문에서 哺乳动物, 竖毛肌와 관련된 개념이나 세부 특징이 언급되면, 각 선택지와 내용을 대조하여 오답을 소거하면서 정답을 고른다.

지문의 초반에서 每一个毛孔里都有一条叫竖毛肌的小肌肉라고 했는데, 선택지 C는 竖毛肌是最小的一种肌肉라고 했으므로, C를 오답으로 소거한다. ⇨ C (X)

지문의 후반에서 언급된 鸡皮疙瘩……这个生理系统……可以使动物的体型看起来比实际更大, 从而吓退敌人과 선택지 D 鸡皮疙瘩起到保护动物的作用의 내용을 대조해 보면, 지문의 '닭살 …… 이 생리 시스템은 …… 동물의 체형을 실제보다 더 커 보이게 할 수 있어서, 적이 놀라 도망가게 한다'는 곧 닭살은 동물을 보호하는 역할을 한다는 의미이므로 내용이 일치한다. 따라서 선택지 D를 정답으로 고른다. ⇨ D (O)

A, B는 지문에서 언급되지 않았으므로 오답이다. ⇨ A (X), B (X)

어휘 哺乳动物 bǔrǔ dòngwù 몡포유동물　表面 biǎomiàn 몡표면　毛发 máofà 몡털　毛孔 máokǒng 몡모공
竖毛肌 shùmáojī 몡입모근[교감신경의 지배를 받아 피부에 소름을 돋게 하는 근육]　肌肉 jīròu 몡근육　刺激 cìjī 몡자극
体温 tǐwēn 몡체온　下降 xiàjiàng 통낮아지다　收缩 shōusuō 통수축하다　竖立 shùlì 통똑바로 서다　形成 xíngchéng 통만들다
鸡皮疙瘩 jīpígēda 몡닭살　生理 shēnglǐ 몡생리　系统 xìtǒng 몡시스템　保温 bǎowēn 통보온하다　作用 zuòyòng 몡효과, 역할
体型 tǐxíng 몡체형　从而 cóng'ér 젭따라서　吓 xià 통놀라다　退 tuì 통물러나다　敌人 dírén 몡적

71 - 74

夏天的傍晚十分凉快。河边有很多人, 有人在散步, 有人在玩。这时, 一个钓鱼的老人吸引了大家的关注。71老人不仅技术熟练, 还能同时控制两根鱼竿。没过多久, 他就钓了一筐鱼。人们纷纷称赞老人的钓鱼技术。

一个陌生的小男孩儿也走过去看老人钓鱼。看到这个天真可爱的孩子, 老人想起了自己的孙子, 这个孩子看起来和孙子差不多大。于是老人便要把钓上来的鱼送给孩子, 但是男孩儿摇头拒绝了。老人惊讶地问道："你为什么不要?"73男孩儿犹豫了一下, 便说："爷爷, 您能不能送我一根鱼竿?"老人好奇地问："你要鱼竿做什么?"男孩儿不好意思地说："这些鱼没多久就会被吃光的。要是我有鱼竿, 我就可以自己钓, 这样一辈子都能吃到新鲜的鱼。"人群中顿时响起了一片议论声, 大家都认为这个男孩儿很有智慧。72男孩儿虽然年龄小, 但却十分聪明, 对他来说, 得到几条鱼远不如拥有鱼竿重要, 73/74因为他知道, 如果想永远有鱼吃, 那就要有工具, 同时掌握钓鱼的方法。

여름의 저녁 무렵은 아주 시원하다. 강가에는 많은 사람이 있었는데, 어떤 사람은 산책하고 있고, 어떤 사람은 놀고 있었다. 그때, 낚시하던 한 노인이 사람들의 관심을 끌었다. 71노인은 기술이 숙련되어 있었을 뿐만 아니라 또 동시에 두 대의 낚싯대를 조절할 수 있었다. 얼마 지나지 않아 그는 물고기 한 바구니를 낚았다. 사람들은 계속해서 노인의 낚시 기술을 칭찬했다.

한 낯선 남자아이도 다가가서 노인이 낚시 하는 것을 봤다. 이 천진하고 귀여운 아이를 보고 노인은 자신의 손자가 생각났는데 이 아이는 손자와 또래로 보였다. 그래서 노인은 잡아 올린 물고기를 바로 아이에게 주려고 했으나 남자아이는 고개를 흔들며 거절했다. 노인은 놀라서 '너는 왜 원하지 않니?'라고 물었다. 73남자아이는 좀 망설이며 '할아버지, 저에게 낚싯대 한 대를 선물해 주실 수는 없나요?'라고 말했다. 노인은 궁금해하며 '너는 낚싯대로 무엇을 하려고 하는 거니?'라고 물었다. 남자아이는 수줍어하며 '이 물고기들은 얼마 지나지 않아 다 먹어 치워질 거에요. 만약 저에게 낚싯대가 있다면 저 혼자서 낚을 수 있고 그러면 한평생 신선한 물고기를 먹을 수 있잖아요.'라고 말했다. 사람들 사이에서는 이내 술렁거리는 소리가 났고, 모두 이 남자 아이가 지혜롭다고 생각했다. 72남자아이는 비록 나이는 어리지만 매우 총명해서 그에게 있어서 몇 마리 물고기를 얻는 것은 낚싯대를 가지는 것보다 중요하지 않았다. 73/74만약 영원히 물고기를 먹고 싶다면 도구가 있어야 하고, 동시에 물고기 잡는 방법을 익혀야 한다는 것을 알고 있기 때문이다.

어휘 傍晚 bàngwǎn 圐 저녁 무렵   钓鱼 diàoyú 圐 낚시하다, 물고기를 잡다   关注 guānzhù 圐 관심을 가지다   熟练 shúliàn 圀 숙련되어 있다
控制 kòngzhì 圐 조절하다   根 gēn 圀 대, 개, 가지   鱼竿 yúgān 圀 낚싯대   筐 kuāng 圀 바구니   纷纷 fēnfēn 圀 계속해서
称赞 chēngzàn 圐 칭찬하다   陌生 mòshēng 圀 낯설다   天真 tiānzhēn 圀 천진하다   孙子 sūnzi 圀 손자   便 biàn 圀 바로
摇头 yáotóu (고개를) 흔들다   惊讶 jīngyà 圀 놀랍다   犹豫 yóuyù 圀 망설이다   好奇 hàoqí 圀 궁금하다   钓 diào 圐 낚다
一辈子 yíbèizi 圀 한평생   顿时 dùnshí 圀 이내   片 piàn 圀 편[조각·면적 등을 세는 단위]   议论 yìlùn 圐 술렁거리다, 의논하다
智慧 zhìhuì 圀 지혜   不如 bùrú 圐 ~보다 못하다   拥有 yōngyǒu 圐 가지다   工具 gōngjù 圀 도구   掌握 zhǎngwò 圐 익히다

71

老人为什么能钓到很多鱼?	노인은 왜 많은 물고기를 잡을 수 있었나?
A 他钓鱼技术好	**A 그는 낚시 기술이 좋다**
B 河里有很多鱼	B 강 속에 많은 물고기가 있다
C 周围的人鼓励他	C 주변의 사람들이 그를 격려한다
D 有人帮他一起钓	D 어떤 사람이 그를 도와 함께 잡는다

해설 질문이 노인은 왜 많은 물고기를 잡을 수 있었는지를 물었으므로, 老人能钓到很多鱼(노인은 많은 물고기를 잡을 수 있었다)를 핵심어구로 하여 지문에서 재빨리 찾는다. 첫 번째 단락에서 老人不仅技术熟练, 还能同时控制两根鱼竿。没过多久, 他就钓了一筐鱼。라고 했으므로, A 他钓鱼技术好를 정답으로 고른다.

어휘 钓鱼 diàoyú 圐 물고기를 잡다, 낚시하다

72

关于男孩儿, 可以知道:	남자아이에 관하여, 알 수 있는 것은:
A 他已掌握了钓鱼技术	A 그는 이미 낚시 기술을 익혔다
B 他年纪小却很有智慧	**B 그는 나이가 어리지만 지혜롭다**
C 他的眼睛看起来很善良	C 그의 눈은 착해 보인다
D 他对钓鱼丝毫不感兴趣	D 그는 낚시하는 것에 대해 조금도 흥미가 없다

해설 질문이 남자아이에 관하여 알 수 있는 것을 물었으므로, 男孩儿(남자아이)을 핵심어구로 하여 지문에서 재빨리 찾아 주변 내용을 주의 깊게 읽는다. 두 번째 단락에서 男孩儿虽然年龄小, 但却十分聪明이라고 했으므로, B 他年纪小却很有智慧를 정답으로 고른다.

* 바꾸어 표현 年龄 연령 → 年纪 나이

어휘 掌握 zhǎngwò 圐 익히다   钓鱼 diàoyú 圐 낚시하다   年纪 niánjì 圀 나이   智慧 zhìhuì 圀 지혜   善良 shànliáng 圀 착하다
丝毫 sīháo 圀 조금도

73

男孩儿想要鱼竿是因为:	남자아이가 낚싯대를 가지고 싶은 것은 왜냐하면:
A 鱼竿比鱼更贵	A 낚싯대가 물고기보다 훨씬 비싸서
B 鱼竿做得很精致	B 낚싯대가 정교하게 만들어져서
C 他想自己制作一根	C 그가 스스로 한 대를 제작하고 싶어서
D 他认为鱼竿更有用	**D 그는 낚싯대가 더 유용하다고 생각해서**

해설 질문이 남자아이가 낚싯대를 가지고 싶어 하는 이유에 대해 물었으므로, 男孩想要鱼竿(남자아이가 낚싯대를 갖고 싶어 하다)을 핵심어구로 하여 지문에서 재빨리 찾아 주변 내용을 주의 깊게 읽는다. 두 번째 단락에서 男孩儿犹豫了一下, 便说: "爷爷, 您能不能送我一根鱼竿?"……因为他知道, 如果想永远有鱼吃, 那就要有工具, 同时掌握钓鱼的方法라고 했으므로, D 他认为鱼竿更有用을 정답으로 고른다.

어휘 鱼竿 yúgān 圀 낚싯대   精致 jīngzhì 圀 정교하다   制作 zhìzuò 圐 제작하다   根 gēn 圀 대, 가지   有用 yǒuyòng 圀 유용하다

74

上文主要谈的是：

A 钓鱼的方法

B 赞美的力量

C 工具的重要性

D 如何与老人交流

위 지문에서 주로 말하고 있는 것은：

A 낚시하는 방법

B 칭찬의 힘

C 도구의 중요성

D 어떻게 노인과 교류하는가

해설　질문이 지문에서 주로 말하고 있는 것을 물었으므로, 앞의 문제들을 풀며 파악한 지문의 내용을 토대로 정답을 선택한다. 두 번째 단락 마지막 문장에서 因为他知道，如果想永远有鱼吃，那就要有工具，同时掌握钓鱼的方法라고 했고, 지문 전반에 걸쳐 물고기 보다 물고기를 잡는 도구인 낚싯대를 얻고 싶어 하는 남자아이에 대한 이야기를 서술하고 있으므로, C 工具的重要性을 정답으로 고른다.

어휘　钓鱼 diàoyú 图 낚시하다　赞美 zànměi 图 칭찬하다　力量 lìliang 图 힘　工具 gōngjù 图 도구　如何 rúhé 데 어떻게, 어떠하다

---

75 - 78

⁷⁵很多人都认为篮球运动员一定是高大魁梧的。但其实，一些个子矮的人通过自己的努力，也成为了优秀的篮球运动员。身高仅有1.60米的成志就是其中之一。

成志从小就热爱篮球。八岁那年，他终于有了一个属于自己的篮球。他非常开心，从那以后，他睡觉抱着球，出门带着球，甚至出去倒垃圾的时候也会运着球。长大成人以后，即使身高只有1.60米，他也从未放弃过自己的篮球梦想，更没有拿身高当借口。⁷⁷他充分利用身体灵活这一优势，活跃在各个赛场上。他很少出现失误，抢断球的成功率高达百分之九十。⁷⁶他刻苦训练，不断奋斗，付出了比其他运动员更多的努力和汗水。后来，他终于实现了自己的梦想，破格进入了职业球队，⁷⁶成为了职业篮球运动员。成志曾经自信地说："别人都说我太矮，但这反而成为了我前进的动力。我想证明矮个子也能在赛场上发挥自己的能量，取得好的成绩。"

一般人在不想努力的时候，总喜欢找一些借口来为自己开脱。然而，⁷⁸成功人士之所以会成功，是因为他们从不给自己找任何借口，只会不断地努力，直到取得成功的那一天。

⁷⁵많은 사람은 농구 선수들이 틀림없이 크고 건장하다고 생각한다. 그러나 실제로 몇몇 키가 작은 사람도 자신의 노력을 통해 훌륭한 농구 선수가 되었다. 키가 겨우 160cm인 청즈가 바로 그중 하나이다.

청즈는 어릴 때부터 농구를 열렬히 좋아했다. 여덟 살 그해, 그는 마침내 자신의 농구공을 갖게 되었다. 그는 너무 기뻐서 그 이후로 잘 때도 공을 안고 있고, 나갈 때도 공을 들고 나갔으며, 심지어 나가서 쓰레기를 버릴 때도 드리블을 하면서 다녔다. 커서 성인이 된 후에, 설령 키가 160cm밖에 안 되더라도 그는 여태 자신의 농구 꿈을 포기한 적이 없었고, 키를 핑계로 삼지도 않았다. ⁷⁷그는 몸이 민첩하다는 이 장점을 충분히 활용해서, 각 경기장에서 활약했다. 그는 실책을 거의 하지 않았고, 인터셉트 성공률이 99%에 달했다. ⁷⁶그는 고생을 견디며 훈련하고, 끊임없이 분투하여, 다른 운동 선수들보다 더 많은 노력과 땀을 쏟았다. 후에, 그는 마침내 자신의 꿈을 실현했고, 파격적으로 프로팀에 입단하여, ⁷⁶프로 농구 선수가 되었다. 청즈는 '다른 사람들은 모두 제가 너무 작다고 말하지만, 이것은 오히려 제가 전진하는 원동력이 되었습니다. 저는 작은 키도 경기장에서 자신의 역량을 발휘하여, 좋은 성적을 얻을 수 있다는 것을 증명하고 싶었습니다.'라고 일찍이 자신감 있게 말했다.

보통 사람들은 노력하고 싶지 않을 때, 늘 핑계를 찾아 회피하는 것을 좋아한다. 그러나 ⁷⁸성공한 인물들이 성공할 수 있었던 까닭은, 그들은 여태껏 자신에게 어떠한 핑계도 찾지 않고, 성공을 얻는 그날까지 끊임없이 노력만 하기 때문이다.

어휘　篮球 lánqiú 图 농구　魁梧 kuíwú 图 건장하다　身高 shēngāo 图 키　仅 jǐn 图 겨우　热爱 rè'ài 图 열렬히 좋아하다

運球 yùnqiú 图 드리블하다　成人 chéngrén 图 성인　从未 cóngwèi 图 여태껏 ~하지 않다　梦想 mèngxiǎng 图 꿈　借口 jièkǒu 图 핑계

充分 chōngfèn 图 충분히　利用 lìyòng 图 활용하다　灵活 línghuó 图 민첩하다　优势 yōushì 图 장점　活跃 huóyuè 图 활약하다

赛场 sàichǎng 图 경기장　失误 shīwù 图 실책　抢断球 qiǎngduànqiú 인터셉트[상대방의 패스를 중간에서 가로챔]

成功率 chénggōnglǜ 图 성공률　百分之 bǎifēnzhī %[퍼센트]　刻苦 kèkǔ 图 고생을 견디다　训练 xùnliàn 图 훈련하다

不断 búduàn 图 끊임없이　奋斗 fèndòu 图 분투하다　汗水 hànshuǐ 图 땀　实现 shíxiàn 图 실현하다　破格 pògé 图 파격적이다

职业球队 zhíyè qiúduì 프로팀　曾经 céngjīng 图 일찍이　反而 fǎn'ér 图 오히려　前进 qiánjìn 图 전진하다

动力 dònglì 圆(일·사업 등을 추진하는) 원동력　　**发挥** fāhuī 圓발휘하다　　**能量** néngliàng 圆(사람이 가지고 있는) 역량, 에너지
开脱 kāituō 圓(책임을) 회피하다　　**人士** rénshì 圆인물, 인사

75

人们认为篮球运动员有什么特征？

A 个性独特　　　　B 双臂较长
C 特征明显　　　　**D 身材高大**

사람들은 농구 선수가 어떤 특징을 갖고 있다고 생각하는가?

A 개성이 독특하다　　B 두 팔이 비교적 길다
C 특징이 뚜렷하다　　**D 체격이 크다**

해설　질문이 사람들은 농구 선수가 어떤 특징을 갖고 있다고 생각하는지를 물었으므로, 篮球运动员的特征(농구 선수의 특징)을
핵심어구로 하여 지문에서 재빨리 찾는다. 첫 번째 단락에서 很多人都认为篮球运动员一定是高大魁梧的。라고 했으므
로, D 身材高大를 정답으로 고른다.
＊ 바꾸어 표현　高大魁梧 크고 건장하다 → 身材高大 체격이 크다

어휘　**特征** tèzhēng 圓특징　　**个性** gèxìng 圓개성　　**独特** dútè 圓독특하다　　**双臂** shuāngbì 두 팔　　**明显** míngxiǎn 圓뚜렷하다
身材 shēncái 圓체격

76

成志靠什么成为了职业篮球运动员？

A 虚心　　　　　　**B 勤奋**
C 体力　　　　　　D 技术

청즈는 무엇에 의지하여 프로 농구 선수가 되었는가?

A 겸손함　　　　　**B 부지런함**
C 체력　　　　　　D 기술

해설　질문이 청즈는 무엇에 의지하여 프로 농구 선수가 되었는지를 물었으므로, 职业篮球运动员(프로 농구 선수)을 핵심어구로
하여 지문에서 재빨리 찾는다. 두 번째 단락에서 他刻苦训练, 不断奋斗, 付出了比其他运动员更多的努力和汗水。后
来……成为了职业篮球运动员이라고 했으므로, B 勤奋을 정답으로 고른다.

어휘　**靠** kào 圓의지하다　　**职业篮球运动员** zhíyè lánqiú yùndòngyuán 프로 농구 선수　　**虚心** xūxīn 圓겸손하다
勤奋 qínfèn 圓부지런하다　　**体力** tǐlì 圓체력

77

成志的独特优势是什么？

A 身体灵活
B 技能全面
C 善于配合教练
D 富有挑战精神

청즈의 독특한 장점은 무엇인가?

A 몸이 민첩하다
B 기량이 완벽하다
C 코치에게 협력하는 것을 잘한다
D 도전 정신이 강하다

해설　질문이 청즈의 독특한 장점은 무엇인지를 물었으므로, 独特优势(독특한 장점)을 핵심어구로 하여 지문에서 재빨리 찾는다.
두 번째 단락에서 他充分利用身体灵活这一优势, 活跃在各个赛场上。이라고 했으므로, A 身体灵活를 정답으로 고른다.

어휘　**独特** dútè 圓독특하다　　**优势** yōushì 圓장점　　**灵活** línghuó 圓민첩하다　　**技能** jìnéng 圓기량
全面 quánmiàn 圓완벽하다　　**善于** shànyú 圓~을 잘하다　　**配合** pèihé 圓협력하다　　**教练** jiàoliàn 圓코치
挑战 tiǎozhàn 圓도전하다　　**精神** jīngshén 圓정신

78

上文主要想告诉我们：

A 失败是成功之母
B 车到山前必有路
C 成功是奋斗出来的
D 失败者也要勇于挑战

위 지문이 우리에게 주로 알려주고자 하는 것은：

A 실패는 성공의 어머니이다
B 수레가 산 앞에 이르면 반드시 길이 있다
C 성공은 노력에서 나오는 것이다
D 실패자도 용감하게 도전해야 한다

해설 질문이 지문이 우리에게 주로 알려주고자 하는 것을 물었으므로, 앞의 문제들을 풀며 파악한 지문의 내용을 토대로 정답을 선택한다. 마지막 단락에서 成功人士之所以会成功，是因为他们从不给自己找任何借口，只会不断地努力，直到取得成功的那一天이라고 했고, 지문 전반에 걸쳐 노력을 통해 불리한 신체 조건을 극복하여 농구 선수로서 성공한 청즈에 대한 일화를 소개하고 있으므로, C 成功是奋斗出来的를 정답으로 고른다.

어휘 奋斗 fèndòu 图노력하다 勇于 yǒngyú 图용감하다 挑战 tiǎozhàn 图도전하다

79 - 82

⁷⁹《林中小屋》是一档真人秀节目。在节目中，几个嘉宾一起前往一栋连水电都不通的林中小屋，过上了极简生活。他们每天只能靠有限的水和太阳能光板发的电生活，从大自然中获取食物。这样的环境虽然很艰苦，却给嘉宾们带来了新鲜的体验。

与一般的综艺节目不同，《林中小屋》给嘉宾布置的任务主要以感受自然为主。比如，和小动物拍照、听溪谷中流淌的水声、给路上遇见的植物贴上名牌等等。这些任务都没有限定时间，既可以在很短的时间内完成，也可以花一整天。⁸⁰节目组向嘉宾发起了一次又一次的挑战，比如扔掉不需要的东西，一顿饭只吃一种蔬菜等。有时候还会有一些奇怪又有趣的要求，像是在第一缕阳光出现的时候起床，⁸⁰或是花三个小时吃完一顿饭。

⁸¹挑战结束后，嘉宾们意外地发现，当他们扔掉自己眼中的必需品时，竟然会感觉到莫名地轻松，这也引起了很多观众的共鸣。⁸²过多的物品只会让生活变得越来越复杂，所以需要及时丢掉这些，让物质和精神都回归到最简单的状态。也许这就是《林中小屋》的意义所在。

⁷⁹<숲속의 작은 집>은 리얼리티 쇼 프로그램이다. 프로그램에서 몇몇 게스트들은 함께 물과 전기마저 통하지 않는 숲 속의 작은 집으로 가서, 미니멀 라이프를 보낸다. 그들은 매일 한정된 물과 태양열 패널에서 나오는 전기에만 의지하여 생활할 수 있고, 대자연 속에서 음식을 얻는다. 이런 환경은 비록 고달프지만, 게스트들에게 신선한 체험을 가져다주었다.

보통의 버라이어티 프로그램과는 달리, <숲속의 작은 집>이 게스트에게 주는 미션은 주로 자연을 느끼는 것을 위주로 한다. 예를 들어 작은 동물과 사진을 찍고, 계곡에서 흐르는 물소리를 듣거나, 길에서 마주친 식물에 이름표를 붙이는 것 등이다. 이 미션들은 모두 제한된 시간이 없어서, 짧은 시간 안에 완성할 수도 있고, 하루를 꼬박 사용할 수도 있다. ⁸⁰프로그램 제작진은 게스트에게 거듭 도전장을 내밀었는데, 예를 들어 필요 없는 물건을 버리거나, 한 끼에 한 가지 종류의 채소만 먹는 것 등이다. 가끔씩은 이상하고 재미있는 요구가 있을 때도 있는데, 첫 번째 햇빛 한 줄기가 비칠 때 일어나기, ⁸⁰혹은 세 시간에 걸쳐서 한 끼 식사 끝내기 같은 것들이다.

⁸¹도전이 끝나고 나면, 게스트들은 뜻밖에도 그들이 자신에게 있어서의 필수품을 버릴 때, 의외로 말로 표현할 수 없는 홀가분함을 느끼는 것을 발견했는데, 이것은 많은 시청자들의 공감을 불러일으켰다. ⁸²너무 많은 물건은 생활을 점점 더 복잡하게만 하기 때문에, 따라서 이를 제때에 내다버릴 필요가 있고, 물질과 정신을 가장 단순한 상태로 되돌려야 한다. 아마 이것이 바로 <숲속의 작은 집>의 의미가 있는 바이다.

어휘 真人秀 zhēnrénxiù 리얼리티 쇼 嘉宾 jiābīn 图게스트 前往 qiánwǎng 图~로 가다 栋 dòng 图채[건물을 세는 단위]
极简生活 jíjiǎn shēnghuó 미니멀 라이프 靠 kào 图의지하다 有限 yǒuxiàn 图한정되다
太阳能光板 tàiyángnéng guāngbǎn 태양열 패널 自然 zìrán 图자연 获取 huòqǔ 图얻다 食物 shíwù 图음식
艰苦 jiānkǔ 图고달프다 体验 tǐyàn 图체험하다 综艺节目 zōngyì jiémù 버라이어티 프로그램 布置 bùzhì 图(미션을 계획하여) 주다
感受 gǎnshòu 图느끼다 以…为主 yǐ…wéizhǔ ~을 위주로 하다 拍照 pāizhào 图사진을 찍다 溪谷 xīgǔ 图계곡
流淌 liútǎng 图흐르다 遇见 yùjiàn 图마주치다 植物 zhíwù 图식물 贴 tiē 图붙이다 名牌 míngpái 图이름표
限定 xiàndìng 图제한하다 一整天 yìzhěngtiān 하루 꼬박 节目组 jiémùzǔ 프로그램 제작진 挑战 tiǎozhàn 图도전하다
扔掉 rēngdiào 图버리다 顿 dùn 图끼니[요리·식사 등을 세는 단위] 蔬菜 shūcài 图채소 缕 lǚ 图줄기, 가닥[가늘고 긴 것을 세는 단위]
意外 yìwài 图뜻밖의 莫名 mòmíng 말로 표현할 수 없다 共鸣 gòngmíng 图공감하다 过多 guòduō 图너무 많다
物品 wùpǐn 图물건 丢掉 diūdiào 图내버리다 精神 jīngshén 图정신 回归 huíguī 图되돌리다 状态 zhuàngtài 图상태
意义 yìyì 图의미

《林中小屋》是什么？	<숲속의 작은 집>은 무엇인가?
A 一座房子 B 一项规定	A 집 한 채 B 규정 한 가지
C 一种生活状态 **D 一个电视节目**	C 일종의 생활 상태 **D 텔레비전 프로그램**

해설　질문이 <숲속의 작은 집>은 무엇인지를 물었으므로,《林中小屋(숲속의 작은 집)》를 핵심어구로 하여 지문에서 재빨리 찾는다. 첫 번째 단락에서《林中小屋》是一档真人秀节目。라고 했으므로, D 一个电视节目를 정답으로 고른다.

어휘　**房子** fángzi 圏 집　**状态** zhuàngtài 圏 상태

80

下列哪项属于《林中小屋》里的挑战内容？	다음 중 <숲속의 작은 집>의 도전 내용에 속하는 것은?
A 花三小时吃饭	**A 세 시간에 걸쳐서 밥을 먹는다**
B 与动物们聊天	B 동물들과 이야기한다
C 亲手种一棵树	C 직접 나무 한 그루를 심는다
D 每天早上六点起床	D 매일 아침 6시에 일어난다

해설　질문이 <숲속의 작은 집>의 도전 내용에 속하는 것을 물었으므로, 挑战内容(도전 내용)을 핵심어구로 하여 지문에서 재빨리 찾아 주변의 내용과 일치하는 선택지를 정답으로 고른다. 두 번째 단락에서 节目组向嘉宾发起了一次又一次的挑战……或是花三个小时吃完一顿饭이라고 했으므로, A 花三小时吃饭을 정답으로 고른다.

어휘　**挑战** tiǎozhàn 圏 도전하다　**亲手** qīnshǒu 閈 직접

81

第三段中的画线词语 "共鸣" 可能是什么意思？	세 번째 단락의 밑줄 친 어휘 '공감'은 아마도 무슨 의미인가?
A 完美的观点 **B 相同的看法**	A 완벽한 관점 **B 같은 견해**
C 深深的怀念 D 远大的理想	C 깊은 그리움 D 원대한 꿈

해설　질문이 세 번째 단락에서 밑줄 친 어휘 "共鸣(공감)"은 아마도 무슨 의미인지를 물었으므로, 세 번째 단락에서 "共鸣"이 언급된 부분을 재빨리 찾아 주변의 문맥을 꼼꼼히 파악한다. 세 번째 단락에서 挑战结束后，嘉宾们意外地发现，当他们扔掉自己眼中的必需品时，竟然会感觉到莫名地轻松，这也引起了很多观众的共鸣。이라고 했으므로, 문맥상 "共鸣"은 같은 생각을 가진다는 것을 의미함을 알 수 있다. 따라서 B 相同的看法를 정답으로 고른다.

어휘　**共鸣** gòngmíng 圏 공감하다　**完美** wánměi 圏 완벽하다　**观点** guāndiǎn 圏 관점　**相同** xiāngtóng 圏 같다　**怀念** huáiniàn 圏 그리워하다　**远大** yuǎndà 圏 원대하다

82

上文主要谈的是：	위 지문에서 주로 말하고 있는 것은：
A 应该保护环境	A 환경을 보호해야 한다
B 得勇敢接受挑战	B 용감하게 도전을 받아들여야 한다
C 简单生活的重要性	**C 단순한 생활의 중요성**
D 要与动物和谐相处	D 동물과 조화롭게 함께 지내야 한다

해설　질문이 지문에서 주로 말하고 있는 것을 물었으므로, 앞의 문제들을 풀며 파악한 지문의 내용을 토대로 정답을 선택한다. 세 번째 단락에서 过多的物品只会让生活变得越来越复杂，所以需要及时丢掉这些，让物质和精神都回归到最简单的状态。也许这就是《林中小屋》的意义所在。라고 했으므로, C 简单生活的重要性을 정답으로 고른다.

어휘　**保护** bǎohù 圏 보호하다　**挑战** tiǎozhàn 圏 도전하다　**和谐** héxié 圏 조화롭다　**相处** xiāngchǔ 圏 함께 지내다

有一天，⁸³桑德路过一家自助餐厅时，发现那家店生意兴隆，⁸³人们排着长队，自选自取符合自己口味的菜品。当时，这种类型的餐厅出现没多久就颇受欢迎。顿时，他灵机一动，心想：能不能将这种方式引进杂货店，让顾客自助选购需要的商品？⁸⁴父亲听了他的想法，大声责骂道："这简直异想天开，还是放弃你这个愚蠢的主意吧。⁸⁴人们不习惯自己选择商品，而你的店很快会倒闭的。"

然而桑德始终坚信这种方式一定会行得通。他不顾家人的强烈反对，坚决辞去稳定的工作，开了一家小杂货铺，并用这种全新的经营理念，用心经营起了自己的事业。很快，他的小店吸引了很多顾客，门庭若市，生意逐渐兴隆了起来。后来，⁸⁵他又接二连三地开了多家分店，取得了巨大的成功。⁸⁶他为这种由消费者自行挑选商品，最后统一结账的零售店经营模式申请了专利，这就是超市的雏形。

桑德的故事告诉我们，不管是在生活上还是在事业上，当自己的想法和意见得不到他人的理解与支持时，不要太在意，相信自己，成功就在前方。

어느 날 ⁸³샌더가 한 뷔페식당을 지나갈 때 그 가게의 장사가 번창하여 ⁸³사람들이 길게 줄을 서서 자신의 입맛에 맞는 메뉴를 스스로 고르고 스스로 받는 것을 보았다. 당시 이런 유형의 식당은 생긴 지 얼마 지나지 않아 바로 꽤 인기를 끌었다. 문득 그는 영감이 떠올라서 속으로 '이런 방식을 잡화점에 도입하여 고객들이 셀프로 필요한 제품을 선택해서 구매하게 할 수는 없을까?'하고 생각했다. ⁸⁴아버지는 그의 생각을 들으시고는 '정말로 기상천외하구나, 너의 그 어리석은 생각은 포기하는 게 좋겠구나. ⁸⁴사람들은 스스로 상품을 고르는 것에 익숙하지 않으니 너의 가게는 곧 망할 것이야' 라며 큰 소리로 꾸짖으셨다.

그러나 샌더는 이 방법이 반드시 통할 것이라고 한결같이 굳게 믿었다. 그는 가족들의 강한 반대에도 아랑곳하지 않고, 안정적인 회사를 단호하게 그만두고 작은 잡화 가게를 하나 열어, 이런 새로운 경영 이념으로 자신의 사업을 심혈을 기울여 운영하기 시작했다. 곧 그의 작은 가게는 많은 손님을 끌어들여 문전성시를 이루었고, 장사는 점점 번창해갔다. 후에 ⁸⁵그는 연이어 많은 분점을 열었고 큰 성공을 거두었다. ⁸⁶그는 이렇게 소비자가 스스로 상품을 고르고 마지막에 합쳐서 계산하는 소매점의 경영 모델로 특허를 신청했는데, 이것이 바로 마트의 최초 형태이다.

샌더의 이야기는 우리에게 생활에서든 일에서든, 자신의 생각과 의견이 타인의 이해와 지지를 받지 못할 때, 너무 신경 쓰지 말고 자신을 믿으면 성공은 앞에 있다는 것을 알려 준다.

어휘 路过 lùguò 图 (일정한 곳을) 지나다　自助餐厅 zìzhù cāntīng 뷔페식당　兴隆 xīnglóng 图 번창하다　自选 zìxuǎn 图 스스로 고르다
自取 zìqǔ 图 스스로 받다　口味 kǒuwèi 図 입맛, 맛　菜品 càipǐn 図 메뉴　类型 lèixíng 図 유형　颇 pō 图 꽤
顿时 dùnshí 图 문득　灵机一动 língjī yídòng 영감이 떠오르다　方式 fāngshì 図 방식, 방법　引进 yǐnjìn 图 (자금·기술 따위를) 도입하다
杂货店 záhuòdiàn 잡화점　商品 shāngpǐn 図 제품　大声 dàshēng 큰 소리　责骂 zémà 图 꾸짖다　简直 jiǎnzhí 图 정말로
异想天开 yìxiǎngtiānkāi 図 기상천외하다　愚蠢 yúchǔn 図 어리석다　倒闭 dǎobì 图 (상점·기업 등이) 망하다
始终 shǐzhōng 图 한결같이　坚信 jiānxìn 图 굳게 믿다　行得通 xíng de tōng 통할 수 있다, 실현할 수 있다
不顾 búgù 图 아랑곳하지 않다　强烈 qiángliè 図 강하다　坚决 jiānjué 图 단호하다　辞去 cíqù 图 그만두다　稳定 wěndìng 図 안정되다
铺 pū 図 가게, 상점　理念 lǐniàn 図 이념　用心 yòngxīn 图 심혈을 기울이다　经营 jīngyíng 图 운영하다　事业 shìyè 図 사업
门庭若市 méntíngruòshì 図 문전성시[방문객이 매우 많음]　逐渐 zhújiàn 图 점점　兴隆 xīnglóng 图 번창하다
接二连三 jiēèrliánsān 図 잇따라　巨大 jùdà 크다　消费者 xiāofèizhě 図 소비자　自行 zìxíng 图 스스로　挑选 tiāoxuǎn 图 고르다
统一 tǒngyī 图 합치다, 통일하다　结账 jiézhàng 图 계산하다　零售店 língshòudiàn 図 소매점　模式 móshì 図 모델
专利 zhuānlì 図 특허　雏形 chúxíng 図 (형태가 고정되기 전의) 최초의 형태　在意 zàiyì 图 신경 쓰다　前方 qiánfāng 図 앞, 앞쪽

83

桑德看到的那家自助餐厅有什么不同之处？

A 位置偏离市中心

B 顾客能免费领零食

C 顾客可随意挑选食物

D 每个月都分发优惠券

샌더가 본 그 뷔페식당은 어떤 다른 점이 있는가?

A 위치가 시내 중심에서 벗어나 있다

B 고객은 무료로 간식을 받을 수 있다

C 고객은 마음대로 음식을 고를 수 있다

D 매 달 쿠폰을 나눠준다

해설 질문이 샌더가 본 그 뷔페식당은 어떤 다른 점이 있는지를 물었으므로, 那家自助餐厅(그 뷔페식당)을 핵심어구로 하여 지문에서 재빨리 찾는다. 첫 번째 단락에서 桑德路过一家自助餐厅时……人们排着长队, 自选自取符合自己口味的菜品이라고 했으므로, C 顾客可随意挑选食物를 정답으로 고른다.

어휘　**自助餐厅** zìzhù cāntīng 뷔페식당　**位置** wèizhi 몡위치　**偏离** piānlí 통벗어나다　**中心** zhōngxīn 몡중심
　　零食 língshí 몡간식　**随意** suíyì 통마음대로 하다　**挑选** tiāoxuǎn 통고르다　**食物** shíwù 몡음식　**优惠券** yōuhuìquàn 몡쿠폰

84 父亲为什么反对桑德的主意？　　　　　아버지는 왜 샌더의 생각을 반대하는가?

A 开杂货店成本过高　　　　　　　　　　A 잡화점을 여는 것에 자본금이 너무 많이 든다

B 桑德缺乏动手能力　　　　　　　　　　B 샌더는 실행 능력이 부족하다

C 不符合人们的习惯　　　　　　　　　**C 사람들의 습관에 부합하지 않는다**

D 桑德头脑不够灵活　　　　　　　　　　D 샌더의 머리는 민첩하지 못하다

해설　질문이 아버지는 왜 샌더의 생각을 반대하는지를 물었으므로, 父亲反对(아버지는 반대하다)를 핵심어구로 하여 지문에서 재
　　빨리 찾는다. 첫 번째 단락에서 父亲听了他的想法，大声责骂道……人们不习惯自己选择商品，而你的店很快会倒闭
　　的라고 했으므로, C 不符合人们的习惯을 정답으로 고른다.

어휘　**杂货店** záhuòdiàn 몡잡화점　**成本** chéngběn 몡자본금, 원가　**缺乏** quēfá 통부족하다　**动手** dòngshǒu 통실행하다
　　灵活 línghuó 휑민첩하다

85 根据上文，下列哪项正确？　　　　　　위 지문에 근거하여, 다음 중 옳은 것은?

A 桑德开了多家分店　　　　　　　　　**A 샌더는 여러 분점을 열었다**

B 桑德提倡节约能源　　　　　　　　　　B 샌더는 에너지 절약을 주장한다

C 桑德得到了巨额投资　　　　　　　　　C 샌더는 거액의 투자금을 받았다

D 顾客不能单独去杂货店　　　　　　　　D 고객은 혼자서 잡화점에 갈 수 없다

해설　질문이 지문에 근거하여 옳은 것을 물었으므로, 선택지의 핵심어구를 지문에서 찾아 주변의 내용과 일치하는 선택지를 정
　　답으로 고른다. 선택지 A의 핵심어구 多家分店(여러 분점)과 관련하여 두 번째 단락에서 他又接二连三地开了多家分店이
　　라고 했으므로, A 桑德开了多家分店을 정답으로 고른다.

어휘　**分店** fēndiàn 몡분점　**提倡** tíchàng 통주장하다　**能源** néngyuán 몡에너지　**投资** tóuzī 몡투자금　**单独** dāndú 휑혼자서
　　杂货店 záhuòdiàn 몡잡화점

86 最适合做上文标题的是：　　　　　　　위 지문의 제목으로 가장 적절한 것은:

A 创业的代价　　　　　　　　　　　　　A 창업의 대가

B 最初的超市　　　　　　　　　　　　**B 최초의 마트**

C 自助餐厅的优势　　　　　　　　　　　C 뷔페식당의 장점

D 经营模式的重要性　　　　　　　　　　D 경영 모델의 중요성

해설　질문이 지문의 제목으로 가장 적절한 것을 물었으므로, 앞의 문제들을 풀며 파악한 지문의 내용을 토대로 정답을 선택한
　　다. 두 번째 단락에서 他为这种由消费者自行挑选商品，最后统一结账的零售店经营模式申请了专利，这就是超市的
　　雏形。이라고 했고, 지문 전반에 걸쳐 최초의 마트가 어떻게 탄생되었는지를 서술하고 있으므로, B 最初的超市을 정답으로
　　고른다.

어휘　**创业** chuàngyè 통창업하다　**代价** dàijià 몡대가　**最初** zuìchū 몡최초　**自助餐厅** zìzhù cāntīng 뷔페식당
　　优势 yōushì 몡장점　**经营** jīngyíng 통경영하다　**模式** móshì 몡모델

20世纪50年代诞生的"大白兔奶糖"是经典国货，也是民族品牌。最近"大白兔"迎来了60岁生日。60年来，"大白兔"既是无数中国人童年时代的美好记忆，也是相伴成长的快乐标志。

作为"上海冠生园食品有限公司"的核心品牌，[87]大白兔形象的年轻化是该公司近年来的发展方向。[88]在"坚持传统，注重创新"原则的指导下，"大白兔"先后推出了"巨白兔"、"大白兔奶瓶装"、"大白兔冰激凌风味奶糖"等广受年轻消费者喜爱的创新产品。之后又和"中国国家博物馆"合作推出文物糖果礼盒，和香港"太平洋咖啡"合作推出咖啡饮品，和知名游戏品牌联合推出新款奶糖。[87]通过与其他公司新颖而有趣的合作，大白兔品牌变得充满活力，也走进了年轻人的心里。

在上海举办的《大白兔60周年纪念展览会》开幕式上，各类"大白兔"产品吸引了众人的关注。展厅附近写字楼工作的小李告诉记者，"大白兔"陪伴她度过了整个童年时代，所以她专门赶在开幕第一天来打卡。

近些年，随着中国经济的逐渐发展，[89]国货浪潮开始回归，买国货、用国货、晒国货，成为了年轻人的日常，"中国制造"也成为了国之骄傲。

1950년대에 탄생한 '따바이투 나이탕'은 대표적인 국산품이자, 국민 브랜드이다. 최근 '따바이투 나이탕'은 60살 생일을 맞이했다. 60년 동안, '따바이투'는 많은 중국인들 어린 시절의 아름다운 기억이자, 또 함께 성장한 즐거움의 상징이다.

'상하이 관성위안 식품 유한 회사'의 핵심 브랜드로서, [87]따바이투 이미지의 트렌디화는 이 회사의 최근 몇 년 동안의 발전 방향이다. [88]'전통을 지키되, 혁신에 중점을 둔다'는 원칙의 지도 아래, '따바이투'는 잇따라 '거대 따바이투', '따바이투 젖병 세트', '따바이투 아이스크림 맛 사탕' 등 젊은 소비자의 사랑을 크게 받는 혁신적인 제품을 출시했다. 그 후 또 '중국 국가 박물관'과 협업하여 문화재 사탕 선물 세트를 출시했고, 홍콩 '태평양 커피'와 협업하여 커피 음료 상품을 출시했으며, 유명 게임 브랜드와 연합하여 신상 우유 사탕을 출시했다. [87]다른 회사와의 새롭고 흥미로운 협업을 통해, 따바이투 브랜드는 생기가 넘치게 되었고, 젊은이들의 마음속에도 들어갔다.

상하이에서 열린 <따바이투 60주년 기념 전시회> 개막식에서, 각종 '따바이투' 상품은 많은 사람의 관심을 끌었다. 전시장 근처 사무실에서 일하던 샤오리도 기자에게 '따바이투'는 그녀의 모든 어린 시절을 함께 보냈고, 그래서 그녀는 특별히 서둘러 개막 첫날에 방문하게 되었다고 알려주었다.

최근 몇 년 동안, 중국 경제가 점차 발전함에 따라, [89]국산품 물결이 돌아오기 시작했는데, 국산품을 사고, 국산품을 쓰며, 국산품을 SNS에 공유하는 것이 젊은이의 일상이 되었고, '메이드 인 차이나'도 국가의 자랑이 되었다.

어휘 诞生 dànshēng 圖탄생하다　大白兔奶糖 Dàbáitù Nǎitáng [고유]따바이투 나이탕[중국의 사탕 브랜드]
经典 jīngdiǎn 圖대표적인 클래식　国货 guóhuò 圖국산품[여기서는 중국 자국 내 상품을 일컬음]　品牌 pǐnpái 圖브랜드
迎来 yínglái 맞이하다　无数 wúshù 圖많다, 셀 수 없다　童年 tóngnián 圖어릴적의　时代 shídài 圖시절
美好 měihǎo 圖아름답다　记忆 jìyì 圖기억　相伴 xiāngbàn 圖함께 가다　成长 chéngzhǎng 圖성장하다　标志 biāozhì 圖상징
作为 zuòwéi 圖~로서　上海冠生园食品有限公司 Shànghǎi Guānshēngyuán Shípǐn Yǒuxiàn Gōngsī [고유]상하이 관성위안 식품 유한 회사
核心 héxīn 圖핵심　形象 xíngxiàng 圖이미지　年轻化 niánqīnghuà 트렌디화하다　传统 chuántǒng 圖전통
注重 zhùzhòng 圖중점을 두다　创新 chuàngxīn 圖혁신　原则 yuánzé 圖원칙　指导 zhǐdǎo 圖지도하다
先后 xiānhòu 圖잇따라　推出 tuīchū 圖출시하다　奶瓶装 nǎipíngzhuāng 젖병 세트　冰激凌 bīngjīlíng 圖아이스크림
风味 fēngwèi 圖맛　消费者 xiāofèizhě 圖소비자　喜爱 xǐ'ài 圖사랑하다　产品 chǎnpǐn 圖제품　博物馆 bówùguǎn 圖박물관
合作 hézuò 圖협업하다　文物 wénwù 圖문화재　糖果 tángguǒ 圖사탕　礼盒 lǐhé 圖선물 세트　太平洋 Tàipíngyáng [고유]태평양
饮品 yǐnpǐn 圖음료　知名 zhīmíng 圖유명하다　联合 liánhé 圖연합하다　通过 tōngguò 圖~를 통해　新颖 xīnyǐng 圖새롭다
充满 chōngmǎn 圖넘치다　活力 huólì 圖생기　周年 zhōunián 圖주년　纪念 jìniàn 圖기념, 기념하다
展览会 zhǎnlǎnhuì 圖전시회　开幕式 kāimùshì 圖개막식　众人 zhòngrén 圖많은 사람　展厅 zhǎntīng 圖전시장
写字楼 xiězìlóu 圖사무실　陪伴 péibàn 圖함께하다　度过 dùguò 圖(시간을) 보내다　整个 zhěnggè 圖모든
专门 zhuānmén 圖특별히　打卡 dǎkǎ 圖방문하다, 출석 체크하다　逐渐 zhújiàn 圖점차　浪潮 làngcháo 圖물결
回归 huíguī 圖돌아오다　晒 shài 圖SNS에 공유하다, (볕을) 쬐다　日常 rìcháng 圖일상의
中国制造 zhōngguó zhìzào 메이드 인 차이나[made in China]

87 "大白兔"品牌年轻化的做法包括：

A 积极开展跨界合作

B 举行产品评比活动

C 选年轻人做公司总裁

D 邀请消费者参观公司

'따바이투' 브랜드가 트렌디화 하는 방법에 포함되는 것은:

A 적극적으로 크로스오버 협업을 전개한다

B 제품의 비교 평가 활동을 개최한다

C 젊은이를 뽑아 회사의 총수를 맡긴다

D 소비자를 초청하여 회사를 견학한다

해설 질문이 '따바이투' 브랜드가 트렌디화 하는 방법에 포함되는 것을 물었으므로, **年轻化的做法**(트렌디화 방법)를 핵심어구로 하여 지문에서 재빨리 찾아 주변 내용을 주의 깊게 읽는다. 두 번째 단락에서 **大白兔形象的年轻化是该公司近年来的发展方向……通过与其他公司新颖而有趣的合作**라고 했으므로, **A 积极开展跨界合作**를 정답으로 고른다.

어휘 **品牌** pǐnpái [명]브랜드 **年轻化** niánqīnghuà 트렌디화하다 **做法** zuòfǎ [명]방법 **包括** bāokuò [동]포함하다 **开展** kāizhǎn [동]전개하다 **跨界** kuàjiè [명]크로스오버[두 가지 이상의 브랜드를 섞는 것] **合作** hézuò [동]협업하다 **产品** chǎnpǐn [명]제품 **评比** píngbǐ [동]비교 평가하다 **总裁** zǒngcái [명]총수 **消费** xiāofèi [동]소비하다

88 "大白兔"品牌的原则是什么？

A 制造经典，感受时尚

B 中国制造，国之骄傲

C 相伴童年，快乐成长

D 坚持传统，注重创新

'따바이투' 브랜드의 원칙은 무엇인가?

A 고전을 만들고, 유행을 느낀다

B 메이드 인 차이나, 국가의 자랑이다

C 어린 시절을 함께 하며, 즐겁게 성장한다

D 전통을 지키되, 혁신에 중점을 둔다

해설 질문이 '따바이투' 브랜드의 원칙은 무엇인지를 물었으므로, **原则**(원칙)를 핵심어구로 하여 지문에서 재빨리 찾는다. 두 번째 단락에서 **在"坚持传统，注重创新"原则的指导下**라고 했으므로, **D 坚持传统，注重创新**을 정답으로 고른다.

어휘 **品牌** pǐnpái [명]브랜드 **原则** yuánzé [명]원칙 **经典** jīngdiǎn [명]고전 **感受** gǎnshòu [동]느끼다 **时尚** shíshàng [명]유행 **中国制造** zhōngguó zhìzào 메이드 인 차이나[made in China] **相伴** xiāngbàn [동]함께 하다 **童年** tóngnián [명]어린 시절 **成长** chéngzhǎng [동]성장하다 **传统** chuántǒng [명]전통 **注重** zhùzhòng [동]중점을 두다 **创新** chuàngxīn [명]혁신

89 根据上文，现在的年轻消费者：

A 喜欢参观各类展览

B 对传统食品不感兴趣

C 普遍倾向于购买国货

D 不容易被老品牌吸引

지문에 따르면, 현재 젊은 소비자는:

A 각종 전시를 견학하는 것을 좋아한다

B 전통 식품에 대해 흥미가 없다

C 보통 국산품을 사는 추세이다

D 오래된 브랜드에 빠지게 하는 것이 쉽지 않다

해설 질문이 현재 젊은 소비자들에 대해 물었으므로, **现在的年轻消费者**(현재 젊은 소비자)를 핵심어구로 하여 지문에서 재빨리 찾아 주변 내용을 주의 깊게 읽는다. 마지막 단락에서 **国货浪潮开始回归，买国货、用国货、晒国货，成为了年轻人的日常**이라고 했으므로, **C 普遍倾向于购买国货**를 정답으로 고른다.

어휘 **消费者** xiāofèizhě [명]소비자 **展览** zhǎnlǎn [명]전시 **传统** chuántǒng [명]전통 **倾向** qīngxiàng [명]추세 [동](한쪽으로) 기울다 **国货** guóhuò [명]국산품[여기서는 중국 자국 내 상품을 일컬음]

90 最适合做上文标题的是：
A 一种让人快乐的食物
B 最可爱的动物是什么
C 一个"年轻"的老品牌
D 一个受年轻人欢迎的展览

위 지문의 제목으로 가장 적절한 것은:
A 사람들을 즐겁게 하는 음식
B 가장 귀여운 동물은 무엇인가
C '젊은' 오래된 브랜드
D 젊은이들의 환영을 받는 전시

해설 질문이 지문의 제목으로 가장 적절한 것을 물었으므로, 앞의 문제들을 풀며 파악한 지문의 내용을 토대로 정답을 선택한다. 지문 전반에 걸쳐 60년 된 중국의 국민 브랜드인 '따바이투 나이탕'이 젊은이들의 마음을 사로잡기 위해 어떤 변화를 시도하고 있는지를 서술하고 있으므로, C 一个"年轻"的老品牌를 정답으로 고른다.

어휘 **食物** shíwù [명] 음식 **品牌** pǐnpái [명] 브랜드 **展览** zhǎnlǎn [명] 전시

91

相当　她的　冷淡		대사+的	명사	동사	부사	형용사
显得　反应	⇒	她的	反应	显得	相当	冷淡。
		관형어	주어	술어		목적어

해석　그녀의 반응은 상당히 쌀쌀맞아 보인다.

해설　STEP 1　제시된 어휘 중 동사 显得(~해 보이다)를 술어로 배치한다. ⇒ 显得

　　　　STEP 2　유일한 명사 反应(반응)을 주어로 배치하고, 부사 相当(상당히)과 형용사 冷淡(쌀쌀맞다)을 형용사구 相当冷淡(상당히 쌀쌀맞다)으로 연결한 후 목적어로 배치한다. 참고로, 동사 显得의 경우 주로 형용사(구)나 주술구, 술목구를 목적어로 가진다는 것을 알아 둔다. ⇒ 反应　显得　相当　冷淡

　　　　STEP 3　남은 어휘인 '대사+的' 형태의 她的(그녀의)를 주어 反应(반응) 앞에 관형어로 배치하여 문장을 완성한다. ⇒ 她的　反应　显得　相当　冷淡

해설　완성된 문장　她的反应显得相当冷淡。(그녀의 반응은 상당히 쌀쌀맞아 보인다.)

어휘　相当 xiāngdāng 윗상당히 동엇비슷하다　冷淡 lěngdàn 형쌀쌀맞다 동냉대하다　显得 xiǎnde 동~해 보이다
　　　反应 fǎnyìng 명반응 동반응하다

92

一些新的　提出了		명사	동사+了	수사+양사+형용사+的	명사
观点　专家	⇒	专家	提出了	一些新的	观点。
		주어	술어+了	관형어	목적어

해석　전문가는 몇몇 새로운 관점들을 제시하였다.

해설　STEP 1　제시된 어휘 중 '동사+了' 형태의 提出了(제시하였다)를 술어 자리에 바로 배치한다. ⇒ 提出了

　　　　STEP 2　명사 观点(관점)과 명사 专家(전문가) 중 술어가 포함된 提出了(제시하였다)와 문맥상 목적어로 어울리는 观点을 목적어로 배치하고 주어로 어울리는 专家를 주어로 배치한다. ⇒ 专家　提出了　观点

　　　　STEP 3　남은 어휘인 '수사+양사+형용사+的' 형태의 一些新的(몇몇 새로운)를 목적어 观点(관점) 앞에 관형어로 배치하여 문장을 완성한다. ⇒ 专家　提出了　一些新的　观点

해설　완성된 문장　专家提出了一些新的观点。(전문가는 몇몇 새로운 관점들을 제시하였다.)

어휘　提出 tíchū 동제시하다　观点 guāndiǎn 명관점　专家 zhuānjiā 명전문가

93

这不是　方法		대사+부사+동사	동사+명사+的	형용사	명사
唯一　评价员工的	⇒	这不是	评价员工的	唯一	方法。
		주어+부사어+술어	관형어		목적어

해석　이는 직원을 평가하는 유일한 방법이 아니다.

해설　STEP 1　제시된 어휘 중 是이 있으므로, 是자문을 완성해야 한다. 제시된 어휘 중 동사 是을 포함하고 있는 '대사+부사+동사' 형태의 这不是(이는 ~이 아니다)을 술어 자리에 바로 배치한다. 참고로, 这不是에서 这는 주어, 不는 부사어이다. ⇒ 这不是

　　　　STEP 2　문맥상 这不是(이는 ~이 아니다)의 목적어로 어울리는 명사 方法(방법)를 목적어로 배치한다. ⇒ 这不是　方法

　　　　STEP 3　남은 어휘인 '동사+명사+的' 형태의 评价员工的(직원을 평가하는)와 형용사 唯一(유일한)를 评价员工的 → 唯一 순서로 연결한 후 목적어 方法(방법) 앞에 관형어로 배치하여 문장을 완성한다. 참고로, 관형어 唯一는 목적어와 의미적으로 밀접하여 목적어 바로 앞에 위치한 경우이다. ⇒ 这不是　评价员工的　唯一　方法

해설　완성된 문장　这不是评价员工的唯一方法。(이는 직원을 평가하는 유일한 방법이 아니다.)

어휘　方法 fāngfǎ 명방법　唯一 wéiyī 형유일하다　评价 píngjià 동평가하다　员工 yuángōng 명직원

94

整理一下　叫我　舅舅
到阳台　维修工具

⇒

명사	동사+대사	동사+명사	동사+수사+양사	동사+명사
舅舅	**叫我**	**到阳台**	**整理一下**	**维修工具。**
주어1	술어1+겸어	술어2+목적어2	술어3+보어	관형어+목적어3
	목적어1/주어2		연동문 구조	

해석　외삼촌은 나로 하여금 베란다에 가서 수리 도구들을 좀 정리하라고 하셨다.

해설　STEP 1　제시된 어휘 중 '동사+대사' 형태의 **叫我**(나로 하여금 ~하라고 하다)에 사역동사 **叫**가 있으므로, 겸어문을 완성해야 한다. 겸어문에서는 사역동사가 주로 술어1 자리에 위치하므로, **叫**를 포함하고 있는 **叫我**를 술어1 자리에 배치한다. 참고로, **叫我**에서 **我**는 술어1 **叫**(나로 하여금 ~하라고 하다)의 대상이 되면서 술어2의 주어가 되는 겸어이다.

⇒ 叫我

STEP 2　남은 어휘 중 술어가 될 수 있는 동사가 **整理一下**(좀 정리하다)의 **整理**, **到阳台**(베란다에 가다)의 **到** 두 개이므로, 연동문 구조를 고려한다. 연동문에서 첫 번째 술어로 자주 쓰이는 동사 **到**가 포함되어 있는 '동사+명사' 형태의 **到阳台**를 술어2 자리에, '동사+수사+양사' 형태의 **整理一下**를 술어3 자리에 배치한다.

⇒ 叫我　到阳台　整理一下

STEP 3　명사 **舅舅**(외삼촌)와 '동사+명사' 형태의 **维修工具**(수리 도구) 중 술어3이 포함된 '동사+수량사' 형태의 **整理一下**(좀 정리하다)와 문맥상 목적어로 어울리는 **维修工具**를 목적어3 자리에 배치하고, 술어1이 포함된 **叫我**(나로 하여금 ~하라고 하다)와 문맥상 주어로 어울리는 **舅舅**를 주어1로 배치하여 문장을 완성한다.

⇒ 舅舅　叫我　到阳台　整理一下　维修工具

완성된 문장　**舅舅叫我到阳台整理一下维修工具。**(외삼촌은 나로 하여금 베란다에 가서 수리 도구들을 좀 정리하라고 하셨다.)

어휘　**整理** zhěnglǐ [동]정리하다　**舅舅** jiùjiu [명]외삼촌　**阳台** yángtái [명]베란다　**维修** wéixiū [동]수리하다　**工具** gōngjù [명]도구

95

重要成果　化学领域
取得了　他在

⇒

대사+개사	명사+명사	동사+了	형용사+명사
他在	**化学领域**	**取得了**	**重要成果。**
주어	부사어	술어+了	관형어+목적어

해석　그는 화학 분야에서 중요한 성과를 얻었다.

해설　STEP 1　제시된 어휘 중 '동사+了' 형태의 **取得了**(얻었다)를 술어 자리에 바로 배치한다. ⇒ 取得了

STEP 2　'대사+개사' 형태의 **他在**(그는 ~에서)를 주어 자리에 바로 배치하고, 술어가 포함된 **取得了**(얻었다)와 문맥상 목적어로 어울리는 **重要成果**(중요한 성과)를 목적어로 배치한다 ⇒ 他在　取得了　重要成果

STEP 3　남은 어휘인 '명사+명사' 형태의 **化学领域**(화학 분야)를 술어가 포함된 **取得了**(얻었다) 앞, 주어가 포함된 **他在**(그는 ~에서) 뒤에 부사어로 배치하여 문장을 완성한다. 참고로, **化学领域**는 개사 **在**와 함께 **在化学领域**(화학 분야에서)라는 개사구를 이루며 부사어가 된다. ⇒ 他在　化学领域　取得了　重要成果

완성된 문장　**他在化学领域取得了重要成果。**(그는 화학 분야에서 중요한 성과를 얻었다.)

어휘　**成果** chéngguǒ [명]성과　**化学** huàxué [명]화학　**领域** lǐngyù [명]분야　**取得** qǔdé [동]얻다

96

广泛　已被　应用在
生活中　手机支付

⇒

명사+동사	부사+被	형용사	동사+동사	명사+명사
手机支付	**已被**	**广泛**	**应用在**	**生活中。**
주어	부사어+被	부사어	술어	기타성분

해석　모바일 결제는 이미 생활 속에서 폭넓게 응용되고 있다.

해설　STEP 1　제시된 어휘 중 **被**가 있으므로, **被**자문을 완성해야 한다. '동사+동사' 형태의 **应用在**(~에 응용하다)를 술어 자리에 배치하고, **被**를 포함하고 있는 '부사+被' 형태의 **已被**(이미 ~에 의해 ~되다)를 술어 앞에 배치한다.

⇒ 已被　应用在

STEP 2　문맥상 **已被……应用在**(이미 ~에 의해 ~에 응용되다)와 주어로 어울리는 '명사+동사' 형태의 **手机支付**(모바일 결제)를 주어로 배치한다. 참고로, **应用在**(~에 응용하다)의 주체는 생략되었다. ⇒ 手机支付　已被　应用在

STEP 3 남은 어휘 중 형용사 广泛(폭넓다)을 술어가 포함된 应用在(~에 응용하다) 앞에 부사어로 배치하고, '명사+명사' 형태의 生活中(생활 속)을 술어가 포함된 应用在 뒤에 기타성분으로 배치하여 문장을 완성한다. 참고로, 부사어 广泛은 술어와 의미적으로 밀접하여 술어 바로 앞에 위치한 경우이다.

⇨ 手机支付 已被 广泛 应用在 生活中

완성된 문장 手机支付已被广泛应用在生活中。(모바일 결제는 이미 생활 속에서 폭넓게 응용되고 있다.)

어휘 **广泛** guǎngfàn [형]폭넓다 **应用** yìngyòng [동]응용하다 [형]응용하는 **生活** shēnghuó [명]생활 [동]생활하다 **手机支付** shǒujī zhīfù 모바일 결제

97

达到了 生产量
一定的规模 工厂的

⇨

명사+的	명사	동사+了	형용사+的+명사
工厂的	生产量	达到了	一定的规模。
관형어	주어	술어+了	관형어+목적어

해석 공장의 생산량은 일정한 규모에 도달했다.

해설 STEP 1 제시된 어휘 중 '동사+了' 형태의 达到了(도달했다)를 술어 자리에 바로 배치한다. ⇨ 达到了

STEP 2 명사 生产量(생산량)과 '형용사+的+명사' 형태의 一定的规模(일정한 규모) 중에서 술어가 포함된 达到了(도달했다)와 문맥상 목적어로 어울리는 一定的规模를 목적어 자리에 배치하고, 주어로 어울리는 명사 生产量(생산량)을 주어로 배치한다. ⇨ 生产量 达到了 一定的规模

STEP 3 남은 어휘인 '명사+的' 형태의 工厂的(공장의)를 주어 生产量(생산량) 앞에 관형어로 배치하여 문장을 완성한다.

⇨ 工厂的 生产量 达到了 一定的规模

완성된 문장 工厂的生产量达到了一定的规模。(공장의 생산량은 일정한 규모에 도달했다.)

어휘 **达到** dádào [동]도달하다 **生产量** shēngchǎnliàng [명]생산량 **规模** guīmó [명]규모 **工厂** gōngchǎng [명]공장

98

大约有 这次 三百个人
志愿者 活动的

⇨

대사+양사	명사+的	명사	부사+동사	수사+양사+명사
这次	活动的	志愿者	大约有	三百个人。
관형어		주어	부사어+술어	관형어+목적어

해석 이번 활동의 지원자는 대략 300명이 있다.

해설 STEP 1 제시된 어휘 중 有가 있으므로, 有자문을 완성해야 한다. 동사 有를 포함하고 있는 '부사+동사' 형태의 大约有(대략 ~이 있다)를 술어 자리에 바로 배치한다. ⇨ 大约有

STEP 2 명사 志愿者(지원자)와 '수사+양사+명사' 형태의 三百个人(300명) 중 술어가 포함된 大约有(대략 ~이 있다)와 문맥상 목적어로 어울리는 三百个人을 목적어 자리에 배치하고, 주어로 어울리는 志愿者를 주어로 배치한다. ⇨ 志愿者 大约有 三百个人

STEP 3 남은 어휘 중 '대사+양사' 형태의 这次(이번)와 '명사+的' 형태의 活动的(활동의)를 这次 → 活动的 순서로 연결한 후 주어 志愿者(지원자) 앞에 관형어로 배치하여 문장을 완성한다.

⇨ 这次 活动的 志愿者 大约有 三百个人

완성된 문장 这次活动的志愿者大约有三百个人。(이번 활동의 지원자는 대략 300명이 있다.)

어휘 **大约** dàyuē [부]대략 **志愿者** zhìyuànzhě [명]지원자 **活动** huódòng [명]활동 [동]움직이다

99

调整	状态	反复	分析	实际

调整 tiáozhěng [동]조절하다 **状态** zhuàngtài [명]컨디션, 상태 **反复** fǎnfù [부]반복해서 **分析** fēnxī [동]분석하다 **实际** shíjì [형]실제의

STEP 1 소재 정하기

기말고사를 준비하면서 실제 시험에 대해 자신감이 생긴 경험

STEP 2 **아웃라인 잡고 짧은 글쓰기**

도입 **나는 최근에 기말고사를 준비하는 중임**

전개 **이것은 실제(实际) 시험에서 좋은 성적을 얻기 위해서였음**

먼저 나는 모든 내용을 반복해서(反复) 여러 번 봤고, 그 다음에 쉽게 틀리는 문제를 분석했음(分析)

이 과정에서, 나는 컨디션(状态)을 조절하는 것(调整)도 잊지 않았음

마무리 **결론적으로, 이 일은 나로 하여금 실제(实际) 시험에 대해 자신감이 생기게 했음**

모범 답안

		我	最	近	正	在	准	备	期	末	考	试	。	这	是
为	了	在	实	际	考	试	中	拿	到	好	成	绩	。	首	先
我	把	所	有	内	容	反	复	看	了	几	遍	,	然	后	分
析	了	容	易	错	的	问	题	。	在	这	个	过	程	中	,
我	也	没	忘	记	调	整	状	态	。	总	而	言	之	,	这
件	事	让	我	对	实	际	考	试	产	生	了	信	心	。	

도입 나는 최근에 기말고사를 준비하고 있다.

전개 이것은 실제 시험에서 좋은 성적을 얻기 위해서이다. 먼저 나는 모든 내용을 반복해서 여러 번 봤고, 그 다음에 쉽게 틀리는 문제를 분석했다. 이 과정에서, 나는 컨디션을 조절하는 것도 잊지 않았다.

마무리 결론적으로, 이 일은 나로 하여금 실제 시험에 대해 자신감이 생기게 했다.

어휘 **期末考试** qīmò kǎoshì 몡기말고사 **实际** shíjì 몡실제의 **首先** shǒuxiān 쀠먼저 **所有** suǒyǒu 쀟모든
反复 fǎnfù 쀠반복해서 **分析** fēnxī 동분석하다 **过程** guòchéng 몡과정 **调整** tiáozhěng 동조절하다
状态 zhuàngtài 몡컨디션, 상태 **总而言之** zǒng'éryánzhī 쩝결론적으로 **产生** chǎnshēng 동생기다 **信心** xìnxīn 몡자신감

· **拿到好成绩** nádào hǎo chéngjì 좋은 성적을 받다
· **分析问题** fēnxī wèntí 문제를 분석하다
· **调整状态** tiáozhěng zhuàngtài 컨디션을 조절하다

100

여자를 '나'로 설정

STEP 1 **소재 정하고 활용 표현 떠올리기**

가전제품 정비사의 서비스를 받은 후 가전제품 관리의 중요성을 이해하게 된 경험

활용 표현 **修理工**(정비사), **洗衣机**(세탁기), **维修**(수리하다), **零件**(부품), **毛病**(고장)

STEP 2 **아웃라인 잡고 짧은 글쓰기**

도입 **나는 최근에 가전제품 정비사(修理工)가 제공하는 서비스를 받았음**

전개 **이것은 물이 새는 세탁기(洗衣机)를 수리(维修)하기 위해서였음**

먼저 정비사(修理工)는 고장(毛病)이 난 부분을 찾았고, 그 다음에 부품(零件)을 교체했음

이 과정에서, 나는 앞으로 가전제품을 잘 관리해야겠다고 다짐했음

마무리 **결론적으로, 이 일은 나로 하여금 가전제품 관리의 중요성을 이해하게 했음**

모범 답안

도입		我	最	近	接	受	了	家	电	修	理	工	提	供	的

服	务	。	这	是	为	了	维	修	漏	水	的	洗	衣	机	。

전개

首	先	修	理	工	找	到	了	出	毛	病	的	地	方	，	然	48

后	换	了	个	零	件	。	在	这	个	过	程	中	，	我	决

마무리

定	今	后	要	好	好	管	理	家	电	。	总	而	言	之	，	80

这	件	事	让	我	理	解	了	家	电	管	理	的	重	要	性。

도입 나는 최근에 가전제품 정비사가 제공하는 서비스를 받았다.

전개 이것은 물이 새는 세탁기를 수리하기 위해서였다. 먼저 정비사는 고장이 난 부분을 찾았고, 그 다음에 부품을 교체했다. 이 과정에서, 나는 앞으로 가전제품을 잘 관리해야겠다고 다짐했다.

마무리 결론적으로, 이 일은 나로 하여금 가전제품 관리의 중요성을 이해하게 했다.

어휘 接受 jiēshòu 團받다 家电 jiādiàn 團가전제품 修理工 xiūlǐgōng 정비사 提供 tígōng 團제공하다
维修 wéixiū 團수리하다 漏水 lòushuǐ 團물이 새다 洗衣机 xǐyījī 團세탁기 首先 shǒuxiān 團먼저
毛病 máobìng 團고장 零件 língjiàn 團부품 过程 guòchéng 團과정 今后 jīnhòu 團앞으로 管理 guǎnlǐ 團관리하다
总而言之 zǒng'éryánzhī 團결론적으로 理解 lǐjiě 團이해하다

· 接受服务 jiēshòu fúwù 서비스를 받다
· 出毛病 chū máobìng 고장이 나다
· 换零件 huàn língjiàn 부품을 교체하다

중국어도 역시 1위 해커스중국어
약 900여 개의 체계적인 무료 학습자료

분야 / 레벨	공통	회화	HSK	HSKK/TSC
공통	철저한 성적분석 **무료 레벨테스트** 	빠르게 궁금증 해결 **1:1 학습 케어** 	HSK 전 급수 **프리미엄 모의고사** 	TSC 급수별 **발음 완성 트레이너**
초급	초보자가 꼭 알아야 할 **초보 중국어 단어** 	기초 무료 강의 제공 **초보 중국어 회화** 	HSK 4급 쓰기+어휘 완벽 대비 **쓰기 핵심 문장 연습** 	TSC 급수별 **만능 표현** **& 필수 암기 학습자료**
중급	매일 들어보는 **사자성어 & 한자상식** 	입이 트이는 자동발사 **중국어 팟캐스트** 	기본에서 실전까지 마무리 **HSK 무료 강의** 	HSKK/TSC 실전 정복! **고사장 소음 버전 MP3**
고급	실생활 고급 중국어 완성! **중국어 무료 강의** 	상황별 다양한 표현 학습 **여행/비즈니스 중국어** 	HSK 고득점을 위한 **무료 쉐도잉 프로그램** 	고급 레벨을 위한 **TSC 무료 학습자료**

무료 학습자료
확인하기 ▶

중국어 인강 **1위 해커스중국어**　　china.Hackers.com ▾　　검색

중국어도 역시
1위 해커스중국어

중국어인강
1위

소비자 만족지수
1위

강의 만족도
96.4%

[인강] 주간동아 선정 2019 한국 브랜드 만족지수 교육(중국어인강) 부문 1위
[소비자만족지수] 한경비즈니스 선정 2017 소비자가 뽑은 소비자만족지수, 교육(중국어학원)부문 1위 해커스중국어
[만족도] 해커스중국어 2020 강의 수강생 대상 설문조사 취합 결과

중국어인강 **1위** 해커스의 저력,
HSK 합격자로 증명합니다.

HSK 4급 환급 신청자
합격 점수
평균 256점

* 성적 미션 달성자

HSK 5급 환급 신청자
합격 점수
평균 240점

* 성적 미션 달성자

2주 만에 HSK 4급 261점 합격

HSK 4급 (2020.05.09) 汉语水平考试

듣기	독해	쓰기	총점
			총점
86	100	75	261

HSK 환급반 수강생 김*빈님 후기

이미 많은 선배들이 **해커스중국어**에서
고득점으로 HSK 졸업 했습니다.

HSK 5급
최종 실전 마무리!

다음 단계를
추천하는 교재

베스트셀러
1위

해커스 HSK 5급 실전모의고사
점수를 높이는 막판 1주!

· HSK 5급 **최신 경향 분석 반영**
· **실전모의고사 5회분** 수록
· **모의고사용/문제별 분할/고사장 MP3** 제공

교재와 함께
무료 매일 학습 콘텐츠로 중국어 완벽 마스터!

· 매일 HSK 5급 필수 어휘
· 매일 한자 Quiz
· 해커스 HSK 기출 사자성어

해커스 중국어

HSK5급

해커스중국어 교재 시리즈

HSK 단어장	해커스 HSK 1-4급 단어장	해커스 HSK 5급 단어장	해커스 HSK 6급 단어장	해커스 HSK 1-4급 단어장 [큰글씨 확대판]	해커스 HSK 5급 단어장 [큰글씨 확대판]	해커스 HSK 6급 단어장 [큰글씨 확대판]
HSK 기본서	해커스 HSK 1-2급 한 권으로 가뿐하게 합격	해커스 HSK 3급 한 권으로 합격	해커스 HSK 4급 한 권으로 합격	해커스 HSK 5급 한 권으로 정복	해커스 HSK 6급 한 권으로 고득점 달성	해커스 HSK 7-9급 한 권으로 마스터
HSK 실전서	해커스 HSK 3급 실전모의고사	해커스 HSK 4급 실전모의고사	해커스 HSK 5급 실전모의고사	해커스 해설이 상세한 HSK 6급 실전모의고사	해커스 해설이 상세한 HSK 7-9급 실전모의고사	

HSKK 기본서	해커스 HSKK 중급 10일 만에 딸 수 있다!	해커스 HSKK 고급 5일 만에 딸 수 있다!	TSC 기본서	해커스 TSC 3급 "니하오"를 몰라도 20일 만에 딸 수 있다!	해커스 TSC 한 권으로 끝내기	중국어 문법	99포인트로 마스터하는 해커스 중국어 문법

중국어 회화	해커스 중국어 첫걸음	해커스 자동발사 중국어 첫걸음 1탄	해커스 자동발사 중국어 첫걸음 2탄	해커스 왕초보 중국어회화 10분의 기적 기초중국어 말하기	해커스 중국어회화 10분의 기적 패턴으로 말하기	해커스 중국어회화 10분의 기적 상황별로 말하기

해커스 중국어
HSK5급
한 권으로 정복

HSK5급
핵심어휘집

듣기·독해·쓰기 핵심어휘 & 쓰기 모범 답안

해커스

바로 듣기

☑ 잘 외워지지 않는 어휘는 박스에 체크하여 복습하세요. 🎧 HSK 5급 핵심어휘집_01일

★ 최빈출 어휘

❀ 장소/위치

□ 火车站	huǒchēzhàn	몡 기차역
□ 机场	jīchǎng	몡 공항
□ 宾馆	bīnguǎn	몡 호텔
□ 餐厅	cāntīng	몡 식당
□ 咖啡厅	kāfēitīng	몡 카페
□ 甜品店	tiánpǐndiàn	디저트 가게
□ 酒吧 ★	jiǔbā	몡 술집
□ 超市	chāoshì	몡 슈퍼마켓
□ 商店	shāngdiàn	몡 상점
□ 百货商店	bǎihuò shāngdiàn	백화점
□ 商场	shāngchǎng	몡 백화점
□ 食品专卖店	shípǐn zhuānmàidiàn	식품 전문점
□ 家具店	jiājùdiàn	몡 가구점
□ 医院	yīyuàn	몡 병원
□ 药店	yàodiàn	몡 약국
□ 银行 ★	yínháng	몡 은행
□ 邮局	yóujú	몡 우체국
□ 理发店	lǐfàdiàn	몡 이발소
□ 美发店	měifàdiàn	몡 미용실
□ 营业厅	yíngyètīng	몡 영업점
□ 电台	diàntái	몡 라디오 방송국
□ 加油站	jiāyóuzhàn	몡 주유소

□ 照相馆	zhàoxiàngguǎn	몡 사진관
□ 图书馆	túshūguǎn	몡 도서관
□ 自习室	zìxíshì	몡 자습실
□ 实验室	shíyànshì	몡 실험실
□ 报告厅	bàogàotīng	세미나실
□ 学生宿舍	xuéshēng sùshè	학생 기숙사
□ 文具店	wénjùdiàn	몡 문구점
□ 印刷厂	yìnshuāchǎng	인쇄소
□ 出版社	chūbǎnshè	몡 출판사
□ 杂志社	zázhìshè	몡 잡지사
□ 报社	bàoshè	몡 신문사
□ 运动场	yùndòngchǎng	몡 운동장
□ 体育馆	tǐyùguǎn	몡 체육관
□ 滑雪场	huáxuěchǎng	몡 스키장
□ 足球场	zúqiúchǎng	몡 축구장
□ 顶楼花园	dǐnglóu huāyuán	옥상 정원
□ 游乐园	yóulèyuán	몡 유원지
□ 法院	fǎyuàn	몡 법원
□ 大使馆	dàshǐguǎn	몡 대사관
□ 幼儿园	yòu'éryuán	몡 유치원
□ 屋子	wūzi	몡 방
□ 阳台 ★	yángtái	몡 발코니, 베란다
□ 书房 ★	shūfáng	몡 서재

★ 최빈출 어휘

☐ 卧室	wòshì	몡 침실	☐ 石头周围	shítou zhōuwéi	돌 주위
☐ 厨房 ★	chúfáng	몡 주방	☐ 门前面	mén qiánmian	문 앞
☐ 库房	kùfáng	몡 창고	☐ 门后面	mén hòumian	문 뒤
☐ 商务中心	shāngwù zhōngxīn	비즈니스 센터	☐ 操场东边	cāochǎng dōngbian	운동장 동쪽
☐ 宴会厅	yànhuìtīng	연회장	☐ 操场西边	cāochǎng xībian	운동장 서쪽
☐ 工厂	gōngchǎng	몡 공장	☐ 广场南边	guǎngchǎng nánbian	광장 남쪽
☐ 室内	shìnèi	몡 실내	☐ 广场北边	guǎngchǎng běibian	광장 북쪽
☐ 椅子上	yǐzi shang	의자 위	☐ 校门外	xiào ménwài	교문 밖
☐ 地毯上 ★	dìtǎn shang	카펫 위	☐ 医院斜对面	yīyuàn xiéduìmiàn	병원 대각선 맞은편
☐ 箱子下 ★	xiāngzi xia	박스 아래	☐ 健身房附近	jiànshēnfáng fùjìn	헬스장 근처
☐ 餐桌下	cānzhuō xia	식탁 아래	☐ 教学楼旁边	jiàoxuélóu pángbiān	강의실 건물 옆
☐ 客厅里	kètīng li	거실 안	☐ 柜台 ★	guìtái	몡 카운터, 계산대
☐ 橱柜里	chúguì li	장식장 안	☐ 购物中心	gòuwù zhōngxīn	쇼핑센터
☐ 枕头左边	zhěntou zuǒbian	베개 왼쪽	☐ 杂货店	záhuòdiàn	몡 잡화점
☐ 枕头右边	zhěntou yòubian	베개 오른쪽	☐ 快餐店	kuàicāndiàn	몡 패스트푸드 가게
☐ 书架上	shūjià shang	책꽂이 위	☐ 出租店	chūzūdiàn	대여점
☐ 鞋柜上	xiéguì shang	신발장 위	☐ 度假村	dùjiàcūn	몡 리조트, 휴양지
☐ 沙发下	shāfā xia	소파 아래	☐ 书店	shūdiàn	몡 서점
☐ 床底	chuáng dǐ	침대 밑	☐ 车库	chēkù	몡 차고
☐ 抽屉里 ★	chōuti li	서랍 안	☐ 仓库	cāngkù	몡 창고
☐ 袋子里	dàizi li	봉지 안	☐ 寺庙	sìmiào	몡 절, 사당
☐ 院子外	yuànzi wài	정원 밖	☐ 停车场	tíngchēchǎng	몡 주차장
☐ 大楼对面 ★	dàlóu duìmiàn	빌딩 맞은편	☐ 售票处	shòupiàochù	몡 매표소

바로 듣기

☑ 잘 외워지지 않는 어휘는 박스에 체크하여 복습하세요. 🎧 HSK 5급 핵심어휘집_02일

★ 최빈출 어휘

✿ 직업/신분/인물 관계

☐ 记者	jìzhě	몡 기자	☐ 外交官	wàijiāoguān	몡 외교관
☐ 作家	zuòjiā	몡 작가	☐ 律师	lǜshī	몡 변호사
☐ 主编	zhǔbiān	몡 편집장	☐ 警察	jǐngchá	몡 경찰
☐ 编辑 ★	biānjí	몡 편집자	☐ 物理学家	wùlǐxuéjiā	몡 물리학자
☐ 总裁 ★	zǒngcái	몡 총재, 대표, 회장	☐ 心理学家	xīnlǐxuéjiā	몡 심리학자
☐ 领导 ★	lǐngdǎo	몡 대표	☐ 咨询师	zīxúnshī	몡 상담사
☐ 老板	lǎobǎn	몡 사장	☐ 翻译	fānyì	몡 번역가, 통역가
☐ 企业家	qǐyèjiā	몡 기업가	☐ 银行职员	yínháng zhíyuán	은행원
☐ 人事科长	rénshì kēzhǎng	인사 과장	☐ 客服人员	kèfú rényuán	고객 센터 직원
☐ 经理 ★	jīnglǐ	몡 매니저, 지배인	☐ 房屋中介 ★	fángwū zhōngjiè	몡 부동산 중개인
☐ 销售人员	xiāoshòu rényuán	영업 사원	☐ 大夫	dàifu	몡 의사
☐ 企业培训师	qǐyè péixùnshī	기업 강사	☐ 宠物医生	chǒngwù yīshēng	수의사
☐ 秘书 ★	mìshū	몡 비서	☐ 厨师	chúshī	몡 요리사
☐ 同事	tóngshì	몡 동료	☐ 清洁工	qīngjiégōng	몡 환경미화원
☐ 厂长	chǎngzhǎng	몡 공장장	☐ 导游	dǎoyóu	몡 여행 가이드
☐ 员工 ★	yuángōng	몡 직원, 사원	☐ 教练	jiàoliàn	몡 코치
☐ 维修工	wéixiūgōng	몡 수리공	☐ 运动员	yùndòngyuán	몡 운동선수
☐ 工程师 ★	gōngchéngshī	몡 엔지니어	☐ 教授 ★	jiàoshòu	몡 교수
☐ 管理者	guǎnlǐzhě	몡 관리자	☐ 系主任	xìzhǔrèn	몡 학과장
☐ 项目主管	xiàngmù zhǔguǎn	프로젝트 팀장	☐ 学校领导	xuéxiào lǐngdǎo	학교 간부
☐ 会计	kuàijì	몡 회계사	☐ 学员	xuéyuán	몡 수강생
☐ 政府官员	zhèngfǔ guānyuán	정부 관리	☐ 同学	tóngxué	몡 동창, 학우
			☐ 舍友	shèyǒu	몡 기숙사 룸메이트

★ 최빈출 어휘

☐ 同屋	tóngwū	명 룸메이트	☐ 孙女	sūnnǚ	명 손녀
☐ 室友	shìyǒu	명 룸메이트	☐ 孙子	sūnzi	명 손자
☐ 老师	lǎoshī	명 선생님	☐ 父母	fùmǔ	명 부모
☐ 学生	xuésheng	명 학생	☐ 父亲	fùqīn	명 부친
☐ 朋友	péngyou	명 친구	☐ 母亲	mǔqīn	명 모친
☐ 售货员 ★	shòuhuòyuán	명 판매원	☐ 母子	mǔzǐ	명 어머니와 아들
☐ 顾客	gùkè	명 고객	☐ 父子	fùzǐ	명 아버지와 아들
☐ 设计师	shèjìshī	명 디자이너	☐ 母女	mǔnǚ	명 어머니와 딸
☐ 导演	dǎoyǎn	명 감독	☐ 父女	fùnǚ	명 아버지와 딸
☐ 演员	yǎnyuán	명 연기자	☐ 兄弟	xiōngdì	명 형제
☐ 歌手	gēshǒu	명 가수	☐ 姐妹	jiěmèi	명 자매
☐ 模特 ★	mótè	명 모델	☐ 兄妹	xiōngmèi	명 오빠와 여동생
☐ 明星	míngxīng	명 스타	☐ 亲戚	qīnqi	명 친척
☐ 主角	zhǔjué	명 주인공	☐ 主持人 ★	zhǔchírén	명 사회자, 진행자
☐ 夫妻 ★	fūqī	명 부부	☐ 冠军	guànjūn	명 우승자
☐ 夫妇	fūfù	명 부부	☐ 专家 ★	zhuānjiā	명 전문가
☐ 老公	lǎogōng	명 남편	☐ 邻居	línjū	명 이웃
☐ 老婆	lǎopo	명 아내	☐ 恋人	liànrén	명 연인
☐ 宝贝	bǎobèi	명 보배, 귀염둥이	☐ 师生	shīshēng	스승과 제자
☐ 姥姥 ★	lǎolao	명 외할머니	☐ 房东 ★	fángdōng	명 집주인
☐ 外婆	wàipó	명 외할머니	☐ 租户	zūhù	명 세입자
☐ 外公	wàigōng	명 외할아버지	☐ 医生	yīshēng	명 의사
☐ 舅舅 ★	jiùjiu	명 외삼촌	☐ 病人	bìngrén	명 환자

바로 듣기

☑ 잘 외워지지 않는 어휘는 박스에 체크하여 복습하세요. 🎧 HSK 5급 핵심어휘집_03일

★ 최빈출 어휘

✿ 일상생활/집안일/음식

☐ 充电 ★	chōngdiàn	통 충전하다
☐ 戴口罩	dài kǒuzhào	마스크를 쓰다
☐ 扔垃圾	rēng lājī	쓰레기를 버리다
☐ 摔倒 ★	shuāidǎo	통 넘어지다
☐ 打碎 ★	dǎsuì	통 부수다
☐ 爬楼梯	pá lóutī	계단을 오르다
☐ 发信息	fā xìnxī	메시지를 보내다
☐ 取消约定	qǔxiāo yuēdìng	약속을 취소하다
☐ 推迟计划	tuīchí jìhuà	계획을 뒤로 미루다
☐ 参加婚礼	cānjiā hūnlǐ	결혼식에 참석하다
☐ 出席聚会	chūxí jùhuì	모임에 참석하다
☐ 出席晚宴	chūxí wǎnyàn	저녁 연회에 참석하다
☐ 咨询 ★	zīxún	통 자문하다, 물어보다
☐ 营造气氛	yíngzào qìfēn	분위기를 조성하다
☐ 犯错误	fàn cuòwù	잘못을 저지르다, 실수를 하다
☐ 买玩具	mǎi wánjù	장난감을 사다
☐ 订外卖	dìng wàimài	배달 음식을 시키다
☐ 调低	tiáodī	통 (조절하여) 낮추다
☐ 做家务	zuò jiāwù	집안일을 하다
☐ 洗衣服	xǐ yīfu	옷을 빨다, 빨래하다
☐ 晒衣服	shài yīfu	빨래를 널다
☐ 洗碗	xǐ wǎn	설거지하다

☐ 收拾 ★	shōushi	통 정리하다, 정돈하다
☐ 打扫房间	dǎsǎo fángjiān	방을 청소하다
☐ 保持清洁	bǎochí qīngjié	청결을 유지하다
☐ 铺地毯	pū dìtǎn	카펫을 깔다
☐ 关窗户	guān chuānghu	창문을 닫다
☐ 擦玻璃	cā bōli	유리를 닦다
☐ 拉上窗帘	lāshang chuānglián	커튼을 치다
☐ 装修 ★	zhuāngxiū	통 인테리어하다, 장식하다
☐ 洗车	xǐchē	통 세차하다
☐ 维修 ★	wéixiū	통 수리하다, 정비하다
☐ 修理	xiūlǐ	통 수리하다, 고치다
☐ 装饰房子	zhuāngshì fángzi	집을 장식하다
☐ 刷墙	shuā qiáng	벽을 칠하다
☐ 搬家具	bān jiājù	가구를 옮기다
☐ 换锁	huàn suǒ	자물쇠를 바꾸다
☐ 浇水	jiāoshuǐ	통 물을 주다
☐ 检查设备	jiǎnchá shèbèi	장비를 검사하다
☐ 租房	zūfáng	통 (집을) 임대하다
☐ 出租	chūzū	통 세를 놓다, 세주다
☐ 搬到新家	bāndào xīn jiā	새 집으로 이사하다
☐ 求婚	qiúhūn	통 청혼하다, 프러포즈하다
☐ 办结婚手续	bàn jiéhūn shǒuxù	결혼 절차를 밟다
☐ 怀孕 ★	huáiyùn	통 임신하다

□ 回老家	huí lǎojiā	고향으로 돌아가다	□ 食物 ★	shíwù	몡 음식, 음식물
□ 看望儿女	kànwàng érnǚ	자녀를 보러 가다	□ 油炸	yóuzhá	동 기름에 튀기다
□ 发红包	fā hóngbāo	세뱃돈을 주다	□ 辣	là	혱 맵다
□ 寄包裹 ★	jì bāoguǒ	택배를 부치다	□ 清淡	qīngdàn	혱 담백하다
□ 快递	kuàidì	몡 택배, 특급 우편	□ 菜单	càidān	몡 메뉴
□ 邮编	yóubiān	몡 우편번호	□ 点菜	diǎncài	동 요리를 주문하다
□ 收件人	shōujiànrén	몡 수취인	□ 包饺子	bāo jiǎozi	만두를 빚다
□ 寄件人	jìjiànrén	몡 발신인	□ 点心	diǎnxin	몡 간식
□ 地址	dìzhǐ	몡 주소	□ 饼干	bǐnggān	몡 과자
□ 钥匙	yàoshi	몡 열쇠	□ 冰激凌 ★	bīngjīlíng	몡 아이스크림
□ 工具	gōngjù	몡 도구	□ 馒头	mántou	몡 찐빵
□ 玩具	wánjù	몡 장난감	□ 蛋糕	dàngāo	몡 케이크
□ 零件 ★	língjiàn	몡 부속품	□ 香肠	xiāngcháng	몡 소시지
□ 家电	jiādiàn	몡 가전제품	□ 炒饭	chǎofàn	몡 볶음밥
□ 设备 ★	shèbèi	몡 설비, 시설	□ 土豆	tǔdòu	몡 감자
□ 毛病	máobìng	몡 (물건 등의) 고장, 결함	□ 海鲜 ★	hǎixiān	몡 해산물
□ 故障	gùzhàng	몡 (기계 등의) 고장	□ 全麦面包	quánmài miànbāo	통밀빵
□ 面积	miànjī	몡 면적	□ 特色小吃	tèsè xiǎochī	특산물
□ 新闻	xīnwén	몡 뉴스	□ 辣椒	làjiāo	몡 고추
□ 事件	shìjiàn	몡 사건	□ 臭豆腐	chòudòufu	몡 취두부
□ 专题报道	zhuāntí bàodào	몡 특집 보도	□ 粮食	liángshi	몡 식량, 곡물
□ 味道 ★	wèidao	몡 맛	□ 食物搭配	shíwù dāpèi	음식 궁합
□ 口味	kǒuwèi	몡 입맛, 맛	□ 零食 ★	língshí	몡 군것질거리, 주전부리

바로 듣기

☑ 잘 외워지지 않는 어휘는 박스에 체크하여 복습하세요. 🎧 HSK 5급 핵심어휘집_04일

★ 최빈출 어휘

✿ 구직/회사/업무

□ 求职	qiúzhí	통 직업을 구하다
□ 找兼职	zhǎo jiānzhí	아르바이트를 찾다
□ 录取 ★	lùqǔ	통 채용하다, 고용하다
□ 应聘 ★	yìngpìn	통 지원하다
□ 写简历	xiě jiǎnlì	이력서를 쓰다
□ 贴照片	tiē zhàopiàn	사진을 붙이다
□ 投简历	tóu jiǎnlì	이력서를 보내다
□ 面试 ★	miànshì	통 면접시험을 보다 명 면접시험
□ 学历	xuélì	명 학력
□ 经历 ★	jīnglì	명 경력, 경험
□ 工作经历	gōngzuò jīnglì	업무 경험, 근무 경험
□ 成就	chéngjiù	명 성과
□ 实习期间	shíxí qījiān	수습 기간
□ 合同期限	hétong qīxiàn	계약 기간
□ 实习证明	shíxí zhèngmíng	실습 증명서
□ 上班	shàngbān	통 출근하다
□ 出差	chūchāi	통 출장 가다
□ 查资料 ★	chá zīliào	자료를 찾다
□ 打印材料 ★	dǎyìn cáiliào	자료를 인쇄하다
□ 打印文件	dǎyìn wénjiàn	서류를 인쇄하다
□ 发传真	fā chuánzhēn	팩스를 보내다
□ 处理业务	chǔlǐ yèwù	업무를 처리하다

□ 安排会议 ★	ānpái huìyì	회의를 준비하다
□ 通知开会	tōngzhī kāihuì	회의를 통지하다
□ 主持会议	zhǔchí huìyì	회의를 진행하다
□ 交	jiāo	통 넘기다
□ 分配	fēnpèi	통 분배하다
□ 记录	jìlù	통 기록하다, 적다
□ 确认日程 ★	quèrèn rìchéng	일정을 확인하다
□ 耽误 ★	dānwu	통 지체하다
□ 开发新业务	kāifā xīnyèwù	신규 사업을 개발하다
□ 进军海外	jìnjūn hǎiwài	해외에 진출하다
□ 签合同	qiān hétong	계약하다
□ 招待客人 ★	zhāodài kèrén	손님을 접대하다
□ 重视项目	zhòngshì xiàngmù	업무를 중시하다
□ 编辑	biānjí	통 편집하다
□ 出版	chūbǎn	통 출판하다, 발행하다
□ 领工资	lǐng gōngzī	월급을 수령하다
□ 换工作	huàn gōngzuò	일자리를 바꾸다, 이직하다
□ 辞职 ★	cízhí	통 사직하다, 직장을 그만두다
□ 单位 ★	dānwèi	명 직장
□ 业务 ★	yèwù	명 업무
□ 项目 ★	xiàngmù	명 프로젝트
□ 商务	shāngwù	명 비즈니스
□ 合同 ★	hétong	명 계약

★ 최빈출 어휘

□ 贸易	màoyì	몡 무역
□ 商务合作	shāngwù hézuò	비즈니스 협력
□ 材料	cáiliào	몡 자료
□ 证明 ★	zhèngmíng	몡 증명서, 증서
□ 文件夹	wénjiànjiā	몡 서류철
□ 客户资料 ★	kèhù zīliào	고객 자료
□ 日程安排	rìchéng ānpái	스케줄
□ 部门	bùmén	몡 부서
□ 市场营销部	shìchǎng yíngxiāobù	마케팅 부서
□ 销售部 ★	xiāoshòubù	판매 부서
□ 总务部	zǒngwùbù	총무 부서
□ 宣传部	xuānchuánbù	홍보 부서
□ 宣传方案	xuānchuán fāng'àn	홍보 방안
□ 数据统计 ★	shùjù tǒngjì	데이터 통계
□ 工作待遇	gōngzuò dàiyù	근무 대우
□ 原稿	yuángǎo	몡 원고
□ 截稿日	jiégǎorì	원고 마감일
□ 欢送会	huānsònghuì	몡 환송회
□ 营业许可证	yíngyè xǔkězhèng	영업 허가증
□ 人才	réncái	몡 인재
□ 失业	shīyè	동 실직하다, 직업을 잃다
□ 前途 ★	qiántú	몡 전망, 앞길
□ 能干	nénggàn	혱 유능하다, 재능 있다

□ 挣	zhèng	동 (돈을) 벌다
□ 证件	zhèngjiàn	몡 증명서, 증거 서류
□ 采用	cǎiyòng	동 채용하다, 채택하다
□ 录取通知书	lùqǔ tōngzhīshū	채용(입학) 통지서
□ 慢就业	màn jiùyè	천천히 취업하다
□ 招工	zhāogōng	동 (새로운) 일꾼을 모집하다
□ 招聘会	zhāopìnhuì	취업 박람회
□ 工人	gōngrén	몡 (육체) 노동자
□ 炒鱿鱼	chǎo yóuyú	해고하다
□ 解雇	jiěgù	동 해고하다
□ 调派	diàopài	동 파견하다, 보내다
□ 上市公司	shàngshì gōngsī	몡 상장 회사
□ 证券公司	zhèngquàn gōngsī	몡 증권 회사
□ 员工大会	yuángōng dàhuì	몡 직원 전체 회의
□ 资深	zīshēn	혱 경력이 오래된, 베테랑의
□ 报酬	bàochou	몡 보수, 사례비
□ 从事 ★	cóngshì	동 종사하다
□ 出资	chūzī	동 출자하다, 자금을 내다
□ 创立	chuànglì	동 창립하다, 창설하다
□ 盈利模式	yínglì móshì	몡 수익 모델
□ 白大褂	báidàguà	몡 (의료인의) 흰 가운, 의료인
□ 才华	cáihuá	몡 재능, 재주
□ 校园招生	xiàoyuán zhāoshēng	캠퍼스 리쿠르트

바로 듣기

☑ 잘 외워지지 않는 어휘는 박스에 체크하여 복습하세요. 🎧 HSK 5급 핵심어휘집_05일

★ 최빈출 어휘

🌸 학교/학업

☐ 专业 ★	zhuānyè	명 전공
☐ 本科	běnkē	명 본과, 학부
☐ 课程	kèchéng	명 커리큘럼, 교과 과정
☐ 讲课	jiǎngkè	동 강의하다
☐ 听讲座	tīng jiǎngzuò	강의를 듣다
☐ 学习状况	xuéxí zhuàngkuàng	학습 상황
☐ 考试	kǎoshì	명 시험 / 동 시험을 보다
☐ 考试范围	kǎoshì fànwéi	시험 범위
☐ 成绩	chéngjì	명 성적
☐ 查成绩 ★	chá chéngjì	성적을 조회하다
☐ 论文 ★	lùnwén	명 논문
☐ 交论文	jiāo lùnwén	논문을 제출하다
☐ 参考	cānkǎo	동 참고하다
☐ 参考资料	cānkǎo zīliào	참고 자료
☐ 教育	jiàoyù	명 교육
☐ 教材	jiàocái	명 교재
☐ 借书	jièshū	동 책을 빌리다
☐ 文章结构	wénzhāng jiégòu	글의 구성
☐ 讨论	tǎolùn	동 토론하다
☐ 参加辩论赛	cānjiā biànlùnsài	토론 대회에 참가하다
☐ 发言	fāyán	동 발언하다
☐ 复印材料	fùyìn cáiliào	자료를 복사하다

☐ 填申请表 ★	tián shēnqǐngbiǎo	신청서를 작성하다
☐ 当交换生	dāng jiāohuànshēng	교환 학생이 되다
☐ 放假	fàngjià	동 방학하다
☐ 夏令营 ★	xiàlìngyíng	명 여름 캠프
☐ 去夏令营	qù xiàlìngyíng	여름 캠프에 가다
☐ 志愿者经历	zhìyuànzhě jīnglì	자원봉사자 경험
☐ 社团	shètuán	명 동아리
☐ 舞蹈社	wǔdǎoshè	춤 동아리
☐ 表演社	biǎoyǎnshè	연기 동아리
☐ 播音社	bōyīnshè	방송 동아리
☐ 武术社	wǔshùshè	무술 동아리
☐ 辩论社	biànlùnshè	토론 동아리
☐ 奖学金	jiǎngxuéjīn	명 장학금
☐ 毕业	bìyè	명 졸업 동 졸업하다
☐ 毕业证明书	bìyè zhèngmíngshū	졸업 증명서
☐ 研究生 ★	yánjiūshēng	명 대학원생
☐ 考研究生	kǎo yánjiūshēng	대학원생 시험을 치르다
☐ 准考证	zhǔnkǎozhèng	명 수험표
☐ 请教	qǐngjiào	동 가르침을 청하다
☐ 培训 ★	péixùn	동 양성하다, 육성하다
☐ 做实验	zuò shíyàn	실험을 하다
☐ 积累	jīlěi	동 누적하다, 축적하다
☐ 掌握 ★	zhǎngwò	동 정복하다, 장악하다

★ 최빈출 어휘

□ 辅导 ★	fǔdǎo	통 지도하다, 과외하다	□ 作文	zuòwén	명 작문 통 작문하다
□ 学校网站	xuéxiào wǎngzhàn	학교 웹 사이트	□ 单词	dāncí	명 단어
□ 学校设施	xuéxiào shèshī	학교 시설	□ 粉笔	fěnbǐ	명 분필
□ 学习软件	xuéxí ruǎnjiàn	학습 프로그램	□ 高考	gāokǎo	명 가오카오[중국의 대학 입학 시험]
□ 青少年	qīngshàonián	명 청소년	□ 奖励	jiǎnglì	통 장려하다, 격려하다
□ 提问	tíwèn	통 질문하다	□ 考查	kǎochá	통 시험하다
□ 翻	fān	통 펴다, 뒤집다	□ 难度	nándù	명 난이도
□ 背	bèi	통 외우다	□ 生物学	shēngwùxué	명 생물학
□ 学问	xuéwen	명 학식, 학문	□ 试验	shìyàn	명 시험, 테스트
□ 抄	chāo	통 베껴 쓰다	□ 提交	tíjiāo	통 제출하다
□ 概括	gàikuò	통 요약하다	□ 选课	xuǎnkè	통 수강 신청하다
□ 胶水	jiāoshuǐ	명 풀	□ 选项	xuǎnxiàng	통 항목을 선택하다 명 선택 항목
□ 提纲	tígāng	명 개요, 요점	□ 选修课	xuǎnxiūkè	명 선택 과목
□ 学术	xuéshù	명 학술	□ 学会	xuéhuì	명 학회 통 배워서 터득하다
□ 用功	yònggōng	통 열심히 공부하다	□ 语文	yǔwén	명 어문학
□ 专心	zhuānxīn	형 열중하다	□ 智商	zhìshāng	명 지능지수, IQ
□ 题目 ★	tímù	명 테마, 제목, 표제	□ 收获 ★	shōuhuò	명 소득, 성과
□ 念	niàn	통 (소리 내어) 읽다	□ 启发	qǐfā	통 일깨우다
□ 尺子	chǐzi	명 자	□ 高级	gāojí	형 고급의
□ 重复	chóngfù	통 되풀이하다	□ 彩纸	cǎizhǐ	명 색종이
□ 及格	jígé	통 합격하다	□ 经济学 ★	jīngjìxué	명 경제학
□ 刻苦	kèkǔ	형 애쓰다	□ 课外书	kèwàishū	과목 외 책
□ 试卷	shìjuàn	명 시험지	□ 相比	xiāngbǐ	통 비교하다

☑ 잘 외워지지 않는 어휘는 박스에 체크하여 복습하세요. 🎧 HSK 5급 핵심어휘집_06일

★ 최빈출 어휘

❀ 여가/여행/교통

☐ 爱好	àihào	몡 취미
☐ 钢琴	gāngqín	몡 피아노
☐ 弹钢琴	tán gāngqín	피아노를 치다
☐ 乐器	yuèqì	몡 악기
☐ 象棋	xiàngqí	몡 장기
☐ 下棋	xiàqí	동 장기(바둑)를 두다
☐ 看戏剧 ★	kàn xìjù	희극을 보다
☐ 看展览	kàn zhǎnlǎn	전시회를 보다
☐ 参观 ★	cānguān	동 참관하다, 견학하다
☐ 收藏	shōucáng	동 소장하다
☐ 文物	wénwù	몡 문물
☐ 名胜古迹 ★	míngshènggǔjì	몡 명승고적
☐ 拍照	pāizhào	동 사진을 찍다
☐ 杂志	zázhì	몡 잡지
☐ 组织活动	zǔzhī huódòng	행사를 조직하다
☐ 志愿活动	zhìyuàn huódòng	자원봉사 활동
☐ 放鞭炮 ★	fàng biānpào	폭죽을 터뜨리다
☐ 去旅行	qù lǚxíng	여행을 가다
☐ 去海边 ★	qù hǎibiān	바닷가에 가다
☐ 钓鱼	diàoyú	동 낚시하다
☐ 钓鱼工具	diàoyú gōngjù	낚시 도구
☐ 爬山	páshān	동 등산하다

☐ 风景 ★	fēngjǐng	몡 풍경
☐ 景色	jǐngsè	몡 경치
☐ 聚	jù	동 모이다, 집합하다
☐ 到齐	dàoqí	동 모두 도착하다
☐ 移动	yídòng	동 이동하다
☐ 游览 ★	yóulǎn	동 유람하다
☐ 合影	héyǐng	몡 단체 사진
☐ 拍合影	pāi héyǐng	단체 사진을 찍다
☐ 建筑 ★	jiànzhù	몡 건축물
☐ 服务台	fúwùtái	몡 안내 데스크
☐ 入住	rùzhù	동 (호텔 등에서) 숙박하다
☐ 退房	tuìfáng	동 체크아웃하다
☐ 住宿费	zhùsùfèi	몡 숙박비
☐ 交费	jiāofèi	동 비용을 지불하다
☐ 会员卡	huìyuánkǎ	몡 멤버십 카드
☐ 机票	jīpiào	몡 비행기표
☐ 登机牌 ★	dēngjīpái	몡 탑승권
☐ 改签	gǎiqiān	동 비행기표를 변경하다
☐ 航班	hángbān	몡 항공편
☐ 国际航班	guójì hángbān	국제선
☐ 办手续 ★	bàn shǒuxù	수속을 하다
☐ 护照	hùzhào	몡 여권
☐ 办理护照	bànlǐ hùzhào	여권을 발급하다

★ 최빈출 어휘

☐ 兑换	duìhuàn	통 환전하다	☐ 考驾照	kǎo jiàzhào	운전면허 시험을 보다
☐ 出国	chūguó	통 출국하다	☐ 踩油门	cǎi yóumén	액셀을 밟다
☐ 出国手续	chūguó shǒuxù	출국 수속	☐ 骑摩托车	qí mótuōchē	오토바이를 타다
☐ 随身物品	suíshēn wùpǐn	소지품	☐ 驾驶 ★	jiàshǐ	통 운전하다
☐ 海关 ★	hǎiguān	명 세관	☐ 运行	yùnxíng	통 (별·차량·선박 등이) 운행하다
☐ 纪念品	jìniànpǐn	명 기념품	☐ 拐弯	guǎiwān	통 방향을 바꾸다, 모퉁이를 돌다
☐ 免税店	miǎnshuìdiàn	명 면세점	☐ 绕	rào	통 우회하다, 휘감다
☐ 行李箱 ★	xínglǐxiāng	명 트렁크, 여행용 가방	☐ 乘车	chéngchē	통 승차하다
☐ 旅行箱	lǚxíngxiāng	명 여행용 캐리어	☐ 到达 ★	dàodá	통 도착하다, 도달하다
☐ 托运	tuōyùn	통 운송을 위탁하다	☐ 朝	cháo	개 ~를 향해서, ~쪽으로
☐ 登机口	dēngjīkǒu	명 탑승구	☐ 卡车	kǎchē	명 트럭
☐ 列车	lièchē	명 열차	☐ 交通事故	jiāotōng shìgù	명 교통사고
☐ 车厢	chēxiāng	명 (열차의) 객실	☐ 当地 ★	dāngdì	명 현지, 현장
☐ 预定火车票	yùdìng huǒchēpiào	기차표를 예매하다	☐ 外地	wàidì	명 타지, 외지
☐ 座位	zuòwèi	명 좌석, 자리	☐ 游客 ★	yóukè	명 여행객, 관광객
☐ 站台	zhàntái	명 플랫폼	☐ 乘客	chéngkè	명 승객
☐ 开往	kāiwǎng	통 ~를 향하여 출발하다	☐ 集合 ★	jíhé	통 모으다, 집합하다
☐ 退票	tuìpiào	통 표를 환불하다	☐ 情景	qíngjǐng	명 광경, 정경
☐ 往返	wǎngfǎn	통 왕복하다, 오가다	☐ 打听	dǎting	통 알아보다, 물어보다
☐ 返程	fǎnchéng	통 되돌아가다	☐ 随身	suíshēn	형 휴대하는
☐ 高铁票	gāotiěpiào	고속 철도표	☐ 时差	shíchā	명 시차
☐ 坐长途汽车	zuò chángtúqìchē	시외버스를 타다	☐ 预订 ★	yùdìng	통 예약하다
☐ 买单程票	mǎi dānchéngpiào	편도표를 사다	☐ 取消 ★	qǔxiāo	통 취소하다

바로 듣기

☑ 잘 외워지지 않는 어휘는 박스에 체크하여 복습하세요. 🎧 HSK 5급 핵심어휘집_07일

★ 최빈출 어휘

❀ 공연/영화/운동

☐ 作品 ★	zuòpǐn	몡 작품
☐ 小说	xiǎoshuō	몡 소설
☐ 人物	rénwù	몡 인물
☐ 新作	xīnzuò	몡 신작, 새로운 작품
☐ 文学	wénxué	몡 문학
☐ 发表	fābiǎo	동 글을 발표하다
☐ 角色 ★	juésè	몡 배역
☐ 镜头	jìngtóu	몡 장면, 신(scene)
☐ 表演 ★	biǎoyǎn	동 연기하다, 공연하다
☐ 表现 ★	biǎoxiàn	동 표현하다 몡 표현
☐ 名气	míngqi	몡 명성
☐ 色彩 ★	sècǎi	몡 색채
☐ 动画片	dònghuàpiàn	몡 애니메이션
☐ 地方戏	dìfāngxì	몡 지방극
☐ 古代神话	gǔdài shénhuà	고대 신화
☐ 拍摄 ★	pāishè	동 촬영하다
☐ 宴会	yànhuì	몡 연회
☐ 喜剧片	xǐjùpiàn	몡 코미디
☐ 纪录片	jìlùpiàn	몡 다큐멘터리
☐ 戏剧表演	xìjù biǎoyǎn	희극 공연
☐ 故事结局	gùshì jiéjú	이야기 결말
☐ 开幕式	kāimùshì	몡 개막식

☐ 健身 ★	jiànshēn	동 몸을 건강하게 하다
☐ 减肥 ★	jiǎnféi	동 살을 빼다, 다이어트하다
☐ 滑冰	huábīng	동 스케이트를 타다
☐ 观看马拉松	guānkàn mǎlāsōng	마라톤을 관람하다
☐ 比赛	bǐsài	몡 시합 동 시합하다
☐ 奥运会	àoyùnhuì	몡 올림픽
☐ 输	shū	동 패하다
☐ 跳绳	tiàoshéng	동 줄넘기를 하다
☐ 骑马	qí mǎ	말을 타다
☐ 锻炼 ★	duànliàn	동 단련하다
☐ 射击	shèjī	동 사격하다
☐ 滑雪	huáxuě	동 스키를 타다
☐ 散步	sànbù	동 산책하다
☐ 训练 ★	xùnliàn	동 훈련하다
☐ 决赛	juésài	몡 결승전
☐ 世界杯	shìjièbēi	몡 월드컵
☐ 赢 ★	yíng	동 이기다
☐ 对手	duìshǒu	몡 상대, 적수
☐ 鼓掌	gǔzhǎng	동 박수치다
☐ 受伤 ★	shòushāng	동 부상당하다, 다치다
☐ 了不起	liǎobuqǐ	형 대단하다, 뛰어나다, 중대하다
☐ 类型	lèixíng	몡 유형
☐ 媒体	méitǐ	몡 대중 매체

★ 최빈출 어휘

❀ 패션/미용/쇼핑

☐ 发型	fàxíng	몡 헤어스타일	
☐ 修整头发	xiūzhěng tóufa	머리카락을 다듬다	
☐ 理发	lǐfà	동 이발하다	
☐ 剪发	jiǎnfà	동 머리카락을 자르다	
☐ 烫发	tàngfà	동 파마하다	
☐ 染发	rǎnfà	동 염색하다	
☐ 美妆	měizhuāng	몡 메이크업	
☐ 价格 ★	jiàgé	몡 가격	
☐ 产品 ★	chǎnpǐn	몡 상품	
☐ 收银台	shōuyíntái	몡 계산대	
☐ 推荐 ★	tuījiàn	동 추천하다	
☐ 退货	tuìhuò	동 반품하다	
☐ 赠品	zèngpǐn	몡 증정품	
☐ 发票	fāpiào	몡 영수증	
☐ 实体店	shítǐdiàn	몡 오프라인 매장	
☐ 试穿	shìchuān	동 입어 보다	
☐ 优惠活动 ★	yōuhuì huódòng	할인 행사	
☐ 服装	fúzhuāng	몡 의상, 복장	
☐ 赔偿	péicháng	동 배상하다	
☐ 样式 ★	yàngshì	몡 양식, 스타일	
☐ 结账 ★	jiézhàng	동 계산하다	
☐ 设计 ★	shèjì	동 디자인하다	

☐ 挑选	tiāoxuǎn	동 고르다	
☐ 逛街	guàngjiē	동 쇼핑하다	
☐ 刷卡 ★	shuākǎ	동 카드로 결제하다	
☐ 购买	gòumǎi	동 구매하다, 사다	
☐ 开发票 ★	kāi fāpiào	영수증을 발행하다	
☐ 付款	fùkuǎn	동 돈을 지불하다	
☐ 项链 ★	xiàngliàn	몡 목걸이	
☐ 戒指 ★	jièzhi	몡 반지	
☐ 围巾 ★	wéijīn	몡 목도리, 스카프	
☐ 外套	wàitào	몡 외투	
☐ 耳环 ★	ěrhuán	몡 귀고리	
☐ 梳子 ★	shūzi	몡 빗	
☐ 毛衣	máoyī	몡 스웨터	
☐ 手套	shǒutào	몡 장갑	
☐ 牛仔裤	niúzǎikù	몡 청바지	
☐ 系领带	jì lǐngdài	넥타이를 매다	
☐ 披	pī	동 걸치다, 덮다	
☐ 时髦	shímáo	톙 현대적이다, 유행이다	
☐ 时尚 ★	shíshàng	톙 유행에 맞다 몡 유행	
☐ 名牌 ★	míngpái	몡 명품, 유명 상표	
☐ 收据	shōujù	몡 영수증, 간이 영수증	
☐ 退 ★	tuì	동 (구매한 물건 등을) 반품하다, 무르다	
☐ 讨价还价	tǎojià huánjià	셍 값을 흥정하다	

바로 듣기

☑ 잘 외워지지 않는 어휘는 박스에 체크하여 복습하세요. 🎧 HSK 5급 핵심어휘집_08일

★ 최빈출 어휘

🌸 금융

☐	现金 ★	xiànjīn	몡 현금
☐	账户	zhànghù	몡 계좌
☐	贷款	dàikuǎn	동 대출하다
☐	汇款	huìkuǎn	동 송금하다
☐	利息	lìxī	몡 이자
☐	汇率	huìlǜ	몡 환율
☐	人民币	rénmínbì	몡 인민폐
☐	理财产品	lǐcái chǎnpǐn	몡 재테크 상품
☐	转账	zhuǎnzhàng	동 계좌 이체하다
☐	取款	qǔkuǎn	동 인출하다
☐	押金 ★	yājīn	몡 보증금
☐	签字 ★	qiānzì	동 서명하다
☐	房租 ★	fángzū	몡 임대료, 집세
☐	到期	dàoqī	동 만기가 되다
☐	外汇	wàihuì	몡 외환
☐	企业保险	qǐyè bǎoxiǎn	기업 보험
☐	投资利润	tóuzī lìrùn	투자 이익
☐	转账手续费	zhuǎnzhàng shǒuxùfèi	이체 수수료
☐	股票	gǔpiào	몡 주식, 증권
☐	基金	jījīn	몡 펀드, 기금
☐	贷款手续	dàikuǎn shǒuxù	대출 절차
☐	银行卡信息	yínhángkǎ xìnxī	카드 정보

🌸 컴퓨터/인터넷/휴대폰

☐	换零件	huàn língjiàn	부품을 교체하다
☐	设置密码 ★	shèzhì mìmǎ	비밀번호를 설정하다
☐	保存文件	bǎocún wénjiàn	파일을 저장하다
☐	登录网站	dēnglù wǎngzhàn	웹 사이트에 로그인하다
☐	浏览网站	liúlǎn wǎngzhàn	웹 사이트를 둘러보다
☐	安装系统	ānzhuāng xìtǒng	시스템을 설치하다
☐	注册账号	zhùcè zhànghào	계정을 만들다
☐	恢复数据	huīfù shùjù	데이터를 복구하다
☐	下载软件 ★	xiàzài ruǎnjiàn	소프트웨어를 다운로드하다
☐	鼠标	shǔbiāo	몡 마우스
☐	充电器 ★	chōngdiànqì	몡 충전기
☐	官网	guānwǎng	몡 공식 사이트
☐	大数据 ★	dàshùjù	빅 데이터
☐	网络状况	wǎngluò zhuàngkuàng	인터넷 상태
☐	付费方式	fùfèi fāngshì	요금을 내는 방식
☐	键盘	jiànpán	몡 키보드
☐	网址 ★	wǎngzhǐ	몡 웹 사이트 주소
☐	套餐	tàocān	몡 요금제
☐	杀毒软件	shādú ruǎnjiàn	몡 백신 소프트웨어
☐	网络用语	wǎngluò yòngyǔ	인터넷 용어
☐	手机话费	shǒujī huàfèi	휴대폰 통화 요금
☐	手机信号	shǒujī xìnhào	휴대폰 신호

★ 최빈출 어휘

❁ 신체/진료

☐ 着凉 ★	zháoliáng	통 감기에 걸리다, 한기가 들다
☐ 过敏 ★	guòmǐn	통 알레르기 반응을 보이다
☐ 挂号 ★	guàhào	통 접수하다
☐ 看病	kànbìng	통 진료를 받다, 진찰하다
☐ 治病	zhìbìng	병을 치료하다
☐ 治疗	zhìliáo	통 치료하다
☐ 开药	kāi yào	약을 처방하다
☐ 打针	dǎzhēn	통 주사를 맞다, 주사를 놓다
☐ 住院 ★	zhùyuàn	통 입원하다
☐ 出院 ★	chūyuàn	통 퇴원하다
☐ 做手术	zuò shǒushù	수술하다
☐ 恢复 ★	huīfù	통 회복하다
☐ 看护	kānhù	통 보살피다, 간호하다
☐ 看望	kànwàng	통 병문안 가다
☐ 探望	tànwàng	통 살피다, 문안하다
☐ 头疼 ★	tóuténg	명 두통
☐ 病房	bìngfáng	명 병실
☐ 救护车	jiùhùchē	명 구급차
☐ 急诊室	jízhěnshì	명 응급실
☐ 普通号	pǔtōnghào	일반 진료
☐ 专家号	zhuānjiāhào	전문의 진료
☐ 眼睛	yǎnjing	명 눈

☐ 眉毛	méimao	명 눈썹
☐ 胳膊	gēbo	명 팔
☐ 心脏	xīnzàng	명 심장
☐ 脖子	bózi	명 목
☐ 嗓子 ★	sǎngzi	명 목구멍
☐ 腰	yāo	명 허리
☐ 胃	wèi	명 위장

❁ 시점/시간/날짜 ①

☐ 前天	qiántiān	명 그저께
☐ 后天	hòutiān	명 모레
☐ 周日	zhōurì	명 일요일
☐ 礼拜天	lǐbàitiān	명 일요일
☐ 上旬 ★	shàngxún	명 상순
☐ 中旬 ★	zhōngxún	명 중순
☐ 下旬 ★	xiàxún	명 하순
☐ 月底 ★	yuèdǐ	명 월말
☐ 本周	běnzhōu	명 이번 주
☐ 一个礼拜	yí ge lǐbài	일주일
☐ 提前两天	tíqián liǎngtiān	이틀 앞당기다
☐ 推迟一天	tuīchí yìtiān	하루 미루다
☐ 凌晨 ★	língchén	명 이른 새벽
☐ 早晨	zǎochén	명 아침

바로 듣기

☑ 잘 외워지지 않는 어휘는 박스에 체크하여 복습하세요. 🎧 HSK 5급 핵심어휘집_09일

★ 최빈출 어휘

❀ 시점/시간/날짜 ②

□ 八点一刻	bā diǎn yíkè	8시 15분
□ 九点整	jiǔdiǎn zhěng	9시 정각
□ 中午	zhōngwǔ	몡 점심
□ 傍晚	bàngwǎn	몡 저녁 무렵
□ 夜间	yèjiān	몡 야간
□ 深夜	shēnyè	몡 심야
□ 时代	shídài	몡 시대

❀ 자연/날씨/중국 명절

□ 温度 ★	wēndù	몡 온도
□ 气温 ★	qìwēn	몡 기온
□ 湿度	shīdù	몡 습도
□ 零上	língshàng	몡 영상[섭씨 0℃ 이상]
□ 零下	língxià	몡 영하[섭씨 0℃ 이하]
□ 气候 ★	qìhòu	몡 기후
□ 大雾	dàwù	짙은 안개
□ 雷阵雨	léizhènyǔ	몡 천둥과 번개를 동반한 소나기
□ 元旦	Yuándàn	고유 원단 [양력 1월 1일]
□ 春节 ★	Chūnjié	고유 춘절 [음력 1월 1일]
□ 中秋节 ★	Zhōngqiūjié	고유 중추절 [음력 8월 15일]
□ 国庆节 ★	Guóqìngjié	고유 국경절 [양력 10월 1일]
□ 除夕	chúxī	몡 섣달 그믐날 [음력 12월의 마지막 날]

❀ 어투·감정·태도

□ 开心	kāixīn	톙 즐겁다
□ 兴奋	xīngfèn	톙 흥분하다
□ 高兴	gāoxìng	톙 기쁘다, 즐겁다
□ 好极了	hǎo jíle	정말 좋다
□ 激动 ★	jīdòng	톙 감격하다, (감정이) 흥분되다
□ 愉快	yúkuài	톙 유쾌하다, 기분이 좋다
□ 这么巧	zhème qiǎo	이런 우연이 있다니
□ 感激 ★	gǎnjī	동 감사를 느끼다
□ 感谢	gǎnxiè	동 감사하다
□ 多亏	duōkuī	동 덕분이다
□ 致谢	zhìxiè	동 감사의 뜻을 나타내다
□ 同意	tóngyì	동 동의하다
□ 赞成 ★	zànchéng	동 찬성하다, 동의하다
□ 支持	zhīchí	동 지지하다
□ 答应	dāying	동 동의하다, 허락하다
□ 称赞	chēngzàn	동 칭찬하다
□ 表扬	biǎoyáng	동 칭찬하다
□ 不错啊	búcuò a	괜찮네
□ 鼓励	gǔlì	동 격려하다
□ 您过奖了	nín guòjiǎng le	과찬의 말씀이십니다
□ 吃惊 ★	chījīng	동 놀라다
□ 居然 ★	jūrán	뷔 놀랍게도

★ 최빈출 어휘

□ 意外	yìwài	혱 의외이다
□ 没想到 ★	méi xiǎngdào	생각지도 못했어
□ 不会吧	búhuì ba	아니겠지, 그럴 리 없어
□ 真的吗?	zhēn de ma?	진짜야?
□ 担心	dānxīn	동 걱정하다
□ 发愁 ★	fāchóu	동 근심하다
□ 放心不下	fàngxīn bú xià	마음을 놓을 수 없다
□ 放心吧	fàngxīn ba	걱정하지 마
□ 别操心了 ★	bié cāoxīn le	마음을 졸이지 말아라
□ 不用紧张	bú yòng jǐnzhāng	긴장할 필요 없어
□ 生气	shēngqì	동 화내다
□ 不满	bùmǎn	혱 불만족하다
□ 发脾气 ★	fā píqi	화내다, 성질 부리다
□ 反对	fǎnduì	동 반대하다
□ 拒绝	jùjué	동 거절하다
□ 不同意	bù tóngyì	동의하지 않는다
□ 否定	fǒudìng	동 부정하다
□ 不这么认为	bú zhème rènwéi	그렇게 생각하지 않는다
□ 责备 ★	zébèi	동 탓하다, 책망하다
□ 批评	pīpíng	동 나무라다, 비판하다
□ 抱怨 ★	bàoyuàn	동 원망하다
□ 谦虚 ★	qiānxū	혱 겸손하다
□ 后悔	hòuhuǐ	동 후회하다

□ 犹豫 ★	yóuyù	혱 주저하다, 망설이다
□ 冷淡	lěngdàn	혱 냉담하다, 차갑다
□ 珍惜	zhēnxī	동 소중히 여기다, 아끼다
□ 不在乎	bú zàihu	마음에 두지 않다
□ 惭愧	cánkuì	혱 부끄럽다, 면목이 없다
□ 羡慕 ★	xiànmù	동 부러워하다
□ 不安	bù'ān	혱 불안하다
□ 难过	nánguò	혱 괴롭다, 슬프다
□ 不介意	bú jièyì	개의치 않는다
□ 激烈	jīliè	혱 치열하다, 격렬하다
□ 勤奋	qínfèn	혱 부지런하다, 열심히 하다
□ 主动	zhǔdòng	혱 자발적이다, 능동적이다
□ 乐观	lèguān	혱 낙관적이다
□ 热心	rèxīn	혱 열성적이다, 친절하다
□ 大方	dàfang	혱 대범하다, 시원시원하다
□ 诚恳	chéngkěn	혱 (태도가) 진실하다, 간절하다
□ 谨慎 ★	jǐnshèn	혱 신중하다, 조심스럽다
□ 悲观 ★	bēiguān	혱 비관적이다, 비관하다
□ 灰心	huīxīn	동 낙심하다, 낙담하다
□ 小气	xiǎoqi	혱 인색하다, 쩨쩨하다
□ 自私	zìsī	혱 이기적이다
□ 看不起	kànbuqǐ	동 얕보다, 경시하다
□ 无所谓 ★	wú suǒwèi	개의치 않다, 상관없다

바로 듣기

☑ 잘 외워지지 않는 표현은 박스에 체크하여 복습하세요. 🎧 HSK 5급 핵심어휘집_10일

❊ 사람의 상태·상황 바꾸어 표현

★ 최빈출 어휘

☐ 粗心 ★ cūxīn 꼼꼼하지 못하다	→ ☐ 马虎 mǎhu 부주의하다
☐ 着凉 zháoliáng 감기 걸리다, 한기가 들다	→ ☐ 感冒 gǎnmào 감기에 걸리다
☐ 有本领 yǒu běnlǐng 재능이 있다	→ ☐ 有能力 yǒu nénglì 능력이 있다
☐ 特别淘气 tèbié táoqì 아주 장난이 심하다	→ ☐ 很调皮 ★ hěn tiáopí 매우 장난스럽다
☐ 缺乏经验 quēfá jīngyàn 경험이 결핍되다	→ ☐ 经验不足 jīngyàn bùzú 경험이 부족하다
☐ 有了更深刻的了解 yǒule gèng shēnkè de liǎojiě 더 깊이 이해하게 되었다	→ ☐ 了解加深了 liǎojiě jiāshēn le 이해가 깊어졌다
☐ 锻炼身体 duànliàn shēntǐ 몸을 단련하다	→ ☐ 健身 jiànshēn 몸을 건강하게 하다
☐ 全好了 quán hǎo le 다 나았다	→ ☐ 不再疼了 bú zài téng le 더는 아프지 않다
☐ 一夜没睡 yí yè méi shuì 밤새 잠을 못 자다	→ ☐ 熬夜了 ★ áoyè le 밤을 새웠다
☐ 吵得根本睡不着 chǎo de gēnběn shuì bu zháo 시끄러워서 도무지 잠을 잘 수 없다	→ ☐ 睡眠不足 ★ shuìmián bùzú 수면이 부족하다
☐ 胃口不好 wèikǒu bù hǎo 입맛이 없다	→ ☐ 没有食欲 méiyǒu shíyù 식욕이 없다
☐ 坚持到底 jiānchí dàodǐ 끝까지 버티다	→ ☐ 坚持下去 jiānchí xiàqu 계속해서 버티다
☐ 尽全力 jìn quánlì 전력을 다하다	→ ☐ 尽最大的努力 jìn zuì dà de nǔlì 최선의 노력을 다하다

★ 최빈출 어휘

□ **善于沟通** ★ shànyú gōutōng 소통을 잘하다 → □ **善于交流** shànyú jiāoliú 커뮤니케이션을 잘하다

□ **立即付诸行动** lìjí fùzhū xíngdòng
즉시 행동에 옮기다 → □ **行动力强** xíngdònglì qiáng 행동력이 강하다

□ **座位靠窗** zuòwèi kào chuāng 좌석이 창가 쪽이다 → □ **座位在窗户边上** zuòwèi zài chuānghu biānshang
좌석이 창가에 있다

□ **搞错时间** gǎocuò shíjiān 시간을 착각하다 → □ **记错时间** jìcuò shíjiān 시간을 잘못 기억하다

□ **被大学录取了** bèi dàxué lùqǔ le 대학에 뽑히다 → □ **考上大学** kǎoshàng dàxué 대학에 합격하다

□ **住在上海** zhù zài Shànghǎi 상하이에서 살다 → □ **在上海生活** zài Shànghǎi shēnghuó
상하이에서 생활하다

□ **很有把握** ★ hěn yǒu bǎwò 확신이 있다 → □ **很有自信** ★ hěn yǒu zìxìn 자신이 있다

□ **没抢到火车票** méi qiǎngdào huǒchēpiào
기차표를 못 구했다 → □ **没买到火车票** méi mǎidào huǒchēpiào
기차표를 사지 못했다

□ **难免会紧张** nánmiǎn huì jǐnzhāng
긴장하기 마련이다 → □ **紧张是不可避免的** jǐnzhāng shì bù kě bìmiǎn de
긴장하는 것은 불가피하다

□ **何必这么客气呢** hébì zhème kèqi ne?
이렇게까지 예의를 차릴 필요가 있는가? → □ **不必这么客气** búbì zhème kèqi
이렇게 예의를 차릴 필요는 없다

□ **拉伤** lāshāng 부상을 입다 → □ **受伤** shòushāng 다치다

□ **表现出色** biǎoxiàn chūsè 태도가 훌륭하다 → □ **表现突出** biǎoxiàn tūchū 태도가 돋보이다

☑ 잘 외워지지 않는 표현은 박스에 체크하여 복습하세요. 🎧 HSK 5급 핵심어휘집_11일

❀ 특정 대상의 상태·상황 바꾸어 표현

★ 최빈출 어휘

☐ 打折 ★ dǎzhé 할인하다 → ☐ 优惠 ★ yōuhuì 혜택을 주다, 우대하다

☐ 难得 nándé 얻기 힘들다 → ☐ 不易得到 bú yì dédào 쉽게 얻을 수 없다

☐ 过期 ★ guòqī 기한이 지나다 → ☐ 超过期限 chāoguò qīxiàn 기한을 넘기다

☐ 升温 shēngwēn 기온이 오르다 → ☐ 温度升高 wēndù shēnggāo 온도가 상승하다

☐ 种类多 zhǒnglèi duō 종류가 많다 → ☐ 种类丰富 ★ zhǒnglèi fēngfù 종류가 풍부하다

☐ 位置好 wèizhi hǎo 위치가 좋다 → ☐ 位置佳 wèizhi jiā 위치가 훌륭하다

☐ 卖完了 màiwán le 다 팔렸다 → ☐ 没货 méi huò 물건이 없다

☐ 占空间 zhàn kōngjiān 공간을 차지하다 → ☐ 占地方 zhàn dìfang 자리를 차지하다

☐ 出故障 chū gùzhàng 고장이 생기다 → ☐ 出毛病 chū máobìng 결함이 생기다

☐ 需求较多 xūqiú jiào duō 수요가 비교적 많다 → ☐ 用的人多 yòng de rén duō 사용하는 사람이 많다

☐ 设施齐全 shèshī qíquán 시설이 완전히 갖춰지다 → ☐ 设施完备 shèshī wánbèi 시설이 완비되다

☐ 有几个错误数据 yǒu jǐ ge cuòwù shùjù 몇 개의 오류 난 데이터가 있다 → ☐ 数据出现了错误 shùjù chūxiànle cuòwù 데이터에 오류가 발생했다

☐ 取消活动 ★ qǔxiāo huódòng 행사를 취소하다 → ☐ 不举办活动 bù jǔbàn huódòng 행사를 열지 않는다

☐ 评分很高 píngfēn hěn gāo 평점이 높다 → ☐ 评价很好 ★ píngjià hěn hǎo 평가가 좋다

★ 최빈출 어휘

☐ 浇太多水 jiāo tài duō shuǐ 너무 많은 물을 주다 → ☐ 浇水过多 jiāoshuǐ guò duō 물을 너무 많이 주다

☐ 风景很美 ★ fēngjǐng hěn měi 풍경이 아름답다 → ☐ 景色优美 ★ jǐngsè yōuměi 경치가 매우 아름답다

☐ 颜色单一 yánsè dānyī 색깔이 단일하다 → ☐ 颜色单调 yánsè dāndiào 색깔이 단조롭다

☐ 特别有用 tèbié yǒuyòng 아주 유용하다 → ☐ 非常实用 fēicháng shíyòng 매우 실용적이다

☐ 最先进 zuì xiānjìn 가장 앞서다 → ☐ 处于领先地位 chǔyú lǐngxiān dìwèi 선두적 위치에 있다

☐ 价格上涨了 jiàgé shàngzhǎng le 가격이 올랐다 → ☐ 涨价了 zhǎngjià le 가격이 인상되었다

☐ 耽误学习 ★ dānwù xuéxí 학습에 지장을 주다 → ☐ 影响学习 yǐngxiǎng xuéxí 학습에 영향을 주다

☐ 户外中文朗读比赛 hùwài zhōngwén lǎngdú bǐsài 야외 중국어 낭독 대회 → ☐ 活动 huódòng 행사

☐ 受到很多关注 shòudào hěn duō guānzhù 많은 관심을 받다 → ☐ 备受关注 bèishòu guānzhù 한껏 관심을 받다

☐ 提高服务质量 tígāo fúwù zhìliàng 서비스 품질을 향상시키다 → ☐ 服务做得很好 fúwù zuò de hěn hǎo 서비스를 잘 하다

☐ 跟不上时代 gēn bu shàng shídài 시대를 따라가지 못하다 → ☐ 落后于时代 luòhòu yú shídài 시대에 뒤떨어지다

☐ 保存得非常完整 bǎocún de fēicháng wánzhěng 매우 완전하게 보존되다 → ☐ 保存得非常好 bǎocún de fēicháng hǎo 매우 잘 보존되다

☐ 免费提供服务 miǎnfèi tígōng fúwù 무료로 서비스를 제공하다 → ☐ 不收服务费 bù shōu fúwùfèi 서비스 비용을 받지 않는다

☐ 可以信任 kěyǐ xìnrèn 믿을 수 있다 → ☐ 可靠 kěkào 믿을 만하다

12일 독해 핵심어휘 ①

바로 듣기

☑ 잘 외워지지 않는 표현은 박스에 체크하여 복습하세요. 🎧 HSK 5급 핵심어휘집_12일

빈출 동사와 호응 표현

★ 최빈출 어휘

□ **产生** chǎnshēng
[동] 생기다, 나타나다
产生食欲 chǎnshēng shíyù 식욕이 생기다
产生效果 chǎnshēng xiàoguǒ 효과가 나타나다

□ **调整** tiáozhěng
[동] 조정하다, 조절하다
调整时间 tiáozhěng shíjiān 시간을 조정하다
调整状态 tiáozhěng zhuàngtài 상태를 조정하다

□ **养成** yǎngchéng
[동] 기르다, 형성하다
养成习惯 yǎngchéng xíguàn 습관을 기르다
养成性格 yǎngchéng xìnggé 성격을 형성하다

□ **承受** ★ chéngshòu
[동] 받다, 감당하다
承受压力 chéngshòu yālì 스트레스를 받다
承受重量 chéngshòu zhòngliàng 무게를 감당하다

□ **具备** jùbèi
[동] 가지다, 갖추다
具备特性 jùbèi tèxìng 특성을 가지다
具备条件 jùbèi tiáojiàn 조건을 갖추다

□ **建立** jiànlì
[동] 건립하다, 맺다
建立工厂 jiànlì gōngchǎng 공장을 건립하다
建立关系 jiànlì guānxi 관계를 맺다

□ **保持** ★ bǎochí
[동] 지키다, 유지하다
保持沉默 bǎochí chénmò 침묵을 지키다
保持平衡 bǎochí pínghéng 균형을 유지하다

□ **采取** cǎiqǔ
[동] 취하다, 채택하다
采取措施 cǎiqǔ cuòshī 조치를 취하다
采取方式 cǎiqǔ fāngshì 방식을 채택하다

□ **发挥** ★ fāhuī
[동] 발휘하다
发挥长处 fāhuī chángchu 장점을 발휘하다
发挥水平 fāhuī shuǐpíng 실력을 발휘하다

□ **实现** shíxiàn
[동] 실현하다, 이루다
实现梦想 shíxiàn mèngxiǎng 꿈을 실현하다
实现愿望 shíxiàn yuànwàng 소망을 이루다

□ **威胁** wēixié
[동] 위협하다
威胁健康 wēixié jiànkāng 건강을 위협하다
威胁安全 wēixié ānquán 안전을 위협하다

★ 최빈출 어휘

□	分配 fēnpèi [동] 분배하다	分配任务 fēnpèi rènwù 업무를 분배하다 分配资源 fēnpèi zīyuán 자원을 분배하다
□	符合 fúhé [동] 부합하다	符合要求 fúhé yāoqiú 요구에 부합하다 符合标准 fúhé biāozhǔn 기준에 부합하다
□	踩 cǎi [동] 밟다	踩梯子上去 cǎi tīzi shàngqu 사다리를 밟고 올라가다 踩石头 cǎi shítou 돌을 밟다
□	吹 chuī [동] 불다	吹风 chuī fēng 바람이 불다 吹笛子 chuī dízi 피리를 불다
□	扩大 kuòdà [동] 넓히다, 확대하다	扩大范围 kuòdà fànwéi 범위를 넓히다 扩大领域 kuòdà lǐngyù 영역을 확대하다
□	取得 ★ qǔdé [동] 얻다, 취득하다	取得成就 qǔdé chéngjiù 성과를 얻다 取得资格 qǔdé zīgé 자격을 취득하다
□	影响 yǐngxiǎng [동] 영향을 주다	深刻地影响 shēnkè de yǐngxiǎng 깊게 영향을 주다 影响胃口 yǐngxiǎng wèikǒu 입맛에 영향을 주다
□	破坏 pòhuài [동] 파괴하다, 위반하다	破坏环境 pòhuài huánjìng 환경을 파괴하다 破坏规定 pòhuài guīdìng 규정을 위반하다
□	避免 ★ bìmiǎn [동] 피하다	避免问题 bìmiǎn wèntí 문제를 피하다 避免冲突 bìmiǎn chōngtū 충돌을 피하다
□	延长 yáncháng [동] 연장하다	延长寿命 yáncháng shòumìng 수명을 연장하다 延长路线 yáncháng lùxiàn 노선을 연장하다
□	降低 ★ jiàngdī [동] 줄이다, 낮추다	降低风险 jiàngdī fēngxiǎn 위험을 줄이다 降低价格 jiàngdī jiàgé 가격을 낮추다

☑ 잘 외워지지 않는 표현은 박스에 체크하여 복습하세요. 🎧 HSK 5급 핵심어휘집_13일

❊ 빈출 형용사와 호응 표현

★ 최빈출 어휘

☐ **悠久** ★ yōujiǔ
〔형〕 유구하다, 오래되다

悠久的历史 yōujiǔ de lìshǐ 유구한 역사
悠久的传统 yōujiǔ de chuántǒng 오래된 전통

☐ **具体** jùtǐ
〔형〕 구체적이다

具体做法 jùtǐ zuòfǎ 구체적인 방법
具体细节 jùtǐ xìjié 구체적인 세부 사항

☐ **良好** liánghǎo
〔형〕 좋다

良好的基础 liánghǎo de jīchǔ 좋은 기초
良好的身材 liánghǎo de shēncái 좋은 체격

☐ **深刻** shēnkè
〔형〕 깊다

深刻体会 shēnkè tǐhuì 깊이 체득하다
深刻理解 shēnkè lǐjiě 깊이 이해하다

☐ **必要** bìyào
〔형〕 필요하다

必要的营养 bìyào de yíngyǎng 필요한 영양
必要的手续 bìyào de shǒuxù 필요한 절차

☐ **优惠** yōuhuì
〔형〕 할인의

优惠活动 yōuhuì huódòng 할인 행사
优惠商品 yōuhuì shāngpǐn 할인 상품

☐ **独特** ★ dútè
〔형〕 독특하다

独特的结构 dútè de jiégòu 독특한 구조
独特的性格 dútè de xìnggé 독특한 성격

☐ **热烈** rèliè
〔형〕 뜨겁다, 열띠다

热烈的掌声 rèliè de zhǎngshēng 뜨거운 박수
热烈的气氛 rèliè de qìfēn 열띤 분위기

☐ **明显** ★ míngxiǎn
〔형〕 뚜렷하다, 명확하다

明显提高 míngxiǎn tígāo 뚜렷하게 향상되다
特征明显 tèzhēng míngxiǎn 특징이 명확하다

❋ 빈출 명사와 호응 표현

★ 최빈출 어휘

☐ **价值** ★ jiàzhí
명 가치

艺术价值 yìshù jiàzhí 예술 가치
营养价值 yíngyǎng jiàzhí 영양 가치

☐ **需求** xūqiú
명 수요

强烈需求 qiángliè xūqiú 높은 수요
满足需求 mǎnzú xūqiú 수요를 만족시키다

☐ **测验** cèyàn
명 테스트, 시험

智力测验 zhìlì cèyàn 지능 테스트
专业测验 zhuānyè cèyàn 전공 시험

☐ **软件** ruǎnjiàn
명 애플리케이션(App),
소프트웨어

手机软件 shǒujī ruǎnjiàn 휴대폰 애플리케이션
免费软件 miǎnfèi ruǎnjiàn 무료 소프트웨어

☐ **目前** mùqián
명 지금, 현재

到目前为止 dào mùqián wéizhǐ 지금까지
目前情况 mùqián qíngkuàng 현재 상황

☐ **空间** ★ kōngjiān
명 공간

占空间 zhàn kōngjiān 공간을 차지하다
包装空间 bāozhuāng kōngjiān 포장 공간

☐ **面积** miànjī
명 면적

接触面积 jiēchù miànjī 접촉 면적
土地面积 tǔdì miànjī 토지 면적

☐ **风格** ★ fēnggé
명 스타일

古典风格 gǔdiǎn fēnggé 고전 스타일
主持风格 zhǔchí fēnggé 진행 스타일

☐ **年纪** niánjì
명 나이

年纪小 niánjì xiǎo 나이가 어리다
年纪多大 niánjì duō dà 나이가 얼마인가

바로 듣기

☑ 잘 외워지지 않는 표현은 박스에 체크하여 복습하세요. 🎧 HSK 5급 핵심어휘집_14일

❋ 빈출 양사와 호응 표현

★ 최빈출 어휘

☐ **项 ★** xiàng
양 가지, 항목
> 一项实验 yí xiàng shíyàn 한 가지 실험
> 一项调查 yí xiàng diàochá 조사 한 항목

☐ **幅** fú
양 폭
> 一幅画 yì fú huà 한 폭의 그림
> 一幅油画 yì fú yóuhuà 한 폭의 유화

☐ **届** jiè
양 회, 차례
> 一届奥运会 yí jiè Àoyùnhuì 올림픽 한 회
> 一届会议 yí jiè huìyì 회의 한 차례

☐ **堆 ★** duī
양 더미, 무더기
> 一堆沙子 yì duī shāzi 모래 한 더미
> 一堆树根 yì duī shùgēn 나무 뿌리 한 무더기

☐ **群** qún
양 무리, 떼
> 一群小伙伴 yì qún xiǎo huǒbàn 아이들 한 무리
> 一群动物 yì qún dòngwù 동물 한 무리

☐ **册** cè
양 권
> 一册书 yí cè shū 책 한 권
> 一册课本 yí cè kèběn 교과서 한 권

☐ **批** pī
양 무리, 무더기
> 一批人 yì pī rén 사람 한 무리
> 一批图书 yì pī túshū 도서 한 무더기

☐ **颗** kē
양 알, 조각
> 一颗糖 yì kē táng 한 알의 사탕
> 一颗心 yì kē xīn 한 조각의 마음

☐ **阵** zhèn
양 바탕, 차례
> 一阵笑声 yí zhèn xiàoshēng 한 바탕 웃음소리
> 一阵雨 yí zhèn yǔ 한 차례의 비

☐ **片** piàn
양 조각, 장
> 一片面包 yí piàn miànbāo 한 조각의 빵
> 一片树叶 yí piàn shùyè 한 장의 나뭇잎

☐ **滴** dī
양 방울[떨어지는 액체]
> 一滴水 yì dī shuǐ 한 방울의 물
> 一滴眼泪 yì dī yǎnlèi 한 방울의 눈물

☐ **朵** duǒ
양 송이, 조각
> 一朵花 yì duǒ huā 한 송이의 꽃
> 一朵云 yì duǒ yún 한 조각의 구름

❊ 기타 관용 표현

☐ **与A相似** ★ yǔ A xiāngsì   A와 유사하다

☐ **与A不同** yǔ A bùtóng   A와 다르다

☐ **把A与B结合起来** bǎ A yǔ B jiéhé qǐlai   A를 B와 결합시키다

☐ **把A称为B** ★ bǎ A chēngwéi B   A를 B라고 부르다

☐ **被A称为B** bèi A chēngwéi B   A에 의해 B라고 불려지다

☐ **从古至今** cóng gǔ zhìjīn   예로부터 지금까지

☐ **在A期间** zài A qījiān   A기간에, A기간 중에

☐ **表面上** ★ biǎomiàn shang   표면상

☐ **实际上** ★ shíjì shang   실제로, 사실상

☐ **事实上** ★ shìshí shang   사실상

☐ **基本上** jīběn shang   주로, 거의

☐ **根本上** gēnběn shang   근본적으로

☐ **被评价为A** ★ bèi píngjià wéi A   A라고 평가되다

바로 듣기

☑ 잘 외워지지 않는 유의어는 박스에 체크하여 복습하세요. 🎧 HSK 5급 핵심어휘집_15일

❀ 유의어

★ 최빈출 어휘

☐ **改进** gǎijìn 동 개선하다, 개량하다
★ 예전의 상황을 변화시켜 전체적으로 더 나아가게 함을 나타내며, 주로 기술과 관련된 어휘와 함께 쓰인다.

改进技术 gǎijìn jìshù 기술을 개선하다
改进方法 gǎijìn fāngfǎ 방법을 개선하다

☐ **改善** ★ gǎishàn 동 개선하다
★ 기존에 나쁘거나 좋지 않은 상황을 고쳐 좋게 만드는 것을 나타내며, 주로 생활과 관련된 어휘와 함께 쓰인다.

改善生活 gǎishàn shēnghuó 생활을 개선하다
改善环境 gǎishàn huánjìng 환경을 개선하다

☐ **合适** ★ héshì 형 알맞다, 적당하다
★ 뒤에 목적어가 올 수 없으며, 的와 결합하여 명사를 꾸며 주는 관형어로 쓰일 수 있다.

这个地方吃零食正合适 zhè ge dìfang chī língshí zhèng héshì
이곳은 간식을 먹기에 딱 알맞다
合适的时间 héshì de shíjiān 적당한 시간

☐ **适合** shìhé 동 어울리다, 적당하다
★ 뒤에 목적어가 올 수 있으며, 관형어로 쓰일 수 없다.

声音非常适合录音 shēngyīn fēicháng shìhé lùyīn
목소리가 녹음하는 것에 매우 어울린다
适合缓解情绪 shìhé huǎnjiě qíngxù 기분을 완화시키는 데에 적합하다

☐ **缩短** suōduǎn 동 줄이다, 단축하다
★ 주로 길이·거리·시간 따위를 줄어들게 하는 것을 나타낸다.

缩短期限 suōduǎn qīxiàn 기한을 줄이다
缩短使用寿命 suōduǎn shǐyòng shòumìng 사용 수명이 단축되다

☐ **缩小** suōxiǎo 동 축소하다, 작게 하다
★ 주로 크기가 큰 것이 작아지는 것을 나타낸다.

缩小规模 suōxiǎo guīmó 규모를 축소하다
使大脑缩小 shǐ dànǎo suōxiǎo 뇌를 축소시키다

☐ **吸收** xīshōu 동 받다, 흡수하다
★ 주로 구체적이거나 물질적인 것을 나타내는 목적어와 함께 쓰인다.

吸收会员 xīshōu huìyuán 회원을 받다
吸收水分 xīshōu shuǐfèn 수분을 흡수하다

☐ **吸取** xīqǔ 동 얻다
★ 주로 추상적이거나 정신적인 것을 나타내는 목적어와 함께 쓰인다.

吸取经验 xīqǔ jīngyàn 경험을 얻다
吸取教训 xīqǔ jiàoxùn 교훈을 얻다

☐ **位于** ★ wèiyú 동 ~에 위치하다
★ 대상이 어떤 지역에 위치하는지를 나타내며, 주로 지역이나 장소를 나타내는 표현과 함께 쓰인다.

位于海边 wèiyú hǎibiān 해변에 위치하다
位于市中心 wèiyú shìzhōngxīn 시내에 위치하다

☐ **在于** ★ zàiyú 동 ~에 있다
★ 주로 원인이나 핵심 요인이 무엇인지를 나타내는 표현과 함께 쓰인다.

关键在于沟通 guānjiàn zàiyú gōutōng 관건은 소통하는 데에 있다
问题在于缺乏资金 wèntí zàiyú quēfá zījīn
문제는 자금이 부족하다는 것에 있다

★ 최빈출 어휘

掌握 zhǎngwò 통 파악하다, 습득하다
★ 어떤 사물을 충분히 이해하거나 제어할 수 있는 상태를 나타내며, 목적어로는 쓰일 수 없다.

掌握知识 zhǎngwò zhīshi 지식을 파악하다
掌握外语 zhǎngwò wàiyǔ 외국어를 습득하다

把握 ★ bǎwò 통 (추상적인 것을) 잡다
★ 주로 추상적인 것을 붙잡는다는 의미로 쓰인다.

把握机会 bǎwò jīhuì 기회를 잡다
把握命运 bǎwò mìngyùn 운명을 잡다

特长 tècháng 명 특기
★ 주로 특별히 뛰어난 기능이나 특별히 가진 업무 경험을 나타낸다.

利用特长 lìyòng tècháng 특기를 활용하다
发挥特长 fāhuī tècháng 특기를 발휘하다

优势 ★ yōushì 명 장점, 우위
★ 주로 다른 대상보다 뛰어나거나 유리한 점을 나타낸다.

展现优势 zhǎnxiàn yōushì 장점을 드러내다
占有优势 zhànyǒu yōushì 우위를 점하다

节省 jiéshěng 통 절약하다, 아끼다
★ 될수록 적게 쓰거나 쓰지 않으며 낭비하지 않는 것을 나타낸다.

节省时间 jiéshěng shíjiān 시간을 절약하다
节省精力 jiéshěng jīnglì 힘을 아끼다

节俭 jiéjiǎn 형 검소하다 통 절약하다
★ 주로 돈을 쓰는 데 있어 절제하고 검소하여, 빈곤을 감수하는 것을 나타낸다.

生活节俭 shēnghuó jiéjiǎn 생활이 검소하다
节俭精神 jiéjiǎn jīngshén 절약 정신

熟练 ★ shúliàn 형 숙련되다, 능숙하다
★ 주로 일이나 동작을 자주 하여 경험이 쌓이고, 능숙해지는 것을 나타낸다.

技术熟练 jìshù shúliàn 기술이 숙련되다
动作熟练 dòngzuò shúliàn 동작이 능숙하다

熟悉 shúxī 통 잘 알다, 익숙하게 하다
★ 주로 명확하게 상황을 잘 알거나 그 정도로 익숙한 상태를 나타낸다.

熟悉情况 shúxī qíngkuàng 상황을 잘 알다
熟悉环境 shúxī huánjìng 환경을 익숙하게 하다

设备 shèbèi 명 장비, 설비
★ 주로 특정 목적에 따라 갖춘 물건이나 시설 등을 나타낸다.

电子设备 diànzi shèbèi 전자 장비
卫生设备 wèishēng shèbèi 위생 설비

机器 ★ jīqì 명 기계, 기기
★ 주로 동력을 써서 움직이거나 일을 하는 장치를 나타낸다.

造纸机器 zàozhǐ jīqì 제지 기계
机器运转 jīqì yùnzhuǎn 기계가 작동하다

☑ 잘 외워지지 않는 연결어는 예문을 따라 읽으며 복습하세요. 🎧 HSK 5급 핵심어휘집_16일

✻ 연결어

★ 최빈출 어휘

가정	如果/要是/假如A, 那么/就B ★ rúguǒ/yàoshi/jiǎrú A, nàme/jiù B 만약 A라면, 그렇다면 B이다	如果你想看病, 那么先在网上预约挂号吧。 Rúguǒ nǐ xiǎng kànbìng, nàme xiān zài wǎngshàng yùyuē guàhào ba. 만약 당신이 진료를 보고 싶다면, 그렇다면 먼저 인터넷에서 접수를 예약하세요.
	一旦A, 就B yídàn A, jiù B 일단 A하면, B이다	一旦确定了方向, 你就要勇敢地走下去。 Yídàn quèdìngle fāngxiàng, nǐ jiù yào yǒnggǎn de zǒu xiàqu. 일단 방향을 정했으면, 너는 용감하게 걸어 나가야 해.
	万一 wànyī 만일	万一没有及时收到包裹, 你就去找邮局问一下。 Wànyī méiyǒu jíshí shōudào bāoguǒ, nǐ jiù qù zhǎo yóujú wèn yí xià. 만일 택배를 제때에 못 받으면, 너는 우체국에 찾아가서 물어 봐.
양보	即使/哪怕A, 也B jíshǐ/nǎpà A, yě B 설령 A이라 해도, B하다	即使我们把情况报告给领导, 这件事也很难解决。 Jíshǐ wǒmen bǎ qíngkuàng bàogào gěi lǐngdǎo, zhè jiàn shì yě hěn nán jiějué. 설령 우리가 상황을 리더에게 보고한다고 해도, 이 일은 해결하기 어려워.
조건	除非A, 才B chúfēi A, cái B A하여야만, 비로소 B하다	除非我们共同努力, 才能克服目前的困难。 Chúfēi wǒmen gòngtóng nǔlì, cái néng kèfú mùqián de kùnnan. 우리가 함께 노력하여야만, 비로소 현재의 어려움을 극복할 수 있어.
	既然A, 那么/就B jìrán A, nàme/jiù B A인 이상, 그러면 B하다	既然你没有时间, 那么就不要参与这次的活动了。 Jìrán nǐ méiyǒu shíjiān, nàme jiù bú yào cānyù zhè cì de huódòng le. 네가 시간이 없는 이상, 그러면 이번 활동에는 참여하지 마.
	无论/不管A, 都/也B wúlùn/bùguǎn A, dōu/yě B A와 상관없이/A와 관계없이, B하다	无论在什么年代, 农业都受到了高度的重视。 Wúlùn zài shénme niándài, nóngyè dōu shòudàole gāodù de zhòngshì. 어떤 시대에서든 상관없이, 농업은 많은 중시를 받았다.
인과	由于A, 因而/因此B yóuyú A, yīn'ér/yīncǐ B A때문에, 그래서 B이다	由于他没有把自己的想法说出来, 因而引起了许多误会。 Yóuyú tā méiyǒu bǎ zìjǐ de xiǎngfǎ shuō chūlai, yīn'ér yǐnqǐle xǔduō wùhuì. 그는 자신의 생각을 말하지 못했기 때문에, 그래서 많은 오해를 불러일으켰다.
	从而 ★ cóng'ér 그렇게 함으로써	他们进行了多次谈判, 从而平衡了双方的利益。 Tāmen jìnxíngle duō cì tánpàn, cóng'ér pínghéngle shuāngfāng de lìyì. 그들은 여러 차례 담판을 진행했고, 그렇게 함으로써 쌍방의 이익을 균형 있게 하였다.
	于是 yúshì 그래서, 그리하여	她最终想出了方法, 于是问题得到了解决。 Tā zuìzhōng xiǎngchūle fāngfǎ, yúshì wèntí dédàole jiějué. 그녀는 마침내 방법을 생각해 냈고, 그래서 문제가 해결되었다.
	之所以A, 是因为B zhīsuǒyǐ A, shì yīnwèi B A한 까닭은, B때문이다	妈妈之所以这么烦恼, 是因为弟弟最近在学校太调皮了。 Māma zhīsuǒyǐ zhème fánnǎo, shì yīnwèi dìdi zuìjìn zài xuéxiào tài tiáopí le. 엄마가 이렇게 걱정하는 까닭은, 남동생이 최근 학교에서 너무 말을 잘 듣지 않기 때문이다.

★ 최빈출 어휘

선택	与其A, 不如B yǔqí A, bùrú B A하느니, B하는 것이 낫다	与其抱怨命运的不公平，不如努力奋斗改变命运。 Yǔqí bàoyuàn mìngyùn de bù gōngpíng, bùrú nǔlì fèndòu gǎibiàn mìngyùn. 운명의 불공평함을 원망하느니, 열심히 노력하여 운명을 바꾸는 것이 낫다.
	宁可A, 也不B nìngkě A, yě bù B 차라리 A할지언정, B하지 않는다	他宁可自己承担风险，也不愿意让别人有所损失。 Tā nìngkě zìjǐ chéngdān fēngxiǎn, yě bú yuànyì ràng biérén yǒusuǒ sǔnshī. 그는 차라리 자신이 위험을 감수할지언정, 다른 사람이 손해 보게 하는 것은 원하지 않는다.
점층	何况 hékuàng 하물며, 더군다나	学好母语不容易，何况是学习外语呢！ Xuéhǎo mǔyǔ bù róngyì, hékuàng shì xuéxí wàiyǔ ne！ 모국어를 잘 배우는 것도 쉽지 않은데, 하물며 외국어를 배우다니!
전환	尽管A, 还是/却B jǐnguǎn A, háishi/què B 비록 A이지만, 여전히 B이다	尽管父母非常疼爱我，但是在教育方面他们还是相当严格的。 Jǐnguǎn fùmǔ fēicháng téng'ài wǒ, dànshì zài jiàoyù fāngmiàn tāmen háishi xiāngdāng yángé de. 비록 부모님은 나를 끔찍이 아끼시지만, 교육 면에서는 여전히 상당히 엄격하시다.
	反正 fǎnzhèng 어차피	反正闲着也是闲着，让我去一趟吧。 Fǎnzhèng xiánzhe yěshì xiánzhe, ràng wǒ qù yí tàng ba. 어차피 놀고 있으니, 내가 한 번 가도록 해줘.
병렬	此外 ★ cǐwài 그 외에	我的本科专业是法律，此外我还学了会计。 Wǒ de běnkē zhuānyè shì fǎlǜ, cǐwài wǒ hái xuéle kuàijì. 나의 학부 전공은 법률이고, 그 외에 나는 회계도 배웠다.
역접	然而 ★ rán'ér 그러나	他们已经失败了好几次，然而并不放弃。 Tāmen yǐjīng shībàile hǎo jǐ cì, rán'ér bìng bú fàngqì. 그들은 이미 여러 차례 실패했지만, 그러나 결코 포기하지 않는다.
결론	总之 ★ zǒngzhī 한마디로 말하면, 어쨌든	总之，这一切措施都是为了提高工作效率。 Zǒngzhī, zhè yíqiè cuòshī dōu shì wèile tígāo gōngzuò xiàolǜ. 한마디로 말하면, 이 모든 조치들은 업무 효율을 높이기 위한 것이다.
	原来 yuánlái 알고 보니	我以为她不想和我出差，原来是家里有急事，无法出差。 Wǒ yǐwéi tā bù xiǎng hé wǒ chūchāi, yuánlái shì jiāli yǒu jíshì, wúfǎ chūchāi. 나는 그녀가 나와 출장을 가고 싶어 하지 않는 줄 알았는데, 알고 보니 집에 급한 일이 있어, 출장을 갈 수 없었던 것이다.
	可见 kějiàn ~임을 알 수 있다	他连续三天都没有好好吃饭，可见他最近有了心事。 Tā liánxù sāntiān dōu méiyǒu hǎohāo chīfàn, kějiàn tā zuìjìn yǒule xīnshì. 그가 연속으로 3일이나 밥을 제대로 먹지 않은 것을 보아, 최근 걱정거리가 생겼다는 것을 알 수 있다.

바로 듣기

☑ 잘 외워지지 않는 어휘는 박스에 체크하여 복습하세요. 🎧 HSK 5급 핵심어휘집_17일

★ 최빈출 어휘

✹ 동사

	退休 ★	tuìxiū	동 퇴직하다
□	孝顺	xiàoshùn	동 효도하다
□	祝福	zhùfú	동 축복하다
□	庆祝	qìngzhù	동 축하하다
□	租	zū	동 임대하다
□	养成	yǎngchéng	동 기르다
□	珍惜	zhēnxī	동 소중하게 여기다
□	预防	yùfáng	동 예방하다
□	度过 ★	dùguò	동 (시간을) 보내다
□	健身	jiànshēn	동 헬스하다
□	克服	kèfú	동 극복하다
□	购物	gòuwù	동 쇼핑하다
□	满足	mǎnzú	동 만족하다
□	摄影	shèyǐng	동 촬영하다
□	体验	tǐyàn	동 경험하다, 체험하다
□	吸引 ★	xīyǐn	동 매료시키다
□	保存	bǎocún	동 보존하다
□	签名	qiānmíng	동 사인하다
□	握手	wòshǒu	동 악수하다
□	感谢	gǎnxiè	동 감사하다
□	打工	dǎgōng	동 아르바이트하다
□	达到	dádào	동 달성하다, 이르다

□	相处 ★	xiāngchǔ	동 함께 살다
□	举行	jǔxíng	동 올리다, 열다
□	挂	guà	동 달다, 걸다
□	装修	zhuāngxiū	동 인테리어 하다
□	做菜	zuòcài	동 요리를 하다
□	切	qiē	동 (칼로) 썰다, 자르다
□	烫	tàng	동 (머리를) 파마하다
□	改变	gǎibiàn	동 바꾸다, 변하다
□	适合	shìhé	동 어울리다, 적합하다
□	禁止 ★	jìnzhǐ	동 금지하다
□	钓鱼	diàoyú	동 낚시하다
□	安慰 ★	ānwèi	동 위로하다
□	鼓励	gǔlì	동 격려하다
□	保持	bǎochí	동 유지하다
□	消费	xiāofèi	동 소비하다
□	购买	gòumǎi	동 구입하다
□	节约	jiéyuē	동 절약하다
□	旅行	lǚxíng	동 여행하다
□	采访	cǎifǎng	동 인터뷰하다
□	发展	fāzhǎn	동 발전하다
□	变化	biànhuà	동 변화하다
□	集中	jízhōng	동 집중하다
□	观察	guānchá	동 관찰하다

★ 최빈출 어휘

□ 理解	lǐjiě	동 이해하다
□ 毕业	bìyè	동 졸업하다
□ 支持	zhīchí	동 지지하다
□ 担任 ★	dānrèn	동 맡다, 담당하다
□ 欣赏 ★	xīnshǎng	동 감상하다

☀ 명사 ①

□ 姥姥	lǎolao	명 외할머니
□ 餐厅	cāntīng	명 식당
□ 公寓	gōngyù	명 아파트
□ 结构	jiégòu	명 구조
□ 粮食	liángshi	명 식량
□ 围巾	wéijīn	명 스카프
□ 火灾	huǒzāi	명 화재
□ 状态	zhuàngtài	명 상태
□ 产品	chǎnpǐn	명 제품, 생산품
□ 风景	fēngjǐng	명 풍경, 경치
□ 作品	zuòpǐn	명 작품
□ 博物馆	bówùguǎn	명 박물관
□ 意义	yìyì	명 의미, 뜻
□ 明星 ★	míngxīng	명 스타
□ 能源 ★	néngyuán	명 에너지
□ 价值	jiàzhí	명 가치

□ 心情 ★	xīnqíng	명 마음, 기분
□ 专业	zhuānyè	명 전공
□ 论文	lùnwén	명 논문
□ 收入	shōurù	명 수입, 소득
□ 宠物 ★	chǒngwù	명 반려동물
□ 家人	jiārén	명 가족
□ 婚礼	hūnlǐ	명 결혼식, 혼례
□ 嘉宾	jiābīn	명 손님, 귀빈
□ 窗帘	chuānglián	명 커튼
□ 卧室	wòshì	명 침실
□ 蔬菜	shūcài	명 채소
□ 食物	shíwù	명 음식
□ 发型	fàxíng	명 헤어스타일
□ 理发师	lǐfàshī	명 미용사
□ 方案 ★	fāng'àn	명 방안
□ 目录	mùlù	명 목록
□ 爱好	àihào	명 취미
□ 水平	shuǐpíng	명 실력, 수준
□ 魅力 ★	mèilì	명 매력
□ 美术	měishù	명 미술
□ 展览会	zhǎnlǎnhuì	명 전시회
□ 规模	guīmó	명 규모
□ 机器人	jīqìrén	명 로봇

바로 듣기

☑ 잘 외워지지 않는 어휘는 박스에 체크하여 복습하세요. 🎧 HSK 5급 핵심어휘집_18일

★ 최빈출 어휘

✸ 명사 ②

☐ 技术 ★	jìshù	몡	기술
☐ 项目	xiàngmù	몡	프로젝트
☐ 化学	huàxué	몡	화학
☐ 土豆 ★	tǔdòu	몡	감자
☐ 豆腐 ★	dòufu	몡	두부
☐ 成果	chéngguǒ	몡	성과
☐ 业务	yèwù	몡	업무

✸ 형용사

☐ 热闹	rènao	혱	떠들썩하다
☐ 舒适	shūshì	혱	편안하다, 쾌적하다
☐ 良好	liánghǎo	혱	좋다
☐ 独特	dútè	혱	독특하다
☐ 冷静 ★	lěngjìng	혱	침착하다
☐ 善良	shànliáng	혱	선량하다
☐ 明显	míngxiǎn	혱	뚜렷하다
☐ 优惠	yōuhuì	혱	할인의, 특혜의
☐ 激动	jīdòng	혱	감동하다, 감격하다
☐ 宝贵	bǎoguì	혱	귀중하다
☐ 巨大 ★	jùdà	혱	크다, 거대하다
☐ 兴奋	xīngfèn	혱	흥분하다
☐ 迫切	pòqiè	혱	절박하다

☐ 精彩 ★	jīngcǎi	혱	다채롭다, 훌륭하다
☐ 出色	chūsè	혱	뛰어나다
☐ 熟练	shúliàn	혱	능숙하다, 숙련되다
☐ 幸福	xìngfú	혱	행복하다
☐ 快乐	kuàilè	혱	즐겁다
☐ 满意	mǎnyì	혱	만족스럽다
☐ 安全 ★	ānquán	혱	안전하다
☐ 优美 ★	yōuměi	혱	아름답다
☐ 业余	yèyú	혱	여가의
☐ 自豪	zìháo	혱	자랑스럽다, 대견하다
☐ 珍贵	zhēnguì	혱	진귀하다, 귀중하다

✸ 부사

☐ 尽量	jǐnliàng	뷔	가능한 한
☐ 格外 ★	géwài	뷔	매우
☐ 尽快	jǐnkuài	뷔	되도록 빨리
☐ 逐步	zhúbù	뷔	점차
☐ 正好	zhènghǎo	뷔	때마침
☐ 到处	dàochù	뷔	곳곳에
☐ 总算	zǒngsuàn	뷔	마침내
☐ 幸亏	xìngkuī	뷔	다행히
☐ 依然 ★	yīrán	뷔	여전히
☐ 赶紧	gǎnjǐn	뷔	재빨리, 서둘러

★ 최빈출 어휘

✳ 품사가 2개인 어휘

□ 不断 ★	búduàn	동 끊임없이 부 끊임없다
□ 聚会	jùhuì	명 모임 동 모이다
□ 合影	héyǐng	명 단체 사진 동 단체 사진을 찍다
□ 生活 ★	shēnghuó	동 생활하다 명 생활
□ 纪念 ★	jìniàn	동 기념하다 명 기념
□ 展览	zhǎnlǎn	동 전시하다 명 전시
□ 计划	jìhuà	동 계획하다 명 계획
□ 报道	bàodào	동 보도하다 명 보도
□ 梦想	mèngxiǎng	명 꿈 동 갈망하다
□ 实验	shíyàn	동 실험하다 명 실험
□ 成就	chéngjiù	동 성취하다 명 성취
□ 评价	píngjià	동 평가하다 명 평가
□ 空闲 ★	kòngxián	형 한가하다 명 여가
□ 临时 ★	línshí	형 임시의 부 임시로
□ 危险	wēixiǎn	형 위험하다 명 위험
□ 未来 ★	wèilái	형 앞으로의 명 미래
□ 便	biàn	부 바로, 곧 형 편리하다, 편하다
□ 根本	gēnběn	부 전혀, 도무지, 아예 명 근본
□ 用功	yònggōng	형 근면하다 동 열심히 공부하다
□ 象征	xiàngzhēng	동 상징하다 명 상징
□ 基本	jīběn	형 기본적인 부 대체로
□ 纷纷	fēnfēn	부 잇달아 형 어지럽게 날리다

□ 绝对	juéduì	부 결코 형 절대적인
□ 纪录 ★	jìlù	명 기록 동 기록하다
□ 装饰	zhuāngshì	명 장식 동 장식하다
□ 明确 ★	míngquè	형 명확하다 동 명확하게 하다
□ 相对	xiāngduì	동 (서로) 반대되다 형 상대적이다
□ 矛盾	máodùn	명 갈등 형 모순적이다
□ 传统 ★	chuántǒng	명 전통 형 전통적이다
□ 幸运	xìngyùn	명 행운 형 운이 좋다
□ 报告 ★	bàogào	동 보고하다 명 보고서
□ 领导 ★	lǐngdǎo	명 리더 동 이끌다
□ 试验	shìyàn	명 테스트 동 시험하다
□ 体会 ★	tǐhuì	동 체득하다 명 이해
□ 教训	jiàoxùn	명 교훈 동 훈계하다
□ 突出	tūchū	형 두드러지다 동 두드러지게 하다
□ 创作	chuàngzuò	동 (작품을) 창작하다 명 창작물
□ 经典	jīngdiǎn	명 경전, 고전 형 권위 있는
□ 成熟	chéngshú	동 (과실 등이) 익다 형 성숙하다
□ 意外	yìwài	명 뜻밖의 사고 형 의외이다
□ 委屈	wěiqu	형 억울하다 동 (마음을) 섭섭하게 하다
□ 轻易 ★	qīngyì	부 함부로 형 수월하다
□ 吵	chǎo	형 시끄럽다 동 말다툼하다
□ 密切 ★	mìqiè	형 밀접하다 동 (관계를) 가깝게 하다
□ 恋爱	liàn'ài	명 연애 동 연애하다

쓰기

해커스 HSK 5급 핵심어휘집

☑ 쓰기 2부분 주제별 모범 답안을 음원을 따라 말하면서 암기하세요.　🎧 HSK 5급 핵심어휘집_19일

✺ 가족 ①

어휘 해설집 p.183

我最近回家乡看望姥姥了。
Wǒ zuìjìn huí jiāxiāng kànwàng lǎolao le.

这是为了祝贺姥姥退休。
Zhè shì wèile zhùhè lǎolao tuìxiū.

首先我带姥姥去餐厅吃了饭，然后把准备好的礼物送给了她，姥姥十分感动。
Shǒuxiān wǒ dài lǎolao qù cāntīng chīlefàn, ránhòu bǎ zhǔnbèi hǎo de lǐwù sòng gěile tā, lǎolao shífēn gǎndòng.

在这个过程中，我下决心平时也要好好孝顺姥姥。
Zài zhè ge guòchéng zhōng, wǒ xiàjuéxīn píngshí yě yào hǎohāo xiàoshùn lǎolao.

总而言之，这件事让我感到很幸福。
Zǒng'éryánzhī, zhè jiàn shì ràng wǒ gǎndào hěn xìngfú.

해석

나는 최근에 고향에 가서 외할머니를 찾아뵈었다. 이것은 외할머니가 퇴직하시는 것을 축하하기 위해서였다. 먼저 나는 외할머니를 모시고 식당에 가서 밥을 먹었고, 그 다음에 준비한 선물을 그녀에게 드렸는데, 외할머니는 매우 감동하셨다. 이 과정에서, 나는 평소에도 외할머니께 잘 효도하기로 다짐했다. 결론적으로, 이 일은 나로 하여금 행복을 느끼게 했다.

✺ 가족 ②

어휘 해설집 p.192

我最近批评了儿子。
Wǒ zuìjìn pīpíng le érzǐ.

这是为了让他改掉身上的坏习惯。
Zhè shì wèile ràng tā gǎidiào shēnshang de huài xíguàn.

虽然孩子刚开始有点儿委屈，但是最终还是理解了我的苦心。
Suīrán háizǐ gāng kāishǐ yǒudiǎnr wěiqū, dànshì zuìzhōng háishi lǐjiěle wǒ de kǔxīn.

于是我把改善方案告诉了孩子，安慰并鼓励了他。
Yúshì wǒ bǎ gǎishàn fāng'àn gàosùle háizǐ, ānwèi bìng gǔlìle tā.

总而言之，这件事让我和孩子共同成长了。
Zǒng'éryánzhī, zhè jiàn shì ràng wǒ hé háizǐ gòngtóng chéngzhǎng le.

해석

나는 최근에 아들을 나무랐다. 이것은 그로 하여금 그의 나쁜 습관을 고치게 하기 위해서였다. 비록 아이는 처음에 조금 억울해했지만, 그러나 결국에는 나의 고심을 이해했다. 그래서 나는 개선 방안을 아이에게 알려줬고, 그를 위로하고 또 격려했다. 결론적으로, 이 일은 나와 아이를 함께 성장시켰다.

☀ 가족 ③

어휘 본책 p.277

我最近和儿子一起去钓鱼了。
Wǒ zuìjìn hé érzǐ yìqǐ qù diàoyú le.

这是为了和儿子制造幸福的回忆。
Zhè shì wèile hé érzǐ zhìzào xìngfú de huíyì.

首先我们去了风景优美的地方，然后开始边聊天边钓鱼。
Shǒuxiān wǒmen qù le fēngjǐng yōuměi de dìfāng, ránhòu kāishǐ biān liáotiān biān diàoyú.

在这个过程中，我和儿子度过了愉快的时间。
Zài zhè ge guòchéng zhōng, wǒ hé érzǐ dùguòle yúkuài de shíjiān.

总之，这件事给我留下了难忘的回忆。
Zǒngzhī, zhè jiàn shì gěi wǒ liúxiàle nánwàng de huíyì.

해석

나는 최근에 아들과 함께 낚시하러 갔다. 이것은 아들과 행복한 추억을 만들기 위해서였다. 먼저 우리는 풍경이 아름다운 곳으로 갔고, 그 다음에 이야기를 하면서 낚시를 시작했다. 이 과정에서, 나는 아들과 즐거운 시간을 보냈다. 한마디로 말해서, 이 일은 내게 잊지 못할 추억을 남겼다.

☀ 가족 ④

어휘 해설집 p.193

我最近养了一只宠物狗。
Wǒ zuìjìn yǎngle yì zhī chǒngwùgǒu.

这是为了和小狗度过美好的日子。
Zhè shì wèile hé xiǎogǒu dùguò měihǎo de rìzi.

虽然我和小狗相处的时间短，但它给我和家人带来了很多快乐。
Suīrán wǒ hé xiǎogǒu xiāngchǔ de shíjiān duǎn, dàn tā gěi wǒ hé jiārén dàilaile hěn duō kuàilè.

于是我想未来和小狗度过更多的时间。
Yúshì wǒ xiǎng wèilái hé xiǎogǒu dùguò gèng duō de shíjiān.

总而言之，这件事让我感到非常幸福。
Zǒng'éryánzhī, zhè jiàn shì ràng wǒ gǎndào fēicháng xìngfú.

해석

나는 최근에 반려견 한 마리를 키우고 있다. 이것은 강아지와 행복한 날을 보내기 위해서였다. 비록 나와 강아지가 함께 산 시간은 짧지만, 그러나 강아지는 나와 우리 가족에게 많은 기쁨을 가져다주었다. 그래서 나는 앞으로 강아지와 더 많은 시간을 보내고 싶다. 결론적으로, 이 일은 나로 하여금 매우 행복을 느끼게 했다.

☑ 쓰기 2부분 주제별 모범 답안을 음원을 따라 말하면서 암기하세요. 🎧 HSK 5급 핵심어휘집_20일

✱ 가족 ⑤

어휘 해설집 p.253

我最近教宝贝儿子走路了。
Wǒ zuìjìn jiào bǎobèi érzǐ zǒulù le.

这是为了对他进行成长过程中需要的教育。
Zhè shì wèile duì tā jìnxíng chéngzhǎng guòchéng zhōng xūyào de jiāoyù.

虽然摔倒了好几次，但是儿子最终还是学会了走路。
Suīrán shuāidǎole hǎo jǐ cì, dànshì érzǐ zuìzhōng háishi xuéhuì le zǒulù.

在这个过程中，我和儿子一起度过了愉快的时间。
Zài zhè ge guòchéng zhōng, wǒ hé érzǐ yìqǐ dùguòle yúkuài de shíjiān.

总之，这件事给我留下了珍贵的回忆。
Zǒngzhī, zhè jiàn shì gěi wǒ liúxiàle zhēnguì de huíyì.

해석

나는 최근에 어린 아들에게 걸음마를 가르쳤다. 이것은 성장 과정 중 필요한 교육을 그에게 하기 위해서였다. 비록 여러 번 넘어졌지만, 그러나 아들은 끝내 결국 걸음마를 배워서 터득했다. 이 과정에서, 나와 아들은 함께 즐거운 시간을 보냈다. 한마디로 말해서, 이 일은 내게 귀중한 추억을 남겼다.

✱ 결혼/기념일 ①

어휘 해설집 p.183

我最近参加了妹妹的婚礼。
Wǒ zuìjìn cānjiāle mèimei de hūnlǐ.

这是为了给她送上祝福。
Zhè shì wèile gěi tā sòngshang zhùfú.

虽然有些亲戚没来，但婚礼的气氛还是相当热闹的。
Suīrán yǒuxiē qīnqi méi lái, dàn hūnlǐ de qìfēn háishi xiāngdāng rènao de.

在这个过程中，我决心每年都为妹妹庆祝她的结婚纪念日。
Zài zhè ge guòchéng zhōng, wǒ juéxīn měinián dōu wèi mèimei qìngzhù tā de jiéhūn jìniànrì.

总之，这件事给我留下了美好的回忆。
Zǒngzhī, zhè jiàn shì gěi wǒ liúxiàle měihǎo de huíyì.

해석

나는 최근에 여동생의 결혼식에 참석했다. 이것은 그녀에게 축복을 보내주기 위해서였다. 비록 몇몇 친척들이 오지 않았지만, 그러나 결혼식의 분위기는 그래도 상당히 떠들썩했다. 이 과정에서, 나는 매년 여동생을 위해 그녀의 결혼기념일을 축하해 주기로 결심했다. 한마디로 말해서, 이 일은 내게 아름다운 추억을 남겼다.

☀ 결혼/기념일 ②

어휘 해설집 p.204

我最近和爱人讨论了如何过好婚姻生活的问题。
Wǒ zuìjìn hé àirén tǎolùn le rúhé guòhǎo hūnyīn shēnghuó de wèntí.

这是为了结婚后好好相处。
Zhè shì wèile jiéhūn hòu hǎohāo xiāngchǔ.

虽然发生了一些矛盾，但是最后都顺利解决了。
Suīrán fāshēngle yìxiē máodùn, dànshì zuìhòu dōu shùnlì jiějuéle.

在这个过程中，我明白了互相尊重的平等关系非常重要。
Zài zhè ge guòchéng zhōng, wǒ míngbáile hùxiāng zūnzhòng de píngděng guānxi fēicháng zhòngyào.

总之，这件事给我留下了深刻的印象。
Zǒngzhī, zhè jiàn shì gěi wǒ liúxiàle shēnkè de yìnxiàng.

해석

나는 최근에 애인과 어떻게 결혼 생활을 잘 보낼 것인지에 대한 문제를 토론했다. 이것은 결혼 후 잘 지내기 위해서였다. 비록 토론할 때 약간의 갈등이 발생했지만, 그러나 마지막에는 순조롭게 해결했다. 이 과정에서, 나는 서로 존중하는 평등한 관계가 매우 중요하다는 것을 이해했다. 한마디로 말해서, 이 일은 내게 깊은 인상을 남겼다.

☀ 결혼/기념일 ③

어휘 해설집 p.193

我最近举行了婚礼。
Wǒ zuìjìn jǔxíngle hūnlǐ.

这是为了组建一个新的家庭。
Zhè shì wèile zǔjiàn yí ge xīn de jiātíng.

在家人和嘉宾们的帮助下，我在众人的祝福中顺利地进行了婚礼。
Zài jiārén hé jiābīnmen de bāngzhù xià, wǒ zài zhòngrén de zhùfú zhōng shùnlì de jìnxíngle hūnlǐ.

在这个过程中，我决定建立一个快乐的家庭。
Zài zhè ge guòchéng zhōng, wǒ juédìng jiànlì yí ge kuàilè de jiātíng.

总之，这件事给我留下了美好的回忆。
Zǒngzhī, zhè jiàn shì gěi wǒ liúxiàle měihǎo de huíyì.

해석

나는 최근에 결혼식을 올렸다. 이것은 새로운 가정을 꾸리기 위해서였다. 가족과 손님들의 도움으로, 나는 많은 사람의 축복 속에서 순조롭게 결혼식을 진행했다. 이 과정에서, 나는 즐거운 가정을 만들기로 마음먹었다. 한마디로 말해서, 이 일은 내게 아름다운 추억을 남겼다.

바로 듣기

☑ 쓰기 2부분 주제별 모범 답안을 음원을 따라 말하면서 암기하세요. 🎧 HSK 5급 핵심어휘집_21일

✺ 주거/인테리어 ①

어휘 해설집 p.184

我最近租了一套公寓。
Wǒ zuìjìn zūle yí tào gōngyù.

这是为了在新的环境中生活。
Zhè shì wèile zài xīn de huánjìng zhōng shēnghuó.

虽然这个公寓结构比较简单，但它装修得很好，能让我的日常生活变得更加舒适。
Suīrán zhè ge gōngyù jiégòu bǐjiào jiǎndān, dàn tā zhuāngxiū de hěn hǎo, néng ràng wǒ de rìcháng shēnghuó biàn de gèngjiā shūshì.

于是我开始期待接下来的生活了。
Yúshì wǒ kāishǐ qīdài jiē xiàlái de shēnghuó le.

总而言之，这件事让我感到十分满足。
Zǒng'éryánzhī, zhè jiàn shì ràng wǒ gǎndào shífēn mǎnzú.

해석

나는 최근에 아파트를 한 채 임대했다. 이것은 새로운 환경에서 생활하기 위해서였다. 비록 이 아파트는 구조가 비교적 단순하지만, 그러나 인테리어가 잘되어 있어서, 나의 일상생활을 더 편안하게 만들 수 있다. 그래서 나는 앞으로의 생활이 기대되기 시작했다. 결론적으로, 이 일은 나로 하여금 매우 만족을 느끼게 했다.

✺ 주거/인테리어 ②

어휘 해설집 p.194

我最近在卧室挂了一个新的窗帘。
Wǒ zuìjìn zài wòshì guàle yí ge xīn de chuānglián.

这是为了改变家里的装修风格。
Zhè shì wèile gǎibiàn jiāli de zhuāngxiū fēnggé.

首先我在商店买了新的窗帘，然后把它挂在卧室的窗户上了。
Shǒuxiān wǒ zài shāngdiàn mǎile xīn de chuānglián, ránhòu bǎ tā guàzài wòshì de chuānghu shang le.

在这个过程中，我成功地改变了家里的环境。
Zài zhè ge guòchéng zhōng, wǒ chénggōng de gǎibiànle jiāli de huánjìng.

总而言之，这件事让我感到十分满足。
Zǒng'éryánzhī, zhè jiàn shì ràng wǒ gǎndào shífēn mǎnzú.

해석

나는 최근에 침실에 새 커튼을 하나 달았다. 이것은 집의 인테리어 스타일을 바꾸기 위해서였다. 먼저 나는 상점에서 새 커튼을 구입했고, 그 다음에 그것을 침실의 창문 위에 달았다. 이 과정에서, 나는 집안 환경을 성공적으로 바꾸었다. 결론적으로, 이 일은 나로 하여금 매우 만족을 느끼게 했다.

✹ 주거/인테리어 ③

어휘 해설집 p.353

我最近接受了家电修理工提供的服务。
Wǒ zuìjìn jiēshòule jiādiàn xiūlǐgōng tígōng de fúwù.

这是为了维修漏水的洗衣机。
Zhè shì wèile wéixiū lòushuǐ de xǐyījī.

首先修理工找到了出毛病的地方，然后换了个零件。
Shǒuxiān xiūlǐgōng zhǎodàole chū máobìng de dìfang, ránhòu huànle ge língjiàn.

在这个过程中，我决定今后要好好管理家电。
Zài zhè ge guòchéng zhōng, wǒ juédìng jīnhòu yào hǎohāo guǎnlǐ jiādiàn.

总而言之，这件事让我理解了家电管理的重要性。
Zǒng'éryánzhī, zhè jiàn shì ràng wǒ lǐjiěle jiādiàn guǎnlǐ de zhòngyàoxìng.

해석

나는 최근에 가전제품 정비사가 제공하는 서비스를 받았다. 이것은 물이 새는 세탁기를 수리하기 위해서였다. 먼저 정비사는 고장이 난 부분을 찾았고, 그 다음에 부품을 교체했다. 이 과정에서, 나는 앞으로 가전제품을 잘 관리해야겠다고 다짐했다. 결론적으로, 이 일은 나로 하여금 가전제품 관리의 중요성을 이해하게 했다.

✹ 요리/식습관 ①

어휘 해설집 p.184

我最近养成了良好的饮食习惯。
Wǒ zuìjìn yǎngchéngle liánghǎo de yǐnshí xíguàn.

这是为了不浪费粮食。
Zhè shì wèile bú làngfèi liángshi.

在妈妈的帮助下，我学会了应该要好好珍惜食物。
Zài māma de bāngzhù xià, wǒ xuéhuìle yīnggāi yào hǎohāo zhēnxī shíwù.

于是我想尽量改掉以前的毛病，成为一个爱惜粮食的人。
Yúshì wǒ xiǎng jǐnliàng gǎidiào yǐqián de máobìng, chéngwéi yí ge àixī liángshí de rén.

总而言之，这件事让我成长了很多。
Zǒng'éryánzhī, zhè jiàn shì ràng wǒ chéngzhǎngle hěn duō.

해석

나는 최근에 좋은 식습관을 길렀다. 이것은 식량을 낭비하지 않기 위해서였다. 엄마의 도움으로, 나는 음식을 소중하게 여겨야 한다는 것을 배웠다. 그래서 나는 가능한 한 이전의 나쁜 버릇을 고치고, 식량을 아끼는 사람이 되고 싶다. 결론적으로, 이 일은 나를 많이 성장하게 했다.

☑ 쓰기 2부분 주제별 모범 답안을 음원을 따라 말하면서 암기하세요. 🎧 HSK 5급 핵심어휘집_22일

✳ 요리/식습관 ②

어휘 해설집 p.194

我最近和太太一起做菜了。
Wǒ zuìjìn hé tàitai yìqǐ zuòcài le.

这是为了亲自准备美味的晚餐。
Zhè shì wèile qīnzì zhǔnbèi měiwèi de wǎncān.

首先我用刀切好新鲜的蔬菜，然后将它和其他材料一起做成了好吃的食物。
Shǒuxiān wǒ yòng dāo qièhǎo xīnxiān de shūcài, ránhòu jiāng tā hé qítā cáiliào yìqǐ zuòchéngle hǎochī de shíwù.

于是我吃到了满意的晚餐。
Yúshì wǒ chīdàole mǎnyì de wǎncān.

总而言之，这件事让我感到非常幸福。
Zǒng'éryánzhī, zhè jiàn shì ràng wǒ gǎndào fēicháng xìngfú.

해석

나는 최근에 아내와 함께 요리를 했다. 이것은 맛있는 저녁 식사를 직접 준비하기 위해서였다. 먼저 나는 신선한 채소를 칼로 썰었고, 그 다음에 그것과 다른 재료를 함께 맛있는 음식으로 만들었다. 그래서 나는 만족스러운 저녁 식사를 했다. 결론적으로, 이 일은 나로 하여금 매우 행복을 느끼게 했다.

✳ 패션/뷰티 ①

어휘 해설집 p.185

我最近给爸爸送了一条围巾。
Wǒ zuìjìn gěi bàba sòngle yì tiáo wéijīn.

这是为了改变爸爸的形象，让他跟得上流行趋势。
Zhè shì wèile gǎibiàn bàba de xíngxiàng, ràng tā gēn de shàng liúxíng qūshì.

虽然围巾样式独特，但它很适合爸爸。
Suīrán wéijīn yàngshì dútè, dàn tā hěn shìhé bàba.

于是我感觉爸爸和以前完全不一样了，变得格外时尚。
Yúshì wǒ gǎnjué bàba hé yǐqián wánquán bù yíyàng le, biàn de géwài shíshàng.

总而言之，这件事让我感到十分高兴。
Zǒng'éryánzhī, zhè jiàn shì ràng wǒ gǎndào shífēn gāoxìng.

해석

나는 최근에 아빠에게 스카프 하나를 선물했다. 이것은 아빠의 이미지를 바꿔서, 아빠가 유행 트렌드를 따라 잡을 수 있게 하기 위해서였다. 비록 스카프는 스타일이 독특했지만, 그러나 아빠에게 잘 어울렸다. 그래서 나는 아빠가 이전과는 완전히 달라지셨고, 매우 스타일리쉬하게 변하셨다고 느꼈다. 결론적으로, 이 일은 나로 하여금 매우 기쁨을 느끼게 했다.

✹ 패션/뷰티 ②

어휘 해설집 p.195

我最近换了新发型。
Wǒ zuìjìn huànle xīn fàxíng.

这是为了改变自己的形象，顺便换换心情。
Zhè shì wèile gǎibiàn zìjǐ de xíngxiàng, shùnbiàn huànhuan xīnqíng.

在理发师的帮助下，我烫好了头发，还染了最喜欢的颜色。
Zài lǐfàshī de bāngzhù xià, wǒ tànghǎole tóufa, hái rǎnle zuì xǐhuān de yánsè.

在这个过程中，我找到了最适合自己的新发型。
Zài zhè ge guòchéng zhōng, wǒ zhǎodàole zuì shìhé zìjǐ de xīn fàxíng.

总而言之，这件事让我感到很满足。
Zǒng'éryánzhī, zhè jiàn shì ràng wǒ gǎndào hěn mǎnzú.

해석

나는 최근에 새로운 헤어스타일로 바꿨다. 이것은 나의 이미지를 바꾸고, 그 김에 기분을 전환하기 위해서였다. 미용사의 도움으로, 나는 머리카락을 파마했고, 또 가장 좋아하는 색으로 염색했다. 이 과정에서, 나는 나에게 가장 어울리는 새로운 헤어스타일을 찾았다. 결론적으로, 이 일은 나로 하여금 만족을 느끼게 했다.

✹ 생활 안전/수칙 ①

어휘 해설집 p.185

我最近上过一次火灾安全课。
Wǒ zuìjìn shàngguo yí cì huǒzāi ānquán kè.

这是为了发生意外时能够正确应对。
Zhè shì wèile fāshēng yìwài shí nénggòu zhèngquè yìngduì.

首先我学到的是要保持冷静，然后尽快采取有效措施。
Shǒuxiān wǒ xuédào de shì yào bǎochí lěngjìng, ránhòu jǐnkuài cǎiqǔ yǒuxiào cuòshī.

在这个过程中，我知道了预防火灾及管理的重要性。
Zài zhè ge guòchéng zhōng, wǒ zhīdàole yùfáng huǒzāi jí guǎnlǐ de zhòngyàoxìng.

总之，这件事给我留下了深刻的印象。
Zǒngzhī, zhè jiàn shì gěi wǒ liúxiàle shēnkè de yìnxiàng.

해석

나는 최근에 화재 안전 교육을 한 번 들은 적이 있다. 이것은 뜻밖의 사고가 발생했을 때 올바르게 대처할 수 있기 위해서였다. 먼저 내가 배운 것은 침착함을 유지해야 한다는 것이었고, 그 다음에는 되도록 빨리 효과적인 조치를 취해야 한다는 것이었다. 이 과정에서, 나는 화재 예방 및 관리의 중요성을 알게 되었다. 한마디로 말해서, 이 일은 내게 깊은 인상을 남겼다.

바로 듣기

☑ 쓰기 2부분 주제별 모범 답안을 음원을 따라 말하면서 암기하세요. 🎧 HSK 5급 핵심어휘집_23일

✳ 생활 안전/수칙 ②

어휘 해설집 p.195

我最近学习了禁止钓鱼标志牌的相关知识。
Wǒ zuìjìn xuéxíle jìnzhǐ diàoyú biāozhìpái de xiāngguān zhīshi.

这是为了防止意外事故的发生。
Zhè shì wèile fángzhǐ yìwài shìgù de fāshēng.

首先我看了标志牌的样子，然后又知道了在有标志牌的地方钓鱼很危险。
Shǒuxiān wǒ kànle biāozhìpái de yàngzi, ránhòu yòu zhīdàole zài yǒu biāozhìpái de dìfang diàoyú hěn wēixiǎn.

在这个过程中，我决定今后钓鱼时首先要留意标志牌。
Zài zhè ge guòchéng zhōng, wǒ juédìng jīnhòu diàoyú shí shǒuxiān yào liúyì biāozhìpái.

总而言之，这件事让我知道了安全的重要性。
Zǒng'éryánzhī, zhè jiàn shì ràng wǒ zhīdàole ānquán de zhòngyàoxìng.

[해석]

나는 최근에 낚시 금지 표지판과 관련된 지식을 배웠다. 이것은 의외의 사고가 발생하는 것을 방지하기 위해서였다. 먼저 나는 표지판의 모양을 봤고, 그 다음에 표지판이 있는 곳에서 낚시하는 것이 위험하다는 것도 알게 되었다. 이 과정에서, 나는 앞으로 낚시를 할 때 먼저 표지판을 주의하기로 마음 먹었다. 결론적으로, 이 일은 나로 하여금 안전의 중요성을 알게 했다.

✳ 사교/인간관계 ①

어휘 해설집 p.186

我最近在隔壁邻居的邀请下，参加了一个聚会。
Wǒ zuìjìn zài gébì línjū de yāoqǐng xià, cānjiāle yí ge jùhuì.

这是为了度过愉快的时间。
Zhè shì wèile dùguò yúkuài de shíjiān.

虽然很多人根本不认识我，但是他们对我很友好，还和我拍了合影。
Suīrán hěn duō rén gēnběn bú rènshi wǒ, dànshì tāmen duì wǒ hěn yǒuhǎo, hái hé wǒ pāile héyǐng.

在这个过程中，我交了很多善良的朋友。
Zài zhè ge guòchéng zhōng, wǒ jiāole hěn duō shànliáng de péngyou.

总而言之，这件事让我很开心。
Zǒng'éryánzhī, zhè jiàn shì ràng wǒ hěn kāixīn.

[해석]

나는 최근에 이웃의 초대로 한 모임에 참석했다. 이것은 즐거운 시간을 보내기 위해서였다. 비록 많은 사람들이 나를 전혀 몰랐지만, 그러나 그들은 나에게 우호적이었고, 나와 단체 사진도 찍었다. 이 과정에서, 나는 많은 선량한 친구들을 사귀었다. 결론적으로, 이 일은 나를 즐겁게 했다.

✳ 사교/인간관계 ②

어휘 해설집 p.196

我最近和几个朋友见面了。
Wǒ zuìjìn hé jǐ ge péngyou jiànmiàn le.

这是为了安慰刚经历了坏事的小王。
Zhè shì wèile ānwèi gāng jīnglìle huàishì de Xiǎo Wáng.

在我们的帮助下，小王的心情逐渐变好了，也找到了解决方案。
Zài wǒmen de bāngzhù xià, Xiǎo Wáng de xīnqíng zhújiàn biànhǎole, yě zhǎodàole jiějué fāng'àn.

在这个过程中，我感受到了安慰和鼓励的力量。
Zài zhè ge guòchéng zhōng, wǒ gǎnshòu dàole ānwèi hé gǔlì de lìliang.

总而言之，这件事让我知道了安慰别人的重要性。
Zǒng'éryánzhī, zhè jiàn shì ràng wǒ zhīdàole ānwèi biérén de zhòngyàoxìng.

해석

나는 최근에 친구 몇 명과 만났다. 이것은 막 힘든 일을 겪은 샤오왕을 위로하기 위해서였다. 우리들의 도움으로, 샤오왕의 기분은 조금씩 나아졌고, 또 해결 방안도 찾았다. 이 과정에서, 나는 위로와 격려의 힘을 느꼈다. 결론적으로, 이 일은 나로 하여금 다른 사람을 위로하는 것의 중요성을 알게 했다.

✳ 사교/인간관계 ③

어휘 해설집 p.201

我最近给朋友打电话了。
Wǒ zuìjìn gěi péngyǒu dǎ diànhuà le.

这是为了问候很久没见的朋友。
Zhè shì wèile wènhòu hěn jiǔ méi jiàn de péngyou.

首先我询问了他的近况，然后就开始聊起了天。
Shǒuxiān wǒ xúnwènle tā de jìnkuàng, ránhòu jiù kāishǐ liáo qǐ le tiān.

在这个过程中，我不小心把手里的咖啡洒在衣服上了。
Zài zhè ge guòchéng zhōng, wǒ bù xiǎoxīn bǎ shǒulǐ de kāfēi sǎzài yīfu shang le.

总而言之，这件事让我感到十分慌张。
Zǒng'éryánzhī, zhè jiàn shì ràng wǒ gǎndào shífēn huāngzhāng.

해석

나는 최근에 친구에게 전화를 했다. 이것은 오랫동안 만나지 못한 친구에게 안부를 묻기 위해서였다. 먼저 나는 그의 근황을 물었고, 그 다음에 이야기를 나누기 시작했다. 이 과정에서, 나는 실수로 손 안의 커피를 옷 위에 쏟았다. 결론적으로, 이 일은 나로 하여금 매우 당황스러움을 느끼게 했다.

바로 듣기

☑ 쓰기 2부분 주제별 모범 답안을 음원을 따라 말하면서 암기하세요.　🎧 HSK 5급 핵심어휘집_24일

✹ 사교/인간관계 ④

어휘 해설집 p.303

我最近为朋友举办了充满惊喜的生日宴会。
Wǒ zuìjìn wèi péngyou jǔbànle chōngmǎn jīngxǐ de shēngrì yànhuì.

这是为了帮朋友庆祝他的生日。
Zhè shì wèile bāng péngyou qìngzhù tā de shēngrì.

首先我挡住了朋友的眼睛，然后将准备好的礼物送给了他。
Shǒuxiān wǒ dǎngzhùle péngyou de yǎnjīng, ránhòu jiāng zhǔnbèi hǎo de lǐwù sònggěile tā.

在这个过程中，我的朋友感动地流泪了。
Zài zhè ge guòchéng zhōng, wǒ de péngyou gǎndòng de liúlèi le.

总之，这件事给我留下了美好的回忆。
Zǒngzhī, zhè jiàn shì gěi wǒ liúxiàle měihǎo de huíyì.

[해석]

나는 최근에 친구를 위해 서프라이즈로 가득 찬 생일 파티를 열었다. 이것은 친구를 위해 그의 생일을 축하하기 위해서였다. 먼저 나는 친구의 눈을 가렸고, 그 다음에 준비한 선물을 그에게 줬다. 이 과정에서, 나의 친구는 감동해서 눈물을 흘렸다. 한마디로 말해서, 이 일은 내게 아름다운 추억을 남겼다.

✹ 운동/건강 ①

어휘 해설집 p.186

我最近开始健身了。
Wǒ zuìjìn kāishǐ jiànshēn le.

这是为了检查身体状态，让自己变得更健康。
Zhè shì wèile jiǎnchá shēntǐ zhuàngtài, ràng zìjǐ biàn de gèng jiànkāng.

在教练的帮助下，我取得了明显的健身效果。
Zài jiàoliàn de bāngzhù xià, wǒ qǔdéle míngxiǎn de jiànshēn xiàoguǒ.

在这个过程中，我决心要逐步克服缺点，实现目标。
Zài zhè ge guòchéng zhōng, wǒ juéxīn yào zhúbù kèfú quēdiǎn, shíxiàn mùbiāo.

总而言之，这件事让我很有成就感。
Zǒng'éryánzhī, zhè jiàn shì ràng wǒ hěn yǒu chéngjiùgǎn.

[해석]

나는 최근에 헬스를 시작했다. 이것은 신체 상태를 점검하고, 스스로를 더 건강하게 변화시키기 위해서였다. 트레이너의 도움으로, 나는 뚜렷한 헬스 효과를 얻었다. 이 과정에서, 나는 약점을 점차 극복하고, 목표를 이루기로 결심했다. 결론적으로, 이 일은 나로 하여금 성취감을 가지게 했다.

✳ 운동/건강 ②

어휘 해설집 p.192

我最近为明年举办的足球比赛做了准备。
Wǒ zuìjìn wèi míngnián jǔbàn de zúqiú bǐsài zuòle zhǔnbèi.

这是为了在比赛中获得冠军。
Zhè shì wèile zài bǐsài zhōng huòdé guànjūn.

虽然训练很辛苦，但是在教练的帮助下，我们队变得越来越强。
Suīrán xùnliàn hěn xīnkǔ, dànshì zài jiàoliàn de bāngzhù xià, wǒmen duì biàn de yuè lái yuè qiáng.

于是我相信胜利是属于我们队的。
Yúshì wǒ xiāngxìn shènglì shì shǔyú wǒmen duì de.

总而言之，这件事让我变得更加自信了。
Zǒng'éryánzhī, zhè jiàn shì ràng wǒ biàn de gèng jiā zìxìn le.

[해석]

나는 최근에 내년에 열리는 축구 시합을 위해 준비를 했다. 이것은 시합에서 우승을 얻기 위해서였다. 비록 훈련은 힘들었지만, 그러나 코치님의 도움으로 우리 팀은 점점 강하게 변했다. 그래서 나는 승리는 우리 팀의 것이라고 믿는다. 결론적으로, 이 일은 나를 더욱 자신 있어 지게 했다.

✳ 운동/건강 ③

어휘 해설집 p.196

我最近一直坚持去健身房运动。
Wǒ zuìjìn yìzhí jiānchí qù jiànshēnfáng yùndòng.

这是为了保持身体健康。
Zhè shì wèile bǎochí shēntǐ jiànkāng.

虽然我开始运动没多久，但是感觉自己的状态变得越来越好了。
Suīrán wǒ kāishǐ yùndòng méi duō jiǔ, dànshì gǎnjué zìjǐ de zhuàngtài biàn de yuèláiyuè hǎo le.

在这个过程中，我发现在跑步机上运动有很好的效果。
Zài zhè ge guòchéng zhōng, wǒ fāxiàn zài pǎobùjī shang yùndòng yǒu hěn hǎo de xiàoguǒ.

总而言之，这件事让我很有成就感。
Zǒng'éryánzhī, zhè jiàn shì ràng wǒ hěn yǒu chéngjiùgǎn.

[해석]

나는 최근에 계속 꾸준히 헬스장에 가서 운동을 했다. 이것은 신체 건강을 유지하기 위해서였다. 비록 내가 운동을 시작한 지 얼마 되지는 않았지만, 그러나 나의 상태가 점점 좋아지고 있다고 느꼈다. 이 과정에서, 나는 러닝 머신에서 운동하는 것은 좋은 효과가 있다는 것을 알게 되었다. 결론적으로, 이 일은 나로 하여금 성취감을 가지게 했다.

바로 듣기

☑ 쓰기 2부분 주제별 모범 답안을 음원을 따라 말하면서 암기하세요. 🎧 HSK 5급 핵심어휘집_25일

✸ 쇼핑 ①

어휘 해설집 p.187

我最近在购物中心买了一台电脑。
Wǒ zuìjìn zài gòuwù zhōngxīn mǎile yì tái diànnǎo.

这是为了换掉我那台零件有问题的电脑。
Zhè shì wèile huàndiào wǒ nà tái língjiàn yǒu wèntí de diànnǎo.

在售货员的帮助下，我知道了有个热门产品正好在搞优惠活动。
Zài shòuhuòyuán de bāngzhù xià, wǒ zhīdàole yǒu ge rèmén chǎnpǐn zhènghǎo zài gǎo yōuhuì huódòng.

于是我就买了那个产品。
Yúshì wǒ jiù mǎile nà ge chǎnpǐn.

总而言之，这件事让我感到很满足。
Zǒng'éryánzhī, zhè jiàn shì ràng wǒ gǎndào hěn mǎnzú.

해석

나는 최근에 쇼핑센터에서 컴퓨터를 한 대 구입했다. 이것은 부품에 문제가 생긴 컴퓨터를 바꾸기 위해서였다. 판매원의 도움으로, 나는 한 인기 제품이 때마침 할인 행사를 하고 있다는 것을 알게 되었다. 그래서 나는 그 제품을 구입했다. 결론적으로, 이 일은 나로 하여금 만족을 느끼게 했다.

✸ 쇼핑 ②

어휘 해설집 p.197

我最近改变了消费习惯。
Wǒ zuìjìn gǎibiànle xiāofèi xíguàn.

这是为了避免不必要的浪费。
Zhè shì wèile bìmiǎn bú bìyào de làngfèi.

首先我把需要的东西都记录下来，然后按照这个目录进行了购买。
Shǒuxiān wǒ bǎ xūyào de dōngxī dōu jìlù xiàlai, ránhòu ànzhào zhè ge mùlù jìnxíngle gòumǎi.

于是我节约了不少钱。
Yúshì wǒ jiéyuēle bùshǎo qián.

总而言之，这件事让我知道了有计划地进行消费是一件很重要的事情。
Zǒng'éryánzhī, zhè jiàn shì ràng wǒ zhīdàole yǒu jìhuà de jìnxíng xiāofèi shì yí jiàn hěn zhòngyào de shìqing.

해석

나는 최근에 소비 습관을 바꾸었다. 이것은 불필요한 낭비를 피하기 위해서였다. 먼저 나는 필요한 물건을 모두 기록해 두고, 그 다음에 이 목록에 따라 구입을 했다. 그래서 나는 적지 않은 돈을 절약했다. 결론적으로, 이 일은 나로 하여금 계획을 세워 소비를 하는 것이 매우 중요한 일이라는 것을 알게 했다.

☀ 여행/사진 ①

어휘 본책 p.257

我最近游览了长城。
Wǒ zuìjìn yóulǎnle chángchéng.

这是为了欣赏长城美丽的风景。
Zhè shì wèile xīnshǎng chángchéng měilì de fēngjǐng.

在导游的帮助下，我顺利地爬到了长城的最高处，还拍了很多好看的照片。
Zài dǎoyóu de bāngzhù xià, wǒ shùnlì de pádàole chángchéng de zuì gāochù, hái pāile hěn duō hǎokàn de zhàopiàn.

在这个过程中，我觉得眼前的长城比摄影作品更有魅力。
Zài zhè ge guòchéng zhōng, wǒ juéde yǎnqián de chángchéng bǐ shèyǐng zuòpǐn gèng yǒu mèilì.

总而言之，这件事让我感到很激动。
Zǒng'éryánzhī, zhè jiàn shì ràng wǒ gǎndào hěn jīdòng.

[해석]

나는 최근에 만리장성을 유람했다. 이것은 만리장성의 아름다운 풍경을 감상하기 위해서였다. 관광 가이드의 도움으로, 나는 순조롭게 만리장성의 가장 높은 곳에 올라갔고, 또 예쁜 사진도 많이 찍었다. 이 과정에서, 나는 눈앞의 만리장성이 사진 작품보다 더 매력이 있다고 느꼈다. 결론적으로, 이 일은 나로 하여금 감동을 느끼게 했다.

☀ 여행/사진 ②

어휘 해설집 p.187

我最近去过一个风景优美的地方。
Wǒ zuìjìn qùguo yí ge fēngjǐng yōuměi de dìfang.

这是为了在空闲时间感受大自然。
Zhè shì wèile zài kòngxián shíjiān gǎnshòu dàzìrán.

虽然那里到处都是摄影的人，但我还是享受到了大自然的美好。
Suīrán nàli dàochù dōu shì shèyǐng de rén, dàn wǒ háishi xiǎngshòu dàole dàzìrán de měihǎo.

在这个过程中，我拍了很多值得纪念的照片。
Zài zhè ge guòchéng zhōng, wǒ pāile hěn duō zhídé jìniàn de zhàopiàn.

总之，这件事给我留下了难忘的回忆。
Zǒngzhī, zhè jiàn shì gěi wǒ liúxiàle nánwàng de huíyì.

[해석]

나는 최근에 풍경이 아름다운 곳에 간 적이 있다. 이것은 한가한 시간에 대자연을 느끼기 위해서였다. 비록 그곳에는 곳곳마다 촬영하는 사람들이 있었지만, 그러나 나는 대자연의 아름다움을 만끽했다. 이 과정에서, 나는 기념할 만한 많은 사진들을 찍었다. 한마디로 말해서, 이 일은 내게 잊지 못할 추억을 남겼다.

바로 듣기

☑ 쓰기 2부분 주제별 모범 답안을 음원을 따라 말하면서 암기하세요. 🎧 HSK 5급 핵심어휘집_26일

✳ 여행/사진 ③

어휘 해설집 p.197

我最近和朋友一起去旅行了。
Wǒ zuìjìn hé péngyou yìqǐ qù lǚxíng le.

这是为了在风景优美的地方度假。
Zhè shì wèile zài fēngjǐng yōuměi de dìfang dùjià.

首先我们到达了目的地，然后按照地图寻找各种旅游景点。
Shǒuxiān wǒmen dàodále mùdìdì, ránhòu ànzhào dìtú xúnzhǎo gèzhǒng lǚyóu jǐngdiǎn.

在这个过程中，我体验到了不一样的快乐。
Zài zhè ge guòchéng zhōng, wǒ tǐyàn dàole bù yíyàng de kuàilè.

总之，这件事给我留下了难忘的回忆。
Zǒngzhī, zhè jiàn shì gěi wǒ liúxiàle nánwàng de huíyì.

해석

나는 최근에 친구와 함께 여행을 갔다. 이것은 풍경이 아름다운 곳에서 휴가를 보내기 위해서였다. 먼저 우리는 목적지에 도착했고, 그 다음에 지도를 따라 여러 관광 명소를 찾았다. 이 과정에서, 나는 다른 즐거움을 경험했다. 한마디로 말해서, 이 일은 내게 잊지 못할 추억을 남겼다.

✳ 음악/미술 ①

어휘 해설집 p.188

我最近去美术馆欣赏了名人的美术作品。
Wǒ zuìjìn qù měishùguǎn xīnshǎngle míngrén de měishù zuòpǐn.

这是为了获得新的体验。
Zhè shì wèile huòdé xīn de tǐyàn.

首先我看了美丽的风景画，然后又被更多作品吸引到了。
Shǒuxiān wǒ kànle měilì de fēngjǐnghuà, ránhòu yòu bèi gèng duō zuòpǐn xīyǐn dào le.

在这个过程中，我了解到了很多艺术风格，总算是理解了美术的魅力。
Zài zhè ge guòchéng zhōng, wǒ liǎojiě dàole hěn duō yìshù fēnggé, zǒngsuàn shì lǐjiěle měishù de mèilì.

总而言之，这件事让我感到十分激动。
Zǒng'éryánzhī, zhè jiàn shì ràng wǒ gǎndào shífēn jīdòng.

해석

나는 최근에 미술관에 가서 명인의 미술 작품을 감상했다. 이것은 새로운 경험을 얻기 위해서였다. 먼저 나는 아름다운 풍경화를 봤고, 그 다음에 더 많은 작품에 매료되었다. 이 과정에서, 나는 많은 예술 스타일을 알게 되었고, 마침내 미술의 매력을 이해하게 되었다. 결론적으로, 이 일은 나로 하여금 매우 감동을 느끼게 했다.

☀ 음악/미술 ②

어휘 해설집 p.198

我最近在利用业余时间学习弹钢琴。
Wǒ zuìjìn zài lìyòng yèyú shíjiān xuéxí tán gāngqín.

这是为了培养一个新的爱好。
Zhè shì wèile péiyǎng yí ge xīn de àihào.

在老师的帮助下，我的水平有所提高了。
Zài lǎoshī de bāngzhù xià, wǒ de shuǐpíng yǒusuǒ tígāo le.

在这个过程中，我感受到了钢琴的魅力，未来还想继续学习钢琴。
Zài zhè ge guòchéng zhōng, wǒ gǎnshòu dàole gāngqín de mèilì, wèilái hái xiǎng jìxù xuéxí gāngqín.

总而言之，这件事让我感到很愉快。
Zǒng'éryánzhī, zhè jiàn shì ràng wǒ gǎndào hěn yúkuài.

해석

나는 최근에 여가 시간을 이용하여 피아노 치는 것을 배우고 있다. 이것은 새로운 취미를 하나 만들기 위해서였다. 선생님의 도움으로, 나의 실력은 다소 향상되었다. 이 과정에서, 나는 피아노의 매력을 느꼈고, 앞으로도 계속 피아노를 배우고 싶다고 생각했다. 결론적으로, 이 일은 나로 하여금 즐거움을 느끼게 했다.

☀ 공연/전시 ①

어휘 해설집 p.188

我最近去博物馆参观学习过。
Wǒ zuìjìn qù bówùguǎn cānguān xuéxí guo.

这是为了让业余生活变得更有意义。
Zhè shì wèile ràng yèyú shēnghuó biàn de gèng yǒu yìyì.

首先我进入了展览馆，然后观看了很多传统艺术品。
Shǒuxiān wǒ jìnrùle zhǎnlǎnguǎn, ránhòu guānkànle hěn duō chuántǒng yìshùpǐn.

在这个过程中，我认识到了要好好保存历史悠久的传统文化。
Zài zhè ge guòchéng zhōng, wǒ rènshi dàole yào hǎohāo bǎocún lìshǐ yōujiǔ de chuántǒng wénhuà.

总而言之，这件事让我得到了宝贵的经验。
Zǒng'éryánzhī, zhè jiàn shì ràng wǒ dédàole bǎoguì de jīngyàn.

해석

나는 최근에 박물관에 가서 견학 학습을 한 적이 있다. 이것은 여가 생활을 더 의미 있게 만들기 위해서였다. 먼저 나는 전시관에 들어갔고, 그 다음에 많은 전통 예술품들을 구경했다. 이 과정에서, 나는 역사가 오래된 전통문화를 잘 보존해야 한다는 것을 알게 되었다. 결론적으로, 이 일은 나로 하여금 귀중한 경험을 얻게 했다.

바로 듣기

☑ 쓰기 2부분 주제별 모범 답안을 음원을 따라 말하면서 암기하세요. 🎧 HSK 5급 핵심어휘집_27일

✸ 공연/전시 ②

어휘 해설집 p.198

我最近去过美术展览会。
Wǒ zuìjìn qùguo měishù zhǎnlǎnhuì.

这是为了和朋友一起体验新鲜的事物。
Zhè shì wèile hé péngyou yìqǐ tǐyàn xīnxiān de shìwù.

虽然展览会规模不大，但里面有很多非常有趣的作品。
Suīrán zhǎnlǎnhuì guīmó bú dà, dàn lǐmian yǒu hěn duō fēicháng yǒuqù de zuòpǐn.

于是我一边欣赏那些作品，一边和朋友交换意见。
Yúshì wǒ yìbiān xīnshǎng nàxiē zuòpǐn, yìbiān hé péngyou jiāohuàn yìjiàn.

总之，这件事给我留下了深刻的印象。
Zǒngzhī, zhè jiàn shì gěi wǒ liúxiàle shēnkè de yìnxiàng.

해석

나는 최근에 미술 전시회에 간 적이 있다. 이것은 친구와 함께 새로운 것을 경험하기 위해서였다. 비록 전시회 규모는 크지 않았지만, 그러나 안에는 아주 흥미로운 작품이 많이 있었다. 그래서 나는 그 작품들을 감상하면서, 친구와 의견을 나누었다. 한마디로 말해서, 이 일은 내게 깊은 인상을 남겼다.

✸ 방송/행사 ①

어휘 해설집 p.189

我最近去过电影明星的签名会。
Wǒ zuìjìn qùguo diànyǐng míngxīng de qiānmínghuì.

这是为了见到有名的明星。
Zhè shì wèile jiàndao yǒumíng de míngxīng.

首先我排队得到了那个明星的签名，然后又和他握手了。
Shǒuxiān wǒ páiduì dédàole nà ge míngxīng de qiānmíng, ránhòu yòu hé tā wòshǒu le.

在这个过程中，我发现那个明星有巨大的魅力。
Zài zhè ge guòchéng zhōng, wǒ fāxiàn nà ge míngxīng yǒu jùdà de mèilì.

总而言之，这件事让我始终都很兴奋。
Zǒng'éryánzhī, zhè jiàn shì ràng wǒ shǐzhōng dōu hěn xīngfèn.

해석

나는 최근에 영화 스타의 사인회에 간 적이 있다. 이것은 유명한 스타를 만나기 위해서였다. 먼저 나는 줄을 서서 그 스타의 사인을 받았고, 그 다음에 또 그와 악수했다. 이 과정에서, 나는 그 스타가 큰 매력을 가지고 있다는 것을 발견했다. 결론적으로, 이 일은 줄곧 나를 흥분시키고 있다.

☀ 방송/행사 ②

어휘 해설집 p.199

我最近采访过一个明星。
Wǒ zuìjìn cǎifǎngguo yí ge míngxīng.

这是为了报道她的成功故事。
Zhè shì wèile bàodào tā de chénggōng gùshi.

虽然我因为期待而格外兴奋，但最终还是冷静地做完了采访。
Suīrán wǒ yīnwèi qīdài ér géwài xīngfèn, dàn zuìzhōng háishi lěngjìng de zuò wánle cǎifǎng.

在这个过程中，我发现了这个明星的个性和魅力。
Zài zhè ge guòchéng zhōng, wǒ fāxiànle zhè ge míngxīng de gèxìng hé mèilì.

总之，这件事给我留下了难忘的回忆。
Zǒngzhī, zhè jiàn shì gěi wǒ liúxiàle nánwàng de huíyì.

해석

나는 최근에 한 스타를 인터뷰한 적이 있다. 이것은 그녀의 성공 스토리를 보도하기 위해서였다. 비록 나는 기대로 인해 몹시 흥분했지만, 그러나 결국 그래도 침착하게 인터뷰를 끝냈다. 이 과정에서, 나는 이 스타의 개성과 매력을 발견했다. 한마디로 말해서, 이 일은 내게 잊지 못할 추억을 남겼다.

☀ 시사/이슈 ①

어휘 해설집 p.189

我最近和朋友讨论过节约能源的重要性。
Wǒ zuìjìn hé péngyou tǎolùnguo jiéyuē néngyuán de zhòngyàoxìng.

这是为了学习如何保护环境。
Zhè shì wèile xuéxí rúhé bǎohù huánjìng.

虽然心情有些复杂，但我知道了节约能源是一件迫切的事情。
Suīrán xīnqíng yǒuxiē fùzá, dàn wǒ zhīdàole jiéyuē néngyuán shì yí jiàn pòqiè de shìqing.

于是我决心实行一些有价值的实践方案。
Yúshì wǒ juéxīn shíxíng yìxiē yǒu jiàzhí de shíjiàn fāng'àn.

总之，这件事给我留下了深刻的印象。
Zǒngzhī, zhè jiàn shì gěi wǒ liúxiàle shēnkè de yìnxiàng.

해석

나는 최근에 친구와 에너지 절약의 중요성을 토론한 적이 있다. 이것은 어떻게 환경을 보호할 것인지를 배우기 위해서였다. 비록 마음이 조금 복잡했지만, 그러나 나는 에너지를 절약하는 것이 절박한 일이라는 것을 알게 되었다. 그래서 나는 몇 가지 가치 있는 실천 방안을 실행하기로 결심했다. 한마디로 말해서, 이 일은 내게 깊은 인상을 남겼다.

☑ 쓰기 2부분 주제별 모범 답안을 음원을 따라 말하면서 암기하세요. 🎧 HSK 5급 핵심어휘집_28일

☀ 시사/이슈 ②

어휘 해설집 p.302

> 我最近给受灾地区捐过款。
>
> Wǒ zuìjìn gěi shòuzāidìqū juān guò kuǎn.
>
> 这是为了帮助那里的灾民。
>
> Zhè shì wèile bāngzhù nàlǐ de zāimín.
>
> 虽然灾害造成了巨大损失，但包括我在内的不少人纷纷贡献了自己的力量。
>
> Suīrán zāihài zàochéng le jùdà sǔnshī, dàn bāokuò wǒ zài nèi de bù shǎo rén fēnfēn gòngxiàn le zìjǐ de lìliang.
>
> 于是我想哪怕困难再大，大家也能克服。
>
> Yúshì wǒ xiǎng nǎpà kùnnán zài dà, dàjiā yě néng kèfú.
>
> 总之，这件事给我留下了深刻的印象。
>
> Zǒngzhī, zhè jiàn shì gěi wǒ liú xià le shēnkè de yìnxiàng.

[해석]

나는 최근에 재해 지역에 돈을 기부한 적이 있다. 이것은 그곳의 이재민을 돕기 위해서였다. 비록 재해는 막대한 손실을 초래했지만, 그러나 나를 포함한 적지 않은 사람들이 계속해서 자신의 힘을 모았다. 그래서 나는 설령 어려움이 아무리 클지라도, 모두가 극복할 수 있다고 생각한다. 한마디로 말해서, 이 일은 내게 깊은 인상을 남겼다.

☀ 시사/이슈 ③

어휘 해설집 p.199

> 我最近听了关于机器人技术的讲座。
>
> Wǒ zuìjìn tīngle guānyú jīqìrén jìshù de jiǎngzuò.
>
> 这是为了获得新的知识。
>
> Zhè shì wèile huòdé xīn de zhīshi.
>
> 首先我学习了机器人的发展过程，然后又了解了机器人的种类和功能。
>
> Shǒuxiān wǒ xuéxíle jīqìrén de fāzhǎn guòchéng, ránhòu yòu liǎojiěle jīqìrén de zhǒnglèi hé gōngnéng.
>
> 在这个过程中，我觉得机器人未来会给社会带来很多变化。
>
> Zài zhè ge guòchéng zhōng, wǒ juéde jīqìrén wèilái huì gěi shèhuì dàilai hěn duō biànhuà.
>
> 总之，这件事给我留下了深刻的印象。
>
> Zǒngzhī, zhè jiàn shì gěi wǒ liúxiàle shēnkè de yìnxiàng.

[해석]

나는 최근에 로봇 기술에 대한 강좌를 들었다. 이것은 새로운 지식을 얻기 위해서였다. 먼저 나는 로봇의 발전 과정을 배웠고, 그 다음에 또 로봇의 종류와 기능도 알게 되었다. 이 과정에서, 나는 로봇이 앞으로 사회에 많은 변화를 가져올 것이라고 느꼈다. 한마디로 말해서, 이 일은 내게 깊은 인상을 남겼다.

☀ 시사/이슈 ④

어휘 해설집 p.202

我最近参加了环境保护活动。
Wǒ zuìjìn cānjiāle huánjìng bǎohù huódòng.

这是为了让附近的海边变得更干净。
Zhè shì wèile ràng fùjìn de hǎibiān biàn de gèng gānjìng.

在其他志愿者的帮助下，我很快就捡完了所有的垃圾。
Zài qítā zhìyuànzhě de bāngzhù xià, wǒ hěn kuài jiù jiǎnwánle suǒyǒu de lājī.

在这个过程中，我知道了保护环境的重要性。
Zài zhè ge guòchéng zhōng, wǒ zhīdàole bǎohù huánjìng de zhòngyàoxìng.

总而言之，这件事让我感到很满足。
Zǒng'éryánzhī, zhè jiàn shì ràng wǒ gǎndào hěn mǎnzú.

해석

나는 최근에 환경 보호 활동에 참가했다. 이것은 인근 해변을 더 깨끗하게 변화시키기 위해서였다. 다른 자원봉사자들의 도움으로, 나는 빠르게 모든 쓰레기를 다 주웠다. 이 과정에서, 나는 환경을 보호하는 것의 중요성을 알게 되었다. 결론적으로, 이 일은 나로 하여금 만족을 느끼게 했다.

☀ 학업 ①

어휘 해설집 p.190

我最近开始听新的专业课了。
Wǒ zuìjìn kāishǐ tīng xīn de zhuānyèkè le.

这是为了付出更多精力，不断获得新知识。
Zhè shì wèile fùchū gèng duō jīnglì, búduàn huòdé xīn zhīshi.

在教授的帮助下，我制定了明确的计划，坚持每天学习。
Zài jiàoshòu de bāngzhù xià, wǒ zhìdìngle míngquè de jìhuà, jiānchí měitiān xuéxí.

在这个过程中，我的校园生活变得十分精彩。
Zài zhè ge guòchéng zhōng, wǒ de xiàoyuán shēnghuó biàn de shífēn jīngcǎi.

总而言之，这件事让我感受到了学习的快乐。
Zǒng'éryánzhī, zhè jiàn shì ràng wǒ gǎnshòu dàole xuéxí de kuàilè.

해석

나는 최근에 새로운 전공 수업을 듣기 시작했다. 이것은 더 많은 에너지를 쏟아, 끊임없이 새로운 지식을 얻기 위해서였다. 교수님의 도움으로, 나는 명확한 계획을 세웠고, 꾸준히 매일 공부했다. 이 과정에서, 나의 캠퍼스 생활은 매우 다채롭게 변했다. 결론적으로, 이 일은 나로 하여금 공부의 즐거움을 느끼게 해 주었다.

바로 듣기

☑ 쓰기 2부분 주제별 모범 답안을 음원을 따라 말하면서 암기하세요. 🎧 HSK 5급 핵심어휘집_29일

☀ 학업 ②

어휘 해설집 p.252

我最近参加了学校组织的夏令营。
Wǒ zuìjìn cānjiāle xuéxiào zǔzhī de xiàlìngyíng.

这是为了获得新的体验。
Zhè shì wèile huòdé xīn de tǐyàn.

首先我和几个人组成了小组，然后主动参与了各种活动。
Shǒuxiān wǒ hé jǐ gè rén zǔchéngle xiǎo zǔ, ránhòu zhǔdòng cānyùle gè zhǒng huódòng.

在这个过程中，我学会了如何与他人合作。
Zài zhè ge guòchéng zhōng, wǒ xuéhuìle rúhé yǔ tārén hézuò.

总而言之，这件事让我进一步理解了合作的重要性。
Zǒng'éryánzhī, zhè jiàn shì ràng wǒ jìnyíbù lǐjiěle hézuò de zhòngyàoxìng.

해석

나는 최근에 학교에서 조직한 여름 캠프에 참가했다. 이것은 새로운 경험을 얻기 위해서였다. 먼저 나는 몇 명과 조를 짰고, 그 다음에 자발적으로 다양한 활동에 참여했다. 이 과정에서, 나는 어떻게 다른 사람과 협력하는지를 배웠다. 결론적으로, 이 일은 나로 하여금 협력의 중요성을 한 걸음 더 이해하게 했다.

☀ 학업 ③

어휘 해설집 p.352

我最近正在准备期末考试。
Wǒ zuìjìn zhèngzài zhǔnbèi qīmò kǎoshì.

这是为了在实际考试中拿到好成绩。
Zhè shì wèile zài shíjì kǎoshì zhōng nádào hǎo chéngjì.

首先我把所有内容反复看了几遍，然后分析了容易错的问题。
Shǒuxiān wǒ bǎ suǒyǒu nèiróng fǎnfù kànle jǐ biàn, ránhòu fēnxīle róngyì cuò de wèntí.

在这个过程中，我也没忘记调整状态。
Zài zhè ge guòchéng zhōng, wǒ yě méi wàngjì tiáozhěng zhuàngtài.

总而言之，这件事让我对实际考试产生了信心。
Zǒng'éryánzhī, zhè jiàn shì ràng wǒ duì shíjì kǎoshì chǎnshēngle xìnxīn.

해석

나는 최근에 기말고사를 준비하고 있다. 이것은 실제 시험에서 좋은 성적을 얻기 위해서이다. 먼저 나는 모든 내용을 반복해서 여러 번 봤고, 그 다음에 쉽게 틀리는 문제를 분석했다. 이 과정에서, 나는 컨디션을 조절하는 것도 잊지 않았다. 결론적으로, 이 일은 나로 하여금 실제 시험에 대해 자신감이 생기게 했다.

✳ 학업 ④

어휘 해설집 p.200

我最近在学校做过科学实验。
Wǒ zuìjìn zài xuéxiào zuòguo kēxué shíyàn.

这是为了复习学过的化学理论。
Zhè shì wèile fùxí xuéguo de huàxué lǐlùn.

在老师的帮助下，我集中精神观察到了实验中的各种现象。
Zài lǎoshī de bāngzhù xià, wǒ jízhōng jīngshén guānchá dàole shíyàn zhōng de gèzhǒng xiànxiàng.

在这个过程中，我对学习过的内容有了更深的理解。
Zài zhè ge guòchéng zhōng, wǒ duì xuéxíguo de nèiróng yǒule gèng shēn de lǐjiě.

总而言之，这件事让我感受到了科学的魅力。
Zǒng'éryánzhī, zhè jiàn shì ràng wǒ gǎnshòu dàole kēxué de mèilì.

[해석]

나는 최근에 학교에서 과학 실험을 한 적이 있다. 이것은 배웠던 화학 이론을 복습하기 위해서였다. 선생님의 도움으로, 나는 정신을 집중해서 실험 중의 다양한 현상을 관찰했다. 이 과정에서, 나는 학습했던 내용에 대한 더 깊은 이해가 생겼다. 결론적으로, 이 일은 나로 하여금 과학의 매력을 느끼게 했다.

✳ 졸업/구직 ①

어휘 해설집 p.190

我最近完成了毕业论文。
Wǒ zuìjìn wánchéngle bìyè lùnwén.

这是为了实现取得学历的梦想。
Zhè shì wèile shíxiàn qǔdé xuélì de mèngxiǎng.

虽然写论文很辛苦，但是幸亏有教授的帮助，我取得了出色的成绩。
Suīrán xiě lùnwén hěn xīnkǔ, dànshì xìngkuī yǒu jiàoshòu de bāngzhù, wǒ qǔdéle chūsè de chéngjì.

于是我很感谢他没有让我浪费青春。
Yúshì wǒ hěn gǎnxiè tā méiyǒu ràng wǒ làngfèi qīngchūn.

总而言之，这件事让我很有成就感。
Zǒng'éryánzhī, zhè jiàn shì ràng wǒ hěn yǒu chéngjiùgǎn.

[해석]

나는 최근에 졸업 논문을 완성했다. 이것은 학력 취득의 꿈을 이루기 위해서였다. 비록 논문을 쓰는 것은 힘들었지만, 그러나 다행히 교수님의 도움으로, 나는 뛰어난 성적을 거두었다. 그래서 나는 내가 청춘을 낭비하지 않도록 해 주신 그에게 감사했다. 결론적으로, 이 일은 나로 하여금 성취감을 가지게 했다.

바로 듣기

☑ 쓰기 2부분 주제별 모범 답안을 음원을 따라 말하면서 암기하세요. 🎧 HSK 5급 핵심어휘집_30일

✺ 졸업/구직 ②

어휘 해설집 p.200

我最近参加了儿子的毕业典礼。
Wǒ zuìjìn cānjiāle érzi de bìyè diǎnlǐ.

这是为了祝贺儿子顺利毕业。
Zhè shì wèile zhùhè érzi shùnlì bìyè.

首先我和儿子聊了聊他的成就，然后又对他未来的梦想表示了支持。
Shǒuxiān wǒ hé érzi liáo le liáo tā de chéngjiù, ránhòu yòu duì tā wèilái de mèngxiǎng biǎoshìle zhīchí.

在这个过程中，我深深地为儿子感到自豪。
Zài zhè ge guòchéng zhōng, wǒ shēnshēn de wèi érzi gǎndào zìháo.

总而言之，这件事让我觉得非常幸福。
Zǒng'éryánzhī, zhè jiàn shì ràng wǒ juéde fēicháng xìngfú.

[해석]

나는 최근에 아들의 졸업식에 참석했다. 이것은 아들의 순조로운 졸업을 축하하기 위해서였다. 먼저 나는 아들과 그의 성취에 대해 이야기를 했고, 그 다음에 그의 앞으로의 꿈에 대해서도 지지를 보내 주었다. 이 과정에서, 나는 아들에 대한 자랑스러움을 깊이 느꼈다. 결론적으로, 이 일은 나로 하여금 매우 행복하다고 느끼게 했다.

✺ 업무/성과 ①

어휘 해설집 p.191

我最近开始了打工生活。
Wǒ zuìjìn kāishǐle dǎgōng shēnghuó.

这是为了学习新的技术。
Zhè shì wèile xuéxí xīn de jìshù.

虽然这个工作只是临时的，但我还是很快就熟练掌握了所有业务。
Suīrán zhè ge gōngzuò zhǐshì línshí de, dàn wǒ háishi hěn kuài jiù shúliàn zhǎngwòle suǒyǒu yèwù.

于是我顺利达到了自己的目标，还得到了不错的收入。
Yúshì wǒ shùnlì dádàole zìjǐ de mùbiāo, hái dédàole búcuò de shōurù.

总而言之，这件事让我又一次成长了。
Zǒng'éryánzhī, zhè jiàn shì ràng wǒ yòu yí cì chéngzhǎng le.

[해석]

나는 최근에 아르바이트 생활을 시작했다. 이것은 새로운 기술을 배우기 위해서였다. 비록 이 일은 단지 임시적이지만, 그러나 나는 빠르게 모든 업무를 능숙하게 파악했다. 그래서 나는 순조롭게 나의 목표를 달성했고, 괜찮은 수입도 얻었다. 결론적으로, 이 일은 나를 또 한 번 성장하게 했다.

✳ 업무/성과 ②

어휘 해설집 p.201

我最近担任了公司的项目负责人。
Wǒ zuìjìn dānrènle gōngsī de xiàngmù fùzérén.

这是为了在业务方面做出优秀的成果。
Zhè shì wèile zài yèwù fāngmiàn zuòchū yōuxiù de chéngguǒ.

在同事的帮助下，我按照计划顺利地完成了项目。
Zài tóngshì de bāngzhù xià, wǒ ànzhào jìhuà shùnlì de wánchéngle xiàngmù.

于是我在报告业务时得到了很好的评价。
Yúshì wǒ zài bàogào yèwù shí dédàole hěn hǎo de píngjià.

总而言之，这件事让我很有成就感。
Zǒng'éryánzhī, zhè jiàn shì ràng wǒ hěn yǒu chéngjiùgǎn.

[해석]

나는 최근에 회사의 프로젝트 담당자를 맡았다. 이것은 업무 방면에서 우수한 성과를 내기 위해서였다. 동료들의 도움으로, 나는 계획에 따라 순조롭게 프로젝트를 완성할 수 있었다. 그래서 나는 업무를 보고할 때 좋은 평가를 얻었다. 결론적으로, 이 일은 나로 하여금 성취감을 가지게 했다.

✳ 업무/성과 ③

어휘 해설집 p.205

我最近去出差了。
Wǒ zuìjìn qù chūchāi le.

这是为了代表公司签合同。
Zhè shì wèile dàibiǎo gōngsī qiān hétong.

虽然飞机延误了，但我还是准时到达了会议场所，没有耽误之后的日程。
Suīrán fēijī yánwù le, dàn wǒ háishi zhǔnshí dàodále huìyì chǎngsuǒ, méiyǒu dānwù zhīhòu de rìchéng.

于是我顺利地进行了谈判，最终得到了满意的成果。
Yúshì wǒ shùnlì de jìnxíngle tánpàn, zuìzhōng dédàole mǎnyì de chéngguǒ.

总而言之，这件事让我有了很大的成就感。
Zǒng'éryánzhī, zhè jiàn shì ràng wǒ yǒule hěn dà de chéngjiùgǎn.

[해석]

나는 최근에 출장을 갔다. 이것은 회사를 대표하여 계약을 하기 위해서였다. 비록 비행기가 지연되었지만, 그러나 나는 그래도 제시간에 회의 장소에 도착했고, 이후의 일정을 그르치지 않았다. 그래서 나는 순조롭게 협상을 진행했고, 결국 만족스러운 성과를 얻었다. 결론적으로, 이 일은 나로 하여금 큰 성취감을 가지게 했다.